UNA VIDA FIEL

UNA VIDA FIEL

UNA ARMONÍA *de la* VIDA *y* OBRA *de* PABLO

JOHN MACARTHUR

GRUPO NELSON
Desde 1798

NASHVILLE MÉXICO DF. RÍO DE JANEIRO

Publicado en Nashville, Tennessee, Estados Unidos de América.
Grupo Nelson es una marca registrada de Thomas Nelson.
www.gruponelson.com

Título en inglés: *One Faithful Life*

Publicado por Thomas Nelson

Publicado por Nelson Books, un sello de Thomas Nelson. Thomas Nelson es una marca registrada de HarperCollins Christian Publishing, Inc.

Materiales de estudio adaptados de *La Biblia de estudio MacArthur*, RVR-1960,© 2011, Grupo Nelson. Las leves diferencias al reproducir las notas en este libro se deben a la necesaria actualización de acuerdo con las últimas reglas de las academias de la lengua.

Editora en Jefe: *Graciela Lelli*
Traducción: *Luis Magín Álvarez, John A. Bernal, Luis Miguel Contreras, Santiago Escuain, José Luis Martínez*
Adaptación del diseño al español: *Setelee*

ISBN: 978-0-82974-160-5

Impreso en Estados Unidos de América

20 21 22 23 24 LSC 9 8 7 6 5 4 3 2 1

Contenido

PABLO: UNA VIDA DE FIDELIDAD AL EVANGELIO*

Pablo era único entre los apóstoles. A diferencia del resto de ellos, el nunca pasó tiempo con Cristo durante el ministerio terrenal de nuestro Señor. De hecho, no habría encajado bien en el círculo de los doce discípulos, pues ellos eran en su mayoría galileos corrientes y provincianos y carecían de cualquier credencial espiritual o habilidades académicas. Entre los más conocidos e influyentes de los Doce se incluían pescadores (Pedro, Andrés, Jacobo y Juan); un recaudador de impuestos (Mateo); y un exzelote (Simón): una mezcla de hombres trabajadores y marginados.

Como contraste, Pablo (o más precisamente Saulo de Tarso, como era conocido en aquellos tiempos) era un rabino muy respetado, con buena educación formal, nacido en el seno de una familia de fariseos y con una amplia y detallada formación en las tradiciones ultraortodoxas de los fariseos. Era increíblemente cosmopolita: ciudadano romano, experimentado viajero, distinguido erudito legal que nació en Tarso; fue educado en Jerusalén a los pies de Gamaliel (Hechos 22:3) y estaba lleno de celo; era un hebreo de hebreos. El escribió: «Si alguno piensa que tiene de que confiar en la carne, yo más» (Filipenses 3:4). Su *curriculum vitae* siempre sobresalía por encima del de cualquier otra persona. Saulo de Tarso nunca perdía en ninguna competición de logros intelectuales o académicos. A este respecto, el destaca en marcado contraste con todos los demás apóstoles.

El mentor de Saulo, Gamaliel, era sin lugar a dudas el rabino más prestigioso e influyente en la Jerusalén de principios del primer siglo. Gamaliel era nieto del legendario Hillel el Anciano, uno de los rabinos más doctos y citados que hubo jamás. Hechos 5.34 nos dice que Gamaliel era «venerado de todo el pueblo». Claramente, él tenía una influencia tremenda entre el

* Esta introducción está adaptada de John MacArthur, *El evangelio según Pablo* (Nashville, TN: Grupo Nelson, 2017).

Sanedrín (vv. 34-30). Ese Consejo, formado por setenta y un sacerdotes y eruditos de elite, era el tribunal de asuntos religiosos más elevado y más dominante del judaísmo. Como grupo, el Sanedrín de la época de Pablo y Jesús era notoriamente corrupto y con frecuencia estaba motivado por mero interés político, pero Gamaliel destaca, incluso en la narrativa del Nuevo Testamento, como un hombre docto, pacífico, cauto y básicamente honorable. La Mishná, un registro de la tradición oral hebrea escrito a principios del tercer siglo, se refiere a él como «Gamaliel el Anciano» y lo cita numerosas veces. En todo el mundo no había un erudito hebreo más venerado, y Saulo de Tarso recibió formación a sus pies; por lo tanto, las credenciales académicas del apóstol eran impresionantes en todos los aspectos.

Antes de su famoso encuentro con el Jesús resucitado en el camino de Damasco, Saulo de Tarso despreciaba cualquier desafío a las tradiciones de los fariseos. Cuando lo encontramos por primera vez en las Escrituras, él es «un joven» (Hechos 7:58) profundamente reacio a Cristo y tan hostil a la fe de los seguidores de Jesus, que preside el apedreamiento del primer mártir cristiano: Esteban. Al dar su testimonio años después, Pablo confesó:

> Yo encerré en cárceles a muchos de los santos, habiendo recibido poderes de los principales sacerdotes; y cuando los mataron, yo di mi voto. Y muchas veces, castigándolos en todas las sinagogas, los forcé a blasfemar; y enfurecido sobremanera contra ellos, los perseguí hasta en las ciudades extranjeras.
>
> *Hechos 26:10, 11*

El hecho de que el tuviera voto en tales asuntos sugiere que era un miembro del Sanedrín o era parte de un tribunal designado por ellos para juzgar a los disidentes religiosos. En raras ocasiones se designaba a hombres jóvenes para tales posiciones, pero Pablo era claramente un erudito precoz que destacaba en su generación como celoso activista, trabajador preparado, dotado administrador y duro esbirro. (Probablemente él era también un hábil político).

Sin embargo, después de su dramática conversión en el camino de Damasco, Pablo fue un tipo de hombre completamente distinto. Rechazaba cualquier pretensión de superioridad; abominaba la idea de que la sabiduría humana pudiera añadir algo de valor a la predicación del evangelio. Se oponía enfáticamente a cualquier sugerencia de que la elocuencia y la erudición pudieran mejorar el poder inherente del evangelio; por tanto, se esforzó mucho por no subrayar sus propios logros intelectuales y académicos, y menos aún minar inconscientemente la simplicidad del mensaje evangelístico. A la iglesia en Corinto escribió:

> Así que, hermanos, cuando fui a vosotros para anunciaros el testimonio de Dios, no fui con excelencia de palabras o de sabiduría. Pues me propuse no saber entre vosotros cosa alguna sino a Jesucristo, y a este crucificado. Y estuve entre vosotros con debilidad, y mucho temor y temblor; y ni mi palabra ni mi predicación fue con palabras persuasivas de humana sabiduría, sino con demostración del Espíritu y de poder, para que vuestra fe no esté fundada en la sabiduría de los hombres, sino en el poder de Dios.
>
> *1 Corintios 2:1–5*

En Filipenses 3:5, 6, a fin de refutar las afirmaciones de algunos falsos maestros, se hizo necesario para Pablo enumerar algunos de sus logros religiosos y académicos más impresionantes; pero rápidamente añadió: «Pero cuantas cosas eran para mí ganancia, las he estimado como pérdida por amor de Cristo. Y ciertamente, aun estimo codas las cosas como pérdida por la excelencia del conocimiento de Cristo Jesus, mi Señor, por amor del cual lo he perdido codo, y lo tengo por basura [literalmente, estiércol], para ganar a Cristo» (vv. 7, 8).

Aun así, el sobresaliente intelecto de Pablo es obvio en el modo en que trabajaba y en lo que escribía. Podía recitar con el mismo entusiasmo líneas en griego de poetas mediterráneos antiguos o citar de memoria cualquier número de pasajes de las escrituras hebreas. Habló con una valiente confianza a los filósofos de la más alta élite en Atenas y también se mantuvo firme sin temor en tribunales de la realeza donde su vida escaba en juego. No había nadie que lo intimidara; por el contrario, la ambición que lo impulsaba era estar en la sala del trono del Capitolio Romano, dar su testimonio en presencia de César y así predicar el evangelio al gobernador más poderoso del mundo, en el foco del imperio más grande y de mayor alcance que el mundo había visto jamás.

Designado para la defensa del evangelio

De todos los apóstoles, Pablo era el más decidido en guardar la pureza, la precisión y la claridad del mensaje del evangelio. Cristo lo designó de modo único para ese propósito: «la defensa y confirmación del evangelio» (Filipenses 1:7), y el aceptó ese papel como una tarea personal otorgada desde lo alto. Escribió: «estoy puesto para la defensa del evangelio» (v. 17). Esto estaba grabado tan profundamente en la conciencia de Pablo que cuando hablaba del evangelio se refería con frecuencia a él como «mi evangelio» (Romanos 2:16; 16:25; 2 Timoteo 2:8).

No hay duda de que Pablo de ninguna manera se estaba apropiando de ningún mérito por el evangelio ni declarando una posesión privada de él; nunca se le ocurrió cuestionar el origen divino del evangelio. Con la misma frecuencia se refería a ello como «el evangelio de Dios» (Romanos 1:1; 15:16; 2 Corintios 11:7; 1 Tesalonicenses 2:2, 8, 9), o «el glorioso evangelio del Dios bendito» (l Timoteo 1:11). Con más frecuencia aun lo llamaba «el evangelio de Cristo» (Romanos 1:16; 15.19; 1 Corintios 9:12, 18; 2 Corintios 9:13; 10:14; Gálatas 1:7; Filipenses 1:27; 1 Tesalonicenses 3:2) o «el evangelio de la gloria de Cristo» (2 Corintios 4.4). A veces era «el evangelio de la paz» (Efesios 6:15) o «el evangelio de vuestra salvación» (Efesios 1:13).

Estos no eran evangelios discrepantes, sino el conjunto de títulos de Pablo para el único evangelio verdadero. La sugerencia de que haya más de un evangelio habría sido confrontada con una feroz oposición por parte del apóstol Pablo. Él instruyó con firmeza a las iglesias en Galacia: «Mas si aun nosotros, o un angel del cielo, os anunciare otro evangelio diferente del que os hemos anunciado, sea anatema» (Gálatas 1:8); y para dar todo el énfasis posible a su punto, volvió a repetir la maldición en la siguiente frase: «Como antes hemos dicho, también ahora lo repito: Si alguno os predica diferente evangelio del que habéis recibido, sea anatema» (v. 9).

Un examen de las epístolas de Pablo

Prácticamente cada una de las epístolas de Pablo en el Nuevo Testamento defiende y aclara algún punto crucial de doctrina pertinente al mensaje del evangelio. El libro de Romanos es una discusión cuidadosamente ordenada de las doctrinas que constituyen el corazón mismo de la verdad del evangelio y está presentado en un bosquejo cuidadoso, lógico y ordenado. Comenzando con la doctrina del pecado universal y la depravación humana, Pablo recorre sistemáticamente todo el catálogo de la verdad del evangelio, hablando de justificación, santificación, seguridad eterna, elección, reprobación, el injerto de los gentiles en el pueblo de Dios y la restauración final de Israel. Romanos es la exposición de Pablo más ordenada y global de doctrinas del evangelio.

En 1 Corintios él defiende el evangelio contra diversas corrupciones que se estaban introduciendo bajo el disfraz de sabiduría humana o un manto de caos carnal. En 2 Corintios responde a ataques contra el evangelio provenientes de falsos maestros que evidentemente se identificaban a sí mismos como «grandes apóstoles» (2 Corintios 11:5; 12:11). Esos herejes parecían entender que a fin de trastocar el verdadero evangelio necesitaban desacreditar al apóstol Pablo, del modo que enfocaron su ataque personalmente en él en particular. Pablo se vio forzado, por tanto, a responder a esos ataques, pero en realidad estaba defendiendo la autoridad y pureza del evangelio y no meramente su propia reputación (2 Corintios 11.1-4).

La Epístola de Pablo a los Gálatas es un argumento completo contra los falsos maestros (comúnmente conocidos como los judaizantes) que insistían en que los convertidos gentiles debían adherirse a la ley ceremonial del Antiguo Testamento para ser salvos. En particular, enseñaban que los hombres gentiles no podían convertirse en cristianos a menos que antes fueran circuncidados. Su doctrina era una negación implícita de que la fe es el único instrumento de justificación. Ese error era tan sutil que incluso Pedro y Bernabé parecían preparados para consentirlo (Gálatas 2:11-13); por tanto, Pablo escribió la Epístola a los Gálatas para demostrar por qué la doctrina de los judaizantes era una contaminación fatal del mensaje cristiano, un «evangelio [totalmente] diferente» (Gálatas 1:6). Por eso Gálatas comienza con esa famosa doble maldición contra «otro evangelio» (vv. 8, 9).

Efesios es una sencilla repetición de los principios del evangelio, con énfasis en la verdad esencial que radica en el corazón del mensaje: la salvación es obra de Dios en su totalidad; no es algo que algún pecador pueda ampliar o embellecer con mérito humano, y mucho menos puede una persona caída lograr redención para sí misma. «Porque por gracia sois salvos por medio de la fe; y esto no de vosotros, pues es don de Dios; no por obras, para que nadie se gloríe. Porque somos hechura suya, creados en Cristo Jesus para buenas obras, las cuales Dios preparó de antemano para que anduviésemos en ellas» (Efesios 2:8-10).

Aunque el tema de Filipenses es el gozo, y la epístola está principalmente llena de consejos prácticos y exhortaciones, el capítulo 3 incluye una dura advertencia acerca de «perros», «malos obreros» y «mutiladores del cuerpo» (v. 2). Claramente, estos eran el mismo tipo de contaminadores del evangelio a los que Pablo refutó tan detalladamente en su Epístola a los Gálatas. En Filipenses 3 pasa a dar un testimonio personal que resume de manera ingeniosa el corazón mismo del mensaje del evangelio.

Había algunos en la iglesia primitiva que intentaban contaminar el evangelio con una rimbombante filosofía humana, formas ascéticas de abnegación, tradiciones hechas por los hombres y otros ardides religiosos comunes. La Epístola de Pablo a los Colosenses aborda esos intentos deliberados de hacer que el evangelio parezca complejo u ostentoso. De todos los apóstoles, el Espíritu Santo escogió a Pablo, el profundo erudito, para defender la simplicidad del evangelio contra cualquier indicación de elitismo académico o aburguesamiento filosófico.

Pablo comienza 1 Tesalonicenses con un potente elogio para la iglesia en Tesalónica debido al modo en que ellos habían aceptado rápidamente el evangelio desde el principio. Él escribe: «Pues nuestro evangelio no llegó a vosotros en palabras solamente, sino también en poder, en el Espíritu Santo y en plena certidumbre» (v. 5). Los dos últimos versículos de ese capítulo primero (vv. 9, 10) contienen este nítido resumen de la verdad del evangelio: «Y cómo os convertisteis de los ídolos a Dios, para servir al Dios vivo y verdadero, y esperar de los cielos a su Hijo, al cual resucitó de los muertos, a Jesús, quien nos libra de la ira venidera». Pablo pasa en 1 y 2 Tesalonicenses a enseñar y alentar a la iglesia a continuar su paciente espera del regreso de Cristo mientras viven de una manera que honra las trascendentales implicaciones del evangelio.

Las epístolas a Timoteo y Tito están llenas de ruegos para esos dos jóvenes pastores a continuar el legado de Pablo salvaguardando cuidadosamente la verdad del evangelio. En 1 Timoteo 6:20, por ejemplo, cuando Pablo escribe: «Oh Timoteo, guarda lo que se te ha encomendado», debería estar claro que estaba hablando acerca del evangelio. Anteriormente había descrito «el glorioso evangelio del Dios bendito» como el que «a mí me ha sido encomendado» (1:11). A Tito, Pablo escribe uno de sus resúmenes marca de la casa del mensaje del evangelio. Es sencillo, profundo y asombrosamente global:

> Porque la gracia de Dios se ha manifestado para salvación a todos los hombres, enseñándonos que, renunciando a la impiedad y a los deseos mundanos, vivamos en este siglo sobria, justa y piadosamente, aguardando la esperanza bienaventurada y la manifestación gloriosa de nuestro gran Dios y Salvador Jesucristo, quien se dio a sí mismo por nosotros para redimirnos de toda iniquidad y purificar para sí un pueblo propio, celoso de buenas obras.
>
> *Tito 2:11–14*

Entonces añade esta exhortación: «Esto habla, y exhorta y reprende con toda autoridad. Nadie te menosprecie» (v. 15).

La epístola más corta de Pablo, la carta a Filemón, es una nota intensamente personal y práctica escrita para ayudar a reconciliar a un esclavo huido (Onésimo) con su amo (Filemón). Pero, incluso aquí, Pablo se las arregla para dibujar una imagen totalmente clara de la verdad del evangelio a la vez que ejemplifica el espíritu de Cristo mediante sus propias acciones. Incluye este ruego, que engloba de manera perfecta lo que Cristo hizo por su pueblo: «Así que, si me tienes por compañero, recíbele como a mí mismo. Y si en algo te dañó, o te debe, ponlo a mi cuenta» (Filemón 17, 18). Así, Pablo ilustra de manera muy real y practica los principios de imputación y expiación vicaria.

Nada sino el evangelio

La verdad del evangelio impregna todo lo que Pablo escribió. El evangelio estaba en el centro de sus pensamientos en todo momento y eso era deliberado. Él escribió: «Me es impuesta necesidad; y ¡ay de mí si no anunciare el evangelio!» (1 Corintios 9:16). «Pues me propuse no saber entre vosotros cosa alguna sino a Jesucristo, y a este crucificado» (1 Corintios 2:2). «Pero lejos este de mí gloriarme, sino en la cruz de nuestro Señor Jesucristo, por quien el mundo me es crucificado a mí, y yo al mundo» (Gálatas 6:14). «Así que, en cuanto a mí, pronto estoy a anunciaros el evangelio» (Romanos 1:15).

Todos los apóstoles tuvieron papeles importantes que desempeñar en la fundación y la extensión de la iglesia primitiva. Juan fue el único que vivió hasta la vejez y el resto de ellos fueron mártires, comenzando con Jacobo, a quien Herodes «mató a espada» (Hechos 12:2). Algunos de ellos llevaron el evangelio hasta los límites más lejanos del mundo conocido. La historia de la iglesia primitiva registra, por ejemplo, que Tomás llegó hasta la costa oriental del subcontinente indio. La leyenda dice que Natanael (llamado también Bartolomé) llevó el evangelio a Armenia y fue martirizado allí. Aunque las Escrituras no registran los paraderos finales de cada uno de los apóstoles, sabemos con seguridad que ellos difundieron rápidamente el evangelio por todo el mundo conocido. En Hechos 17:6 la turba enojada que agarró a Pablo y Silas en Tesalónica se refirió a ellos como «estos que trastornan el mundo entero».

Nadie hizo más que Pablo para difundir el evangelio por codo el Imperio romano. Lucas hizo una crónica detallada de los tres viajes misioneros de Pablo en el libro de Hechos. Comenzando en Hechos 13 hasta el final de este libro, Pablo se convierte en la figura central, y el registro que hace Lucas del ministerio de Pablo es impresionante. La influencia de Pablo era profunda dondequiera que ponía sus pies. Predicó el evangelio, plantó iglesias y dejó nuevos creyentes tras su estela sin importar dónde fuera: desde la tierra de Israel, por todo el Asia Menor, en Grecia, pasando por Malta, Sicilia y finalmente Roma. Y a la vez que hacía todo eso escribió más epístolas del Nuevo Testamento que cualquier otro autor. En una época muy anterior a que las comodidades modernas hicieran que los viajes y las comunicaciones fueran relativamente fáciles, los logros de Pablo fueron extraordinarios.

Más importante aún, nadie hizo más que Pablo para definir, delimitar y defender el evangelio. Está claro que los otros apóstoles llegaron a apreciar la devoción de Pablo hacia el evangelio. Su creencia en que él fue designado por Cristo para ser un apóstol «como a un abortivo» (1 Corintios 15:8) estaba arraigada en el hecho de que él había aprendido del Cristo resucitado las mismas verdades que ellos mismos, durante el ministerio terrenal de su Señor, habían sido entrenados y comisionados para proclamar (Gálatas 2:2; 6-9). Pablo no aprendió nada acerca del evangelio de los otros discípulos que ya no hubiera escuchado de parre de Cristo mediante revelación especial (Gálatas 1:11, 12; 2:6).

Fiel hasta el fin

No es extraño que Pablo sintiera un peso de responsabilidad tan importante de predicar y defender el evangelio. Dondequiera que iba era seguido de cerca por agentes de oposición al evangelio, que atacaban el mensaje que él proclamaba. Las potestades de las tinieblas parecían muy conscientes del papel estratégico de Pablo y, por tanto, enfocaban sus ataques implacables contra las iglesias donde su influencia era especialmente fuerte. Así que Pablo escaba ocupado constantemente en «la defensa y confirmación del evangelio» (Filipenses 1:7). La controversia que rodeaba a Pablo y su ministerio era tal, que casi nadie quería ser identificado con él. En la última epístola que escribió antes de entregar su vida por el evangelio, describió cómo había ido su lectura de cargos en Roma: «En mi primera defensa ninguno estuvo a mi lado, sino que todos me desampararon» (2 Timoteo 4:16). En el primer capítulo de esta carta le dijo a Timoteo: «Me abandonaron todos los que están en Asia» (1:15); y sus palabras finales incluyen este triste ruego: «Procura venir pronto a verme, porque Demas me ha desamparado, amando este mundo, y se ha ido a Tesalónica. Crescente fue a Galacia, y Tito a Dalmacia. Solo Lucas está conmigo. Toma a Marcos y tráele contigo, porque me es útil para el ministerio» (4:9-11).

Si Pablo no hubiera sido un hombre de fe tan profunda, podría haber muerto sintiéndose solo y abandonado. Tal como es el caso, probablemente él no llegó a entender plenamente lo mucho que su sombra se extendería sobre la iglesia y cuán profundamente sería sentida su influencia por una generación tras otra de creyentes. Pero no murió desalentado; sabía que la verdad del evangelio triunfaría al final. Él entendía que las puertas del infierno nunca prevalecerían contra la iglesia que Cristo estaba edificando y se mantuvo confiado en que los propósitos de Dios sin duda alguna serían cumplidos y que el plan de Dios ciertamente se estaba cumpliendo ya, incluso en el propio martirio inminente de Pablo. Él escribió: «Porque yo ya estoy para ser sacrificado, y el tiempo de mi partida está cercano. He peleado la buena batalla, he acabado la carrera, he guardado la fe. Por lo demás, me está guardada la corona de justicia, la cual me dará el Señor, juez justo, en aquel día; y no solo a mí, sino también a todos los que aman su venida» (2 Timoteo 4:6-8).

Según la tradición, no mucho después de haber escrito esas palabras, los soldados romanos llevaron a Pablo a un lugar de ejecución donde sería decapitado por causa de Cristo. Incluso en la muerte, el apóstol triunfó. Él sabía que estar ausente del cuerpo es estar presente con el Señor (2 Corintios 5:8). Al terminar su estadía en esta tierra, con el destello de una espada romana, Pablo fue conducido a la presencia de su Salvador. Allí fue sin duda recibido con estas palabras: «Bien, buen siervo y fiel. Entra en el gozo de tu Señor».

PARTE I

DE FARISEO A PASTOR

ca. 30–47 A.D.

1. La hipocresía de los fariseos

Mateo 23:1–22

Nota. *Saulo de Tarso (cuyo nombre en griego era Pablo) recibió en su juventud la educación de fariseo. En Hechos 26:4, 5, nos cuenta: «Mi vida, pues, desde mi juventud, la cual desde el principio pasé en mi nación, en Jerusalén, la conocen todos los judíos; los cuales también saben que yo desde el principio, si quieren testificarlo, conforme a la más rigurosa secta de nuestra religión, viví fariseo». Su testimonio en Filipenses 3:3–5 revela su firme compromiso a guardar la tradición legalista. Sin embargo, su celo por Dios carecía de la verdadera salvación. Fue el mejor ejemplo de un hipócrita religioso. Si bien es probable que Saulo no haya estado presente en la multitud que se describe en Mateo 23, en este capítulo el reproche de Jesús contra los fariseos habría descrito la condición espiritual del inconverso Saulo.*

Entonces habló Jesús a la gente y a sus discípulos, diciendo: En la [a]cátedra de Moisés se sientan los escribas y los fariseos. Así que, todo lo que os digan que guardéis, [b]guardadlo y hacedlo; mas no hagáis conforme a sus obras, porque dicen, y no hacen. Porque atan cargas pesadas y difíciles de llevar, y las ponen sobre los hombros de los hombres; pero ellos ni con un dedo quieren moverlas. Antes, hacen todas sus obras para ser vistos por los hombres. Pues ensanchan sus [c]filacterias, y extienden [d]los flecos de sus mantos; y aman los primeros asientos en las cenas, y las primeras sillas en las sinagogas, y las salutaciones en

---

a. **cátedra de Moisés.** La expresión es el equivalente a la universitaria «cátedra de filosofía». «Sentarse» en la cátedra de Moisés indicaba tener la más alta autoridad para instruir a las personas en cuanto a la ley. La expresión aquí podría traducirse «los escribas y fariseos se han sentado a sí mismos en la cátedra de Moisés», haciendo énfasis en el que este era un reclamo imaginario de autoridad que hacían para ellos mismos. Existía la idea legítima de que los sacerdotes y levitas tenían autoridad para decidir sobre los asuntos de la ley (Dt 17:9), pero los escribas y fariseos fueron más allá de cualquier autoridad legítima y añadieron tradiciones humanas a la Palabra de Dios (Mt 15:3-9). Por ello, Jesús los condenó.

b. **guardadlo y hacedlo.** Es decir, en la medida en que esté de acuerdo con la Palabra de Dios. Los fariseos eran rápidos para atar «cargas pesadas» (v. 4) de tradición extrabíblica y ponerlas en los hombros de los demás; Jesús condenó explícitamente este tipo de legalismo.

c. **filacterias.** Cajas de cuero que contenían pergaminos en cuatro columnas (Éx 13:1-10; 11-16; Dt 6:4-9; 11:13-21). Las llevaban los hombres en el momento de la oración, una en la frente y otra en el brazo izquierdo, justo por encima del codo. El uso de filacterias se basaba en una interpretación literal exagerada de pasajes como Éx 13:9, 10; Dt 6:8. Evidentemente, los fariseos habían ensanchado las correas de sus filacterias para hacerlas más prominentes.

d. **los flecos de sus mantos.** Es decir, las borlas. Jesús mismo las vistió (ver Mt 9:20), por lo que el problema no eran las borlas en sí mismas, sino la costumbre de hacerlas más largas con la intención de parecer más espiritual.

las plazas, y que los hombres los llamen: Rabí, Rabí. Pero vosotros no queráis que os llamen [a]Rabí; porque uno es vuestro Maestro, el Cristo, y todos vosotros sois hermanos. Y no llaméis padre vuestro a nadie en la tierra; porque uno es vuestro Padre, el que está en los cielos. Ni seáis llamados maestros; porque uno es vuestro Maestro, el Cristo. El que es el mayor de vosotros, sea vuestro siervo. Porque el que se enaltece será humillado, y el que se humilla será enaltecido.

Mas ¡ay de vosotros, escribas y fariseos, hipócritas! porque cerráis el reino de los cielos delante de los hombres; pues ni entráis vosotros, [b]ni dejáis entrar a los que están entrando. ¡Ay de vosotros, escribas y fariseos, hipócritas! porque devoráis las casas de las viudas, y como pretexto hacéis largas oraciones; por esto recibiréis mayor condenación.

¡Ay de vosotros, escribas y fariseos, hipócritas! porque recorréis mar y tierra para hacer un [c]prosélito, y una vez hecho, le hacéis dos veces más [d]hijo del infierno que vosotros.

¡Ay de vosotros, guías ciegos! que decís: Si alguno jura por el templo, [e]no es nada; pero si alguno jura por el oro del templo, es deudor. ¡Insensatos y ciegos! porque ¿cuál es mayor, el oro, o el templo que santifica al oro? También decís: Si alguno jura por el altar, no es nada; pero si alguno jura por la ofrenda que está sobre él, es deudor. ¡Necios y ciegos! porque ¿cuál es mayor, la ofrenda, o el altar que santifica la ofrenda? Pues el que jura por el altar, jura por él, y por todo lo que está sobre él; y el que jura por el templo, jura por él, y por el que lo habita; y el que jura por el cielo, jura por el trono de Dios, y por aquel que está sentado en él.

---

a. **Rabí... Padre... Maestro.** Jesús condena aquí el orgullo y la pretensión, no los títulos en sí. Pablo habla repetidamente de «maestros» en la Iglesia, y se refiere a sí mismo como el «padre» de los corintios (1 Co 4:15). Obviamente esto no prohíbe las muestras de respeto, tampoco (cp. 1 Ts 5:11, 12; 1 Ti 5:1). Cristo prohíbe solamente el uso de estos nombres como títulos espirituales o de manera ostentosa otorgando indebidamente autoridad espiritual a un ser humano, como si este fuera mayor fuente de verdad que Dios.

b. **ni dejáis.** Los fariseos, habiéndose apartado de la rectitud de Dios, buscaron la forma de crear una rectitud por sí mismos (Ro 10:3), y enseñaron a otros a hacer lo mismo. Su legalismo y excesiva religiosidad oscurecieron efectivamente la puerta estrecha a través de la cual hay que entrar para acceder al reino.

c. **prosélito.** Un gentil convertido al judaísmo.

d. **hijo del infierno.** Es decir, alguien que está destinado eternamente al infierno.

e. **no es nada.** Esta era una distinción arbitraria que los fariseos habían hecho para proveerse a sí mismos de una justificación santurrona para vivir con impunidad. Si alguien juraba «por el templo» (o el altar, Mt 23:18; o el cielo, Mt 23:22), su juramento no se consideraba obligante, pero si juraba «por el oro del templo», este no podría romper su juramento sin estar sujeto a penalidades por la ley judía. Nuestro Señor deja en claro que jurar por semejantes cosas es equivalente a jurar por Dios mismo.

2. Cristo sigue confrontando a sus oyentes

Mateo 23:23–39

Nota. *El reproche de Jesús contra los fariseos continúa con estas palabras:*

¡Ay de vosotros, escribas y fariseos, hipócritas! porque [a]diezmáis la menta y el eneldo y el comino, y dejáis lo más importante de la ley: la justicia, la misericordia y la fe. Esto era necesario hacer, sin dejar de hacer aquello. ¡Guías ciegos, que [b]coláis el mosquito, y tragáis el camello!

¡Ay de vosotros, escribas y fariseos, hipócritas! porque [c]limpiáis lo de fuera del vaso y del plato, pero por dentro estáis llenos de robo y de injusticia. ¡Fariseo ciego! Limpia primero lo de dentro del vaso y del plato, para que también lo de fuera sea limpio.

¡Ay de vosotros, escribas y fariseos, hipócritas! porque sois semejantes a [d]sepulcros blanqueados, que por fuera, a la verdad, se muestran hermosos, mas por dentro están llenos de huesos de muertos y de toda inmundicia. Así también vosotros por fuera, a la verdad, os mostráis justos a los hombres, pero por dentro estáis llenos de hipocresía e iniquidad.

---

a. **diezmáis la menta y el eneldo y el comino.** Hierbas del jardín y no productos de la granja sobre los cuales se debía diezmar (Lv 27:30). Pero los fariseos gravaban onerosamente el diez por ciento de cada hierba, contando quizás cada semilla de anís (eneldo). Sin embargo, la intención de Jesús no era condenar la observación de los mínimos detalles de la ley. El problema era que ellos habían descuidado los asuntos más importantes relacionados con la justicia, la misericordia y la fe, es decir, los principios morales que subyacen en las leyes. Ellos se conformaron con prestar su atención a los aspectos incidentales y externos, e intencionalmente obviaron el significado espiritual de la ley. Jesús les dijo que debían haberse concentrado en estas cosas sin dejar de hacer las otras.

b. **coláis el mosquito, y tragáis el camello.** Algunos fariseos filtraban sus bebidas a través de una tela delgada para asegurarse de que no habían tragado inadvertidamente un mosquito, el más pequeño de los animales impuros (Lv 11:23). El camello era el más grande de los animales impuros (Lv 11:4).

c. **limpiáis lo de fuera.** El énfasis de los fariseos en los aspectos externos de la ley era la causa de su error. ¿Quién desearía beber de un vaso que ha sido lavado por fuera pero no por dentro? Los fariseos vivían su vida como si la apariencia externa fuera más importante que la realidad interna. Esta era la verdadera esencia de su hipocresía, y Jesús los reprochó por esto repetidamente.

d. **sepulcros blanqueados.** Las tumbas se solían blanquear para destacarlas. Tocar o caminar accidentalmente sobre una tumba podía causar impureza ceremonial (Nm 19:16). Una tumba recién blanqueada resplandecería y tendría un aspecto limpio, y a veces contaba con una ornamentación espectacular. Pero en el interior estaba llena de deshonra y decadencia. Compárense las palabras de Jesús aquí y en Lc 11:44.

¡Ay de vosotros, escribas y fariseos, hipócritas! porque edificáis los sepulcros de los profetas, y adornáis los monumentos de los justos, y decís: Si hubiésemos vivido en los días de nuestros padres, [a]no hubiéramos sido sus cómplices en la sangre de los profetas.

Así que dais testimonio contra vosotros mismos, de que sois hijos de aquellos que mataron a los profetas. ¡Vosotros también llenad la medida de vuestros padres! ¡Serpientes, generación de víboras! ¿Cómo escaparéis de la condenación del infierno? Por tanto, he aquí yo os envío [b]profetas y sabios y escribas; y de ellos, a unos mataréis y crucificaréis, y a otros azotaréis en vuestras sinagogas, y perseguiréis de ciudad en ciudad; para que venga sobre vosotros toda la sangre justa que se ha derramado sobre la tierra, desde la sangre de [c]Abel el justo hasta la sangre de Zacarías, [d]hijo de Berequías, a quien matasteis entre el templo y el altar. De cierto os digo que todo esto vendrá sobre [e]esta generación.

¡Jerusalén, Jerusalén, que matas a los profetas, y apedreas a los que te son enviados! [f]¡Cuántas veces quise juntar a tus hijos, como la gallina junta sus

---

a. **no hubiéramos sido sus cómplices.** Una muestra ridícula de religiosidad excesiva, si tenemos en cuenta que, de hecho, estaban planificando el asesinato del Mesías (cp. Jn 11:47-53).

b. **profetas y sabios y escribas.** Es decir, los discípulos, así como los profetas, evangelistas y pastores que lo siguieron (cp. Ef 4:11).

c. **Abel... Zacarías.** Primer y último mártir del AT, respectivamente.

d. **hijo de Berequías.** (Zac 1:1). El AT no narra cómo murió. Sin embargo, la muerte de otro Zacarías, hijo de Joiada, se narra en 2 Cr 24:20, 21. Este fue apedreado en el patio del templo, exactamente como lo describe Jesús aquí. Todos los mejores manuscritos de Mateo contienen la frase «Zacarías, hijo de Berequías» (sin embargo, esta no aparece en Lc 11:51). Algunos han sugerido que Zacarías en 2 Cr 24 era en realidad nieto de Joiada, y que el nombre de su padre era también Berequías. Pero no hay dificultad alguna si tomamos las palabras de Jesús y aceptamos su infalible testimonio de que Zacarías el profeta fue martirizado entre el templo y el altar, de manera similar a como fue muerto el primer Zacarías.

e. **esta generación.** Históricamente, esta fue la generación que experimentó la absoluta destrucción de Jerusalén y el incendio del templo en el año 70 A.D. El lamento de Jesús sobre Jerusalén y el retiro de la bendición de Dios del templo (Mt 23:37, 38) sugieren fuertemente que el saqueo de Jerusalén en el 70 A.D. fue el juicio al que se estaba refiriendo Jesús.

f. **¡Cuántas veces quise... y no quisiste!** Dios es absolutamente soberano y por esto completamente capaz de hacer que suceda lo que él desee (cp. Is 46:10), incluida la salvación de quienquiera que él elija (Ef 1:4, 5). Sin embargo, algunas veces expresa un deseo por aquello que él no lleva soberanamente a cabo (cp. Gn 6:6; Dt 5:29; Sal 81:13; Is 48:18). Esta expresión no sugiere en modo alguno una limitación de la soberanía de Dios o implica algún tipo de cambio en él (Nm 23:19). Sin embargo, sí revela aspectos esenciales del carácter divino. Dios está lleno de compasión, sinceramente bueno para con todos, deseoso del bien, no es malo y, por esto, no se deleita en la destrucción de los malvados (Ez 18:32; 33:11). Mientras se afirma la soberanía de Dios, debemos entender sus súplicas hacia el arrepentimiento de los reprobados, así como los llamados bienintencionados, y su bondad hacia los inicuos como una misericordia genuina diseñada para llevarlos al arrepentimiento (Ro 2:4). La emoción demostrada aquí por Jesús (y en pasajes similares como Lc 19:41) es obviamente una pasión sincera y profunda. Todos los sentimientos de Jesús deben estar en perfecta armonía con la voluntad divina (cp. Jn 8:29), y por esto sus lamentos no deben ser considerados como una simple exhibición de su humanidad.

polluelos debajo de las alas, y no quisiste! He aquí [a]vuestra casa os es dejada desierta. Porque os digo que desde ahora [b]no me veréis, hasta que digáis: Bendito el que viene en el nombre del Señor.

3. La ascensión de Jesús resucitado

Hechos 1:1–11

Nota. *Si bien los corruptos dirigentes religiosos apresaron y crucificaron a Jesús, su muerte no significó la derrota. Luego de haber resucitado victorioso de la tumba, se apareció a sus discípulos a lo largo de cuarenta días. Fue en esos momentos en que Lucas empezó su relato histórico en el Libro de los Hechos, en el que narra el inicio y la expansión de la iglesia. Es probable que Lucas haya escrito este libro durante el arresto domiciliario de Pablo en Roma, más de tres décadas después de la resurrección del Señor. Debido a que Lucas escribió su libro bajo la autoridad apostólica de Pablo, su relato de la iglesia primitiva en el Libro de los Hechos indudablemente refleja la influencia y perspectiva de Pablo.*

En [c]el primer tratado, oh [d]Teófilo, hablé acerca de [e]todas las cosas que Jesús comenzó a hacer y a enseñar, hasta el día en que fue [f]recibido arriba, después

a. **vuestra casa os es dejada desierta.** Unos pocos días antes, Jesús se había referido al templo como la «casa» de su Padre (Mt 21:13). Pero la gloria y la bendición de Dios habían sido eliminadas de Israel (ver 1 S 4:21). Cuando Jesús «salió del templo» (Mt 24:1), la gloria de Dios se fue con él. En Ez 11:23 se describe la visión que tuvo el profeta sobre la salida de la gloria Shekiná en sus días. La gloria divina abandonó el templo y se puso sobre el monte de los Olivos (ver Mt 24:3; Lc 19:29), exactamente la misma ruta que siguió Cristo (cp. Mt 24:3).

b. **no me veréis.** El ministerio público de Jesús había terminado. Él se apartaría del Israel nacional hasta el tiempo en el futuro en el cual lo reconocerán como Mesías (Ro 11:23-26). Esta es una cita de Sal 118:26.

c. **primer tratado.** El Evangelio de Lucas (Lc 1:1-4). Aquel tratado fue una crónica de la vida y enseñanza de Jesús que incluyó su muerte, resurrección y ascensión (Lc 24:51).

d. **Teófilo.** Destinatario original de este libro.

e. **todas las cosas que Jesús comenzó a hacer y a enseñar.** Jesús enseñó a los discípulos con palabras y acciones la verdad que necesitaban para continuar su obra. Él completó en la cruz la obra de redención, pero apenas había comenzado la proclamación de sus glorias.

f. **recibido arriba.** La ascensión de Cristo al Padre (cp. Lc 24:51). Lucas emplea este término en otras tres ocasiones (vv. Hch 1:9, 11, 22) para describir el fin del ministerio terrenal del Señor (cp. Jn 6:62; 13:1, 3; 16:28; 17:13; 20:17).

de haber [a]dado mandamientos por el Espíritu Santo a los apóstoles que [b]había escogido; a quienes también, después de haber padecido, [c]se presentó vivo con muchas pruebas indubitables, apareciéndoseles durante [d]cuarenta días y hablándoles acerca del [e]reino de Dios.

Y [f]estando juntos, les mandó que no se fueran de Jerusalén, sino [g]que esperasen la promesa del Padre, la cual, les dijo, oísteis de mí. Porque Juan ciertamente bautizó con agua, mas vosotros seréis [h]bautizados con el Espíritu Santo [i]dentro de no muchos días. Entonces los que se habían reunido le preguntaron, diciendo: Señor, [j]¿restaurarás el reino a Israel en este tiempo? Y les dijo: No os toca a vosotros saber [k]los tiempos o las sazones, que el Padre puso en su sola potestad; pero [l]recibiréis poder, cuando haya venido sobre vosotros

---

a. **dado mandamientos por el Espíritu Santo.** El Espíritu fue la fuente y el poder del ministerio de Jesús en la tierra (cp. Mt 4:1; 12:18; Mr 1:12; Lc 3:22; 4:1, 14, 18), así como del servicio de los apóstoles (cp. Lc 24:49; Jn 14:16, 17; 16:7). Los «mandamientos» son verdades con autoridad divina que fueron reveladas a los apóstoles y quedaron consignadas en el NT (cp. Jn 14:26; 16:13-15).

b. **había escogido.** El Señor, en su soberanía, escogió a los apóstoles para salvación y servicio a él (cp. Jn 6:70; 15:16).

c. **se presentó vivo con muchas pruebas indubitables.** Cp. Jn 20:30; 1 Co 15:5-8. Para dar confianza a los apóstoles en la presentación de su mensaje, Jesús entró de manera sobrenatural a un recinto cerrado (Jn 20:19), mostró sus heridas de la crucifixión (Lc 24:39), comió y bebió con los discípulos (Lc 24:41-43).

d. **cuarenta días.** El período de tiempo entre la resurrección de Jesús y su ascensión en el que hizo apariciones periódicas a los apóstoles y a otras personas (1 Co 15:5-8), uno de cuyos propósitos fue suministrar evidencias convincentes de su resurrección.

e. **reino de Dios.** Cp. Hch 8:12; 14:22; 19:8; 20:25; 28:23, 31. Aquí, esta expresión se refiere a la esfera de la salvación, el señorío divino sobre el corazón de cada uno de los creyentes por la gracia (ver 1 Co 6:9; Ef 5:5; cp. 17:7; Col 1:13, 14; Ap 11:15; 12:10). Este fue el tema dominante durante el ministerio terrenal de Cristo (cp. Mt 4:23; 9:35; Mr 1:15; Lc 4:43; 9:2; Jn 3:3-21).

f. **estando juntos.** También se puede leer «comiendo con ellos», que es lo que hacía Jesús con sus discípulos en el momento (cp. Hch 10:41; Lc 24:42, 43). Que Jesús comiera constituye una prueba adicional de su resurrección corporal.

g. **que esperasen la promesa del Padre.** Jesús prometió de forma reiterada que Dios les enviaría a su Espíritu (Lc 11:13; 24:49; Jn 7:39; 14:16, 26; 15:26; 16:7).

h. **bautizados con el Espíritu Santo.** Los apóstoles tuvieron que esperar hasta el día de Pentecostés, pero desde aquel entonces todos los creyentes son bautizados con el Espíritu Santo al ser salvos (ver 1 Co 12:13; cp. Ro 8:9; 1 Co 6:19, 20; Tit 3:5, 6).

i. **dentro de no muchos días.** La promesa de Dios se cumplió diez días después.

j. **¿restaurarás el reino a Israel...?** Los apóstoles todavía creían que la forma terrenal del reino del Mesías sería restablecida en poco tiempo (cp. Lc 19:11; 24:21). También sabían que Ez 36 y Jl 2 conectaban la venida del reino con el derramamiento del Espíritu prometido por Jesús.

k. **los tiempos o las sazones.** Las dos palabras se refieren a características, eras y acontecimientos que serán parte de su reino sobre la tierra, el cual comenzará a partir de su Segunda Venida (Mt 25:21-34). Sin embargo, el tiempo exacto de su regreso no ha sido revelado (Mr 13:32; cp. Dt 29:29). Este versículo muestra que la expectativa de los apóstoles con respecto a un reino literal y terrenal reflejaba lo enseñado por Cristo y lo predicho en el AT. Si no hubiera sido así, él los habría corregido en este aspecto tan crucial de su enseñanza.

l. **recibiréis poder.** Los apóstoles ya habían experimentado el poder del Espíritu Santo para salvar, guiar, enseñar y hacer milagros. Pronto recibirían su presencia dentro de ellos y una nueva dimensión de poder para testificar (ver Hch 2:4; 1 Co 6:19, 20; Ef 3:16, 20).

el Espíritu Santo, y me seréis [a]testigos en Jerusalén, en toda [b]Judea en Samaria, y hasta lo último de la tierra.

Y habiendo dicho estas cosas, viéndolo ellos, fue [c]alzado, y le recibió [d]una nube que le ocultó de sus ojos. Y estando ellos con los ojos puestos en el cielo, entre tanto que él se iba, he aquí se pusieron junto a ellos [e]dos varones con vestiduras blancas, los cuales también les dijeron: [f]Varones galileos, ¿por qué estáis mirando al cielo? Este mismo Jesús, que ha sido tomado de vosotros al cielo, [g]así vendrá como le habéis visto ir al cielo.

4. Los discípulos esperan en el aposento alto

Hechos 1:12–26

Entonces volvieron a Jerusalén desde [h]el monte que se llama del Olivar, el cual está cerca de Jerusalén, [i]camino de un día de reposo. Y entrados, subieron al

---

a. **testigos.** Personas que cuentan la verdad acerca de Jesucristo (cp. Jn 14:26; 1 P 3:15). La palabra griega significa «el que muere por su fe», porque ese era casi siempre el precio que se pagaba por dar testimonio de Jesús.

b. **Judea.** La región en la que estaba ubicada Jerusalén. La misión de los apóstoles consistía en esparcir el evangelio y era la razón principal del poder que les dio el Espíritu Santo. Este suceso cambió de forma dramática la historia del mundo porque permitió que el mensaje del evangelio llegara a todos los rincones de la tierra.

c. **alzado.** Dios el Padre transportó a Jesús en su cuerpo resucitado, de este mundo al lugar que merece a la diestra del Padre (Lc 24:51; cp. 2:33; Jn 17:1-6).

d. **una nube.** Esta fue una manifestación visible de que la gloria de Dios estuvo presente mientras los apóstoles contemplaban la ascensión. Para algunos de ellos esta no era la primera vez que eran testigos oculares de la gloria divina (Mr 9:26), y tampoco será la última vez que Jesús esté rodeado de nubes (Mr 13:26; 14:62; Ap 1:7).

e. **dos varones con vestiduras blancas.** Dos ángeles en forma de hombres (cp. Gn 18:2; Jos 5:13-15; Mr 16:5).

f. **Varones galileos.** Todos los apóstoles eran de Galilea excepto Judas que ya había acabado con su vida.

g. **así.** Un día Cristo volverá a la tierra (al monte de los Olivos) de la misma forma en la que ascendió (con nubes), para establecer su reino (cp. Dn 7:13; Zac 14:4; Mt 24:30; 26:64; Ap 1:7; 14:14).

h. **el monte que se llama del Olivar.** Ubicado al otro lado del valle de Cedrón al este de Jerusalén, este collado inmenso que se eleva unos 60 m por encima de la ciudad, fue el sitio donde ocurrió la ascensión de Jesús al cielo (Lc 24:50, 51).

i. **camino de un día de reposo.** Equivalía a unos 900 m (2.000 codos) y era la máxima distancia que podía recorrer un judío fiel en el día de reposo para acomodarse a la prohibición de Éx 16:29. Esta medida se derivaba de la tradición establecida durante la época del campamento israelita en el desierto. En el perímetro del campamento se encontraban las tiendas más alejadas del centro a unos dos mil codos del tabernáculo, por eso era la distancia máxima que cualquier israelita tenía que recorrer para llegar al tabernáculo en el día de reposo (Jos 3:4; cp. Nm 35:5).

[a]aposento alto, donde moraban Pedro y Jacobo, Juan, Andrés, Felipe, Tomás, [b]Bartolomé, Mateo, [c]Jacobo hijo de Alfeo, Simón el Zelote y [d]Judas hermano de Jacobo. Todos estos [e]perseveraban unánimes en oración y ruego, [f]con las mujeres, y con [g]María la madre de Jesús, y con sus [h]hermanos.

[i]En aquellos días [j]Pedro se levantó en medio de los hermanos (y los reunidos eran como ciento veinte en número), y dijo: [k]Varones hermanos, [l]era necesario que se cumpliese la Escritura en que [m]el Espíritu Santo habló antes por boca de David acerca de Judas, que fue guía de los que prendieron a Jesús, y era contado con nosotros, y [n]tenía parte en este ministerio.

[o]Este, pues, con el [p]salario de su iniquidad adquirió un campo, y [q]cayendo de cabeza, se reventó por la mitad, y todas sus entrañas se derramaron. Y fue

---

a. **aposento alto.** Puede ser el mismo lugar en el que se celebró la última cena (Mr 14:15) y donde Jesús había aparecido a los apóstoles después de su resurrección.

b. **Bartolomé.** Ver Mt 10:3. Este discípulo también es llamado Natanael (Jn 1:45-49; 21:2).

c. **Jacobo hijo de Alfeo.** Ver Mt 10:2. También conocido como «Jacobo el menor» para que se distinga de Jacobo el hermano de Juan (Mr 15:40).

d. **Judas hermano de Jacobo.** Algunas versiones antiguas se equivocan al traducir «hijo de Jacobo». Ver Mt 10:3. También era conocido como Tadeo (Mr 3:18).

e. **perseveraban... en oración.** En esta época se inició el patrón de oración en el nombre de Jesús (cp. Jn 14:13, 14).

f. **con las mujeres.** Sin duda alguna incluyeron a María Magdalena, María la esposa de Cleofas, las hermanas María y Marta al igual que Salomé. También es posible que estuvieran presentes las esposas de los apóstoles (cp. 1 Co 9:5).

g. **María la madre de Jesús.** Ver Lc 1:27, 28. El nombre de María no vuelve a aparecer en el NT.

h. **hermanos.** Los medios hermanos de Jesús, nombrados en Mr 6:3 como Jacobo, José, Judas y Simón. Jacobo fue el líder de la iglesia en Jerusalén (Hch 12:17; 15:13-22) y autor de la epístola universal que lleva su nombre acuñado por la tradición eclesiástica como Santiago. Asimismo, Judas escribió la epístola que lleva su nombre. En este momento eran creyentes recientes en Jesús como Dios, Salvador y Señor, aunque Juan había hecho mención de su incredulidad tan solo ocho meses atrás (Jn 7:5).

i. **En aquellos días.** Un tiempo no especificado durante los diez días de oración y compañerismo fraternal de los creyentes entre la ascensión y el Pentecostés.

j. **Pedro.** Ver Mt 10:2. El líder reconocido de los apóstoles asumió responsabilidad de la situación.

k. **Varones hermanos.** Los ciento veinte creyentes que estaban reunidos (Hch 1:15).

l. **era necesario que se cumpliese la Escritura.** Los dos pasajes del AT que Pedro cita en Hch 1:20 son Sal 69:25; 109:8. Siempre que Dios da profecías, estas se cumplen (cp. Sal 115:3; Is 46:10; 55:11).

m. **el Espíritu Santo... por boca de David.** Esta es una de las descripciones más claras de la inspiración divina de las Escrituras. Dios habló a través de la boca de David, que en realidad es una referencia a sus escritos (ver 2 P 1:21).

n. **tenía parte en este ministerio.** Judas Iscariote era un miembro de los doce, pero nunca fue salvo de verdad y por esa razón se le llama «el hijo de perdición» (Jn 17:12). Ver Mt 26:24; Jn 6:64, 70, 71; cp. 2:23; Lc 22:22.

o. **Este... adquirió un campo.** Debido a que el campo fue comprado con el dinero que los líderes judíos pagaron a Judas para traicionar a Jesús, el cual les devolvió (Mt 27:3-10), Lucas se refiere a Judas como si fuera el comprador (cp. Zac 11:12, 13).

p. **salario de su iniquidad.** Las treinta monedas de plata con las que pagaron a Judas.

q. **cayendo de cabeza.** Según parece, el árbol que eligió Judas para colgarse (Mt 27:5) estaba al borde de un precipicio. Lo más probable es que la cuerda que utilizó se rompió o el nudo se deshizo, por lo cual su cuerpo se destrozó al caer sobre las rocas.

notorio a todos los habitantes de Jerusalén, de tal manera que aquel campo se llama en su propia lengua, [a]Acéldama, que quiere decir, Campo de sangre.

Porque [b]está escrito en el libro de los Salmos:

> Sea hecha desierta su habitación,
> Y no haya quien more en ella;

y:

> Tome otro su oficio.

Es necesario, pues, que de estos hombres que han estado juntos con nosotros todo el tiempo que el Señor Jesús [c]entraba y salía entre nosotros, comenzando desde [d]el bautismo de Juan hasta el día en que de entre nosotros fue recibido arriba, uno sea hecho [e]testigo con nosotros, de su resurrección.

Y señalaron a dos: a José, llamado [f]Barsabás, que tenía por sobrenombre Justo, y a [g]Matías. Y orando, dijeron: Tú, Señor, que conoces los corazones de todos, muestra cuál de estos dos has escogido, para que tome la parte de este ministerio y apostolado, de que cayó Judas por transgresión, para irse [h]a su propio lugar. Y [i]les echaron suertes, y la suerte cayó sobre Matías; y fue contado con los once apóstoles.

---

a. **Acéldama... Campo de sangre.** Este es el nombre arameo del campo que fue comprado por los líderes judíos. Según la tradición, el campo está ubicado al sur de Jerusalén en el valle de Hinom, donde ese valle cruza el valle de Cedrón. Allí el suelo era bueno para la alfarería, por esa razón Mateo lo identifica como «el campo del alfarero» (Mt 27:7, 10).

b. **está escrito.** Pedro empleó la prueba más contundente, la que se encuentra en las Escrituras, para asegurar a los creyentes que tanto la deserción pérfida de Judas como la elección de su reemplazo estaban dentro de los propósitos de Dios (cp. Sal 55:12-15).

c. **entraba y salía entre nosotros.** El primer requisito para el sucesor de Judas era que hubiera participado en el ministerio terrenal de Jesús.

d. **el bautismo de Juan.** El bautismo de Jesús a cargo de Juan el Bautista (Mt 3:13-17; Mr 1:9-11; Lc 3:21-23).

e. **testigo con nosotros, de su resurrección.** Un segundo requisito para el sucesor de Judas fue que debía haber visto al Cristo resucitado. La resurrección era un aspecto central de la predicación apostólica (cp. Hch 2:24, 32; 3:15; 5:30; 10:40; 13:30-37).

f. **Barsabás... Justo.** Barsabás significa «hijo del día de reposo». Justo era el nombre latino de José. Muchos judíos en el Imperio romano también usaban el equivalente gentil de sus nombres.

g. **Matías.** El nombre significa «regalo de Dios». El historiador antiguo Eusebio afirma que Matías se contaba entre los setenta de Lc 10:1.

h. **a su propio lugar.** Judas eligió su propio destino en el infierno al rechazar a Cristo. Es correcto afirmar que el infierno es el lugar de Judas y de todos los demás que se van allí (cp. Jn 6:70).

i. **les echaron suertes.** Un método habitual en el AT para discernir la voluntad de Dios (cp. Lv 16:8-10; Jos 7:14; Pr 18:18; ver Pr 16:33). Esta es la última mención bíblica de suertes porque la venida del Espíritu las hizo innecesarias.

5. Nace la Iglesia

Hechos 2:1–13

Cuando llegó el [a]día de Pentecostés, estaban todos unánimes juntos. Y de repente vino del cielo [b]un estruendo como de un viento recio que soplaba, el cual llenó toda la casa donde estaban sentados; y se les aparecieron [c]lenguas repartidas, como de fuego, asentándose sobre cada uno de ellos. Y fueron [d]todos [e]llenos del Espíritu Santo, y comenzaron a hablar [f]en otras lenguas, según el Espíritu les daba que hablasen.

Moraban entonces en Jerusalén [g]judíos, varones piadosos, de todas las naciones bajo el cielo. Y hecho [h]este estruendo, se juntó la multitud; y estaban confusos, porque cada uno les oía [i]hablar en su propia lengua. Y estaban

---

a. **día de Pentecostés.** «Pentecostés» significa «quincuagésimo», y se refiere a la fiesta de las semanas (Éx 34:22, 23) o de la cosecha (Lv 23:16) que se celebraba cincuenta días después de la Pascua en mayo o junio (Lv 23:15-22). Era una de las tres fiestas anuales para las cuales la nación se reunía en Jerusalén (ver Éx 23:14-19). En Pentecostés se ofrecían las primicias (Lv 23:20). El Espíritu Santo vino en ese día como la primicia de la herencia del creyente (cp. 2 Co 5:5; Ef 1:11, 14). Quienes fueron añadidos en ese momento a la iglesia fueron a su vez las primicias de toda la cosecha de creyentes que vendría después.

b. **un estruendo como de un viento recio.** El símil que emplea Lucas describe la obra de Dios al enviar al Espíritu Santo. El viento se emplea con frecuencia en las Escrituras como símbolo del Espíritu Santo (cp. Ez 37:9, 10; Jn 3:8).

c. **lenguas repartidas, como de fuego.** Así como el estruendo y el viento eran de carácter simbólico, aquí no se trata de llamas de fuego, sino de una señal sobrenatural, como el fuego, de que Dios enviaba su Espíritu Santo sobre cada creyente. En las Escrituras es usual ver que el fuego indique la presencia divina (cp. Éx 3:2-6). Dios usó el aspecto de fuego de manera similar al de una paloma en el bautismo de Jesús (Mt 3:11; Lc 3:16).

d. **todos.** Los apóstoles y los ciento veinte. Cp. Jl 2:28-32.

e. **llenos del Espíritu Santo.** A diferencia del bautismo del Espíritu que es una experiencia única mediante la cual Dios añade al creyente a su Cuerpo (ver 1 Co 12:13), la llenura es la experiencia continua de una vida controlada por el Espíritu, que cada creyente está llamado a guardar (ver Ef 5:18). Pedro, y muchos otros en Hch 2, fueron llenos del Espíritu Santo otra vez (p. ej. Hch 4:8, 31; 6:5; 7:55) para hablar con denuedo la Palabra de Dios. La llenura del Espíritu Santo se refleja en todas las áreas de la vida, no solo en el denuedo para hablar (cp. Ef 5:19-33).

f. **en otras lenguas.** Lenguas conocidas (ver 1 Co 14:1-25), no expresiones extáticas. Estas lenguas que dio el Espíritu fueron una señal de juicio para Israel en su incredulidad (ver 1 Co 14:21, 22). También demuestra que, a partir de ese momento, el pueblo de Dios sería conformado por personas de todas las naciones, y marcó el paso de Israel a la iglesia. La experiencia de hablar en lenguas solo aparece en otras dos ocasiones en Hechos (10:46; 19:6).

g. **judíos, varones piadosos.** Hombres hebreos que peregrinaban hasta Jerusalén. Venían hasta allí para celebrar la fiesta de Pentecostés (ver el v. 1) como parte de la observación del calendario judío religioso. Ver Éx 23:14-19.

h. **este estruendo.** El estruendo como de viento recio, no el estruendo de las diversas lenguas.

i. **hablar en su propia lengua.** A medida que los creyentes hablaban, cada peregrino que se encontraba en medio de la multitud reconocía el idioma o dialecto de su propio país.

atónitos y maravillados, diciendo: Mirad, ¿no son [a]galileos todos estos que hablan? ¿Cómo, pues, les oímos nosotros hablar cada uno en nuestra [b]lengua en la que hemos nacido? [c]Partos, [d]medos, [e]elamitas, y los que habitamos en [f]Mesopotamia, en [g]Judea, en [h]Capadocia, en el Ponto y en Asia, en Frigia y Panfilia, en [i]Egipto y en las regiones de [j]África más allá de Cirene, y [k]romanos aquí residentes, tanto judíos como [l]prosélitos, [m]cretenses y [n]árabes, les oímos hablar en nuestras lenguas las [o]maravillas de Dios. Y estaban todos atónitos y perplejos, diciéndose unos a otros: ¿Qué quiere decir esto?

Mas otros, burlándose, decían: Están llenos de [p]mosto.

---

a. **galileos.** Habitantes de la zona norte de Israel que circundaba el mar de Galilea, y que era en su mayor parte rural. Los judíos galileos tenían otro acento regional y eran considerados por los judíos de Judea al sur como personas simples e ignorantes. Aquellos se asombraron al ver que los galileos hablaban muchos idiomas diferentes.

b. **lengua.** La lista específica de países y grupos étnicos constituye otra prueba de que dichas expresiones eran lenguas humanas conocidas.

c. **Partos.** Habitaban en la región que en la actualidad corresponde a Irán.

d. **medos.** En la época de Daniel gobernaban junto con los persas, pero habitaban en Partia.

e. **elamitas.** Provenían de la región suroeste del Imperio parto.

f. **Mesopotamia.** Significa «entre los ríos» (el Tigris y el Éufrates). Muchos judíos, descendientes de antiguos cautivos que nunca regresaron a Palestina, aún vivían allí (cp. 2 Cr 36:22, 23).

g. **Judea.** Toda la región que estuvo en algún momento bajo el control de David y Salomón, hasta Siria.

h. **Capadocia, en el Ponto y en Asia, en Frigia y Panfilia.** Todos estos eran distritos en Asia Menor, donde hoy día se encuentra Turquía.

i. **Egipto.** Muchos judíos vivían allí, en especial en la ciudad de Alejandría. Más adelante la nación abarcó casi la totalidad de la región del actual Egipto.

j. **África más allá de Cirene.** Distritos ubicados al oeste de Egipto, a lo largo de la costa norte de África.

k. **romanos.** Se refiere a la capital del imperio, que tenía una población judía considerable desde el siglo II A.C.

l. **prosélitos.** Gentiles convertidos al judaísmo. Los judíos en Roma se destacaban por buscar dichos prosélitos.

m. **cretenses.** Habitantes de la isla de Creta, lejos de la costa sur de Grecia.

n. **árabes.** judíos que vivían entre los árabes nabateos al sur de Damasco (cp. Gá 1:17).

o. **maravillas de Dios.** Los creyentes citaban del AT las obras de Dios a favor de su pueblo (cp. Éx 15:11; Sal 40:5; 77:11; 96:3; 107:21). En Jerusalén y durante las fiestas se solían escuchar dichas alabanzas.

p. **mosto.** Una bebida embriagante.

6. Pedro predica el evangelio en Jerusalén

Hechos 2:14–36

Entonces Pedro, poniéndose en pie [a]con los once, alzó la voz y les habló diciendo: Varones judíos, y todos los que habitáis en Jerusalén, esto os sea notorio, y oíd mis palabras. Porque estos no están ebrios, como vosotros suponéis, puesto que es [b]la hora tercera del día. Mas esto es lo dicho por [c]el profeta Joel:

> Y en los [d]postreros días, dice Dios,
> Derramaré de mi Espíritu sobre [e]toda carne,
> Y vuestros hijos y vuestras hijas profetizarán;
> Vuestros jóvenes verán [f]visiones,
> Y vuestros ancianos soñarán sueños;
> Y de cierto sobre mis siervos y
> sobre mis siervas aquellos días
> Derramaré de mi Espíritu, y [g]profetizarán;
> Y daré [h]prodigios arriba en el cielo,

---

a. **con los once.** Este número de apóstoles incluía al recién escogido Matías, quien remplazó a Judas Iscariote (ver Hch 1:23, 24).

b. **la hora tercera.** Según el cálculo judío desde el amanecer, eran las nueve de la mañana.

c. **el profeta Joel.** La profecía de Joel no se cumplirá en su totalidad, sino hasta el reino del milenio. No obstante, el hecho de que Pedro la empleara indica que Pentecostés fue parte de ese cumplimiento y un anticipo de lo que sucederá en dicho reino, en el cual el Espíritu será derramado sobre toda carne (cp. Hch 10:45).

d. **postreros días.** Esta frase se refiere a la era actual de la historia de la redención desde la primera venida de Cristo (He 1:2; 1 P 1:20; 1 Jn 2:18) hasta su regreso.

e. **toda carne.** Esto significa que todas las personas recibirán al Espíritu Santo porque todos aquellos que entren en el reino del milenio serán redimidos (cp. Mt 24:29–25:46; Ap 20:4-6).

f. **visiones... sueños.** Los sueños (Gn 20:3; Dn 7:1) y las visiones (Gn 15:1; Ap 9:17), debido a su carácter gráfico, constituyen uno de los medios más notables de revelación divina. Aunque no son exclusivos del creyente (p. ej. Abimelec, Gn 20:3 y Faraón, Gn 41:1-8), estaban en primera instancia reservados a los profetas y a los apóstoles (cp. Nm 12:6). En el AT se encuentran con mucha mayor frecuencia que en el NT, donde casi no aparecen. En Hechos, la mayoría de las visiones de Dios estuvieron relacionadas con Pedro (caps. 10, 11) o Pablo (caps. 9, 18; cp. 2 Co 12:1). En la gran mayoría de casos fueron usados para revelar imágenes apocalípticas (cp. Ezequiel, Daniel, Zacarías, Apocalipsis). No se consideraban como un fenómeno normal en los tiempos bíblicos, como tampoco deben serlo hoy día. Sin embargo, vendrá un tiempo en el cual Dios usará las visiones y los sueños durante el período de tribulación, tal como fue profetizado en Jl 2:28-32.

g. **profetizarán.** Habrá una penetrante proclamación de la verdad de Dios en el reino del milenio.

h. **prodigios... señales.** Cp. Hch 4:30; 5:12; 14:3; 15:12. «Prodigios» se refiere al asombro que las personas experimentan al presenciar obras sobrenaturales (milagros). «Señales» señalan al poder de Dios que actúa tras cada milagro, y carecen de valor a menos que conduzcan a

Y señales abajo en la tierra,
[a]Sangre y fuego y vapor de humo;
El [b]sol se convertirá en tinieblas,
Y la luna en sangre,
Antes que venga el [c]día del Señor,
Grande y manifiesto;
Y [d]todo aquel que invocare el
nombre del Señor, será salvo.

Varones israelitas, oíd estas palabras: [e]Jesús nazareno, varón [f]aprobado por Dios entre vosotros con las maravillas, prodigios y señales que Dios hizo entre vosotros por medio de él, como vosotros mismos sabéis; a este, entregado [g]por el determinado consejo y anticipado conocimiento de Dios, prendisteis y matasteis por [h]manos de inicuos, crucificándole; al cual Dios levantó, sueltos los dolores de la muerte, por cuanto era [i]imposible que fuese retenido por ella. Porque [j]David dice de él:

Veía al Señor siempre delante de mí;
Porque está a mi diestra, no seré conmovido.

Dios y a su verdad. Dichas obras fueron realizadas con frecuencia por el Espíritu Santo por medio de los apóstoles (Hch 5:12-16) y de sus compañeros (6:8) a fin de ratificar su ministerio como mensajeros de la verdad de Dios. Cp. 2 Co 12:12.

a. **Sangre y fuego y vapor de humo.** Todos estos fenómenos están relacionados con sucesos que acompañarán la segunda venida de Cristo y que serán la señal del establecimiento de su reino en la tierra: sangre (Ap 6:8; 8:7, 8; 9:15; 14:20; 16:3), fuego (Ap 8:5, 7, 8, 10) y humo (Ap 9:2, 3, 17, 18; 18:9, 18).

b. **sol... tinieblas... luna en sangre.** Cp. Mt 24:29, 30, ver Ap 6:12.

c. **día del Señor.** Ver 1 Ts 5:2. Este día del Señor se hará realidad con el regreso de Jesucristo (cp. 2 Ts 2:2; Ap 19:11-15).

d. **todo aquel que invocare.** Hasta esa hora de juicio y de ira, cualquiera que quiera volverse a Cristo como Señor y Salvador será salvo (ver Ro 10:10-13).

e. **Jesús nazareno.** El humilde nombre con el cual se identificó al Señor con frecuencia durante su ministerio en la tierra (Mt 21:11; Mr 10:47; Lc 24:19; Jn 18:5).

f. **aprobado... con las maravillas, prodigios y señales.** Dios confirmó a Jesús como el Mesías por diversos medios y obras sobrenaturales (cp. Mt 11:1-6; Lc 7:20-23; Jn 3:2; 5:17-20; 8:28; Fil 2:9; ver 1:3; 2:19).

g. **por el determinado consejo y anticipado conocimiento de Dios.** Desde la eternidad (2 Ti 1:9; Ap 13:8) Dios predeterminó que Jesús moriría una muerte en expiación como parte de su plan preparado de antemano (Hch 4:27, 28; 13:27-29).

h. **manos de inicuos, crucificándole.** Una acusación contra los «varones israelitas» (v. 22), aquellos judíos incrédulos que incitaron la muerte de Jesús, que fue ejecutada por los romanos. Que la crucifixión haya sido ordenada de antemano por Dios no exime de culpa a quienes la provocaron.

i. **imposible.** La muerte no podía retener a Jesús en la tumba debido a su poder divino (Jn 11:25; He 2:14) y a la promesa y propósito de Dios (Lc 24:46; Jn 2:18-22; 1 Co 15:16-26).

j. **David dice.** Por medio de David, el Señor hablaba de su resurrección de manera profética (ver Sal 16:8-11).

Por lo cual mi corazón se alegró, y se gozó mi lengua,
Y aun mi carne descansará en esperanza;
Porque no dejarás mi alma en el [a]Hades,
Ni permitirás que tu Santo vea corrupción.
Me hiciste conocer los caminos de la vida;
Me llenarás de gozo con tu presencia.

Varones hermanos, se os puede decir libremente del patriarca David, que murió y fue sepultado, y [b]su sepulcro está con nosotros hasta el día de hoy. Pero [c]siendo profeta, y sabiendo que con juramento Dios le había jurado que de su descendencia, en cuanto a la carne, levantaría al Cristo para que se sentase en su trono, viéndolo antes, [d]habló de la resurrección de Cristo, que su alma no fue dejada en el Hades, ni su carne vio corrupción. A este Jesús [e]resucitó Dios, de lo cual [f]todos nosotros somos testigos. Así que, exaltado por la diestra de Dios, y habiendo recibido del Padre la [g]promesa del Espíritu Santo, ha derramado esto que vosotros veis y oís.

Porque David no subió a los cielos; pero él mismo dice:

[h]Dijo el Señor a mi Señor:
Siéntate a mi diestra,
Hasta que ponga a tus enemigos por estrado de tus pies.

---

a. **Hades.** Cp. Hch 2:31, ver Lc 16:23. Corresponde a la morada de los muertos del AT o «Seol». Aunque algunas veces se refiere al infierno (Mt 11:23), aquí hace referencia al lugar general de los muertos.

b. **su sepulcro está con nosotros.** Esto les recordaba a los judíos que el cuerpo de David nunca había resucitado, lo cual confirmaba que él no podría representar el cumplimiento de la profecía del salmo 16.

c. **siendo profeta.** Pedro citó Sal 132:11. Como portavoz de Dios, David sabía que Dios cumpliría la promesa (2 S 7:11-16) de que Cristo vendría.

d. **habló.** Pedro citó Sal 16:10. Pedro revela el significado del salmo 16, no como una referencia a David, sino a Jesucristo. Él resucitaría para reinar (cp. Sal 2:1-9; 89:3).

e. **resucitó Dios.** Cp. Hch 2:24; 10:40; 17:31; 1 Co 6:14; Ef 1:20. Que Dios lo haya resucitado demuestra su aprobación de la obra de Cristo en la cruz.

f. **todos nosotros somos testigos.** Los primeros predicadores proclamaron la resurrección (Hch 3:15, 26; 4:10; 5:30; 10:40; 13:30, 33, 34, 37; 17:31).

g. **promesa del Espíritu Santo.** Después de la muerte y ascensión de Jesús, se cumplió la promesa de Dios de enviar al Espíritu Santo (cp. Jn 7:39; Gá 3:14) y se hizo manifiesta aquel día.

h. **Dijo el Señor a mi Señor.** Pedro cita otro salmo (Sal 110:1) sobre la exaltación del Mesías mediante su ascensión a la diestra de Dios, y le recuerda al lector que esto no se cumplió en David, sino en Jesucristo. Pedro había sido testigo ocular de la ascensión (Hch 1:9-11).

[a]Sepa, pues, ciertísimamente toda la casa de Israel, que a este Jesús a quien vosotros crucificasteis, Dios le ha hecho [b]Señor y Cristo.

7. La iglesia primitiva

Hechos 2:37–47

Al oír esto, [c]se compungieron de corazón, y dijeron a Pedro y a los otros apóstoles: Varones hermanos, ¿qué haremos?

Pedro les dijo: [d]Arrepentíos, y [e]bautícese cada uno de vosotros [f]en el nombre de Jesucristo [g]para perdón de los pecados; y recibiréis el don del Espíritu

---

a. **Sepa, pues.** Pedro resume su sermón en una poderosa declaración de certeza: las profecías del AT acerca de la resurrección y la exaltación constituyen evidencia abrumadora que señala a Jesús como el Mesías.

b. **Señor y Cristo.** Jesús es Dios y también el Mesías ungido (cp. Ro 1:4; 10:9; 1 Co 12:3; Fil 2:9, 11).

c. **se compungieron de corazón.** La palabra griega para «compungir» significa «traspasar» o «atravesar» y designa algo repentino e inesperado. En un estado de congoja, compunción y profunda convicción espiritual, quedaron atónitos ante la denuncia de Pedro que los responsabilizaba de haber asesinado a su Mesías.

d. **Arrepentíos.** Esto se refiere al cambio de mente y de propósito que hace volver al hombre de su pecado, a Dios (1 Ts 1:9). Este cambio abarca mucho más que el simple temor a las consecuencias del juicio de Dios. El arrepentimiento genuino considera que se debe abandonar la maldad del pecado y abrazar la persona y la obra de Cristo en su totalidad. Pedro exhortó a sus oyentes a arrepentirse, porque de lo contrario sería imposible experimentar una verdadera conversión (ver Mt 3:2; cp. Hch 3:19; 5:31; 8:22; 11:18; 17:30; 20:21; 26:20; Mt 4:17).

e. **bautícese.** El significado literal de esta expresión es «ser sumergido o inmerso» en agua. Pedro, en obediencia al mandato de Cristo en Mt 28:19, instó a las personas que se arrepentían y se volvían al Señor Jesucristo para salvación, a identificarse con su muerte, sepultura y resurrección mediante las aguas del bautismo (cp. Hch 19:5; Ro 6:3, 4; 1 Co 12:13; Gá 3:27; ver Mt 3:2). Esta es la primera vez que de manera pública los apóstoles ordenaron a las personas que se bautizaran. Antes de esto, muchos judíos ya habían experimentado el bautismo de Juan el Bautista (ver Mt 3:1-3) y estaban también familiarizados con el bautismo de los gentiles convertidos al judaísmo (prosélitos).

f. **en el nombre de Jesucristo.** Para el nuevo creyente, asumir esta identificación era un asunto decisivo pero costoso.

g. **para perdón de los pecados.** Una mejor traducción de esta frase podría ser «por causa de la remisión de pecados». El bautismo no produce el perdón ni la limpieza de pecados. Ver 1 P 3:20, 21. La experiencia del perdón precede a la ceremonia del bautismo (Hch 2.41). El arrepentimiento genuino es lo que trae el perdón de Dios (remisión) de los pecados (cp. Ef 1:7) y es por esta razón que el creyente debía bautizarse. Sin embargo, el bautismo constituía un paso de obediencia permanente, y por esta razón se convirtió en sinónimo de la salvación. Así pues, decir que alguien se bautizaba para ser perdonado era lo mismo que afirmar su salvación. Ver «un bautismo» en Ef 4:5. Todo creyente goza de la completa remisión de pecados (Mt 26:28; Lc 24:47; Ef 1:7; Col 2:13; 1 Jn 2:12).

Santo. Porque para vosotros es la promesa, y para vuestros hijos, y para [a]todos los que están lejos; [b]para cuantos el Señor nuestro Dios llamare.

Y con otras muchas palabras testificaba y les exhortaba, diciendo: Sed salvos de esta perversa generación. Así que, los que recibieron su palabra fueron bautizados; y se añadieron aquel día como [c]tres mil personas. Y perseveraban en [d]la doctrina de los apóstoles, en la [e]comunión unos con otros, en el [f]partimiento del pan y en [g]las oraciones. Y sobrevino temor a toda persona; y muchas [h]maravillas y señales eran hechas por los apóstoles. Todos los que habían creído estaban juntos, y tenían [i]en común todas las cosas; y [j]vendían sus propiedades y sus bienes, y lo repartían a todos según la necesidad de cada uno.

Y perseverando unánimes [k]cada día en el templo, y [l]partiendo el pan en las casas, comían juntos con [m]alegría y sencillez de corazón, alabando a Dios,

---

a. **todos los que están lejos.** Gentiles, quienes asimismo estaban llamados a comunicar las bendiciones de la salvación (cp. Ef 2:11-13).

b. **para cuantos el Señor nuestro Dios llamare.** En última instancia, la salvación es del Señor. Ver Ro 3:24.

c. **tres mil.** Que Lucas haya usado un número específico sugiere que se guardaban registros de las conversiones y de los bautismos. Excavaciones arqueológicas en el lado sur del monte del templo han permitido encontrar numerosos *mikvá* judíos, que eran grandes instalaciones similares a bautisterios en los cuales los judíos religiosos se sumergían para la purificación ritual antes de entrar al templo. Existían suficientes instalaciones de estas para bautizar a muchas personas en poco tiempo.

d. **la doctrina de los apóstoles.** Las Escrituras, que son la verdad revelada recibida por los apóstoles, eran el fundamento para el crecimiento y la madurez del creyente (ver Jn 14:26; 15:26, 27; 16:13), y se ensenaban con fidelidad. Ver 2 P 1:19-21; 3:1, 2, 16.

e. **comunión.** Lit. «compañerismo» o «participación». Puesto que los cristianos se convierten en compañeros de Jesucristo y de los otros creyentes (1 Jn 1:3), es su deber espiritual animarse mutuamente a vivir en justicia y obediencia (cp. Ro 12:10; 13:8; 15:5; Gá 5:13; Ef 4:2, 25; 5:21; Col 3:9; 1 Ts 4:9; He 3:13; 10:24, 25; 1 P 4:9, 10).

f. **partimiento del pan.** Es una referencia a la Santa Cena o la comunión, que es un mandato para todos los cristianos (cp. 1 Co 11:24-29).

g. **las oraciones.** De cada creyente en particular y de la iglesia como un cuerpo (ver Hch 1:14, 24; 4:24-31; cp. Jn 14:13, 14).

h. **maravillas y señales.** Ver Hch 2:19. En el NT, la capacidad de realizar milagros era exclusiva de los apóstoles y de sus compañeros cercanos (p. ej. Felipe en Hch 8:13, cp. 2 Co 12:12; He 2:3, 4). Generaban asombro y respeto por el poder divino.

i. **en común todas las cosas.** Ver Hch 4:32. Esta frase no sugiere que los cristianos de la iglesia primitiva habitaran en una vivienda colectiva o que juntaran los bienes para redistribuirlos de manera equitativa, sino que en vez de aferrarse a sus propias posesiones estaban dispuestos a usarlas en cualquier momento para suplir las necesidades de los demás.

j. **vendían sus propiedades.** Esto indica que no habían juntado sus recursos (ver Hch 2:44), sino que habían vendido sus propiedades para dar dinero a los miembros de la iglesia que lo necesitaban (cp. Hch 2:46; 4:34-37; 2 Co 8:13, 14).

k. **cada día en el templo.** Los creyentes iban al templo a alabar a Dios (Hch 2:47), seguían los horarios de oración de cada día (cp. Hch 3:1) y daban testimonio del evangelio (Hch 2:47; 5:42).

l. **partiendo el pan en las casas.** Esto se refiere a los recursos que cada día compartían los creyentes unos con otros.

m. **alegría y sencillez de corazón.** La iglesia de Jerusalén vivía gozosa porque sus ojos estaban puestos en Jesucristo y nada más. Ver 2 Co 11:3; Fil 3:13, 14.

y teniendo favor con todo el pueblo. Y [a]el Señor añadía cada día a la iglesia los que habían de ser salvos.

8. El ministerio de Pedro y Juan

Hechos 3:1–10

Pedro y Juan subían juntos al templo a [b]la hora novena, la de la oración. Y era traído un hombre cojo de nacimiento, a quien ponían cada día a [c]la puerta del templo que se llama la Hermosa, para que pidiese [d]limosna de los que entraban [e]en el templo. Este, cuando vio a Pedro y a Juan que iban a entrar en el templo, les rogaba que le diesen limosna. Pedro, con Juan, fijando en él los ojos, le dijo: Míranos. Entonces él les estuvo atento, esperando recibir de ellos algo. Mas Pedro dijo: No tengo plata ni oro, pero lo que tengo te doy; en el nombre de Jesucristo de Nazaret, levántate y anda. Y tomándole por la mano derecha le levantó; y al momento se le afirmaron los pies y tobillos; y saltando, se puso en pie y anduvo; y entró con ellos en el templo, andando, y saltando, y alabando a Dios. Y todo el pueblo le vio andar y alabar a Dios. Y le reconocían que era el que se sentaba a pedir limosna a la puerta del templo, la Hermosa; y se llenaron de asombro y espanto por lo que le había sucedido.

---

a. **el Señor añadía.** Cp. Hch 2:39; 5:14. Ver Mt 16:18. La salvación es la obra soberana de Dios.

b. **la hora novena, la de la oración.** Tres de la tarde. Los judíos tenían tres tiempos de oración al día (Sal 55:17), los otros dos eran a las nueve de la mañana (la hora tercera) y doce del mediodía (la hora sexta).

c. **la puerta del templo que se llama la Hermosa.** Una puerta grande y ornada en el lado oriental que separaba el atrio de los gentiles del atrio de las mujeres.

d. **limosna.** Una donación caritativa de dinero.

e. **en el templo.** Los mendigos consideraban que el templo era el mejor lugar para ejercer su ocupación por las multitudes que se aglomeraban a diario para tratar de impresionar a Dios con buenas obras como las ofrendas piadosas al tesoro del templo.

9. El segundo sermón de Pedro

Hechos 3:11–26

Y teniendo asidos a Pedro y a Juan el cojo que había sido sanado, todo el pueblo, atónito, concurrió a ellos al [a]pórtico que se llama de Salomón. Viendo esto Pedro, respondió al pueblo: Varones israelitas, ¿por qué os maravilláis de esto?, ¿o por qué ponéis los ojos en nosotros, como si por nuestro poder o piedad hubiésemos hecho andar a este? [b]El Dios de Abraham, de Isaac y de Jacob, el Dios de nuestros padres, ha glorificado a [c]su Hijo Jesús, a quien vosotros entregasteis y negasteis delante de [d]Pilato, cuando este había resuelto ponerle en libertad. Mas vosotros negasteis [e]al Santo y al Justo, y pedisteis que se os diese un homicida, y [f]matasteis al [g]Autor de la vida, a quien Dios ha resucitado de los muertos, de lo cual nosotros somos testigos. Y por la fe en su nombre, a este, que vosotros veis y conocéis, le ha confirmado su nombre; y la fe que es por él ha dado a este esta completa sanidad en presencia de todos vosotros.

Mas ahora, hermanos, sé que por ignorancia lo habéis hecho, como también vuestros gobernantes. Pero Dios ha cumplido así lo que había [h]antes anunciado por boca de todos sus profetas, que su Cristo había de padecer.

---

a. **pórtico... de Salomón.** Un pórtico que rodeaba el atrio de los gentiles en el templo. También es el lugar donde Jesús había enseñado acerca del buen pastor (Jn 10:23). Cp. Is 35:6.

b. **El Dios de Abraham, de Isaac y de Jacob.** Una descripción de Dios que era familiar para los oyentes judíos de Pedro (cp. Éx 3:6, 15; 1 R 18:36; 1 Cr 29:18; 2 Cr 30:6; Mt 22:32). Empleó este nombre que recalcaba la fidelidad de Dios para cumplir sus pactos, con el fin de demostrar que hablaba del mismo Dios y Mesías a quien los profetas habían proclamado.

c. **su Hijo Jesús.** También se puede traducir «su siervo», pero este es un título inusual en el NT que solo ocurre en otros cuatro pasajes (Hch 3:26; 4:27, 30; Mt 12:18), aunque es un nombre común del AT para aludir al Mesías (Is 42:1-4, 19; 49:5-7; ver 52:13–53:12; cp. Mt 20:28; Jn 6:38; 8:28; 13:1-7). Aquí Pedro presentó a Jesús como el representante personal de Dios en el ministerio de la redención.

d. **Pilato... había resuelto ponerle en libertad.** Poncio Pilato, el gobernador romano en el juicio de Jesús, venía de una tradición nacional en la que se procuraba la justicia (cp. Hch 16:37, 38; 22:25-29; 25:16). Este hombre sabía que la crucifixión de Jesús era injusta, por eso le declaró inocente en seis ocasiones (Lc 23:4, 14, 15, 22; Jn 18:38; 19:4, 6) y procuró varias veces dejarlo en libertad (Lc 23:13-22; ver Jn 19:12, 13).

e. **al Santo.** Cp. Sal 10:10; Lc 4:34; Jn 6:69.

f. **matasteis... a quien Dios ha resucitado... somos testigos.** La declaración valiente y enérgica de Pedro (cp. 1 Co 15:3-7) fue una defensa clara de la resurrección de Cristo que suministraba más evidencia en su favor. La afirmación de Pedro era innegable, mientras que los judíos nunca mostraron evidencia alguna, como sería el cuerpo sin vida del Maestro para probar su falsedad.

g. **Autor de la vida.** La palabra griega también se traduce «príncipe» y equivale a un pionero que es responsable por el origen o el comienzo de algo. En He 2:10 y 12:2 también se traduce como «Autor». Esto describe a Jesús como el origen y causante divino de la vida (cp. Sal 36:9; He 2:10; 12:2; 1 Jn 5:11, 20).

h. **antes anunciado por boca de todos sus profetas.** Cp. Gn 3:15; Sal 22; Is 53; Zac 12:10.

Así que, [a]arrepentíos y convertíos, para [b]que sean borrados vuestros pecados; para que vengan de la presencia del Señor [c]tiempos de refrigerio, y él envíe a Jesucristo, que os fue antes anunciado; a quien de cierto es necesario que el cielo reciba hasta los tiempos de la restauración de todas las cosas, de que habló Dios por boca de sus santos profetas que han sido desde tiempo antiguo. Porque [d]Moisés dijo a los padres: El Señor vuestro Dios os levantará profeta de entre vuestros hermanos, como a mí; a él oiréis en todas las cosas que os hable; y toda alma que no oiga a aquel profeta, será desarraigada del pueblo. Y todos los [e]profetas desde Samuel en adelante, cuantos han hablado, también han anunciado estos días. Vosotros sois los hijos de los profetas, y del pacto que Dios hizo con nuestros padres, diciendo a Abraham: [f]En tu simiente serán benditas todas las familias de la tierra. A vosotros primeramente, Dios, habiendo levantado a su Hijo, lo envió para que os bendijese, a fin de que cada uno se convierta de su maldad.

---

a. **arrepentíos y convertíos.** Ver Hch 2:38; Mt 3:2. El concepto de «conversión» es un tema frecuente en el NT que alude a la manera como los pecadores deben volverse a Dios (Hch 9:35; 14:15; 26:18, 20; Lc 1:16, 17; 2 Co 3:16; 1 P 2:25).

b. **que sean borrados vuestros pecados.** Cp. Sal 51:9, Is 43:25; 44:22. Con la palabra «borrados» se compara el perdón con la eliminación completa de la tinta en la superficie de un documento escrito (Col 2:14).

c. **tiempos de refrigerio... tiempos de la restauración de todas las cosas.** Aquí «tiempos» es una referencia a épocas o temporadas. El apóstol presenta dos descripciones de la era venidera del reino milenario. Esto es evidente porque las dos referencias corresponden al propósito para el cual Dios envía a Jesucristo. Pedro apunta en dirección al reino de Cristo en la tierra (ver Hch 1:7; cp. Ro 11:26). Este período estará caracterizado por toda especie de bendiciones y renovación (cp. Is 11:6-10; 35:1-10; Ez 34:26; 44:3; Jl 2:26; Mt 19:28; Ap 19:1-10).

d. **Moisés dijo.** Cita de Dt 18:15. Moisés era reverenciado por los judíos como su primer y más grande profeta, y los judíos consideraban que el profeta venidero a quien Moisés describió en términos de uno semejante a él («como a mí») tendría que ser el Mesías.

e. **profetas desde Samuel.** Samuel fue llamado profeta en el AT (1 S 3:20). Aunque él no hizo profecías directas acerca de Cristo, ungió a David como rey y habló de su reino mesiánico (1 S 13:14; 15:28; 16:13; 28:17). Las promesas que David recibió fueron y serán cumplidas en Cristo (cp. 2 S 7:10-16).

f. **En tu simiente.** Cita de Gn 22:18; 26:4. Jesucristo fue el cumplimiento definitivo y perfecto del pacto de Dios con Abraham en todas sus bendiciones (Gá 3:16), las cuales todavía están disponibles para los judíos.

10. Pedro, juzgado por el sanedrín

Hechos 4:1–22

Hablando ellos al pueblo, vinieron sobre ellos los [a]sacerdotes con [b]el jefe de la guardia del templo, y los saduceos, resentidos de que enseñasen al pueblo, y [c]anunciasen en Jesús la resurrección de entre los muertos. Y les echaron mano, y los pusieron en la cárcel hasta el día siguiente, porque [d]era ya tarde. Pero muchos de los que habían oído la palabra, creyeron; y el número de los varones era como [e]cinco mil.

Aconteció al día siguiente, que se reunieron en Jerusalén [f]los gobernantes, los ancianos y los escribas, y el sumo sacerdote [g]Anás, y Caifás y [h]Juan y Alejandro, y todos los que eran de la familia de los sumos sacerdotes; y poniéndoles en medio, les preguntaron: ¿Con qué potestad, o en qué nombre, habéis hecho vosotros esto?

Entonces Pedro, [i]lleno del Espíritu Santo, les dijo: Gobernantes del pueblo, y ancianos de Israel: Puesto que hoy se nos interroga acerca del beneficio hecho a un hombre enfermo, de qué manera este haya sido sanado, sea notorio

---

a. **sacerdotes.** En el AT el sacerdocio comenzó con Aarón y sus hijos (Lv 8). Ellos actuaban como los mediadores humanos entre un Dios santo y la humanidad pecadora. Tenían tres características: 1) eran escogidos y apartados por Dios para el servicio del sacerdocio, 2) debían tener un carácter santo, y 3) solo a ellos se les permitía acercarse a Dios a favor del pueblo, siendo el sumo sacerdote el principal mediador en el día de la Expiación (Lv 16). Cp. Nm 16:5.

b. **el jefe de la guardia del templo.** El jefe de la fuerza policial del templo (conformada por levitas) y oficiales de segundo rango del sumo sacerdote. Los romanos habían delegado la responsabilidad de la seguridad del templo a los judíos.

c. **anunciasen en Jesús la resurrección.** Esta parte del mensaje de los apóstoles era la más ofensiva para los líderes religiosos. Habían ejecutado a Cristo como a un blasfemo, y ahora Pedro y Juan proclamaban su resurrección.

d. **era ya tarde.** Los judíos detuvieron en la cárcel a Pedro y a Juan durante la noche porque la ley judía prohibía realizar procesos judiciales nocturnos. Era demasiado tarde para convocar al sanedrín, así que los apóstoles enfrentarían al día siguiente una audiencia ante el concilio.

e. **cinco mil.** Se refiere al número total de hombres en la iglesia de Jerusalén en ese tiempo, no al número de convertidos después del mensaje de Pedro descrito en el pasaje anterior.

f. **los gobernantes, los ancianos y los escribas.** Estas posiciones conformaban el cuerpo legislativo judío, denominado sanedrín.

g. **Anás... Caifás.** Ver Jn 18:13. Aunque era Caifás quien asumía el cargo de sumo sacerdote (18–36 A.D.) en lugar de Anás (6–15 A.D.), este retuvo su título y no dejó de ejercer una gran influencia.

h. **Juan... Alejandro.** Se desconocen sus identidades. «Juan» podría ser una referencia alterna para «Jonatán», quien fuera uno de los hijos de Anás y quien sucedió a Caifás como sumo sacerdote en 36 A.D.

i. **lleno del Espíritu Santo.** Ver Hch 2:4. Pablo pudo enfrentar la persecución y predicar el evangelio con poder porque estaba bajo el control del Espíritu (cp. Lc 12:11, 12).

a todos vosotros, y a todo el pueblo de Israel, que en el nombre de Jesucristo de Nazaret, a quien vosotros crucificasteis y a quien Dios resucitó de los muertos, por él este hombre está en vuestra presencia sano. Este Jesús es la piedra [a]reprobada por vosotros los edificadores, la cual ha venido a ser cabeza del ángulo. Y en [b]ningún otro hay salvación; porque no hay otro nombre bajo el cielo, dado a los hombres, en que podamos ser salvos.

Entonces viendo el denuedo de Pedro y de Juan, y sabiendo que eran [c]hombres sin letras y del vulgo, se maravillaban; y les reconocían que habían estado con Jesús. Y viendo al hombre que había sido sanado, que estaba en pie con ellos, no podían decir nada en contra. Entonces les ordenaron que saliesen del [d]concilio; y [e]conferenciaban entre sí, diciendo: ¿Qué haremos con estos hombres? Porque de cierto, señal manifiesta ha sido hecha por ellos, notoria a todos los que moran en Jerusalén, y no lo podemos negar. Sin embargo, para que no se divulgue más entre el pueblo, amenacémosles para que no hablen de aquí en adelante a hombre alguno en este nombre.

Y llamándolos, les intimaron que en ninguna manera hablasen ni enseñasen en el nombre de Jesús. Mas Pedro y Juan respondieron diciéndoles: Juzgad si es justo delante de Dios [f]obedecer a vosotros antes que a Dios; porque no podemos dejar de decir lo que hemos visto y oído. Ellos entonces les amenazaron y les soltaron, no hallando ningún modo de castigarles, por causa del pueblo; porque todos glorificaban a Dios por lo que se había hecho, ya que el hombre en quien se había hecho este milagro de sanidad, tenía más de cuarenta años.

---

a. **reprobada... cabeza del ángulo.** Citado de Sal 118:22; cp. Ef 2:19-22; 1 P 2:4-8.

b. **ningún otro.** Esto se refiere a que la fe en Jesucristo es la única condición para la salvación. Solo hay dos caminos en la vida religiosa: el camino ancho de las obras que conduce a la muerte, y el camino estrecho de la fe en Jesús que conduce a la vida eterna (Mt 7:13, 14; cp. Jn 10:7, 8; 14:6). Es lamentable que el sanedrín y sus seguidores siguieran el primer camino.

c. **hombres sin letras y del vulgo.** Pedro y Juan no habían sido educados en las escuelas rabínicas y no tenían instrucción formal en teología.

d. **concilio.** El sanedrín, el cuerpo legislativo de la nación judía y la corte suprema. Estaba conformado por setenta y un miembros, entre los cuales estaba incluido el sumo sacerdote.

e. **conferenciaban.** Era un riesgo castigar a los dos apóstoles puesto que no habían infringido las leyes. Solo habían realizado un milagro que atrajo el interés de toda la ciudad, pero el sanedrín creía que tenía el deber de oponerse a la predicación de la verdad que acusaba a sus miembros de ser los asesinos del Mesías.

f. **obedecer a vosotros antes que a Dios.** Los cristianos tienen el deber de obedecer a las autoridades del gobierno (Ro 13:1-7; 1 P 2:13-17), pero en circunstancias en las cuales sus decretos están en abierta contradicción con la Palabra de Dios, se debe obedecer a Dios (cp. Éx 1:15-17; Dn 6:4-10).

II. La determinación de la iglesia primitiva

Hechos 4:23–37

Y [a]puestos en libertad, vinieron a los suyos y contaron todo lo que los principales sacerdotes y los ancianos les habían dicho. Y ellos, habiéndolo oído, alzaron unánimes la voz a Dios, y dijeron: Soberano [b]Señor, tú eres el Dios que hiciste el cielo y la tierra, el mar y todo lo que en ellos hay; que [c]por boca de David tu siervo dijiste:

¿Por qué se amotinan las gentes,
Y los pueblos piensan cosas vanas?
Se reunieron los reyes de la tierra,
Y los príncipes se juntaron en uno
Contra el Señor, y contra su Cristo.

Porque verdaderamente se unieron en esta ciudad contra tu santo Hijo Jesús, a quien ungiste, Herodes y Poncio Pilato, con los gentiles y el pueblo de Israel, para hacer cuanto [d]tu mano y tu consejo habían antes determinado que sucediera. Y ahora, Señor, mira sus amenazas, y concede a tus siervos que con todo denuedo hablen tu palabra, mientras extiendes tu mano para que se hagan sanidades y señales y prodigios mediante el nombre de tu santo Hijo Jesús.

Cuando hubieron orado, el lugar en que estaban congregados [e]tembló; y todos fueron llenos del Espíritu Santo, y hablaban con denuedo la palabra de Dios.

---

a. **puestos en libertad.** La experiencia de Pedro y Juan no atemorizó o desanimó a los otros discípulos, sino que los vivificó. Confiaron por completo en el control soberano de Dios en toda circunstancia, lo cual incluía sus sufrimientos. Además, se sentían fortalecidos al saber que la oposición que enfrentaron ya había sido profetizada en el AT.

b. **Señor.** La palabra griega aquí es un título poco común empleado para designar a Dios que significa «maestro absoluto» (Lc 2:29; 2 Ti 2:21; 2 P 2:1; Jud 4; Ap 6:10), y evidencia que los discípulos reconocían la soberanía de Dios.

c. **por boca de David tu siervo.** Ver Hch 1:16. En los acontecimientos recientes, los discípulos vieron el cumplimiento de Sal 2:1, 2, que es el pasaje citado aquí.

d. **tu mano y tu consejo.** Dios ha escrito toda la historia de acuerdo con su plan eterno. La crucifixión de Jesús no fue la excepción (ver Hch :23; cp. Ro 8:29, 30; 1 Co 2:7; Ef 1:5-11).

e. **tembló.** Al igual que en Pentecostés, un fenómeno físico reveló la presencia del Espíritu Santo (ver Hch 2:2, 3).

Y la multitud de los que habían creído era de un corazón y un alma; y ninguno decía ser suyo propio nada de lo que poseía, sino que tenían [a]todas las cosas en común. Y con gran poder los apóstoles daban testimonio de la resurrección del Señor Jesús, y [b]abundante gracia era sobre todos ellos. Así que no había entre ellos ningún necesitado; porque todos los que poseían heredades o casas, las vendían, y traían el precio de lo vendido, y lo ponían a los pies de los apóstoles; y se repartía a cada uno según su necesidad.

Entonces [c]José, a quien los apóstoles pusieron por sobrenombre Bernabé (que traducido es, Hijo de consolación), levita, natural de [d]Chipre, como [e]tenía una heredad, la vendió y trajo el precio y lo puso a los pies de los apóstoles.

12. La pureza de la iglesia primitiva

Hechos 5:1–21a

Pero cierto hombre llamado [f]Ananías, con Safira su mujer, vendió una heredad, y [g]sustrajo del precio, sabiéndolo también su mujer; y trayendo solo una parte, la puso a los pies de los apóstoles. Y dijo Pedro: Ananías, ¿por qué

---

a. **todas las cosas en común.** Ver Hch 2:44-46. Los creyentes entendieron que todo cuanto tenían le pertenecía a Dios, y por eso consideraban que quienes podían suplir las necesidades de otros hermanos o hermanas tenían la obligación de hacerlo (cp. Stg 2:15, 16; 1 Jn 3:17). El método para lograrlo consistía en entregar el dinero a los apóstoles para distribuirlo.

b. **abundante gracia.** Esto significa «favor» y comprende un doble significado: 1) favor para con las personas por fuera de la iglesia. El amor y la unidad de los creyentes causaron una gran impresión en las demás personas a su alrededor (cp. Hch 2:47) y 2) favor para con Dios, quien daba su bendición.

c. **José... Bernabé... levita.** Lucas presenta a Bernabé como un hombre ejemplar entre aquellos que donaron sus propiedades. Era un miembro de la tribu sacerdotal de los levitas y había nacido en la isla de Chipre. Llegó a ser un compañero de Pablo y una figura destacada en el libro de Hechos más adelante (cp. Hch 9:26, 27; 11:22-24, 30; caps. 13–15).

d. **Chipre.** Después de Sicilia y Cerdeña, es la tercera isla en tamaño del Mediterráneo, ubicada a casi 100 km al oeste de la costa siria (ver Hch 13:4).

e. **tenía una heredad, la vendió.** El Antiguo Testamento prohibía a los levitas la posesión de tierras en Israel (Nm 18:20, 24; Dt 10:9), pero parece que esta ley ya no estaba en vigencia. También es posible que la heredad se encontrara en Chipre.

f. **Ananías... Safira.** Estos son dos ejemplos clásicos de hipocresía entre los cristianos que fingían ser espirituales para impresionar a los demás (cp. Mt 6:1-6; 16-18; 15:7; 23:13-36). Estaban en «la multitud de los que habían creído» (Hch 4:32) y habían participado del Espíritu Santo (v. 3), pero se volvieron hipócritas.

g. **sustrajo del precio.** Este acto no fue pecaminoso en sí mismo. No obstante, ellos habían prometido, quizás en público, que darían al Señor el total de la cantidad recibida. Su pecado externo fue mentir acerca de lo que iban a dar a la iglesia, pero el pecado más profundo y devastador fue su hipocresía espiritual motivada por el egoísmo.

[a]llenó Satanás tu corazón para que [b]mintieses al Espíritu Santo, y sustrajeses del precio de la heredad? Reteniéndola, ¿no se te quedaba a ti? y vendida, ¿no estaba en tu poder? ¿Por qué pusiste esto en tu corazón? No has mentido a los hombres, sino a Dios.

Al oír Ananías estas palabras, cayó y expiró. Y vino un [c]gran temor sobre todos los que lo oyeron. Y levantándose los jóvenes, lo envolvieron, y sacándolo, [d]lo sepultaron.

Pasado un lapso como de tres horas, sucedió que entró su mujer, no sabiendo lo que había acontecido. Entonces Pedro le dijo: Dime, ¿vendisteis en tanto la heredad?

Y ella dijo: Sí, en tanto.

Y Pedro le dijo: ¿Por qué convinisteis en [e]tentar al Espíritu del Señor? He aquí a la puerta los pies de los que han sepultado a tu marido, y te sacarán a ti. Al instante ella cayó a los pies de él, y expiró; y cuando entraron los jóvenes, la hallaron muerta; y la sacaron, y la sepultaron junto a su marido. Y vino gran temor sobre toda [f]la iglesia, y sobre todos los que oyeron estas cosas.

Y por la mano de los apóstoles se hacían muchas señales y prodigios en el pueblo; y estaban todos unánimes en el pórtico de Salomón. De los demás, [g]ninguno se atrevía a juntarse con ellos; mas el pueblo los alababa grandemente. Y [h]los que creían en el Señor aumentaban más, gran número así de hombres como de mujeres; tanto que sacaban los enfermos a las calles, y

---

a. **llenó Satanás tu corazón.** Ananías y Safira se dejaron influenciar por algún tipo de inspiración satánica, a diferencia de Bernabé cuyo gesto de generosidad estaba lleno del Espíritu (Hch 4:37).

b. **mintieses al Espíritu Santo.** Ananías debió haber prometido al Señor que entregaría toda la cantidad. Mintió al Espíritu Santo con cuya presencia podía contar todo el tiempo (1 Co 6:19, 20), tanto en su interior como en la iglesia (Ef 2:21, 22).

c. **gran temor.** Estaban atemorizados por la seriedad de la hipocresía y el pecado dentro de la iglesia. La congregación aprendió que la muerte puede ser consecuencia del pecado (ver 1 Co 11:30-32; 1 Jn 5:16). Ese temor se extendió no solo entre los presentes, sino a todos los que oyeron acerca del juicio divino. Cp. 1 P 3:10; 4:17.

d. **lo sepultaron.** Los judíos no embalsamaban, por eso tenían la costumbre de sepultar a los muertos el mismo día de su muerte, en especial si se trataba de alguien que moría como resultado del juicio divino (ver Dt 21:22, 23).

e. **tentar al Espíritu del Señor.** Safira había ido demasiado lejos en su presunción injustificable en la paciencia de Dios. La necedad humana que viene como resultado de la presunción pecaminosa debe exponerse como un pecado, por esa razón también se convirtió en una lección gráfica del escarmiento divino y la consecuencia última del pecado.

f. **la iglesia.** Esta es la primera vez que se emplea el término «iglesia» en Hechos, aunque es la palabra más común que se utiliza para describir la asamblea de los que habían creído (cp. Hch 4:32).

g. **ninguno se atrevía a juntarse con ellos.** Estos no creyentes tenían respeto hacia los seguidores de Jesús, pero temían el riesgo de morir como resultado de unirse a la iglesia.

h. **los que creían... así de hombres como de mujeres.** Mientras que los no creyentes se mantenían alejados por su temor a la consecuencia del pecado, había grandes multitudes que escuchaban el testimonio del evangelio, creían gustosos y se sumaban a la iglesia.

los ponían en camas y lechos, para que al pasar [a]Pedro, a lo menos su sombra cayese sobre alguno de ellos. Y aun de las ciudades vecinas muchos venían a Jerusalén, trayendo enfermos y atormentados de [b]espíritus inmundos; y todos eran sanados.

Entonces levantándose [c]el sumo sacerdote y todos los que estaban con él, esto es, la secta de los saduceos, se llenaron de celos; y echaron mano a los apóstoles y los pusieron en [d]la cárcel pública. Mas [e]un ángel del Señor, abriendo de noche las puertas de la cárcel y sacándolos, dijo: Id, y puestos en pie en el templo, anunciad al pueblo todas [f]las palabras de esta vida.

Habiendo oído esto, entraron de mañana en el templo, y enseñaban.

13. Los apóstoles, juzgados por el Sanedrín

Hechos 5:21b–42

Entre tanto, vinieron el sumo sacerdote y los que estaban con él, y convocaron al concilio y a todos los ancianos de los hijos de Israel, y enviaron a la cárcel para que fuesen traídos.

Pero cuando llegaron los alguaciles, no los hallaron en la cárcel; entonces volvieron y dieron aviso, diciendo: Por cierto, la cárcel hemos hallado cerrada con toda seguridad, y los guardas afuera de pie ante las puertas; mas cuando abrimos, a nadie hallamos dentro. Cuando oyeron estas palabras el sumo sacerdote y el jefe de la guardia del templo y los principales sacerdotes, dudaban en qué vendría a parar aquello. Pero viniendo uno, les dio esta noticia:

---

a. **Pedro… su sombra.** Las personas creían de verdad que él tenía poder divino para sanar y que este podía extenderse a ellos incluso a través de su sombra (cp. Hch 3:1-10). La Biblia no dice que la sombra de Pedro haya sanado a alguien. De hecho, el poder de Dios para sanar a través de Pedro iba mucho más lejos que su propia sombra (Hch 5:16, «muchos venían… y todos eran sanados»). Esta abundancia de sanidades fue una respuesta a la oración en Hch 4:29, 30.

b. **espíritus inmundos.** Cp. Mt 10:1; 12:43-45; Mr 1:23-27; 5:1-13; 6:7; 9:25; Lc 4:36; 8:29; 9:42. Son demonios, ángeles caídos (Ap 12:3) que se denominan así a causa de su maldad y vileza. En muchos casos viven dentro de los no creyentes y en particular aquellos que exhiben su naturaleza malvada.

c. **el sumo sacerdote.** Ver Hch 4:6. Este título podría referirse a Anás o a Caifás.

d. **la cárcel pública.** La prisión pública.

e. **un ángel del Señor.** Esta persona no debe confundirse con «el Ángel de Jehová» en el AT (ver Éx 3:2).

f. **las palabras de esta vida.** El evangelio (cp. Fil 2:16; 1 Jn 1:1-4). Jesucristo vino a este mundo para proveer vida eterna y abundante a personas que estaban muertas en su espíritu (cp. Jn 1:4; 11:25; 1 Jn 5:20).

He aquí, los varones que pusisteis en la cárcel están en el templo, y enseñan al pueblo.

Entonces fue el jefe de la guardia con los alguaciles, y los trajo sin violencia, porque temían ser apedreados por el pueblo. Cuando los trajeron, los presentaron en el concilio, y el sumo sacerdote les preguntó, diciendo: ¿No os mandamos estrictamente que no enseñaseis en ese nombre? Y ahora habéis llenado a Jerusalén de vuestra [a]doctrina, y queréis echar [b]sobre nosotros la sangre de ese hombre.

Respondiendo Pedro y los apóstoles, dijeron: Es necesario obedecer a Dios antes que a los hombres. El Dios de nuestros padres levantó a Jesús, a quien vosotros matasteis [c]colgándole en un madero. [d]A este, Dios ha exaltado con su diestra por Príncipe y Salvador, para [e]dar a Israel arrepentimiento y perdón de pecados. Y nosotros somos testigos suyos de estas cosas, y [f]también el Espíritu Santo, el cual ha dado Dios a los que le obedecen.

Ellos, oyendo esto, se enfurecían y querían matarlos. Entonces levantándose en el concilio un fariseo llamado [g]Gamaliel, doctor de la ley, venerado de todo el pueblo, mandó que sacasen fuera por un momento a los apóstoles, y luego dijo: Varones israelitas, mirad por vosotros lo que vais a hacer respecto a estos hombres. Porque antes de estos días se levantó [h]Teudas, diciendo que era alguien. A este se unió un número como de cuatrocientos hombres; pero él fue muerto, y todos los que le obedecían fueron dispersados y reducidos a

---

a. **doctrina.** El evangelio de Jesucristo (ver Hch 2:14-40; 4:12, 13).

b. **sobre nosotros la sangre de ese hombre.** Parece que el sanedrín había olvidado la fuerte declaración que sus adeptos habían hecho ante Pilato en el sentido de que la responsabilidad por la muerte de Jesús recaería sobre ellos y sobre sus hijos (Mt 27:25).

c. **colgándole en un madero.** Cp. Dt 21:23; Gá 3:13.

d. **A este, Dios ha exaltado con su diestra.** Ver Hch 1:9; Mr 6:19; Fil 2:9-11.

e. **dar a Israel arrepentimiento.** Salvación para los judíos. La salvación requiere de arrepentimiento (cp. Hch 2:38; 3:19; 17:30; 20:21; 26:20). Sobre la naturaleza del arrepentimiento, ver 2 Co 7:9-12.

f. **también el Espíritu Santo.** Cada creyente recibe al Espíritu Santo tan pronto es salvado por su obediencia al evangelio (ver Hch 2:4; cp. Ro 8:9; 1 Co 6:19, 20).

g. **Gamaliel.** Como su abuelo, el prominente rabino Hillel, Gamaliel fue el rabino más conocido de su tiempo y encabezó la facción liberal de los fariseos. Su estudiante más famoso fue el apóstol Pablo (Hch 22:3).

h. **Teudas.** Un individuo que no se conoce en otras fuentes, quien dirigió una revuelta en Judea a principios del siglo primero. No debe confundirse con otro Teudas que vino después y que Josefo citó como un revolucionario.

nada. Después de este, [a]se levantó Judas el galileo, en los [b]días del censo, y llevó en pos de sí a mucho pueblo. Pereció también él, y todos los que le obedecían fueron dispersados. Y ahora os digo: Apartaos de estos hombres, y dejadlos; porque si este consejo o esta obra es de los hombres, se desvanecerá; mas si es de Dios, no la podréis destruir; no seáis tal vez hallados luchando contra Dios.

Y [c]convinieron con él; y llamando a los apóstoles, después de [d]azotarlos, les intimaron que no hablasen en el nombre de Jesús, y los pusieron en libertad. Y ellos salieron de la presencia del concilio, gozosos de haber sido tenidos por dignos de padecer afrenta por causa del Nombre. Y todos los días, en el templo y por las casas, no cesaban de enseñar y predicar a Jesucristo.

14. El ministerio de Esteban

Hechos 6:1–15

En aquellos días, [e]como creciera el número de los discípulos, hubo murmuración de los [f]griegos contra los hebreos, de que [g]las viudas de aquellos eran desatendidas en la distribución diaria. Entonces los doce convocaron a la multitud de los discípulos, y dijeron: No es justo que nosotros dejemos la palabra de Dios, para [h]servir a las mesas. Buscad, pues, hermanos, de entre

---

a. **se levantó Judas el galileo.** El fundador de los zelotes que dirigió otra sublevación en Palestina a comienzos del siglo primero. Los zelotes eran un partido de los judíos que se caracterizaba por su nacionalismo fanático y su creencia en que se requería de acción radical para derrocar el poder romano en Palestina. Alcanzaron a levantarse en armas en contra de Roma.

b. **días del censo.** Uno que fue ordenado entre 6 y 7 A.D. por Cirenio, gobernador de Siria (cp. Lc 2:2).

c. **convinieron.** Los miembros del sanedrín acataron las palabras de Gamaliel sobre los apóstoles, pero en vista de su conocimiento de las Escrituras, Gamaliel debió haber sido más decisivo y menos pragmático en su aceptación de Jesús como el Mesías resucitado.

d. **azotarlos.** Los apóstoles fueron flagelados de manera injusta, quizá con treinta y nueve azotes para no exceder el límite legal de cuarenta fijado por el AT (cp. Dt 25:3).

e. **como creciera el número.** Es posible que la cifra fuera mayor a los veinte mil hombres y mujeres.

f. **griegos... hebreos.** «Hebreos» se refiere a la población judía de nacimiento establecida en Palestina, y «griegos» a los judíos de la diáspora. Los judíos de Palestina miraban con recelo a los griegos debido a que habían asimilado algunos aspectos de la cultura griega.

g. **las viudas... eran desatendidas.** Los griegos consideraban que sus viudas no recibían una parte equitativa de los alimentos que la iglesia suministraba para su cuidado (cp. 1 Ti 5:3-16).

h. **servir a las mesas.** La palabra que traduce «mesas» podría referirse a mesas utilizadas para asuntos de negocios (cp. Mt 21:12; Mr 11:15; Jn 2:15) o a las que se utilizan para servir las comidas. El hecho de ocuparse en asuntos monetarios o en servir las comidas habría alejado a los doce de su actividad primordial.

vosotros a [a]siete varones de buen testimonio, llenos del Espíritu Santo y de sabiduría, a quienes encarguemos de este trabajo. Y nosotros persistiremos en la [b]oración y en el ministerio de la palabra.

Agradó la propuesta a toda la multitud; y [c]eligieron a Esteban, varón lleno de fe y del Espíritu Santo, a Felipe, a Prócoro, a Nicanor, a Timón, a Parmenas, y a Nicolás prosélito de Antioquía; a los cuales presentaron ante los apóstoles, quienes, [d]orando, les impusieron las manos.

Y crecía la palabra del Señor, y el [e]número de los discípulos se multiplicaba grandemente en Jerusalén; también [f]muchos de los sacerdotes obedecían a la fe.

Y Esteban, lleno de gracia y de poder, hacía grandes prodigios y señales entre el pueblo. Entonces se levantaron unos de la [g]sinagoga llamada de los

---

a. **siete varones.** No se trataba de diáconos según los términos posteriores del funcionamiento eclesial (1 Ti 3:8-13), aunque ejercían algunas de sus responsabilidades. Esteban y Felipe (los únicos dentro del grupo de siete varones que se mencionan en otro lugar de las Escrituras) eran sin duda evangelistas, no diáconos. Más adelante Hechos menciona a los ancianos (Hch 14:23; 20:17), pero no a los diáconos. Así pues, parece que no se estableció en ese tiempo una orden permanente de diáconos.

b. **oración... ministerio de la palabra.** La oración y el ministerio de la Palabra son las mayores prioridades de los líderes de la iglesia.

c. **eligieron a Esteban... a Nicolás.** Para el ministerio de Esteban, ver Hch 6:9–7:60. Su martirio llegó a ser el catalizador de la difusión del evangelio más allá de las fronteras de Palestina (Hch 8:1-4; 11:19). Felipe también jugó un papel protagónico en la difusión del evangelio (cp. Hch 8:4-24; 26-40). Ningún detalle se conoce acerca de los otros cinco. Según algunas tradiciones recientes, Prócoro llegó a ser el amanuense del apóstol Juan para escribir su Evangelio, y Nicolás fue un gentil de Antioquía convertido al judaísmo.

d. **orando, les impusieron las manos.** Se empleó esta expresión para referirse a Jesús en el momento de sanar (Mr 6:5; Lc 4:40; 13:13; cp. Hch 28:8) y algunas veces indicaba el arresto de una persona (Hch 5:18; Mr 14:46). En el AT, quienes ofrecían sacrificios imponían las manos sobre el animal para expresar su identificación con el mismo (Lv 8:14, 18, 22; He 6:2). Pero en el sentido simbólico significaba la afirmación, el apoyo y la identificación con alguien y con su ministerio. Ver 1 Ti 4:14; 5:22; 2 Ti 1:6; cp. Nm 27:23.

e. **número.** Una de las frecuentes declaraciones empleadas por Lucas para extractar el crecimiento de la iglesia y la difusión del evangelio (cp. Hch 2:41, 47; 4:4; 5:14; 9:31; 12:24; 13:49; 16:5; 19:20).

f. **muchos de los sacerdotes.** La conversión de muchos sacerdotes podría explicar la cruel oposición que se levantó contra Esteban.

g. **sinagoga.** Eran lugares de reunión que se afianzaron durante el período intertestamentario, en los cuales se reunían los judíos dispersados (griegos por lo general) que no tenían acceso al templo y donde podían congregarse para adorar y leer el AT. Ver Mr 1:21. Parece que este versículo describe a tres sinagogas: la sinagoga de los libertos, otra conformada por los de Cirene y los de Alejandría, y una tercera formada por personas que provenían de Cilicia y de Asia. Las diferencias culturales y lingüísticas entre los tres grupos hacen pensar que es improbable que asistieran a la misma sinagoga.

[a]libertos, y de [b]los de Cirene, [c]de Alejandría, de [d]Cilicia y de Asia, [e]disputando con Esteban. Pero no podían resistir a la sabiduría y al Espíritu con que hablaba. Entonces sobornaron a unos para que dijesen que le habían oído hablar [f]palabras blasfemas contra Moisés y contra Dios. Y soliviantaron al pueblo, a los ancianos y a los escribas; y arremetiendo, le arrebataron, y le trajeron al concilio. Y pusieron testigos falsos que decían: Este hombre no cesa de hablar palabras blasfemas contra este lugar santo y contra la ley; pues le hemos oído decir que ese [g]Jesús de Nazaret destruirá este lugar, y cambiará las costumbres que nos dio Moisés. Entonces todos los que estaban sentados en el concilio, al fijar los ojos en él, vieron su rostro como el [h]rostro de un ángel.

15. El poderoso sermón de Esteban

Hechos 7:1–29

Nota. *Considerando Hechos 7:58, no hay duda de que Saulo estuvo entre los que fueron a oír el poderoso sermón que Esteban logró anunciar, cuyo mensaje se centró en el hecho de que Jesús es el Mesías que los dirigentes religiosos habían rechazado.*

---

a. **libertos.** Descendientes de esclavos judíos que fueron capturados por Pompeyo (63 a.C.) y llevados a Roma. Más tarde fueron liberados y formaron allí una comunidad judía.

b. **los de Cirene.** Hombres provenientes de Cirene, una ciudad en el norte de África. Simón, el hombre alistado para llevar la cruz de Jesús, había nacido en Cirene (Lc 23:26).

c. **de Alejandría.** Otra gran ciudad del norte de África ubicada cerca de la desembocadura del río Nilo. El gran predicador Apolos era de Alejandría (ver Hch 18:24).

d. **Cilicia y Asia.** Provincias romanas localizadas en Asia Menor (que corresponde a la actual Turquía). Ya que la ciudad natal de Pablo (Tarso) estaba ubicada en Cilicia, es probable que haya asistido a esta sinagoga.

e. **disputando con Esteban.** La palabra que traduce «disputando» denota un debate formal. Sin duda se enfocó en temas como la muerte y la resurrección de Jesús, así como la evidencia del AT que lo confirmaba como el Mesías.

f. **palabras blasfemas contra Moisés y contra Dios.** Al ver que no podían vencer a Esteban en un debate abierto, sus enemigos recurrieron al engaño y la conspiración. Al igual que hicieron con Jesús (Mt 26:59-61), contrataron en secreto a testigos falsos para difundir mentiras acerca de Esteban. Los cargos eran serios, pues la blasfemia se castigaba con la muerte (Lv 24:16).

g. **Jesús de Nazaret destruirá este lugar.** Otra mentira, pues las palabras de Jesús (Jn 2:19) hacían referencia a su propio cuerpo (Jn 2:21).

h. **rostro de un ángel.** Pureza, mansedumbre, y calma inalterable que reflejaba la presencia de Dios (cp. Éx 34:29-35).

El [a]sumo sacerdote dijo entonces: [b]¿Es esto así?

Y [c]él dijo: Varones hermanos y padres, oíd: [d]El Dios de la gloria apareció a nuestro padre [e]Abraham, estando en Mesopotamia, antes que morase en Harán, y le dijo: Sal de tu tierra y de tu parentela, y ven a la tierra que yo te mostraré. Entonces salió de la [f]tierra de los caldeos y habitó en Harán; y de allí, [g]muerto su padre, Dios le trasladó a esta tierra, en la cual vosotros habitáis ahora. Y no le dio herencia en ella, ni aun para asentar un pie; pero le prometió que se la daría en posesión, y a su descendencia después de él, cuando él aún no tenía hijo. Y le dijo Dios así: Que su descendencia sería extranjera en tierra ajena, y que los reducirían a servidumbre y los maltratarían, por [h]cuatrocientos años. Mas yo juzgaré, dijo Dios, a la nación de la cual serán siervos; y después de esto saldrán y me servirán en este lugar. Y le dio [i]el pacto de la circuncisión; y así Abraham engendró a Isaac, y le circuncidó al octavo día; e Isaac a Jacob, y Jacob a los [j]doce patriarcas.

Los patriarcas, movidos por envidia, vendieron a José para Egipto; pero Dios estaba con él, y le libró de todas sus tribulaciones, y le dio gracia y sabiduría delante de Faraón rey de Egipto, el cual lo puso por gobernador sobre Egipto y sobre toda su casa. Vino entonces hambre en toda la tierra

---

a. **sumo sacerdote.** Ver Hch 4:6. Podría tratarse de Caifás (ver Jn 18:13), quien ejerció el oficio hasta 36 A.D.

b. **¿Es esto así?** En terminología moderna: «¿Se declara culpable o inocente?».

c. **él dijo.** La intervención de Esteban parece dejar sin responder la pregunta del sumo sacerdote. Este cristiano prefirió hacer una defensa magistral y detallada de la fe cristiana basado en el AT y concluyó con la condenación justa de los líderes judíos por haber rechazado a Jesús.

d. **El Dios de la gloria.** Un título que solo se usa aquí y en Sal 29:3. La gloria de Dios es la suma de sus atributos (ver Éx 33:18, 19).

e. **Abraham... Mesopotamia, antes que morase en Harán.** En Gn 12:1-4 se hace referencia a la reiteración de este llamado después de que Abraham se estableció en Harán (unos 800 km al noroeste de Ur). Es evidente que Dios había hecho su llamado original a Abraham mientras vivía en Ur (cp. Gn 15:7; Neh 9:7), y después repitió ese llamado en Harán (ver Gn 11:31–12:1-3).

f. **tierra de los caldeos.** Allí estaba ubicada la ciudad originaria de Abraham, Ur de los caldeos (Gn 11:28, 31; 15:7; Neh 9:7).

g. **muerto su padre.** A primera vista, Gn 11:26, 32 y 12:4 parecen indicar que Taré vivió sesenta años tras la salida de Abraham de la ciudad de Harán. Taré tenía setenta años de edad cuando nació su primer hijo (Gn 11:26), Abraham era de setenta y cinco al salir de Harán (Gn 12:4; Taré habría tenido ciento cuarenta y cinco años) y Taré vivió hasta los doscientos cinco años (Gn 11:32). La mejor solución a esta dificultad aparente es que Abraham no era el primogénito de Taré, aunque fue el primero en ser mencionado (Gn 11:26) a causa de su protagonismo. Por ende, Abraham debió nacer cuando Taré tenía ciento treinta años.

h. **cuatrocientos años.** Esta es una cita directa de Gn 15:13, 14 donde Dios mismo abrevió así la cantidad exacta de años que Israel pasó en Egipto (cuatrocientos treinta según Éx 12:40).

i. **el pacto de la circuncisión.** La circuncisión era la señal del pacto con Abraham (ver Gn 17:11).

j. **doce patriarcas.** Los doce hijos de Jacob que se convirtieron en cabeza de las doce tribus de Israel (Gn 35:22-26).

de Egipto y de Canaán, y grande tribulación; y nuestros padres no hallaban alimentos. Cuando oyó Jacob que había trigo en Egipto, envió a nuestros padres la primera vez. Y en [a]la segunda, José se dio a conocer a sus hermanos, y fue manifestado a Faraón el linaje de José. Y enviando José, hizo venir a su padre [b]Jacob, y a toda su parentela, en número de setenta y cinco personas. Así descendió Jacob a Egipto, donde murió él, y también nuestros padres; los cuales fueron trasladados a Siquem, y [c]puestos en el sepulcro [d]que a precio de dinero compró Abraham de los hijos de Hamor en Siquem.

Pero cuando se acercaba el tiempo de la promesa, que Dios había jurado a Abraham, el pueblo creció y se multiplicó en Egipto, hasta que se levantó en Egipto otro [e]rey que no conocía a José. Este rey, usando de astucia con nuestro pueblo, maltrató a nuestros padres, a fin de que [f]expusiesen a la muerte a sus niños, para que no se propagasen. En aquel mismo tiempo nació [g]Moisés, y fue agradable a Dios; y fue criado tres meses en casa de su padre. Pero siendo expuesto a la muerte, la hija de Faraón le recogió y le crió como a hijo suyo. Y fue enseñado Moisés en toda la sabiduría de los egipcios; y era poderoso en sus palabras y obras.

Cuando hubo cumplido [h]la edad de cuarenta años, le vino al corazón el visitar a sus hermanos, los hijos de Israel. Y al ver a uno que era maltratado,

---

a. **la segunda.** José se reveló a sus hermanos en el segundo viaje que hicieron a Egipto para comprar grano (Gn 43:1-3; 45:1-3).

b. **Jacob, y... toda su parentela... setenta y cinco personas.** En Gn 46:26, 27; Éx 1:5; Dt 10:22 se da la cifra de setenta. Sin embargo, la Septuaginta (antigua traducción del AT al griego que Esteban con su formación helénica habría empleado) dice en Gn 46:27 «setenta». Las cinco personas adicionales fueron descendientes de José que nacieron en Egipto. Ver Gn 46:26, 27.

c. **puestos en el sepulcro.** Se refiere a José (Jos 24:32) y sus hermanos, pero no a Jacob quien fue enterrado en el sepulcro de Abraham en Macpela (Gn 50:13).

d. **que a precio de dinero compró Abraham de... Siquem.** En Jos 24:32 se establece que Jacob compró este sepulcro, aunque Abraham había construido antes un altar en Siquem (Gn 12:6, 7) y quizá comprado el terreno en el que lo construyó. Sin embargo, Abraham no se radicó allí y al parecer esa tierra volvió a ser poseída por el pueblo de Hamor. Jacob volvió a comprarla de Siquem (Gn 33:18-20), así como Isaac también tuvo que comprar de nuevo el pozo en Beerseba (Gn 26:28-31), cuyo comprador original había sido Abraham (Gn 21:27-30). Se sabe que José fue sepultado en Siquem tal como lo requirió (Gn 50:25; Éx 13:19; Jos 24:32). El AT no registra el tiempo en el que fueron sepultados los hermanos de José, pero Esteban revela que Siquem fue el lugar de su sepultura.

e. **rey que no conocía a José.** Ver Éx 1:8.

f. **expusiesen a la muerte a sus niños.** Se refiere a los bebés varones (Éx 1:15-22).

g. **Moisés... expuesto a la muerte.** Sin embargo, en la providencia de Dios, él fue rescatado por la hija del Faraón. Ver Éx 2:5-10.

h. **la edad de cuarenta años.** La vida de Moisés puede dividirse en tres períodos de cuarenta cada uno. Los primeros cuarenta años abarcaron su nacimiento y vida en la corte del Faraón. El segundo lapso corresponde a su exilio en Madián (Hch 7:29, 30) y el tercero incluye los acontecimientos del éxodo y los años de peregrinación de Israel en el desierto (Hch 7:36).

lo defendió, e hiriendo al egipcio, vengó al oprimido. Pero él pensaba que sus hermanos comprendían que Dios les daría libertad por mano suya; mas ellos no lo habían entendido así. Y al día siguiente, se presentó a unos de ellos que reñían, y los ponía en paz, diciendo: Varones, hermanos sois, ¿por qué os maltratáis el uno al otro? Entonces el que maltrataba a su prójimo le rechazó, diciendo: ¿Quién te ha puesto por gobernante y juez sobre nosotros? ¿Quieres tú matarme, como mataste ayer al egipcio? Al oír esta palabra, Moisés [a]huyó, y vivió como extranjero en tierra de Madián, donde engendró dos hijos.

16. El poderoso sermón de Esteban, continuación

Hechos 7:30–53

Pasados cuarenta años, [b]un ángel se le apareció en el desierto del monte Sinaí, en la llama de fuego de una zarza. Entonces Moisés, mirando, se maravilló de la visión; y acercándose para observar, vino a él la voz del Señor: Yo soy el Dios de tus padres, el Dios de Abraham, el Dios de Isaac, y el Dios de Jacob. Y Moisés, temblando, no se atrevía a mirar. Y le dijo el Señor: Quita el calzado de tus pies, porque el lugar en que estás es tierra santa. Ciertamente he visto la aflicción de mi pueblo que está en Egipto, y he oído su gemido, y he descendido para librarlos. Ahora, pues, ven, te enviaré a Egipto.

[c]A este Moisés, a quien habían rechazado, diciendo: [d]¿Quién te ha puesto por gobernante y juez?, a este lo envió Dios como gobernante y libertador por mano del ángel que se le apareció en la zarza. Este los sacó, habiendo hecho [e]prodigios y señales en tierra de Egipto, y en el Mar Rojo, y en el desierto por cuarenta años.

---

a. **huyó... Madián.** Porque temía que Faraón se enterara de que había matado al egipcio (v. 28) y lo viera como el líder de una rebelión judía.

b. **un ángel.** Ver Éx 3:2.

c. **A este Moisés... lo envió... como gobernante y libertador.** Así comenzó la prolongada historia de rechazo de Israel a los libertadores enviados por Dios (cp. Mt 21:33-46; 23:37).

d. **¿Quién te ha puesto...?** Cita de Éx 2:14.

e. **prodigios y señales.** Las diez plagas en Egipto y los milagros durante las marchas por el desierto (p. ej. la apertura del mar Muerto en Éx 14:1-31, la provisión milagrosa de agua en Refidim en Éx 17:1-7, y la destrucción de Coré, Datán y Abiram en Nm 16:1-40).

Este Moisés es el que dijo a los hijos de Israel: [a]Profeta os levantará el Señor vuestro Dios de entre vuestros hermanos, como a mí; a él oiréis.

Este es aquel Moisés que estuvo en [b]la congregación en el desierto con [c]el ángel que le hablaba en el monte Sinaí, y con nuestros padres, y que recibió [d]palabras de vida que darnos; al cual nuestros padres [e]no quisieron obedecer, sino que le desecharon, y en sus corazones se volvieron a Egipto, cuando dijeron a Aarón: [f]Haznos dioses que vayan delante de nosotros; porque a este Moisés, que nos sacó de la tierra de Egipto, no sabemos qué le haya acontecido. Entonces hicieron [g]un becerro, y ofrecieron sacrificio al ídolo, y en las obras de sus manos se regocijaron. Y [h]Dios se apartó, y los entregó a que rindiesen culto [i]al ejército del cielo; como está escrito en el libro de los profetas:

> ¿Acaso me ofrecisteis víctimas y sacrificios
> En el desierto por cuarenta años, casa de Israel?
> Antes bien llevasteis el tabernáculo de Moloc,
> Y la estrella de vuestro dios Renfán,
> Figuras que os hicisteis para adorarlas.
> Os transportaré, pues, más allá de [j]Babilonia.

Tuvieron nuestros padres el [k]tabernáculo del testimonio en el desierto, como había ordenado Dios cuando dijo a Moisés que lo hiciese conforme

---

a. **Profeta... como a mí.** Cita de Dt 18:15, esto se refiere al Mesías (cp. Jn 1:21, 25; 6:14; 7:40).

b. **la congregación en el desierto.** Israel (cp. Éx 12:3, 6, 19, 47; 16:1, 2, 9, 10; 17:1; 35:1; Lv 4:13; 16:5; Nm 1:2; 8:9; 13:26; 14:2; Jos 18:1).

c. **el ángel... en el monte Sinaí.** Lo más probable es que se trate del Ángel de Jehová, el Señor mismo (Hch 7:30, 35) quien fue asistido por una multitud de ángeles (cp. Dt 33:3; Gá 3:19; He 2:2).

d. **palabras de vida.** La ley dada a Moisés por Dios a través del Ángel del Señor y una gran hueste angelical (cp. He 4:12; 1 P 1:23).

e. **no quisieron obedecer.** Israel rechazó el liderazgo de Moisés y anhelaba regresar a la esclavitud en Egipto (cp. Nm 11:5).

f. **Haznos dioses.** La representación de un dios falso fabricada por los hombres (Éx 32:1-5), algo que estaba prohibido (Éx 20:4). Cita de Éx 32:1, 23.

g. **un becerro.** Ver Éx 32:4.

h. **Dios... los entregó.** Cita de Am 5:25-27. Un juicio divino de abandono motivado por el pecado y la idolatría del pueblo (cp. Os 4:17; ver Ro 1:24, 26, 28).

i. **al ejército del cielo.** El culto idólatra de Israel al sol, la luna y las estrellas comenzó en el desierto y persistió a lo largo del cautiverio en Babilonia (cp. Dt 4:19; 17:3; 2 R 17:16; 21:3-5; 23:4; 2 Cr 33:3, 5; Jer 8:2; 19:13; Sof 1:5).

j. **Babilonia.** Amós escribió Damasco (Am 5:27), mientras que Esteban dijo Babilonia. Amós profetizó el cautiverio del reino del norte en Asiria, una deportación más allá de Damasco. Más tarde el reino del sur fue llevado cautivo a Babilonia. Esteban fue inspirado por el Espíritu Santo a extender la profecía para abarcar el juicio sobre toda la nación en el resumen que hizo de su historia de idolatría con sus consecuencias deplorables.

k. **tabernáculo del testimonio.** El precursor del templo (Éx 25:8, 9, 40).

al modelo que había visto. El cual, recibido a su vez por nuestros padres, lo introdujeron con Josué al tomar posesión de la tierra de los gentiles, a los cuales Dios arrojó de la presencia de nuestros padres, hasta los días de David. Este halló gracia delante de Dios, y pidió proveer tabernáculo para el Dios de Jacob.

Mas Salomón le edificó casa; si bien [a]el Altísimo no habita en templos hechos de mano, como [b]dice el profeta:

> El cielo es mi trono,
> Y la tierra el estrado de mis pies.
> ¿Qué casa me edificaréis? dice el Señor;
> ¿O cuál es el lugar de mi reposo?
> ¿No hizo mi mano todas estas cosas?

[c]¡Duros de cerviz, e [d]incircuncisos de corazón y de oídos! Vosotros [e]resistís siempre al Espíritu Santo; como vuestros padres, así también vosotros. ¿A cuál de los profetas no persiguieron vuestros padres? Y mataron a los que anunciaron de antemano la venida del Justo, de quien vosotros ahora habéis sido entregadores y matadores; vosotros que recibisteis [f]la ley por disposición de ángeles, y no la guardasteis.

---

a. **el Altísimo.** Un título común del AT para aludir a Dios (cp. Gn 14:18-20, 22; Nm 24:16; Dt 32:8; 2 S 22:14; Sal 7:17; 9:2; 18:13; 21:7; 73:11; 87:5; 91:1; 107:11; Is 14:14; Lm 3:35, 38; Dn 4:17, 24, 25, 32, 34; 7:25).

b. **dice el profeta.** Cita de Is 66:1, 2. Esteban quiso decir que Dios es más grande que el templo, así que los líderes judíos eran culpables de blasfemia al dejar confinado a Dios a sus inmediaciones.

c **¡Duros de cerviz...** Obstinados, como sus antepasados (Éx 32:9; 33:5). El punto culminante del sermón de Esteban consistió en una acusación a los líderes judíos por rechazar a Dios de la misma manera en la que sus ancestros le rechazaron en el AT.

d. **incircuncisos de corazón y de oídos!** En consecuencia, tan impuros ante Dios como los gentiles incircuncisos (ver Dt 10:16; Jer 4:4; Ro 2:28, 29).

e. **resistís... al Espíritu Santo.** Con su rechazo a los mensajeros del Espíritu y su mensaje. Cp. el sermón de Jesús en Mt 23:13-39.

f. **la ley por disposición de ángeles.** Ver Dt 33:2; Gá 3:19; He 2:2. Las Escrituras no describen su participación exacta al dar la ley, pero establece con claridad el hecho de su presencia.

17. El martirio de Esteban

Hechos 7:54—8:3

Oyendo estas cosas, se enfurecían en sus corazones, y [a]crujían los dientes contra él. Pero Esteban, lleno del Espíritu Santo, puestos los ojos en el cielo, vio [b]la gloria de Dios, y a Jesús [c]que estaba a la diestra de Dios, y dijo: He aquí, veo los cielos abiertos, y al Hijo del Hombre que está a la diestra de Dios.

Entonces ellos, dando grandes voces, se taparon los oídos, y arremetieron a una contra él. Y echándole fuera de la ciudad, le apedrearon; y los testigos [d]pusieron sus ropas a los pies de un joven que se llamaba Saulo. Y [e]apedreaban a Esteban, mientras él invocaba y decía: Señor Jesús, recibe mi espíritu. Y puesto de rodillas, clamó a gran voz: Señor, [f]no les tomes en cuenta este pecado. Y habiendo dicho esto, [g]durmió.

Y Saulo [h]consentía en su muerte.

En aquel día hubo una gran persecución contra la iglesia que estaba en Jerusalén; y todos fueron [i]esparcidos por las tierras de Judea y de Samaria, [j]salvo los apóstoles. Y [k]hombres piadosos llevaron a enterrar a Esteban, e hicieron gran llanto sobre él.

---

a. **crujían los dientes.** En su enojo y frustración (cp. Sal 35:16; 37:12; Mt 8:11, 12; 13:41, 42, 50; 22:13; 24:51; 25:30; Lc 13:28).

b. **la gloria de Dios.** Isaías (Is 6:1-3), Ezequiel (Ez 1:26-28), Pablo (2 Co 12:2 4) y Juan (Ap 1:10) también recibieron visiones de la gloria de Dios en el cielo.

c. **que estaba a la diestra de Dios.** Jesús se presenta así con frecuencia (Hch 2:34; cp. Mt 22:44; 26:64; Lc 22:69; Ef 1:20; Col 3:1; He 1:3; 8:1; 10:11, 12; 12:2).

d. **pusieron sus ropas... Saulo.** La primera aparición de Pablo en las Escrituras. Que estuviera lo bastante cerca de la acción como para cuidar la ropa de los asesinos de Esteban, refleja su participación voluntaria y firme en esa situación sórdida (ver Hch 8:1).

e. **apedreaban.** Este era el castigo prescrito en la ley para la blasfemia (Lv 24:16). No obstante, esta no fue una ejecución formal, sino un acto irracional de violencia en masa.

f. **no les tomes en cuenta este pecado.** Como también lo hizo Jesús antes de él (Lc 23:34), Esteban pidió a Dios que perdonara a quienes lo mataron.

g. **durmió.** Un eufemismo común en el NT para aludir a la muerte de los creyentes (cp. Jn 11:11-14; 1 Co 11:30; 15:20, 51; 1 Ts 4:14; 5:10).

h. **consentía.** El odio violento de Pablo hacia los creyentes fue notorio aquí en su actitud hacia Esteban (1 Ti 1:13-15).

i. **esparcidos.** Bajo el mando de un judío llamado Saulo de Tarso, la persecución esparció a la comunidad de Jerusalén e impulsó el primer alcance misionero de la iglesia. No todos los miembros de la iglesia de Jerusalén se vieron forzados a huir. Quizá fueron los griegos quienes soportaron lo más arduo de la persecución, pues se presume que Esteban era uno de ellos (cp. Hch 11:19, 20).

j. **salvo los apóstoles.** Ellos permanecieron por causa de su devoción a Dios para cuidar a los que estaban en Jerusalén y para continuar la tarea de evangelización en la región (cp. Hch 9:26, 27).

k. **hombres piadosos.** Es probable que se tratara de judíos piadosos (Lc 2:25) que protestaron de manera pública contra la muerte de Esteban.

Y Saulo [a]asolaba la iglesia, y entrando casa por casa, arrastraba a hombres y a mujeres, y los entregaba en la cárcel.

18. Felipe predica el evangelio en Samaria

Hechos 8:4–25

Pero los que fueron esparcidos [b]iban por todas partes anunciando el evangelio. Entonces [c]Felipe, descendiendo a [d]la ciudad de Samaria, les predicaba a Cristo. Y la gente, unánime, escuchaba atentamente las cosas que decía Felipe, oyendo y viendo las señales que hacía. Porque de muchos que tenían espíritus inmundos, salían estos dando grandes voces; y muchos paralíticos y cojos eran sanados; así que había gran gozo en aquella ciudad.

Pero había un hombre llamado Simón, que antes ejercía la [e]magia en aquella ciudad, y había engañado a la gente de Samaria, haciéndose pasar por algún grande. A este oían atentamente todos, desde el más pequeño hasta el más grande, diciendo: Este es [f]el gran poder de Dios. Y le estaban atentos, porque con sus artes mágicas les había engañado mucho tiempo. Pero cuando creyeron a Felipe, que anunciaba el evangelio del reino de Dios y el nombre de Jesucristo, se bautizaban hombres y mujeres. También [g]creyó Simón mismo, y

---

a. **asolaba la iglesia.** Asolar era una expresión empleada en los escritos no bíblicos para referirse a la devastación de una ciudad o a ser despedazado por un animal salvaje.

b. **iban por todas partes.** Esta palabra griega se emplea con frecuencia en Hechos para referirse a las campañas misioneras (Hch 8:40; 9:32; 13:6; 14:24; 15:3, 41; 16:6; 18:23; 19:1, 21; 20:2).

c. **Felipe.** Cp. Hch 6:5. El primer misionero nombrado en las Escrituras y al primero que se le confiere el título de evangelista (Hch 21:8).

d. **la ciudad de Samaria.** La antigua capital del reino del norte de Israel que cayó bajo el poder de los asirios (722 A.D.) después de más de doscientos años de idolatría y de rebelión contra Dios. Tras haber establecido de nuevo a gran parte de la población en otras tierras, los asirios trajeron gentiles para poblar la región y esto resultó en una mezcla de judíos y gentiles que llegó a conocerse como los samaritanos (ver Jn 4:9, 20).

e. **magia.** Se refiere en principio a las prácticas de los medos y los persas: una mezcla de ciencia y superstición que comprendía la astrología, la adivinación y el ocultismo (ver Dt 18:9-12; Ap 9:21).

f. **el gran poder de Dios.** Simón pretendía estar unido a Dios. Los padres de la iglesia primitiva lo consideraban uno de los fundadores del gnosticismo, cuyas creencias sostenían la existencia de emanaciones divinas que llegaban hasta Dios. Estas fueron denominadas poderes y el pueblo creía que él estaba en el escalón de la cima.

g. **creyó Simón.** Su fe se basaba en simples motivos egoístas y no podría considerarse auténtica. Cp. Jn 2:23, 24. Para él mismo era un acto externo mediante el cual podría obtener el poder que veía manifestado en Felipe. Seguir a Felipe también le permitía mantener la comunicación con su antigua audiencia.

habiéndose bautizado, estaba siempre con Felipe; y viendo las señales y grandes milagros que se hacían, estaba atónito.

Cuando los apóstoles que estaban en Jerusalén oyeron que Samaria había recibido la palabra de Dios, enviaron allá a Pedro y a Juan; los cuales, habiendo venido, oraron por ellos para que recibiesen el Espíritu Santo; porque aún [a]no había descendido sobre ninguno de ellos, sino que solamente habían sido bautizados en el nombre de Jesús. Entonces [b]les imponían las manos, y [c]recibían el Espíritu Santo.

Cuando vio Simón que por la imposición de las manos de los apóstoles se daba el Espíritu Santo, les ofreció dinero, diciendo: Dadme también a mí este poder, para que cualquiera a quien yo impusiere las manos reciba el Espíritu Santo.

Entonces Pedro le dijo: Tu dinero perezca contigo, porque has pensado que el don de Dios se obtiene con dinero. No tienes tú parte ni suerte en este asunto, porque tu corazón no es recto delante de Dios. Arrepiéntete, pues, de esta tu maldad, y ruega a Dios, si quizá te sea perdonado el pensamiento de tu corazón; porque en hiel de amargura y en prisión de maldad veo que estás.

[d]Respondiendo entonces Simón, dijo: Rogad vosotros por mí al Señor, para que nada de esto que habéis dicho venga sobre mí.

Y ellos, habiendo testificado y hablado la palabra de Dios, se volvieron a Jerusalén, y en muchas poblaciones de los samaritanos anunciaron el evangelio.

---

a. **no había descendido sobre ninguno de ellos.** Este versículo contradice la idea equivocada de que los cristianos reciben al Espíritu Santo después de la salvación. Se trataba de un período de transición en el cual era necesaria la confirmación de los apóstoles a fin de integrar un nuevo grupo de personas a la iglesia. Debido a la enemistad que existía entre judíos y samaritanos, era indispensable que aquellos recibieran al Espíritu en presencia de los líderes de la iglesia de Jerusalén, lo cual aseguraría la unidad de la iglesia. El retraso también ponía en evidencia la necesidad que tenían los samaritanos de someterse a la autoridad apostólica. La misma transición ocurrió cuando los gentiles fueron añadidos a la iglesia (10:44-46; cp. 15:6-12; 19:6).

b. **les imponían las manos.** Esto denota la aprobación y el respaldo de los apóstoles. Ver Hch 6:6.

c. **recibían el Espíritu Santo.** Sería apropiado pensar que a la par de esta experiencia los creyentes hablaron en lenguas en ese momento, así como sucedió a quienes recibieron el Espíritu en el día de Pentecostés (ver Hch 2:4), a los gentiles que lo recibieron después (Hch 10:46), y a los discípulos de Juan (Hch 19:6). La unidad de la iglesia se establecía a medida que samaritanos, gentiles y creyentes del antiguo pacto eran añadidos. Ya no sería una sola nación (Israel) la única responsable de llevar el testimonio de Dios, sino la iglesia conformada por judíos, gentiles, samaritanos y santos del AT que se convirtieron en creyentes del NT (Hch 19:1-7). Con el fin de comprobar dicha unidad era necesario que se replicara en cada ocasión y en cierta medida lo que sucedió en Pentecostés con los judíos creyentes, como la presencia de los apóstoles y la venida del Espíritu que se manifestó con las lenguas habladas (Hch 2:5-12).

d. **Respondiendo entonces Simón.** Aunque no cabe duda de que tenía temor, se rehusaba a arrepentirse y a implorar perdón, pues solo buscaba escapar de las consecuencias de su pecado.

19. Felipe predica el evangelio a un prosélito etíope

Hechos 8:26–40

Un ángel del Señor habló a Felipe, diciendo: Levántate y ve hacia el sur, por el camino que desciende de Jerusalén a [a]Gaza, el cual es desierto. Entonces él se levantó y fue. Y sucedió que un [b]etíope, [c]eunuco, funcionario de [d]Candace reina de los etíopes, el cual estaba sobre todos sus tesoros, y había venido a Jerusalén para adorar, volvía sentado en su carro, y [e]leyendo al profeta Isaías. Y el Espíritu dijo a Felipe: Acércate y júntate a ese carro.

Acudiendo Felipe, le oyó que leía al profeta Isaías, y dijo: Pero ¿entiendes lo que lees?

Él dijo: ¿Y cómo podré, si alguno no me enseñare? Y rogó a Felipe que subiese y se sentara con él. [f]El pasaje de la Escritura que leía era este:

> Como oveja a la muerte fue llevado;
> Y como cordero mudo delante del que lo trasquila,
> Así no abrió su boca.
> En su humillación no se le hizo justicia;
> Mas su generación, ¿quién la contará?
> Porque fue quitada de la tierra su vida.

Respondiendo el eunuco, dijo a Felipe: Te ruego que me digas: [g]¿de quién dice el profeta esto; de sí mismo, o de algún otro? Entonces Felipe, abriendo su

---

a. **Gaza.** Una de las cinco ciudades principales de los filisteos. La ciudad original fue destruida en el siglo I A.C. y se construyó una nueva cerca de la costa.

b. **etíope.** En aquellos días, un gran reino localizado al sur de Egipto.

c. **eunuco.** Esto podría referirse bien sea a un hombre que ha sido castrado o, por lo general, a un oficial del gobierno. Es probable que ambas cosas fueran ciertas, pues Lucas se refiere a él como a un eunuco y a una persona en eminencia en la corte de la reina, quizá como tesorero, lo que correspondería a un ministro de finanzas o al secretario del tesoro nacional. Si era un eunuco castrado no se le permitiría ingresar al templo (Dt 23:1) ni llegar a convertirse a plenitud en un prosélito del judaísmo.

d. **Candace.** Es probable que no se refiera aquí a un nombre, sino a un título oficial (como Faraón o César) que se le daba a las madres reinas en esa región.

e. **leyendo al profeta Isaías.** Él conocía la importancia de buscar a Dios a través de las Escrituras (Lc 24:25-27; Jn 5:39, 46; Ro 10:12-15).

f. **El pasaje... que leía.** Is 53:7, 8.

g. **¿de quién dice el profeta...?** Su confusión era comprensible. Los mismos judíos religiosos que conocían bien las Escrituras estaban en desacuerdo en cuanto al significado de este pasaje. Algunos creían que el cordero inmolado representaba a Israel, otros pensaban que Isaías se refería a sí mismo, y otros consideraban que Isaías hablaba del Mesías.

boca, y comenzando desde esta escritura, le anunció el evangelio de Jesús. Y yendo por el camino, llegaron a cierta agua, y dijo el eunuco: Aquí hay agua; ¿qué impide que yo sea bautizado?

Felipe dijo: Si crees de todo corazón, bien puedes.

Y respondiendo, dijo: Creo que Jesucristo es el Hijo de Dios.

Y mandó parar el carro; y descendieron ambos al agua, Felipe y el eunuco, y le bautizó. Cuando subieron del agua, el Espíritu del Señor [a]arrebató a Felipe; y el eunuco no le vio más, y siguió gozoso su camino. Pero Felipe se encontró en [b]Azoto; y pasando, anunciaba el evangelio en todas las ciudades, hasta que llegó a Cesarea.

20. La extraordinaria conversión de Saulo

Hechos 9:1–9

[c]Saulo, respirando aún [d]amenazas y muerte contra los discípulos del Señor, vino al sumo sacerdote, y le pidió cartas para las sinagogas de [e]Damasco, a fin de que si hallase [f]algunos hombres o mujeres de este Camino, los trajese presos a Jerusalén.

---

a. **arrebató a Felipe.** Elías (1 R 18:12; 2 R 2:16) y Ezequiel (Ez 3:12, 14; 8:3) también fueron arrebatados de manera milagrosa. Para la caravana, esta fue una poderosa confirmación de que Felipe era el enviado de Dios.

b. **Azoto.** El nombre empleado en el siglo I para designar a la antigua ciudad filistea de Asdod, ubicada a unos 32 km al norte de Gaza.

c. **Saulo.** El nombre original del apóstol Pablo era Saulo, en memoria del primer rey de Israel. Nació como judío y estudió en Jerusalén bajo la tutela de Gamaliel (Hch 22:3) para convertirse luego en fariseo (Hch 23:6). También era un ciudadano romano, derecho que heredó de su padre (Hch 22:8). Hechos 9:1-19 registra los hechos externos de su conversión (ver también Hch 22:1-22; 26:9-20). En Fil 3:1-14 Pablo describe los detalles internos de su conversión espiritual.

d. **amenazas y muerte.** Ver 1 Ti 1:12, 13; 1 Co 15:9.

e. **Damasco.** Una ciudad antigua reconocida como la capital de Siria, a unos 96 km de la costa mediterránea y 256 km al noreste de Jerusalén. Al parecer tenía una población judía considerable que incluía a creyentes helénicos que huyeron de Jerusalén para evitar la persecución.

f. **algunos... de este Camino.** Esta descripción del cristianismo se deriva de una descripción que Jesús hizo de sí mismo (Jn 14:6) y aparece varias veces en Hechos (19:9, 23; 22:4; 24:14, 22). Es un título apropiado porque el cristianismo es el camino de Dios (18:26), el camino al Lugar santísimo (He 10:19, 20), y el camino de la verdad (Jn 14:6; 2 P 2:2).

Mas yendo por el camino, aconteció que al llegar cerca de Damasco, [a]repentinamente le rodeó [b]un resplandor de luz del cielo; y cayendo en tierra, oyó una voz que le decía: Saulo, Saulo, [c]¿por qué me persigues?

Él dijo: ¿Quién eres, Señor?

Y le dijo: Yo soy Jesús, a quien tú persigues; dura cosa te es dar coces contra [d]el aguijón.

Él, temblando y temeroso, dijo: Señor, ¿qué quieres que yo haga?

Y el Señor le dijo: Levántate y entra en la ciudad, y se te dirá lo que debes hacer.

Y los hombres que iban con Saulo se pararon atónitos, oyendo a la verdad la voz, mas sin ver a nadie. Entonces Saulo se levantó de tierra, y abriendo los ojos, no veía a nadie; así que, llevándole por la mano, le metieron en Damasco, donde estuvo tres días sin ver, y no comió ni bebió.

21. El testimonio posterior de Pablo ante los dirigentes judíos

Hechos 22:1–16

Nota. *Pablo ofreció el relato de su conversión poco después de que fuera apresado en Jerusalén, casi veinticinco años después de la experiencia que tuvo en el camino a Damasco.*

Varones hermanos y padres, oíd ahora mi defensa ante vosotros. Y al oír que les hablaba en [e]lengua hebrea, guardaron más silencio.

---

a. **repentinamente.** Esta fue la primera de seis visiones recibidas por Pablo que se registran en el libro de Hechos (cp. 16:9, 10; 18:9, 10; 22:17, 18; 23:11; 27:23, 24).

b. **un resplandor... del cielo.** La aparición de Jesucristo en gloria (cp. Hch 22:6; 26:13) que solo Pablo pudo ver (26:9).

c. **¿por qué me persigues?** Existe una unión inseparable entre Cristo y sus seguidores. La persecución de Saulo representaba un ataque directo contra Cristo. Cp. Mt 18:5, 6.

d. **el aguijón.** Una especie de fuste que se usaba para espolear al ganado (Hch 26:14).

e. **lengua hebrea.** Arameo, el idioma que se acostumbraba hablar en Palestina (cp. 2 R 18:26; Is 36:11). Ver Hch 21:37.

Y él les dijo: Yo [a]de cierto soy judío, nacido en Tarso de [b]Cilicia, pero [c]criado en esta ciudad, instruido a los pies de [d]Gamaliel, estrictamente conforme a [e]la ley de nuestros padres, celoso de Dios, como hoy lo sois todos vosotros. [f]Perseguía yo este Camino hasta la muerte, prendiendo y entregando en cárceles a hombres y mujeres; como el sumo sacerdote también me es testigo, y [g]todos los ancianos, de quienes también recibí cartas para los hermanos, y fui a Damasco para traer presos a Jerusalén también a los que estuviesen allí, para que fuesen castigados.

Pero aconteció que yendo yo, al llegar cerca de Damasco, [h]como a mediodía, de repente me rodeó mucha luz del cielo; y caí al suelo, y oí una voz que me decía: Saulo, Saulo, ¿por qué me persigues? Yo entonces respondí: ¿Quién eres, Señor? Y me dijo: Yo soy Jesús de Nazaret, a quien tú persigues.

Y los que estaban conmigo vieron a la verdad la luz, y se espantaron; pero [i]no entendieron la voz del que hablaba conmigo. Y dije: ¿Qué haré, Señor? Y el Señor me dijo: Levántate, y ve a Damasco, y allí se te dirá todo lo que está ordenado que hagas. Y como yo no veía a causa de [j]la gloria de la luz, llevado de la mano por los que estaban conmigo, llegué a Damasco.

Entonces uno llamado [k]Ananías, varón piadoso según la ley, que tenía buen testimonio de todos los judíos que allí moraban, vino a mí, y acercándose, me dijo: Hermano Saulo, recibe la vista. Y yo en aquella misma hora recobré la vista y lo miré. Y él dijo: El Dios de nuestros padres te ha escogido

---

a. **de cierto soy judío.** Una respuesta a las acusaciones falsas de los judíos de Asia (ver Hch 21:21).

b. **Cilicia.** Ver Hch 6:9. Tarso era la ciudad principal de Cilicia.

c. **criado en esta ciudad.** Pablo nació entre los judíos helenizados de la diáspora, pero había crecido en Jerusalén.

d. **Gamaliel.** Ver Hch 5:34. Que Pablo hubiera estudiado bajo la tutela del rabino más celebrado de aquel tiempo era otra evidencia de que las acusaciones en su contra eran absurdas.

e. **la ley de nuestros padres.** Como estudiantes de Gamaliel, Pablo recibió adiestramiento completo tanto en la ley del AT como en las tradiciones rabínicas. Además, aunque no lo mencionó a la multitud, también había sido un fariseo. En vista de todo ello, la acusación de que Pablo se oponía a la ley (ver Hch 21:21) era ridícula.

f. **Perseguía yo este Camino.** Ver Hch 9:2. Como perseguidor máximo de la iglesia cristiana tras el martirio de Esteban (cp. Gá 1:13), el celo de Pablo por su herencia judía era superior en gran medida al de sus oyentes.

g. **todos los ancianos.** El sanedrín (ver Hch 4:15; Mt 26:59).

h. **como a mediodía.** La referencia de Pablo a la hora del día resalta el brillo extraordinario de la luz que vino del cielo, porque fue mayor que el sol en su punto de mayor luminosidad.

i. **no entendieron la voz.** Esto no contradice Hch 9:7, porque Jesús solo habló a Pablo y él fue el único que entendió las palabras del Señor. Sus acompañantes oyeron el sonido, pero no distinguieron las palabras (cp. Jn 12:29).

j. **la gloria de la luz.** Los compañeros de Pablo vieron la luz, pero solo él vio al Señor Jesucristo (Hch 9:14; 9:7, 17, 27; 26:16; 1 Co 9:1; 15:8).

k. **Ananías.** Ver Hch 9:10. Su testimonio como un miembro respetado de la comunidad judía de Damasco tendría validez para la audiencia hostil de Pablo.

para que conozcas su voluntad, y veas [a]al Justo, y oigas la voz de su boca. Porque serás [b]testigo suyo a todos los hombres, de lo que has visto y oído. Ahora, pues, ¿por qué te detienes? Levántate y bautízate, y [c]lava tus pecados, invocando su nombre.

22. Testimonio posterior de Pablo ante Agripa

Hechos 26:1–20

Nota. *Pablo ofreció el relato de su conversión cuando se presentó en el juicio delante del rey Herodes Agripa II.*

Pablo entonces, extendiendo la mano, comenzó así su defensa: Me tengo por dichoso, oh rey Agripa, de que haya de defenderme hoy delante de ti de todas las cosas de que soy acusado por los judíos. Mayormente porque [d]tú conoces todas las costumbres y cuestiones que hay entre los judíos; por lo cual te ruego que me oigas con paciencia.

Mi vida, pues, desde mi juventud, la cual desde el principio pasé en mi nación, en Jerusalén, la conocen todos los judíos; los cuales también saben que yo desde el principio, si quieren testificarlo, conforme a la más rigurosa secta de nuestra religión, viví fariseo. Y ahora, por [e]la esperanza de la promesa que hizo Dios a nuestros padres soy llamado a juicio; promesa cuyo cumplimiento esperan que han de alcanzar nuestras [f]doce tribus, sirviendo constantemente

---

a. **al Justo.** Un título dado al Mesías (cp. Hch 3:14; 7:52; Is 53:11).

b. **testigo suyo.** Pablo nunca se retractó de afirmar que había visto al Cristo resucitado y glorificado en el camino a Damasco.

c. **lava tus pecados.** En sentido gramatical, la frase «invocando su nombre» viene antes de «levántate y bautízate». La salvación viene como resultado de invocar el nombre del Señor (Ro 10:9, 10, 13), no de ser bautizados (ver Hch 2:38).

d. **tú conoces todas las costumbres y cuestiones… entre los judíos.** Ver Hch 25:26. El objetivo principal de Pablo no era defenderse, sino que se convirtieran Agripa y los demás presentes.

e. **la esperanza de la promesa.** La venida del Mesías y su reino (cp. Hch 1:6; 3:22-24; 13:23-33; Gn 3:15; Is 7:14; 9:6; Dn 7:14; Mi 5:2; Tit 2:13; 1 P 1:11, 12). A Pablo le parecía inconcebible que fuera condenado por creer en la resurrección, la gran esperanza del pueblo judío (ver Hch 24:15).

f. **doce tribus.** Una designación común en el NT para Israel (cp. Mt 19:28; Stg 1:1; Ap 21:12). Las diez tribus del norte no se habían perdido, porque ciertos representantes de cada una se entremezclaron con las dos tribus del sur antes y después del exilio, un proceso que había comenzado durante los reinos de Ezequías (2 Cr 30:1-11) y Josías (2 Cr 34:1-9).

a Dios de día y de noche. Por esta esperanza, oh rey Agripa, soy acusado por los judíos. ¡Qué! ¿Se juzga entre vosotros cosa increíble que Dios resucite a los muertos?

Yo ciertamente había creído mi deber hacer muchas cosas contra el nombre de Jesús de Nazaret; lo cual también hice en Jerusalén. Yo encerré en cárceles a muchos de los santos, habiendo recibido poderes de los principales sacerdotes; y cuando los mataron, [a]yo di mi voto. Y muchas veces, castigándolos en todas las sinagogas, [b]los forcé a blasfemar; y enfurecido sobremanera contra ellos, los perseguí hasta en las ciudades extranjeras.

Ocupado en esto, iba yo a Damasco con poderes y en comisión de los principales sacerdotes, cuando a mediodía, oh rey, yendo por el camino, vi una luz del cielo que sobrepasaba el resplandor del sol, la cual me rodeó a mí y a los que iban conmigo. Y habiendo caído todos nosotros en tierra, oí una voz que me hablaba, y decía en lengua hebrea: Saulo, Saulo, ¿por qué me persigues? Dura cosa te es dar coces contra el aguijón. Yo entonces dije: ¿Quién eres, Señor? Y el Señor dijo: Yo soy Jesús, a quien tú persigues. Pero levántate, y ponte sobre tus pies; porque para esto he aparecido a ti, para ponerte por ministro y testigo de [c]las cosas que has visto, y de aquellas en que me apareceré a ti, librándote de tu pueblo, y de [d]los gentiles, a quienes ahora te envío, [e]para que abras sus ojos, para que se conviertan [f]de las tinieblas a la luz, y de la potestad de Satanás a Dios; para que reciban, [g]por la fe que es en mí, [h]perdón de pecados y [i]herencia entre los santificados.

---

a. **yo di mi voto.** Lit. «yo tiré mi piedrecilla», una referencia a la costumbre antigua de votar con el uso de piedras de diferentes colores. Este versículo también puede indicar que Pablo había sido antes un miembro del sanedrín.

b. **los forcé a blasfemar.** Para que renunciaran a su fe en Jesucristo

c. **las cosas... en que me apareceré a ti.** Ver Hch 18:9, 10; 22:17-21; 23:11; 2 Co 12:1-7; Gá 1:11, 12.

d. **los gentiles, a quienes ahora te envío.** La comisión recibida por Pablo como el apóstol a los gentiles (Ro 11:13; 1 Ti 2:7).

e. **para que abras sus ojos.** Los no creyentes han sido cegados a la verdad espiritual por Satanás (2 Co 4:4; 6:14; cp. Mt 15:14).

f. **de las tinieblas a la luz.** Ya que los no creyentes están en las tinieblas de su ceguera espiritual, la Biblia emplea con frecuencia la luz como símbolo de la salvación (v. Hch 26:23; 13:47; Mt 4:16; Jn 1:4, 5, 7-9; 3:19-21; 8:12; 9:5; 12:36; 2 Co 4:4; 6:14; Ef 5:8, 14; Col 1:12, 13; 1 Ts 5:5; 1 P 2:9; 1 Jn 1:7; 2:8-10).

g. **por la fe... santificados.** La Biblia enseña de forma simple y reiterada que la salvación solo es resultado de la fe aparte de las obras humanas (Hch 13:39; 15:9; 16:31; Jn 3:14-17; 6:69; Ro 3:21-28; 4:5; 5:1; 9:30; 10:9-11; Gá 2:16; 3:11, 24; Ef 2:8, 9; Fil 3:9).

h. **perdón de pecados.** Este es el resultado más significativo de la salvación (ver Hch 2:38; cp. 3:19; 5:31; 10:43; 13:38; Mt 1:21; 26:28; Lc 1:77; 24:47; 1 Co 15:3; Gá 1:4; Col 1:14; He 8:12; 9:28; 10:12; 1 P 2:24; 3:18; 1 Jn 2:1, 2; 3:5; 4:10; Ap 1:5).

i. **herencia.** Las bendiciones que los creyentes disfrutarán por toda la eternidad en el cielo (cp. 20:32; Ef 1:11, 14, 18; Col 1:12; 3:24; He 9:15).

Por lo cual, oh rey Agripa, no fui rebelde a la visión celestial, sino que anuncié primeramente a los que están en Damasco, y Jerusalén, y por toda la tierra de Judea, y a los gentiles, que se arrepintiesen y se convirtiesen a Dios, haciendo [a]obras dignas de arrepentimiento.

23. El bautismo de Saulo y el inicio de su ministerio

Hechos 9:10–22

Había entonces en Damasco un discípulo llamado [b]Ananías, a quien el Señor dijo en visión: Ananías.

Y él respondió: Heme aquí, Señor.

Y el Señor le dijo: Levántate, y ve a [c]la calle que se llama Derecha, y busca en casa de Judas a uno llamado Saulo, de [d]Tarso; porque he aquí, él ora, y ha visto en visión a un varón llamado Ananías, que entra y le pone las manos encima para que recobre la vista.

Entonces Ananías respondió: Señor, he oído de muchos acerca de este hombre, cuántos males ha hecho a tus santos en Jerusalén; y aun aquí tiene autoridad de los principales sacerdotes para prender a todos los que invocan tu nombre.

---

a. **obras dignas de arrepentimiento.** Es imposible separar el arrepentimiento genuino de una vida transformada (ver Hch 2:38; Mt 3:8; Stg 2:18).

b. **Ananías.** Uno de los líderes en la iglesia de Damasco y, por ende, uno de los blancos de Saulo (cp. Hch 22:12).

c. **la calle que se llama Derecha.** Esta calle que atraviesa Damasco desde la puerta este hacia el oeste, todavía existe y se conoce en la actualidad con el nombre de Darb al mustaqim.

d. **Tarso.** Lugar de nacimiento de Pablo y una ciudad importante en la provincia romana de Cilicia, ubicada en la ribera del río Cidno cerca de la frontera de Asia Menor y Siria. Servía por igual como centro comercial y educativo. Los desembarcaderos del Cidno siempre estaban llenos de comerciantes y la universidad tenía el mismo prestigio que las de Atenas y Alejandría en todo el mundo romano.

El Señor le dijo: Ve, porque [a]instrumento escogido me es este, para llevar mi nombre [b]en presencia de los gentiles, y de reyes, y de los hijos de Israel; porque yo le mostraré cuánto le es necesario padecer por mi nombre.

Fue entonces Ananías y entró en la casa, y poniendo sobre él las manos, dijo: Hermano Saulo, el Señor Jesús, que se te apareció en el camino por donde venías, me ha enviado para que recibas la vista y [c]seas lleno del Espíritu Santo. Y al momento le cayeron de los ojos como escamas, y recibió al instante la vista; y levantándose, fue bautizado.

Y habiendo tomado alimento, recobró fuerzas. Y estuvo Saulo por algunos días con los discípulos que estaban en Damasco.

En seguida predicaba a Cristo en las sinagogas, diciendo que este era el Hijo de Dios.

Y todos los que le oían estaban atónitos, y decían: ¿No es este el que asolaba en Jerusalén a los que invocaban este nombre, y a eso vino acá, para llevarlos presos ante los principales sacerdotes?

Pero Saulo mucho más se esforzaba, y confundía a los judíos que moraban en Damasco, demostrando que Jesús era el Cristo.

24. Los años en Arabia y la huida de Damasco

Hch 9:23–25; Gá 1:11–18a; 2 Co 11:32–33

Nota. *En la Epístola a los Gálatas, Pablo ofrece más información acerca de los acontecimientos que sucedieron en los años posteriores a su conversión.*

---

a. **instrumento escogido.** Lit. «vasija de la elección». Hubo una continuidad perfecta entre la salvación de Pablo y su servicio a Dios, quien lo eligió para comunicar su gracia a todos los hombres (Gá 1:1; cp. 1 Ti 2:7; 2 Ti 1:11). Pablo empleó esta misma palabra en cuatro ocasiones (Ro 9:21, 23; 2 Co 4:7; 2 Ti 2:21).

b. **en presencia de los gentiles, y de reyes, y de los hijos de Israel.** Pablo comenzó su ministerio con la predicación a los judíos (Hch 13:14; 14:1; 17:1, 10; 18:4; 19:8), pero su llamado primordial era a los gentiles (Ro 11:13; 15:16). Dios también lo llamó a ministrar a reyes como Agripa (Hch 25:23–26:32) y quizá también a César (cp. Hch 25:10-12; 2 Ti 4:16, 17).

c. **seas lleno del Espíritu Santo.** Ver Hch 2:4. El Espíritu ya había actuado en la vida de Pablo al convencerlo de pecado (Jn 16:9) y del señorío de Cristo (1 Co 12:3), al transformarlo (Tit 3:5) y morar en su interior de forma permanente (1 Co 12:13). Después de esto fue lleno del Espíritu y capacitado con poder de lo alto para servir a Dios (cp. Hch 2:4, 14; 4:8, 31; 6:5, 8; ver también la nota sobre Ef 5:16). Saulo recibió al Espíritu sin que fuera necesaria la presencia de alguno de los apóstoles porque era judío (la inclusión de los judíos en la iglesia ya había quedado establecida desde el Pentecostés) y también porque era un apóstol en su derecho propio gracias a su elección personal y comisión directa al servicio por parte de Cristo (Ro 1:1).

Incluye los tres años que estuvo en Arabia y su primer viaje a Jerusalén, en el que se reunió con Pedro y Jacobo.

GÁ Mas [a]os hago saber, hermanos, que [b]el evangelio anunciado por mí, no es según hombre; pues yo [c]ni lo recibí ni lo aprendí de hombre alguno, sino [d]por revelación de Jesucristo. Porque ya habéis oído acerca de mi conducta en otro tiempo en el [e]judaísmo, que [f]perseguía sobremanera a la iglesia de Dios, y la asolaba; y en el judaísmo [g]aventajaba a muchos de mis contemporáneos en mi nación, siendo [h]mucho más celoso de las [i]tradiciones de mis padres.

---

a. **os hago saber.** El verbo griego enérgico que Pablo empleó aquí servía para introducir una declaración importante y contundente (1 Co 12:3; 2 Co 8:1).

b. **el evangelio... no es según hombre.** El evangelio que Pablo predicaba no era de origen humano, en ese caso habría sido como las demás religiones humanas que se basan en la justicia por obras cuyo origen es el orgullo del hombre y el engaño de Satanás (Ro 1:16).

c. **ni lo recibí ni lo aprendí de hombre alguno.** A diferencia de los judaizantes, quienes recibían su instrucción religiosa de la tradición rabínica. La mayoría de los judíos no estudiaba las Escrituras en sí, sino que usaban interpretaciones humanas de las Escrituras como su autoridad y norma religiosa. Muchas de sus tradiciones, además de no ser enseñadas en las Escrituras, la contradecían (Mr 7:13).

d. **por revelación.** Esto se refiere a quitar el velo que cubre lo que antes se mantuvo en secreto, en este caso Jesucristo. Aunque Pablo sabía de Cristo, después tuvo un encuentro personal con él en el camino a Damasco y recibió de él mismo la verdad del evangelio (Hch 9:1-16).

e. **judaísmo.** El sistema religioso judío basado en la justicia por obras y no tanto en el texto del AT como en las interpretaciones y tradiciones de los rabinos. De hecho, Pablo argumentará que un entendimiento correcto del AT solo puede conducir a Cristo y su evangelio de gracia por la fe (Gá 3:6-29).

f. **perseguía.** El tiempo de este verbo griego recalca el esfuerzo persistente y continuo de Pablo para perjudicar y en últimas exterminar a los cristianos. Ver Hch 8:1-3; 9:1; 1 Ti 1:12-14.

g. **aventajaba... mucho más.** La palabra griega que se traduce «aventajaba» significa «dar brazadas», de forma muy similar a un atleta que corre a campo traviesa con todas sus fuerzas. Pablo iba al frente del pelotón en el judaísmo (cp. Fil 3:5, 6), y como veía a los cristianos judíos como obstáculos a su avance vocacional, se esforzó en cortarlos como maleza.

h. **mucho más celoso.** Pablo demostró esto mediante el extremo al que llevó su persecución de los cristianos (cp. Hch 8:1-3; 26:11).

i. **tradiciones de mis padres.** Las enseñanzas orales sobre la ley del AT que se conocía como «Halakáh». Esta colección de interpretaciones de la ley llegó a tener el mismo y hasta mayor peso y autoridad que la ley misma (la Torá). Sus regulaciones eran tan complejas y opresivas que hasta los eruditos rabinos más astutos no podían manejarla bien en su interpretación y mucho menos en su conducta personal.

Pero cuando agradó a Dios, que [a]me apartó desde el vientre de mi madre, y [b]me llamó por su gracia, [c]revelar a su Hijo en mí, para que yo [d]le predicase entre los gentiles, no [e]consulté en seguida con carne y sangre, ni subí a [f]Jerusalén a los que eran apóstoles antes que yo; sino que fui a Arabia, y volví de nuevo a Damasco.

Después, pasados tres años, HCH pasados muchos días, los judíos resolvieron en consejo matarle; pero sus asechanzas llegaron a conocimiento de Saulo. Y ellos guardaban las puertas de día y de noche para matarle. Entonces los discípulos, tomándole de noche, le bajaron por el muro, descolgándole en una canasta.

2 CO En Damasco, el gobernador de la provincia del rey Aretas guardaba la ciudad de los damascenos para prenderme; y fui descolgado del muro en un canasto por una ventana, y escapé de sus manos.

25. Saulo visita Jerusalén

Hch 9:26–31; 22:17–20; Gá 1:18, 19, 21–23

GÁ Después, pasados tres años, subí a Jerusalén para ver a Pedro, y permanecí con él quince días; pero no vi a ningún otro de los apóstoles, sino a [g]Jacobo el hermano del Señor.

HCH 9 Cuando llegó a Jerusalén, trataba de juntarse con los discípulos; pero todos le tenían miedo, no creyendo que fuese discípulo. Entonces Bernabé,

---

a. **me apartó desde el vientre de mi madre.** Pablo no habla sobre su nacimiento y separación física de su madre, sino de ser separado o apartado para el servicio a Dios desde el momento en que nació. La frase se refiere a la elección que Dios hizo de Pablo sin consideración de su mérito o esfuerzo personal (cp. Is 49:1; Jer 1:5; Lc 1:13-17; Ro 9:10-23).

b. **me llamó por su gracia.** Esto se refiere al llamado eficaz de Dios (ver Ro 1:7). En el camino a Damasco y de forma literal, Dios trajo la salvación a Pablo, el cual ya había escogido de antemano.

c. **revelar a su Hijo en mí.** Cristo no solo fue revelado a Pablo en el camino a Damasco, sino en su interior, porque Dios le dio la vida, la luz y la fe para creer en él.

d. **le predicase entre los gentiles.** El llamado específico de Pablo para proclamar el evangelio a no judíos (ver Hch 9:15; 26:12-18; cp. Ro 1:13-16; 11:13; 15:18).

e. **consulté... con carne y sangre.** Pablo no acudió a Ananías u otros cristianos en Damasco para que le aclararan la revelación divina o añadieran a lo que había recibido de Cristo (Hch 9:19, 20).

f. **Jerusalén... Arabia... Damasco.** En lugar de viajar de inmediato a Jerusalén para ser instruido por los apóstoles, Pablo se fue a Arabia de los nabateos, una región desértica que se extendía al este de Damasco alrededor de la península del Sinaí. Después de ser preparado para el ministerio por el Señor, él regresó para ministrar cerca de Damasco.

g. **Jacobo el hermano del Señor.** Cp. Gá 2:9, 12; ver Hch 15:13.

tomándole, lo trajo a los apóstoles, y les contó cómo Saulo había visto en el camino al Señor, el cual le había hablado, y cómo en Damasco había hablado valerosamente en el nombre de Jesús. Y estaba con ellos en Jerusalén; y entraba y salía, y hablaba denodadamente en el nombre del Señor, y disputaba con [a]los griegos; pero estos procuraban matarle.

HCH 22 Y me aconteció, [b]vuelto a Jerusalén, que orando en el templo me sobrevino [c]un éxtasis. Y le vi que me decía: Date prisa, y sal prontamente de Jerusalén; porque no recibirán tu testimonio acerca de mí. Yo dije: Señor, ellos saben que yo encarcelaba y azotaba en todas las sinagogas a los que creían en ti; y cuando se derramaba la sangre de Esteban tu testigo, yo mismo también estaba presente, y consentía en su muerte, y guardaba las ropas de los que le mataban. Pero me dijo: Ve, porque yo te enviaré lejos a los gentiles.

HCH 9 Cuando supieron esto los hermanos, le llevaron hasta [d]Cesarea, y [e]le enviaron a Tarso.

GÁ Después fui a las regiones de [f]Siria y de Cilicia, y [g]no era conocido de vista a las iglesias de Judea, que eran en Cristo; solamente oían decir: Aquel que en otro tiempo nos perseguía, ahora predica la fe que en otro tiempo asolaba. Y [h]glorificaban a Dios en mí.

---

a. **los griegos.** El mismo grupo de judíos con los que debatió Esteban (ver Hch 6:1).

b. **vuelto a Jerusalén.** Tras un ministerio breve en Damasco (Hch 9:20-25) y tres años en Arabia (Gá 1:17, 18).

c. **un éxtasis.** Pablo fue llevado más allá de sus sentidos al dominio sobrenatural para recibir revelación directa de Jesucristo. La experiencia fue única y exclusiva de los apóstoles, ya que solo Pedro (Hch 10:10; 11:5) y Juan (Ap 1:10) recibieron revelaciones similares. Esta fue la cuarta de seis visiones recibidas por Pablo en Hechos (cp. 9:3-6; 16:9, 10; 18:9, 10; 23:11; 27:23, 24).

d. **Cesarea.** Cp. Hch 8:40. Una importante ciudad portuaria en el Mediterráneo ubicada 46 km al norte de Jope. Como capital de la provincia romana de Judea y domicilio del procurador romano, servía como el cuartel central de una guarnición romana considerable.

e. **le enviaron a Tarso.** Pablo desapareció del ministerio público durante varios años, aunque es posible que fundara algunas iglesias alrededor de Siria y Cilicia (Hch 15:23; Gá 1:21).

f. **Siria y de Cilicia.** Ver Hch 15:23; cp. Hch 9:30. Esta área incluía Tarso, su ciudad natal. El apóstol había predicado en esa región durante varios años. Al enterarse los de Jerusalén del avivamiento en esa región, enviaron a Bernabé (ver Hch 11:20-26). Pablo se quedó en esa región como pastor en la iglesia de Antioquía. Acompañado por Bernabé, partió de ese lugar en el primer viaje misionero (Hch 13:1-3) y después regresó a Antioquía (Hch 13:1-3), desde donde fueron enviados al concilio de Jerusalén (Hch 14:26–15:4).

g. **no era conocido de vista a las iglesias de Judea.** Durante los catorce años que transcurrieron antes del concilio en Jerusalén, Pablo solo había ido en dos ocasiones a Jerusalén (Hch 9:26-30; 11:30), así que los cristianos solo le conocían por su reputación.

h. **glorificaban a Dios en mí.** La prueba de que el evangelio que Pablo predicaba era el mismo que los otros apóstoles habían enseñado a los cristianos en Judea.

HCH 9 Entonces [a]las iglesias tenían paz por toda Judea, Galilea y Samaria; y eran edificadas, andando en el temor del Señor, y se acrecentaban fortalecidas por el Espíritu Santo.

26. Pedro realiza señales milagrosas

Hechos 9:32–43

Aconteció que Pedro, visitando a todos, vino también a los santos que habitaban en [b]Lida. Y halló allí a uno que se llamaba [c]Eneas, que hacía ocho años que estaba en cama, pues era paralítico. Y le dijo Pedro: Eneas, Jesucristo te sana; levántate, y haz tu cama. Y en seguida se levantó. Y le vieron todos los que habitaban en Lida y en [d]Sarón, los cuales se convirtieron al Señor.

Había entonces en [e]Jope una discípula llamada [f]Tabita, que traducido quiere decir, Dorcas. Esta abundaba en buenas obras y en limosnas que hacía. Y aconteció que en aquellos días enfermó y murió. Después de lavada, la pusieron en [g]una sala. Y como Lida estaba [h]cerca de Jope, los discípulos, oyendo que Pedro estaba allí, le enviaron dos hombres, a rogarle: No tardes en venir a nosotros. Levantándose entonces Pedro, fue con ellos; y cuando llegó, le llevaron a la sala, donde le rodearon todas las viudas, llorando y mostrando las [i]túnicas y los vestidos que Dorcas hacía cuando estaba con ellas. Entonces, sacando a todos, Pedro se puso de rodillas y oró; y volviéndose al cuerpo, dijo: Tabita, levántate. Y ella abrió los ojos, y al ver a Pedro, se incorporó. Y él, dándole la mano, la levantó; entonces, llamando a los santos y a las viudas, la presentó viva. Esto fue notorio en toda Jope, y muchos creyeron en el Señor.

---

a. **las iglesias tenían paz... y eran edificadas.** La conversión de Pablo y algunos cambios políticos contribuyeron al reposo. Un gobernador romano más estricto y la expansión de la autoridad de Herodes Agripa restringieron la persecución.

b. **Lida.** Lod en el AT. Ubicada unos 16 km al sureste de Jope, servía como punto de conexión para los caminos que venían de Egipto a Siria y de Jope a Jerusalén.

c. **Eneas.** Al hablar de «uno que se llamaba» para describirlo indica que se trataba de una persona no creyente. Su parálisis era incurable según el conocimiento médico limitado de aquel tiempo.

d. **Sarón.** La planicie que rodeaba Lida y Jope que se extendía hacia Cesarea en el norte.

e. **Jope.** Un pueblo costero que se conoce en la actualidad como Jaffa, al sur de Tel Aviv.

f. **Tabita.** Fue conocida más por su nombre griego: «Dorcas». Ambos nombres significan «gacela».

g. **una sala.** Parece un lugar semejante al Aposento Alto que se menciona en Hch 1:13; 2:1. Aunque la costumbre era sepultar de inmediato el cadáver, los creyentes en Jope tenían otro plan en mente.

h. **cerca de Jope.** 16 km al sureste.

i. **túnicas... vestidos.** Prendas interiores ajustadas al cuerpo y túnicas exteriores largas.

Y aconteció que se quedó muchos días en Jope en casa de un cierto [a]Simón, curtidor.

27. La visión de los animales inmundos

Hechos 10:1–23

Había en Cesarea un hombre llamado Cornelio, [b]centurión de la [c]compañía llamada la Italiana, piadoso y [d]temeroso de Dios con toda su casa, y que hacía muchas limosnas al pueblo, y oraba a Dios siempre. Este vio claramente en una visión, [e]como a la hora novena del día, que un ángel de Dios entraba donde él estaba, y le decía: Cornelio.

Él, mirándole fijamente, y atemorizado, dijo: ¿Qué es, Señor?

Y le dijo: Tus oraciones y tus limosnas han subido para [f]memoria delante de Dios. Envía, pues, ahora hombres a Jope, y haz venir a Simón, el que tiene por sobrenombre Pedro. Este posa en casa de cierto Simón curtidor, que tiene su casa junto al mar; él te dirá lo que es necesario que hagas. Ido el ángel que hablaba con Cornelio, este llamó a dos de sus criados, y a un devoto soldado de los que le asistían; a los cuales envió a Jope, después de haberles contado todo.

Al día siguiente, mientras ellos iban por el camino y se acercaban a la ciudad, Pedro subió a la [g]azotea para orar, cerca de la [h]hora sexta. Y tuvo gran hambre, y quiso comer; pero mientras le preparaban algo, le sobrevino un éxtasis; y vio el cielo abierto, y que descendía algo semejante a un gran lienzo, que atado de las cuatro puntas era bajado a la tierra; en el cual había

---

a. **Simón, curtidor.** Cp. Hch 10:5, 6. Pedro rompió una barrera cultural al quedarse con un curtidor. Esta era una ocupación menospreciable para la sociedad judía porque implicaba el contacto físico con la piel de animales muertos. Es probable que la sinagoga local tratara con soslayo a Simón.

b. **centurión.** Uno de los sesenta oficiales que conformaban una legión romana, el cual dirigía a cien hombres (ver Mt 8:5).

c. **compañía llamada la Italiana.** O «cohorte italiana». Diez cohortes de seiscientos hombres conformaban una legión.

d. **temeroso de Dios.** Esta es una expresión usual de los judíos para referirse a los gentiles que habían abandonado sus prácticas paganas para inclinarse a la adoración de Jehová Dios. Dichas personas, aunque obedecían las leyes éticas del AT, no se habían convertido por completo en prosélitos del judaísmo mediante la circuncisión. Cornelio recibiría el conocimiento salvador de Dios manifestado en Cristo (ver Ro 1:20).

e. **como a la hora novena.** 3:00 p.m.

f. **memoria.** Una remembranza. Las oraciones, la devoción, la fe y la bondad de Cornelio eran como una ofrenda fragante que subía a la presencia de Dios.

g. **azotea para orar.** En las azoteas de las casas judías tenían lugar diversas manifestaciones de adoración (2 R 23:12; Jer 19:13; 32:29).

h. **hora sexta.** Las 12:00 del día.

[a]de todos los cuadrúpedos terrestres y reptiles y aves del cielo. Y le vino una voz: Levántate, Pedro, [b]mata y come.

Entonces Pedro dijo: Señor, no; porque ninguna cosa [c]común o inmunda he comido jamás.

Volvió la voz a él la segunda vez: Lo que [d]Dios limpió, no lo llames tú común. Esto se hizo tres veces; y aquel lienzo volvió a ser recogido en el cielo.

Y mientras Pedro estaba perplejo dentro de sí sobre lo que significaría la visión que había visto, he aquí los hombres que habían sido enviados por Cornelio, los cuales, preguntando por la casa de Simón, llegaron a la puerta. Y llamando, preguntaron si moraba allí un Simón que tenía por sobrenombre Pedro.

Y mientras Pedro pensaba en la visión, le dijo el Espíritu: He aquí, tres hombres te buscan. Levántate, pues, y desciende y no dudes de ir con ellos, porque yo los he enviado. Entonces Pedro, descendiendo a donde estaban los hombres que fueron enviados por Cornelio, les dijo: He aquí, yo soy el que buscáis; ¿cuál es la causa por la que habéis venido?

Ellos dijeron: Cornelio el centurión, varón justo y temeroso de Dios, y que tiene buen testimonio en toda la nación de los judíos, ha recibido instrucciones de un santo ángel, de hacerte venir a su casa para oír tus palabras. Entonces, [e]haciéndoles entrar, los hospedó.

Y al día siguiente, levantándose, se fue con ellos; y le acompañaron [f]algunos de los hermanos de Jope.

---

a. **de todos los cuadrúpedos.** Tanto animales puros como impuros. Con el propósito de separar a los israelitas de sus vecinos idólatras, Dios había establecido restricciones específicas para su alimentación respecto al consumo de dichos animales (cp. Lv 11:25, 26).

b. **mata y come.** Después del establecimiento del nuevo pacto y de la iglesia, Dios anuló las restricciones alimenticias (cp. Mr 7:19).

c. **común o inmunda.** Profano o contaminado.

d. **Dios limpió.** Lo que Dios hizo, más allá de la simple abolición de las restricciones alimenticias del AT, fue la unidad de la iglesia entre los judíos, representados por los animales puros, y los gentiles, representados por los animales impuros, a través de la muerte de Cristo en sacrificio (ver Ef 2:14).

e. **haciéndoles entrar.** Los judíos respetables no invitarían a los gentiles a entrar a su casa, mucho menos si se tratara de soldados del odiado ejército romano.

f. **algunos de los hermanos.** Se trataba de seis judíos creyentes (Hch 11:12) denominados «los fieles de la circuncisión» en Hch 10:45.

28. Pedro predica en evangelio a los gentiles

Hechos 10:24–48

Al otro día entraron en Cesarea. Y Cornelio los estaba esperando, habiendo convocado a sus parientes y amigos más íntimos. Cuando Pedro entró, salió Cornelio a recibirle, y postrándose a sus pies, adoró. Mas Pedro le levantó, diciendo: Levántate, pues [a]yo mismo también soy hombre. Y hablando con él, entró, y halló a muchos que se habían reunido. Y les dijo: Vosotros sabéis cuán [b]abominable es para un varón judío juntarse o acercarse a un extranjero; pero a mí me ha mostrado Dios que a ningún hombre llame común o inmundo; por lo cual, al ser llamado, vine sin replicar. Así que pregunto: ¿Por qué causa me habéis hecho venir?

Entonces Cornelio dijo: Hace cuatro días que a esta hora yo estaba en ayunas; y a la hora novena, mientras oraba en mi casa, vi que se puso delante de mí un varón con vestido resplandeciente, y dijo: Cornelio, tu oración ha sido oída, y tus limosnas han sido recordadas delante de Dios. Envía, pues, a Jope, y haz venir a Simón el que tiene por sobrenombre Pedro, el cual mora en casa de Simón, un curtidor, junto al mar; y cuando llegue, él te hablará. Así que luego envié por ti; y tú has hecho bien en venir. Ahora, pues, todos nosotros estamos aquí en la presencia de Dios, para oír todo lo que Dios te ha mandado.

Entonces Pedro, abriendo la boca, dijo: En verdad comprendo que [c]Dios no hace acepción de personas, sino que en toda nación [d]se agrada del que le teme y hace justicia. Dios envió mensaje a los hijos de Israel, [e]anunciando el evangelio de la paz por medio de Jesucristo; este es Señor de todos. Vosotros sabéis lo que se divulgó por toda Judea, comenzando desde Galilea, después

---

a. **yo mismo también soy hombre.** Cp. Hch 14:11-15; Ap 22:8, 9. Solo el Dios trino merece nuestra adoración.

b. **abominable.** Lit. «que infringe una prohibición». Pedro había observado toda su vida las costumbres y tradiciones judías. Sus palabras revelan que había adoptado un nuevo patrón en el cual los judíos ya no consideraban profanos a los gentiles.

c. **Dios no hace acepción.** Esta enseñanza se encuentra tanto en el AT (Dt 10:17; 2 Cr 19:7; Job 34:19) como en el NT (Ro 2:11; 3:29, 30; Stg 2:1). La realidad de dicha verdad adquiría una nueva dimensión para Pedro.

d. **se agrada.** Esta expresión griega significa «señalado por una demostración que favorece la complacencia divina».

e. **anunciando... paz.** Cristo estableció la paz entre Dios y el hombre al pagar por el pecado mediante su muerte en sacrificio (ver Ro 5:1-11).

del [a]bautismo que predicó Juan: [b]cómo Dios ungió con el Espíritu Santo y con poder a Jesús de Nazaret, y cómo este anduvo haciendo bienes y sanando a todos los oprimidos por el diablo, porque Dios estaba con él. Y nosotros somos testigos de todas las cosas que Jesús hizo en la tierra de Judea y en Jerusalén; a quien mataron colgándole en un madero. A este levantó Dios al tercer día, e hizo que se manifestase; no a todo el pueblo, sino a los [c]testigos que Dios había ordenado de antemano, a nosotros que comimos y bebimos con él después que resucitó de los muertos. Y nos mandó que predicásemos al pueblo, y testificásemos que él es el que Dios ha puesto por Juez de vivos y muertos. De este dan testimonio todos los profetas, que todos los que [d]en él creyeren, recibirán perdón de pecados por su nombre.

Mientras aún hablaba Pedro estas palabras, [e]el Espíritu Santo cayó sobre todos los que oían el discurso. Y los fieles de [f]la circuncisión que habían venido con Pedro se quedaron atónitos de que también sobre los gentiles se derramase el don del Espíritu Santo. Porque los oían que hablaban en [g]lenguas, y que magnificaban a Dios.

Entonces respondió Pedro: ¿Puede acaso alguno impedir el agua, para que no sean bautizados estos que han recibido el Espíritu Santo también como nosotros? Y mandó bautizarles en el nombre del Señor Jesús. Entonces le rogaron que se quedase por algunos días.

29. La noticia de la conversión de los gentiles llega a la iglesia de Jerusalén

Hechos 11:1–18

Oyeron los apóstoles y los hermanos que estaban en Judea, que también los gentiles habían recibido la palabra de Dios. Y cuando Pedro subió a Jerusalén,

---

a. **bautismo que predicó Juan.** Cp. Hch 1:22; 13:24; 18:25; 19:34; ver Mt 3:2-12.

b. **cómo Dios ungió... a Jesús.** Cp. Hch 4:27. El inicio del ministerio de Jesús en la tierra (cp. Mt 3:13-17; Lc 3:21, 22).

c. **testigos que Dios había ordenado.** Después de su resurrección, Jesús solo se apareció a los creyentes (cp. 1 Co 15:5-8).

d. **en él creyeren.** El único medio de alcanzar salvación, que es la fe en Cristo (ver Ro 1:16; cp. Jn 3:14-17; 6:69; Ro 10:11; Gá 3:22; Ef 2:8, 9).

e. **el Espíritu Santo cayó.** Ver Hch 2:4; 8:17.

f. **la circuncisión.** Cp. Hch 11:2. Cristianos judíos.

g. **lenguas.** Ver Hch 2:4; 8:17.

disputaban con él los que eran de la circuncisión, diciendo: ¿Por qué has entrado en casa de hombres incircuncisos, y has [a]comido con ellos?

Entonces comenzó Pedro a contarles por orden lo sucedido, diciendo: Estaba yo en la ciudad de Jope orando, y vi en éxtasis una visión; algo semejante a un gran lienzo que descendía, que por las cuatro puntas era bajado del cielo y venía hasta mí. Cuando fijé en él los ojos, consideré y vi cuadrúpedos terrestres, y fieras, y reptiles, y aves del cielo. Y oí una voz que me decía: Levántate, Pedro, mata y come. Y dije: Señor, no; porque ninguna cosa común o inmunda entró jamás en mi boca. Entonces la voz me respondió del cielo por segunda vez: Lo que Dios limpió, no lo llames tú común. Y esto se hizo tres veces, y volvió todo a ser llevado arriba al cielo. Y he aquí, luego llegaron tres hombres a la casa donde yo estaba, enviados a mí desde Cesarea. Y el Espíritu me dijo que fuese con ellos sin dudar. Fueron también conmigo estos seis hermanos, y entramos en casa de un varón, quien nos contó cómo había visto en su casa un ángel, que se puso en pie y le dijo: Envía hombres a Jope, y haz venir a Simón, el que tiene por sobrenombre Pedro; él te hablará palabras por las cuales serás salvo tú, y toda [b]tu casa. Y cuando comencé a hablar, cayó el Espíritu Santo sobre ellos también, como sobre nosotros [c]al principio. Entonces me acordé de lo dicho por el Señor, cuando dijo: Juan ciertamente bautizó en agua, mas vosotros seréis [d]bautizados con el Espíritu Santo. Si Dios, pues, les concedió también el mismo don que a nosotros que hemos creído en el Señor Jesucristo, ¿quién era yo que pudiese estorbar a Dios?

Entonces, oídas estas cosas, callaron, y glorificaron a Dios, diciendo: ¡De manera que [e]también a los gentiles ha dado Dios arrepentimiento para vida!

---

a. **¿… comido con ellos?** Los creyentes judíos estaban muy molestos ante una infracción tan obvia de sus costumbres. Para ellos era difícil concebir que Jesús también fuera Señor de los creyentes gentiles.

b. **tu casa.** Todos los que estaban bajo la autoridad y el cuidado de Cornelio que podían comprender el evangelio y creer (cp. Hch 16:15, 31). Esto no incluye a los infantes.

c. **al principio.** Dios atestiguó sobre la realidad de la salvación de los gentiles con el mismo fenómeno que ocurrió en Pentecostés.

d. **bautizados con el Espíritu Santo.** Ver Hch 1:5.

e. **también a los gentiles ha dado Dios arrepentimiento para vida.** Esta es una de las verdades que más ha costado aceptar a los judíos en el transcurso de su historia, aunque es un acontecimiento que el AT había profetizado sin equívocos (Is 42:1, 6; 49:6; ver 2:38).

30. Bernabé y Saulo pastorean una iglesia de gentiles en Antioquía

Hechos 11:19–30

Ahora bien, los que habían sido esparcidos a causa de la persecución que hubo con motivo de Esteban, pasaron hasta [a]Fenicia, [b]Chipre y [c]Antioquía, no hablando a nadie la palabra, sino solo a los judíos. Pero había entre ellos unos [d]varones de Chipre y de Cirene, los cuales, cuando entraron en Antioquía, hablaron también a los [e]griegos, anunciando el evangelio del Señor Jesús. Y [f]la mano del Señor estaba con ellos, y gran número creyó y se convirtió al Señor.

Llegó la noticia de estas cosas a oídos de la iglesia que estaba en Jerusalén; y enviaron a [g]Bernabé que fuese hasta Antioquía. Este, cuando llegó, y vio la gracia de Dios, se regocijó, y exhortó a todos a que con propósito de corazón permaneciesen fieles al Señor. Porque era varón bueno, y lleno del Espíritu Santo y de fe. Y una gran multitud fue agregada al Señor.

Después fue Bernabé a Tarso [h]para buscar a Saulo; y hallándole, le trajo a Antioquía. Y se congregaron allí todo un año con la iglesia, y enseñaron a mucha gente; y a los discípulos se les llamó [i]cristianos por primera vez en Antioquía.

En aquellos días unos [j]profetas descendieron de Jerusalén a Antioquía. Y levantándose uno de ellos, llamado [k]Agabo, daba a entender por el Espíritu,

---

a. **Fenicia.** La región costera al norte de Judea que incluye los puertos comerciales de Tiro y Sidón.

b. **Chipre.** Ver Hch 4:36.

c. **Antioquía.** Ubicada unos 320 km al norte de Sidón, Antioquía era una metrópolis importante del paganismo y la tercera ciudad más grande en el Imperio romano después de Roma y Alejandría.

d. **varones de Chipre y de Cirene.** Ver Hch 6:9; 13:4.

e. **griegos.** Cp. Hch 6:1; 9:29. Lit. «helenos», se refiere a no judíos que hablaban griego (ver Hch 6:1).

f. **la mano del Señor.** Se refiere al poder de Dios expresado en juicio (cp. Éx 9:33; Dt 2:15; Jos 4:24; 1 S 5:6; 7:13) y en bendición (Esd 7:9; 8:18; Neh 2:8, 18). Aquí se refiere a la bendición divina.

g. **Bernabé.** Ver Hch 4:36. Puesto que era un judío de Chipre, provenía de un contexto similar al de los fundadores de la iglesia en Antioquía.

h. **para buscar a Saulo.** Esta no sería tarea fácil. Habían transcurrido varios años desde la huida de Pablo a Jerusalén (Hch 9:30). Al parecer, había sido desheredado y forzado a abandonar su ciudad natal debido a su nueva lealtad al cristianismo (Fil 3:8).

i. **cristianos.** Un término despectivo que significaba «del partido de Cristo». Cp. Hch 26:28; 1 P 4:16.

j. **profetas.** Predicadores del NT (cp. 1 Co 14:32; Ef 2:20; ver 13:1; 21:9; Ef 4:11).

k. **Agabo.** Uno de los profetas de Jerusalén que años más tarde desempeñó un papel importante en el ministerio de Pablo (Hch 21:10, 11).

que vendría [a]una gran hambre [b]en toda la tierra habitada; la cual sucedió en tiempo de [c]Claudio. Entonces los discípulos, cada uno conforme a lo que tenía, determinaron enviar socorro a los hermanos que habitaban en Judea; lo cual en efecto hicieron, enviándolo a los [d]ancianos por mano de Bernabé y de Saulo.

31. Pedro es liberado de la cárcel

Hechos 12:1–17

En aquel mismo tiempo el rey Herodes echó mano a algunos de la iglesia para maltratarles. Y mató [e]a espada a [f]Jacobo, hermano de Juan. Y viendo que esto había agradado a los judíos, procedió a prender también a Pedro. [g]Eran entonces los días de los panes sin levadura. Y habiéndole tomado preso, le puso en la cárcel, entregándole a [h]cuatro grupos de cuatro soldados cada uno, para que le custodiasen; y se proponía sacarle al pueblo después de la pascua.

Así que Pedro estaba custodiado en la cárcel; pero la iglesia hacía sin cesar oración a Dios por él. Y cuando Herodes le iba a sacar, aquella misma noche estaba Pedro durmiendo entre dos soldados, sujeto con dos cadenas, y los guardas delante de la puerta custodiaban la cárcel. Y he aquí que se presentó un ángel del Señor, y una luz resplandeció en la cárcel; y tocando a Pedro en el costado, le despertó, diciendo: Levántate pronto. Y las cadenas se le cayeron de las manos. Le dijo el ángel: Cíñete, y átate las sandalias. Y lo hizo así. Y le dijo: Envuélvete en tu manto, y sígueme. Y saliendo, le seguía; pero no sabía

---

a. **una gran hambre.** Varios escritores antiguos (Tácito [*Anales* XI.43], Josefo [*Antigüedades* xx.ii.5] y Suetonio [*Claudio* 18]) afirman que hubo algunos períodos de hambre extrema en Israel entre 45 y 46 A.D.

b. **en toda la tierra habitada.** El hambre se extendió mucho más allá de la región de Palestina.

c. **Claudio.** Emperador romano (41–54 A.D.).

d. **ancianos.** Esta es la primera mención de los hombres que servían como pastores y obispos (supervisores) de las iglesias (Hch 15:4, 6, 22, 23; 16:4; 21:18), es decir, un grupo de hombres piadosos que tenían la responsabilidad de dirigir a la iglesia (ver 1 Ti 3:1–7; Tit 1:5-9). En poco tiempo comenzaron a ocupar un lugar preponderante en las iglesias como parte de la transición de las funciones de los apóstoles y los profetas, quienes tuvieron a cargo la fundación de la iglesia (cp. Ef 2:20; 4:11).

e. **a espada.** El medio utilizado para la ejecución de Jacobo indica que fue acusado de conducir a otros a dioses falsos (cp. Dt 13:12-15).

f. **Jacobo.** Fue el primer apóstol que murió como mártir (ver Mt 10:2).

g. **Eran... los días de los panes sin levadura.** La fiesta posterior a la Pascua que duraba siete días (ver Éx 23:14-19; Mt 26:17).

h. **cuatro grupos.** Cada grupo estaba integrado por cuatro soldados que tomaban turnos para vigilar a Pedro. Todo el tiempo había dos guardias encadenados junto a él en su celda, mientras que otros dos hacían guardia afuera en la puerta.

que era verdad lo que hacía el ángel, sino que pensaba que veía una visión. Habiendo pasado la primera y la segunda guardia, llegaron a la puerta de hierro que daba a la ciudad, la cual se les abrió por sí misma; y salidos, pasaron una calle, y luego el ángel se apartó de él.

Entonces Pedro, volviendo en sí, dijo: Ahora entiendo verdaderamente que el Señor ha enviado su ángel, y me ha librado de la mano de Herodes, y de todo lo que el pueblo de los judíos esperaba.

Y habiendo considerado esto, llegó a casa de María la madre de [a]Juan, el que tenía por sobrenombre Marcos, donde muchos estaban reunidos orando. Cuando llamó Pedro a la puerta del patio, salió a escuchar una muchacha llamada Rode, la cual, cuando reconoció la voz de Pedro, de gozo no abrió la puerta, sino que corriendo adentro, dio la nueva de que Pedro estaba a la puerta. Y ellos le dijeron: Estás loca. Pero ella aseguraba que así era. Entonces ellos decían: ¡Es [b]su ángel!

Mas Pedro persistía en llamar; y cuando abrieron y le vieron, se quedaron atónitos. Pero él, haciéndoles con la mano señal de que callasen, les contó cómo el Señor le había sacado de la cárcel. Y dijo: Haced saber esto a [c]Jacobo y a los hermanos. Y salió, y [d]se fue a otro lugar.

---

a. **Juan... Marcos.** Primo de Bernabé (Col 4:10) y conocido de Pedro en su juventud (1 P 5:13), acompañó a Bernabé y a Pablo en el viaje a Antioquía (Hch 15:25) y luego a Chipre (Hch 13:4, 5). Los abandonó en Perge (Hch 13:13) y Pablo se negó a llevarlo en su segundo viaje misionero por dicha deserción (Hch 15:36-41). Acompañó a Bernabé a Chipre (Hch 15:39). Luego reaparece con Pablo en Roma, ya como su compañero y colaborador aprobado (Col 4:10; Flm 24). Durante el segundo encarcelamiento de Pablo en Roma, él buscó a Juan Marcos como alguien que le sería de gran ayuda (2 Ti 4:11). Escribió el segundo Evangelio que lleva su nombre, tarea que culminó gracias a la valiosa ayuda de Pedro (1 P 5:13).

b. **su ángel.** Según la superstición judía, cada persona tenía su propio ángel guardián que podía en algunos casos tomar su apariencia.

c. **Jacobo.** El hermano del Señor, quien estaba ahora encargado de la iglesia de Jerusalén (ver Hch 15:13).

d. **se fue.** A excepción de una breve mención en el capítulo 15, Pedro desaparece de la escena, pues el libro de Hechos prosigue tomando como eje a Pablo y su ministerio.

32. La dramática muerte del rey Herodes

Hechos 12:18–24

Luego que fue de día, hubo no poco alboroto entre los soldados sobre qué había sido de Pedro. Mas Herodes, habiéndole buscado sin hallarle, después de interrogar a los guardas, ordenó [a]llevarlos a la muerte.

Después descendió de Judea a Cesarea y se quedó allí.

Y Herodes estaba enojado contra los de [b]Tiro y de Sidón; pero ellos vinieron de acuerdo ante él, y sobornado [c]Blasto, que era camarero mayor del rey, pedían paz, porque su territorio era abastecido por el del rey.

[d]Y un día señalado, Herodes, vestido de ropas reales, se sentó en el tribunal y les arengó. Y el pueblo aclamaba gritando: ¡Voz de Dios, y no de hombre! Al momento un ángel del Señor le hirió, por cuanto [e]no dio la gloria a Dios; y expiró [f]comido de gusanos.

Pero la palabra del Señor crecía y se multiplicaba.

---

a. **llevarlos a la muerte.** Según el código de Justiniano (ix. 4:4), un guardia que dejaba escapar a un prisionero era condenado a sufrir la misma pena fatal a la cual este había sido sentenciado.

b. **Tiro y de Sidón.** Dos ciudades portuarias al norte de Cesarea, en una región llamada Fenicia. Aunque eran ciudades con dependencia mutua, ambas dependían en mayor grado de Galilea (ver Mr 3:8).

c. **Blasto.** El tesorero del rey que actuaba como mediador entre Herodes y los representantes de Tiro y de Sidón.

d. **Y un día señalado.** Era una fiesta en honor del jefe de Herodes, el emperador romano Claudio.

e. **no dio la gloria a Dios.** Es el delito por el cual Dios le quitó la vida a Herodes (44 A.D.), y el mismo que conllevaría la misma la pena a todos los que de él sean hallados culpables (Ro 1:18-23).

f. **comido de gusanos.** Según Josefo, Herodes padeció un terrible dolor durante cinco días antes de morir.

PARTE II

El primer viaje misionero de Pablo y el concilio de Jerusalén

47–50 A.D.

33. Pablo y Bernabé salen de Antioquía

Hechos 12:25—13:12

Y Bernabé y Saulo, [a]cumplido su servicio, volvieron de Jerusalén, llevando también consigo a Juan, el que tenía por sobrenombre Marcos. Había entonces en la iglesia que estaba en Antioquía, [b]profetas y maestros: Bernabé, [c]Simón el que se llamaba Niger, [d]Lucio de Cirene, Manaén el [e]que se había criado junto con [f]Herodes el tetrarca, y Saulo. [g]Ministrando estos al Señor, y [h]ayunando, dijo el Espíritu Santo: Apartadme a Bernabé y a Saulo para la obra a que los he llamado. Entonces, habiendo ayunado y orado, les impusieron las manos y los despidieron.

---

a. **cumplido su servicio.** Tras la muerte de Herodes, ellos trajeron las provisiones para aliviar la hambruna que enfrentaba la iglesia de Jerusalén (Hch 11:30). El capítulo 13 marca un giro en Hechos. Los primeros doce capítulos se enfocan en Pedro y los capítulos restantes giran alrededor de Pablo. Con Pedro, el enfoque está centrado en la iglesia judía en Jerusalén y Judea, mientras que con Pablo el enfoque es la propagación de la iglesia gentil a lo largo y ancho del mundo romano, y cuyo inicio tuvo lugar en la iglesia de Antioquía.

b. **profetas.** Ellos cumplieron una labor importante en la iglesia primitiva (ver 1 Co 12:28; Ef 2:20). Eran predicadores de la Palabra de Dios que tuvieron la responsabilidad de instruir a las congregaciones locales en los primeros años de la iglesia. En algunas ocasiones recibían revelaciones nuevas de carácter práctico (cp. Hch 11:28; 21:10). El ejercicio de sus funciones terminó con la cesación de los dones temporales de señales y prodigios. Su oficio también fue reemplazado por el de los pastores, maestros y evangelistas (ver Ef 4:11).

c. **Simón... que se llamaba Niger.** La palabra «Niger» significa «negro». Es posible que haya sido un hombre de tez oscura, un africano o ambas cosas. No existe evidencia directa para identificarle con Simón de Cirene (Mr 15:21).

d. **Lucio de Cirene.** No es el Lucio de Ro 16:21 ni Lucas, el médico y autor de Hechos.

e. **que se había criado junto con.** Puede traducirse «hermano adoptivo», porque Manaén fue criado en la casa de Herodes el Grande.

f. **Herodes el tetrarca.** Herodes Antipas, el Herodes de los Evangelios (ver Mt 14:1).

g. **Ministrando.** Se deriva de una palabra griega que en las Escrituras describe el servicio sacerdotal. El servicio en el liderazgo de la iglesia es un acto de adoración a Dios y consiste en ofrecer sacrificios espirituales a él como la oración y el cuidado del rebaño, así como también la predicación y enseñanza de la Palabra.

h. **ayunando.** Esto se vincula casi siempre con la oración vigilante y apasionada (cp. Neh 1:4; Sal 35:13; Dn 9:3; Mt 17:21; Lc 2:37), e incluye disminución parcial o total del apetito o dejar a un lado los alimentos con el propósito de concentrarse en cosas espirituales (ver Mt 6:16, 17).

Ellos, entonces, enviados por el Espíritu Santo, descendieron a [a]Seleucia, y de allí navegaron a [b]Chipre. Y [c]llegados a Salamina, anunciaban la palabra de Dios en las [d]sinagogas de los judíos. Tenían también a Juan de ayudante.

Y habiendo atravesado toda la isla hasta [e]Pafos, hallaron a [f]cierto mago, falso profeta, judío, llamado Barjesús, que estaba con [g]el procónsul Sergio Paulo, varón prudente. Este, llamando a Bernabé y a Saulo, deseaba oír la palabra de Dios. Pero les resistía [h]Elimas, el mago (pues así se traduce su nombre), procurando apartar de la fe al procónsul. Entonces [i]Saulo, que también es Pablo, lleno del Espíritu Santo, fijando en él los ojos, dijo: ¡Oh, lleno de todo engaño y de toda maldad, hijo del diablo, enemigo de toda justicia! ¿No cesarás de trastornar los caminos rectos del Señor? Ahora, pues, he aquí la mano del Señor está contra ti, y serás ciego, y no verás el sol por algún tiempo.

E inmediatamente cayeron sobre él oscuridad y tinieblas; y andando alrededor, buscaba quien le condujese de la mano. Entonces el procónsul, viendo lo que había sucedido, creyó, maravillado de la doctrina del Señor.

---

a. **Seleucia.** Esta ciudad servía de puerto para Antioquía, a unos 25 km de la embocadura del río Orontes.

b. **Chipre.** Ver Hch 4:36. Saulo y Bernabé decidieron comenzar allí su labor misionera porque era el lugar de origen de Bernabé tan solo a dos días de viaje de Antioquía y con una numerosa población judía.

c. **llegados a Salamina.** El principal puerto y centro comercial de Chipre.

d. **sinagogas.** Ver Hch 6:9. Pablo estableció la costumbre de predicar a los judíos siempre que entraba a una ciudad nueva (cp. Hch 13:14, 42; 14:1; 17:1, 10, 17; 18:4, 19, 26; 19:8) porque al ser judío contaba allí con una puerta abierta para introducir el evangelio. Además, si predicaba primero a los gentiles, los judíos nunca habrían estado dispuestos a escucharlo.

e. **Pafos.** Capital de Chipre y sede del gobierno romano. También era un epicentro del culto a Afrodita (Venus) y por ende foco de toda clase de inmoralidad.

f. **cierto mago, falso profeta, judío.** La palabra «mago» no tenía en principio una connotación pecaminosa o malévola, pero más adelante se empleó para describir toda clase de practicantes y tanteadores en el ocultismo. Este mago en particular utilizaba su conocimiento para fines malignos (ver Hch 8:9).

g. **el procónsul.** Un oficial romano que servía como gobernador de la provincia (cp. 18:12).

h. **Elimas.** El nombre griego de Barjesús, una transliteración de la palabra árabe que significa mago.

i. **Saulo, que también es Pablo.** Los nombres hebreo y romano del apóstol Pablo.

34. Pablo predica en Antioquía de Pisidia

Hechos 13:13–41

Habiendo zarpado de Pafos, Pablo y sus compañeros [a]arribaron a Perge de Panfilia; pero [b]Juan, apartándose de ellos, volvió a Jerusalén. Ellos, pasando de Perge, llegaron a [c]Antioquía de Pisidia; y entraron en la sinagoga un día de reposo y se sentaron. Y después de [d]la lectura de la ley y de los profetas, los [e]principales de la sinagoga mandaron a decirles: Varones hermanos, si tenéis alguna palabra de exhortación para el pueblo, hablad.

Entonces Pablo, levantándose, hecha señal de silencio con la mano, dijo: Varones israelitas, y los que teméis a Dios, oíd: El Dios de este pueblo de Israel escogió a nuestros padres, y enalteció al pueblo, siendo ellos extranjeros en tierra de Egipto, y con brazo levantado los sacó de ella. Y por un tiempo como de cuarenta años los soportó en el desierto; y habiendo destruido [f]siete naciones en la tierra de Canaán, [g]les dio en herencia su territorio.

Después, [h]como por cuatrocientos cincuenta años, les dio jueces hasta [i]el profeta Samuel. Luego pidieron rey, y Dios les dio a Saúl hijo de Cis, varón de la tribu de Benjamín, por cuarenta años. Quitado este, les levantó por rey a David, de quien dio también testimonio diciendo: He hallado a David hijo de Isaí, [j]varón conforme a mi corazón, quien hará todo lo que yo

---

a. **arribaron a Perge de Panfilia.** Perge era una ciudad importante en la provincia romana de Panfilia, en Asia Menor unos 320 km al norte de Chipre, al otro lado del Mediterráneo.

b. **Juan, apartándose de ellos.** No se sabe qué razón presentó Juan para abandonar la misión, pero es evidente que Pablo no la aceptó (Hch 15:38). Aunque su deserción no afectó la misión, sí ocasionó más adelante cierta tensión entre Pablo y Bernabé (Hch 15:36-40). Este asunto quedó resuelto en última (cp. Col 4:10; 2 Ti 4:11).

c. **Antioquía de Pisidia.** No debe confundirse con Antioquía de Siria, que fue el lugar donde comenzó la primera iglesia gentil. Esta Antioquía estaba ubicada en la zona montañosa de Asia Menor (la moderna Turquía).

d. **la lectura de la ley y de los profetas.** Esta lectura de las Escrituras ocupaba la tercera parte de la liturgia en la sinagoga, tras la recitación de la *shema* (Dt 6:4) y otras oraciones, pero antes de la enseñanza que por lo general se basaba en lo que se había leído de las Escrituras.

e. **principales de la sinagoga.** Los encargados de supervisar y dirigir todos los asuntos de la sinagoga (ver Hch 6:9), como la designación de los encargados de leer las Escrituras.

f. **siete naciones.** Ver Dt 7:1.

g. **les dio en herencia.** Algunas versiones añaden que esta distribución se hizo «por suertes».

h. **como por cuatrocientos cincuenta años.** Cuatrocientos años de cautiverio en Egipto, cuarenta años de peregrinación en el desierto y unos diez años desde el cruce del Jordán hasta la división del territorio (Jos 14:1-5).

i. **el profeta Samuel.** El último juez que ungió al primer rey, Saúl.

j. **varón conforme a mi corazón.** Ver 1 S 13:14. Algunos cuestionarían la realidad de esta designación para David en vista de que él cometió grandes pecados en varias ocasiones (cp. 1 S 11:1-4; 12:9; 21:10-22:1). Ningún hombre que sea conforme al corazón de Dios mismo

quiero. De la descendencia de este, y [a]conforme a la promesa, Dios levantó a Jesús por Salvador a Israel. Antes de su venida, predicó Juan el [b]bautismo de arrepentimiento a todo el pueblo de Israel. Mas cuando Juan terminaba su carrera, dijo: ¿Quién pensáis que soy? No soy yo él; mas he aquí viene tras mí uno de quien no soy digno de desatar el calzado de los pies.

Varones hermanos, hijos del linaje de Abraham, y los que entre vosotros teméis a Dios, a vosotros es enviada la palabra de esta salvación. Porque los habitantes de Jerusalén y sus [c]gobernantes, no conociendo a Jesús, ni las palabras de los profetas que se leen todos los días de reposo, las cumplieron al condenarle. Y sin hallar en él causa digna de muerte, pidieron a Pilato que se le matase. Y habiendo cumplido todas las cosas que de él estaban escritas, quitándolo del [d]madero, lo pusieron en el sepulcro. Mas Dios le levantó de los muertos. Y él se apareció durante muchos días a los que habían subido juntamente con él de Galilea a Jerusalén, los cuales ahora son sus [e]testigos ante el pueblo. Y nosotros también os anunciamos el evangelio de aquella promesa hecha a nuestros padres, la cual Dios ha cumplido a los hijos de ellos, a nosotros, resucitando a Jesús; como está escrito también en el [f]salmo segundo:

> Mi hijo eres tú,
> yo te he engendrado hoy.

Y en cuanto a que le levantó de los muertos para nunca más volver a corrupción, lo dijo así:

> Os daré las misericordias fieles de David.

---

es perfecto, pero se distinguirá porque reconoce su propio pecado y se arrepiente, como lo hizo David (cp. Sal 32, 38, 51). Pablo cita 1 S 13:14 y Sal 89:20.

a. **conforme a la promesa.** La profecía del AT apunta al Mesías como un descendiente de David (cp. 2 S 7:12-16; Sal 132:11; Is 11:10; Jer 23:5). Jesús es el cumplimiento de las profecías del AT sobre el futuro Mesías (Mt 1:1, 20, 21; Ro 1:3; 2 Ti 2:8).

b. **bautismo de arrepentimiento.** Cp. Hch 1:22; 10:37.

c. **gobernantes.** Los supuestos expertos en el AT, incluidos los escribas, fariseos, saduceos y sacerdotes.

d. **madero... sepulcro... Dios le levantó.** El AT predijo la crucifixión de Cristo en un madero (Sal 22; Dt 21), en un tiempo en que esta forma particular de ejecución no se utilizaba. Su breve estadía en un «sepulcro» también había sido profetizada (Is 53:9), pero las víctimas de crucifixión siempre eran arrojadas en fosas comunes. El punto culminante del mensaje de Pablo fue la resurrección de Cristo, la prueba definitiva de que Jesús es el Mesías y el cumplimiento de tres profecías específicas.

e. **testigos.** Más de quinientos (cp. 1 Co 15:5-8).

f. **salmo segundo.** Cita de Sal 2:7.

Por eso dice también en otro salmo:

> No permitirás que tu Santo vea corrupción.

Porque a la verdad David, habiendo servido a su propia generación según la voluntad de Dios, durmió, y fue reunido con sus padres, y vio corrupción. Mas aquel a quien Dios levantó, no vio corrupción. Sabed, pues, esto, varones hermanos: que por medio de él se os anuncia perdón de pecados, y que [a]de todo aquello de que [b]por la ley de Moisés no pudisteis ser justificados, en él es justificado todo aquel que cree. Mirad, pues, que no venga sobre vosotros lo que está [c]dicho en los profetas:

> Mirad, oh menospreciadores, y asombraos, y desapareced;
> Porque yo hago una obra en vuestros días,
> Obra que no creeréis, si alguien os la contare.

35. El público que escuchaba a Pablo reacciona con violencia

Hechos 13:42–52

Cuando salieron ellos de la sinagoga de los judíos, los gentiles les rogaron que el siguiente día de reposo les hablasen de estas cosas. Y despedida la congregación, muchos de los judíos y de los [d]prosélitos piadosos siguieron a Pablo y a Bernabé, quienes hablándoles, les persuadían a [e]que perseverasen en la gracia de Dios.

---

a. **de... ser justificados.** Esto se traduce mejor con el término «librados».

b. **por la ley de Moisés no pudisteis ser justificados.** Guardar la ley de Moisés no libró a alguno de sus pecados (cp. Ro 3:28; 1 Co 1:30; Gá 2:16; 3:11; Fil 3:9). En cambio, la muerte expiatoria de Jesús satisfizo por completo las demandas de la ley de Dios, lo cual hizo disponible a todos los que creen el perdón de todo pecado (Gá 3:16; Col 2:13, 14). Solo el perdón que Cristo ofrece puede liberar a los seres humanos de sus pecados (Ro 3:20, 22).

c. **dicho en los profetas.** Cita de Hab 1:5.

d. **prosélitos piadosos.** Convertidos por completo al judaísmo que habían sido circuncidados.

e. **que perseverasen en la gracia de Dios.** Los que son salvos en verdad perseveran y validan la realidad de su salvación si continúan en la gracia de Dios (cp. Jn 8:31; 15:1-6; Col 1:21-23; 1 Jn 2:19). Pablo y Bernabé tenían la esperanza de alentar a los que tenían un convencimiento intelectual de las verdades del evangelio, pero no habían dado el paso hacia la fe salvadora, con el propósito de impedir que recayeran en el legalismo en lugar de acogerse por completo a la gracia de Cristo.

El siguiente día de reposo se juntó casi toda la ciudad para oír la palabra de Dios. Pero viendo los judíos la muchedumbre, se llenaron de celos, y rebatían lo que Pablo decía, contradiciendo y blasfemando. Entonces Pablo y Bernabé, hablando con denuedo, dijeron: [a]A vosotros a la verdad era necesario que se os hablase primero la palabra de Dios; mas puesto que la desecháis, y no os juzgáis dignos de la vida eterna, he aquí, [b]nos volvemos a los gentiles. Porque así nos ha mandado el Señor, diciendo:

> Te he puesto para luz de los gentiles,
> A fin de que seas para salvación hasta lo último de la tierra.

Los gentiles, oyendo esto, se regocijaban y glorificaban la palabra del Señor, y creyeron todos los que estaban [c]ordenados para vida eterna.

Y la palabra del Señor se difundía por toda aquella provincia. Pero los judíos instigaron a mujeres piadosas y distinguidas, y a los principales de la ciudad, y levantaron persecución contra Pablo y Bernabé, y los expulsaron de sus límites. Ellos entonces, [d]sacudiendo contra ellos el polvo de sus pies, llegaron a Iconio. Y los discípulos estaban [e]llenos de gozo y del Espíritu Santo.

---

a. **A vosotros... primero.** Dios ofreció primero el plan de salvación a los judíos (Mt 10:5, 6; 15:24; Lc 24:47; Ro 1:16). Aunque el enfoque principal del ministerio de Pablo estaba dirigido a los gentiles, él tenía un deseo intenso de ver la salvación de los judíos (Ro 9:1-5; 10:1), por lo cual les predicó a ellos primero en muchas ciudades.

b. **nos volvemos a los gentiles.** Debido a que los judíos rechazaron el evangelio, pero Dios nunca planificó que la salvación fuera una posesión exclusiva de los judíos (Is 42:1, 6; 49:6).

c. **ordenados para vida eterna.** Una de las declaraciones más patentes de las Escrituras sobre la soberanía de Dios en la salvación. Dios es quien escoge al hombre para salvación, no lo contrario (Jn 6:65; Ef 1:4; Col 3:12; 2 Ts 2:13). La fe misma es un regalo de Dios (Ef 2:8, 9).

d. **sacudiendo contra ellos el polvo de sus pies.** El antagonismo de los judíos hacia los gentiles llegaba a tal extremo que ellos se aseguraban de ni siquiera llevar el polvo de los gentiles a la tierra de Israel. El simbolismo en el acto de Pablo y Bernabé es claro en el sentido de que consideraban que los judíos de Antioquía no eran mejores que los paganos. Esta fue una expresión terminante de condenación.

e. **llenos... del Espíritu Santo.** Ver Hch 2:4; Ef 5:18.

36. El ministerio de Pablo en Iconio

Hechos 14:1–7

Aconteció en [a]Iconio que entraron juntos en la sinagoga de los judíos, y hablaron de tal manera que creyó una gran multitud de judíos, y asimismo de griegos. Mas los judíos que no creían excitaron y corrompieron los ánimos de los gentiles contra los hermanos. Por tanto, se detuvieron allí mucho tiempo, hablando con denuedo, confiados en el Señor, el cual daba testimonio a la palabra de su gracia, [b]concediendo que se hiciesen por las manos de ellos señales y prodigios.

Y la gente de la ciudad estaba dividida: unos estaban con los judíos, y otros con los [c]apóstoles. Pero cuando los judíos y los gentiles, juntamente con sus gobernantes, se lanzaron a afrentarlos y [d]apedrearlos, habiéndolo sabido, huyeron a [e]Listra y Derbe, ciudades de Licaonia, y a toda la región circunvecina, y allí predicaban el evangelio.

37. Pablo es apedreado en Listra

Hechos 14:8–20

Y cierto hombre de Listra estaba sentado, imposibilitado de los pies, cojo de nacimiento, que jamás había andado. Este oyó hablar a Pablo, el cual, fijando en él sus ojos, y viendo que tenía fe para ser sanado, dijo a gran voz: Levántate derecho sobre tus pies. Y él saltó, y anduvo. Entonces la gente,

---

a. **Iconio.** Un crisol cultural de colonos frigios, griegos, judíos y romanos, ubicado a unos 128 km al sureste de Antioquía de Pisidia.

b. **concediendo... señales y prodigios.** Ver Hch 2:19. Estas pruebas de tan grande poder divino confirmaban que Pablo y Bernabé hablaban de parte de Dios.

c. **apóstoles.** Ver Ro 1:1; Ef 4:11. Bernabé no era un apóstol en el mismo sentido que Pablo y los doce, pues no era un testigo ocular del Cristo resucitado ni había sido llamado por él. Resulta más apropiado traducir aquí «mensajeros» en vez de «apóstoles» (cp. 2 Co 8:23; Fil 2:25). El verbo significa «enviar». Pablo y los doce eran «apóstoles de Cristo» (2 Co 11:13; 1 Ts 2:6) mientras que Bernabé y otros eran «mensajeros de las iglesias» (2 Co 8:23).

d. **apedrearlos.** Esto prueba que sus opositores judíos eran los instigadores, pues la lapidación era una forma judía de ejecución empleada por lo general para castigar la blasfemia.

e. **Listra y Derbe, ciudades de Licaonia.** Licaonia era un distrito de la provincia romana de Galacia. Listra estaba ubicada a unos 28 km de Iconio y era la ciudad en la cual vivían Loida, Eunice y Timoteo (Hch 16:1; 2 Ti 1:5). Es probable que tuviera una población judía muy pequeña, teniendo en cuenta que Lucas no menciona la existencia de una sinagoga en Listra, y que Pablo comenzó su ministerio allí con la predicación a una multitud.

[a]visto lo que Pablo había hecho, alzó la voz, diciendo [b]en lengua licaónica: Dioses bajo la semejanza de hombres han descendido a nosotros. Y a Bernabé llamaban Júpiter, y a Pablo, Mercurio, porque este era el que llevaba la palabra. Y el [c]sacerdote de Júpiter, cuyo templo estaba frente a la ciudad, trajo toros y guirnaldas delante de las puertas, y juntamente con la muchedumbre quería ofrecer sacrificios.

Cuando lo oyeron los apóstoles Bernabé y Pablo, [d]rasgaron sus ropas, y se lanzaron entre la multitud, dando voces y diciendo: Varones, ¿por qué hacéis esto? Nosotros también somos hombres semejantes a vosotros, que [e]os anunciamos que de estas [f]vanidades os convirtáis al Dios vivo, que hizo el cielo y la tierra, el mar, y todo lo que en ellos hay. En las edades pasadas él [g]ha dejado a todas las gentes andar en sus propios caminos; si bien [h]no se dejó a sí mismo sin testimonio, haciendo bien, dándonos lluvias del cielo y tiempos fructíferos, llenando de sustento y de alegría nuestros corazones. Y diciendo estas cosas, difícilmente lograron impedir que la multitud les ofreciese sacrificio.

Entonces vinieron unos judíos de Antioquía y de Iconio, que persuadieron a la multitud, y [i]habiendo apedreado a Pablo, le arrastraron fuera de la ciudad,

---

a. **visto lo que Pablo había hecho.** La extraña reacción del pueblo de Listra a la sanidad se debía a sus antecedentes culturales. Según la mitología, los dioses Júpiter y Mercurio habían visitado a Listra con apariencia humana para pedir comida y alojamiento. Ningún habitante los acogió, excepto un campesino llamado Filemón y su esposa Baucis. Los dioses ejecutaron venganza con un diluvio en el cual se ahogaron todos los habitantes. Entonces convirtieron la humilde cabaña de Filemón y Baucis en un templo en el cual debían servir como sacerdotes. Por temor a cometer el mismo error de sus antepasados, el pueblo de Listra creyó que Bernabé era Júpiter y que Pablo era Mercurio.

b. **en lengua licaónica.** Pablo y Bernabé no podían comprender las intenciones del pueblo.

c. **sacerdote de Júpiter.** Su trabajo consistía en guiar al pueblo a la adoración de los dos hombres que ellos consideraban dioses.

d. **rasgaron sus ropas.** Un gesto judío para expresar repulsión e indignación frente a una blasfemia (ver Mt 26:65).

e. **os anunciamos.** Puesto que la multitud de Listra era de origen pagano y no conocía el AT, Pablo adaptó su mensaje a fin de ajustarlo para sus oyentes. En vez de proclamar al Dios de Abraham, de Isaac y de Jacob, recurrió al conocimiento racional y universal del Creador del mundo (cp. Hch 17:22-26; Jon 1:9).

f. **vanidades.** Una descripción adecuada de lo que es la idolatría y toda religión falsa.

g. **ha dejado a todas las gentes.** El camino que todas las personas han seguido se describe en Ro 1:18-32.

h. **no se dejó a sí mismo sin testimonio.** La providencia de Dios y su poder creativo dan testimonio de su existencia a la mente del hombre (Ro 1:18-20) y a su propia conciencia en la cual está escrita la ley moral de Dios (Ro 2:13-15).

i. **habiendo apedreado a Pablo... pensando que estaba muerto.** Pablo no murió apedreado como algunos han afirmado al relacionar este hecho con su experiencia en el tercer cielo relatada en 2 Co 12. «Pensando» significa por lo general «creer algo que no es cierto». El empleo general de este término en el NT señala que las personas se equivocaban en sus razonamientos y que Pablo no estaba muerto. Otro argumento a favor de esta idea es que, si Pablo hubiera resucitado, no habría razón alguna para que Lucas ignorara semejante

pensando que estaba muerto. Pero rodeándole los discípulos, se levantó y entró en la ciudad; y al día siguiente salió con Bernabé para Derbe.

38. Pablo y Bernabé fortalecen las iglesias

Hechos 14:21–28

Y después de anunciar el evangelio a aquella ciudad y de hacer muchos discípulos, volvieron a Listra, a Iconio y a Antioquía, confirmando los ánimos de los discípulos, exhortándoles a que permaneciesen en la fe, y diciéndoles: Es necesario que a través de muchas tribulaciones entremos en el reino de Dios. Y constituyeron ancianos en cada iglesia, y habiendo orado con ayunos, los encomendaron al Señor en quien habían creído. Pasando luego por [a]Pisidia, vinieron a [b]Panfilia. Y habiendo predicado la palabra en Perge, descendieron a Atalia. [c]De allí navegaron a Antioquía, desde donde habían sido encomendados a la gracia de Dios para la obra que habían cumplido.

Y habiendo llegado, y reunido a la iglesia, refirieron cuán grandes cosas había hecho Dios con ellos, y cómo había abierto la puerta de la fe a los gentiles. Y se quedaron allí [d]mucho tiempo con los discípulos.

---

acontecimiento. Por otro lado, las fechas de la experiencia de Pablo en el tercer cielo y la fecha en la cual fue apedreado no coinciden.

a. **Pisidia.** Una región montañosa y escarpada que no deparaba posibilidades para el evangelismo.

b. **Panfilia.** Ver Hch 13:13.

c. **De allí.** De este modo culminó el primer viaje misionero de Pablo.

d. **mucho tiempo.** Alrededor de un año.

39. Los falsos maestros amenazan el evangelio

Hechos 15:1–5

Entonces [a]algunos que venían de Judea enseñaban a los hermanos: [b]Si no os circuncidáis conforme al rito de Moisés, no podéis ser salvos. Como Pablo y Bernabé tuviesen una discusión y contienda no pequeña con ellos, se dispuso que subiesen Pablo y Bernabé a Jerusalén, y algunos otros de ellos, a los apóstoles y a los ancianos, para tratar esta cuestión.

Ellos, pues, habiendo sido encaminados por la iglesia, pasaron por Fenicia y Samaria, contando la conversión de los gentiles; y causaban gran gozo a todos los hermanos. Y llegados a Jerusalén, fueron recibidos por la iglesia y los apóstoles y los [c]ancianos, y [d]refirieron todas las cosas que Dios había hecho con ellos. Pero algunos de la secta de los fariseos, que habían creído, se levantaron diciendo: Es necesario circuncidarlos, y mandarles que guarden la ley de Moisés.

---

a. **algunos.** Judaizantes o maestros falsos que se habían nombrado a sí mismos guardianes del legalismo mosaico y que enseñaban una doctrina de salvación por obras. A lo largo de su historia, los líderes de la iglesia se han reunido para decidir sobre cuestiones doctrinales. Los historiadores reconocen siete concilios ecuménicos en la historia inicial de la iglesia, en especial los concilios de Nicea (325 A.D.) y Calcedonia (451 A.D.). No obstante, el concilio más importante fue el primero, a saber, el concilio de Jerusalén, porque estableció la respuesta a la pregunta doctrinal más importante: «¿Qué debe hacer una persona para salvarse?». Los apóstoles y los ancianos se opusieron con firmeza a todos los esfuerzos para imponer el legalismo y sus rituales como requisitos previos y necesarios para la salvación. Ellos afirmaron para siempre que la salvación es por gracia mediante la fe total y exclusiva en Cristo.

b. **Si no os circuncidáis... no podéis ser salvos.** La herejía propagada por los judaizantes. Ver Gn 17:10-12.

c. **ancianos.** Líderes de la iglesia en Jerusalén (ver Hch 11:30).

d. **refirieron todas las cosas.** Pablo, Bernabé y otros incluyeron muchos detalles en su informe sobre las numerosas obras que Dios hacía por medio de sus esfuerzos. Sin lugar a dudas suministraron evidencia suficiente para verificar la autenticidad de la salvación de los gentiles (cp. Hch 10:44-48; 11:17, 18).

40. Pablo se reúne en privado con Pedro, Jacobo y Juan

Gálatas 2:1–10

Nota. *En Hechos 15, Lucas describe los acontecimientos públicos que sucedieron en el concilio de Jerusalén. En Gálatas 2, Pablo ofrece su propio relato de las reuniones privadas que tuvo con Pedro, Jacobo y Juan hasta la reunión en público del concilio.*

Después, [a]pasados catorce años, subí otra vez a Jerusalén con [b]Bernabé, llevando también conmigo a [c]Tito. Pero subí [d]según una revelación, y [e]para no correr o haber corrido en vano, expuse en privado a [f]los que tenían cierta reputación el evangelio que predico entre los gentiles. Mas ni aun Tito, que estaba conmigo, con todo y ser griego, fue [g]obligado a circuncidarse; y esto a

---

a. **pasados catorce años... otra vez a Jerusalén.** Este fue el período desde su primera visita a Jerusalén (Gá 1:18) hasta aquella a la que se refiere Pablo aquí, con motivo de la convocación del concilio de Jerusalén (Hch 15:1-22) para que se resolviera el asunto de la salvación de los gentiles. En el aspecto lingüístico, la expresión «otra vez» no tiene que referirse a la próxima visita y puede significar tan solo «una vez más», sin relación con la cantidad de visitas que pudieran tener lugar durante el lapso de tiempo. De hecho, Pablo sí visitó Jerusalén durante ese período de catorce años para entregar ayudas a la iglesia local y aliviar el hambre que azotó a la región (Hch 11:27-30; 12:24, 25), pero él no se refiere aquí a esa visita porque no tenía relevancia para la defensa de su autoridad apostólica.

b. **Bernabé.** Ver Hch 4:36. El primer aliado de Pablo que estuvo dispuesto a responder por él ante los apóstoles en Jerusalén (Hch 9:27), y se convirtió en su compañero de viaje durante su primer viaje misionero (Hch 13:2, 3).

c. **Tito.** Un hijo espiritual de Pablo y colaborador allegado (Tit 1:4, 5). Como un gentil incircunciso, Tito fue una prueba fehaciente de la eficacia del ministerio de Pablo.

d. **según una revelación.** Esta revelación de Dios fue la voz del Espíritu Santo (ver Hch 13:2-4). Se refiere a que su visita fue una comisión divina con el propósito de refutar cualquier insinuación de los judaizantes en el sentido de que Pablo fuera enviado a Jerusalén para que los apóstoles corrigieran su doctrina.

e. **para no correr... en vano.** Pablo esperaba que los líderes en Jerusalén apoyaran su ministerio a los gentiles y no ablandaran su oposición al legalismo. No quería que se desperdiciaran sus esfuerzos ministeriales a causa de un conflicto con los demás apóstoles.

f. **los que tenían cierta reputación.** Los tres líderes más visibles de la iglesia de Jerusalén: Pedro, Jacobo (el hermano del Señor) y Juan (cp. Gá 2:9). El uso típico de esta frase era aludir a ciertas autoridades e implicaba una posición de honor. Pablo se refiere a ellos de forma similar en otras dos ocasiones (Gá 2:6, 9), con un toque de sarcasmo dirigido a los judaizantes, quienes afirmaban que tenían la aprobación apostólica para su doctrina, a diferencia de Pablo que no la tenía. Es probable que tuvieran el hábito de exaltar a estos tres líderes para demostrar una supuesta inferioridad de Pablo.

g. **obligado a circuncidarse.** En el núcleo del sistema de obras de los judaizantes estaba la prescripción mosaica de la circuncisión (ver Gn 17:9-14; Ro 4:9-12). Ellos enseñaban que no podía haber salvación sin circuncisión (Hch 15:1, 5, 24). Pablo y los apóstoles negaron esto, y el asunto se resolvió de forma concluyente en el concilio de Jerusalén (Hch 15:1–22). Ver Gá 5:2-12; 6:15; Ro 4:10-12; cp. 1 Co 7:19. Como un creyente verdadero, Tito era prueba viva de que la circuncisión y las regulaciones mosaicas no eran requisitos previos ni componentes

pesar de los [a]falsos hermanos introducidos a escondidas, que entraban [b]para espiar nuestra [c]libertad que tenemos en Cristo Jesús, para reducirnos a [d]esclavitud, a los cuales [e]ni por un momento accedimos a someternos, para que la [f]verdad del evangelio permaneciese con vosotros.

Pero de [g]los que tenían reputación de ser algo (lo que hayan sido en otro tiempo nada me importa; Dios no hace [h]acepción de personas), a mí, pues, los de reputación nada nuevo me comunicaron. Antes [i]por el contrario, como vieron que me había sido encomendado el evangelio [j]de la incircuncisión, como a [k]Pedro el de la circuncisión (pues [l]el que actuó en Pedro para el apostolado de la circuncisión, actuó también en mí para con los gentiles), y reconociendo la [m]gracia que me había sido dada, [n]Jacobo, Cefas y Juan, que

---

necesarios de la salvación. Al abstenerse de obligar a Tito a que se circuncidara, los apóstoles verificaron el rechazo de la iglesia a la doctrina de los judaizantes (cp. Timoteo, Hch 16:1-3).

a. **falsos hermanos.** Los judaizantes, que pretendían ser cristianos verdaderos. El problema era que su doctrina, al profesar lealtad a Cristo, se oponía al judaísmo tradicional, y por exigir la circuncisión y la obediencia a la ley mosaica como requisitos imprescindibles para la salvación, se oponía al cristianismo.

b. **para espiar.** Esta palabra griega evoca la imagen de espías o traidores que entran con sigilo al campamento enemigo. Los judaizantes eran agentes encubiertos de Satanás enviados al seno de la iglesia para sabotear el evangelio verdadero.

c. **libertad.** Los cristianos son libres de la ley como medio de salvación, de sus ceremonias y regulaciones externas como forma de vida, y de su maldición por desobediencia a la ley, una maldición que Cristo cargó sobre sí en representación de todos los creyentes (Gá 3:13). Sin embargo, esta libertad no es una licencia para pecar (Gá 5:13; Ro 6:18; 1 P 2:16).

d. **esclavitud.** Transmite la noción de una esclavitud absoluta a un sistema imposible de justicia por obras.

e. **ni por un momento accedimos a someternos.** Pablo y Tito nunca cedieron ni se apartaron de su posición firme de salvación solo por la gracia mediante la fe.

f. **verdad del evangelio.** El evangelio verdadero, a diferencia del falso (Gá 1:6-8) que era propagado por los judaizantes (ver Ro 1:1).

g. **los que tenían reputación de ser algo.** Otra referencia a Pedro, Jacobo y Juan.

h. **acepción de personas.** También se puede traducir «favoritismo personal». Los privilegios exclusivos de los doce no hacían que su apostolado fuera más legítimo o tuviera más autoridad que el de Pablo, pues Cristo los había comisionado a todos por igual (cp. Ro 2:11). Pablo nunca se vio a sí mismo como un apóstol inferior (ver 2 Co 12:11, 12).

i. **por el contrario.** Los judaizantes afirmaban que Pablo predicaba un evangelio desviado, pero los apóstoles confirmaron que él proclamaba el evangelio verdadero. Era el mismo evangelio que Pedro proclamaba, pero dirigido a un público diferente.

j. **de la incircuncisión.** Se traduce mejor «el evangelio para los incircuncisos». Pablo predicó el evangelio ante todo a los gentiles (también a los judíos en territorios gentiles, pues su metodología fue siempre ir primero a la sinagoga del lugar; cp. Hch 13:5).

k. **Pedro... circuncisión.** El ministerio de Pedro estuvo dirigido ante todo a los judíos.

l. **el que actuó en Pedro... en mí.** El Espíritu Santo, quien solo tiene un evangelio, fue quien impartió poder a Pedro y Pablo en sus ministerios.

m. **gracia que me había sido dada.** La única conclusión a que podían llegar estos líderes era que la gracia de Dios era responsable por la predicación poderosa del evangelio y la edificación de la iglesia por medio de los esfuerzos de Pablo.

n. **Jacobo, Cefas y Juan.** Este Jacobo fue el medio hermano de Jesús (Gá 1:19), quien se destacó y ejerció un papel prominente en la iglesia de Jerusalén (ver la Introducción a Santiago). Cefas (Pedro) y Juan (el hermano de Jacobo el apóstol, quien murió como mártir en Hch 12:2), fueron dos de los acompañantes más cercanos de Jesús y se convirtieron en los apóstoles principales en la iglesia de Jerusalén (ver Hch 2-12).

eran considerados como [a]columnas, nos dieron a mí y a Bernabé [b]la diestra en señal de compañerismo, para [c]que nosotros fuésemos a los gentiles, y ellos a la circuncisión. Solamente nos pidieron [d]que nos acordásemos de los pobres; lo cual también procuré con diligencia hacer.

41. El concilio de Jerusalén: habla Pedro

Hechos 15:6–12

Y se reunieron los apóstoles y los ancianos para conocer de este asunto. Y después de mucha discusión, [e]Pedro se levantó y les dijo: Varones hermanos, vosotros sabéis cómo ya hace algún tiempo que Dios escogió que los gentiles oyesen por mi boca la palabra del evangelio y creyesen. Y Dios, que conoce los corazones, les dio testimonio, [f]dándoles el Espíritu Santo lo mismo que a nosotros; y ninguna diferencia hizo entre nosotros y ellos, purificando por la fe sus corazones. Ahora, pues, ¿por qué tentáis a Dios, poniendo sobre la cerviz de los discípulos [g]un yugo que ni nuestros padres ni nosotros hemos

---

a. **columnas.** Esto resalta la función de Jacobo, Pedro y Juan en el establecimiento y sostenimiento de la iglesia.

b. **la diestra en señal de compañerismo.** En el Cercano Oriente, esto representaba un voto solemne de amistad y una señal de asociación. Este acto indicaba el reconocimiento de Pablo por parte de los apóstoles como un maestro del evangelio verdadero y un socio o colega en el ministerio.

c. **que nosotros fuésemos a los gentiles.** Confirmación adicional del llamado divino de Pablo al ministerio y un golpe fulminante a los judaizantes, puesto que los apóstoles lo dirigieron para que continuara este ministerio que tanto había fructificado entre los gentiles.

d. **que nos acordásemos de los pobres.** Algo práctico que Pablo y el número creciente de cristianos gentiles debían recordar. La cantidad de cristianos en Jerusalén creció con rapidez al principio (cp. Hch 2:41-45; 6:1) y muchos que visitaron la ciudad para la fiesta del Pentecostés (Hch 2:1, 5) se quedaron al convertirse y nunca regresaron a su lugar de origen. Aunque en un principio los creyentes repartieron entre todos sus recursos (Hch 2:45; 4:32-37), muchos tenían demasiado poco. La iglesia de Jerusalén había contado con recursos escasos durante muchos años. Ver Hechos 11:28.

e. **Pedro se levantó.** Pedro dio el primero de tres discursos en el concilio, y este puede considerarse una de las defensas más contundentes de la salvación por gracia a través de la fe en todas las Escrituras. Pedro comenzó su defensa con un repaso de la manera como Dios salvó a los gentiles en los primeros días de la iglesia sin cumplir requisito alguno de someterse a circuncisión, a la ley ni a los rituales. Por supuesto, tenía en mente la salvación de Cornelio y los de su casa que vio con sus propios ojos (Hch 10:44-48; 11:17, 18). Si Dios no exigía requisitos adicionales para la salvación, tampoco tenían por qué hacerlo los legalistas.

f. **dándoles el Espíritu Santo.** Los judaizantes pudieron argumentar que Cornelio y los demás no se habrían podido salvar debido a que no cumplían los requisitos legalistas. Para refutar ese argumento potencial, Pedro reitera que Dios les dio el Espíritu Santo, lo cual demuestra que su salvación fue genuina (ver Hch 2:4).

g. **un yugo.** Una descripción de la ley y el legalismo de los escribas y fariseos (Mt 23:4; cp. Lc 11:46). Los legalistas esperaban que los gentiles llevaran una carga que ellos mismos no estaban dispuestos a soportar.

podido llevar? Antes creemos que [a]por la gracia del Señor Jesús seremos salvos, de igual modo que ellos.

Entonces toda la multitud calló, y oyeron a [b]Bernabé y a Pablo, que contaban cuán grandes señales y maravillas había hecho Dios por medio de ellos entre los gentiles.

42. El concilio de Jerusalén: habla Jacobo

Hechos 15:13–29

Y cuando ellos callaron, [c]Jacobo respondió diciendo: Varones hermanos, oídme. Simón ha contado cómo Dios visitó por primera vez a los gentiles, para tomar de ellos pueblo para su nombre. Y con esto concuerdan las palabras de los profetas, como [d]está escrito:

> Después de esto volveré
> Y reedificaré el tabernáculo de David, que está caído;
> Y repararé sus ruinas,
> Y lo volveré a levantar,
> Para que el resto de los hombres busque al Señor,
> Y todos [e]los gentiles, sobre los cuales es invocado mi nombre,
> Dice el Señor, que hace conocer todo esto desde tiempos antiguos.

---

a. **por la gracia del Señor Jesús.** Una afirmación retumbante de la salvación por gracia y solo a través de la fe (ver Ro 3:24, 25).

b. **Bernabé y Pablo.** Ellos dieron el segundo discurso en el que relataron la obra de Dios en el viaje misionero que habían acabado de completar entre los gentiles.

c. **Jacobo respondió.** Este el tercer discurso en defensa de la salvación solo por fe. Santiago relató la manera como los planes futuros de Dios para la salvación de los gentiles concuerdan con su obra actual.

d. **está escrito.** Jacobo cita la profecía de Amós (9:11, 12) sobre el reino milenario, para demostrar que la salvación de los gentiles no era contraria al plan de Dios para Israel. De hecho, en el reino, los mensajeros de Dios anunciarán la salvación a los gentiles (Zac 8:20-23).

e. **los gentiles... invocado mi nombre.** La idea de Jacobo es que Amós no hace mención alguna de que los gentiles se conviertan en prosélitos judíos. Si los gentiles pueden salvarse sin volverse judíos en el reino, no es en absoluto necesario que los gentiles se hagan prosélitos en el tiempo presente.

Por lo cual yo juzgo [a]que no se inquiete a los gentiles que se convierten a Dios, sino que se les escriba que se aparten de las [b]contaminaciones de los ídolos, de [c]fornicación, [d]de ahogado y de sangre. Porque Moisés desde tiempos antiguos tiene en cada ciudad quien lo predique en las sinagogas, donde es leído cada día de reposo.

Entonces pareció bien a los apóstoles y a los ancianos, con toda la iglesia, elegir de entre ellos varones y enviarlos a Antioquía con Pablo y Bernabé: a [e]Judas que tenía por sobrenombre Barsabás, y a [f]Silas, varones principales entre los hermanos; y escribir por conducto de ellos:

> Los apóstoles y los ancianos y los hermanos,
> a los hermanos de entre los gentiles que están [g]en Antioquía, en Siria y en Cilicia,
>
> salud.
>
> Por cuanto hemos oído que algunos que han salido de nosotros, a los cuales no dimos orden, os han [h]inquietado con palabras, perturbando

---

a. **que no se inquiete.** La palabra griega que se traduce «inquietar» significa «poner un obstáculo en el camino para perturbar al caminante». La decisión del concilio de Jerusalén, tras considerar toda la evidencia, fue que guardar la ley y observar los rituales no eran requisitos para la salvación. Los judaizantes debían dejar de perturbar y vejar a los gentiles. Jacob y los demás líderes no querían que los gentiles se regodearan de forma inapropiada en su libertad en Cristo, porque esto también haría que los creyentes judíos se apropiaran de la misma libertad y violaran sus conciencias. Por esa razón, Jacobo propuso que los gentiles se abstuvieran de cuatro prácticas paganas e idólatras que eran violaciones de la ley de Moisés para no ofender a los judíos.

b. **contaminaciones de los ídolos.** La comida era ofrecida a dioses paganos y vendida después en carnicerías asociadas con el templo. Debido a que la idolatría era tan repulsiva para los judíos y prohibida por Dios (cp. Éx 20:3; 34:17; Dt 5:7), ellos evitaban todo lo relacionado con los ídolos, incluida la carne ofrecida a ídolos (cp. 1 Co 8:1-13).

c. **fornicación.** Pecados sexuales en general, pero en particular las orgías asociadas con el culto a los dioses paganos. Los gentiles debían evitar toda conducta que ofendiera la sensibilidad de los judíos, tanto en sus matrimonios, como en su manera de relacionarse con el sexo opuesto.

d. **de ahogado y de sangre.** Restricciones en la dieta (Gn 9:4; Lv 3:17; 7:26; 17:12-14; 19:26; Dt 12:16, 23; 15:23; 1 S 14:34; Ez 33:25).

e. **Judas.** No se sabe más de él excepto que era un profeta (Hch 15:32).

f. **Silas.** Conocido también como Silvano, acompañó a Pablo en su segundo viaje misionero (ch 15:40; 16:19, 25, 29; 17:4, 10, 14, 15; 18:5) y más adelante fue amanuense (escribano) de Pedro para su primera epístola (1 P 5:12).

g. **en Antioquía, en Siria y en Cilicia.** Antioquía era la capital de Siria y Cilicia, regiones que se administraban como un solo distrito romano. Es probable que las iglesias en Cilicia hayan sido fundadas por Pablo tras su huida de Jerusalén (Hch 9:30).

h. **inquietado... perturbando.** La traducción de «inquietar» corresponde aquí a una palabra griega distinta a la de Hch 15:19 y significa «agitar en lo más profundo», «trastornar por completo» o «crear temor». La palabra griega que se traduce «perturbando» se empleaba en escritos de la época para hablar de alguien que iba a quedar en la bancarrota. En el mismo contexto, ambas palabras describen bien el caos ocasionado por los judaizantes.

vuestras almas, mandando circuncidaros y guardar la ley, nos ha parecido bien, habiendo llegado a un acuerdo, elegir varones y enviarlos a vosotros con nuestros amados Bernabé y Pablo, hombres que [a]han expuesto su vida por el nombre de nuestro Señor Jesucristo. Así que enviamos a Judas y a Silas, los cuales también de palabra os harán saber lo mismo. Porque ha parecido bien al Espíritu Santo, y a nosotros, no imponeros ninguna carga más que estas cosas necesarias: que os abstengáis de lo sacrificado a ídolos, de sangre, de ahogado y de fornicación; de las cuales cosas si os guardareis, bien haréis.

Pasadlo bien.

43. Pablo y Bernabé retornan a Antioquía

Hechos 15:30–35

Así, pues, los que fueron enviados descendieron a Antioquía, y reuniendo a la congregación, entregaron la carta; habiendo leído la cual, se regocijaron por la consolación. Y Judas y Silas, como ellos también eran profetas, consolaron y confirmaron a los hermanos con abundancia de palabras. Y pasando algún tiempo allí, fueron despedidos en paz por los hermanos, para volver a aquellos que los habían enviado.

Mas a Silas le pareció bien el quedarse allí. Y Pablo y Bernabé continuaron en Antioquía, enseñando la palabra del Señor y anunciando el evangelio con otros muchos.

44. Pablo escribe una epístola a las iglesias de Galacia

Introducción a Gálatas:

Gálatas deriva su título (*pros Galatas*) de la región en Asia Menor (Turquía moderna) en donde estaban ubicadas las iglesias a las que se dirigió el escritor.

a. **han expuesto su vida.** En el primer viaje misionero enfrentaron persecución (Hch 13:50) y casi matan a Pablo (14:19, 20).

Es la única de las epístolas de Pablo específicamente destinada a congregaciones en más de una ciudad (1:2; cp. 3:1; 1 Co 16:1).

Autor y fecha

No hay razón para cuestionar las afirmaciones internas sobre la autoría paulina (1:1; 5:2). Pablo nació en Tarso, una ciudad en la provincia de Cilicia, no lejos de Galacia. Bajo el famoso rabino Gamaliel, recibió un entrenamiento intenso en las Escrituras del AT y en las tradiciones rabínicas en Jerusalén (Hch 22:3). Miembro de la secta ultraortodoxa de los fariseos (Hch 23:6), fue una de las estrellas emergentes del judaísmo del siglo I (1:14; cp. Fil 3:5, 6).

La dirección de la vida de Pablo dio un giro repentino y total cuando, viniendo de Jerusalén camino a Damasco para perseguir a los cristianos, fue confrontado por el Cristo resucitado, glorificado (ver Hch 9). Ese dramático encuentro transformó a Pablo, el principal perseguidor del cristianismo, en su mayor misionero. Sus tres viajes misioneros y su viaje a Roma hicieron del cristianismo una fe que incluía tan solo a un pequeño grupo de creyentes palestinos judíos en un fenómeno a nivel imperio. Gálatas es una de las trece cartas inspiradas que él dirigió a congregaciones gentiles o a sus colaboradores.

En el cap. 2, Pablo describió su visita al Concilio de Jerusalén de Hechos 15, por lo tanto debió de haber escrito Gálatas después de ese acontecimiento. Debido a que la mayoría de los eruditos fechan el Concilio de Jerusalén alrededor del 49 A.D., la fecha más probable para Gálatas es un poco posterior.

Contexto histórico

En el tiempo de Pablo, la palabra Galacia tenía dos significados distintos. En un sentido estricto étnico, Galacia era la región central de Asia Menor habitada por los gálatas. Era un pueblo céltico que había migrado a esa región desde la Galia (Francia moderna), en el siglo III A.C. Los romanos conquistaron a los gálatas en el 189 A.C., pero les permitieron tener cierta medida de independencia hasta el 25 A.C. cuando Galacia se convirtió en una provincia romana, e incorporó algunas de las regiones no habitadas por los gálatas étnicos (p. ej. partes de Licaonia, Frigia, y Pisidia). En un sentido político, Galacia llegó a describir la provincia romana entera, y no solo la región habitada por los gálatas étnicos.

Pablo fundó iglesias en las ciudades gálatas del sur de Antioquía, Iconio, Listra y Derbe (Hch 13:14–14:23). Aunque se hallaban dentro de la provincia romana de Galacia, estas ciudades no formaban parte de la región étnica de

Galacia. No hay registro de que Pablo haya fundado iglesias en esa región menos poblada del norte.

Esos dos usos de la palabra Galacia dificultan poder determinar quiénes fueron los destinatarios originales de la epístola. Algunos interpretan Galacia en su sentido racial estricto y argumentan que Pablo dirigió esta epístola a las iglesias en la región del norte de Galacia, habitada por los descendientes étnicos de la Galia. Aunque al parecer, el apóstol cruzó la frontera y entró a los bordes de Galacia étnica al menos en dos ocasiones (Hch 16:6; 18:23), Hechos no registra que fundara iglesia alguna ni que se involucrara en ministerio evangelístico alguno allí.

Debido a que ni Hechos ni Gálatas mencionan ciudad o persona alguna de Galacia del norte (étnica), es razonable creer que Pablo dirigió esta epístola a las iglesias localizadas en la parte sur de la provincia romana, pero fuera de la región étnica de Galacia. Hechos registra el establecimiento de tales iglesias por parte del apóstol en Antioquía de Pisidia (13:14-50), Iconio (13:51–14:7; cp. 16:2), Listra (14:8-19; cp. 16:2), y Derbe (14:20, 21; cp. 16:1). Además, las iglesias a las que Pablo se dirigió habían sido aparentemente establecidas antes del Concilio de Jerusalén (2:5), y las iglesias de Galacia del sur encajan con ese criterio, ya que fueron fundadas durante el primer viaje misionero de Pablo antes de que el concilio se reuniera. Él no visitó Galacia del norte (étnica), sino hasta después del Concilio de Jerusalén (Hch 16:6).

Pablo escribió Gálatas para contrarrestar a falsos maestros judaizantes que estaban minando la doctrina central del NT de la justificación por la fe (ver Ro 3:31). Ignorando el decreto explícito del Concilio de Jerusalén (Hch 15:23-29), esparcieron su enseñanza peligrosa de que los gentiles primero deben convertirse en prosélitos judíos y someterse a toda la ley mosaica antes de poder llegar a ser cristianos (ver 1:7; 4:17, 21; 5:2-12; 6:12, 13). Sacudido por la apertura de los gálatas a esa herejía destructora (cp. 1:6), Pablo escribió esta carta para defender la justificación por la fe y advertir a estas iglesias de las terribles consecuencias de abandonar esa doctrina esencial. Gálatas es la única epístola que Pablo escribió que no contiene elogios para sus lectores, y esa evidente omisión refleja lo motivado que estaba para confrontar la deserción, y defender la doctrina esencial de la justificación.

Temas históricos y teológicos

Gálatas provee una valiosa información histórica acerca del contexto de Pablo (caps. 1–2), incluida su estancia de tres años en Arabia Nabatea (1:17,

18), algo que Hechos no menciona; su visita de quince días con Pedro, tras su estancia en Arabia (1:18, 19); su viaje al Concilio de Jerusalén (2:1-10) y su confrontación de Pedro (2:11-21).

Como ya se ha indicado, el tema central de Gálatas (como el de Romanos) es la justificación por la fe. Pablo defiende esa doctrina (que se encuentra en el corazón del evangelio) tanto en sus ramificaciones teológicas (caps. 3, 4) como prácticas (caps. 5, 6). Él también defiende su posición como apóstol (caps. 1, 2) debido a que, como en Corinto, falsos maestros habían tratado de ganarse una audiencia para su enseñanza hereje, minando la credibilidad de Pablo. Los principales temas teológicos de Gálatas impactan por su similitud con los que se encuentran en Romanos, por ejemplo, la incapacidad de la ley para justificar (2:16; cp. Ro 3:20); el estado de muerte del creyente a la ley (2:19; cp. Ro 7:4); la crucifixión del creyente con Cristo (2:20; cp. Ro 6:6); la justificación de Abraham por la fe (3:6; cp. Ro 4:3); que los creyentes son los hijos espirituales de Abraham (3:7; cp. Ro 4:10, 11) y, por lo tanto, bienaventurados (3:9; cp. Ro 4:23, 24); que la ley no trae salvación, sino la ira de Dios (3:10; cp. Ro 4:15); que el justo por la fe vivirá (3:11; cp. Ro 1:17); la universalidad del pecado (3:22; cp. Ro 11:32); que los creyentes son espiritualmente bautizados en Cristo (3:27; cp. Ro 6:3); la adopción de los creyentes como los hijos espirituales de Dios (4:57; cp. Ro 8:14-17); que el amor cumple la ley (5:14; cp. Ro 13:8-10); la importancia de andar en el Espíritu (5:16; cp. Ro 8:4); la batalla de la carne contra el Espíritu (5:17; cp. Ro 7:23, 25); y la importancia de que los creyentes sobrelleven las cargas los unos de los otros (6:2; cp. Ro 15:1).

Retos de interpretación

En primer lugar, Pablo describió una visita a Jerusalén y una reunión subsiguiente con Pedro, Jacobo, y Juan (2:1-10). Hay una cuestión que tiene que resolverse en ese texto, para saber si esa fue su visita al Concilio de Jerusalén (Hch 15), o su visita anterior que llevó alivio al hambre de la iglesia de Jerusalén (Hch 11:27-30). En segundo lugar, aquellos que enseñan la regeneración bautismal (la falsa doctrina que afirma que el bautismo es necesario para la salvación) apoyan su posición en el 3:27. En tercer lugar, otros han usado esta epístola para apoyar sus ataques en contra de las funciones bíblicas de los hombres y las mujeres, diciendo que la igualdad espiritual enseñada en el 3:28 es incompatible con el concepto tradicional de autoridad y sumisión. En cuarto lugar, aquellos que rechazan la doctrina de la seguridad eterna argumentan que la frase «de la gracia habéis caído» (5:4) describe a creyentes que perdieron su salvación. En quinto lugar, hay desacuerdo respecto a si la afirmación de Pablo: «Mirad con cuán grandes letras os escribo de mi propia mano» se refiere a la carta entera, o solo a los versículos de conclusión. Finalmente, muchos mantienen que Pablo borró la línea entre Israel y la iglesia cuando identificó a esta como el «Israel de Dios» (6:16). Esos retos se resolverán en las notas de los pasajes apropiados.

45. Condena de las falsas enseñanzas

Gálatas 1:1–9

Pablo, [a]apóstol ([b]no de hombres ni por hombre, sino por Jesucristo y por Dios el Padre que [c]lo resucitó de los muertos), y todos los hermanos que están conmigo, a [d]las iglesias de Galacia:

[e]Gracia y paz sean a vosotros, de Dios el Padre y de nuestro Señor Jesucristo, el cual se dio a sí mismo [f]por nuestros pecados para librarnos del [g]presente siglo malo, conforme a [h]la voluntad de nuestro Dios y Padre, a quien sea la gloria por los siglos de los siglos. Amén.

---

a. **apóstol.** En términos generales, significa «aquel que es enviado con una comisión». Los apóstoles de Jesucristo (los doce y Pablo) fueron embajadores o mensajeros especiales escogidos y adiestrados por Cristo para echar los cimientos de la iglesia primitiva y ser los canales de la revelación completa de Dios (ver Ro 1:1; cp. Hch 1:2; 2:42; Ef 2:20).

b. **no de hombres... sino por Jesucristo.** Para defender su apostolado del ataque de los falsos maestros, Pablo recalcó que Cristo mismo lo había nombrado como apóstol antes de que se encontrara con los demás apóstoles (cp. Gá 1:17, 18; Hch 9:3-9).

c. **lo resucitó de los muertos.** Ver Ro 1:4. Pablo incluyó este hecho importante para mostrar que Cristo mismo, resucitado y ascendido, lo había comisionado y designado (ver Hch 9:1-3, 15), así que Pablo era un testigo válido y confiable de su resurrección (cp. Hch 1:22).

d. **las iglesias de Galacia.** Las iglesias que Pablo fundó en Antioquía de Pisidia, Iconio, Listra y Derbe durante su primer viaje misionero (Hch 13:14–14:23).

e. **Gracia y paz sean a vosotros.** Ver Romanos 1:1. Hasta el saludo típico de Pablo fue un ataque contra el sistema legalista de los judaizantes. Si la salvación es por obras como ellos afirmaban, no es por «gracia» y no puede resultar en «paz», porque nadie puede estar seguro de tener obras suficientes para tener seguridad eterna.

f. **por nuestros pecados.** Nadie puede evitar el pecado mediante esfuerzos humanos o por guardar la ley (Ro 3:20), por esa razón debe ser perdonado, algo que Cristo logró por medio de su muerte expiatoria en la cruz (Gá 3:13; ver 2 Co 5:19-21; 1 P 2:24).

g. **presente siglo malo.** La palabra griega que se traduce «siglo» no se refiere a un período de tiempo, sino a un orden o sistema de cosas, y en particular al sistema actual del mundo encabezado por Satanás (ver Ro 12:2; 1 Jn 2:15, 16; 5:19).

h. **la voluntad de nuestro Dios.** El sacrificio de Cristo para salvación fue el diseño y cumplimiento perfecto de la voluntad de Dios para su gloria; (cp. Mt 26:42; Jn 6:38-40; Hch 2:22, 23; Ro 8:3, 31, 32; Ef 1:7, 11; He 10:4-10).

Estoy maravillado de que [a]tan pronto os hayáis [b]alejado del que [c]os llamó por la [d]gracia de Cristo, para seguir [e]un evangelio diferente. No que haya otro, sino que hay algunos que os [f]perturban y quieren [g]pervertir [h]el evangelio de Cristo. Mas si aun [i]nosotros, o un ángel del cielo, os anunciare otro evangelio diferente del que os hemos anunciado, sea [j]anatema. [k]Como antes hemos dicho, también ahora lo repito: Si [l]alguno os predica diferente evangelio del que habéis recibido, sea anatema.

---

a. **tan pronto.** Esta palabra griega puede significar «con tanta facilidad» o «con tal rapidez» y en algunas ocasiones las dos cosas al mismo tiempo. Sin duda alguna ambos significados caracterizaron la respuesta de los gálatas a las doctrinas herejes de los falsos maestros.

b. **alejado.** Esto es mejor traducido «desertando». La palabra griega se empleaba para aludir a la deserción militar que se castigaba con la muerte. La forma de este verbo griego indica que los creyentes en Galacia abandonaron la gracia por voluntad propia a fin de dedicarse al legalismo enseñado por los maestros falsos (ver Gá 5:4).

c. **os llamó.** Esto podría traducirse «quien os llamó una sola vez y para siempre» (cp. 2 Ts 2:13, 14; 2 Ti 1:8, 9; 1 P 1:15), y se refiere al llamado eficaz de Dios a la salvación (ver Ro 1:7).

d. **gracia de Cristo.** El acto gratuito y soberano de misericordia que Dios realiza al conceder salvación por los méritos de la muerte y la resurrección de Cristo, aparte por completo de cualquier obra o mérito humano (ver Ro 3:24).

e. **un evangelio diferente.** Cp. 2 Co 11:4. La perversión que los judaizantes hicieron del evangelio verdadero. Añadieron requisitos, ceremonias y parámetros del antiguo pacto como requisitos previos y necesarios para la salvación. Ver Gá 3:3; 4:9; 5:7; Fil 3:2.

f. **perturban.** La palabra griega podría traducirse «crear problemas» y significa «sacudir con violencia», lo cual alude a una agitación extrema. Aquí se refiere a la profunda perturbación emocional que experimentaron los creyentes en Galacia.

g. **pervertir.** Convertir algo en su opuesto. Al añadir la ley al evangelio de Cristo, los maestros falsos fueron eficaces en destruir la gracia y convertir el mensaje del favor inmerecido de Dios para beneficio de los pecadores en un mensaje de favor divino ganado con méritos humanos.

h. **el evangelio de Cristo.** Las buenas nuevas de la salvación solo por gracia a través de la fe en Cristo (ver Ro 1:1; 1 Co 15:1-4).

i. **nosotros, o un ángel del cielo.** El punto de Pablo es hipotético, porque cita los ejemplos más improbables de falsos maestros: él mismo y los ángeles santos. Los gálatas no deberían recibir a ningún mensajero, sin importar cuán impecables sean sus credenciales, si su doctrina de salvación difiere en el grado más insignificante de la verdad de Dios revelada a través de Cristo y los apóstoles.

j. **anatema.** La palabra común *anathema* en griego puede traducirse «maldito», y se refiere al acto de dedicar alguien a su destrucción en el infierno eterno (cp. Ro 9:3; 1 Co 12:3; 16:22). En el transcurso de la historia Dios ha consagrado ciertos objetos, individuos y grupos de personas para su destrucción (Jos 6:17, 18; 7:1, 25, 26). El NT ofrece muchos ejemplos de un grupo que forma parte de esa categoría: los falsos maestros (Mt 24:24; Jn 8:44; 1 Ti 1:20; Tit 1:16). Aquí los judaizantes son identificados como miembros de este séquito infame.

k. **Como antes hemos dicho.** Esto se refiere a lo que Pablo enseñó durante una visita previa a estas iglesias, no a un comentario anterior en esta epístola.

l. **alguno.** Pablo pasa del caso hipotético en el versículo anterior (que el apóstol o que un ser angelical predicara un evangelio falso) a la situación real que enfrentaban los gálatas. Los judaizantes hacían justo eso, e iban a ser apartados para destrucción a causa de su herejía condenatoria.

46. El testimonio de Pablo

Gálatas 1:10–24

Pues, ¿busco ahora el favor de los hombres, o el de Dios? ¿O trato de agradar a los hombres? Pues si [a]todavía agradara a los hombres, no sería [b]siervo de Cristo.

Mas [c]os hago saber, hermanos, que [d]el evangelio anunciado por mí, no es según hombre; pues yo [e]ni lo recibí ni lo aprendí de hombre alguno, sino [f]por revelación de Jesucristo.

Porque ya habéis oído acerca de mi conducta en otro tiempo en el [g]judaísmo, que [h]perseguía sobremanera a la iglesia de Dios, y la asolaba; y en el judaísmo [i]aventajaba a muchos de mis contemporáneos en mi nación, siendo [j]mucho más celoso de las [k]tradiciones de mis padres.

---

a. **todavía agradara a los hombres.** La motivación de Pablo en el pasado, cuando solía perseguir a los cristianos en nombre de sus compatriotas judíos. Debido a que los falsos maestros procuraban menoscabar las credenciales espirituales de Pablo, él se dispuso a defender su apostolado y explicar una vez más que fue comisionado y nombrado por Dios, no por los hombres

b. **siervo de Cristo.** Ver Ro 1:1. Pablo se había convertido en un esclavo voluntario de Cristo, lo cual le costó una gran cantidad de sufrimiento (Gá 6:17). Esa clase de sacrificio personal es todo lo opuesto a la meta de agradar a los hombres (Gá 6:12).

c. **os hago saber.** El verbo griego enérgico que Pablo empleó aquí servía para introducir una declaración importante y contundente (1 Co 12:3; 2 Co 8:1).

d. **el evangelio... no es según hombre.** El evangelio que Pablo predicaba no era de origen humano, en ese caso habría sido como las demás religiones humanas que se basan en la justicia por obras cuyo origen es el orgullo del hombre y el engaño de Satanás (Ro 1:16).

e. **ni lo recibí ni lo aprendí de hombre alguno.** A diferencia de los judaizantes, quienes recibían su instrucción religiosa de la tradición rabínica. La mayoría de los judíos no estudiaba las Escrituras en sí, sino que usaban interpretaciones humanas de las Escrituras como su autoridad y norma religiosa. Muchas de sus tradiciones, además de no ser enseñadas en las Escrituras, la contradecían (Mr 7:13).

f. **por revelación.** Esto se refiere a quitar el velo que cubre lo que antes se mantuvo en secreto, en este caso Jesucristo. Aunque Pablo sabía de Cristo, después tuvo un encuentro personal con él en el camino a Damasco y recibió de él mismo la verdad del evangelio (Hch 9:1-16).

g. **judaísmo.** El sistema religioso judío basado en la justicia por obras y no tanto en el texto del AT como en las interpretaciones y tradiciones de los rabinos. De hecho, Pablo argumentará que un entendimiento correcto del AT solo puede conducir a Cristo y su evangelio de gracia por la fe (Gá 3:6-29).

h. **perseguía.** El tiempo de este verbo griego recalca el esfuerzo persistente y continuo de Pablo para perjudicar y en últimas exterminar a los cristianos. Ver Hch 8:1-3; 9:1; 1 Ti 1:12-14.

i. **aventajaba... mucho más.** La palabra griega que se traduce «aventajaba» significa «dar brazadas», de forma muy similar a un atleta que corre a campo traviesa con todas sus fuerzas. Pablo iba al frente del pelotón en el judaísmo (cp. Fil 3:5, 6), y como veía a los cristianos judíos como obstáculos a su avance vocacional, se esforzó en cortarlos como maleza.

j. **mucho más celoso.** Pablo demostró esto mediante el extremo al que llevó su persecución de los cristianos (cp. Hch 8:1-3; 26:11).

k. **tradiciones de mis padres.** Las enseñanzas orales sobre la ley del AT que se conocía como «Halakáh». Esta colección de interpretaciones de la ley llegó a tener el mismo y hasta

Pero cuando agradó a Dios, que [a]me apartó desde el vientre de mi madre, y [b]me llamó por su gracia, [c]revelar a su Hijo en mí, para que yo [d]le predicase entre los gentiles, no [e]consulté en seguida con carne y sangre, ni subí a [f]Jerusalén a los que eran apóstoles antes que yo; sino que fui a Arabia, y volví de nuevo a Damasco.

Después, pasados [g]tres años, [h]subí a Jerusalén para ver a [i]Pedro, y permanecí con él quince días; pero no vi a ningún otro de los apóstoles, sino a [j]Jacobo el hermano del Señor. En esto que os escribo, he aquí delante de Dios que [k]no miento.

Después fui a las regiones de [l]Siria y de Cilicia, y no era conocido de vista a las iglesias de Judea, que eran en Cristo; solamente oían decir: Aquel que en

---

mayor peso y autoridad que la ley misma (la Torá). Sus regulaciones eran tan complejas y opresivas que hasta los eruditos rabinos más astutos no podían manejarla bien en su interpretación y mucho menos en su conducta personal.

a. **me apartó desde el vientre de mi madre.** Pablo no habla sobre su nacimiento y separación física de su madre, sino de ser separado o apartado para el servicio a Dios desde el momento en que nació. La frase se refiere a la elección que Dios hizo de Pablo sin consideración de su mérito o esfuerzo personal (cp. Is 49:1; Jer 1:5; Lc 1:13-17; Ro 9:10-23).

b. **me llamó por su gracia.** Esto se refiere al llamado eficaz de Dios (ver Ro 1:7). En el camino a Damasco y de forma literal, Dios trajo la salvación a Pablo, al cual ya había escogido de antemano.

c. **revelar a su Hijo en mí.** Cristo no solo fue revelado a Pablo en el camino a Damasco, sino en su interior, porque Dios le dio la vida, la luz y la fe para creer en él.

d. **le predicase entre los gentiles.** El llamado específico de Pablo para proclamar el evangelio a no judíos (ver Hch 9:15; 26:12-18; cp. Ro 1:13-16; 11:13; 15:18).

e. **consulté... con carne y sangre.** Pablo no acudió a Ananías u otros cristianos en Damasco para que le aclararan la revelación divina o añadieran a lo que había recibido de Cristo (Hch 9:19, 20).

f. **Jerusalén... Arabia... Damasco.** En lugar de viajar de inmediato a Jerusalén para ser instruido por los apóstoles, Pablo se fue a Arabia de los nabateos, una región desértica que se extendía al este de Damasco alrededor de la península del Sinaí. Después de ser preparado para el ministerio por el Señor, él regresó para ministrar cerca de Damasco.

g. **tres años.** El tiempo aproximado desde la conversión de Pablo hasta su primer viaje a Jerusalén. Durante esos años él hizo una visita a Damasco y residió en Arabia, bajo la instrucción del Señor. Esta visita se discute en Hch 9:26-30 (ver Hch 9:23).

h. **subí a Jerusalén.** Los viajeros en Israel siempre hablaban de subir a Jerusalén debido a su elevación geográfica (ver Hch 18:22).

i. **Pedro.** Ver Mt 10:2. El apóstol que fue el acompañante personal del Señor y el vocero más poderoso del evangelio en los primeros años de la iglesia en Jerusalén (Hch 1-12).

j. **Jacobo el hermano del Señor.** Cp. Gá 2:9, 12; ver Hch 15:13.

k. **no miento.** Esta afirmación tan directa y explícita indica que Pablo había sido acusado por los legalistas judíos de ser un mentiroso desfachatado o engañado por sus ínfulas.

l. **Siria y de Cilicia.** Ver Hch 15:23; cp. Hch 9:30. Esta área incluía Tarso su ciudad natal. El apóstol había predicado en esa región durante varios años. Al enterarse los de Jerusalén del avivamiento en esa región, enviaron a Bernabé (ver Hch 11:20-26). Pablo se quedó en esa región como pastor en la iglesia de Antioquía. Acompañado por Bernabé, partió de ese lugar en el primer viaje misionero (Hch 13:1-3) y después regresó a Antioquía (Hch 13:1-3), desde donde fueron enviados al concilio de Jerusalén (Hch 14:26–15:4).

otro tiempo nos perseguía, ahora predica la fe que en otro tiempo asolaba. Y [a]glorificaban a Dios en mí.

47. La visita a Jerusalén

Gálatas 2:1–10

Después, [b]pasados catorce años, subí otra vez a Jerusalén con [c]Bernabé, llevando también conmigo a [d]Tito. Pero subí [e]según una revelación, y [f]para no correr o haber corrido en vano, expuse en privado a [g]los que tenían cierta reputación el evangelio que predico entre los gentiles. Mas ni aun Tito, que estaba conmigo, con todo y ser griego, fue [h]obligado a circuncidarse; y esto a

a. **glorificaban a Dios en mí.** La prueba de que el evangelio que Pablo predicaba era el mismo que los otros apóstoles habían enseñado a los cristianos en Judea.

b. **pasados catorce años... otra vez a Jerusalén.** Este fue el período desde su primera visita a Jerusalén (Gá 1:18) hasta aquella a la que se refiere Pablo aquí, con motivo de la convocación del concilio de Jerusalén (Hch 15:1-22) para que se resolviera el asunto de la salvación de los gentiles. En el aspecto lingü.stico, la expresión «otra vez» no tiene que referirse a la próxima visita y puede significar tan solo «una vez más», sin relación con la cantidad de visitas que pudieran tener lugar durante el lapso de tiempo. De hecho, Pablo sí visitó Jerusalén durante ese período de catorce años para entregar ayudas a la iglesia local y aliviar el hambre que azotó a la región (Hch 11:27-30; 12:24, 25), pero él no se refiere aquí a esa visita porque no tenía relevancia para la defensa de su autoridad apostólica.

c. **Bernabé.** Ver Hch 4:36. El primer aliado de Pablo que estuvo dispuesto a responder por él ante los apóstoles en Jerusalén (Hch 9:27), y se convirtió en su compañero de viaje durante su primer viaje misionero (Hch 13:2, 3).

d. **Tito.** Un hijo espiritual de Pablo y colaborador allegado (Tit 1:4, 5). Como un gentil incircunciso, Tito fue una prueba fehaciente de la eficacia del ministerio de Pablo.

e. **según una revelación.** Esta revelación de Dios fue la voz del Espíritu Santo (ver Hch 13:2-4). Se refiere a que su visita fue una comisión divina con el propósito de refutar cualquier insinuación de los judaizantes en el sentido de que Pablo fuera enviado a Jerusalén para que los apóstoles corrigieran su doctrina.

f. **para no correr... en vano.** Pablo esperaba que los líderes en Jerusalén apoyaran su ministerio a los gentiles y no ablandaran su oposición al legalismo. No quería que se desperdiciaran sus esfuerzos ministeriales a causa de un conflicto con los demás apóstoles.

g. **los que tenían cierta reputación.** Los tres líderes más visibles de la iglesia de Jerusalén: Pedro, Jacobo (el hermano del Señor, Gá 1:9) y Juan (cp. Gá 2:9). El uso típico de esta frase era aludir a ciertas autoridades e implicaba una posición de honor. Pablo se refiere a ellos de forma similar en otras dos ocasiones (Gá 2:6, 9), con un toque de sarcasmo dirigido a los judaizantes, quienes afirmaban que tenían la aprobación apostólica para su doctrina, a diferencia de Pablo que no la tenía. Es probable que tuvieran el hábito de exaltar a estos tres líderes para demostrar una supuesta inferioridad de Pablo.

h. **obligado a circuncidarse.** En el núcleo del sistema de obras de los judaizantes estaba la prescripción mosaica de la circuncisión (ver Gn 17:9-14; Ro 4:9-12). Ellos enseñaban que no podía haber salvación sin circuncisión (Hch 15:1, 5, 24). Pablo y los apóstoles negaron esto, y el asunto se resolvió de forma concluyente en el concilio de Jerusalén (Hch 15:1–22). Ver Gá 5:2-12; 6:15; Ro 4:10-12; cp. 1 Co 7:19. Como un creyente verdadero, Tito era prueba viva de que la circuncisión y las regulaciones mosaicas no eran requisitos previos ni componentes necesarios de la salvación. Al abstenerse de obligar a Tito a que se circuncidara, los apóstoles verificaron el rechazo de la iglesia a la doctrina de los judaizantes (cp. Timoteo, Hch 16:1-3).

pesar de los [a]falsos hermanos introducidos a escondidas, que entraban [b]para espiar nuestra [c]libertad que tenemos en Cristo Jesús, para reducirnos a [d]esclavitud, a los cuales [e]ni por un momento accedimos a someternos, para que la [f]verdad del evangelio permaneciese con vosotros.

Pero de [g]los que tenían reputación de ser algo (lo que hayan sido en otro tiempo nada me importa; Dios no hace [h]acepción de personas), a mí, pues, los de reputación nada nuevo me comunicaron. Antes [i]por el contrario, como vieron que me había sido encomendado el evangelio [j]de la incircuncisión, como a [k]Pedro el de la circuncisión (pues [l]el que actuó en Pedro para el apostolado de la circuncisión, actuó también en mí para con los gentiles), y reconociendo la [m]gracia que me había

---

a. **falsos hermanos.** Los judaizantes, que pretendían ser cristianos verdaderos. El problema era que su doctrina, al profesar lealtad a Cristo, se oponía al judaísmo tradicional, y por exigir la circuncisión y la obediencia a la ley mosaica como requisitos imprescindibles para la salvación, se oponía al cristianismo.

b. **para espiar.** Esta palabra griega evoca la imagen de espías o traidores que entran con sigilo al campamento enemigo. Los judaizantes eran agentes encubiertos de Satanás enviados al seno de la iglesia para sabotear el evangelio verdadero.

c. **libertad.** Los cristianos son libres de la ley como medio de salvación, de sus ceremonias y regulaciones externas como forma de vida, y de su maldición por desobediencia a la ley, una maldición que Cristo cargó sobre sí en representación de todos los creyentes (Gá 5:2-12; 6:15 3:13). Sin embargo, esta libertad no es una licencia para pecar (Gá 5:2-12; 6:15 5:13; Ro 6:18; 1 P 2:16).

d. **esclavitud.** Transmite la noción de una esclavitud absoluta a un sistema imposible de justicia por obras.

e. **ni por un momento accedimos a someternos.** Pablo y Tito nunca cedieron ni se apartaron de su posición firme de salvación solo por la gracia mediante la fe.

f. **verdad del evangelio.** El evangelio verdadero, a diferencia del falso (Gá 1:6-8) que era propagado por los judaizantes (ver Ro 1:1).

g. **los que tenían reputación de ser algo.** Otra referencia a Pedro, Jacobo y Juan.

h. **acepción de personas.** También se puede traducir «favoritismo personal». Los privilegios exclusivos de los doce no hacían que su apostolado fuera más legítimo o tuviera más autoridad que el de Pablo, pues Cristo los había comisionado a todos por igual (cp. Ro 2:11). Pablo nunca se vio a sí mismo como un apóstol inferior (ver 2 Co 12:11, 12).

i. **por el contrario.** Los judaizantes afirmaban que Pablo predicaba un evangelio desviado, pero los apóstoles confirmaron que él proclamaba el evangelio verdadero. Era el mismo evangelio que Pedro proclamaba, pero dirigido a un público diferente.

j. **de la incircuncisión.** Se traduce mejor «el evangelio para los incircuncisos». Pablo predicó el evangelio ante todo a los gentiles (también a los judíos en territorios gentiles, pues su metodología fue siempre ir primero a la sinagoga del lugar; cp. Hch 13:5).

k. **Pedro... circuncisión.** El ministerio de Pedro estuvo dirigido ante todo a los judíos.

l. **el que actuó en Pedro... en mí.** El Espíritu Santo, quien solo tiene un evangelio, fue quien impartió poder a Pedro y Pablo en sus ministerios.

m. **gracia que me había sido dada.** La única conclusión a que podían llegar estos líderes era que la gracia de Dios era responsable por la predicación poderosa del evangelio y la edificación de la iglesia por medio de los esfuerzos de Pablo.

sido dada, [a]Jacobo, Cefas y Juan, que eran considerados como [b]columnas, nos dieron a mí y a Bernabé [c]la diestra en señal de compañerismo, para [d]que nosotros fuésemos a los gentiles, y ellos a la circuncisión. Solamente nos pidieron [e]que nos acordásemos de los pobres; lo cual también procuré con diligencia hacer.

48. Pablo se enfrenta a Pedro

Gálatas 2:11–21

Pero cuando Pedro vino a [f]Antioquía, le resistí cara a cara, porque [g]era de condenar. Pues antes que viniesen [h]algunos de parte de Jacobo, comía con los gentiles; pero después que vinieron, [i]se retraía y se apartaba, porque [j]tenía

---

a. **Jacobo, Cefas y Juan.** Este Jacobo fue el medio hermano de Jesús (Gá 1:19), quien se destacó y ejerció un papel prominente en la iglesia de Jerusalén (ver la Introducción a Santiago). Cefas (Pedro) y Juan (el hermano de Jacobo el apóstol, quien murió como mártir en Hch 12:2), fueron dos de los acompañantes más cercanos de Jesús y se convirtieron en los apóstoles principales en la iglesia de Jerusalén (ver Hch 2-12).

b. **columnas.** Esto resalta la función de Jacobo, Pedro y Juan en el establecimiento y sostenimiento de la iglesia.

c. **la diestra en señal de compañerismo.** En el Cercano Oriente, esto representaba un voto solemne de amistad y una señal de asociación. Este acto indicaba el reconocimiento de Pablo por parte de los apóstoles como un maestro del evangelio verdadero y un socio o colega en el ministerio.

d. **que nosotros fuésemos a los gentiles.** Confirmación adicional del llamado divino de Pablo al ministerio y un golpe fulminante a los judaizantes, puesto que los apóstoles lo dirigieron para que continuara este ministerio que tanto había fructificado entre los gentiles.

e. **que nos acordásemos de los pobres.** Algo práctico que Pablo y el número creciente de cristianos gentiles debían recordar. La cantidad de cristianos en Jerusalén creció con rapidez al principio (cp. Hch 2:41-45; 6:1) y muchos que visitaron la ciudad para la fiesta del Pentecostés (Hch 2:1, 5) se quedaron al convertirse y nunca regresaron a su lugar de origen. Aunque en un principio los creyentes repartieron entre todos sus recursos (Hch 2:45; 4:32-37), muchos tenían demasiado poco. La iglesia de Jerusalén había contado con recursos escasos durante muchos años. Ver Hch 11:28.

f. **Antioquía.** Ver Hechos 11:19. El lugar en el que se fundó la primera iglesia gentil.

g. **era de condenar.** Se traduce mejor «se condenó a sí mismo». Pedro era culpable de pecado por alinearse con hombres quienes según sabía estaban en el error, y a causa del daño y la confusión que ocasionó a sus hermanos gentiles.

h. **algunos de parte de Jacobo.** Pedro, quien estaba al tanto de la decisión tomada por el concilio de Jerusalén (Hch 15:7-29), había estado en Antioquía durante algún tiempo y ya estaba acostumbrado a comer con los gentiles. Tan pronto llegaron los judaizantes con falsas pretensiones de haber sido enviados por Jacobo, le mintieron con declaraciones falsas del respaldo que recibieron de los apóstoles. Pedro ya había renunciado a todos los rituales y ceremonias mosaicos (Hch 10:9-22) y Jacobo solo observaba algunos aspectos de esa tradición (Hch 21:18-26).

i. **se retraía.** El término griego se refiere a una retirada militar estratégica. La forma del verbo puede implicar que la separación de Pablo fue gradual y engañosa. Comer con los judaizantes y rechazar las invitaciones a comer con los gentiles, algo que había hecho antes sin reserva alguna, significaba que Pedro ratificaba las mismas restricciones alimenticias que según sabía muy bien, Dios ya había abolido (Hch 10:15). Al hacerlo, propinó un golpe injustificable al evangelio de la gracia.

j. **tenía miedo de los de la circuncisión.** La verdadera motivación tras la deserción de Pedro. Tenía miedo de perder popularidad con el segmento legalista que los judaizantes

miedo de los de la circuncisión. Y en su simulación participaban también [a]los otros judíos, de tal manera que aun Bernabé fue también arrastrado por la [b]hipocresía de ellos.

Pero cuando vi que no andaban [c]rectamente conforme a la verdad del evangelio, dije a [d]Pedro delante de todos: Si tú, siendo judío, [e]vives como los gentiles y no como judío, ¿por qué [f]obligas a los gentiles a judaizar? Nosotros, judíos de nacimiento, y no [g]pecadores de entre los gentiles, sabiendo que el hombre no es justificado por las [h]obras de la ley, sino por la fe de Jesucristo, nosotros también hemos creído en Jesucristo, para ser [i]justificados por la fe de Cristo y no por [j]las obras de la ley, por cuanto por las obras de la ley nadie será justificado.

---

representaban en la iglesia, aunque eran hipócritas justos en su propia opinión que promovían doctrinas herejes.

a. **los otros judíos.** Los creyentes judíos en Antioquía.

b. **hipocresía.** El significado de estas palabras griegas tiene que ver con los actores que se colocaban máscaras para expresar diferentes estados de ánimo o varias personalidades. En el sentido espiritual se refiere a alguien que enmascara su carácter verdadero y pretende ser algo que no es (cp. Mt 6:1-6). Estaban comprometidos con el evangelio de la gracia, pero aparentaron que aceptaban el legalismo judío.

c. **rectamente.** Lit. andar «derecho» o «erguido». Al apartarse de los cristianos gentiles, Pedro y los demás creyentes judíos dejaron de andar alineados con la Palabra de Dios.

d. **Pedro.** La reprensión de Pablo a Pedro sirve como una de las declaraciones más prácticas y dinámicas en el NT sobre la necesidad absoluta e inamovible de la doctrina de la justificación por gracia a través de la fe (ver Ro 3:24). El arrepentimiento aparente de Pedro fue un reconocimiento implícito de la autoridad apostólica de Pablo y de su propia sumisión humilde a la verdad (cp. 2 P 3:15, 16).

e. **vives como los gentiles.** Antes de su retirada gradual, Pedro tenía compañerismo frecuente con los gentiles y comía con ellos, con lo cual dio ejemplo del amor y la libertad ideales entre cristianos judíos y gentiles.

f. **obligas a los gentiles a judaizar.** Con su preferencia por los judaizantes, declaró que esos mandatos legalistas tenían autoridad en sí mismos.

g. **pecadores de entre los gentiles.** Una expresión de connotación legal ya que los gentiles eran pecadores por naturaleza debido a que no habían recibido por escrito la ley divina para que los guiara a la salvación o a vivir en justicia y rectitud.

h. **obras... fe.** Tres veces en este versículo Pablo declara que la salvación solo es por fe en Cristo y no por la ley. La primera es general («el hombre no es justificado»), la segunda es personal («nosotros también... para ser justificados»), y la tercera es universal («nadie será justificado»).

i. **justificados.** Esta palabra se empleaba en la jurisprudencia griega para describir cómo un juez declaraba no culpable a una persona acusada, como resultado de lo cual se consideraba inocente ante la ley. En todas las Escrituras se refiere a la declaración que Dios hace de un pecador como no culpable, sino justo por completo ante él, al imputar a favor de esa persona la justicia divina de Cristo al mismo tiempo que imputa el pecado de ese individuo a su Salvador libre de pecado, quien recibe a su vez todo el castigo correspondiente (ver Ro 3:24; Fil 3:8, 9).

j. **las obras de la ley.** Guardar la ley es inaceptable como medio para alcanzar salvación porque la raíz de la pecaminosidad está en la condición caída del corazón humano, no en sus acciones. La ley sirvió como un espejo para revelar el pecado, mas nunca como su cura definitiva (ver Gá 3:22-24; Ro 7:7-13; 1 Ti 1:8-11).

Y si buscando ser justificados en Cristo, también [a]nosotros somos hallados pecadores, ¿es por eso Cristo [b]ministro de pecado? En ninguna manera. Porque si [c]las cosas que destruí, las mismas vuelvo a edificar, transgresor me hago. Porque yo por la ley soy [d]muerto para la ley, a fin de vivir para Dios. [e]Con Cristo estoy juntamente crucificado, y [f]ya no vivo yo, mas vive Cristo en mí; y lo que ahora vivo en la carne, lo vivo en la fe del Hijo de Dios, el cual me amó y [g]se entregó a sí mismo por mí. No desecho la gracia de Dios; pues si por la ley fuese la justicia, entonces [h]por demás murió Cristo.

---

a. **nosotros somos hallados pecadores.** Si la doctrina de los judaizantes era correcta, Pablo, Pedro, Bernabé y los demás creyentes judíos volvían a quedar en la categoría de pecadores porque habían comido y fraternizado con gentiles, quienes en opinión de los judaizantes eran impuros.

b. **ministro de pecado.** Si los judaizantes tenían razón, Cristo se había equivocado y había enseñado a las personas que pecaran, pues dijo que la comida no contaminaba a las personas (Mr 7:19; cp. Hch 10:13-15). Él también declaró que todos los que le pertenecen son uno con él y por eso hay unidad entre ellos (Jn 17:21-23). La lógica hermética de Pablo condenaba a Pedro porque con sus acciones había dado la impresión de que Cristo había mentido. Por supuesto, este es un pensamiento absurdo e inaceptable que motiva a Pablo a emplear la forma más contundente de negación en el griego («En ninguna manera»; cp. Gá 3:21; Ro 6:1, 2; 7:13).

c. **las cosas que destruí.** El sistema falso de salvación por medio del legalismo (ver Gá 1:13), abolido mediante la predicación de la salvación solo por gracia y solo mediante la fe.

d. **muerto para la ley.** Cuando un hombre es ejecutado tras ser hallado culpable de un delito capital, la ley no tiene más peso ni reclamo sobre él. Esto mismo sucede con el cristiano que ha muerto en Cristo (quien pagó todo el castigo por sus pecados) y resucita a una vida nueva en él. La justicia divina ha quedado satisfecha por completo y el creyente queda libre para siempre de cualquier castigo adicional. Ver Ro 7:1-6.

e. **Con Cristo estoy juntamente crucificado.** Ver Ro 6:2-6. Cada vez que una persona confía en Cristo para su salvación, experimenta una participación espiritual en la crucifixión de su Señor y en su victoria sobre el pecado y la muerte.

f. **ya no vivo yo, mas vive Cristo en mí.** El viejo hombre del creyente queda muerto (ver Ef 4:22) después de haber sido crucificado con Cristo (Ro 6:3, 5). El hombre nuevo o la nueva identidad del creyente tiene el privilegio de que Cristo more en su interior y lo capacite con poder de lo alto para vivir en él (ver Ro 8:9, 10).

g. **se entregó a sí mismo por mí.** La manifestación del amor de Cristo por el creyente a través de su sacrificio y muerte en la cruz (Jn 10:17, 18; Ro 5:6-8; Ef 5:25-30).

h. **por demás murió Cristo.** Se traduce mejor «fue innecesario que Cristo muriera». Los que insisten en que pueden ganarse la salvación con sus propios esfuerzos menoscaban el fundamento del cristianismo y declaran que la muerte de Cristo fue inútil.

49. La justificación y Abraham

Gálatas 3:1–9

¡Oh gálatas [a]insensatos! [b]¿quién os [c]fascinó para no obedecer a la verdad, a vosotros ante cuyos ojos Jesucristo fue ya [d]presentado claramente entre vosotros como crucificado? Esto solo quiero saber de vosotros: [e]¿Recibisteis el Espíritu por las obras de la ley, o por el oír con fe? [f]¿Tan necios sois? ¿Habiendo [g]comenzado por el Espíritu, ahora vais a acabar por la carne? [h]¿Tantas cosas habéis [i]padecido en vano? [j]si es que realmente fue en vano.

Aquel, pues, que os suministra el Espíritu, y hace maravillas entre vosotros, ¿lo hace por las obras de la ley, o por el oír con fe? Así [k]Abraham creyó a Dios, y le fue contado por justicia. Sabed, por tanto, que los que son de fe, estos son [l]hijos de Abraham. Y [m]la Escritura, previendo que Dios había de

---

a. **insensatos.** No se refiere a falta de inteligencia, sino a falta de obediencia (cp. Lc 24:25; 1 Ti 6:9; Tit 3:3). Pablo expresó así su extrañeza, conmoción y enfado por la deserción de los gálatas.

b. **¿quién...?** Los judaizantes, aquellos maestros falsos que plagaron a las iglesias en Galacia (ver la Introducción: Contexto histórico).

c. **fascinó.** Encantados o engañados por medio de halagos y promesas falsas. El término indica que los judaizantes recurrieron a la manipulación de las emociones.

d. **presentado claramente.** La palabra griega describe la colocación de avisos oficiales en lugares públicos. La predicación de Pablo había hecho una exposición pública del evangelio verdadero de Jesucristo ante los gálatas.

e. **¿Recibisteis el Espíritu...?** La respuesta a la pregunta retórica de Pablo es obvia. Los gálatas habían recibido el Espíritu al ser salvos (Ro 8:9; 1 Co 12:13; 1 Jn 3:24; 4:13), no como resultado de guardar la ley, sino a través de la fe salvadora que Dios les concedió tan pronto escucharon el evangelio (cp. Ro 10:17). De hecho, oír sobre la fe equivale a oír con fe. Pablo apeló a la propia salvación de los gálatas para refutar la enseñanza falsa de los judaizantes según la cual guardar la ley es necesario para la salvación.

f. **¿Tan necios sois?** Pablo no podía creer con cuánta facilidad habían sido engañados los gálatas, así que hizo una segunda pregunta retórica para reprenderlos por su necedad.

g. **comenzado por el Espíritu... acabar por la carne.** La noción de que la naturaleza humana caída, pecaminosa y débil (Mt 26:41; Ro 6:19) pudiera mejorar en algún sentido la obra salvadora del Espíritu Santo era risible para Pablo.

h. **¿Tantas cosas...?** Esto se refiere a todas las bendiciones de Dios, Cristo y el Espíritu Santo a raíz de la salvación (cp. Ef 1:3)

i. **padecido.** La palabra griega tiene el significado básico de «experimentado», y no tiene que aplicarse solo a situaciones de dolor o penuria. Pablo la empleó para describir la experiencia personal de salvación en Jesucristo que habían tenido los gálatas.

j. **si es que realmente fue en vano.** Ver Lc 8:13; Hch 8:13, 21; 1 Co 15:2; 2 Co 6:1; 13:5, 6.

k. **Abraham.** Como lo hace en Romanos (ver Ro 4:3), Pablo, citando Gn 15:6, utiliza a Abraham como prueba que nunca hubo otro camino de salvación fuera de la gracia por la fe. Hasta el AT enseña la justificación por fe.

l. **hijos de Abraham.** Los creyentes judíos y gentiles son los verdaderos hijos espirituales de Abraham porque siguen su ejemplo de fe (cp. Gá 3:29; Ro 4:11, 16).

m. **la Escritura, previendo.** Personificar las Escrituras era una figura lingü.stica común en la literatura judía (cp. Gá 4:30; Jn 7:38, 42; 19:37; Ro 9:17; 10:11; 11:2; 1 Ti 5:18). Por cuanto la Escritura es la Palabra de Dios, al hablar ella es Dios quien habla.

justificar por la fe a los gentiles, [a]dio de antemano la buena nueva a Abraham, diciendo: En ti serán benditas todas las naciones. De modo que [b]los de la fe son bendecidos con el creyente Abraham.

50. La justificación y la ley

Gálatas 3:10–24

Porque [c]todos los que dependen de las obras de la ley están [d]bajo maldición, pues escrito está: Maldito todo aquel que no permaneciere en [e]todas las cosas escritas en el libro de la ley, para hacerlas. Y que por la ley ninguno se [f]justifica para con Dios, es evidente, porque: [g]El justo por la fe vivirá; y [h]la ley no es de fe, sino que dice: El que hiciere estas cosas vivirá por ellas.

[i]Cristo nos redimió de la maldición de la ley, [j]hecho por nosotros maldición (porque [k]está escrito: Maldito todo el que es colgado en un madero),

---

a. **dio de antemano la buena nueva a Abraham.** La «buena nueva» que Abraham recibió fue la noticia de que Dios ofrecía su salvación a todas las naciones (cita de Gn 12:3; 18:18). Ver Gn 22:18; Jn 8:56; Hch 26:22, 23. La salvación siempre ha sido por fe, en todas las épocas históricas.

b. **los de la fe... Abraham.** Sean judíos o gentiles. El AT predijo que los gentiles recibirían las bendiciones de la justificación por fe, tal como sucedió a Abraham. Esas bendiciones son derramadas sobre todos gracias a Cristo (cp. Jn 1:16; Ro 8:32; Ef 1:3; 2:6, 7; Col 2:10; 1 P 3:9; 2 P 1:3, 4).

c. **todos los que dependen de las obras de la ley.** Los que trataban de ganarse la salvación por medio de guardar la ley.

d. **bajo maldición.** Cita de Dt 27:26 para mostrar que cualquier falla en guardar la ley a perfección trae juicio divino y condenación irremediable. Una sola violación de la ley merece la maldición de Dios. Cp. Dt 27, 28.

e. **todas las cosas.** Ver Stg 2:10. Nadie puede cumplir todos los mandatos de la ley, ni siquiera los fariseos estrictos como Saulo de Tarso (Ro 7:7-12).

f. **justifica.** Hecho justo delante de Dios. Ver Ro 3:24.

g. **El justo por la fe vivirá.** Ver Ro 1:17. Pablo mostró con la cita anterior del AT (cp. Dt 27:26) que la justificación no viene como resultado de guardar la ley. Esta cita es de Hab 2:4 y muestra que la justificación solo es por fe (cp. He 10:38).

h. **la ley no es de fe.** La justificación por fe y la justificación por guardar la ley se excluyen mutuamente, como lo prueba la cita de Lv 18:5 que Pablo incluye.

i. **Cristo nos redimió de la maldición de la ley.** La palabra griega que se traduce «redimió» era usada con frecuencia para hablar de la compra de la libertad de un esclavo o un deudor. La muerte de Cristo, debido a que fue una muerte de sustitución por el pecado, satisfizo la justicia de Dios y agotó su ira hacia sus elegidos, de tal forma que Cristo se convirtió en el comprador literal de los creyentes para librarlos de su esclavitud al pecado y la sentencia de muerte eterna (Gá 4:5; Tit 2:14; 1 P 1:18; cp. Ro 3:24; 1 Co 1:30; Ef 1:7; Col 1:14; He 9:12).

j. **hecho por nosotros maldición.** Al soportar toda la ira de Dios por los pecados de los creyentes en la cruz (ver 2 Co 5:21; cp. He 9:28; 1 P 2:24; 3:18), Cristo puso sobre sus hombros la maldición pronunciada sobre aquellos que transgredían la ley (ver Gá 3:10).

k. **está escrito.** La forma común en el NT (ocurre sesenta y una veces) para introducir citas del AT (ver Ro 3:10). Aquí se cita Dt 21:23.

para que en Cristo Jesús [a]la bendición de Abraham alcanzase a los gentiles, a fin de que por la fe recibiésemos [b]la promesa del Espíritu.

[c]Hermanos, hablo [d]en términos humanos: Un pacto, aunque sea de hombre, una vez ratificado, nadie lo invalida, ni le añade. Ahora bien, a Abraham fueron hechas las [e]promesas, y a su [f]simiente. No dice: Y a las simientes, como si hablase de muchos, sino como de uno: Y a tu simiente, la cual es Cristo. Esto, pues, digo: [g]El pacto [h]previamente ratificado por Dios para con Cristo, la ley que vino [i]cuatrocientos treinta años después no lo abroga, para invalidar la promesa. Porque si [j]la herencia es por la ley, ya no es por la promesa; pero Dios la concedió a Abraham mediante la promesa.

Entonces, ¿para qué sirve la ley? [k]Fue añadida a causa de las transgresiones, hasta que viniese la simiente a quien fue hecha la promesa; y fue ordenada

---

a. **la bendición de Abraham.** La fe en la promesa de salvación de Dios. Ver el v. 9.

b. **la promesa del Espíritu.** De Dios el Padre; (cp. Is 32:15; 44:3; 59:19-21; Ez 36:26, 27; 37:14; 39:29; Jl 2:28, 29; Lc 11:13; 24:49; Jn 7:37-39; 14:16, 26).

c. **Hermanos.** Este término familiar revela el amor compasivo de Pablo por los gálatas, el cual ellos habrían podido comenzar a cuestionar ante el despliegue de su reprensión austera (vv. 1, 3).

d. **en términos humanos... pacto... de hombre.** Hasta los pactos humanos, una vez confirmados, se consideran irrevocables y sus términos no pueden ser cambiados. Cuánto más un pacto hecho por Dios, quien es inmutable (Mal 3:6; Stg 1:17).

e. **promesas.** Aquellas asociadas con el pacto de Dios con Abraham (Gn 12:3, 7; 13:15, 16; 15:5, 18; 17:8; 22:16-18; 26:3, 4; 28:13, 14). Por cuanto fueron hechas tanto a Abraham como a sus descendientes, no perdieron vigencia con la muerte de Abraham ni con la introducción de la ley.

f. **simiente.** La cita es de Gn 12:7. La forma singular de la palabra hebrea, como sus equivalentes en griego y en los idiomas modernos, puede utilizarse en un sentido colectivo. El punto de Pablo es que en algunos pasajes del AT (p. ej. Gn 3:15; 22:18), simiente se refiere a Jesucristo, el más grande de todos los descendientes de Abraham.

g. **El pacto.** El pacto de Dios con Abraham.

h. **previamente ratificado por Dios.** El término significa «confirmado». Tan pronto Dios dio su ratificación oficial al pacto (ver Gn 15:9-21), este poseyó autoridad perdurable y nada ni nadie podría anularlo. El pacto con Abraham fue unilateral (Dios se hizo la promesa a sí mismo), eterno (proveyó una bendición más allá de tiempo y espacio), incondicional (porque dependió de Dios y no del hombre), pero su cumplimiento final aguarda la salvación de Israel y el reino milenario de Jesucristo.

i. **cuatrocientos treinta años.** Desde la estadía de Israel en Egipto (cp. Éx 12:40) hasta la entrega de la ley en el Sinaí (ca. 1445 A.C.). De hecho, la ley vino seiscientos cuarenta y cinco años después de la promesa inicial a Abraham (ca. 2090 A.C.; cp. Gn 12:4; 21:5; 25:26; 47:9), pero la promesa fue reiterada a Isaac (Gn 26:24) y más tarde a Jacob (ca. 1928 A.C.; Gn 28:15). La última ratificación que se conoce del pacto de Dios con Abraham fue concedida a Jacob en Génesis 46:2-4 (ca. 1875 A.C.) justo antes de su salida a Egipto, cuatrocientos treinta años antes de que fuera dada la ley mosaica.

j. **la herencia.** Pablo recalcó de nuevo que no existe un punto medio entre la ley (obras) y la promesa (gracia). Los dos principios son caminos de salvación que se excluyen entre sí por completo (cp. Ro 4:14). Por definición, una herencia es algo otorgado y no algo por lo cual se trabaja, como lo demuestra el caso de Abraham.

k. **Fue añadida a causa de las transgresiones.** El argumento persuasivo de Pablo en el sentido de que la promesa es superior a la ley suscita la pregunta obvia: ¿cuál fue el propósito de la ley? La respuesta de Pablo es que la ley revela la pecaminosidad irremediable

[a]por medio de ángeles en mano de un [b]mediador. Y el mediador no lo es de uno solo; pero Dios es uno.

¿Luego la ley es contraria a las promesas de Dios? [c]En ninguna manera; porque si la ley dada pudiera vivificar, la justicia fuera verdaderamente por la ley. Mas la Escritura [d]lo encerró todo bajo pecado, para que la promesa que es por la fe en Jesucristo fuese dada a los creyentes. Pero [e]antes que viniese la fe, estábamos [f]confinados bajo la ley, encerrados para [g]aquella fe que iba a ser revelada. De manera que la ley ha sido nuestro [h]ayo, para llevarnos a Cristo, a fin de que fuésemos justificados por la fe.

---

del hombre, quien es incapaz de salvarse a sí mismo y tiene necesidad desesperante de un Salvador. Nunca tuvo el propósito de ser un camino a la salvación (cp. Ro 7:1-13).

a. **por medio de ángeles.** La Biblia enseña que los ángeles participaron en la entrega de la ley (cp. Hch 7:53; He 2:2), pero no explica qué función específica cumplieron.

b. **mediador.** Parece que el punto de Pablo es que se requiere de un mediador si hay más de una parte contractual, pero Dios fue el único que ratificó el pacto con Abraham (ver Gn 15:7-21).

c. **En ninguna manera.** Pablo usa la negación más fuerte en griego (ver Gá 2:17) para descartar la idea de que la ley y la promesa cumplan propósitos opuestos. Dios fue quien dio ambas cosas y él no trabaja contra sí mismo, por eso la ley y la promesa operan en armonía: la ley revela la pecaminosidad del hombre y la necesidad de aquella salvación que se ofrece de forma gratuita en la promesa. Si la ley hubiera podido proveer justicia y vida eterna, la promesa de gracia no existiría.

d. **lo encerró todo bajo pecado.** El verbo griego que se traduce «encerró» significa confinar por todos lados. Pablo representa a toda la humanidad atrapada sin salida en el pecado, como un montón de peces atrapados en una red. Que todos los seres humanos son pecadores es la enseñanza expresa de las Escrituras (ver Ro 3:19; cp. 1 R 8:46; Sal 143:2; Pr 20:9; Ec 7:20; Is 53:6; Ro 3:9-19, 23; 11:32).

e. **antes que viniese la fe.** Desde el punto de vista de la historia de la redención, así como en toda la historia humana en el área de la salvación individual (cp. Gá 3:19, 24, 25; 4:1-4), la fe que salva es la única llave que abre la puerta de la prisión que mantiene subyugados a los hombres sin otra posibilidad de escape.

f. **confinados bajo la ley.** Pablo personifica la ley como el carcelero que vigila muy de cerca a los pecadores condenados que están a la espera de recibir la pena de muerte bajo el juicio de Dios (Ro 6:23).

g. **aquella fe que iba a ser revelada.** Pablo considera de nuevo la venida de Cristo en sentido histórico, así como en el momento de la salvación de cada creyente, en sentido individual. La fe que se deposita solo en Cristo libera a las personas de la esclavitud a la ley, bien sea la ley mosaica o la ley escrita en el corazón de cada uno de los gentiles (Ro 2:14-16).

h. **ayo.** La palabra griega denota a un esclavo cuyo deber era cuidar a un niño hasta que llegara a la edad adulta. El ayo o tutor lo acompañaba a todas partes y vigilaba su conducta en el hogar. Muchos ayos ejercían una disciplina tan estricta que quienes estaban bajo su tutela anhelaban el día en el que serían libres de esa custodia permanente. La ley fue nuestro ayo, el cual, a medida que nos mostraba nuestros pecados, cumplía la función de conducirnos a Cristo.

51. Los creyentes son hijos de Dios

Gálatas 3:25—4:7

Pero venida la fe, ya no estamos bajo ayo, pues todos sois [a]hijos de Dios por la fe en Cristo Jesús; porque todos los que habéis sido [b]bautizados en Cristo, [c]de Cristo estáis revestidos. Ya no hay judío ni griego; no hay esclavo ni libre; no hay varón ni mujer; porque [d]todos vosotros sois uno en Cristo Jesús. Y si vosotros sois de Cristo, ciertamente [e]linaje de Abraham sois, y [f]herederos según la promesa.

Pero también digo: Entre tanto que el heredero es [g]niño, en nada difiere del esclavo, aunque es señor de todo; sino que está bajo [h]tutores y curadores

---

a. **hijos de Dios.** Mientras que Dios es el Padre de todos los humanos en un sentido general porque los creó (Hch 17:24-28), solo aquellos que ponen su fe en Jesucristo son los verdaderos hijos espirituales de Dios. Los incrédulos son hijos de Satanás (Mt 13:38; Jn 8:38, 41, 44; Hch 13:10; 1 Jn 3:10; cp. Ef 2:3; 1 Jn 5:19). Los creyentes, a través de su fe en Jesucristo, han alcanzado la mayoría de edad como hijos de Dios. Por eso no están bajo la tutela de la ley (Ro 6:14), aunque todavía tienen la obligación de obedecer los parámetros santos e inmutables de Dios que en el nuevo pacto tienen toda la autoridad moral (Gá 6:2; Ro 8:4; 1 Co 9:21).

b. **bautizados en Cristo.** No se trata del bautismo en agua, el cual no puede salvar (ver Hch 2:38; 22:16). Pablo usó la palabra «bautizados» en un sentido metafórico para hablar de ser «sumergidos en» o «colocados dentro de» Cristo (cp. Gá 2:20) mediante el milagro espiritual de unión con él en su muerte y resurrección. Ver Ro 6:3-4, 5; cp. 1 Co 6:17.

c. **de Cristo estáis revestidos.** El resultado de la unión espiritual del creyente con Cristo. Pablo recalcó que hemos sido unidos con Cristo por medio de la salvación. Nuestra posición delante de Dios ha cambiado porque hemos sido revestidos de Cristo en su muerte, resurrección y justicia (ver Fil 3:8-10). La aplicación práctica es que necesitamos «revestirnos de Cristo» ante los hombres, lo cual se expresa en nuestra conducta (Ro 13:14).

d. **todos vosotros sois uno en Cristo Jesús.** Todos los que son uno con Jesucristo también son uno entre sí. Este versículo no niega que Dios ha diseñado distinciones raciales, sociales y sexuales entre los cristianos, pero afirma que esas cosas no implican una desigualdad espiritual ante Dios. Esta igualdad espiritual tampoco es incompatible con las funciones de liderazgo y sumisión que Dios ha ordenado en la iglesia, la sociedad y el hogar. Jesucristo, aunque es igual en todo al Padre, asumió una postura y función de sumisión durante su encarnación (Fil 2:5-8).

e. **linaje de Abraham.** No todos los hijos físicos de Abraham son el «Israel de Dios» (cp. Gá 6:16), es decir, verdaderos descendientes espirituales de Abraham (Ro 9:6-8). Los creyentes gentiles que no son hijos físicos de Abraham son de todas maneras sus hijos espirituales en el sentido de que siguieron con fidelidad su ejemplo de fe (ver Ro 4:11, 12).

f. **herederos según la promesa.** Todos los creyentes son herederos de la bendición espiritual que acompañó el pacto de Dios con Abraham: justificación por fe (Gn 15:6; cp. Ro 4:3-11).

g. **niño.** La palabra griega se refiere a un niño que ni siquiera puede hablar en público, un menor de edad que no tiene madurez espiritual e intelectual, y que no está preparado para los privilegios y las responsabilidades de la vida adulta. Pablo expande la analogía de un hijo que alcanza la mayoría de edad (Gá 3:24-26), para establecer un contraste entre la vida de los creyentes antes de la salvación (como infantes y siervos) y la vida de cada uno de ellos después de la salvación (como adultos e hijos). Tanto los lectores judíos como gentiles de Pablo podían entender bien esta imagen, ya que judíos, griegos y romanos tenían una ceremonia especial para señalar la entrada de un joven a la vida adulta.

h. **tutores y curadores.** Los «tutores» eran esclavos a quienes se confiaba el cuidado de los menores de edad, mientras que los «curadores» eran mayordomos que administraban hasta el tiempo señalado por el padre. Así también nosotros, [a]cuando éramos niños, estábamos en esclavitud bajo [b]los rudimentos del mundo. Pero cuando vino [c]el cumplimiento del tiempo, [d]Dios envió a su Hijo, [e]nacido de mujer y nacido [f]bajo la ley, para que redimiese a [g]los que estaban bajo la ley, a fin de que recibiésemos [h]la adopción de hijos.

---

sus propiedades hasta que tuvieran edad suficiente para hacerlo por sí mismos. Al igual que el ayo o tutor (Gá 3:24), tenían control casi completo sobre el niño, quien para fines prácticos no se diferenciaba en absoluto de cualquier otro esclavo.

a. **cuando éramos niños... en esclavitud.** Antes de alcanzar nuestra «mayoría de edad», cuando llegamos a tener fe en Jesucristo para salvación.

b. **los rudimentos del mundo.** En griego, la palabra «rudimentos» se deriva de un vocablo que significa «fila» o «rango» y se empleaba para aludir a cosas básicas y fundamentales como las letras del alfabeto. En vista de su uso en Gá 4:9, es preferible considerarla aquí como una referencia a los elementos y rituales básicos de la religión humana (ver Col 2:8). Pablo describe las religiones de judíos y gentiles por igual como rudimentarias porque solo son humanas y nunca podrán elevarse a la categoría divina. Tanto la religión judía como la religión gentil se centraban en sistemas de obras fabricados por los hombres. Estaban llenas de leyes y ceremonias que debían realizarse con minuciosidad para alcanzar la aceptación divina. Todos esos elementos rudimentarios son una muestra de inmadurez, como la conducta de los niños que todavía están bajo servidumbre a un custodio o guardián.

c. **el cumplimiento del tiempo.** En el tiempo de Dios, cuando las condiciones exactas a escala religiosa, cultural y política requirieron el cumplimiento de ese aspecto de su plan perfecto, Jesús vino al mundo.

d. **Dios envió a su Hijo.** Como un padre que determina la fecha en la que se realizará la ceremonia que marca la mayoría de edad de su hijo para que quede libre de los guardianes, custodios y tutores, Dios envió a su Hijo en el momento preciso para que librara a todos los que creen de su servidumbre a la ley. Esta es una verdad que Jesús afirmó de manera reiterada (Jn 5:30, 36, 37; 6:39, 44, 57; 8:16, 18, 42; 12:49; 17:21, 25; 20:21). Que el Padre haya enviado a Jesús al mundo demuestra su existencia previa y externa como el segundo miembro de la Trinidad. Ver Fil 2:6, 7; He 1:3-5; cp. Ro 8:3, 4.

e. **nacido de mujer.** Esto demuestra la humanidad plena de Jesús y no solo su nacimiento de una virgen (Is 7:14; Mt 1:20-25). Jesús tenía que ser Dios a plenitud para que su sacrificio tuviera el valor infinito que se requería para expiar el pecado, pero él también tenía que ser hombre a plenitud para que pudiera llevar sobre sus hombros el castigo por el pecado como sustituto del ser humano. Ver Lc 1:32, 35; Jn 1:1, 14, 18.

f. **bajo la ley.** Como todos los hombres, Jesús tenía la obligación de obedecer la ley de Dios. A diferencia de todos, no obstante, él mantuvo una obediencia perfecta a esa ley (Jn 8:46; 2 Co 5:21; He 4:15; 7:26; 1 P 2:22; 1 Jn 3:5). Su naturaleza inmaculada y libre de pecado hizo de él el sacrificio perfecto por los pecados, y él cumplió toda justicia porque tuvo obediencia perfecta a Dios en todo. Esa justicia perfecta es lo que se imputa a los que creen en él.

g. **los que estaban bajo la ley.** Los pecadores culpables que están bajo las demandas de la ley y sus maldiciones (ver Gá 3:10, 13), en necesidad extrema de un Salvador (ver Gá 3:23).

h. **la adopción de hijos.** «Adopción» es el acto de incorporar a la familia propia a una persona que ha sido engendrada por otra persona. Puesto que los seres humanos no regenerados son por naturaleza hijos de Satanás (ver Gá 3:26), la única manera en la que pueden convertirse en hijos de Dios es mediante un acto de adopción espiritual (Ro 8:15, 23; Ef 1:5).

Y por cuanto sois hijos, Dios envió a vuestros corazones [a]el Espíritu de su Hijo, el cual clama: [b]¡Abba, Padre! Así que ya no eres esclavo, sino hijo; y si hijo, también heredero de Dios por medio de Cristo.

52. La futilidad del ritualismo

Gálatas 4:8–20

Ciertamente, [c]en otro tiempo, no conociendo a Dios, servíais a los que [d]por naturaleza no son dioses; [e]mas ahora, conociendo a Dios, o más bien, siendo [f]conocidos por Dios, ¿cómo es que os volvéis de nuevo a los débiles y pobres rudimentos, a los cuales os queréis volver a esclavizar? Guardáis los [g]días, los meses, los tiempos y los años. Me temo de vosotros, que haya [h]trabajado en vano con vosotros.

---

a. **el Espíritu de su Hijo.** El Espíritu Santo realiza la obra de confirmar a los creyentes su adopción como hijos de Dios (ver Ro 8:15). La seguridad de salvación es una obra de gracia por parte del Espíritu Santo y no tiene origen humano en absoluto.

b. **Abba.** Un término familiar y cariñoso en arameo que los niños pequeños usaban para hablar a sus padres. El equivalente de esta palabra es la expresión «papito» (ver Ro 8:15).

c. **en otro tiempo, no conociendo a Dios.** Antes de acudir a la fe salvadora en Cristo, ninguna persona no salva conoce a Dios. Ver Ef 4:17-19; 2 Co 4:3-6.

d. **por naturaleza no son dioses.** El panteón grecorromano de deidades no existentes a quienes los gálatas imaginaban que rendían culto antes de su conversión (cp. Ro 1:23; 1 Co 8:4; 10:19, 20; 12:2; 1 Ts 1:9).

e. **mas ahora.** Mientras que la salvación es el regalo gratuito de Dios (Ro 5:15, 16, 18; 6:23; Ef 2:8), trae con ella una responsabilidad seria (cp. Lc 12:48). Dios requiere que los creyentes vivan en santidad porque son hijos de un Dios santo y desean amarlo y adorarlo (Mt 5:48; 1 P 1:15-18). Esa obligación era a los principios morales y espirituales que nunca cambian y que para siempre reflejan la naturaleza de Dios. Por supuesto, no incluía los rituales y las ceremonias que fueron exclusivos de Israel bajo la ley mosaica, como reclamaban los judaizantes con pretensiones falsas.

f. **conocidos por Dios.** Podemos conocer a Dios solo porque él nos conoció primero, así como lo escogimos solo porque él nos eligió primero (Jn 6:44; 15:16), y lo amamos solo porque él nos amó primero (1 Jn 4:19).

g. **días... años.** Los rituales, ceremonias y festivales del calendario religioso judío que Dios había dado, mas nunca requirió para la iglesia. Pablo advierte a los gálatas, como lo hizo a los colosenses (ver Ro 14:1-6; Col 2:16, 17), en contra de la observación legalista de estas cosas como si fueran requeridas por Dios y como si pudieran hacerlos acreedores del favor divino.

h. **trabajado en vano.** Pablo temía que sus esfuerzos para establecer y edificar las iglesias en Galacia fueran improductivos con la reincidencia de los creyentes en el legalismo (cp. Gá 3:4; 1 Ts 3:5).

Os ruego, hermanos, [a]que os hagáis como yo, porque yo también me hice como vosotros. [b]Ningún agravio me habéis hecho. Pues vosotros sabéis que a causa de una [c]enfermedad del cuerpo os anuncié el evangelio al principio; y no me despreciasteis ni desechasteis por la prueba que tenía en mi cuerpo, antes bien [d]me recibisteis como a un ángel de Dios, como a Cristo Jesús. ¿Dónde, pues, está esa [e]satisfacción que experimentabais? Porque os doy testimonio de que si hubieseis podido, os hubierais [f]sacado vuestros propios ojos para dármelos. ¿Me he hecho, pues, [g]vuestro enemigo, por deciros la verdad?

[h]Tienen celo por vosotros, pero no para bien, sino que quieren apartaros de nosotros para que vosotros tengáis celo por ellos. Bueno es mostrar celo en lo bueno siempre, y [i]no solamente cuando estoy presente con vosotros.

---

a. **que os hagáis como yo, porque yo también me hice como vosotros.** Pablo había sido un fariseo orgulloso que se justificaba a sí mismo y confiaba en que su propia rectitud lo salvaría (cp. Fil 3:4-6). Pero al llegar a Cristo, él abandonó todos sus esfuerzos para salvarse a sí mismo y decidió confiar del todo en la gracia de Dios (Fil 3:7-9). Por esto urgió a los gálatas que siguieran su ejemplo y evitaran el legalismo de los judaizantes.

b. **Ningún agravio me habéis hecho.** Aunque los judíos lo persiguieron durante su primera estadía en Galacia, los creyentes de esa región no habían hecho daño a Pablo, sino que lo recibieron con entusiasmo al escuchar su predicación del evangelio (cp. Hch 13:42-50; 14:19). ¿Cómo era posible que lo rechazaran ahora?

c. **enfermedad del cuerpo.** Algunos creen que la enfermedad a la que Pablo hizo referencia era la malaria, y que pudo haberla contraído en las costas malsanas de Panfilia. Eso podría explicar por qué Pablo y Bernabé no predicaron en Perge, una ciudad en Panfilia (cp. Hch 13:13, 14). El clima más fresco y saludable en Galacia, sobre todo en Antioquía de Pisidia (a unos 1.100 m sobre el nivel del mar) a donde se dirigió Pablo al salir de Perge, debieron traer algún alivio a la fiebre causada por la malaria. Aunque la malaria es una enfermedad seria que debilita en gran medida, sus ataques no son continuos. Pablo pudo haber ministrado en los intervalos de descanso de la fiebre.

d. **me recibisteis.** Los gálatas dieron una bienvenida cálida a Pablo a pesar de su enfermedad, la cual no fue una barrera en absoluto para su credibilidad o aceptabilidad social.

e. **satisfacción que experimentabais.** «Satisfacción» también puede traducirse «bendición» o «felicidad». Pablo señala que los gálatas habían estado felices y contentos con su predicación del evangelio (cp. Hch 13:48) y se extraña de que se hubieran puesto en su contra.

f. **sacado vuestros propios ojos.** Este puede ser lenguaje figurado (cp. Mt 5:29; 18:9), o una indicación de que la enfermedad corporal de Pablo (ver Gá 4:13) había afectado de alguna manera su vista (cp. Gá 6:11). En cualquier caso, refleja el gran amor que los gálatas habían expresado hacia el apóstol en un comienzo.

g. **vuestro enemigo.** Los gálatas se habían confundido a tal extremo que a pesar de su afecto anterior por Pablo, algunos habían llegado a considerarlo como su enemigo. El apóstol les recuerda que él no les había hecho daño y que solo se había limitado a decirles la verdad, una verdad que en el pasado había sido motivo de mucho gozo para ellos.

h. **Tienen celo.** Con inclinación o interés intenso (la misma palabra se emplea en Gá 1:14 para describir el celo que Pablo había tenido antes por el judaísmo). Los judaizantes parecían tener un interés genuino en los gálatas, pero su motivo verdadero era excluir a los gálatas de la salvación de Dios por gracia y obtener fama y reconocimiento para sí mismos.

i. **no solamente cuando estoy presente.** Pablo alentó a los gálatas para que tuvieran el mismo celo por el evangelio verdadero de la gracia que habían tenido mientras él estuvo con ellos.

[a]Hijitos míos, por quienes vuelvo a sufrir dolores de parto, [b]hasta que Cristo sea formado en vosotros, quisiera estar con vosotros ahora mismo y cambiar de tono, pues estoy [c]perplejo en cuanto a vosotros.

53. Ejemplo a partir de las Escrituras

Gálatas 4:21–31

Decidme, los que queréis estar bajo la ley: ¿no habéis oído la ley? Porque [d]está escrito que Abraham tuvo [e]dos hijos; uno de la esclava, el otro de la libre. Pero el de la esclava nació [f]según la carne; mas el de la libre, [g]por la promesa. Lo cual es una [h]alegoría, pues estas mujeres son los [i]dos pactos; el uno proviene

---

a. **Hijitos míos.** El único uso que Pablo hace de esta frase afectuosa que Juan utiliza con frecuencia (1 Jn 2:1, 18, 28; 3:7, 18; 4:4; 5:21).

b. **hasta que Cristo sea formado en vosotros.** A diferencia de los motivos malignos de los judaizantes (ver Gá 3:1), el objetivo de Pablo era que los gálatas alcanzaran la semejanza plena a Cristo. Esta es la meta de la salvación (ver Ro 8:29).

c. **perplejo.** El verbo significa «agotar los recursos mentales».

d. **está escrito.** Pablo continúa el contraste de gracia y ley, obras y fe. Para ello emplea una historia del AT como analogía o ilustración de lo que ha enseñado hasta ahora.

e. **dos hijos.** Ismael, hijo de Agar la sirvienta egipcia de Sara (Gn 16:1-16), e Isaac, el hijo de Sara (Gn 21:1-7).

f. **según la carne.** El nacimiento de Ismael fue motivado por la falta de fe de Abraham y Sara en la promesa de Dios, y un producto del empleo de medios humanos y pecaminosos.

g. **por la promesa.** De forma milagrosa, Dios capacitó a Abraham y Sara para que tuvieran a Isaac a pesar de que Sara había pasado hacía mucho tiempo la edad propicia para tener hijos, sin mencionar que había sido estéril toda la vida.

h. **alegoría.** La palabra griega se usaba para aludir a una historia que transmitía un significado más allá del sentido literal de las palabras. En este pasaje, Pablo utiliza personajes y lugares históricos del AT para ilustrar una verdad espiritual. No es una alegoría, en las Escrituras no hay alegorías. Una alegoría se define como una historia ficticia en la que una verdad real es el significado secreto, misterioso y oculto. La historia de Abraham, Sara, Agar, Ismael e Isaac es fáctica y no tiene significado secreto u oculto. Pablo la utiliza solo como una ilustración para sustentar su contraste entre la ley y la gracia.

i. **dos pactos.** Aquí Pablo usa las dos madres, sus dos hijos y dos lugares geográficos. Agar, Ismael y el monte Sinaí (la Jerusalén terrenal) representan el pacto de la ley. Sara, Isaac y la Jerusalén celestial representan el pacto de la promesa. Sin embargo, no puede ser que Pablo contraste estos dos pactos como caminos diferentes a la salvación, uno para los santos del AT y otro para los santos en el NT. Esta premisa ya ha sido negada de forma categórica por el apóstol (Gá 2:16; 3:10-14, 21, 22). El propósito del pacto mosaico fue mostrar a todos los que estaban bajo sus demandas y condenación la necesidad acuciante que tenían de una salvación solo por gracia (Gá 3:24). Ese pacto nunca tuvo la función de proveer salvación al ser humano. Pablo solo quería mostrar que los judaizantes, al igual que todos aquellos que tratan de adquirir justicia con sus esfuerzos de guardar la ley, solo reciben a cambio esclavitud y condenación.

del [a]monte Sinaí, el cual da hijos para esclavitud; este es [b]Agar. Porque Agar es el monte Sinaí en Arabia, y [c]corresponde a la Jerusalén actual, pues esta, junto con sus hijos, está en esclavitud. Mas [d]la Jerusalén de arriba, la cual es [e]madre de todos nosotros, es libre. Porque [f]está escrito:

> Regocíjate, oh estéril,
> tú que no das a luz;
> Prorrumpe en júbilo y clama,
> tú que no tienes dolores de parto;
> Porque más son los hijos de la desolada,
> que de la que tiene marido.

Así que, hermanos, nosotros, como Isaac, somos [g]hijos de la promesa. Pero como entonces el que había nacido según la carne [h]perseguía al que había nacido según el Espíritu, [i]así también ahora. Mas ¿qué dice la Escritura? [j]Echa fuera a la esclava y a su hijo, porque no heredará el hijo de la esclava con el hijo de la libre. De manera, hermanos, que no somos hijos de la esclava, sino de la libre.

---

a. **monte Sinaí.** Un símbolo apropiado para el antiguo pacto, pues fue en el monte Sinaí donde Moisés recibió la ley (Éx 19).

b. **Agar.** Como era una sierva de Sara (Gn 16:1), se constituye en una ilustración adecuada de todos los que están bajo servidumbre a la ley (cp. Gá 3:23; 4:5, 21). Además, estaba relacionada con el monte Sinaí a través de su hijo Ismael, cuyos descendientes se establecieron en esa región.

c. **corresponde a la Jerusalén.** La ley fue dada en el Sinaí y alcanzó su máxima expresión en el culto a Dios en el templo de Jerusalén. El pueblo judío seguía bajo servidumbre a la ley.

d. **la Jerusalén de arriba... es libre.** El cielo (He 12:18, 22). Aquellos que son ciudadanos del cielo (Fil 3:20) son libres de la ley, las obras y la servidumbre propias del pacto mosaico, así como de todos los esfuerzos continuos e inútiles para agradar a Dios en la carne.

e. **madre.** Los creyentes de la Jerusalén celestial, la «ciudad madre» del cielo. A diferencia de la esclavitud de los hijos de Agar, los creyentes en Cristo son libres (Gá 5:1; Is 61:1; Lc 4:18; Jn 8:36; Ro 6:18, 22; 8:2; 2 Co 3:17).

f. **está escrito.** Pablo aplica el pasaje de Is 54:1 a la Jerusalén de arriba.

g. **hijos de la promesa.** Así como Isaac heredó las promesas hechas a Abraham (Gn 26:1-3), los creyentes también son depositarios de las promesas divinas de redención (1 Co 3:21-23; Ef 1:3), porque son herederos espirituales de Abraham (ver Gá 3:29).

h. **perseguía al que había nacido según el Espíritu.** Isaac, de quien se burló Ismael en la fiesta con la que se celebró el destete de Isaac (ver Gn 21:8, 9).

i. **así también ahora.** Los descendientes de Ismael (árabes) siempre han perseguido a los de Isaac (judíos). De la misma forma, los incrédulos siempre han perseguido a los creyentes (cp. Mt 5:11; 10:22-25; Mr 10:30; Jn 15:19, 20; 16:2, 33; 17:14; Hch 14:22; 2 Ti 3:12; He 11:32-37; 1 P 2:20, 21; 3:14; 4:12-14).

j. **Echa fuera a la esclava.** Cita de Gn 21:10 para ilustrar que quienes tratan de ser justificados con base en guardar la ley serán echados para siempre de la presencia de Dios (Mt 8:12; 22:12, 13; 25:30; Lc 13:28; 2 Ts 1:9).

54. Libres del ritual legalista

Gálatas 5:1–12

[a]Estad, pues, firmes en la libertad con que Cristo nos hizo [b]libres, y no estéis [c]otra vez sujetos al [d]yugo de esclavitud. He aquí, yo Pablo os digo que si [e]os circuncidáis, [f]de nada os aprovechará Cristo. Y otra vez testifico a todo hombre que se circuncida, que está [g]obligado a guardar toda la ley. [h]De Cristo os desligasteis, los que por la ley os justificáis; de la gracia habéis caído. Pues nosotros por el Espíritu aguardamos [i]por fe la esperanza de la justicia; porque en Cristo Jesús ni la circuncisión vale algo, ni la incircuncisión, sino [j]la fe que obra por el amor.

---

a. **Estad... firmes.** Pablo les dice que no se muevan de su posición segura ante Dios, por el beneficio de vivir libres de la ley y la carne como vías de salvación y por la plenitud de bendición que trae la gracia de Dios.

b. **libres.** La liberación de la maldición que pronuncia la ley sobre el pecador que ha realizado toda clase de esfuerzos infructuosos para alcanzar su propia justicia y rectitud (Gá 3:13, 22-26; 4:1-7), pero que ahora se ha acogido a Cristo y ha recibido la salvación que él le concede por gracia (ver Gá 2:4; 4:26; cp. Ro 7:3; 8:2).

c. **otra vez sujetos.** Se traduce mejor «quedar bajo el peso de» o «ser oprimidos por», a causa de su asociación con un yugo.

d. **yugo de esclavitud.** «Yugo» se refiere al aparato que se usaba para controlar animales domésticos. Los judíos se referían al «yugo de la ley» como una cosa buena y la esencia de la religión verdadera. Pablo argumentó que para todos los que la seguían como camino de salvación, la ley era un yugo de esclavitud. Ver Mt 11:28-30.

e. **os circuncidáis.** Pablo no tenía objeción alguna en contra de la circuncisión como tal (cp. Hch 16:1-3; Fil 3:5). A lo que se oponía el apóstol era la noción de que tuviera algún beneficio o mérito espiritual ante Dios y que fuera un requisito previo o necesario de la salvación. La circuncisión tuvo significado en Israel mientras fuera el símbolo físico de un corazón purificado (cp. Dt 30:6; Jer 4:4; 9:24-26) y sirvió como un recordatorio de la promesa que Dios hizo de un pacto de salvación por gracia (Gn 17:9, 10).

f. **de nada os aprovechará Cristo.** El sacrificio expiatorio de Cristo no puede beneficiar a alguien que confíe en la ley y el ritual religioso para su salvación.

g. **obligado a guardar toda la ley.** El criterio de Dios es justicia perfecta, así que cualquier falla en una sola parte de la ley equivale a una descalificación total (ver Gá 3:10).

h. **De Cristo os desligasteis... de la gracia habéis caído.** La palabra griega que se traduce «desligasteis» significa «separarse» o «cortarse de». La palabra «caído» significa «perder el agarre firme a algo». Pablo quiere dar a entender con claridad que cualquier intento de justificarse por la ley equivale a rechazar la salvación solo por gracia y solo por fe. Quienes fueron alguna vez expuestos a la verdad gratuita del evangelio y después dan la espalda a Cristo (He 6:4-6) con la intención de justificarse por guardar la ley, se separan de Cristo de forma irremediable y pierden la oportunidad de ser salvos por la gracia de Dios. Su deserción de Cristo y el evangelio solo prueba que su fe nunca fue genuina (cp. Lc 8:13, 14; 1 Jn 2:19).

i. **por fe la esperanza de la justicia.** Los cristianos ya poseen la justicia imputada de Cristo, pero todavía aguardan la justicia completa y perfecta que recibirán en su glorificación (Ro 8:18, 21).

j. **la fe que obra por el amor.** La fe que salva demuestra su carácter auténtico mediante obras de amor. Aquel que vive por fe está motivado en su interior por el amor a Dios y a Cristo (cp. Mt 22:37-40), que fluye de forma sobrenatural en adoración reverente, obediencia genuina y sacrificio amoroso por los demás.

Vosotros [a]corríais bien; ¿quién os estorbó para no [b]obedecer a la verdad? [c]Esta persuasión no procede de aquel que os llama. Un poco de [d]levadura leuda toda la masa. Yo [e]confío respecto de vosotros en el Señor, que no pensaréis de otro modo; mas el que os perturba llevará [f]la sentencia, quienquiera que sea.

Y yo, hermanos, si [g]aún predico la circuncisión, ¿por qué padezco persecución todavía? En tal caso se ha quitado [h]el tropiezo de la cruz. ¡Ojalá [i]se mutilasen los que os perturban!

55. Libertad en el Espíritu

Gálatas 5:13–26

Porque vosotros, hermanos, a libertad fuisteis llamados; solamente que no uséis la libertad como [j]ocasión para la carne, sino

---

a. **corríais bien.** Cp. Gá 3:3. Pablo compara la vida de fe de los gálatas con una carrera, figura que el apóstol usó con frecuencia (Gá 2:2; Ro 9:16; 1 Co 9:24). Tuvieron un buen comienzo porque recibieron con fe y de todo corazón el mensaje del evangelio, y también habían comenzado a vivir su vida cristiana también por la fe.

b. **obedecer a la verdad.** Ver 1 P 1:22. Una referencia a la verdadera forma de vida del creyente, que incluye tanto su respuesta de fe al evangelio verdadero para ser salvos (cp. Hch 6:7; Ro 2:8; 6:17; 2 Ts 1:8) como su respuesta subsiguiente y constante de obediencia a la Palabra de Dios para ser santificados. Pablo escribió más acerca de la salvación y la santificación como una cuestión de obediencia en Ro 1:5; 6:16, 17; 16:26. La influencia legalista de los judaizantes impidió que los no salvos respondieran en fe al evangelio de gracia y que los creyentes verdaderos vivieran por fe.

c. **Esta persuasión.** Con respecto a la supuesta salvación por obras. Dios no promueve el legalismo, por eso cualquier doctrina que postule la insuficiencia de su obra de gracia para salvar es falsa (ver Gá 1:6, 7).

d. **levadura.** Un dicho con base en la vida diaria que no podía negarse (cp. 1 Co 5:6), acerca de la influencia que tenía la levadura en la masa. La levadura se usa varias veces en las Escrituras para denotar el pecado (Mt 16:6, 12) a causa de su poder para infiltrarse y propagarse.

e. **confío respecto de vosotros.** Pablo expresa la seguridad alentadora de que el Señor será fiel en sustentar a los suyos para que no caigan en la herejía. Ver Jn 6:39, 40; 10:28, 29; Ro 8:31-39; Fil 1:6, 7. Ellos perseverarán y serán preservados (Jud 24).

f. **la sentencia.** Todos los maestros falsos incurrirán en juicio severo y condenación devastadora. Ver 2 P 2:2, 3, 9.

g. **aún predico la circuncisión.** Parece que los judaizantes habían afirmado que Pablo estaba de acuerdo con su enseñanza, pero él insiste en que, si predicara la circuncisión como algo necesario para la salvación, no habría razón para que los judaizantes lo persiguieran en lugar de apoyarlo.

h. **el tropiezo de la cruz.** La palabra griega que se traduce «tropiezo» puede significar «trampa», «sorpresa» o «piedra de tropiezo». Cualquier oferta de salvación que quita al hombre la oportunidad de ganarla por sus propios méritos despierta oposición (cp. Ro 9:33).

i. **se mutilasen.** Esta expresión griega se empleaba para aludir a la castración, como la que se practicaba en el culto a Cibeles, cuyos sacerdotes se hacían eunucos a sí mismos. Pablo establece con ironía que como los judaizantes insistían tanto en la circuncisión como medio para agradar a Dios, deberían llegar a ese mismo extremo de devoción religiosa y castrarse por completo.

j. **ocasión para la carne.** La palabra griega que se traduce «ocasión» era utilizada para aludir a una base central de operaciones militares (cp. Ro 7:8). En este contexto, carne se refiere a las inclinaciones pecaminosas del hombre caído (ver Ro 7:5). La libertad que

[a]servíos por amor los unos a los otros. Porque [b]toda la ley en esta sola palabra se cumple: Amarás a tu prójimo como a ti mismo. Pero si [c]os mordéis y os coméis unos a otros, mirad que también no os consumáis unos a otros.

Digo, pues: [d]Andad en el Espíritu, y no satisfagáis los deseos de [e]la carne. Porque el deseo de la carne es contra el Espíritu, y el del Espíritu es contra la carne; y estos [f]se oponen entre sí, para que no hagáis lo que quisiereis. Pero si sois [g]guiados por el Espíritu, no estáis bajo la ley.

Y [h]manifiestas son las [i]obras de la carne, que son: adulterio, [j]fornicación, inmundicia, [k]lascivia, idolatría, [l]hechicerías, enemistades, pleitos, celos, iras,

---

tienen los cristianos no es una plataforma desde la cual puedan pecar sin impedimentos ni consecuencias.

a. **servíos por amor los unos a los otros.** La libertad cristiana no es para la satisfacción egoísta del individuo, sino para servir a los demás. Cp. Ro 14:1-15.

b. **toda la ley.** Los aspectos éticos de la ley anterior del AT son los mismos del evangelio en el NT, como lo indica la cita de Lv 19:18 (ver Ro 7:12; 8:4; cp. Stg 2:8-10). Si un cristiano ama de verdad a los demás, también cumple todos los requisitos morales de la ley mosaica antigua (Mt 22:36-40; cp. Dt 6:5; Ro 13:8-10). Este es el principio que dicta el manejo de la libertad cristiana (Gá 5:6, 13).

c. **os mordéis y os coméis unos a otros.** La imagen corresponde a animales salvajes que se atacan y devoran entre sí, una demostración gráfica de lo que sucede en el campo espiritual si los creyentes no se aman y sirven unos a otros.

d. **Andad en el Espíritu.** Todos los creyentes tienen en su interior la presencia del Espíritu Santo que mora en ellos (cp. Ro 8:9; 1 Co 6:19, 20) como el poder personal para vivir de forma agradable a Dios. La forma del verbo griego que se traduce «andad» indica una acción continua o un estilo de vida habitual. Andar también implica progreso, pues a medida que el creyente se somete al control del Espíritu y en obediencia responde a los mandatos básicos de las Escrituras, crece en su vida espiritual (ver Ro 8:13; Ef 5:18; Col 3:16).

e. **la carne.** No solo se trata del cuerpo físico, sino que incluye la mente, la voluntad y las emociones porque todas están sujetas por igual al pecado. Se refiere en general a nuestra condición humana no redimida. Ver Ro 7:5; 8:23; cp. Gá 5:13.

f. **se oponen entre sí.** La carne se opone a la obra del Espíritu y conduce al creyente hacia conductas pecaminosas que de otro modo no se sentiría compelido a practicar (ver Ro 7:14-25).

g. **guiados por el Espíritu, no estáis bajo la ley.** Dos alternativas claras que se excluyen mutuamente. Usted puede vivir por el poder del Espíritu Santo, lo cual trae como resultado una conducta justa y actitudes espirituales (Gá 5:22-29), o conforme a la ley que solo puede producir conducta y actitudes injustas (Gá 5:19-21). Cp. 1 Co 15:56.

h. **manifiestas.** La carne se manifiesta de formas obvias y definidas.

i. **obras de la carne.** Estos pecados caracterizan a toda la humanidad no redimida que vive bajo los mandatos impotentes de la ley, lo cual solo produce iniquidad aunque no toda persona manifiesta todos estos pecados ni los exhibe con la misma intensidad. La lista de Pablo no es exhaustiva, pero abarca tres áreas fundamentales de la vida humana: sexualidad, religión y relaciones humanas. Para otras listas, ver Ro 1:24-32; 1 Co 6:9, 10.

j. **fornicación.** La palabra griega es *porneia*, de la cual se deriva el término «pornografía». Se refiere a toda actividad sexual ilícita e incluye (pero no se limita a) adulterio, sexo fuera del matrimonio, homosexualismo, bestialidad, incesto y prostitución.

k. **lascivia.** El significado original de la palabra era toda clase de conducta excesiva o falta de moderación, pero llegó a asociarse con dar rienda suelta a las pasiones sexuales más bajas.

l. **hechicerías.** La palabra griega *pharmakeia*, de la cual se deriva la palabra «farmacia» y cuyo significado original aludía a medicinas en general, pero llegó a aplicarse solo a las drogas que alteraban la mente, así como a la práctica del ocultismo, la brujería y la magia. Muchas

[a]contiendas, disensiones, herejías, envidias, homicidios, [b]borracheras, orgías, y cosas semejantes a estas; acerca de las cuales os amonesto, como ya os lo he dicho antes, que los que [c]practican tales cosas [d]no heredarán el reino de Dios.

---

prácticas religiosas paganas requerían el uso de estas drogas para facilitar la comunicación con sus supuestas deidades.

a. **contiendas... herejías.** Muchos de estos pecados que se manifestaban en el área de las relaciones humanas tienen que ver con alguna forma de enojo corrupto. Las enemistades resultan en contiendas (pleitos), los celos (resentimiento odioso) resultan en iras (explosiones súbitas e incontroladas de hostilidad). Las siguientes cuatro manifestaciones representan la animosidad entre individuos y grupos.

b. **borracheras, orgías.** Una referencia probable a las orgías que caracterizaban el culto a los ídolos paganos. Se refiere en general a todas las conductas revoltosas, escandalosas y desenfrenadas.

c. **practican.** Esta es la palabra clave en la advertencia de Pablo. El sentido de este verbo griego describe una acción continua y habitual. Aunque es innegable que los creyentes pueden cometer estos pecados, las personas cuyo carácter básico se define por la práctica de estos pecados sin interrupción ni arrepentimiento no pueden pertenecer a Dios (ver 1 Co 6:11; 1 Jn 3:4-10).

d. **no heredarán el reino de Dios.** Ver Mt 5:3. Los no regenerados tienen prohibida la entrada al reino espiritual de los redimidos que viven bajo el señorío de Cristo, y serán excluidos de su reino milenario y del estado eterno de bendición que sigue al reino milenario. Ver Ef 5:5.

Mas el [a]fruto del Espíritu es [b]amor, [c]gozo, [d]paz, [e]paciencia, [f]benignidad, [g]bondad, [h]fe, [i]mansedumbre, [j]templanza; contra tales cosas [k]no hay ley. Pero los que son de Cristo [l]han crucificado la carne con sus pasiones y deseos. Si vivimos por el Espíritu, andemos también por el Espíritu. No nos hagamos vanagloriosos, irritándonos unos a otros, envidiándonos unos a otros.

---

a. **fruto del Espíritu.** Actitudes piadosas que caracterizan la vida de los que pertenecen a Dios por fe en Cristo y poseen el Espíritu de Dios. El Espíritu produce fruto que consiste en nueve características o actitudes que se conectan de forma inextricable entre sí y que se mandan a los creyentes en todo el NT.

b. **amor.** Una de varias palabras griegas que se traducen «amor», *agape* se refiere al amor por elección de la voluntad y no al afecto emocional, la atracción física o el lazo familiar, sino a respeto, devoción y afecto que incluyen siempre el servicio voluntario y la disposición incondicional al sacrificio (Jn 15:13; Ro 5:8; 1 Jn 3:16, 17).

c. **gozo.** Una felicidad basada en promesas divinas que no cambian y realidades espirituales eternas. Es una conciencia de bienestar experimentada por la persona que sabe que todo está bien en su vida por virtud de su relación con el Señor (1 P 1:8). El gozo no es producto de circunstancias favorables y ocurre aun en las circunstancias más dolorosas y severas (Jn 16:20-22). El gozo es un don de Dios, y como tal los creyentes no deben fabricarlo de manera artificial, sino deleitarse en la bendición que ya poseen (Ro 14:17; Fil 4:4).

d. **paz.** La calma interior que viene como resultado de la confianza total en la relación de salvación con Cristo. La forma verbal denota la suma perfecta de todas las cosas y se refleja en la noción de tenerlo todo. Como el gozo, la paz no tiene que ver con las circunstancias temporales (Jn 14:27; Ro 8:28; Fil 4:6, 7, 9).

e. **paciencia.** Se refiere a la capacidad para soportar ataques infligidos por otros y la disposición tranquila para aceptar situaciones irritantes o dolorosas (Ef 4:2; Col 3:12; 1 Ti 1:15, 16).

f. **benignidad.** Un interés sincero en los demás que se refleja en el deseo de tratarlos con amabilidad, tal como el Señor trata a todos los creyentes (Mt 1:28, 29; 19:13, 14; 2 Ti 2:24).

g. **bondad.** Excelencia moral y espiritual que se manifiesta en la iniciativa para emprender actos de bondad (Ro 5:7). Dios manda a los creyentes que sean bondadosos para dar ejemplo a los demás (Gá 6:10; 2 Ts 1:11).

h. **fe.** También se traduce «fidelidad» y se refiere a conducirse como una persona leal y digna de confianza (Lm 3:22; Fil 2:7-9; 1 Ts 5:24; Ap 2:10).

i. **mansedumbre.** Es una actitud de humildad y amabilidad que se somete con paciencia a pesar de la ofensa, sin deseo alguno de venganza o retribución. En el NT se emplea para describir tres actitudes: sumisión a la voluntad de Dios (Col 3:12), disposición a ser enseñados (Stg 1:21), y consideración de los demás (Ef 4:2).

j. **templanza.** También se conoce como dominio propio y se refiere a la restricción de las pasiones y los apetitos (1 Co 9:25; 2 P 1:5, 6).

k. **no hay ley.** Si un cristiano anda en el Espíritu y manifiesta su fruto, no necesita una ley externa para producir las actitudes y la conducta que agradan a Dios (cp. Ro 8:4).

l. **han crucificado la carne.** Uno de los cuatro usos de la noción de «crucificado» que no se refieren a la crucifixión de Cristo (cp. Gá 2:20; 6:14; Ro 6:6). Aquí Pablo declara que la carne ha sido ejecutada, pero la batalla espiritual todavía se libra dentro del creyente (ver Ro 7:14-25). La afirmación de Pablo alude a la cruz de Cristo, donde se llevó a cabo la muerte de la carne y se puso fin a su poder para reinar sobre los creyentes (Ro 6:1-11). Los cristianos deben esperar hasta su glorificación antes de que puedan liberarse por completo de su condición humana no redimida (Ro 8:23), pero lo cierto es que si andan en el Espíritu pueden agradar a Dios en este mundo.

56. Libres de la esclavitud espiritual

Gálatas 6:1–10

Hermanos, si alguno fuere sorprendido en alguna falta, [a]vosotros que sois espirituales, [b]restauradle con [c]espíritu de mansedumbre, [d]considerándote a ti mismo, no sea que tú también seas tentado. [e]Sobrellevad los unos las cargas de los otros, y cumplid así [f]la ley de Cristo. Porque el que se cree ser algo, no siendo nada, a sí mismo se engaña. Así que, cada uno [g]someta a prueba su propia obra, y entonces tendrá motivo de [h]gloriarse solo respecto de sí mismo, y no en otro; porque cada uno [i]llevará su propia carga.

El que es enseñado en la palabra, haga partícipe de [j]toda cosa buena al que lo instruye.

---

a. **vosotros... espirituales.** Aquellos creyentes que andan en el Espíritu con constancia (ver Gá 5:16), están llenos del Espíritu (ver Ef 5:18-20; Col 3:16), y evidencian en su vida el fruto del Espíritu (ver Gá 5:22, 23).

b. **restauradle.** Se emplea algunas veces en sentido metafórico para la resolución de disputas o argumentos, y su significado literal es «remendar» o «reparar», con referencia al acomodamiento de un hueso fracturado o la reparación de una extremidad dislocada (He 12:12, 13; ver Ro 15:1; 1 Ts 5:14, 15). El proceso básico de restauración se describe en Mt 18:15-20.

c. **espíritu de mansedumbre.** Ver Gá 5:23 (cp. 2 Co 2:7; 2 Ts 3:15).

d. **considerándote.** También significa «observarse», «conducirse con cautela». La forma original hace mucha insistencia en la atención continua y diligente a la conducta.

e. **Sobrellevad los unos las cargas de los otros.** «Cargas» se refiere a dificultades o problemas que las personas no pueden resolver con facilidad por sus propios medios. «Sobrellevad» connota el esfuerzo de ayudar con paciencia y resistencia.

f. **la ley de Cristo.** La ley de amor que cumple toda la ley (ver Gá 5:14; Jn 13:34; Ro 13:8, 10).

g. **someta a prueba.** Lit. «aprobar algo tras someterlo a prueba». Los creyentes primero deben estar seguros de que su vida personal es recta delante de Dios antes de ofrecer ayuda espiritual a otros (cp. Mt 7:3-5).

h. **gloriarse solo respecto de sí mismo.** Si un creyente se regocija o se jacta, solo debe hacerlo en el Señor por lo que Dios ha hecho en él (cp. 2 Co 10:12-18), no por lo que él mismo crea que haya logrado en comparación a otros creyentes (ver 1 Co 1:30, 31).

i. **llevará su propia carga.** Esto no contradice Gá 6:2. «Carga» no tiene aquí la connotación de dificultad extrema, se refiere a las obligaciones cotidianas de la vida y al llamado de cada creyente al ministerio (cp. Mt 11:30; 1 Co 3:12-15; 2 Co 5:10). Dios requiere fidelidad en el cumplimiento de esas responsabilidades.

j. **toda cosa buena.** Aunque esta expresión podría referirse a algún tipo de compensación material, el contexto indica que Pablo se refiere a las cosas espirituales y morales excelentes que se aprenden de la Palabra, en las cuales participan como hermanos que crecen juntos en el Señor. Pablo emplea este mismo término para describir el evangelio (Ro 10:15; cp. He 9:11).

No os engañéis; Dios no puede ser burlado: pues [a]todo lo que el hombre sembrare, eso también segará. Porque el que [b]siembra para su carne, de la carne segará [c]corrupción; mas el que [d]siembra para el Espíritu, del Espíritu segará [e]vida eterna. No nos cansemos, pues, de hacer bien; porque a su tiempo segaremos, si no desmayamos. Así que, según tengamos [f]oportunidad, hagamos bien a todos, y [g]mayormente a los de la familia de la fe.

57. Pablo termina de escribir Gálatas

Gálatas 6:11–18

Mirad [h]con cuán grandes letras [i]os escribo de mi propia mano. Todos los que quieren [j]agradar en la carne, estos os obligan a que os circuncidéis, solamente [k]para no padecer persecución a causa de la cruz de Cristo. Porque ni aun los

---

a. **todo lo que el hombre sembrare, eso también segará.** Este principio agrícola que se aplica en sentido metafórico al campo moral y espiritual tiene validez universal (cp. Job 4:8; Pr 1:31-33; Os 8:7; 10:12). Esta ley es una forma de la ira de Dios. Ver Ro 1:18.

b. **siembra para su carne.** Ver Gá 5:16-19; Ro 7:18; 8:23. Aquí significa hacer concesiones a los malos deseos de la carne.

c. **corrupción.** De la palabra griega que se traduce «degeneración», como sucede a los alimentos descompuestos. El pecado siempre corrompe, y si no se enfrenta, siempre conduce al empeoramiento progresivo del carácter de una persona (cp. Ro 6:23).

d. **siembra para el Espíritu.** Andar conforme al Espíritu Santo (ver Gá 5:16-18; Ef 5:18; cp. Jn 8:31; 15:7; Ro 12:1, 2; Col 2:6; 3:2).

e. **vida eterna.** Esta expresión no solo describe una vida que dura para siempre, sino, ante todo, la calidad más alta de vida que uno puede experimentar (cp. Sal 51:12; Jn 10:10; Ef 1:3, 18).

f. **oportunidad.** Esta palabra griega se refiere a un período de tiempo determinado y fijo, no a momentos ocasionales. El punto de Pablo es que toda la vida del creyente constituye un privilegio único para servir a otros en el nombre de Cristo.

g. **mayormente a los de la familia de la fe.** Nuestro amor por los hermanos en la fe es la prueba básica de nuestro amor a Dios (ver Jn 13:34, 35; Ro 12:10-13; 1 Jn 4:21).

h. **con cuán grandes letras.** Esto puede interpretarse de dos maneras: 1) la vista precaria del apóstol lo obligó a utilizar letras de tamaño inusual (cp. Gá 4:13, 15), o 2) en lugar del estilo cursivo normal de escritura empleado por los escribanos profesionales, Pablo usó las letras grandes de bloque que se utilizaban para los avisos públicos y oficiales, con el fin de recalcar el contenido de la carta por encima de su forma. Era una ilustración visible que contrastaba la intensidad de su interés en el contenido del evangelio frente al único interés de los judaizantes: las apariencias. Esta expresión sirvió como transición para sus comentarios finales.

i. **os escribo de mi propia mano.** Como una buena traducción del verbo griego lo indica, Pablo escribió toda la carta de su propia mano y no se limitó a escribir una nota breve al final del dictado a un secretario, como lo hizo en otras ocasiones (cp. 1 Co 16:21; Col 4:18; 2 Ts 3:17). Pablo escribió la carta por sí mismo para asegurarse de que los gálatas supieran que él y no algún falsificador la escribía, y para personalizar el documento en vista de la importancia y la severidad de su contenido.

j. **agradar en la carne.** Los judaizantes estaban motivados por el orgullo religioso y querían impresionar a los demás con su piedad externa (cp. Mt 6:1-7).

k. **para no padecer persecución.** A los judaizantes les importaba más su seguridad personal que la doctrina correcta. Por adherirse más a la ley mosaica que al evangelio de

mismos que [a]se circuncidan guardan la ley; pero quieren que vosotros os circuncidéis, para [b]gloriarse en vuestra carne. Pero lejos esté de mí [c]gloriarme, sino en la cruz de nuestro Señor Jesucristo, por quien [d]el mundo [e]me es crucificado a mí, y yo al mundo. Porque en Cristo Jesús ni la circuncisión vale nada, ni la incircuncisión, sino una nueva creación.

Y a todos los que anden conforme a esta regla, [f]paz y misericordia sea a ellos, y [g]al Israel de Dios.

De aquí en adelante nadie me cause molestias; porque yo traigo en mi cuerpo las [h]marcas del Señor Jesús. Hermanos, la [i]gracia de nuestro Señor Jesucristo sea con vuestro espíritu. Amén.

Jesús, esperaban evitar el ostracismo social y económico del resto de los judíos y mantener su puesto protegido como judíos dentro del Imperio romano.

a. **se circuncidan.** En el caso específico de los judaizantes (ver Gá 2:7, 8; cp. Hch 10:45; 11:2).

b. **gloriarse en vuestra carne.** Ellos se esmeraban con celo en ganar convertidos gentiles para el lado de la ley para que pudieran jactarse de su eficacia en el proselitismo (cp. Mt 23:15).

c. **gloriarme, sino en la cruz.** La palabra griega que se traduce «gloriarme» es una expresión básica de alabanza que a diferencia de la traducción no incluye el aspecto de orgullo. Pablo se gloría y se regocija en el sacrificio de Jesucristo (cp. Ro 8:1-3; 1 Co 2:2; 1 P 2:24).

d. **el mundo.** El sistema maligno satánico (ver 1 Jn 2:15, 16; 5:19).

e. **me es crucificado a mí, y yo al mundo.** El mundo ha muerto para los creyentes y ellos han muerto al mundo, en sentido espiritual (ver Gá 2:20; Ro 6:2-10; 1 Jn 5:4, 5; cp. Fil 3:20, 21).

f. **paz y misericordia.** Los resultados de la salvación: «paz» es lo que define la nueva relación del creyente con Dios (Ro 5:1; 8:6; Col 3:15), y «misericordia» es el perdón de todos sus pecados y la revocación del juicio de Dios (Sal 25:6; Dn 9:18; Mt 5:7; Lc 1:50; Ro 12:1; Ef 2:4; Tit 3:5).

g. **al Israel de Dios.** Todos los creyentes judíos en Cristo, es decir, aquellos que son descendientes tanto físicos como espirituales de Abraham (ver Gá 3:7, 18; Ro 2:28, 29; 9:6, 7).

h. **marcas.** Los resultados físicos de la persecución (cicatrices, heridas y más) que identificaban a Pablo como alguien que había sufrido por el Señor (cp. Hch 14:19; 16:22; 2 Co 11:25; ver 2 Co 1:5; 4:10; Col 1:24).

i. **gracia.** Hasta la bendición final de Pablo es una exaltación explícita del evangelio de gracia por su superioridad sobre cualquier sistema de justicia por obras fabricado por los hombres.

PARTE III

EL SEGUNDO VIAJE MISIONERO DE PABLO

ca. 50–53 A.D.

58. Pablo y Silas visitan las iglesias de Galacia

Hechos 15:36—16:5

Después de algunos días, Pablo dijo a Bernabé: Volvamos a visitar a los hermanos en todas las ciudades en que hemos anunciado la palabra del Señor, [a]para ver cómo están. Y Bernabé quería que llevasen consigo a [b]Juan, el que tenía por sobrenombre Marcos; pero a Pablo no le parecía bien llevar consigo al que se había apartado de ellos desde Panfilia, y no había ido con ellos a la obra. Y hubo tal [c]desacuerdo entre ellos, que se separaron el uno del otro; Bernabé, tomando a Marcos, navegó a Chipre, y Pablo, escogiendo a [d]Silas, salió encomendado por los hermanos a la gracia del Señor, y pasó por [e]Siria y Cilicia, confirmando a las iglesias.

Después llegó a Derbe y a Listra; y he aquí, había allí [f]cierto discípulo llamado Timoteo, hijo de una mujer judía creyente, pero [g]de padre griego; y daban buen testimonio de él los hermanos que estaban en Listra y en Iconio. Quiso Pablo que este fuese con él; y tomándole, [h]le circuncidó por causa de los judíos que había en aquellos lugares; porque todos sabían que su padre era

---

a. **para ver cómo están.** Además de proclamar el evangelio, Pablo también reconoció su responsabilidad de madurar a los creyentes nuevos en su fe (Mt 28:19, 20; Ef 4:12, 13; Fil 1:8; Col 1:28; 1 Ts 2:17). Por esa razón planificó su segundo viaje misionero para repetir el recorrido del primero.

b. **Juan, el que tenía por sobrenombre Marcos.** Ver Hch 12:12; 13:13.

c. **desacuerdo... se separaron.** No fue una separación amistosa porque tenían opiniones enfrentadas con respecto a Juan Marcos. El peso de la evidencia favorece la decisión de Pablo, en especial porque él era un apóstol de Jesucristo. Ese simple hecho debió motivar a Bernabé a someterse a su autoridad, pero lo importante es que sí se reconciliaron después (1 Co 9:6).

d. **Silas.** Era un hombre que poseía todos los atributos para ser el acompañante perfecto de Pablo, puesto que era un profeta y podría proclamar y enseñar la Palabra. Como judío tenía acceso a las sinagogas (ver Hch 6:9), y gracias a que era un ciudadano romano (Hch 16:37), gozaba los mismos beneficios y protección que Pablo. Su prestigio como líder respetado en la congregación de Jerusalén contribuyó a consolidar la enseñanza de Pablo sobre la salvación de los gentiles solo por gracia y solo a través de la fe.

e. **Siria y Cilicia.** Pablo visitó congregaciones que había fundado antes de su conexión con la iglesia de Antioquía (Gá 1:21). La pregunta sobre la circuncisión también fue planteada allí.

f. **cierto discípulo... Timoteo.** Un hombre joven (cuya edad estaba alrededor de los veinte años) de gran estima, un «verdadero hijo en la fe» (1 Ti 1:2; cp. 2 Ti 1:2) que se convirtió en la mano derecha de Pablo (1 Co 4:17; 1 Ts 3:2; Fil 2:19). Llegó a ser, en esencia, el reemplazo de Juan Marcos. Tras haber sido comisionado por los ancianos de la iglesia local (1 Ti 4:14; 2 Ti 1:6), se unió a Pablo y a Silas.

g. **de padre griego.** Es probable que la expresión en el griego sugiera que su padre había fallecido. Al ser judío y griego a la vez, Timoteo podía acceder a ambas culturas, lo cual constituía una ventaja indispensable para el servicio misionero.

h. **le circuncidó.** El propósito de dicha práctica fue facilitar la acogida por parte de los judíos y el ingreso a las sinagogas (ver Hch 6:9) que visitaría junto con Pablo y Silas. Si Timoteo

griego. Y al pasar por las ciudades, les entregaban [a]las ordenanzas que habían acordado los apóstoles y los ancianos que estaban en Jerusalén, para que las guardasen. Así que las iglesias eran confirmadas en la fe, y aumentaban en número cada día.

59. Pablo viaja a Macedonia

Hechos 16:6–19

Y atravesando Frigia y la provincia de Galacia, les fue prohibido por el [b]Espíritu Santo hablar la palabra en Asia; y cuando llegaron a [c]Misia, intentaron ir a [d]Bitinia, pero [e]el Espíritu no se lo permitió. Y pasando junto a Misia, descendieron a Troas. Y se le mostró a Pablo una [f]visión de noche: un varón macedonio estaba en pie, rogándole y diciendo: Pasa a [g]Macedonia y ayúdanos. Cuando vio la visión, en seguida [h]procuramos partir para Macedonia, dando por cierto que Dios nos llamaba para que les anunciásemos el evangelio.

Zarpando, pues, de Troas, vinimos con rumbo directo a [i]Samotracia, y el día siguiente a [j]Neápolis; y de allí a [k]Filipos, que es la primera ciudad de la provincia de Macedonia, y [l]una colonia; y estuvimos en aquella ciudad

no hubiera sido circuncidado, los judíos habrían pensado que él había negado su identidad judía para preferir una vida como gentil.

a. **las ordenanzas.** Las determinaciones del concilio de Jerusalén (ver Hch 15:23–29).

b. **Espíritu Santo... Asia.** Aunque Pablo lo había planificado, no se le permitió ejercer su ministerio en Asia Menor (la actual Turquía), ni en ciudades como Éfeso, Esmirna, Filadelfia, Laodicea, Colosas, Sardis, Pérgamo y Tiatira.

c. **Misia... Troas.** La parte noroeste de la provincia de Asia Menor.

d. **Bitinia.** Una provincia romana separada ubicada al noreste de Misia.

e. **el Espíritu no se lo permitió.** Después de que el Espíritu Santo les impidiera en su providencia viajar hacia el norte, ningún otro lugar les quedaba por visitar, sino Troas, un puerto sobre el mar Egeo.

f. **visión.** Esta era la segunda de las seis visiones que recibió el apóstol (cp. Hch 9:3-6; 18:9, 10; 22:17, 18; 23:11; 27:23, 24).

g. **Macedonia.** La región ubicada a lo largo del mar Egeo en el territorio continental de Grecia. Las ciudades de Filipos y Tesalónica estaban localizadas allí. Resulta interesante notar que ir hasta ese lugar significaba llevar el evangelio de Asia hacia Europa.

h. **procuramos.** El cambio al pronombre «nosotros» indica que Lucas se unió a Pablo, a Silas y a Timoteo en el viaje.

i. **Samotracia.** Una isla en el mar Egeo, ubicada a mitad de camino entre Asia Menor y Grecia continental. Pasaron allí la noche para evitar los peligros que suponía la navegación nocturna.

j. **Neápolis.** La ciudad portuaria de Filipos.

k. **Filipos.** Ubicada a unos 16 km tierra adentro desde Neápolis. Obtuvo su nombre por Felipe II de Macedonia (el padre de Alejandro Magno).

l. **una colonia.** Filipos se convirtió en colonia romana en el 31 a.c., y obtuvo el derecho a su libertad (contaba con su propio gobierno independiente del gobierno provincial), a la exención de los impuestos y a la posesión plena de la tierra.

algunos días. Y un día de reposo salimos fuera de la puerta, [a]junto al río, donde solía hacerse la oración; y sentándonos, hablamos a [b]las mujeres que se habían reunido. Entonces una mujer llamada [c]Lidia, vendedora de púrpura, [d]de la ciudad de Tiatira, [e]que adoraba a Dios, estaba oyendo; y [f]el Señor abrió el corazón de ella para que estuviese atenta a lo que Pablo decía. Y cuando fue bautizada, y su familia, nos rogó diciendo: Si habéis juzgado que yo sea fiel al Señor, entrad en mi casa, y posad. Y nos obligó a quedarnos.

Aconteció que mientras íbamos a la oración, nos salió al encuentro una muchacha que tenía [g]espíritu de adivinación, la cual daba gran ganancia a sus amos, adivinando. Esta, siguiendo a Pablo y a nosotros, daba voces, diciendo: Estos hombres son siervos del [h]Dios Altísimo, quienes os anuncian el camino de salvación.

Y esto lo hacía por muchos días; mas desagradando a Pablo, este se volvió y dijo al espíritu: [i]Te mando en el nombre de Jesucristo, que salgas de ella. Y salió en aquella misma hora. Pero viendo sus amos que había salido la esperanza de su ganancia, prendieron a Pablo y a Silas, y los trajeron al foro, ante las autoridades;

---

a. **junto al río.** Es evidente que la comunidad judía no contaba con diez hombres judíos que fueran cabeza de familia, que era el mínimo requerido para formar una sinagoga. En dichos casos se optaba por reunirse en un lugar de oración al aire libre y cerca de un mar o un río. Lo más probable es que fuera un lugar ubicado en un punto del camino hacia las afueras de la ciudad que cruzaba el río Gangites.

b. **las mujeres que se habían reunido.** Además del escaso número de hombres judíos, se observa que eran las mujeres quienes se reunían para orar, leer la ley del AT y comentar la lectura.

c. **Lidia, vendedora de púrpura.** Telas de color «púrpura». Debido a que la tintura púrpura era en extremo costosa, los vestidos que se confeccionaban con ella pertenecían por lo general a personas adineradas y de la realeza. Como resultado, el negocio de Lidia generaba suficientes utilidades como para tener una casa grande en la cual podía hospedar al equipo misionero (Hch 16:15) y acoger a la nueva iglesia en Filipos.

d. **de la ciudad de Tiatira.** Su ciudad natal estaba localizada en la provincia romana de Lidia, lo cual explica quizás el origen de su nombre.

e. **que adoraba a Dios.** Al igual que Cornelio, ella creía en el Dios de Israel, pero no se había convertido en prosélito por completo (cp. Hch 10:2).

f. **el Señor abrió el corazón de ella.** Esta constituye otra prueba de la soberanía de Dios en la salvación (ver Hch 13:48).

g. **espíritu de adivinación.** Lit. «un espíritu de pitón». Dicha expresión se origina en la mitología griega, según la cual Pitón era una serpiente que cuidaba el oráculo de Delfos. En esencia, esta muchacha actuaba como médium al comunicarse con demonios que pretendían predecir el futuro. Ver Dt 18:9-12.

h. **Dios Altísimo.** *El Elyon*, el absoluto y soberano Dios. Se trata de un título del AT (empleado cerca de cincuenta veces) para hacer referencia al Dios de Israel (ver Gn 14:18-22; Sal 78:35; Dn 5:18).

i. **Te mando en el nombre de Jesucristo.** El demonio salió de la muchacha tras el mandato de Pablo y debido a su autoridad apostólica. La capacidad de echar fuera demonios estaba reservada a los apóstoles de Cristo (Mr 3:15; 2 Co 12:12).

60. El carcelero de Filipos

Hechos 16:20–40

y presentándolos a los magistrados, dijeron: Estos hombres, siendo [a]judíos, alborotan nuestra ciudad, y [b]enseñan costumbres que no nos es lícito recibir ni hacer, pues somos romanos. Y se agolpó el pueblo contra ellos; y los [c]magistrados, rasgándoles las ropas, ordenaron [d]azotarles con varas. Después de haberles azotado mucho, los echaron en la cárcel, mandando al carcelero que los guardase con seguridad. El cual, recibido este mandato, los metió en [e]el calabozo de más adentro, y les aseguró los pies en el cepo.

Pero a medianoche, orando Pablo y Silas, cantaban himnos a Dios; y los presos los oían. Entonces sobrevino de repente un gran terremoto, de tal manera que los cimientos de la cárcel se sacudían; y al instante se abrieron todas las puertas, y las cadenas de todos se soltaron. Despertando el carcelero, y viendo [f]abiertas las puertas de la cárcel, sacó la espada y se iba a matar, pensando que los presos habían huido. Mas Pablo clamó a gran voz, diciendo: No te hagas ningún mal, pues todos estamos aquí.

Él entonces, pidiendo luz, se precipitó adentro, y temblando, se postró a los pies de Pablo y de Silas; y sacándolos, les dijo: Señores, ¿qué debo hacer para ser salvo?

---

a. **judíos, alborotan nuestra ciudad.** El antisemitismo estaba vivo desde entonces. Cerca del mismo tiempo, el emperador Claudio dio la orden de expulsar a los judíos de Roma (Hch 18:2). Esto podría explicar el arresto de Pablo y de Silas, pues Lucas era gentil y Timoteo lo era en parte.

b. **enseñan costumbres... no nos es lícito... romanos.** Es cierto que conforme a la ley los ciudadanos romanos no debían involucrarse en religiones extrañas que no fueran aprobadas por el estado. Pero la acusación de que causaban alboroto era falsa.

c. **magistrados.** Cada colonia romana contaba con dos magistrados que servían como jueces. En este caso, no se ciñeron a la justicia romana, pues no investigaron los cargos, no realizaron una audiencia justa ni le dieron a Pablo o a Silas el derecho a la propia defensa.

d. **azotarles.** Este era un castigo ilegal, pues no habían sido declarados culpables de algún crimen. Los alguaciles los azotaron con varas atadas en un manojo por orden de los magistrados. Pablo recibió el mismo castigo en otras dos ocasiones (2 Co 11:25).

e. **el calabozo de más adentro... en el cepo.** La parte más impenetrable de la prisión. Para asegurarse aún más, el carcelero puso sus pies en el cepo. Dicha medida de seguridad estaba diseñada para producir dolorosos calambres, para lo cual las piernas del prisionero se separaban tanto como fuera posible.

f. **abiertas las puertas de la cárcel... se iba a matar.** De esa manera escaparía a la humillación y a una ejecución dolorosa. Un soldado romano que dejaba escapar a un prisionero debía pagar su negligencia con su propia vida (Hch 12:19; 27:42).

Ellos dijeron: [a]Cree en el Señor Jesucristo, y serás salvo, [b]tú y tu casa. Y le hablaron la palabra del Señor a él y a todos los que estaban en su casa. Y él, tomándolos en aquella misma hora de la noche, les lavó las heridas; y en seguida se bautizó él con todos los suyos. Y llevándolos a su casa, les puso la mesa; y se regocijó con toda su casa de haber creído a Dios.

Cuando fue de día, los magistrados enviaron alguaciles a decir: Suelta a aquellos hombres.

Y el carcelero hizo saber estas palabras a Pablo: Los magistrados han mandado a decir que se os suelte; así que ahora salid, y marchaos en paz.

Pero Pablo les dijo: Después de azotarnos públicamente sin sentencia judicial, siendo ciudadanos romanos, nos echaron en la cárcel, ¿y ahora nos echan encubiertamente? No, por cierto, sino vengan ellos mismos a sacarnos.

Y los alguaciles hicieron saber estas palabras a los magistrados, los cuales tuvieron miedo al oír que eran [c]romanos. Y viniendo, les rogaron; y sacándolos, les pidieron que salieran de la ciudad. Entonces, saliendo de la cárcel, entraron en casa de Lidia, y habiendo visto a los hermanos, los consolaron, y se fueron.

61. Pablo predica en Tesalónica

Hechos 17:1–15

Pasando por [d]Anfípolis y Apolonia, llegaron a Tesalónica, donde había una [e]sinagoga de los judíos. Y Pablo, [f]como acostumbraba, fue a ellos, y por [g]tres días de reposo discutió con ellos, declarando y exponiendo por medio de

---

a. **Cree en el Señor Jesucristo.** Es necesario creer que él es quien dijo ser (Jn 20:31) y creer en lo que él hizo (1 Co 15:3, 4; ver Ro 1:16).

b. **tú y tu casa.** Toda su familia, sus siervos y huéspedes que pudieran comprender, escuchar y creer en el evangelio (ver Hch 11:14). Esto no incluía a los niños.

c. **romanos.** Imponer un castigo corporal a un ciudadano romano era considerado un grave crimen, y más aún teniendo en cuenta que Pablo y Silas no tuvieron un juicio. Como resultado, los magistrados se expondrían a ser expulsados de su cargo y Filipos podría perder todos los privilegios de los cuales gozaba por ser una colonia romana.

d. **Anfípolis y Apolonia... Tesalónica.** Hacia el suroeste desde Filipos por la Vía Ignacia. Anfípolis quedaba a unos 48 km de Filipos y Apolonia otros 48 km más allá. La narración indica que los viajeros solo se detenían para pasar la noche en esas ciudades. Unos 64 km más allá de Apolonia quedaba Tesalónica, la ciudad capital de Macedonia con una población de 200.000. Era una ciudad portuaria importante y un gran centro comercial.

e. **sinagoga.** Ver Hch 13:5. Lucas se refiere a una sinagoga solo en Tesalónica, lo cual puede explicar por qué Pablo y sus acompañantes no se quedaron en las otras dos ciudades.

f. **como acostumbraba.** Pablo comenzó su ministerio en cada ciudad o población con los judíos (ver Hch 13:5).

g. **tres días de reposo.** La duración de su ministerio público inicial. La cantidad exacta del tiempo que pasó en Tesalónica habría sido mayor, de unos cuatro a seis meses.

las Escrituras, que era necesario que el Cristo padeciese, y resucitase de los muertos; y que Jesús, a quien yo os anuncio, decía él, es el Cristo. Y algunos de ellos creyeron, y se juntaron con Pablo y con Silas; y de los griegos piadosos gran número, y mujeres nobles no pocas.

Entonces los judíos que no creían, teniendo celos, tomaron consigo a algunos ociosos, hombres malos, y juntando una turba, alborotaron la ciudad; y asaltando [a]la casa de Jasón, procuraban sacarlos al pueblo. Pero no hallándolos, trajeron a Jasón y a algunos hermanos ante las autoridades de la ciudad, gritando: Estos que trastornan el mundo entero también han venido acá; a los cuales Jasón ha recibido; y todos estos [b]contravienen los decretos de César, diciendo que hay otro rey, Jesús. Y alborotaron al pueblo y a las autoridades de la ciudad, oyendo estas cosas. Pero [c]obtenida fianza de Jasón y de los demás, los soltaron.

Inmediatamente, los hermanos enviaron de noche a Pablo y a Silas hasta [d]Berea. Y ellos, habiendo llegado, entraron en la sinagoga de los judíos. Y estos eran más nobles que los que estaban en Tesalónica, pues recibieron la palabra con toda solicitud, escudriñando cada día las Escrituras para ver si estas cosas eran así. Así que creyeron muchos de ellos, y mujeres griegas de distinción, y no pocos hombres. Cuando los judíos de Tesalónica supieron que también en Berea era anunciada la palabra de Dios por Pablo, fueron allá, y también alborotaron a las multitudes. Pero inmediatamente los hermanos enviaron a Pablo que fuese hacia el mar; y Silas y Timoteo se quedaron allí. Y los que se habían encargado de conducir a Pablo le llevaron a [e]Atenas; y habiendo recibido orden para Silas y Timoteo, de que viniesen a él lo más pronto que pudiesen, salieron.

---

a. **la casa de Jasón.** La turba supuso que Pablo, Silas y Timoteo estaban alojados allí. Lo único que se sabe de Jasón es que era judío, ya que su nombre era común entre los judíos dispersados.

b. **contravienen los decretos de César.** Uno de los delitos más graves en el Imperio romano era reconocer lealtad a un rey que no fuera César (cp. Jn 19:15).

c. **obtenida fianza.** Un juramento o prenda que Jasón perdería si Pablo y sus acompañantes causaban más problemas. Como resultado, no tuvieron otra alternativa que salir de Tesalónica.

d. **Berea.** Una población importante que no se encontraba sobre un camino principal.

e. **Atenas.** El centro cultural de Grecia. En su pináculo, Atenas fue la sede de los filósofos más renombrados de la historia humana, incluidos Sócrates, Platón y Aristóteles, quien puede considerarse el filósofo más influyente de todos. Otros filósofos importantes que enseñaron allí fueron Epicuro, fundador del epicureísmo, y Zenón quien fundó el estoicismo. Estas eran las filosofías predominantes en aquella época.

62. Pablo predica en Atenas

Hechos 17:16–34

Mientras Pablo los esperaba en Atenas, su espíritu se enardecía viendo la ciudad [a]entregada a la idolatría. Así que discutía en la sinagoga con los judíos y piadosos, y en la plaza cada día con los que concurrían. Y algunos [b]filósofos de los epicúreos y de los estoicos disputaban con él; y unos decían: ¿Qué querrá decir este [c]palabrero?

Y otros: Parece que es predicador de nuevos dioses; porque les predicaba el evangelio de Jesús, y de la resurrección.

Y tomándole, le trajeron [d]al Areópago, diciendo: ¿Podremos saber qué es esta nueva enseñanza de que hablas? Pues traes a nuestros oídos cosas extrañas. Queremos, pues, saber qué quiere decir esto. (Porque todos los atenienses y los extranjeros residentes allí, en ninguna otra cosa se interesaban sino en decir o en oír algo nuevo).

Entonces Pablo, puesto en pie en medio del Areópago, dijo: Varones atenienses, en todo observo que sois muy religiosos; porque pasando y mirando vuestros santuarios, hallé también un altar en el cual estaba esta inscripción:

[e]AL DIOS NO CONOCIDO.

---

a. **entregada a la idolatría.** Atenas también era el centro religioso de Grecia, y allí se podía rendir culto casi a todas las deidades conocidas por el hombre. Pablo vio Atenas como una ciudad que representaba a la humanidad perdida, y percibió que todos sus habitantes estaban condenados a una eternidad sin Cristo debido al influjo de la idolatría pagana.

b. **filósofos de los epicúreos y de los estoicos.** La filosofía epicúrea enseñaba que el fin supremo del hombre consiste en evitar el dolor. Los epicúreos eran materialistas, y aunque no negaban la existencia de Dios, creían que él no se involucraba en los asuntos humanos. Ellos creían que, al morir una persona, su cuerpo y su alma se desintegraban. La filosofía estoica enseñaba el dominio total de uno mismo, y que la meta de la vida humana era llegar a un punto de indiferencia total al placer o al dolor.

c. **palabrero.** Lit. «recolector de semillas». Algunos de los filósofos vieron a Pablo como un filósofo neófito que no tenía ideas propias, sino que tomaba prestados los conceptos de diferentes filosofías para construir un sistema endeble y superficial.

d. **al Areópago.** Una corte llamada así por la colina sobre la cual se congregaba en otro tiempo. Pablo no fue sometido a un juicio formal, solo a un interrogatorio que le daba la oportunidad de defender su enseñanza.

e. **AL DIOS NO CONOCIDO.** Los atenienses eran supersticiosos y creían en poderes sobrenaturales que intervenían en el mundo gobernado por las leyes naturales. Por lo menos reconocían la existencia de un ser que estaba más allá de su capacidad para entender quién había hecho todas las cosas. De este modo, Pablo tuvo la oportunidad de presentarles al Dios Creador quien podía ser conocido (Dt 4:35; 1 R 8:43; 1 Cr 28:9; Sal 9:10; Jer 9:24; 24:7; 31:34; Jn 17:3). Al evangelizar a los paganos, Pablo tomaba como punto de partida la creación que es la revelación general de Dios (cp. Hch 14:15-17). Al evangelizar a los judíos, siempre comenzaba con el AT (Hch 17:10–13).

Al que vosotros adoráis, pues, sin conocerle, es a quien yo os anuncio. [a]El Dios que hizo el mundo y todas las cosas que en él hay, siendo Señor del cielo y de la tierra, no habita en templos hechos por manos humanas, ni es honrado por manos de hombres, como si necesitase de algo; pues él es quien da a todos vida y aliento y todas las cosas. Y de [b]una sangre ha hecho todo el linaje de los hombres, para que habiten sobre toda la faz de la tierra; y les ha [c]prefijado el orden de los tiempos, y [d]los límites de su habitación; para [e]que busquen a Dios, si en alguna manera, palpando, puedan hallarle, aunque ciertamente no está lejos de cada uno de nosotros. Porque [f]en él vivimos, y nos movemos, y somos; como algunos de vuestros propios poetas también han dicho: Porque linaje suyo somos. Siendo, pues, [g]linaje de Dios, no debemos pensar que la Divinidad sea [h]semejante a oro, o plata, o piedra, escultura de arte y de imaginación de hombres. Pero Dios, [i]habiendo pasado por alto los tiempos de esta ignorancia, ahora manda a todos los hombres en todo lugar, que se arrepientan; por cuanto ha establecido un día en el cual juzgará al mundo con justicia, por aquel [j]varón a quien designó, dando fe a todos con haberle levantado de los muertos.

Pero cuando oyeron lo de la [k]resurrección de los muertos, unos se burlaban, y otros decían: Ya te oiremos acerca de esto otra vez. Y así Pablo salió de

---

a. **El Dios que hizo el mundo.** Esta enseñanza contradecía del todo a los epicúreos que creían en que la materia era eterna y por ende no debía su existencia a un agente creador, y también a los estoicos que como panteístas creían que Dios era parte de todas las cosas y no habría podido crear por iniciativa y poder propios. La enseñanza de Pablo tiene respaldo a lo largo de las Escrituras (Gn 1:1; Sal 146:5, 6; Is 40:28; 45:18; Jer 10:12; 32:17; Jon 1:9; Zac 12:1; Ef 3:9; Col 1:16; Ap 4:11; 10:6).

b. **una sangre.** Todos los hombres son iguales ante los ojos de Dios porque todos vienen de un mismo hombre, Adán. Esta enseñanza era un golpe al orgullo nacional de los griegos, quienes creían que todos los no griegos eran bárbaros (ver Ro 1:14).

c. **prefijado el orden de los tiempos.** Dios controla en su soberanía el ascenso y la caída de naciones e imperios (cp. Dn 2:36-45; Lc 21:24).

d. **los límites de su habitación.** Dios es responsable por el establecimiento de naciones en cuanto a su identidad racial y sus ubicaciones geográficas específicas (Dt 32:8), así como en la determinación del alcance de sus conquistas y su dominio (cp. Is 10:12-15).

e. **que busquen a Dios.** El objetivo de Dios para el hombre al revelarse a sí mismo como el Creador, regidor y controlador del mundo. Los hombres no pueden excusarse de no saber acerca de Dios porque él se ha revelado a sí mismo en la conciencia humana y en el mundo físico (ver Ro 1:19, 20; 2:15).

f. **en él vivimos, y nos movemos, y somos.** Una cita del poeta cretense Epiménides.

g. **linaje de Dios.** Una cita de Arato, quien provenía de la región de Cilicia, de donde también era oriundo Pablo.

h. **semejante a oro, o plata.** Si el hombre es linaje de Dios, como sugería el poeta griego, es necio pensar que Dios no sea más que un ídolo de fabricación humana. Ese razonamiento hace evidente cuán absurda es la idolatría (cp. Is 44:9-20).

i. **habiendo pasado por alto los tiempos de esta ignorancia.** Ver Ro 3:25.

j. **varón a quien designó.** Jesucristo (Jn 5:22-27).

k. **resurrección de los muertos.** La filosofía griega no creía en la resurrección corporal.

en medio de ellos. Mas algunos creyeron, juntándose con él; entre los cuales estaba Dionisio [a]el areopagita, una mujer llamada Dámaris, y otros con ellos.

63. Pablo ministra en Corinto

Hechos 18:1–18a

Después de estas cosas, Pablo salió de Atenas y fue a [b]Corinto. Y halló a un judío llamado [c]Aquila, natural del Ponto, recién venido de Italia con Priscila su mujer, por cuanto Claudio había [d]mandado que todos los judíos saliesen de Roma. Fue a ellos, y como era del mismo oficio, se quedó con ellos, y trabajaban juntos, pues el [e]oficio de ellos era hacer tiendas. Y discutía en la sinagoga todos los días de reposo, y persuadía a judíos y a griegos.

Y cuando [f]Silas y Timoteo vinieron de Macedonia, Pablo estaba entregado por entero a la predicación de la palabra, testificando a los judíos que Jesús era el Cristo. Pero oponiéndose y blasfemando estos, les dijo, sacudiéndose los vestidos: [g]Vuestra sangre sea sobre vuestra propia cabeza; yo, limpio; desde ahora me iré a los gentiles. Y saliendo de allí, se fue a la [h]casa de uno llamado

---

a. **el areopagita.** Un miembro de la corte del Areópago.

b. **Corinto.** El principal centro político y comercial en Grecia. La ciudad estaba ubicada en un punto estratégico sobre el istmo de Corinto que conectaba la península del Peloponeso con el resto de Grecia. Casi todo el tráfico entre el norte y el sur de Grecia tenía que pasar por la ciudad. Debido a que Corinto era centro mercantil y albergue para toda clase de viajeros, su población era bulliciosa y licenciosa. También alojaba el templo de Afrodita, la diosa del amor. Había unas mil sacerdotisas suyas que se dedicaban a rituales de prostitución y cada noche se paseaban por la ciudad para practicar su oficio.

c. **Aquila... Priscila.** Tanto Aquila como Priscila se convertirían en los amigos cercanos de Pablo y como equipo ministerial estarían dispuestos aún a arriesgar la vida de cada uno de ellos por él (Ro 16:3, 4). Las otras cinco ocasiones en las que son mencionados en las Escrituras, Priscila aparece mencionada cuatro veces. Esto podría indicar que ella tenía mayor rango social que Aquila o que tenía mayor prominencia en la iglesia. Es probable que ya fueran cristianos al conocer a Pablo porque venían de Roma, donde ya existía una iglesia (Ro 1:7, 8).

d. **mandado que todos los judíos saliesen de Roma.** El decreto que obligó a Priscila y Aquila a salir de Roma alrededor de 49 A.D.

e. **oficio... hacer tiendas.** También podría referirse a la producción de artículos de cuero.

f. **Silas y Timoteo vinieron de Macedonia.** Como lo deseaba Pablo, Silas y Timoteo se reunieron con él en Atenas (Hch 17:15). Desde allí envió a Timoteo de regreso a Tesalónica (1 Ts 3:1-6). Es evidente que Pablo envió a Silas a algún lugar en Macedonia, quizás a Filipos (cp. Fil 4:15; 2 Co 11:9) porque él regresó a Corinto desde esa provincia.

g. **Vuestra sangre sea sobre vuestra propia cabeza.** Pablo responsabilizó por completo a sus opositores de blasfemar a Cristo y rechazar su mensaje (cp. Jos 2:19; 2 S 1:16; 1 R 2:37; Ez 18:13; 33:4; Mt 27:25).

h. **casa de... Justo.** Un gentil que mostró interés en el Dios de Israel y estaba asociado con la sinagoga que estaba al lado de su casa. Su nombre indica que era romano, y como

Justo, temeroso de Dios, la cual estaba junto a la sinagoga. Y [a]Crispo, el principal de la sinagoga, creyó en el Señor con toda su casa; y muchos de los corintios, oyendo, creían y eran bautizados.

Entonces el Señor dijo a Pablo en [b]visión de noche: No temas, sino habla, y no calles; porque yo estoy contigo, y ninguno pondrá sobre ti la mano para hacerte mal, porque [c]yo tengo mucho pueblo en esta ciudad. Y se detuvo allí [d]un año y seis meses, enseñándoles la palabra de Dios.

Pero [e]siendo Galión procónsul de Acaya, los judíos se levantaron de común acuerdo contra Pablo, y le llevaron [f]al tribunal, diciendo: Este persuade a los hombres a honrar a Dios [g]contra la ley.

Y al comenzar Pablo a hablar, [h]Galión dijo a los judíos: Si fuera algún agravio o algún crimen enorme, oh judíos, conforme a derecho yo os toleraría. Pero si son cuestiones de palabras, y de nombres, y de vuestra ley, vedlo vosotros; porque yo no quiero ser juez de estas cosas. Y los echó del tribunal. Entonces todos los griegos, apoderándose de [i]Sóstenes, principal de la sinagoga, le golpeaban delante del tribunal; pero a Galión nada se le daba de ello. Mas Pablo, habiéndose detenido aún muchos días allí, después se despidió de

---

los romanos acostumbraban tener tres nombres, pudo haberse tratado de Gayo, el mismo hombre que se menciona en Ro 16:23 y 1 Co 1:14.

a. **Crispo, el principal de la sinagoga.** La conversión de este líder respetado debió ser una noticia pasmosa en la comunidad judía (ver Hch 6:9).

b. **visión.** Esta fue la tercera de seis visiones dadas a Pablo (cp. Hch 9:3-6; 16:9, 10; 22:17, 18; 23:11; 27:23, 24).

c. **yo tengo mucho pueblo en esta ciudad.** Dios había designado a cierto número de personas en Corinto para salvación, las cuales todavía no habían escuchado el evangelio (cp. Hch 13:48; Ro 10:13-15). El efecto de la predicación de Pablo sería traer los elegidos a la fe (Tit 1:1).

d. **un año y seis meses.** La estadía más prolongada de Pablo en cualquier ciudad después de Éfeso (Hch 20:31) y Roma (Hch 28:30).

e. **siendo Galión procónsul de Acaya.** Desde julio del 51 A.D. hasta junio del 52 A.D.

f. **al tribunal.** Una plataforma de piedra que se elevaba en medio de la plaza de mercado frente a la residencia del procónsul, quien impartía juicio desde allí en los casos públicos.

g. **contra la ley.** Aunque el judaísmo no era una religión oficial, sí gozaba de tolerancia oficial en el mundo romano. Asimismo, el cristianismo era visto como una secta del judaísmo. Los judíos en Corinto afirmaron que la enseñanza de Pablo era ajena al judaísmo y por ende debía ser prohibida. Si Galión hubiera fallado a favor de los judíos, el cristianismo podría haber sido proscrito en todo el imperio.

h. **Galión dijo.** Galión no era tonto y se percató del plan de los judíos. Rehusó intervenir en lo que veía como una lucha intestina que solo incumbía a los judíos. En esencia, dictaminó lo que se llamaría un juicio sumario, con una sentencia oficial en el sentido de que ningún delito se había cometido, y que una simple disputa sobre cuestiones semánticas y religiosas no calificaba como caso judicial.

i. **Sóstenes... le golpeaban.** Los griegos tenían razones para ser violentos con Sóstenes y lo usaron para dar rienda suelta a su hostilidad general hacia los judíos. También es posible que se hayan enojado porque, como líder de los judíos, él había tratado de incitar un juicio en contra de Pablo. El principal de la sinagoga habría presentado el caso a Galión, pero el apóstol mencionó más adelante que se convirtió después a Cristo (1 Co 1:1).

los hermanos y navegó a Siria, y con él Priscila y Aquila, habiéndose rapado la cabeza en Cencrea, porque tenía hecho voto.

64. Pablo escribe su Primera Epístola a los Tesalonicenses

Introducción a 1 Tesalonicenses

En el NT griego, 1 Tesalonicenses se titula literalmente «A los Tesalonicenses». Esto representa la primera correspondencia canónica del apóstol Pablo a la iglesia en la ciudad de Tesalónica (cp. 1 Ts 1:1).

Autor y fecha

El apóstol Pablo se identificó a sí mismo dos veces como autor de esta carta (1 Ts 1:1; 2:18). Silvano (Silas) y Timoteo (1 Ts 3:2, 6), los compañeros de viaje de Pablo en el segundo viaje misionero, cuando se fundó esta iglesia (Hch 17:1-9), también se mencionan en el saludo de apertura de Pablo (1 Ts 1:1). Aunque él fue su único autor inspirado, la mayoría de los pronombres en primera persona del plural (nosotros, nuestro) se refieren a los tres. No obstante, durante la visita de Timoteo de regreso a Tesalónica, solo se refieren a Pablo y a Silvano (1 Ts 3:1, 2, 6). Por lo general, Pablo usó este tipo de editoriales plurales, porque las cartas contaban con el apoyo total de sus compañeros.

Que Pablo sea el autor no se ha cuestionado hasta hace poco, por parte de críticos radicales. Sus intentos por atacar la autoría paulina han fracasado a la luz del peso combinado de las pruebas que favorecen a Pablo, como: 1) las afirmaciones directas respecto a que él es el autor (1 Ts 1:1; 2:18); 2) la correlación perfecta de la carta con los viajes de Pablo en Hechos 16–18; 3) la multitud de detalles íntimos con respecto a Pablo; y 4) la confirmación de verificaciones históricas múltiples, comenzando por el canon de Marción en el 140 A.D.

La primera de las dos misivas que Pablo escribió desde Corinto a la iglesia de Tesalónica tiene fecha de ca. 51 A.D. Esta datación queda arqueológicamente verificada por una inscripción en el templo de Apolos en Delfos (cerca de Corinto) que fecha el servicio de Galión como procónsul en Acaya en el 51-52 A.D. (Hch 18:12-17). Dado que la carta de Pablo a las iglesias de Galacia se escribió probablemente ca. 49-50 A.D., esta fue su segunda pieza de correspondencia canónica.

Contexto histórico

Tesalónica (Salónica moderna) yace cerca de la ubicación antigua de Terma, en el golfo Termaico, al norte del mar Egeo. Esta ciudad se convirtió en la capital de Macedonia (ca. 168 A.C.) y disfrutó del estatus de «ciudad libre» gobernada por su propia ciudadanía (Hch 17:6) bajo el Imperio romano. Por su enclave en la carretera principal de este a oeste, la Vía Ignacia, Tesalónica servía de cuartel general para la actividad política y comercial de Macedonia, y llegó conocerse como «la madre de toda Macedonia». En la época de Pablo la población alcanzó los 200.000 habitantes.

Originalmente, Pablo viajó 160 km desde Filipos, vía Anfípolis y Apolonia, a Tesalónica en su segundo viaje misionero (50 A.D.; Hch 16:1–18:22). Como era su costumbre, nada más llegar buscó la sinagoga donde enseñar el evangelio a los judíos locales (Hch 17:1, 2). En esa ocasión, dialogó con ellos a partir del AT en referencia a la muerte y la resurrección de Cristo, para demostrar que Jesús de Nazaret era de verdad el prometido (Hch 17:2, 3). Algunos judíos creyeron y, poco después, prosélitos griegos y algunas mujeres de recursos de la comunidad también se convirtieron (Hch 17:4). Entre estos nuevos creyentes se menciona a Jasón (Hch 17:5), Gayo (Hch 19:29), Aristarco (Hch 20:4) y Segundo (Hch 20:4).

Por su eficaz ministerio, los judíos provocaron que el equipo de Pablo fuera arrojado de la ciudad (Hch 17:5-9), y entonces se fueron al sur a evangelizar Berea (Hch 17:10). Allí Pablo tuvo una experiencia similar a la de Tesalónica con conversiones seguidas de hostilidad, y así los creyentes enviaron fuera a Pablo. Se dirigió a Atenas, mientras que Silvano y Timoteo permanecieron en Berea (Hch 17:11-14). Se volvieron a unir a Pablo en Atenas (cp. Hch 17:15, 16 con 1 Ts 3:1), desde donde Timoteo más tarde fue enviado de regreso a Tesalónica (1 Ts 3:2). Al parecer, Silas viajó después desde Atenas a Filipos, mientras que Pablo se trasladó solo a Corinto (Hch 18:1). Fue después de que Timoteo y Silvano se volvieran a unir a Pablo en Corinto (Hch 18:5) cuando escribió 1 Tesalonicenses en respuesta al buen informe de Timoteo sobre la iglesia.

Sin duda alguna, Pablo tuvo múltiples razones para escribir, todas ellas procedentes de su preocupación suprema por el rebaño del cual había sido separado. Algunos de los propósitos de Pablo incluyeron con toda claridad: 1) alentar a la iglesia (1 Ts 1:2-10); 2) responder a las falsas acusaciones (1 Ts 2:1-12); 3) consolar al rebaño perseguido (1 Ts 2:13-16); 4) expresar su gozo en la fe de ellos (1 Ts 2:17–3:13); 5) recordarles la importancia de la pureza moral (1 Ts 4:1-8); 6) condenar el estilo de vida de pereza (1 Ts 4:9-12);

7) corregir un malentendido y exhortar al rebaño en los ámbitos elementales de vida cristiana (1 Ts 5:16-22).

Temas históricos y teológicos

Se ha aludido a ambas cartas a los tesalonicenses como «las epístolas escatológicas». No obstante, a la luz de su enfoque más extensivo en la iglesia, sería preferible catalogarlas como las epístolas de la iglesia. Cinco temas principales se encuentran entretejidos en 1 Tesalonicenses: 1) un tema apologético con la correlación histórica entre Hechos y 1 Tesalonicenses; 2) un tema eclesiástico con el retrato de una iglesia sana, creciente; 3) un tema pastoral con el ejemplo de actividades y actitudes del pastoreo; 4) un tema escatológico con el enfoque en acontecimientos futuros como la esperanza de la iglesia; y 5) un tema misionero con el énfasis en la proclamación del evangelio y el establecimiento de iglesias.

Retos de interpretación

Primordialmente, los retos para entender esta epístola involucran las secciones de naturaleza escatológica: 1) la ira venidera (1 Ts 1:10; 5:9); 2) el regreso de Cristo (1 Ts 2:19; 3:13; 4:15; 5:23); 3) el rapto de la iglesia (1 Ts 4:13-18); y 4) el significado y tiempo del Día del Señor (1 Ts 5:1-11). Estos asuntos serán tratados en las notas ubicadas en los pasajes correspondientes.

65. Acción de gracias por la iglesia

1 Tesalonicenses 1:1–10

[a]Pablo, [b]Silvano y [c]Timoteo, a la iglesia de los tesalonicenses en [d]Dios Padre y en el Señor Jesucristo:

Gracia y paz sean a vosotros, de Dios nuestro Padre y del Señor Jesucristo.

Damos siempre gracias a Dios por todos vosotros, haciendo memoria de vosotros en [e]nuestras oraciones, acordándonos sin cesar delante del Dios y Padre nuestro de la [f]obra de vuestra fe, del trabajo de vuestro amor y de vuestra constancia en la esperanza en nuestro Señor Jesucristo. Porque conocemos, hermanos amados [g]de Dios, vuestra elección; pues [h]nuestro evangelio no llegó

---

a. **Pablo.** Los detalles biográficos de quien antes fuera conocido como Saulo de Tarso (Hch 9:11) pueden hallarse en Hch 9:13; 11:19–28:31; ver Ro 1:1. Para material autobiográfico, ver 2 Co 11:16–12:10; Gá 1:11–2:21; Fil 3:4-6, y 1 Ti 1:12-17.

b. **Silvano.** Compañero de Pablo en su segundo viaje misionero (Hch 15-18), más adelante escribió al dictado de Pedro (1 P 5:12); quien también se le conoció como Silas.

c. **Timoteo.** El discípulo más notable de Pablo (Fil 2:17-23) que se embarcó en el segundo y el tercer viaje misionero, y quien permaneció al lado de Pablo durante su primera prisión en Roma (Fil 1:1; Col 1:1; Flm 1). Más tarde sirvió en Éfeso como pastor (1 Ti 1:3), y pasó algún tiempo en prisión (He 13:23). En la primera carta de Pablo a Timoteo, durante el tiempo en el que ministró en la iglesia de Éfeso, recibió instrucciones prácticas sobre la vida en la iglesia (cp. 1 Ti 3:15). En su segunda carta, Pablo exhortó a Timoteo a ser fuerte (2 Ti 2:1) y a predicar con fidelidad, ya que él estaba próximo a morir, y se disponía a transferirle su ministerio a Timoteo (2 Ti 4:1-8).

d. **Dios Padre y en el Señor Jesucristo.** Como los primeros conversos de Pablo fueron judíos, él se propuso dejar muy en claro que esta «iglesia» no era una asamblea de judíos, sino más bien una congregación de fieles que se reunían en el nombre de Jesús, el Hijo de Dios (Hch 17:2, 3), quien es Dios el Señor y Mesías. Esta declaración rotunda de la igualdad entre Dios y el Señor Jesús forma parte de la introducción en todas las epístolas de Pablo (cp. 1 Jn 2:23).

e. **nuestras oraciones.** Pablo y sus compañeros oraban con frecuencia por todo el rebaño, y tres de esas oraciones se ofrecen en esta carta (1 Ts 1:2, 3; 3:11-13; 5:23, 24).

f. **obra de vuestra fe.** La combinación triple de fe, esperanza y amor es un tema favorito de Pablo (1 Ts 5:8; 1 Co 13:13; Col 1:4, 5). Aquí se refiere al cumplimiento de los deberes ministeriales como resultado de estas tres actitudes espirituales.

g. **de Dios, vuestra elección.** La iglesia se define como la congregación de «los elegidos» (cp. Ro 8:33; Col 3:12; 2 Ti 2:10; Tit 1:1). En la salvación humana, la voluntad que toma la iniciativa procede de Dios y no del hombre (cp. Jn 1:13; Hch 13:46-48; Ro 9:15, 16; 1 Co 1:30; Col 1:13; 2 Ts 2:13; 1 P 1:1, 2; ver Ef. 1:4, 5). La voluntad del hombre participa en respuesta a los estímulos y las invitaciones de Dios, como aclara el apóstol al decir que los tesalonicenses recibieron la Palabra (1 Ts 1:6) y se convirtieron de los ídolos a Dios (1 Ts 1:9). Estas dos reacciones corresponden a la fe y el arrepentimiento, algo a lo que Dios invita y llama a los pecadores, de forma reiterada en las Escrituras, para que lo pongan en práctica (p. ej. Hch 20:21).

h. **nuestro evangelio.** Pablo denominaba su mensaje «nuestro evangelio», porque él y todos los pecadores debían creerlo, y además él debía predicarlo. Sabía que no se originaba en sí mismo, porque su autor es Dios, y por ello también lo llamó «el evangelio de Dios» (1 Ts 2:2, 9; Ro 1:1). Como la persona que hizo posible el perdón es el Señor Jesús, también se refirió al mensaje de las buenas nuevas como «el evangelio de Cristo» (1 Ts 3:2).

a vosotros [a]en palabras solamente, sino también en poder, en el Espíritu Santo y en plena certidumbre, como bien [b]sabéis cuáles fuimos entre vosotros por amor de vosotros.

Y vosotros vinisteis a ser [c]imitadores de nosotros y del Señor, recibiendo la palabra en medio de gran tribulación, con [d]gozo del Espíritu Santo, de tal manera que habéis sido [e]ejemplo a todos los de [f]Macedonia y de Acaya que han creído. Porque partiendo de vosotros [g]ha sido divulgada la palabra del Señor, no solo en Macedonia y Acaya, sino que también en todo lugar vuestra fe en Dios se ha extendido, de modo que nosotros [h]no tenemos necesidad de hablar nada; porque ellos mismos cuentan de nosotros la manera en que nos recibisteis, y cómo [i]os convertisteis de los ídolos a Dios, [j]para servir al Dios vivo

---

a. **en palabras solamente.** Debía transmitirse con palabras (cp. Ro 10:13-17), pero también con poder del Espíritu Santo (cp. 2 Co 2:4, 5) y con plena confianza (cp. Is 55:11).

b. **sabéis cuáles fuimos.** La calidad del mensaje fue confirmada por el carácter de la vida de cada uno de sus predicadores. La vida ejemplar de Pablo sirvió como un libro abierto que todos los hombres podían leer. Esto contribuyó a establecer la credibilidad del poder y la gracia de Dios que resulta esencial para hacer creíble el mensaje de redención a los pecadores (ver 2 Co 1:12).

c. **imitadores.** Los tesalonicenses se habían convertido en la tercera generación de seguidores de Cristo. Cristo es la primera; Pablo es la segunda; y los tesalonicenses son la tercera (1 Co 4:16; 11:1).

d. **gozo del Espíritu Santo.** Cp. Ro 14:17. El gozo en medio del sufrimiento evidenciaba la realidad de su salvación, que incluía la presencia del Espíritu Santo que moraba en su interior (1 Co 3:16; 6:19).

e. **ejemplo.** La palabra griega se usaba para describir un sello marcado con cera o una impronta grabada en las monedas. Pablo elogió a los tesalonicenses por ser creyentes modelo que dejaban una huella ejemplar en los demás.

f. **Macedonia y de Acaya.** Las dos provincias romanas en las que se dividía Grecia: Macedonia al norte y Acaya al sur.

g. **ha sido divulgada.** Aquí, la noción es de reverberar. Dondequiera que fueran los tesalonicenses, se escuchaba el evangelio comunicado por la Palabra de Dios. El resultado fue una expansión local en Tesalónica, una expansión nacional en Macedonia y Acaya, y una expansión internacional a otras regiones del mundo conocido.

h. **no tenemos necesidad de hablar nada.** Se diría que esta iglesia había adquirido ese nivel de testimonio en tan solo tres días de reposo durante los cuales Pablo les predicó (cp. Hch 17:2), pero es preferible entender que Pablo predicó tres días de reposo en la sinagoga antes de verse obligado a trasladarse a otro lugar de la ciudad. Lo más probable es que Pablo pasara allí varios meses y no semanas, lo que explica: 1) las dos ofrendas que recibió de Filipos (Fil 4:16), 2), el tiempo en el que trabajó noche y día (1 Ts 2:9; 2 Ts 3:8) y 3) la profundidad del cuidado pastoral directo que se evidencia en la carta (1 Ts 2:7, 8, 11).

i. **os convertisteis.** Esta palabra describe lo que la Biblia llama en otros pasajes «arrepentimiento» (Mt 3:1, 2; 4:17; Hch 2:38; 3:19; 5:31; 20:21). La salvación incluye que una persona se aparte del pecado y de la confianza en dioses falsos para acudir a Cristo. Ver 2 Co 7:8-11.

j. **para servir al Dios vivo y verdadero.** Aquellos que se convirtieron a Cristo abandonaron la adoración de ídolos muertos para transformarse por voluntad propia en siervos del Dios vivo.

y verdadero, y [a]esperar de los cielos a su Hijo, al cual resucitó de los muertos, a Jesús, quien [b]nos libra de la ira venidera.

66. Recordatorios para la iglesia

1 Tesalonicenses 2:1–16

Porque vosotros mismos sabéis, hermanos, que nuestra visita a vosotros [c]no resultó vana; pues habiendo antes padecido y sido [d]ultrajados en Filipos, como sabéis, tuvimos denuedo en nuestro Dios para anunciaros el evangelio de Dios en medio de [e]gran oposición. Porque nuestra exhortación no procedió [f]de error ni de impureza, ni fue por engaño, sino que según fuimos [g]aprobados por Dios para que se nos confiase el evangelio, así hablamos; no como para agradar a los hombres, sino a Dios, que prueba nuestros corazones. Porque nunca usamos de [h]palabras lisonjeras, como sabéis, ni encubrimos avaricia;

---

a. **esperar.** Este es un tema recurrente en las cartas a los tesalonicenses (1 Ts 3:13; 4:15-17; 5:8, 23; 2 Ts 3:6-13; cp. Hch 1:11; 2 Ti 4:8; Tit 2:11-13). Estos pasajes indican la inminencia de la liberación divina. Era algo que según el sentir de Pablo podría ocurrir en su época.

b. **nos libra de la ira venidera.** Esta expresión puede aludir a la evacuación de un peligro actual (Ro 7:24; Col 1:13) o a impedir por completo la caída en ese peligro (Jn 12:27; 2 Co 1:10). La ira puede referirse a la ira temporal de Dios que vendrá sobre la tierra (Ap 6:16, 17; 19:15) o a la ira eterna de Dios (Jn 3:36; Ro 5:9, 10). En 1 Ts 5:9 se desarrolla la misma idea (ver la nota allí). En ambos pasajes se centra la atención en el aspecto de la obra de Cristo concerniente a la salvación del pecado, por lo que debe entenderse en el sentido de que gracias a la salvación hemos sido librados de la ira eterna de Dios en el infierno.

c. **no resultó vana.** El ministerio de Pablo entre los tesalonicenses fue tan fructífero que no solo se salvaron personas, y se plantó una iglesia llena de vida que se reproducía con rapidez, sino que la iglesia también creció y prosperó incluso en ausencia de Pablo (cp. 1 Ts 1:5-8).

d. **ultrajados en Filipos.** Pablo y Silas habían recibido un trato brutal en Filipos antes de llegar a Tesalónica (cp. Hch 16:19-24, 37). Su sufrimiento físico fue grande como resultado de haber sido azotados (Hch 16:22, 23) y encarcelados (Hch 16:24). Por simple arrogancia los maltrataron con acusaciones falsas (Hch 16:20, 21) y les infligieron un castigo ilícito, a pesar de su ciudadanía romana (Hch 16:37).

e. **gran oposición.** De manera similar al trato que recibieron en Filipos, el equipo de Pablo soportó la acusación falsa de una supuesta traición civil en Tesalónica (Hch 17:7) y padeció intimidación física (Hch 17:5, 6).

f. **de error ni de impureza, ni fue por engaño.** Pablo utilizó tres palabras distintas para afirmar la veracidad de su ministerio y cada una expresa un contraste frente a lo que caracterizaba a los maestros falsos. Primero estableció que su mensaje era verdadero y libre de error. Su manera de vivir era pura y libre de cualquier perversión sexual. Su método de ministerio era auténtico y libre de tácticas manipuladoras (ver 2 Co 4:2).

g. **aprobados por Dios.** Puede ser que algunos maestros falsos entraran a la iglesia para desacreditar el ministerio de Pablo. Esto explicaría su firmeza en 1 Ts 2:1-12 en cuanto a su nombramiento y aprobación por parte de Dios, así como su integridad y su devoción por ellos. Cp. Hch 9:15; 16:9, 10.

h. **palabras lisonjeras.** Pablo hizo tres acotaciones para afirmar la pureza de sus motivos para ejercer el ministerio: 1) él no era un predicador adulador que tratara de dejar una buena impresión para ganar influencia y ventaja egoísta; 2) no pretendió ser pobre, sino que trabajó

Dios es testigo; ni buscamos gloria de los hombres; ni de vosotros, ni de otros, aunque podíamos seros carga como [a]apóstoles de Cristo. Antes fuimos [b]tiernos entre vosotros, como la nodriza que cuida con ternura a sus propios hijos. Tan grande es nuestro afecto por vosotros, que hubiéramos querido entregaros no solo el evangelio de Dios, sino también nuestras propias vidas; porque habéis llegado a sernos muy queridos. Porque os acordáis, hermanos, de nuestro trabajo y fatiga; cómo [c]trabajando de noche y de día, para no ser gravosos a ninguno de vosotros, os predicamos [d]el evangelio de Dios.

[e]Vosotros sois testigos, y Dios también, de cuán santa, justa e irreprensiblemente nos comportamos con vosotros los creyentes; así como también sabéis de qué modo, como el padre a sus hijos, [f]exhortábamos y consolábamos a cada uno de vosotros, y os encargábamos que anduvieseis como es digno de Dios, que os llamó a [g]su reino y gloria.

Por lo cual también nosotros sin cesar damos gracias a Dios, de que cuando recibisteis la palabra de Dios que oísteis de nosotros, la recibisteis no como palabra de hombres, sino según es en verdad, [h]la palabra de Dios, la

---

día y noche (cp. 1 Ts 2:9), porque no iba a utilizar el ministerio como un subterfugio para hacerse rico a costa de ellos, y 3) no utilizó su posición honorable como apóstol de Cristo para buscar gloria personal ya que su único objetivo era dar gloria a Dios (cp. 1 Co 10:31).

a. **apóstoles de Cristo.** Este plural incluye a Pablo en el grupo de los doce con el propósito de recalcar su autoridad única. Silvano y Timoteo eran «apóstoles (mensajeros) de la iglesia» (cp. Ro 16:7; Fil 2:25).

b. **tiernos... como la nodriza.** Es posible que Pablo tuviera en mente la representación que Moisés hiciera de sí mismo como supuesto progenitor de Israel (cp. Nm 11:12). Empleó esta misma imagen tierna con los corintios (cp. 2 Co 12:14, 15) y con los gálatas (cp. Gá 4:19). El afecto de Pablo por los tesalonicenses era como el de una madre dispuesta a sacrificar su vida por su hijo, así como Cristo estuvo dispuesto a renunciar a su propia vida por los que habrían de nacer de nuevo en la familia de Dios (cp. Mt 20:28).

c. **trabajando de noche y de día.** Pablo explicó esto en 2 Ts 3:7-9. No pidió dinero a los tesalonicenses, sino que vivió de lo que ganaba y de lo que le enviaron los filipenses (Fil 4:16), así que sus motivos no podían ser cuestionados como en el caso de los falsos maestros, quienes siempre buscaban dinero a cambio de su «servicio» (cp. 1 P 5:2).

d. **el evangelio de Dios.** Cp. Ro 1:1. Las buenas nuevas de Dios que Pablo predicaba incluían estas verdades: 1) la autoridad y la veracidad de las Escrituras (1 Ts 2:13), 2) la deidad de Cristo (Ro 10:9), 3) el pecado de la humanidad (Ro 3:23), 4) la muerte y resurrección de Cristo (1 Co 15:4, 5) y 5) la salvación por la gracia de Dios mediante la fe del hombre (Ef 2:8, 9). El resumen que Pablo hace del evangelio se encuentra en 1 Co 15:1-5.

e. **Vosotros sois testigos.** Bajo la ley del AT se requerían dos o más testigos para verificar la verdad (Nm 35:30; Dt 17:6; 19:15; 2 Co 13:1). Aquí Pablo llamó a los tesalonicenses y a Dios mismo como testigos para afirmar su conducta santa en el ministerio. Cp. 2 Co 1:12.

f. **exhortábamos... consolábamos... encargábamos.** Pablo usó estas tres palabras para describir su relación paternal con los tesalonicenses puesto que ellos eran sus hijos en la fe. Eran palabras que recalcaban el toque personal de un padre amoroso (cp. 1 Co 4:14, 15).

g. **su reino y gloria.** Esto habla de la esfera de la salvación eterna (cp. Col 1:13, 14) que culmina en el esplendor del cielo.

h. **la palabra de Dios.** El mensaje de Pablo de parte de Dios se equipara al AT (Mr 7:13). Era el mensaje enseñado por los apóstoles (Hch 4:31; 6:2). Pedro lo predicó a los gentiles (Hch 11:1). Fue la palabra que Pablo predicó en el primer viaje misionero que

cual [a]actúa en vosotros los creyentes. Porque vosotros, hermanos, vinisteis a ser [b]imitadores de las iglesias de Dios en Cristo Jesús que están en Judea; pues habéis padecido de los de vuestra propia nación las mismas cosas que ellas padecieron de los judíos, [c]los cuales mataron al Señor Jesús y a sus propios profetas, y a nosotros nos expulsaron; y no agradan a Dios, y [d]se oponen a todos los hombres, impidiéndonos hablar a los gentiles para que estos se salven; así colman ellos siempre la medida de sus pecados, pues [e]vino sobre ellos la ira hasta el extremo.

67. Preocupaciones por la iglesia

1 Tesalonicenses 2:17—3:13

Pero nosotros, hermanos, [f]separados de vosotros por un poco de tiempo, de vista pero no de corazón, tanto más procuramos con mucho deseo ver vuestro

---

emprendió (Hch 13:5, 7, 44, 48, 49), así como en el segundo (Hch 16:32; 17:13; 18:11) y en el tercero (Hch 19:10). Cp. Col 1:25.

a. **actúa.** La obra eficaz de la Palabra de Dios incluye: salvación (Ro 10:17; 1 P 1:23), enseñanza y adiestramiento (2 Ti 3:16, 17), guía (Sal 119:105), consejo (Sal 119:24), vitalidad (Sal 119:154), restauración (Sal 19:7), advertencia y recompensa (Sal 19:11), nutrición (1 P 2:2), juicio (He 4:12), santificación (Jn 17:17), liberación (Jn 8:31, 32), enriquecimiento (Col 3:16), protección (Sal 119:11), fortalecimiento (Sal 119:28), imparte sabiduría (Sal 119:100) regocijo en el corazón (Sal 19:8) y prosperidad (Jos 1:8, 9). Todo esto se resume de un modo hermoso en Sal 19:7-9.

b. **imitadores.** Los tesalonicenses no solo eran imitadores de Pablo y del Señor (cp. 1 Ts 1:6), sino también de las iglesias en Judea, en el sentido de que ambas eran perseguidas por causa de Cristo (cp. Hch 4:1-4; 5:26; 8:1). Bebieron de buena voluntad la copa del sufrimiento de Cristo (Mt 26:39) y anduvieron por la senda de los profetas del AT (Mt 21:33-46; Lc 13:34).

c. **los cuales mataron al Señor Jesús.** Es incuestionable que los judíos fueron responsables por la muerte de su Mesías, aunque fueron los romanos quienes llevaron a cabo la ejecución. Los judíos fraguaron el caso en su contra y exigieron su muerte a voz en grito (cp. Lc 23:1-24, 34-38), igual que mataron a los profetas (cp. Mt 22:37; Mr 5:1-8; Hch 7:51, 52).

d. **se oponen a todos los hombres.** Así como la voluntad de Dios es que todos los hombres se salven (1 Ti 2:4; 2 P 3:9), la voluntad de los judíos era que ninguno encontrara la salvación en Cristo. Pablo se había aferrado antes a esta blasfemia y había intentado erradicar por todos los medios la predicación del evangelio (cp. 1 Ti 1:12-17).

e. **vino sobre ellos la ira.** La ira de Dios (cp. 1 Ts 1:10; 5:9) sobre los judíos que «colman… siempre la medida de sus pecados» (cp. Mt 23:32; Ro 2:5), de tal modo que llenan la copa de la ira, puede entenderse de varias formas: 1) en sentido histórico se cumplió con el exilio en Babilonia (Ez 8–11), 2) en sentido profético con la destrucción de Jerusalén en el año 70 A.D.; 3) en sentido escatológico por medio de la segunda venida de Cristo para juzgar (Ap 19), o 4) en sentido soteriológico, porque la ira eterna que Dios prometió para los incrédulos es tan cierta que se habla de ella como algo que ya ha venido, como hace, por ejemplo, el apóstol Juan (cp. Jn 3:18, 36). El contexto indica que se trata de la cuarta opción.

f. **separados de vosotros.** Pablo fue separado por la fuerza de sus hijos espirituales (cp. Hch 17:5-9). Su instinto maternal (1 Ts 2:7) y paternal (v. 11) había recibido un golpe severo. Lit. los tesalonicenses habían quedado huérfanos por la salida forzosa de Pablo.

rostro; por lo cual quisimos ir a vosotros, yo Pablo ciertamente una y otra vez; pero [a]Satanás nos estorbó. Porque ¿cuál es nuestra esperanza, o gozo, o [b]corona de que me gloríe? ¿No lo sois vosotros, delante de nuestro Señor Jesucristo, [c]en su venida? Vosotros sois nuestra gloria y gozo.

Por lo cual, [d]no pudiendo soportarlo más, acordamos quedarnos [e]solos en Atenas, y enviamos a Timoteo nuestro hermano, servidor de Dios y colaborador nuestro en el evangelio de Cristo, para [f]confirmaros y exhortaros respecto a vuestra fe, a fin de que nadie se inquiete por estas tribulaciones; porque vosotros mismos sabéis que para esto estamos [g]puestos. Porque también

---

a. **Satanás nos estorbó.** Satanás, cuyo nombre significa «adversario», ha intentado siempre destruir la iglesia que Cristo prometió edificar (cp. Mt 16:18). Según las Escrituras, estuvo presente en las iglesias de Jerusalén (Hch 5:1-10), Esmirna (Ap 2:9, 10), Pérgamo (Ap 2:13), Tiatira (Ap 2:24), Filadelfia (Ap 3:9), Éfeso (1 Ti 3:6, 7) y Corinto (2 Co 2:1-11). Estorbó a Pablo como un enemigo militar puede impedir o retrasar el avance de su oponente. Es muy posible que esto se refiera a la fianza o juramento hecho por Jasón (Hch 17:9), si se trató de una promesa en el sentido de que Pablo no volvería a entrar a Tesalónica.

b. **corona de que me gloríe.** En la Biblia se compara la vida eterna con la diadema que se entregaba en las victorias atléticas. Se habla de ella en términos de: 1) la corona incorruptible que celebra la victoria de la salvación sobre la corrupción (1 Co 9:25), 2) la corona de justicia que celebra la victoria de la salvación sobre la iniquidad (2 Ti 4:8), 3) la corona incorruptible de gloria que celebra la victoria de la salvación sobre la contaminación (1 P 5:4), 3) la corona de vida que celebra la victoria de la salvación sobre la muerte (Stg 1:12, Ap 2:10) y aquí 5) la corona de regocijo inefable que celebra la victoria de la salvación sobre la persecución de los creyentes, por parte de Satanás y la humanidad perdida.

c. **en su venida.** El significado literal de *parousia* («venida») es «estar presente». En sentido general puede entenderse como: 1) presencia literal (Fil 2:2), 2) el momento de la llegada (1 Co 16:17) o 3) venida esperada (2 Co 7:6). En cuanto a Cristo y el futuro puede referirse a: 1) la venida de Cristo en el rapto (1 Ts 4:15) o 2) la segunda venida de Cristo antes de su reino de mil años sobre la tierra (Mt 24:37; Ap 19:11–20:6). Pablo hizo cuatro referencias directas a la venida de Cristo en Primera Tesalonicenses (ver también 1 Ts 3:13; 4:15; 5:23) y una indirecta (1 Ts 1:10). El contexto indica que lo más probable es que Pablo se refiera aquí a la venida de Cristo para el rapto de la Iglesia.

d. **no pudiendo soportarlo más.** La agonía de la separación entre Pablo como padre espiritual y sus hijos en Tesalónica se volvió más dolorosa de lo que podía soportar.

e. **solos en Atenas.** Pablo y Silas se quedaron mientras Timoteo regresó (1 Ts 3:2). No sería la última vez que Timoteo iría a una iglesia en sustitución de Pablo (cp. 1 Co 4:17; 16:10; Fil 2:19-24; 1 Ti 1:3).

f. **confirmaros y exhortaros... vuestra fe.** Esta fue una carga y práctica constante de Pablo en el ministerio (cp. Hch 14:22; 15:32; 18:23). No le preocupaba la salud, el amor propio ni la comodidad, sino más bien la calidad de la vida espiritual al margen de las dificultades a las que se tuviera que enfrentar. La fe de los tesalonicenses era de importancia suprema en la mente de Pablo, como lo evidencian sus cinco menciones de ella en 1 Ts 3:1-10 (ver también los vv. 5, 6, 7, 10). La fe incluye el fundamento sólido de la doctrina sana (cp. Jud 3) y la respuesta de creer en Dios al vivir esa verdad en la práctica (cp. He 11:6).

g. **puestos.** Dios había prometido sufrimientos futuros a Pablo cuando le encomendó la obra del ministerio por medio de Ananías (Hch 9:16). El apóstol les recordó a los tesalonicenses su elección y nombramiento divinos para que no pensaran que: 1) el plan de Dios no se cumplía como lo demuestran las tribulaciones de Pablo, o 2) que las aflicciones de Pablo eran una señal del desagrado de Dios respecto a él. Si pensaban así, la confianza de la iglesia en Pablo se perdería y se abrirían oportunidades a los engaños de Satanás (1 Ts 3:5). Cp. 2 Co 4:8-15; 6:1-10; 11:23-27; 12:7-10.

estando con vosotros, os predecíamos que íbamos a [a]pasar tribulaciones, como ha acontecido y sabéis. Por lo cual también yo, no pudiendo soportar más, envié para informarme de vuestra fe, no sea que os hubiese tentado [b]el tentador, y que nuestro trabajo resultase en vano.

Pero cuando Timoteo volvió de vosotros a nosotros, y nos dio buenas noticias de [c]vuestra fe y amor, y que siempre nos recordáis con cariño, deseando vernos, como también nosotros a vosotros, por ello, hermanos, en medio de toda nuestra necesidad y aflicción fuimos consolados de vosotros por medio de vuestra fe; porque ahora vivimos, si vosotros [d]estáis firmes en el Señor.

Por lo cual, ¿qué acción de gracias podremos dar a Dios por vosotros, por todo el [e]gozo con que nos gozamos a causa de vosotros delante de nuestro Dios, [f]orando de noche y de día con gran insistencia, para que veamos vuestro rostro, y completemos [g]lo que falte a vuestra fe?

Mas el mismo Dios y Padre nuestro, y nuestro Señor Jesucristo, [h]dirija nuestro camino a vosotros. Y el Señor os haga crecer y abundar [i]en amor

---

a. **pasar tribulaciones.** Pablo les había dicho que anticiparan sufrir como él ya había sufrido antes de su experiencia en Tesalónica (1 Ts 2:14-16; Hch 13, 14). Durante (Hch 17:1-9) y después (Hch 17:10–18:11) de su tiempo en Tesalónica, Pablo también había conocido ya la tribulación.

b. **el tentador.** Satanás ya había sido caracterizado como un estorbador (1 Ts 2:18) y ahora como tentador en el sentido de que pone a prueba y tienta con el fin de provocar una caída fatal (cp. Mt 4:3; 1 Co 7:5; Stg 1:12-18). Pablo no ignoraba las asechanzas del diablo (2 Co 2:11; 11:23) ni era vulnerable a sus métodos (Ef 6:11), por eso emprendió acciones para contraatacar las maniobras satánicas esperadas, y asegurar que todos sus esfuerzos apostólicos no fueran en vano (cp. 1 Ts 2:1).

c. **vuestra fe y amor.** Timoteo regresó para informar sobre la confianza de los tesalonicenses en Dios, su trato mutuo y su reacción al ministerio de Pablo. Esta noticia convenció a Pablo de que los planes de Satanás para trastornar la obra de Dios no habían tenido éxito, y su angustia se desvaneció.

d. **estáis firmes.** Aquí se presenta la imagen de un ejército que se abstiene de retroceder, a pesar del ataque inclemente del enemigo. Esta es una directiva frecuente de Pablo (1 Co 16:13; Gá 5:1; Ef 6:11, 13, 14; Fil 1:27; 4:1; 2 Ts 2:15).

e. **gozo.** Como Juan (3 Jn 4), Pablo experimentaba el mayor gozo en el ministerio al saber que sus hijos en la fe crecían y andaban en la fe. Esto siempre lo llevó a adorar a Dios con acción de gracias y regocijo.

f. **orando.** En cuanto a la frecuencia, Pablo oraba día y noche, así como trabajaba de día y de noche (1 Ts 2:9). En cuanto a fervor, Pablo oraba «mucho más abundantemente» (cp. Ef 3:20).

g. **lo que falte.** Pablo no criticó a la iglesia, sino reconoció que todavía no habían alcanzado todo su crecimiento potencial, y por esto él oraba y trabajaba tanto. Los temas de los capítulos 4 y 5 van dirigidos a colmar estos ámbitos deficientes.

h. **dirija nuestro camino.** Pablo sabía que Satanás había estorbado su regreso (1 Ts 2:18). Aunque Timoteo los había visitado y regresó con un buen informe, Pablo sentía aún la urgencia de ver otra vez a sus hijos espirituales. Siguió la admonición bíblica de Salmos (Sal 37:1-5) y Proverbios (Pr 3:5, 6) respecto a encomendar todas las situaciones difíciles a Dios.

i. **en amor unos para con otros.** Entre las más de treinta menciones positivas y negativas de «unos a otros» en el NT, el amor es lo que aparece con mayor frecuencia (cp. 1 Ts 4:9; Ro 12:10; 13:8; 2 Ts 1:3; 1 P 1:22; 1 Jn 3:11, 23; 4:7, 11; 2 Jn 5). Es el tema que abarca y define

unos para con otros y [a]para con todos, como también lo hacemos nosotros para con vosotros, para que sean afirmados vuestros corazones, [b]irreprensibles en santidad delante de Dios nuestro Padre, en la venida de nuestro Señor Jesucristo con todos [c]sus santos.

68. La pureza moral y la vida disciplinada

1 Tesalonicenses 4:1–12

Por lo demás, hermanos, os rogamos y exhortamos [d]en el Señor Jesús, que de la manera que aprendisteis de nosotros cómo os conviene conduciros y agradar a Dios, así abundéis más y más.

Porque ya sabéis qué instrucciones os dimos por el Señor Jesús; pues [e]la voluntad de Dios es vuestra santificación; que os apartéis de fornicación; que cada uno de vosotros sepa [f]tener su propia esposa en santidad y honor;

---

por excelencia las relaciones mutuas entre «unos y otros», por ello se enfoca en los creyentes dentro de la iglesia.

a. **para con todos.** A la luz de que Dios amó al mundo y envió a su Hijo a morir por el pecado humano (Jn 3:16), los creyentes, que fueron amados aun no siendo dignos de ello (Ro 5:8), deben amar a los no creyentes (ver Mt 5:43, 44). Otros mandatos del NT acerca de la humanidad en general incluyen la búsqueda de la paz (Ro 12:18), hacer el bien (Gá 6:10), ser pacientes (Fil 4:5), orar e interceder (1 Ti 2:1), mostrar consideración (Tit 3:2) y dar la honra debida (1 P 2:17).

b. **irreprensibles en santidad.** Pablo oró que no hubiera razón alguna para ser acusados de falta de santidad; (cp. 1 Co 1:8; 2 Co 11:2; Ef 5:25-27; 1 P 5:16, 17; Jud 24).

c. **sus santos.** Como este término exacto no se usa en otros lugares del NT en alusión a los ángeles (ver Jud 14), sino que es un título común que se aplica a los creyentes, es mejor entenderlo como una referencia a la venida del Señor para llevarse a toda su Iglesia (ver 1 Ts 4:13-18) al cielo para disfrutar su presencia (ver Jn 14:1-3).

d. **en el Señor Jesús.** Para añadir peso adicional a sus palabras, Pablo apeló aquí a que escribía con la autoridad de Cristo mismo (1 Ts 4: 2, 15; 5:27; 2 Ts 3:6, 12; cp. 2:4, 15; 2 Co 5:9; Ef 5:10, 17; Col 1:10; He 11:6; 13:15, 16; 1 Jn 3:22). Esto se hace por obediencia a la Palabra de Dios (cp. 1 Ts 4:3).

e. **la voluntad de Dios.** Toda la Palabra de Dios contiene la voluntad de Dios, expresada tanto en afirmaciones como en prohibiciones. En su voluntad se incluyen la salvación (1 Ti 2:4), el sacrificio individual (Ro 12:1, 2), la llenura del Espíritu (Ef 5:18), la sumisión (1 P 2:13-15), el sufrimiento (1 P 3:17), la satisfacción (1 Ts 5:18), la paciencia perseverante (He 10:36) y aquí en particular la santificación, que se refiere a la condición de ser apartados del pecado para Dios. En este contexto significa apartarse de la impureza sexual en particular, y practicar el alejamiento de toda inmoralidad siguiendo la instrucción apostólica en 1 Ts 4:4-8.

f. **tener su propia esposa.** La palabra griega traducida «esposa» significa «vaso», y por lo general se ofrecen dos interpretaciones al respecto. El término puede significar 1) la esposa (cp. Rt 4:10 en la Septuaginta; 1 P 3:7) que uno toma, o 2) el cuerpo (2 Co 4:7; 2 Ti 2:21) que uno posee. El segundo significado es el más plausible en este contexto, porque: 1) en 1 P 3:7 se utiliza la palabra solo en sentido comparativo («vaso más frágil»), en cambio aquí alude a la humanidad en general y no a uno de sus géneros (p. ej. el femenino); 2) estar casado no garantiza la pureza sexual; 3) Pablo desdiría lo que enseñó en 1 Co 7 acerca de los méritos superlativos de la soltería (cp. 1 Co 7:8, 9) y 4) si se toma en el sentido de «adquirir una

no en pasión de concupiscencia, como [a]los gentiles que no conocen a Dios; que ninguno agravie [b]ni engañe en nada a su hermano; porque el Señor es [c]vengador de todo esto, como ya os hemos dicho y testificado. Pues no nos ha [d]llamado Dios a inmundicia, sino a santificación. Así que, el que desecha esto, no desecha a hombre, sino a Dios, que también [e]nos dio su Espíritu Santo.

Pero acerca del amor fraternal no tenéis necesidad de que os escriba, porque vosotros mismos habéis [f]aprendido de Dios que os améis unos a otros; y también lo hacéis así con todos los hermanos que están por toda Macedonia. Pero os rogamos, hermanos, que abundéis en ello más y más; y que procuréis [g]tener tranquilidad, y ocuparos en vuestros negocios, y [h]trabajar con vuestras manos de la manera que os hemos mandado, a fin de que os conduzcáis honradamente para con [i]los de afuera, y no tengáis necesidad de nada.

---

esposa», Pablo habría hablado solo a los hombres e ignorado por completo a las mujeres en la instrucción vital de cómo los creyentes deben mantenerse puros. Por lo tanto, la traducción preferida es «sepa tener su propio cuerpo».

a. **los gentiles.** Se emplea aquí en un sentido espiritual para aludir a los no cristianos, como lo define la frase «que no conocen a Dios». Ver Ef 4:17, 18.

b. **ni engañe en nada a su hermano.** El contexto es el mismo en 1 Ts 4:1-8, por ello exige que se refiera a todas las consecuencias destructivas de la actividad sexual ilícita tanto en el ámbito social como espiritual. Ver Mt 18:6-10.

c. **vengador.** Esto significa que Dios es quien da, en última instancia, la recompensa justa por esos pecados (cp. Col 3:4-7; He 13:4).

d. **llamado.** Siempre que las epístolas aluden al «llamado» de Dios, es en referencia a su llamamiento eficaz a la salvación y nunca a una apelación generalizada. Es algo vinculado a su obra de justificación (cp. Ro 8:30).

e. **nos dio su Espíritu Santo.** El Espíritu de Dios es un don gratuito para todos los que creen en el Señor Jesucristo para salvación (cp. Hch 2:38; Ro 8:9; 1 Co 3:16; 12:13; 2 Co 6:16).

f. **aprendido de Dios que os améis.** A través de la Palabra de Dios (Sal 119:97-102), y de Dios mismo, ellos se habían convertido en creyentes amorosos (cp. Ro 5:5; 1 Jn 2:7-11; 3:14; 4:7, 8, 12).

g. **tener tranquilidad.** Esto se refiere a las relaciones personales que no generan problemas sociales (ver 1 Ti 2:2) ni conflicto en la iglesia, gracias a que el alma se mantiene en reposo aun en medio de la dificultad (cp. 1 P 3:4). Pablo trata más adelante con los que «no se ocupaban en sus propios negocios» en Tesalónica (cp. 2 Ts 3:6-15).

h. **trabajar con vuestras manos.** En la cultura griega se veía con menosprecio el trabajo manual, pero Pablo lo exalta (ver Ef 4:28).

i. **los de afuera.** Personas no cristianas (cp. 1 Co 5:2; Col 4:5; 1 Ti 3:7).

69. La muerte y el arrebatamiento

1 Tesalonicenses 4:13–18

Tampoco queremos, hermanos, que [a]ignoréis acerca de [b]los que duermen, para que no os entristezcáis como los otros que no tienen esperanza. Porque si creemos que Jesús murió y resucitó, así también [c]traerá Dios con Jesús a los que durmieron en él.

---

a. **ignoréis.** Aunque el ministerio de Pablo en Tesalónica fue breve, es evidente que muchos de sus habitantes creyeron en la realidad del regreso de su Salvador y lo esperaban en cualquier momento (cp. 1 Ts 1:3, 9, 10; 2:19; 5:1, 2; 2 Ts 2:1, 5). Vivían en expectación constante de su venida, y aguardaban con amor y entusiasmo la manifestación de Cristo. En 1 Ts 4:3 (cp. 2 Ts 2:1-3) se indica que incluso estaban agitados por algunas de las cosas que les sucedieron y que podrían afectar su participación en el gozo de su venida. Sabían que el regreso de Cristo era el acontecimiento definitivo en la historia de la redención y no querían perdérselo. Su pregunta principal era: «¿Qué sucede a los cristianos que mueren antes de que él venga? ¿Se perderán su regreso?». Es evidente que tenían una visión inminente del regreso de Cristo, y Pablo había dejado la impresión de que podía suceder en su tiempo. La confusión vino porque habían comenzado a ser perseguidos y creyeron que serían librados de esa experiencia desagradable mediante el regreso del Señor (cp. 1 Ts 3:3, 4).

b. **los que duermen.** El sueño es un eufemismo en el NT para aludir a la muerte, porque describe la condición aparente de la persona difunta (ver 1 Co 11:30). Describe el cuerpo que yace muerto, mas no el alma (cp. 2 Co 5:1-9; Fil 1:23). Se emplea con referencia a la hija de Jairo (Mt 9:24) a quien Jesús levantó de los muertos y a Esteban quien murió apedreado (Hch 7:60; cp. Jn 11:11; 1 Co 7:39; 15:6, 18, 51; 2 P 3:4). Los que duermen en Cristo se identifican en 1 Ts 4:16 como «los muertos en Cristo». Muchos en su ignorancia habían llegado a la conclusión de que los que mueren se pierden el regreso del Señor y los creyentes guardaban luto por ellos debido a su ausencia en ese acontecimiento tan glorioso. Por ello, la partida de un ser querido les causaba una tristeza profunda en el alma. Sin embargo, no hay razón alguna para que los cristianos se lamenten así cuando muere un hermano en la fe, como si esa persona hubiera sufrido una gran pérdida.

c. **traerá Dios con Jesús.** Así como Jesús murió y resucitó, los que murieron creyendo en él se levantarán de nuevo para que puedan ser llevados al cielo con su Señor (ver Jn 14:13; 1 Co 15:51-58). Estos textos describen el rapto de la iglesia que tiene lugar cuando Jesús viene a recoger a sus redimidos y llevarlos con él al cielo. Todos los que hayan muerto antes de ese tiempo (denominados aquí «los que durmieron») serán juntados y llevados de regreso al cielo con el Señor.

Por lo cual os decimos esto en [a]palabra del Señor: que [b]nosotros que vivimos, que habremos quedado hasta la venida del Señor, no precederemos a los que durmieron. Porque [c]el Señor mismo con voz de mando, con voz de [d]arcángel, y con [e]trompeta de Dios, descenderá del cielo; y los muertos en Cristo resucitarán primero. Luego nosotros los que vivimos, los que hayamos quedado, seremos [f]arrebatados juntamente con ellos en las nubes para recibir

---

a. **palabra del Señor.** ¿Acaso Pablo se refería a algún dicho de Jesús que se encuentra en los Evangelios? No, ni siquiera existe allí una expresión similar. La única referencia explícita al arrebatamiento en los Evangelios aparece en Jn 14:1-3. Algunos sugieren que Jesús había dicho esas palabras mientras estuvo en la tierra y que su mensaje esencial quedó registrado más adelante en pasajes como Mt 24:30, 31 y Jn 6:39, 40; 11:25, 26. Las similitudes entre este pasaje en Primera Tesalonicenses y los relatos del evangelio incluyen una trompeta (Mt 24:31), una resurrección (Jn 1:26) y una reunión de los elegidos (Mt 24:31). No obstante, las disparidades entre este texto y los dichos canónicos de Cristo son mucho más significativas que sus semejanzas. Algunas de las diferencias entre Mt 24:30, 31 y 1 Ts 4:15-17 son las siguientes: 1) en Mateo el Hijo del Hombre viene en las nubes (pero ver Mr 13:26; Lc 21:27), en Primera Tesalonicenses los creyentes que ascienden están en ellas; 2) en el primer texto los ángeles juntan a los creyentes y en el segundo Cristo es quien lo hace de forma personal; 3) en el primero nada se dice acerca de la resurrección, mientras que en el segundo este es el tema principal, y 4) Mateo no incluye información del orden de ascenso que es la lección principal en Tesalonicenses. Por otro lado, ¿acaso aludió a una declaración de Jesús pronunciada mas no registrada en los Evangelios (Hch 20:35)? No hay razón para llegar a tal conclusión, porque Pablo afirmó que enseñó acerca del arrebatamiento como una verdad que había permanecido antes oculta (1 Co 15:51) (es decir, un «misterio»). Al parecer, los tesalonicenses tenían información completa acerca del juicio en el Día del Señor (cp. 1 Ts 5:1, 2), pero no sobre el acontecimiento definitivo que lo antecede y conocido como el arrebatamiento de la iglesia. Hasta que Pablo lo expuso como una revelación directa que Dios le había hecho, había sido un secreto cuya única mención anterior fue la enseñanza de Jesús en Jn 14:1-3. Se trataba de la revelación nueva de algo que había sido antes un misterio no revelado.

b. **nosotros que vivimos, que habremos quedado.** Esto se refiere a los cristianos que estén con vida en el momento del rapto, aquellos que vivan en esta tierra para ver la venida del Señor a por los suyos. Como Pablo no conocía el tiempo de Dios, vivió y habló como si fuera a suceder durante su vida terrenal. Como todos los primeros cristianos, él creyó que el acontecimiento era inminente (cp. Ro 13:11; 1 Co 6:14; 10:11; 16:22; Fil 3:20, 21; 1 Ti 6:14; Tit 2:13). Aquellos que estén vivos durante el rapto seguirán a los muertos que resucitarán primero (1 Ts 4:16).

c. **el Señor mismo... descenderá.** Esto cumple la promesa de Jn 14:1-3 (cp. Hch 1:11). Hasta ese momento, él permanece en el cielo (cp. 1 Ts 1:10; He 1:1-3).

d. **arcángel.** Muy poco se conoce acerca de la organización o el rango de los ángeles (cp. Col 1:17). Aunque Miguel es el único mencionado como arcángel (Jud 9), parece ser que más de uno en las filas arcangelicales (Dn 10:13). Puede tratarse de la voz del arcángel Miguel, porque se le identifica con la resurrección de Israel en Dn 12:1-3. En ese momento (cp. 1 Co 15:52, «en un abrir y cerrar de ojos»), los muertos resucitarán primero. No se perderán el rapto, sino que serán los primeros en participar.

e. **trompeta de Dios.** Cp. 1 Co 15:52. Esta trompeta no corresponde a las trompetas del juicio divino de Ap 8–11, sino que la trompeta de Éx 19:16-19, que señalaba el momento en el que el pueblo debía salir del campamento para reunirse con Dios es la que ilustra el llamado divino. Será una trompeta de liberación definitiva (cp. Sof 1:16; Zac 9:14).

f. **arrebatados.** Tras la resurrección de los muertos, el espíritu de cada uno de ellos que ya había estado con el Señor (2 Co 5:8; Fil 1:23), se unirá para siempre a su nuevo cuerpo resucitado (ver 1 Co 15:35-50), y los cristianos que estén vivos serán arrebatados (cp. Jn 10:28; Hch 8:39). Este pasaje, junto a Jn 14:1-3 y 1 Co 15:51, 52, constituye la base bíblica para el «arrebatamiento» de la iglesia. El tiempo del rapto no se puede determinar de forma concluyente a partir de este pasaje, pero al consultar otros textos como Ap 3:10 y Jn 14:3 y compararlos con los textos sobre la venida de Cristo para juzgar (Mt 13:34-50; 24:29-44;

al Señor en el aire, y así estaremos siempre con el Señor. Por tanto, [a]alentaos los unos a los otros con estas palabras.

70. Vivir en santidad y el Día del Señor

1 Tesalonicenses 5:1–11

[b]Pero acerca de los [c]tiempos y de las ocasiones, no tenéis necesidad, hermanos, de que yo os escriba. Porque vosotros sabéis perfectamente que [d]el día del Señor

---

Ap 19:11-21) al final de la tribulación de siete años, debe advertirse que existe una diferencia clara entre el carácter del «arrebatamiento», porque no se menciona juicio alguno, y por ello conviene entender que el arrebatamiento ocurre en un tiempo diferente al de la venida de Cristo como juez. De este modo se ha llegado a describir el arrebatamiento como un acontecimiento previo a la tribulación (antes de la ira de Dios que se desata en los juicios de Ap 6-19). Este acontecimiento incluye una transformación completa (cp. 1 Co 15:51, 52; Fil 3:20, 21) y la unión interminable con el Señor Jesucristo.

a. **alentaos los unos a los otros.** El propósito primordial de este pasaje no es enseñar un esquema profético, sino más bien suministrar ánimo a los cristianos cuyos seres queridos han muerto. Esta consolación se basa en lo siguiente: 1) los muertos serán resucitados y participarán en la venida del Señor por los suyos; 2) cuando Cristo venga, los vivos se reunirán para siempre con sus seres queridos, y 3) todos estarán con el Señor por la eternidad.

b. **Pero.** Pablo empleó palabras griegas conocidas para indicar algunos cambios temáticos dentro del mismo tema general de la profecía (cp. 1 Ts 4:9, 13; 1 Co 7:1, 25; 8:1; 12:1; 16:1). La expresión en este primer versículo apunta a la noción de que dentro del contexto amplio de la venida del Señor Jesús, al final de los tiempos, el tema pasa de una explicación sobre las bendiciones del arrebatamiento de los creyentes al juicio de los no creyentes.

c. **tiempos y de las ocasiones.** Ambos términos aluden en su orden respectivo a la medición del tiempo y al carácter de los tiempos (cp. Dn 2:21; Hch 1:7). Muchos de ellos esperaban que el Señor viniera durante su vida terrenal, y estaban confundidos y acongojados al ver que sus hermanos en la fe habían muerto antes de su venida (ver 1 Ts 4:13-18). Les preocupaba la supuesta tardanza divina, porque tenían toda la información que Dios se había propuesto dar a los creyentes acerca del juicio venidero, y Pablo acabó de darles el conocimiento de su doctrina que les faltaba al enseñarles sobre el orden del arrebatamiento (1 Ts 4:13-18). Por esa razón, Pablo los exhortó a llevar una vida piadosa a la luz del juicio venidero sobre el mundo, en lugar de distraerse en cálculos inútiles de los tiempos proféticos. Los tesalonicenses no podían conocer el tiempo del juicio final de Dios, pero sabían muy bien que vendría de forma repentina e inesperada (1 Ts 5:2).

d. **el día del Señor.** Existen diecinueve usos indisputables de la frase «el día del Señor» en el AT, y cuatro en el NT (cp. Hch 2:20; 2 Ts 2:2; 2 P 3:10). Los profetas del AT escribieron acerca del «Día del Señor» para describir juicios históricos inminentes (ver Is 13:6-22; Ez 30:2-19; Jl 1:15; Am 5:18-20; Sof 1:14-18) o juicios escatológicos y divinos lejanos (ver Jl 2:30-32; 3:14; Zac 14:1; Mal 4:1, 5). En más de seis ocasiones se califica como un día «grande» y «terrible», y cuatro veces como «el día de la venganza». El NT lo llama un día de «ira», «el día de la visitación» y «aquel gran día del Dios Todopoderoso» (Ap 16:14). Se trata de juicios aterradores y justos por parte de Dios (cp. Jl 2:30, 31; 2 Ts 1:7-10) contra la pecaminosidad abrumadora del mundo. El «Día del Señor» futuro que desata por completo la ira de Dios tiene lugar en dos períodos: 1) al final de la tribulación de siete años (cp. Ap 19:11-21), y 2) al final del milenio. Ambos «días» están separados por mil años literales y Pedro se refiere al final del período de mil años en relación con el «día del Señor», al final de los tiempos (cp. 2 P 3:10; Ap 20:7-15). Aquí Pablo se refiere a ese aspecto del «día del Señor», que concluye el período de la tribulación.

vendrá así [a]como ladrón en la noche; que cuando digan: [b]Paz y seguridad, entonces vendrá sobre ellos destrucción repentina, como [c]los dolores a la mujer encinta, y no escaparán. [d]Mas vosotros, hermanos, [e]no estáis en tinieblas, para que aquel día os sorprenda como ladrón. Porque todos vosotros sois [f]hijos de luz e hijos del día; no somos de la noche ni de las tinieblas. Por tanto, [g]no durmamos como los demás, sino velemos y seamos sobrios. Pues los que duermen, de noche duermen, y los que se embriagan, de noche se embriagan. Pero nosotros, que somos del día, seamos sobrios, habiéndonos vestido con la [h]coraza de fe y de amor, y con la esperanza de salvación como yelmo. Porque no

---

a. **como ladrón en la noche.** Esta frase nunca se usa con referencia al arrebatamiento de la Iglesia. Se emplea para aludir a la venida de Cristo para juzgar en el Día del Señor, al final de la tribulación, que se distingue del rapto de la iglesia (ver 1 Ts 4:15), y también para ilustrar el juicio que concluye el milenio (2 P 3:10). Como el ladrón llega sin avisar y de manera inesperada, el Día del Señor vendrá sin advertencia previa en sus dos fases finales.

b. **Paz y seguridad.** Como los profetas falsos que en el mundo antiguo hicieron pronósticos fraudulentos sobre un futuro radiante, a pesar de la inminencia del juicio de Dios sobre el pecado (Jer 6:14; 8:11; 14:13, 14; Lm 2:14; Ez 13:10, 16; Mi 3:5), también lo harán así en días futuros, justo antes del día final de destrucción del Señor.

c. **los dolores a la mujer encinta.** El Señor usó esta misma ilustración en el discurso del monte de los Olivos (ver Mt 24:8). Representa el carácter inevitable, súbito e ineludible y doloroso del Día del Señor.

d. **Mas vosotros, hermanos.** Pablo hace un cambio dramático de la tercera persona (tres veces en el v. 3) al pronombre de la segunda persona plural. Debido a que la iglesia es arrebatada antes del juicio final correspondiente al Día del Señor, los creyentes no estarán presentes en la tierra para experimentar sus terrores y destrucción

e. **no estáis en tinieblas.** Los creyentes no tendrán parte en el Día del Señor, porque han sido librados del dominio de las tinieblas y trasladados al reino de la luz (Col 1:13). Jesús enseñó que creer en él disiparía por completo la oscuridad espiritual en la que hubiera estado sumida la persona (Jn 8:12; 12:46). El contraste entre los creyentes y los perdidos es aplastante, y Pablo reseña sus implicaciones en 1 Ts 5:7. Los creyentes no experimentarán la ira de Dios, porque son diferentes en naturaleza. Los incrédulos están en tinieblas (cp. 1 Ts 5:2, «en la noche»), absortos en tinieblas mentales, morales y espirituales a causa de su pecado e incredulidad (cp. Jn 1:5; 3:19; 8:12; 2 Co 4:6; Ef 4:17, 18; 5:8, 11). Todas estas personas son los hijos de Satanás (cp. Jn 8:44), a quien se le llama «la potestad de las tinieblas» (Lc 22:53). El Día del Señor los «tomará por sorpresa» y los resultados serán letales.

f. **hijos de luz.** Esto corresponde a una expresión hebrea que caracteriza a los creyentes como hijos de Dios, su Padre celestial quien es luz y en quien no hay tinieblas en absoluto (1 Jn 1:5-7). Cp. Lc16:8; Jn 8:12; 12:36. Los creyentes viven en una esfera de vida totalmente diferente a la de los que estarán presentes en el Día del Señor.

g. **no durmamos.** Puesto que los creyentes han sido librados del dominio de las tinieblas, son retirados de la noche de pecado e ignorancia y colocados en la luz de Dios. Puesto que los cristianos están en la luz, no deberían dormir en la indiferencia espiritual y la complacencia, sino mantenerse vigilantes y alerta sobre las cosas espirituales que los rodean. No deben vivir como las personas entenebrecidas y dormidas que serán despertadas de su estado comatoso por la llegada del Día del Señor. Los cristianos deben llevar una vida vigilante, equilibrada y piadosa bajo el control de la verdad.

h. **coraza.** Pablo describía la vida cristiana en términos militares como una vida de sobriedad (vigilancia), de adiestramiento y de equipamiento adecuados. La «coraza» es una parte importante del equipo militar, porque cubre los órganos vitales del cuerpo. La «fe» es una protección esencial contra las tentaciones, porque es confianza en la promesa, el plan y la verdad de Dios. La creencia inamovible en la Palabra de Dios es lo que nos protege de las flechas de la tentación. En el aspecto negativo del asunto, la incredulidad es lo que caracteriza todo pecado. Cada vez que un creyente peca es porque ha creído la mentira de Satanás. El

nos ha puesto Dios para [a]ira, sino para alcanzar salvación por medio de nuestro Señor Jesucristo, quien murió por nosotros para que ya [b]sea que velemos, o que durmamos, vivamos juntamente con él.

Por lo cual, animaos unos a otros, y edificaos unos a otros, así como lo hacéis.

71. La vida cristiana y la bendición final

1 Tesalonicenses 5:12–28

Os rogamos, hermanos, [c]que reconozcáis a los que trabajan entre vosotros, y os presiden en el Señor, y os amonestan; y que los tengáis en mucha [d]estima y amor por causa de su obra. Tened paz entre vosotros.

También [e]os rogamos, hermanos, que amonestéis a los ociosos, que alentéis a los de poco ánimo, que sostengáis a los débiles, que seáis pacientes para

---

amor a Dios también es esencial porque el amor perfecto por él produce obediencia perfecta a él. En otros pasajes se emplea la coraza de un guerrero para representar la justicia (Is 59:17; Ef 6:14). La fe también se simboliza como el escudo de un soldado (Ef 6:16). El «yelmo» siempre se asocia con la salvación en sus aspectos futuristas (cp. Is 59:17; Ef 6:17). Nuestra salvación futura está garantizada y nada puede deshacerla (Ro 13:11). De este modo, Pablo combinó de nuevo la fe, el amor y la esperanza (cp. 1 Ts 1:3). Ver Ef 6:10-17.

a. **ira.** Es la misma ira aludida en 1 Ts 1:10. En este contexto (nótese de manera especial el contraste), parece obvio que esta ira se refiere a la ira eterna de Dios y no a su ira temporal durante el período de la tribulación (cp. Ro 5:9).

b. **sea que velemos, o que durmamos.** Esta analogía se conecta con 1 Ts 4:13-15 y alude a estar vivos o muertos con la promesa de que, en cualquier caso, un día viviremos en plena unidad (cp. 1 Ts 4:17; Jn 14:1-3) y juntos para siempre con el Salvador quien murió como sustituto por nuestros pecados. Cp. Ro 4:9; Gá 1:4; 2 Co 5:15, 21.

c. **que reconozcáis.** Esto no significa un simple reconocimiento facial, sino que los creyentes deben conocer a sus pastores lo suficiente como para apreciarlos de manera íntima y respetarlos a causa de su valor e importancia para el Cuerpo. La obra de los pastores se resume en una descripción triple que incluye: 1) trabajar hasta el cansancio; 2) supervisar como «obispos», cuyo significado literal es estar al frente al rebaño para conducirlos en el camino de la justicia, y 3) amonestar e instruir en las verdades de la Palabra de Dios. Cp. He 13:7, 17.

d. **estima.** Además de conocer de cerca a sus pastores, las congregaciones deben pensar de manera correcta y amorosa acerca de sus líderes espirituales, no en virtud de su carisma o personalidad, sino porque trabajan para el Príncipe de los pastores como siervos especiales (cp. 1 P 5:2-4). También deben someterse a su liderazgo para que prevalezca la «paz» en la iglesia.

e. **os rogamos.** Pablo ha explicado cómo deben servir los pastores a las personas y cómo las congregaciones deben responder a sus pastores. En estos versículos, presenta cómo las personas deben tratarse entre sí en la confraternidad de la iglesia. Los «ociosos» que están fuera de la línea deben ser advertidos y enseñados a vivir conforme a la voluntad de Dios. «Los de poco ánimo» viven con temor y dudas, por lo que deben ser alentados y se les debe infundir denuedo. Los «débiles» carecen de fortaleza moral y espiritual, y necesitan que se les sostenga con firmeza. La paciencia, el perdón y los actos de bondad deben prevalecer entre todos.

con todos. Mirad que ninguno pague a otro mal por mal; antes seguid siempre lo bueno unos para con otros, y para con todos.

Estad siempre [a]gozosos. [b]Orad sin cesar. [c]Dad gracias en todo, porque esta es la voluntad de Dios para con vosotros en Cristo Jesús.

No [d]apaguéis al Espíritu. No menospreciéis las [e]profecías. [f]Examinadlo todo; retened lo bueno. Absteneos de toda especie de mal.

Y el mismo [g]Dios de paz os santifique por completo; y [h]todo vuestro ser, espíritu, alma y cuerpo, sea guardado irreprensible [i]para la venida de nuestro Señor Jesucristo. Fiel es el que [j]os llama, el cual también lo hará.

Hermanos, orad por nosotros.

---

a. **gozosos.** El gozo es apropiado en todo tiempo. Cp. Fil 2:17, 18; 3:1; 4:4.

b. **Orad sin cesar.** No se refiere a orar de manera repetida y sin descanso (cp. Mt 6:7, 8), sino más bien a orar con persistencia (cp. Lc 11:1-13; 18:1-8) y regularidad (cp. Ef 6:18; Fil 4:6; Col 4:2, 12).

c. **Dad gracias.** La falta de gratitud es una característica de los incrédulos (cp. Ro 1:21; 2 Ti 3:1-5). «Esta es la voluntad de Dios» incluye 1 Ts 5:16, 17.

d. **apaguéis.** El fuego del Espíritu de Dios no debe sofocarse con pecado. Los creyentes también son instruidos a no contristar al Espíritu Santo (Ef 4:30), sino más bien a ser controlados por él (Ef 5:18) y a andar en él (Gá 5:16).

e. **profecías.** Esta palabra puede referirse a una revelación verbal de Dios (cp. Hch 11:27, 28; 1 Ti 1:18; 4:14), pero con mayor frecuencia se refiere a las palabras escritas de la Biblia (cp. Mt 13:14; 2 P 1:19-21; Ap 1:3; 22:7, 10, 18, 19). Estas «profecías» son mensajes que se proclaman con la autoridad de Dios a través de un portavoz suyo bien reconocido, y no deben tratarse con ligereza porque tienen origen divino. Siempre que se predique o lea la Palabra de Dios, debe recibirse con gran seriedad.

f. **Examinadlo todo.** Este llamado al examen cuidadoso y el discernimiento es en respuesta al mandato de 1 Ts 5:20. No se debe degradar jamás la proclamación de la Palabra de Dios, sino examinar con detenimiento la palabra predicada (cp. Hch 17:10, 11). Tras ese examen cuidadoso, todo lo «bueno» debe recibirse de todo corazón y lo «malo» que no sea bíblico debe ser descartado y evitado.

g. **Dios... os santifique.** Tras concluir todas las exhortaciones que comienzan en 1 Ts 4:1 y, en especial las de 1 Ts 5:16-22, la bendición final de Pablo reconoce la fuente indispensable para obedecerlas y cumplirlas en toda su extensión. La santificación en todos estos sentidos no depende en absoluto del poder humano (cp. Zac 4:6; 1 Co 2:4, 5; Ef 3:20, 21; Col 1:29). Solo Dios (cp. Ro 15:33; 16:20; Fil 4:9; He 13:20 para ver referencias a Dios en el sentido de «paz») «mismo» puede separarnos del pecado «por completo».

h. **todo vuestro ser, espíritu, alma y cuerpo.** Esta referencia global recalca todo lo que abarca la frase «por completo». Al mencionar espíritu y alma Pablo no se propone enseñar que la parte inmaterial del hombre pueda dividirse en dos sustancias (cp. He 4:12). Ambas palabras se utilizan de forma intercambiable a lo largo de todas las Escrituras (cp. He 6:19; 10:39; 1 P 2:11; 2 P 2:8). No puede haber división de estas realidades, sino que más bien se mencionan como en otros textos que utilizan sinónimos múltiples, para subrayar la importancia de lo que se dice (cp. Dt 6:5; Mt 22:37; Mr 12:30; Lc 10:27). Pablo tampoco creía en una composición del ser humano en tres partes (cp. Ro 8:10; 1 Co 2:11; 5:3-5; 7:34; 2 Co 7:1; Gá 6:18; Col 2:5; 2 Ti 4:22), sino tan solo dos partes: material e inmaterial.

i. **para la venida.** Esta cuarta mención de la *parousia* de Cristo se refiere al arrebatamiento de la iglesia como también en las referencias anteriores de 1 Ts 2:19; 3:13; 4:15.

j. **os llama.** Como en todas las menciones del llamamiento divino en el NT, se refiere al llamado eficaz de Dios a sus elegidos para salvación (cp. 1 Ts 2:12; 4:7; Ro 1:6, 7; 8:28; 1 Co 1:9; Ef 4:1, 4; 2 Ti 1:9; 1 P 2:9; 5:10; 2 P 1:10). El Dios que llama también es el que llevará a los llamados a su gloria eterna, y ninguno de ellos se perderá (cp. Jn 6:37-44; 10:28, 29; Ro 8:28-39; Fil 1:6; Jud 24).

Saludad a todos los hermanos con [a]ósculo santo.
Os conjuro por el Señor, que esta carta [b]se lea a todos los santos hermanos.
La gracia de nuestro Señor Jesucristo sea con vosotros. Amén.

72. Pablo escribe su Segunda Epístola a los Tesalonicenses

Introducción a 2 Tesalonicenses

En el NT griego, 2 Tesalonicenses «A los Tesalonicenses». Es la segunda correspondencia canónica de Pablo a la comunidad de creyentes en la ciudad de Tesalónica (cp. 1:1).

Autor y fecha

Igual que en 1 Tesalonicenses, Pablo se autoidentifica dos veces como el autor de esta carta (1:1; 3:17). Silvano (Silas) y Timoteo, los colaboradores de Pablo en la fundación de la iglesia, estaban presentes con él cuando escribió. Las pruebas, tanto dentro de esta carta como con respecto al vocabulario, estilo y contenido doctrinal, apoyan firmemente la autoría paulina como única posible. Esta epístola se escribió sin duda pocos meses después de la primera, mientras Pablo seguía en Corinto con Silas y Timoteo (1:1; Hch 18:5), a finales del 51 A.D. o a principios del 52 A.D. (ver la Introducción a 1 Tesalonicenses: Autor y fecha).

Contexto histórico

Para la historia de Tesalónica, ver la Introducción a 1 Tesalonicenses: Contexto histórico. Algunos han sugerido que Pablo escribió esta carta desde Éfeso (Hch 18:18-21), pero su estancia de dieciocho meses en Corinto proveyó amplia oportunidad para que se escribieran ambas epístolas a los tesalonicenses (Hch 18:11).

Al parecer, Pablo se había mantenido al tanto de los sucesos en Tesalónica a través de correspondencia o mensajeros. Quizás el portador de la primera

a. **ósculo santo.** Este gesto de afecto se prescribe en cinco ocasiones en el NT (Ro 16:16; 1 Co 16:20; 2 Co 13:12; 1 P 5:14) y se refiere al abrazo y beso que eran la expresión de saludo en la cultura del primer siglo. Entre los cristianos debía hacerse con toda rectitud para reconocer que los creyentes son hermanos y hermanas en la familia de Dios.

b. **se lea.** La lectura pública era el fundamento de la responsabilidad espiritual de cada creyente (cp. Gá 4:16; 2 Ts 3:14).

carta le trajera de regreso a Pablo noticias sobre la condición de la iglesia, que había madurado y se había expandido (1:3); pero la presión y la persecución también se habían incrementado. Las semillas de la falsa doctrina con respecto a la venida del Señor se habían sembrado, y la conducta de las personas era desordenada. Entonces, Pablo le escribió a su amado rebaño que estaba: 1) desalentado por la persecución y necesitaba incentivo para perseverar; 2) engañado por falsos maestros que los confundieron respecto al regreso del Señor; y 3) desobedeciendo a los mandamientos divinos, en particular al negarse a trabajar. Pablo escribió para hablar de esos tres asuntos al ofrecer: 1) consuelo para los creyentes perseguidos (1:3-12); 2) corrección para los creyentes falsamente enseñados y asustados (2:1-15); y 3) confrontación de los creyentes desobedientes e indisciplinados (3:6-15).

Temas históricos y teológicos

Aunque los caps. 1, 2 contienen mucho material profético, debido a que el principal asunto era un grave malentendido generado por los falsos maestros respecto día venidero del Señor (Pablo revela que ese día no había llegado ni vendría, hasta que ciertos acontecimientos ocurrieran), sería mejor catalogar esta epístola como una «carta pastoral». El énfasis se encuentra en cómo mantener una iglesia sana con un testimonio eficaz en respuesta apropiada a una escatología sana y en obediencia a la verdad.

La escatología domina los asuntos teológicos. Una de las afirmaciones más claras de la escatología personal para los incrédulos se encuentra en 1:9. La disciplina de la iglesia es el enfoque principal de 3:6-15, que debe considerarse junto con Mateo 18:15-20; 1 Corintios 5:1-13; Gálatas 6:1-5; y 1 Timoteo 5:19, 20 para entender la enseñanza bíblica completa acerca de este tema.

Retos de interpretación

La recompensa y la retribución eternas se explican en 1:5-12 en términos generales, de manera que resulta difícil identificar con precisión algunos de los detalles con respecto al tiempo exacto. Los asuntos concernientes al día del Señor (2:2), qué lo detiene (2:6, 7) y el inicuo (2:3, 4, 8-10) proveen material profético que supone un reto para la interpretación.

73. Pablo ofrece consolación en medio de la aflicción

2 Tesalonicenses 1:1–12

Pablo, Silvano y Timoteo, a la iglesia de los tesalonicenses en Dios nuestro Padre y en el Señor Jesucristo: Gracia y paz a vosotros, de Dios nuestro Padre y del Señor Jesucristo.

[a]Debemos siempre dar gracias a Dios por vosotros, hermanos, como es digno, por cuanto vuestra fe va creciendo, y el amor de todos y cada uno de vosotros abunda para con los demás; tanto, que nosotros mismos nos gloriamos de vosotros en las iglesias de Dios, por vuestra [b]paciencia y fe en todas vuestras persecuciones y tribulaciones que soportáis. Esto es demostración del justo juicio de Dios, para que seáis tenidos por dignos del reino de Dios, por el cual asimismo [c]padecéis. Porque es justo delante de [d]Dios pagar con tribulación a los que os atribulan, y a vosotros que sois atribulados, daros

---

a. **Debemos siempre dar gracias.** Existe una obligación espiritual de agradecer a Dios en oración cada vez que él hace grandes cosas en la vida de sus santos. Así hicieron en obediencia los tesalonicenses, quienes habían demostrado su crecimiento en fe y amor desde la primera epístola. Fue una respuesta directa a las oraciones de Pablo (cp. 1 Ts 1:3; 3:12).

b. **paciencia y fe.** En lo que más se manifestó su crecimiento en fe y amor (2 Ts 1:3) fue en la paciencia y la fidelidad con la que soportaron las hostilidades y el sufrimiento a manos de los enemigos de Cristo. Aunque no había necesidad de decir algo al respecto, porque la vida de cada uno de los tesalonicenses hablaba con suficiente elocuencia (1 Ts 1:8), el gozo de Pablo rebosó ante el Señor por la perseverancia que demostraron.

c. **padecéis.** Tener una actitud correcta ante el sufrimiento es esencial, y esa actitud requiere un interés consumado en el reino de Dios. Ellos no eran egocéntricos, sino que se concentraron en el reino de Dios. Su enfoque no era la comodidad, la realización y la felicidad personal, sino la gloria de Dios y el cumplimiento de sus propósitos. No se lamentaban por la injusticia de sus persecuciones. Más bien, soportaron con paciencia sufrimientos que no merecían (2 Ts 1:4). Su actitud misma era la «demostración» o la prueba positiva de que el proceso sabio de Dios, por medio del cual purga, purifica y perfecciona a través del sufrimiento, opera y sirve para que su pueblo amado se haga digno del reino celestial (cp. 2 Ts 2:12) (cp. Stg 1:2-4; 1 P 5:10). Para los creyentes, las aflicciones deben ser algo esperado (cp. 1 Ts 3:3) mientras se hallan en proceso de desarrollo de su carácter cristiano en un mundo satánico. El sufrimiento no debe considerarse como una evidencia de que Dios los haya abandonado, sino que es la prueba de que él está con ellos y comprometido con su perfeccionamiento (cp. Mt 5:10; Ro 8:18; 2 Co 12:10). De este modo, los tesalonicenses demostraron que su salvación, determinada solo por la fe en el Señor Jesucristo era genuina. porque ellos igual que Cristo estuvieron dispuestos a sufrir por causa de Dios y de su reino. Padecieron injustamente como objetos de la ira del hombre contra Dios y su reino (Hch 5:41; Fil 3:10; Col 1:24). «Reino de Dios» se menciona aquí en el sentido de la salvación (ver Mt 3:2).

d. **Dios pagar.** Así como el juicio justo de Dios sirve para perfeccionar a los creyentes (2 Ts 1:5), su otra función es «retribuir» a los impíos (cp. 2 Ts 1:8). La vindicación y la retribución deben ser ejercidas por el Señor y no por el hombre en todo lo relacionado con la persecución espiritual (cp. Dt 32:35; Pr 25:21, 22; Ro 12:19-21; 1 Ts 5:15; Ap 19:2). El cuándo y el cómo de la retribución divina quedan determinados por él en su infinita sabiduría.

[a]reposo con nosotros, [b]cuando se manifieste el Señor Jesús desde el cielo con los ángeles de su poder, [c]en llama de fuego, para [d]dar retribución a los que [e]no conocieron a Dios, ni obedecen al evangelio de nuestro Señor Jesucristo; los cuales sufrirán pena de [f]eterna perdición, excluidos de la presencia del Señor y de la gloria de su poder, [g]cuando venga en aquel día para ser glorificado en sus santos y ser admirado en todos los que creyeron (por cuanto nuestro testimonio ha sido creído entre vosotros).

Por lo cual [h]asimismo oramos siempre por vosotros, [i]para que nuestro Dios os tenga por dignos de su llamamiento, y cumpla todo propósito de bondad y

---

a. **reposo con nosotros.** Pablo los acompañó en el sufrimiento por la causa justa de Cristo, pues al igual que los tesalonicenses esperaba aquel reposo y recompensa finales tras su sufrimiento por el reino que vendría con el regreso de Cristo, a juzgar a los impíos. El Señor Jesús prometió su regreso para hacer justicia y dar la justa retribución a todos: reposo para los suyos y juicio para los demás (cp. Mt 13:40-43; 24:39-41; 25:31-33; Lc 21:27, 28, 34-36; Jn 5:24-29).

b. **cuando se manifieste el Señor Jesús.** Sin lugar a dudas esto se refiere al momento en el que Cristo será revelado en su venida como juez sobre todos. El primer aspecto de esta revelación se produce al final del período de tribulación de siete años (cp. Mt 13:24-30, 36-43; 24:29-51; 25:31-46; Ap 19:11-15). La revelación final y universal de Cristo como juez ocurre en el juicio ante el gran trono blanco que viene después del reino milenario de Cristo sobre la tierra (Ap 20:11-15). Los ángeles siempre acompañan a Cristo en su venida para juzgar (cp. Mt 13:41, 49; 24:30, 31; 25:31; Ap 14:14, 15).

c. **en llama de fuego.** El fuego es un símbolo de juicio (cp. Éx 3:2; 19:16-20; Dt 5:4; Sal 104:4; Is 66:15, 16; Mt 3:11, 12; Ap 19:12).

d. **dar retribución.** El significado literal de estas palabras es «dar castigo pleno» (cp. Dt 32:35; Is 59:17; 66:15; Ez 25:14; Ro 12:19).

e. **no conocieron a Dios.** Cp. 1 Ts 4:5. Esto alude a la falta de una relación personal con Dios a través de Jesucristo (cp. Jn 17:3; Gá 4:8; Ef 2:12; 4:17, 18; Tit 1:16). La retribución no es algo que se dispense a causa de la persecución de los cristianos, sino porque los incrédulos no obedecieron el mandato de Dios respecto a creer (cp. Hch 17:30, 31; Ro 1:5; 10:16; 15:18; 16:19) e invocar el nombre del Señor para ser salvos de su pecado (Ro 10:9-13; 1 Co 16:22; He 10:26-31). La salvación nunca se obtiene por obras, sino siempre al depositar la fe solo en el Señor Jesucristo (Ef 2:8-10).

f. **eterna perdición.** Ver Mt 25:46. Pablo explicó la duración y el alcance de lo que, en otros pasajes bíblicos, se llama «infierno». En primer lugar, dura para siempre, así que no es una experiencia reversible. En segundo lugar, perdición significa destrucción y ruina completa que no implica aniquilación, sino un nuevo estado de conciencia peor en todos los sentidos al primero (cp. Ap 20:14, 15). Se describe como la ausencia y el aislamiento total de la presencia y la gloria de Dios (cp. Mt 8:12; 22:13; 25:30; Lc 16:24-26).

g. **cuando venga.** El momento de la llegada del Señor para retribución y ruina de los incrédulos. Al quedar desplegada la gran gloria de Cristo, el resultado será reposo y alivio para los creyentes y el privilegio insuperable de participar en su gloria (cp. Fil 3:21; 1 Jn 3:2). Esta es la «manifestación» gloriosa de los creyentes a la que Pablo hizo alusión (Ro 8:18, 19). En aquel tiempo, todos los creyentes lo adorarán y le rendirán culto, incluidos los de la iglesia en Tesalónica que creyeron el testimonio que Pablo les dio del evangelio.

h. **asimismo oramos.** La vida de oración de Pablo queda ejemplificada cuatro veces en esta carta (cp. 2 Ts 1:12; 2:16, 17; 3:1-5, 16). Aquí oró como lo hizo en 2 Ts 1:5, para que se pudieran comportar de manera coherente con su identidad como cristianos (cp. 1 Ts 2:19; Ef 4:1; Col 1:10), que vivieran a la altura de «su llamamiento» a la salvación (cp. Ro 8:30; 11:29; Gá 4:13-15; 1 Co 1:26; Col 1:3-5; 1 Ts 2:12) con una vida caracterizada por la bondad y las obras poderosas de la fe.

i. **para que.** La manera digna de vivir o «andar», que se describe en 2 Ts 1:11, permite que Dios sea glorificado en nosotros, que es su propósito más grande (cp. 2:14; 1 Co 10:31; 1 P 4:11).

toda obra de fe con su poder, para que el nombre de nuestro Señor Jesucristo sea glorificado en vosotros, y vosotros en él, por la gracia de nuestro Dios y del Señor Jesucristo.

74. Pablo corrige errores proféticos

2 Tesalonicenses 2:1–17

Pero con respecto a [a]la venida de nuestro Señor Jesucristo, y nuestra reunión con él, os rogamos, hermanos, que no os dejéis [b]mover fácilmente de vuestro modo de pensar, ni os conturbéis, ni por espíritu, ni por palabra, ni por carta como si fuera nuestra, en el sentido de que [c]el día del Señor está cerca. Nadie

---

a. **la venida de nuestro Señor Jesucristo.** Esta es la quinta mención de la venida de Cristo en las cartas a los tesalonicenses (cp. 1 Ts 2:19; 3:13; 4:15; 5:23; ver 1 Ts 2:19). El carácter específico de este aspecto de su venida se identifica aquí con la frase «nuestra reunión», que transmite la noción de que todos los creyentes se juntarán para estar con el Señor Jesús, una referencia obvia al arrebatamiento de la iglesia que se describe en 1 Ts 4:13-18 y Jn 14:1-3. Cp. He 10:25 el otro uso de esta frase en el NT. Es el acontecimiento que los tesalonicenses anticipaban (cp. 1 Ts 1:10; 3:13; 5:9).

b. **mover fácilmente.** Este término se empleó para aludir a un terremoto (Hch 16:26) y también a una embarcación que se soltara del ancla en medio de una tormenta. Junto a la palabra «conturbéis» describe el estado de agitación y alarma que se había apoderado de la iglesia. Estaban perturbados en gran manera, porque habían esperado que la llegada del rapto y su reunión final con el Señor tuviera lugar antes del día del Señor. Tenían previsto ser llevados a la gloria y al descanso celestial, no dejados en la tierra para sufrir la persecución y la ira divina. Pablo debió haberles enseñado que no estarían presentes en el día del Señor (1 Ts 5:2-5; cp. Ap 3:10), pero ellos se habían confundido por la persecución que experimentaban en aquel tiempo, y creyeron que ya estaban justo en medio del día del Señor. Este error había sido reforzado por algunos mensajes recibidos que así lo confirmaban. Pablo describió la fuente de estos mensajes como espíritu, palabra y carta. Lo más probable es que un espíritu se refiera a un profeta falso que afirma haber recibido una supuesta revelación divina, como en 1 Jn 4:1-3. Una palabra se referiría a un sermón o discurso dado, mientras que una carta correspondía a un informe escrito. El efecto poderoso pero dañino de esta información falsa se obtenía al afirmar que provenía del apóstol Pablo (como si fuera nuestra). Quien les hubiera declarado que estaban siendo testigos del día del Señor alegó que la noticia provenía de Pablo, quien la oyó, la predicó y la escribió. Por ello, su mentira recibió una supuesta sanción apostólica. El resultado fue la confusión, el terror y la alarma. Es obvio que habían esperado que el arrebatamiento se produjera antes que el día del Señor, porque de haberlo esperado después se habrían regocijado por la inminencia de la venida de Cristo. La autenticidad apostólica de esta carta, que corrige el error, fue muy importante y explica el cuidado de Pablo en terminar la carta con palabras escritas de su puño y letra distintivos (2 Ts 3:17; cp. Gá 6:11).

c. **el día del Señor.** Otras fuentes textuales dicen el día de Cristo (ver 1 Ts 5:2 para la discusión sobre este día). La idea de que el día del Señor ya había venido entraba en conflicto con lo que Pablo les había enseñado antes acerca del arrebatamiento. Este error, que tanto trastornó a los tesalonicenses, es lo que Pablo corrigió en 2 Ts 2:3-12, donde mostró que el día no había llegado ni podía llegar hasta que ciertas realidades tuvieran lugar, en especial lo referente al «hombre de pecado» (2 Ts 1:3).

os engañe en ninguna manera; porque no vendrá sin que antes venga [a]la apostasía, y se manifieste el hombre de pecado, el hijo de perdición, el cual se opone y se levanta contra todo lo que se llama Dios o es objeto de culto; tanto que se sienta en el templo de Dios como Dios, haciéndose pasar por Dios.

¿No os acordáis que cuando yo estaba todavía con vosotros, [b]os decía esto? Y ahora vosotros sabéis [c]lo que lo detiene, a fin de que a su debido

---

a. **la apostasía.** El día del Señor no puede venir hasta que suceda el abandono deliberado de una profesión anterior de fe, lealtad o compromiso. Este término se usaba para aludir a una rebelión militar, política o religiosa. Algunos han sugerido, basándose en pruebas lingüísticas cuestionables, que esto se refiere a «partida» en el mismo sentido de «arrebatamiento». Sin embargo, el contexto apunta a una deserción religiosa que se describe de forma detallada en 2 Ts 2:4. El lenguaje indica un acontecimiento específico y no una apostasía general que existe en la actualidad, y que siempre estará presente hasta el fin. Lo que Pablo tiene en mente es un alejamiento y una traición total que se conoce como *la* apostasía. Es un suceso específico que puede identificarse con claridad y que es único por ser el acto consumado de rebelión con implicaciones definitivas al final de los tiempos. La clave para identificar el suceso consiste en identificar a su personaje principal, a quien Pablo llama «el hombre de pecado». Algunos textos lo traducen aquí como «el hombre inicuo», pero no existe una diferencia real en significado porque pecado equivale a iniquidad (1 Jn 3:4). Es el mismo hombre que se describe como «un príncipe que ha de venir» (Dn 9:26) y «el cuerno pequeño» (Dn 7:8), a quien Juan llama «la bestia» (Ap 13:2-10, 18) y es conocido por la mayoría como el anticristo. El contexto y el lenguaje identifican con claridad a una persona real en el tiempo futuro, que hace en realidad todas las cosas que se profetizan en las Escrituras acerca de él. También se le llama «el hijo de perdición» o destrucción, una expresión que también se aplicó a Judas Iscariote (Jn 17:12). La apostasía consiste en la abominación desoladora que tiene lugar a la mitad de la tribulación y de la cual se habla en Dn 9:27; 11:31 y Mt 24:15. Este hombre no es Satanás, aunque la fuerza subyacente a su ser y sus acciones es Satanás mismo (2 Ts 2:9), y su motivación consiste en los deseos del diablo (cp. Is 14:13, 14). Pablo se refiere al máximo acto de apostasía que revela al anticristo final y fija el curso para los acontecimientos que abren paso al día del Señor. Al parecer, se le verá como alguien que apoya la religión para que Dios y Cristo no sean considerados sus enemigos hasta que cometa la apostasía. Se autoexalta y se opone a Dios con su entrada blasfema en el templo, su lugar de adoración exclusiva, y al autodeclararse dios y exigir la adoración del mundo entero. En este acto satánico de deificación personal comete la gran apostasía y el desafío más insolente a Dios. Durante los primeros tres años y medio de la tribulación mantiene relaciones con Israel, pero las interrumpe después (cp. Dn 9:27) y durante los últimos tres años y medio tiene lugar la gran tribulación bajo su mandato (cp. Dn 7:25; 11:36-39; Mt 24:15-21; Ap 13:1-8), que culmina con el día del Señor.

b. **os decía.** El tiempo pasado imperfecto se utiliza para indicar una acción repetida en el tiempo antiguo. Al parecer, Pablo les había enseñado en numerosas ocasiones los detalles de los planes futuros de Dios. Aquí les recordó las cosas que demostraban cuán equivocados estaban los falsos maestros respecto al día del Señor. Pablo les había dicho antes que la revelación del anticristo antecede al día del Señor, y como todavía no se había manifestado, era imposible que ya estuvieran en el día final.

c. **lo que lo detiene.** Los tesalonicenses ya habían sido enseñados al respecto, y sabían qué detenía la venida del anticristo; por ello, Pablo no hace mención específica de ese agente y, como resultado, se han hecho muchas sugerencias para identificar la fuerza que detiene en 2 Ts 2:6, 7. Entre ellas se incluye: 1) el gobierno humano, 2) la predicación del evangelio, 3) la atadura de Satanás, 4) la providencia de Dios, 5) el estado judío, 6) la iglesia, 7) el Espíritu Santo y 8) Miguel. La fuerza que detiene la revelación del anticristo descrito en 2 Ts 2:3, 4, 8-10 en la plenitud de su apostasía y maldad debe de tener mucho más que poder humano o angelical. El poder que impide a Satanás traer la apostasía final y la manifestación de su falso cristo, a quien posee por completo, debe ser divino y sobrenatural. Tiene que ser el poder de Dios que interviene de forma directa para frenar a Satanás con el fin de que el hombre de pecado o el hijo de destrucción no pueda venir hasta que Dios lo permita, eliminando el poder que lo detiene. La razón de esa detención es que el anticristo sea revelado en el tiempo se manifieste. Porque ya está en acción [a]el misterio de la iniquidad; solo que hay quien al presente lo detiene, hasta que él a su vez sea [b]quitado de en medio. Y [c]entonces se manifestará aquel inicuo, a quien [d]el Señor matará con el espíritu de su boca, y destruirá con el resplandor de [e]su venida; [f]inicuo cuyo advenimiento es por obra de Satanás, con gran poder y señales y prodigios mentirosos, y con todo engaño de iniquidad para los que se pierden, por cuanto no recibieron el amor de la verdad para ser salvos. Por esto Dios les envía un poder engañoso, para que crean la mentira, a fin de que sean condenados todos los que no creyeron a la verdad, sino que se complacieron en la injusticia.

Pero nosotros debemos dar siempre gracias a Dios respecto a vosotros, hermanos amados por el Señor, de que Dios os haya escogido desde el principio para salvación, mediante la santificación por el Espíritu y la fe en la verdad, a lo cual os llamó mediante nuestro evangelio, para alcanzar la gloria de nuestro Señor Jesucristo. Así que, hermanos, estad firmes, y retened la doctrina que habéis aprendido, sea por palabra, o por carta nuestra.

---

momento determinado por Dios y no antes, tal como sucedió con la manifestación de Cristo (cp. Gá 4:4), porque Dios controla a Satanás.

a. **el misterio de la iniquidad.** Este es el espíritu de iniquidad que ya prevalece en la sociedad humana (cp. 1 Jn 3:4; 5:17), pero se define como un misterio, porque no se revelará por completo como lo hará en aquel que se opone a Dios con tanta perfidia que asume de manera blasfema su lugar mismo sobre la tierra, que Dios ha reservado para su Hijo Jesucristo. El espíritu de ese hombre ya está en operación en el mundo (cp. 1 Jn 2:18; 4:3), pero el hombre en quien se incorpore en toda plenitud todavía no ha llegado. Para más información sobre ese detalle, ver Mt 13:11; 1 Co 2:7; Ef 3:4, 5.

b. **quitado de en medio.** Esto no se refiere a una eliminación espacial (por eso tampoco puede corresponder al arrebatamiento de la Iglesia), sino más bien a ponerse a un lado. La noción es salir de en medio sin irse del todo (cp. Col 2:14 donde nuestros pecados son quitados como una barrera para llegar a Dios). El impedimento quedará en su lugar hasta que el anticristo sea revelado, en el punto medio de la tribulación de siete años, por lo cual le quedarán cuarenta y dos meses para reinar (Dn 7:25; Ap 13:5).

c. **entonces se manifestará aquel.** En el momento determinado por decreto divino, a la mitad de la tribulación, cuando Dios quite la resistencia divina, se le permitirá por fin a Satanás, quien ha fomentado todo el tiempo el espíritu de iniquidad (2 Ts 2:7), cumplir su deseo de imitar a Dios al tomar posesión de un hombre que hará su voluntad, en un intento descarado de copiar lo que Jesús hizo con su Padre. Esto también forma parte del plan divino para la consumación de la maldad y su juicio final en el día del Señor.

d. **el Señor matará.** Su muerte ocurrirá a manos de Dios (cp. Dn 7:26; Ap 17:11) y este hombre, junto a su socio al que se conoce como el falso profeta, serán lanzados vivos al lago de fuego que arde con azufre, donde quedarán separados de Dios por la eternidad. (Ap 19:20; 20:10).

e. **su venida.** El aspecto de su venida, que se considera aquí, no es el arrebatamiento de la iglesia, sino la venida del Señor para juzgar el día en el que venza todas las fuerzas de Satanás y establezca su reino milenario (Ap 19:11-21).

f. **inicuo.** Realizará actos portentosos que usará como evidencia del poder sobrenatural que posee. Todos los aspectos de su operación serán engañosos y su estrategia será seducir al mundo para que lo adore y sea así condenado. La carrera del anticristo inicuo se describe con mayores detalles en Ap 13:1-18.

Y el mismo Jesucristo Señor nuestro, y Dios nuestro Padre, el cual nos amó y nos dio consolación eterna y buena esperanza por gracia, conforte vuestros corazones, y os confirme en toda buena palabra y obra.

75. Preocupación de Pablo por la iglesia

2 Tesalonicenses 3:1–18

Por lo demás, hermanos, [a]orad por nosotros, para que la palabra del Señor corra y sea glorificada, así como lo fue entre vosotros, y para que seamos librados de [b]hombres perversos y malos; porque no es de todos la fe.

Pero [c]fiel es el Señor, que os afirmará y guardará del mal. Y tenemos confianza respecto a vosotros en el Señor, en que hacéis y haréis lo que os hemos mandado.

Y el Señor encamine vuestros corazones al amor de Dios, y a la paciencia de Cristo.

Pero [d]os ordenamos, hermanos, en el nombre de nuestro Señor Jesucristo, que os apartéis de todo hermano que ande desordenadamente, y no según [e]la enseñanza que recibisteis de nosotros. Porque vosotros mismos sabéis de qué manera debéis [f]imitarnos; pues nosotros no anduvimos desordenadamente

---

a. **orad por nosotros.** Pablo convocaba con frecuencia el apoyo en oración de las iglesias para la continuación de su ministerio (cp. Ro 15:30-32; Ef 6:18, 19; Col 4:2, 3; 1 Ts 5:25; Flm 22). En particular, les pidió que oraran para que la Palabra de Dios no dejara de propagarse con rapidez como ya lo había hecho (cp. Hch 6:7; 12:24; 13:44-49), y que fuera recibida con el honor que merecía.

b. **hombres perversos y malos.** Eran los enemigos de Pablo en Corinto, donde ministraba durante el tiempo en el que escribió (cp. Hch 18:9-17). Eran violentos y agresivos en su oposición al apóstol y al evangelio de Jesucristo.

c. **fiel es el Señor.** Cp. Lm 3:23. Dios es fiel en cuanto a la creación (Sal 119:90), sus promesas (Dt 7:9; 2 Co 1:18; He 10:23), la salvación (1 Ts 5:24), la tentación (1 Co 10:13), el sufrimiento (1 P 4:19), y aquí es fiel para fortalecer a los creyentes y protegerlos de Satanás (cp. Jn 17:15; Ef 6:16; 1 Ts 3:5).

d. **os ordenamos.** Las instrucciones de Pablo no eran simples sugerencias, sino que llevaban todo el peso y la autoridad de la orden sumarial de un juez, y el apóstol estaba encargado de asegurar su despacho y cumplimiento (cp. 2 Ts 3:4, 6, 10, 12). Aquí requirió la separación para que los cristianos obedientes no tuvieran compañerismo con creyentes que fueran desobedientes habituales. Esto se explica más en 2 Ts 3:14.

e. **la enseñanza.** También se puede traducir «la tradición». Había enseñanzas o tradiciones falsas (Mr 7:2-13; Col 2:8) y otras verdaderas (cp. 2 Ts 2:15). La tradición de Pablo consistía en las enseñanzas inspiradas que había impartido.

f. **imitarnos.** Pablo hizo un llamado para que le imitaran (cp. 2 Ts 3:9; 1 Ts 1:6), porque él imitaba el ejemplo de Cristo (cp. 1 Co 4:16; 11:1; Ef 5:1).

entre vosotros, ni comimos de balde el pan de nadie, sino que [a]trabajamos con afán y fatiga día y noche, para no ser gravosos a ninguno de vosotros; no porque no tuviésemos derecho, sino por daros nosotros mismos un ejemplo para que nos imitaseis.

Porque también cuando estábamos con vosotros, os ordenábamos esto: Si alguno no quiere trabajar, tampoco coma. Porque [b]oímos que algunos de entre vosotros andan desordenadamente, no trabajando en nada, sino entremetiéndose en lo ajeno. A los tales mandamos y exhortamos por nuestro Señor Jesucristo, que trabajando sosegadamente, coman su propio pan.

Y vosotros, hermanos, [c]no os canséis de hacer bien. Si alguno no obedece a lo que decimos por medio de esta carta, a ese señaladlo, y [d]no os juntéis con él, para que se avergüence. Mas no lo tengáis por [e]enemigo, sino amonestadle como a hermano.

Y [f]el mismo Señor de paz os dé siempre paz en toda manera. El Señor sea con todos vosotros.

La salutación es de mi propia mano, de Pablo, que es [g]el signo en toda carta mía; así escribo.

---

a. **trabajamos.** El asunto específico era el trabajo diligente que se requiere para ganarse la vida. Aunque Pablo tenía la «autoridad» como apóstol para recibir apoyo económico, él optó por ganarse la vida con su propio trabajo para dar ejemplo (cp. 1 Co 9:3-14; Gá 6:4; 1 Ti 5:17, 18).

b. **oímos.** Según el informe recibido, a pesar de que Pablo les había enseñado que trabajaran y les escribió para que lo hicieran con diligencia y responsabilidad (1 Ts 4:11), algunos seguían renuentes a trabajar (cp. 1 Ti 5:13). A estos se les mandó ordenar su vida y trabajar con honradez.

c. **no os canséis de hacer bien.** Los creyentes que trabajaban duro estaban cansados de tener que sostener a los perezosos, y estaban listos para detener todas las ayudas a los necesitados. Pablo les recordó que quienes en realidad necesitaban ayuda no podían prescindir de sus obras de caridad, y que los tesalonicenses no deberían ser negligentes con ellos.

d. **no os juntéis.** Esto significa «mezclarse» en el sentido de una interacción social íntima. Los cristianos que desobedecían de manera descarada tenían que ser excluidos de la comunión fraternal (2 Ts 3:6), para que sintieran vergüenza, con la esperanza de que se arrepintieran de su desobediencia a la Palabra de Dios. Ver Mt 18:15-17; 1 Co 5:9-13; Gá 6:1 para detalles adicionales sobre cómo lidiar con los que se enfrascan en pecados reiterados sin arrepentirse.

e. **enemigo... hermano.** El propósito de esta exclusión de la comunión fraternal no es un rechazo definitivo. Aunque un patrón de conducta pecaminosa sin arrepentimiento debe tratarse de manera decisiva, siempre debe tenerse en mente que la persona con la que uno trata es un hermano en el Señor, así que todas las advertencias acerca de su pecado deben hacerse con una actitud de amor fraternal. Sobre instrucciones para la aplicación correcta de la disciplina eclesiástica, ver Mt 18:15-20.

f. **el mismo Señor de paz.** Pablo sabía que para ellos era muy significativo reflexionar en esta característica de Dios, a la luz de la batalla espiritual intensa que se libraba en medio de los tesalonicenses (cp. 2 Ts 1:2; 1 Ts 1:1; 5:23). Cp. las otras bendiciones de Pablo a esta iglesia en 2 Ts 2:16, 17; 3:5; 1 Ts 3:11-13; 5:23.

g. **el signo.** Pablo escribió muchas veces por medio de un secretario (cp. Ro 16:22). En esos casos, como es muy probable que haya sido esta carta, Pablo añadía una firma reconocida que lo identificaba (cp. 1 Co 16:21; Col 4:18) para que los lectores estuvieran seguros de que él era su autor verdadero.

La gracia de nuestro Señor Jesucristo sea con todos vosotros. Amén.

76. Pablo retorna a Antioquía

Hechos 18:18b–22

Mas Pablo, habiéndose detenido aún muchos días allí, después se despidió de los hermanos y navegó a Siria, y con él [a]Priscila y Aquila, [b]habiéndose rapado la cabeza en [c]Cencrea, porque tenía hecho voto. Y llegó a [d]Éfeso, y [e]los dejó allí; y entrando en la sinagoga, discutía con los judíos, los cuales le rogaban que se quedase con ellos por más tiempo; mas no accedió, sino que se despidió de ellos, diciendo: Es necesario que en todo caso yo guarde en Jerusalén la fiesta que viene; pero otra vez volveré a vosotros, si Dios quiere. Y zarpó de Éfeso.

Habiendo arribado a Cesarea, [f]subió para saludar a la iglesia, y luego descendió a Antioquía.

---

a. **Priscila y Aquila.** El hecho de que pudieran acompañar a Pablo significa que había un liderazgo competente en Corinto, con hombres como Gayo, Sóstenes, Estéfanas y Crispo.

b. **habiéndose rapado la cabeza... tenía hecho voto.** Para mostrar su gratitud a Dios por ayudarlo a superar un tiempo difícil en Corinto, el apóstol tomó un voto nazareo como promesa especial de separación y devoción a Dios (cp. Nm 6:2-5, 13-21). El voto duraba por lo general un período específico, aunque Sansón (Jue 13:5), Samuel (1 S 1:11) y Juan el Bautista (Lc 1:15) fueron nazareos toda su vida. En el tiempo de Pablo, si alguien hacía el voto mientras estuviera lejos de Jerusalén, al terminar de cumplir su voto se rasuraba la cabeza como Pablo lo hizo para presentar el cabello antes de que transcurrieran treinta días.

c. **Cencrea.** El puerto oriental de Corinto.

d. **Éfeso.** La ciudad más importante en Asia Menor.

e. **los dejó allí.** Priscila y Aquila se quedaron en Éfeso para establecer su oficio y negocio. Al parecer vivieron en Éfeso varios años y una iglesia se congregaba en su casa (1 Co 16:19), hasta que regresaron a Roma (Ro 16:3-5).

f. **subió... descendió a Antioquía.** Aunque Lucas no lo menciona en detalle, su descripción de la geografía indica que Pablo fue a Jerusalén para saludar a la iglesia. Puesto que Jerusalén estaba en una elevación sobre la región aledaña, los viajeros tenían que «subir» para entrar a la ciudad y «bajar» para ir a cualquier otro lugar. Pablo también tuvo que volver a Jerusalén para cumplir su voto. Esto dio por terminado su segundo viaje misionero.

PARTE IV

El tercer viaje misionero de Pablo

ca. 53–57 A.D.

77. El ministerio con Apolos en Éfeso

Hechos 18:23—19:7

Y después de estar [a]allí algún tiempo, salió, recorriendo por orden la región de [b]Galacia y de Frigia, confirmando a todos los discípulos.

Llegó entonces a Éfeso un judío llamado [c]Apolos, natural de [d]Alejandría, varón elocuente, [e]poderoso en las Escrituras. Este había sido instruido en [f]el camino del Señor; y siendo de espíritu fervoroso, hablaba y enseñaba diligentemente lo concerniente al Señor, aunque solamente conocía [g]el bautismo de Juan. Y comenzó a hablar con denuedo en la sinagoga; pero cuando le oyeron Priscila y Aquila, le tomaron aparte y le expusieron [h]más exactamente el camino de Dios. Y queriendo él pasar a [i]Acaya, los hermanos le animaron, y [j]escribieron a los discípulos que le recibiesen; y llegado él allá, fue de gran provecho a los que por la gracia habían creído; porque con gran vehemencia

---

a. **allí algún tiempo.** Pudo ser entre el verano de 52 A.D. y la primavera de 54 A.D.

b. **Galacia y... Frigia.** Ver Hch 16:6. El regreso de Pablo a esas regiones marcó el inicio de su tercer viaje misionero.

c. **Apolos.** Un santo del AT y seguidor de Juan el Bautista (Hch 18:25). Tras la instrucción que recibió de Aquila y Priscila (v. 26), se convirtió en un predicador cristiano eficaz. Su ministerio tuvo gran influjo en los corintios (cp. 1 Co 1:12).

d. **Alejandría.** Una ciudad importante en Egipto ubicada cerca de la embocadura del Nilo. En el primer siglo contó con una gran población judía. De este modo, aunque Apolo había nacido fuera de Israel, fue criado en un ambiente cultural judío.

e. **poderoso en las Escrituras.** Esta frase se emplea solo aquí y se refiere al conocimiento que Apolo tenía de las Escrituras del AT. Ese conocimiento, combinado con su elocuencia, le permitió derrotar a sus opositores judíos en el debate público.

f. **el camino del Señor.** Esto no incluía la fe cristiana. El AT usa esta misma frase para describir los parámetros espirituales y morales cuya observación Dios requirió de su pueblo (Gn 18:19; Jue 2:22; 1 S 12:23; 2 S 22:22; 2 R 21:22; 2 Cr 17:6; Sal 18:21; 25:8, 9; 138:5; Pr 10:29; Jer 5:4, 5; Ez 18:25, 29; 33:17, 20; Os 14:9).

g. **el bautismo de Juan.** A pesar de su conocimiento del AT, Apolo no entendía del todo la verdad cristiana. El bautismo de Juan tuvo el propósito de preparar a Israel para la llegada del Mesías (cp. Lc 1:16, 17; ver 2:38; Mt 3:6). Apolos aceptó ese mensaje y hasta reconoció a Jesús de Nazaret como el Mesías de Israel, pero no entendía las verdades cristianas básicas como el significado de la muerte y la resurrección de Cristo, el ministerio del Espíritu Santo y la iglesia como el nuevo pueblo de Dios que daría testimonio de él al mundo. Era un típico creyente redimido del AT.

h. **más exactamente el camino de Dios.** Aquila y Priscila completaron el adiestramiento de Apolos en la verdad divina al instruirlo en la plenitud de la fe cristiana.

i. **Acaya.** Apolos planificaba cruzar de Asia Menor (la actual Turquía) a Corinto en la parte continental de Grecia (Hch 19:1).

j. **escribieron a los discípulos.** Estas cartas de recomendación eran comunes en la iglesia primitiva (cp. Ro 16:1, 2; 1 Co 16:10; 2 Co 3:1, 2; Col 4:10). Los cristianos de Éfeso escribieron para informar a sus hermanos de Corinto que Apolos ya era un cristiano que contaba con toda la formación doctrinal que se requería para el ministerio.

refutaba públicamente a los judíos, demostrando por las Escrituras que Jesús era [a]el Cristo.

Aconteció que entre tanto que Apolos estaba en Corinto, Pablo, después de recorrer [b]las regiones superiores, vino a Éfeso, y hallando a [c]ciertos discípulos, les dijo: [d]¿Recibisteis el Espíritu Santo cuando creísteis?

Y ellos le dijeron: Ni siquiera hemos oído si hay Espíritu Santo.

Entonces dijo: ¿En qué, pues, fuisteis bautizados?

Ellos dijeron: En el bautismo de Juan.

Dijo Pablo: Juan bautizó con [e]bautismo de arrepentimiento, diciendo al pueblo que creyesen en aquel que vendría después de él, esto es, en Jesús el Cristo.

Cuando oyeron esto, fueron [f]bautizados en el nombre del Señor Jesús. Y [g]habiéndoles impuesto Pablo las manos, vino sobre ellos el Espíritu Santo; y [h]hablaban en lenguas, y profetizaban. Eran por todos unos doce hombres.

---

a. **el Cristo.** El Mesías de Israel.

b. **las regiones superiores.** El área de Asia Menor al norte de Éfeso, donde Lucas dejó a Pablo antes del interludio en el que describe el ministerio de Apolos (Hch 18:23). Al pasar por esa área, Pablo tomó la ruta directa a Éfeso y no la ruta comercial más usada.

c. **ciertos discípulos.** Eran discípulos de Juan el Bautista (Hch 19:3), indagadores espirituales suscritos al AT. Es evidente que no tenían un entendimiento completo de la fe cristiana por la respuesta que dieron a la pregunta de Pablo (Hch 19:2). La palabra «discípulo» significa «aprendiz» o «seguidor» y no siempre se refiere a los cristianos (cp. Mt 9:14; 11:2; Mr 2:18; Lc 5:33; 7:18, 19; 11:1; Jn 1:35; 6:66). Los seguidores de Juan el Bautista, como este grupo de discípulos, existieron hasta bien entrado el siglo segundo.

d. **¿Recibisteis el Espíritu Santo cuando creísteis?** La pregunta refleja la incertidumbre de Pablo en cuanto a su condición espiritual. Puesto que todos los cristianos reciben el Espíritu Santo en el momento de su salvación (ver Ro 8:9; 1 Co 12:13), su respuesta reveló que todavía no eran cristianos por completo. No habían recibido el bautismo cristiano, solo habían sido inmersos «en el bautismo de Juan» y esto hacía evidente que aún no eran cristianos (ver Hch 2:38).

e. **bautismo de arrepentimiento... que creyesen... en Jesús el Cristo.** Estos discípulos no se habían dado cuenta de que Jesús de Nazaret era aquel en cuya dirección apuntaba el bautismo de Juan. Pablo no los instruyó acerca de cómo recibir el Espíritu Santo, sino acerca de Jesucristo.

f. **bautizados en el nombre del Señor Jesús.** Ellos creyeron la presentación del evangelio que hizo Pablo y llegaron a tener fe para salvación en el Señor Jesucristo (cp. Hch 2:41). Aunque es requerido de todos los cristianos, el bautismo no salva (ver Hch 2:38).

g. **habiéndoles impuesto Pablo las manos.** Esto señalaba su inclusión en la iglesia (ver Hch 8:17). También hubo apóstoles presentes en el nacimiento de la iglesia (Hch 2), así como en la inclusión de los samaritanos (Hch 8) y los gentiles (Hch 10). En cada caso, el propósito de Dios fue hacer hincapié en la unidad de la iglesia.

h. **hablaban en lenguas, y profetizaban.** Esto sirvió como prueba de que ya eran parte activa de la iglesia (ver Hch 8:17). También necesitaban evidencia tangible de que el Espíritu Santo moraba en ellos porque no habían oído que él ya había venido.

78. En Éfeso, Pablo instruye a los discípulos

Hechos 19:8–22

Y entrando Pablo en la sinagoga, habló con denuedo por espacio de [a]tres meses, discutiendo y persuadiendo acerca del reino de Dios. Pero [b]endureciéndose algunos y no creyendo, maldiciendo el Camino delante de la multitud, se apartó Pablo de ellos y separó a los discípulos, discutiendo cada día en [c]la escuela de uno llamado Tiranno. Así continuó por espacio de [d]dos años, de manera que [e]todos los que habitaban en Asia, judíos y griegos, oyeron la palabra del Señor Jesús.

Y hacía Dios [f]milagros extraordinarios por mano de Pablo, de tal manera que aun se llevaban a los enfermos los [g]paños o delantales de su cuerpo, y las enfermedades se iban de ellos, y los espíritus malos salían. Pero algunos de los [h]judíos, exorcistas ambulantes, intentaron invocar el nombre del Señor Jesús

---

a. **tres meses.** La estadía más prolongada de Pablo en cualquier sinagoga, a excepción quizá de la sinagoga en Corinto.

b. **endureciéndose.** La palabra griega siempre se refiere a una actitud desafiante en contra de Dios (Ro 9:18; He 3:8, 13, 15; 4:7). El rechazo de la verdad produce un corazón endurecido y esto hace que el mensaje de la salvación cuyo propósito es dar vida, se convierta en «olor de muerte para muerte» (2 Co 2:16).

c. **la escuela de... Tiranno.** Tiranno pudo haber sido el dueño del aula o un filósofo que enseñaba allí. En el segundo caso, su nombre que significa «nuestro tirano» pudo haber sido un sobrenombre que le dieron sus estudiantes. Pablo utilizaba el recinto durante el descanso de la tarde (entre 11 de la mañana y 4 de la tarde), tiempo en el que por lo general no era ocupado.

d. **dos años.** La cantidad de tiempo que Pablo se dedicó a la enseñanza en la escuela de Tiranno y no la duración total de su ministerio en Éfeso (cp. Hch 20:31).

e. **todos los que habitaban en Asia... oyeron.** Aunque es probable que Pablo nunca haya salido de Éfeso, sus convertidos (cp. 2 Ti 2:2) esparcieron el evangelio por toda la provincia de Asia Menor (Turquía en la actualidad). Este período de dos años incluyó la fundación de las iglesias en Colosas y Hierápolis, así como también algunas de las siete iglesias mencionadas en Apocalipsis 2, 3, más allá de la que fue fundada en Éfeso.

f. **milagros extraordinarios.** Sirvieron para confirmar que Pablo era el mensajero de Dios, puesto que el NT no se había terminado de escribir para determinar la veracidad de su mensaje (cp. 2 Co 12:12; He 2:3, 4).

g. **paños o delantales.** Las prendas que Pablo usaba para cubrirse la cabeza y el cuerpo mientras trabajaba en la fabricación de tiendas. La creencia de que podían transmitirse así ciertos poderes místicos era generalizada en el mundo antiguo, p. ej. la creencia en que la sombra de Pedro podía sanar (cp. Hch 5:15; Mt 9:21).

h. **judíos, exorcistas ambulantes.** Simón el mago (Hch 8:9-25) y Barjesús (Hch 13:6-12) también fueron quizás ejemplos de esta clase de charlatanes (cp. Mt 12:27). A diferencia de la autoridad absoluta que ejercieron Jesús y los apóstoles sobre los demonios, esos exorcistas trataban de expulsar a los demonios con la simple invocación de un ser más potente con quien no tenían una relación personal, en este caso el Señor Jesús.

sobre los que tenían espíritus malos, diciendo: Os conjuro por Jesús, el que predica Pablo. Había siete hijos de un tal [a]Esceva, judío, jefe de los sacerdotes, que hacían esto.

Pero respondiendo el espíritu malo, dijo: A [b]Jesús conozco, y sé quién es Pablo; pero vosotros, ¿quiénes sois?

Y el hombre en quien estaba el espíritu malo, saltando sobre ellos y dominándolos, pudo más que ellos, de tal manera que huyeron de aquella casa desnudos y heridos. Y esto fue notorio a todos los que habitaban en Éfeso, así judíos como griegos; y tuvieron temor todos ellos, y era magnificado el nombre del Señor Jesús. Y muchos de los que habían creído venían, confesando y dando cuenta de sus hechos. Asimismo muchos de los que habían practicado la magia trajeron los [c]libros y los quemaron delante de todos; y hecha la cuenta de su precio, hallaron que era [d]cincuenta mil piezas de plata. Así crecía y prevalecía poderosamente la palabra del Señor.

Pasadas estas cosas, Pablo se [e]propuso en espíritu ir a Jerusalén, después de recorrer [f]Macedonia y Acaya, diciendo: Después que haya estado allí, [g]me será necesario ver también a Roma. Y enviando a Macedonia a dos de los que le ayudaban, Timoteo y Erasto, él se quedó por algún tiempo en Asia.

---

a. **Esceva, judío, jefe de los sacerdotes.** Puesto que no existe registro histórico de un sumo sacerdote con ese nombre, es probable que se arrogara ese título con falsedad para impresionar a las personas.

b. **Jesús... sé quién es Pablo.** Al reconocer que los exorcistas no tenían poder sobre él, a diferencia de Jesús y Pablo, el demonio rechazó su intento de expulsarlo de su víctima. Esto confirma que el poder para expulsar demonios pertenecía a Jesús y a los apóstoles, pero a nadie más. Hasta los demonios dan testimonio de ello.

c. **libros.** Se trataba de rollos y pergaminos que contenían encantamientos mágicos y secretos. Que fueran quemados demostró la autenticidad del arrepentimiento expresado por los magos (ver Hch 2:38), ya que la destrucción de esa fuente de conocimiento oculto hacía imposible la continuación de sus prácticas.

d. **cincuenta mil piezas de plata.** El salario por cincuenta mil días de trabajo de un obrero raso. Era una cifra desorbitada que hace evidente cuán popular era la práctica de la magia y el ocultismo en Éfeso.

e. **propuso en espíritu.** Se refiere al espíritu de Pablo y no al Espíritu Santo, como lo vierten algunas traducciones contemporáneas.

f. **Macedonia y Acaya.** Ver Hch 16:9; 18:12. Estas provincias se encuentran en la parte continental de Grecia y en dirección opuesta a Jerusalén en este punto de referencia. Sin embargo, Pablo tomó esta ruta circunvalar para recolectar la ofrenda para los necesitados en la iglesia de Jerusalén (Ro 15:25-27; 1 Co 16:1-4; 2 Co 8, 9).

g. **me será necesario ver también a Roma.** Pablo no había visitado la capital del imperio, pero, debido a la importancia estratégica de la iglesia en Roma, él no podía pasar más tiempo sin acudir. Además, Pablo se había propuesto utilizar a Roma como plataforma de lanzamiento para su ministerio en la región estratégica de España (Ro 15:22-24). Esta sencilla declaración marcó un aspecto crucial en Hechos. De aquí en adelante, Roma se convirtió en la meta definitiva de Pablo, y allí llegaría en últimas como prisionero romano (Hch 28:16).

79. Pablo escribe una epístola a la iglesia de Corinto

Introducción a 1 Corintios

La carta debe su nombre a la ciudad de Corinto, donde se encontraba la iglesia destinataria. Con la excepción de las epístolas personales dirigidas a Timoteo, Tito y Filemón, todas las cartas de Pablo llevan el nombre de la ciudad donde existía la iglesia a la que se estaba dirigiendo.

Autor y fecha

Como se indica en el primer versículo, la epístola fue escrita por el apóstol Pablo, cuya autoría no puede cuestionarse seriamente. La realidad de que esta es una carta de Pablo ha sido universalmente aceptada por la iglesia desde el siglo I, cuando se escribió Primera de Corintios. Internamente, el apóstol afirma haber escrito la epístola (1 Co 1:1, 13; 3:4-6; 4:15; 16:21). Desde el 95 A.D., Clemente de Roma, quien escribía a la iglesia corintia, reconoció esta correspondencia como genuina. Entre otros líderes cristianos de los primeros años de la iglesia, que certificaron a Pablo como autor, se encuentran Ignacio (ca. 110 A.D.), Policarpo (ca. 135 A.D.) y Tertuliano (ca. 200 A.D.).

Es muy probable que esta epístola haya sido escrita en la primera mitad del 55 A.D. desde Éfeso (1 Co 16:8, 9, 19), mientras Pablo estaba en su tercer viaje misionero. El propósito del apóstol era permanecer en Éfeso para completar su estancia de tres años (Hch 20:31) hasta Pentecostés (mayo/junio) del 55 A.D. (1 Co 16:8). Después, esperaba estar en Corinto (55-56 A.D.) para el invierno (1 Co 16:6; Hch 20:2). Esperaba partir de Corinto mientras escribía (1 Co 4:19; 11:34; 16:8).

Contexto histórico

La ciudad de Corinto estaba localizada en la parte sur de Grecia, en la provincia romana de Acaya, a unos 72 km al oeste de Atenas. Esta parte baja, el Peloponeso, está conectada al resto de Grecia por un istmo de 6,4 km de ancho, delimitado al este por el golfo Sarónico, y al oeste por el golfo de Corinto. La ciudad está próxima a la mitad del istmo y destaca de forma prominente en una meseta alta. Por muchos siglos, todo el tráfico terrestre de norte a sur en esa zona tenía que cruzar o pasar cerca de esta ciudad antigua.

Dado que el viaje por mar alrededor del Peloponeso representaba un peligroso y largo trayecto de 400 km, la mayoría de los capitanes trasladaban sus barcos sobre plataformas o estructuras con ruedas para cruzar el istmo, pasando directamente por Corinto. Como cabía esperar, Corinto prosperó como una de las principales ciudades comerciales, no solo para la mayoría de Grecia, sino para gran parte de la zona mediterránea, incluido el Norte de África, Italia y Asia Menor. El emperador Nerón inició un canal que atravesaba el istmo durante el siglo I A.D., aunque no se terminó hasta finales del siglo XIX.

Los Juegos del Istmo, uno de los dos eventos deportivos más importantes de aquella época (el otro era los Juegos Olímpicos), se llevaban a cabo en Corinto, y causaban más tráfico de personas. Por los estándares paganos de su propia cultura, Corinto se volvió tan moralmente corrupta que su nombre mismo se convirtió en sinónimo de desenfreno y depravación moral. «Corintianizar» llegó a representar la inmoralidad descarriada y la embriaguez desenfrenada. En 1 Co 6:9, 10, Pablo enumera algunos de los pecados específicos por los cuales destacaba y que antes habían caracterizado a muchos creyentes de la iglesia allí ubicada. Trágicamente, algunos de los peores pecados seguían produciéndose entre algunos de sus miembros. Uno de esos pecados, el incesto, era condenado aun por los gentiles más paganos (5:1).

Como la mayoría de las ciudades griegas antiguas, Corinto tenía una acrópolis (lit. «una ciudad alta»), que se elevaba a más de 600 metros y que se utilizaba tanto para la defensa como para la adoración. El edificio más prominente de la acrópolis era un templo a Afrodita, la diosa griega del amor. Unas mil sacerdotisas, prostitutas «religiosas», vivían y trabajaban allí, y bajaban a la ciudad en la tarde para ofrecer sus servicios a los hombres de la ciudad y a sus visitantes.

La iglesia en Corinto fue fundada por Pablo en su segundo viaje misionero (Hch 18:1ss). Como siempre, su ministerio comenzó en la sinagoga, donde le asistieron dos creyentes judíos, Priscila y Aquila, con quienes vivió durante un tiempo, y que eran compañeros de oficio. Poco después, Silas y Timoteo se unieron a ellos y Pablo comenzó a predicar con mayor intensidad en la sinagoga. Cuando la mayoría de los judíos se resistieron al evangelio, él abandonó la sinagoga, pero no antes de que se convirtieran Crispo, el líder de la sinagoga, su familia y otros muchos corintios (Hch 18:5-8).

Después de ministrar en Corinto por más de un año y medio (Hch 18:11), Pablo fue llevado ante un tribunal romano por algunos de los líderes judíos. Debido a que los cargos eran estrictamente religiosos y no civiles, el procónsul

Galión cerró el caso. Poco después, Pablo se llevó a Priscila y Aquila con él a Éfeso. De allí regreso a Israel (vv. 18-22).

Incapaz de romper por completo con la cultura de la que procedía, la iglesia de Corinto era excepcionalmente divisiva, y mostraba su carnalidad e inmadurez. Después de que el dotado Apolos hubiera ministrado en la iglesia por algún tiempo, un grupo de sus admiradores hicieron un grupo que poco tenía que ver con el resto de la iglesia. Otro grupo que se había desarrollado era leal a Pablo, y otro profesaba ser especialmente leal a Pedro (Cefas), y otro más únicamente a Cristo (ver 1 Co 1:10-13; 3:1-9).

El problema más grave de la iglesia corintia era la mundanalidad, una falta de disposición a divorciarse de la cultura que los rodeaba. Por consiguiente, la mayoría de los creyentes no podían separarse de sus caminos antiguos, egoístas, inmorales y paganos. Fue necesario que Pablo escribiera para corregir esto, y también para mandar a los cristianos fieles que no solo rompieran la comunión con los miembros desobedientes y no arrepentidos, sino que expulsaran a estos miembros de la iglesia (5:9-13).

Antes de escribir esta carta inspirada, Pablo le había escrito otra misiva a la iglesia (ver 5:9), que también era de naturaleza correctiva. Al no haberse encontrado copia alguna de dicha carta, se alude a ella como «la carta perdida». Hubo otra carta no canónica después de Primera Corintios, denominada por lo general «la epístola severa» (2 Co 2:4).

Temas históricos y teológicos

Aunque el enfoque principal de esta epístola es la corrección de la conducta en lugar de la doctrina, Pablo imparte una enseñanza seminal en muchas doctrinas que están directamente relacionadas con asuntos de pecado y justicia. De una u otra manera, una vida equivocada siempre emana de una creencia errónea. Los pecados sexuales, por ejemplo, incluido el divorcio, están inevitablemente relacionados con la desobediencia al plan de Dios para el matrimonio y la familia (7:1-40). La adoración adecuada queda determinada por cosas como el reconocimiento de la persona santa de Dios (3:17), la identidad espiritual de la iglesia (12:12-27) y la participación pura de la Santa Cena (11:17-34). No es posible que la iglesia sea edificada fiel y eficazmente, a menos que los creyentes entiendan y ejerciten sus dones espirituales (12:1–14:40). Nunca se enfatiza demasiado la importancia de la doctrina de la resurrección, porque de no haber resurrección de los muertos, Cristo no ha resucitado. Y si Cristo no ha resucitado, la predicación es vacía y también lo es la fe (15:13, 14).

Además de esos temas, Pablo trata brevemente el juicio de Dios sobre los creyentes, cuyo entendimiento correcto producirá motivos correctos para vivir piadosamente (ver 3:13-15). Comprender de la forma adecuada el tema de los ídolos y dioses falsos, pretendía, por lo general, ayudar a los corintios inmaduros a pensar con madurez en cosas como comer carne sacrificada a los ídolos (8:1–11:1). El entendimiento y la expresión correctos del amor genuino, piadoso, era obligatorio para el uso correcto de los dones y hasta para el conocimiento correcto de todas las cosas de Dios (13:1-13).

A continuación, Pablo trata el tema de la cruz, la sabiduría divina y humana, la obra del Espíritu en la iluminación, la carnalidad, las recompensas eternas, la transformación de la salvación, la santificación, la naturaleza de Cristo, la unión con él, el papel divino para las mujeres, el matrimonio y el divorcio, el bautismo del Espíritu, la morada de este y los dones la unidad de la iglesia en un solo cuerpo, la teología del amor y la doctrina de la resurrección. Todas estas cosas establecen la verdad fundamental para una conducta piadosa.

Retos de interpretación

El punto controversial de interpretación, muy por encima de cualquier otro, es el de los dones de señales expuestos en los caps. 12–14, en particular los dones de milagros y lenguas. Muchos creen que todos los dones son permanentes, de tal manera que el don de lenguas solo cesaría (13:8) cuando los dones de profecía y conocimiento cesen, es decir, cuando haya venido lo que es perfecto (v. 10). Quienes sostienen que las lenguas y los milagros siguen siendo dones espirituales válidos en la iglesia de hoy día creen que deben usarse con el mismo poder con el que fueron empleados por los apóstoles en la época del NT. Otros creen que los dones milagrosos de señales han cesado. Esta polémica se resolverá en las notas apropiadas en los caps. 12 al 14.

El asunto del divorcio es problemático para muchos. El capítulo 7 habla de este tema, pero llama a una interpretación cuidadosa que dé lugar a la doctrina bíblica coherente en el asunto.

Los promotores del universalismo, la idea de que todos los hombres acabarán siendo salvos, usan el 15:22 para apoyar esa posición, y afirman que así como todo ser humano murió espiritualmente por el pecado de Adán, todos serán salvos a través de la justicia de Cristo. La nota en ese versículo confrontará el reto de tales universalistas.

De ese mismo capítulo, la frase obscura «bautizan por los muertos» (v. 29) se utiliza para defender la noción de que una persona muerta puede ser salva al ser bautizada vicariamente a través de un cristiano vivo. Se han sugerido más de cuarenta explicaciones para este bautismo. Como señalarán las notas, independientemente de cómo se interprete ese versículo en particular, la farsa de que las personas muertas tengan la oportunidad de ser salvas, queda demostrada por otros muchos textos indiscutiblemente claros.

Un asunto mucho menos grave tiene que ver con el significado del 6:4, que se relaciona con los cristianos que arrastran a otros cristianos a un tribunal ante incrédulos. La resolución de ese problema se halla primordialmente en obedecer un versículo nada ambiguo.

80. El llamado y los beneficios de la santidad

1 Corintios 1:1–9

Pablo, llamado a ser [a]apóstol de Jesucristo por la voluntad de Dios, y el hermano [b]Sóstenes, a la iglesia de Dios que está en Corinto, a los santificados en Cristo Jesús, llamados a ser [c]santos con todos los que en cualquier lugar invocan el nombre de nuestro Señor Jesucristo, Señor de ellos y nuestro:

[d]Gracia y paz a vosotros, de Dios nuestro Padre y del Señor Jesucristo.

Gracias doy a mi Dios siempre por vosotros, por [e]la gracia de Dios que os fue dada en Cristo Jesús; porque [f]en todas las cosas fuisteis enriquecidos en él,

---

a. **apóstol.** Lit. «uno enviado». Pablo establece su autoridad como un emisario del Señor Jesucristo por nombramiento de Dios (1 Co 9:1; 15:8; cp. Hch 9:3-6, 17; 22:11-15), algo muy necesario ya que gran parte del mensaje de esta epístola es correctivo (1 Co 2:1-7). Ver Ro 1:1; Ef 1:11. Puesto que Dios había delegado en él hablar y escribir en su nombre, toda oposición al apóstol también era resistencia contra Dios.

b. **Sóstenes.** Pudo haber sido el secretario de Pablo, un antiguo dirigente de la sinagoga cristiana que se había convertido en un hermano en Cristo. En una ocasión fue golpeado por llevar a Pablo ante la corte civil en Corinto (Hch 18:12-17).

c. **santos.** No se refiere a una persona pía o reverenciada que por alguna razón especial sea canonizada por una autoridad eclesiástica, sino una referencia a todos los que mediante la salvación han sido santificados, es decir, apartados del pecado para vivir en Cristo (cp. Gá 1:6; Ef 4:1, 4; Col 3:15-17; 1 Ti 6:12; He 10:10, 14; 1 P 2:9, 21; 3:9; 2 P 1:3; Jud 1).

d. **Gracia y paz a vosotros.** Un saludo que Pablo usaba en todas sus cartas. El significado básico de «gracia» es favor, y «paz» es el resultado de la gracia salvadora de Dios (Jn 14:27; Fil 4:7).

e. **la gracia de Dios... dada.** Una referencia a su salvación en el pasado, cuando Dios los justificó con amor y misericordia sin que lo merecieran ni tuvieran que volver a pagarlo, al perdonar su pecado mediante la obra de su Hijo.

f. **en todas las cosas... enriquecidos en él.** En el presente, el creyente tiene todas las cosas que el Señor tiene para dar y por ende todo lo que necesita (ver 1 Co 3:21; Ef 1:3; Col 2:10; 2 P 1:3). Las dos bendiciones en particular que se mencionan aquí se relacionan con presentar la verdad de la Palabra de Dios.

en [a]toda ciencia; así como el [b]testimonio acerca de Cristo ha sido confirmado en vosotros, de tal manera que [c]nada os falta en ningún don, esperando [d]la manifestación de nuestro Señor Jesucristo; el cual también os confirmará hasta el fin, para que seáis irreprensibles en [e]el día de nuestro Señor Jesucristo. [f]Fiel es Dios, [g]por el cual fuisteis llamados a la comunión con su Hijo Jesucristo nuestro Señor.

81. El pecado de división

1 Corintios 1:10–17

Os ruego, pues, hermanos, por el nombre de nuestro Señor Jesucristo, [h]que habléis todos una misma cosa, y que no haya entre vosotros divisiones, sino

---

a. **toda ciencia.** Dios suministra a los creyentes todo el conocimiento que necesitan para hablar con eficacia en representación de Dios (cp. 1 Co 2:9; Mt 11:15; 2 Co 4:6; Col 1:9, 10).

b. **testimonio acerca de Cristo... confirmado en vosotros.** Esta es una referencia al momento de la salvación en el que el evangelio fue oído, creído y establecido en el corazón. En ese momento tuvo lugar la capacitación de 1 Co 1:4, porque el creyente se convierte en un recipiente de la gracia de Dios.

c. **nada os falta en ningún don.** «Don» es una alusión específica en griego a «un don de la gracia». Mientras que las bendiciones del lenguaje y el conocimiento tenían el propósito primordial de evangelizar a los perdidos, los dones espirituales (1 Co 12–14) edifican a la iglesia. Puesto que estos dones son dados a cada creyente (1 Co 12:11, 12) sin considerar su madurez o espiritualidad, aunque los corintios estaban plagados de pecado los poseían en su totalidad.

d. **la manifestación.** Pablo se refiere a la bendición de la gracia futura. En la segunda venida del Señor, su gloria, honor y majestad se revelarán en plenitud y esplendor irresistibles (Ap 4:11; 5:12; 17:14), y en aquel tiempo todos los creyentes verdaderos quedarán establecidos de forma definitiva en su santidad y libres de todo pecado, resucitados en gloria y pureza para vivir para siempre en el cielo con Dios. Ver Ef 5:25-27; 2 Co 11:2.

e. **el día de nuestro Señor Jesucristo.** Cp. 1 Co 5:5; 2 Co 1:14. Esto se refiere a la venida del Señor por su iglesia, conocida como el rapto o arrebatamiento (Jn 14:1-3; 1 Ts 4:13-18; Ap 3:10). Debe distinguirse del Día del Señor (1 Ts 5:2, 4; 2 Ts 2:2), una expresión que se refiere al juicio de los impíos.

f. **Fiel es Dios.** A causa de la promesa soberana e inmutable de Dios, los creyentes tienen seguridad plena de esta gracia pasada, presente y futura, por lo cual permanecerán salvos y seguros de la gloria futura en la aparición de Cristo (Ef 5:26, 27).

g. **por el cual fuisteis llamados.** Este llamado, como siempre en las epístolas del NT, se refiere a un llamado eficaz que salva (ver Ro 8:30). Dios es quien llama a salvación y a su cielo, por lo cual será fiel en dar la gracia necesaria para cumplir ese llamado.

h. **que habléis todos una misma cosa.** Pablo subraya aquí la unidad de doctrina en la asamblea local de creyentes en Cristo, no la unidad espiritual de su iglesia universal. La unidad doctrinal que se basa con claridad y por completo en las Escrituras, debe ser el fundamento de toda la vida eclesiástica (cp. Jn 17:11, 21-23; Hch 2:46, 47). Un compromiso débil con la doctrina unificada conduce a la desunión y debilita a la iglesia. Lo único que queda a cambio es un sentimentalismo superficial o una armonía superficial, pero no unidad verdadera.

que estéis [a]perfectamente unidos en una [b]misma mente y en un mismo parecer. Porque he sido informado acerca de vosotros, hermanos míos, por [c]los de Cloé, que hay entre vosotros contiendas. Quiero decir, que cada uno de vosotros dice: Yo soy de Pablo; y yo de [d]Apolos; y yo de [e]Cefas; y yo de Cristo. [f]¿Acaso está dividido Cristo? ¿Fue crucificado Pablo por vosotros? ¿O fuisteis bautizados en el nombre de Pablo?

Doy gracias a Dios de que a ninguno de vosotros he bautizado, sino a [g]Crispo y a [h]Gayo, para que ninguno diga que fuisteis bautizados en mi nombre. También bauticé a la familia de Estéfanas; de los demás, no sé si he bautizado a algún otro. Pues [i]no me envió Cristo a bautizar, sino a predicar el evangelio; no con sabiduría de palabras, para que no se haga vana la cruz de Cristo.

---

a. **perfectamente unidos.** La idea básica es volver a juntar los pedazos de algo que antes se había roto o separado, de tal modo que no vuelva a quedar dividido. El término se emplea tanto en el NT como en el griego clásico para aludir a la reparación de cosas como redes, huesos o utensilios rotos, vestimenta o coyunturas desgarradas. Cp. Ro 16:17; Fil 1:27.

b. **misma mente... un mismo parecer.** Cp. Fil 3:15, 16. El apóstol demanda unidad interna entre sus mentes individuales y unidad exterior en las decisiones que toman como grupo. Unidos en la verdad con sus creencias, convicciones y parámetros, y en la conducta con principios morales aplicados a su vida práctica (Hch 4:32; Ef 4:3). La única fuente de esa clase de unidad es la Palabra de Dios que establece el parámetro de verdad en que se fundamenta la unidad verdadera.

c. **los de Cloé.** Es probable que haya sido una persona destacada en la iglesia de Corinto que había escrito o había ido a visitar a Pablo en Éfeso para contarle acerca de las divisiones en la iglesia. No se sabe si era hombre o mujer.

d. **Apolos.** Ver 1 Co 16:12; Hch 18:24-28.

e. **Cefas.** El apóstol Pedro.

f. **¿Acaso está dividido Cristo?** Ningún líder humano, ni siquiera un apóstol, debe recibir la lealtad que solo es debida al Señor. Esa clase de elevación de los dirigentes solo conduce a contención, disputas y a una iglesia dividida. Cristo no está dividido y la iglesia, su cuerpo, tampoco lo está. Pablo reduce a un mínimo su propia dignidad en comparación al Señor Jesús. Para otros pasajes sobre la unidad, ver 1 Co 12:12, 13; Ro 12:5; Ef 4:4-6.

g. **Crispo.** El líder de la sinagoga en Corinto que se convirtió bajo la predicación de Pablo (Hch 18:8). Su conversión condujo a la de muchos otros.

h. **Gayo.** Como Romanos se escribió desde Corinto, este hombre puede ser el anfitrión mencionado en Ro 16:23.

i. **no me envió Cristo a bautizar.** Este versículo no significa que las personas no deban ser bautizadas (cp. Hch 2:38), sino que Dios no envió a Pablo para que comenzara una secta privada conformada por seguidores a quienes él mismo hubiera bautizado. Ver Hch 26:16-18. Fue llamado a predicar el evangelio y llevar muchos a la unidad en Cristo, no a bautizar a una facción en torno a sí mismo.

82. La sabiduría de Dios

1 Corintios 1:18–31

Porque [a]la palabra de la cruz es [b]locura a los que se [c]pierden; pero a los que se salvan, esto es, a nosotros, es poder de Dios. Pues [d]está escrito:

> Destruiré la sabiduría de los sabios,
> Y desecharé el entendimiento de los entendidos.

[e]¿Dónde está el sabio? ¿Dónde está [f]el escriba? ¿Dónde está [g]el disputador de este siglo? ¿No ha enloquecido Dios la sabiduría del mundo? Pues ya que [h]en la sabiduría de Dios, el mundo no conoció a Dios mediante la sabiduría, agradó a Dios salvar [i]a los creyentes por la locura de la predicación. Porque los

---

a. **la palabra de la cruz.** El apóstol se enfoca aquí en la revelación total de Dios, en particular el evangelio en toda su plenitud que se centra en la encarnación y crucifixión de Cristo (1 Co 2:2), la totalidad del plan y la provisión de Dios para la redención de los pecadores, que es el tema de todas las Escrituras.

b. **locura.** Esto traduce un vocablo griego del que se derivan palabras que significan necio o estúpido.

c. **pierden... salvan.** Cada ser humano está en proceso de salvarse (aunque este no se completa, sino hasta la redención del cuerpo, ver Ro 8:23; 13:11) o en proceso de destruirse. La respuesta de cada individuo a la cruz de Cristo determina cuál de esos dos únicos destinos le corresponde. Para quienes rechazan a Cristo y están en el proceso de ser destruidos (cp. Ef 2:1, 2) el evangelio es locura e insensatez. Para los que creen es sabiduría poderosa.

d. **está escrito.** Cita de Is 29:14 con el objetivo de recalcar que la sabiduría humana será destruida. La profecía de Isaías tendrá su cumplimiento definitivo en los últimos días, cuando Cristo establezca su reino (cp. Ap 17:14) y toda la sabiduría humana perezca.

e. **¿Dónde está el sabio?** Aquí Pablo hizo una paráfrasis de Is 19:12, donde el profeta se refirió a los sabios de Egipto que prometieron pero nunca produjeron sabiduría. La sabiduría humana siempre demuestra que no es digna de confianza ni permanente (cp. 1Co 1:17; Pr 14:12; Is 29:14; Jer 8:9; Ro 1:18-23).

f. **el escriba.** Es probable que Pablo tenga en mente a los asirios, quienes enviaron escribas al lado de sus soldados para realizar la contabilidad del botín y los despojos de batalla. Dios se aseguró que no tuvieran una sola cosa que contar (Is 33:18).

g. **el disputador.** Esta era una palabra griega sin equivalente en el AT que identifica a los que les gustaba argumentar sobre cuestiones filosóficas.

h. **en la sabiduría de Dios.** Dios en su sabiduría estableció que los hombres no pudieran venir a él mediante la sabiduría humana. Eso exaltaría al hombre, por eso Dios decidió salvar a pecadores indefensos que no podían salvarse a sí mismos, mediante la predicación de un mensaje tan simple que los sabios mundanos lo descartaron como algo absurdo. Cp. Ro 1:18-23.

i. **a los creyentes.** Desde la perspectiva humana, la salvación requiere de fe y solo viene como resultado de su ejercicio. Cp. Jn 1:12; Ro 10:8-17.

judíos piden [a]señales, y los griegos buscan [b]sabiduría; pero nosotros predicamos a [c]Cristo crucificado, para los judíos ciertamente tropezadero, y para los gentiles locura; mas para [d]los llamados, así judíos como griegos, Cristo poder de Dios, y sabiduría de Dios. Porque lo insensato de Dios es [e]más sabio que los hombres, y lo débil de Dios es más fuerte que los hombres.

Pues mirad, hermanos, [f]vuestra vocación, que no sois muchos sabios según la carne, ni muchos poderosos, ni muchos nobles; sino que lo necio del mundo escogió Dios, para avergonzar a los sabios; y lo débil del mundo escogió Dios, para avergonzar a lo fuerte; y lo vil del mundo y lo menospreciado escogió Dios, y lo que no es, para deshacer lo que es, a fin de que nadie se jacte en su presencia. Mas por él estáis vosotros en Cristo Jesús, el cual nos ha sido hecho por Dios sabiduría, justificación, santificación y redención; para que, como está escrito: [g]El que se gloría, gloríese en el Señor.

---

a. **señales.** Los judíos incrédulos querían más señales sobrenaturales (Mt 12:38-44), pero se negaban a aceptar la señal más gloriosa entre todas las obras sobrenaturales de Dios, a saber, la provisión de su salvación a través de un Mesías nacido de una virgen, crucificado y resucitado. De hecho, esa señal fue como una piedra de tropiezo para ellos (cp. Ro 9:31-33).

b. **sabiduría.** Los gentiles querían pruebas mediadas por la razón humana, a través de ideas que pudieran articular, discutir y someter a debate. Como los filósofos atenienses, no eran sinceros ni les interesaba la verdad divina, sino que solo les apetecía argumentar sobre alguna novedad intelectual (Hch 17:21).

c. **Cristo crucificado.** La única señal verdadera y la única sabiduría verdadera. Este era el único mensaje que Pablo estuvo dispuesto a predicar (1 Co 2:2) porque es el único que tiene poder para salvar a todos los que creen.

d. **los llamados.** Para los llamados, el mensaje de la cruz que parece tan ilógico e irrelevante en la mente natural y orgullosa del hombre, es en realidad la mayor demostración del poder y la sabiduría de Dios.

e. **más sabio que los hombres.** Dios desdeñó la sabiduría humana, no solo al descalificarla como medio para llegar a conocerlo, sino también en su elección de salvar a los humildes. Él no llama a salvación a muchos de los que el mundo llamaría sabios, poderosos y nobles (cp. Mt 11:25; 18:3, 4). La sabiduría de Dios se revela a los que son considerados tontos, débiles y comunes por los elitistas, como resultado de haber depositado su confianza en Jesucristo como Salvador y Señor. Es evidente que Dios recibió todo el crédito y la gloria por haberse asegurado que tales personas humildes alcanzaran conocimiento de él y de las verdades eternas de su reino celestial. Ningún pecador salvo puede jactarse de haber alcanzado la salvación por su intelecto (1 Co 1:29).

f. **vuestra vocación.** Los redimidos no solo reciben salvación por la sabiduría de Dios y no por la suya propia, sino que también reciben por su gracia («nos ha sido hecho por Dios») una medida de su sabiduría divina, al igual que su justicia imputada (Ro 4:5; 2 Co 5:21), santificación del pecado (Ef 2:10) y redención total (Ef 1:14; 1 P 1:18, 19), con el fin de que, por encima de todo lo demás, el Señor sea glorificado (cp. Gá 6:4).

g. **El que se gloría.** Cita de Jer 9:24.

83. La fuente de la sabiduría espiritual

1 Corintios 2:1–16

Así que, hermanos, cuando fui a vosotros para anunciaros el testimonio de Dios, no fui con excelencia de palabras o de sabiduría. Pues me propuse no saber entre vosotros cosa alguna sino a Jesucristo, y a este [a]crucificado. Y estuve entre vosotros con [b]debilidad, y mucho temor y temblor; y ni mi palabra ni mi predicación fue con palabras persuasivas de humana sabiduría, sino con demostración del Espíritu y de poder, para que vuestra fe no esté fundada en la sabiduría de los hombres, sino en el poder de Dios.

Sin embargo, hablamos sabiduría entre los que han alcanzado [c]madurez; y sabiduría, no de este siglo, ni de los [d]príncipes de [e]este siglo, que perecen. Mas hablamos sabiduría de Dios en [f]misterio, la sabiduría oculta, la cual Dios predestinó antes de los siglos [g]para nuestra gloria, la que ninguno de los príncipes de este siglo conoció; porque [h]si la hubieran conocido, nunca habrían crucificado al Señor de gloria.

Antes bien, como [i]está escrito:

---

a. **crucificado.** Aunque Pablo expuso todo el consejo de Dios a la iglesia (Hch 20:27) y enseñó a los corintios la Palabra de Dios (Hch 18:11), el enfoque de su predicación y enseñanza a los no creyentes fue Jesucristo, quien pagó el castigo por el pecado en la cruz (Hch 20:20; 2 Co 4:2; 2 Ti 4:1, 2). Hasta que alguien entienda y crea el evangelio, de nada más hay que hablarles. La predicación de la cruz (1 Co 1:18) predominó tanto en la iglesia primitiva que los creyentes fueron acusados de rendir culto a un hombre muerto.

b. **debilidad... temor... temblor.** Pablo vino a Corinto tras haber sido azotado y encarcelado en Filipos, forzado a salir de Tesalónica y Berea, así como vilipendiado en Atenas (Hch 16:22-24; 17:10, 13, 14, 32), así que pudo haberse debilitado en su vigor físico. En medio de esa debilidad él declaró ser más fuerte (ver 1 Co 2:4, 5; 2 Co 12:9, 10), por eso no tenía que usar técnicas ni efectos dramáticos para manipular la respuesta de la gente. Su temor y temblor se debían a la seriedad de su misión.

c. **madurez.** Pablo usa esta palabra para referirse a creyentes genuinos que habían sido salvados por Cristo, como se describen en He 6:1; 10:14.

d. **príncipes.** Aquellos en posiciones de autoridad. Ver 1 Co 1:19, 20.

e. **este siglo.** Todos los períodos de la historia humana hasta que el Señor regrese.

f. **misterio.** Este término no se refiere a algo desconcertante, sino a la verdad conocida por Dios antes del tiempo que él ha mantenido en secreto hasta el tiempo apropiado en el que él decide revelarla. Ver Mt 13:11; Ef 3:4, 5.

g. **para nuestra gloria.** La verdad que Dios estableció antes del tiempo y reveló en la sabiduría del evangelio en el NT es la verdad de que Dios salvará y glorificará a los pecadores. Ver Ef 3:8-12.

h. **si la hubieran conocido.** La crucifixión es prueba de que a los gobernantes y líderes religiosos de los judíos les faltaba sabiduría. Cp. 1 Ti 1:12, 13.

i. **está escrito.** Estas palabras de Is 64:4, que de forma errónea se consideraban como una referencia a las maravillas del cielo, aluden más bien a la sabiduría que Dios ha preparado para los creyentes. La verdad de Dios no se descubre por mediación de los sentidos de percepción humana como la vista y el oído (evidencia objetiva y empírica) ni a través de la mente (conclusiones racionales y subjetivas).

Cosas que ojo no vio, ni oído oyó,
Ni han subido en corazón de hombre,
Son las que Dios ha preparado para los que le aman.

[a]Pero [b]Dios [c]nos las reveló a nosotros por el Espíritu; porque el Espíritu todo lo escudriña, aun lo profundo de Dios. Porque ¿quién de los hombres sabe las cosas del hombre, sino el espíritu del hombre que está en él? Así tampoco nadie conoció las cosas de Dios, sino el Espíritu de Dios. Y nosotros no [d]hemos recibido el espíritu del mundo, sino el Espíritu que proviene de Dios, para que sepamos lo que Dios nos ha concedido, lo cual también hablamos, no con palabras enseñadas por sabiduría humana, sino con las que enseña el Espíritu, acomodando lo espiritual a lo espiritual.

Pero [e]el hombre natural no percibe las cosas que son del Espíritu de Dios, porque para él son locura, y no las puede entender, porque se han de [f]discernir espiritualmente. En cambio el espiritual juzga todas las cosas; pero él no es [g]juzgado de nadie. Porque ¿quién conoció la mente del Señor? ¿Quién le instruirá? Mas nosotros tenemos [h]la mente de Cristo.

---

a. **Pero Dios.** La sabiduría que salva y que el hombre no puede conocer por sus propios medios nos es revelada por Dios. Él la da a conocer por medio de revelación, inspiración e iluminación. La revelación (1 Co 2:10, 11) y la inspiración (vv. 12, 13) fueron dadas a quienes escribieron la Biblia, mientras que la iluminación (vv. 14-16) es dada a todos los creyentes que procuran conocer y entender esa verdad divina y escrita en las páginas de la Biblia. En cada caso, el Espíritu Santo es el agente divino que obra (cp. 2 P 1:21).

b. **Dios nos las reveló.** Por medio del Espíritu Santo, Dios revela su verdad salvadora (cp. Mt 11:25; 13:10-13). El Espíritu es el único que califica para tal labor porque él conoce todo lo que Dios conoce, porque él mismo es Dios.

c. **nos.** Así como en las referencias a nosotros de 1 Co 2:6, 7 y los vv. 12, 13, Pablo habla en primer lugar de sí mismo (como en Jn 14:26; 15:26, 27), y en cierto sentido a los creyentes que han recibido la Palabra para consignarla por escrito, como los apóstoles y sus asociados que escribieron el NT.

d. **hemos recibido.** El plural se refiere a los apóstoles y demás escritores de la Palabra de Dios. Esto significa que fueron inspirados (ver 2 Ti 3:16; 2 P 1:20, 21), de tal manera que Dios dio de forma gratuita el don de su Palabra. Fue a través de este proceso de inspiración como los pensamientos espirituales se convirtieron en palabras espirituales para dar vida (cp. Mt 4:4).

e. **el hombre natural.** Esto se refiere a los que todavía no se han convertido y carecen de vida y sabiduría sobrenaturales.

f. **discernir espiritualmente.** Mediante la iluminación de la Palabra, el Espíritu Santo suministra a sus santos la capacidad para discernir la verdad divina (ver Sal 119:18), aquella que los muertos en sentido espiritual son incapaces de comprender (cp. Jn 5:37-39; ver 1 Jn 2:20, 27). La doctrina de iluminación divina no enseña que lo sepamos todo (cp. Dt 29:29), que no necesitemos maestros (cp. Ef 4:11, 12) o que el entendimiento no requiera un duro trabajo (cp. 2 Ti 2:15).

g. **juzgado de nadie.** Como es obvio, los incrédulos pueden reconocer las fallas y los defectos de los creyentes, pero no son capaces de evaluar su naturaleza verdadera como personas espirituales que han sido transformadas en hijos e hijas de Dios (cp. 1 Jn 3:2).

h. **la mente de Cristo.** Cita de Is 40:13. La misma palabra se traduce entendimiento en 1 Co 14:14, 15, 19. Los cristianos son capacitados por la Palabra y el Espíritu para conocer los pensamientos de su Señor. Cp. Lc 24:45.

84. Edificar sobre el fundamento

1 Corintios 3:1–15

De manera que yo, hermanos, no pude hablaros como a espirituales, sino como a [a]carnales, como a [b]niños en Cristo. Os di a beber [c]leche, y no [d]vianda; porque aún no erais capaces, ni sois capaces todavía, porque aún sois carnales; pues habiendo entre vosotros [e]celos, contiendas y disensiones, ¿no sois carnales, y andáis [f]como hombres? Porque diciendo el uno: Yo ciertamente soy de [g]Pablo; y el otro: Yo soy de Apolos, ¿no sois carnales?

[h]¿Qué, pues, es Pablo, y qué es Apolos? Servidores por medio de los cuales habéis creído; y eso según lo que a cada uno [i]concedió el Señor. Yo planté, Apolos regó; pero el crecimiento lo ha dado Dios. Así que ni el que planta es algo, ni el que riega, sino Dios, que da el crecimiento. Y el que planta y el que riega [j]son una misma cosa; aunque cada uno recibirá su recompensa conforme a su labor.

---

a. **carnales.** Aunque los creyentes corintios ya no eran «naturales» tampoco eran «espirituales» (controlados del todo por el Espíritu Santo). De hecho, eran «carnales» (controlados por la carne caída). Aunque todos los creyentes tienen el Espíritu Santo (cp. Ro 8:9) todavía batallan con la carne o su propia naturaleza caída (ver Ro 7:14-25; 8:23).

b. **niños en Cristo.** La carnalidad de aquellos creyentes era indicación de su inmadurez. No tenían excusa alguna para no ser maduros, según Pablo dio a entender al decir que debió haber podido escribirles como maduros, a la luz de todo lo que les había enseñado. Ver He 5:12-14; 1 P 2:1, 2.

c. **leche.** No es una referencia a ciertas doctrinas, sino a las verdades doctrinales que pueden digerirse con mayor facilidad y que eran dadas desde un principio a los creyentes nuevos.

d. **vianda.** Los aspectos más profundos de las doctrinas de las Escrituras. La diferencia no radica en la clase de verdad, sino en el grado de profundidad. La inmadurez espiritual hace incapaz a la persona de recibir las verdades más profusas.

e. **celos, contiendas.** La carnalidad produce la actitud de envidia, una forma severa de egoísmo que produce la acción de contender y las disensiones subsiguientes que dividen.

f. **como hombres.** Apartados de la voluntad del Espíritu y por ende carnales, no espirituales.

g. **Pablo... Apolos.** El favoritismo y las facciones fueron resultado directo de la carnalidad. Cp. 1 Co 1:11-13.

h. **¿Qué, pues, es Pablo... Apolos?** Una valoración escueta pero precisa del lugar que ocupan los ministros.

i. **concedió el Señor... lo ha dado Dios... Dios, que da.** El Señor es el único que puede dar la fe a los que son ignorantes y muertos en cuanto a lo espiritual. La salvación es la obra de la gracia de Dios a favor de aquellos a quienes él elige darla (ver Ro 9:15-19; Ef 2:8, 9).

j. **son una misma cosa.** Todos los instrumentos humanos que Dios utiliza para producir la vida de salvación son considerados y recompensados por igual como resultado de su disposición voluntaria a ser usados por Dios, pero toda la gloria pertenece a él, el único que salva. Por ello, se condena el favoritismo necio de 1 Co 1:12; 3:4. Ver Mt 20:1-16.

Porque [a]nosotros somos colaboradores de Dios, y vosotros sois labranza de Dios, [b]edificio de Dios. Conforme a la gracia de Dios que me ha sido dada, yo como [c]perito arquitecto puse el fundamento, y otro edifica encima; pero cada uno mire cómo sobreedifica. Porque nadie puede poner [d]otro fundamento que el que está puesto, el cual es Jesucristo. Y [e]si sobre este fundamento alguno edificare [f]oro, plata, piedras preciosas, [g]madera, heno, hojarasca, la obra de cada uno se hará manifiesta; porque [h]el día la declarará, pues [i]por el fuego será revelada; y la obra de cada uno cuál sea, el fuego la probará. Si [j]permaneciere la obra de alguno que sobreedificó, recibirá [k]recompensa. Si la obra de alguno se quemare, él sufrirá pérdida, si bien él mismo [l]será salvo, aunque así [m]como por fuego.

---

a. **nosotros.** Pablo, Apolo, Pedro y todos los ministros son obreros iguales en el campo de labor, pero la vida espiritual de ese campo es resultado exclusivo de la gracia y el poder de Dios.

b. **edificio de Dios.** Pablo pasa de las imágenes agrícolas a las de la arquitectura y la construcción (1 Co 3:10–17).

c. **perito arquitecto puse el fundamento.** La palabra griega para arquitecto, pero aquí no solo contiene la idea de diseñador, sino también la de constructor. La especialidad de Pablo era el diseño y la construcción de fundamentos espirituales (cp. Ro 15:20). Fue usado por Dios para echar los cimientos de iglesias en Asia Menor, Macedonia y Grecia. Otros como Timoteo y Apolos edificaron las iglesias a partir de esos fundamentos. Que Dios lo usara de esa forma era resultado completo de la gracia (cp. 1 Co 3:7; 15:20; Ro 15:18; Ef 3:7, 8; Col 1:29).

d. **otro fundamento.** Pablo no diseñó el fundamento, solo lo puso en su lugar mediante la predicación de Cristo. Cp. 1 P 2:6-8.

e. **si... alguno edificare.** Esto es primero que todo en referencia a los evangelistas y pastores, y en segunda instancia a todos los creyentes que son llamados a edificar la iglesia por medio del ministerio fiel.

f. **oro, plata, piedras preciosas.** Los materiales de calidad superior representan el servicio espiritual dedicado a la edificación de la iglesia.

g. **madera, heno, hojarasca.** Los materiales inferiores representan toda actividad superficial que carezca de valor eterno. No se refiere a actividades malas.

h. **el día.** Se refiere al tiempo oportuno para el tribunal de Cristo (ver 2 Co 5:10).

i. **por el fuego será revelada.** El fuego del juicio divino que discierne y evalúa (cp. Job 23:10; Zac 13:9; 1 P 1:17, 18; Ap 3:18). En 2 Co 5:10 se indica que la madera, el heno y la hojarasca son cosas indignas que no resisten la prueba del juicio de fuego (cp. Col 2:18).

j. **permaneciere.** Todo lo que se haya logrado en su poder y para su gloria sobrevivirá (cp. Mt 25:21, 23; 2 Co 5:9; Fil 3:13, 14; 1 Ts 2:19, 20; 2 Ti 4:7, 8; Stg 1:12; 1 P 5:4; Ap 22:12).

k. **recompensa.** Cp. Ap 22:12. No se trata de un juicio por el pecado. Cristo ya ha pagado ese precio, así que esto solo tiene el propósito de determinar recompensas eternas (cp. 1 Co 4:5, «cada uno recibirá su alabanza»).

l. **será salvo.** Ningún creyente perderá la salvación independientemente de cuántas cosas de su vida carezcan de valor.

m. **como por fuego.** Esta es una advertencia severa para cualquiera que trate de destruir o interferir siquiera en la edificación de la iglesia sobre el fundamento de Cristo. Ver Mt 18:6, 7.

85. El templo de Dios

1 Corintios 3:16–23

¿No sabéis que sois templo de Dios, y que el Espíritu de Dios mora en vosotros? Si alguno destruyere el templo de Dios, Dios le destruirá a él; porque el templo de Dios, el cual sois vosotros, santo es.

Nadie [a]se engañe a sí mismo; si alguno entre vosotros se cree sabio en este siglo, hágase ignorante, para que llegue a ser sabio. Porque la sabiduría de este mundo es insensatez para con Dios; pues [b]escrito está: Él prende a los sabios en la astucia de ellos. Y otra vez: El Señor conoce los pensamientos de los sabios, que son vanos. Así que, ninguno [c]se gloríe en los hombres; porque [d]todo es vuestro: sea Pablo, sea Apolos, sea Cefas, sea [e]el mundo, sea [f]la vida, sea [g]la muerte, sea [h]lo presente, sea [i]lo por venir, [j]todo es vuestro, y vosotros [k]de Cristo, y Cristo de Dios.

---

a. **se engañe a sí mismo.** Ver 1 Co 1:18-25. A los que contaminan la iglesia y creen que pueden destruirla por medio de su sabiduría humana, les convendría mucho mejor rechazar esa sabiduría y aceptar la locura de la cruz de Cristo.

b. **escrito está.** Con citas de Job 5:13 y Sal 94:11, Pablo refuerza su punto de 1 Co 1:18-25 al recordarles que la sabiduría humana que no puede salvar tampoco puede edificar una iglesia ni impedir su crecimiento.

c. **se gloríe en los hombres.** Pablo, Apolo y todos los demás no reciben crédito alguno por la edificación de la iglesia.

d. **todo es vuestro.** Todos los creyentes participan por igual en las provisiones y glorias más importantes y valiosas de Dios, por eso la jactancia humana es tanto absurda como pecaminosa.

e. **el mundo.** Aunque Satanás ejerce cierto dominio en el universo, este no ha dejado de ser la posesión creada y dada por Dios a los cristianos (2 Co 4:15; 1 Jn 5:19). Sin embargo, en el reino milenario y por toda la eternidad los creyentes disfrutarán y poseerán la tierra recreada y la eterna de una manera infinitamente más completa y enriquecedora (Mt 5:5; Ap 21).

f. **la vida.** Vida espiritual y eterna (cp. Jn 14:23; cp. 2 P 1:3, 4).

g. **la muerte.** Muerte espiritual y eterna (1 Co 15:54-57; Fil 1:21-24).

h. **lo presente.** Todas las cosas que el creyente tenga o experimente en esta vida (cp. Ro 8:37-39).

i. **lo por venir.** Todas las bendiciones del cielo. Cp. 1 P 1:3, 4.

j. **todo es vuestro.** En Cristo, todas las cosas santas y buenas son para bendición de los creyentes y gloria eterna de Dios. Cp. Ef 1:3; 2 P 1:3.

k. **de Cristo... de Dios.** Saber que los creyentes pertenecen a Cristo y por medio de él son los unos de los otros es el mayor incentivo para la unidad en la iglesia (1 Co 6:17; Jn 9:9, 10, 21-23; Fil 2:1-4).

86. Debemos servir a los demás

1 Corintios 4:1–13

[a]Así, pues, ténganlos los hombres por [b]servidores de Cristo, y [c]administradores de [d]los misterios de Dios. Ahora bien, se requiere de los administradores, que cada uno sea hallado [e]fiel. Yo en muy poco tengo el ser juzgado por vosotros, o por [f]tribunal humano; y ni aun yo me juzgo a mí mismo. Porque aunque [g]de nada tengo mala conciencia, [h]no por eso soy justificado; pero el que me juzga es [i]el Señor. Así que, no juzguéis nada antes de tiempo, hasta que venga el Señor, el cual aclarará también [j]lo oculto de las tinieblas, y manifestará las intenciones de los corazones; y entonces cada uno recibirá su alabanza de Dios.

Pero [k]esto, hermanos, lo he presentado como ejemplo en mí y en Apolos [l]por amor de vosotros, para que en nosotros aprendáis a no pensar más de

---

a. **Así, pues, ténganlos.** Pablo quería que todos le vieran a él y a sus colegas en el ministerio como los mensajeros humildes a quienes Dios había ordenado (cp. 1 Co 3:9, 22).

b. **servidores.** Pablo expresa su humildad con el empleo de una palabra cuyo significado literal es «remeros inferiores», con referencia a los esclavos más menospreciados y explotados del mundo romano que pasaban su existencia en el fondo de las embarcaciones (1 Co 9:16; ver Lc 1:2; Hch 20:19).

c. **administradores.** Pablo define sus responsabilidades de apóstol al usar una palabra cuyo significado original se aplicaba a la persona a quien se confiaba toda la responsabilidad por la administración de los bienes de su amo, como edificios, campos, finanzas, alimentos, otros siervos y en ciertos casos aun los hijos del dueño. Cp. 1 P 4:10.

d. **los misterios de Dios.** En el NT se usa la palabra «misterio» con referencia a una revelación divina que antes había permanecido oculta. Ver 1 Co 2:7; Mt 13:11; Ef 3:4, 5. Aquí se usa la palabra en su sentido más amplio como la plenitud de la verdad de Dios que es revelada en el NT (Hch 20:20, 21, 27; 2 Ti 2:15; 3:16). Pablo estaba encargado de supervisar toda esa verdad y dispensarla como siervo y mayordomo fiel de Dios.

e. **fiel.** La cualidad más esencial de un siervo o mayordomo es lealtad y obediencia incondicionales a su amo (1 Co 4:17; 7:25; cp. Mt 24:45-51; Col 1:7; 4:7).

f. **tribunal humano.** Pablo no es arrogante ni dice que esté por encima de otros hermanos ministros, otros cristianos o aun ciertos incrédulos. Lo que dice es que cualquier veredicto humano sobre su vida carece de relevancia, incluido su propio veredicto.

g. **de nada tengo mala conciencia.** Pablo no estaba al tanto de algún pecado habitual o no confesado en su propia vida, pero en su entendimiento limitado supuso que su veredicto no era concluyente (ver 2 Co 1:12).

h. **no por eso soy justificado.** La propia evaluación sincera que Pablo hiciera de su propia vida no le justificaba de sus faltas a la fidelidad en el ministerio y la vida cristiana.

i. **el Señor.** Él es el único juez calificado para pesar en últimas la obediencia y fidelidad de cualquier ser humano (2 Ti 2:15). Ver 2 Co 5:9, 10.

j. **lo oculto de las tinieblas... las intenciones de los corazones.** Referencia a los motivos, pensamientos y actitudes interiores que solo Dios puede conocer. Puesto que las recompensas finales no solo dependerán del servicio exterior, sino de la devoción interna (cp. 1 Co 10:31), Dios es el único que puede dar la alabanza que cada uno merece. Ver 1 Co 3:12-14.

k. **esto.** Pablo se refiere a las analogías que usó para describir a aquellos que ministran para el Señor, incluidos él mismo y Apolos: agricultores (1 Co 3:6-9), constructores (1 Co 3:10-15) y siervos mayordomos (1 Co 4:1-5).

l. **por amor de vosotros.** La humildad de Pablo, expresada ante la realidad del juicio de Dios sobre los apóstoles y predicadores más grandes, fue útil para enseñar a los creyentes

[a]lo que está escrito, no sea que por causa de uno, os [b]envanezcáis unos contra otros. Porque ¿quién te distingue? ¿o qué tienes que no hayas recibido? Y si lo recibiste, ¿por qué [c]te glorías como si no lo hubieras recibido?

Ya estáis [d]saciados, ya estáis ricos, sin nosotros reináis. ¡Y ojalá [e]reinaseis, para que nosotros reinásemos también juntamente con vosotros! Porque según pienso, Dios nos ha exhibido a nosotros los apóstoles como [f]postreros, como a sentenciados a muerte; pues hemos llegado a ser espectáculo al mundo, a los ángeles y a los hombres. Nosotros somos [g]insensatos por amor de Cristo, mas vosotros prudentes en Cristo; nosotros débiles, mas vosotros fuertes; vosotros honorables, mas nosotros despreciados. Hasta esta hora padecemos hambre, tenemos sed, estamos [h]desnudos, somos abofeteados, y no tenemos morada fija. Nos fatigamos trabajando con [i]nuestras propias manos; nos maldicen, y bendecimos; padecemos persecución, y la soportamos. Nos difaman, y rogamos; hemos venido a ser hasta ahora como [j]la escoria del mundo, el desecho de todos.

---

que se abstuvieran de exaltarlos (cp. Gn 18:27; 32:10; Éx 3:11; Jue 6:15; Mt 3:14; Lc 5:8; Jn 1:26, 27; Hch 20:19; 2 Co 3:5; Ef 3:8).

a. **lo que está escrito.** Los siervos fieles de Dios deben ser tratados con respeto solo dentro de los límites establecidos por las Escrituras (1 Ts 5:12; 1 Ti 5:17; He 13:7, 17).

b. **envanezcáis.** El orgullo y la arrogancia fueron problemas grandes en la iglesia de Corinto (ver 1 Co 4:18, 19; 5:2; 8:1; 13:4; 2 Co 12:20).

c. **te glorías.** El orgullo es engañoso porque todo lo que una persona tenga proviene de la mano providencial de Dios (cp. 1 Cr 29:11-16; Job 1:21; Stg 1:17).

d. **saciados... ricos... reináis.** En una reprensión severa, Pablo expresa alabanzas sarcásticas en el sentido de que aquellos corintios que se sentían satisfechos en sí mismos ya habían alcanzado la grandeza espiritual. Por eso eran similares a los de Laodicea (ver Ap 3:17). Cp. Fil 3:12; 2 Ti 4:8; Stg 1:12; 1 P 5:4.

e. **reinaseis.** Sin embargo, Pablo tenía un deseo genuino de que ya fuera la coronación del tiempo durante el milenio, para que todos participaran de la gloria del Señor.

f. **postreros.** La imagen aludida es la de prisioneros condenados que son llevados al coliseo romano para luchar a muerte. Los últimos que se sacaban para su muerte pública eran seleccionados para un gran final. En su sabiduría soberana y para su gloria eterna, Dios eligió hacer una exhibición pública de los apóstoles frente a los hombres y los ángeles durante la era actual como un espectáculo semejante (cp. Mt 19:28). Como gladiadores condenados a muerte fueron ridiculizados, escupidos, encarcelados y azotados, pero en últimas Dios glorificó su nombre por medio de ellos a medida que les usó para construir su reino.

g. **insensatos... prudentes.** El apóstol recurre de nuevo al sarcasmo, esta vez sobre sí mismo como si imitara la actitud de los corintios orgullosos hacia él, con el fin de escarmentarlos (cp. Hch 17:18).

h. **desnudos.** Los apóstoles y primeros predicadores vivieron en los niveles más bajos de la sociedad. Mientras los creyentes corintios se creían reyes (1 Co 4:8), el apóstol sabía que era como un esclavo sufrido (cp. 2 Co 1:8, 9; 4:8-12; 6:4-10; 11:23-28).

i. **nuestras propias manos.** Los apóstoles realizaban trabajo manual que los griegos, incluidos algunos en la iglesia de Corinto, consideraban indigno de ellos y apto solo para esclavos. En cambio, Pablo no sentía resentimiento ni vergüenza por las labores necesarias para sostener la predicación del evangelio (cp. Hch 18:3; 20:34; 2 Co 11:23-28; 1 Ts 2:9; 2 Ts 3:8; 2 Ti 3:12).

j. **la escoria... el desecho.** La suciedad y los desperdicios de un basurero o de una olla sucia, una expresión usada en sentido figurado para aludir a los delincuentes más degradados

87. El reproche de un padre

1 Corintios 4:14–21

No escribo esto para avergonzaros, sino para [a]amonestaros como a [b]hijos míos amados. Porque aunque tengáis [c]diez mil ayos en Cristo, no tendréis muchos padres; pues en Cristo Jesús yo os engendré por medio del evangelio. Por tanto, os ruego [d]que me imitéis. Por esto mismo os he enviado a [e]Timoteo, que es mi hijo amado y fiel en el Señor, el cual os recordará mi proceder en Cristo, de la manera que [f]enseño en todas partes y en todas las iglesias.

Mas algunos están [g]envanecidos, como si yo nunca hubiese de ir a vosotros. Pero iré pronto a vosotros, si el Señor quiere, y conoceré, no las palabras, sino el poder de los que andan envanecidos. Porque el reino de Dios no consiste en [h]palabras, sino en poder. ¿Qué queréis? ¿Iré a vosotros con [i]vara, o con amor y espíritu de mansedumbre?

---

que con frecuencia eran sacrificados en ceremonias paganas. Pablo y sus colegas predicadores fueron considerados en términos semejantes, no a la vista de Dios, sino del mundo. Es una reprimenda ejemplar de los corintios orgullosos y carnales que se veían en la cima del mundo, mientras el apóstol se veía a sí mismo con humildad y sin pretensión alguna al reconocimiento social.

a. **amonestaros.** Lit. «poner en la mente» con el propósito de apercibir y reprobar tras dar por sentado que algo anda mal y debe ser corregido (cp. Mt 18:15-20; Hch 20:31; 1 Ts 2:7-12; 5:14).

b. **hijos míos amados.** A pesar de su inmadurez carnal y a veces llena de odio, Pablo siempre consideró a los creyentes corintios con afecto sincero (cp. 2 Co 12:14, 15; Gá 4:19; Fil 1:23-27; 3 Jn 4).

c. **diez mil ayos.** Esta expresión significa en realidad «tutores incontables», una hipérbole para aludir a un número ilimitado de guardianes morales que cumplen la función de guiar a los niños. Pablo era su único padre espiritual, así que nadie los podía cuidar como él.

d. **que me imitéis.** Ver 1 Co 11:1. Una exhortación audaz pero justificada. Los líderes espirituales deben dar un ejemplo a seguir de semejanza a Cristo (cp. 1 Ti 4:12; He 13:7)

e. **Timoteo.** Habían sido discipulados con tanta fidelidad por Pablo que Timoteo podía ser enviado en lugar del gran apóstol con la confianza de que lo representaría a perfección. Cp. 2 Ti 2:2; 3:10-14.

f. **enseño.** En referencia a cuestiones doctrinales y no a consejos prácticos. Por su propia instrucción y ejemplo, Timoteo solidificaría las verdades eternas que Pablo le había enseñado.

g. **envanecidos.** Eran arrogantes al pensar que nunca verían a Pablo de nuevo, pero si Dios lo permitía, el apóstol tenía planificado verlos pronto porque no estaba dispuesto a permitir que persistieran en sus pecados y su orgullo. Por su propio bien y por el bien del evangelio, Pablo los vería de nuevo para asegurar su disciplina (cp. He 12:6). La realidad de cuánto poder espiritual tenían en realidad había quedado expuesta con claridad por medio de esa confrontación.

h. **palabras... poder.** El carácter espiritual no se mide con palabras impresionantes, sino en el poder y la evidencia de la vida (cp. Mt 7:21-23).

i. **vara.** Los líderes espirituales necesitan utilizar la vara de la corrección si las personas persisten en pecar. El modelo de esa corrección se ilustra y explica en 1 Co 5:1-13; cp. Mt 18:15-18.

88. Se juzga la inmoralidad

1 Corintios 5:1–13

De cierto se oye que hay entre vosotros [a]fornicación, y tal fornicación cual ni aun se nombra entre los gentiles; tanto que alguno tiene [b]la mujer de su padre. Y vosotros estáis [c]envanecidos. ¿No debierais más bien haberos lamentado, para que fuese [d]quitado de en medio de vosotros el que cometió tal acción? Ciertamente yo, como ausente en cuerpo, pero presente en espíritu, [e]ya como presente he juzgado al que tal cosa ha hecho. [f]En el nombre de nuestro Señor Jesucristo, [g]reunidos vosotros y mi espíritu, con el [h]poder de nuestro Señor Jesucristo, el tal sea [i]entregado a Satanás para [j]destrucción de la carne, a fin de [k]que el espíritu sea salvo en [l]el día del Señor Jesús.

---

a. **fornicación.** Este pecado era tan vil que hasta los vecinos paganos de la iglesia fueron escandalizados por él. Los corintios habían justificado o minimizado este pecado que era conocido por todos, a pesar de que Pablo les había escrito antes al respecto (1 Co 5:9). La palabra griega que se traduce «fornicación» es la raíz de la palabra «pornografía» y alude a una gran variedad de inmoralidades sexuales.

b. **la mujer de su padre.** La relación sexual del hombre con su madrastra tenía el mismo estigma pecaminoso de una relación del mismo tipo con su madre natural. El incesto se castigaba con la muerte en el AT (Lv 18:7, 8, 29; cp. Dt 22:30) y era tanto inusual («ni se nombra») como ilegal bajo la ley romana.

c. **envanecidos.** Tan arrogantes y carnales que estaban dispuestos a excusar las maldades más extremas.

d. **quitado.** Sometido a excomunión, como se explica también en 1 Co 5:7 (ver Mt 18:15-17; Ef 5:3, 11; 2 Ts 3:6).

e. **ya... he juzgado.** Pablo había pronunciado juicio sobre el pecador y la iglesia también necesitaba hacerlo.

f. **En el nombre de nuestro Señor.** De conformidad con su persona y voluntad santas.

g. **reunidos.** Esta acción debe emprenderse durante una reunión pública de la iglesia (ver Mt 18:15-18).

h. **poder.** Equivale a autoridad. La acción disciplinaria en contra de los pecadores en la iglesia que no se arrepienten lleva el peso de la autoridad del Señor.

i. **entregado a Satanás.** Aquí la acción de «entregar» corresponde a un término enérgico que se emplea en las sentencias judiciales. Equivale a la excomunión del creyente profeso y su expulsión de las bendiciones propias del culto cristiano y el compañerismo de los hermanos al dejarlo en el dominio de Satanás, el sistema del mundo. Ver 1 Ti 1:20.

j. **destrucción de la carne.** Esto se refiere al escarmiento divino del pecado que puede traer como resultado enfermedad y hasta la muerte. Ver 1 Co 11:29-32; cp. Hch 5:1-11.

k. **que el espíritu sea salvo.** La persona que no se arrepiente puede sufrir en gran manera bajo el juicio de Dios, pero así no será una influencia maléfica en la iglesia, y es más probable que se salve bajo ese juicio que si es tolerada y aceptada en el seno de la iglesia.

l. **el día del Señor Jesús.** Este es el tiempo en el que el Señor regresa con sus recompensas para su pueblo. Ver 1 Co 1:8.

No es buena vuestra [a]jactancia. ¿No sabéis que un poco de [b]levadura leuda [c]toda la masa? Limpiaos, pues, de la vieja levadura, para que seáis nueva masa, sin levadura como sois; porque [d]nuestra pascua, que es Cristo, ya fue sacrificada por nosotros. Así que [e]celebremos la fiesta, no con la vieja levadura, ni con la levadura de malicia y de maldad, sino con panes sin levadura, de sinceridad y de verdad.

Os he escrito [f]por carta, que no os juntéis con los fornicarios; no absolutamente con [g]los fornicarios de este mundo, o con los avaros, o con los ladrones, o con los idólatras; pues en tal caso os sería necesario salir del mundo. Más bien os escribí que no os juntéis con ninguno que, [h]llamándose hermano, fuere fornicario, o avaro, o idólatra, o maldiciente, o borracho, o ladrón; con el tal [i]ni aun comáis.

Porque ¿qué razón tendría yo para juzgar a los que están [j]fuera? ¿No juzgáis vosotros a los que están dentro? Porque a los que están fuera, Dios juzgará. [k]Quitad, pues, a ese perverso de entre vosotros.

---

a. **jactancia.** No era buena porque su sentido orgulloso de satisfacción los cegó frente a su deber de tratar el pecado flagrante que devastaba a la iglesia.

b. **levadura.** Ver Mr 8:15. En las Escrituras, se emplea para representar la influencia, en casi todos los casos hacia el mal, aunque en Mt 13:33 se refiere a la influencia buena del reino de los cielos (cp. Éx 13:3, 7).

c. **toda la masa.** Al ser tolerado, el pecado siempre invade y corrompe la iglesia local en su totalidad.

d. **nuestra pascua, que es Cristo.** Así como el pan sin levadura simbolizaba el ser liberados de Egipto mediante el sacrificio de la Pascua (Éx 12:15-17), la iglesia también debe permanecer libre de levadura porque ha sido separada del dominio del pecado y la muerte por el Cordero perfecto de la Pascua, el Señor Jesucristo. Por ende, la iglesia debe arrancar de sí todo lo pecaminoso para separase de la vida vieja, lo cual incluye la influencia de aquellos miembros que pecan y no se arrepienten.

e. **celebremos la fiesta.** A diferencia de la Pascua del AT que se celebra cada año, los creyentes celebran todo el tiempo «la fiesta» de la nueva Pascua que es Jesucristo mismo. Como los judíos que celebran la Pascua usan pan sin levadura, los creyentes también celebran su Pascua continua a través de una vida libre de pecado.

f. **por carta.** Una carta anterior que Pablo había escrito a la iglesia de Corinto para instruirlos que rompieran vínculos con todo lo inmoral (cp. 1 Co 5:11; 2 Ts 3:6-15).

g. **los fornicarios de este mundo.** Es evidente que la iglesia había interpretado mal el consejo de esa carta porque se desconectaron de las personas no salvas en el mundo mientras toleraban el pecado abierto de sus miembros, y esto amenazaba mucho más a la congregación. Ver Jn 17:15,18. Dios ha dispuesto que sigamos en el mundo como sus testigos (cp. Mt 5:13-16; Hch 1:8; Fil 2:15).

h. **llamándose hermano.** Pablo aclara su intención en la carta anterior. El apóstol esperaba que se disociaran de todos los que afirmaban ser hermanos sin abandonar un patrón constante de vida pecaminosa.

i. **ni aun comáis.** El acto de comer juntos era una señal de aceptación y hermandad en aquel tiempo. Ver 2 Ts 3:6, 14.

j. **fuera.** Pablo nunca se propuso que él o la iglesia se colocaran como jueces de los incrédulos fuera de la iglesia, sino que juzgaran a los de adentro (cp. 1 P 4:17). «Los que están fuera» deben ser evangelizados por los creyentes, pero serán juzgados solo por Dios. Aquellos que pecan dentro de la iglesia deben ser sometidos a la disciplina de la iglesia.

k. **Quitad**. Es una cita de Dt 17:7.

89. No se permiten los litigios y las disensiones

1 Corintios 6:1—11

[a]¿Osa alguno de vosotros, cuando tiene [b]algo contra otro, ir a juicio delante de los [c]injustos, y no [d]delante de los santos? ¿O no sabéis que los santos han de [e]juzgar al mundo? Y si el mundo ha de ser juzgado por vosotros, ¿sois indignos de juzgar cosas muy pequeñas? ¿O no sabéis que hemos de [f]juzgar a los ángeles? ¿Cuánto más las cosas de esta vida? Si, pues, tenéis juicios sobre cosas de esta vida, ¿ponéis para juzgar a los que son [g]de menor estima en la iglesia? Para [h]avergonzaros lo digo. ¿Pues qué, no hay entre vosotros sabio, ni aun uno, que pueda juzgar entre sus hermanos, sino que el hermano con el hermano pleitea en juicio, y esto ante los incrédulos?

Así que, por cierto es ya una falta en vosotros que tengáis pleitos entre vosotros mismos. [i]¿Por qué no sufrís más bien el agravio? ¿Por qué no sufrís

---

a. **¿Osa...?** Demandar a otro creyente ante un tribunal secular es un acto insolente de desobediencia por sus implicaciones comunes a todo pecado, es decir, provocar desagrado a Dios.

b. **algo contra otro.** Una frase en griego que se usaba para aludir a un pleito legal («ir a juicio»).

c. **injustos.** Esto no se refiere a su carácter moral, sino a su condición espiritual de no salvos.

d. **delante de los santos.** Los creyentes deben resolver todos los asuntos pendientes entre ellos mismos dentro de la iglesia.

e. **juzgar al mundo.** Debido a que los cristianos asistirán a Cristo para juzgar al mundo en el reino milenario (Ap 2:26, 27; 3:21; cp. Dn 7:22), están más que calificados como depositarios de la verdad, el Espíritu, los dones y los recursos que poseen en él en la actualidad, para resolver todos los conflictos menores que surjan entre ellos.

f. **juzgar a los ángeles.** La palabra griega significa «regir» o «gobernar». Puesto que el Señor mismo juzgará a los ángeles caídos (2 P 2:4; Jud 6), el significado probable de esto es que tendremos algún mando en la eternidad sobre los ángeles santos. Puesto que los ángeles son «espíritus ministradores» al servicio de los santos (He 1:14), parece razonable que nos servirán en la gloria.

g. **de menor estima.** Este es un versículo difícil de traducir, como lo indica la variedad de sus versiones en muchos idiomas, pero el significado básico es claro: si los cristianos tienen contiendas entre sí, es inconcebible que acudan a los menos calificados (los no creyentes) para resolver el asunto. Así carezcan de habilidades para la litigación, los creyentes que conozcan la Palabra de Dios y sean obedientes al Espíritu son mucho más competentes para resolver desacuerdos entre creyentes que el incrédulo más experimentado y carente de la verdad y el Espíritu de Dios.

h. **avergonzaros.** Demandar a un hermano en la fe no solo es un pecado vergonzoso (1 Co 6:5), sino una falta absoluta de obediencia y rectitud. Los cristianos que llevan hermanos suyos ante los tribunales del mundo sufren derrota espiritual y pérdida espiritual aun antes de que el caso sea presentado, y quedan sujetos a la reprensión divina (cp. He 12:3ss).

i. **¿Por qué no sufrís más bien el agravio?** La respuesta implícita es: por el pecado vergonzoso (1 Co 6:5) y la derrota moral (v. 8) que vienen como resultado del egoísmo, la

más bien el ser [a]defraudados? Pero [b]vosotros cometéis el agravio, y defraudáis, y esto a los hermanos. ¿No sabéis que los injustos [c]no heredarán el reino de Dios? No erréis; ni los [d]fornicarios, ni los [e]idólatras, ni los [f]adúlteros, ni [g]los afeminados, ni los que se echan con varones, ni los [h]ladrones, ni los avaros, ni los borrachos, ni los [i]maldicientes, ni los [j]estafadores, heredarán el reino de Dios. Y esto [k]erais algunos; mas ya habéis sido [l]lavados, ya habéis sido

disposición a traer descrédito a Dios y su sabiduría, poder y propósito soberano, y la intención de hacer daño a la iglesia y al testimonio del evangelio de Cristo.

a. **defraudados.** Los cristianos no tienen derecho de insistir en su recurso legal en un tribunal público. Es mucho mejor confiar en los propósitos soberanos de Dios y sufrir pérdidas económicas que ser desobedientes y experimentar sufrimiento espiritual (ver Mt 5:39; 18:21-34).

b. **vosotros cometéis el agravio, y defraudáis.** Pablo se refiere a aquellos que demandan a sus hermanos en Cristo como culpables de la misma conducta errónea cuya rectificación demandan.

c. **no heredarán el reino de Dios.** El reino es la esfera de salvación donde Dios gobierna como Rey sobre todos los que le pertenecen por la fe (ver Mt 5:3, 10). Todos los creyentes están en ese reino espiritual, pero aguardan la entrada a su herencia plena en la era venidera. Las personas que se caracterizan por esas iniquidades no son salvas. Ver 1 Jn 3:9, 10. Mientras los creyentes pueden y de hecho cometen estos pecados, estos no les caracterizan como un patrón constante de vida. Si esto es así, demuestra que la persona no está en el reino de Dios. Los creyentes verdaderos que pecan aborrecen ese pecado y procuran ganar la victoria sobre él (cp. Ro 7:14–25).

d. **fornicarios.** Todos los que se abandonan con indulgencia a la inmoralidad sexual, pero en particular las personas solteras.

e. **idólatras.** Aquellos que adoran cualquier dios falso o siguen cualquier sistema religioso falso.

f. **adúlteros.** Personas casadas que se entregan a actos sexuales fuera de su matrimonio.

g. **los afeminados... los que se echan con varones.** Estos términos se refieren a aquellos que intercambian y corrompen las funciones masculinas y femeninas normales en las relaciones sexuales. Esto incluye perversiones como el cambio de sexo o el uso de atavíos propios del sexo opuesto (cp. Gn 1:27; Dt 22:5). En el texto griego, los homosexuales reciben el apelativo de sodomitas a causa del pecado sexual que dominó a los hombres en la ciudad de Sodoma (Gn 18:20; 19:4, 5). Esta perversión pecaminosa se condena siempre y de todas las formas en las Escrituras (cp. Lv 18:22; 20:13; Ro 1:26, 27; 1 Ti 1:10).

h. **ladrones... avaros.** Ambos son culpables del mismo pecado básico de codicia. Los avaros desean lo que pertenece a otros y los ladrones dan el siguiente paso para apropiárselo.

i. **maldicientes.** Personas que tratan de destruir a los demás con palabras.

j. **estafadores.** Embaucadores y usurpadores que roban de forma indirecta al aprovecharse de otros para procurar su propia ganancia económica.

k. **erais algunos.** Aunque no todos los cristianos han sido culpables de todos esos pecados en particular, todo cristiano es un antiguo pecador porque Cristo vino a salvar pecadores (cp. Mt 9:13; Ro 5:20). Algunos que se habían acostumbrado en el pasado a esos patrones de vida pecaminosa habían vuelto a caer en hábitos viejos, y necesitaban recordar que si retrocedían por completo no iban a heredar la salvación eterna porque esto sería una indicación de que nunca fueron salvos (cp. 2 Co 5:17).

l. **lavados.** Se refiere a recibir una vida nueva mediante la limpieza y la regeneración espiritual (cp. Jn 3:3-8; 2 Co 5:17; Ef 2:10; Tit 3:5).

[a]santificados, ya habéis sido [b]justificados en el nombre del Señor Jesús, y [c]por el Espíritu de nuestro Dios.

90. El pecado sexual, condenado

1 Corintios 6:12–20

[d]Todas las cosas me son lícitas, mas no todas convienen; todas las cosas me son lícitas, mas yo no me dejaré [e]dominar de ninguna. Las [f]viandas para el vientre, y el vientre para las viandas; pero tanto al uno como a las otras destruirá Dios. Pero [g]el cuerpo no es para la fornicación, sino para el Señor, y

---

a. **santificados.** Esto resulta en una conducta nueva que siempre es el producto de una vida transformada. El dominio total del pecado es quebrantado y reemplazado por un nuevo patrón de obediencia y santidad. Aunque no es perfección, se trata de una nueva dirección (ver Ro 6:17, 18, 22).

b. **justificados.** Esto se refiere a una nueva posición ante Dios en la que el cristiano queda revestido en la justicia de Cristo, en cuya muerte recayó todo el pecado del creyente porque él sufrió por ellos, de tal modo que su justicia perfecta fuera imputada a los creyentes y para que fuéramos bendecidos por ella (Ro 3:26; 4:22-25; 2 Co 5:21; Fil 3:8, 9; 1 P 3:18).

c. **por el Espíritu.** El Espíritu Santo es el agente de la transformación que caracteriza a la salvación (cp. Jn 3:3-5).

d. **Todas las cosas me son lícitas, mas no todas convienen.** Este pudo haber sido un lema de los corintios. Era cierto que sin importar qué pecados cometa un creyente, Dios perdona (Ef 1:7), pero no todo lo que hacían era provechoso o benéfico. El precio de su abuso a la libertad y la gracia fue muy alto. El pecado siempre produce pérdidas. Como alguien que ha sido lavado, santificado y justificado por la eternidad mediante la gracia de Dios, el creyente es puesto en libertad (cp. Ro 8:21, 33; Gá 5:1, 13). Los corintios habían hecho con esa libertad justo aquello que Pablo había advertido a los gálatas que no hicieran: «no uséis la libertad como ocasión para la carne» (Gá 5:13). Por eso en esta sección, Pablo expuso el error en la racionalización de los cristianos de Corinto en el sentido de que estaban en libertad de pecar porque todo lo que hacían estaba cubierto por la gracia de Dios

e. **dominar.** El pecado tiene poder. La palabra significa «enseñorearse» (cp. Ro 6:14), y ningún pecado esclaviza más que el sexual. Aunque nunca puede ser un patrón indoblegable en la vida de un creyente verdadero, puede ser un hábito recurrente que malogra el gozo, la paz y el servicio además de incurrir en el escarmiento divino y en muchos casos la disciplina de la iglesia (cp. 1 Co 5:1ss). Ver 1 Ts 4:3-5. El pecado sexual controla, por eso el creyente nunca debe permitir que el pecado tenga control, sino enseñorearse de él en la fuerza del Señor (ver 1 Co 9:27). El rechazo de Pablo es categórico en contra de la noción impía de que la libertad en Cristo da licencia para pecar (cp. Ro 7:6; 8:13, 21).

f. **viandas... vientre.** Quizá fuera un proverbio popular para celebrar la idea de que el sexo es una función biológica como comer. La influencia del dualismo filosófico pudo haber contribuido a esta idea porque consideraba que el cuerpo era lo único maligno. Por ende, todos los actos físicos eran involuntarios y carecían de consecuencias morales. Debido a que la relación entre viandas y vientre no era más que biológica y temporal, es probable que los corintios, al igual que muchos de sus amigos paganos, utilizaran esa analogía para justificar la inmoralidad sexual.

g. **el cuerpo... el Señor.** Pablo rechaza esa conveniente analogía justificadora. El cuerpo y la comida tienen una relación temporal y ambos están destinados a perecer. Cp. Hch 2:32; Ef 1:19. Por otro lado, el cuerpo de los creyentes y el Señor tienen una relación eterna que

el Señor para el cuerpo. Y Dios, que levantó al Señor, también a nosotros nos levantará con su poder.

¿No sabéis que vuestros cuerpos son [a]miembros de Cristo? ¿Quitaré, pues, los miembros de Cristo y los haré miembros de una ramera? [b]De ningún modo. ¿O no sabéis que el que se une con una ramera, es un cuerpo con ella? Porque dice: Los dos serán [c]una sola carne. Pero el que se une al Señor, [d]un espíritu es con él.

Huid de la fornicación. [e]Cualquier otro pecado que el hombre cometa, está fuera del cuerpo; mas el que fornica, contra su propio cuerpo peca. ¿O ignoráis que vuestro cuerpo es templo del Espíritu Santo, el cual está en vosotros, el cual tenéis de Dios, y que [f]no sois vuestros? Porque habéis sido comprados [g]por precio; [h]glorificad, pues, a Dios en vuestro cuerpo y en vuestro espíritu, los cuales son de Dios.

---

nunca perecerá. El apóstol se refiere a que el cuerpo del creyente será cambiado, resucitado, glorificado y convertido en cuerpo celestial. Ver 1 Co 15:35-54; cp. Fil 3:20, 21.

a. **miembros.** El cuerpo del creyente no solo es para el Señor aquí y ahora (1 Co 6:14), sino que es del Señor y forma parte de su propio cuerpo, la iglesia (Ef 1:22, 23). El cuerpo del cristiano es un templo espiritual en el que el Espíritu de Cristo mora y vive (1 Co 12:3; Jn 7:38, 39; 20:22; Hch 1:8; Ro 8:9; 2 Co 6:16), por eso cada vez que un creyente comete un pecado sexual, es como si involucrara a Cristo con una prostituta. Todo pecado sexual es prostitución.

b. **De ningún modo.** Estas palabras traducen la forma más enérgica de negación en griego: «¡que nunca sea así!».

c. **una sola carne.** Pablo sustenta su punto del versículo anterior al apelar a la verdad de Gn 2:24 que define la unión sexual entre un hombre y una mujer en términos de «una sola carne». Si una persona se une a una prostituta, esta es una experiencia de unirse en una misma carne. Por lo tanto, Cristo es sometido a una ligadura espiritual con esa prostituta.

d. **un espíritu es con él.** Para recalcar todavía más su enseñanza, Pablo afirma que todo acto sexual fuera del matrimonio es pecado, pero las relaciones ilícitas de los creyentes son reprensibles en particular porque profanan a Jesucristo, con quien todos los creyentes son uno (Jn 14:18-23; 15:4, 7; 17:20-23; Ro 12:5). Este argumento debería hacer impensable cualquier pecado de ese tipo.

e. **Cualquier otro pecado... está fuera.** En cierto sentido el pecado sexual destruye a una persona como ningún otro puede, ya que sucede a un nivel muy íntimo que enreda y corrompe en lo más profundo del ser humano. Es probable que Pablo aluda aquí a las enfermedades venéreas que tanto prevalecieron y devastaron en su tiempo como en la actualidad. Ningún pecado tiene mayor potencialidad para destruir el cuerpo y esto es algo que todo creyente debería evitar en vista de la realidad de las cosas como se presenta en 1 Co 6:19, 20.

f. **no sois vuestros.** El cuerpo de un cristiano pertenece al Señor, es un miembro de Cristo, y es el templo del Espíritu Santo. Ver Ro 12:1, 2. Todo acto de fornicación, adulterio o cualquier otro pecado es cometido por el creyente en el santuario, el lugar santísimo, donde Dios habita. En el AT, el sumo sacerdote entraba allí una sola vez al año y nunca sin antes someterse a una limpieza intensiva, de lo contrario corría el riesgo de morir (Lv 16).

g. **por precio.** La sangre preciosa de Cristo (ver 1 P 1:18).

h. **glorificad... Dios.** El propósito supremo del cristiano (1 Co 10:31).

91. Matrimonio y soltería

1 Corintios 7:1–16

En cuanto a [a]las cosas de que me escribisteis, [b]bueno le sería al hombre no [c]tocar mujer; pero a causa de [d]las fornicaciones, cada uno tenga su propia mujer, y cada una tenga su propio marido. El marido [e]cumpla con la mujer el deber conyugal, y asimismo la mujer con el marido. La mujer no tiene [f]potestad sobre su propio cuerpo, sino el marido; ni tampoco tiene el marido potestad sobre su propio cuerpo, sino la mujer. No os [g]neguéis el uno al otro, a no ser por algún tiempo de mutuo consentimiento, para ocuparos sosegadamente en la oración; y [h]volved a juntaros en uno, [i]para que no os tiente

---

a. **las cosas de que me escribisteis.** Esta sección incluye las respuestas de Pablo a cuestiones prácticas sobre las cuales le habían escrito los corintios (1 Co 7:1) en una carta que pudo haber sido entregada por Estéfanas, Fortunato y Acaico (1 Co 16:17). La primera de esas preguntas tenía que ver con el matrimonio, un área problemática debido a la corrupción moral de una cultura que toleraba la fornicación, el adulterio, la homosexualidad, la poligamia y el concubinato.

b. **bueno le sería.** Algunos tenían la noción de que en vista de todo el pecado sexual y la confusión marital, sería mucho mejor quedarse solteros y todavía más espiritual ser célibes. Esto podría conducir a algunos piadosos falsos a defender el divorcio para recuperar la soltería. Estos versículos elevan la condición de soltero siempre y cuando la persona se mantenga célibe, pero en ninguna forma enseñan que el matrimonio sea erróneo o inferior.

c. **tocar mujer.** Este es un eufemismo judío para aludir al coito (ver p. ej. Gn 20:6; Rt 2:9; Pr 6:29). Pablo dice aquí que es bueno no tener relaciones sexuales, es decir, ser soltero y célibe, pero no quiere decir que sea lo único bueno o incluso mejor que el matrimonio (cp. Gn 1:28; 2:18).

d. **las fornicaciones.** Existe un gran peligro de caer en el pecado sexual mientras uno es soltero (cp. Mt 19:12). El matrimonio es la única provisión de Dios para la satisfacción sexual. No obstante, el matrimonio no debería reducirse solo a eso. Pablo tiene una perspectiva sublime del mismo que articula en Ef 5:22, 23. Aquí se enfoca en la problemática del pecado sexual para personas que son solteras.

e. **cumpla... el deber conyugal.** Los creyentes casados no deben privar de satisfacción sexual a sus cónyuges. Mientras que el celibato es correcto para los solteros, es erróneo para los casados. La práctica de la abstención pudo haber sido más común entre creyentes con un cónyuge no salvo.

f. **potestad.** Por el pacto matrimonial, cada miembro de la pareja recibe derechos sobre el cuerpo de su cónyuge para la satisfacción del otro.

g. **neguéis.** Lit. «¡dejen de privarse el uno del otro!». Este mandato puede indicar que esta clase de negación era rutinaria entre los creyentes, quizá como reacción en contra de los pecados sexuales de su pasado y porque deseaban dejar todo eso atrás. Tanto esposos como esposas pueden abstenerse por un tiempo de la actividad sexual, pero solo por acuerdo mutuo para dedicarse a la intercesión, como parte su disciplina espiritual de ayunar.

h. **volved a juntaros.** La relación sexual debe retomarse tan pronto cese la interrupción espiritual.

i. **para que no os tiente Satanás.** Cp. 1 Ts 3.5. Tras el tiempo acordado de abstinencia, los deseos sexuales se intensifican y un cónyuge se hace más vulnerable a los deseos pecaminosos. Ver Mt 4:1-11; 2 Co 2:11.

Satanás a causa de vuestra incontinencia. Mas esto digo por vía de [a]concesión, no por mandamiento. Quisiera más bien que todos los hombres fuesen [b]como yo; pero cada uno tiene su propio [c]don de Dios, uno a la verdad de un modo, y otro de otro.

Digo, pues, a [d]los solteros y a las viudas, que bueno les fuera quedarse [e]como yo; pero si no tienen don de continencia, [f]cásense, pues mejor es casarse que estarse quemando.

Pero a los que están unidos en matrimonio, mando, [g]no yo, sino el Señor: Que la mujer no se [h]separe del marido; y si se separa, [i]quédese sin casar, o reconcíliese con su marido; y que el marido no abandone a su mujer.

Y a los demás [j]yo digo, no el Señor: si algún hermano tiene mujer que no sea creyente, y ella consiente en vivir con él, no la abandone. Y si una

---

a. **concesión.** Una traducción mejor del griego sería «consentimiento» o «tener una opinión mutua». Pablo estaba muy al tanto de las ventajas ordenadas por Dios tanto para la soltería como para el matrimonio, y no mandó a las personas que se casaran debido a la tentación de la soltería. La espiritualidad no se conecta en absoluto con el estado civil de una persona, aunque el matrimonio es un regalo hermoso de Dios (ver 1 P 3:7, «la gracia de la vida»).

b. **como yo.** Al ser soltero, Pablo reconocía la libertad e independencia especiales de que gozaba para servir a Cristo (ver 1 Co 7:32-34), pero él no esperaba que todos los creyentes fueran como él ni que todos los solteros se quedaran así siempre, ni que los casados actuaran como célibes sin ser solteros.

c. **don de Dios.** Tanto la soltería como el matrimonio son regalos de Dios en su gracia.

d. **los solteros... las viudas.** La expresión «los solteros» se emplea cuatro veces en el NT, y solo una vez en Primera Corintios (cp. 1 Co 7:11, 32, 34). Este versículo deja en claro que los solteros y las viudas son distintos. El versículo 11 identifica a los divorciados como los que deben quedarse «sin casar» y se distinguen de «las viudas» (1 Co 7:39, 40; los que quedan solteros como resultado de la muerte) y las vírgenes (1 Co 7:25, 28; los solteros como resultado de no haberse casado). Por esta razón, cada uso de «los solteros» se refiere a los que antes estuvieron casados y son solteros en la actualidad sin haber enviudado. Son los divorciados. Es probable que estas personas quisieran saber si ahora como cristianos podían volver a casarse.

e. **como yo.** Es posible que Pablo hubiera enviudado y confirmara aquí su matrimonio previo al identificarse con los solteros y las viudas. Su primera recomendación es que se queden solteros, motivados por la libertad incomparable de la soltería para servir al Señor (1 Co 7:25-27, 32-34). Ver Ana en Lc 2:36-37.

f. **cásense.** El tiempo verbal griego indica un mandato, ya que una persona no puede vivir una vida feliz y servir al Señor con eficacia si está dominada por alguna pasión sexual insatisfecha, en especial si vive en una sociedad perversa como la corintia.

g. **no yo, sino el Señor.** Lo que Pablo manda a estos creyentes, Jesús ya lo había dejado en claro durante su ministerio terrenal (Mt 5:31, 32; 19:5-8; cp. Gn 2:24; Mal 2:16).

h. **separe.** Esta palabra se usa como sinónimo de divorcio, como lo indica el uso paralelo de la palabra «divorcio» en 1 Co 7:11. Al parecer, algunos cristianos sintieron que debían divorciarse de sus cónyuges no salvos para vivir en celibato o casarse con un creyente.

i. **quédese sin casar.** Si un cristiano se divorcia de otro cristiano por una razón distinta al adulterio (ver Mt 5:31, 32; 19:8, 9), ninguno de los dos queda en libertad de casarse con otra persona. Deberían reconciliarse y permanecer sin casarse.

j. **yo digo.** No es una negación de la inspiración o una indicación de que Pablo imponga aquí su opinión humana, sino tan solo una manera de decir que Jesús no había hablado sobre esto y Dios no había dado revelación previa sobre el asunto, la cual Pablo escribía en ese mismo momento.

mujer tiene marido que no sea creyente, y él consiente en vivir con ella, no lo abandone. Porque el marido incrédulo es [a]santificado en la mujer, y la mujer incrédula en el marido; pues de otra manera vuestros [b]hijos serían inmundos, mientras que ahora son santos. Pero si el incrédulo se separa, [c]sepárese; pues no está el hermano o la hermana [d]sujeto a servidumbre en semejante caso, sino que a paz nos llamó Dios. Porque ¿qué sabes tú, oh mujer, si quizá harás salvo a tu marido? ¿O qué sabes tú, oh marido, si quizá harás salva a tu mujer?

---

a. **santificado.** Esto no se refiere a la salvación. De otro modo, el cónyuge no se designaría como un incrédulo. La santificación es matrimonial y familiar, no personal o espiritual, y significa que el cónyuge no salvo recibe bendiciones temporales a causa de que el otro pertenece a Dios. Un cristiano trae la gracia divina a su matrimonio y esta se derrama sobre su cónyuge, lo cual puede incluso llevarlos a la salvación.

b. **hijos... son santos.** El cristiano no necesita separarse de un no creyente por temor de que el cónyuge incrédulo contamine a los hijos. Dios promete todo lo contrario. Se contaminarían si ambos padres no son salvos, pero la presencia de un padre creyente expone los niños a la bendición y les trae protección divina. La presencia de un solo padre o madre cristiano protegerá a los hijos de daños espirituales indebidos y ellos recibirán muchas bendiciones, lo cual en muchos casos incluye la salvación.

c. **sepárese.** Un término que se refiere al divorcio. Si un cónyuge no creyente es incapaz de tolerar la fe de su esposo o esposa y quiere divorciarse, es mejor permitir que eso suceda con el fin de preservar la paz en la familia (cp. Ro 12:18). Algunos pueden haber vacilado en dejar ir a su cónyuge no salvo que quería salir de la relación y solo había creado discordia en el hogar. Tal vez pensaron que podían evangelizarlo si se quedaban para mostrarles lo que significaba ser salvos. Pablo dice que esa posibilidad de salvación no puede garantizarse y en esos casos extremos conviene mejor divorciarse y vivir en paz (1 Co 7:15), si el cónyuge no salvo quiere terminar el matrimonio de esa manera El vínculo del matrimonio solo se rompe con la muerte (Ro 7:2), el adulterio (Mt 19:9) o el abandono del cónyuge no creyente.

d. **sujeto a servidumbre.** Si el vínculo se rompe de alguna de estas maneras, un cristiano queda en libertad de casarse con otro creyente. En todas las Escrituras, siempre que ocurre un divorcio legítimo se da por sentado el nuevo matrimonio. Cada vez que se permite el divorcio también se permiten las nuevas nupcias, lo cual implica que una viuda tiene permiso para volverse a casar (1 Co 7:39, 40; Ro 7:3) debido a la ruptura del «yugo», y se extiende a este caso en que ya no hay más «servidumbre».

92. Vivir acorde a tu llamado

1 Corintios 7:17–24

Pero cada uno [a]como el Señor le repartió, y como Dios llamó a cada uno, así haga; esto ordeno en todas las iglesias. ¿Fue [b]llamado alguno siendo [c]circunciso? Quédese circunciso. ¿Fue llamado alguno siendo incircunciso? No se circuncide. La circuncisión nada es, y la incircuncisión nada es, sino el guardar los mandamientos de Dios. Cada uno en el estado en que fue llamado, en él se quede. ¿Fuiste llamado [d]siendo esclavo? [e]No te dé cuidado; pero también, si puedes hacerte libre, procúralo más. Porque el que en el Señor fue llamado siendo esclavo, [f]liberto es del Señor; asimismo el que fue llamado siendo libre, [g]esclavo es de Cristo. Por [h]precio fuisteis comprados; no os hagáis [i]esclavos de los hombres. Cada uno, hermanos, en el estado en que fue llamado, así permanezca para con Dios.

---

a. **como el Señor le repartió.** El descontento era prevaleciente entre estos creyentes nuevos en la iglesia de Corinto. Como se ha notado hasta este punto (1 Co 7:1-16), algunos querían cambiar su estado civil, otros eran esclavos que querían ser libres y otros usaban su libertad en Cristo para tratar de justificar su vida de pecado. En una respuesta general a esa actitud, este pasaje reitera con claridad el mismo principio de que los cristianos deberían aceptar de buena voluntad la condición marital y la situación social en la que Dios los había puesto, y contentarse con poder servirle hasta que él los llevara en otra dirección.

b. **llamado.** Como siempre en las epístolas, este término se refiere al llamado eficaz de Dios que salva (ver Ro 8:30).

c. **circunciso... incircunciso.** Por un lado los judaizantes exigían que todos los creyentes gentiles fueran circuncidados (Gá 5:1-6), y por el otro, algunos cristianos judíos querían evitar la asociación con el judaísmo y así mediante una cirugía volverse incircuncisos (conforme a las enseñanzas de los rabinos). Como resultado de esta situación, Pablo intervino para aclarar el asunto y decir que ninguna de estas opciones era necesaria. En sentido figurado, la idea es que cuando un judío se convierte en cristiano no tiene que abandonar su identidad racial y cultural para verse como un gentil. De igual modo, un gentil no tenía por qué volverse judío ni adoptar la cultura judía (1 Co 7:19). La cultura, el orden social y las ceremonias externas carecen de relevancia en la vida espiritual. Lo que importa es la fe y la obediencia.

d. **siendo esclavo.** Pablo no aprueba todas las variedades de esclavitud, más bien enseña que una persona que sea esclava sí puede obedecer y honrar a Cristo (Ef 6:5-8; Col 3:23; 1 Ti 6:1, 2).

e. **No te dé cuidado.** En la sociedad moderna esto suena como un mandato insensible a los que se equivocan en suponer que la libertad es algún derecho dado por Dios en lugar de una opción preferible.

f. **liberto es del Señor.** En todos los sentidos que de verdad importan ningún hombre es más libre que un cristiano. Ninguna servidumbre es tan terrible como la del pecado, de la cual Cristo libera al creyente.

g. **esclavo es de Cristo.** Aquellos que no son esclavos, sino libres en el sentido social, son convertidos en sentido espiritual en esclavos de Cristo al ser salvos (Ro 6:22).

h. **precio.** La sangre de Cristo (1 Co 6:20; 1 P 1:19).

i. **esclavos de los hombres.** Esto se refiere a una esclavitud pecaminosa, la cual consiste en hacerse esclavo por voluntad propia de los caminos del hombre, el mundo y la carne. Esta es la esclavitud que debería preocupar y enfurecer a cualquiera.

93. Instrucciones para los solteros

1 Corintios 7:25–40

[a]En cuanto a las vírgenes [b]no tengo mandamiento del Señor; mas doy mi parecer, como quien ha alcanzado misericordia del Señor para ser fiel. Tengo, pues, esto por bueno a causa de [c]la necesidad que apremia; que hará bien el hombre en [d]quedarse como está. ¿Estás ligado a mujer? No procures [e]soltarte. ¿Estás libre de mujer? No procures casarte. Mas también [f]si te casas, no pecas; y si la doncella se casa, no peca; pero los tales tendrán [g]aflicción de la carne, y yo os la quisiera evitar.

Pero esto digo, hermanos: que [h]el tiempo es corto; resta, pues, que los que tienen esposa sean [i]como si no la tuviesen; y los que lloran, como si no llorasen; y los que se alegran, como si no se alegrasen; y los que compran, como

---

a. **En cuanto a las vírgenes.** Tras haber establecido que tanto el matrimonio como la soltería son buenos y correctos ante el Señor (1 Co 7:1-9), y que para la persona que tenga el don de la continencia para vivir en soltería (v. 7) ese estado tiene muchas ventajas prácticas, Pablo prosigue a responder las preguntas que le habían planteado los corintios por escrito (ver el v. 1). Pablo presenta seis razones para nunca casarse, en relación con las desventajas del matrimonio, y optar por quedarse soltero (virgen): 1) la presión del sistema (vv. 25-27), 2) los problemas inherentes de la carne (v. 28), 3) lo pasajero del mundo (vv. 29-31), 4) las preocupaciones intrínsecas del matrimonio (vv. 32-35), 5) las promesas de los padres de familia (vv. 36-38) y 6) el carácter permanente del matrimonio (vv. 39, 40).

b. **no tengo mandamiento.** La convicción personal que se presenta aquí no es un mandato, sino un consejo confiable y sano para vivir sin perder la virginidad, que es un consejo incluido por la inspiración del Espíritu de parte de un hombre digno de confianza.

c. **la necesidad que apremia.** Una calamidad del momento cuyos detalles se desconocen. Quizá Pablo anticipaba las persecuciones romanas inminentes que comenzaron dentro de los diez años que siguieron a la elaboración de esta epístola.

d. **quedarse como está.** La persecución es bastante difícil para que la resista una sola persona, pero los problemas y el dolor se multiplican para los que están casados, en especial si tienen hijos. Sin importar qué beneficios tenga la soltería, los casados deben permanecer casados.

e. **soltarte.** Alusión al divorcio.

f. **si te casas, no pecas.** El matrimonio es una opción legítima y piadosa tanto para los divorciados como para los que no han perdido su virginidad.

g. **aflicción de la carne.** El significado literal de «aflicción» es «ser aplastado» o «caer bajo presión». El matrimonio puede incluir conflictos, demandas, dificultades y ajustes que la soltería no requiere, porque presiona a dos personas caídas para que vivan juntos en la intimidad y eso conduce a «aflicciones» inevitables. Los problemas de la soltería pueden ser superados por los conflictos del matrimonio.

h. **el tiempo es corto.** La vida humana es breve (cp. Stg 4:14; 1 P 1:24).

i. **como si no la tuviesen.** Esto no enseña que el matrimonio deje de ser obligatorio o que no deba tratarse con seriedad (cp. Ef 5:22-33; Col 3:18, 19), y tampoco que deba practicarse alguna negación física mutua o unilateral (1 Co 7:3-5). Pablo enseña aquí que el matrimonio no debería reducir en absoluto la devoción individual ni el servicio al Señor (cp. Col 3:2). Su único objetivo es mantener en orden las prioridades eternas. El cristiano maduro no se deja arrastrar por las emociones de esta vida hasta el punto en el que pierda motivación, esperanza y propósito.

si no poseyesen; y los que [a]disfrutan de este mundo, como si no lo disfrutasen; porque [b]la apariencia de este mundo se pasa.

Quisiera, pues, que estuvieseis [c]sin congoja. El soltero tiene cuidado de las cosas del Señor, de cómo agradar al Señor; pero el casado tiene cuidado de [d]las cosas del mundo, [e]de cómo agradar a su mujer. Hay asimismo diferencia entre la casada y la doncella. La doncella tiene cuidado de las cosas del Señor, para ser santa así en cuerpo como en espíritu; pero la casada tiene cuidado de las cosas del mundo, de cómo agradar a su marido. Esto lo digo para vuestro provecho; no para tenderos lazo, sino para lo honesto y decente, y para que sin impedimento os acerquéis al Señor.

Pero si alguno piensa que es impropio para [f]su hija virgen [g]que pase ya de edad, y [h]es necesario que así sea, haga lo que quiera, no peca; que se case. Pero el que está firme en su corazón, [i]sin tener necesidad, sino que es dueño de su propia voluntad, y ha resuelto en su corazón guardar a su hija virgen, bien hace. De manera que el que la da en casamiento hace bien, y el que no la da en casamiento hace mejor.

---

a. **disfrutan... no lo disfrutasen.** Esto se refiere al materialismo comercial y los placeres normales que gobiernan en el mundo. Los creyentes no deben participar en actividades humanas a tal punto que los asuntos celestiales se vuelvan secundarios.

b. **la apariencia.** Esto se refiere a una forma de vivir, cierto estilo o manera de hacer las cosas.

c. **sin congoja.** Una persona soltera no tiene que preocuparse por las necesidades terrenales de un cónyuge y por eso tiene más posibilidades para dedicarse de manera exclusiva a la obra del Señor.

d. **las cosas del mundo.** Cuestiones terrenales relacionadas con el sistema pasajero.

e. **de cómo agradar a su mujer... marido.** Este es un principio básico que debe aplicarse para tener un buen matrimonio: que cada cónyuge procure agradar y complacer al otro. Con base en algunos manuscritos, se prefiere la siguiente traducción de la primera parte de este versículo: «y sus intereses están divididos. La mujer soltera y la virgen... ». Esto es importante porque distingue con claridad entre los «solteros» y «vírgenes» que en consecuencia no pueden ser la misma clase de persona. «Vírgenes» se refiere a personas solteras que nunca han contraído nupcias, mientras que «solteros» debe corresponder a los solteros por causa de un divorcio. El estado de viudez corresponde a los que quedan solteros por la muerte de su cónyuge. El matrimonio no impide una devoción profunda al Señor, pero sí puede dar lugar a situaciones que interfieren con ella. La soltería tiene menos obstáculos, aunque no garantiza una mayor virtud espiritual.

f. **su hija virgen.** Es decir, la hija de un hombre. Al parecer, algunos padres en Corinto habían dedicado sus hijas jóvenes al Señor como vírgenes de por vida.

g. **que pase ya de edad.** Con madurez plena como mujer capaz de tener hijos.

h. **es necesario que así sea.** Si las hijas alcanzaban la edad en la que podían casarse e insistían en hacerlo, sus padres estaban en libertad de romper el voto y permitirles contraer nupcias.

i. **sin tener necesidad.** Esto significa que el padre que haya mantenido virgen a su hija no está en obligación de cambiar de plan si ella no lo exige, y hace bien en cumplir su deseo con respecto a ella para que se dedique de forma exclusiva al Señor (1 Co 7:34). Como en el caso de los que quedan solteros (1 Co 7:28), la decisión no era escoger entre bueno y malo.

La mujer casada está [a]ligada por la ley mientras su marido vive; pero si su marido muriere, libre es para casarse con quien quiera, [b]con tal que sea en el Señor. Pero a mi juicio, más dichosa será si se quedare así; y pienso que [c]también yo tengo el Espíritu de Dios.

94. La comida ofrecida a los ídolos

1 Corintios 8:1–13

[d]En cuanto a [e]lo sacrificado a los ídolos, sabemos que [f]todos tenemos conocimiento. El conocimiento envanece, pero [g]el amor edifica. Y si alguno se imagina que sabe algo, aún no sabe nada como debe saberlo. Pero [h]si alguno ama a Dios, es conocido por él.

Acerca, pues, de las viandas que se sacrifican a los ídolos, sabemos que un ídolo [i]nada es en el mundo, y que no hay más que un Dios. Pues aunque haya algunos que [j]se llamen dioses, sea en el cielo, o en la tierra (como hay muchos

---

a. **ligada por la ley.** La ley de Dios diseñó el matrimonio para toda la vida (cp. Gn 2:24; Mal 2:16; Ro 7:1-3). El matrimonio es tan permanente que los discípulos pensaron que era mejor no casarse (ver Mt 19:10).

b. **con tal que sea en el Señor.** Es decir, libre para casarse solo con un creyente. Esto es cierto para todos los creyentes que se casan o que contraen nuevas nupcias (ver 2 Co 6:14-16).

c. **también yo tengo el Espíritu.** Quizá con un poco de sarcasmo, Pablo afirmó que este consejo sano le fue dado por el Espíritu Santo.

d. **En cuanto a.** Pablo trata aquí el tema de la libertad en la iglesia (ver Ro 14).

e. **lo sacrificado a los ídolos.** Los griegos y romanos eran politeístas (adoraban a muchos dioses), pero también creían en la existencia de muchos espíritus malignos. Creían que los espíritus malos trataban de invadir a los seres humanos y para ello se pegaban a la comida antes de ser consumida. Según ellos, la única manera de quitar a los espíritus era ofrecer la comida en sacrificio a un dios. El sacrificio no solo cumplía la función de obtener el favor del dios, sino también purificar la carne de la contaminación demoníaca. Esos alimentos descontaminados se ofrecían a los dioses como un sacrificio, y lo que no se quemaba en el altar era servido en festejos paganos depravados, mientras que todas las sobras se vendían en el mercado. Tras su conversión, los creyentes sentían aversión total al consumo de comida ofrecida a ídolos que hubiera sido comprada en mercados paganos, porque recordaba a los creyentes gentiles sensibles la clase de vida de pecado e ignorancia, así como el culto a demonios que habían practicado en el pasado.

f. **todos tenemos conocimiento.** Pablo y otros creyentes maduros sabían que no tenían por qué ser perturbados por el consumo de viandas que hubieran sido ofrecidas a ídolos y después vendidas en la plaza de mercado. Sabían que las deidades no existían como tales y que los espíritus malignos no contaminaban la comida. Ver 1 Ti 4:3.

g. **el amor edifica.** El conocimiento mezclado con amor previene que un creyente ejerza libertades que ofendan a los creyentes más débiles, y permite más bien la edificación mutua en verdad y sabiduría (cp. 1 Co 13:1-4).

h. **si alguno ama a Dios.** El amor es la prueba de conocer a Dios. Cp. 1 Jn 4:19–5:1.

i. **nada.** Pablo enuncia su acuerdo con los creyentes bien enseñados, quienes sabían que los ídolos eran como nada, así que la comida ofrecida a ídolos no era profana.

j. **se llamen dioses.** Algunos eran falsificaciones totales, pero otros eran manifestaciones reales de demonios. Sin embargo, ninguno de ellos era un dios de verdad (Sal 115:4-7; Hch 19:26).

dioses y muchos señores), para nosotros, sin embargo, solo hay [a]un Dios, el Padre, del cual proceden todas las cosas, y nosotros somos para él; y un Señor, Jesucristo, por medio del cual son todas las cosas, y nosotros por medio de él.

Pero no en todos hay este conocimiento; porque algunos, habituados hasta aquí a los ídolos, comen como sacrificado a ídolos, y [b]su conciencia, siendo débil, se contamina. Si bien la vianda no nos hace [c]más aceptos ante Dios; pues ni porque comamos, seremos más, ni porque no comamos, seremos menos.

Pero mirad que esta libertad vuestra no venga a ser [d]tropezadero para los débiles. Porque si alguno te ve a ti, que tienes conocimiento, sentado a la mesa en un lugar de ídolos, la conciencia de aquel que es débil, ¿no será estimulada a comer de lo sacrificado a los ídolos? Y por el conocimiento tuyo, [e]se perderá el hermano débil [f]por quien Cristo murió. De esta manera, pues, pecando contra los hermanos e hiriendo su débil conciencia, [g]contra Cristo pecáis. Por lo cual, si la comida le es a mi hermano ocasión de caer, no comeré carne jamás, para no poner tropiezo a mi hermano.

---

a. **un Dios, el Padre... y un Señor, Jesucristo.** Una afirmación poderosa y clara de la igualdad esencial de Dios el Padre y el Hijo (cp. Ef 4:4-6).

b. **su conciencia... se contamina.** Las conciencias de algunos convertidos recientes todavía los acusaban con intensidad y no les permitían comer lo ofrecido a ídolos sin sentir corrupción espiritual y culpa. Todavía imaginaban que los ídolos eran reales y malignos. Una conciencia es contaminada porque se siente transgredida y esto trae temor, vergüenza y culpabilidad. Ver Ro 14:20-23.

c. **más aceptos ante Dios.** La idea es acercarnos a Dios o ser aprobados por él. La comida es neutral en sentido espiritual.

d. **tropezadero.** Algunos creyentes podrían recaer en pecados de la vida vieja si participaban de alimentos que habían sido ofrecido a ídolos.

e. **se perderá.** Se traduce mejor «se arruinará», con la idea de «caerá en pecado». Ver Mt 18:14.

f. **por quien Cristo murió.** Cristo murió por todos los que creen y de hecho llevó sobre sí el castigo por su pecado, acto por el cual satisfizo a plenitud la ira de Dios.

g. **contra Cristo pecáis.** Una advertencia fuerte en el sentido de que hacer tropezar a un hermano o hermana en Cristo es más que un simple agravio contra esa persona, es una ofensa grave contra el Señor mismo (ver Mt 18:6-14).

95. Libertad cristiana: la liberación de negarse a uno mismo

1 Corintios 9:1–18

[a]¿No soy apóstol? ¿No soy libre? ¿No he visto a Jesús el Señor nuestro? ¿No sois vosotros mi obra en el Señor? Si para otros no soy apóstol, para vosotros ciertamente lo soy; porque [b]el sello de mi apostolado sois vosotros en el Señor.

Contra los que [c]me acusan, esta es mi defensa: ¿Acaso no tenemos [d]derecho de comer y beber? ¿No tenemos derecho de traer con nosotros una hermana por mujer como también los otros apóstoles, y los hermanos del Señor, y [e]Cefas? ¿O solo yo y Bernabé no tenemos derecho de no [f]trabajar? ¿Quién fue jamás soldado a sus propias expensas? ¿Quién planta viña y no come de su fruto? ¿O quién apacienta el rebaño y no toma de la leche del rebaño?

¿Digo esto solo como hombre? ¿No dice esto también [g]la ley? Porque en la ley de Moisés está escrito: No pondrás bozal al buey que trilla. ¿Tiene Dios cuidado de los bueyes, o lo dice enteramente [h]por nosotros? Pues por nosotros se escribió; porque con esperanza debe arar el que ara, y el que trilla, con esperanza de recibir del fruto. Si nosotros sembramos entre vosotros lo espiritual,

---

a. **¿No soy apóstol?** En 1 Co 8 Pablo estableció los límites de la libertad cristiana, y en este capítulo expone cómo los respetó en su propia vida. En 1 Co 9:1-18 el apóstol discute su derecho a recibir respaldo económico de las personas que se benefician de su ministerio. En los vv. 19-27 explica cómo estuvo dispuesto a renunciar a todos esos derechos a fin de ganar a las personas para Cristo. Todas estas preguntas son retóricas y se supone que la respuesta es «sí».

b. **el sello de mi apostolado.** La existencia de la iglesia en Corinto era evidencia de la autenticidad apostólica de Pablo.

c. **me acusan.** También se puede traducir «me examinan». Con el uso de esta expresión griega que alude a la investigación preliminar que se hace antes de llegar a una decisión en un caso jurídico, Pablo se dispone a defender sus derechos.

d. **derecho de comer y beber.** Cp. 1 Ti 5:17, 18. El apóstol tenía derecho a casarse (v. 5) y a recibir ayuda financiera de aquellos a quienes ministraba.

e. **Cefas.** Pedro, que estaba casado (cp. Mr 1:29-31).

f. **trabajar.** Con sarcasmo, Pablo que era constructor de tiendas (Hch 18:3) informó a los corintios que él y Bernabé tenían tanto derecho como los demás para recibir sustento económico total como resultado de su trabajo ministerial. A excepción de la ayuda que recibían de unas cuantas iglesias (p. ej. Fil 4:15, 16) ellos siempre cubrían sus propios gastos, no por obligación o necesidad, sino de forma voluntaria.

g. **la ley.** Las Escrituras, como se cita en Dt 25:4.

h. **por nosotros.** Como en la agricultura, los hombres deberían ganarse la vida con su trabajo.

¿es gran cosa si segáremos de vosotros [a]lo material? Si [b]otros participan de este derecho sobre vosotros, ¿cuánto más nosotros?

Pero no hemos usado de este derecho, sino que lo [c]soportamos todo, por no poner ningún obstáculo al evangelio de Cristo. ¿No sabéis que los que trabajan en las cosas sagradas, comen del templo, y que los que sirven al altar, [d]del altar participan? Así también ordenó el Señor a los que anuncian el evangelio, [e]que vivan del evangelio.

Pero yo [f]de nada de esto me he aprovechado, [g]ni tampoco he escrito esto para que se haga así conmigo; porque [h]prefiero morir, antes que nadie [i]desvanezca esta mi gloria. Pues si anuncio el evangelio, [j]no tengo por qué gloriarme; porque me es impuesta [k]necesidad; y [l]¡ay de mí si no anunciare el evangelio! Por lo cual, si lo hago de buena voluntad, recompensa tendré; pero [m]si de mala voluntad, la comisión me ha sido encomendada. ¿Cuál, pues, es [n]mi galardón?

---

a. **lo material.** Sustento económico. Ver 1 Ti 5:17. Cp. 2 Co 8:1-5.

b. **otros participan.** Al parecer, la iglesia había dado sustento económico a otros ministros.

c. **soportamos.** Los maestros falsos buscaban dinero y Pablo quería asegurarse de no ser clasificado con ellos, por eso se sometió a la prueba de no aceptar la manutención total y así evitar toda posibilidad de escándalo u ofensa. Cp. Hch 20:34; 2 Ts 3:8.

d. **del altar participan.** Los sacerdotes del AT eran mantenidos por los diezmos de cosechas y animales, así como a través de donaciones económicas (Nm 18:8-24; cp. Gn 14:18-21).

e. **que vivan del evangelio.** Esto se refiere a ganarse la vida mediante la predicación de las buenas nuevas.

f. **de nada de esto.** Las seis razones dadas en 1 Co 9:1-14 que indican su derecho al respaldo financiero.

g. **ni tampoco he escrito.** El apóstol no esperaba con sagacidad que con motivo de su protesta los corintios se sintieran obligados a pagarle (2 Co 11:8, 9; cp. 1 Ts 2:9; 2 Ts 3:8; 1 P 5:2).

h. **prefiero morir.** Pablo prefería la muerte a que alguien pensara que él ejercía el ministerio por motivos económicos. Ver Hch 20:33-35; 1 P 5:2.

i. **desvanezca esta mi gloria.** La expresión «gloria» se refiere a aquello en lo que uno se ufana o el fundamento de la seguridad de una persona, e incluye la noción de regocijarse. Es una declaración sincera de gozo, no de orgullo (cp. 1 Co 1:31; Ro 15:17). Se gozaba y deleitaba de verdad por el privilegio de servir al Señor y no quería que el asunto del sustento material le robara ese deleite.

j. **no tengo por qué gloriarme.** Esto quiere decir que su gloria (cp. 1 Co 9:15) no era una jactancia personal. El apóstol no se sentía orgulloso como si fuera su evangelio y tampoco se sentía orgulloso por su manera de predicarlo, como si fueran su talento y habilidad innatos.

k. **necesidad.** Pablo no predicaba motivado por el orgullo personal, sino bajo compulsión divina. No tenía otra alternativa porque Dios en su soberanía lo había apartado para el servicio (ver Hch 9:3-6, 15; 26:13-19; Gá 1:15; Col 1:25; cp. Jer 1:5; 20:9; Lc 1:13-17).

l. **¡ay...!** El escarmiento más severo de Dios está reservado para los ministros infieles (He 13:17; Stg 3:1).

m. **si de mala voluntad.** Esto no indica que Pablo no estuviera dispuesto a obedecer, sino que su voluntad no tenía parte alguna en el llamado mismo. Puesto que fue la elección y el llamado soberanos de Dios, él no había recibido una «recompensa», sino una «mayordomía» (una responsabilidad o deber valioso que debía manejarse con cuidado extremo).

n. **mi galardón.** No es dinero, sino el privilegio de predicar el evangelio sin apoyo económico, esa era la recompensa de Pablo y a él no le importaba poner de lado su libertad o «derecho».

Que predicando el evangelio, presente gratuitamente el evangelio de Cristo, para no abusar de mi derecho en el evangelio.

96. Buscar servir y tratar de ganar

1 Corintios 9:19–27

Por lo cual, siendo libre de todos, me he hecho [a]siervo de todos para ganar a mayor número. [b]Me he hecho a los judíos como judío, para ganar a los judíos; a los que están sujetos a la ley (aunque yo no esté sujeto a la ley) como sujeto a la ley, para ganar a los que están sujetos a la ley; a [c]los que están sin ley, como si yo estuviera sin ley (no estando yo sin ley de Dios, sino bajo la ley de Cristo), para ganar a los que están sin ley. Me he hecho [d]débil a los débiles, para ganar a los débiles; a todos me he hecho [e]de todo, para que de todos modos salve a algunos. Y esto hago por causa del evangelio, para hacerme copartícipe de él.

¿No sabéis que los que [f]corren en el estadio, todos a la verdad corren, pero uno solo se lleva el premio? Corred de tal manera que lo obtengáis. Todo aquel que lucha, de todo [g]se abstiene; ellos, a la verdad, para recibir una [h]corona corruptible, pero nosotros, una incorruptible. Así que, yo de esta manera corro,

a. **siervo.** Por decisión personal, el apóstol renunció a su derecho de ser mantenido y se «esclavizó» a sí mismo para sostenerse por esfuerzo propio, con el fin de quitar todo estorbo u ofensa potencial y ganar más personas para Jesucristo (cp. Pr 11:30).

b. **Me he hecho... como judío.** Dentro de los límites de la Palabra de Dios y su conciencia cristiana, él sería judío en la medida de lo necesario mientras testificara a otros judíos en contextos sociales y culturales (cp. Ro 9:3; 10:1; 11:14). Pablo no estaba obligado a cumplir las ceremonias y tradiciones del judaísmo y todos los impedimentos legales habían sido removidos, pero existía el constreñimiento del amor (cp. Ro 9:3; 10:1; 11:14). Para ejemplos de esta identificación con las costumbres de los judíos, ver Hch 16:3; 18:18; 21:20-26.

c. **los que están sin ley.** Los gentiles. Pablo no enseña aquí la violación de la ley moral de Dios, sino, como explicó, el hecho de no carecer de ley delante de Dios gracias al sometimiento a la ley de Jesucristo (cp. Stg 1:25; 2:8, 12).

d. **débil.** Pablo se humilló con el fin de presentar con claridad el evangelio al nivel más bajo de comprensión, lo cual sin duda hizo muchas veces en su trato con los mismos corintios (cp. 1 Co 2:1-5).

e. **de todo, para que de todos modos.** Dentro de los límites de la Palabra de Dios, él no quería ofender a judíos, gentiles o a los que fueran débiles en su entendimiento. Sin cambiar las Escrituras ni negociar la verdad, él estaba dispuesto a condescender de todas las maneras que pudieran conducir a la salvación de cada individuo.

f. **corren.** Los griegos disfrutaban dos eventos deportivos de grandes proporciones: los juegos olímpicos y los juegos ístmicos, y como estos últimos se llevaban a cabo en Corinto, los creyentes estaban muy familiarizados con esta analogía de correr para ganar.

g. **se abstiene.** El dominio propio es crucial para ganar la victoria.

h. **corona.** Una guirnalda o diadema con hojas verdes que se daba al ganador de la carrera. Cp. 2 Ti 4:8; 1 P 1:4.

[a]no como a la ventura; de esta manera peleo, no como quien [b]golpea el aire, sino que [c]golpeo mi cuerpo, y lo pongo en servidumbre, no sea que habiendo sido heraldo para otros, yo mismo venga a ser [d]eliminado.

97. Lecciones del Antiguo Testamento

1 Corintios 10:1–13

[e]Porque no quiero, hermanos, que ignoréis que [f]nuestros padres todos estuvieron [g]bajo la nube, y todos [h]pasaron el mar; y todos en Moisés fueron [i]bautizados en la nube y en el mar, y todos comieron el mismo [j]alimento espiritual, y todos bebieron la misma bebida espiritual; porque bebían de [k]la roca espiritual

---

a. **no como a la ventura.** En cuatro ocasiones ha mencionado su meta concreta de ganar personas para su salvación en Cristo.

b. **golpea el aire.** Pablo traslada la metáfora a la disciplina del boxeo para ilustrar el punto de que él no combatía contra sombras ni movía sus brazos sin obtener resultados claros (cp. 1 Ti 1:18).

c. **golpeo.** Se deriva de un término que se puede traducir «disciplina» cuyo significado literal es golpear debajo del ojo. El apóstol daba golpes fulminantes a los impulsos corporales para que no frustraran su misión de ganar almas para Cristo.

d. **eliminado.** Otra metáfora de los juegos atléticos. Un competidor que no cumpliera los requisitos básicos de entrenamiento no podía participar en absoluto, mucho menos tener una oportunidad para ganar. Es posible que Pablo se refiriera en especial a los pecados carnales que descalifican a un hombre para predicar y dirigir a la iglesia, en particular para establecer que debían ser libres de culpa e irreprochables en el área sexual, puesto que esa clase de pecado resulta en su eliminación para ejercer el ministerio (ver Sal 101:6; 1 Ti 3:2; Tit 1:6).

e. **Porque... ignoréis.** Esta transición conduce de la falta de disciplina personal y la descalificación resultante que se mencionan en 1 Co 9:27 a una ilustración de esa realidad en el Israel antiguo.

f. **nuestros padres.** Pablo se refiere al Israel antiguo, del cual era un descendiente. El viaje del Israel antiguo durante cuarenta años entre Egipto y Canaán (Éx 13:21; 14:16; 16:15; 17:6) ha llegado a ser una ilustración del uso indebido de la libertad y los peligros de la confianza excesiva en uno mismo. Los israelitas abusaron de sus nuevas libertades y cayeron en idolatría, inmoralidad y rebeldía, lo cual los descalificó de recibir la plenitud de la bendición del Señor. En particular, pidió a sus lectores que recordaran lo que había sucedido a Israel en el desierto como resultado de la libertad total sin la mediación del dominio propio.

g. **bajo la nube.** Guiados por la presencia de Dios en forma de una nube de día y una columna de fuego cada noche (ver Éx 13:21).

h. **pasaron el mar.** El mar Rojo que se abrió para dar paso a Israel y se cerró para ahogar al ejército egipcio (ver Éx 14:26-31).

i. **bautizados.** Israel fue sumergido, no en el mar, sino «en Moisés», lo cual indica su unidad o solidaridad con él como su líder.

j. **alimento espiritual... bebida espiritual.** Alimento literal suministrado por el poder espiritual de Dios. Ver Éx 16:15; 17:6.

k. **la roca espiritual.** Los judíos tenían una leyenda según la cual la roca que Moisés golpeó los siguió en el transcurso de todas sus peregrinaciones por el desierto, y que les suministró agua todo el tiempo. Pablo dice que ellos sí tienen una roca que les suministra todo lo que necesitan, pero que se trata de Cristo mismo. Roca (*petra*) se refiere a un peñasco de gran masa y volumen, no a una simple piedra grande, y esta referencia solo se aplica

que los seguía, y la roca era Cristo. Pero de los más de ellos [a]no se agradó Dios; por lo cual quedaron postrados en el desierto.

Mas estas cosas sucedieron como [b]ejemplos para nosotros, para que no codiciemos cosas malas, como ellos codiciaron. Ni seáis [c]idólatras, como algunos de ellos, según está escrito: Se sentó el pueblo a comer y a beber, y se levantó a [d]jugar. Ni forniquemos, como algunos de ellos fornicaron, y cayeron en un día [e]veintitrés mil. [f]Ni tentemos al Señor, como también algunos de ellos le tentaron, y perecieron por las [g]serpientes. Ni murmuréis, como algunos de ellos murmuraron, y perecieron por [h]el destructor. Y estas cosas les acontecieron como ejemplo, y están escritas para amonestarnos a nosotros, a quienes han alcanzado [i]los fines de los siglos.

Así que, el que piensa estar firme, [j]mire que no caiga. No os ha sobrevenido ninguna [k]tentación que no sea [l]humana; pero fiel es Dios, que no os dejará ser tentados más de lo que podéis resistir, sino que dará también juntamente con la tentación la salida, para que podáis soportar.

---

al Mesías antes de su encarnación como Cristo, quien protegió y sustentó a su pueblo. Cp. Mt 16:18.

a. **no se agradó.** Sobra decir que fue así. Debido a la desobediencia extrema de Israel, Dios permitió que tan solo dos de los hombres mayores de 19 años de edad que habían salido de Egipto (Josué y Caleb) entraran a la Tierra Prometida. Todos los demás murieron en el desierto, incluidos Moisés y Aarón que fueron descalificados de entrar a la tierra (Nm 20:8-12, 24).

b. **ejemplos para nosotros.** Ellos murieron en el desierto a causa de su falta de dominio propio y la indulgencia consecuente en todos sus deseos (ver 1 Co 9:27). Estos cuatro pecados principales los caracterizaron: idolatría (1 Co 10:7), inmoralidad sexual (v. 8), tentar a Dios (v. 9) y quejarse (v. 10).

c. **idólatras.** Los israelitas apenas habían salido de Egipto cuando cayeron en la adoración de ídolos. Éxodo 32 registra la historia (aquí se cita el v. 6). Unos tres mil fueron ejecutados por instigar una orgía inmoral en el Sinaí (Éx 32:28). Ver Éx 20:3; Ez 14:3; 1 Jn 5:21; Ap 22:9.

d. **jugar.** Un eufemismo que alude a las relaciones sexuales impúdicas que se dieron tras el festejo excesivo.

e. **veintitrés mil.** Como acabó de citar Éx 32 en el v. 7, es muy probable que esto también se refiera al incidente en Éx 32, no al incidente en Sitim descrito en Nm 25. Al parecer, tres mil murieron a mano de los levitas (Éx 32.28) y veinte mil murieron en la plaga (Éx 32:35).

f. **Ni tentemos al Señor.** En Nm 21 se registra la historia de aquellos que cuestionaron la bondad y el plan de aquel quien les había llevado con seguridad a través del desierto, el protector y proveedor divino, la roca espiritual o Cristo mismo antes de su encarnación (ver 1 Co 10:4).

g. **serpientes.** Ver Nm 21:6; cp. 11:30.

h. **el destructor.** Este incidente está registrado en Nm 16:3-41. El mismo ángel había matado al primogénito de los egipcios (Éx 12:23), los setenta mil hombres a causa del censo de David (2 S 24:15, 16), y todo el ejército asirio que había sitiado a Jerusalén (2 Cr 32:21).

i. **los fines de los siglos.** El tiempo del Mesías, los últimos días en la historia de la redención antes del reino mesiánico. Ver He 9:26; 1 Jn 2:18.

j. **mire que no caiga.** Cp. Pr 16:18. La Biblia está llena de ejemplos de personas demasiado confiadas en sí mismas (ver Est 3-5; Is 37:36-38; Lc 22:33, 34, 54-62; Ap 3:1-3, 17).

k. **tentación.** Ver Stg 1:13-15; cp. Mt 6:13.

l. **humana.** Una palabra griega que significa «común a todo hombre».

98. La libertad cristiana y la gloria de Dios

1 Corintios 10:14—11:1

Por tanto, amados míos, huid de la idolatría. Como a sensatos os hablo; juzgad vosotros lo que digo. [a]La copa de bendición que bendecimos, ¿no es la [b]comunión de [c]la sangre de Cristo? [d]El pan que partimos, ¿no es la comunión del cuerpo de Cristo? [e]Siendo uno solo el pan, nosotros, con ser muchos, somos un cuerpo; pues todos participamos de aquel mismo pan.

[f]Mirad a Israel según la carne; los que comen de los sacrificios, ¿no son partícipes del altar? ¿Qué digo, pues? ¿Que [g]el ídolo es algo, o que sea algo lo que se sacrifica a los ídolos? Antes digo que lo que los gentiles sacrifican, a los demonios lo sacrifican, y no a Dios; y no quiero que vosotros os hagáis partícipes con los demonios. No podéis beber la copa del Señor, y la copa de

---

a. **La copa de bendición.** El nombre propio dado a la tercera copa durante la fiesta de la Pascua. En la última Pascua con los discípulos, Jesús usó la tercera copa como el símbolo de su sangre derramada por el pecado. Esa fue la copa que se usó para instituir la Santa Cena. Él apartó esa copa como un símbolo de la bendición de la salvación antes de pasarla a los doce (ver Lc 22:17, 20).

b. **comunión.** Significa «tener en común, participar de y asociarse con». La misma palabra griega se emplea en 1 Co 1:9; 2 Co 8:4; Fil 2:1; 3.10. La conmemoración de la Cena del Señor era una práctica habitual y estimada en la iglesia primitiva, porque así los creyentes recordaban la muerte de su Salvador y celebraban su salvación común y la vida eterna con la participación comunitaria de los elementos que reflejaba su unidad espiritual perfecta.

c. **la sangre de Cristo.** Una frase vívida que se emplea para representar la muerte y el sacrificio de Cristo, así como su obra expiatoria completa y perfecta. Ver Ro 5:9. Ver Hch 20:28; Ro 3:25; Ef 1:7; 2:13; Col 1:20; 1 P 1:19; 1 Jn 1:7; Ap 1:5; 5:9.

d. **El pan.** Esto simbolizaba el cuerpo de nuestro Señor, así como la copa era el símbolo de su sangre. Ambos elementos apuntan a su muerte como el único sacrificio válido por la salvación de los hombres.

e. **Siendo uno solo el pan.** Esto se refiere al pan de la comunión como el símbolo del cuerpo de Cristo dado por todos los que creen. Puesto que todos nosotros participamos de ese cuerpo, somos uno.

f. **Mirad a Israel.** En los sacrificios del AT, la ofrenda se hacía en representación de todos los que comían (ver Lv 7:15-18). Por medio de esa acción, las personas se identificaban con la ofrenda y afirmaban su devoción a Dios, a quien la ofrecían. De este modo, Pablo enseña que cualquier sacrificio hecho a un ídolo (ver 1 Co 10:7, 14) implica una identificación con ese ídolo. La participación de los creyentes en esa clase de culto era algo del todo inapropiado (v. 21).

g. **el ídolo.** Los ídolos y las cosas sacrificadas a ellos no tienen naturaleza o poder espiritual en sí mismos (cp. 1 Co 8.4, 8), pero sí representan a demonios. Si adoradores paganos creen que un ídolo es un dios, los demonios actúan como el dios imaginado (cp. 2 Ts 2:9-11). En el ídolo no hay un dios de verdad, pero sí una fuerza satánica espiritual activada por su culto (cp. Dt 32:17; Sal 106:37).

los demonios; no podéis participar de la mesa del Señor, y de la mesa de los demonios. ¿O provocaremos a [a]celos al Señor? ¿Somos más fuertes que él?

[b]Todo me es lícito, pero no todo conviene; todo me es lícito, pero no todo [c]edifica. Ninguno busque su propio bien, sino el del otro.

De todo lo que se vende en la carnicería, [d]comed, sin preguntar nada por motivos de conciencia; porque del Señor es la tierra y su plenitud.

Si algún incrédulo os invita, y queréis ir, de todo lo que se os ponga delante comed, sin preguntar nada por motivos de conciencia. Mas si alguien os dijere: Esto fue sacrificado a los ídolos; [e]no lo comáis, por causa de aquel que lo declaró, y por motivos de conciencia; porque del Señor es la tierra y su plenitud. La conciencia, digo, no la tuya, sino la del otro. Pues ¿por qué se ha de [f]juzgar mi libertad por la conciencia de otro? Y si yo con agradecimiento participo, ¿por qué he de ser censurado por aquello de que doy gracias?

Si, pues, coméis o bebéis, o hacéis otra cosa, hacedlo todo para la [g]gloria de Dios. No seáis tropiezo ni a judíos, ni a gentiles, ni a la iglesia de Dios; como también yo en todas las cosas agrado a todos, no procurando mi propio beneficio, sino el de muchos, para que sean salvos. Sed imitadores de mí, así como yo de Cristo.

---

a. **celos.** Dios no tolera competidores y no dejará sin castigar todo acto de idolatría (Dt 32:21; Jer 25:6, 9; Ap 21:8; cp. 11:30).

b. **Todo.** Pablo presenta cuatro principios para practicar la libertad cristiana: 1) edificación antes que gratificación (1 Co 10:23), 2) los demás antes que uno mismo (v. 24), 3) la libertad sobre el legalismo (vv. 25- 27) y 4) la sumisión mutua en lugar de la condenación (vv. 28-30).

c. **edifica.** Edificarse en la doctrina cristiana (cp. 1 Co 8:1; 14:3, 4, 26; Hch 20:32; 2 Co 12:19; Ef 4:12; 2 Ti 3:16, 17).

d. **comed.** En esta cita de Sal 24:1, Pablo declara que los creyentes, aunque no participen en ceremonias para ídolos (ver 1 Co 10:18-20), no deberían vacilar para comprar carne antes usada en tales ceremonias y comerla sin sentimientos de culpa (ver 1 Ti 4:4, 5).

e. **no lo comáis.** Así uno sea el invitado de un no creyente y no quiera ofenderlo, es preferible hacerlo y abstenerse de comer por causa del cristiano más débil que se ofendería, porque el amor a otros creyentes es el testimonio más fuerte que tenemos ante el mundo (Jn 13:34, 35).

f. **juzgar mi libertad por la conciencia de otro.** Ofender a un hermano más débil con la libertad personal hará que la persona ofendida nos condene.

g. **gloria.** La libertad cristiana, al igual que el resto de conductas y actos cotidianos, debe usarse para honrar a Dios. Cp. Ez 36:23.

99. Los roles de hombres y mujeres

1 Corintios 11:2–16

Os alabo, hermanos, porque en todo os acordáis de mí, y retenéis las [a]instrucciones tal como os las entregué. Pero quiero que sepáis que [b]Cristo es la cabeza de todo varón, y el [c]varón es la cabeza de la mujer, y [d]Dios la cabeza de Cristo. Todo varón que ora o profetiza con la cabeza [e]cubierta, afrenta su cabeza. Pero toda [f]mujer que ora o profetiza con la cabeza [g]descubierta, [h]afrenta

---

a. **instrucciones.** O «tradiciones». Se usa aquí en el sentido más estricto como sinónimo de la Palabra de Dios (cp. 2 Ts 2:15). En el NT se emplea algunas veces en sentido negativo como referencia a ideas o prácticas fabricadas por los hombres, en especial las que entran en conflicto con las Escrituras (cp. Mt 15:2-6; Gá 1:14; Col 2:8).

b. **Cristo.** Cristo es la cabeza de la iglesia como su Salvador y Señor (cp. Ef 1:22, 23; 4:15; Col 1:18). Él es también el Señor sobre todos los no creyentes (cp. Mt 28:18; He 2:8). Un día todos reconocerán su autoridad (cp. Fil 2:10, 11).

c. **varón.** Los hombres tienen autoridad sobre las mujeres en el orden básico de la creación (cp. 1 Co 11:8, 9; cp. Is 3:12; Ef 5:22–33). Ver 1 Ti 2:11-15. No existe distinción entre hombres y mujeres en lo que se refiere a dignidad personal, intelecto o espiritualidad (cp. Gá 3:28). Sin embargo, Pablo afirma que las mujeres deben funcionar en el orden establecido por Dios, en sumisión a la autoridad de los hombres, y lo hace a través de varios puntos: 1) el modelo de la deidad (1 Co 11:3), 2) el diseño divino para ambos géneros (v. 7), 3) el orden de la creación (v. 8), 4) el propósito de la mujer con relación al hombre (v. 9), 5) la consideración de los ángeles (v. 10) y 6) las características de la fisiología natural (vv. 13-15).

d. **Dios.** Cristo nunca ha sido inferior al Padre en esencia (Jn 10:30; 17:21-24), pero en su encarnación él se sometió por voluntad propia y en obediencia humilde a la voluntad del Padre (1 Co 3:23; 15:24-28; cp. Jn 4:34; 5:30; 6:38).

e. **cubierta, afrenta.** Una referencia probable a que los hombres se cubrían la cabeza, lo cual parece haber sido una costumbre local. Los judíos comenzaron a usar algún tipo de cobertura para la cabeza durante el siglo IV A.D., aunque es posible que algunos hubieran comenzado a usarlas en tiempos del NT. Al parecer, los hombres corintios hacían lo mismo, y Pablo les informa que era una afrenta. Aquí el apóstol no establece una ley universal de parte de Dios, sino que solo reconoce una costumbre local que sí reflejaba un principio divino. En esa sociedad, la cabeza descubierta de un hombre era una señal de su autoridad sobre las mujeres, quienes debían mantener sus cabezas cubiertas. Si un hombre cubría su cabeza daba a entender algún grado de inversión de las funciones propias de cada género.

f. **mujer que ora o profetiza.** Pablo da instrucciones claras para que las mujeres no dirijan ni hablen en las reuniones de la iglesia (cp. 1 Co 14:34; 1 Ti 2:12), pero sí pueden orar y proclamar la verdad a los no creyentes, así como enseñar a los niños y a otras mujeres (cp. 1 Ti 5:16; Tit 2:3, 4). Ver Hch 21:9. En todo lugar y tiempo en el que las mujeres oren y proclamen la Palabra de forma apropiada, deben hacerlo al mismo tiempo que mantienen una distinción apropiada de los hombres.

g. **descubierta.** En la cultura de Corinto, la cabeza cubierta de una mujer mientras ministraba o adoraba era un símbolo que indicaba su actitud de sumisión y humildad para con su esposo. El apóstol no impone aquí una ley absoluta para que las mujeres se pongan velos o sombreros en todas las iglesias para todos los tiempos, sino que declara que los símbolos de las funciones establecidas por Dios para hombres y mujeres deben respetarse en cada cultura. Como en el caso de la carne ofrecida a ídolos (1 Co 8, 9), cubrirse o descubrirse la cabeza no es una cuestión espiritual. Sin embargo, el uso de esta señal como expresión de rebelión contra el orden de Dios es algo erróneo.

h. **afrenta su cabeza.** «Cabeza» puede referirse a la mujer misma porque se deshonra al rehusar conformarse a símbolos reconocidos de sumisión o a su esposo quien es afrentado por su conducta.

su cabeza; porque lo mismo es que si se hubiese rapado. Porque si la mujer no se cubre, que se corte también el cabello; y si le es [a]vergonzoso a la mujer cortarse el cabello o raparse, que se cubra. Porque el varón no debe cubrirse la cabeza, pues él es [b]imagen y gloria de Dios; pero [c]la mujer es gloria del varón. Porque el varón no procede de la mujer, sino la mujer del varón, y tampoco el varón fue creado por causa de la mujer, sino la mujer por causa del varón. Por lo cual la mujer debe tener señal de autoridad sobre su cabeza, por causa de los [d]ángeles. Pero en el Señor, ni el varón es sin la mujer, ni la mujer sin el varón; porque así como la mujer procede del varón, también el varón nace de la mujer; pero todo procede de Dios.

Juzgad vosotros mismos: [e]¿Es propio que la mujer ore a Dios sin cubrirse la cabeza? La [f]naturaleza misma ¿no os enseña que al varón le es deshonroso dejarse crecer el cabello? Por el contrario, a la mujer dejarse crecer el cabello le es honroso; porque en lugar de velo le es dado el cabello. Con todo eso, si alguno quiere ser contencioso, nosotros no tenemos [g]tal costumbre, ni las iglesias de Dios.

---

a. **vergonzoso... cortarse el cabello.** En aquel tiempo solo una prostituta o una feminista se raparía la cabeza. Si una mujer cristiana rechazaba la cobertura que simbolizaba su sumisión en esa cultura, es como si se rapara la cabeza porque la vergüenza incurrida era similar.

b. **imagen y gloria de Dios.** Aunque hombres y mujeres por igual han sido creados en la imagen de Dios (Gn 1:27), es el hombre quien refleja la gloria de Dios de forma particular a través de sus funciones. Como Dios, él tiene una esfera de soberanía como el soberano terrenal sobre el orden creado de Dios. Ver Gn 3:16, 17.

c. **la mujer es gloria del varón.** Así como el hombre porta la autoridad que Dios le ha delegado, la mujer ejerce la autoridad que Dios le ha delegado a través de su esposo. El hombre vino de Dios y la mujer vino de Dios a través del hombre (cp. Gn 2:9-23; 1 Ti 2:11-13).

d. **ángeles.** Las mujeres deben expresar su sumisión con el uso de los símbolos correspondientes de autoridad para no ofender a estas criaturas sumisas y santas que velan por la iglesia y la defienden (cp. Mt 18:10; Ef 3:9, 10), las cuales estuvieron presentes (Job 38:4, 7) en la creación, cuando Dios diseñó el orden justo de autoridad para hombres y mujeres.

e. **¿Es propio...?** Aparte del mandato apostólico, Pablo les pregunta en efecto: «¿acaso no es evidente que las mujeres no deberían descubrirse?».

f. **naturaleza.** El término puede transmitir la noción de una conciencia humana básica, es decir, el sentido innato de lo bueno y lo malo. La hormona masculina llamada testosterona acelera la pérdida de cabello en los hombres. El estrógeno hace que el cabello de las mujeres crezca y dure más que el de los hombres. Es muy raro ver a una mujer calva, sin importar su edad. Este hecho fisiológico se refleja en la mayoría de las culturas con la costumbre de que las mujeres lleven el cabello largo. Dios les ha dado ese hermoso atavío físico para que cubran su cabeza y manifiesten ternura, suavidad y belleza.

g. **tal costumbre.** El Señor no permite ese tipo de rebelión femenina, y tampoco deberían hacerlo los apóstoles o las iglesias. Las mujeres deben mantener sus peinados femeninos y, si la costumbre así lo dicta, deberían usar la cobertura apropiada.

100. Respetar la cena del Señor

1 Corintios 11:17–34

Pero al anunciaros esto que sigue, no os alabo; porque no os [a]congregáis para lo mejor, sino para lo [b]peor. Pues en primer lugar, cuando os reunís como iglesia, oigo que hay entre vosotros [c]divisiones; y en parte lo creo. Porque es preciso que entre vosotros haya disensiones, para que se hagan [d]manifiestos entre vosotros los que son aprobados. Cuando, pues, os reunís vosotros, [e]esto no es comer la cena del Señor. Porque al comer, cada uno se adelanta a tomar su propia cena; y uno tiene hambre, y otro se embriaga. Pues qué, ¿no tenéis casas en que comáis y bebáis? ¿O menospreciáis la iglesia de Dios, y avergonzáis a los que no tienen nada? ¿Qué os diré? ¿Os alabaré? En esto no os alabo.

Porque yo [f]recibí del Señor lo que también os he enseñado: Que el Señor Jesús, la noche que fue entregado, tomó pan; y habiendo dado gracias, lo partió, y dijo: Tomad, comed; esto es mi cuerpo que por vosotros es partido; haced esto [g]en memoria de mí. Asimismo tomó también la copa, después de haber cenado, diciendo: Esta copa es el [h]nuevo pacto en mi sangre; haced esto todas las veces que la bebiereis, en memoria de mí.

---

a. **congregáis.** Los banquetes de amor en la iglesia primitiva (cp. Jud 12) terminaban por lo general con la celebración de la Cena del Señor. La iglesia mundana y carnal de Corinto había convertido esas comidas sagradas en un desenfreno de glotonería y embriaguez (1 Co 11:17; cp. 2 P 2:13). Encima de esto, los creyentes acaudalados traían comida y bebida en abundancia para ellos mismos, pero rehusaban hacer partícipes a los demás de ello, y no les importaba que sus hermanos más pobres salieran de allí hambrientos (1 Co 11:21).

b. **peor.** Un término comparativo en griego que se refiere a un mal todavía más bajo.

c. **divisiones.** La iglesia estaba fragmentada por la disensión (ver 1 Co 1:10-17; 3:1-3).

d. **manifiestos... aprobados.** La simpatía con ciertas facciones revelaba quiénes no habían pasado la prueba de autenticidad y pureza espiritual (cp. 1 Ts 2:4).

e. **esto no es comer la cena del Señor.** El banquete de amor y la celebración de la comunión habían sido pervertidos a tal punto que se constituyeron en una excusa pecaminosa para el egoísmo más soez. No podían afirmar con legitimidad que era algo dedicado al Señor porque no lo honraba en lo más mínimo.

f. **recibí, enseñado.** Aunque no era información nueva para los corintios porque Pablo ya la había enseñado, es un recordatorio importante. Esta descripción de la cena final de Cristo con sus discípulos es una de las más bellas en todas las Escrituras, a pesar de haber sido presentada en medio de reprensiones fuertes contra el egoísmo carnal. Si esta carta fue escrita antes que cualquiera de los Evangelios (ver Mt 26:26-30; Mr 14:22-26; Lc 22:17-20; Jn 13:2), como lo creen casi todos los eruditos más conservadores, la instrucción de Pablo fue el primer registro bíblico de la institución de la Cena del Señor, y una revelación directa del Señor que no leyó en los escritos de alguno de los otros apóstoles (cp. Gá 1:10-12).

g. **en memoria de mí.** Jesús transformó la tercera copa de la Pascua en la copa de conmemoración de su ofrenda (ver 1 Co 10:16).

h. **nuevo pacto en mi sangre.** El antiguo pacto se puso en práctica de forma reiterada mediante la sangre de animales ofrecidos por los hombres, pero el nuevo pacto fue ratificado una vez y para siempre por la muerte de Cristo (cp. He 9:28).

Así, pues, todas las veces que comiereis este pan, y bebiereis esta copa, la muerte del Señor [a]anunciáis hasta que él venga.

De manera que cualquiera que comiere este pan o bebiere esta copa del Señor [b]indignamente, será [c]culpado del cuerpo y de la sangre del Señor. Por tanto, pruébese cada uno a sí mismo, y coma así del pan, y beba de la copa. Porque el que come y bebe indignamente, [d]sin discernir el cuerpo del Señor, [e]juicio come y bebe para sí. Por lo cual hay muchos enfermos y debilitados entre vosotros, y muchos [f]duermen. Si, pues, nos examinásemos a nosotros mismos, no seríamos juzgados; mas siendo juzgados, somos castigados por el Señor, para que [g]no seamos condenados con el mundo.

Así que, hermanos míos, cuando os reunís a comer, esperaos unos a otros. Si alguno tuviere hambre, coma en su casa, para que no os reunáis para juicio. Las demás cosas las pondré en orden cuando yo fuere.

---

a. **anunciáis.** El evangelio es presentado a través de la ceremonia de comunión a medida que se explican los elementos. Estos apuntan a su encarnación física, su muerte como sacrificio por el pecado, su resurrección y su reino venidero.

b. **indignamente.** Es decir, con actitud indiferente y ritualista, con un corazón no arrepentido, un espíritu de amargura o cualquier otra disposición no piadosa.

c. **culpado.** Venir a la mesa del Señor aferrado al pecado personal no solo deshonra la ceremonia, sino también su cuerpo y su sangre, al tratar con liviandad el sacrificio magnánimo de Cristo por nosotros. Es necesario exponer todo el pecado ante el Señor (1 Co 11:28) y participar después de arrepentirse, para no ridiculizar el sacrifico por el pecado con un apego recalcitrante al mismo.

d. **sin discernir el cuerpo del Señor.** Si los creyentes no disciernen como es debido la santidad de la celebración de la comunión, tratan con indiferencia al Señor mismo en su vida, su sufrimiento y su muerte (cp. Hch 7:52; He 6:6; 10:29).

e. **juicio.** Esto es, escarmiento.

f. **duermen.** Es decir, han muerto. Ver 1 Co 11:15:18. La ofensa era tan seria que Dios sometió a muerte a los peores ofensores, una forma extrema pero eficaz de purificación dentro de la iglesia (cp. Lc 13:1-5; Hch 5:1-11; 1 Jn 5:16).

g. **no seamos condenados.** Los creyentes son librados de ir al infierno, no solo por decreto divino, sino por intervención divina. El Señor escarmienta para que los suyos vuelvan a conducirse con rectitud e incluso envía la muerte a algunos en la iglesia (1 Co 11:30) para que se libren antes de que pudieran apartarse (cp. Jud 24).

101. Dones espirituales en el cuerpo de Cristo

1 Corintios 12:1–31

No quiero, hermanos, que ignoréis [a]acerca de los [b]dones espirituales. Sabéis que cuando erais [c]gentiles, se os extraviaba [d]llevándoos, como se os llevaba, a los ídolos mudos. Por tanto, os hago saber que nadie que hable por el Espíritu de Dios llama [e]anatema a Jesús; y nadie puede [f]llamar a Jesús Señor, sino por el Espíritu Santo.

---

a. **acerca de.** Esta sección se enfoca en los dones espirituales en la iglesia y trata un tema vital aunque controvertido. La situación de falsedad religiosa en Corinto incluyó manifestaciones espirituales espurias que debían ser confrontadas. La iglesia fue informada por Pablo sobre este tema y su conducta habría de ser regulada por la verdad y el Espíritu.

b. **dones espirituales.** Algunos traductores llaman la atención sobre la palabra «dones» para indicar que no está en el original, pero es implícita en el contexto (cp. 1 Co 12:4, 9, 28, 30, 31; 14:1). El significado literal en griego es «que pertenece al Espíritu». Se refiere a aquello que tiene cualidades o características espirituales o que está bajo algún tipo de control espiritual. Los dones espirituales son capacidades divinas para el ministerio que el Espíritu Santo da en alguna medida a todos los creyentes y que deben estar por completo bajo su control y ser usados para la edificación de la iglesia para gloria de Cristo (ver Ro 12:4-8). Debían distinguirse de las experiencias místicas conocidas como «éxtasis» (comunión sobrenatural y sensual con una deidad) y del «entusiasmo» (lit. «tener al dios por dentro», lo cual conduce a adivinación, sueños, revelaciones y visiones) que eran aspectos comunes de las religiones paganas de Corinto.

c. **gentiles.** Es decir, los paganos no cristianos (1 Ts 4:5; 1 P 2:12).

d. **llevándoos.** Por increíble que parezca, algunos miembros de la iglesia imitaban ciertas prácticas dramáticas y chocantes de las religiones de misterio en las que habían estado involucrados antes. La práctica del éxtasis, que se consideraba la expresión más intensa de la experiencia religiosa, incluía la supuesta interacción sobrenatural con una deidad, inducida por medio de encantamientos y ceremonias hipnóticos y frenéticos. La práctica requería con frecuencia la embriaguez (cp. Ef 5:18), así como orgías sexuales a las que se entregaban de buena gana los devotos para ser llevados a pecados todavía más bajos.

e. **anatema.** Este es el tipo más severo de condenación. Algunos de los corintios eran carnales y se entregaban a éxtasis en los que eran controlados por demonios. En esa condición, llegaban al punto de afirmar que profetizaban o enseñaban en el Espíritu, cuando en realidad eran usados por demonios para blasfemar el nombre del Señor a quien se suponía que adoraban. Habían juzgado el uso de los dones con base en la experiencia y no el contenido de los mensajes y la doctrina. Siempre que puede, Satanás ataca a la persona de Cristo. Es posible que quien maldijera así a Cristo fuera un gentil que alegaba ser cristiano y que en realidad defendiera la filosofía del gnosticismo según la cual toda la materia era mala, incluido Jesús mismo en su aspecto humano. Pudieron haber dicho que el Cristo espiritual dejó al Jesús humano antes de su muerte, y que por eso Jesús padeció una muerte maldita como un simple hombre.

f. **llamar a Jesús Señor.** Cp. Hch 2:36; Ro 10:9, 10; Ef 1:20, 21; Fil 2:9-11. La validez de cualquier intervención hablada es determinada por su veracidad. Si la persona que habla afirma el señorío de Jesús, es la verdad del Espíritu Santo. Lo que una persona cree y dice acerca de Jesucristo es la prueba que determina si habla de parte del Espíritu Santo, porque en ese caso siempre conducirá a las personas al señorío de Cristo (cp. 2:8-14; Jn 15:26; 1 Jn 5:6-8).

Ahora bien, hay diversidad de [a]dones, pero el Espíritu es el mismo. Y hay [b]diversidad de ministerios, pero el Señor es el mismo. Y hay diversidad de operaciones, pero Dios, que hace todas las cosas en todos, es el mismo. Pero a cada uno le es dada la [c]manifestación del Espíritu para provecho. Porque a este es dada por el Espíritu [d]palabra de sabiduría; a otro, [e]palabra de ciencia según el mismo Espíritu; a otro, [f]fe por el mismo Espíritu; y a otro, dones de

---

a. **dones.** Estas categorías de dotación espiritual no corresponden a talentos, habilidades o inclinaciones naturales que creyentes y no creyentes poseen por igual. Se trata de dones impartidos por el Espíritu Santo de forma soberana y sobrenatural sobre todos los creyentes (1 Co 12:7, 11), que los capacitan para edificarse unos a otros con eficacia y honrar al Señor en el proceso. Las variedades de dones se clasifican en dos tipos generales: habla y servicio (ver los vv. 8-10; cp. Ro 12:6-8; 1 P 4:10, 11). Los dones verbales o de habla (profecía, conocimiento, sabiduría, enseñanza y exhortación) y los dones de servicio no verbales (liderazgo, ayuda, generosidad, misericordia, fe y discernimiento) son dotaciones permanentes que operarán en el transcurso de toda la era eclesiástica. Su propósito es edificar la iglesia y glorificar a Dios. La lista, tanto aquí como en Ro 12:3-8, debe verse como una presentación de categorías de dones a partir de las cuales el Espíritu Santo asigna a cada creyente la combinación que él elija. Algunos creyentes pueden haber sido dotados en una categoría similar a otros, pero su dotación es única porque el Espíritu adapta con exactitud cada don de gracia a la personalidad del creyente. Los milagros, la sanidad, las lenguas y la interpretación de lenguas fueron señales temporales que estuvieron limitadas a la era apostólica y que ya han cesado. Su propósito fue autenticar a los apóstoles y su mensaje como la verdadera Palabra de Dios, hasta que la Palabra escrita quedó completa y se convirtió en su propia prueba de autenticidad.

b. **diversidad de ministerios... diversidad de operaciones.** El Señor asigna a los creyentes áreas ministeriales específicas en las que pueden ejercer sus dones, y les suministra diversas medidas de poder para llevar a cabo su obra (cp. Ro 12:6).

c. **manifestación del Espíritu.** Todos los dones espirituales son del Espíritu Santo y lo dan a conocer como Dios, para que sea evidente en la iglesia y en el mundo a través del beneficio espiritual para todos los que reciben su ministerio en el cuerpo de Cristo.

d. **palabra de sabiduría.** «Palabra» indica que se trata de un don hablado (cp. 1 P 4:11). En el NT, «sabiduría» se usa con más frecuencia para aludir a la capacidad para entender la Palabra de Dios y su voluntad, así como para aplicar con habilidad ese entendimiento a la vida (cp. Mt 11:19; 13:54; Mr 6:2; Lc 7:35; Hch 6:10; Stg 1:5; 3:13, 17; 2 P 3:15).

e. **palabra de ciencia.** Este don pudo haber incluido revelación en el primer siglo, pero en la actualidad es la habilidad para entender y hablar la verdad de Dios con entendimiento sobre los misterios de su Palabra, y que no puede adquirirse ni conocerse aparte de la revelación de Dios (Ro 16:25; Ef 3:3; Col 1:26; 2:2; 4:3; cp. 13:2). El don de conocimiento se especializa en captar el significado de la verdad y la sabiduría se concentra en la convicción para aplicarla en la conducta práctica.

f. **fe.** Debe distinguirse de la fe para salvación o la fe para perseverar que todos los creyentes poseen. Este don se ejerce en oración persistente y constancia en la intercesión, y supone una confianza fuerte e inmovible en Dios en medio de las circunstancias más difíciles (cp. Mt 17:20).

[a]sanidades por el mismo Espíritu. A otro, el hacer [b]milagros; a otro, [c]profecía;

---

a. **sanidades.** Un don usado como señal temporal por Cristo (Mt 8:16, 17), los apóstoles (Mt 10:1), los setenta (Lc 10:1) y un puñado de asociados de los apóstoles como Felipe (Hch 8:5-7). Esta capacidad se identificó como un don que perteneció de forma exclusiva a los apóstoles (cp. 2 Co 12:12). Aunque los cristianos no poseen en la actualidad el don de sanidad, es indudable que Dios todavía escucha y contesta las oraciones fieles de sus hijos (ver Stg 5:13-16). Algunas personas sienten que la sanidad debería ser común y que debería esperarse en todas las eras históricas, pero este no es el caso. Las sanidades físicas son muy raras en el registro del AT y solo se mencionan unas cuantas. Nunca hubo un tiempo antes de la venida de Cristo en el que las sanidades fueran algo común. Solo durante su vida terrenal y la de sus apóstoles hubo una explosión confirmada de sanidades. Esto se debió a la necesidad sin precedentes de acreditar al Mesías y autenticar los primeros milagros del evangelio. Jesús y sus apóstoles desterraron por un tiempo la enfermedad de Palestina, pero se debió a que fue la era más monumental de la historia de la redención y requería ese tipo de autenticación. Tratar las sanidades como algo normal equivale a tratar la llegada del Salvador como un hecho cotidiano. Este don pertenece a la categoría de señales milagrosas y solo fue para esa era. Los dones de sanidades nunca se utilizaron para el simple fin de traer salud física a las personas. Pablo estuvo enfermo, pero nunca se sanó a sí mismo ni pidió a otro ser humano que lo sanara. Su amigo Epafrodito estaba al borde de la muerte (Fil 2:27), y Pablo no lo sanó. Dios fue quien intervino. Cuando Timoteo estuvo enfermo, Pablo no lo sanó, sino que le dijo que ingiriera un poco de vino (1 Ti 5:23). Pablo dejó a Trófimo «en Mileto enfermo» (2 Ti 4:20). Las sanidades no fueron la norma cotidiana en el ministerio de Pablo, pero sí ocurrieron cuando él entraba a una región nueva, p. ej. en Malta, donde el evangelio y su predicador necesitaron autenticación (ver Hch 28:8, 9). Esa sanidad fue la primera que se mencionó desde que el cojo de nacimiento fue sanado en Listra (Hch 14:9), en conexión con la llegada de Pablo y el evangelio a ese lugar. Antes de esto, la sanidad más reciente había sido la obrada por Pedro en Hch 9:34, y la resurrección de Tabita en Hch 9:41, con el propósito de que las personas creyeran en el evangelio predicado por Pedro (Hch 9:42).

b. **milagros.** Este don temporal para hacer señales milagrosas era para la realización de actos divinos contrarios a la naturaleza, de tal modo que no hubiera otra explicación para el hecho fuera de la intervención directa del poder de Dios. Esto también tuvo el propósito de autenticar a Cristo y a los predicadores apostólicos del evangelio. Juan menciona en Jn 2:11 que Jesús hizo su primer milagro en Caná para «manifestar su gloria», no para que la fiesta continuara (cp. el propósito de Juan para registrar los milagros de Jesús en este Evangelio, 20:30, 31). En Hch 2:22 se afirma que Jesús hizo milagros para confirmar la fe y atestiguar que Dios obraba a través de él, a fin de que las personas estuvieran dispuestas a creer en él como Señor y Salvador. Jesús realizó milagros y sanidades solo durante los tres años de su ministerio y nunca en los primeros treinta años de su vida terrenal. Sus milagros comenzaron al mismo tiempo que su ministerio. Mientras que Jesús realizó milagros relacionados con la naturaleza (hizo vino, creó alimentos, caminó sobre el agua con Pedro, ascendió), ningún apóstol hizo milagros en el mundo natural. ¿Qué clase de milagro realizaron los apóstoles? La respuesta está en la palabra «milagros» que significa «poder» y se conecta casi siempre con la expulsión de demonios (Lc 4:36; 6:18; 9:42). Es el mismo poder que el Señor había dado a los discípulos (Lc 9:1; 10:17-19; cp. Hch 6:8; 8:7; 13:6-12). Ver Hch 19:14-16.

c. **profecía.** El significado básico es «proclamar» o «hablar en público», a lo cual se añadió la connotación de predicción durante la Edad Media. Desde que las Escrituras se completaron, la profecía no ha sido un medio para transmitir nueva revelación, sino que se limita a la proclamación de lo que ya ha sido revelado en la Palabra escrita. Aun los profetas bíblicos eran predicadores que se dedicaron a proclamar la verdad divina tanto por revelación como por reiteración. Profetas del AT como Isaías, Jeremías y Ezequiel proclamaron durante toda su vida la Palabra de Dios. En comparación, solo una pequeña porción de lo que predicaron está registrado en la Biblia como la revelación directa de Dios. En consecuencia, ellos debieron haber reiterado de manera continua esas verdades e insistido en ellas con la paciencia de un buen maestro para repetir, explicar y recalcar la Palabra de Dios que estaba disponible en las Escrituras. La mejor definición de este don se encuentra en 1 Co 14:3. La importancia de este don se establece en 1 Co 14:1, 39. Su supremacía sobre otros dones, en especial el de lenguas, es el tema del capítulo 14. Ver 1 Ts 5:20; Ap 19:10.

a otro, [a]discernimiento de espíritus; a otro, diversos géneros de [b]lenguas; y a otro, interpretación de lenguas. Pero todas estas cosas las hace [c]uno y el mismo Espíritu, repartiendo a cada uno en particular como él quiere.

Porque así como el [d]cuerpo es uno, y tiene muchos miembros, pero todos los miembros del cuerpo, siendo muchos, son un solo cuerpo, así también Cristo. Porque por un solo Espíritu fuimos todos [e]bautizados en un cuerpo, sean judíos o griegos, sean esclavos o libres; y a todos se nos dio a [f]beber de un mismo Espíritu. Además, el cuerpo no es un solo miembro, sino muchos.

---

a. **discernimiento de espíritus.** Satanás es el gran engañador (Jn 8:44) y sus demonios falsifican y adulteran el mensaje y la obra de Dios. Los cristianos que tienen don de discernimiento poseen la habilidad dada por Dios para reconocer espíritus mentirosos e identificar doctrinas engañosas y erróneas (cp. Hch 17:11; 1 Jn 4:1). Pablo ilustró el uso de este don en Hch 16:16-18, tal como Pedro lo había ejercido en Hch 5:3. Debido a que no se había ejercido bien en la iglesia de Corinto, ocurrieron graves distorsiones de la verdad (ver 1 Co 12:3; 14:29). Aunque su operación ha cambiado desde los tiempos apostólicos debido a que el registro de las Escrituras ya se ha cerrado, no ha dejado de ser esencial que en cada iglesia local haya hombres y mujeres con discernimiento espiritual. Ellos son los guardianes y los vigilantes que protegen a la iglesia de mentiras demoníacas, doctrinas falsas, sectas perversas y elementos carnales. Así como se requiere el estudio diligente de las Escrituras para ejercer los dones de conocimiento, sabiduría, predicación y enseñanza, también se requiere lo mismo para ejercer el discernimiento. Ver 1 Ts 5:20-22.

b. **lenguas... interpretación.** Las palabras griegas corresponden a idiomas extranjeros y su traducción. Estos dones o señales temporales al igual que los otros (milagros y sanidades), cumplieron la función de autenticar la verdad y a aquellos que la predicaban. Este don verdadero se identifica con claridad en Hch 2:5-12 como idiomas con los que se validó el origen divino del evangelio. Sin embargo, a causa de su imitación falsa en la cultura llegaron a exaltarse de forma desproporcionada y fueron objeto de graves abusos en Corinto. Pablo los identifica aquí, pero en el capítulo 14 los considera en detalle. Ver 1 Co 14:1-39.

c. **uno y el mismo Espíritu.** Al mismo tiempo que resaltó la diversidad de los dones (1 Co 12:4-11), Pablo también llamó la atención sobre su fuente singular en el Espíritu (cp. 1 Co 12:4, 5, 6, 8, 9). Esta es la quinta mención en este capítulo del Espíritu Santo como la fuente de los dones, y reitera que los dones no deben ser buscados, sino recibidos del Espíritu «como él quiere». Él es el único que «hace» la obra y da la energía requerida para la operación de todos los dones conforme a su voluntad.

d. **cuerpo... miembros.** Pablo utilizó el cuerpo humano como una analogía (cp. 1 Co 10:17) para la unidad de la iglesia en Cristo.

e. **bautizados.** La iglesia, el cuerpo espiritual de Cristo, es formada a medida que los creyentes son inmersos por Cristo con el Espíritu Santo. Cristo es el que bautiza (ver Mt 3:11), él sumerge a cada creyente con el Espíritu en unidad con todos los demás creyentes. Pablo no escribe aquí sobre el bautismo en agua. Esa señal externa ilustra la unión del creyente con Cristo en su muerte y resurrección (ver Ro 6:3, 4). De manera similar, todos los creyentes también son inmersos en el Cuerpo de Cristo por medio del Espíritu Santo. Pablo se propone aquí subrayar la unidad de los creyentes. No pueden existir creyentes que no hayan sido bautizados en el Espíritu y tampoco puede haber más de un bautismo en el Espíritu, de lo contrario se destruye el principio de unidad en el Cuerpo de Cristo. Todos los creyentes han sido bautizados con el Espíritu y por eso conforman un solo Cuerpo. Ver Ef 4:4-6. Esta no es una experiencia que deba buscarse, sino una realidad que debe reconocerse. Ver también las notas en Hch 8:17; 10:44, 45; 11:15, 16.

f. **beber de un mismo Espíritu.** En la salvación, todos los creyentes no solo se convierten en miembros plenos del Cuerpo de Cristo que es la iglesia, sino que el Espíritu Santo es depositado en cada uno de ellos (Ro 8:9; cp. 6:19; Col 2:10; 2 P 1:3, 4). No hay necesidad (ni provisión divina) de obtener algo que muchos denominan «la segunda bendición», una especie de experiencia triunfal para asegurar una vida espiritual más profunda o una fórmula

[a]Si dijere el pie: Porque no soy mano, no soy del cuerpo, ¿por eso no será del cuerpo? Y si dijere la oreja: Porque no soy ojo, no soy del cuerpo, ¿por eso no será del cuerpo? Si todo el cuerpo fuese ojo, ¿dónde estaría el oído? Si todo fuese oído, ¿dónde estaría el olfato? Mas ahora Dios ha colocado los miembros cada uno de ellos en el cuerpo, como él quiso. Porque si todos fueran un solo miembro, ¿dónde estaría el cuerpo?

Pero ahora son muchos los miembros, pero el cuerpo es uno solo. Ni el ojo puede decir a la mano: No te necesito, ni tampoco la cabeza a los pies: [b]No tengo necesidad de vosotros. Antes bien los miembros del cuerpo que parecen más débiles, son los más necesarios; y a aquellos del cuerpo que nos parecen menos dignos, a estos vestimos más dignamente; y los que en nosotros son [c]menos decorosos, se tratan con más decoro. Porque los que en nosotros son más decorosos, no tienen necesidad; pero Dios ordenó el cuerpo, dando más abundante honor al que le faltaba, para que no haya desavenencia en el cuerpo, sino que los miembros todos se preocupen los unos por los otros. De manera que si un miembro padece, todos los miembros se duelen con él, y si un miembro recibe honra, todos los miembros con él se gozan.

---

para obtener un aumento instantáneo en la espiritualidad (cp. Jn 3:34). La provisión de Cristo para salvación es perfecta y él solo requiere obediencia y confianza en aquello que ya ha sido dado (He 10:14).

a. **Si dijere el pie.** Mediante esta ilustración de la manera como cada parte de un cuerpo humano es esencial para su funcionamiento normal, Pablo mostró que la unidad es una necesidad indispensable de la Iglesia. No obstante, la diversidad que Dios provee dentro de esa unidad también es necesaria. Sus palabras implicaban además que algunos miembros egoístas estaban descontentos con sus dones y querían obtener unos que no les habían sido dados. Con esa actitud, ponían en entredicho la sabiduría de Dios e implicaban que él había cometido un error en las asignaciones (cp. Ro 9:20, 21). Al procurar habilidades y poder espectaculares, también se hicieron vulnerables a dones carnales y a manifestaciones falsificadas por demonios.

b. **No tengo necesidad.** Mientras que algunos en Corinto se lamentaban por el hecho de que no tenían los dones espectaculares (ver 1 Co 12:14-20), los que sí los tenían empequeñecían a los que tenían dones menos notables. El «ojo» y la «cabeza» que tienen mucha visibilidad y que son el enfoque de todos los que se relacionan entre sí, representan a las personas con dones de ejercicio público. Ellos estimaban con tal exceso su propia importancia que desdeñaban a los que percibían como peor dotados y menos importantes. Al parecer mantenían una actitud de indiferencia («No te necesito») y de autosuficiencia.

c. **menos decorosos.** La respuesta de Pablo al orgullo de los que tenían dones más visibles fue mostrarles otra vez su analogía y recordarles que las partes más frágiles y menos atractivas del cuerpo que no son presentables o «decorosas» (1 Co 12:24) reciben mayor respeto y consideración por ser imprescindibles. El apóstol se refería a los órganos internos. Dios diseñó los dones públicos para ocupar un lugar crucial, pero hizo lo mismo con otros dones menos visibles que son definitivos para la vida. De esta manera se mantiene la perspectiva de unidad porque todos los dones son esenciales por igual para la obra necesaria en el cuerpo de Cristo.

Vosotros, pues, sois el cuerpo de Cristo, y miembros cada uno en particular. Y a unos [a]puso Dios en la iglesia, primeramente [b]apóstoles, luego profetas, lo tercero [c]maestros, luego los que hacen milagros, después los que sanan, los que [d]ayudan, los que administran, los que tienen don de lenguas. [e]¿Son todos apóstoles? ¿son todos profetas? ¿todos maestros? ¿hacen todos milagros? ¿Tienen todos dones de sanidad? ¿hablan todos lenguas? ¿interpretan todos? [f]Procurad, pues, los dones mejores. Mas yo os muestro un camino aun más excelente.

---

a. **puso Dios.** Con otra declaración de la soberanía de Dios (cp. 1 Co 12:7, 11, 18), Pablo ilustra la individualidad y la unidad del cuerpo con una reiteración de las categorías representativas de ministerio, llamados y dones.

b. **apóstoles... profetas.** Ver Ef 4:11. Su propósito y función era: 1) echar los cimientos de la iglesia (Ef 2:20), 2) recibir y declarar la revelación de la Palabra de Dios (Hch 11:28; 21:10, 11; Ef 3:5) y 3) dar confirmación de esa Palabra por medio de señales, prodigios y milagros (2 Co 12:12; cp. Hch 8:6, 7; He 2:3, 4). «Apóstoles» se refiere en primera instancia a los doce que fueron escogidos por nuestro Señor, incluidos Pablo y Matías (Hch 1:26). Ver Ro 1:1. En segunda instancia se aplica a otros que sirvieron como mensajeros de la iglesia: Bernabé (Hch 14:14) Silas y Timoteo (1 Ts 2:6), y otros (Ro 16:7; 2 Co 8:23; Fil 2:25). Los apóstoles de Cristo fueron la fuente de la doctrina eclesiástica (Hch 2:42), y los apóstoles de la Iglesia (2 Co 8:23) fueron sus primeros líderes. «Profetas» se refiere a hombres con dotación especial en las iglesias locales que se dedicaban a predicar la Palabra de Dios (Hch 11:21-28; 13:1). Cualquier mensaje que fuera predicado por un profeta tenía que ser juzgado por la palabra de los apóstoles (ver 14:36, 37).

c. **maestros.** Puede ser lo mismo que pastores-maestros (ver Ef 4:11), pero quizá deba ampliarse para incluir a todos los que tienen dones para enseñar en la iglesia, bien sea que ejerzan o no el oficio de pastor.

d. **ayudan... administran.** Estos dones menos públicos se mezclan con las manifestaciones más públicas del Espíritu para mostrar su necesidad e importancia vitales. El don de «los que ayudan» es una capacidad especial para el servicio. De hecho, el don del «servicio» (otra traducción de «ministerio») que se menciona en Ro 12:7 se encuentra en la misma categoría. «Los que administran» cumplen la función de liderazgo. La palabra se deriva del término griego que significa «pilotear una nave» (Hch 27:11) y alude a alguien que puede dirigir con eficacia y visión los ministerios de la iglesia.

e. **¿Son todos apóstoles?** Cada una de estas preguntas retóricas supone una respuesta negativa. El Cuerpo de Cristo es diverso y Dios en su soberanía lo diseñó así.

f. **Procurad.** En contexto, esto no podría significar que los creyentes deban desear los dones más prominentes, ya que todo el capítulo se dedicó a confrontar ese mismo acto pecaminoso por parte de ellos. Desear un don por razones egoístas es erróneo porque Dios en su soberanía es el único que los distribuye como él quiere (1 Co 12:7, 11, 18, 28). Por ende, esto debe traducirse no como un imperativo (mandato), sino como la forma verbal lo permite, un indicativo (declaración de un hecho): «ustedes desean los dones más espectaculares y eso está mal hecho». El imperativo real es que dejaran de hacer eso y aprendieran el «camino más excelente» el camino del amor que Pablo explicará en 1 Co 13.

102. La superioridad del amor

1 Corintios 13:1–13

Si yo hablase [a][b]lenguas humanas y angélicas, y [c]no tengo [d]amor, vengo a ser como metal que resuena, o címbalo que retiñe. Y si tuviese [e]profecía, y [f]entendiese todos los misterios y toda ciencia, y si tuviese [g]toda la fe, de tal manera que trasladase los montes, y no tengo amor, nada soy. Y si repartiese todos mis bienes para dar de comer a los pobres, y si entregase mi cuerpo para ser [h]quemado, y no tengo amor, de nada me sirve.

---

a. **lenguas humanas.** Cp. 1 Co 12:10, 28; 14:4-33. Este don corresponde a lenguas humanas, como se establece en Hch 2:4-13, y lo confirma el hecho de que Pablo las llame «humanas», una referencia clara al lenguaje usado por los seres humanos. Este era el don que los corintios tanto apetecían y del cual abusaron en gran medida con resultados desastrosos por su falsificación. Dios daba la habilidad de hablar en lenguas desconocidas para el orador como una señal que tenía una función limitada (ver 1 Co 14:1-33).

b. **lenguas... angélicas.** El apóstol escribía aquí en términos hipotéticos y generales. No existe enseñanza bíblica sobre algún tipo de lenguaje angelical que los humanos puedan aprender a hablar.

c. **no tengo.** Los dones espirituales estaban presentes en Corinto (1 Co 1:7) y la doctrina sana estaba en su lugar (1 Co 11:2), pero faltaba el amor. Esto condujo a discordias y exhibiciones de egoísmo y orgullo que plagaron a la iglesia, sobre todo en la zona de los dones espirituales (ver 1 Co 12:14-31). En lugar de desear dones ostentosos que no fueran motivados por el egoísmo y los celos, los creyentes deberían procurar lo más grande e importante: el amor de los unos por los otros. Este capítulo es considerado por muchos el pasaje literario más grandioso de Pablo. Es central en su trato apostólico del tema de los dones espirituales (1 Co 12–14), porque después de discutir la distribución de los dones (cap. 12) y antes de presentar el funcionamiento de los dones (cap. 14), escribe en detalle sobre la actitud que se necesita en todos los que ministran en la iglesia (cap. 13).

d. **amor.** El amor sacrificado y generoso se interesa más en dar que en recibir (Jn 3:16; cp. 1 Co 14:1; Mt 5:44, 45; Jn 13:1, 34, 35; 15:9; Ro 5:10; Ef 2:4-7; Fil 2:2; Col 3:14; He 10:24). La palabra no era admirada y se usaba muy rara vez en la literatura griega antigua, pero es común en el NT. Sin amor, no importa cuánta dotación lingüística tenga una persona para hablar en su propio idioma, en otros idiomas o incluso (en sentido hipotético), en el idioma de los ángeles. En últimas, lo que diga no es más que ruido. En tiempos del NT, los ritos que honraban a las deidades paganas Cibeles, Baco y Dionisio incluían ruidos extáticos acompañados por címbalos y trompetas. Si el habla de los corintios no estaba impregnada de amor, no era mejor que la verborrea extravagante de los rituales paganos.

e. **profecía.** Ver 1 Co 12:10. En 1 Co 14:1-5, Pablo habla de este don como el más esencial porque trae la verdad de Dios a las personas. Este don también debe ministrarse en amor (cp. Ef 4:15).

f. **entendiese todos los misterios y toda ciencia.** Esto abarca los dones de sabiduría, conocimiento y discernimiento (ver 1 Co 12:8, 10), todos los cuales deben ejercerse en amor (ver Fil 1:9).

g. **toda la fe.** Ver Mt 17:20. Esto se refiere al don de fe (oración infatigable e intercesión denodada. Ver 1 Co 12:9), el cual es inútil sin un amor abnegado por la iglesia.

h. **quemado.** La práctica de quemar cristianos en la hoguera no comenzó sino unos cuantos años más tarde, pero se sabía muy bien que era una muerte horrible en extremo. Ni siquiera un ofrecimiento voluntario de todas las posesiones o a morir quemado produciría beneficio espiritual alguno si no se hacía motivado por amor al Cuerpo de Cristo.

El [a]amor es sufrido, es benigno; el amor no tiene envidia, el amor no es jactancioso, no se envanece; no hace nada indebido, no busca lo suyo, no se irrita, no guarda rencor; no se goza de la injusticia, mas se goza de la verdad. Todo lo sufre, todo lo cree, todo lo espera, todo lo soporta.

El amor [b]nunca deja de ser; pero las profecías se acabarán, y cesarán las lenguas, y la ciencia acabará. Porque en parte conocemos, y en parte profetizamos; mas cuando venga lo perfecto, entonces lo que es en parte se acabará.

---

a. **amor.** En los comentarios anteriores (vv. 1 Co 13:1-3) el enfoque se centra en el vacío que produce la ausencia de amor en el ministerio. En estos versículos se describe la plenitud del amor, según lo que el amor produce en cada caso. El amor es acción y no abstracción. En sentido positivo, el amor es paciente con las personas y les concede gracia incondicional con generosidad. En sentido negativo, el amor nunca tiene envidia y no se jacta ni es arrogante porque eso es todo lo opuesto al servicio abnegado a otros. Nunca es rudo ni abusivo, por eso la persona que ama nunca quiere salirse con las suyas. Tampoco se irrita ni se enoja al recibir ofensas personales y tampoco se complace en la caída de otra persona en pecado, así se trate de un enemigo. Otra vez en el lado positivo, el amor está consagrado a la verdad en todas las cosas. En relación con «todo» dentro de la voluntad justa y paciente de Dios, el amor protege, cree, espera y soporta lo que otros rechazan.

b. **nunca deja de ser.** Esto se refiere a la durabilidad o permanencia del amor como una cualidad divina. El amor dura más que todos los fracasos (cp. 1 P 4:8; 1 Jn 4:16). Pablo fortalece su enseñanza sobre la permanencia del amor al compararlo con los dones espirituales que los corintios tanto estimaban: profecía, conocimiento y lenguas, todos los cuales llegarán a su fin. Puede haber una distinción en la manera como la profecía y el conocimiento cesarán y el cese del don de lenguas. Esto lo indican las formas verbales empleadas. En el caso de la profecía y el conocimiento, se dice que ambos «cesarán» (en los dos casos el verbo indica que algo pondrá fin a ambas funciones). Los vv. 9, 10 indican que lo que abolirá el conocimiento y la profecía es «lo perfecto». Tan pronto esto tenga lugar, ambos dones dejarán de operar. «Lo perfecto» no corresponde a que las Escrituras se completaran porque hoy día continúan en operación y así seguirán en el reino futuro (cp. Jl 2:28; Hch 2:17; Ap 11:3). Las Escrituras no nos permiten ver «cara a cara» ni tener conocimiento perfecto como el de Dios (1 Co 13:12). «Lo perfecto» no es el rapto de la iglesia o la segunda venida de Cristo, porque el reino que viene después de estos acontecimientos tendrá una abundancia de predicadores y maestros (cp. Is 29:18; 32:3, 4; Jl 2:28; Ap 11:3). «Lo perfecto» debe corresponder al estado eterno, porque allá en la gloria veremos a Dios cara a cara (Ap 22:4) y tendremos conocimiento pleno en la eternidad de los cielos nuevos y la tierra nueva. Así como un niño crece hasta tener un entendimiento pleno, los creyentes alcanzarán conocimiento eterno y esos dones dejarán de ser necesarios.

Por otro lado, Pablo emplea una palabra diferente para el cese del don de lenguas, lo cual indica que cesará «por sí mismo», como lo hizo al final de la era apostólica. No terminará con la llegada de «lo perfecto», porque ya habrá cesado entonces. El carácter único del don de lenguas y su interpretación fue, como todas las señales, su función de autenticar el mensaje y los mensajeros del evangelio antes de que quedara terminado el NT (He 2:3, 4). El don de «lenguas» también estaba limitado a ser una señal sumarial del juicio del Dios de Israel (ver 1 Co 14:21; cp. Is 28:11, 12). Las «lenguas» tampoco fueron una señal para los creyentes, sino para los incrédulos (ver 1 Co 14:22), de manera específica los judíos que no querían creer. Las lenguas también cesaron porque no hubo necesidad de verificar los mensajes verdaderos de Dios al completarse las Escrituras. Ellas se convirtieron en el parámetro de veracidad para todas las cosas. En cierto sentido, las «lenguas» fueron un medio de edificación inferior a la predicación y la enseñanza (ver 1 Co 14:5, 12, 27, 28). De hecho, el capítulo 14 tenía el propósito de mostrar a los corintios, que estaban tan obsesionados con las lenguas, que era un medio deficiente de comunicación (vv. 1-12), desventajoso para la alabanza (vv. 13-19), e inadecuado para el evangelismo (vv. 20-25). La profecía era y no ha dejado de ser superior en gran medida (vv. 1, 3-6, 24, 29, 31, 39). Que las lenguas han cesado debería quedar muy en claro por su ausencia en los demás libros del NT a excepción de Hechos. Las lenguas dejaron de ser un asunto digno de registrarse o practicarse en la iglesia primitiva a medida que la Palabra de Dios se consignó por escrito en el NT. También es claro que las lenguas han cesado por su

Cuando yo era niño, hablaba como niño, pensaba como niño, juzgaba como niño; mas cuando ya fui hombre, dejé lo que era de niño. Ahora vemos por espejo, oscuramente; mas entonces veremos cara a cara. Ahora conozco en parte; pero entonces conoceré como fui conocido.

Y ahora permanecen la fe, la esperanza y el amor, estos tres; pero el mayor de ellos es [a]el amor.

103. Dones de profecía y de lenguas

1 Corintios 14:1–19

[b]Seguid el amor; y [c]procurad los dones espirituales, pero [d]sobre todo que profeticéis. Porque el que habla en lenguas [e]no habla a los hombres, sino a Dios; pues [f]nadie le entiende, aunque por el Espíritu habla misterios. Pero el

---

ausencia en el transcurso de la historia eclesiástica desde el primer siglo, y porque solo ha resurgido de forma esporádica en algunos grupos cuestionables.

a. **el amor.** La fe y la esperanza pasarán porque su propósito se cumplirá a perfección en el cielo, pero el amor, que es la virtud definida por Dios mismo, es eterno (cp. 1 Jn 4:8). El cielo será el lugar para la expresión de nada más que amor perfecto hacia Dios y su creación redimida.

b. **Seguid el amor.** Un mandato para todo creyente. Debido a que la falta de amor era un problema espiritual que se había arraigado en la iglesia de los corintios, el amor piadoso que acaba de describirse debía ser procurado por ellos con determinación y diligencia especiales.

c. **procurad los dones espirituales.** El amor no debe impedir el uso de estas capacidades espirituales. Como Pablo ha hablado acerca de no apetecer los dones más visibles (1 Co 12:31) y no elevar unos dones por encima de otros (1 Co 12:14-25), algunos podrían pensar que es mejor hacerlos todos a un lado para mantener la unidad. Lo cierto es que los dones espirituales son concedidos por Dios en su soberanía y asignados a cada creyente porque son necesarios para la edificación de la Iglesia (1 Co 12:1-10). En este contexto «procurar» es una referencia a su uso colectivo y fiel en el servicio del Señor, no a un anhelo egoísta de poseer un don admirado que uno no ha recibido. Como congregación, los corintios deberían anhelar la expresión y el ejercicio pleno de todos los dones. El mandato se expresa en plural para recalcar que se trata del deseo corporativo y mancomunado de la Iglesia.

d. **sobre todo que profeticéis.** Este don espiritual era deseable en la vida de la iglesia porque servía de una manera que las lenguas no podían, para la edificación de toda la Iglesia.

e. **no habla a los hombres, sino a Dios.** Esto se traduce mejor «a un dios». El texto griego no tiene artículo definido (ver una traducción similar en Hch 17:23, «AL DIOS NO CONOCIDO»). Su verborrea equivalía a rendirle culto a las deidades paganas. La Biblia no registra incidente alguno en el que un creyente hable a Dios en términos ajenos a un idioma humano normal.

f. **nadie le entiende... por el Espíritu habla misterios.** No es el Espíritu Santo, sino el espíritu humano. Los corintios carnales que usaban un lenguaje falso basado en el éxtasis pagano no estaban interesados en ser comprendidos, sino en hacer un espectáculo dramático. El espíritu por el que hablaban no era el Espíritu Santo, sino su propio espíritu o algún demonio, y los misterios que declaraban eran semejantes a los de las religiones paganas misteriosas, en las que se hablaba de ciertas profundidades que solo algunos iniciados tenían el privilegio de conocer y entender. Esos misterios no tienen que ver en absoluto con los mencionados

que [a]profetiza habla a los hombres para edificación, exhortación y consolación. El que habla en [b]lengua extraña, a sí mismo se edifica; pero el que profetiza, edifica a la iglesia. Así que, quisiera [c]que todos vosotros hablaseis en lenguas, pero más que profetizaseis; porque mayor es el que profetiza que el que habla en lenguas, a no ser que las interprete para que la iglesia reciba edificación.

Ahora pues, hermanos, [d]si yo voy a vosotros hablando en lenguas, ¿qué os aprovechará, si no os hablare con revelación, o con ciencia, o con profecía, o con doctrina? Ciertamente las cosas inanimadas que producen sonidos, como la [e]flauta o la cítara, si no dieren distinción de voces, ¿cómo se sabrá lo que se toca con la flauta o con la cítara? Y si la trompeta diere sonido incierto, ¿quién se preparará para la batalla? Así también vosotros, si por la lengua [f]no diereis

---

en las Escrituras (p. ej. Mt 13:11; Ef 3:9), que son revelaciones divinas de verdades que antes habían permanecido encubiertas (ver 1 Co 12:7; Ef 3:4-6).

a. **profetiza.** En contraste dramático a la confusión incoherente de las lenguas adulteradas, estaba el don auténtico de la profecía o la predicación de la verdad (ver 1 Co 12:10). Este producía la edificación de la iglesia, alentaba a la obediencia y alentaba en medio de la tribulación, lo cual era el deseo de Dios para su iglesia. Los dones espirituales siempre son para beneficio de los demás y no solo para uno mismo.

b. **lengua.** De nuevo, Pablo emplea el singular para referirse a la palabrería insensata de los paganos y con cierto sarcasmo llama la atención sobre su carácter egoísta al decir que sirve para algún tipo de edificación propia. Esta edificación ilícita del ego se deriva de emociones inducidas por el orgullo y solo produce más orgullo.

c. **que todos vosotros hablaseis en lenguas... más que profetizaseis.** Aquí aparece el plural «lenguas» porque Pablo se refiere al don verdadero de lenguas o idiomas. Es obvio que este no era el deseo sincero de Pablo, ni siquiera para el ejercicio del don verdadero porque la misma idea era imposible y contraria a la distribución soberana de los dones por parte de Dios (1 Co 12:11, 30). El apóstol tan solo hizo la sugerencia hipotética de que si insistían en alardear de lo que tenían y clamorear por lo que no tenían, por lo menos podían procurar los dones más duraderos y valiosos para la iglesia. El único propósito que las lenguas cumplen en la iglesia se logra después de su interpretación (la palabra griega que significa traducción). En cualquier lugar donde Dios diera el don de lenguas, él también daba el don de traducción para que la señal fuera edificante. El don nunca debía usarse sin que también se diera su traducción correcta (1 Co 14:28), de tal modo que la Iglesia siempre fuera edificada.

d. **si yo voy a vosotros... ¿qué os aprovechará...?** Ni siquiera un apóstol que hablara en lenguas traía beneficio espiritual a una congregación si su intervención no era aclarada por medio de la interpretación para que la revelación y el conocimiento pudieran ser predicados y enseñados de forma inteligible. Cualquier uso privado de este don queda excluido por varias razones: 1) es una señal para los no creyentes (1 Co 14:22), 2) debe someterse a un intérprete o traductor para que tenga sentido, incluso para el que habla en lenguas (1 Co 14:2) y 3) debe edificar a la iglesia (v. 6).

e. **flauta o la cítara.** Aquí Pablo ilustra su punto anterior sobre la futilidad del don verdadero mismo aparte de su interpretación para que la iglesia lo entienda. Si se espera incluso de instrumentos musicales inanimados que hagan sonidos inteligibles y sensibles, ¿cuánto más sentido debería tener el lenguaje humano, en especial cada vez que trata las cosas de Dios? Ver 1 Co 14:23.

f. **no diereis palabra.** Pablo se limita a señalar lo obvio: el propósito de todo idioma es comunicar, no impresionar y por cierto no confundir, como los corintios lo habían hecho con sus mistificaciones espurias. El ejemplo por excelencia lo vemos en la primera ocurrencia de las lenguas: cada persona oyó a los apóstoles hablar en su propio idioma (Hch 2:6, cp. 1 Co 14:8). Esta sección establece de forma innegable que el don verdadero de lenguas nunca fue una palabrería ininteligible, sino lenguaje humano que podía traducirse.

palabra bien comprensible, ¿cómo se entenderá lo que decís? Porque hablaréis al aire. Tantas clases de idiomas hay, seguramente, en el mundo, y ninguno de ellos carece de significado. Pero si yo ignoro el valor de las palabras, seré como extranjero para el que habla, y el que habla será como extranjero para mí. Así también vosotros; pues que anheláis dones espirituales, procurad abundar en ellos para [a]edificación de la iglesia.

Por lo cual, el que habla en lengua extraña, pida en oración poder interpretarla. Porque si yo oro en lengua desconocida, mi espíritu ora, pero mi entendimiento queda sin fruto. ¿Qué, pues? Oraré con el espíritu, pero oraré también con el entendimiento; cantaré con el espíritu, pero cantaré también con el entendimiento. Porque si bendices solo con el espíritu, el que ocupa lugar de simple oyente, ¿cómo dirá el Amén a tu acción de gracias? pues [b]no sabe lo que has dicho. Porque tú, a la verdad, bien das gracias; pero el otro no es edificado.

Doy gracias a Dios que [c]hablo en lenguas más que todos vosotros; pero en la iglesia prefiero hablar cinco palabras con mi entendimiento, para [d]enseñar también a otros, que diez mil palabras en lengua desconocida.

---

a. **edificación.** Pablo vuelve otra vez a la cuestión de la edificación que es fundamental en el ejercicio de todos los dones (1 Co 12:7).

b. **no sabe.** Traducción de la palabra griega que significa ignorante o iletrado.

c. **hablo en lenguas más que todos vosotros.** Pablo recalcó que al escribir todo esto no condenaba las lenguas auténticas (plural) ni que tuviera envidia porque él mismo no poseyera el don, como dicen algunos que quieren tildarlo de dictador. En este punto él dejó de escribir en términos hipotéticos acerca de hablar en lenguas por medios o ejercicios espurios. El apóstol mismo había usado el don verdadero en más ocasiones que todos ellos, aunque no contamos con registros de una ocurrencia específica. Pablo conocía el don verdadero y había hecho un uso adecuado de él. Sin embargo, es interesante que el NT no incluye alguna mención del uso que Pablo haya hecho de ese don. El apóstol tampoco menciona en sus propios escritos el uso específico del don por parte de cualquier otro cristiano.

d. **enseñar también a otros.** Este es el principio general que resume lo que el apóstol ha dicho: enseñar a los demás es lo que cuenta y eso requiere entendimiento.

104. Dones de profecía y de lenguas, continuación

1 Corintios 14:20–40

Hermanos, [a]no seáis niños en el modo de pensar, sino sed [b]niños en la malicia, pero maduros en el modo de pensar.

En la ley [c]está escrito:

> En otras lenguas y con otros labios
> hablaré a este pueblo;
> y ni aun así me oirán»,
> dice el Señor.

---

a. **no seáis niños en el modo de pensar.** Este pasaje es muy importante porque trata acerca del propósito primordial del don de lenguas. Pablo ha indicado con claridad que esto no era algo que todos los creyentes hicieran, porque había sido dispensado a ciertos individuos por Dios en su soberanía, al igual que todos los demás dones (1 Co 12:11). Además, no estaba relacionado con el bautismo en el Espíritu Santo que todos los creyentes reciben (1 Co 12:13) y tampoco era una evidencia de espiritualidad superior, sino más bien un don inferior (1 Co 14:5). Debido a todo esto y a la corrupción del don real por parte de los corintios, el apóstol presenta los principios para su operación adecuada y limitada como una señal.

b. **niños en la malicia, pero maduros en el modo de pensar.** La mayoría de los creyentes en Corinto eran lo opuesto de lo que Pablo describe en esta admonición. Tenían demasiada experiencia en la maldad y les faltaba en gran medida la sabiduría. La madurez y el entendimiento son esenciales para una comprensión y uso adecuados del don de lenguas, porque la naturaleza llamativa y fascinante de ese don lo hacía muy atractivo para la carne. El apóstol pidió a sus lectores que dejaran a un lado sus emociones y su experiencia, al igual que los deseos de la carne y el orgullo, para pensar con detenimiento en el propósito verdadero de las lenguas.

c. **está escrito.** En una cita adaptada de Is 28:11, 12, Pablo explica que varios siglos atrás el Señor había predicho que un día usaría a hombres de otras lenguas, es decir, forasteros que hablaran idiomas desconocidos, como una señal para el Israel incrédulo que «no quisieron oír». Esta «extraña lengua» corresponde a lo que ellos conocían como el don de lenguajes que fue dado de manera única y exclusiva como señal para los no creyentes entre los judíos. Esa señal tenía tres aspectos: maldición, bendición y autoridad. Para subrayar el aspecto de maldición, Pablo citó las palabras de advertencia del profeta Isaías a Judá sobre el juicio proveniente de Asiria (ver Is 28:11, 12). Los líderes creyeron que sus palabras eran demasiado simples y lo rechazaron. Llegaría el tiempo, les dijo el profeta, en el que oirían el lenguaje de los asirios que no podían entender y esa sería una señal del juicio inminente. Jeremías habló en términos similares sobre los babilonios que también vendrían para destruir Judá (cp. Jer 5:15). Cuando los apóstoles hablaron en el día de Pentecostés en todas esas lenguas extranjeras (Hch 2:3-12), los judíos debieron haber sabido que el juicio profetizado que había tenido cumplimiento histórico a través de los asirios y luego en el cautiverio en Babilonia estaba a punto de caer de nuevo sobre ellos por su rechazo de Cristo, y esto incluía la destrucción de Jerusalén (en el año 70 A.D.) tal como había sucedido en 586 A.C. bajo el dominio de los babilonios.

[a]Así que, las lenguas son por señal, no a los creyentes, sino a los incrédulos; [b]pero la profecía, no a los incrédulos, sino a los creyentes. [c]Si, pues, toda la iglesia se reúne en un solo lugar, y todos hablan en lenguas, y entran indoctos o incrédulos, ¿no dirán que estáis [d]locos? [e]Pero si todos profetizan, y entra algún incrédulo o indocto, por todos es convencido, por todos es juzgado; lo oculto de su corazón se hace manifiesto; y así, postrándose sobre el rostro, adorará a Dios, declarando que verdaderamente Dios está entre vosotros.

¿Qué hay, pues, hermanos? Cuando os reunís, [f]cada uno de vosotros tiene [g]salmo, tiene [h]doctrina, tiene lengua, tiene [i]revelación, tiene [j]interpretación. Hágase todo [k]para edificación. Si habla alguno en lengua extraña sea esto por dos, o a lo más tres, y por turno; y uno interprete. Y si no hay intérprete, calle

---

a. **Así que, las lenguas son por señal, no a los creyentes, sino a los incrédulos.** Para mayor explicación, el apóstol dice de manera explícita que todas las lenguas son por causa de los incrédulos. En otras palabras, ese don no tiene propósito alguno en la iglesia si todos los presentes son creyentes. Además, tan pronto la señal cumplía su propósito de pronunciar juicio o maldición sobre Israel, y el juicio caía, ese propósito cesaba al mismo tiempo que la señal del don. La bendición de esa señal consistía en que Dios levantaría una nación nueva compuesta por judíos y gentiles para que fueran su pueblo (Gá 3:28), con el fin de dar celos a Israel y motivarle a arrepentirse algún día (ver Ro 11:11, 12, 25-27). Por esa razón se repitió la señal cuando los gentiles fueron incluidos en la iglesia (Hch 10:44-46). La señal también daba autoridad a quienes predicaban tanto el juicio como la bendición (2 Co 12:12), incluido Pablo (1 Co 14:18).

b. **pero la profecía... a los creyentes.** En el sentido opuesto por completo, el don de profetizar solo beneficia a los creyentes, quienes son capaces por medio de su nueva naturaleza y el Espíritu Santo que mora en ellos, de entender y aprovechar la verdad espiritual (cp. 1 Co 2:14; 1 Jn 2:20, 27).

c. **Si, pues... todos hablan en lenguas.** Como Pablo explica más adelante de forma más detallada (1 Co 14:27, 28), el don de lenguas cumplió su propósito en los no creyentes al ser ejercido en su tiempo apropiado en la historia, pero al volverse dominante y quedar fuera de control en la iglesia, solo producía desorden y traía vergüenza y descrédito al evangelio ante los ojos del mundo.

d. **locos.** La palabra griega significa estar en un frenesí incontrolado. Al usarse el don verdadero en Hch 2 no hubo locura, y todos entendieron en su propio idioma (1 Co 14:11). En Corinto hubo un caos carismático total.

e. **Pero si todos profetizan.** Esto significa proclamar en público la Palabra de Dios (ver 1 Co 12:10). «Todos» no significa todos al mismo tiempo (ver 1 Co 14:31), sino que más bien alude a una situación hipotética en la que en lugar de la cacofonía de los corintios, todos ellos se dedicaran a predicar la Palabra, porque el resultado en los no creyentes sería prodigioso, el evangelio sería honrado y muchas almas se convertirían a Dios.

f. **cada uno de vosotros tiene.** Al parecer, el caos y la falta de orden ya eran insoportables en esa asamblea. Es interesante que no se mencionan ancianos ni pastores, y los profetas ni siquiera ejercían un control mínimo (ver 1 Co 14:29, 32, 37). Todos participaban con cualquier expresión que se les antojara y en cualquier momento que quisieran.

g. **salmo.** La lectura o el cántico de un salmo del AT.

h. **doctrina.** Referencia probable a una doctrina o tema de interés especial.

i. **revelación.** Alguna supuesta palabra de Dios, bien fuera espuria o genuina.

j. **interpretación.** Esto se refiere a la traducción de un mensaje dado en otra lengua.

k. **para edificación.** Este fue un llamado de Pablo al orden y a detener el caos de inmediato. La edificación mutua es el objetivo (cp. 1 Co 14:3-5, 12, 17, 26, 31) y el desorden de los corintios no permitía su realización (cp. 1 Ts 5:11; Ro 15:2, 3).

en la iglesia, y hable para sí mismo y para Dios. Asimismo, [a]los profetas hablen dos o tres, y los demás juzguen. Y si algo le fuere revelado a otro que estuviere sentado, calle el primero. Porque podéis profetizar todos uno por uno, para que todos aprendan, y todos sean exhortados. Y los espíritus de los profetas están [b]sujetos a los profetas; pues Dios no es Dios de [c]confusión, sino de paz.

[d]Como en todas las iglesias de los santos, vuestras [e]mujeres callen en las congregaciones; porque no les es permitido hablar, sino que estén sujetas, como también la ley lo dice. Y si quieren aprender algo, pregunten en casa a sus maridos; porque es indecoroso que una mujer hable en la congregación.

---

a. **los profetas hablen dos o tres.** Estos versículos suministran ordenanzas para el ejercicio del don: 1) solo dos o tres personas en un culto; 2) una persona a la vez, y 3) solo con un intérprete. Sin esas condiciones, la persona debe meditar y orar en silencio. Puesto que las epístolas pastorales de Pablo (1, 2 Ti, Tit) no mencionan a los profetas, parece evidente que este oficio único había dejado de operar en la iglesia incluso antes de la era apostólica. Sin embargo, cuando Pablo escribió a los corintios, los profetas eran figuras centrales en la obra de esa iglesia (cp. Hch 13:1). Aquí el apóstol da cuatro ordenanzas para su predicación: 1) solo dos o tres podían hablar; 2) los otros profetas debían juzgar lo que fuera dicho; 3) si Dios daba revelación a uno mientras otro hablaba, este debía ceder el puesto al que escuchara de parte de Dios, y 4) cada profeta debía hablar en su turno asignado. Ver Ef 2:20; 4:11.

b. **sujetos a los profetas.** Los profetas no solo debían juzgar a los demás con discernimiento, sino que también debían ejercer control sobre ellos mismos. Dios no desea experiencias ajenas al fuero individual de la mente o del espíritu. Aquellos que recibían y proclamaban la verdad debían tener una mente clara. Recibir y predicar la Palabra de Dios no debía ser una experiencia desvariada, frenética o extática como era el caso con las personas que aceptaban la influencia de demonios.

c. **confusión.** Esta es la clave de todo el capítulo. La iglesia que adora a Dios debería reflejar su carácter y naturaleza porque él es un Dios de paz y armonía, orden y claridad, no de conflicto y confusión (cp. Ro 15:33; 2 Ts 3:16; He 13:20).

d. **Como en todas las iglesias.** Esta frase no pertenece a 1 Co 14:33, sino al comienzo del v. 34, como una introducción lógica a un principio universal para las iglesias.

e. **mujeres callen en las congregaciones.** El principio de que las mujeres no hablen en las reuniones de la iglesia es universal. Esto se aplica a todas las iglesias y no tiene limitaciones locales, geográficas o culturales. El contexto en este versículo corresponde a la profecía, pero incluye el tema general del capítulo que es el don de lenguas. En lugar de dirigir, ellas deben ser sumisas como lo deja muy en claro la Palabra de Dios (ver 1 Co 11:3-15; Gn 3:16; 1 Ti 2:11-15). No es una coincidencia que muchas iglesias modernas en las que se habla en lenguas y se proclama el ejercicio de dones de sanidad y milagros, también se permita que las mujeres dirijan la adoración, prediquen y enseñen. Las mujeres pueden ser maestras hábiles, pero Dios no les permite «hablar» en iglesias. De hecho, es algo «indecoroso», que significa «deshonroso». Al parecer, ciertas mujeres promovían el desorden con preguntas inoportunas que contribuían al caos reinante.

¿Acaso ha salido de vosotros la palabra de Dios, o solo a vosotros ha llegado? Si alguno se cree profeta, o espiritual, reconozca que lo que os escribo son [a]mandamientos del Señor. Mas el que [b]ignora, ignore.

Así que, hermanos, procurad profetizar, y [c]no impidáis el hablar lenguas; pero hágase todo decentemente y con orden.

105. La realidad histórica de la resurrección

1 Corintios 15:1–34

Además [d]os declaro, hermanos, el evangelio que os he [e]predicado, el cual también recibisteis, en el cual también perseveráis; por el cual asimismo, si retenéis la palabra que os he predicado, sois salvos, [f]si no creísteis en vano.

---

a. **mandamientos del Señor.** Pablo sabía que los corintios reaccionarían a todas estas ordenanzas firmes que pondrían punto final al caos de sus reuniones. Es posible que los profetas, los que hablaban lenguas y las mujeres se resistieran a las palabras del apóstol, así que él retó con sarcasmo a quienes se atrevieran a ponerse por encima de su autoridad apostólica o creyeran estar fuera de su alcance. Es posible que ignoraran la clara instrucción de las Escrituras o que la interpretaran para acomodarla a sus ideas preconcebidas. Si alguien era un profeta auténtico o tenía el verdadero don espiritual de las lenguas, él o ella se sometería con humildad a los principios revelados por Dios a través del apóstol.

b. **ignora.** Es decir, cualquiera que no reconozca la autoridad de la enseñanza de Pablo tampoco debería ser reconocido como un siervo legítimo dotado por Dios.

c. **no impidáis el hablar en lenguas.** El don genuino de lenguas estaba limitado en propósito y en duración, pero mientras siguiera activo en la iglesia primitiva no debía ser prohibido ni estorbado. Ahora bien, la profecía era el don más deseable por su capacidad para edificar, exhortar y confortar con la verdad.

d. **os declaro.** Este capítulo (1 Co 15) es el tratado más extenso sobre la resurrección en la Biblia. Aquí se explican tanto la resurrección de Jesucristo registrada en los Evangelios como la resurrección de los creyentes que se promete en el evangelio. Para comenzar su enseñanza sobre la resurrección de los creyentes, Pablo revisó las evidencias que confirman la resurrección de Jesús: 1) la iglesia (vv. 1, 2), 2) las Escrituras (vv. 3, 4), 3) los testigos oculares (vv. 5-7), 4) el apóstol mismo (vv. 8-10) y 5) el mensaje común (v. 11).

e. **predicado... recibisteis... perseveráis.** Este no era un mensaje nuevo. Ellos habían oído acerca de la resurrección, creyeron que sucedió y fueron salvos por su fe.

f. **si no creísteis en vano.** Con esta declaración aclaratoria, Pablo reconoció y les mostró que algunos de ellos podrían tener una fe superficial que no llevaba a la salvación (ver Mt 7:13, 14, 22-27; 13:24-30, 34-43, 47-50; 25:1-30). Algunos creían solo como creen los demonios (Stg 2:19), es decir, estaban convencidos de que el evangelio era cierto, pero no tenían amor a Dios, a Cristo y la justicia. Los creyentes verdaderos «retienen» el evangelio con firmeza (cp. Jn 8:31; 2 Co 13:5; 1 Jn 2:24; 2 Jn 9).

Porque primeramente os he enseñado lo que asimismo recibí: Que Cristo murió por nuestros pecados, [a]conforme a las Escrituras; y que fue sepultado, y que resucitó al tercer día, conforme a las Escrituras; y que [b]apareció a Cefas, y después a los doce. Después apareció a más de quinientos hermanos a la vez, de los cuales muchos viven aún, y otros ya duermen. Después apareció a Jacobo; después a todos los apóstoles; y al último de todos, como a [c]un abortivo, me apareció a mí.

Porque yo soy el más pequeño de los apóstoles, que no soy digno de ser llamado apóstol, porque perseguí a la iglesia de Dios. Pero por la gracia de Dios soy lo que soy; y su gracia no ha sido en vano para conmigo, antes he [d]trabajado más que todos ellos; pero no yo, sino la gracia de Dios conmigo. Porque o sea yo o sean ellos, así predicamos, y así habéis creído.

---

a. **conforme a las Escrituras.** El AT habló del sufrimiento y la resurrección de Cristo (ver Lc 24:25-27; Hch 2:25-31; 26:22, 23). Jesús, Pedro y Pablo citaron o hicieron referencia a pasajes del AT que trataban acerca de la obra de Cristo, como Sal 16:8-11; 22; Is 53.

b. **apareció.** El testimonio de testigos presenciales registrado en el NT fue añadido a las evidencias que respaldan la realidad de la resurrección. Estos incluyeron: 1) Juan y Pedro juntos (Jn 20:19, 20), pero es probable que también con anterioridad por separado (Lc 24:34), 2) los doce (Jn 20:19, 20; Lc 24:36; Hch 1:22), 3) los quinientos, a quienes solo se hace referencia aquí (ver 2 P 3:15, 16), habían visto a Cristo resucitado (cp. Mt 28:9; Mr 16:9, 12, 14; Lc 24:31-39; Jn 21:1-23), 4) Jacobo, o bien uno de los dos apóstoles con ese nombre (el hijo de Zebedeo o el hijo de Alfeo; cp. Mr 3:17, 18) o incluso Jacobo el medio hermano del Señor, autor de la epístola universal de Santiago y líder central en la iglesia de Jerusalén (Hch 15:13-21) y por último 5) los apóstoles (Jn 20:19-29). Estas apariciones cuyos detalles no conocemos ocurrieron en un período de cuarenta días (Hch 1:3) a todos los apóstoles.

c. **un abortivo.** Pablo fue salvo muy tarde como para haber sido uno de los apóstoles mencionados. Cristo había ascendido antes de su conversión, pero por medio de una aparición milagrosa (Hch 9:1-8; cp. 18:9, 10; 23:11; 2 Co 12:1-7), Cristo se reveló a sí mismo delante de Pablo, y de acuerdo con el propósito divino, Pablo fue convertido en apóstol. Ver 1 Co 1:1. Por eso quedó como «último de todos» los apóstoles y se consideraba a sí mismo «el más pequeño» (1 Co 15:9, 10; 1 Ti 1:12-17).

d. **trabajado más que todos ellos.** En términos de años y alcance ministerial, él superó a todos los nombrados (1 Co 15:5-7). Juan vivió más tiempo que él, pero su ministerio no tuvo el mismo alcance del paulino.

Pero si se predica de Cristo que resucitó de los muertos, ¿cómo [a]dicen algunos entre vosotros que [b]no hay resurrección de muertos? Porque si no hay resurrección de muertos, tampoco Cristo resucitó. Y si Cristo no resucitó, vana es entonces nuestra predicación, vana es también vuestra fe. Y somos hallados falsos testigos de Dios; porque hemos testificado de Dios que él resucitó a Cristo, al cual no resucitó, si en verdad los muertos no resucitan. Porque si los muertos no resucitan, tampoco Cristo resucitó; y si Cristo no resucitó, vuestra fe es vana; aún estáis en vuestros pecados. Entonces también los que [c]durmieron en Cristo perecieron. Si en esta vida solamente esperamos en Cristo, somos los [d]más dignos de conmiseración de todos los hombres.

Mas ahora Cristo ha resucitado de los muertos; [e]primicias de los que durmieron es hecho. Porque por cuanto la muerte entró por [f]un hombre, también por un hombre la resurrección de los muertos. Porque así como en Adán [g]todos mueren, también en Cristo todos serán vivificados. Pero cada

---

a. **dicen algunos entre vosotros.** Los cristianos de Corinto creían en la resurrección de Cristo, de lo contrario no habrían podido ser cristianos (cp. Jn 6:44; 11:25; Hch 4:12; 2 Co 4:14; 1 Ts 4:16). No obstante, algunos tenían cierta dificultad para aceptar y entender la resurrección de los creyentes. Esta confusión era en parte resultado de sus experiencias anteriores con filosofías y religiones paganas. Una creencia básica de esas filosofías griegas antiguas era el dualismo, el cual enseñaba que todo lo físico era malo en sí mismo, a tal extremo que la idea de un cuerpo resucitado era irracional y repugnante para un practicante del dualismo (Hch 17:32). Además, es posible que algunos judíos en la iglesia de Corinto hubieran sido influenciados en el pasado por los saduceos, quienes no creían en la resurrección, aunque es enseñada en el AT (Job 19:26; Sal 16:8-11; 17:15; Dn 12:2). Por otra parte, la enseñanza del NT sobre la resurrección fue abundante aun en las palabras de nuestro Señor mismo (Jn 5:28, 29; 6:44; 11:25; 14:19), y fue un tema central de la predicación apostólica (Hch 4:1, 2). A pesar de toda esa claridad y evidencia, la iglesia en Corinto abrigaba dudas y reservas sobre la resurrección.

b. **no hay resurrección.** En estos versículos Pablo presenta seis consecuencias desastrosas en caso de que la resurrección no sea una realidad: 1) la predicación de Cristo sería absurda (1 Co 15:14), 2) la fe en Cristo sería inútil (v. 14), 3) todos los testigos y predicadores de la resurrección serían mentirosos (v. 15), 4) nadie sería redimido del pecado (v. 17), 5) todos los creyentes del pasado serían aniquilados (v. 18) y 6) los cristianos serían las personas más dignas de lástima en el universo (v. 19).

c. **durmieron.** Un eufemismo común para aludir a la muerte (cp. 1 Co 15:6, 20; 11:30; Mt 27:52; Hch 7:60; 2 P 3:4). No se trata de un sueño profundo del alma en el que el cuerpo muere y el alma o espíritu reposa inconsciente.

d. **más dignos de conmiseración.** Esto se debe a los sacrificios hechos en esta vida en vista de la esperanza de la vida venidera. Si no hay vida venidera, más nos vale «comer, beber y alegrarnos» antes de morir.

e. **primicias.** Esto alude a la primera cuota en la cosecha de la vida eterna, en la que la resurrección de Cristo precipitará y garantizará que todos los santos que han muerto también serán resucitados. Ver Jn 14:19.

f. **un hombre... un hombre.** Adán, quien por medio de su pecado trajo la muerte a toda la raza, fue un ser humano. También lo fue Cristo, quien por medio de su resurrección trajo vida a todo el género. Ver Ro 5:12-19.

g. **todos... todos.** Los dos «todos» son semejantes solo en el sentido de que ambos se aplican a los descendientes. El segundo «todos» solo se aplica a creyentes (ver Gá 3:26, 29; 4:7; Ef 3:6; cp. Hch 20:32; Tit 3:7) y no implica universalismo (la salvación de todos sin necesidad

uno [a]en su debido orden: Cristo, las primicias; luego los que son de Cristo, en su venida. [b]Luego el fin, cuando [c]entregue el reino al Dios y Padre, cuando haya [d]suprimido todo dominio, toda autoridad y potencia. Porque preciso es que él reine hasta que haya puesto a [e]todos sus enemigos debajo de sus pies. Y [f]el postrer enemigo que será destruido es la muerte. Porque todas las cosas las sujetó debajo de sus pies. Y cuando dice que todas las cosas han sido sujetadas a él, [g]claramente se exceptúa aquel que sujetó a él todas las cosas. Pero luego

---

de tener fe). Muchos otros pasajes enseñan con claridad el castigo eterno de los incrédulos (p. ej. Mt 5:29; 10:28; 25:41, 46; Lc 16:23; 2 Ts 1:9; Ap 20:15).

a. **en su debido orden.** Cristo resucitó primero como «las primicias» en la cosecha de resurrección. Gracias a su resurrección, «los que son de Cristo» serán resucitados y entrarán al estado celestial eterno en tres vendimias al tiempo del regreso de Cristo (cp. Mt 24:36, 42, 44, 50; 25:13): 1) los que han ejercido fe para salvación desde el Pentecostés hasta el arrebatamiento se unirán a los santos que estén con vida en el momento de su arrebatamiento para reunirse con el Señor en el aire y ascender al cielo (1 Ts 4:16, 17), 2) aquellos que abrazan la fe en Cristo durante los años de la tribulación serán resucitados junto a los santos del AT para reinar con él durante el milenio (Ap 20:4; cp. Dn 12:2; cp. Is 26:19, 20) y 3) los que mueran durante el reino milenario es posible que sean transformados de manera instantánea al morir para acceder a su cuerpo y espíritu eterno. Las únicas personas que faltarán por resucitar serán los impíos, y su resurrección tendrá lugar al final del milenio para el juicio de Dios ante el gran trono blanco (ver Ap 20:11-15; cp. Jn 5:28, 29), el cual será seguido por el infierno eterno (Ap 21:8).

b. **Luego el fin.** Este tercer aspecto de la resurrección supone la restauración de la tierra bajo el dominio de Cristo quien es su Rey por derecho propio. «Fin» puede referirse no solo a algo que ha terminado, sino a lo que haya quedado completo y cumplido a plenitud.

c. **entregue el reino al Dios.** En la culminación de la historia del mundo, después que Cristo haya tomado posesión del universo restaurado y reinado durante mil años, todas las cosas volverán a ser tal como Dios el Padre las diseñó en un principio, en la gloria sin pecado de los nuevos cielos y la nueva tierra (ver Ap 21, 22).

d. **suprimido todo dominio.** Cristo conquistará de forma permanente a todos los enemigos de Dios y retomará la tierra que él creó y que le pertenece por derecho propio. Durante el milenio, bajo el mando de Cristo, todavía existirá la rebeldía humana y por esa razón Cristo «regirá con vara de hierro» (Ap 19:15). Al final de esos mil años, Satanás será soltado por breve tiempo para encabezar una insurrección final contra Dios (Ap 20:7-9). Sin embargo, junto a todos los que lo siguen en su odio a Dios y a Cristo, será confinado al infierno con sus ángeles caídos para sufrir por siempre en el lago de fuego (Ap 20:10-15).

e. **todos sus enemigos debajo de sus pies.** Esta figura proviene de la práctica común de los reyes que siempre se sentaban sobre su trono por encima de sus súbditos, de tal manera que ellos al inclinarse o arrodillarse quedaban por debajo de los pies del soberano. En el caso de sus enemigos, el monarca acostumbraba poner su pie sobre el cuello de un mandatario conquistado, como un símbolo de la subyugación total de ese enemigo. En el reino milenario, los enemigos de Cristo estarán sujetos por completo a él.

f. **el postrer enemigo... la muerte.** Cristo quebrantó en la cruz el poder de Satanás, quien detentaba el poder de la muerte (He 2:14), pero Satanás no perderá por completo su arma de la muerte hasta el fin del milenio (ver Ap 20:1-10). En ese momento, tras haberse cumplido del todo la profecía de Sal 8:6, Cristo entregará el reino a su Padre y la gloria eterna de Ap 21, 22 comenzará de manera irreversible.

g. **claramente.** Para que la afirmación sobre «todas las cosas» que «han sido sujetadas» a Cristo no se prestara a malentendidos, Pablo no quiere decir que Dios el Padre esté incluido, porque el Padre es quien da su autoridad a Cristo (Mt 28:18; Jn 5:26, 27) y a quien el Hijo sirve a perfección.

que todas las cosas le estén sujetas, entonces también el Hijo mismo se sujetará al que le sujetó a él todas las cosas, para que Dios sea [a]todo en todos.

De otro modo, ¿qué harán los que se [b]bautizan por los muertos, si en ninguna manera los muertos resucitan? ¿Por qué, pues, se bautizan por los muertos? ¿Y por qué nosotros peligramos a toda hora? Os aseguro, hermanos, por la gloria que de vosotros tengo en nuestro Señor Jesucristo, que [c]cada día muero. Si como hombre batallé [d]en Éfeso contra fieras, ¿qué me aprovecha? Si los muertos no resucitan, [e]comamos y bebamos, porque mañana moriremos.

No erréis; las [f]malas conversaciones corrompen las buenas costumbres. Velad debidamente, y no pequéis; porque algunos no conocen a Dios; para vergüenza vuestra lo digo.

---

a. **todo en todos.** Cristo continuará al mando porque su reino es eterno (Ap 11:15), pero él reinará desde su posición original, plena y gloriosa dentro de la Trinidad, sujeto a Dios y tal como fue diseñado desde la eternidad para él en la gloria trinitaria plena.

b. **bautizan por los muertos.** Este versículo difícil tiene varias interpretaciones posibles. Sin embargo, debe tenerse en cuenta que otros pasajes bíblicos aclaran ciertas cosas que no deben inferirse de este versículo. Por ejemplo, no enseña que una persona muerta pueda salvarse por el bautismo de otra persona en su favor, ya que el bautismo nunca ha tenido parte en la salvación de una persona (Ef 2:8; cp. Ro 3:28; 4:3; 6:3, 4). Una opinión razonable parece ser que «los que se bautizan» se refiere a creyentes vivos que dan testimonio externo de su fe en el bautismo por agua porque fueron atraídos a Cristo por la vida ejemplar, la influencia fiel y el testimonio de otros creyentes que después murieron. El punto de Pablo es que, si no hay resurrección ni vida después de la muerte, ¿por qué hay personas que vienen a Cristo para seguir la misma esperanza de aquellos que murieron?

c. **cada día muero.** Pablo arriesgó su vida todos los días y casi todas las horas de su ministerio. ¿Por qué habría estado él dispuesto a hacer algo así, si no hubiera vida después de la muerte, ni recompensa y gozo eterno después de todo su dolor? Cp. 1 P 1:3, 4.

d. **en Éfeso contra fieras.** Podría tratarse de animales salvajes o es una alusión metafórica a la turba enfurecida de Éfeso que Demetrio incitó contra él (Hch 19:23-34). En cualquier caso, estos peligros amenazaron con terminar su vida (cp. 2 Co 11:23–28).

e. **comamos... bebamos... moriremos.** Una cita directa de Is 22:13 que refleja la falta de esperanza de los israelitas que habían retrocedido. Cp. He 11:33, 34, 38, la letanía de hombres y mujeres que sufrieron y estuvieron dispuestos a morir porque anticipaban con esperanza su propia resurrección (He 11:35).

f. **malas conversaciones.** El término griego detrás de esta palabra se refiere a un mensaje hablado, pero también puede traducirse «malas compañías». Con sus palabras o su ejemplo, las malas amistades son una influencia corruptora. La esperanza en la resurrección es santificadora porque motiva a una vida piadosa, no a la corrupción. Algunos en la iglesia no conocían a Dios y eran una influencia corruptora, pero no para los que esperaban vivir en la presencia de Dios después de la muerte (ver 1 Jn 3:2, 3).

106. La futura realidad del cuerpo resucitado

1 Corintios 15:35–58

Pero [a]dirá alguno: ¿Cómo resucitarán los muertos? [b]¿Con qué cuerpo vendrán? Necio, lo que tú siembras no se vivifica, [c]si no muere antes. Y lo que siembras no es el cuerpo que ha de salir, sino el grano desnudo, ya sea de trigo o de otro grano; pero Dios le da el cuerpo como él quiso, y a cada semilla su propio cuerpo.

[d]No toda carne es la misma carne, sino que una carne es la de los hombres, otra carne la de las bestias, otra la de los peces, y otra la de las aves.

Y hay cuerpos celestiales, y cuerpos terrenales; pero una es la gloria de los celestiales, y otra la de los terrenales. Una es la gloria del sol, otra la gloria de la luna, y otra la gloria de las estrellas, pues una estrella es diferente de otra en gloria.

Así también es [e]la resurrección de los muertos. Se siembra en corrupción, resucitará en incorrupción. Se siembra en deshonra, resucitará en gloria; se siembra en debilidad, resucitará en poder. Se siembra cuerpo animal, resucitará cuerpo espiritual. Hay cuerpo animal, y hay cuerpo espiritual. Así también

---

a. **dirá alguno.** Tenían la verdad, pero no la creían ni la seguían, para vergüenza propia (cp. 2 Co 13:5). Por esa razón, estas preguntas no reflejan un interés genuino en la resurrección, sino que son expresiones de burla por parte de aquellos que negaban la resurrección, quizá bajo la influencia de alguna filosofía orientada por el gnosticismo. Si suponemos que las preguntas eran sinceras, su inquietud tenía que ver con cómo podría suceder algo así. Cp. Hch 26:8.

b. **¿Con qué cuerpo vendrán?** A las preguntas planteadas en 1 Co 15:35, Pablo da aquí cuatro respuestas: 1) una ilustración de la naturaleza (vv. 36-38), 2) una descripción de los cuerpos resucitados (vv. 39-42a), 3) contrastes entre el cuerpo de la tierra y el de la resurrección (vv. 42b-44) y 4) una remembranza de la resurrección de Jesucristo como el prototipo (vv. 45-49).

c. **si no muere antes.** Una semilla que se planta en la tierra muere porque al descomponerse deja de existir en su forma de semilla, pero de la semilla muerta brota vida (ver Jn 12:24). Así como Dios da un cuerpo nuevo a la planta que surge de la semilla muerta, él puede dar un cuerpo resucitado a la persona que muere.

d. **No toda carne es la misma.** Así como existen cuerpos y formas bastante diferentes en el universo creado de Dios que están adaptados para muchas variedades de existencia, Dios puede diseñar un cuerpo perfecto para la vida resucitada.

e. **la resurrección de los muertos.** Pablo se enfoca en el cuerpo de la resurrección y presenta cuatro series de contrastes para mostrar cómo se diferenciará el cuerpo nuevo de los cuerpos actuales (cp. 1 Co 15:54; Fil 3:20, 21): 1) no más enfermedad y muerte («corrupción»), 2) no más vergüenza a causa del pecado («deshonra»), 3) no más fragilidad en la tentación («debilidad») y 4) no más límites en la esfera de tiempo y espacio («animal» o «natural»).

está escrito: Fue hecho el primer hombre Adán alma viviente; el postrer Adán, espíritu vivificante.

Mas lo espiritual no es primero, sino lo animal; luego lo espiritual. El primer hombre es de la tierra, terrenal; el segundo hombre, que es el Señor, es del cielo. Cual el terrenal, tales también los terrenales; y cual [a]el celestial, tales también los celestiales. Y así como hemos traído la imagen del terrenal, traeremos también la imagen del celestial.

Pero esto digo, hermanos: que la carne y la sangre [b]no pueden heredar el reino de Dios, ni la corrupción hereda la incorrupción. He aquí, os digo un [c]misterio: No todos dormiremos; pero todos seremos transformados, en un momento, en [d]un abrir y cerrar de ojos, a la final trompeta; porque [e]se tocará la trompeta y los [f]muertos serán resucitados incorruptibles, y nosotros seremos transformados. Porque es necesario que esto corruptible se vista de incorrupción, y esto mortal se vista de inmortalidad. Y cuando esto corruptible se haya vestido de incorrupción, y esto mortal se haya vestido de inmortalidad, entonces se cumplirá la palabra [g]que está escrita: Sorbida es la muerte en victoria.

---

a. **el celestial.** Aquí Pablo da una respuesta más específica a la pregunta (1 Co 15:35), al mostrar que el cuerpo resucitado de Jesucristo es el prototipo. Comienza con una cita de Gn 2:7 y agrega dos palabras: «primer» y «Adán». Adán fue creado con un cuerpo natural que era bueno en todo sentido, pero no perfecto (Gn 3:1). El «postrer Adán» es Jesucristo (Ro 5:19, 21). El apóstol dice que a través del primer Adán recibimos nuestro cuerpo natural, pero a través del postrer Adán recibiremos nuestro cuerpo espiritual en la resurrección. Portaremos la imagen de su cuerpo adecuado para la vida en el cielo (Hch 1:11; Fil 3:20, 21; 1 Jn 3:1-3), así como hemos portado la imagen de Adán mientras vivimos en la tierra.

b. **no pueden heredar.** Nadie puede vivir en la gloria eterna de Dios en el cielo en su condición terrenal presente. Ver Ro 8:23. Tenemos que ser transformados (1 Co 15:51).

c. **misterio.** Este término se refiere a una verdad encubierta en el pasado y revelada en el NT. Ver 1 Co 2:7 y Ef 3:4, 5. En este caso, el arrebatamiento de la iglesia nunca fue revelado en el AT. Se mencionó por primera vez en Jn 14:1-3, y se explica con detalles específicos en 1 Ts 4:13-18.

d. **un abrir y cerrar de ojos.** Pablo mostró en estos términos cuán breve será el «momento». La palabra griega que se traduce «abrir y cerrar» se refiere a cualquier movimiento rápido. Puesto que el ojo se mueve con más rapidez que cualquier otra parte de nuestro cuerpo, parece apropiado para ilustrar la transformación súbita de los creyentes en el rapto de la iglesia.

e. **se tocará la trompeta.** Con el propósito de anunciar como un heraldo el fin de la era eclesiástica, cuando todos los creyentes serán removidos de la tierra al ser raptados (1 Ts 4:16).

f. **muertos... resucitados.** Según 1 Ts 4:16, ellos van primero y los siguen los santos que estén con vida en el momento (1 Ts 4:17).

g. **que está escrita.** Pablo amplificó su gozo ante la realidad de la resurrección con citas de Is 25:8 y Os 13:14. La última cita es una burla a la muerte como si fuera una abeja cuyo aguijón ha sido extirpado. Ese aguijón era el pecado que fue expuesto por la ley de Dios (ver Ro 3:23; 4:15; 6:23; Gá 3:10-13), y conquistado del todo por Cristo en su muerte (ver Ro 5:17; 2 Co 5:21).

¿Dónde está, oh muerte, tu aguijón?
¿Dónde, oh sepulcro, tu victoria?

ya que el aguijón de la muerte es el pecado, y el poder del pecado, la ley. Mas gracias sean dadas a Dios, que nos da la victoria por medio de nuestro Señor Jesucristo.

Así que, hermanos míos amados, estad firmes y constantes, [a]creciendo en la obra del Señor siempre, sabiendo que vuestro trabajo en el Señor no es en vano.

107. Mandato final a la iglesia

1 Corintios 16:1–23

En cuanto a la [b]ofrenda para los santos, haced vosotros también de la manera que ordené en las iglesias de Galacia. Cada [c]primer día de la semana cada uno de vosotros ponga aparte algo, [d]según haya prosperado, guardándolo, para que cuando yo llegue no se recojan entonces ofrendas. Y cuando haya llegado, a quienes hubiereis designado por carta, a estos enviaré para que lleven vuestro donativo a Jerusalén. Y si fuere propio que yo también vaya, irán conmigo.

Iré a vosotros, cuando haya pasado por Macedonia, pues por Macedonia tengo que pasar. Y podrá ser que me quede con vosotros, o aun pase el invierno, para que vosotros me encaminéis a donde haya de ir. Porque no quiero veros

---

a. **creciendo en la obra.** La esperanza de la resurrección hace que todos los esfuerzos y sacrificios en la obra del Señor valgan la pena. Ninguna obra hecha en su nombre es desperdiciada a la luz de la gloria y la recompensa eterna.

b. **ofrenda.** Una ayuda que se recolectó para ayudar a creyentes necesitados en la ciudad de Jerusalén que tenía exceso de población y estaba acosada por el hambre (1 Co 16:3; ver Hch 11:28). Pablo había solicitado antes fondos de las iglesias de Galacia, Macedonia y Acaya (Ro 15:26; cp. Lc 10:25-37; 2 Co 8:1-5; 9:12-15; Gá 6:10; 1 Jn 3:17).

c. **primer día de la semana.** Otra evidencia de que la iglesia primitiva se congregaba el día domingo (Hch 20:7). El punto es que la generosidad debe manifestarse en actos habituales y no solo si uno se siente generoso, impulsado a dar o motivado por la instrucción de un líder para hacerlo con un fin específico en mente (cp. Lc 6:38; cp. 2 Co 9:6, 7).

d. **según haya prosperado.** En el NT no se especifica una cantidad o un porcentaje específico que deba darse para la obra del Señor. Todo lo que se recolecte debe darse por voluntad propia y a discreción completa del dador (ver Lc 6:38; 2 Co 9:6-8). Esto no debe confundirse con la entrega requerida en el AT de tres diezmos (ver Lv 27:30; Nm 18:21-26; Dt 14:28, 29; Mal 3:8-10), que equivalía a un veintitrés por ciento anual de los ingresos para financiar el gobierno nacional de Israel, mantener las festividades públicas y suministrar ayudas a los pobres. Los paralelos modernos del diezmo en el AT se encuentran en el sistema de recaudación de impuestos en los países del mundo (Ro 13:6). Las ofrendas voluntarias a Dios en el AT no eran contabilizadas ni reguladas (ver Éx 25:1, 2; 35:21; 36:6; Pr 3:9, 10; 11:24).

ahora de paso, pues espero estar con vosotros algún tiempo, si el Señor lo permite.

Pero [a]estaré en Éfeso hasta Pentecostés; porque se me ha abierto puerta grande y eficaz, y [b]muchos son los adversarios.

Y si llega [c]Timoteo, mirad que esté con vosotros [d]con tranquilidad, porque él hace la obra del Señor así como yo. Por tanto, nadie le tenga en poco, sino encaminadle en paz, para que venga a mí, porque le espero con los hermanos.

Acerca del hermano [e]Apolos, mucho le rogué que fuese a vosotros con los hermanos, mas de ninguna manera tuvo voluntad de ir por ahora; pero irá cuando tenga oportunidad.

Velad, estad firmes en [f]la fe; portaos varonilmente, y esforzaos. Todas vuestras cosas sean hechas con amor.

Hermanos, ya sabéis que la familia de Estéfanas es las [g]primicias de Acaya, y que ellos se han dedicado al servicio de los santos. Os ruego que os sujetéis a personas como ellos, y a todos los que ayudan y trabajan.

Me regocijo con la venida de [h]Estéfanas, de Fortunato y de Acaico, pues ellos han suplido vuestra ausencia. Porque confortaron mi espíritu y el vuestro; reconoced, pues, a tales personas.

---

a. **estaré en Éfeso.** Al final de una estadía de tres años en Éfeso, Pablo escribió su carta y pudo haberla dado a Timoteo para su entrega (1 Co 16:10). El plan original de Pablo era seguir a Timoteo en breve (1 Co 4:19), para visitar a los creyentes en Corinto en su camino hacia y desde Macedonia (2 Co 1:15, 16). Tuvo que cambiar su plan y visitar solo después de una estadía prolongada en Éfeso (1 Co 16:8), y pasó un tiempo en Corinto después de haber ido a Macedonia (vv. 6, 7).

b. **muchos son los adversarios.** Quizá ninguna iglesia del NT soportó una oposición tan encarnizada como la de Éfeso (ver 2 Co 1:8-10 donde él describió su experiencia en Éfeso; cp. Hch 19:1-21). A pesar de esa oposición, la puerta para recibir el evangelio estaba abierta por completo (cp. 2 Co 2:12, 13 donde Pablo también tuvo una puerta abierta, pero no tuvo deseo de quedarse a predicar), y Pablo se quedó. Al final de la experiencia de oposición descrita en 2 Co 1:8-10, el apóstol escribió la primera epístola a los corintios.

c. **Timoteo.** Pablo lo envió con Erasto a Macedonia (Hch 19:22) y después debía viajar a Corinto, quizá para llevar esta epístola (1 Co 4:17).

d. **con tranquilidad.** Es decir, sin intimidación ni frustración por parte de los creyentes en Corinto.

e. **Apolos.** Ver Hch 18:24. Pablo sentía que Apolos debía acompañar a los otros hermanos Timoteo y Erasto, a Corinto. Apolos rehusó y se quedó más tiempo en Éfeso, pero Pablo respetó sus convicciones.

f. **la fe.** La fe cristiana, es decir, la sana doctrina como se expresa en Fil 1:27; 1 Ti 6:12; Jud 3.

g. **primicias.** Los miembros de la familia de Estéfanas se contaron entre los primeros convertidos en Corinto, que estaba ubicada en Acaya, la provincia en el sur de Grecia. Estéfanas fue uno de los creyentes corintios a quienes Pablo bautizó en persona (1 Co 1:16), y visitó a Pablo en Éfeso durante el tiempo en el que se escribió la epístola. Junto a Fortunato y Acaico (1 Co 16:17), es probable que haya entregado la carta anterior enviada desde Corinto y que se menciona en 7:1.

h. **Estéfanas, de Fortunato y de Acaico.** Pablo se alegró por la llegada de sus tres amigos que fueron a Éfeso para estar con él (cp. Pr 25:25). Los corintios debían tratar a esos hombres con respeto por su servicio al Señor (cp. 1 Ts 5:12, 13).

Las iglesias de Asia os saludan. [a]Aquila y Priscila, con la iglesia que está [b]en su casa, os saludan mucho en el Señor. Os saludan todos los hermanos.

Saludaos los unos a los otros con [c]ósculo santo.

Yo, Pablo, os escribo esta salutación [d]de mi propia mano.

El que no amare al Señor Jesucristo, sea [e]anatema. [f]El Señor viene.

La gracia del Señor Jesucristo esté con vosotros. Mi amor en Cristo Jesús esté con todos vosotros. Amén.

108. El alboroto en Éfeso

Hechos 19:23—20:1

Hubo por aquel tiempo un disturbio no pequeño acerca del Camino. Porque [g]un platero llamado Demetrio, que hacía [h]de plata templecillos de [i]Diana, [j]daba no poca ganancia a los artífices; a los cuales, reunidos con los obreros del mismo oficio, dijo: Varones, sabéis que de este oficio obtenemos [k]nuestra riqueza; pero veis y oís que este Pablo, no solamente en Éfeso, sino en casi

a. **Aquila y Priscila.** Ver Hch 18:2. Se habían vuelto buenos amigos de Pablo, ya que él se quedó en su casa durante su primer ministerio en Corinto (Hch 18:1-3). Puede ser que se haya quedado con ellos todo el año y medio que duró su estadía (cp. Hch 18:18, 19, 24-26).

b. **en su casa.** La iglesia primitiva usaba algunas casas de creyentes para el culto y muchas otras actividades (ver p. ej. Hch 2:46; 5:42; 10:23, 27-48; 20:7, 8; 28:23).

c. **ósculo.** Una expresión pura de amor cristiano entre hombres y hombres y mujeres y mujeres con miembros de su mismo género, libre de cualquier connotación sexual (cp. Ro 16:16; 2 Co 13:12; 1 Ts 5:26; 1 P 5:14).

d. **mi propia mano.** Pablo dictó la parte principal de la carta a un escribano (Ro 16:22), pero la terminó y firmó por sí mismo.

e. **anatema.** Es decir, consagrado para destrucción.

f. **El Señor viene.** En este contexto, puede ser que Pablo apelara al Señor para que se llevara a los cristianos nominales y falsos que amenazaban el bienestar espiritual de la iglesia. También era una expresión de anhelo ferviente por el regreso del Señor (cp. Ap 22:20). Las palabras originales del arameo se transliteran para producir la expresión «Maran-ata».

g. **un platero... Demetrio.** Tal vez no sea el individuo elogiado por Juan (3 Jn 12), en vista de que era un nombre bastante común.

h. **de plata templecillos.** En honor de la diosa Diana (Artemisa). Estos templos en miniatura se utilizaban como ídolos caseros y en la adoración de Diana en el templo.

i. **Diana.** Era conocida también como «Artemisa». Su culto radicado en el gran templo de Diana en Éfeso (una de las siete maravillas del mundo antiguo), era practicado a lo largo y ancho del Imperio romano. Es probable que el alboroto descrito en este pasaje tuviera lugar durante el festival anual de primavera que se celebraba en su honor en Éfeso.

j. **daba no poca ganancia.** Esta afirmación muestra que Demetrio pudo haber encabezado el gremio de los plateros, lo cual explicaría su notoriedad en la oposición a los predicadores cristianos.

k. **nuestra riqueza.** Demetrio apeló con astucia al temor de sus oyentes frente a la posibilidad cierta de su ruina financiera, así como al celo religioso y el interés en mantener el prestigio de la ciudad. Según su argumento, los predicadores cristianos amenazaban la prosperidad y preponderancia de Éfeso. La reacción violenta del público oyente muestra que tomaron muy en serio la amenaza (Hch 19:28).

toda Asia, ha apartado a muchas gentes con persuasión, diciendo que no son dioses los que se hacen con las manos. Y no solamente hay peligro de que este nuestro negocio venga a desacreditarse, sino también que el templo de la gran diosa Diana sea estimado en nada, y comience a ser destruida la majestad de aquella a quien venera toda Asia, y el mundo entero.

Cuando oyeron estas cosas, se llenaron de ira, y gritaron, diciendo: ¡Grande es Diana de los efesios! Y la ciudad se llenó de confusión, y a una se lanzaron al teatro, arrebatando a [a]Gayo y a Aristarco, macedonios, compañeros de Pablo. Y queriendo Pablo salir al pueblo, los discípulos no le dejaron. También algunas de las [b]autoridades de Asia, que eran sus amigos, le enviaron recado, rogándole que no se presentase en el teatro. Unos, pues, gritaban una cosa, y otros otra; porque [c]la concurrencia estaba confusa, y los más no sabían por qué se habían reunido. Y sacaron de entre la multitud a [d]Alejandro, empujándole los judíos. Entonces Alejandro, pedido silencio con la mano, [e]quería hablar en su defensa ante el pueblo. Pero cuando le conocieron que era [f]judío, todos a una voz gritaron casi por dos horas: ¡Grande es Diana de los efesios!

Entonces [g]el escribano, cuando había apaciguado a la multitud, dijo: Varones efesios, ¿y quién es el hombre que no sabe que la ciudad de los efesios es guardiana del templo de la gran diosa Diana, y de [h]la imagen venida de

---

a. **Gayo y... Aristarco.** Estos hombres se describen como macedonios, aunque Hch 20:4 dice que Gayo era oriundo de Derbe, una ciudad en Galacia. Es posible que el Gayo de 20:4 sea otra persona.

b. **autoridades de Asia.** Conocidos con el título de «asiarcas», estos miembros de la aristocracia se dedicaban a promover los intereses del Imperio romano. Aunque solo un asiarca gobernaba a la vez, cada uno de ellos conservaba el título de por vida. Que hombres tan poderosos e influyentes fueran amigos de Pablo muestra que no lo consideraban un delincuente ni su mensaje como algo delictuoso. En conclusión, no existía causa legítima para el alboroto.

c. **la concurrencia.** La turba enajenada se agolpó en el teatro. Aunque Pablo fue valiente y trató de dirigirse a ellos, los asiarcas (junto a los cristianos de Éfeso, Hch 19:30) le rogaron que se mantuviera alejado (v. 31). No solo temían por la seguridad del apóstol, sino también que su presencia exacerbara una situación ya bastante explosiva.

d. **Alejandro.** Quizá no sea el maestro falso que estuvo activo más adelante en Éfeso (1 Ti 1:20), o el individuo que se opuso a Pablo en Roma (2 Ti 4:14), ya que el nombre era bastante común. Pudo ser un judío cristiano o un vocero de la comunidad judía en Éfeso. En cualquier caso, el motivo de los judíos para sacarlo al frente fue el mismo: disociarse de los cristianos y evitar una masacre de los judíos.

e. **quería hablar en su defensa.** En defensa de los cristianos o de los judíos, lo cual depende de a qué grupo representaba.

f. **judío.** Lo que sea que los judíos se hayan propuesto al poner a Alejandro al frente de la multitud no les funcionó. El gentío lo silenció con gritos incesantes y un despliegue precipitado de frenesí religioso mientras coreaban el nombre de su diosa durante dos horas.

g. **el escribano.** En términos modernos, era el alcalde de Éfeso. Funcionaba como intermediario entre el concilio municipal y las autoridades romanas, entidades que le asignarían la responsabilidad directa por el alboroto.

h. **la imagen venida de Júpiter.** Referencia probable a un meteorito, ya que estos se incorporaban al culto a Diana.

Júpiter? Puesto que esto no puede contradecirse, [a]es necesario que os apacigüéis, y que nada hagáis precipitadamente. Porque habéis traído a estos hombres, sin ser sacrílegos ni blasfemadores de vuestra diosa. Que si Demetrio y los artífices que están con él tienen pleito contra alguno, audiencias se conceden, y procónsules hay; acúsense los unos a los otros. Y si demandáis alguna otra cosa, en legítima asamblea se puede decidir. Porque peligro hay de que seamos acusados de sedición por esto de hoy, no habiendo ninguna causa por la cual podamos dar razón de este concurso. Y habiendo dicho esto, despidió la asamblea.

Después que cesó el alboroto, llamó Pablo a los discípulos, y habiéndolos exhortado y abrazado, se despidió y [b]salió para ir a Macedonia.

109. Pablo escribe una segunda carta a la iglesia corintia

Introducción a 2 Corintios

Esta es la segunda epístola del NT que el apóstol Pablo escribió a los cristianos de la ciudad de Corinto (ver Introducción a 1 Corintios).

Autor y fecha

Que el apóstol Pablo escribió Segunda Corintios no se cuestiona; la falta de motivo para que un farsante escribiera esta epístola tan personal y biográfica, ha llevado a los eruditos más críticos a confirmar la autoría de Pablo.

Varias consideraciones otorgan una fecha pertinente para su escritura. Fuentes extrabíblicas indican que julio del 51 A.D. es la fecha más probable para el inicio del proconsulado de Galión (cp. Hch 18:12). El juicio de Pablo ante él en Corinto (Hch 18:12-17) se llevaría a cabo poco tiempo después de que el procónsul asumiera su cargo. Pablo dejó Corinto (en torno al 52 A.D.), y navegó a Palestina (Hch 18:18), y así concluyó su segundo viaje misionero. En su tercer viaje misionero regresó a Éfeso (alrededor del 52 A.D.), Pablo ministró allí durante unos dos años y medio (Hch 19:8, 10). El apóstol escribió

a. **es necesario... apacigüéis.** El escribano de la ciudad estuvo en lo correcto al atribuir el alboroto a la muchedumbre, al decirles que debieron seguir el procedimiento judicial adecuado y acudir a las cortes y los procónsules con todas sus quejas, a fin de no incurrir en consecuencias graves por parte de Roma.

b. **salió.** Pablo emprendió su viaje a Jerusalén por Grecia (ver Hch 19:21).

1 Corintios desde Éfeso, hacia el término de dicho período (1 Co 16:8), con mucha probabilidad en el 55 A.D. Como Pablo pensó quedarse en Éfeso hasta la siguiente primavera (cp. la referencia a Pentecostés en 1 Co 16:8), y 2 de Corintios se escribió después de abandonar Éfeso (ver el Contexto histórico), la fecha más probable para 2 de Corintios es a finales del 55 o a principios del 56 A.D.

Contexto histórico

La asociación de Pablo con la importante ciudad comercial de Corinto (ver la Introducción a 1 Corintios: Título) comenzó en su segundo viaje misionero (Hch 18:1-18), cuando pasó dieciocho meses (Hch 18:11) ministrando allí. Después de dejar Corinto, Pablo se enteró de que había inmoralidad en la iglesia corintia y escribió una carta (desde ese entonces perdida) para confrontar ese pecado, a la cual se alude en 1 Corintios 5:9. Durante su ministerio en Éfeso, él recibió más reportes de problemas en la iglesia corintia en la forma de divisiones entre ellos (1 Co 1:11). Además, los corintios le escribieron a Pablo una carta (1 Co 7:1) pidiéndole aclaración en algunos asuntos. Pablo respondió con la que se conoce como 1 de Corintios. Planificando permanecer en Éfeso por un poco más de tiempo (1 Co 16:8, 9), Pablo envió a Timoteo hacia Corinto (1 Co 4:17; 16:10, 11). El apóstol recibió noticias incómodas (posiblemente de Timoteo) respecto a más dificultades en Corinto, incluida la llegada de los falsos autoproclamados apóstoles (2 Co 11:4, 13).

Con el fin de crear la plataforma para enseñar su falso evangelio, comenzaron atacando la persona de Pablo. Tenían que convencer a las personas de que se apartaran de él si querían tener éxito en predicar la doctrina de demonios. Pablo dejó por un tiempo la obra en Éfeso, y se fue de inmediato a Corinto. La visita (conocida como «la visita dolorosa», 2 Co 2:1) no tuvo éxito desde la perspectiva paulina; alguien en la iglesia corintia (uno de los falsos apóstoles, quizás) llegó a insultarlo abiertamente (2:5-8, 10; 7:12). Entristecido por la falta de lealtad en su defensa por parte de los corintios, buscando librarlos de mayor reprensión (cp. 2 Co 1:23), y quizás con la esperanza de que el tiempo los hiciera volver en sí, Pablo regresó a Éfeso. Desde allí, Pablo escribió lo que se conoce como la «carta severa» (2:4) y la envió con Tito a Corinto (7:5-16). Dejando Éfeso tras la revuelta iniciada por Demetrio (Hch 19:23–20:1), Pablo fue a Troas para reunirse con Tito (2:12, 13). Pero Pablo estaba tan ansioso de saber cómo habían respondido los corintios a su «carta severa», que no podía ministrar allí aunque el Señor le hubiera abierto la puerta (2:12; cp. 7:5). Entonces partió para Macedonia en busca de Tito (2:13). Para el inmenso alivio y gozo de Pablo, este lo recibió con las noticias de que la mayoría de los corintios se habían arrepentido de su rebelión en su contra (7:7). Siendo lo suficientemente sabio como para saber que algunas actitudes rebeldes seguían latentes bajo la superficie, y que podrían volver a estallar, Pablo escribió (posiblemente desde Filipos, cp. 11:9 con Fil 4:15; también, algunos de los primeros manuscritos mencionan a Filipos como el lugar desde donde se escribió) la carta llamada 2 de Corintios. En esta misiva, aunque el apóstol expresó su alivio y gozo por su arrepentimiento (7:8-16), su principal preocupación fue defender su apostolado (caps. 1–7), exhortar a los corintios a reiniciar las preparaciones de la colecta para los pobres de Jerusalén (caps. 8, 9), y confrontar a los falsos apóstoles cara a cara (caps. 10–13). Entonces fue a Corinto, como había escrito (12:14; 13:1, 2). La participación de los corintios en la ofrenda de Jerusalén (Ro 15:26) implica que la tercera visita de Pablo a esa iglesia tuvo éxito.

Temas históricos y teológicos

La segunda carta a los corintios complementa el registro histórico del trato de Pablo con la iglesia corintia registrado en Hechos y en 1 Corintios. También contiene información biográfica importante de Pablo a lo largo de la epístola.

Aunque es una carta intensamente personal, escrita por el apóstol en medio de la batalla contra los que atacaban su credibilidad, 2 Corintios contiene varios temas teológicos importantes. Muestra a Dios el Padre como un consolador misericordioso (1:3; 7:6), el Creador (4:6), aquel que resucitó a Jesús de los muertos (4:14; cp. 13:4), y quien también resucitará a los creyentes (1:9). Jesucristo es el que sufrió (1:5), quien cumplió las promesas de Dios (1:20), quien fue el Señor proclamado (4:5), quien manifestó la gloria de Dios (4:6) y quien, en su encarnación, se hizo pobre por los creyentes (8:9; cp. Fil 2:5-8). La carta muestra al Espíritu Santo como Dios (3:17, 18) y garantía de la salvación de los creyentes (1:22; 5:5). A Satanás se le identifica como el «dios de este siglo» (4:4; cp. 1 Jn 5:19), un engañador (11:14), y el líder de los engañadores humanos y angélicos (11:15). Los últimos tiempos incluyen tanto la glorificación del creyente (4:16–5:8) como su juicio (5:10). La verdad gloriosa de la soberanía de Dios en la salvación es el tema del 5:14-21, mientras que 7:9, 10 establece la respuesta del hombre a la oferta de salvación de Dios, el arrepentimiento genuino. Segunda Corintios también presenta el resumen más claro, más conciso de todas las Escrituras de la expiación sustituta de Cristo (5:21; cp. Is 53) y define la misión de la iglesia de proclamar la reconciliación (5:18-20). Finalmente, la naturaleza del nuevo pacto goza aquí de su exposición más completa fuera de la carta a los hebreos (3:6-16).

Retos de interpretación

El principal reto al que se enfrenta el intérprete es la relación de los caps. 10–13 con los caps. 1–9 (ver el 10:1–13:14). La identidad de los oponentes de Pablo en Corinto ha producido varias interpretaciones, como también la identidad del hermano que acompañó a Tito a Corinto (8:18, 22). Tampoco queda claro que el ofensor mencionado en 2:5-8 sea el hombre incestuoso de 1 Corintios 5. Resulta difícil explicar la visión de Pablo (12:1-5) e identificar específicamente su «aguijón en la carne», el «mensajero de Satanás [enviado para abofetearlo]» (12:7). Estos y otros problemas de interpretación serán explicados en las notas de los pasajes apropiados.

110. Salutación de Pablo

2 Corintios 1:1–11

Pablo, [a]apóstol de Jesucristo [b]por la voluntad de Dios, y [c]el hermano Timoteo, a la iglesia de Dios que está en Corinto, con todos los santos que están en toda Acaya:

[d]Gracia y paz a vosotros, de Dios nuestro Padre y del Señor Jesucristo.

---

a. **apóstol.** Esto se refiere a la posición oficial de Pablo como un mensajero enviado por Cristo (ver Ro 1:1).

b. **por la voluntad de Dios.** La misión de Pablo no era algo que él mismo se hubiera asignado por nombramiento propio y tampoco se basaba en sus propios logros. Más bien, sus credenciales eran resultado de una designación divina y su carta no reflejaba su propio mensaje, sino las palabras de Cristo (cp. Hch 26:15-18).

c. **el hermano Timoteo.** El hijo amado de Pablo en la fe y una persona importante en la vida y el ministerio de Pablo (ver 1 Ti 1:2). Pablo probablemente se encontró por primera vez con Timoteo en Derbe y Listra, en su primer viaje misionero (ver Hch 14; cp. Hch 16:1-4). Timoteo estuvo con él durante la fundación de la iglesia en Corinto (Hch 18:1-5), que junto a la mención que Pablo hizo de Timoteo en 1 Co (4:17; 16:10, 11), indicaba que los corintios conocían a Timoteo. Quizá Pablo lo mencionó aquí para recordarles que Timoteo era un hermano en la fe, y así suavizar cualquier sentimiento encontrado tras su visita reciente (ver 1 Co 16:10).

d. **Gracia... paz.** Parte de la salutación normal de Pablo en sus cartas (ver Ro 1:7). «Gracia» es el favor inmerecido de Dios y «paz» uno de sus beneficios.

Bendito sea el [a]Dios y Padre de nuestro Señor Jesucristo, [b]Padre de misericordias y [c]Dios de toda consolación, el cual nos consuela en todas nuestras [d]tribulaciones, [e]para que podamos también nosotros consolar a los que están en cualquier tribulación, por medio de la consolación con que nosotros somos consolados por Dios. Porque de la manera que [f]abundan en nosotros las aflicciones de Cristo, así abunda también por el mismo Cristo nuestra consolación. Pero si somos atribulados, es para vuestra consolación y salvación; o si somos consolados, es para vuestra consolación y [g]salvación, la cual se opera en el sufrir las mismas aflicciones que nosotros también padecemos. Y nuestra esperanza respecto de vosotros es firme, pues sabemos que así como sois [h]compañeros en las aflicciones, también lo sois en la consolación.

---

a. **Dios y Padre de nuestro Señor Jesucristo.** Pablo alabó al Dios verdadero quien se reveló a sí mismo en su Hijo, quien es de la misma esencia con el Padre (ver Jn 1:14, 18; 17:35; cp. Jn 5:17; 14:9-11; Ef 1:3; He 1:2, 3; 2 Jn 3). Él es el ungido (Cristo) y soberano (Señor) Redentor (Jesús). Aunque el Hijo disfrutaba a plenitud de su posición exaltada, estuvo dispuesto a convertirse en un siervo sumiso en su encarnación (ver Fil 2:5 8). Esta gran expresión de bendición abarca todo el mensaje del evangelio.

b. **Padre de misericordias.** Pablo tomó prestado el lenguaje litúrgico judío y una oración que se pronunciaba en las sinagogas en la que se rogaba a Dios que tratara al individuo pecador con bondad, amor y ternura (ver Ro 12:1; cp. 2 S 24:14; Sal 103:13, 14; Mi 7:18-20).

c. **Dios de toda consolación.** Una descripción de Dios en el AT (cp. Is 40:1; 51:3, 12; 66:13) como la fuente última de todo acto verdadero de consolación. La palabra griega que se traduce «consolación» se relaciona con el término familiar *paraclete* que significa «aquel que se pone al lado para ayudar», y que es otro nombre aplicado al Espíritu Santo (ver Jn 14:26; Fil 2:1). «Consolación» denota con frecuencia holgura y en otros contextos se traduce «comodidad», pero ese no es el significado aquí. Lo que Pablo dijo es que Dios vino a él en medio de sus sufrimientos y angustias para fortalecerlo e impartirle valor y denuedo (cp. 2 Co 1:4-10).

d. **tribulaciones.** Este término se refiere a una presión aplastante, porque en la vida y el ministerio de Pablo siempre hubo algo que trataba de debilitarlo, restringirlo o confinar su ministerio, y hasta extinguir por completo su vida. No obstante, sin importar qué le sobreviniera, Pablo sabía que Dios lo sostendría y fortalecería (ver 2 Co 12:9, 10; Ro 8:31-38; cp. Fil 1:6).

e. **para que podamos también nosotros consolar.** El consuelo de Dios no es un fin en sí mismo. Su propósito es que los creyentes también puedan consolar a otros. Tras humillar y convencer a los corintios de su pecado, Dios usó a Pablo para que volviera a ellos con un mensaje fortalecedor y confortador porque él mismo había recibido la fortaleza divina (2 Co 6:1-13; 12:6-11; cp. Lc 22:31, 32).

f. **abundan... las aflicciones de Cristo.** La consolación de Dios para los creyentes se extiende en la medida de sus sufrimientos por Cristo. Cuanto más sufran por causa de la justicia, mayor será su consuelo y recompensa (cp. 1 P 4:12-14). Pablo sabía por experiencia propia que muchos sufrimientos parecían interminables (2 Co 4:7-11; 6:5-10; 11:23-27; cp. Gá 6:17; Fil 3:10; Col 1:24), y todos los creyentes genuinos deberían esperar lo mismo (cp. Mt 10:18-24).

g. **salvación.** Esto se refiere a la perseverancia continua de los corintios hasta su salvación final y su glorificación plena (ver Ro 13:11). La disposición voluntaria de Pablo, por la gracia de Dios y el poder del Espíritu, a sufrir y ser consolado para luego consolar y fortalecer a los corintios, los capacitó a ellos para perseverar.

h. **compañeros en las aflicciones.** Algunos en la iglesia de Corinto, quizá la mayoría, sufrían a causa de la justicia tanto como Pablo. Aunque la iglesia le había causado mucho dolor y preocupación, Pablo veía a sus miembros como compañeros y asociados que necesitaban su ayuda, a causa de su fidelidad en medio del sufrimiento mutuo.

Porque hermanos, no queremos que ignoréis acerca de [a]nuestra [b]tribulación que nos sobrevino en Asia; pues fuimos abrumados sobremanera más allá de nuestras fuerzas, de tal modo que [c]aun perdimos la esperanza de conservar la vida. Pero tuvimos en nosotros mismos [d]sentencia de muerte, para que [e]no confiásemos en nosotros mismos, sino en Dios [f]que resucita a los muertos; [g]el cual nos libró, y nos libra, y en quien esperamos que aún nos librará, de tan gran muerte; [h]cooperando también vosotros a favor nuestro con la oración, para que por muchas personas [i]sean dadas gracias a favor nuestro por [j]el don concedido a nosotros por medio de muchos.

---

a. **nuestra.** El plural que Pablo empleó en toda la carta. Casi siempre fue una referencia humilde a él mismo, pero en este caso incluía a otros también.

b. **tribulación que nos sobrevino en Asia.** Esto fue algo reciente que le sucedió después de haber escrito la primera carta a los corintios, en la ciudad de Éfeso o en sus alrededores. Los detalles de esta situación se desconocen.

c. **aun perdimos la esperanza de conservar la vida.** Pablo enfrentó algo que ningún humano habría sobrevivido y que lo desconsoló en extremo porque llegó a creer que significaría el fin prematuro de su ministerio. El significado literal de la palabra griega que se traduce «perdimos la esperanza» lit. significa «sin paso ni acceso» la ausencia total de una salida (cp. 2 Ti 4:6). Los corintios estaban al tanto de lo que había sucedido a Pablo, pero no comprendían su severidad absoluta ni lo que Dios quería hacer por medio de esas circunstancias.

d. **sentencia de muerte.** La palabra que se traduce «sentencia» es un término técnico que indicaba la aprobación de una resolución oficial, en este caso la sentencia de muerte. Pablo estaba tan seguro de que iba a morir por el evangelio que había pronunciado su propia sentencia.

e. **no confiásemos en nosotros mismos, sino en Dios.** Este fue el propósito de Dios para la prueba extrema de Pablo. El Señor lo llevó al punto en el que no pudiera acudir a algún recurso intelectual, físico o emocional de origen humano (cp. 2 Co 12:9, 10).

f. **que resucita a los muertos.** Un término judío descriptivo que se usaba en las sinagogas para aludir a Dios (ver el v. 3). Pablo entendió que la confianza en el poder de Dios para levantar a los muertos era su única esperanza de rescate en las circunstancias extremas que padecía.

g. **el cual... aún nos librará.** Ver 2 Ti 4:16, 17; 2 P 2:9.

h. **cooperando también vosotros... con la oración.** La oración intercesora es crucial para la expresión del poder de Dios y su propósito soberano. En este sentido, Pablo quería que los corintios fieles supieran que él necesitaba sus oraciones en ese momento y en el futuro (cp. Ef 6:18; Stg 5:16).

i. **sean dadas gracias.** El deber de Pablo no es cambiar los planes de Dios, sino glorificarlo y darle gracias por ellos. Pablo estaba confiado de que el propósito soberano de Dios se cumpliría, balanceado por la participación de los creyentes con sus oraciones.

j. **el don.** Una mejor traducción puede ser «favor» o «bendición», como en el favor inmerecido de Dios o la respuesta divina a la oración que Pablo recibiría al ser librado de la muerte.

III. Los planes ministeriales de Pablo

2 Corintios 1:12–24

[a]Porque nuestra [b]gloria es esta: el testimonio de nuestra [c]conciencia, que con sencillez y sinceridad de Dios, no con [d]sabiduría humana, sino con la gracia de Dios, [e]nos hemos conducido en el mundo, y mucho más con vosotros. Porque no os escribimos otras cosas de las que leéis, o también entendéis; y espero que hasta el fin las entenderéis; como también en parte habéis entendido que [f]somos vuestra gloria, así como también vosotros la nuestra, [g]para el día del Señor Jesús.

Con esta confianza quise ir primero a vosotros, para que tuvieseis [h]una segunda gracia, y por vosotros pasar a Macedonia, y desde Macedonia [i]venir

---

a. **Porque.** Pablo apeló al tribunal humano supremo, su propia conciencia, para enfrentar las acusaciones innumerables de sus críticos en contra de su carácter e integridad (lo acusaban de servirse a sí mismo, de ser orgulloso e indigno de confianza, así como de ser un predicador voluble, demente, incompetente y rústico).

b. **gloria.** Pablo usó con frecuencia esta expresión que también puede traducirse «confianza orgullosa». En sentido negativo se refiere a pedantería y presunción injustificada por los méritos y logros propios, pero Pablo la empleó en sentido positivo para denotar una confianza legítima en lo que Dios había hecho en su vida (cp. Jer 9:23, 24; Ro 15:18; 1 Co 1:31; 15:9, 10; 1 Ti 1:12-17).

c. **conciencia.** El sistema de advertencia del alma que permite a los seres humanos contemplar sus motivos y acciones para evaluar con cierta exactitud qué es malo y qué es bueno (ver Ro 2:14, 15). Para que funcione como Dios la diseñó, la conciencia debe estar informada de los parámetros morales y espirituales mejores y más altos, lo cual requiere su sometimiento al Espíritu Santo por medio de la Palabra de Dios (cp. Ro 12:1, 2; 1 Ti 1:19; 2 Ti 2:15; He 9:14; 10:22). La conciencia iluminada de Pablo le exoneraba por completo (cp. Hch 23:1; 24:16; 1 Ti 1:5; 3:9; 2 Ti 1:3), en últimas Dios es el único que puede juzgar con exactitud los motivos de un hombre (1 Co 4:1-5).

d. **sabiduría humana.** La sabiduría que está basada en opiniones y percepciones humanas o mundanas (ver Stg 3:15).

e. **nos hemos conducido.** Esta es una respuesta amplia a la acusación de que Pablo mantenía relaciones personales engañosas (cp. 2 Co 7:2; 11:9). La información que transmitió a los corintios siempre fue clara, directa y comprensible. Pablo quería hacerles saber que él no les había ocultado nada ni tenía objetivos secretos (2 Co 10:11). Tan solo quería que entendieran bien todo lo que les había escrito y hablado.

f. **somos vuestra gloria.** Una traducción más clara es: «nosotros somos su razón para sentirse orgullosos».

g. **para el día del Señor Jesús.** Cuando él regrese (ver Fil 1:6; 2 Ti 1:12; 4:8). Pablo anhelaba la venida del Señor y el tiempo en el que se regocijarían los unos por los otros en la gloria (cp. 1 Ts 2:19, 20).

h. **una segunda gracia.** O «recibir dos veces una bendición». El plan original de Pablo era visitar en dos ocasiones a los corintios para que pudieran recibir una bendición doble. Sus planes de viaje no eran producto del egoísmo, sino de la relación auténtica que disfrutaba con los corintios y la mutualidad de su lealtad y orgullo piadoso del uno por el otro.

i. **venir otra vez.** Pablo había planificado salir de Éfeso, quedarse en Corinto de camino a Macedonia y volver a Corinto tras terminar su ministerio en Macedonia (cp. 1 Co 16:5-7). Por alguna razón, los planes de Pablo cambiaron y él no pudo detenerse en Corinto la primera

otra vez a vosotros, y ser encaminado por vosotros a Judea. [a]Así que, al proponerme esto, ¿usé quizá de ligereza? ¿O lo que pienso hacer, lo pienso [b]según la carne, para que haya en mí Sí y No? Mas, [c]como Dios es fiel, nuestra palabra a vosotros [d]no es Sí y No. Porque el Hijo de Dios, [e]Jesucristo, que entre vosotros ha sido predicado por nosotros, por mí, [f]Silvano y Timoteo, no ha sido Sí y No; mas ha sido Sí en él; porque todas las promesas de Dios [g]son en él Sí, y en él [h]Amén, por medio de nosotros, para la gloria de Dios. Y [i]el que nos confirma

---

vez. Los apóstoles falsos que habían invadido la iglesia aprovecharon ese cambio inocente de planes como evidencia de su falta de confiabilidad y trataron de usar esto para desacreditarlo.

a. **Así que... ¿usé quizá de ligereza?** Las palabras griegas que introducen esta pregunta requieren una respuesta negativa e indignada. Pablo declaró que de ninguna manera había obrado como una persona vacilante, inestable y desleal que no fuera digna de confianza.

b. **según la carne.** Desde un punto de vista puramente humano y aparte de la dirección del Espíritu Santo, se trata de alguien que no ha sido regenerado (ver Gá 5:19-21). El apóstol afirmó que sus declaraciones de «sí» y «no» eran lo que él en realidad quería dar a entender.

c. **como Dios es fiel.** Es posible que su confianza fuera tan grande, que Pablo hiciera un juramento en el que invocó a Dios como su testigo (cp. 2 Co 11:10, 31; Ro 1:9; Gá 1:20; Fil 1:8; 1 Ts 2:5, 10). En cualquier caso, se refiere a la confiabilidad de Dios y que él representaba a Dios como su vocero honesto.

d. **no es Sí y No.** No dijo «sí» para dar a entender que «no». En Pablo no había duplicidad (y tampoco en Timoteo y Silas). El apóstol decía lo que quería dar a entender y hacía lo que decía, a no ser que una razón fuera de su control lo obligara a cambiar sus planes.

e. **Jesucristo.** La firmeza de la declaración de Pablo y su uso del título completo de Jesús indica que la persona y la obra de Cristo estaban bajo el ataque de los maestros falsos en Corinto. La prueba de su veracidad para con ellos era el evangelio verdadero que él había predicado de forma fidedigna.

f. **Silvano.** En latín, el nombre de Silas quien fue el acompañante de Pablo en su segundo viaje misionero (Hch 16-18) y colega predicador en Corinto (ver Hch 15:22).

g. **son en él Sí.** Todas las promesas de gozo, amor, bondad, perdón, salvación, santificación, comunión, esperanza, glorificación y cielo que Dios hizo en el AT y el NT son posibles en Jesucristo y solo se cumplen en él (cp. Lc 24:44).

h. **Amén.** La palabra hebrea de afirmación y confirmación (cp. Mt 5:18; Jn 3:3; Ro 1:25). Pablo les recordó que ellos habían dicho un «sí» colectivo a la veracidad de su predicación y enseñanza.

i. **el que nos confirma.** La obra de gracia por la cual Cristo salva a los creyentes también los estabiliza y los pone sobre un fundamento firme en él (cp. Ro 16:25; 1 Co 15:58; 1 P 5:10).

con vosotros en [a]Cristo, y el que nos [b]ungió, es Dios, el cual también nos ha [c]sellado, y nos ha dado las [d]arras del Espíritu en nuestros corazones.

Mas yo invoco a Dios por testigo sobre mi alma, que por ser [e]indulgente con vosotros no he pasado todavía a Corinto. [f]No que nos enseñoreemos de vuestra fe, sino que colaboramos para vuestro gozo; porque por la fe estáis firmes.

112. La tristeza y la confianza del apóstol

2 Corintios 2:1–17

Esto, pues, determiné para conmigo, no [g]ir otra vez a vosotros con tristeza. Porque si yo os [h]contristo, ¿quién será luego el que me alegre, sino aquel a quien

a. **Cristo... Dios... Espíritu...** Una referencia clara a las tres personas de la Trinidad. La autenticidad de la vida espiritual de Pablo y la de todo creyente genuino es verificada por estas cuatro obras divinas («nos confirma», «nos ungió», «nos ha sellado», «nos ha dado las arras del Espíritu») realizadas en la vida de cada uno de ellos. Lo que hacían los críticos que atacaban la autenticidad equivalía a atreverse a destruir la obra de Dios y la unidad de la iglesia.

b. **ungió.** Esta palabra se deriva de la ceremonia en la que se realiza una separación simbólica para asignar la comisión especial que distingue a reyes, profetas, sacerdotes y siervos especiales. El Espíritu Santo aparta a los creyentes y los capacita con poder de lo alto para el servicio de la proclamación del evangelio y el ministerio (cp. Hch 1:8; 1 Jn 2:20, 27).

c. **sellado.** Se refiere a la práctica antigua de poner un pedazo de cera sobre un documento para colocar la impronta de un sello que indicaba autoridad o propiedad, autenticidad y protección. Esto es lo que reclama el Espíritu Santo mediante el sello espiritual que pone en los creyentes (ver Ef 1:13; cp. Hag 2:23; Ef 4:30).

d. **arras.** Un juramento o pago inicial. El Espíritu es como el adelanto o la cuota inicial que garantiza la herencia eterna que recibe cada creyente (ver Ef 1:13, 14; cp. 2 P 1:4, 11).

e. **indulgente con vosotros.** Pablo explicó por fin la razón por la que dijo que iba a ir, aunque no pudo hacerlo. No había venido antes porque quería que tuvieran tiempo de arrepentirse y corregir su conducta pecaminosa (ver 1 Co 4:21). Más bien, esperó para recibir un informe de Tito antes de emprender otras acciones correctivas (ver el cap. 7), con la esperanza de que no tuviera que volver, como tuvo que hacerlo antes, para confrontar su rebelión.

f. **No que nos enseñoreemos de vuestra fe.** Pablo no quería imponer su autoridad sobre los corintios ni enseñorearse de ellos al ministrar y trabajar entre ellos (ver 1 P 5:2, 3).

g. **ir otra vez... con tristeza.** Pablo ya había participado en una confrontación dolorosa en Corinto y no quería volver a pasar por lo mismo (ver 2 Co 1:23).

h. **contristo.** Aunque Pablo era sensible al dolor y la tristeza de los corintios por la confrontación pasada, a causa de su compromiso firme con la pureza del evangelio estaría dispuesto a confrontarlos de nuevo si era necesario. «Aquel a quien yo contristé», se refiere al que tenía convicción de su pecado. En particular, parece que en la última visita de Pablo hubo cierto hombre en la iglesia que lo confrontó con las acusaciones de los maestros falsos. La iglesia no había disciplinado a ese hombre en defensa de Pablo y esta falta de lealtad afligió mucho al apóstol. Lo único que traería gozo a Pablo sería el arrepentimiento de ese individuo y de cualquiera que estuviera de acuerdo con él, y él ya había esperado esto mucho tiempo.

yo contristé? Y [a]esto mismo os escribí, para que cuando llegue no tenga tristeza de parte de aquellos de quienes me debiera gozar; confiando en vosotros todos que mi gozo es el de todos vosotros. Porque por la mucha tribulación y angustia del corazón os escribí con muchas lágrimas, no para que fueseis contristados, sino para que supieseis cuán grande es el amor que os tengo.

Pero [b]si alguno me ha causado tristeza, no me la ha causado a mí solo, sino en cierto modo (por no exagerar) a todos vosotros. Le [c]basta a tal persona esta [d]reprensión hecha por muchos; así que, al contrario, vosotros más bien debéis [e]perdonarle y consolarle, para que no sea consumido de demasiada tristeza. Por lo cual os ruego que confirméis el amor para con él. Porque también para este fin os escribí, para tener la prueba de si vosotros sois obedientes en todo. Y al que vosotros perdonáis, yo también; porque también yo lo que he perdonado, si algo he perdonado, por vosotros lo he hecho [f]en presencia de Cristo, para que Satanás no gane ventaja alguna sobre nosotros; pues no ignoramos sus [g]maquinaciones.

---

a. **esto mismo os escribí.** La razón inmediata por la que Pablo decidió escribir fue que quienes estuvieran en pecado se arrepintieran, así habría gozo mutuo tan pronto llegara el apóstol.

b. **si alguno me ha causado tristeza.** La construcción griega de esta cláusula supone que la condición es verdadera: Pablo reconoce la realidad de la ofensa y su efecto continuo en la iglesia, no en él. Con su renuncia a cualquier tipo de venganza personal, él procuró suavizar la acusación contra el ofensor penitente y permitir que la iglesia lidiara de manera objetiva con él y con los que se habían puesto de acuerdo con él, sin tener en cuenta el agravio o la ofensa personal de Pablo.

c. **basta.** El proceso de disciplina y castigo era suficiente, ahora era tiempo de mostrar misericordia porque el hombre se había arrepentido (cp. Mt 18:18, 23-35; Gá 6:1, 2; Ef 4:32; Col 3:13; He 12:11).

d. **reprensión hecha por muchos.** Esto indica que la iglesia en Corinto había seguido el proceso bíblico al disciplinarlo por su pecado (cp. Mt 18:15-20; 1 Co 5:4-13; 2 Ts 3:6, 14). La palabra griega que se traduce «reprensión» aparece con frecuencia en escritos seculares, pero solo aquí en el NT, y denota un castigo oficial o una sanción comercial que se imponía a un individuo o grupo (ciudad, nación).

e. **perdonarle.** Era tiempo de otorgar perdón para que el gozo del hombre fuera restaurado (cp. Sal 51:12, 14; Is 42:2, 3). Pablo sabía que en la iglesia no existen límites humanos a la gracia, la misericordia y el perdón de Dios hacia los pecadores arrepentidos. Esas restricciones solo le roban el gozo de la unidad a la comunidad de creyentes (cp. Mt 18:34, 35; Mr 11:25, 26).

f. **en presencia de Cristo.** Pablo siempre estuvo consciente de que conducía su vida ante los ojos de Dios, quien conocía todas las cosas que él pensaba, hacía y decía (cp. 2 Co 2:17; 4:2; 2 Ti 4:1).

g. **maquinaciones.** Satanás quiere producir pecado y animosidad que destruyan la unidad de la iglesia. Usa cualquier método disponible para lograrlo, desde el legalismo hasta el libertinaje, desde la intolerancia arbitraria hasta la tolerancia extrema (cp. 2 Co 11:13, 14; Ef 4:14; 6:11, 12; 1 P 5:8). Pablo utilizó una palabra diferente (con significado similar) para «maquinaciones» (asechanzas) en Ef 6:11. Junto a las palabras «no gane ventaja... sobre» y «no ignoramos», implica que Satanás tiene en la mira la mente del creyente, pero Dios ha provisto protección al desenmascarar las tretas de Satanás en las Escrituras, y también ha puesto a disposición de los suyos la verdad para contrarrestarlas.

[a]Cuando llegué a Troas para predicar el evangelio de Cristo, aunque [b]se me abrió puerta en el Señor, [c]no tuve reposo en mi espíritu, por no haber hallado a mi hermano [d]Tito; así, [e]despidiéndome de ellos, partí para [f]Macedonia.

[g]Mas a Dios gracias, el cual [h]nos lleva siempre en triunfo en Cristo Jesús, y por medio de nosotros [i]manifiesta en todo lugar el olor de su conocimiento. Porque [j]para Dios somos grato olor de Cristo en los que se salvan, y en los que se pierden; a estos ciertamente [k]olor de muerte para muerte, y a aquellos

---

a. **Cuando llegué a Troas.** «Troas» era una ciudad portuaria en la provincia occidental del Asia Menor conocida como Misia (cp. Hch 16:7). Es probable que los alborotos en Éfeso hayan contribuido a la salida de Pablo hacia Troas, pero su razón principal para ir era encontrarse con Tito, quien venía de Corinto después de haber entregado la «carta severa» que produjo tristeza, y para enterarse de cómo habían respondido los corintios a esa carta.

b. **se me abrió puerta.** Dios proveyó en su soberanía una gran oportunidad evangelizadora para Pablo que pudo haber conllevado a la fundación de la iglesia en Troas (cp. Hch 20:5-12). Gracias al éxito de su predicación, Pablo estaba seguro de que esta oportunidad procedía de Dios (cp. 1 Co 16:8, 9).

c. **no tuve reposo en mi espíritu.** La preocupación de Pablo por los problemas de la iglesia en Corinto y la manera como sus miembros respondieron a esos problemas y a las instrucciones del apóstol eran motivo de la inquietud y la ansiedad que tanto debilitaban a Pablo (cp. 2 Co 7:5, 6). Su desasosiego lo atribuló y distrajo tanto que fue incapaz de prestar toda la atención necesaria a su ministerio.

d. **Tito.** Uno de los convertidos gentiles más importantes de Pablo y colega cercano en el ministerio (ver Gá 2:1).

e. **despidiéndome de ellos.** A causa de su corazón atribulado y su anhelo de ver pronto a Tito, Pablo dio la espalda a la puerta abierta en Troas.

f. **Macedonia.** Una provincia que bordeaba la costa noroeste del mar Egeo al norte de Acaya (ver Hch 16:9). Pablo se encaminó en esa dirección con la esperanza de encontrarse con Tito, porque sabía que él tendría que pasar por allí en su regreso desde Corinto.

g. **Mas a Dios gracias.** Pablo hizo una transición abrupta en su narración para ver más allá de sus problemas y alabar a Dios con acción de gracias. Al dejar a un lado las dificultades del ministerio y enfocarse en los privilegios de su posición en Cristo, Pablo recuperó su perspectiva y su gozo. El apóstol reanudó esta narración en 2 Co 7:5.

h. **nos lleva siempre en triunfo en Cristo.** Pablo toma prestada una imagen de la pomposa ceremonia oficial de los romanos conocida como «la entrada triunfal», en la que un general victorioso era honrado con un desfile alegre por las calles de Roma. En primer lugar, Pablo da gracias por ser dirigido en todo tiempo por un Dios soberano (cp. 1 Ti 1:17) y en segundo lugar, por la victoria prometida en Jesucristo (cp. Mt 16:18; Ro 8:37; Ap 6:2).

i. **manifiesta... el olor de su conocimiento.** Pablo también estaba agradecido por el privilegio de ser usado como una influencia para Cristo (cp. Ro 10:14, 15) dondequiera que iba. La imagen se deriva del olor dulce e intenso del incienso que se quemaba en el desfile triunfal, que junto a la fragancia de flores esparcidas y trituradas por los cascos de los caballos, producía un aroma potente que llenaba la ciudad. Según la analogía, todo creyente es transformado y llamado por el Señor a ser una influencia notoria y grata para su evangelio en todo el mundo.

j. **para Dios somos grato olor de Cristo.** Pablo también estaba agradecido por el privilegio de agradar a Dios. Con la misma analogía, ahora representa a Dios como el emperador que al final del desfile triunfal también percibe la fragancia ubicua y se complace en los esfuerzos victoriosos que representa. En todo lugar donde los siervos de Dios son fieles y ejercen una influencia eficaz para el evangelio, Dios es complacido (cp. 2 Co 5:9; Mt 25:21).

k. **olor de muerte... olor de vida.** Pablo empleó el estilo de los superlativos hebreos para recalcar el efecto doble de la predicación del evangelio. Para algunos el mensaje trae vida eterna y glorificación definitiva. Para otros es una piedra de tropiezo que los ofende y que trae muerte eterna (cp. 1 P 2:6-8).

olor de vida para vida. Y [a]para estas cosas, ¿quién es suficiente? Pues [b]no somos como muchos, que [c]medran falsificando la palabra de Dios, sino que con sinceridad, como de parte de Dios, y delante de Dios, hablamos en Cristo.

113. El espíritu y la letra

2 Corintios 3:1–6

[d]¿Comenzamos otra vez a recomendarnos a nosotros mismos? ¿O tenemos necesidad, como algunos, de [e]cartas de recomendación para vosotros, o de recomendación de vosotros? Nuestras cartas sois vosotros, [f]escritas en nuestros corazones, [g]conocidas y leídas por todos los hombres; siendo manifiesto que sois

---

a. **para estas cosas, ¿quién es suficiente?** Nadie en su propia fuerza es adecuado ni competente para servir a Dios de la manera poderosa que Pablo describe aquí (cp. 2 Co 3:5; 1 Co 15:10; Gá 2:20; Ef 1:19; 3:20; Fil 2:13; Col 1:29).

b. **no somos como muchos.** O «no como la mayoría». Esta es una referencia específica a los maestros falsos en Corinto y a los muchos otros maestros o filósofos de la época que operaban según los dictados de la sabiduría humana (cp. 1 Co 1:19, 20).

c. **medran falsificando.** Se deriva de un verbo griego que significa «corromper». Esta palabra llegó a utilizarse para aludir a mercachifles marrulleros y faranduleros histriónicos que mediante su astucia y engaño eran capaces de vender como genuino un producto inferior que solo era una imitación barata. Los maestros falsos en la iglesia les abordaron con una retórica astuta y engañosa para ofrecer un mensaje degradado y adulterado que mezclaba paganismo y tradición judía. Eran hombres deshonestos que buscaban ganancia y prestigio personal a costa de la verdad del evangelio y el alma de las personas.

d. **¿Comenzamos otra vez a recomendarnos a nosotros mismos?** La palabra griega que se traduce «recomendarnos» significa «presentarse». Pablo pregunta a los corintios si era necesario que él se presentara de nuevo como si nunca se hubieran conocido, a fin de demostrar quién era en realidad. La forma de la pregunta demandaba una respuesta negativa. Los falsos maestros en Corinto siempre atacaron la competencia de Pablo como ministro del evangelio, y estos versículos incluyen la defensa del apóstol.

e. **cartas de recomendación.** Los maestros falsos también acusaron a Pablo de no poseer documentos adecuados para probar su legitimidad. Ese tipo de cartas se utilizaba para presentar y autenticar a una persona en las iglesias del primer siglo (cp. 1 Co 16:3, 10, 11). Sin lugar a dudas, los falsos maestros habían llegado a Corinto con esas cartas, las cuales es posible que hubieran falsificado (cp. Hch 15:1, 5) u obtenido con engaños de miembros prominentes de la iglesia de Jerusalén. El punto de Pablo es que no necesitaba testimonios de segunda mano porque los corintios tenían pruebas de primera mano sobre su carácter sincero y piadoso, así como sobre la verdad de su mensaje que les había regenerado.

f. **escritas en nuestros corazones.** Una afirmación del afecto de Pablo por los creyentes en Corinto, a quienes llevaba en el corazón (cp. 2 Co 12:15).

g. **conocidas y leídas por todos los hombres.** La vida transformada de cada uno de los corintios era el testimonio más elocuente de Pablo, mejor que cualquier carta de segunda mano. Las vidas transformadas eran como una carta abierta que podía ser vista y leída por todos los hombres como un testimonio de la fidelidad de Pablo y la veracidad de su mensaje.

[a]carta de Cristo expedida por nosotros, [b]escrita no con tinta, sino con [c]el Espíritu del Dios vivo; no en [d]tablas de piedra, sino en [e]tablas de carne del corazón.

Y [f]tal confianza tenemos mediante Cristo para con Dios; no que seamos competentes por nosotros mismos para [g]pensar algo como de nosotros mismos, sino que [h]nuestra competencia proviene de Dios, el cual asimismo nos hizo ministros competentes de un [i]nuevo pacto, no de [j]la letra, sino del espíritu; porque [k]la letra mata, mas el espíritu vivifica.

---

a. **carta de Cristo.** Los maestros falsos no tenían una carta de recomendación firmada por Cristo mientras que Pablo tenía la vida transformada de los creyentes como prueba de que Cristo los había transformado.

b. **escrita no con tinta.** La carta de Pablo no era un documento humano escrito con tinta que podía borrarse. Era una carta viviente.

c. **el Espíritu del Dios vivo.** La carta de Pablo tenía vida porque fue escrita por el poder sobrenatural y divino de Cristo mediante la obra transformadora del Espíritu Santo (cp. 1 Co 2:4, 5; 1 Ts 1:5).

d. **tablas de piedra.** Una referencia a los Diez Mandamientos (ver Éx 24:12; 25:16).

e. **tablas de carne del corazón.** Más que escribir su ley en la piedra, Dios escribió su ley en el corazón de las personas a quienes transformó (cp. Jer 31:33; 32:38, 39; Ez 11:19; 36:26, 27). Los maestros falsos afirmaban una adherencia externa a la ley mosaica como base para la salvación, pero las vidas transformadas de los corintios demostraban que la salvación era un cambio interno realizado por Dios en el corazón.

f. **tal confianza.** La palabra griega que se traduce «confianza» puede significar «ganar». Pablo estaba confiado en su ministerio y esa confianza resultó en su capacidad para mantenerse firme en dirección a la meta (cp. Hch 4:13, 29).

g. **pensar algo.** La palabra griega que se traduce «pensar» también puede significar «considerar» o «razonar». Pablo desdeñaba su propia capacidad para razonar, juzgar o evaluar la verdad. Abandonado a su propio poder, él era inútil. Dependía de la revelación divina y el poder del Espíritu Santo.

h. **nuestra competencia proviene de Dios.** Solo Dios puede hacer a una persona adecuada para ejecutar su obra y Pablo sabía que esto era verdad en su vida (ver 2 Co 2:16; cp. 9:8, 10; 2 Ts 2:13).

i. **nuevo pacto.** El nuevo pacto que suministra perdón de pecados por la muerte de Cristo (ver Jer 31:31-34; Mt 26:28; He 8:7-12).

j. **la letra.** Una conformidad externa a la ley que no cumplía su requisito más básico de amor perfecto y santo a Dios y a los semejantes (Mt 22:34-40) y distorsionaba su propósito verdadero que era ayudar a una persona a reconocer su propia pecaminosidad (cp. Ro 2:27-29).

k. **la letra mata, mas el espíritu vivifica.** La letra mata de dos maneras: 1) resulta en una muerte en vida. Antes de que Pablo se convirtiera, él creía que era salvo por guardar la ley, pero todo lo que esta hizo fue matar su paz, su gozo y su esperanza, y 2) resulta en muerte espiritual. Su incapacidad para guardar la ley a perfección le sentenciaba a una muerte eterna (ver Ro 7:9-11; cp. Ro 5:12; Gá 3:10). Solo Jesucristo a través de la agencia del Espíritu Santo puede producir vida eterna en todo aquel que cree.

114. Gloria desvelada

2 Corintios 3:7–18

Y si [a]el ministerio de muerte grabado con letras en piedras [b]fue con gloria, tanto que los hijos de Israel [c]no pudieron fijar la vista en el rostro de Moisés a causa de [d]la gloria de su rostro, la cual había de perecer, ¿cómo no será más bien con gloria [e]el ministerio del espíritu? Porque si el [f]ministerio de condenación fue con gloria, mucho más abundará en gloria el [g]ministerio de justificación. Porque aun lo que fue glorioso, no es glorioso en este respecto, en comparación con la gloria más eminente. Porque si [h]lo que perece tuvo gloria, mucho más glorioso será [i]lo que permanece.

Así que, teniendo [j]tal esperanza, usamos de [k]mucha franqueza; y no como [l]Moisés, que ponía un velo sobre su rostro, para que los hijos de Israel no fijaran

---

a. **el ministerio de muerte.** La ley mata en el sentido de que trae conocimiento del pecado. Actúa como un ministro de la muerte porque nadie puede satisfacer las demandas de la ley por sus propios esfuerzos y esto le condena (cp. Gá 3:22; Ver Ro 7:1-13; 8:4; Gá 3:10-13; 3:19-4:5).

b. **fue con gloria.** Cuando Dios dio la ley a Moisés, su gloria apareció sobre el monte (Éx 19:10-25; 20:18-26). Pablo no despreciaba la ley ni reducía su valor, más bien reconocía que era gloriosa porque reflejaba la naturaleza, la voluntad y el carácter de Dios (ver Éx 33:18–34:7).

c. **no pudieron fijar la vista en el rostro de Moisés.** Los israelitas no podían fijar su mirada en el rostro de Moisés porque la gloria de Dios que se reflejaba en él refulgía demasiado para sus ojos. Era como mirar el sol (ver Éx 34:29-35).

d. **la gloria de su rostro.** Cuando Dios se manifestó a sí mismo, lo hizo mediante una reducción de sus atributos a luz visible por ojos humanos. Así es como Dios se manifestó a Moisés (Éx 34:29), cuyo rostro se convirtió en instrumento para reflejar la gloria de Dios al pueblo (cp. la transfiguración de Jesús en Mt 17:1-8; 2 P 1:16-18, y su Segunda Venida en Mt 24:29, 30; 25:31).

e. **el ministerio del espíritu... mucho más abundará en gloria.** El «ministerio del espíritu» es el término descriptivo que Pablo aplica al nuevo pacto (ver Jer 31:31-34; Mt 26:28; 1 Co 11:25; He 8:8, 13; 9:15; 12:24). El argumento de Pablo es que, si esa gloria acompañó la entrega de la ley bajo el ministerio que trajo muerte, cuánto más glorioso será el ministerio del Espíritu en el nuevo pacto que trae justicia y vida. La ley apuntaba al pacto nuevo y superior, así como a una gloria que también debía ser superior.

f. **ministerio de condenación.** Otro nombre para el ministerio de muerte (ver 2 Co 3:7).

g. **ministerio de justificación.** El nuevo pacto, con atención especial a la justicia y rectitud que provee (cp. Ro 3:21, 22; Fil 3:9).

h. **lo que perece.** La ley tenía una gloria que se desvanecía (cp. 2 Co 3:7). No era la solución definitiva o la última palabra sobre el problema de los pecadores.

i. **lo que permanece.** El nuevo pacto es «lo que» permanece porque es la consumación del plan de salvación de Dios. Por eso tiene gloria permanente.

j. **tal esperanza.** La creencia en que todas las promesas del nuevo pacto se cumplirán del todo. Es una esperanza en el perdón total y completo de los pecados para todos aquellos que creen el evangelio (cp. Ro 8:24, 25; Gá 5:5; Ef 1:18; 1 P 1:3, 13, 21).

k. **mucha franqueza.** Aquí la palabra griega «franqueza» corresponde a «hablar con denuedo y valentía». Debido a su confianza, Pablo predicaba el nuevo pacto sin temor, vacilación o timidez.

l. **Moisés, que ponía un velo sobre su rostro.** Esta acción física ilustraba que Moisés no tenía la confianza o el denuedo de Pablo porque el antiguo pacto estaba velado. Era la vista en el fin de aquello que había de ser abolido. Pero el entendimiento de ellos se embotó; porque hasta el día de hoy, cuando leen el antiguo pacto, [a]les queda [b]el mismo velo no descubierto, el cual por Cristo es quitado. Y aun hasta el día de hoy, cuando se lee a Moisés, el velo está puesto sobre el corazón de ellos. Pero cuando se conviertan al Señor, el velo se quitará. Porque [c]el Señor es el Espíritu; y donde está el Espíritu del Señor, [d]allí hay libertad. Por tanto, [e]nosotros todos, [f]mirando [g]a cara descubierta como en un espejo la gloria del Señor, [h]somos transformados [i]de gloria en gloria [j]en la misma imagen, como por el Espíritu del Señor.

---

como la sombra de algo que estaba por venir y sus elementos eran tipos, imágenes, símbolos y misterios. Por eso Moisés comunicó la gloria del antiguo pacto con cierta oscuridad (cp. 1 P 1:10, 11).

a. **les queda el mismo velo… el velo está puesto sobre el corazón de ellos.** El «velo» representa aquí la incredulidad. Los israelitas no captaron la gloria del antiguo pacto a causa de su falta de fe. Como resultado, el significado del antiguo pacto permaneció oscuro y oculto para ellos (cp. He 3:8, 15; 4:7). El punto de Pablo era que, así como el antiguo pacto fue oscurecido para las personas en el tiempo de Moisés, no había dejado de ser ininteligible para los que confiaban en él como medio de salvación en el tiempo de Pablo. El velo de ignorancia oscurece el significado del antiguo pacto para el corazón endurecido (cp. Jn 5:38).

b. **el mismo velo… el cual por Cristo es quitado.** Sin Cristo el AT es indescifrable, pero tan pronto una persona viene a Cristo, el velo es levantado y su percepción espiritual deja de estar paralizada (Is 25:6-8). Con el velo removido, los creyentes son capaces de ver la gloria de Dios revelada en Cristo (Jn 1:14). Entienden que la ley nunca fue dada para salvarlos, sino para llevarlos a aquel que los salvaría.

c. **el Señor es el Espíritu.** Yahweh en el AT es el mismo Señor que salva a las personas en el nuevo pacto mediante la agencia del Espíritu Santo. El mismo Dios es el ministro de ambos pactos, antiguo y nuevo.

d. **allí hay libertad.** Libertad del pecado y de los intentos fútiles de cumplir las demandas de la ley como medio para ganar justicia (cp. Jn 8:32-36; Ro 3:19, 20). El creyente ya no está en servidumbre a la condenación de la ley y el dominio de Satanás.

e. **nosotros todos.** No solo Moisés o los profetas, apóstoles y predicadores, sino todos los creyentes.

f. **mirando… como en un espejo.** Pablo no recalca aquí tanto las propiedades físicas del espejo para reflejar una imagen, sino a la intimidad de ese acercamiento. Una persona puede acercar un espejo a su cara y observar todo sin impedimento. Los espejos en el tiempo de Pablo eran metal pulido (ver Stg 1:23), por lo cual producían un reflejo bastante alejado de la perfección. Aunque la visión es íntima y sin obstrucciones, los creyentes no ven ahora una representación perfecta de la gloria de Dios como podrán hacerlo un día (cp. 1 Co 13:12).

g. **a cara descubierta.** A los creyentes en el nuevo pacto nada les obstruye su visión de Cristo y su gloria como se revelan en las Escrituras.

h. **somos transformados.** Una transformación continua y progresiva (ver Ro 12:2).

i. **de gloria en gloria.** De un nivel de gloria a otro nivel de gloria, de un nivel de la manifestación de Cristo al siguiente. Este versículo describe el proceso de la santificación progresiva. Cuanto más crezcan los creyentes en su conocimiento íntimo de Cristo, más se revela él en la vida de cada uno de ellos (cp. Fil 3:12-14).

j. **en la misma imagen.** A medida que contemplan la gloria del Señor, los creyentes son transformados todo el tiempo en la semejanza a Cristo. La meta máxima del creyente es ser como Cristo (cp. Ro 8:29; Fil 3:12-14; 1 Jn 3:2), y al enfocarse de manera continua en él, el Espíritu transforma cada vez más al creyente en su imagen.

115. Las dificultades del ministerio

2 Corintios 4:1–18

Por lo cual, teniendo nosotros [a]este ministerio según la misericordia que hemos recibido, no [b]desmayamos. Antes bien [c]renunciamos a lo oculto y vergonzoso, no andando [d]con astucia, ni adulterando la palabra de Dios, sino por la manifestación de la verdad recomendándonos a toda conciencia humana delante de Dios. Pero [e]si nuestro evangelio está aún encubierto, entre los que se pierden está encubierto; en los cuales [f]el dios de este siglo [g]cegó el entendimiento de los incrédulos, para que no les resplandezca la luz del evangelio de la gloria de Cristo, el cual es la [h]imagen de Dios. Porque [i]no nos predicamos a nosotros

---

a. **este ministerio.** El evangelio del nuevo pacto de Jesucristo.

b. **desmayamos.** Un término fuerte en griego que se refiere a rendirse del todo por cobardía. Así no fue como Pablo respondió a los ataques constantes que enfrentó. La tarea de ministrar el nuevo pacto era demasiado noble como para desmayar y perder el ánimo (cp. Gá 6:9; Ef 3:13). Puesto que Dios lo había llamado a proclamarlo, Pablo no podía abandonar su llamado. En lugar de esto, confió en Dios para fortalecerlo (cp. Hch 20:24; 1 Co 9:16, 17; Col 1:23, 25).

c. **renunciamos a lo oculto y vergonzoso.** «Renunciamos» significa «nos alejamos de» o «nos arrepentimos de», y «vergonzoso» significa «feo» o «deshonroso». La frase «lo oculto y vergonzoso» se refiere a inmoralidades secretas, hipocresías y pecados ocultos en lo más profundo y oscuro de la vida. Al ser salvo, todo creyente se arrepiente y se aleja de esos pecados para consagrar su vida a la piedad. Esto parece ser una respuesta de Pablo a una acusación directa y calumniadora en su contra, de que era un hipócrita cuya máscara de piedad escondía una vida corrupta y vergonzosa.

d. **con astucia... adulterando.** Esta palabra griega significa «trastocar» o «manipular» y se empleaba en fuentes no bíblicas para hablar de la práctica deshonesta de diluir el vino con agua. Los maestros falsos acusaban a Pablo de ser un engañador («con astucia») que torcía y pervertía la enseñanza de Jesús y del AT.

e. **si nuestro evangelio está aún encubierto, entre los que se pierden.** Los maestros falsos acusaban a Pablo de predicar un mensaje anticuado, así que Pablo les mostró que el problema no era el mensaje o el mensajero, sino que los oyentes iban camino al infierno (cp. 1 Co 2:14). El predicador no puede persuadir a las personas a creer, solo Dios puede hacer esa obra de convicción.

f. **el dios de este siglo.** Satanás (cp. Mt 4:8; Jn 12:31; 14:30; 16:11; Ef 2:2; 2 Ti 2:26; 1 Jn 5:19). «Este siglo». La mentalidad actual del mundo expresada por los ideales, las opiniones, las metas, las esperanzas y perspectivas de la mayoría de personas. Incluye las filosofías, la educación y el comercio del mundo.

g. **cegó.** Satanás se encarga de cegar a los hombres para que no vean la verdad de Dios, por medio del sistema pecaminoso que ha creado en el mundo. Sin una influencia piadosa, el hombre abandonado a sus propios recursos seguirá ese sistema que complace la depravación de los incrédulos y aumenta la profundidad de sus tinieblas morales (cp. Mt 13:19). En últimas, Dios es quien permite esa ceguera (Jn 12:40).

h. **imagen de Dios.** Jesucristo es la representación exacta de Dios mismo (ver Col 1:15; 2:9; He 1:3).

i. **no nos predicamos a nosotros mismos.** Los falsos maestros acusaban a Pablo de predicar para su propio beneficio, al mismo tiempo que eran los culpables de tal práctica. A diferencia de ellos, Pablo siempre fue humilde (2 Co 12:5, 9; cp. 1 Co 2:3), nunca se promovió a sí mismo, sino que se dedicó a predicar a Cristo Jesús como Señor (1 Co 2:2).

mismos, sino a Jesucristo como Señor, y a nosotros como vuestros siervos por amor de Jesús. Porque Dios, que [a]mandó que de las tinieblas resplandeciese la luz, es el que resplandeció en nuestros corazones, para [b]iluminación del conocimiento de la gloria de Dios en la faz de Jesucristo.

Pero tenemos este tesoro en [c]vasos de barro, para que la [d]excelencia del poder sea de Dios, y no de nosotros, que estamos atribulados en todo, mas no angustiados; en apuros, mas no desesperados; perseguidos, mas no desamparados; derribados, pero no destruidos; [e]llevando en el cuerpo siempre por todas partes la muerte de Jesús, [f]para que también la vida de Jesús se manifieste en nuestros cuerpos. Porque nosotros que vivimos, siempre estamos [g]entregados a muerte por causa de Jesús, para que también la vida de Jesús se manifieste en [h]nuestra carne mortal. De manera que la muerte actúa en nosotros, y en vosotros la vida.

---

a. **mandó que de las tinieblas resplandeciese la luz.** Una referencia directa a Dios como Creador que ordenó a la luz física que existiera (Gn 1:3).

b. **iluminación del conocimiento de la gloria de Dios.** El mismo Dios que creó luz física en el universo es quien debe crear luz sobrenatural en el alma y trasladar a los creyentes del reino de las tinieblas a su reino de luz (Col 1:13). La luz se expresa como «conocimiento de la gloria de Dios». Esto significa conocer que Cristo es Dios encarnado. Para que uno se salve, debe entender que la gloria de Dios resplandeció en Cristo. Este es el tema del Evangelio de Juan (ver Jn 1:4, 5).

c. **vasos de barro.** La palabra griega significa «barro cocido» y se refiere a vasijas de barro. Eran baratas, rompibles y reemplazables, pero servían para muchas tareas domésticas necesarias. Algunas veces se usaban como depósitos para guardar artículos valiosos como dinero, joyas o documentos importantes, pero con mayor frecuencia eran usados para almacenar desechos orgánicos. Este último uso es el que Pablo tiene en mente y es como el apóstol se veía a sí mismo, como un instrumento prescindible, humilde, común y reemplazable (cp. 1 Co 1:20-27; 2 Ti 2:20, 21).

d. **excelencia del poder sea de Dios, y no de nosotros.** Al usar personas frágiles y prescindibles, Dios deja en claro que la salvación es el resultado de su poder y no de algún poder que sus mensajeros pudieran generar (cp. 2 Co 2:16). El gran poder de Dios supera y trasciende a la vasija de barro. La debilidad del mensajero no va en detrimento del mensaje, sino que es esencial para su transmisión exitosa (cp. 2 Co 12:9, 10).

e. **llevando en el cuerpo siempre por todas partes la muerte de Jesús.** «Siempre» indica que el sufrimiento que Pablo experimentó fue interminable. En gran parte, ese sufrimiento era resultado de los ataques contra el «Señor Jesús», no en contra de Pablo y otros creyentes. Aquellos que odiaban a Jesús emprendían su venganza sobre los que lo representaban (cp. Jn 15:18-21; Gá 6:17; Col 1:24).

f. **para que también la vida de Jesús se manifieste en nuestros cuerpos.** Por medio de la debilidad de Pablo, Cristo fue exhibido a plenitud (cp. Gá 2:20). Los maestros falsos decían que su sufrimiento era evidencia de que Dios no estaba con él y que era un fraude. Por el contrario, Pablo afirmó que su sufrimiento era el emblema de su lealtad a Cristo y la fuente de su poder (2 Co 12:9, 10).

g. **entregados a muerte.** Se refiere a la transferencia de un prisionero al ejecutor. Se empleó para aludir a la entrega de Cristo a los que lo crucificaron (Mt 27:2). En este caso se refiere a la muerte física que en aquel tiempo siempre fue una posibilidad inmediata para los que representaban a Cristo.

h. **nuestra carne mortal.** Otro término para la condición humana de Pablo, su cuerpo físico (cp. 2 Co 5:3). Pablo se enfrentaba a la muerte todos los días y estuvo dispuesto a pagar ese precio si permitía la salvación de aquellos a los que predicaba (cp. Fil 2:17; Col 1:24; 2 Ti 2:10).

Pero teniendo el mismo [a]espíritu de fe, conforme a lo que está escrito: [b]Creí, por lo cual hablé, nosotros también creemos, por lo cual también hablamos, sabiendo que el que resucitó al Señor Jesús, a nosotros también nos resucitará con Jesús, y nos presentará juntamente con vosotros. Porque todas estas cosas padecemos por amor a vosotros, para que abundando la gracia por medio de muchos, la acción de gracias sobreabunde para gloria de Dios.

Por tanto, no desmayamos; antes aunque este [c]nuestro hombre exterior se va desgastando, [d]el interior no obstante [e]se renueva de día en día. Porque esta [f]leve tribulación momentánea produce en nosotros un cada vez más [g]excelente y eterno peso de gloria; no mirando nosotros las [h]cosas que se ven, sino las que no se ven; pues las cosas que se ven son temporales, pero [i]las que no se ven son eternas.

Pablo permaneció fiel a sus convicciones sin importar el costo. No era un pragmático que alteraba su mensaje para adaptarlo a sus oyentes. Estaba convencido del poder de Dios para actuar por medio del mensaje que predicaba.

a. **espíritu de fe.** La actitud de fe, no el Espíritu Santo. Pablo tenía la misma convicción sobre el poder del mensaje que había expresado el salmista.

b. **Creí, por lo cual hablé.** Una cita de Sal 116:10 en la Septuaginta (traducción antigua del AT al griego). En medio de sus tribulaciones, el salmista estuvo confiado y pidió a Dios que lo librara de sus aflicciones. Podía pedirlo con esa confianza porque creía que Dios contestaría su oración.

c. **nuestro hombre exterior se va desgastando.** El cuerpo físico está en proceso de descomposición y tarde o temprano morirá. En el aspecto superficial Pablo se refería al proceso normal de envejecimiento, pero con el factor adicional de su estilo de vida que aceleraba ese proceso natural. Aunque no era un anciano, Pablo gastó todas sus energías en el ministerio, tanto por sus esfuerzos como por el ritmo que mantuvo, sin contar la gran cantidad de azotes y ataques que recibió de parte de sus enemigos (cp. 2 Co 6:4-10; 11:23-27).

d. **el interior.** El alma de todo creyente que es una nueva creación y es la parte eterna de su ser (cp. Ef 4:24; Col 3:10).

e. **se renueva.** El proceso de crecimiento y maduración del creyente ocurre de forma constante. Mientras el cuerpo físico se desgasta, el ser interior del creyente no deja de crecer y madurar en la semejanza a Cristo (cp. Ef 3:16-20).

f. **leve tribulación momentánea.** La palabra griega que se traduce «leve» significa «ligero e insignificante» y «tribulación» se refiere a presión intensa. Desde una perspectiva humana, el propio testimonio de Pablo incluye una letanía al parecer insoportable de sufrimientos y persecuciones que resistió en el transcurso de su vida terrenal (2 Co 11:23-33), pero él veía estas cosas como algo sin peso que solo duraban un momento pasajero.

g. **excelente y eterno peso de gloria.** La palabra griega que se traduce «peso» se refiere a una masa pesada. Para Pablo, la gloria futura que experimentaría con el Señor excedía cualquier sufrimiento que experimentara en este mundo (cp. Ro 8:17, 18; 1 P 1:6, 7). Pablo entendió que entre mayor fuera el sufrimiento, mucho mayor sería su gloria eterna (cp. 1 P 4:13).

h. **cosas que se ven... no se ven.** La perseverancia está basada en la capacidad que una persona tiene de ver más allá de lo físico a lo espiritual; más allá del presente al futuro. Y más allá de lo visible a lo invisible. Los creyentes deben mirar más allá de lo que es temporal, lo que se está desgastando.

i. **las que no se ven son eternas.** Buscar a Dios, Cristo, el Espíritu Santo y las almas de los hombres, debe consumir al creyente.

116. La motivación del ministerio

2 Corintios 5:1–10

Porque sabemos que si nuestra [a]morada terrestre, este tabernáculo, se deshiciere, tenemos [b]de Dios un edificio, [c]una casa [d]no hecha de manos, eterna, en los cielos. Y por esto también [e]gemimos, deseando ser [f]revestidos de aquella nuestra habitación celestial; pues así [g]seremos hallados vestidos, y no desnudos. Porque asimismo los que estamos en este tabernáculo gemimos con angustia; porque no quisiéramos ser [h]desnudados, sino revestidos, para que [i]lo mortal sea absorbido por la vida. Mas el que nos hizo [j]para esto mismo es Dios, quien nos ha dado las arras del Espíritu.

---

a. **morada terrestre... tabernáculo.** La metáfora de Pablo para el cuerpo físico (cp. 2 P 1:13, 14). La imagen era bastante familiar para aquel tiempo porque muchas personas eran nómadas que vivían en tiendas, y Pablo como constructor de tiendas (Hch 18:3) conocía muy bien sus características. Además, el tabernáculo judío había simbolizado la presencia de Dios entre su pueblo tras sacarlo de Egipto y convertirlo en una nación. El punto de Pablo es que, así como una tienda temporal, la existencia terrenal del hombre es frágil, insegura y precaria (cp. 1 P 2:11).

b. **de Dios un edificio.** Metáfora de Pablo para el cuerpo resucitado y glorificado del creyente (cp. 1 Co 15:35-50). «Edificio» implica solidez, seguridad, certidumbre y permanencia, a diferencia de la naturaleza frágil, temporal e incierta de una tienda de campana. Así como los israelitas reemplazaron el tabernáculo con el templo, los creyentes deberían anhelar el intercambio de su cuerpo terrenal por un cuerpo glorificado (ver 4:16; Ro 8:19-23; 1 Co 15:35-50; Fil 3:20, 21).

c. **una casa... en los cielos.** Un cuerpo celestial y eterno. Pablo quería un cuerpo nuevo que expresaría para siempre la perfección de su naturaleza transformada.

d. **no hecha de manos.** Un cuerpo glorificado, por definición, no es de creación terrenal (ver Mr 14:58; He 9:11; cp. Jn 2:19; Col 2:11).

e. **gemimos.** Pablo mantuvo el anhelo apasionado de ser libre de su cuerpo terrenal y todos los pecados, frustraciones y debilidades que le eran propios (ver Ro 7:24; 8:23).

f. **revestidos de aquella nuestra habitación celestial.** Las perfecciones de la inmortalidad.

g. **seremos hallados... no desnudos.** Pablo aclaró que la esperanza del creyente sobre la vida venidera no es una vida espiritual incorpórea, sino un cuerpo real, eterno y resucitado. A diferencia de los paganos que consideraban mala la materia y bueno el espíritu, Pablo sabía que la muerte del cristiano no significaba quedar sumergido en una infinidad nebulosa y etérea. Más bien, significaba recibir un cuerpo glorificado, espiritual, inmortal, perfecto y diferente en sus cualidades, pero igualmente real, como el que Jesús recibió (ver 1 Co 15:35-44; Fil 3:20, 21; cp. 1 Jn 3:2).

h. **desnudados... revestidos.** Pablo reiteró que a duras penas podía esperar para recibir su cuerpo glorificado (cp. Fil 1:21-23).

i. **lo mortal sea absorbido por la vida.** Pablo quería la plenitud de todo lo que Dios tenía planificado para él en la vida eterna, cuando todo lo terrenal y humano llegaría a su fin.

j. **para esto mismo.** La traducción más precisa es «propósito». Pablo establece con firmeza que la existencia celestial del creyente se hará realidad de acuerdo con el propósito soberano de Dios (ver Ro 8:28-30; cp. Jn 6:37-40, 44).

Así que vivimos confiados siempre, y sabiendo que entre tanto que [a]estamos en el cuerpo, estamos ausentes del Señor (porque [b]por fe andamos, no por vista); pero confiamos, y más quisiéramos estar [c]ausentes del cuerpo, y presentes al Señor.

Por tanto [d]procuramos también, [e]o ausentes o presentes, [f]serle agradables. Porque es necesario que todos nosotros comparezcamos ante [g]el tribunal de Cristo, para que cada uno reciba según [h]lo que haya hecho mientras estaba en el cuerpo, [i]sea bueno o sea malo.

---

a. **estamos en el cuerpo... ausentes del Señor.** Mientras un creyente viva en la tierra, estará alejado de la plenitud de la presencia de Dios. Sin embargo, Pablo no dijo que no tuviera comunicación en absoluto, porque existe la oración, el Espíritu que mora en el interior del creyente y la comunión con Dios por medio de su Palabra. Pablo solo quiso expresar cuánto extrañaba el hogar celestial, un anhelo fuerte de vivir con su Señor en el cielo (cp. Sal 73:25; 1 Ts 4:17; Ap 21:3, 23; 22:3).

b. **por fe andamos.** El cristiano puede esperar un cielo que no ha visto, porque cree lo que dicen las Escrituras sobre él y vive conforme a esa creencia (ver He 11:1; cp. Jn 20:29).

c. **ausentes del cuerpo, y presentes al Señor.** Por cuanto el cielo es un lugar mejor que la tierra, Pablo prefería haber estado allí con Dios. Esta es una declaración sincera de los sentimientos y anhelos de Pablo en 2 Co 5:6 desde la perspectiva inversa (ver Fil 1:21, 23).

d. **procuramos también.** Pablo hablaba aquí de su ambición en la vida, pero no la clase de apetito orgulloso y egoísta que transmite el término «ambición». «Procuramos» se deriva de la palabra griega que significa «amar lo honorable». Pablo demostró que es correcto y noble que el creyente se esfuerce por la excelencia, las metas espirituales y todo lo que es honorable ante Dios (cp. Ro 15:20; 1 Ti 3:1).

e. **o ausentes o presentes.** La ambición de Pablo no era alterada por sus circunstancias, porque sin importar que estuviera en el cielo o en la tierra, lo único que le importaba era vivir para el Señor (ver Ro 14:6; Fil 1:20; cp. 1 Co 9:27).

f. **serle agradables.** Esta es la meta suprema de Pablo (cp. 1 Co 4:1-5), y debería ser así para todo creyente (cp. Ro 12:2; Ef 5:10; Col 1:9; 1 Ts 4:1). El término que se traduce «serle agradables» es el mismo que se emplea en Tit 2:9 para describir a siervos apasionados con la meta de agradar a sus amos. Esto describe un elemento esencial en la motivación más profunda y la meta suprema del creyente que es agradar a Dios: que todo cristiano debe rendirle cuentas al final de su vida.

g. **el tribunal de Cristo.** «Tribunal» es una alusión metafórica al lugar en el que el Señor se sentará a evaluar la vida de cada uno de los creyentes con el propósito de darles recompensas eternas. Se traduce de la palabra griega *bēma*, que es una plataforma elevada en la que se colocaban los atletas victoriosos (p. ej. durante los juegos olímpicos) para recibir su corona. El término también se emplea en el NT como referencia al lugar de juicio, como cuando Jesús estuvo ante Poncio Pilato (Mt 27:19; Jn 19:13), pero la mención en este versículo tiene que ver con la analogía del atletismo. Corinto tenía una de esas plataformas en las que se repartían galardones atléticos y donde también se dispensaba justicia legal (Hch 18:12-16), de modo que los corintios entendieron bien las palabras de Pablo.

h. **lo que haya hecho... en el cuerpo.** Acciones que tuvieron lugar durante la vida del creyente en su ministerio terrenal. Esto no incluye pecados porque el juicio de estos se ejecutó en la cruz de Cristo (Ef 1:7). Pablo se refería a todas las actividades que los creyentes realizan durante su vida que se relacionan con su recompensa y elogio eternos de parte de Dios. En sus ojos, todo lo que hagan los cristianos en su cuerpo temporal tendrá repercusiones para la eternidad (ver 1 Co 4:3-5; cp. Ro 12:1, 2: Ap 22:12).

i. **sea bueno o sea malo.** Estos términos griegos no se refieren a bueno o malo en sentido moral. Todo lo relacionado con el pecado ha quedado resuelto por completo con la muerte del Salvador. Más bien, Pablo quería establecer una comparación entre las actividades de valor eterno y todas las que son triviales. Su punto no era que los creyentes deban abstenerse de ciertas cosas beneficiosas en la tierra, sino que deberían glorificar a Dios en

117. El mensaje del ministerio

2 Corintios 5:11–21

Conociendo, pues, [a]el temor del Señor, [b]persuadimos a los hombres; pero a Dios [c]le es manifiesto lo que somos; y espero que también lo sea a vuestras conciencias.

No nos recomendamos, pues, otra vez a vosotros, sino os damos ocasión de gloriaros por nosotros, para que tengáis con qué responder a los que [d]se glorían en las apariencias y no en el corazón. Porque si estamos [e]locos, es para Dios; y si somos [f]cuerdos, es para vosotros. Porque [g]el amor de Cristo nos [h]constriñe, pensando esto: que si [i]uno murió por todos, [j]luego todos murieron;

---

ellas y gastar la mayor parte de sus energías y tiempo en lo que tenga valor para la eternidad (ver 1 Co 3:8-14).

a. **el temor del Señor.** No se refiere a tener miedo, sino a la reverencia a Dios con actitud de adoración exclusiva que Pablo mantuvo como su motivación esencial para vivir de tal modo que honrara a su Señor y aumentara al máximo su recompensa para gloria de su Señor (cp. 2 Co 7:1; Pr 9:10; Hch 9:31).

b. **persuadimos a los hombres.** La palabra griega para «persuadimos» significa buscar el favor de alguien para que vea algo con buenos ojos, al punto de considerarlo deseable (cp. Gá 1:10). Este término puede corresponder a la predicación del evangelio (Hch 18:4; 28:23), pero en este caso Pablo persuadía a otros no sobre la salvación, sino sobre su propia integridad. El galardón eterno de los corintios se vería afectado si ellos desertaban para seguir a los falsos maestros y abandonaban la enseñanza divina que Pablo les había impartido.

c. **le es manifiesto.** La condición espiritual verdadera de Pablo era sinceridad e integridad delante de Dios y de los hombres (ver 2 Co 1:12; cp. Hch 23:1; 24:16), y el apóstol quería que los corintios también creyeran la verdad acerca de él.

d. **se glorían en las apariencias.** Aquellos que no tienen integridad, como los opositores de Pablo en Corinto, tienen que enorgullecerse por cosas externas como lo es cualquier doctrina falsa acompañada por actos espectaculares de hipocresía (cp. Mt 5:20; 6:1; Mr 7:6, 7).

e. **locos.** Esta frase griega significa por lo general sufrir demencia o estar loco de remate, pero aquí Pablo usó la expresión para describirse como un devoto dogmático de la verdad. De esta forma, respondió a los críticos según los cuales él no era más que un fanático demente (cp. Jn 8:48; Hch 26:22-24).

f. **cuerdos.** La palabra original significaba ser moderado, con una mente sobria y en control total de su situación. Pablo también se comportó de este modo entre los corintios al defender su integridad y comunicar la verdad a ellos.

g. **el amor de Cristo.** El amor de Cristo por Pablo y todos los creyentes en la cruz (cp. Ro 5:6-8). La muerte vicaria que Cristo padeció por amor motivaba el servicio incansable de Pablo a él (cp. Gá 2:20; Ef 3:19).

h. **constriñe.** Esto se refiere a una presión que es la causa de una acción. Pablo resaltó la fuerza de su deseo de ofrecer su vida por el Señor.

i. **uno murió por todos.** Esto expresa la verdad de la muerte vicaria de Cristo. La preposición «por» indica que él murió «a favor de» o «en lugar de» todos (cp. Is 53:4-12; Gá 3:13; He 9:11-14). Esta verdad está en el corazón mismo de la doctrina de salvación. La ira de Dios contra el pecado requería la muerte como pago. Jesús recibió toda esa ira y murió en el lugar del pecador. Así quitó de en medio la ira de Dios y satisfizo la justicia de Dios como un sacrificio perfecto (ver Ro 5:6-11, 18, 19; 1 Ti 2:5, 6; cp. Ef 5:2; 1 Ts 5:10; Tit 2:14; 1 P 2:24).

j. **luego todos murieron.** Todos los que murieron en Cristo reciben los beneficios de su muerte substitutiva (ver Ro 3:24-26; 6:8). Con esta frase breve, Pablo definió el alcance de

y por todos murió, para que los que viven, ya no vivan para sí, sino para aquel que murió y resucitó por ellos.

De manera que nosotros de aquí en adelante a nadie conocemos [a]según la carne; y aun si a Cristo conocimos según la carne, [b]ya no lo conocemos así. De modo que si alguno está [c]en Cristo, [d]nueva criatura es; [e]las cosas viejas pasaron; he aquí [f]todas son hechas nuevas. Y [g]todo esto proviene de Dios, quien nos reconcilió consigo mismo por Cristo, y nos dio el [h]ministerio de la

---

la expiación y limitó su aplicación. Esta declaración completa el significado lógico de la frase precedente y así establece que: «Cristo murió por todos los que murieron en él» o «uno murió por todos, en consecuencia todos murieron» (cp. Jn 10:11-16; Hch 20:28). Pablo estaba lleno de gratitud porque Cristo lo amó y tuvo tanta gracia para con él que lo convirtió en parte de los «todos» que murieron en él.

a. **según la carne.** Pablo ya no evaluaba a las personas conforme a parámetros externos, humanos y mundanos (cp. 2 Co 10:3). Desde su conversión, la prioridad de Pablo fue satisfacer las necesidades espirituales de las personas (cp. Hch 17:16; Ro 1:13-16; 9:1-3; 10:1).

b. **ya no lo conocemos así.** Como cristiano, Pablo tampoco tenía más una apreciación humana y falible de Jesucristo (cp. Hch 9:1-6; 26:9-23).

c. **en Cristo.** Estas dos palabras constituyen una afirmación breve pero profunda de la importancia infinita de la redención del creyente, la cual incluye lo siguiente: 1) la seguridad del creyente en Cristo, quien cargó en su cuerpo el juicio de Dios contra el pecado; 2) la aceptación del creyente en el Único en quien Dios se ha complacido; 3) la seguridad futura del creyente en aquel quien es la resurrección a vida eterna y el único garante de la herencia del creyente en el cielo, y 4) la participación del creyente en la naturaleza divina de Cristo, el Verbo eterno (cp. 2 P 1:4).

d. **nueva criatura.** Esto describe algo que es creado a un nivel nuevo de excelencia. Se refiere a la regeneración o el nuevo nacimiento (cp. Jn 3:3; Ef 2:13; Tit 3:5; 1 P 1:23; 1 Jn 2:29; 3:9; 5:4). La expresión incluye el perdón para el cristiano de sus pecados que fueron pagados en la muerte substitutiva de Cristo (cp. Gá 6:15; Ef 4:24).

e. **las cosas viejas pasaron.** Después que una persona ha sido regenerada, los sistemas de valores, las prioridades, las creencias, los amores y los planes de la vida vieja son cosa del pasado. El mal y el pecado siguen presentes, pero el creyente los ve bajo una nueva perspectiva, y ya no lo controlan.

f. **todas son hechas nuevas.** La gramática griega indica que la condición nueva es continua y práctica. La nueva percepción espiritual que el creyente tiene de todas las cosas es una realidad constante para él, y ahora vive para la eternidad, no para cosas temporales. Santiago identifica esta transformación como la fe que produce obras (ver Ef 2:10; Stg 2:14-25).

g. **todo esto proviene de Dios.** Muchas traducciones modernas añaden «cosas» para conectar la afirmación a «todas las cosas» que Pablo acaba de mencionar en 2 Co 5:14-17. Todos los aspectos relacionados con la conversión de una persona y su nueva vida transformada en Cristo son llevados a cabo por un Dios soberano. Los pecadores no pueden decidir por cuenta propia que van a participar en estas nuevas realidades (ver Ro 5:10; cp. 1 Co 8:6; 11:12; Ef 2:1).

h. **ministerio de la reconciliación.** Esto enseña la realidad de que Dios quiere que hombres pecadores se reconcilien con él (cp. Ro 5:10; Ef 4:17-24). Dios ha llamado a los creyentes a proclamar el evangelio de reconciliación a sus semejantes (cp. 1 Co 1:17). El concepto de servicio, como lo es atender las mesas, se deriva de la palabra griega que se traduce «ministerio». Dios quiere que los cristianos acepten el privilegio de servir así a los no creyentes mediante la proclamación de su deseo de reconciliarse con la raza humana.

reconciliación; que [a]Dios estaba en Cristo [b]reconciliando consigo al mundo, no [c]tomándoles en cuenta a los hombres sus pecados, y nos encargó a nosotros la [d]palabra de la reconciliación.

Así que, somos [e]embajadores en nombre de Cristo, [f]como si Dios rogase por medio de nosotros; os rogamos en nombre de Cristo: Reconciliaos con

---

a. **Dios estaba en Cristo.** Dios por su propia voluntad y designio usó a su Hijo, el único sacrificio aceptable y perfecto, como el medio para reconciliar a los pecadores con él (ver Hch 2:23; Col 1:19, 20; cp. Jn 14:6; Hch 4:12; 1 Ti 2:5, 6).

b. **reconciliando consigo al mundo.** Dios inicia el cambio en la posición del pecador al trasladarlo de un estado de alienación a uno de perdón y relación correcta con él. De nuevo, esta es la esencia del evangelio. La palabra «mundo» no debería interpretarse en un sentido universalista para implicar que todos los seres humanos serán salvos, o que todos podrán reconciliarse con Dios. «Mundo» se refiere a toda la esfera que abarca al género humano (cp. Tit 2:11; 3:4), la categoría de seres a quienes Dios ofrece reconciliación, personas de todos los grupos étnicos sin distinción alguna. El mérito intrínseco de la muerte conciliatoria de Cristo es infinito y la oferta es ilimitada. Sin embargo, la expiación como tal solo se hizo a favor de los que creen (cp. Jn 10:11, 15; 17:9; Hch 13:48; 20:28; Ro 8:32, 33; Ef 5:25). El resto de la humanidad pagará el precio de su propio pecado en el infierno eterno.

c. **tomándoles en cuenta.** Esto también puede traducirse «imputar» o «acreditar». Este es el corazón de la doctrina de justificación por la cual Dios declara justo al pecador arrepentido y no cuenta sus pecados en contra de él porque lo cubre con la justicia de Cristo tan pronto deposita su fe de todo corazón en Cristo y su muerte como sacrificio perfecto (ver Ro 3:24–4:5; cp. Sal 32:2; Ro 4:8).

d. **palabra de la reconciliación.** Aquí Pablo presenta otro aspecto del significado del evangelio. Empleó la palabra griega «palabra» (cp. Hch 13:26), que identificaba un mensaje verdadero y digno de confianza, a diferencia de uno falso o incierto. En un mundo lleno de mensajes falsos, los creyentes tienen el mensaje sólido y veraz del evangelio.

e. **embajadores.** Un término que se relaciona con la palabra griega más frecuente que se traduce «anciano». Describía a un hombre de edad y más experimentado que servía como representante de un rey en otros países. Pablo describió así su función y la función de todos los creyentes, como mensajeros que representan en la tierra al Rey del cielo con el evangelio, para rogar a las personas de todo el mundo que se reconcilien con Dios, quien es su Rey verdadero y por derecho propio (cp. Ro 10:13-18).

f. **como si Dios rogase.** A medida que los creyentes presentan el evangelio, Dios habla (lit. «llama» o «ruega) a través de ellos para urgir a los pecadores incrédulos que se acerquen a él con actitud de fe y acepten el evangelio, lo cual significa que se arrepientan de sus pecados y crean en Jesús (cp. Hch 16:31; Stg 4:8).

Dios. [a]Al que [b]no conoció pecado, [c]por nosotros lo hizo pecado, para que nosotros fuésemos hechos [d]justicia de Dios en él.

118. La conducta del ministerio

2 Corintios 6:1–10

Así, pues, nosotros, como colaboradores suyos, os exhortamos también a que no [e]recibáis en vano la gracia de Dios. [f]Porque dice:

En tiempo aceptable te he oído,
Y en día de salvación te he socorrido.
He aquí ahora el tiempo aceptable; he aquí [g]ahora el día de salvación.

---

a. **Al que.** Aquí Pablo resume el corazón del evangelio que resuelve el misterio y la paradoja de 2 Co 5:18-20, y explica cómo pueden ser reconciliados los pecadores con Dios a través de Jesucristo. Estas quince palabras griegas expresan las doctrinas de imputación y sustitución como ningún otro versículo.

b. **no conoció pecado.** Jesucristo, el Hijo de Dios sin pecado ni mancha (ver Gá 4:4, 5; cp. Lc 23:4, 14, 22, 47; Jn 8:46; He 4:15; 7:26; 1 P 1:19; 2:22–24; 3:18; Ap 5:2-10).

c. **por nosotros lo hizo pecado.** Dios el Padre, quien aplica el principio divino de imputación, trató a Cristo como si él fuera un pecador, aunque no lo era, y permitió que muriera como sustituto para pagar el castigo por los pecados de todos los que creyeran en él (cp. Is 53:4-6; Gá 3:10-13; 1 P 2:24). En la cruz, él no se convirtió en un pecador, como algunos han sugerido, sino que permaneció santo como siempre. Fue tratado como si fuera culpable de todos los pecados cometidos por todos los que habrían de creer, aunque no había cometido uno solo. La ira de Dios se desató sobre él hasta saciarse y el requisito justo de la ley de Dios fue cumplido a perfección para beneficio de aquellos en cuyo lugar murió.

d. **justicia de Dios.** Otra referencia a la justificación y la imputación. La justicia que se acredita a la cuenta del creyente es la justicia de Jesucristo, el Hijo de Dios (ver Ro 1:17; 3:21-24; Fil 3:9). Así como Cristo no fue un pecador, pero fue tratado como el peor de los pecadores, los creyentes que todavía no han sido hechos justos por completo (hasta la glorificación) son tratados como si fueran justos. Él llevó sobre sí sus pecados para que ellos pudieran vestirse con su justicia. Dios lo trató como si hubiera cometido los pecados de los creyentes, y trata a los creyentes como si solo hicieran las obras justas del Hijo de Dios libre de todo pecado.

e. **recibáis en vano la gracia de Dios.** La mayoría de los corintios eran salvos, pero se habían dejado obstaculizar por enseñanzas legalistas acerca de la santificación (ver 2 Co 11:3; Gá 6:1). También es posible que algunos de ellos no fueran salvos de verdad, sino que estaban engañados por un falso evangelio de obras (cp. 2 Co 13:5; Gá 5:4), que era enseñado por los maestros falsos. En cualquiera de los dos casos, la proclamación del evangelio de gracia por parte de Pablo no habría tenido su efecto deseado y por eso el apóstol habría tenido motivo para preocuparse en gran manera de que todos los meses de ministerio que había invertido en Corinto se perdieran. Ambos casos también prevenían que la gente asumiera eficazmente cualquier «ministerio de reconciliación».

f. **Porque dice.** Pablo recalcó su punto al citar Is 49:8. Su máximo interés era que los corintios se adhirieran a la verdad porque era tiempo para que Dios salvara y ellos eran los mensajeros que iban a esparcir el mensaje.

g. **ahora el día de salvación.** Pablo aplicó las palabras de Isaías a la situación presente. Hay un tiempo en la economía de Dios cuando él escucha a los pecadores y responde a los que se arrepienten, y ese tiempo preciso y oportuno era y es ahora mismo (cp. Pr 1:20-23; Is 55:6; He 3:7, 8; 4:7). Sin embargo, ese tiempo también llegará a su fin (cp. Gn 6:3; Pr 1:24-33; Jn 9:4), razón por la cual la exhortación de Pablo fue tan apasionada.

[a]No damos a nadie ninguna ocasión de tropiezo, para que nuestro ministerio no sea vituperado; antes bien [b]nos recomendamos en todo como ministros de Dios, en mucha paciencia, [c]en tribulaciones, en necesidades, en angustias; en azotes, en cárceles, en tumultos, en trabajos, en desvelos, en ayunos; en pureza, en ciencia, en longanimidad, en bondad, [d]en el Espíritu Santo, en amor sincero, [e]en palabra de verdad, [f]en poder de Dios, [g]con armas de justicia [h]a diestra y a siniestra; por [i]honra y por deshonra, por mala fama y por buena fama; [j]como engañadores, pero veraces; [k]como desconocidos, pero bien conocidos; como moribundos, mas he aquí vivimos; como castigados, mas no muertos; como entristecidos, mas siempre gozosos; como pobres, mas [l]enriqueciendo a muchos; como no teniendo nada, mas poseyéndolo todo.

---

a. **No damos a nadie ninguna ocasión de tropiezo.** El embajador fiel de Cristo no hace aquello que trae descrédito a su ministerio, sino todo lo que pueda hacer para proteger su integridad, la integridad del evangelio y la integridad de Dios (cp. Ro 2:24; 1 Co 9:27; Tit 2:1-10).

b. **nos recomendamos en todo como ministros de Dios.** «Recomendamos» significa «presentamos», con la connotación de demostrar quién es uno en realidad (ver 2 Co 3:1). La prueba es un carácter que soporta con paciencia, como se reflejó en las penalidades de Pablo (2 Co 5:5) y en la naturaleza de su ministerio (vv. 6, 7).

c. **en tribulaciones.** Como Pablo, cualquier creyente que participa en un ministerio fiel de reconciliación debería anticipar el ser rechazado y aceptado, aborrecido y amado, así como experimentar alegrías y penalidades. Esto es lo que Jesús ya había enseñado a sus discípulos que esperaran de una vida de servicio a él (cp. Mt 5:10-16; Lc 12:2-12).

d. **en el Espíritu Santo.** Pablo vivió y anduvo por el poder del Espíritu (ver Gá 5:16). Fue la razón central por la que todos los demás elementos positivos de su resistencia y paciencia eran una realidad.

e. **en palabra de verdad.** Las Escrituras, la Palabra de Dios revelada (cp. Col 1:5; Stg 1:18). Durante todo su ministerio, Pablo nunca operó más allá de los límites de la dirección y la guía de la revelación divina.

f. **en poder de Dios.** Pablo no se apoyaba en sus propias fuerzas al ministrar (ver 1 Co 1:18; 2:1-3; cp. Ro 1:16).

g. **con armas de justicia.** Pablo no luchó contra el reino de Satanás con recursos humanos, sino con virtud espiritual (ver 2 Co 10:3-5; Ef 6:10-18).

h. **a diestra y a siniestra.** Pablo tenía a su disposición herramientas ofensivas como la espada del Espíritu y herramientas defensivas como el escudo de la fe y el yelmo de la salvación (ver Ef 6:16, 17).

i. **honra y por deshonra.** El distintivo de un ministerio que tiene carácter genuino es paradójico, y Pablo presentó una serie de paradojas relacionadas con su servicio a Cristo.

j. **como engañadores.** Los opositores de Pablo lo acusaban de ser un impostor y un apóstol falso (cp. Jn 7:12).

k. **como desconocidos.** Esta es una referencia doble: 1) al hecho de que los cristianos no lo conocían antes de que él comenzara a perseguirlos (cp. Hch 8:1; 1 Ti 1:12, 13) y 2) su rechazo por parte de la comunidad de fariseos y dirigentes judíos tras su conversión. El apóstol había llegado a ser desconocido en su mundo anterior a la conversión y bien conocido y amado por la comunidad cristiana.

l. **enriqueciendo a muchos.** La riqueza espiritual que Pablo poseía e impartía con generosidad contribuyó en gran parte a la riqueza espiritual de sus oyentes (cp. Hch 3:6).

119. Separación de los no creyentes

2 Corintios 6:11—7:1

Nuestra boca se ha abierto a vosotros, oh corintios; [a]nuestro corazón se ha ensanchado. No estáis estrechos en nosotros, pero sí sois estrechos en vuestro propio corazón. Pues, para corresponder del mismo modo (como a hijos hablo), ensanchaos también vosotros.

No os [b]unáis en yugo desigual [c]con los incrédulos; porque ¿qué compañerismo tiene la justicia con la injusticia? ¿Y qué comunión la luz con las tinieblas? ¿Y qué concordia Cristo con [d]Belial? ¿O qué parte el creyente con el incrédulo? ¿Y qué [e]acuerdo hay entre el templo de Dios y los ídolos? Porque [f]vosotros sois el templo del Dios viviente, [g]como Dios dijo:

> Habitaré y andaré entre ellos,
> Y seré su Dios,
> Y ellos serán mi pueblo.
> [h]Por lo cual,

---

a. **nuestro corazón se ha ensanchado.** Lit. «nuestro corazón se ha agrandado» (cp. 1 R 4:29). La evidencia del amor genuino de Pablo por los corintios consistía en que sin importar cuántos de ellos le trataran mal, él los amaba y tenía un lugar en su corazón para ellos (cp. Fil 1:7).

b. **unáis en yugo desigual.** Una ilustración tomada de las prohibiciones a Israel en el AT con respecto a la unión de dos tipos diferentes de ganado para la realización de trabajo agrícola (ver Dt 22:10). Con esta analogía, Pablo enseñó que no es correcto unirse en iniciativas espirituales comunes con aquellos que no son de la misma naturaleza (incrédulos). Es imposible que todas las cosas se hagan para gloria de Dios en una situación así.

c. **con los incrédulos.** Los cristianos no deben ligarse a no cristianos en cualquier empresa o relación que vaya en detrimento del testimonio cristiano dentro del Cuerpo de Cristo (ver 1 Co 5:9-13; cp. 1 Co 6:15-18; 10:7-21; Stg 4:4; 1 Jn 2:15). Esto era en especial importante para los corintios a causa de las amenazas de los falsos maestros y la idolatría pagana que los rodeaba. Este mandato no significa que los creyentes deban terminar todas sus asociaciones con no creyentes, porque esto frustraría el propósito para el cual Dios salvó a los creyentes y los dejó en la tierra (cp. Mt 28:19, 20; 1 Co 9:19-23). Resulta claro en 2 Co 6:14b-17 que tales alianzas religiosas son impracticables.

d. **Belial.** Un nombre antiguo para Satanás, el ser más indigno del universo (ver Dt 13:13). Esto resalta el contraste absoluto con Jesucristo, el único digno de toda excelencia, con quien los creyentes deben estar en comunión permanente.

e. **acuerdo... el templo de Dios y los ídolos.** El templo de Dios (el cristianismo verdadero) y los ídolos (las religiones falsas de ídolos y demonios) son incompatibles de forma irreconciliable (cp. 1 S 4-6; 2 R 21:1-15; Ez 8).

f. **vosotros sois el templo del Dios viviente.** Los creyentes individuales son casas espirituales (cp. 2 Co 5:1) donde mora el Espíritu de Cristo (ver 1 Co 3:16, 17; 6:19, 20; Ef 2:22).

g. **como Dios dijo.** Pablo respaldó su afirmación con una referencia a una serie de textos ensartados del AT (Lv 26:11, 12; Jer 24:7; 31:33; Ez 37:26, 27; Os 2:2, 3).

h. Pablo toma como punto de partida Is 52:11 para profundizar sobre el mandato de separación espiritual. No solo es irracional y sacrílego, sino un acto craso de desobediencia unirse con incrédulos. Los creyentes al ser salvos deben desvincularse de todas las formas de

Salid de en medio de ellos,
y [a]apartaos, dice el Señor,
Y no toquéis lo inmundo;
Y yo os recibiré,
seré para vosotros por Padre,
Y vosotros me seréis hijos e hijas,
dice el Señor Todopoderoso.

Así que, amados, puesto que tenemos [b]tales promesas, [c]limpiémonos de toda [d]contaminación [e]de carne y de espíritu, [f]perfeccionando la santidad en el temor de Dios.

---

religión falsa y romper por completo su asociación con toda clase de hábitos pecaminosos y costumbres idólatras (ver Ef 5:6-12; 2 Ti 2:20-23; cp. Ap 18:4).

a. **apartaos.** Este es un mandato para que los creyentes sean como Cristo fue (He 7:26). Como resultado de separarse de las doctrinas y las prácticas falsas, los creyentes conocerán a plenitud la riqueza de lo que significa ser hijos de Dios (ver Ro 8:14-17; cp. 2 S 7:14; Ez 20:34).

b. **tales promesas.** Las promesas del AT que Pablo citó en 2 Co 6:16-18. Las Escrituras motivan con frecuencia a los creyentes a emprender acciones con base en las promesas de Dios (cp. Ro 12:1; 2 P 1:3).

c. **limpiémonos.** La forma de este verbo griego indica que es algo que todo cristiano debe hacer en su propia vida.

d. **contaminación.** Esta palabra griega que solo aparece aquí en el NT se empleó tres veces en el AT griego para aludir a contaminación ceremonial y a alianzas profanas con ídolos, banquetes idólatras, prostitución ritual, sacrificios y festivales paganos.

e. **de carne y de espíritu.** La religión falsa complace los apetitos humanos identificados aquí como «carne y espíritu». Aunque es posible que por un tiempo algunos creyentes se las arreglen para evitar la caída en pecados carnales asociados con la religión falsa, el cristiano que expone su mente a enseñanzas falsas no puede evitar la contaminación de ideologías diabólicas y blasfemias que asaltan la pureza de la verdad divina y blasfeman el nombre de Dios.

f. **perfeccionando la santidad.** La palabra griega que se traduce «perfeccionando» significa «llevar a término» o «completar» (cp. 2 Co 8:6). «Santidad» se refiere a separación de todo lo que contamina tanto el cuerpo como la mente. Cristo fue el único que encarnó una santidad completa o perfecta, por eso los creyentes deben seguirlo a él (cp. 2 Co 3:18; Lv 20:26; Mt 5:48; Ro 8:29; Fil 3:12-14; 1 Jn 3:2, 3).

120. Certeza del amor de Pablo

2 Corintios 7:2–16

Admitidnos: [a]a nadie hemos agraviado, [b]a nadie hemos corrompido, a nadie hemos engañado. No lo digo para condenaros; pues ya he dicho antes que [c]estáis en nuestro corazón, para morir y para vivir juntamente. [d]Mucha franqueza tengo con vosotros; mucho me glorío con respecto de vosotros; lleno estoy de consolación; sobreabundo de gozo en todas nuestras tribulaciones.

Porque de cierto, cuando vinimos a Macedonia, ningún reposo tuvo nuestro cuerpo, sino que en todo fuimos atribulados; de fuera, [e]conflictos; de dentro, temores. Pero Dios, que consuela a [f]los humildes, [g]nos consoló con la venida de Tito; y no solo con su venida, sino también con la consolación con que él había sido consolado en cuanto a vosotros, haciéndonos saber vuestro gran afecto, vuestro llanto, vuestra solicitud por mí, de manera que me regocijé aun más.

---

a. **a nadie hemos agraviado.** La palabra griega que se traduce «agraviado» significa «tratar a alguien de forma injusta», «lastimar a alguien» o «hacer que alguien caiga en pecado». Pablo jamás podría ser acusado de hacer daño a un solo creyente o de hacer caer en pecado a un corintio (ver Mt 18:5-14).

b. **a nadie hemos corrompido.** «Corrompido» podría referirse a corrupción por doctrina o por dinero, pero es probable que se refiera a corromper la moral individual (cp. 1 Co 15:33). Pablo nunca podría ser acusado de alentar algún tipo de conducta inmoral.

c. **estáis en nuestro corazón.** Pablo tenía un corazón perdonador y en lugar de condenar a los corintios por creer a los falsos maestros y rechazarlo, Pablo les recordó su amor por ellos y su disposición para perdonarlos.

d. **Mucha franqueza tengo.** «Franqueza» puede traducirse «confianza». Pablo estaba confiado en la obra continua de Dios en la vida de cada uno de ellos (cp. Fil 1:6), otra prueba del amor de Pablo por los creyentes en Corinto.

e. **conflictos.** Aquí Pablo continuó la narración que dejó en 2 Co 2:13. Al llegar a Macedonia tras salir de Troas, él no tuvo descanso de «conflictos» externos. La palabra griega se usaba para aludir a peleas y contiendas, y puede referirse a la persecución constante que enfrentó Pablo. El apóstol también se sentía acosado por «temores» internos, su preocupación por la iglesia y la facción prevaleciente que se oponía a él.

f. **los humildes.** Esto no se refiere a los que poseen humildad espiritual, sino a los que son humillados. Se trata de personas que están en el nivel más bajo de la sociedad, o los humillados en sentido emocional (cp. Ro 12:16).

g. **nos consoló con la venida de Tito... haciéndonos saber.** La palabra griega que se traduce «venida» se refiere a la presencia literal de Tito junto a Pablo. Además del ánimo que le produjo la llegada de Tito, Pablo fue consolado por el informe que este le dio sobre el arrepentimiento de los corintios y su respuesta positiva a la carta apostólica que Tito les había llevado. Pablo se sintió alentado por cómo habían consolado los corintios a Tito, que les había llevado su carta donde él los confrontaba. También le estimuló la respuesta de ellos, que se manifestó de tres maneras: 1) «gran afecto», porque anhelaban ver otra vez a Pablo y reanudar su relación con él; 2) «llanto», porque estaban compungidos por su pecado y el distanciamiento que habían creado entre ellos y Pablo, y 3) «solicitud», porque amaban a Pablo a tal punto que estuvieron dispuestos a defenderlo contra los que procuraban hacerle daño, en especial los maestros falsos.

Porque aunque [a]os contristé con [b]la carta, [c]no me pesa, aunque entonces lo lamenté; porque veo que aquella carta, aunque por algún tiempo, os contristó. Ahora me gozo, no porque hayáis sido contristados, sino porque fuisteis [d]contristados para arrepentimiento; porque habéis sido contristados según Dios, para que ninguna pérdida padecieseis por nuestra parte. Porque [e]la tristeza que es según Dios produce arrepentimiento para salvación, de que no hay que arrepentirse; pero [f]la tristeza del mundo produce muerte. Porque he aquí, esto mismo de que hayáis sido contristados según Dios, ¡qué [g]solicitud produjo en vosotros, qué [h]defensa, qué [i]indignación, qué [j]temor, qué [k]ardiente afecto, qué

---

a. **os contristé.** Esto también puede traducirse «os causé tristeza» (ver 2 Co 2:1).

b. **la carta.** Se refiere a la carta severa que confrontó el amotinamiento en la iglesia de Corinto (ver 2 Co 2:3).

c. **no me pesa... lo lamenté... me gozo.** Pablo no lamentaba haber enviado la carta, aunque les causó tristeza, porque sabía que la tristeza por su pecado les llevaría al arrepentimiento y de ahí a la obediencia. No obstante, Pablo sí lamentó haberla enviado por un tiempo breve mientras aguardaba el regreso de Tito, pues temía que su carta fuera demasiado dura y que los alejara todavía más de él. Al fin de todo, él se regocijó porque la carta logró justo lo que él tanto esperaba.

d. **contristados para arrepentimiento.** La carta produjo una tristeza en los creyentes corintios que los condujo a arrepentirse de sus pecados. Aquí, «arrepentimiento» se refiere al deseo de apartarse del pecado y restaurar la relación personal con Dios (ver Mt 3:2, 8).

e. **la tristeza que es según Dios produce arrepentimiento para salvación.** «Según Dios» se refiere a una tristeza que es conforme a la voluntad de Dios y producida por el Espíritu Santo (ver 2 Ti 2:25). Por eso el arrepentimiento no puede ocurrir sin tristeza genuina por el pecado propio. Las palabras «produce... para» son suministradas por los traductores. Pablo decía que el arrepentimiento pertenece al campo o la esfera de la salvación. El arrepentimiento está en el corazón mismo de la salvación y es su demostración por excelencia: los que antes eran incrédulos se arrepienten de su pecado en un principio al ser salvos y luego como creyentes se arrepienten de sus pecados de manera continua para mantener el gozo y la bendición de su relación con Dios su Padre (ver 1 Jn 1:7-9).

f. **la tristeza del mundo produce muerte.** La tristeza de origen humano es remordimiento no santificado y no tiene poder para redimir. Para muchos no es más que el orgullo herido por haber sido sorprendidos en un pecado y no haber podido satisfacer sus deseos carnales. Esa clase de tristeza solo produce culpabilidad, vergüenza, desesperación, depresión, lástima por uno mismo y desesperanza. Las personas pueden morir por esa clase de tristeza (cp. Mt 27:3).

g. **solicitud.** Se traduce mejor «diligencia» o «disposición». La reacción inicial del arrepentimiento verdadero es buscar la justicia con diligencia e iniciativa. Esta es una actitud que pone fin a la indiferencia frente al pecado y la complacencia en la maldad y el engaño.

h. **defensa.** Un deseo de limpiar la reputación personal del estigma que acompaña al pecado. El pecador arrepentido restaura la confianza y la seguridad de los demás al dar a conocer su arrepentimiento genuino.

i. **indignación.** Se asocia casi siempre con la indignación justa y el enojo santo. El arrepentimiento produce enojo contra el pecado y desagrado hacia la vergüenza que ha traído sobre el nombre del Señor y sobre su pueblo.

j. **temor.** Es reverencia hacia Dios, quien es el más ofendido por nuestro pecado. El arrepentimiento lleva a un temor sano de aquel quien castiga y juzga todo pecado.

k. **ardiente afecto.** Puede traducirse «anhelo ferviente», y se refiere al deseo intenso del pecador arrepentido para restaurar la relación con aquel en contra de quien ha pecado.

[a]celo, y qué [b]vindicación! En todo os habéis mostrado [c]limpios en el asunto. Así que, aunque os escribí, no fue por causa [d]del que cometió el agravio, ni por causa del que lo padeció, sino para que se os hiciese manifiesta nuestra solicitud que tenemos por vosotros delante de Dios.

Por esto hemos sido consolados en vuestra consolación; pero mucho más nos gozamos por el gozo de Tito, que haya sido confortado su espíritu por todos vosotros. Pues si de algo me he gloriado con él respecto de vosotros, no he sido avergonzado, sino que así como en todo os hemos hablado con verdad, también nuestro gloriarnos con Tito resultó verdad. Y su cariño para con vosotros es aun más abundante, cuando se acuerda de la obediencia de todos vosotros, de cómo lo recibisteis con [e]temor y temblor. Me gozo de que en todo tengo confianza en vosotros.

121. Patrones y propósito de la ofrenda

2 Corintios 8:1–15

[f]Asimismo, hermanos, os hacemos saber la [g]gracia de Dios que se ha dado a las [h]iglesias de Macedonia; que en grande prueba de tribulación, la [i]abundancia

---

a. **celo.** Esto se refiere a amar a alguien o algo tanto que uno aborrece cualquier persona o cosa que haga daño al objeto de este amor.

b. **vindicación.** Podría traducirse «vengar los agravios», y se refiere al deseo de ver que se haga justicia. El pecador arrepentido ya no trata de protegerse a sí mismo, ahora quiere ver que el pecado sea vengado sin importar cuánto pueda costarle.

c. **limpios en el asunto.** La esencia del arrepentimiento es una búsqueda agresiva de la santidad, algo que ahora caracterizaba a los corintios. La palabra griega que se traduce «limpios» significa «puro» o «santo». Demostraron la integridad de su arrepentimiento mediante su integridad.

d. **del que cometió el agravio.** El líder del amotinamiento en la iglesia de Corinto (ver 2 Co 12:7).

e. **temor y temblor.** Reverencia hacia Dios y un temor sano al juicio divino (ver 1 Co 2:3).

f. **Asimismo.** Aunque el contenido específico de esta sección es la instrucción de Pablo a los corintios acerca de una recaudación especial para beneficiar a los santos en Jerusalén, también suministra el modelo más completo y detallado para la generosidad cristiana en el NT.

g. **gracia de Dios.** La generosidad de las iglesias de Macedonia fue motivada por la gracia de Dios. Pablo no solo elogió a esas iglesias por una obra humana noble, sino que dio el crédito a Dios por lo que había hecho a través de ellos.

h. **iglesias de Macedonia.** Macedonia era la provincia romana en el norte de Grecia. La referencia de Pablo era a las iglesias en Filipos, Tesalónica y Berea (cp. Hch 17:11). Era una provincia empobrecida que había sido arrasada por muchas guerras y en aquel tiempo era perjudicada bajo el peso de la autoridad y el comercio romanos.

i. **abundancia de su gozo.** «Abundancia» alude a «excedente». A pesar de sus circunstancias difíciles, el gozo de las iglesias se elevó por encima de su dolor con motivo de su devoción al Señor y las causas de su reino.

de su gozo y su [a]profunda pobreza abundaron en [b]riquezas de su generosidad. Pues [c]doy testimonio de que con agrado han dado conforme a sus fuerzas, y aun más allá de sus fuerzas, pidiéndonos con muchos ruegos que les concediésemos [d]el privilegio de participar en este servicio para los santos. Y [e]no como lo esperábamos, sino que a sí mismos se dieron [f]primeramente al Señor, y luego a nosotros por la voluntad de Dios; de manera que [g]exhortamos a Tito para que tal como comenzó antes, asimismo acabe también entre vosotros esta obra de gracia. Por tanto, como [h]en todo abundáis, en fe, en palabra, en ciencia, en toda solicitud, y en vuestro amor para con nosotros, abundad también en esta gracia.

[i]No hablo como quien manda, sino para poner a prueba, por medio de la diligencia de otros, también la sinceridad del amor vuestro. Porque ya conocéis

---

a. **profunda pobreza.** «Profunda» significa «por debajo de los medios de subsistencia», o «pobres en extremo». «Pobreza» se refiere al tipo más severo de privación económica, el tipo que obliga a una persona pudiente a convertirse en mendigo.

b. **riquezas de su generosidad.** La palabra griega que se traduce «generosidad» también puede traducirse como «liberalidad» o «sinceridad». Es lo opuesto a la duplicidad o a ser de doble ánimo. Los creyentes macedonios eran ricos en su enfoque exclusivo a hacer el bien, siendo generosos y abnegados para con Dios y los demás.

c. **doy testimonio.** Pablo resaltó tres elementos de la generosidad de los macedonios que sintetiza el concepto de una ofrenda voluntaria: 1) «conforme a sus fuerzas». Debe darse de manera proporcional, Dios no establece una cantidad fija o un porcentaje, pero espera que su pueblo dé con base en lo que tiene (Lc 6:38; 1 Co 16:2), 2) «aun más allá de sus fuerzas». Dar es un sacrificio. El pueblo de Dios debe dar de acuerdo con lo que tiene, pero en una proporción tal que le permita sacrificarse (cp. Mt 6:25-34; Mr 12:41-44; Fil 4:19) y 3) «con agrado han dado», lit. «aquel que elige su propio curso de acción». La ofrenda es voluntaria, el pueblo de Dios no debe dar porque se sienta obligado, manipulado o intimidado. La ofrenda voluntaria siempre ha sido el plan de Dios (cp. 2 Co 9:6; Gn 4:2-4; 8:20; Éx 25:1, 2; 35:4, 5, 21, 22; 36:5-7; Nm 18:12; Dt 16:10, 17; 1 Cr 29:9; Pr 3:9, 10; 11:24; Lc 19:1-8). La ofrenda voluntaria no debe confundirse con el diezmo, el cual se relaciona con el sistema nacional de recaudación de impuestos en la nación de Israel (ver Lv 27:30-32) y que encuentra paralelos en el NT y en el presente equivale al pago de impuestos (ver Mt 22:21; Ro 13:6, 7).

d. **el privilegio de participar.** «Privilegio» significa «regalo» o «gracia». Los cristianos de Macedonia imploraron a Pablo que recibieran la gracia especial de poder participar y ser instrumentos de bendición para los santos pobres en Jerusalén. Veían la ofrenda como un privilegio y no como una obligación onerosa (cp. 2 Co 9:7).

e. **no como lo esperábamos.** La respuesta de las iglesias en Macedonia fue mucho mayor de lo que Pablo había anticipado.

f. **primeramente.** No se refiere a tiempo, sino a prioridad. Para los macedonios su prioridad era presentarse a sí mismos como sacrificios a Dios (cp. Ro 12:1, 2; 1 P 2:5). Dar con generosidad viene después de la dedicación personal.

g. **exhortamos a Tito.** En un principio, Tito alentó a los cristianos para que comenzaran la recolección con por lo menos un año de anticipación. Al volver a Corinto con la carta severa, Pablo lo animó para que ayudara a los creyentes a completar la recaudación del dinero para el sustento de los santos pobres en Jerusalén.

h. **en todo abundáis.** La ofrenda de los corintios debía mantenerse en armonía con otras virtudes cristianas que Pablo ya había reconocido en ellos: «fe» (una confianza santificadora en el Señor), «palabra» (sana doctrina), «ciencia» (la aplicación de la doctrina), «solicitud» (interés y pasión espiritual), así como «amor» (el amor de la voluntad, inspirado por sus líderes).

i. **No hablo como quien manda.** Las ofrendas voluntarias, por definición propia, no deben hacerse de conformidad con alguna obligación o mandato establecido.

la gracia de nuestro Señor Jesucristo, que por amor a vosotros [a]se hizo pobre, [b]siendo rico, [c]para que vosotros con su pobreza fueseis enriquecidos.

Y en esto doy mi [d]consejo; porque esto os conviene a vosotros, que comenzasteis antes, no solo a hacerlo, sino también a quererlo, desde el año pasado. Ahora, pues, [e]llevad también a cabo el hacerlo, para que como estuvisteis prontos a querer, así también lo estéis en cumplir conforme a lo que tengáis. Porque si primero hay [f]la voluntad dispuesta, será acepta [g]según lo que uno tiene, [h]no según lo que no tiene.

Porque no digo esto para que haya para otros holgura, y para vosotros estrechez, sino para que en este tiempo, con [i]igualdad, la abundancia vuestra supla la escasez de ellos, para que también la abundancia de ellos supla la

---

a. **se hizo pobre.** Una referencia a la encarnación de Cristo (cp. Jn 1:14; Ro 1:3; 8:3; Gá 4:4; Col 1:20; 1 Ti 3:16; He 2:7). Él puso a un lado el ejercicio independiente de todas sus prerrogativas divinas, dejó su lugar propio con Dios, adoptó forma humana y murió en una cruz como un delincuente común (Fil 2:5-8).

b. **siendo rico.** Una referencia a la eternidad y existencia infinita de Cristo. Como la segunda persona de la Trinidad, Cristo es tan rico como Dios el Padre. Él es dueño de todas las cosas y posee todo poder, autoridad, soberanía, gloria, honor y majestad (cp. Is 9:6; Mi 5:2; Jn 1:1; 8:58; 10:30; 17:5; Col 1:15-18; 2:9; He 1:3).

c. **para que vosotros... fueseis enriquecidos.** Los creyentes adquieren riqueza espiritual mediante el sacrificio y empobrecimiento voluntarios de Cristo (Fil 2:5-8). Se vuelven ricos con la salvación, el perdón, el gozo, la paz, la gloria, el honor y la majestad (cp. 1 Co 1:4, 5; 3:22; Ef 1:3; 1 P 1:3, 4). Se convierten en coherederos con Cristo (Ro 8:17).

d. **consejo.** Pablo no manda aquí a los corintios a dar una cantidad específica. Sin embargo, en su opinión les convenía dar con generosidad para recibir en abundancia de Dios, bien fuera bendiciones materiales, bendiciones espirituales o recompensa eterna (cp. 2 Co 9:6; Lc 6:38).

e. **llevad también a cabo el hacerlo.** Los corintios necesitaban terminar lo que habían comenzado y cerrar con broche de oro la colecta (cp. Lc 9:62; 1 Co 16:2). Necesitaban este recordatorio porque es posible que hubieran detenido el proceso debido a la influencia de los falsos maestros, quienes acusaban a Pablo de ser un truhan que utilizaba artimañas para quedarse con el dinero de las ofrendas (cp. 2 Co 2:17).

f. **la voluntad dispuesta.** Pablo hablaba de una presteza y una disposición deseosa para dar. Lo que más interesa a Dios es la actitud de corazón del dador y no la cantidad que da (cp. 2 Co 9:7; Mr 12:41-44).

g. **según lo que uno tiene.** Lo que uno tenga es el recurso del cual debe dar (ver 2 Co 8:3). Por esa razón no existen en el NT cantidades ni porcentajes fijos como criterio para dar. Esto implica que si uno tiene mucho puede dar mucho y si tiene poco solo puede dar un poco (cp. 2 Co 9:6).

h. **no según lo que no tiene.** Los creyentes no necesitan endeudarse para dar ni quedar reducidos a la pobreza. Dios nunca pide a los creyentes que se empobrezcan. Los macedonios recibieron una bendición especial de gracia por parte de Dios al dar de la manera como dieron.

i. **igualdad.** De esta palabra griega proviene el concepto de «isostasia», que se refiere a una variedad de factores disímiles cuya interacción produce una suma neutra de fuerzas y estabilidad crítica. Por eso también podría traducirse aquí «balance» o «equilibrio». La idea es que en el Cuerpo de Cristo algunos creyentes que tengan más de lo que necesiten deberían ayudar a los que tienen mucho menos de lo que necesitan (cp. 1 Ti 6:17, 18). Sin embargo, esta no es una maniobra de Pablo para redistribuir la riqueza dentro de la iglesia. Su único objetivo es que las necesidades básicas de todos queden satisfechas.

necesidad vuestra, para que haya igualdad, [a]como está escrito: El que recogió mucho, no tuvo más, y el que poco, no tuvo menos.

122. Procedimientos de la ofrenda

2 Corintios 8:16—9:5

Pero gracias a Dios que puso en el corazón de Tito la misma solicitud por vosotros. Pues a la verdad recibió la exhortación; pero estando también muy solícito, por su propia voluntad partió para ir a vosotros. Y enviamos juntamente con él [b]al hermano cuya alabanza en el evangelio se oye por todas las iglesias; y no solo esto, sino que también fue [c]designado por las iglesias como compañero de nuestra peregrinación para llevar este donativo, que es administrado por nosotros [d]para gloria del Señor mismo, y para demostrar vuestra buena voluntad; evitando que nadie nos censure en cuanto a esta ofrenda abundante que administramos, [e]procurando hacer las cosas honradamente, no solo delante del Señor sino también delante de los hombres.

Enviamos también con ellos a [f]nuestro hermano, cuya diligencia hemos comprobado repetidas veces en muchas cosas, y ahora mucho más diligente por la mucha confianza que tiene en vosotros. En cuanto a Tito, es mi [g]compañero y colaborador para con vosotros; y en cuanto a nuestros hermanos, son

---

a. **como está escrito.** Cita de Éx 16:18. La recolección de maná por parte de los israelitas en el desierto era una ilustración apropiada de la participación común de recursos. Algunos eran capaces de recoger más que otros, y al parecer lo participaban a otros para que a nadie le faltara lo que necesitaba.

b. **al hermano.** Este hombre queda sin mencionar porque era muy bien conocido y su reputación era intachable. Era un predicador distinguido y añadió credibilidad a la iniciativa de recolectar una ofrenda dirigida a Jerusalén.

c. **designado por las iglesias.** Para proteger a Pablo y a Tito de acusaciones falsas en cuanto al manejo del dinero, las iglesias eligieron a un hermano que consideraban imparcial como su representante para garantizar una contabilidad correcta.

d. **para gloria del Señor mismo.** Pablo quería someterse al escrutinio de todos como protección en contra de traer deshonra a Cristo por cualquier apropiación o manejo incorrecto del dinero. Quería evitar cualquier ocasión de ofensa que pudiera provocar críticas o acusaciones justificadas o gratuitas.

e. **procurando hacer las cosas honradamente.** Una traducción mejor es «mostrar interés por lo honorable» o «dar prioridad a todo lo que sea honroso». A Pablo le importaba mucho lo que las personas pensaban de sus acciones, sobre todo al considerar lo cuantioso de la ofrenda.

f. **nuestro hermano.** Un tercer miembro de la delegación enviada a entregar la ofrenda, cuyo nombre también se omite.

g. **compañero y colaborador.** Tito era el «socio» de Pablo y su acompañante cercano, un colega apreciado en las labores ministeriales entre los corintios, quienes estaban al tanto de su carácter sobresaliente.

[a]mensajeros de las iglesias, y [b]gloria de Cristo. Mostrad, pues, para con ellos ante las iglesias la prueba de vuestro amor, y de nuestro gloriarnos respecto de vosotros.

Cuanto a [c]la ministración para los santos, es por demás que yo os escriba; pues [d]conozco vuestra buena voluntad, de la cual yo me glorío entre [e]los de Macedonia, que [f]Acaya está preparada desde el año pasado; y vuestro celo ha estimulado a la mayoría. Pero he enviado a los hermanos, para que nuestro gloriarnos de vosotros no sea vano en esta parte; para que como lo he dicho, estéis preparados; no sea que si vinieren conmigo algunos macedonios, y os hallaren desprevenidos, nos avergoncemos nosotros, por no decir vosotros, de esta nuestra confianza. Por tanto, tuve por necesario exhortar a los hermanos que fuesen primero a vosotros y preparasen primero [g]vuestra generosidad antes prometida, para que esté lista como de generosidad, y no como de [h]exigencia nuestra.

---

a. **mensajeros de las iglesias.** Los dos hombres que fueron con Tito eran mensajeros o apóstoles en el sentido de que fueron comisionados y enviados por las iglesias. No eran apóstoles de Cristo (2 Co 11:13; 1 Ts 2:6), porque no fueron testigos oculares del Señor resucitado ni recibieron una comisión directa de él (ver Ro 1:1).

b. **gloria de Cristo.** El más grande de todos los elogios es caracterizarse por ser una persona que trae gloria a Cristo. Esto es lo que caracterizaba a los dos mensajeros.

c. **la ministración para los santos.** La ofrenda que recolectaban para los creyentes en Jerusalén (ver 2 Co 8:4).

d. Pablo les hizo un simple llamado a que recuperaran su entusiasmo original y su buena voluntad para participar en el proyecto de ayuda. La confusión y las mentiras que propagaron los maestros falsos, esto es, al decir que Pablo era un engañador que solo ministraba por ganancia monetaria, habían desviado a los creyentes con respecto a este asunto.

e. **los de Macedonia.** Los creyentes en las iglesias esparcidas por la provincia de Macedonia en el norte de Grecia (ver 2 Co 8:1-5; Hch 16:9).

f. **Acaya.** Una provincia en el sur de Grecia, donde Corinto estaba ubicada.

g. **vuestra generosidad antes prometida.** Al enterarse por primera vez de la necesidad, es indudable que los corintios habían prometido a Pablo que recaudarían una suma considerable.

h. **exigencia nuestra.** Una traducción más clara es «codicia» o «avidez», y denota la acción de acaparar para quedarse con más cosas a expensas de otros. Esta actitud da prelación al egoísmo y el orgullo, lo cual puede tener un efecto muy destructivo en la ayuda a los demás, y es natural en los incrédulos, pero no debería serlo para quienes profesan ser creyentes (cp. Sal 10:3; Ec 5:10; Mi 2:2; Mr 7:22; Ro 1:29; 1 Co 5:11; 6:9, 10; Ef 5:3-5; 1 Ti 6:10; 2 P 2:14).

123. Promesa de ofrenda

2 Corintios 9:6–15

Pero esto digo: El que [a]siembra escasamente, también segará escasamente; y el que siembra [b]generosamente, generosamente también segará. Cada uno dé [c]como propuso en su corazón: no [d]con tristeza, ni [e]por necesidad, porque [f]Dios ama al dador alegre. Y poderoso es Dios para hacer que [g]abunde en vosotros toda gracia, a fin de que, teniendo siempre en todas las cosas [h]todo lo suficiente, [i]abundéis para toda buena obra; [j]como está escrito:

---

a. **siembra.** El principio obvio y evidente en la agricultura que Pablo aplicó a la vida cristiana, que la cosecha va en proporción directa a la cantidad de semilla sembrada (cp. Pr 11:24, 25; 19:17; Lc 6:38; Gá 6:7).

b. **generosamente.** Esto se derivaba de la palabra griega *eulogia* que significa «hablar bien» y se refiere a pronunciar bendiciones. Si un creyente generoso da por fe y confiando en Dios, con el deseo sincero de producir la bendición más grande que sea posible, ese individuo recibirá el mismo tipo de cosecha en términos de bendición personal (cp. Pr 3:9, 10; 28:27; Mal 3:10). Dios da el crecimiento conforme a la cantidad invertida en su reino. Si se invierte poco se recibe poco, y viceversa (cp. Lc 6:38).

c. **como propuso.** El término que se traduce «propuso» solo ocurre aquí en el NT e indica un plan de acción premeditado y predeterminado que se hace de corazón y de manera voluntaria, no como algo impulsivo u obligatorio. Este es un principio bíblico inveterado que se aplica al acto de dar (ver 2 Co 8:3; cp. Éx 25:2).

d. **con tristeza.** También se puede traducir «con reservas» o «con remordimiento», lo cual indica una actitud de depresión, retractación, pesadumbre y vacilación que acompaña a algo que se hace por un sentido formal del deber, sin gozo en absoluto.

e. **por necesidad.** O «bajo compulsión». Esto se refiere a presión y coerción externas, las cuales van acompañadas casi siempre por legalismo. Los creyentes no deben dar con base en las demandas de los demás o conforme a algún parámetro arbitrario o a cantidades prefijadas.

f. **Dios ama al dador alegre.** Dios tiene un amor especial y único para los que se mantienen felices en su compromiso de dar con generosidad. La palabra griega que se traduce «alegre» es la misma de la cual se deriva la palabra «hilaridad», lo cual sugiere que Dios ama al corazón entusiasta que se emociona con cada oportunidad de practicar la generosidad.

g. **que abunde en vosotros toda gracia.** Dios posee una cantidad infinita de gracia, y él la da con exuberancia, sin contenerse (cp. 1 Cr 29:14). Aquí «gracia» no se refiere a gracias espirituales, sino a dinero y bienes materiales. Cada vez que el creyente da con generosidad (y, por ende, con sabiduría) de sus recursos materiales, Dios se encarga de reabastecerlos para que siempre los tenga en abundancia y nunca pase necesidad (cp. 2 Cr 31:10).

h. **todo lo suficiente.** En la filosofía secular griega, este era el contentamiento orgulloso de la autosuficiencia que, según se suponía, llevaba a la felicidad verdadera. Pablo santifica el término secular y dice que Dios, no el hombre, es quien suministra todo lo que se necesita para la felicidad y el contentamiento reales (cp. Fil 4:19).

i. **abundéis para toda buena obra.** Dios devuelve en abundancia para bendecir a los que dan con alegría, no para que puedan satisfacer deseos egoístas y no esenciales, sino para que puedan atender las necesidades reales que otros tengan (cp. Dt 15:10, 11).

j. **como está escrito.** Pablo cita el AT (Sal 112:9) para respaldar lo que ha dicho acerca de los principios divinos de dar y recibir. Dios reabastece y recompensa al dador justo tanto en el tiempo como en la eternidad.

Repartió, dio a los pobres;
Su justicia permanece para siempre.

Y el que da semilla al que siembra, y pan al que come, proveerá y multiplicará vuestra sementera, y aumentará [a]los frutos de vuestra justicia, para que estéis enriquecidos en todo para toda liberalidad, la cual produce por medio de nosotros acción de gracias a Dios. Porque [b]la ministración de este servicio no solamente [c]suple lo que a los santos falta, sino que también abunda en muchas acciones de gracias a Dios; pues por [d]la experiencia de esta ministración glorifican a Dios por [e]la obediencia que profesáis al evangelio de Cristo, y por la liberalidad de vuestra contribución para ellos y para todos; asimismo en [f]la oración de ellos por vosotros, a quienes aman a causa de [g]la superabundante gracia de Dios en vosotros. ¡Gracias a Dios por su [h]don inefable!

---

a. **los frutos de vuestra justicia.** Las bendiciones temporales y eternas de Dios para el dador alegre (cp. Os 10:12).

b. **la ministración de este servicio.** «Ministración» también puede traducirse «servicio», y es un término sacerdotal del que obtenemos la palabra «liturgia». Pablo veía todo el proyecto de recaudación de fondos como una empresa espiritual y un culto agradable a Dios porque ante todo era una ofrenda dedicada a glorificarlo.

c. **suple lo que a los santos falta.** La palabra griega que se traduce «suple» es un término de intensidad doble que podría traducirse «suministrar de verdad y a plenitud». Esto indica que la iglesia de Jerusalén tenía una necesidad de proporciones extremas. Muchos de sus miembros habían ido a Jerusalén como peregrinos para celebrar la fiesta de Pentecostés (ver Hch 2:1, 5-11), se habían convertido por medio del mensaje de Pedro, y decidieron quedarse en la ciudad sin el respaldo económico necesario. Es indudable que muchos residentes en Jerusalén perdieron su trabajo en las olas de persecución que vinieron tras el martirio de Esteban (Hch 8:1). Por otro lado, los corintios tenían recursos suficientes (todavía no habían sufrido persecución y privación como los macedonios; 2 Co 8:1-4) para contribuir a la satisfacción de esa necesidad inmensa mediante un aporte monetario generoso (ver 2 Co 9:5).

d. **la experiencia de esta ministración.** La recolección también proveyó una oportunidad importante para que los corintios pusieran a prueba la autenticidad de su fe (cp. Stg 1:22; 1 Jn 2:3, 4). Los creyentes judíos, que ya habían puesto en duda la validez de la salvación de los gentiles, tenían reservas y escepticismo hacia los corintios en particular por la gran cantidad de problemas que habían ocurrido en su iglesia. La participación de los corintios en la ofrenda ayudaría a resolver por fin esas dudas.

e. **la obediencia que profesáis.** La sumisión obediente a la Palabra de Dios siempre es evidencia de una confesión verdadera de Cristo como Señor y Salvador (Ef 2:10; Stg 2:14-20; cp. Ro 10:9, 10). Si los corintios daban una respuesta adecuada y participaban de buena voluntad en el ministerio de ayudas de Pablo, los creyentes judíos sabrían que la conversión de los gentiles era genuina.

f. **la oración de ellos por vosotros.** Este versículo ilustra la verdad de que la oración mutua está en el corazón de la unidad cristiana auténtica. Tan pronto los creyentes en Jerusalén reconocieran que Dios obraba en la iglesia de Corinto como lo demostraba la ofrenda generosa, se convertirían en sus amigos en Cristo y orarían por los corintios, con acción de gracias a Dios por su generosidad amorosa.

g. **la superabundante gracia de Dios.** El Espíritu de Dios obró en los corintios de una forma especial.

h. **don inefable.** Pablo resumió su discurso con una comparación del acto de generosidad del creyente con lo que Dios hizo al dar a Jesucristo (cp. Ro 8:32), «su don inefable». Dios sepultó a su Hijo y segó una cosecha inmensa con todos los que depositaron su fe en el Cristo resucitado (cp. Jn 12:24). Esto hace posible que los creyentes siembren y sieguen con gozo,

124. La autoridad apostólica de Pablo

2 Corintios 10:1–18

[a]Yo Pablo os ruego por la [b]mansedumbre y [c]ternura de Cristo, yo que estando presente ciertamente soy [d]humilde entre vosotros, mas ausente soy osado para con vosotros; ruego, pues, que cuando esté presente, no tenga que usar de aquella osadía con que estoy dispuesto a proceder resueltamente contra algunos que nos tienen como si anduviésemos según la carne. Pues aunque

---

sacrificio y abundancia. Al dar de esta manera, dan evidencia de su semejanza a Cristo (cp. Jn 12:25, 26; Ef 5:1, 2).

a. **Yo.** El cambio abrupto de tono con respecto a 2 Co 1–9 ha motivado diversas explicaciones sobre la relación entre los capítulos 10 al 13 y 1 al 9. Algunos argumentan que los capítulos 10 al 13 fueron parte del contenido original de «la carta severa» (2:4), de ahí que su lugar cronológico precedería a los capítulos 1 al 9. Sin embargo, los capítulos 10 al 13 no pudieron haber sido escritos antes que los capítulos 1 al 9, porque hacen referencia a la visita de Tito como un acontecimiento pasado (12:18; cp. 8:6). Además, el ofensor cuyo desafío a la autoridad de Pablo motivó el envío de «la carta severa» (2:5-8) no es mencionado en los capítulos 10 al 13. Otros concuerdan en que los capítulos 10 al 13 deben ir antes de 1 al 9, pero creen que forman parte de otra carta. Suponen que Pablo, después de enviar los capítulos 1 al 9 a los corintios, recibió noticias sobre problemas nuevos en Corinto y escribió los capítulos 10 al 13 como respuesta. Una variación de esta alternativa es que Pablo hizo una pausa mientras escribía Segunda Corintios tras terminar los capítulos 1 al 9, y después de recibir malas noticias provenientes de Corinto reanudó la elaboración de la carta en los capítulos 10 al 13. Esta perspectiva preserva la unidad de Segunda Corintios. No obstante, Pablo no menciona en ningún aparte de los capítulos 10 al 13 que hubiera acabado de recibir noticias recientes de Corinto. La mejor interpretación considera Segunda Corintios como una carta unificada en que los capítulos 1 al 9 iban dirigidos a la mayoría compuesta por los que se habían arrepentido (cp. 2:6) y los capítulos 10 al 13 a la minoría que seguía bajo la influencia de los falsos maestros. El respaldo para esta perspectiva es el siguiente: 1) no existe evidencia histórica (en los manuscritos griegos, los escritos de los padres de la iglesia o en traducciones antiguas) de que los capítulos 10 al 13 hubieran circulado como una carta aparte. Todos los manuscritos griegos los incluyen a continuación de los capítulos 1 al 9; 2) las diferencias en tono entre los capítulos 10 al 13 y 1 al 9 han sido exageradas (cp. 11:11; 12:14 con 6:11; 7:2) y 3) los capítulos 10 al 13 constituyen la conclusión lógica de todo lo postulado en los capítulos 1 al 9, y a medida que Pablo preparaba a los corintios para su visita prometida (1:15, 16; 2:1-3).

b. **mansedumbre.** La actitud humilde y amable que se expresa en la resistencia paciente del trato injusto. Una persona mansa no es amargada ni iracunda, y no procura vengarse al ser agraviada. Ver Mt 5:5.

c. **ternura.** Esto es similar en significado a mansedumbre. Al aplicarse a alguien en posición de autoridad se refiere a clemencia. Una cualidad de las personas que se abstienen de emprender represalias así tengan derecho o poder para hacerlo (Fil 4:5).

d. **humilde... soy osado para con vosotros.** Pablo empleó el sarcasmo para reiterar otra característica de la acusación de los corintios en su contra. Era lamentable que hubieran confundido su ternura y mansedumbre con debilidad. Además, lo acusaron de cobarde y de ser franco con ellos solo por escrito y desde una distancia segura. Pablo era muy capaz de hacer confrontación franca y denodada (cp. Gá 2:11), pero como quería ahorrarle esto a los corintios (cp. 2 Co 1:23), el apóstol rogó a la minoría rebelde que no lo obligara a confrontarlos con franqueza, algo que estaba dispuesto a hacer si era necesario, tal como se lo advirtió.

[a]andamos en la carne, [b]no militamos según la carne; porque las armas de [c]nuestra milicia no son carnales, sino poderosas en Dios para la destrucción de [d]fortalezas, derribando [e]argumentos y toda altivez que se levanta contra el conocimiento de Dios, y [f]llevando cautivo todo pensamiento a la obediencia a Cristo, y estando [g]prontos para castigar toda desobediencia, cuando vuestra obediencia sea perfecta.

[h]Miráis las cosas según la apariencia. [i]Si alguno está persuadido en sí mismo que es de Cristo, esto también piense por sí mismo, que como él es de

---

a. **andamos en la carne.** Los opositores de Pablo en Corinto lo acusaron de andar en la carne en un sentido moral (cp. Ro 8:4). El apóstol aprovechó esto para afirmar que sí andaba en la carne en sentido físico, porque a pesar de que poseía el poder y la autoridad de un apóstol de Jesucristo, era un ser humano real (cp. 2 Co 4:7, 16; 5:1).

b. **no militamos según la carne.** Aunque era un hombre, Pablo no peleaba la batalla espiritual por el alma de los hombres con el uso solapado de ingenuidad humana, sabiduría mundana o metodologías calculadoras (cp. 1 Co 1:17-25; 2:1-4). Tales armas carecen de poder para libertar las almas de las fuerzas de las tinieblas y llevarlas a la madurez en Cristo. Nunca se opondrán con éxito a los ataques satánicos contra el evangelio, como los iniciados por los apóstoles falsos en Corinto.

c. **nuestra milicia.** La definición de la vida cristiana como una guerra es común en el NT (cp. 2 Co 6:7; Ef 6:10-18; 1 Ti 1:18; 2 Ti 2:3, 4; 4:7).

d. **fortalezas.** La metáfora habría sido entendida de inmediato por sus destinatarios ya que en Corinto, como en la mayoría de ciudades de la antigüedad, tenía una fortaleza, ubicada en este caso sobre una colina al sur de la ciudad, en la cual sus residentes podían refugiarse. Las fortalezas espirituales formidables que controlan las fuerzas del infierno solo pueden ser demolidas con armas espirituales empuñadas por creyentes piadosos, en particular «la espada del Espíritu» (Ef 6:17), porque nada más que la Palabra de Dios puede derrotar las falsedades satánicas. Esta es la verdadera guerra espiritual. En el NT no se instruye a los creyentes que ataquen a demonios o a Satanás (ver Jud 9), sino que confronten el error con la verdad. Esa es nuestra batalla (cp. Jn 17:17; He 4:12).

e. **argumentos.** Pensamientos, ideas, especulaciones, razonamientos, filosofías y religiones falsas son las fortalezas ideológicas en las que se refugian los hombres para oponerse a Dios y al evangelio (cp. 1 Co 3:20).

f. **llevando cautivo todo pensamiento.** Esto se refiere a la destrucción total de las fortalezas de la sabiduría humana y satánica y al rescate de los que están en ellas para que no sean condenados por las mentiras que los esclavizaron.

g. **prontos para castigar.** Pablo no se quedó de brazos cruzados mientras los enemigos de la fe lanzaban sus ataques contra la iglesia que estaba bajo su cuidado. El apóstol estaba listo para sacarlos de en medio (como lo hizo en Éfeso; 1 Ti 1:19, 20) tan pronto la iglesia en Corinto demostrara una obediencia completa. Al llegar ese momento, las líneas limítrofes serían trazadas con claridad para separar a la mayoría arrepentida y obediente de la minoría recalcitrante y desobediente.

h. **Miráis... según la apariencia.** El verbo griego que se traduce «miráis» se traduce mejor como un mandato imperativo: «Miren lo obvio, enfrenten los hechos, consideren la evidencia». A la luz de lo que sabían acerca de él (cp. 1 Co 9:1, 2), ¿cómo era posible que algunos corintios creyeran que Pablo era un apóstol falso y que los maestros falsos eran apóstoles verdaderos? A diferencia de Pablo, los apóstoles falsos no habían fundado una sola iglesia ni sufrieron persecución por la causa de Cristo. Pablo podía llamar a sus acompañantes e incluso a Ananías como testigos de la realidad de su experiencia en el camino a Damasco. No hubo un solo testigo que pudiera verificar los supuestos encuentros de los apóstoles falsos con el Cristo resucitado y glorificado.

i. **Si alguno está persuadido... que es de Cristo.** La afirmación de los apóstoles falsos de que pertenecían a Cristo puede entenderse de cuatro maneras: 1) que eran cristianos, 2) que habían conocido a Jesús durante su vida terrenal, 3) que habían recibido una comisión

Cristo, así también [a]nosotros somos de Cristo. Porque aunque me gloríe algo más todavía [b]de nuestra autoridad, la cual el Señor nos dio para edificación y no para vuestra destrucción, no me avergonzaré; para que no parezca como que os quiero [c]amedrentar por cartas. Porque a la verdad, dicen, las cartas son duras y fuertes; mas la [d]presencia corporal débil, y la palabra menospreciable. Esto tenga en cuenta tal persona, que así como somos en la palabra por cartas, estando ausentes, lo seremos también en hechos, [e]estando presentes.

Porque no nos atrevemos a [f]contarnos ni a compararnos con algunos que se alaban a sí mismos; pero ellos, midiéndose a sí mismos por sí mismos, y [g]comparándose consigo mismos, no son juiciosos. Pero nosotros [h]no nos

---

apostólica de él, ó 4) que tenían un conocimiento elevado y secreto acerca de él. Su insistencia en que todas o algunas de estas cosas eran ciertas implica que habían negado que fueran ciertas en el caso de Pablo.

a. **nosotros somos de Cristo.** Para continuar el argumento, Pablo no negó en este punto las afirmaciones de los apóstoles falsos (como lo hizo más adelante en 2 Co 11:13-15). Tan solo se limitó a señalar que él también afirma pertenecer a Cristo. Para determinar quién tenía la razón en sus reclamos personales, los corintios solo necesitaban considerar la evidencia objetiva, como les mandó que hicieran al principio del versículo.

b. **de nuestra autoridad.** El debate con los profetas falsos había forzado a Pablo a recalcar su autoridad más de lo que le interesaba hacerlo. Por lo general, la afirmación de su autoridad era algo que Pablo se abstenía de hacer en su humildad, pero sin importar cuánto dijera sobre su autoridad, Pablo jamás sería avergonzado. Puesto que tenía la autoridad de la cual hablaba, nunca sería hallado culpable de hacer un alarde infundado. El Señor dio a Pablo su autoridad para edificar y fortalecer a la iglesia, y que hubiera hecho eso mismo en Corinto demostraba la autenticidad de su llamado apostólico. Lejos de edificar a la iglesia en Corinto, los apóstoles falsos habían traído confusión, divisiones y embrollos. Esto demostraba que su autoridad no venía del Señor, cuyo único propósito es edificar su iglesia (cp. Mt 16:18), nunca destruirla.

c. **amedrentar por cartas.** Los apóstoles falsos habían acusado a Pablo de ser un líder abusivo o de tratar de intimidar a los corintios en sus cartas. Sin embargo, la meta de Pablo no fue aterrar a los corintios, sino llevarlos al arrepentimiento (cp. 2 Co 7:9, 10), porque los amaba (cp. 2 Co 7:2, 3; 11:11; 12:15).

d. **presencia corporal.** Como persistieron en sus intentos de desacreditar a Pablo, los apóstoles falsos afirmaron que, a diferencia de sus cartas duras y vehementes, a él en persona le faltaba la presencia, el carisma y la personalidad de un verdadero líder digno de respeto. No cabe duda de que impusieron su opinión al presentar la partida de Pablo después de su visita dolorosa y triste (2 Co 2:1) como una retirada cobarde y una admisión de fracaso. En una cultura donde se valoraba tanto la retórica y la oratoria elocuente, el discurso «menospreciable» de Pablo también fue tomado como evidencia de que era una persona débil e ineficaz.

e. **estando presentes.** Pablo negó las acusaciones falsas en su contra y afirmó su integridad. Lo que él era en sus cartas también lo era al estar presente en medio de ellos.

f. **contarnos... compararnos.** Es una marca de la humildad de Pablo que él rehusó compararse con otros o dedicarse a la promoción de su persona. Lo único que le interesaba era lo que el Señor pensara de él (cp. 1 Co 4:4), aunque se vio en la necesidad de defender su apostolado para que los corintios no se apartaran de la verdad para seguir las mentiras, si acaso llegaban a apartarse de él.

g. **comparándose consigo mismos.** Pablo mostró la necedad de la jactancia que exhibían los apóstoles falsos. Inventaron parámetros falsos a los que podían sujetarse con facilidad, y luego se proclamaban superiores a los demás por acogerse a ellos.

h. **no nos gloriaremos desmedidamente.** A diferencia de los apóstoles falsos que eran orgullosos, arrogantes y jactanciosos, Pablo se abstuvo de decir algo sobre sí mismo o su ministerio que no fuera verdadero y dado por Dios.

gloriaremos desmedidamente, sino [a]conforme a la regla que Dios nos ha dado por medida, para llegar también hasta vosotros. Porque no nos hemos extralimitado, como si no llegásemos hasta vosotros, pues fuimos los primeros en llegar hasta vosotros con el evangelio de Cristo. No nos gloriamos desmedidamente en trabajos ajenos, sino que esperamos que conforme crezca vuestra fe seremos muy [b]engrandecidos entre vosotros, conforme a nuestra regla; y que anunciaremos el evangelio en los [c]lugares más allá de vosotros, sin entrar en la obra de otro para gloriarnos en lo que ya estaba preparado.

Mas el que se gloría, gloríese en el Señor; porque no es aprobado el que se alaba a sí mismo, sino [d]aquel a quien Dios alaba.

125. La conducta apostólica de Pablo

2 Corintios 11:1–15

¡Ojalá me toleraseis [e]un poco de locura! Sí, toleradme. Porque [f]os celo con [g]celo de Dios; pues [h]os he desposado con un solo esposo, para presentaros

---

a. **conforme a la regla que Dios nos ha dado por medida.** Pablo se contentaba con quedarse dentro de los límites del ministerio que Dios le había dado, y que consistía en ser el apóstol a los gentiles (Ro 1:5; 11:13; 1 Ti 2:7; 2 Ti 1:11). Así pues, contrario a los alegatos de los apóstoles falsos, la esfera ministerial de Pablo sí incluía Corinto. El apóstol demostró una vez más su humildad al rehusar jactarse de sus propios logros, y prefirió hablar solo de lo que Cristo había hecho por medio de él (Ro 15:18; Col 1:29).

b. **engrandecidos... conforme a nuestra regla.** Al quedar resuelta la crisis en Corinto y tras fortalecerse la fe de los corintios, Pablo expandiría su ministerio a nuevas áreas con la ayuda de ellos.

c. **lugares más allá de vosotros.** Zonas como Roma (Hch 19:21) y España (Ro 15:24, 28).

d. **aquel a quien Dios alaba.** La autorrecomendación y los elogios propios carecen de relevancia y son una necedad. La única alabanza que cuenta y es verdadera proviene de Dios.

e. **un poco de locura.** Como acababa de señalar la necedad de hacer alarde de uno mismo (2 Co 10:18), es obvio que Pablo no quería incurrir en una alabanza a sí mismo. No obstante, la manera como los corintios aceptaron las afirmaciones de los apóstoles falsos obligó a Pablo a presentar sus propias credenciales apostólicas (cp. 2 Co 12:11), porque esa fue la única manera en la que pudo hacerles ver la verdad (ver 2 Co 10:7). Sin embargo, a diferencia de los apóstoles falsos, la jactancia de Pablo era en el Señor y no en sí mismo (2 Co 10:17), y estaba motivada por el bienestar de los corintios que estaban bajo la amenaza de una enseñanza falsa (cp. 2 Co 12:19).

f. **os celo.** La razón para la «locura» de Pablo fue su preocupación profunda por los corintios, tan profunda que llegó a sentir celos, no por su propia reputación, sino un celo santo por la pureza espiritual de los creyentes.

g. **celo de Dios.** Los celos inspirados por un amor ferviente a las cosas de Dios son semejantes a los celos de Dios mismo por la santidad de su nombre y la lealtad de su pueblo (cp. Éx 20:5; 34:14; Dt 4:24; 5:9; 6:15; 32:16, 21; Jos 24:19; Sal 78:58; Ez 39:25; Nah 1:2).

h. **os he desposado con un solo esposo.** Como su padre espiritual (2 Co 12:14; 1 Co 4:15; cp. 9:1, 2), Pablo representó a los corintios como una hija que había desposado con Jesucristo (desde el momento de su conversión). El AT presenta a Israel como la esposa

como una [a]virgen pura a Cristo. Pero temo que como [b]la serpiente con su astucia engañó a Eva, vuestros sentidos sean de alguna manera extraviados de la sincera fidelidad a Cristo. Porque [c]si viene alguno predicando a [d]otro Jesús que el que os hemos predicado, o si recibís otro espíritu que el que habéis recibido, u otro evangelio que el que habéis aceptado, [e]bien lo toleráis; y pienso que en nada he sido inferior a [f]aquellos grandes apóstoles. Pues aunque sea

---

del Señor (cp. Is 54:5; Jer 3:14; Os 2:19, 20), mientras que el NT presenta a la iglesia como la novia de Cristo (Ef 5:22-32; Ap 19:7).

a. **una virgen pura.** Como había desposado o comprometido a los corintios en matrimonio a Cristo, Pablo quería que se mantuvieran puros hasta la llegada del día de bodas (cp. Ap 19:7). Fue ese interés apasionado lo que provocó el celo piadoso de Pablo y lo motivó a presentar sus credenciales apostólicas.

b. **la serpiente... engañó a Eva.** Pablo comparó el peligro que enfrentaba la iglesia en Corinto con el engaño de Eva por parte de Satanás. Temía que los corintios, como Eva, caerían presa de las mentiras satánicas y permitirían la corrupción de la mente de cada uno de ellos. El resultado trágico sería el abandono de su devoción sencilla a Cristo para favorecer la doctrina equivocada y sofisticada de los apóstoles falsos. La alusión de Pablo a Gn 3 implica que los apóstoles falsos eran emisarios de Satanás, una verdad que hizo explícita más adelante.

c. **si viene alguno.** Los apóstoles falsos entraron desde afuera a la iglesia de Corinto, tal como lo hizo Satanás en el huerto. Es probable que fueran judíos de Palestina (cp. Hch 6:1) que según ellos venían a someter a los creyentes corintios a los dictados de la iglesia de Jerusalén. En este sentido eran judaizantes que se proponían imponer costumbres judías a los corintios. No obstante, a diferencia de los judaizantes que plagaron las iglesias de Galacia (cp. Gá 5:2), parece que los apóstoles falsos que llegaron a Corinto no insistieron en que los creyentes gentiles se circuncidaran. Tampoco practicaron un legalismo rígido. De hecho, parece que alentaban la vida licenciosa (cp. 2 Co 12:21). Su fascinación con la retórica y la oratoria (cp. 10:10) indica que habían sido influenciados por la cultura y filosofía griegas. Afirmaban (falsamente, cp. Hch 15:24) que representaban a la iglesia de Jerusalén y hasta poseían supuestas cartas de recomendación (ver 2 Co 3:1). Como afirmaban ser apóstoles eminentes (2 Co 11:5), se mofaban de las credenciales apostólicas de Pablo. Aunque su enseñanza pudo ser diferente a la de los judaizantes en Galacia, su efecto era mortífero por igual.

d. **otro Jesús... otro espíritu... otro evangelio.** A pesar de sus ataques brutales contra él, la pelea de Pablo con los apóstoles falsos no era un asunto personal, sino doctrinal. El apóstol podía tolerar a los que fueran hostiles a él mientras predicaran con fidelidad el evangelio de Jesucristo (cp. Fil 1:15-18). En cambio, todos los que adulteraron el evangelio verdadero recibieron la condenación más fuerte de Pablo (cp. Gá 1:6-9). Aunque los detalles precisos de lo que enseñaban los apóstoles falsos se desconocen y no son importantes, ellos predicaban «a otro Jesús» y tenían «otro espíritu», lo cual equivalía a «otro evangelio».

e. **bien lo toleráis.** El temor de Pablo era que los corintios acogieran las mentiras condenadoras de los apóstoles falsos, y esto despertó su preocupación celosa por ellos.

f. **aquellos grandes apóstoles.** Una referencia posible a los doce apóstoles, y en ese caso Pablo afirmó que, contrario a las afirmaciones de los apóstoles falsos (quienes decían que fueron enviados por la iglesia de Jerusalén; ver 2 Co 11:4), él no era inferior a los doce (cp. 1 Co 15:7-9). Es más probable que Pablo hizo una referencia sarcástica a los apóstoles falsos con base en su visión exaltada de sí mismos. Es improbable que se refiriera a los doce mientras hablaba sobre un problema de doctrina falsa (cp. 2 Co 11:1-4), y la comparación que sigue tampoco es entre Pablo y los doce (por cierto, Pablo no habría tenido que defender sus habilidades para la oratoria en comparación a las de los doce; cp. Hch 4:13).

[a]tosco en la palabra, [b]no lo soy en el conocimiento; en todo y por todo os lo hemos demostrado.

¿Pequé yo humillándome a mí mismo, para que vosotros fueseis enaltecidos, por cuanto os he predicado el evangelio de Dios [c]de balde? He [d]despojado a otras iglesias, recibiendo salario para serviros a vosotros. Y cuando estaba entre vosotros y tuve necesidad, a ninguno fui carga, pues lo que me faltaba, lo suplieron [e]los hermanos que vinieron de Macedonia, y en todo me guardé y me guardaré de seros gravoso. Por la verdad de Cristo que está en mí, que no se me impedirá [f]esta mi gloria en [g]las regiones de Acaya. ¿Por qué? ¿Porque no os amo? Dios lo sabe.

Mas lo que hago, [h]lo haré aún, para quitar la ocasión a aquellos que la desean, a fin de que en aquello en que se glorían, sean hallados semejantes a

---

a. **tosco en la palabra.** Pablo reconocía su falta de adiestramiento en las habilidades retóricas que tanto se apreciaban en la cultura griega (ver 2 Co 10:10; cp. Hch 18:24), pero él sabía que ante todo era un predicador del evangelio y no un orador profesional.

b. **no lo soy en el conocimiento.** Sin importar qué deficiencias tuviera como orador, no tenía cosa semejante en términos de conocimiento. Pablo no se refería aquí a su adiestramiento rabínico bajo la tutela de Gamaliel (Hch 22:3), sino a su conocimiento del evangelio (cp. 1 Co 2:6-11; Ef 3:1-5), el cual había recibido de Dios por intervención divina directa (Gá 1:12).

c. **de balde.** También significa «sin cobrar». En la cultura griega se medía la importancia de un maestro conforme a la tarifa que cobraba. Los apóstoles falsos acusaron a Pablo de ser fraudulento porque no cobraba sus servicios (cp. 1 Co 9:1-15). Convencieron a los corintios de que se ofendieran porque Pablo se negó a aceptar el apoyo económico de ellos, y ofrecieron esto como evidencia de que el apóstol no los amaba. La dedicación de Pablo al trabajo manual para sostenerse a sí mismo (Hch 18:1-3) también avergonzaba a los corintios, quienes consideraban que esa clase de labor estaba por debajo de la dignidad de un apóstol. Con ironía exquisita Pablo preguntó a sus acusadores cómo era posible que presentaran su renuncia al derecho de ser sostenido como un pecado. De hecho, al renunciar a ese apoyo se había humillado a sí mismo para que ellos pudieran ser exaltados, es decir, sacados de su propio pecado e idolatría.

d. **despojado a otras iglesias.** «Despojado» es una palabra muy fuerte que se empleaba en griego para aludir al pillaje. Por supuesto, Pablo nunca tomó dinero de las iglesias sin su consentimiento, y el punto es que las iglesias que lo sostuvieron mientras ministró en Corinto no recibieron un beneficio directo del apoyo que le suministraron. No es clara la razón por la que Pablo optó por no aceptar de los corintios el apoyo al que tenía derecho (1 Co 9:15). Es posible que algunos de ellos sospecharan de sus motivos para promover la ofrenda para la iglesia de Jerusalén (cp. 2 Co 12:16-18).

e. **los hermanos que vinieron de Macedonia.** Silas y Timoteo (Hch 18:5), quienes traían dinero de Filipos (Fil 4:15) y tal vez también de Tesalónica (cp. 1 Ts 3:6). La generosa ayuda económica de los macedonios permitió que Pablo se dedicara de tiempo completo a la predicación del evangelio.

f. **esta mi gloria.** Se refiere a que ejercía su ministerio sin cobrar dinero (cp. 1 Co 9:15, 18).

g. **las regiones de Acaya.** La provincia romana de la cual Corinto era la capital y ciudad principal (ver 2 Co 9:2). Al parecer, los apóstoles falsos afectaron a muchos más fuera de la ciudad de Corinto.

h. **lo haré aún.** Que Pablo no aceptara el apoyo económico de los corintios era un motivo de vergüenza para los apóstoles falsos que tanto procuraban recibir dinero a cambio de sus servicios. Pablo se propuso mantener gratuito su ministerio y por eso deshizo el argumento de los apóstoles falsos de que operaban con la misma metodología que él.

nosotros. Porque estos son [a]falsos apóstoles, obreros fraudulentos, que se disfrazan como apóstoles de Cristo. Y no es maravilla, porque el mismo Satanás se disfraza como [b]ángel de luz. Así que, no es extraño si también sus ministros se disfrazan como ministros de justicia; cuyo fin será conforme a sus obras.

126. El sufrimiento apostólico de Pablo

2 Corintios 11:16—33

Otra vez digo: [c]Que nadie me tenga por loco; o de otra manera, recibidme como a loco, para que yo también me glorie un poquito. Lo que hablo, [d]no lo hablo según el Señor, sino como en locura, con esta confianza de gloriarme. Puesto que muchos se glorían según la carne, también yo me gloriaré; porque [e]de buena gana toleráis a los necios, siendo vosotros cuerdos. Pues toleráis

---

a. **falsos apóstoles.** Aquí, Pablo dejó de hablar con ironía velada para defenderse a sí mismo, y expuso sin rodeos a los apóstoles falsos como lo que eran: emisarios de Satanás. No solo era falsa su pretensión al apostolado, sino también toda su doctrina. Como promotores satánicos de enseñanzas falsas, caían bajo la maldición de Gá 1:8, 9. Las palabras de Pablo pueden parecer demasiado duras, pero fue una expresión correcta del celo piadoso que sentía por los corintios (ver 2 Co 11:2). Pablo no estaba dispuesto a sacrificar la verdad para mantener la unidad. Cp. 1 Ti 4:12; 2 P 2:1-17; Jud 8-13.

b. **ángel de luz.** Puesto que el príncipe de las tinieblas (cp. Lc 22:53; Hch 26:18; Ef 6:12; Col 1:13) se enmascara como un ángel de luz, es decir, con engaños que lo disfrazan como un mensajero de la verdad, no es sorprendente que sus emisarios hagan lo mismo. Así como Satanás engañó a Eva (Gn 3:1-7) y mantiene cautivos a los incrédulos (2 Co 4:4; cp. Ef 2:1-3), sus emisarios trataban de engañar y esclavizar a los corintios. El «fin» aterrador que enfrentarán estos supuestos «ministros de justicia» es el juicio de Dios, que es el fin de todos los falsos maestros (Ro 3:8; 1 Co 3:17; Fil 3:19; 2 Ts 2:8; 2 P 2:1, 3, 17; Jud 4, 13).

c. **Que nadie me tenga por loco.** Puesto que algunos de los corintios (por seguir la directiva de los apóstoles falsos) hacían comparaciones desfavorables de Pablo frente a los falsos apóstoles, él decidió responder a los necios conforme a su propia necedad (Pr 26:5). El interés de Pablo no era su preservación individual, porque sabía que, si lo rechazaban para favorecer a los apóstoles falsos, los corintios rechazaban el evangelio verdadero a cambio de uno falso. Por eso al establecer que tanto él como su ministerio eran genuinos, Pablo defendió el evangelio verdadero de Jesucristo.

d. **no lo hablo según el Señor.** Pablo reconoció que jactarse no es «según el Señor» (cp. 2 Co 10:1), pero la situación problemática en Corinto, donde los falsos apóstoles se dedicaban sin impedimento a «gloriarse según la carne», lo obligó a jactarse no con fines de glorificarse a sí mismo (Gá 6:14), sino para contrarrestar las doctrinas falsas que amenazaban la salud espiritual de la iglesia en Corinto (ver 2 Co 11:16).

e. **de buena gana toleráis a los necios.** Pablo escribió con sarcasmo que los corintios no deberían tener problemas para aguantar a un «necio» como él, ya que ellos mismos eran tan «sabios» (cp. 1 Co 4:10). Estos versículos contienen las muestras más representativas del sarcasmo acerbo con que Pablo escribía en casos como este, para demostrar la seriedad de la situación en Corinto y revelar la preocupación celosa de un pastor piadoso por su rebaño. Pablo no veía su desacuerdo con los apóstoles falsos como un simple debate académico. Lo que estaba en juego era el alma de cada uno de los corintios y la pureza del evangelio.

si alguno [a]os esclaviza, si alguno [b]os devora, si alguno [c]toma lo vuestro, si alguno [d]se enaltece, si alguno [e]os da de bofetadas. Para vergüenza mía lo digo, [f]para eso fuimos demasiado débiles. Pero en lo que otro tenga osadía (hablo con locura), también yo tengo osadía.

[g]¿Son hebreos? Yo también. ¿Son israelitas? Yo también. ¿Son descendientes de Abraham? También yo. [h]¿Son ministros de Cristo? [i](Como si estuviera loco hablo.) Yo más; [j]en trabajos más abundante; en azotes sin número; en cárceles más; en peligros de muerte muchas veces. De los judíos cinco veces he recibido [k]cuarenta azotes menos uno. Tres veces he sido [l]azotado con varas;

---

a. **os esclaviza.** El verbo griego que se traduce con esta frase aparece solo una vez más en el NT, en Gá 2:4, donde habla de la esclavización de los gálatas a mano de los judaizantes. Los apóstoles falsos habían despojado a los corintios de su libertad en Cristo (cp. Gá 5:1).

b. **os devora.** O «trata como cazador a la presa». Esta es una referencia probable a las demandas de los falsos maestros para recibir apoyo económico (el mismo verbo aparece en Lc 20:47 donde Jesús denuncia a los fariseos por devorar las casas de las viudas).

c. **toma lo vuestro.** Se traduce mejor «se aprovecha de vosotros» (se traduce «os prendí por engaño» en 2 Co 12:16). Los apóstoles falsos trataban de capturar a los corintios como peces en una red (cp. Lc 5:5, 6).

d. **se enaltece.** Esto se refiere a alguien que es presumido, se da ínfulas o impone su dominio caprichoso sobre las personas (cp. 1 P 5:3).

e. **os da de bofetadas.** Es posible que los falsos apóstoles hayan sometido a algunos corintios a maltrato físico, pero es más probable que la frase se emplee en sentido metafórico (cp. 1 Co 9:27) para hablar de la humillación de los corintios por parte de los maestros falsos. Golpear a alguien en la cara era una señal irrespetuosa de menosprecio (cp. 1 R 22:24; Lc 22:64; Hch 23:2).

f. **para eso fuimos demasiado débiles.** El sarcasmo de Pablo llegó a la cúspide con su comentario de que era «demasiado débil» para maltratar a los corintios tal como lo habían hecho los apóstoles falsos.

g. **¿Son hebreos?... ¿Son israelitas?... ¿Son descendientes de Abraham?** A cada una de estas preguntas Pablo respondió de manera sencilla y poderosa «yo también» (cp. Fil 3:5).

h. **¿Son ministros de Cristo?** Pablo ya había negado de forma categórica que lo fueran (2 Co 11:13). Sin embargo, algunos de los corintios todavía creían que sí lo eran. Pablo aceptó esa creencia para elaborar su argumento y procedió a mostrar que su ministerio era en todo sentido superior al supuesto «ministerio» de los apóstoles falsos.

i. **Como si estuviera loco hablo.** Una vez más Pablo expresó su desagrado extremo por la jactancia en la que se vio obligado a incurrir por causa de los corintios.

j. **en trabajos... en peligros de muerte muchas veces.** Un resumen general de los sufrimientos de Pablo por el evangelio. Los versículos siguientes incluyen ejemplos específicos, muchos de los cuales no se encuentran en el libro de Hechos. Pablo estuvo muchas veces en peligro de muerte (Hch 9:23, 29; 14:5, 19, 20; 17:5; 21:30-32).

k. **cuarenta azotes menos uno.** En Dt 25:1-3 se establece cuarenta como el máximo número de azotes que podían administrarse a una persona. En el tiempo de Pablo los judíos redujeron el número a treinta y nueve para evitar que alguien se equivocara y excediera el límite fijado. Jesús advirtió que sus seguidores recibirían esa clase de azotinas (Mt 10:17).

l. **azotado con varas.** Se refiere a golpizas romanas con palos flexibles atados en un solo manojo (cp. Hch 16:22, 23).

[a]una vez apedreado; [b]tres veces he padecido naufragio; [c]una noche y un día he estado como náufrago en alta mar; en caminos muchas veces; [d]en peligros de ríos, peligros de ladrones, peligros de los de mi nación, peligros de los gentiles, peligros en la ciudad, peligros en el desierto, peligros en el mar, peligros entre [e]falsos hermanos; en trabajo y fatiga, en muchos desvelos, en hambre y sed, en muchos ayunos, en frío y en desnudez; y además de otras cosas, lo que sobre mí se agolpa cada día, [f]la preocupación por todas las iglesias. ¿Quién enferma, y yo no enfermo? ¿A quién se le hace tropezar, y yo no me indigno?

Si es necesario gloriarse, [g]me gloriaré en lo que es de mi debilidad. El Dios y Padre de nuestro Señor Jesucristo, quien es bendito por los siglos, sabe que [h]no miento. En Damasco, el gobernador de la provincia del rey Aretas guardaba la ciudad de los damascenos para prenderme; y fui [i]descolgado del muro en un canasto por una ventana, y escapé de sus manos.

---

a. **una vez apedreado.** En Listra (Hch 14:19, 20).

b. **tres veces he padecido naufragio.** Esto no incluye el naufragio en su viaje hacia Roma como prisionero (Hch 27), el cual todavía no había ocurrido. Pablo ya había estado en varios viajes marítimos (cp. Hch 9:30; 11:25, 26; 13:4, 13; 14:25, 26; 16:11; 17:14, 15; 18:18, 21), lo cual dio oportunidad amplia para que tuvieran lugar los tres naufragios mencionados.

c. **una noche y un día he estado como náufrago en alta mar.** Por lo menos uno de los naufragios fue tan severo que Pablo pasó todo un día a flote en medio del siniestro mientras esperaba ser rescatado.

d. **en peligros.** Los relacionados con sus viajes frecuentes. «Ríos» y «ladrones» representaban un peligro serio para los viajeros en el mundo antiguo. Por ejemplo, el viaje de Pablo desde Perge hasta Antioquía de Pisidia (Hch 13:14), le requirió desplazarse a través de los montes Tauro que estaban infestados de ladrones, y cruzar dos ríos peligrosos que tendían a desbordarse. Pablo corrió peligro en muchas ocasiones a manos de sus compatriotas («los de mi nación»; cp. Hch 9:23, 29; 13:45; 14:2, 19; 17:5; 18:6, 12–16; 20:3, 19; 21:27-32) y con menos frecuencia, de «los gentiles» (Hch 16:16-40; 19:23–20:1).

e. **falsos hermanos.** Los que parecían ser cristianos sin serlo, como los falsos apóstoles (2 Co 11:13) y los judaizantes (Gá 2:4).

f. **la preocupación.** Mucho peor que el sufrimiento físico ocasional, Pablo tuvo que soportar el peso diario y constante de su preocupación por las iglesias. Aquellos que eran débiles y enfermizos en la fe (cp. Ro 14; 1 Co 8) o a los que se les hacía «tropezar» para caer en pecado eran la causa de su intenso dolor emocional. Cp. 1 Ts 5:14.

g. **me gloriaré... mi debilidad.** Esta actitud magnificaba el poder de Dios que obraba en él (cp. 2 Co 4:7; Col 1:29; 2 Ti 2:20, 21).

h. **no miento.** Al darse cuenta de lo increíble que podría parecer su lista de sufrimientos, Pablo invocó a Dios como testigo de que decía la verdad (cp. 2 Co 1:23; Ro 1:9; 9:1; Gá 1:20; 1 Ts 2:5, 10; 1 Ti 2:7), y que todas esas cosas habían sucedido en realidad.

i. **descolgado del muro en un canasto.** Pablo relató su escape humillante de Damasco (cp. Hch 9:23-25) como ejemplo máximo de la debilidad en la que se gloriaba (2 Co 11:30). La narración en Hechos menciona a los judíos hostiles que querían acabar con la vida de Pablo, mientras Pablo dijo que quien procuraba su muerte era el gobernador que respondía al rey Aretas, quien tenía jurisdicción en Arabia de los nabateos (9 A.C.–40 A.D.). Es evidente que los judíos alborotaron a las autoridades seculares para que se ensañaran contra él, tal como lo hicieron después de forma reiterada (cp. Hch 13:50; 14:2; 17:13).

127. Las credenciales apostólicas de Pablo

2 Corintios 12:1–18

Ciertamente [a]no me conviene gloriarme; pero vendré a las [b]visiones y a las revelaciones del Señor. Conozco a [c]un hombre en Cristo, que [d]hace catorce años (si en el cuerpo, no lo sé; si fuera del cuerpo, no lo sé; Dios lo sabe) fue [e]arrebatado hasta el tercer cielo. Y conozco al tal hombre ([f]si en el cuerpo, o fuera del cuerpo, no lo sé; Dios lo sabe), que fue arrebatado al paraíso, donde oyó [g]palabras inefables que no le es dado al hombre expresar. De tal hombre me gloriaré; pero de mí mismo en nada me gloriaré, sino en mis debilidades. Sin embargo, si quisiera gloriarme, no sería insensato, porque diría la verdad; pero lo dejo, para que nadie piense de mí más de lo que en mí ve, u oye de mí.

Y para que la grandeza de las revelaciones no me exaltase desmedidamente, me fue dado [h]un aguijón en mi carne, un mensajero de Satanás que

---

a. **no me conviene gloriarme.** Con cierta vacilación, Pablo continuó su proceso de «gloriarse» para beneficio didáctico de los corintios (ver 2 Co 11:1). Aunque no es algo provechoso ni «conviene», porque podría tentar su propia carne al orgullo, la fascinación de los corintios con las supuestas visiones y revelaciones de los falsos apóstoles lo dejó sin más alternativa.

b. **visiones... revelaciones.** Seis de las visiones de Pablo están registradas en Hechos (9:12; 16:9, 10; 18:9; 22:17, 18; 23:11; 27:23, 24), y sus cartas hablan de revelaciones que había recibido (cp. Gá 1:12; 2:2; Ef 3:3).

c. **un hombre en Cristo.** Aunque Pablo tenía muchas reservas para gloriarse y por eso se refiere a sí mismo en la tercera persona, el contexto muestra que hablaba de su propia experiencia. Contar lo que había sucedido a otro hombre no contribuiría en lo más mínimo a verificar sus credenciales apostólicas. Además, el aguijón en la carne lo afligió a él y no a otra persona (2 Co 12:7).

d. **hace catorce años.** Debido a que tuvo lugar catorce años antes de que escribiera Segunda Corintios, la visión específica que Pablo relata no puede identificarse con algún incidente registrado en Hechos. Es probable que haya sucedido entre su regreso a Tarso desde Jerusalén (Hch 9:30) y el inicio de sus viajes misioneros (Hch 13:1-3).

e. **arrebatado hasta el tercer cielo... arrebatado al paraíso.** Pablo no describe aquí dos visiones separadas. Aquí «el tercer cielo» y el «paraíso» son el mismo lugar (cp. Ap 2:7, donde dice que el árbol de la vida está en el paraíso, con Ap 22:14, el cual dice que está en el cielo). El primer cielo es la atmósfera terrestre (Gn 8:2; Dt 11:11; 1 R 8:35), el segundo es el espacio interplanetario e interestelar (Gn 15:5; Sal 8:3; Is 13:10) y el tercero es la morada de Dios (1 R 8:30; 2 Cr 30:27; Sal 123:1).

f. **si en el cuerpo... si fuera del cuerpo.** Pablo quedó tan abrumado por su visión celestial que no conocía los detalles precisos. Sin embargo, bien fuera que su cuerpo hubiera sido llevado al cielo (como Enoc en Gn 5:24 y Elías en 2 R 2:11), o que su espíritu se hubiera separado por un tiempo de su cuerpo, no era lo que importaba.

g. **palabras inefables... no le es dado... expresar.** Por cuanto las palabras solo eran para él, Pablo tenía prohibido repetirlas, aun si hubiera podido expresarlas de forma coherente.

h. **un aguijón en mi carne, un mensajero de Satanás.** Esto le fue enviado por Dios para mantenerlo humilde. Como en el caso de Job, Satanás fue la causa inmediata, pero Dios fue la causa última. El uso que Pablo hace de la palabra «mensajero» (gr. *angelos* o ángel) de

me abofetee, [a]para que no me enaltezca sobremanera; respecto a lo cual [b]tres veces he rogado al Señor, que lo quite de mí. Y me ha dicho: [c]Bástate mi gracia; porque [d]mi poder se perfecciona en la debilidad. Por tanto, de buena gana me gloriaré más bien en mis debilidades, para que repose sobre mí el poder de Cristo. Por lo cual, por amor a Cristo me gozo en las debilidades, en afrentas, en necesidades, en persecuciones, en angustias; porque cuando soy débil, entonces soy fuerte.

Me he hecho un necio al gloriarme; vosotros me obligasteis a ello, pues yo debía ser alabado por vosotros; porque en nada he sido menos que aquellos grandes apóstoles, aunque nada soy. Con todo, [e]las señales de apóstol han sido hechas entre vosotros en toda paciencia, por señales, prodigios y milagros. Porque ¿en qué habéis sido menos que las otras iglesias, sino en que yo mismo no os he sido carga? [f]¡Perdonadme este agravio!

Satanás indica que el «aguijón» en la carne (lit. «una estaca para la carne») fue una persona demonizada y no una enfermedad física. De los ciento setenta y cinco usos de la palabra griega *angelos* en el NT, la mayoría se refiere a ángeles. Este ángel provenía de Satanás y era un demonio que afligía a Pablo. Es posible que la mejor explicación de este demonio es que se tratara del espíritu inmundo que encabezaba la conspiración en Corinto, el líder de los falsos apóstoles. A través de ellos se las arreglaba para destruir la iglesia amada de Pablo y así atravesaba con una estaca dolorosa el corazón del apóstol. El respaldo adicional para esta perspectiva se deriva del contexto en 2 Co 10–13, que corresponde al combate contra adversarios (los falsos profetas). El verbo que se traduce «abofetee» siempre se refiere a maltrato de una persona sobre otra (Mt 26:67; Mr 14:65; 1 Co 4:11; 1 P 2:20). Por último, el AT describe a los enemigos personales como aguijones (Nm 33:55; Jos 23:13; Jue 2:3; Ez 28:24).

a. **para que no me enaltezca sobremanera.** El ataque fue doloroso, pero tuvo propósito. Dios permitió que Satanás ocasionara estos problemas severos en la iglesia con el fin de hacer humilde a Pablo, quien por haber tenido tantas revelaciones y hasta una visión directa del cielo mismo, habría podido enorgullecerse. El apóstol falso y endemoniado que atacó su obra en Corinto era la estaca dolorosa que atravesó su carne para que no cayera presa del orgullo.

b. **tres veces he rogado.** Pablo anhelaba ser aliviado de este estorbo doloroso para su ministerio y acudió a su Señor para rogarle (el uso del artículo definitivo en «Señor» muestra que la oración de Pablo iba dirigida a Jesús) que lo quitara. Los demonios solo se sujetan a la autoridad de Jesucristo. La repetición triple de la petición de Pablo forma un paralelo con la de Jesús en Getsemaní (Mr 14:32-41). Tanto Pablo como Jesús recibieron como respuesta la negación de sus peticiones, pero a ambos se les concedió gracia para soportar sus tribulaciones.

c. **Bástate mi gracia.** El tiempo presente del verbo que se traduce «bástate» revela la disponibilidad constante de gracia divina. Dios no quitó el aguijón como Pablo rogó que lo hiciera, nunca dejaría de suministrarle la gracia para soportarlo (cp. 1 Co 15:10; Fil 4:13; Col 1:29).

d. **mi poder se perfecciona en la debilidad.** Cp. 2 Co 4:7-11. Cuanto más débil sea el instrumento humano, con más claridad resplandece en medio de la prueba la gracia de Dios.

e. **las señales de apóstol.** Incluye, pero no está limitado a «señales, prodigios y milagros» (el milagro de la salvación de los corintios también era una marca indeleble del apostolado de Pablo, 1 Co 9:2). El propósito de las señales milagrosas era autenticar a los apóstoles como mensajeros de Dios (cp. Hch 2:22, 43; 4:30; 5:12; 14:3; Ro 15:18, 19; He 2:3, 4).

f. **Perdonadme.** Pablo no había desairado a los corintios a excepción de haberse negado a ser una carga para ellos (ver 2 Co 11:7). Con un toque de ironía, les rogó que lo perdonaran por ese «agravio».

He aquí, [a]por tercera vez estoy preparado para ir a vosotros; y [b]no os seré gravoso, porque [c]no busco lo vuestro, sino a vosotros, pues no deben atesorar los [d]hijos para los padres, sino los padres para los hijos. Y yo con el mayor placer gastaré lo mío, y aun yo mismo [e]me gastaré del todo por amor de vuestras almas, aunque amándoos más, sea amado menos.

Pero admitiendo esto, que yo no os he sido carga, sino que como soy astuto, os prendí por engaño, ¿acaso os he engañado por [f]alguno de los que he enviado a vosotros? Rogué a Tito, y envié con él al hermano. ¿Os engañó acaso Tito? ¿No hemos procedido con el mismo espíritu y en las mismas pisadas?

---

a. **por tercera vez.** La primera fue la visita registrada en Hch 18, la segunda fue la visita «triste» y dolorosa (2 Co 2:1).

b. **no os seré gravoso.** Durante su próxima visita, Pablo mantenía su deseo de continuar la práctica de no aceptar el sustento económico de los corintios.

c. **no busco lo vuestro, sino a vosotros.** Pablo estaba interesado en los corintios (cp. 2 Co 6:11-13; 7:2, 3), no en su dinero.

d. **hijos... padres... padres... hijos.** Para reforzar su punto, Pablo citó la verdad de que los padres tienen responsabilidad económica por sus hijos y no los hijos (mientras sean menores de edad, cp. 1 Ti 5:4) por sus padres.

e. **me gastaré.** Lejos de buscar ganancia económica de los corintios, Pablo se proponía darles todo lo que tenía, tanto material como espiritual. El verbo que se traduce «gastaré» se refiere a la utilización de fondos monetarios, y describe la disposición de Pablo a trabajar para sostenerse a sí mismo mientras estuviera en Corinto (Hch 18:3). «Del todo» describe cómo Pablo estuvo dispuesto a darse a sí mismo hasta el punto de sacrificar su vida.

f. **alguno de los que os he enviado.** Aunque era obvio que Pablo no se había aprovechado de los corintios para beneficio personal, sus opositores hicieron circular un rumor todavía más dañino, que hacía uso de subterfugios y trampas para engañar a los corintios (cp. 2 Co 4:2). La acusación específica de los apóstoles falsos era que Pablo enviaba a sus asistentes a recolectar la ofrenda para Jerusalén de los corintios y tenía planificado quedarse con un porcentaje. Según sus opositores, Pablo no solo era un hipócrita engañador (porque después de todo, sí se apropiaba del dinero de los corintios, a pesar de sus palabras en 2 Co:14, 15), sino también un ladrón desfachatado. Esta fue la acusación más dolorosa para Pablo porque impugnaba el carácter de sus amigos. Indignado al ver que los corintios creían esas mentiras tan ridículas, Pablo señaló que sus asociados no se aprovecharon de los corintios durante sus visitas anteriores relacionadas con la recaudación de fondos (2 Co 8:6, 16-22). La verdad simple era que ni Pablo ni sus representantes habían defraudado en cualquier forma a los corintios.

128. Advertencias finales

2 Corintios 12:19—13:10

¿Pensáis aún que nos disculpamos con vosotros? [a]Delante de Dios en Cristo hablamos; y todo, muy amados, para vuestra [b]edificación. Pues me temo que cuando llegue, no os halle tales como quiero, y yo sea hallado de vosotros cual no queréis; que haya entre vosotros contiendas, envidias, iras, divisiones, maledicencias, murmuraciones, soberbias, desórdenes; que cuando vuelva, me humille Dios entre vosotros, y quizá tenga que llorar por muchos de los que antes han pecado, y no se han arrepentido de la inmundicia y fornicación y lascivia que han cometido.

Esta es [c]la tercera vez que voy a vosotros. Por boca [d]de dos o de tres testigos se decidirá todo asunto. He dicho antes, y ahora digo otra vez como si estuviera presente, y ahora ausente lo escribo a los que antes pecaron, y a todos los demás, que si voy otra vez, no seré indulgente; pues buscáis [e]una prueba de que habla Cristo en mí, [f]el cual no es débil para con vosotros, sino que es poderoso en vosotros. Porque aunque fue crucificado en debilidad, vive por el poder de Dios. Pues también nosotros somos débiles en él, pero viviremos con él por el poder de Dios para con vosotros.

---

a. **Delante de Dios.** Para impedir que los corintios se vieran a sí mismos como jueces ante los cuales comparecía Pablo como un acusado, el apóstol corrigió de inmediato su percepción errada: Dios es el único juez sobre todos (cp. 2 Co 5:10; 1 Co 4:3-5). Pablo buscaba edificar a los corintios, no exonerarse a sí mismo.

b. **edificación.** Al visitarlos, Pablo no quería ver que los corintios siguieran en la misma condición espiritual deplorable como en su última visita (la que produjo tristeza y dolor, 2 Co 2:1). Si descubría que no estaban como lo deseaba (es decir, si todavía practicaban los pecados que enumeró), ellos también se encontrarían con él como no lo deseaban, porque él tendría que disciplinarlos (cp. 2 Co 13:2). Si Pablo veía que los corintios vivían todavía en pecado sin arrepentirse, el apóstol se sentiría humillado y entristecido. Esta advertencia, al igual que la de 2 Co 13:2, tenía el propósito de prevenir que algo así sucediera.

c. **la tercera vez.** Ver 2 Co 12:14.

d. **de dos o de tres testigos.** No es una referencia a las 3 visitas de Pablo a Corinto, porque él solo podía ser un testigo sin importar cuántas visitas hiciera. Pablo informó a los corintios que les trataría conforme a la metodología bíblica (cp. Dt 19:15; Mt 18:16; Jn 8:17; He 10:28), como resultado de cualquier pecado que encontrara en Corinto.

e. **una prueba de que habla Cristo en mí.** Los corintios que todavía buscaran pruebas de que Pablo era un apóstol genuino serían sometidos a disciplina. Es probable que recibieran mucho más de lo que pensaban porque Pablo iba a usar su autoridad y poder apostólicos para tratar en persona cualquier pecado y rebelión que encontrara allí (ver 2 Co 12:21).

f. **el cual no es débil.** El poder de Cristo se revelaría a través de Pablo en contra de los corintios pecadores (cp. 1 Co 11:30-32). Al rebelarse contra el apóstol escogido de Cristo (2 Co 1:1) se rebelaban contra Cristo mismo.

Examinaos [a]a vosotros mismos si estáis en la fe; probaos a vosotros mismos. ¿O no os conocéis a vosotros mismos, que Jesucristo está en vosotros, a menos que estéis [b]reprobados? Mas espero que conoceréis que nosotros no estamos reprobados.

Y oramos a Dios que ninguna cosa mala hagáis; no para que nosotros aparezcamos aprobados, sino para [c]que vosotros hagáis lo bueno, aunque nosotros seamos como reprobados. Porque [d]nada podemos contra la verdad, sino por la verdad. Por lo cual nos gozamos de que seamos nosotros débiles, y que vosotros estéis fuertes; y aun oramos por vuestra perfección. Por esto os escribo estando ausente, para no usar de severidad cuando esté presente, conforme a la autoridad que el Señor me ha dado para edificación, y no para destrucción.

129. Bendiciones y saludos

2 Corintios 13:11–14

Por lo demás, hermanos, tened gozo, perfeccionaos, consolaos, sed de un mismo sentir, y vivid en paz; y el Dios de paz y de amor estará con vosotros.

Saludaos unos a otros con ósculo santo.

Todos los santos os saludan.

La gracia del Señor Jesucristo, el amor de Dios, y la comunión del Espíritu Santo sean con todos vosotros. Amén.

---

a. **a vosotros mismos.** La gramática griega da mucha notoriedad a los pronombres «vosotros mismos» y «vosotros». Pablo le devolvió la pelota a sus acusadores, porque ellos en lugar de someter a su evaluación arbitraria el apostolado de Pablo, necesitaban poner a prueba la autenticidad de su fe (cp. Stg 2:14-26). El apóstol llamó la atención sobre la incongruencia de que los corintios creyeran que la fe de ellos era genuina y que su apostolado era falso. Pablo era su padre espiritual (1 Co 4:15), si su apostolado era fraudulento también lo era la fe de ellos. La autenticidad de su salvación era prueba de la autenticidad de su apostolado.

b. **reprobados.** Lit. «no aprobados». Aquí se refería a la ausencia de fe genuina que lleva a la salvación.

c. **que vosotros hagáis lo bueno.** El anhelo más profundo de Pablo era que sus hijos espirituales llevaran una vida piadosa (cp. 2 Co 7:1), así persistieran en dudar de él. Pablo estaba dispuesto incluso a aparecer como «reprobado» siempre y cuando los corintios se apartaran de su pecado (cp. Ro 9:3).

d. **nada podemos contra la verdad.** Para que nadie pensara que su referencia a ser reprobado fuera una admisión de culpabilidad por su parte, Pablo añadió de inmediato que no había transgredido «la verdad» del evangelio. El apóstol también pudo haber querido decir que no necesitaba emprender acción alguna contra los corintios si los encontraba viviendo de conformidad con «la verdad». En ese caso, se regocijaría por ser «débil» (puesto que no era necesario que ejerciera su poder apostólico), ya que esto significaría que los corintios eran «fuertes» en su vida espiritual.

130. Tres meses en Grecia

Hechos 20:2–3a

Y [a]después de recorrer aquellas regiones [de Macedonia], y de exhortarles con abundancia de palabras, llegó a Grecia. Después de haber estado allí [b]tres meses...

131. Pablo escribe una carta a los romanos

Introducción a Romanos

El nombre de esta epístola viene de sus destinatarios originales: los miembros de la iglesia en Roma, capital del Imperio romano (Ro 1:7).

Autor y fecha

Nadie disputa que el apóstol Pablo escribió Romanos. Como el primer rey de Israel (Saúl era el nombre hebreo de Pablo; Pablo su nombre griego), Pablo era de la tribu de Benjamín (Fil 3:5). Era, asimismo, un ciudadano romano (Hch 16:37; 22:25). Pablo nació alrededor del tiempo del nacimiento de Cristo, en Tarso (Hch 9:11), una ciudad importante (Hch 21:39) en la provincia romana de Cilicia, localizada en Asia Menor (Turquía moderna). Pasó gran parte de los primeros años de su vida en Jerusalén como alumno del célebre rabino Gamaliel (Hch 22:3). Igual que su padre antes que él, Pablo era un fariseo (Hch 23:6), miembro de la secta judía más estricta (cp. Fil 3:5).

Milagrosamente convertido mientras iba camino a Damasco (ca. 33-34 A.D.) para arrestar a cristianos en esa ciudad, Pablo comenzó de inmediato a proclamar el mensaje del evangelio (Hch 9:20). Después de haber escapado con mucha dificultad, antes de que le quitaran la vida en Damasco (Hch 9:23-25; 2 Co 11:32, 33), Pablo pasó tres años en Arabia Nabatea, al sureste del mar Muerto (Gá 1:17, 18). Durante ese tiempo, recibió gran parte de su doctrina como revelación directa del Señor (Gá 1:11, 12).

Más que cualquier otro individuo, Pablo fue responsable del esparcimiento del cristianismo a lo largo del Imperio romano. Realizó tres viajes misioneros

---

a. **después de recorrer aquellas regiones.** Macedonia y Acaya.
b. **tres meses.** La mayor parte de este tiempo la pasó en Corinto.

por gran parte del mundo mediterráneo, predicó incansable el evangelio que él en un tiempo buscó destruir (Hch 26:9). Después de regresar a Jerusalén con una ofrenda para los necesitados de la iglesia de allí, fue falsamente acusado por algunos judíos (Hch 21:27-29), salvajemente golpeado por una multitud enfurecida (Hch 21:30, 31), y arrestado por los romanos. Aunque los gobernadores romanos, Félix y Festo, como también Herodes Agripa, no lo encontraron culpable de ningún crimen, la presión de los líderes judíos mantuvo a Pablo bajo custodia romana. Después de dos años, el apóstol usó su derecho como ciudadano romano y apeló a César. Tras un turbulento viaje (Hch 27, 28), incluida una tormenta violenta de dos semanas en el mar, que culminó en un naufragio, Pablo llegó a Roma. Finalmente lo soltaron por un breve período de ministerio, fue arrestado una vez más y murió como mártir en Roma, alrededor del 65-67 A.D. (cp. 2 Ti 4:6).

Aunque físicamente no era impresionante (cp. 2 Co 10:10; Gá 4:14), Pablo poseía una fortaleza interna que le fue otorgada a través del poder del Espíritu Santo (Fil 4:13). La gracia de Dios demostró ser suficiente para suplir todas sus necesidades (2 Co 12:9, 10), y capacitar a este noble siervo de Cristo para acabar con éxito su carrera espiritual (2 Ti 4:7).

Pablo escribió Romanos desde Corinto, como indican las referencias a Febe (Ro 16:1, Cencrea era el puerto de Corinto), Gayo (Ro 16:23), y Erasto (Ro 16:23), relacionados con Corinto. El apóstol escribió la carta hacia el final de su tercer viaje misionero (lo más probable es que fuera en el 56 A.D. conforme se preparaba para partir a Palestina con una ofrenda para los creyentes pobres de la iglesia en Jerusalén (Ro 15:25). A Febe se le dio gran responsabilidad con el encargo de entregar esta carta a los creyentes romanos (16:1, 2).

Contexto histórico

Roma era la capital y la ciudad más importante del Imperio romano. Fue fundada en el 753 A.C. pero no se menciona en las Escrituras, hasta los tiempos del NT. Roma está localizada a lo largo de las cuencas del río Tíber, a unos veinticuatro kilómetros del mar Mediterráneo. Hasta que un puerto artificial fue construido cerca de Ostia, el principal puerto de Roma era Puteoli, a unos 240 km de distancia (ver Hch 28:13). En la época de Pablo, la ciudad tenía una población de más de un millón de personas, muchas de las cuales eran esclavas. Roma se jactaba de tener edificios colosales, como el Palacio del Emperador, el Circo Máximo y el Foro, pero su belleza quedaba manchada por los barrios tan concurridos. Según la tradición, Pablo fue martirizado en las afueras de Roma, en la Vía Ostiana, durante el reinado de Nerón (54-68 A.D.).

Algunos de los que se convirtieron el día de Pentecostés, es probable que fundaran la iglesia en Roma (cp. Hch 2:10). Durante mucho tiempo, Pablo había procurado visitar la iglesia romana, pero le había sido imposible (Ro 1:13). En la providencia de Dios, que Pablo no pudiera visitar Roma le dio al mundo esta obra maestra inspirada de doctrina del evangelio.

El propósito primordial de Pablo, al escribir Romanos, fue enseñar las grandes verdades del evangelio de la gracia a creyentes que nunca habían recibido instrucción apostólica. La carta también lo introdujo en una iglesia donde él era personalmente desconocido, pero que esperaba visitar pronto por varias razones importantes: edificar a los creyentes (1:11); predicar el evangelio (1:15) y conocer a los cristianos romanos, para que pudieran alentarlo (1:12; 15:32), orar mejor por él (15:30) y ayudarlo con su ministerio planificado en España (15:28).

A diferencia de algunas de las demás epístolas de Pablo (p. ej. 1, 2 Co, Gá), su propósito al escribir no era corregir la teología aberrante ni reprender la vida impía. La iglesia romana era doctrinalmente sana, pero, como todas las iglesias, necesitaba la instrucción doctrinal rica y práctica que esta carta provee.

Temas históricos y teológicos

Debido a que Romanos es primordialmente una obra doctrinal, contiene poco material histórico. Pablo usa figuras conocidas del AT como Abraham (cap. 4), David (4:6-8), Adán (5:12-21), Sara (9:9), Rebeca (9:10), Jacob y Esaú (9:1-13), y Faraón (9:17) como ilustraciones. Él también relata algo de la historia de Israel (caps. 9–11). El capítulo 16 provee vistazos interesantes de la naturaleza e identidad de la iglesia del siglo I y de sus miembros.

El tema principal de Romanos es la justicia que viene de Dios: la gloriosa verdad de que Dios justifica por gracia a los pecadores culpables, condenados, únicamente a través de la fe en Cristo. Los caps. 1–11 presentan las verdades teológicas de esa doctrina, mientras que los caps. 12–16 detallan su manifestación práctica en la vida de los creyentes individuales y la vida del conjunto de la iglesia. Algunos temas teológicos específicos incluyen principios de liderazgo espiritual (1:8-15); la ira de Dios en contra de la humanidad pecadora (1:18-32); principios de juicio divino (2:1-16); la universalidad del pecado (3:9-20); una exposición y defensa de la justificación solo por fe (3:21–4:25); la seguridad de la salvación (5:1-11); la transferencia del pecado de Adán (5:12-21); la santificación (caps. 6–8); la elección soberana (cap. 9); el plan de Dios para Israel (cap. 11); los dones espirituales y la piedad práctica (cap. 12); la responsabilidad del creyente para con el gobierno humano (cap. 13); y principios de libertad cristiana (14:1–15:12).

Retos de interpretación

Como la obra doctrinal preeminente en el NT, Romanos contiene naturalmente varios pasajes difíciles. La explicación paulina de la perpetuación del pecado de Adán (5:12-21) es uno de los pasajes teológicos más profundos de todas las Escrituras. La naturaleza de la unión de la humanidad con Adán, y cómo se transfirió su pecado a la raza humana han sido siempre objeto de intenso debate. Los estudiosos de la Biblia también están en desacuerdo respecto a si 7:7-25 describe la experiencia de Pablo como creyente o como incrédulo, o si se trata de una herramienta literaria sin pretensiones de ser autobiográfica. Las doctrinas estrechamente relacionadas con la elección (8:28-30) y la soberanía de Dios (9:6-29) han confundido a muchos creyentes. Otros cuestionan si los caps. 9–11 enseñan o no que Dios tiene un plan futuro para la nación de Israel. Algunos han ignorado la enseñanza de Pablo sobre la obediencia del creyente al gobierno humano (13:1-7) en nombre del activismo cristiano, mientras que otros se han servido de ella para defender la obediencia de esclavo a los gobiernos totalitarios.

Todos estos retos de interpretación y más se explican en las notas de los pasajes respectivos.

132. Saludos y temática

Romanos 1:1–17

Pablo, [a]siervo de Jesucristo, llamado a ser apóstol, apartado para [b]el evangelio de Dios, [c]que él había prometido antes por sus profetas en las santas Escrituras, acerca de su Hijo, nuestro Señor Jesucristo, que era del [d]linaje de David según la carne, que fue [e]declarado [f]Hijo de Dios con poder, según [g]el Espíritu de santidad, por la [h]resurrección de entre los muertos, y por quien recibimos la

---

a. **siervo.** *Doulos*, la palabra común en el NT para aludir a siervo o esclavo. Aunque en la cultura griega se refería con más frecuencia al servicio involuntario y permanente de un esclavo, Pablo elevó este término al emplearlo en su sentido hebreo para describir a un siervo que se compromete de manera voluntaria a servir a un maestro a quien ama y respeta (Éx 21:5, 6; Gá 1:10; Tit 1:1; cp. Gn 26:24; Nm 12:7; 2 S 7:5; Is 53:11).

b. **el evangelio de Dios.** Empleado como verbo y sustantivo unas sesenta veces en esta epístola, la palabra griega traducida con esta frase significa «buenas noticias» (ver Mr 1:1). Roma la incorporaba en el culto al emperador. El heraldo municipal empleaba la palabra para comenzar los anuncios importantes y favorables acerca del emperador, como el nacimiento de un hijo. La buena noticia que Pablo trae no es del emperador, sino «de Dios». Esa noticia se originó en él y su mensaje de que Dios perdonará los pecados, librará del poder del pecado y dará esperanza eterna (Ro 1:16; cp. 1 Co 15:1-4) no solo se presenta como una oferta gratuita y generosa, sino que también es un mandato que debe obedecerse (Ro 10:16). Pablo se había consagrado por completo a la divulgación de este mensaje (1 Co 9:23).

c. **que él había prometido antes.** Los antagonistas judíos de Pablo lo acusaron de predicar un mensaje nuevo y revolucionario que no tenía relación alguna con el judaísmo (Hch 21:28), pero el AT está repleto de profecías acerca de Cristo y el evangelio (1 P 1:10-12; cp. Mt 5:17; He 1:1).

d. **linaje de David.** El AT había profetizado que el Mesías formaría parte del linaje de David (2 S 7:12, 13; Sal 89:3, 4, 19, 24; Is 11:1-5; Jer 23:5, 6). Tanto María, la madre de Jesús (Lc 3:23, 31), como José, su padre para efectos legales (Mt 1:6, 16; Lc 1:27), fueron descendientes de David. Juan establece el hecho de creer que Cristo vino en la carne como una prueba crucial de ortodoxia (1 Jn 4:2, 3). Debido a que él es humano por completo, puede servir como sustituto perfecto del hombre (Jn 1:29; 2 Co 5:21) y portarse como un sumo sacerdote compasivo (He 4:15, 16).

e. **declarado.** La palabra griega de la cual se deriva la palabra «horizonte» significa «distinguir». Así como el horizonte sirve como línea clara de demarcación para dividir la tierra del cielo, la resurrección de Jesucristo lo separa por completo del resto de la humanidad como prueba irrefutable de que él es el Hijo de Dios (ver Ro 10:9).

f. **Hijo de Dios.** Este título que ocurre unas treinta veces en los Evangelios identifica a Jesucristo como Dios mismo en esencia. Ver Jn 1:34, 49; 11:27; 19:7 (cp. He 1:5; 2 S 7:14). La resurrección declaró sin equívoco alguno que Jesús es Dios y la expresión de Dios mismo en forma humana. Aunque fue por toda la eternidad el Hijo en anticipación de su encarnación, al entrar encarnado al mundo fue declarado al universo entero como el Hijo de Dios y asumió una postura de sumisión al Padre (ver Sal 2:7; He 1:5, 6).

g. **el Espíritu de santidad.** En su encarnación, Cristo se sujetó por voluntad propia a la voluntad del Padre, solo a través de la dirección, la agencia y el poder del Espíritu Santo (Mt 3:16; Lc 4:1; Jn 3:34; ver Hch 1:2).

h. **resurrección de entre los muertos.** Su victoria sobre la muerte fue la demostración suprema y la evidencia más concluyente de que él es Dios el Hijo (ver Ro 10:9; cp. Hch 13:29-33; 1 Co 15:14-17).

[a]gracia y el [b]apostolado, para la [c]obediencia a la fe en todas las naciones por amor de su nombre; entre las cuales estáis también vosotros, [d]llamados a ser de Jesucristo; a todos los que estáis en Roma, [e]amados de Dios, llamados a ser santos:

Gracia y paz a vosotros, de Dios nuestro Padre y del Señor Jesucristo.

Primeramente doy gracias a mi Dios mediante Jesucristo con respecto a todos vosotros, de que vuestra fe se divulga por todo el mundo. Porque testigo me es Dios, a quien [f]sirvo en mi espíritu en el evangelio de su Hijo, de que sin cesar hago mención de vosotros siempre en mis oraciones, rogando que de alguna manera tenga al fin, por la voluntad de Dios, un próspero viaje para ir a vosotros. Porque deseo veros, para comunicaros algún [g]don espiritual, a fin de que seáis confirmados; esto es, para ser mutuamente confortados por la fe que nos es común a vosotros y a mí.

Pero no quiero, hermanos, que ignoréis que muchas veces me he propuesto ir a vosotros (pero hasta ahora he sido estorbado), para tener también entre

---

a. **gracia.** El favor inmerecido que Dios muestra a los pecadores culpables. Esta es la primera referencia del libro a la parte más crucial del mensaje evangélico: la salvación es un regalo de Dios apartado por completo de cualquier esfuerzo o logro humano (Ro 3:24, 27; 4:1-5; 5:20, 21; ver Ef 2:8).

b. **apostolado.** Aunque el término «apóstol» se refiere a los doce de manera única y exclusiva (ver Ro 1:1), en un sentido más amplio y menos oficial puede describir a cualquier creyente a quien Dios haya enviado con el mensaje de salvación (cp. Hch 14:14; Ro 16:7; He 3:1).

c. **obediencia a la fe.** La verdadera fe que salva siempre produce obediencia y sumisión al señorío de Jesucristo (Ro 16:19, 26; cp. 10:9, 10; cp. Mt 7:13, 14, 22-27; Stg 2:17-20).

d. **llamados.** Ver Ro 1:7. Siempre en las epístolas del NT el «llamado» de Dios se refiere al llamamiento eficaz de Dios a los pecadores elegidos para su salvación (cp. Ro 8:28-30), antes que al llamado general a creer que se dirige a todos los hombres (cp. Mt 20:16).

e. **amados de Dios llamados... santos.** El texto griego registra estos tres privilegios distintos: 1) Dios ha puesto su amor sobre los suyos como un sello (Ro 5:5; 8:35; Ef 1:6; 2:4, 5; 1 Jn 3:1), 2) Él no solo les ha extendido la invitación general y externa a creer el evangelio (Is 45:22; 55:6; Ez 33:11; Mt 11:28; Jn 7:37; Ap 22:17), sino su llamado eficaz, o su atracción a sí mismo de todos aquellos a los que ha escogido para salvación (Ro 8:30; 2 Ts 2:13, 14; 2 Ti 1:9; ver Jn 6:44) y 3) Dios ha apartado a los creyentes del pecado para consagrarlos a sí mismo, de tal manera que sean santos como él (1 Co 3:16, 17; 1 P 2:5, 9).

f. **sirvo en mi espíritu.** En el NT, esta palabra griega que alude a «servir» siempre se aplica al servicio religioso, y en algunas ocasiones se traduce «culto» y «adoración». Pablo había visto la religión superficial e hipócrita de los fariseos y el hedonismo supersticioso de la idolatría pagana. Ahora bien, su culto o servicio espiritual (ver Ro 12:1) no era el resultado de un temor irracional o una obligación legal, sino que era genuino y sincero (cp. Fil 3:3; 2 Ti 1:3; 2:22).

g. **don espiritual.** La palabra griega que se traduce «don» es *charisma*, que significa un «regalo de gracia», una capacitación espiritual cuya fuente es el Espíritu de Dios. En Romanos se emplea el mismo término para describir a: 1) Cristo mismo (Ro 5:15, 16), 2) las bendiciones generales de Dios (11:29; cp. 1 Ti 6:17) y 3) los dones espirituales específicos que son dados a ciertos miembros del cuerpo para ministrar a todos los demás (Ro 12:6-8; cp. 1 Co 12:1-31; 1 P 4:10, 11). Es probable que Pablo aludiera aquí a las tres aplicaciones del término.

vosotros algún [a]fruto, como entre los demás gentiles. A [b]griegos y a [c]no griegos, a sabios y a no sabios soy deudor. Así que, en cuanto a mí, pronto estoy a anunciaros el evangelio también a vosotros que estáis en Roma.

Porque [d]no me avergüenzo del evangelio, porque es [e]poder de Dios para [f]salvación a todo aquel que [g]cree; [h]al judío primeramente, y también al griego.

---

a. **fruto.** En las Escrituras se catalogan tres clases de fruto espiritual: 1) actitudes espirituales que caracterizan a un creyente guiado por el Espíritu (Gá 5:22, 23), 2) acciones justas (Ro 6:22; Fil 4:16, 17; He 13:15) y 3) creyentes nuevos (Ro 16:5). En este contexto, es probable que Pablo se refiera a la tercera clase, un deseo del apóstol que se hizo realidad durante su encarcelamiento en Roma (Fil 4:22).

b. **griegos.** Personas de muchas nacionalidades diferentes que habían acogido la lengua, la cultura y la educación de los griegos. Eran la clase social más sofisticada en el tiempo de Pablo. Debido a su interés profundo en la filosofía, eran considerados «sabios». Como resultado del predominio de la cultura griega, Pablo usó con frecuencia esta palabra para describir a todos los gentiles (cp. Ro 3:9).

c. **no griegos.** «Bárbaros» es un término despectivo acuñado por los griegos para referirse a todos los que no habían sido adiestrados en la lengua y la cultura griegas. Cada vez que alguien hablaba en otro idioma, a los griegos les sonaba como frases incoherentes o «bar bar bar». Aunque «bárbaro» se aplica en el sentido más preciso del término a las masas de personas no educadas y sin cultura, se empleaba con frecuencia para describir a todos los que no fueran griegos, los «no sabios» del mundo. El punto de Pablo es que Dios no hace acepción de personas (Ro 2:11). El evangelio debe alcanzar tanto a la cúpula de la sociedad como a todos los excluidos de ella (cp. Jn 4:4-42; Stg 2:1-9).

d. **no me avergüenzo.** El apóstol había sido encarcelado en Filipos (Hch 16:23, 24), echado de Tesalónica (Hch 17:10), sacado a escondidas de Berea (Hch 17:14), vilipendiado en Atenas (Hch 17:32), juzgado como insensato en Corinto (1 Co 1:18, 23), y apedreado en Galacia (Hch 14:19), pero siempre se mantuvo ansioso de predicar el evangelio en Roma, el núcleo del poder político y la religión pagana de su tiempo. Ni la ridiculización, ni las críticas, ni la persecución física pudieron mitigar su denuedo. Ver 2 Co 4:5-18; 11:23-28; 12:9, 10.

e. **poder.** La palabra «dinamita» se deriva de esta palabra griega. Aunque el mensaje sonara como una locura para algunos (1 Co 1:18), el evangelio es eficaz porque viene cargado con la omnipotencia de Dios (cp. Éx 15:6; Dt 32:39; Job 9:4; Sal 33:8, 9; 89:13; 106:8, 9; Is 26:4; 43:13; Jer 10:12; 27:5; Mt 28:18; Ro 9:21). Solo el poder de Dios puede vencer la naturaleza pecaminosa del hombre y darle una vida nueva (Ro 5:6; 8:3; Jn 1:12; 1 Co 1:18, 23-25; 2:1-4; 4:20; 1 P 1:23).

f. **salvación.** Ocurre cinco veces en Romanos (la forma verbal ocurre ocho veces). Esta palabra clave tiene el significado básico de «liberación» o «rescate». El poder del evangelio libra a las personas de la perdición (Mt 18:11), de la ira de Dios (Ro 5:9), de la ignorancia espiritual voluntaria (Os 4:6; 2 Ts 1:8), de la indulgencia maliciosa en el pecado (Lc 14:26), y de las tinieblas de la religión falsa (Col 1:13; 1 P 2:9). Las rescata del castigo definitivo por su pecado, es decir, la separación eterna de Dios y el castigo eterno (ver Ap 20:6).

g. **cree.** Confiar, apoyarse en o tener fe en. Aplicado al concepto de salvación, este término ocurre por lo general en el tiempo presente («que cree»), lo cual recalca que la fe no solo es un acontecimiento histórico que sucede una vez, sino una condición perseverante y continua. La verdadera fe que salva es sobrenatural, un don gratuito de Dios que él mismo deposita y produce en el corazón (ver Ef 2:8), y es el único medio por el cual una persona puede apropiarse de justicia verdadera (cp. Ro 3:22, 25; 4:5, 13, 20; 5:1; Ver 4:1-25). La fe salvadora consiste en tres elementos: 1) mental: la mente entiende el evangelio y la verdad acerca de Cristo (10:14-17), 2) emocional: la persona manifiesta que ha acogido la veracidad de esos hechos con tristeza por el pecado y gozo por la misericordia y la gracia de Dios (6:17; 15:13) y 3) volitivo: el pecador somete su voluntad a Cristo y confía solo en él como la única esperanza de salvación (ver 10:9). La fe genuina siempre producirá obediencia auténtica (ver Ro 4:3; cp. Jn 8:31; 14:21-24).

h. **al judío primeramente.** Dios escogió a Israel para que fuera su nación y testigo personal (Éx 19:6), por lo cual le dio privilegios especiales (Ro 3:2; 9:4, 5). El ministerio de

Porque en el evangelio [a]la justicia de Dios se revela [b]por fe y para fe, como está escrito: Mas [c]el justo por la fe vivirá.

Cristo se dirigió primero a Israel (Mt 15:24), y fue de Israel que la salvación habría de venir al mundo entero (Jn 4:22; cp. 13:46).

a. **la justicia de Dios.** Se traduce mejor «justicia de parte de Dios». Es un tema principal del libro que aparece más de treinta veces en una u otra forma. La justicia es el estado o la condición de conformarse de manera perfecta a la ley y el carácter perfectos de Dios. Otros términos de la misma raíz griega también ocurren unas treinta veces y se traducen por lo general «justificado», «justificación» y otras expresiones similares. Dios es el único ser que posee justicia como algo inherente a él mismo (Dt 32:4; Job 9:2; Sal 11:7; 116:5; Jn 17:25; Ro 3:10; 1 Jn 2:1; Ap 16:5), mientras que el hombre está muy alejado del parámetro divino de perfección moral (Ro 3:23; Mt 5:48). Ahora bien, el evangelio revela que, con base en la fe (y solo en la fe), Dios está dispuesto a imputar su justicia y rectitud a los pecadores impíos (ver Ro 3:21-24; 4:5; 2 Co 5:21; Fil 3:8, 9).

b. **por fe y para fe.** Esta puede ser una expresión paralela de «todo aquel que cree» (Ro 1:16), como si Pablo aludiera a la fe individual de cada creyente, para mostrar que la fe es la misma realidad de una a otra persona y así de forma sucesiva. También puede ser que Pablo quisiera señalar que la justicia de Dios se basa por completo en la fe, de principio a fin.

c. **el justo por la fe vivirá.** Pablo se propone demostrar que el método de Dios siempre ha consistido en justificar a los pecadores por la gracia y con base en nada más que la fe. Dios estableció a Abraham como un modelo de fe (Ro 4:22-25; Gá 3:6, 7) y por eso lo llama el padre de todos los que creen (Ro 4:11, 16). En otro lugar Pablo usa la misma frase para argumentar que nadie jamás ha sido declarado justo delante de Dios si no es por solo la fe (Gá 3:11), y que la fe verdadera se demuestra con acciones (Fil 2:12, 13). Esta expresión hace hincapié en que la fe verdadera no es un suceso aislado, sino una manera de vivir, algo que perdura hasta el fin. Esa perdurabilidad de la fe tiene que ver con la perseverancia de los santos (cp. Col 1:22, 23; He 3:12-14). Un tema central en la historia de Job es que, sin importar qué haga Satanás, la fe que salva no puede ser destruida.

133. La injusticia de los gentiles

Romanos 1:18–32

[a]Porque [b]la ira de Dios [c]se revela desde el cielo contra toda [d]impiedad e [e]injusticia de los hombres que [f]detienen con injusticia la verdad; porque lo que de Dios se conoce [g]les es manifiesto, pues Dios se lo manifestó. Porque las cosas invisibles de él, [h]su eterno poder y [i]deidad, se hacen claramente visibles desde la creación del mundo, siendo entendidas [j]por medio de las cosas hechas, de modo que no tienen excusa. Pues habiendo conocido a Dios, [k]no le glorificaron como a

a. **Porque.** Tras introducir la justicia que proviene de Dios (Ro 1:17), un tema que desarrolla con detalle (Ro 3:21–5:21), Pablo presenta evidencias irrefutables de la pecaminosidad del hombre, y subraya la necesidad imperiosa que tiene de esta justicia, la cual solo Dios puede proveer y transmitir. Presenta el caso de Dios contra la persona pagana, irreligiosa e inmoral (Ro 1:18-32; los gentiles), contra la persona religiosa y moral en apariencia (Ro 2:1–3:8; los judíos), y concluye con una demostración de que todos los hombres merecen por igual el juicio de Dios (Ro 3:9–20).

b. **la ira de Dios.** No corresponde a una explosión impulsiva de enojo dirigida a personas que no sean del agrado de Dios. Es la respuesta ecuánime y determinada de un Dios justo en contra del pecado (cp. Sal 2:5, 12; 45:7; 75:8; 76:6, 7; 78:49-51; 90:7-9; Is 51:17; Jer 25:15, 16; Jn 3:36; Ro 9:22; Ef 5:6; Col 3:5, 6).

c. **se revela.** La definición más precisa es «revelada de manera constante». En esencia la palabra significa «descubrir, hacer visible o dar a conocer». Dios revela su ira de dos maneras: 1) indirecta, mediante las consecuencias naturales de transgredir su ley moral universal, y 2) directa, por medio de su intervención personal (el registro del AT, desde la sentencia impuesta a Adán y Eva hasta el diluvio universal, desde el fuego y azufre que destruyó por completo a Sodoma hasta el cautiverio en Babilonia, presenta evidencias claras de esta clase de intervención). La revelación más gráfica de la ira y el odio santos de Dios en contra del pecado se encuentra en el derramamiento del juicio divino sobre su propio Hijo en la cruz. Dios tiene diversos tipos de ira: 1) ira eterna, la cual se expresa en el infierno; 2) ira escatológica que corresponde al último y gran Día del Señor; 3) ira de cataclismo como el diluvio y la destrucción de Sodoma y Gomorra; 4) ira de consecuencias, que corresponde al principio de la siembra y la cosecha, y 5) la ira del abandono, que consiste en quitar todos los frenos morales y dejar que las personas se desboquen en sus propios pecados (para ejemplos de esta ira, ver Sal 81:11, 12; Pr 1:23-31; ver Os 4:17). Aquí se describe esta quinta forma de ira, en el abandono divino de los impíos que ha continuado durante toda la historia para que entretengan todos sus pecados con las consecuencias debidas (Ro 1:24-32).

d. **impiedad.** Esto indica una falta de reverencia, devoción y culto sincero al Dios verdadero, una relación defectuosa con él (cp. Jud 14, 15).

e. **injusticia.** Esto se refiere al resultado de la impiedad, una falta de conformidad al carácter y la ley de Dios en pensamiento, palabra y hecho (ver Ro 1:17).

f. **detienen... la verdad.** Aunque la evidencia proveniente de la conciencia (Ro 1:19; 2:14), la creación (Ro 1:20) y la Palabra de Dios es irrefutable, los hombres optan por resistir y oponerse a la verdad de Dios por medio de aferrarse a su pecado (cp. Sal 14:1; Jn 3:19, 20).

g. **les es manifiesto.** Dios en su soberanía ha plantado evidencias de su existencia en la misma naturaleza del hombre a través de la razón y la ley moral (Ro 1:20, 21, 28, 32; 2:15).

h. **su eterno poder.** Por lógica es necesario que el Creador, quien hizo todo lo que vemos a nuestro alrededor y lo sustenta todo el tiempo, sea un ser de poder formidable.

i. **deidad.** Es decir, su naturaleza divina, en particular su fidelidad (Gn 8:21, 22), bondad y gracia (Hch 14:17).

j. **por medio de las cosas hechas.** La creación transmite un mensaje claro e inconfundible acerca de la persona de Dios (cp. Sal 19:1-8; 94:9; Hch 14:15-17; 17:23-28).

k. **no le glorificaron.** El fin último del hombre es glorificar a Dios (Lv 10:3; 1 Cr 16:24-29; Sal 148; Ro 15:5, 6), y las Escrituras exigen siempre el cumplimiento de este propósito (Sal 29:1, 2; 1 Co 10:31; Ap 4:11). Glorificarlo es honrarlo, reconocer sus atributos y alabarlo

Dios, [a]ni le dieron gracias, sino que se envanecieron en sus razonamientos, y [b]su necio corazón fue entenebrecido. [c]Profesando ser sabios, se hicieron necios, y [d]cambiaron la gloria del Dios incorruptible en semejanza de imagen de hombre corruptible, de aves, de cuadrúpedos y de reptiles.

Por lo cual [e]también Dios los entregó a la inmundicia, en las concupiscencias de sus corazones, de modo que deshonraron entre sí sus propios cuerpos, ya que cambiaron la verdad de Dios por la mentira, honrando y dando culto a las criaturas antes que al Creador, el cual es bendito por los siglos. Amén.

Por esto Dios los entregó a [f]pasiones vergonzosas; pues aun sus [g]mujeres cambiaron el uso natural por el que es contra naturaleza, y de igual modo también los hombres, dejando el uso natural de la mujer, se encendieron en su lascivia unos con otros, cometiendo hechos vergonzosos hombres con hombres, y [h]recibiendo en sí mismos la retribución debida a su extravío.

---

por sus perfecciones (cp. Éx 34:5-7). Es reconocer su gloria y exaltarlo por ella. No darle la gloria debida a su nombre es la afrenta más grande del hombre a su Creador (Hch 12:22, 23).

a. **ni le dieron gracias.** Se negaron a reconocer que todas las cosas buenas que disfrutaban provenían de Dios (Mt 5:45; Hch 14:15-17; 1 Ti 6:17; Stg 1:17).

b. **su necio corazón fue entenebrecido.** Tan pronto el hombre rechaza la verdad de Dios, esta es reemplazada por las tinieblas de la falsedad espiritual (cp. Jn 3:19, 20).

c. **Profesando ser sabios, se hicieron necios.** El hombre racionaliza su pecado y demuestra su necedad total al inventar y creer en sus propias filosofías acerca de Dios, el universo y él mismo (cp. Sal 14:1; 53:1).

d. **cambiaron la gloria... en semejanza de imagen.** Sustituyen con adoración de ídolos el culto al Dios verdadero. Los historiadores informan que muchas culturas antiguas no tenían ídolos en un principio. Por ejemplo, Persia (Heródoto; *Las historias*, 1:31), Roma (Varrón en Agustín, *La ciudad de Dios*, 4:31), incluso Grecia y Egipto (Luciano; *La diosa siria*, 34) carecían de idolatría en el tiempo de su fundación. El historiador Eusebio del cuarto siglo A.D. informó que las civilizaciones más antiguas carecían de ídolos. El primer registro bíblico de idolatría tuvo que ver con la familia de Abram en Ur (Jos 24:2). El primer mandamiento prohíbe la idolatría (Éx 20:3-5), y los profetas siempre ridiculizaron a los que en su necedad la practicaban (Is 44:9-17; cp. 2 R 17:13-16). Aunque los dioses falsos que los hombres adoran no existen como tales, los demonios se encargan con frecuencia de representarlos (1 Co 10:20).

e. **también Dios los entregó.** Esta es una expresión judicial en griego que se emplea para aludir a la entrega de un prisionero para la imposición de su sentencia. A los hombres que se dedican a abandonar a Dios, él los abandonará de esta manera (cp. Jue 10:13; 2 Cr 15:2; 24:20; Sal 81:11, 12; Os 4:17; Mt 15:14; Hch 7:38-42; 14:16). Él lleva esto a cabo de forma 1) indirecta e inmediata, con la remoción de sus impedimentos para permitir que pequen y sufran las consecuencias del caso, así como 2) directa y pendiente, mediante actos específicos de juicio y castigo divino.

f. **pasiones vergonzosas.** Identificadas en Ro 1:26, 27 como conductas homosexuales, un pecado condenado de forma terminante en las Escrituras (Gn 19; Lv 18:22; 1 Co 6:9-11; cp. Gá 5:19-21; Ef 5:3-5; 1 Ti 1:9, 10; Jud 7).

g. **mujeres.** En lugar del término griego usual que significa mujeres, esta es una palabra genérica para el sexo femenino. Pablo menciona primero a las mujeres para mostrar el alcance de la impudicia bajo la ira del abandono, porque en la mayoría de las culturas las mujeres son las últimas en verse afectadas por el colapso moral.

h. **recibiendo en sí mismos la retribución.** Aquí entra en efecto pleno la ley de la siembra y la siega (Gá 6:7, 8). Pablo describe así el carácter autodestructivo de este pecado, del cual el SIDA y muchas otras enfermedades de transmisión sexual en la actualidad son evidencia espeluznante.

Y como ellos no aprobaron tener en cuenta a Dios, Dios los entregó a una mente [a]reprobada, para hacer cosas que no convienen; estando atestados de toda injusticia, fornicación, perversidad, avaricia, maldad; llenos de envidia, homicidios, contiendas, engaños y malignidades; murmuradores, detractores, aborrecedores de Dios, injuriosos, soberbios, altivos, inventores de males, desobedientes a los padres, necios, desleales, sin afecto natural, implacables, sin misericordia; quienes habiendo entendido el juicio de Dios, que los que practican tales cosas son dignos de muerte, no solo las hacen, sino que también se complacen con los que las practican.

134. La culpabilidad de los que están bajo la ley

Romanos 2:1–16

[b]Por lo cual eres [c]inexcusable, oh hombre, quienquiera que seas tú que juzgas; pues en lo que juzgas a otro, [d]te condenas a ti mismo; porque tú que juzgas [e]haces lo mismo. Mas sabemos que el juicio de Dios contra los que practican tales cosas es [f]según verdad. ¿Y piensas esto, oh hombre, tú que juzgas a los que tal hacen, y haces lo mismo, que tú escaparás del juicio de Dios? ¿O [g]menosprecias

a. **reprobada.** Traducción de una palabra griega que significa «no pasar la prueba». Se empleaba con frecuencia para describir metales inservibles que se desechaban porque contenían demasiadas impurezas. Dios ha puesto a prueba la mente del hombre y ha determinado que carece de valor y utilidad (cp. Jer 6:30).

b. Tras haber demostrado la pecaminosidad de los paganos inmorales (Ro 1:18-32), Pablo presenta su caso en contra del moralista religioso, bien sea judío o gentil, mediante la reseña de seis principios que gobiernan el juicio de Dios: 1) conocimiento (Ro 2:1), 2) verdad (vv. 2, 3), 3) culpa (vv. 4, 5), 4) obras (vv. 6-10), 5) imparcialidad (vv. 11-15) y 6) motivo (v. 16).

c. **inexcusable... tú que juzgas.** Tanto los judíos (audiencia primordial de Pablo aquí, cp. Ro 2:17) como los gentiles morales que creen estar exentos del juicio de Dios porque no han incurrido en los excesos morales descritos en el capítulo 1, están en un error trágico. Tienen más conocimiento que los paganos inmorales (Ro 3:2; 9:4) y por esa razón mayor responsabilidad (cp. He 10:26-29; Stg 3:1).

d. **te condenas a ti mismo.** Si alguien tiene conocimiento suficiente para juzgar a otros, se condena a sí mismo porque muestra que tiene el conocimiento para evaluar su propia condición.

e. **haces lo mismo.** En su condenación de los demás se han excusado y han pasado por alto sus propios pecados. La justicia en la opinión propia existe a causa de dos errores letales: 1) reducir a un mínimo el parámetro moral de Dios, casi siempre con un enfoque innecesario y exagerado en cuestiones externas, y 2) subestimar la profundidad de la propia pecaminosidad (cp. Mt 5:20-22, 27, 28; 7:1-3; 15:1-3; Lc 18:21).

f. **según verdad.** El significado es «correcto». Todo lo que Dios hace es recto y justo por naturaleza (cp. Ro 3:4; 9:14; Sal 9:4, 8; 96:13; 145:17; Is 45:19).

g. **menosprecias.** Lit. «tener un bajo concepto de», por lo cual se subestima el valor de alguien o algo e incluso se trata con desprecio total.

las riquezas de su [a]benignidad, [b]paciencia y [c]longanimidad, ignorando que su benignidad te guía al [d]arrepentimiento? Pero por tu [e]dureza y por tu [f]corazón no arrepentido, [g]atesoras para ti mismo ira para el [h]día de la ira y de la revelación del justo juicio de Dios, [i]el cual pagará a cada uno conforme a sus obras: [j]vida eterna a los que, perseverando en bien hacer, buscan gloria y honra e inmortalidad, pero ira y enojo a los que son [k]contenciosos y no obedecen a la verdad, sino que obedecen a la injusticia; tribulación y angustia sobre todo ser humano que hace lo malo, [l]el judío primeramente y también el griego, pero gloria y honra y paz a todo el que hace lo bueno, al judío primeramente y también al griego; porque no hay [m]acepción de personas para con Dios.

---

a. **benignidad.** Esto se refiere a «gracia común», aquellos beneficios innumerables que Dios otorga a todos los hombres (cp. Mt 5:45; Hch 14:15-17).

b. **paciencia.** Esta palabra significa algo similar a «contenerse» y se empleaba algunas veces para aludir a la tregua entre contrincantes. En lugar de destruir a cada persona el mismo instante en el que peca, Dios en su gracia reprime su juicio (cp. Ro 3:25). Él salva a los pecadores de forma física y temporal de lo que merecen recibir (ver 1 Ti 4:10), con el propósito de mostrarles su carácter salvador para que puedan acercarse a él y recibir salvación espiritual y eterna.

c. **longanimidad.** Esta palabra indica la gran cantidad de tiempo en el que Dios demuestra su benignidad, paciencia y longanimidad (cp. 2 P 2:5). Estas tres palabras describen la gracia común de Dios, su manera especial de demostrar su gracia a toda la humanidad (cp. Job 12:10; Sal 119:68; 145:9).

d. **arrepentimiento.** El acto de apartarse del pecado y acudir a Cristo para obtener perdón y salvación. Ver 2 Co 7:9-11.

e. **dureza.** El término «esclerosis» que aparece en palabras como arteriosclerosis (endurecimiento de las arterias), se deriva de esta palabra griega, pero aquí el peligro no es dureza física, sino espiritual (Ez 36:26; Mt 19:8; Mr 3:5; 6:52; 8:17; Jn 12:40; He 3:8, 15; 4:7).

f. **corazón no arrepentido.** Se refiere a los que rehúsan arrepentirse (cp. Ro 2:4) y aceptar el perdón de pecado que Dios ofrece a través de Jesucristo.

g. **atesoras... ira.** Una persona que rechaza la oferta de perdón por parte de Dios y se aferra a su propio pecado, acumula más ira de Dios y puede hacerse acreedora de un juicio más severo (ver He 10:26–30; Ap 20:12).

h. **día de la ira y... juicio.** Se refiere al juicio final de los malos que tendrá lugar ante el gran trono blanco al final del milenio (ver Ap 20:11-15).

i. Aunque las Escrituras enseñan en todo lugar que la salvación no se basa en las obras (ver Ro 4:1-4; Ef 2:8), también enseñan que el juicio de Dios siempre se basa en las obras de cada ser humano (Is 3:10, 11; Jer 17:10; Jn 5:28, 29; 1 Co 3:8; 2 Co 5:10; Gá 6:7-9; cp. Ro 14:12). Pablo describe las obras de dos grupos distintos: los redimidos (Ro 2:7, 10) y los no redimidos (vv. 8, 9). Las obras de los redimidos no son la base de su salvación, sino evidencia de ella. No son perfectos y mantienen su inclinación al pecado, pero existen evidencias innegables de que la justicia divina es una realidad en su vida (ver Stg 2:14-20).

j. **vida eterna.** No solo en duración, porque hasta los incrédulos existirán para siempre (2 Ts 1:9; Ap 14:9-11), sino también en cualidad (ver Jn 17:3). La vida eterna es la clase de vida del Dios santo que ha sido dada a los creyentes.

k. **contenciosos.** El uso original de la palabra fue la descripción de un criado a sueldo o un mercenario, la clase de persona que hace lo que hace por dinero sin importar cómo afecten sus acciones a los demás.

l. **el judío primeramente.** Así como los judíos recibieron la primera oportunidad para oír el evangelio y responder a su mensaje de salvación (Ro 1:16), también serán los primeros en recibir el juicio de Dios si lo rechazan (cp. Am 3:2). Israel recibirá un castigo más severo porque recibió mayor luz y bendición que las demás naciones (ver Ro 9:3, 4).

m. **acepción.** Lit. «recibir una cara» o tratar con suma consideración a alguien en vista de su posición, riqueza, influencia, popularidad o apariencia. Ya que Dios es justo por naturaleza,

Porque todos los que [a]sin ley han pecado, sin ley también perecerán; y todos los que bajo la ley han pecado, [b]por la ley serán juzgados; porque no son los oidores de la ley los justos ante Dios, sino los hacedores de la ley serán justificados. Porque cuando los gentiles que no tienen ley, [c]hacen por naturaleza lo que es de la ley, estos, aunque no tengan ley, son [d]ley para sí mismos, mostrando [e]la obra de la ley escrita en sus corazones, dando testimonio [f]su conciencia, y acusándoles o defendiéndoles sus razonamientos, en el día en que Dios juzgará por Jesucristo los [g]secretos de los hombres, conforme a mi evangelio.

135. La injusticia de los judíos

Romanos 2:17—3:8

He aquí, tú tienes el sobrenombre de [h]judío, y te apoyas en la ley, y te glorías en Dios, y conoces su voluntad, e instruido por la ley apruebas lo mejor, y confías

---

le resulta imposible no ser imparcial (Hch 10:34; Gá 2:6; Ef 6:7, 8; Col 3:25; 1 P 1:17).

a. **sin ley han pecado.** Los gentiles que nunca tuvieron la oportunidad de conocer la ley moral de Dios (Éx 20:1ss) serán juzgados por su desobediencia en proporción directa a su conocimiento limitado (ver Ro 1:19, 20).

b. **por la ley serán juzgados.** Los judíos y muchos gentiles que tuvieron acceso a la ley moral de Dios tendrán que responder por su mayor conocimiento (cp. Mt 11:20-23; He 6:4-6; 10:26-31).

c. **hacen por naturaleza... la ley.** Sin conocer la ley escrita de Dios, las personas en una sociedad pagana la aprecian por lo general e intentan poner en práctica sus principios más básicos. Esta es una característica normal e instintiva de las culturas humanas (ver Ro 2:15) que les permite valorar cosas como la justicia, la honestidad, la compasión y la bondad hacia los demás, lo cual refleja que la ley divina ha sido escrita en su corazón.

d. **ley para sí mismos.** Su práctica de algunas buenas obras y su aversión a las malas demuestra un conocimiento innato de la ley de Dios, un conocimiento que testificará en su contra en el día del juicio.

e. **la obra de la ley.** Se puede entender mejor como «las mismas obras prescritas por la ley mosaica».

f. **su conciencia.** Lit. «con conocimiento». Aquel sentido instintivo sobre el bien y el mal que produce culpa al ser violado. Además de una conciencia innata de la ley de Dios, los hombres tienen un sistema de alarma que se activa tan pronto eligen ignorar o desobedecer esa ley. Pablo urge a los creyentes que no violen su propia conciencia ni lleven a otros a hacer lo mismo (Ro 13:5; 1 Co 8:7, 12; 10:25, 29; 2 Co 5:11; cp. 9:1; Hch 23:1; 24:16), porque si se ignoran las advertencias de la conciencia esta se vuelve menos sensible y puede terminar silenciada por completo (1 Ti 4:2). Ver 2 Co 1:12; 4:2.

g. **secretos.** Una referencia a los motivos que se esconden tras las acciones humanas (1 Cr 28:9; Sal 139:1-3; Jer 17:10; Mt 6:4, 6, 18; cp. Lc 8:17; He 4:12).

h. **judío.** Tras demostrar que judíos y gentiles por igual que posean cierta moralidad exterior estarán expuestos a condenación por el juicio perfecto de Dios, Pablo aplica ahora su argumento a los judíos, el pueblo de pacto de Dios. Ni su herencia (Ro 2:17a), ni su conocimiento (vv. 17b-24) ni sus ceremonias, en especial la de circuncisión (vv. 25-29), los protegerán del juicio justo de Dios. Llamados antes hebreos e israelitas, en el primer siglo «judío» se había

en que eres guía de [a]los ciegos, luz de los que están en tinieblas, instructor de los indoctos, maestro de niños, que tienes en la ley la forma de la ciencia y de la verdad. Tú, pues, que enseñas a otro, ¿no te enseñas a ti mismo? Tú que predicas que no se ha de hurtar, ¿hurtas? Tú que dices que no se ha de adulterar, ¿adulteras? Tú que abominas de los ídolos, [b]¿cometes sacrilegio? Tú que te jactas de la ley, ¿con infracción de la ley deshonras a Dios? Porque como [c]está escrito, el nombre de Dios es blasfemado entre los gentiles por causa de vosotros.

Pues en verdad la circuncisión [d]aprovecha, si guardas la ley; pero si eres transgresor de la ley, tu circuncisión viene a ser [e]incircuncisión. Si, pues, el incircunciso guardare las ordenanzas de la ley, ¿no será [f]tenida su incircuncisión como circuncisión? Y el que físicamente es incircunciso, pero [g]guarda perfectamente la ley, te condenará a ti, que con la letra de la ley y con la circuncisión eres transgresor de la ley. Pues no es judío el que lo es [h]exteriormente, ni es la circuncisión la que se hace exteriormente en la carne; sino que [i]es judío

---

convertido en el nombre más usado para referirse a los descendientes de Abraham a través de Isaac. Este gentilicio se deriva del nombre «Judá» (que significa «alabanza»), una de las doce tribus y designación específica de la mitad sureña del reino de Abraham tras su muerte. Desde el tiempo del cautiverio en Babilonia, la raza entera se adjudicó ese título, pero su gran herencia (cp. Gn 12:3) se convirtió en fuente de orgullo y complacencia (cp. Jon 4:2; Mi 3:11, 12; Mt 3:7-9; Jn 8:31-34, 40-59), lo cual trajo como resultado juicio en lugar de «alabanza».

a. **los ciegos... niños.** Por cuanto poseían la ley, los judíos se sentían confiados y con cierta superioridad espiritual como maestros que podían guiar a los paganos ciegos (cp. Mt 23:24-28), darles luz (cp. Is 42:6), y demostrar su sabiduría en los caminos de Dios, muy capaces de enseñar a infantes (una referencia probable a los prosélitos gentiles del judaísmo).

b. **¿cometes sacrilegio?** Referencia posible a la extracción gradual y fraudulenta de fondos propios del templo o la retención de una parte de su impuesto u ofrendas debidos al templo (cp. Mal 3:8-10). No obstante, lo más probable es que se refiere a la práctica común de saquear los templos paganos, una violación directa del mandato de Dios (Dt 7:25) y vender los ídolos y vasijas para obtener ganancia personal (cp. Hch 19:37) con pretextos de pureza religiosa.

c. **está escrito.** Cita de Is 52:5.

d. **aprovecha.** Como un acto de obediencia y para recordar su relación de pacto con Dios (ver Gn 17:9–14).

e. **incircuncisión.** Un judío que transgrediera todo el tiempo la ley de Dios estaba tan lejos o tan cerca de la salvación como cualquier gentil incircunciso. El símbolo externo carecía de significado sin la realidad interior.

f. **tenida... como circuncisión.** Dios tratará al gentil que cree con el mismo favor que tratará a un judío circuncidado que cree.

g. **guarda... la ley.** La obediencia humilde de un gentil a la ley debería servir como amonestación severa a un judío que, a pesar de sus grandes ventajas, vive en desobediencia.

h. **exteriormente.** Esto se refiere a los descendientes físicos de Abraham que han sido circuncidados como es debido (cp. Ro 9:6; Mt 3:9).

i. **es judío.** Un verdadero hijo de Dios, la verdadera simiente espiritual de Abraham (ver Ro 4:16; cp. Gá 3:29.)

el que lo es en lo interior, y [a]la circuncisión es la del corazón, [b]en espíritu, no en letra; la alabanza del cual no viene de los hombres, sino de Dios.

¿Qué ventaja tiene, pues, el judío? ¿o de qué aprovecha la circuncisión? Mucho, en todas maneras. Primero, ciertamente, que les ha sido confiada [c]la palabra de Dios. ¿Pues qué, si algunos de ellos han sido incrédulos? [d]¿Su incredulidad habrá hecho nula [e]la fidelidad de Dios? De ninguna manera; antes bien sea Dios veraz, y [f]todo hombre mentiroso; como [g]está escrito:

Para que seas justificado en tus palabras,
Y venzas cuando fueres juzgado.

Y si nuestra injusticia hace [h]resaltar la justicia de Dios, ¿qué diremos? ¿Será injusto Dios que da castigo? [i](Hablo como hombre.) En ninguna manera; de otro modo, ¿cómo [j]juzgaría Dios al mundo?

Pero si por mi mentira la verdad de Dios abundó para su gloria, ¿por qué aún soy juzgado como pecador? ¿Y por qué no decir [k](como se nos calumnia,

---

a. **la circuncisión es la del corazón.** El rito exterior tiene valor solo si refleja la realidad interior de un corazón apartado del pecado y para Dios. Cp. Dt 10:16; 30:6.

b. **en espíritu... en letra.** La salvación viene como resultado de la obra del Espíritu de Dios en el corazón, no de los esfuerzos externos para conformarse a su ley.

c. **la palabra.** El vocablo griego es *logion*, una forma diminutiva de la conocida expresión griega *logos*, que por lo general se traduce «palabra». Estos son dichos o mensajes importantes de carácter sobrenatural. Aquí Pablo usa la palabra para abarcar todo el AT, en el cual los judíos recibieron las propias palabras del único Dios verdadero (Dt 4:1, 2; 6:1, 2; cp. Mr 12:24; Lc 16:29; Jn 5:39). Los judíos tuvieron la gran ventaja de contar con el AT porque contenía la verdad acerca de la salvación (2 Ti 3:15) y del evangelio en su forma básica (Gá 3:8). Al decir Pablo a Timoteo «que prediques la palabra» (2 Ti 4:2), se refería a «las palabras de Dios» (1 P 4:11) registradas en la Biblia.

d. **¿Su incredulidad...?** Pablo anticipó que los lectores judíos no estarían de acuerdo con sus postulados en el sentido de que Dios no ha garantizado el cumplimiento de sus promesas a todos y cada uno de los descendientes físicos de Abraham. Argumentarían que esa enseñanza anula todas las promesas que Dios hizo a los judíos en el AT, pero la respuesta del apóstol refleja las enseñanzas explícitas e implícitas del AT. Antes de que cualquier judío pueda heredar las promesas, sin importar la pureza de su linaje, debe acercarse a Dios en arrepentimiento y fe (cp. Ro 9:6, 7; Is 55:6, 7).

e. **la fidelidad de Dios.** Dios cumplirá todas las promesas que hizo a la nación, aunque algunos judíos no puedan recibirlas como resultado de su incredulidad.

f. **todo hombre mentiroso.** Si toda la humanidad se pusiera de acuerdo en que Dios no ha sido fiel a sus promesas, esto solo probaría que todos son mentirosos y Dios es verdadero. Cp. Tit 1:1.

g. **está escrito.** Esta es una cita de Sal 51:4.

h. **hace resaltar la justicia de Dios.** Ver Ro 1:17. Mediante el contraste, como un joyero que exhibe un diamante sobre un lienzo negro para que la piedra parezca todavía más hermosa.

i. **(Hablo como hombre).** Como si parafraseara la lógica débil y no bíblica de sus opositores, la cual era producto de la mente natural y no regenerada de cada uno de ellos.

j. **juzgaría.** Un tema central en las Escrituras (Gn 18:25; Sal 50:6; 58:11; 94:2), es probable que se refiera aquí al gran día futuro del juicio (ver Ro 2:5). El punto de Pablo es que si Dios condonara el pecado no tendría un fundamento equitativo y justo para el juicio.

k. **como se nos calumnia.** Fue trágico que los opositores de Pablo hubieran pervertido el mensaje del apóstol que consistía en la salvación solo por gracia. Según ellos, ese evangelio era una buena noticia porque no solo suministraba una licencia para pecar, sino que refrendaba conductas pecaminosas que, por el contrario, debían ser refrenadas (Ro 5:20; 6:1, 2).

y como algunos, cuya condenación es justa, afirman que nosotros decimos): Hagamos males para que vengan bienes?

136. La injusticia de la humanidad

Romanos 3:9—20

¿Qué, pues? [a]¿Somos nosotros mejores que ellos? En ninguna manera; pues ya hemos acusado a judíos y a [b]gentiles, que todos están [c]bajo pecado.

Como [d]está escrito:

> [e]No hay justo, ni aun uno;
> [f]No hay quien entienda,
> [g]No hay quien busque a Dios.
> Todos [h]se desviaron, a una se hicieron inútiles;
> No hay quien haga lo bueno, no hay ni siquiera uno.
> [i]Sepulcro abierto es su garganta;

---

a. **¿Somos nosotros mejores...?** «Nosotros» es una referencia probable a los cristianos en Roma que recibirán esta carta. Los cristianos no tienen en sí mismos una naturaleza superior a la de todos aquellos a quienes Pablo ha declarado bajo la condenación de Dios.

b. **gentiles.** Ver Ro 1:14.

c. **bajo pecado.** Esclavizados y dominados del todo por el pecado.

d. **está escrito.** Pablo ensarta en un solo hilo una serie de citas del AT que sancionan el carácter (Ro 3:10-12), la conversación (vv. 13, 14) y la conducta (vv. 15-17) de todos los hombres. En nueve ocasiones emplea expresiones como «ni aun uno» y «todos» para mostrar la universalidad del pecado y la rebelión de los seres humanos.

e. **No hay justo.** En sentido universal, el hombre es malvado e inclinado hacia el mal (cp. Sal 14:1; Ver 1:17).

f. **No hay quien entienda.** El hombre es incapaz de comprender la verdad de Dios o captar la medida de su justicia (ver Sal 14:2; 53:3; cp. 1 Co 2:14). Lo triste es que su ignorancia espiritual no es resultado de la falta de oportunidad (Ro 1:19, 20; 2:15), sino que es una expresión de su depravación y rebelión (Ef 4:18).

g. **No hay quien busque.** Ver Sal 14:2. Este versículo implica con claridad que las religiones falsas del mundo son intentos del hombre caído para escapar del Dios verdadero, no para buscarlo. La tendencia natural del hombre es procurar sus propios intereses (cp. Fil 2:21), pero su única esperanza es buscar a Dios (Jn 6:37, 44). Es solo como resultado de la obra de Dios en el corazón que cualquier ser humano lo busca (Sal 16:8; Mt 6:33).

h. **se desviaron.** Ver Sal 14:3. El significado básico de esta palabra es «inclinarse en la dirección equivocada». Se utilizaba para describir a un soldado que corría en la dirección equivocada o que desertaba. Todos los hombres están inclinados a dejar el camino de Dios y procurar el suyo propio (cp. Is 53:6).

i. **Sepulcro abierto.** Ver Sal 5:9. Los sepulcros no solo se mantenían cerrados por respeto al difunto, sino para ocultar el cadáver y evitar el hedor de su descomposición. Así como una tumba no cerrada permite que quienes pasen vean y huelan lo que contiene, la garganta de un hombre no regenerado se abre para decir las palabras inmundas y fétidas que salen de ella, lo cual revela la putrefacción de su propio corazón (cp. Pr 10:31, 32; 15:2, 28; Jer 17:9; Mt 12:34, 35; 15:18; Stg 3:1-12).

Con su lengua engañan.
Veneno de áspides hay debajo de sus labios;
Su boca está llena de [a]maldición y de [b]amargura.
Sus pies se apresuran para derramar sangre;
[c]Quebranto y desventura hay en sus caminos;
Y no conocieron [d]camino de paz.
No hay [e]temor de Dios delante de sus ojos.

Pero sabemos que todo lo que la ley dice, lo dice a [f]los que están bajo la ley, para que [g]toda boca se cierre y todo el mundo quede bajo el juicio de Dios; ya que por [h]las obras de la ley ningún ser humano será justificado delante de él; porque [i]por medio de la ley es el conocimiento del pecado.

---

a. **maldición.** Esta es una cita de Sal 10:7 que se refiere a desear lo peor a alguien y expresar en público ese deseo con palabras despectivas y virulentas.

b. **amargura.** La expresión abierta y pública de hostilidad emocional contra un enemigo personal (cp. Sal 64:3, 4).

c. **Quebranto y desventura.** El hombre daña y destruye todo lo que toca, y a su paso deja un rastro de dolor y sufrimiento. Esta es una cita de Is 59:7, 8.

d. **camino de paz.** No es la falta de un sentido de paz interior, sino la tendencia humana al conflicto y la disensión, bien sea entre individuos o naciones (cp. Jer 6:14).

e. **temor de Dios.** Ver Sal 36:1. La verdadera condición espiritual del hombre no puede verse con mayor claridad que en ausencia de la sumisión y reverencia debidas a Dios. El temor a Dios conforme a los principios bíblicos consiste en: 1) sobrecogimiento ante su grandeza y gloria, y 2) terror de los resultados que trae violar esa naturaleza santa (ver Pr 1:7; cp. Pr 9:10; 16:6; Hch 5:1-11; 1 Co 11:30).

f. **los que están bajo la ley.** Todo ser humano no redimido, tanto los judíos que recibieron la ley escrita a través de Moisés (Ro 3:2) como los gentiles, tienen las obras de la ley escritas en el corazón de cada uno de ellos (Ro 2:15), de tal modo que ambos grupos deben rendir cuentas a Dios por igual.

g. **toda boca se cierre... bajo el juicio de Dios.** No existe defensa posible contra el veredicto de culpable pronunciado por Dios sobre toda la raza humana.

h. **obras de la ley.** Hacer a la perfección lo que requiere la ley moral de Dios es algo imposible, y por esa impotencia moral toda persona cae bajo maldición (ver Gá 3:10, 13).

i. **por medio de la ley es el conocimiento del pecado.** La ley da a conocer el pecado, pero no puede salvar.

137. La fuente de la rectitud justificadora

Romanos 3:21–31

[a]Pero ahora, [b]aparte de la ley, se ha manifestado la [c]justicia de Dios, testificada por la ley y por los profetas; la justicia de Dios por medio de la fe en Jesucristo, para todos los que creen en él. Porque [d]no hay diferencia, por cuanto [e]todos pecaron, y están destituidos de la gloria de Dios, siendo [f]justificados [g]gratuitamente por su gracia, mediante la [h]redención que es en Cristo Jesús, [i]a

---

a. **Pero ahora.** No es una referencia al tiempo, sino un cambio en el desarrollo del argumento paulino. Como ya mostró la imposibilidad de acreditar justicia con esfuerzos humanos, el apóstol pasa a explicar la justicia que Dios mismo ha suministrado.

b. **aparte de la ley.** No depende en absoluto de la obediencia a ley alguna (Ro 4:15; Gá 2:16; 3:10, 11; 5:1, 2, 6; Ef 2:8, 9; cp. Fil 3:9; 2 Ti 1:9; Tit 3:5).

c. **justicia.** Ver Ro 1:17. Esta justicia es única porque: 1) Dios es su fuente (Is 45:8), 2) satisface tanto la pena como el precepto de la ley de Dios. La muerte de Cristo como sustituto perfecto paga la justa pena aplicada a todos los que no han guardado la ley de Dios, y la obediencia perfecta de Cristo a todos los requisitos de la ley de Dios satisface la demanda divina de justicia total (2 Co 5:21; 1 P 2:24; cp. He 9:28) y 3) la justicia de Dios es eterna (Sal 119:142; Is 51:8; Dn 9:24), todo el que la recibe de él goza de ella para siempre.

d. **no hay diferencia... la gloria de Dios.** Un comentario en paréntesis para explicar que Dios puede otorgar su justicia a todos los que creen, tanto judíos como gentiles, porque todos los hombres sin distinción alguna han sido en absoluto incapaces de vivir conforme al parámetro divino.

e. **todos pecaron.** Pablo ya ha presentado todo su caso y esta es la conclusión (Ro 1:18–3:20).

f. **justificados.** Este verbo y todas las palabras relacionadas que se derivan de la misma raíz griega (p. ej. justificación), ocurre unas treinta veces en Romanos con concentración especial en Ro 2:13–5:1. Este término legal o forense viene de la palabra griega que significa «justo» y tiene que ver con «declarar justo» a alguien. Este veredicto incluye: perdón de la culpa y el castigo del pecado, y la imputación de la justicia de Cristo a favor del creyente, lo cual suministra la justicia positiva que el hombre necesita para ser aceptado por Dios. Dios declara justo al pecador solo con base en los méritos de Cristo y su justicia perfecta. Dios imputó el pecado del creyente a Cristo en su sacrificio en la cruz (Is 53:4, 5; 1 P 2:24), e imputa la obediencia perfecta de Cristo a la ley de Dios a los cristianos (cp. 5:19; 1 Co 1:30; ver 2 Co 5:21; Fil 3:9). El pecador recibe este regalo de la gracia de Dios solo por medio de la fe (Ro 3:22, 25; ver 4:1-25). La santificación es una obra de Dios para hacer justos a quienes ya ha justificado y, aunque se diferencia de la justificación, siempre la sigue sin excepción alguna (Ro 8:30).

g. **gratuitamente por su gracia.** La justificación es un regalo gratuito y generoso que Dios otorga al pecador arrepentido que cree, sin conexión alguna con méritos u obras del ser humano (ver Ro 1:5).

h. **redención.** La imagen tras esta palabra griega viene del antiguo mercado esclavista. Significaba pagar el rescate necesario para obtener la puesta en libertad de un prisionero o esclavo. El único pago adecuado para redimir a los pecadores de la esclavitud del pecado y su castigo merecido fue «en Cristo Jesús» (1 Ti 2:6; 1 P 1:18, 19), y fue pagado a Dios para satisfacer su justicia perfecta.

i. **a quien Dios puso.** Este gran sacrificio no fue ofrecido en secreto, sino que Dios mostró en público a su Hijo en el Calvario para que todos lo vieran.

quien Dios puso como [a]propiciación por medio de la fe en su sangre, [b]para manifestar su justicia, a causa de haber [c]pasado por alto, en su paciencia, los pecados pasados, con la mira de manifestar en este tiempo su justicia, a fin de que él sea [d]el justo, y el que justifica al que es de la fe de Jesús.

[e]¿Dónde, pues, está la jactancia? Queda excluida. ¿Por cuál ley? ¿Por la de las obras? No, sino por la ley de la fe. Concluimos, pues, que el hombre es [f]justificado por fe sin las obras de la ley. ¿Es Dios solamente Dios de los judíos? ¿No es también [g]Dios de los gentiles? Ciertamente, también de los gentiles. Porque Dios es uno, y él justificará [h]por la fe a los de la circuncisión, y por medio de la fe a los de la incircuncisión. ¿Luego por la fe [i]invalidamos la ley? En ninguna manera, sino que confirmamos la ley.

---

a. **propiciación.** Un aspecto crucial del sacrificio de Cristo porque esta palabra alude a la idea de apaciguamiento o satisfacción, en este caso la muerte violenta de Cristo satisfizo la santidad ofendida de Dios y su ira justa en contra de todos aquellos por quienes Cristo murió (Is 53:11; Col 2:11-14). El equivalente hebreo de esta palabra se usaba para describir el propiciatorio o la cubierta del arca del pacto, sobre el cual rociaba el sumo sacerdote la sangre del animal sacrificado en el día de la Expiación, para hacer expiación por los pecados del pueblo. En las religiones paganas es el adorador y no el dios quien tiene la responsabilidad de apaciguar la ira de la deidad ofendida, pero en realidad el hombre es incapaz de satisfacer la justicia de Dios aparte de Cristo, a no ser que pase la eternidad en el infierno. Cp. 1 Jn 2:2.

b. **para manifestar su justicia.** Por medio de la encarnación, la vida sin pecado y la muerte sustitutiva de Cristo.

c. **pasado por alto... los pecados.** Esto no significa indiferencia ni remisión. La justicia de Dios demanda que todo pecado y todo pecador sea castigado. Dios habría sido justo, tan pronto Adán y Eva pecaron, en destruirlos y con ellos a toda la raza humana, pero en su bondad y paciencia (ver Ro 2:4), él contuvo su juicio durante una cierta cantidad de tiempo (cp. Sal 78:38, 39; Hch 17:30, 31; 2 P 3:9).

d. **el justo, y el que justifica.** La sabiduría del plan de Dios le permitió castigar a Jesús en lugar de los pecadores y así justificar a los que son culpables sin desdecir su veredicto justo y sin poner en entredicho su justicia.

e. **¿Dónde, pues, está la jactancia?** Cp. Ro 4:1, 2; 1 Co 1:26-29.

f. **justificado por fe.** Aunque la palabra «solamente» no aparece en el texto griego, esto es lo que Pablo quiere dar a entender (cp. Ro 4:3-5; ver Stg 2:21).

g. **Dios de los gentiles.** Solo existe un Dios verdadero (cp. 1 Co 8:5, 6).

h. **por la fe... confirmamos la ley.** La salvación por gracia no denigra la ley, sino que subraya su importancia verdadera: 1) al suministrar un pago por el castigo de muerte requerido por la ley a todo aquel que no la guarda a perfección; 2) al cumplir el propósito original de la ley que consiste en mostrar la incapacidad absoluta de la humanidad para obedecer las demandas justas de Dios y conducir a las personas a Cristo (Gá 3:24) y 3) al dar a los creyentes la capacidad para obedecerla (Ro 8:3, 4).

i. **invalidamos.** Como sabía que podía ser acusado de antinomianismo (estar en contra de la ley) por argumentar que un hombre era justificado sin tener que guardar la ley, Pablo introdujo aquí la defensa que desarrolló más adelante en los capítulos 6 y 7.

138. El ejemplo de justicia

Romanos 4:1–12

¿Qué, pues, diremos que halló [a]Abraham, nuestro padre según la carne? Porque si Abraham fue [b]justificado por las obras, tiene de qué [c]gloriarse, pero no para con Dios. Porque ¿qué dice la Escritura? [d]Creyó [e]Abraham a Dios, y le fue [f]contado por justicia. [g]Pero al que obra, no se le cuenta el salario como gracia, sino como deuda; mas al que no obra, sino cree en aquel que [h]justifica al impío, su fe le es contada por justicia. Como también David habla de la bienaventuranza del hombre a quien Dios atribuye justicia sin obras, diciendo:

---

a. **Abraham, nuestro padre.** Pablo usa el ejemplo de Abraham para probar que la justificación solo es por fe, ya que los judíos lo tenían por ejemplo supremo de un hombre justo (Jn 8:39), y porque mostraba con claridad que el judaísmo con su justicia de obras se había desviado de la fe que caracterizó a los ancestros y patriarcas judíos. En sentido espiritual, Abraham también fue el precursor de la iglesia gentil en Roma (ver Ro 1:13; 4:11, 16; cp. Gá 3:6, 7).

b. **justificado por las obras.** Declarado justo con base en el esfuerzo humano (ver Ro 3:24).

c. **gloriarse.** Si las propias obras de Abraham hubieran sido la base de su justificación, él habría tenido todo el derecho de jactarse en presencia de Dios. Esto hace impensable la premisa hipotética de Ro 4:2 (Ef 2:8, 9; 1 Co 1:29).

d. **Creyó.** Abraham fue un hombre de fe (ver Ro 1:16; cp. 4:18-21; Gá 3:6, 7, 9; He 11:8-10), la fe no debe considerarse como una obra meritoria. Nunca es el fundamento de la justificación, sino tan solo el canal a través del cual es recibida, y también es un regalo de Dios. Ver Ef 2:8.

e. **Abraham...** Una cita de Gn 15:6, una de las declaraciones más patentes en toda la Biblia acerca de la justificación (ver Ro 3:24).

f. **contado.** También se puede traducir «imputado» (Ro 4:6, 8, 11, 23, 24). Empleada tanto en sentido financiero como legal, esta palabra griega, que ocurre nueve veces en el capítulo 4, significa tomar algo que pertenece a alguien y acreditarlo en favor de otro. Es una transacción unilateral, por eso Abraham no tuvo que hacer algo para acumularla, sino que Dios tomó la iniciativa de asignarle su justicia. Dios tomó su propia justicia y la acreditó a favor de Abraham como si fuera propia de él. Dios hizo esto porque Abraham creyó en él (ver Gn 15:6).

g. **Pero al que...** Para ampliar su argumento de Abraham a todos los hombres, el apóstol hace evidente que el acto judicial de declarar justo a un hombre es por completo aparte de cualquier clase de obra humana. Si la salvación se basara en el esfuerzo de una persona, la salvación sería una deuda de Dios al hombre, pero lo cierto es que la salvación siempre es un regalo de Dios en su gracia y soberanía (Ro 3:24; Ef 2:8, 9) para aquellos que creen (cp. Ro 1:16). Puesto que la fe se contrasta con las obras, la fe debe significar el fin de todo esfuerzo para ganarse el favor de Dios por medio del mérito personal.

h. **justifica al impío.** Solo aquellos que renuncian a toda reclamación de bondad y reconocen que son impíos y en necesidad de justificación (cp. Lc 5:32).

[a]Bienaventurados aquellos cuyas iniquidades son perdonadas,
Y cuyos pecados son cubiertos.
Bienaventurado el varón a quien el Señor no inculpa de pecado.

¿Es, pues, esta bienaventuranza solamente para [b]los de la circuncisión, o también para [c]los de la incircuncisión? Porque decimos que a Abraham le fue contada la fe por justicia. [d]¿Cómo, pues, le fue contada? ¿Estando en la circuncisión, o en la incircuncisión? No en la circuncisión, sino en la incircuncisión. Y recibió la circuncisión como [e]señal, como [f]sello de la justicia de la fe que tuvo estando aún incircunciso; para que fuese [g]padre de todos los creyentes no circuncidados, a fin de que también a ellos la fe les sea contada por justicia; y padre de la circuncisión, para los que no solamente son de la circuncisión, sino que también siguen las pisadas de la fe que tuvo nuestro padre Abraham antes de ser circuncidado.

---

a. **Bienaventurados.** Para respaldar su argumento Pablo cita Sal 32:1, 2, un salmo penitencial escrito por David después de adulterar con Betsabé y matar a su esposo (2 S 11). A pesar de la enormidad de su pecado y la ausencia total de mérito personal, David conoció la bendición y bienaventuranza de la justicia imputada.

b. **los de la circuncisión.** Esto se refiere a los judíos (ver Gn 17:11-14; cp. Hch 15:19-29; Ro 2:25-29; 4:11; Gá 5:1-4; 6:12; Fil 3:2-5).

c. **los de la incircuncisión.** Todos los gentiles (ver Ro 2:25-29).

d. **¿Cómo, pues... o en la incircuncisión?** La cronología de Génesis prueba el caso de Pablo. Abraham tenía ochenta y seis años de edad cuando nació Ismael (Gn 16:16) y noventa y nueve al ser circuncidado, pero Dios le había declarado justo mucho antes de que Ismael fuera concebido (Gn 15:6; 16:2-4), por lo menos catorce años antes de la circuncisión de Abraham.

e. **señal.** Esto indica la necesidad de limpieza espiritual que tiene el hombre (cp. Ro 2:28, 29; Jer 4:3, 4; 9:24-26), así como la relación de pacto entre Dios y su pueblo (ver Gn 17:11).

f. **sello.** Una demostración externa de la justicia que Dios le había acreditado por la fe.

g. **padre de todos los creyentes.** En sentido racial, Abraham es el padre de todos los judíos (los circuncidados), y en sentido espiritual es el padre de los judíos creyentes (Ro 4:12) y también de los gentiles que creen (los incircuncisos, v. 11). Cp. Ro 4:16; Gá 3:29.

139. La justicia de Abraham

Romanos 4:13–25

Porque [a]no por la ley fue dada a Abraham o a su descendencia la [b]promesa de que sería heredero del mundo, sino por [c]la justicia de la fe. Porque [d]si los que son de la ley son los herederos, vana resulta la fe, y [e]anulada la promesa. Pues [f]la ley produce ira; pero donde no hay ley, tampoco hay transgresión.

Por tanto, es [g]por fe, para que sea [h]por gracia, a fin de que la promesa sea firme para toda su descendencia; no solamente para [i]la que es de la ley, sino también para [j]la que es de la fe de Abraham, el cual es padre de todos nosotros ([k]como está escrito: Te he puesto por padre de muchas gentes delante de Dios, a quien creyó, el cual [l]da vida a los muertos, y [m]llama las cosas que no son, como si fuesen. El creyó en esperanza [n]contra esperanza, para llegar a ser padre de muchas gentes, conforme a [o]lo que se le había dicho: Así será tu descendencia. Y no [p]se debilitó en la fe al considerar su cuerpo, que estaba ya

---

a. **no por la ley.** Es decir, no como resultado de que Abraham guardara la ley.

b. **promesa... heredero del mundo.** Esto se refiere a Cristo y es la esencia del pacto que Dios hizo con Abraham y sus descendientes (ver Gn 12:3; 15:5; cp. Gn 18:18; 22:18). La provisión final de ese pacto era que por medio de la simiente de Abraham todo el mundo sería bendecido (Gn 12:3). Pablo argumenta que «la simiente» se refiere de forma específica a Cristo y a que esta promesa correspondía en realidad al evangelio (Gá 3:8, 16; cp. Jn 8:56). Todos los creyentes al estar en Cristo se convierten en herederos de la promesa (Gá 3:29; cp. 1 Co 3:21-23).

c. **la justicia de la fe.** La justicia recibida de Dios por la fe (ver Ro 1:17).

d. **si los que son de la ley.** Si solo aquellos que guardan a perfección la ley reciben la promesa, lo cual es imposible para los humanos, la fe carece de valor.

e. **anulada la promesa.** Si la promesa depende del cumplimiento de una condición imposible, la promesa queda anulada (ver Ro 4:13).

f. **la ley produce ira.** Esto es así porque la ley deja al descubierto la pecaminosidad del hombre (cp. Ro 7:7-11; Gá 3:19, 24).

g. **por fe.** La justificación solo es posible a través de la fe (ver Ro 1:16, 17 y 3:24).

h. **por gracia.** El poder de la justificación radica en la gracia soberana de Dios (ver Ro 1:5), no en la fe del hombre.

i. **la que es de la ley.** Judíos creyentes.

j. **la que es de la fe de Abraham.** Gentiles creyentes.

k. **como está escrito.** Cita de Gn 17:5.

l. **da vida a los muertos.** Abraham había experimentado esto de primera mano (He 11:11, 12; cp. Ro 4:19).

m. **llama las cosas que no son, como si fuesen.** Esta es otra referencia al carácter judicial de la justificación. Dios puede declarar justos a pecadores creyentes, aunque no lo sean, mediante la imputación de su justicia a ellos, tal como Dios hizo o declaró «pecado» a Jesús y lo castigó, aunque no era un pecador. Aquellos a quienes él justifica, él los conformará a la imagen de su Hijo (Ro 8:29, 30).

n. **contra esperanza.** Desde el punto de vista humano parecía imposible (cp. Ro 4:19). Cp. Gn 17:5.

o. **lo que se le había dicho.** Cita de Gn 15:5.

p. **se debilitó en la fe.** Cada vez que la duda erosiona la confianza que uno tenga en la Palabra de Dios.

como muerto (siendo de casi cien años, o [a]la esterilidad de la matriz de Sara. Tampoco dudó, por incredulidad, de [b]la promesa de Dios, sino que se fortaleció en fe, [c]dando gloria a Dios, plenamente convencido de que era también poderoso para hacer todo lo que había prometido; [d]por lo cual también su fe le fue contada por justicia.

[e]Y [f]no solamente con respecto a él se escribió que le fue contada, sino también con respecto a nosotros a quienes ha de ser contada, esto es, a los que creemos en el que levantó de los muertos a Jesús, Señor nuestro, el cual [g]fue entregado por nuestras transgresiones, y resucitado [h]para nuestra justificación.

---

a. **la esterilidad de la matriz de Sara.** Al momento de recibir la promesa de Isaac, ella solo era diez años menor que Abraham (Gn 17:17), con noventa años de edad e incapaz de tener hijos por medios naturales.

b. **la promesa.** Del nacimiento de un hijo (Gn 15:4; 17:16; 18:10).

c. **dando gloria a Dios.** Creer a Dios afirma su existencia y carácter, con lo cual él es glorificado (cp. He 11:6; 1 Jn 5:10).

d. **por lo cual.** A causa de su fe genuina (ver Gn 15:6).

e. **Y no... se escribió.** Una paráfrasis de Is 53:12 en la Septuaginta (la traducción griega del AT). Quizás estas palabras fueron adaptadas para elaborar una cita que formó parte de una confesión o himno antiguo de la fe cristiana.

f. **no solamente con respecto a él.** Todas las Escrituras tienen aplicación universal (cp. Ro 15:4; 2 Ti 3:16, 17), y la experiencia de Abraham no es la excepción. Si Abraham fue justificado por fe, todos los demás son justificados sobre la misma base.

g. **fue entregado.** Es decir, crucificado.

h. **para nuestra justificación.** La resurrección suministró la prueba definitiva de que Dios había aceptado el sacrificio de su Hijo y estaría en libertad y capacidad de ser justo al mismo tiempo que justifica a los impíos.

140. Las bendiciones de la justicia

Romanos 5:1—11

[a]Justificados, [b]pues, por la fe, tenemos [c]paz para con Dios por medio de nuestro Señor Jesucristo; por quien también tenemos [d]entrada por la fe a esta gracia en la cual [e]estamos firmes, y nos gloriamos en la [f]esperanza de la gloria de Dios. Y no solo esto, sino que también nos gloriamos en las [g]tribulaciones, sabiendo que la tribulación produce paciencia; y la [h]paciencia, [i]prueba; y la

---

a. **Justificados.** La construcción griega y su traducción subrayan que la justificación es una declaración legal que se hace una sola vez y que tiene resultados perpetuos (ver Ro 3:24), no un proceso continuo.

b. **Pues.** Pablo completó su caso de que Dios justifica a los pecadores con base exclusiva en la fe, y ahora escribe para refutar la noción de que así los creyentes reciban salvación por fe, la preservarán por buenas obras. Argumenta que están vinculados por la eternidad a Jesucristo, preservados por su poder y no por el esfuerzo humano (cp. Is 11:5; Sal 36:5; Lm 3:23; Ef 1:18-20; 2 Ti 2:13; He 10:23). Para el cristiano, las evidencias de ese vínculo eterno son: 1) su paz con Dios (Ro 5:1), 2) su posición firme en la gracia (v. 2a), 3) su esperanza de gloria (vv. 2b-5a), 4) su recepción del amor divino (vv. 5b 8), 5) su escape irreversible de la ira divina (vv. 9, 10) y 6) su gozo en el Señor (v. 11).

c. **paz para con Dios.** No una sensación subjetiva e interior de calma y serenidad, sino una realidad externa y objetiva. Dios se ha declarado en guerra contra todo ser humano a causa de la rebelión pecaminosa del hombre contra él y sus leyes (cp. Ro 1:18; 8:7; Éx 22:24; Dt 32:21, 22; Sal 7:11; Jn 3:36; Ef 5:6). El primer resultado de la justificación es que la guerra del pecador con Dios termina para siempre (Col 1:21, 22). Las Escrituras se refieren al término de este conflicto como la reconciliación de una persona con Dios (2 Co 5:18-20).

d. **entrada.** Este término solo se usa otras dos veces en el NT (Ef 2:18; 3:12), siempre en referencia al acceso del creyente a Dios por medio de Jesucristo. Lo que era impensable para el judío del AT (cp. Éx 19:9, 20, 21; 28:35) ahora es disponible a todos los que se acercan (Jer 32:38, 40; He 4:16; 10:19-22; cp. Mt 27:51).

e. **estamos firmes.** Esto se refiere a la posición permanente y segura de la que gozan los creyentes en la gracia de Dios (cp. Ro 8:31-34; Jn 6:37; Fil 1:6; 2 Ti 1:12; Jud 24).

f. **esperanza de la gloria de Dios.** A diferencia de la noción contemporánea de «esperanza», el término original del NT no supone la incertidumbre, sino que habla de algo muy cierto, aunque todavía no se haya hecho realidad. El destino final del creyente es participar de la gloria de Dios mismo (Ro 8:29, 30; Jn 17:22; 2 Co 3:18; Fil 3:20, 21; 1 Jn 3:1, 2), y esa esperanza se realizará porque Cristo mismo la asegura (1 Ti 1:1). Sin las promesas claras y ciertas de la Palabra de Dios, el creyente no tendría base para su esperanza (Ro 15:4; Sal 119:81, 114; Ef 2:12; cp. Jer 14:8).

g. **tribulaciones.** Una palabra que se emplea para aludir a presiones exteriores, como la de una prensa que extrae líquido de las olivas o las uvas. Aquí no alude a las presiones normales del diario vivir (cp. Ro 8:35), sino a las tribulaciones inevitables que acaecen a los seguidores de Cristo a causa de su relación con él (Mt 5:10-12; Jn 15:20; 2 Co 4:17; 1 Ts 3:3; 2 Ti 3:12; 1 P 4:19). Tales dificultades producen beneficios espirituales incomparables.

h. **paciencia.** En algunos lugares se traduce «paciencia» y es un término que se refiere a la resistencia y la capacidad de mantenerse firme bajo peso y presión tremendos, sin sucumbir (Ro 15:5; Col 1:22, 23; 2 Ts 1:4; Ap 14:12).

i. **prueba.** La traducción literal del griego es «prueba», pero Pablo se refiere en realidad a «un carácter aprobado». Se empleaba para aludir a los metales que se sometían a ciertas pruebas para determinar su pureza. Aquí la prueba es el carácter cristiano (cp. Stg 1:12). Los cristianos pueden gloriarse en las tribulaciones a causa de lo que produce en ellos tales dificultades.

prueba, esperanza; y la esperanza no avergüenza; porque [a]el amor de Dios ha sido derramado en nuestros corazones por [b]el Espíritu Santo que nos fue dado.

Porque [c]Cristo, cuando aún éramos [d]débiles, [e]a su tiempo murió por los impíos. Ciertamente, apenas morirá alguno por [f]un justo; con todo, pudiera ser que alguno osara morir por el bueno. Mas Dios muestra su amor para con nosotros, en que siendo aún pecadores, Cristo murió por nosotros. Pues [g]mucho más, estando ya justificados [h]en su sangre, por él seremos salvos de la [i]ira. Porque si siendo enemigos, fuimos reconciliados con Dios por la muerte de su Hijo, mucho más, estando reconciliados, seremos [j]salvos por su vida. Y no solo esto, sino que también nos gloriamos en Dios por el Señor nuestro Jesucristo, por quien hemos recibido ahora la [k]reconciliación.

---

a. **el amor de Dios ha sido derramado.** El amor de Dios por nosotros ha sido derramado con tal exuberancia que se desborda de nuestro corazón. Pablo pasa de los aspectos objetivos de nuestra seguridad en Cristo a los más subjetivos e interiores. Dios ha implantado en nuestro corazón la evidencia de que pertenecemos a él, y esta consiste en que amamos a aquel quien nos amó primero (1 Co 16:22; cp. Gá 5:22; Ef 3:14-19; 1 Jn 4:7-10).

b. **el Espíritu Santo que nos fue dado.** Un testimonio maravilloso del amor de Dios por nosotros (Ro 8:9, 14, 16, 17; Jn 7:38, 39; 1 Co 6:19, 20; 12:13; Ef 1:18).

c. **Cristo... murió por los impíos.** El amor de Dios por los suyos es invariable porque no se basa en cuán dignos seamos de recibir amor, sino en la constancia de su propio carácter perfecto. El acto supremo de amor de Dios vino en el punto en que le éramos más indeseables (cp. Mt 5:46).

d. **débiles.** Lit. «indefensos». Los pecadores no regenerados están muertos en su espíritu y son incapaces de hacer algo para ayudarse a sí mismos (Jn 6:44; Ef 2:1).

e. **a su tiempo.** En el tiempo designado por Dios (cp. Gá 4:4).

f. **un justo... el bueno.** Aunque se trata de un sacrificio poco común, el punto de Pablo es que ninguno de nosotros es esa clase de persona, pero de todos modos Cristo se sacrificó por nosotros.

g. **mucho más.** Lo que Pablo está a punto de decir es todavía más desusado y maravilloso.

h. **en su sangre.** A través de su violenta muerte sustitutiva. Las referencias a la sangre del Salvador incluyen la realidad de que él sangró en su muerte, algo que era necesario para cumplir las imágenes de sacrificio aceptable en el AT. Sin embargo, no se limitan al tejido mismo porque los escritores del NT también emplean el término «sangre» como una manera gráfica de describir las muertes violentas (ver Mt 23:30, 35; 27:4-8, 24, 25; Jn 6:53-56; Hch 5:28; 20:26). Las referencias a la sangre del Salvador no solo se aplican tanto al agente corporal como a su muerte y a toda su obra expiatoria (cp. Ro 3:25; Ef 1:7; 2:13; Col 1:14, 20; He 9:12; 10:19; 13:12; 1 P 1:2, 19; 1 Jn 1:7; Ap 1:5).

i. **ira.** Cristo soportó la plenitud de la furia y la ira de Dios en el lugar que correspondía al pecador que cree, por eso no queda ira alguna para el creyente (ver Ro 8:1; 1 Ts 1:10; 5:9).

j. **salvos por su vida.** Mientras éramos enemigos de Dios, Cristo por su muerte pudo reconciliarnos con Dios. Ahora que somos hijos de Dios, es indudable que el Salvador puede preservarnos por su poder viviente.

k. **reconciliación.** Entre Dios y los pecadores. Ver 2 Co 5:18-20.

141. La imputación de la justicia

Romanos 5:12–21

Por tanto, [a]como el pecado entró en el mundo [b]por un hombre, y por el pecado la muerte, así la [c]muerte pasó a todos los hombres, [d]por cuanto todos pecaron. Pues antes de la ley, había pecado en el mundo; pero [e]donde no hay ley, [f]no se inculpa de pecado. [g]No obstante, reinó la muerte desde Adán hasta Moisés, aun en los que [h]no pecaron a la manera de la transgresión de Adán, el cual es [i]figura del que había de venir. Pero el don no fue como la transgresión; porque si por la transgresión de aquel uno [j]murieron los muchos, abundaron

---

a. **como el pecado entró.** No se trata de un pecado en particular, sino de la propensión inherente al pecado que entró al género humano. Los hombres se convirtieron en pecadores por naturaleza. Adán transmitió a todos sus descendientes la naturaleza pecaminosa inherente que llegó a poseer a causa de su primer acto de desobediencia. Esa naturaleza está presente desde el momento de la concepción (Sal 51:5), lo cual hizo imposible que el hombre viviera de tal modo que agradara a Dios. Satanás, el padre del pecado (1 Jn 3:8), trajo primero la tentación a Adán y Eva (Gn 3:1-7).

b. **por un hombre.** Con el pecado de Adán, toda la humanidad pecó en sus lomos (cp. He 7:7-10). Puesto que su pecado transformó su naturaleza interior y trajo muerte espiritual y depravación, esa naturaleza pecaminosa pasaría también por vía genética a su posteridad (Sal 51:5).

c. **muerte.** Adán no fue sometido a muerte inmediata por su pecado, pero a través de su pecado la muerte se convirtió en una certidumbre penosa para él y su posteridad. La muerte tiene tres manifestaciones claras: 1) muerte espiritual o separación de Dios (cp. Ef 2:1, 2; 4:18), 2) muerte física (He 9:27) y 3) muerte eterna (llamada también la segunda muerte), que incluye no solo separación eterna de Dios, sino tormento eterno en el lago de fuego (Ap 20:11-15).

d. **por cuanto todos pecaron.** Por cuanto la humanidad entera existía en los lomos de Adán, y mientras la procreación heredó su condición caída y depravada, puede decirse que todos pecaron en él. Por lo tanto, los seres humanos no son pecadores porque pequen, sino que pecan porque son pecadores.

e. **donde no hay ley.** El período desde Adán hasta Moisés, cuando Dios no había dado todavía la ley mosaica.

f. **no se inculpa de pecado.** Ver 2 Co 5:19. Aunque todos los hombres se consideraban pecadores (Ro 5:12), como no había una lista explícita de mandatos y prohibiciones, no había un registro estricto de los puntos específicos de su transgresión.

g. **No obstante, reinó la muerte.** No obstante, aun sin la ley la muerte fue universal. Todos los hombres desde Adán hasta Moisés fueron sujetos a muerte, no a causa de sus actos pecaminosos contra la ley mosaica (la cual todavía no tenían), sino a causa de su propia naturaleza pecaminosa heredada.

h. **no pecaron a la manera... de Adán.** Los que no tuvieron revelación específica como la que Adán recibió (Gn 2:16, 17) o aquellos que no tenían la ley mosaica (cp. Ro 5:13) pero de todas maneras pecaron contra la santidad de Dios (es decir, aquellos que «sin ley han pecado», Ro 2:12).

i. **figura del que había de venir.** Tanto Adán como Cristo fueron similares en el sentido de que sus actos afectaron a muchos otros. Esta frase sirve como transición de la discusión del apóstol sobre la transferencia del pecado de Adán a la justicia de Cristo que se acredita al creyente.

j. **murieron los muchos.** Pablo utiliza la palabra «muchos» con dos significados distintos en Ro 5:15 tal como lo hará con la palabra «todos» en el v. 18. El apóstol ya ha establecido

[a]mucho más para los muchos la gracia y [b]el don de Dios por la gracia de un hombre, Jesucristo. Y con el don no sucede como en el caso de aquel uno que pecó; porque ciertamente el juicio vino a causa de un solo pecado para [c]condenación, pero el don vino a causa de [d]muchas transgresiones para justificación. Pues si por la transgresión de uno solo [e]reinó la muerte, mucho más [f]reinarán en vida por uno solo, Jesucristo, los que reciben la abundancia de la gracia y del [g]don de la justicia.

Así que, como por la transgresión de uno vino la condenación a todos los hombres, de la misma manera por [h]la justicia de uno [i]vino a todos los hombres la justificación de vida. Porque así como por la desobediencia de un hombre los muchos fueron constituidos pecadores, así también por la obediencia de uno, los muchos serán [j]constituidos justos.

Pero [k]la ley se introdujo para que el pecado abundase; mas cuando el pecado abundó, sobreabundó la gracia; para que así como el pecado reinó para

---

que todos los hombres sin excepción cargan con la culpa del pecado y están sujetos a muerte (ver el v. 12). Así pues, los «muchos» que mueren deben ser los descendientes de Adán.

a. **mucho más.** El acto singular de redención de Cristo fue mucho mayor que el acto de condenación de Adán.

b. **el don.** La salvación por gracia.

c. **condenación.** El veredicto divino de culpabilidad, todo lo opuesto a la justificación.

d. **muchas transgresiones.** Adán trajo condenación a todos los hombres por medio de una sola ofensa, su acto voluntario de desobediencia. Cristo, por otro lado, libra a los elegidos de la condenación generada por múltiples ofensas.

e. **reinó la muerte.** El pecado de Adán trajo mortandad universal, todo lo contrario al resultado que esperaba de su acción y que Satanás había prometido: «seréis como Dios» (Gn 3:5). El sacrificio de Cristo trajo salvación a aquellos que creen.

f. **reinarán en vida.** A diferencia del acto de Adán, el acto de Cristo ha cumplido y cumplirá todo lo que él se ha propuesto lograr con su plan de salvación (cp. Fil 1:6), es decir, vida espiritual (cp. Ef 2:5).

g. **don de la justicia.** Ver Ro 1:17 y 3:24; Ver también 2 Co 5:21; Fil 3:8, 9.

h. **la justicia de uno.** No se refiere a un acto en particular, sino en general a la obediencia de Cristo (cp. Lc 2:49; Jn 4:34; 5:30; 6:38), la cual culminó en la demostración más grande de esa obediencia: su muerte en una cruz (Fil 2:8).

i. **vino a todos los hombres.** Esto no puede significar que todos los hombres se salvarán, ya que la salvación solo es para aquellos que ejercen fe en Jesucristo (cp. Ro 1:16, 17; 3:22, 28; 4:5, 13). Más bien, como la palabra «muchos» en Ro 5:15, Pablo utiliza «todos» con dos significados diferentes para establecer el paralelo que quiere comunicar, una práctica común en el AT hebreo.

j. **constituidos justos.** Es probable que esta expresión se refiera a la postura legal de una persona ante Dios y no a un cambio en el carácter, puesto que Pablo establece en todo el pasaje un contraste entre la justificación y la condenación, y no ha introducido todavía la doctrina de la santificación (Ro 6–8), que sí trata acerca de la transformación del pecador como resultado de la redención.

k. **la ley se introdujo.** Cp. Gá 3:19. Aunque la ley mosaica no es defectuosa (Ro 7:12), su presencia hizo que el pecado humano se acrecentara (cp. 7:8-11). De este modo, hizo más conscientes a los hombres de su propia pecaminosidad e incapacidad para conformarse al parámetro perfecto de Dios (7:7; Gá 3:21, 22), y sirvió como un ayo o tutor que los conduce a Cristo (Gá 3:24).

muerte, así también la gracia reine por la justicia para vida eterna mediante Jesucristo, Señor nuestro.

142. Liberación del pecado

Romanos 6:1–14

[a]¿Qué, pues, diremos? [b]¿Perseveraremos en el pecado para que la gracia abunde? [c]En ninguna manera. Porque los que [d]hemos muerto al pecado, ¿cómo viviremos aún en él? ¿O no sabéis que todos los que hemos sido [e]bautizados en Cristo Jesús, hemos sido bautizados [f]en su muerte? Porque somos [g]sepultados juntamente con él para muerte por el bautismo, a fin de que como Cristo

---

a. **¿Qué, pues, diremos?** Pablo pasa de demostrar la doctrina de justificación según la cual Dios declara justo al pecador creyente (Ro 3:20–5:21), a demostrar las ramificaciones prácticas de la salvación para los que han sido justificados. Su discusión específica se centra en la doctrina de la santificación, que consiste en la manera como Dios produce justicia verdadera en el creyente (Ro 6:1–8:39). El apóstol comienza su lección sobre la santificación con el argumento de que, a pesar de su pasado, todos los que han sido justificados por Dios experimentarán santidad en su vida personal (cp. 1 Co 6:9-11a; 1 Ti 1:12, 13).

b. **¿Perseveraremos en el pecado...?** A causa de su experiencia pasada en el fariseísmo, Pablo pudo anticipar las objeciones más fuertes de sus críticos. Ya había aludido a estas críticas según las cuales con su predicación de la justificación basada nada más que en la gracia gratuita de Dios, alentaba a pecar a las personas (cp. Ro 3:5, 6, 8).

c. **En ninguna manera.** Lit. «¡que nunca sea así!». Esta expresión aparece catorce veces en las epístolas de Pablo (10 en Romanos: 3:4, 6, 31; 6:2, 15; 7:7, 13; 9:14; 11:1, 11). Es la expresión más enérgica en griego para repudiar una afirmación e implica la sensación de indignación frente a los que se atrevan a creer que esa afirmación sea cierta.

d. **hemos muerto al pecado.** No es una referencia a la lucha diaria y constante del creyente contra el pecado, sino a un acontecimiento de una sola vez que se produce en el pasado. Debido a que estamos «en Cristo» (Ro 6:11; 8:1) y que él murió en nuestro lugar (5:6-8), somos contados por muertos con él. Esta es la premisa fundamental del capítulo 6, y Pablo dedica el resto del capítulo a explicarla y respaldarla.

e. **bautizados en Cristo Jesús.** Esto no se refiere al bautismo en agua. Pablo emplea aquí la expresión «bautizados» en un sentido metafórico, como diríamos al describir una persona que está inmersa en su trabajo o que haya sido sometida a un bautismo de fuego para decir que experimenta ciertos problemas. Todos los cristianos, al depositar fe para salvación en él, han sido sumergidos en la persona de Cristo en un sentido espiritual, es decir, unidos e identificados con él (cp. 1 Co 6:17; 10:2; Gá 3:27; 1 P 3:21; 1 Jn 1:3; ver Hch 2:38). Es indudable que el propósito del bautismo en agua es ilustrar esta realidad y mostrar la transformación de los justificados.

f. **en su muerte.** Esto significa que el proceso de inmersión o identificación se vincula de forma específica con la muerte y resurrección de Cristo, como el apóstol explica a continuación (ver Ro 6:4-7).

g. **sepultados juntamente con él.** Puesto que estamos unidos por la fe con él, como lo simboliza el bautismo, su muerte y sepultura se convierten en nuestra realidad.

resucitó de los muertos por la gloria del Padre, así también nosotros andemos [a]en vida nueva.

Porque si fuimos plantados juntamente con él en la semejanza de su muerte, así también lo seremos en la de su resurrección; sabiendo esto, que [b]nuestro viejo hombre fue crucificado juntamente con él, para que el [c]cuerpo del pecado sea [d]destruido, a fin de que no sirvamos más al pecado. Porque el que [e]ha muerto, ha sido [f]justificado del pecado. Y si morimos con Cristo, creemos que [g]también viviremos con él; sabiendo que Cristo, habiendo resucitado de los muertos, ya no muere; la muerte no [h]se enseñorea más de él. Porque en cuanto murió, [i]al pecado murió una vez por todas; mas en cuanto vive, [j]para Dios vive. [k]Así también

---

a. **en vida nueva.** Esto es cierto si nosotros en Cristo morimos y fuimos sepultados con él, por lo cual también nos hemos unido con él en su resurrección. Nuestra vida posee una nueva cualidad y carácter, un nuevo principio vital. Esto alude a la regeneración del creyente (cp. Ez 36:26; 2 Co 5:17; Gá 6:15; Ef 4:24). El pecado era la característica principal de la vida vieja, pero la justicia es lo que describe la vida nueva.

b. **nuestro viejo hombre.** La identidad no regenerada del creyente. La palabra griega para «viejo» no se refiere a edad avanzada, sino a algo desgastado e inservible. Nuestro viejo hombre murió con Cristo y la vida que disfrutamos ahora es una vida dada por Dios que es la vida de Cristo mismo (cp. Gá 2:20). Hemos sido removidos de la presencia y el control del hombre no regenerado, de tal modo que no tenemos por qué seguir los recuerdos que quedan de sus hábitos pecaminosos como si siguiéramos bajo su influencia maligna (ver Ef 4:20-24; Gá 5:24; Col 3:9, 10).

c. **cuerpo del pecado.** En esencia es un sinónimo de «nuestro viejo hombre». Pablo emplea los términos «cuerpo» y «carne» para referirse a propensiones pecaminosas que están entrelazadas con debilidades y deleites físicos (p. ej. Ro 8:10, 11, 13, 23). Aunque el viejo hombre está muerto, el pecado mantiene un pie sobre nuestra carne temporal o nuestra condición humana no redimida que se caracteriza por sus deseos corruptos (Ro 7:14-24). El creyente no tiene dos naturalezas que compiten entre sí, la vieja y la nueva. El hecho es que la naturaleza nueva sigue encarcelada dentro de la carne no redimida (ver Ro 6:12), pero el término «carne» no corresponde al cuerpo físico que sí puede ser un instrumento para manifestar la santidad divina (Ro 6:19; 12:1; 1 Co 6:20).

d. **destruido.** Sin poder e incapaz de operar.

e. **ha muerto.** A través de su unión con Cristo (ver Ro 6:3).

f. **justificado del pecado.** Libertado y nunca más bajo su dominio y control.

g. **también viviremos con él.** El contexto indica que Pablo no solo quiere decir que los creyentes vivirán en la presencia de Cristo por la eternidad, sino también que todos los que han muerto con Cristo, lo cual es cierto acerca de todos los creyentes, vivirán una vida aquí en la tierra que será del todo compatible con los parámetros divinos de santidad.

h. **se enseñorea.** Dominio, control o señorío. Cp. Ro 6:11, 12.

i. **al pecado murió.** Cristo murió al pecado en dos sentidos: 1) con respecto al castigo del pecado porque él satisfizo sus demandas legales sobre los pecadores, y 2) en relación con el poder del pecado, al quebrantar para siempre su poder sobre aquellos que le pertenecen. Su muerte nunca tendrá que repetirse (He 7:26, 27; 9:12, 28; 10:10; cp. 1 P 3:18). El punto de Pablo es que los creyentes han muerto al pecado de la misma manera.

j. **para Dios vive.** Para la gloria de Dios.

k. **Así también.** Esto implica la importancia de que sus lectores sepan lo que acaba de explicar. Sin ese fundamento, lo que se propone enseñar a continuación no tendrá sentido. Las Escrituras siempre identifican el conocimiento como el fundamento de toda práctica individual (cp. Col 3:10).

vosotros [a]consideraos muertos al pecado, pero vivos para Dios [b]en Cristo Jesús, Señor nuestro.

No reine, pues, el pecado en vuestro [c]cuerpo mortal, de modo que lo obedezcáis en sus concupiscencias; ni tampoco [d]presentéis [e]vuestros miembros al pecado como [f]instrumentos de iniquidad, sino presentaos vosotros mismos a Dios como vivos de entre los muertos, y vuestros miembros a Dios como instrumentos de justicia. Porque [g]el pecado no se enseñoreará de vosotros; pues [h]no estáis bajo la ley, sino bajo la gracia.

143. Esclavos de la justicia

Romanos 6:15–23

[i]¿Qué, pues? ¿Pecaremos, porque no estamos bajo la ley, sino bajo la gracia? En ninguna manera. ¿No sabéis que si os sometéis a alguien como esclavos

---

a. **consideraos.** Esta expresión se empleaba en sentido metafórico para expresar una confianza absoluta y sin reservas en lo que uno sabe que es verdad en su mente, la clase de confianza de corazón que afecta sus acciones y decisiones. Pablo no se refiere a juegos mentales en los que nos sugestionemos para pensar de cierta manera, sino que más bien nos urge a recibir por fe lo que Dios nos ha revelado como la verdad.

b. **en Cristo.** La expresión favorita de Pablo para describir nuestra unión con Cristo. No es la primera vez que ocurre en Romanos (cp. Ef 1:3-14).

c. **cuerpo mortal.** El único repositorio que queda donde el pecado encuentra vulnerable al creyente. El cerebro y sus procesos mentales son parte del cuerpo y por eso pueden tentar a nuestra alma con sus deseos pecaminosos (ver Ro 6:6; cp. 8:22, 23; 1 Co 15:53; 1 P 2:9-11).

d. **presentéis.** Se refiere a una decisión de la voluntad. Antes de que el pecado pueda tener poder sobre un creyente, primero debe pasar a través de su voluntad (cp. Fil 2:12, 13).

e. **vuestros miembros.** Las partes del cuerpo físico que funcionan como centro de operaciones del pecado en la vida del creyente (Ro 7:18, 22-25; cp. 12:1; 1 Co 9:27).

f. **instrumentos de iniquidad.** Herramientas para hacer aquello que viola la voluntad y la ley santas de Dios.

g. **el pecado no se enseñoreará.** El pecado debe estar en capacidad de ejercer control en nuestro cuerpo, de lo contrario la admonición de Pablo sería innecesaria (Ro 6:13). El pecado no tiene por qué reinar allí, así que el apóstol expresa su confianza en que quienes son de Cristo no permitirán que así sea.

h. **no... bajo la ley, sino bajo la gracia.** Esto no significa que Dios haya abrogado su ley moral (Ro 3:31; cp. Mt 5:17-19). La ley es buena, santa y justa (Ro 7:12; cp. 1 Ti 1:8), pero no puede ser cumplida a perfección, así que se convierte en maldición para el hombre. Como no puede ayudar a alguien a vivir conforme al parámetro moral de Dios (cp. Ro 7:7-11), la ley solo puede mostrar ese parámetro y así reprender y condenar a quienes no lo guarden a perfección. Ahora bien, el creyente ya no está bajo la ley como una condición para ser aceptado por Dios, sino que esa condición imposible de cumplir hace lo que Dios se propuso con ella: mostrar al hombre su pecaminosidad y lo indefenso que es (ver Ro 3:19, 20; cp. Gá 3:10-13). El creyente vive ahora bajo la gracia divina que lo capacita para cumplir de verdad los requisitos justos de la ley (Ro 7:6; 8:3, 4). El capítulo 7 es el comentario completo de Pablo acerca de esta expresión crucial.

i. **¿Qué, pues?** Esta sección continúa la discusión de Pablo sobre la santificación. El apóstol recuerda a sus lectores la esclavitud al pecado que experimentaron en el pasado y

para obedecerle, sois esclavos de aquel a quien obedecéis, sea del pecado para muerte, o sea de la obediencia para justicia? Pero gracias a Dios, que aunque erais esclavos del pecado, habéis obedecido de corazón a [a]aquella forma de doctrina a la cual fuisteis entregados; y libertados del pecado, vinisteis a ser siervos de la justicia. [b]Hablo como humano, por vuestra humana debilidad; que así como para iniquidad presentasteis vuestros miembros para servir a [c]la inmundicia y a la iniquidad, así ahora para santificación presentad vuestros miembros para servir a la justicia.

Porque cuando erais esclavos del pecado, erais libres acerca de la justicia. ¿Pero qué [d]fruto teníais de aquellas cosas de las cuales ahora os avergonzáis? Porque el fin de ellas es muerte. Mas ahora que habéis sido libertados del pecado y hechos siervos de Dios, tenéis por vuestro fruto la [e]santificación, y como fin, la vida eterna. [f]Porque la paga del pecado es muerte, mas la dádiva de Dios es vida eterna en Cristo Jesús Señor nuestro.

---

su nueva servidumbre a la justicia. Quiere que vivan en sumisión a su nuevo amo, el Señor Jesucristo, y que no se enreden otra vez con los pecados que caracterizaron su vida vieja, pecados que ya no tienen por qué dominar la vida de cada uno de ellos.

a. **aquella forma de doctrina... entregados.** En el griego «forma» es un término que describe un molde como el usado por un artífice en la fabricación de metales. El punto de Pablo es que Dios vierte a sus hijos nuevos en el molde de la verdad divina (Ro 12:2; cp. Tit 2:1). Los creyentes nuevos tienen un deseo innato y apremiante de conocer y obedecer la Palabra de Dios (1 P 2:2).

b. **Hablo como humano... humana debilidad.** El uso que Pablo hace de la analogía del amo y el siervo fue un acomodo a la humanidad de sus lectores y su dificultad para comprender la verdad divina.

c. **la inmundicia... la iniquidad.** Como un animal salvaje, el apetito del pecado aumenta cuanto más sea saciado (Gn 4:7).

d. **fruto.** O beneficio.

e. **santificación.** El beneficio de ser siervos de Dios es la santificación, cuyo resultado final es la vida eterna.

f. **Porque la paga...** Este versículo describe dos absolutos inexorables: 1) la muerte espiritual es el pago por la esclavitud de todo hombre al pecado, y 2) la vida eterna es un regalo gratuito que Dios da a pecadores que no lo merecen, por el simple hecho de haber creído en su Hijo (cp. Ef 2:8, 9).

144. El pecado y la ley

Romanos 7:1–12

¿Acaso ignoráis, hermanos (pues hablo con los que [a]conocen la ley), que la ley [b]se enseñorea del hombre entre tanto que este vive? [c]Porque la mujer casada está sujeta por la ley al marido mientras este vive; pero si el marido muere, ella [d]queda libre de la ley del marido. Así que, si en vida del marido se uniere a otro varón, será llamada adúltera; pero si su marido muriere, es libre de esa ley, de tal manera que si se uniere a otro marido, no será adúltera. Así también vosotros, hermanos míos, [e]habéis muerto a la ley [f]mediante el cuerpo de Cristo, [g]para que seáis de otro, del que resucitó de los muertos, a fin de

---

a. **conocen la ley.** Aunque Pablo incluye aquí la ley escrita de Dios, no se refiere a un código legal específico, sino a un principio que es cierto acerca de toda ley, bien sea griega, romana, judía o bíblica. Como sabía que sus lectores, en especial los judíos, tendrían muchas preguntas acerca de cómo se relaciona la ley con su fe en Cristo, Pablo se propone explicar esa relación (en este pasaje se refiere en veintisiete ocasiones a la ley). En una explicación detallada de lo que significa no estar bajo la ley, sino bajo la gracia (Ro 6:14, 15), Pablo enseña que: 1) la ley ya no puede condenar a un creyente (Ro 7:1-6), 2) convence de pecado tanto a incrédulos como a creyentes (Ro 7:7-13), 3) no puede liberar a un creyente del pecado (Ro 7:14-25) y 4) los creyentes que andan en el poder del Espíritu pueden cumplir la ley (Ro 8:1-4).

b. **se enseñorea.** Es decir, tiene jurisdicción. Sin importar cuán graves puedan ser las ofensas de un delincuente, después de muerto ya no está sujeto a procesos judiciales o castigo alguno.

c. **Porque la mujer...** Estos dos versículos no son una alegoría compleja, sino una analogía simple. La ley matrimonial sirve para ilustrar el punto que Pablo acaba de hacer sobre la jurisdicción de la ley (Ro 7.1). Este pasaje no enseña que solo la muerte de un cónyuge deja a un cristiano en libertad de volverse a casar, porque no es una enseñanza sobre el divorcio y el nuevo matrimonio en absoluto. Tanto Cristo como Pablo definen estas cuestiones en otras partes de las Escrituras (cp. Mt 5:31, 32; 19:3-12; 1 Co 7:10-15).

d. **queda libre de la ley.** La ley que gobierna las acciones de una mujer casada ya no tiene jurisdicción sobre ella tras la muerte de su esposo. Las viudas están en libertad de casarse otra vez, y Pablo de hecho alienta a las más jóvenes a que vuelvan a contraer nupcias siempre y cuando lo hagan con un creyente (1 Co 7:39; 1 Ti 5:14). Incluso los que se han divorciado por razones o medios legítimos pueden casarse de nuevo (ver 1 Co 7:8, 9).

e. **habéis muerto.** La construcción griega de este verbo recalca dos puntos importantes: 1) esta muerte sucedió en un instante en el tiempo, con resultados que son completos y definitivos, y 2) otra persona, en este caso Dios mismo, es quien inició esta muerte (lit. «os hicieron morir»). En respuesta a la fe en su Hijo, Dios hace que el pecador creyente muera para siempre a la condenación y el castigo de la ley (cp. Ro 8:1).

f. **mediante el cuerpo de Cristo.** Porque él como sustituto por los pecadores, sufrió el castigo del pecado que la ley demandaba.

g. **para que seáis de otro.** Así como la viuda en la analogía de Pablo (Ro 7:2, 3) quedó en libertad de volverse a casar, el creyente ha sido liberado de su relación hostil con una ley que lo condenaba, y está en capacidad de casarse de nuevo, esta vez con Cristo (cp. 2 Co 11:5; Ef 5:24-27).

que llevemos [a]fruto para Dios. Porque mientras estábamos en la [b]carne, las [c]pasiones pecaminosas que [d]eran por la ley obraban en nuestros miembros llevando fruto para muerte. Pero ahora estamos [e]libres de la ley, por haber muerto para aquella en que estábamos sujetos, de modo que [f]sirvamos bajo el [g]régimen nuevo del Espíritu y no bajo el régimen viejo de la letra.

¿Qué diremos, pues? [h]¿La ley es pecado? En ninguna manera. Pero [i]yo no conocí el pecado sino por la ley; porque tampoco conociera la codicia, si la ley no dijera: No [j]codiciarás. Mas el pecado, tomando [k]ocasión por el

---

a. **fruto.** Una vida transformada que manifiesta actitudes (Gá 5:22, 23) y acciones nuevas (Jn 15:1, 2; Fil 1:11; cp. 2 Co 5:21; Gá 2:19, 20; Ef 2:10; ver Ro 1:13). Esto es en contraste al «fruto para muerte», que se refiere a las pasiones pecaminosas que obran en los no creyentes y producen una cosecha de muerte eterna (ver Ro 5:12; cp. Gá 6:7, 8).

b. **carne.** En la Biblia se emplea este término en un sentido no moral para describir el ser físico de un hombre (Jn 1:14), y en un sentido de perversión moral para describir la condición humana no redimida del hombre (ver Ro 6:6; Ro 8; Gá 5; Ef 2), es decir, aquellos residuos del hombre viejo que quedarán en el creyente hasta el momento en el que reciba su cuerpo glorificado (Ro 8:23). Aquí la expresión «en la carne» describe a una persona que solo puede operar en la esfera de la humanidad caída, una persona no redimida ni regenerada (Ro 8:9). Aunque el creyente puede manifestar algunas de las obras de la carne, nunca puede estar otra vez «en la carne».

c. **pasiones pecaminosas.** Los impulsos abrumadores de pensar y hacer el mal, que caracterizan a los que están «en la carne» (Ef 2:3).

d. **eran por la ley.** La naturaleza rebelde de los no creyentes es despertada con la imposición de restricciones y desarrolla el deseo intenso de hacer aquellas mismas cosas que la ley prohíbe (ver Ro 7:8; cp. Ro 1:32).

e. **libres de la ley.** No es libertad para hacer lo que la ley de Dios prohíbe (Ro 6:1, 15; 8:4; cp. 3:31), sino libertad de las obligaciones espirituales y el castigo de la ley de Dios (cp. Gá 3:13). Por cuanto morimos con Cristo en su muerte (ver Ro 6:2), la ley con su condenación y sus sanciones ya no tiene jurisdicción sobre nosotros (Ro 7:1-3).

f. **sirvamos.** Esta es la forma verbal de la palabra que se traduce «siervo» (ver Ro 1:1), pero aquí establece un paralelo con la servidumbre a la justicia (cp. Ro 6:22), y esto subraya el aspecto no voluntario de este servicio. El creyente no solo está en capacidad de hacer lo que es correcto, sino que lo hará porque así está determinado.

g. **régimen nuevo del Espíritu.** Un nuevo estado mental que el Espíritu produce en el creyente, caracterizado por un deseo y una capacidad renovados para guardar la ley de Dios (ver Ro 8:4). Esto es en contraste al «régimen viejo de la letra», el código escrito y externo que solo pudo producir hostilidad y condenación.

h. **¿La ley es pecado?** Pablo quería asegurarse de que sus lectores no llegaran a la conclusión de que la ley misma era mala.

i. **yo no conocí el pecado.** La ley revela el parámetro divino, y a medida que los creyentes se comparan a sí mismos con ese parámetro, podrán identificar con precisión el pecado que es todo lo que difiere de ese parámetro. Pablo utiliza el pronombre personal «yo» en el resto del capítulo y presenta su propia experiencia como un ejemplo de la situación real en la que se encuentran la humanidad no redimida (Ro 7:7-12) y los cristianos (vv. 13-25).

j. **codiciarás.** Cita de Éx 20:17; Dt 5:21.

k. **ocasión por el mandamiento.** La palabra «ocasión» describe un punto de partida o base de operaciones para una expedición. El pecado utiliza los requisitos específicos de la ley como base operativa para lanzar sus incursiones destructivas. Al ser confrontada por la ley de Dios, la naturaleza rebelde del pecador considera más atractivas las cosas prohibidas, no por su atractivo inherente, sino porque representan una oportunidad sin igual para imponer y afirmar la voluntad personal.

mandamiento, produjo en mí toda codicia; porque sin la ley el [a]pecado está muerto. Y yo [b]sin la ley vivía en un tiempo; pero [c]venido el mandamiento, [d]el pecado revivió y [e]yo morí. Y hallé que el mismo mandamiento que [f]era para vida, a mí me resultó para muerte; porque [g]el pecado, tomando ocasión por el mandamiento, me engañó, y por él me mató. De manera que [h]la ley a la verdad es santa, y el mandamiento santo, justo y bueno.

145. La lucha contra la carne

Romanos 7:13–25

¿Luego [i]lo que es bueno, vino a ser muerte para mí? En ninguna manera; sino que [j]el pecado, para mostrarse pecado, produjo en mí la muerte por medio de lo que es bueno, a fin de que por el mandamiento el pecado llegase a ser sobremanera pecaminoso. Porque sabemos que [k]la ley es espiritual; mas yo soy

---

a. **pecado está muerto.** No estaba sin vida ni era inexistente (ver Ro 5:12, 13), pero estaba adormecido. Tan pronto llega la ley, el pecado es despertado y se activa para apoderarse del pecador.

b. **sin la ley.** No es ignorancia ni falta de consideración de la ley (cp. Fil 3:6), sino una noción superficial e imperfecta de ella.

c. **venido el mandamiento.** Cuando él comenzó a entender los requisitos verdaderos de la ley moral de Dios, en algún tiempo previo a su conversión.

d. **el pecado revivió.** Se dio cuenta de su condición verdadera como un pecador malvado y sin esperanza (cp. 1 Ti 1:15).

e. **yo morí.** Se dio cuenta de su condición de muerte espiritual, y entendió que todas sus credenciales y logros religiosos eran como basura (Fil 3:7, 8).

f. **era para vida.** En teoría, la obediencia perfecta a la ley podría traer vida eterna y con ella felicidad y santidad, pero nadie fuera de Cristo ha podido o podrá jamás obedecerla a perfección en todo (2 Co 5:21; ver Ro 10:5).

g. **el pecado... me engañó.** Porque le dio la falsa esperanza de que podría tener vida por medio de guardar la ley, cuando todo lo que encontró fue muerte, y también al convencerlo de que era aceptable para Dios como resultado de su propio mérito y buenas obras.

h. **la ley... es santa.** El hecho de que la ley revele, despierte y condene el pecado para traer en últimas muerte al pecador, no significa que la ley sea mala. Más bien, la ley es un reflejo perfecto del carácter santo de Dios (cp. Ro 7:14, 16, 22; Sal 19:7-11) y el parámetro de los creyentes para agradarle.

i. **lo que es bueno, vino a ser muerte.** El pecado es la causa de la muerte espiritual, no la ley buena.

j. **el pecado... llegase a ser... pecaminoso.** Un entendimiento de la naturaleza verdadera del pecado y su carácter mortífero, lo cual lleva al pecador a ver su necesidad de salvación que es el propósito mismo para el cual Dios dio la ley (Gá 3:19-22).

k. **la ley es espiritual.** Es decir, refleja el carácter santo de Dios.

[a]carnal, [b]vendido al pecado. Porque [c]lo que hago, no lo [d]entiendo; pues no hago lo que quiero, sino lo que aborrezco, eso hago. Y si lo que no quiero, esto hago, [e]apruebo que la ley es buena. De manera que [f]ya no soy yo quien hace aquello,

---

a. **carnal.** Lit. «de carne». Esto alude a una naturaleza ligada a la tierra, mortal y encarcelada todavía en una condición humana no redimida. Pablo no dice que todavía esté «en la carne» (ver Ro 7:5), sino que la carne está en él.

b. **vendido al pecado.** El pecado ya no controla al hombre entero (como sucede con un no creyente; cp. Ro 6:6), pero sí mantiene prisioneros a los miembros de su cuerpo carnal. El pecado contamina al creyente y frustra su deseo interior de obedecer la voluntad de Dios.

c. **lo que hago.** Algunos interpretan esta crónica del conflicto interior de Pablo como una descripción de su vida antes de Cristo. Señalan que Pablo describe a esa persona como «vendido al pecado» (Ro 7:14), alguien en quien «no mora el bien» (v. 18) y como un «miserable» que vive en un «cuerpo de muerte» (v. 24). Esas descripciones parecen contradecir la manera en la que Pablo describe al creyente en el capítulo 6 (cp. los vv. 2, 6, 7, 11, 17, 18, 22). Sin embargo, es correcto entender que Pablo habla aquí sobre un creyente. Se trata de una persona que desea obedecer la ley de Dios y aborrece su pecado (vv. 15, 19, 21), es humilde y reconoce que nada bueno mora en su humanidad (v. 18), ve el pecado en sí mismo, pero sabe que no es todo lo que hay en su interior (vv. 17, 20-22), y sirve a Jesucristo con su mente (v. 25). Pablo ya ha establecido que ninguna de esas actitudes caracteriza a los no salvos (cp. Ro 1:18-21, 32; 3:10-20). El uso que Pablo hace del tiempo presente en los verbos de los vv. 14-25 es un respaldo sólido de la noción de que el apóstol describe aquí su vida presente como cristiano. Por esas razones, parece indudable que el capítulo 7 describe a un creyente. Sin embargo, entre los que concuerdan en que se trata de un creyente existe otro desacuerdo. Algunos ven aquí a un cristiano carnal y débil, otros a un cristiano legalista que se siente frustrado con sus intentos fallidos de agradar a Dios en sus propias fuerzas mediante el cumplimiento de la ley mosaica. Es evidente que el pronombre personal se aplica al apóstol Pablo, quien es un ejemplo de salud y madurez espiritual. Por eso, en los vv. 14-25 debe describir a todos los cristianos, incluidos los más espirituales y maduros que al examinarse con honestidad frente al parámetro justo de la ley de Dios reconocen cuán lejos están de cumplirlo en sus fuerzas. El apóstol expresa esta frustración honesta en una serie de cuatro lamentos (vv. 14-17, 18-20, 21-23, 24, 25).

d. **entiendo.** Esto se refiere a un conocimiento que va más allá de los hechos e incluye la noción de una relación íntima (cp. Gá 4:9). Por extensión, esta palabra se empleaba en ocasiones para expresar aprobación o aceptación (cp. 1 Co 8:3). Ese es el sentido aquí (es decir, Pablo hacía algunas cosas que no aprobaba).

e. **apruebo que la ley es buena.** La naturaleza nueva de Pablo defiende el parámetro divino, aquella ley de justicia perfecta que no es responsable por su pecado. Su nueva identidad como cristiano anhela honrar la ley y guardarla a perfección (Ro 7:22).

f. **ya no soy yo quien hace aquello.** El adverbio griego que se traduce «ya no» significa un cambio completo y permanente. La nueva identidad interna de Pablo (ver Ro 6:6), su nuevo «yo», ya no aprobaba el pecado que mantenía residencia en su carne, como lo hacía su viejo yo (cp. Gá 2:20). En lugar de esto, se oponía con firmeza a sus dictados. Muchos han interpretado mal los comentarios de Pablo para afirmar que él abdicó una responsabilidad personal por su pecado al acoger una modalidad del dualismo griego (el cual engendró más adelante las nociones del gnosticismo). El dualismo enseñaba que el cuerpo es malo y el espíritu es bueno, así que sus adherentes podían pecar sin impunidad con la simple afirmación de que no eran responsables. Su pecado era producto exclusivo del cuerpo físico, mientras que el espíritu quedaba inmune y libre de toda mancha. Lo cierto es que el apóstol ya ha reconocido su culpabilidad personal por el pecado cometido (cp. 1 Jn 1:10).

sino [a]el pecado que mora en mí. Y yo sé que [b]en mí, esto es, en [c]mi carne, no mora el bien; porque el querer el bien está en mí, pero no el hacerlo. Porque no hago el bien que quiero, sino el mal que no quiero, eso hago. Y si hago lo que no quiero, ya no lo hago yo, sino el pecado que mora en mí.

Así que, queriendo yo hacer el bien, hallo esta [d]ley: que el mal está en mí. Porque según el hombre interior, [e]me deleito en la ley de Dios; pero veo [f]otra ley en mis miembros, que se rebela contra [g]la ley de mi mente, y que me lleva cautivo a la ley del pecado que está en mis miembros. [h]¡Miserable de mí! ¿quién me [i]librará de este [j]cuerpo de muerte? Gracias doy a Dios, [k]por Jesucristo Señor nuestro.

Así que, [l]yo mismo con la mente sirvo a la ley de Dios, mas con la carne a la ley del pecado.

---

a. **el pecado que mora en mí.** Su pecado no proviene de su nueva identidad redimida («yo»), sino de su parte humana no redimida («en mí») que era su carne (Gá 5:17).

b. **en mí... no mora el bien.** La carne sirve como la base de operaciones que el pecado utiliza para operar en la vida del cristiano. No es pecaminosa en sí misma, pero a causa de su condición caída sigue sujeta al pecado y está contaminada por completo.

c. **mi carne.** La parte del ser actual del creyente que continúa sin ser redimida (ver Ro 6:6, 12; 7:5).

d. **ley.** No es una referencia a la ley de Dios, sino a un principio espiritual inviolable.

e. **me deleito en la ley de Dios.** El hombre interior y justificado del creyente ya no se alinea con el pecado, sino que concuerda gozoso con la ley de Dios en contra del pecado (Sal 1:2; 119:14, 47, 77, 105, 140; cp. 2 Co 4:16; Ef 3:16).

f. **otra ley.** Un principio espiritual que corresponde al Ro 7:21, pero este principio que Pablo identifica como «la ley del pecado» opera en los miembros de su cuerpo, es decir, su condición humana no redimida y todavía pecaminosa (ver 6:6), la cual hace guerra contra su deseo de obedecer la ley de Dios.

g. **la ley de mi mente.** Equivalente a la nueva identidad interior en Cristo (2 Co 5:17; ver Ro 6:6), cuyo anhelo es obedecer la ley de Dios (ver Ro 7:21, 22). Pablo no dice que su mente sea espiritual y su cuerpo sea maligno en sí mismo (ver Ro 7:17).

h. **¡Miserable de mí!** Con frustración y tristeza, Pablo se lamenta por su pecado (cp. Sal 38:14; 130:1-5). Un creyente percibe su propia pecaminosidad en proporción directa a la claridad con la que ve la santidad de Dios y la perfección de su ley.

i. **librará.** Esta palabra significa «rescatar de peligro» y se usaba para aludir a un soldado que sacaba a su compañero herido del campo de batalla. Pablo anhelaba ser rescatado de su carne pecaminosa (cp. Ro 8:23).

j. **cuerpo de muerte.** La condición humana no redimida del creyente, que tiene en el cuerpo su base operativa (ver Ro 6:6, 12; 7:5). Según la tradición, una tribu antigua cerca de Tarso ataba el cadáver de una víctima de homicidio a su asesino, a fin de que la descomposición infectara lentamente al culpable hasta ocasionarle la muerte. Esta puede ser la imagen que Pablo tiene en mente.

k. **por Jesucristo.** La primera mitad de este versículo responde la pregunta que Pablo acaba de plantear: el apóstol está seguro de que Cristo lo rescatará a su regreso (cp. Ro 8:18, 23; 1 Co 15:52, 53, 56, 57; 2 Co 5:4). La segunda mitad resume los dos lados de la lucha descrita por Pablo (Ro 7:14-24).

l. **yo mismo.** El nuevo yo redimido de Pablo (ver Ro 6:6).

146. No hay condenación en Cristo

Romanos 8:1–8

[a]Ahora, pues, [b]ninguna condenación hay para [c]los que están en Cristo Jesús, los que no andan conforme a la carne, sino conforme al Espíritu. [d]Porque [e]la ley del [f]Espíritu de vida en Cristo Jesús me ha librado de [g]la ley del pecado y de la muerte. Porque [h]lo que era imposible para la ley, por cuanto era [i]débil por la carne, Dios, enviando [j]a su Hijo [k]en semejanza de carne de pecado y a causa del pecado, [l]condenó al pecado en la carne; para que [m]la justicia de

---

a. **Ahora, pues.** El resultado o la consecuencia de la verdad que el apóstol acaba de enseñar. Es una expresión que casi siempre marca la conclusión de los versículos que la preceden de inmediato, pero aquí introduce los resultados asombrosos de la enseñanza de Pablo en los primeros siete capítulos: que la justificación es solo por fe con base en la gracia irresistible de Dios.

b. **ninguna condenación.** Solo ocurre tres veces en el NT y todas en Romanos (cp. 5:16, 18). La palabra «condenación» se emplea de forma exclusiva en situaciones judiciales como lo opuesto de la justificación. Se refiere a un veredicto de culpable y al castigo exigido por ese veredicto. Ningún pecado que un creyente pueda cometer en el pasado, el presente o el futuro puede contarse en su contra, porque el castigo pleno fue pagado por Cristo y la justicia divina fue imputada al creyente. Ningún pecado revierte esta decisión legal divina (ver Ro 8:33).

c. **los que están en Cristo Jesús.** Es decir, todo cristiano verdadero. Estar en Cristo significa estar unido con él (ver Ro 6:2, 11; cp. 6:1-11; 1 Co 12:13, 27; 15:22).

d. **Porque.** La palabra «porque» introduce la razón por la que no hay condenación para el creyente: el Espíritu ha reemplazado la ley que solo podía producir pecado y muerte (Ro 7:5, 13) con una ley nueva y sencilla que produce vida, la ley de la fe (Ro 3:27), o el mensaje del evangelio.

e. **la ley del Espíritu de vida.** Es un sinónimo del evangelio o la ley de la fe.

f. El Espíritu, quien solo se mencionó una vez en los primeros siete capítulos (cp. 1:4), es referido unas veinte veces en el capítulo 8. Él nos libera del pecado y la muerte (Ro 8:2, 3), nos capacita para cumplir la ley de Dios (v. 4), cambia nuestra naturaleza y nos reviste de fortaleza para tener victoria sobre nuestra naturaleza no redimida (vv. 5-13), confirma nuestra adopción como los hijos de Dios (vv. 14-16) y garantiza nuestra gloria eterna (vv. 17-30).

g. **la ley del pecado y de la muerte.** La ley de Dios. Aunque es buena, santa y justa (Ro 7:12), como resultado de la debilidad de la carne (ver Ro 7:7-11; 8:3), solo puede producir pecado y muerte (Ro 7:5, 13).

h. **lo que era imposible para la ley.** Liberar a los pecadores de su castigo (Hch 13:38, 39; Gá 3:10) o hacerlos justos (Gá 3:21).

i. **débil por la carne.** A causa de la corrupción pecaminosa de los hombres no regenerados, la ley carecía de poder para producir justicia (Gá 3:21).

j. **a su Hijo.** Ver Sal 2:7; Gá 4:4; Fil 2:6, 7; He 1:1-5.

k. **en semejanza de carne de pecado.** Aunque en su encarnación Cristo se convirtió por completo en hombre (ver Ro 1:3), él solo adoptó la apariencia externa de la carne pecaminosa porque él careció por completo de pecado (He 4:15).

l. **condenó al pecado en la carne.** La condenación de Dios en contra del pecado fue derramada por completo sobre la carne libre de pecado que Cristo tuvo en la tierra (Is 53:4-8; cp. Fil 2:7).

m. **la justicia de la ley.** Los requisitos justos que la ley moral de Dios demanda en términos de pensamientos, palabras y obras. El aspecto ceremonial de la ley mosaica se ha puesto a un lado (Col 2:14-17), y la responsabilidad básica por el aspecto civil que muestra la aplicación de la ley moral en una comunidad, ha sido transferida al gobierno humano (Ro 13:1-7). La ley moral se basa en el carácter de Dios y se presenta en forma sucinta en los Diez

la ley [a]se cumpliese en nosotros, que [b]no andamos conforme a la carne, sino conforme al Espíritu. Porque [c]los que son de la carne [d]piensan en las cosas de la carne; pero los que son del Espíritu, en las cosas del Espíritu. Porque el [e]ocuparse de la carne es muerte, pero el [f]ocuparse del Espíritu es vida y paz. Por cuanto los designios de la carne son [g]enemistad contra Dios; porque no se sujetan a la ley de Dios, ni tampoco pueden; y los que viven según la carne no pueden agradar a Dios.

Mandamientos. Su forma más condensada se expresa en los mandatos de Jesús para amar a Dios por encima de todo y al prójimo como a uno mismo. Nunca ha sido abrogada, sino que encuentra su fuente de autoridad en el nuevo pacto. Cada incrédulo sigue bajo la obligación de cumplir sus requisitos de perfección y sometido a su condenación hasta que acuda a Cristo (Gá 3:23-25). Cada creyente cuenta con ella como el parámetro de su conducta piadosa.

a. **se cumpliese.** Aunque el creyente ya no está en servidumbre a la condenación y el castigo de la ley moral (Ro 7:6), la ley no deja de reflejar el carácter moral de Dios y su voluntad para sus criaturas. Ahora bien, lo que el código escrito externo nunca pudo lograr, el Espíritu lo puede hacer al escribir la ley en nuestro corazón (Jer 31:33, 34) y al darnos el poder para obedecerla.

b. **no andamos conforme a la carne, sino conforme al Espíritu.** No es una admonición, sino una declaración que se aplica a todos los creyentes. «Andamos» se refiere a un estilo de vida, los hábitos cotidianos y la manera de pensar que caracterizan la vida de una persona (cp. Lc 1:6; Ef 4:17; 1 Jn 1:7). Puesto que todo cristiano verdadero es habitado por el Espíritu, todo cristiano manifestará el fruto que produce en su vida (Gá 5:22, 23).

c. **los que son de la carne.** Todos los no creyentes.

d. **piensan.** Este verbo griego se refiere a una orientación básica de la mente, una mentalidad que incluye afectos, procesos mentales y voluntad propios de un individuo (cp. Fil 2:2, 5; 3:15, 19; Col 3:2). El punto de Pablo es que la disposición básica de los incrédulos es satisfacer los apetitos de la carne no redimida (Fil 3:19; 2 P 2:10).

e. **ocuparse de la carne.** En griego, «ocuparse» es la forma sustantiva del verbo en el v. 5 y también se puede traducir «con mentalidad carnal». Esta es una ecuación espiritual simple: la persona que tiene la mente enfocada en la carne está muerta en sentido espiritual (cp. 1 Co 2:14; Ef 2:1).

f. **ocuparse del Espíritu.** Esto describe a todo cristiano. La persona que tiene su mente fijada en las cosas del Espíritu de verdad está viva y en paz con Dios (ver Ro 5:1; cp. Ef 2:5).

g. **enemistad contra Dios.** El problema de la persona no creyente es más profundo que sus actos de desobediencia, los cuales solo son manifestaciones externas de las compulsiones internas de la carne. Su inclinación y orientación básicas hacia la gratificación individual, así tenga la apariencia externa de una persona religiosa o moral, se mantienen en hostilidad directa a Dios. Aun las buenas obras que hacen los incrédulos no son un cumplimiento verdadero de la ley de Dios, porque son producidas por la carne con motivos egoístas, y provienen de un corazón que está en rebelión contra Dios (ver Ro 5:1).

147. Libertad en el espíritu

Romanos 8:9–17

Mas vosotros no vivís según la carne, sino según el Espíritu, si es que el Espíritu de Dios [a]mora en vosotros. Y si alguno no tiene el Espíritu de Cristo, no es de él. Pero si Cristo está en vosotros, [b]el cuerpo en verdad está muerto a causa del pecado, mas [c]el espíritu vive a causa de la justicia. Y si el Espíritu de aquel que levantó de los muertos a Jesús mora en vosotros, el que levantó de los muertos a Cristo Jesús vivificará también vuestros cuerpos mortales por su Espíritu que mora en vosotros.

Así que, hermanos, deudores somos, no a la carne, para que vivamos conforme a la carne; porque si vivís conforme a [d]la carne, moriréis; mas si por el Espíritu [e]hacéis morir las obras de la carne, viviréis. Porque todos los que son [f]guiados por el Espíritu de Dios, estos son [g]hijos de Dios. Pues no habéis recibido el

---

a. **mora.** Se refiere a estar en casa propia. El Espíritu de Dios establece su morada en cada persona que confía en Jesucristo. Cp. 1 Co 6:19, 20; 12:13. Si no existe evidencia alguna de su presencia por el fruto que él produce (Gá 5:22, 23), una persona no tiene derecho de declarar a Cristo como su Salvador y Señor.

b. **el cuerpo en verdad está muerto a causa del pecado.** El cuerpo no ha sido redimido y está muerto en pecado (ver Ro 6:6, 12; 7:5; cp. 8:11, 23).

c. **el espíritu vive a causa de la justicia.** Es mejor traducir la palabra «espíritu» como perteneciente a la persona y no al Espíritu Santo. Pablo dice aquí que, si el Espíritu de Dios mora en nosotros (Ro 7:9), el espíritu humano está vivo o es vivificado (cp. Ef 2:5) y así puede manifestar justicia verdadera.

d. **la carne.** Nuestra condición humana no redimida, aquella mezcla de pasiones pecaminosas que el pecado genera a través del único dominio que le queda, nuestro cuerpo (ver Ro 6:6, 12; 7:5).

e. **hacéis morir las obras de la carne.** La primera instrucción de Pablo acerca de lo que deben hacer sus lectores en la lucha contra el pecado desarticula varias opiniones falsas de cómo son santificados los creyentes: 1) que en un momento de crisis somos hechos perfectos de inmediato; 2) que debemos ser pasivos y dejar que Dios actúe, y 3) que alguna decisión crucial de nuestra parte nos impulsará a un nivel más alto de santidad. Más bien, el apóstol dice que el Espíritu nos suministra la energía y el poder necesarios para matar nuestros pecados de forma continua y gradual, un proceso que nunca termina en esta vida. El medio que el Espíritu utiliza para iniciar y sostener este proceso es nuestra obediencia fiel a los mandatos sencillos de las Escrituras (ver Ef 5:18; Col 3:16; cp. 13:14; Sal 1:2; 119:11; Lc 22:40; Jn 17:17; 1 Co 6:18; 9:25-27; 1 P 2:11).

f. **guiados por el Espíritu.** Los creyentes no son guiados por medio de impresiones o impulsos mentales que suministran dirección en las decisiones de la vida. La Biblia no enseña esto en absoluto. Más bien, el Espíritu de Dios guía o dirige a sus hijos de manera objetiva y a veces mediante las circunstancias (Hch 16:7), pero más que todo por medio de: 1) iluminación o aclaración divina de las Escrituras para que nuestra mente pecaminosa y finita pueda entender la Palabra de Dios (Lc 24:44, 45; 1 Co 2:14-16; Ef 1:17-19; cp. Ef 3:16-19; Col 1:9) y 2) santificación, la capacitación divina indispensable para que obedezcamos las Escrituras (Gá 5:16, 17; 5:25).

g. **hijos de Dios.** Siempre que una persona experimenta la guía del Espíritu de ese modo, tiene la certeza de que Dios la ha adoptado en su familia (ver Ro 8:15-17; 1 Jn 3:2)

[a]espíritu de esclavitud para estar otra vez en temor, sino que habéis recibido el [b]espíritu de adopción, por el cual clamamos: [c]¡Abba, Padre! El Espíritu mismo [d]da testimonio a nuestro espíritu, de que somos hijos de Dios. Y si hijos, también [e]herederos; herederos de Dios y [f]coherederos con Cristo, [g]si es que padecemos juntamente con él, para que juntamente con él seamos glorificados.

148. La seguridad de la gloria de la salvación

Romanos 8:18–30

Pues tengo por cierto que las aflicciones del tiempo presente no son comparables con la [h]gloria venidera que en nosotros ha de manifestarse. Porque el

---

a. **espíritu de esclavitud... en temor.** A causa de su vida de pecado, los que no han sido regenerados son esclavos de su temor a la muerte (He 2:14, 15), y de su temor a un juicio y castigo final (1 Jn 4:18).

b. **espíritu de adopción.** No es en principio una referencia a la transacción por la cual nos adopta Dios (ver Ef 1:5; Gá 4:5, 6), sino a una noción consciente que el Espíritu produce en relación con la realidad significativa de que Dios nos ha convertido en hijos suyos, y que por lo tanto, podemos venir delante de él sin temor o vacilación, como nuestro Padre amado. También supone la confianza de que en verdad somos hijos de Dios.

c. **Abba.** Un término arameo informal que se empleaba para aludir al «padre» y que comunica un sentido de intimidad y cercanía. Como las expresiones familiares «papá» o «papito», connota ternura, dependencia y una relación libre de todo temor y ansiedad (cp. Mr 14:36).

d. **da testimonio a nuestro espíritu.** En la cultura romana, para que una adopción tuviera obligatoriedad legal debían hacerse presentes siete testigos de buena reputación que atestiguaran de su validez. El Espíritu Santo de Dios confirma la validez de nuestra adopción, no por medio de alguna voz interior y mística, sino por el fruto que él produce en nosotros (Gá 5:22, 23) y el poder que suministra para el servicio espiritual (Hch 1:8).

e. **herederos.** Todo creyente ha sido hecho un heredero de Dios, nuestro Padre (Mt 25:34; Gá 3:29; Ef 1:11; Col 1:12; 3:24; He 6:12; 9:15; 1 P 1:4). Heredaremos la salvación eterna (Tit 3:7), a Dios mismo (Lm 3:24; cp. Sal 73:25; Ap 21:3), su gloria (Ro 5:2), y todas las cosas en el universo (He 1:2). A diferencia de la práctica judía relacionada con la primacía del primogénito, bajo la ley romana la herencia se dividía en partes iguales entre los hijos, para garantizar una protección más adecuada de las posesiones heredadas.

f. **coherederos.** Dios ha designado a su Hijo como heredero de todas las cosas (He 1:2). Cada hijo adoptado recibirá por la gracia divina la herencia completa que Cristo recibe por derecho divino (cp. Mt 25:21; Jn 17:22; 2 Co 8:9).

g. **si es que padecemos juntamente con él.** La prueba de la gloria última del creyente es que sufre por su Señor, bien sea el escarnio o la persecución física (Mt 5:10-12; Jn 15:18-21; 2 Co 4:17; 2 Ti 3:12).

h. **gloria... en nosotros ha de manifestarse.** Esto anticipa la resurrección del cuerpo (Ro 8:23) y la subsiguiente semejanza completa a Cristo que es la gloria eterna del creyente. Ver Fil 3:20, 21; Col 3:4; 1 Jn 3:2.

anhelo ardiente de [a]la creación es el aguardar [b]la manifestación de los hijos de Dios. Porque la creación fue sujetada a [c]vanidad, no por su propia voluntad, sino por causa del que la sujetó en esperanza; porque también la creación misma será libertada de la esclavitud de corrupción, a la libertad gloriosa de los hijos de Dios. Porque sabemos que toda la creación gime a una, y a una está con dolores de parto hasta ahora; y no solo ella, sino que también nosotros mismos, que tenemos las [d]primicias del Espíritu, nosotros también [e]gemimos dentro de nosotros mismos, esperando la [f]adopción, [g]la redención de nuestro cuerpo. Porque en esperanza fuimos salvos; pero la esperanza que se ve, no es esperanza; porque lo que alguno ve, ¿a qué esperarlo? Pero si esperamos lo que no vemos, con paciencia lo aguardamos.

Y [h]de igual manera el Espíritu nos ayuda en nuestra debilidad; pues qué hemos de pedir como conviene, no lo sabemos, pero el Espíritu mismo intercede por nosotros con [i]gemidos indecibles. Mas el que escudriña los corazones sabe cuál es [j]la intención del Espíritu, porque conforme a la voluntad de Dios intercede por los santos. Y sabemos que a los que aman a Dios, [k]todas las cosas

---

a. **la creación.** Esto incluye todo en el universo físico a excepción de los seres humanos, a quienes contrasta con este término (Ro 8:22, 23). Toda la creación es personificada como si anhelara la transformación después de la maldición y sus efectos.

b. **la manifestación.** Lit. «descubrimiento» o «revelación». Cuando Cristo regrese, los hijos de Dios participarán de su gloria.

c. **vanidad.** Esto se refiere a la incapacidad para alcanzar una meta o propósito. A causa del pecado del hombre, Dios sometió a maldición el universo físico (Gn 3:17-19), y ahora ninguna parte de la creación cumple a plenitud el propósito original de Dios.

d. **primicias del Espíritu.** Así como los primeros frutos dan esperanza de una cosecha futura, el fruto que el Espíritu produce en nosotros ahora (Gá 5:22, 23) provee esperanza de que un día seremos semejantes a Cristo.

e. **gemimos.** Con tristeza por la pecaminosidad que aún queda en nosotros (Ro 7:24; cp. Sal 38:4, 9, 10).

f. **adopción.** El proceso que comenzó con la elección de Dios (Ef 1:5) e incluyó el hecho de que nos convirtiéramos en sus hijos en el momento de la salvación (Gá 4:5-7), culminará con nuestra glorificación que es la realización plena de nuestra herencia (ver Ro 8:29, 30).

g. **la redención de nuestro cuerpo.** No solo el cuerpo físico, sino el resto de la condición caída del ser humano (ver Ro 6:6, 12; 7:5; cp. 1 Co 15:35-44; Fil 3:20, 21; 2 P 1:3, 4; 1 Jn 3:2).

h. **de igual manera.** Así como la creación (Ro 8:22) y los creyentes (v. 23) gimen unánimes por esa restauración definitiva, el Espíritu también lo hace.

i. **gemidos indecibles.** Expresiones al interior de la Trinidad que no pueden articularse en palabras, pero que hacen llamados profundos por el bienestar de cada creyente (cp. 1 Co 2:11). Esta obra del Espíritu Santo va paralela a la obra de intercesión del Señor Jesús como sumo sacerdote a favor de los creyentes (ver He 2:17, 18; 4:14-16; 7:24-26).

j. **la intención del Espíritu.** Las palabras no son necesarias porque el Padre entiende y concuerda con lo que el Espíritu piensa. Ver Jud 20.

k. **todas las cosas.** Como lo evidencian los mejores manuscritos, este versículo dice: «sabemos que Dios hace que todas las cosas obren para...».

les ayudan a [a]bien, esto es, a los que conforme a su propósito son [b]llamados. Porque a los que [c]antes conoció, también los [d]predestinó para que fuesen [e]hechos conformes a la imagen de su Hijo, para que él sea el [f]primogénito entre muchos hermanos. Y a los que predestinó, a estos también llamó; y a los que llamó, a estos también justificó; y a los que justificó, a estos también [g]glorificó.

149. Seguro en el amor de Dios

Romanos 8:31–39

[h]¿Qué, pues, diremos a esto? [i]Si Dios es por nosotros, ¿quién contra nosotros? El que no escatimó ni a su propio Hijo, sino que lo entregó por todos nosotros, ¿cómo no [j]nos dará también con él [k]todas las cosas? ¿Quién acusará a los

---

a. **bien.** En su providencia, Dios orquesta todos los acontecimientos de la vida, lo cual incluye el sufrimiento, la tentación y el pecado, con miras a nuestro beneficio tanto temporal como eterno (cp. Dt 8:15, 16).

b. **llamados.** Cp. Ro 8:30; ver 1:7. Como siempre, en las epístolas del NT, este llamado es el llamamiento eficaz de Dios a sus elegidos que les trae a la salvación.

c. **antes conoció.** No solo se refiere a la omnisciencia de Dios en el sentido de que él supo desde el pasado eterno quienes habrían de venir a Cristo. Más bien, habla de una decisión predeterminada para derramar su amor sobre nosotros y establecer una relación íntima, es decir, se trató de su propia elección (cp. Hch 2:23, donde se aplica una regla de la gramática griega, llamada la ley de Granville Sharp, que en este caso permite la equivalencia entre «predeterminación» y «conocer de antemano»; ver 1 P 1:1, 2, y cp. con 1:20. El término debe interpretarse igual en ambos versículos). Ver elección en Ro 9:11-23.

d. **predestinó.** Lit. «marcar, designar o determinar de antemano». Aquellos a quienes Dios escoge, él los destina para su propio fin determinado que es la semejanza a su Hijo (ver Ef 1:4, 5, 11).

e. **hechos conformes a la imagen de su Hijo.** La meta del propósito predestinado de Dios para los suyos es que sean hechos semejantes a Jesucristo. Este es el «premio del supremo llamamiento» (Fil 3:14; cp. Ef 4:13; Col 1:28; Fil 3:20, 21; 1 Jn 3:2).

f. **primogénito.** El preeminente, el único que es en realidad el justo heredero (cp. Sal 89:27; Col 1:15-18; Ap 1:5). Jesucristo es el que más sobresale entre aquellos que se han convertido en «hermanos» al ser hechos semejantes a él.

g. **glorificó.** Pablo emplea el tiempo verbal pasado para un acontecimiento futuro con el fin de recalcar su certidumbre (cp. Ro 8:18, 21; 2 Ti 2:10).

h. **¿Qué... a esto?** Pablo termina su enseñanza acerca de la seguridad del creyente en Cristo con una intensificación de las preguntas y respuestas que sus lectores todavía podrían requerir. El resultado es una expresión casi poética de alabanza a la gracia de Dios por haber completado la obra de salvación para bien de todos los escogidos que creen. Es un himno sobre la seguridad de salvación.

i. **Si Dios es por nosotros.** La construcción en griego se traduce mejor «puesto que Dios es por nosotros».

j. **nos dará.** Esta palabra significa «conceder por gracia». Pablo la emplea con frecuencia para denotar el perdón (2 Co 2:7, 10; 12:13; Col 2:13; 3:13) y es posible que se haya propuesto aquí lo mismo.

k. **todas las cosas.** Se refiere a todos los pecados que el creyente comete (si «nos dará» se traduce «perdonará»), o a lo que sea necesario hacer para completar el propósito que él tuvo al escogernos (Ro 8:29, 30; cp. Fil 1:6).

escogidos de Dios? [a]Dios es el que justifica. ¿Quién es el que [b]condenará? Cristo es el que murió; más aun, el que también resucitó, el que además está a la diestra de Dios, el que también intercede por nosotros. ¿Quién nos separará del [c]amor de Cristo? [d]¿Tribulación, o [e]angustia, o [f]persecución, o hambre, o desnudez, o peligro, o espada? Como [g]está escrito:

> Por causa de ti somos muertos todo el tiempo;
> Somos contados como ovejas de matadero.

Antes, en todas estas cosas somos [h]más que vencedores por medio de aquel que nos amó. Por lo cual estoy seguro de que ni la muerte, ni la vida, ni ángeles, ni [i]principados, ni [j]potestades, ni lo presente, ni lo por venir, [k]ni lo alto, ni lo profundo, [l]ni ninguna otra cosa creada nos podrá separar del amor de Dios, que es en Cristo Jesús Señor nuestro.

---

a. **Dios es el que justifica.** Ver Ro 3:24. ¿Quién puede tener éxito en acusar a una persona que ha sido declarada justa por Dios?

b. **condenará.** Declarar culpable y sentenciar a castigo. Hay cuatro razones por las que el creyente nunca será hallado culpable: 1) la muerte de Cristo, 2) su resurrección, 3) su posición exaltada y 4) su intercesión continua por los suyos.

c. **amor de Cristo.** No nuestro amor por Cristo, sino su amor por nosotros (Jn 13:1), de forma específica tal como lo demostró en la salvación (1 Jn 4:9, 10).

d. **Tribulación.** Ver Ro 5:3. Aquí es probable que la palabra se refiera a la clase de adversidad que es común a todos los hombres.

e. **angustia.** Esto se refiere a la confinación forzosa en un lugar estrecho o a quedar indefenso ante el asedio de circunstancias desfavorables.

f. **persecución.** Sufrimiento que los hombres infligen sobre nosotros debido a nuestra relación con Cristo (Mt 5:10-12).

g. **está escrito.** Esta es una cita de Sal 44:22 en la Septuaginta (la antigua traducción al griego del AT hebreo).

h. **más que vencedores.** Una palabra compuesta que significa en griego «conquistar por completo», sin residuo alguno de amenaza a la vida o el bienestar.

i. **principados.** Ángeles caídos o demonios (cp. Ef 6:12; Col 2:15; Jud 6).

j. **potestades.** La forma plural de esta palabra común que significa «poder» se emplea para hacer referencia a milagros o a personas en posiciones de autoridad.

k. **ni lo alto, ni lo profundo.** Términos astronómicos conocidos que se utilizaban para hacer referencia al punto más alto y el punto más bajo en el recorrido de una estrella. Nada en el camino de la vida, de principio a fin, puede separarnos jamás del amor de Cristo. Es posible que Pablo se haya propuesto describir todo el espacio desde la cúspide hasta el fondo.

l. **ni ninguna otra cosa creada.** En caso de que alguna cosa o persona quedara excluida, esto cubre todo lo demás a excepción del Creador mismo.

150. El rechazo del evangelio por parte de Israel

Romanos 9:1–13

Verdad digo en Cristo, no miento, y mi conciencia me da testimonio [a]en el Espíritu Santo, que tengo gran tristeza y continuo dolor en mi corazón. Porque deseara yo mismo ser [b]anatema, separado de Cristo, por amor a mis hermanos, los que son mis parientes según la carne; que son [c]israelitas, de los cuales son la [d]adopción, la [e]gloria, [f]el pacto, la promulgación de la ley, [g]el culto y [h]las promesas; de quienes son los [i]patriarcas, y de los cuales, según la carne, vino [j]Cristo, el cual es Dios sobre todas las cosas, bendito por los siglos. Amén.

---

a. **en el Espíritu Santo.** La conciencia es confiable solo al ser controlada por el Espíritu, aunque no deja de ser imperfecta y sus advertencias siempre deben someterse a prueba con la Palabra de Dios (cp. 1 Co 4:3-5).

b. **anatema.** La palabra griega es *anathema*, que significa «consagrar a destrucción en el infierno eterno» (cp. 1 Co 12:3; 16:22; Gá 1:8, 9). Aunque Pablo entendía que esa clase de intercambio es imposible (Ro 8:38, 39; Jn 10:28), el apóstol expresó con sinceridad su amor profundo por sus compatriotas judíos (cp. Éx 32:32).

c. **israelitas.** Los descendientes de Abraham por medio de Jacob, cuyo nombre cambió Dios a Israel (Gn 32:28).

d. **adopción.** No en el sentido de proveer salvación a toda persona que nace judía (ver Ro 8:15-23; cp. 9:6), sino en la elección soberana de toda una nación para recibir su llamamiento, su pacto y su bendición especiales, a fin de que le sirviera como su testigo a las demás naciones (Éx 4:22;19:6; Os 11:1; cp. Is 46:3, 4).

e. **gloria.** La nube de la gloria (*Shekiná*) que representaba la presencia de Dios en el AT (Éx 16:10; 24:16, 17; 29:42, 43; Lv 9:23). Su gloria se hizo presente en el lugar santísimo tanto en el tabernáculo como en el templo, que sirvieron como la habitación del trono de Yahweh, el Rey de Israel (Éx 25:22; 40:34; 1 R 8:11)

f. **el pacto.** Ver Gn 9:16. Un pacto es una promesa, acuerdo o contrato de carácter legal obligatorio. Dos veces en el NT la palabra se utiliza en plural (cp. «pactos» en Gá 4:24 y Ef 2:12). A excepción de uno solo, todos los pactos de Dios con el hombre son eternos y unilaterales, en el sentido de que Dios prometió hacer algo basado en su propio carácter y no en la respuesta o las acciones del beneficiario prometido. Los seis pactos bíblicos incluyen: 1) el pacto con Noé (Gn 9:8-17), 2) el pacto con Abraham (Gn 12:1-3; ver Ro 4:13), 3) el pacto de la ley dado a través de Moisés en el monte Sinaí (Éx 19:31; cp. Dt 29, 30), 4) el pacto sacerdotal (Nm 25:10-13), 5) el pacto de un reino eterno a través del Hijo más grande de David (2 S 7:8-16) y 6) el nuevo pacto (Jer 31:31-34; Ez 37:26; cp. He 8:6-13). Todos estos pactos son eternos y unilaterales, con la única excepción del pacto mosaico porque el pecado de Israel lo abrogó y ha sido reemplazado por el nuevo pacto (cp. He 8:7-13).

g. **el culto.** Se traduce mejor «servicio del templo» y se refiere a todo el sistema de sacrificios y ceremonias que Dios reveló a través de Moisés (cp. Éx 29:43-46).

h. **las promesas.** Una referencia probable al Mesías prometido y proveniente de Israel, quien habría de traer vida eterna y un reino eterno (cp. Hch 2:39; 13:32-34; 26:6; Gá 3:16, 21).

i. **patriarcas.** Los patriarcas Abraham, Isaac y Jacob, en quienes fueron cumplidas las promesas del Mesías.

j. **Cristo, el cual es Dios... bendito por los siglos.** Esto no se presenta tanto como una bendición, sino más como una afirmación de la soberanía y la deidad de Cristo.

No que la [a]palabra de Dios haya fallado; porque [b]no todos los que descienden de Israel son israelitas, ni por ser descendientes de Abraham, son todos [c]hijos; sino: En Isaac te será llamada descendencia. Esto es: No los que son [d]hijos según la carne son los [e]hijos de Dios, sino que los que son hijos según la promesa son contados como descendientes. Porque [f]la palabra de la promesa es esta: Por este tiempo vendré, y Sara tendrá un hijo.

Y no solo esto, sino también cuando Rebeca concibió de uno, de Isaac nuestro padre (pues [g]no habían aún nacido, [h]ni habían hecho aún ni bien ni mal, para que [i]el propósito de Dios conforme a la elección permaneciese, [j]no por las obras sino por el que llama), [k]se le dijo: El mayor servirá al menor. Como está escrito: [l]A Jacob amé, mas a Esaú aborrecí.

---

a. **palabra de Dios.** Referencia específica a los privilegios y las promesas que Dios había revelado a Israel (Ro 9:4; cp. Is 55:11; Jer 32:42).

b. **no todos los que descienden de Israel son israelitas.** No todos los descendientes físicos de Abraham son herederos verdaderos de la promesa (ver Ro 2:28, 29).

c. **hijos.** Solo los descendientes de Isaac podían ser llamados verdaderos hijos de Abraham, los herederos legítimos de aquellas promesas raciales y nacionales (Gn 17:19-21).

d. **hijos según la carne.** Los otros hijos de Abraham a través de Agar y Cetura no fueron elegidos para recibir las promesas nacionales hechas a él.

e. **hijos de Dios.** El punto de Pablo es que, así como no todos los descendientes de Abraham pertenecían al pueblo físico de Dios o el Israel nacional, no todos los que son hijos verdaderos de Abraham a través de Isaac son el verdadero pueblo espiritual de Dios que disfruta las promesas hechas a los hijos espirituales de Abraham (Ro 4:6, 11; cp. 11:3, 4).

f. **la palabra de la promesa.** Cita de Gn 18:10.

g. **no habían...** Los mellizos Jacob y Esaú.

h. **ni habían hecho aún ni bien ni mal.** La elección que Dios hizo de Jacob en lugar de Esaú para la continuación del linaje físico no estuvo basada en el mérito o la falta de mérito personal.

i. **el propósito de Dios conforme a la elección.** Más bien, la elección de Jacob por parte de Dios solo dependió de su propio plan soberano, un ejemplo perfecto de elección para salvación. Dios ha escogido a algunos judíos y a algunos gentiles, pero no a todos, para salvación.

j. **no por las obras sino por el que llama.** Que Dios eligiera a Jacob antes de que los niños nacieran y aparte de todo mérito personal demuestra que la elección para la vida espiritual no se relaciona en absoluto con el esfuerzo humano, y que se basa únicamente en la prerrogativa de Dios quien hace su elección soberana (ver Ro 8:29; cp. 1 Co 1:9).

k. **se le dijo.** Cita de Gn 25:23.

l. **A Jacob amé, mas a Esaú aborrecí.** Cita de Mal 1:2, 3. El punto aquí no es alguna emoción de odio hacia Esaú y sus hijos. Malaquías, quien escribió esta declaración más de mil quinientos años tras la muerte de todos ellos, miraba en retrospectiva a estos dos hombres y por extensión a las naciones (Israel y Edom) que salieron de sus lomos. Dios escogió a uno para recibir su bendición y protección divinas, y al otro lo dejó a juicio divino.

151. La soberanía de Dios y el rechazo de Israel

Romanos 9:14–33

¿Qué, pues, diremos? [a]¿Que hay injusticia en Dios? En ninguna manera. Pues [b]a Moisés dice: Tendré misericordia del que yo tenga misericordia, y me compadeceré del que yo me compadezca. Así que [c]no depende [d]del que quiere, ni [e]del que corre, sino de Dios que tiene misericordia. Porque la Escritura dice a Faraón: [f]Para esto mismo [g]te he levantado, para mostrar en ti mi poder, y para que mi nombre sea anunciado por toda la tierra. De manera que de quien quiere, tiene misericordia, y al que quiere endurecer, [h]endurece.

---

a. **¿Que hay injusticia en Dios?** Pablo anticipa una vez más la objeción de sus lectores a la teología presentada: si Dios elige a unos para salvación y no tiene en cuenta sus méritos o acciones, esto hace a Dios arbitrario e injusto (cp. Gn 18:25; Sal 7:9; 48:10; 71:19; 119:137, 142; Jer 9:23, 24).

b. **a Moisés dice.** Cita de Éx 33:19. En respuesta a la acusación de que esa enseñanza acerca de la elección soberana de Dios es incompatible con su ecuanimidad, Pablo cita este texto del AT que indica con claridad que Dios posee soberanía absoluta y elige quiénes se salvarán sin violar sus demás atributos. Él determina quién recibe misericordia.

c. **no depende.** La elección divina de ciertas personas para vida eterna conforme a la gracia de Dios (ver Ro 8:29).

d. **del que quiere.** La salvación no es iniciada por decisión humana porque hasta la fe es un don de Dios (ver Ro 1:16; cp. Jn 6:37; Ef 2:8, 9).

e. **del que corre.** La salvación no se gana por los méritos del esfuerzo humano (ver Ro 9:11).

f. Cita de Éx 9:16. De nuevo, como en Ro 9:15, esta es una cita del AT que el apóstol utiliza para probar que Dios elige en su soberanía quién servirá sus propósitos y cómo.

g. **te he levantado.** Estas palabras sirven para describir el ascenso de líderes y países a posiciones prominentes (cp. Hab 1:6; Zac 11:16). Sin lugar a dudas, Faraón creía que su posición y sus acciones eran producto de su determinación libre para cumplir sus propios fines, pero en realidad fue puesto allí para servir el propósito de Dios. El acto poderoso de Dios al liberar a Israel de la mano del Faraón demostró dos grandes verdades. Tanto Moisés como Faraón eran pecadores malvados y hasta homicidas, y eran por igual dignos de la ira y el castigo eterno de Dios. Moisés recibió misericordia mientras que Faraón recibió el juicio de Dios porque esa fue la voluntad soberana de Dios (cp. Ro 11:7; Jos 11:18-20; 1 Ts 5:9; 2 P 2:12).

h. **endurece.** El significado literal de la palabra griega tiene que ver con endurecer algo, pero se utiliza con frecuencia en sentido figurado para referirse a volver terco u obstinado. En diez ocasiones se dice en Éxodo que Dios endureció el corazón del Faraón (p. ej. Ro 4:21; 7:3, 13), y otras veces habla de que Faraón endureció su propio corazón (p. ej. Ro 8:32; 9:34). Esto no significa que Dios haya creado incredulidad o cualquier otra maldad en el corazón del Faraón (cp. Stg 1:13), sino más bien que retiró toda influencia divina que actuara como restricción al pecado y permitió que el corazón perverso del Faraón procurara su propio pecado sin estorbo alguno (cp. Ro 1:24, 26, 28).

Pero me dirás: [a]¿Por qué, pues, inculpa? porque ¿quién ha resistido a su voluntad? Mas antes, [b]oh hombre, ¿quién eres tú, para que alterques con Dios? ¿Dirá el vaso de barro al que lo formó: ¿Por qué me has hecho así? ¿O no tiene potestad el alfarero sobre el barro, para hacer de la misma masa un vaso para honra y otro para deshonra?

¿Y [c]qué, si Dios, queriendo mostrar su ira y hacer notorio su poder, [d]soportó con mucha paciencia los [e]vasos de ira [f]preparados para destrucción, y para hacer notorias las riquezas de su [g]gloria, las mostró para con los [h]vasos de misericordia que [i]él preparó de antemano para gloria, a los cuales también ha llamado, esto es, a nosotros, no solo de los judíos, sino también de los gentiles?

Como también en [j]Oseas dice:

> Llamaré pueblo mío al que no era mi pueblo,
> Y a la no amada, amada.
> Y en el lugar donde se les dijo: Vosotros no sois pueblo mío,
> Allí serán llamados hijos del Dios viviente.

---

a. **¿Por qué, pues, inculpa?** Esta es la objeción: ¿cómo puede Dios culpar a alguno de pecado e incredulidad si él mismo ha determinado en su soberanía el destino de esa persona?

b. **oh hombre, ¿quién eres tú, para que alterques con Dios?** La naturaleza de la respuesta de Pablo deja en claro que no se dirige a los que tienen preguntas honestas sobre esta doctrina compleja, sino a los que pretenden usarla como excusa para su propio pecado e incredulidad. Con el uso de la analogía familiar del alfarero que está presente en el AT (cp. Is 64:6-8; Jer 18:3-16), Pablo argumenta que es igualmente irracional y mucho más arrogante que los hombres cuestionen la elección divina de ciertos pecadores para salvación, en comparación a un pedazo de barro que cuestiona los propósitos del alfarero.

c. **qué, si.** Esto introduce una declaración de hechos en la forma de una pregunta retórica. Estos versículos no se escribieron para identificar el origen del mal o dar una explicación completa de por qué Dios lo ha permitido, sino que suministran tres razones por las que él ha permitido su presencia y contaminación: 1) para demostrar su ira, 2) para dar a conocer su poder y 3) para hacer despliegue de las riquezas de su misericordia gloriosa. Nadie es tratado de manera injusta, sino que unos reciben la justicia que ganan y merecen (Ro 6:23), mientras que los demás reciben misericordia por la gracia de Dios.

d. **soportó.** Dios sería justo en destruir a los pecadores la primera vez que pecan, pero él en su paciencia soporta su rebelión y permite que vivan en lugar de darles lo que todo pecado merece de inmediato: castigo eterno. Ver Ro 2:4.

e. **vasos de ira.** Pablo sigue con la analogía del alfarero para referirse a aquellos que Dios no ha escogido para salvación porque permitió que recibieran el castigo justo por su pecado: la ira de Dios (ver Ro 1:18).

f. **preparados para destrucción.** Debido a su propio rechazo de Dios, quien no hace pecadores a los hombres, sino que los abandona al pecado en que ellos mismos han escogido vivir (ver Ro 9:18).

g. **gloria.** La grandeza de su carácter que es evidente en la gracia, misericordia, compasión y perdón que concede en Cristo a los pecadores.

h. **vasos de misericordia.** Aquellos a quienes ha escogido para salvación.

i. **él preparó de antemano.** Se refiere a la elección divina (ver Ro 9:29).

j. Pablo cita Os 1:9, 10; 2:23. Oseas habló de la restauración definitiva de Israel con su Dios, pero el apóstol llama la atención sobre el hecho de que esa restauración implica necesariamente su alienación de Dios en la actualidad. Por lo tanto, la incredulidad de Israel es consecuente con la revelación del AT.

También [a]Isaías clama tocante a Israel:

> Si fuere el número de los hijos de Israel como la arena del mar,
> tan solo el remanente será salvo;
> porque el Señor ejecutará su sentencia sobre la tierra en justicia
> y con prontitud.

Y como antes dijo [b]Isaías:

> Si [c]el Señor de los ejércitos no nos hubiera dejado descendencia,
> Como Sodoma habríamos venido a ser,
> y a Gomorra seríamos semejantes.

[d]¿Qué, pues, diremos? Que los gentiles, que no iban tras la justicia, han alcanzado la justicia, es decir, la [e]justicia que es por fe; mas Israel, que iba tras [f]una ley de justicia, no la alcanzó. ¿Por qué? Porque iban tras ella no por fe, sino como por [g]obras de la ley, pues tropezaron en la piedra de tropiezo, como [h]está escrito:

> He aquí pongo en Sion piedra de tropiezo y roca de caída;
> Y el que creyere en él, no será avergonzado.

---

a. Ver Is 10:22, 23. Isaías profetizó que el reino de Judea en el sur sería conquistado y esparcido, es decir, rechazado por Dios durante cierto tiempo a causa de su incredulidad. El punto de Pablo es que el esparcimiento descrito por Isaías solo fue una visión anticipada del rechazo de Israel al Mesías y su destrucción y dispersión subsecuentes.

b. Ver Is 1:9. De nuevo, solo un remanente de Israel sobrevivirá la ira de Dios, de forma única y exclusiva a causa de su misericordia.

c. **el Señor de los ejércitos.** Cp. Stg 5:4. Este título del AT para Dios es la traducción de «Jehová Sabaot» y se refiere a su soberanía que todo lo abarca.

d. **¿Qué pues diremos?** Pablo concluye la lección sobre la elección soberana de Dios al recordar a sus lectores que, aunque Dios elige a algunos para que reciban su misericordia, aquellos que reciben su juicio no lo hacen por medio de algo que Dios les haga, sino a causa de su propia decisión para no creer el evangelio (cp. 1 Ts 2:10). Los pecadores son condenados por sus pecados personales, el peor de los cuales es su rechazo de Dios y de Cristo (cp. Ro 2:2-6, 9, 12; Jn 8:21-24; 16:8-11).

e. **justicia que es por fe.** Justicia que viene de Dios con base en la fe (ver Ro 1:17).

f. **una ley de justicia.** Justicia ganada por medio de guardar la ley (cp. Ro 3:20; ver 8:3).

g. **obras de la ley.** Por medio de hacer todo lo que la ley prescribía (cp. Gá 2:16; 3:2, 5, 10).

h. Ver Is 8:14 y 28:16. Mucho antes de su venida, los profetas del AT habían predicho que Israel rechazaría a su Mesías, otra ilustración de que su incredulidad no es algo ajeno a las Escrituras.

152. La necesidad de Israel del evangelio

Romanos 10:1—21

Hermanos, ciertamente el anhelo de mi corazón, y [a]mi oración a Dios por Israel, es para salvación. Porque yo les doy testimonio de que tienen [b]celo de Dios, pero no conforme a ciencia. Porque [c]ignorando la justicia de Dios, y procurando establecer [d]la suya propia, no se han sujetado a la justicia de Dios; porque [e]el fin de la ley es Cristo, para justicia a todo aquel que cree.

Porque de [f]la justicia que es por la ley Moisés escribe así: [g]El hombre que haga estas cosas, vivirá por ellas. Pero la [h]justicia que es por la fe dice así: No digas en tu corazón: ¿Quién subirá al cielo? (esto es, para traer abajo a Cristo); o, ¿quién descenderá al abismo? (esto es, para hacer subir a Cristo de entre los muertos). Mas ¿qué dice? [i]Cerca de ti está la palabra, en tu boca y en tu corazón. Esta es la [j]palabra de fe que predicamos: que si [k]confesares con tu

---

a. **mi oración a Dios por Israel.** El llamado de Pablo como apóstol a los gentiles (Ro 11:13; Hch 9:15) no disminuyó sus ruegos continuos a Dios (cp. 1 Ti 2:1-3) para que Israel como nación fuera salva (cp. Ro 1:16; Jn 4:22; Hch 1:8), o sus propios esfuerzos evangelizadores en beneficio de los judíos.

b. **celo de Dios.** Demostrado por una conformidad legalista a la ley y un antagonismo virulento a los opositores del judaísmo (Hch 22:3; 26:4, 5; Gá 1:13, 14; Fil 3:5, 6).

c. **ignorando la justicia de Dios.** Ignorantes tanto de la justicia inherente de Dios que está revelada en la ley y el resto del AT (que debió ser suficiente para mostrar a los judíos su propia injusticia), como de la justicia que viene de Dios sobre la base de la fe (ver Ro 1:17).

d. **la suya propia.** Una justicia basada en su conformidad a la ley de Dios y con frecuencia a los parámetros menos exigentes de sus propias tradiciones (Mr 7:1-13).

e. **el fin de la ley es Cristo.** Aunque la palabra griega que se traduce «fin» puede significar «cumplimiento» o «terminación» esta no es una referencia a que Cristo cumplió la ley a perfección por medio de su enseñanza (Mt 5:17, 18) o a través de su vida libre de pecado (2 Co 5:21). Más bien, como la segunda mitad del versículo muestra, Pablo quiere decir que la creencia en Cristo como Señor y Salvador pone fin a la búsqueda fútil de justicia por parte del pecador mediante sus intentos imperfectos para salvarse a sí mismo y sus esfuerzos para obedecer la ley (cp. Ro 3:20-22; Is 64:6; Col 2:13, 14).

f. **la justicia que es por la ley.** Una posición de justicia y rectitud ante Dios con base en la obediencia a la ley.

g. **El hombre que haga estas cosas, vivirá por ellas.** Cita de Lv 18:5. Para poder abrigar la esperanza de una justicia basada en la obediencia a la ley se requiere de conformidad perfecta en todos los detalles (Gá 3:10; Stg 2:10; cp. Dt 27:26), una imposibilidad absoluta.

h. **justicia que es por la fe.** Pablo habla de la justicia basada en la fe como si fuera una persona y pone en sus labios una cita de Dt 30:12, 13. Pretende mostrar así que la justicia de la fe no requiere una odisea imposible por todo el universo para encontrar a Cristo.

i. **Cerca de ti está la palabra.** Cita de Dt 30:14. La travesía de Ro 10:6, 7 es innecesaria porque Dios ha revelado con claridad el camino de salvación: es por fe.

j. **palabra de fe.** El mensaje de fe es el camino a Dios.

k. **confesares... que Jesús es el Señor.** No un simple reconocimiento de que él es Dios y el Señor del universo, ya que hasta los demonios reconocen que esto es verdad (Stg 2:19). Se trata de una convicción personal profunda y sin reservas, de que Jesús ejerce un señorío directo y soberano sobre esa persona. Esta frase supone el arrepentimiento del pecado, la

boca que Jesús es el Señor, y creyeres en tu corazón que [a]Dios le levantó de los muertos, serás salvo. Porque con el corazón se cree para justicia, pero con la boca se [b]confiesa para salvación. Pues la Escritura dice: [c]Todo aquel que en él creyere, no será avergonzado. Porque no hay diferencia entre judío y griego, pues el mismo que es Señor de todos, es rico para con todos los que le invocan; porque [d]todo aquel que [e]invocare el nombre del Señor, será salvo.

[f]¿Cómo, pues, invocarán a aquel en el cual no han creído? ¿Y cómo creerán en aquel de quien no han oído? ¿Y cómo oirán sin haber quien les predique? ¿Y cómo predicarán si no fueren enviados? Como está escrito:

¡Cuán [g]hermosos son los pies de los que anuncian la paz,
de los que anuncian buenas nuevas!

Mas no todos [h]obedecieron al evangelio; pues Isaías dice: Señor, ¿quién ha [i]creído a nuestro anuncio? Así que la fe es por el oír, y el oír, por [j]la palabra de Dios. Pero digo: ¿No han oído? Antes bien,

---

plena confianza en Jesús para obtener salvación, y un sometimiento incondicional a él como Señor. Este es el elemento volitivo de la fe (ver Ro 1:16).

a. **Dios le levantó de los muertos.** La resurrección de Cristo fue la validación suprema de su ministerio (cp. Jn 2:18-21). La creencia en ella es necesaria para la salvación porque demostró que Cristo era quien afirmaba ser y que el Padre había aceptado su sacrificio en sustitución por los pecadores (Ro 4:24; cp. Hch 13:32, 33; 1 P 1:3, 4). Sin la resurrección, no hay salvación (1 Co 15:14-17).

b. **confiesa.** En griego «confesar» significa decir la misma cosa o estar de acuerdo con alguien. La persona que confiesa a Jesús como Señor (Ro 10:9), está de acuerdo con la declaración del Padre en el sentido de que Jesús es Salvador y Señor.

c. Cita de Is 28:16 y 49:23. Esta cita no solo demuestra que la salvación por gracia a través de la sola fe siempre ha sido el plan de salvación de Dios, sino que nadie, incluidos los gentiles, tendría que ser excluido (Ro 1:16; 3:21, 22; 2 P 3:9; ver también Jon 3:5).

d. Pablo citó al profeta Joel (Ro 2:32) para recalcar una vez más que la salvación está disponible para personas de todas las naciones y razas.

e. **invocare el nombre.** Esta expresión familiar del AT (p. ej. Sal 79:5, 6; 105:1; 116:4, 5) no se refiere a un clamor desesperado dirigido a cualquier deidad, sino al único Dios verdadero tal como se ha revelado a sí mismo, una revelación que ahora incluye el reconocimiento de Jesús como Señor y de aquel quien levantó a Jesús de entre los muertos.

f. **¿Cómo, pues...?** El punto principal de Pablo en esta serie de preguntas retóricas es que una presentación clara del mensaje del evangelio debe preceder la verdadera fe que salva. La fe verdadera siempre tiene contenido y ese contenido es la Palabra revelada de Dios. La salvación viene a aquellos que escuchan y creen los hechos del evangelio.

g. **hermosos son los pies... de los que anuncian buenas nuevas.** Cita de Is 52:7. El mensaje de las buenas nuevas o evangelio es esperado con gran anticipación y alegría.

h. **obedecieron al evangelio.** La buena nueva no solo es una oferta gratuita de perdón, sino un mandato a creer y arrepentirse (Ro 1:4-6; 2:8; 6:17; Hch 6:7; 2 Ts 1:7, 8; He 5:9).

i. **creído a nuestro anuncio.** Cita de Is 53:1. El anuncio que Isaías describió tenía que ver con la muerte sustitutiva de Cristo (Is 53:5), las buenas nuevas del evangelio.

j. **la palabra de Dios.** La traducción preferida es «la palabra de Cristo», que significa «el mensaje acerca de Cristo» o el evangelio (cp. Mt 28:19, 20; Hch 20:21).

> [a]Por toda la tierra ha salido la voz de ellos,
> Y hasta los fines de la tierra sus palabras.

También digo: ¿No ha conocido esto Israel? Primeramente Moisés dice:

> [b]Yo os provocaré a celos con un [c]pueblo que no es pueblo;
> Con pueblo insensato os provocaré a ira.

E Isaías dice resueltamente:

> [d]Fui hallado de los que no me buscaban;
> Me manifesté a los que no preguntaban por mí.

Pero acerca de Israel dice:

> Todo el día extendí mis manos a un pueblo rebelde y [e]contradictor.

---

a. Pablo citó esta versión de Sal 19:4 de la Septuaginta (la traducción al griego del AT hebreo), con el fin de mostrar que incluso David entendió que la revelación de Dios sobre él mismo ha llegado hasta los confines de la tierra (cp. Ro 1:18-20; Jer 29:13; Mt 24:14; Jn 1:9; Col 1:5, 6).

b. Israel fue ignorante de la verdad sobre la salvación que contenían sus propias Escrituras, incluido el hecho de que el evangelio alcanzaría también a los gentiles como se promete en Dt 32:21; Is 65:1, 2.

c. **pueblo que no es pueblo.** Los gentiles, que no son parte de Israel, la nación especial y escogida de Dios.

d. Cita de Is 65:1, 2.

e. **contradictor.** Algunas versiones traducen «desobediente», pero el significado literal es «contradecir» o «pronunciarse en contra». Como había sucedido en el transcurso de su historia, Israel había optado una vez más por contradecir la Palabra de Dios, esta vez en lo referente a la verdad del evangelio (cp. Mt 21:33-41; Lc 14:21-24).

153. El rechazo israelita y el remanente

Romanos 11:1–10

[a]Digo, pues: ¿Ha [b]desechado Dios a su pueblo? [c]En ninguna manera. Porque también yo soy israelita, de la descendencia de Abraham, de la tribu de Benjamín. No ha desechado Dios a su pueblo, [d]al cual desde antes conoció. ¿O no sabéis qué dice de [e]Elías la Escritura, cómo invoca a Dios contra Israel, diciendo: [f]Señor, a tus profetas han dado muerte, y tus altares han derribado; y solo yo he quedado, y procuran matarme? Pero ¿qué le dice la divina respuesta? [g]Me he reservado siete mil hombres, que no han doblado la rodilla delante de [h]Baal. Así también aun en este tiempo ha quedado [i]un remanente [j]escogido por gracia. Y si [k]por gracia, ya no es por obras; de otra manera la gracia ya no es gracia. Y si por obras, ya no es gracia; de otra manera la obra ya no es obra.

¿Qué pues? [l]Lo que buscaba Israel, no lo ha alcanzado; pero [m]los escogidos sí lo han alcanzado, y los demás [n]fueron endurecidos; como [o]está escrito:

---

a. **Digo, pues.** En esta sección Pablo responde la pregunta lógica que surge a partir de Ro 10:19-21: «¿acaso es permanente la separación divina de Israel por su rechazo a Cristo?». De esto depende que pueda confiarse en que Dios cumpla sus promesas incondicionales a esa nación (cp. Jer 33:19-26).

b. **desechado.** Como alguien que es expulsado. La forma de la pregunta en el texto griego hace esperar una respuesta negativa. A pesar de la desobediencia de Israel (Ro 9:1-13; 10:14-21), Dios no ha rechazado a su pueblo (cp. 1 S 12:22; 1 R 6:13; Sal 89:31-37; 94:14;Is 49:15; 54:1-10; Jer 33:19-26).

c. **En ninguna manera.** La forma más enérgica de negación en el idioma griego (ver Ro 6:2).

d. **al cual desde antes conoció.** Ver Ro 8:29. La desobediencia de Israel no anula la relación predeterminada de amor entre Dios y su nación escogida.

e. **Elías.** Ver 1 R 17:1.

f. Cita de 1 R 19:10.

g. Cita de 1 R 19:18.

h. **Baal.** Ver 1 R 16:31, 32; cp. Nm 22:41.

i. **un remanente.** Aunque la nación había rechazado a Jesús, miles de individuos judíos habían llegado a tener fe en él (cp. Hch 2:41; 4:4; 6:1).

j. **escogido por gracia.** Dios no eligió a este remanente porque hubiera visto por adelantado su fe, buenas obras, dignidad espiritual o pureza racial, sino solo a causa de su gracia (cp. Dt 7:7, 8; Ef 2:8, 9; 2 Ti 1:9).

k. **por gracia, ya no... por obras.** El esfuerzo humano y la gracia de Dios se excluyen por completo entre sí como caminos a la salvación (cp. Ro 3:21-31; 4:1-11; 9:11; Gá 2:16, 21; 3:11, 12, 18; Tit 3:5).

l. **Lo que buscaba Israel.** A pesar de su intenso celo religioso, los judíos del tiempo de Pablo habían sido incapaces de obtener la justicia de Dios (Ro 9:31, 32; 10:2, 3).

m. **los escogidos.** Aquellos a quienes Dios había escogido en su gracia, buscaron y hallaron su justicia (ver Ro 9:30; 10:4).

n. **fueron endurecidos.** Mediante un acto judicial de Dios (cp. Éx 4:21; 7:3; 9:12; 10:20, 27; 11:10; 14:4, 8, 17; Dt 2:30; Jn 12:40), como respuesta a sus corazones endurecidos (cp. Éx 8:15, 32; 9:34; 10:1; 2 Cr 36:13; Sal 95:8; Pr 28:14; Mt 19:8; Mr 3:5; Ef 4:18; He 3:8, 15; 4:7).

o. **está escrito.** Ver Ro 3:10. La primera línea es una cita de Is 29:10 y las últimas líneas son una adaptación de Dt 29:4. Estas citas del AT ilustran el endurecimiento de Israel

> Dios les dio espíritu de estupor, ojos con que no vean y oídos con que no oigan, hasta el día de hoy.

Y David dice:

> [a]Sea vuelto su convite en trampa y en red,
> En tropezadero y en retribución;
> Sean oscurecidos sus ojos para que no vean,
> Y agóbiales la espalda para siempre.

154. Gentiles injertados

Romanos 11:11—18

Digo, pues: ¿Han [b]tropezado los de Israel para que cayesen? En ninguna manera; pero por [c]su transgresión vino la [d]salvación a los gentiles, para [e]provocarles a celos. Y si su transgresión es [f]la riqueza del mundo, y [g]su defección la riqueza de los gentiles, ¿cuánto más [h]su plena restauración?

Porque a vosotros hablo, gentiles. Por cuanto yo soy [i]apóstol a los gentiles, honro mi ministerio, por si en alguna manera pueda provocar a celos a los de

---

como acto judicial divino, y también muestran que la enseñanza de Pablo no contradice en absoluto al AT.

a. Adaptación de Sal 69:22, 23. El «convite» o «mesa» de una persona se consideraba un sitio seguro, pero la mesa de los impíos es una trampa. Muchas personas confían en las mismas cosas que terminan por condenarlas.

b. **tropezado... que cayesen.** La forma de la pregunta de Pablo y su respuesta enérgica confirman que la ceguera, el endurecimiento y la apostasía de Israel no son irreversibles.

c. **su transgresión.** El rechazo de Jesucristo por parte de Israel.

d. **salvación a los gentiles.** Algo que el AT había profetizado durante mucho tiempo (cp. Gn 12:3; Is 49:6; Mt 8:11, 12; 21:43; 22:1-14; Hch 13:46, 47; 28:25-28).

e. **provocarles a celos.** Dios se propone utilizar su oferta de salvación a los gentiles menospreciados (ver Hch 22:21-23) con el fin de atraer su nación de regreso a él.

f. **la riqueza del mundo.** Las verdades ricas de la salvación (Gn 12:3; Is 49:6; cp. 2 Co 8:9).

g. **su defección.** La defección o fracaso de Israel consistió en no reconocer a Jesús de Nazaret como su Mesías, y por negarse a ser la nación testigo de Dios ese privilegio fue dado a la iglesia de los gentiles.

h. **su plena restauración.** Su renovación espiritual en el futuro (Ap 7:4, 9; cp. Zac 8:23; 12:10; 13:1; 14:9, 11, 16). La caída de Israel por su «transgresión» y «defección» solo es temporal.

i. **apóstol a los gentiles.** Ver Hch 18:6; 22:21; 26:17, 18; Ef 3:8; 1 Ti 2:7.

[a]mi sangre, y hacer salvos a algunos de ellos. Porque si su exclusión es la reconciliación del mundo, ¿qué será su admisión, sino [b]vida de entre los muertos?

Si las [c]primicias son [d]santas, también lo es la masa restante; y si la [e]raíz es santa, también lo son las [f]ramas. Pues si algunas de las [g]ramas fueron desgajadas, y tú, siendo [h]olivo silvestre, has sido injertado en lugar de ellas, y has sido hecho participante [i]de la raíz y de la rica savia del [j]olivo, [k]no te jactes contra las [l]ramas; y si te jactas, sabe que [m]no sustentas tú a la raíz, sino la raíz a ti.

155. El plan de Dios para la futura salvación de Israel

Romanos 11:19–36

Pues las ramas, dirás, fueron desgajadas para que yo fuese injertado. Bien; por su [n]incredulidad fueron desgajadas, pero tú por la fe estás en pie. No te

---

a. **mi sangre.** Sus compatriotas israelitas (ver Ro 9:3).

b. **vida de entre los muertos.** No se refiere a la resurrección corporal, sino a pasar de la muerte espiritual a la vida espiritual (Jn 5:24). Esta frase también describe el renacimiento espiritual de Israel en el futuro (cp. Zac 12:10; 13:1).

c. **primicias.** La primera porción de la cosecha que debía ser ofrecida al Señor (Éx 23:19; 34:26; Lv 2:12; 23:10; Nm 15:19-21; 18:12, 13; Dt 18:4).

d. **santas, también lo es la masa restante.** Por cuanto la ofrenda de las primicias representaba toda la cosecha, se podía afirmar que el pedazo entero de masa era santo y apartado para Dios (cp. Éx 31:15; Lv 27:14, 30, 32; Jos 6:19).

e. **raíz.** Los patriarcas Abraham, Isaac y Jacob. Ver Ro 4:13.

f. **ramas.** Los descendientes de los patriarcas: la nación de Israel.

g. **ramas fueron desgajadas.** Ver Jer 5:10; 11:16, 17; Mt 21:43. Algunas, no todas las ramas de Israel (ver Ro 11:16), fueron removidas. Dios siempre preservó a un remanente de creyentes.

h. **olivo silvestre, has sido injertado.** Las olivas eran una cosecha importante en el mundo antiguo. Aunque los árboles vivían cientos de años, después de cierto tiempo las ramas individuales podían dejar de producir fruto. Al suceder esto, se acostumbraba injertar ramas de los árboles más jóvenes para restablecer la productividad. El punto de Pablo es que las ramas viejas e improductivas (Israel) fueron desgajadas y ramas de un olivo silvestre (los gentiles) fueron injertadas.

i. **de la raíz y de la rica savia.** Al ser injertados, los gentiles participaron de la riqueza de las bendiciones del pacto de Dios, como herederos espirituales de Abraham (ver Ro 4:11, 12; Gá 3:29).

j. **olivo.** El lugar de la bendición divina, el pacto de salvación que Dios estableció con Abraham (Gn 12:1-3; 15:1-21; 17:1-27).

k. **no te jactes.** En la iglesia no hay lugar para el orgullo espiritual, mucho menos para el antisemitismo porque los creyentes somos descendientes espirituales de Abraham (Ro 4:11, 16; Gá 3:29).

l. **ramas.** Los judíos que habían sido arrancados.

m. **no sustentas... la raíz a ti.** Los gentiles no son la fuente de la bendición, sino que han sido injertados en el pacto de salvación que Dios hizo con Abraham (cp. Gá 3:6-9, 13, 14).

n. **incredulidad... fe.** Unas ramas fueron cortadas y otras injertadas solo con base a la realidad de la fe y no por cuestiones raciales, étnicas, sociales, intelectuales o morales. La salvación siempre ha sido y siempre será solo por fe (cp. Ro 1:16, 17; Ef 2:8, 9).

ensoberbezcas, sino [a]teme. Porque si Dios no perdonó a las ramas naturales, a ti tampoco te perdonará. [b]Mira, pues, la bondad y la severidad de Dios; la severidad ciertamente para con [c]los que cayeron, pero la bondad para contigo, [d]si permaneces en esa bondad; pues de otra manera tú también serás [e]cortado. Y aun ellos, si no permanecieren en incredulidad, serán injertados, pues poderoso es Dios para volverlos a injertar. Porque si tú fuiste cortado del que por naturaleza es olivo silvestre, y contra naturaleza fuiste injertado en el buen olivo, ¿cuánto más estos, que son las ramas naturales, serán injertados en su propio olivo?

Porque no quiero, hermanos, que ignoréis este [f]misterio, para que [g]no seáis arrogantes en cuanto a vosotros mismos: que ha acontecido a Israel [h]endurecimiento en parte, [i]hasta que haya entrado la plenitud de los gentiles; y luego [j]todo Israel será salvo, como está escrito:

---

a. **teme.** Ver 1 Co 10:12; 2 Co 13:5. Dios juzgará a la iglesia apóstata (cp. Ap 2:15, 16; 3:16), así como también juzgará al Israel apóstata. Si Israel (las ramas «naturales») no se libró a pesar de ser la nación del pacto de Dios, ¿por qué debería esperarse que los gentiles, que eran extraños a los pactos de Dios (Ef 2:11, 12; ver Ro 9:4), fueran librados si pecan contra la verdad del evangelio?

b. **Mira, pues, la bondad y la severidad.** Todos los atributos de Dios operan en armonía. No existe conflicto alguno entre su bondad y amor por un lado, y su justicia e ira por el otro Aquellos que acepten su oferta gratuita de salvación experimentan su bondad (Ro 2:4), mientras aquellos que la rechazan experimentan su juicio (2:5).

c. **los que cayeron.** Los judíos no creyentes que fueron descritos en Ro 11:12-21. «Cayeron» es la traducción de una palabra griega que significa «caer hasta quedar sumido en la ruina total». Quienes rechacen la oferta de salvación de Dios acarrean sobre sí mismos ruina espiritual completa.

d. **si permaneces.** La verdadera fe para salvación siempre persevera (cp. Jn 8:31; 15:5, 6; Col 1:22, 23; He 3:12-14; 4:11; 1 Jn 2:19).

e. **cortado.** Se deriva de la misma raíz griega que se traduce «severidad» en la primera parte del versículo. Dios se encargará con prontitud y severidad de aquellos que le rechacen.

f. **misterio.** Esta palabra se utiliza para referirse a la verdad del NT que no había sido antes revelada (ver 1 Co 2:7; Ef 3:2-6). Este misterio tiene dos componentes: 1) Israel ha experimentado en gran parte un endurecimiento espiritual y 2) ese endurecimiento solo durará un período de tiempo que Dios ha determinado de antemano.

g. **no seáis arrogantes.** Otra advertencia a los gentiles en contra del orgullo y la arrogancia espiritual (ver Ro 11:17-24)

h. **endurecimiento en parte.** La ceguera y el endurecimiento de la nación no se extienden a cada judío. En el transcurso de toda la historia Dios siempre ha preservado a un remanente de creyentes.

i. **hasta que haya entrado la plenitud de los gentiles.** «Hasta» se refiere a un momento específico en el tiempo, «plenitud» se refiere a cumplimiento total, «haya entrado» es la traducción de un verbo griego que se emplea para referirse a alcanzar la salvación (cp. Mt 5:20; Mr 9:43, 45, 47; Jn 3:5; Hch 14:22). El endurecimiento espiritual de Israel que comenzó con su rechazo de Jesús como Mesías, durará hasta que se hayan salvado todos los gentiles elegidos.

j. **todo Israel.** Todos los judíos elegidos que estén con vida al final de la tribulación, no el remanente de judíos creyentes que forman parte de la iglesia durante la presente era eclesiástica (ver Ro 11:5, 17). Puesto que el remanente ya ha acogido la verdad del evangelio (ver el v. 25), no puede ser el grupo aludido aquí porque ya no necesita recibir la salvación que este versículo promete. En el futuro, Israel se arrepentirá de toda incredulidad y acogerá

[a]Vendrá de Sion el Libertador,
Que apartará de Jacob la impiedad.
Y este será mi [b]pacto con ellos,
[c]Cuando yo quite sus pecados.

Así que en cuanto al [d]evangelio, son enemigos por causa de vosotros; pero [e]en cuanto a la elección, son amados [f]por causa de los padres. Porque [g]irrevocables son los dones y el llamamiento de Dios. Pues como vosotros también en otro tiempo erais desobedientes a Dios, pero ahora habéis alcanzado misericordia por la desobediencia de ellos, así también estos ahora han sido desobedientes, para que por la misericordia concedida a vosotros, [h]ellos también alcancen misericordia. Porque Dios [i]sujetó a todos en desobediencia, para tener misericordia de todos.

[j]¡Oh profundidad de las riquezas de la sabiduría y de la ciencia de Dios! ¡Cuán insondables son [k]sus juicios, e inescrutables [l]sus caminos!

---

al Mesías (Zac 12:10). En los términos de la analogía de Pablo, en aquel tiempo Dios injertará otra vez con gozo a los judíos creyentes en el olivo de su pacto de bendición, puesto que fue de ellos desde un principio (Ro 9:4) a diferencia de las ramas silvestres (los gentiles, cp. Ef 2:11, 12).

a. **Vendrá de Sion el Libertador.** Ver Sal 14:7; 53:6; Is 46:13. El gobierno milenario del Señor Jesucristo estará asociado con el monte Sión (ver Sal 110:2)

b. **pacto.** El nuevo pacto (Is 59:21; Jer 31:31-34).

c. **Cuando yo quite sus pecados.** Cita de Is 27:9. Un requisito previo y necesario para la salvación de Israel (cp. Ez 36:25-29; He 8:12).

d. **evangelio... enemigos.** La situación temporal de Israel durante su tiempo de endurecimiento espiritual.

e. **en cuanto a la elección.** Desde el punto de vista de la elección eterna de Dios, Israel siempre será su pueblo de pacto

f. **por causa de los padres.** Los patriarcas (Abraham, Isaac y Jacob), quienes recibieron las promesas del pacto de Dios con Abraham (Éx 2:24; Lv 26:42; 2 R 13:23).

g. **irrevocables son... llamamiento.** La elección soberana de Israel por parte de Dios, al igual que su elección de creyentes individuales, es incondicional e incambiable porque se arraiga en su naturaleza inmutable tal como quedó expresada en su pacto unilateral y eterno con Abraham (ver Ro 9:4).

h. **ellos también... misericordia.** Dios extenderá su gracia al Israel incrédulo tal como lo hizo en favor de los gentiles no creyentes (cp. Ro 5:8). La salvación, bien sea de judíos o gentiles, fluye a partir de la misericordia de Dios (cp. 1 Ti 1:12-14).

i. **sujetó.** Aunque no es el autor del pecado (Sal 5:4; Hab 1:13; Stg 1:13), Dios permitió que el hombre siguiera sus inclinaciones pecaminosas para que él pudiera recibir gloria al demostrar su gracia y misericordia a pecadores desobedientes (cp. Ef 2:2; 5:6).

j. **¡Oh profundidad...!** La majestad, grandeza y sabiduría del plan de Dios reveladas en Ro 11:1-32 motivaron a Pablo a estallar en una expresión espontánea de alabanza. Esta doxología es una respuesta apropiada no solo frente a los planes futuros de Dios para Israel (Ro 9–11), sino a toda la discusión de Pablo acerca de la justificación por fe (caps. 1-11).

k. **sus juicios.** Los propósitos o decretos de Dios que están por encima del entendimiento humano (cp. Sal 36:6).

l. **sus caminos.** Los métodos que Dios escoge para cumplir sus propósitos (cp. Job 5:9; 9:10; 26:14).

[a]Porque ¿quién entendió la mente del Señor? ¿O quién fue su consejero?
[b]¿O quién le dio a él primero, para que le fuese recompensado?

[c]Porque de él, y por él, y para él, son todas las cosas. A él sea la gloria por los siglos. Amén.

156. Los dones espirituales en la iglesia

Romanos 12:1–8

[d]Así que, hermanos, [e]os ruego por las [f]misericordias de Dios, que [g]presentéis vuestros cuerpos en sacrificio vivo, santo, agradable a Dios, que es vuestro

---

a. Cita de Is 40:13.

b. Cita de Job 41:11.

c. Ver 1 Co 8:6; 15:28; Ef 1:23; 4:6; He 2:10. Dios es la fuente, el sustentador y el fin lógico y justo de todo lo que existe.

d. En estos últimos cinco capítulos, Pablo explica en gran detalle cómo los creyentes deben vivir en la práctica las verdades teológicas profundas de los primeros once capítulos. En su gracia, Dios ha dado tanto a los creyentes que Pablo los exhorta a responder con agradecimiento en obediencia.

e. **os ruego.** Esta palabra griega se deriva de una raíz que puede significar «ponerse al lado para ayudar». Jesús empleó una palabra relacionada que se traduce con frecuencia «Consolador», en referencia al Espíritu Santo (Jn 14:16, 26; 15:26; 16:7). Este grupo de palabras similares llegó a connotar todo lo relacionado con exhortar, animar o aconsejar. Pablo hablaba como un consejero a sus lectores, pero su consejo tenía todo el peso de su autoridad apostólica.

f. **misericordias de Dios.** Las gracias divinas gratuitas y extravagantes que Pablo expuso en los primeros once capítulos, que incluyen el amor de Dios (Ro 1:7; cp. 5:5; 8:35, 39), su gracia (Ro 1:6, 7; 3:24; 5:2, 20, 21; 6:15), su justicia (Ro 1:17; 3:21, 22; 4:5, 6, 22–24; 5:17, 19) y el don de la fe (Ro 1:5, 17; 3:22, 26; 4:5, 13; 5:1; 10:17; 12:3).

g. **presentéis vuestros cuerpos en sacrificio vivo.** Bajo el antiguo pacto, Dios aceptó los sacrificios de animales muertos, pero a causa del sacrificio supremo de Cristo, los sacrificios del AT carecen de efecto en absoluto (He 9:11, 12). Para quienes están en Cristo, el único culto aceptable de adoración consiste en ofrecerse a sí mismos por completo al Señor. Bajo el control de Dios, el cuerpo del creyente que todavía no ha sido redimido (ver Ro 6:6, 12; 7:5; cp. 8:11, 23) puede y debe ser entregado a él como un instrumento de justicia y rectitud (Ro 6:12, 13; cp. 8:11-13).

[a]culto racional. [b]No os conforméis a [c]este siglo, sino [d]transformaos por medio de la [e]renovación de vuestro entendimiento, para que comprobéis cuál sea la [f]buena voluntad de Dios, agradable y perfecta.

Digo, pues, por la [g]gracia que me es dada, a cada cual que está entre vosotros, que no tenga más alto concepto de sí que el que debe tener, sino que piense de sí [h]con cordura, conforme a [i]la medida de fe que Dios repartió a cada uno. [j]Porque de la manera que en [k]un cuerpo tenemos muchos miembros, pero

---

a. **culto racional.** «Racional» se deriva de la palabra griega que significa «lógica». A la luz de todas las riquezas espirituales que disfruta el creyente como fruto de las misericordias abundantes de Dios (Ro 11:33, 36), la conclusión lógica es que ellos deben a Dios su servicio más consagrado y abnegado. Aquí se da a entender la idea de un servicio sacerdotal y espiritual que era parte integral de la adoración en el AT.

b. **No os conforméis.** Ser «conformados» se refiere a asumir una expresión externa que no refleja lo que de verdad está en el interior, como una especie de máscara o acto de encubrimiento. La forma de la palabra implica que los lectores de Pablo ya habían permitido que esto sucediera y debían impedir que continuara.

c. **este siglo.** Se puede traducir «mundo» o «era» y se refiere al sistema predominante de creencias y valores en cualquier época de la historia humana. Esta suma de ideas y valores contemporáneos define la atmósfera moral de nuestro mundo y siempre es dominada por Satanás (cp. 2 Co 4:4).

d. **transformaos.** La palabra griega que corresponde al término «metamorfosis» connota un cambio en la apariencia externa. Mateo emplea la misma palabra para describir la transfiguración (Mt 17:2). Así como Cristo manifestó de forma breve y limitada su naturaleza interior divina y su gloria en la transfiguración, los cristianos deberían manifestar a través de su conducta externa que su naturaleza interior ha sido redimida, lo cual no se traduce en un acto singular, sino en la actividad y práctica diarias (cp. 2 Co 3:18; Ef 5:18).

e. **renovación de vuestro entendimiento.** Esa clase de transformación solo puede ocurrir a medida que el Espíritu Santo cambia nuestra manera de pensar mediante el estudio y la meditación constantes de las Escrituras (Sal 119:11; cp. Col 1:28; 3:10, 16; Fil 4:8). La mente renovada está saturada de y controlada por la Palabra de Dios.

f. **buena... agradable y perfecta.** La vida en santidad que Dios aprueba. Estas palabras se relacionan con el lenguaje de sacrificios del AT y describen una vida libre de toda mancha tanto en sentido moral como espiritual, que es la pureza simbolizada por los animales sacrificados (cp. Lv 22:19-25).

g. **gracia.** El favor divino e inmerecido de llamar a Pablo para convertirlo en apóstol y darle autoridad espiritual (Ro 1:1-5; cp. 1 Co 3:10; Gá 2:9), lo cual también produjo en él humildad sincera (1 Ti 1:12-14).

h. **con cordura.** El ejercicio del sano juicio que llevará a los creyentes a reconocer que en sí mismos son como nada (cp. 1 P 5:5), y que producirá un fruto de humildad (cp. 3 Jn 9).

i. **la medida de fe.** La proporción correcta del don espiritual o la habilidad sobrenatural conferida que el Espíritu Santo reparte a cada creyente (ver 1 P 4:10), a fin de que pueda cumplir su función específica en el cuerpo de Cristo (1 Co 12:7, 11). «Fe» no se refiere aquí a la fe para salvación, sino a la mayordomía fiel que se requiere para hacer buen uso de los dones asignados a cada creyente (cp. 1 Co 12:7, 11). Todo creyente recibe el don y los recursos exactos que necesita para cumplir su función dentro del cuerpo de Cristo.

j. **Porque...** Uno de los dos pasajes del NT (cp. 1 Co 12:12-14) en que se incluye una lista de las categorías generales de dones espirituales. Las listas no sirven para insistir en que los creyentes identifiquen a perfección sus dones, sino en que usen con fidelidad y humildad la capacidad única que Dios les ha conferido en su gracia y sabiduría. Que ambas listas difieran implica que los dones son como una serie de colores básicos que Dios selecciona para hacer mezclas con tonalidades y matices únicos que aplica en la vida de cada discípulo de Cristo (ver 1 Co 12:12-14).

k. **un cuerpo... muchos miembros.** Tal como ocurre en el cuerpo natural, Dios en su soberanía ha dado diversidad unificada al cuerpo de Cristo (ver 1 Co 12:14-20).

no todos los miembros tienen la misma función, así nosotros, siendo muchos, somos un cuerpo en Cristo, y todos y todos miembros los unos de los otros. De manera que, teniendo diferentes [a]dones, [b]según la gracia que nos es dada, si el de [c]profecía, úsese [d]conforme a la medida de la fe; o si de [e]servicio, en servir; o el que enseña, en [f]la enseñanza; el que exhorta, en [g]la exhortación;

a. **dones.** Ver Ro 12:3.

b. **según la gracia... dada.** Sin que llegue a merecerse por mérito alguno. El don mismo (1 Co 12:4), la manera específica en la que debe ser usado (1 Co 12:5) y los resultados espirituales (1 Co 12:6) son escogidos por el Espíritu en su soberanía y aparte de todo mérito o preferencia personal (1 Co 12:11).

c. **profecía.** Ver 1 Co 12:10. El significado literal de esta palabra griega es «hablar hacia afuera» y no implica en sí la predicción del futuro o cualquier otra aplicación mística o sobrenatural. Aunque algunos profetas en el libro de Hechos sí hicieron predicciones de acontecimientos futuros (Ro 11:27, 28; 21:10, 11), otros no hicieron predicciones, sino que pronunciaron la verdad de Dios para animar y fortalecer a los oyentes (Ro 15:32; cp. los vv. 22-31). Ahora bien, la evidencia indica que en el primer siglo y antes de que se completara el NT y cesara el ejercicio de los dones para hacer señales milagrosas (ver 1 Co 13:8-10; cp. 2 Co 12:12; He 2:3, 4), esta palabra pudo haberse aplicado tanto en sentido de nueva revelación como de ninguna revelación nueva. En su sentido de no revelación, la palabra «profecía» alude tan solo a la capacidad para la proclamación pública de la Palabra de Dios (ver 1 Co 14:3, 24, 25; 1 P 4:11).

d. **conforme a la medida de la fe.** Lit. «la fe» o todo el mensaje divino revelado o el cuerpo de doctrina cristiana (Jud 3; cp. 2 Ti 4:2). El predicador debe tener cuidado en predicar el mismo mensaje que transmitieron los apóstoles. También puede ser una referencia a la manera personal en la que el creyente entiende y aplica el evangelio.

e. **servicio.** Se deriva de la misma palabra que se escribe igual a «diácono» o «diaconisa», y es una referencia a las personas que sirven. Este don es el mismo que tienen «los que ayudan» (1 Co 12:28), y su aplicación es amplia porque incluye todo tipo de ayuda práctica (cp. Hch 20:35; 1 Co 12:28).

f. **la enseñanza.** La habilidad para interpretar, aclarar, sistematizar y explicar con claridad la verdad de Dios (cp. Hch 18:24, 25; 2 Ti 2:2). Los pastores deben tener el don de la enseñanza (1 Ti 3:2; Tit 1:9; cp. 1 Ti 4:16), pero muchos laicos maduros y calificados también tienen este don. Difiere de la predicación (profecía), no en contenido, sino en la habilidad única para la proclamación pública.

g. **la exhortación.** El don que capacita al creyente para que pueda hacer llamados eficaces a sus semejantes a que obedezcan y sigan la verdad de Dios (ver Ro 12:1). Puede usarse en el sentido negativo de amonestar y corregir con respecto al pecado (2 Ti 4:2), o en el sentido positivo de animar, consolar y fortalecer a los creyentes en medio de sus luchas (cp. 2 Co 1:3-5; He 10:24, 25).

el que [a]reparte, con [b]liberalidad; el que [c]preside, con solicitud; el que [d]hace misericordia, con [e]alegría.

157. El ejercicio del amor

Romanos 12:9–21

[f]El [g]amor sea sin [h]fingimiento. Aborreced lo malo, seguid lo bueno. [i]Amaos los unos a los otros con amor fraternal; [j]en cuanto a honra, prefiriéndoos

---

a. **reparte.** Esto denota generosidad y sacrificio para satisfacer las necesidades de los demás con los recursos propios y la vida misma (cp. 2 Co 8:3-5, 9; 11; Ef 4:28).

b. **liberalidad.** Sencillez, integridad de corazón, intenciones nobles y generosidad sin reservas. El creyente que da con una actitud adecuada no lo hace para obtener reconocimiento y gratitud de los demás, sino para glorificar a Dios (cp. Mt 6:2; Hch 2:44, 45; 4:37-5:11; 2 Co 8:2-5).

c. **preside.** Lit. «pararse al frente.» Pablo habla del don usado por «los que administran» (1 Co 12:28), un término que significa «guiar» y se aplica a la persona que maneja el timón de una embarcación (Hch 27:11; Ap 18:17). En el NT, esta palabra solo se emplea para describir el liderazgo en el hogar (1 Ti 3:4, 5, 12) y en la iglesia (1 Co 12:28; 1 Ti 5:17; cp. Hch 27:11; Ap 18:17). De nuevo, los líderes de la iglesia deben ejercer este don, aunque no esté limitado solo a ellos.

d. **hace misericordia.** La persona que trata con simpatía y sensibilidad a quienes pasan por el sufrimiento y la tristeza, y que tiene tanto la disposición como los recursos para contribuir de forma activa al alivio de sus aflicciones. Con frecuencia, este don acompaña al de la exhortación.

e. **alegría.** Esta actitud es crucial para asegurar que el don de misericordia se convierta en ayuda eficaz y auténtica, no una conmiseración impotente y desalentadora de quienes sufren (cp. Pr 14:21, 31; Lc 4:18, 19).

f. Este pasaje (Ro 12:9-21) suministra una lista completa y obligatoria de rasgos que caracterizan la vida llena del Espíritu (cp. Jn 15:8; Ef 2:10). Pablo presenta estas características bajo cuatro categorías: 1) deberes personales (v. 9), 2) deberes familiares (vv. 10-13), 3) deberes con los demás (vv. 14-16) y 4) deberes con aquellos que nos consideran sus enemigos (vv. 17-21).

g. **amor.** La virtud suprema del NT que se centra por completo en las necesidades y el bienestar de la persona amada y hace todo lo que sea necesario para satisfacer esas necesidades (cp. Mt 22:37-39; Gá 5:22;1 P 4:8; 1 Jn 4:16; Ver 1 Co 13).

h. **fingimiento.** Ver Mt 6:2. El amor cristiano debe mostrarse con pureza y sinceridad, sin egoísmo ni duplicidad.

i. **Amaos... con amor fraternal.** Dedicarse a los demás cristianos con un amor familiar que no se basa en la atracción o la preferencia personal (cp. 1 Ts 4:9). Esta cualidad es la manera principal en que el mundo puede reconocernos como seguidores de Cristo (Jn 13:35; cp. 1 Jn 3:10, 17-19).

j. **en cuanto a honra, prefiriéndoos.** Mostrar apreciación y admiración genuinas hacia los hermanos en la fe por medio de cederles nuestro lugar sin esperar algo a cambio (Fil 2:3).

los unos a los otros. En lo que requiere [a]diligencia, no perezosos; [b]fervientes en espíritu, sirviendo al Señor; [c]gozosos en la esperanza; [d]sufridos en la tribulación; [e]constantes en la oración; [f]compartiendo para las necesidades de los santos; [g]practicando la hospitalidad.

[h]Bendecid a los que os persiguen; bendecid, y no maldigáis. [i]Gozaos con los que se gozan; llorad con los que lloran. [j]Unánimes entre vosotros; [k]no altivos, sino asociándoos con los humildes. No seáis [l]sabios en vuestra propia opinión.

[m]No paguéis a nadie mal por mal; [n]procurad lo bueno delante de todos los hombres. [o]Si es posible, en cuanto dependa de vosotros, estad en paz con

---

a. **diligencia.** Todo lo que vale la pena hacer en la vida cristiana tiene valor suficiente para que se haga con entusiasmo y esmero (Jn 9:4; Gá 6:10; He 6:10, 11: cp. Ec 9:10; 2 Ts 3:13). La pereza y la indiferencia no solo obstaculizan el bien, sino que permiten al mal prosperar (Pr 18:9; Ef 5:15, 16).

b. **fervientes en espíritu.** Lit. «hervir en espíritu». Esta frase alude a tener calor suficiente para producir energía adecuada y productiva, pero no tanto que se pierda el control (cp. Hch 18:25; 1 Co 9:26; Gá 6:9).

c. **gozosos en la esperanza.** Por el regreso de Cristo y nuestra redención definitiva (ver Ro 5:2; 8:19; cp. Mt 25:21; 1 Co 15:58; 2 Ti 4:8).

d. **sufridos.** Perseverancia (ver Ro 5:3).

e. **constantes en la oración.** Cp. Hch 2:42; 1 Ts 5:17; 1 Ti 2:8.

f. **compartiendo.** Se deriva de una palabra griega que alude a la noción de comunidad, asociación o participación mutua y con frecuencia se traduce «compañerismo» y «comunión» (Hch 2:42, 44; cp. 4:32; 1 Ti 6:17, 18).

g. **practicando la hospitalidad.** Lit. «procurar el amor de los extraños» (He 13:2), y no solo atender a los amigos cercanos. En tiempos del NT, los viajes eran peligrosos y las posadas eran escasas, costosas y en muchos casos estaban llenas de personas perversas. Por esa razón, los creyentes abrían su casa a los viajeros y en especial a los hermanos en la fe (2 Ti 1:16-18; 3 Jn 5-8; cp. Lc 14:12-14; 1 P 4:9). Los líderes de la iglesia deben dar ejemplo activo de esta virtud (Tit 1:8).

h. **Bendecid a los que os persiguen.** Tratar a los enemigos como si fueran amigos (Lc 6:27-33; cp. Mt 5:44; Lc 23:34; Hch 7:60; 1 P 2:21-23).

i. **Gozaos... llorad.** Alegrarse en las bendiciones, la honra y el bienestar de otros sin importar cuál sea la situación propia (cp. 1 Co 12:26; 2 Co 2:3), y ser sensible o compasivo frente a las penurias y tristezas de otros (Col 3:12; Stg 5:11; cp. Lc 19:41-44; Jn 11:35).

j. **Unánimes entre vosotros.** Ser imparciales (ver Ro 2:11; Stg 2:1-4, 9; cp. Hch 10:34; 1 Ti 5:21; 1 P 1:17).

k. **no altivos.** Una persona arrogante y orgullosa que solo procura su propio bienestar (cp. Fil 2:3).

l. **sabios en vuestra propia opinión.** Los cristianos deben liberarse de toda jactancia y de cualquier sentimiento de superioridad frente a sus hermanos en la fe (cp. Ro 1:22).

m. **No paguéis a nadie mal por mal.** El propósito de la ley del AT sobre «ojo por ojo y diente por diente» nunca fue su aplicación a individuos en el AT o el NT, sino que era la expresión de un parámetro que se aplicaba a la sociedad como un todo para reforzar la buena conducta entre los semejantes (1 Ts 5:15; ver Éx 21:23, 24; cp. Lv 24:20; Dt 19:21; 1 P 3:8, 9).

n. **procurad lo bueno.** Los cristianos deben respetar todo lo que sea apropiado y honesto. Aquí «lo bueno» también se refiere a la idea de mantener una conducta correcta de forma visible y obvia entre los semejantes, en especial los no creyentes.

o. **Si es posible.** Aunque debemos hacer todo lo que sea posible para estar en paz con todos, no siempre será así porque también depende de las actitudes y las reacciones de los demás.

todos los hombres. No os venguéis vosotros mismos, amados míos, sino dejad lugar a la [a]ira de Dios; porque escrito está: Mía es la [b]venganza, yo pagaré, dice el Señor. Así que,

> si tu enemigo tuviere hambre, dale de comer;
> si tuviere sed, dale de beber;
> pues haciendo esto, [c]ascuas de fuego amontonarás sobre su cabeza.

No seas vencido de lo malo, sino vence con el bien el mal.

158. Sujeción al gobierno

Romanos 13:1–7

[d]Sométase toda persona a las [e]autoridades superiores; porque [f]no hay autoridad sino de parte de Dios, y las que hay, por Dios han sido [g]establecidas. De modo que quien [h]se opone a la autoridad, a lo establecido por Dios resiste; y los que resisten, acarrean [i]condenación para sí mismos. Porque los

---

a. **ira.** Es exclusiva de Dios (ver Ro 1:18).

b. **venganza.** La retribución divina según la cita de Dt 32:35.

c. **ascuas de fuego amontonarás sobre su cabeza.** Se refiere a una costumbre egipcia antigua en la que una persona que quisiera mostrar contrición pública colocaba un sartén con carbones encendidos sobre su cabeza. Esto representaba el dolor calcinante de su vergüenza y culpa. Si los creyentes ayudan con amor a sus enemigos, esto les producirá vergüenza por su odio y hostilidad (cp. Pr 25:21, 22).

d. **Sométase.** Esta palabra griega se empleaba con frecuencia para aludir a la obediencia absoluta de un soldado a sus superiores. Las Escrituras hacen una excepción a este mandato en caso de que requiera la desobediencia a la Palabra de Dios (Éx 1:17; Dn 3:16-18; 6:7, 10; ver Hch 4:19).

e. **autoridades superiores.** Todos los funcionarios de la autoridad civil sin considerar su competencia, moralidad, sensatez o cualquier otra condición (1 Ts 4:11, 12; 1 Ti 2:1, 2; Tit 3:1, 2).

f. **no hay autoridad sino de parte de Dios.** Puesto que él es el único gobernador soberano del universo (Sal 62:11; 103:19; 1 Ti 6:15), ha instituido cuatro autoridades en la tierra: 1) el gobierno sobre todos los ciudadanos, 2) la iglesia sobre todos los creyentes, 3) los padres sobre todos los hijos y 4) los jefes sobre todos los empleados.

g. **establecidas.** La autoridad del gobierno humano se deriva de Dios y es definida por él. Su propósito al instituir el gobierno humano fue recompensar el bien y restringir el pecado en un mundo malo y caído.

h. **se opone a la autoridad.** Puesto que todo gobierno es ordenado por Dios, toda desobediencia es rebelión contra Dios.

i. **condenación.** No es el juicio de Dios, sino el castigo del gobierno por transgredir la ley.

magistrados [a]no están para infundir temor al que hace el bien, sino al malo. ¿Quieres, pues, no temer la autoridad? [b]Haz lo bueno, y tendrás alabanza de ella; porque [c]es servidor de Dios para tu bien. Pero si haces lo malo, teme; porque no en vano [d]lleva la espada, pues es servidor de Dios, vengador [e]para castigar al que hace lo malo. Por lo cual es necesario estarle sujetos, no solamente [f]por razón del castigo, sino también por causa de la conciencia. [g]Pues por esto pagáis también los [h]tributos, porque son servidores de Dios que atienden continuamente a esto mismo. [i]Pagad a todos lo que debéis: al que tributo, tributo; al que [j]impuesto, impuesto; al que respeto, [k]respeto; al que honra, honra.

---

a. **no están para infundir temor al que hace el bien, sino al malo.** Hasta los gobiernos más perversos e impíos actúan como obstáculos para la delincuencia.

b. **Haz lo bueno...tendrás alabanza.** Los ciudadanos pacíficos que cumplen la ley no tienen por qué temer a las autoridades. Pocos gobiernos están dispuestos a hacer daño a los súbditos que obedecen sus leyes. De hecho, los gobiernos por lo general elogian a esas personas y las consideran ejemplares.

c. **servidor de Dios para tu bien.** Su razón de ser es la restricción del mal y protección de la vida y la propiedad. Pablo aprovechó esta función del gobierno para la promoción del bien al ejercer sus derechos como ciudadano romano para obtener justicia (Hch 16:37; 22:25, 29; 25:11).

d. **lleva la espada.** Esto simboliza el derecho del gobierno para infligir castigo sobre los malhechores, y de forma específica la pena capital (Gn 9:6; cp. Mt 26:52; Hch 25:11).

e. **para castigar.** No se trata aquí de la ira de Dios, sino del castigo infligido por las autoridades civiles.

f. **por razón... de la conciencia.** Por un sentido de obligación a Dios y para mantener una conciencia limpia ante él (ver 2 Co 1:12), no solo para evitar el castigo de las autoridades civiles.

g. **Pues por esto.** Porque Dios ordenó el gobierno humano y demanda sumisión a él.

h. **tributos.** La palabra griega se refería de forma específica a los impuestos pagados por individuos, en particular aquellos que vivieran en una nación conquistada a sus dominadores extranjeros, lo cual hace todavía más oneroso el gravamen. Esa tributación obligatoria era por lo general la combinación de impuestos al ingreso y la propiedad. Sin embargo, en este contexto Pablo usa el término en el sentido más amplio posible para hablar de toda clase de cargas onerosas. Jesús enseñó de forma explícita que los impuestos deben pagarse, incluso al gobierno romano pagano (Mt 22:17-21), y además dio ejemplo al pagar de forma voluntaria el impuesto del templo (Mt 17:24-27).

i. **Pagad a todos lo que debéis.** «Pagad» es la traducción de una palabra griega que alude al pago de algo debido y no a una contribución voluntaria, como lo refuerza el término «debéis». El apóstol reitera que el pago de impuestos no es algo opcional, sino obligatorio.

j. **impuesto.** Gravámenes por concepto de bienes y mercancías.

k. **respeto... honra.** Dios exige que mostremos respeto sincero y mantengamos una actitud genuina de alta estima hacia todos los funcionarios públicos.

159. Conducta cristiana en una sociedad secular

Romanos 13:1–7

[a]No debáis a nadie nada, sino [b]el amaros unos a otros; porque el que ama al prójimo, ha cumplido la ley. [c]Porque: No adulterarás, no matarás, no hurtarás, no dirás falso testimonio, no codiciarás, y cualquier otro mandamiento, en esta sentencia [d]se resume: Amarás a tu prójimo como a ti mismo. El amor no hace mal al prójimo; así que [e]el cumplimiento de la ley es el amor.

Y esto, conociendo el [f]tiempo, que es ya hora de levantarnos del [g]sueño; porque ahora [h]está más cerca de nosotros [i]nuestra salvación que cuando creímos. La [j]noche está avanzada, y se acerca el [k]día. [l]Desechemos, pues, las obras

---

a. **No debáis a nadie nada.** No es una prohibición al préstamo de dinero que de hecho es permitido y regulado por las Escrituras (cp. Éx 22:25; Lv 25:35-37; Dt 15:7-9; Neh 5:7; Sal 15:5; 37:21, 26; Ez 22:12; Mt 5:42; Lc 6:34). El punto de Pablo es que todas nuestras obligaciones financieras deben pagarse en los términos acordados. Ver Dt 23:19, 20; 24:10-13.

b. **el amaros unos a otros.** Los creyentes tienen el mandato de amar no solo a otros cristianos (Jn 13:34, 35; 1 Co 14:1; Fil 1:9; Col 3:14; 1 Ts 4:9; 1 Ti 2:15; He 6:10; 1 P 1:22; 4:8; 1 Jn 2:10; 3:23; 4:7, 21), sino también a no cristianos (Mt 5:44; Lc 6:27, 35; cp. Lc 6:28, 34; Ro 12:14, 20; Gá 6:10; 1 Ts 5:15).

c. **Porque.** Para demostrar que el amor es el cumplimiento de la ley, Pablo cita cuatro de los Diez Mandamientos que tienen que ver con relaciones humanas y los conecta con un mandato fundamental del AT. Para ello cita Éx 20:13-15, 17 (cp. Dt 5:17-19, 21).

d. **se resume: Amarás a tu prójimo como a ti mismo.** Este mandato, que es una cita de Lv 19:18, abarca todas las leyes de Dios en cuanto a las relaciones humanas (Mt 22:39), porque, si en verdad amamos a nuestro prójimo (cualquier persona con quien tengamos comunicación, cp. Lc 10:25-37), solo haremos lo que más le beneficie (Ro 13:10).

e. **el cumplimiento de la ley es el amor.** Si tratamos a otros con el mismo cuidado que tenemos para nosotros mismos, no violaremos ninguna de las leyes de Dios que se aplican a las relaciones personales (Mt 7:12; Stg 2:8).

f. **tiempo.** La palabra griega no trata el tiempo en términos de cronología, sino como un período, era o edad histórica (cp. Ro 3:26; Mt 16:3; Mr 1:15; Lc 21:8; Hch 1:7; 3:19; Ap 1:3).

g. **sueño.** Apatía y letargo espiritual, es decir, indisposición para responder a las cosas de Dios.

h. **está más cerca.** Seremos glorificados al regreso de Jesús (ver Ro 8:23), el cual se aproxima cada día que pasa. La Biblia emplea con frecuencia el regreso de Jesucristo para motivar los creyentes a vivir en santidad (2 Co 5:10; Tit 2:11-13; He 10:24, 25; Stg 5:7, 8; 1 P 4:7-11; 2 P 3:11-14).

i. **nuestra salvación.** No nuestra justificación, sino el aspecto final de nuestra redención que es la glorificación (ver Ro 8:23).

j. **noche.** Se refiere al tiempo tenebroso de la depravación humana y el dominio satánico (cp. 1 Ts 5:4, 5).

k. **día.** Corresponde al regreso y el reino de Cristo (cp. 1 Ts 5:2-4).

l. **Desechemos.** A la luz del regreso inminente de Cristo, Pablo exhorta a los creyentes para que se arrepientan y abandonen sus pecados (2 P 3:14; 1 Jn 2:28; cp. Ef 4:22; Col 3:8-10; He 12:1, 14; Stg 1:21; 1 P 2:1; 4:1-3).

de las tinieblas, y vistámonos [a]las armas de la luz. [b]Andemos como de día, honestamente; no en [c]glotonerías y borracheras, no en [d]lujurias y lascivias, no en [e]contiendas y envidia, [f]sino vestíos del Señor Jesucristo, y [g]no proveáis para los deseos de la carne.

---

a. **las armas de la luz.** La protección que suministra la justicia que se vive en la práctica (cp. Ef 6:11-17).

b. **Andemos como de día.** Por medio de vivir una vida que agrada a Dios, y al manifestar en nuestra conducta exterior la realidad interna de una vida redimida (cp. Ro 6:4; 8:4; Lc 1:6; Gá 5:16, 25; Ef 2:10; 4:1, 17; 5:2, 8, 15; Fil 1:27; 3:16, 17; Col 1:10; 2:6; 1 Ts 2:12; 4:1, 12; 1 P 2:12; 1 Jn 2:6; 2 Jn 4, 6).

c. **glotonerías y borracheras.** Fiestas desenfrenadas, orgías sexuales, trifulcas, alborotos (cp. Gá 5:21; 1 P 4:3).

d. **lujurias y lascivias.** Inmoralidad sexual (cp. 1 Co 6:18; Ef 5:3; Col 3:5; 1 Ts 4:3; 2 Ti 2:22).

e. **contiendas y envidia.** Iniquidades relacionadas entre sí (cp. 1 Co 3:3; 2 Co 12:20; Gá 5:20; Fil 1:15; 1 Ti 6:4), ya que la primera casi siempre es resultado de la segunda.

f. **sino vestíos del Señor Jesucristo.** Esta frase resume la santificación, aquel proceso continuo por el cual aquellos que han sido salvados por fe son transformados en su imagen y semejanza (cp. 2 Co 3:18; Gá 4:19; Fil 3:13, 14; Col 2:7; 1 Jn 3:2, 3). La imagen que Pablo utiliza para describir ese proceso es la de quitarse y ponerse ropa, una acción que simboliza los pensamientos y la conducta. Ver Ef 4:20-24.

g. **no proveáis.** Esta palabra tiene el significado básico de planificar algo por adelantado o preocuparse. La mayoría de las conductas pecaminosas son el resultado de ideas erróneas y deseos lujuriosos a los que permitimos quedarse en nuestra mente (cp. Stg 1:14, 15).

160. Libertad cristiana

Romanos 14:1–13

[a]Recibid al [b]débil en la fe, pero no para [c]contender sobre opiniones. Porque [d]uno cree que se ha de comer de todo; otro, que es débil, [e]come legumbres. El que come, no [f]menosprecie al que no come, y el que no come, no juzgue al que come; porque Dios le ha recibido. ¿Tú quién eres, que juzgas al criado ajeno? [g]Para su propio señor está en pie, o cae; pero estará firme, porque poderoso es el Señor para hacerle estar firme.

---

a. **Recibid.** La palabra griega se refiere a una aceptación personal y voluntaria entre unos y otros. La diversidad de la iglesia refleja el poder de Cristo para llevar personas bastante disímiles a la unidad espiritual verdadera. No obstante, en muchos casos Satanás trabaja en la carne no redimida del hombre para crear división y amenazar esa unidad. La amenaza a la unidad que Pablo trata en este pasaje surge cada vez que creyentes maduros (fuertes), tanto judíos como gentiles, entran en conflicto con creyentes inmaduros (débiles). Los creyentes judíos fuertes entendieron su libertad en Cristo y se dieron cuenta de que los requisitos ceremoniales de la ley mosaica ya no eran obligatorios para ellos. Los gentiles maduros entendieron que los ídolos no son dioses reales y que, por ende, ellos podían comer carne que hubiera sido ofrecida a ellos. En ambos casos, la conciencia de los hermanos más débiles fue perturbada y ellos llegaron a sentirse tentados a violar su propia conciencia, algo muy malo que un creyente nunca debe habituarse a hacer. Pablo sabía que los judíos y gentiles maduros eran capaces de entender estas luchas y por eso dirigió sus comentarios a ellos en primera instancia.

b. **débil en la fe.** Esto caracteriza a los creyentes que son incapaces de desembarazarse de las ceremonias y rituales de su pasado religioso. El creyente judío débil tenía dificultad para abandonar los ritos y las prohibiciones del antiguo pacto. Se sentía obligado a adherirse a leyes sobre la dieta, observar con rigor el día de reposo y ofrecer sacrificios en el templo. El creyente gentil débil había sido criado en medio de la idolatría pagana con todos sus rituales. Sentía que cualquier contacto con algo que se relacionara aun de forma remota con su pasado, incluido el consumo de alimentos que hubieran sido ofrecidos a una deidad pagana y vendidos después en la plaza de mercado, lo manchaba por completo de pecado. Ambos tipos de creyente tenían conciencias muy sensibles en estas áreas, y todavía no tenían la madurez suficiente para ser libres de esas convicciones. Cp. 1 Co 8:1-13.

c. **contender sobre opiniones.** Se traduce mejor «con el fin de someter a juicio sus opiniones (o escrúpulos)». El creyente maduro no debe sentarse a juzgar los pensamientos sinceros, aunque rudimentarios que gobiernan la conducta del creyente débil.

d. **uno cree.** El creyente fuerte, cuya fe madura le permite ejercer su libertad en Cristo y comer la carne más barata que se vende en los mercados paganos, la cual era menos costosa porque algún adorador la había ofrecido como sacrificio a una deidad pagana (ver 1 Co 8:1-13).

e. **come legumbres.** La dieta estricta a la que se adherían los creyentes judíos y gentiles débiles para evitar el consumo de carne que fuera impura o que hubiera sido sacrificado a ídolos.

f. **menosprecie... juzgue.** El menosprecio equivale a un juicio erróneo porque se aplica a alguien que uno considere falto de dignidad y valor, por lo cual cree que puede tratarlo con desdén y aborrecimiento. Aquí «juzgue» tiene esa misma intensidad y significa condenar. Pablo emplea los términos como sinónimos: los fuertes sienten menosprecio hacia los débiles porque los consideran legalistas y justos en su propia opinión, mientras que los débiles juzgan a los fuertes como irresponsables y hasta depravados.

g. **Para su propio señor está en pie, o cae.** Lo que importa de verdad es cómo evalúa Cristo a cada creyente, y su juicio no tiene en cuenta la tradición religiosa ni la preferencia personal (cp. Ro 8:33, 34; 1 Co 4:3-5).

Uno [a]hace diferencia entre día y día; otro [b]juzga iguales todos los días. [c]Cada uno esté plenamente convencido en su propia mente. [d]El que hace caso del día, lo hace [e]para el Señor; y el que no hace caso del día, para el Señor no lo hace. El que come, para el Señor come, porque da gracias a Dios; y el que no come, para el Señor no come, y da gracias a Dios. Porque ninguno de nosotros [f]vive para sí, y ninguno muere para sí. Pues si vivimos, para el Señor vivimos; y si morimos, para el Señor morimos. Así pues, sea que vivamos, o que muramos, del Señor somos. Porque Cristo para esto murió y resucitó, y volvió a vivir, para ser [g]Señor así de los muertos como de los que viven. Pero tú, ¿por qué juzgas a tu hermano? O tú también, ¿por qué menosprecias a [h]tu hermano? Porque todos compareceremos ante [i]el tribunal de Cristo. Porque [j]escrito está:

> Vivo yo, dice el Señor, que ante mí se doblará toda rodilla,
> Y toda lengua confesará a Dios.

---

a. **hace diferencia entre día y día.** Aunque ya no era algo requerido por Dios, el creyente judío débil se sentía en la obligación de observar el día de reposo y otros días especiales asociados con el judaísmo (cp. Gá 4:9, 10; Ver Col 2:16, 17). Por su lado, el gentil débil quería separarse de los días especiales de festividad que estaban asociados con su antiguo paganismo debido a su inmoralidad e idolatría características.

b. **juzga iguales todos los días.** Los creyentes maduros vivían sin ser afectados por esas cuestiones.

c. **Cada uno esté plenamente convencido.** Cada cristiano debe seguir los dictados de su propia conciencia en asuntos que no sean objeto de prohibiciones o mandatos directos en las Escrituras. Puesto que la conciencia es un mecanismo dado por Dios para darnos advertencias, de tal manera que responde al parámetro supremo de la ley moral divina en la mente (Ro 2:14, 15), no es sensato que el creyente se habitúe a ignorarla. Más bien, los creyentes debemos responder a sus alarmas y compunciones a medida que maduramos, y al aprender más sobre la vida cristiana nuestra mente no nos alertará sobre cosas que no sean esenciales.

d. **El que hace caso.** El creyente fuerte come lo que le place y agradece al Señor. El hermano débil come de acuerdo con su dieta ceremonial y agradece al Señor que pudo hacer ese sacrificio por su causa. En ambos casos, el creyente da gracias al Señor así que el motivo es el mismo.

e. **para el Señor.** Bien sea débil o fuerte, el motivo tras las decisiones de un creyente sobre asuntos de conciencia debe ser siempre agradar al Señor.

f. **vive para sí... muere para sí.** El enfoque de la vida cristiana nunca es uno mismo porque todo lo que hacemos debe tener el propósito de agradar a nuestro Señor soberano (cp. 1 Co 6:20; 10:31).

g. **Señor así de los muertos como de los que viven.** Cristo murió no solo para hacernos libres del pecado, sino para someternos como siervos a él mismo (Ro 6:22), para establecerse como Señor soberano sobre los santos que están en su presencia y los que siguen sobre la tierra (cp. Fil 2:11; 1 Ti 6:15; Ap 17:14; 19:16).

h. **tu hermano.** Un hermano creyente en Cristo.

i. **el tribunal de Cristo.** La traducción que se prefiere es «el tribunal de Dios» (ver 1 Co 3:13-15). Cada creyente rendirá cuentas de sí mismo y el Señor juzgará las decisiones que tomó, incluidas todas las relacionadas con asuntos de conciencia. Ese veredicto es el único que importa (ver 1 Co 4:1-5; 2 Co 5:9, 10).

j. **escrito está.** Pablo cita Is 45:23; 49:18 (cp. Fil 2:10, 11).

De manera que cada uno de nosotros dará a Dios cuenta de sí. Así que, ya no nos juzguemos más los unos a los otros, sino [a]más bien decidid no poner [b]tropiezo u ocasión de caer al hermano.

161. Libertad y amor

Romanos 14:14–23

[c]Yo sé, y confío en el Señor Jesús, que [d]nada es [e]inmundo en sí mismo; mas para [f]el que piensa que algo es inmundo, para él lo es. Pero si por causa de la comida tu hermano es [g]contristado, ya no andas conforme al [h]amor. No hagas que por la comida tuya [i]se pierda [j]aquel por quien Cristo murió. No sea, pues, [k]vituperado [l]vuestro bien; porque [m]el reino de Dios no es [n]comida ni bebida,

---

a. **más bien decidid.** La misma palabra griega que se traduce «juzgar» (Ro 14:3, 10, 13) se traduce aquí «decidir». En los vv. 3, 10, 13a el significado es negativo (condenar). En el v. 13b el significado es positivo (determinar o tomar una decisión minuciosa). El punto de Pablo con su juego de palabras es que en lugar de someter a juicio a sus hermanos en la fe, los creyentes deberían usar su mejor juicio para ayudarse entre sí.

b. **tropiezo u ocasión de caer.** Todo lo que un creyente haga, aunque las Escrituras lo permitan, que cause la caída de otro en el pecado (1 Co 8:9).

c. **Yo sé, y confío en el Señor Jesús.** Esta verdad no fue el producto de su propio pensamiento o la enseñanza de otros, sino de la revelación divina (cp. Gá 1:12). Ver 1 Co 7:12.

d. **nada es inmundo en sí mismo.** Ver Hch 10:15; (cp. Mr 7:15; 1 Ti 4:3-5; Tit 1:15).

e. **inmundo.** El significado original de la palabra griega era «común», pero llegó a utilizarse para aludir a lo «impuro» o «maligno» (ver Hch 10:14).

f. **el que piensa que algo es inmundo, para él lo es.** Si un creyente se convence de que cierta conducta es pecado, así su dictamen sea erróneo, nunca debería practicarla. Si lo hace, violará su propia conciencia, experimentará culpa (cp. 1 Co 8:4-7; ver Ro 2:15) e incluso será llevado a un legalismo más estricto en lugar de avanzar hacia la libertad en Cristo (ver Ro 14:5).

g. **contristado.** La palabra griega se refiere a ocasionar dolor, tristeza o angustia. Un creyente débil puede resultar lastimado si ve a un hermano hacer algo que considere pecaminoso. Todavía peor, el creyente fuerte puede hacer que su hermano más débil viole su propia conciencia (cp. 1 Co 8:8-13).

h. **amor.** Ver 1 Co 13:1-13. El amor asegurará que el cristiano fuerte sea sensible y comprensivo frente a las debilidades de su hermano (1 Co 8:8-13).

i. **se pierda.** Esto se refiere a una devastación completa. En el NT se emplea con frecuencia para indicar la condenación eterna (Mt 10:28; Lc 13:3; Jn 3:16; Ro 2:12). Sin embargo, en este contexto se refiere a una devastación seria del crecimiento espiritual (cp. Mt 18:3, 6, 14).

j. **aquel por quien Cristo murió.** Cualquier cristiano (cp. 1 Co 8:11).

k. **vituperado.** Por medio de blasfemias. Cada vez que los no creyentes ven a un cristiano fuerte abusar de su libertad en Cristo y hacer daño a un hermano más débil, llegan a la conclusión de que el cristianismo está lleno de personas no amorosas y esto traerá descrédito a la reputación de Dios (cp. Ro 2:24).

l. **vuestro bien.** El ejercicio legítimo y correcto de la libertad cristiana por parte de cada creyente (cp. 1 Co 10:23-32).

m. **el reino de Dios.** La esfera de la salvación donde Dios gobierna en el corazón de aquellos a quienes ha salvado (ver Hch 1:3; 1 Co 6:9).

n. **comida ni bebida.** Asuntos no esenciales y observaciones externas.

sino [a]justicia, [b]paz y [c]gozo en el Espíritu Santo. Porque el que en esto sirve a Cristo, agrada a Dios, y es [d]aprobado por los hombres.

Así que, sigamos lo que contribuye a la paz y a la mutua edificación. No destruyas [e]la obra de Dios por causa de la comida. [f]Todas las cosas a la verdad son limpias; pero es malo que el hombre [g]haga tropezar a otros con lo que come. Bueno es no comer carne, ni beber vino, ni nada en que tu hermano [h]tropiece, o se ofenda, o se debilite. ¿Tienes tú fe? [i]Tenla para contigo delante de Dios. Bienaventurado el que no se condena a sí mismo en [j]lo que aprueba. Pero [k]el que duda sobre lo que come, es condenado, porque no lo hace con fe; y [l]todo lo que no proviene de fe, es pecado.

---

a. **justicia.** Una vida de santidad y obediencia (cp. Ef 6:14; Fil 1:11).

b. **paz.** La tranquilidad amorosa que es producida por el Espíritu y debería caracterizar las relaciones de los creyentes con Dios y entre ellos (Gá 5:22).

c. **gozo en el Espíritu Santo.** Otra faceta del fruto del Espíritu que se caracteriza por una actitud permanente de alabanza y gratitud sin importar las circunstancias, lo cual fluye a partir de una confianza personal en la soberanía de Dios (Gá 5:22; 1 Ts 1:6).

d. **aprobado por los hombres.** Esto se refiere a aprobar algo tras el examen cuidadoso, como un joyero que somete a inspección una piedra para determinar su calidad y valor. Los cristianos están bajo el microscopio de un mundo escéptico que juzga todo el tiempo cómo vivimos y nos tratamos unos a otros (cp. Jn 13:35; Fil 2:15).

e. **la obra de Dios.** Un hermano cristiano que ha sido redimido por los esfuerzos del Padre, el Hijo y el Espíritu Santo, no es su propio dueño (cp. Ef 2:10).

f. **Todas las cosas... limpias.** Las libertades facultativas que Dios ha dado a los creyentes en su propia discreción y son buenas en sí mismas (cp. Ro 14:14, 16).

g. **haga tropezar a otros con lo que come.** Aquel que utiliza sus libertades dadas por Dios de forma descuidada y egoísta, por lo cual ofende a su hermano más débil.

h. **tropiece.** El cristiano más fuerte puede hacerse daño en el área de la libertad cristiana si critica o desdeña la libertad que Dios le ha dado (Gá 5:1), o si hace alarde imprudente de su libertad sin considerar cómo podría afectar a otros (cp. 1 Co 10:23-32).

i. **Tenla para contigo delante de Dios.** Se traduce mejor «mantén tu propia convicción ante Dios». Pablo urge al creyente fuerte a que entienda su libertad, la disfrute y la mantenga siempre entre Dios y él mismo.

j. **lo que aprueba.** El creyente fuerte mantiene una conciencia saludable porque no da al creyente débil una causa de tropiezo.

k. **el que duda... es condenado.** Si el hermano débil viola su conciencia, peca.

l. **todo lo que no proviene de fe.** Los pensamientos y acciones que nuestra conciencia condena.

162. La libertad y la gloria de Dios

Romanos 15:1–13

Así que, los que somos fuertes debemos [a]soportar las [b]flaquezas de los débiles, y no agradarnos a nosotros mismos. Cada uno de nosotros agrade a su prójimo en lo que es bueno, para [c]edificación. Porque [d]ni aun Cristo se agradó a sí mismo; antes bien, como [e]está escrito: [f]Los vituperios de los que te vituperaban, cayeron sobre mí. Porque las [g]cosas que se escribieron antes, [h]para nuestra enseñanza se escribieron, a fin de que por la paciencia y la [i]consolación de las Escrituras, tengamos [j]esperanza. Pero el Dios de la paciencia y de la consolación os dé [k]entre vosotros un mismo sentir según Cristo Jesús, para que [l]unánimes, a una voz, glorifiquéis al [m]Dios y Padre de nuestro Señor Jesucristo.

---

a. **soportar.** La palabra significa «levantar una carga y llevarla». Se emplea con referencia a llevar un cántaro de agua (Mr 14:13), transportar a un hombre (Hch 21:35), y en sentido figurado para el hecho de sobrellevar una obligación (Hch 15:10). Los fuertes no solo deben tolerar las debilidades de sus hermanos más débiles, sino prestar su hombro y ayudarlos a llevar sus cargas con la demostración de amor y consideración práctica (Gá 6:2; cp. 1 Co 9:19-22; Fil 2:2–4).

b. **flaquezas.** Se traduce mejor «debilidades».

c. **edificación.** Edificar y fortalecer. En esencia, es el mismo llamado que Pablo hizo antes (Ro 14:19), pero ahora incluye el aspecto adicional del sacrificio personal (1 Co 10:23, 24; cp. Fil 2:2-5).

d. **ni aun Cristo se agradó a sí mismo.** Su propósito último fue agradar a Dios y cumplir a perfección su voluntad (Jn 4:34; 5:30; 6:38; 8:25, 27–29; Fil 2:6-8).

e. **está escrito.** Cita de Sal 69:9.

f. **Los vituperios... cayeron sobre mí.** «Vituperios» se refiere a calumnia, acusaciones falsas e insultos. Los hombres aborrecen a Dios y manifestaron ese mismo odio hacia aquel enviado por él para revelarse a sí mismo (cp. Jn 1:10, 11, 18).

g. **cosas que se escribieron antes.** El AT que fue dado por revelación divina

h. **para nuestra enseñanza se escribieron.** Aunque los cristianos viven bajo el nuevo pacto y no están bajo la autoridad del antiguo pacto, la ley moral de Dios no ha cambiado y todas las Escrituras son de beneficio espiritual (1 Co 10:6, 10, 11; 2 P 1:20, 21). La descripción que Pablo hace de los beneficios de las Escrituras incluyen por cierto el NT, pero se refiere en primera instancia a «las Sagradas Escrituras» o el AT (2 Ti 3:15-17).

i. **consolación.** Lit. «ánimo». La Palabra de Dios no solo informa a los creyentes sobre cómo soportar, sino que también los alienta en el proceso.

j. **esperanza.** Sin las promesas claras y ciertas de la Palabra de Dios, el creyente no tiene base para abrigar esperanza alguna (cp. Sal 119:81, 114; Ef 2:12; Jer 14:8).

k. **entre vosotros un mismo sentir.** Pablo insta a los fuertes y a los débiles por igual (ver Ro 14:1-13), que a pesar de sus opiniones diferentes sobre cuestiones no esenciales, procuren el amor y la armonía espiritual en cuestiones sobre las cuales la Biblia guarde silencio.

l. **unánimes, a una voz.** Nuestra unidad debería ser tanto real (una mente) como aparente (una boca), pero el propósito consumado de la unidad no es agradar a otros creyentes, sino glorificar a Dios.

m. **Dios y Padre.** Esta expresión recalca la deidad de Cristo. Jesús no es un hijo adoptado de Dios, sino que posee la misma existencia y naturaleza esencial de Dios. Esta es una conexión tan importante que ocurre con frecuencia en el NT (2 Co 1:3; 11:31; Ef 1:3; Col 1:3; 1 P 1:3).

Por tanto, recibíos los unos a los otros, [a]como también Cristo nos recibió, para gloria de Dios. Pues os digo, que Cristo Jesús vino a ser [b]siervo de la circuncisión para mostrar la verdad de Dios, para confirmar [c]las promesas hechas a los padres, y [d]para que los gentiles glorifiquen a Dios por su misericordia, como [e]está escrito:

> [f]Por tanto, yo te confesaré entre los gentiles, cantaré a tu nombre.

Y otra vez dice:

> [g]Alegraos, gentiles, con su pueblo.

Y otra vez:

> [h]Alabad al Señor todos los gentiles,
> Y magnificadle todos los pueblos.

Y otra vez dice Isaías:

> [i]Estará [j]la raíz de Isaí,
> Y el que se levantará a regir los gentiles;
> Los gentiles esperarán en él.

---

a. **como también Cristo nos recibió.** Si el Hijo de Dios perfecto y libre de pecado estuvo dispuesto a introducir pecadores en la familia de Dios, cuánto más deberían los creyentes perdonados estar dispuestos a acoger y aceptar a sus hermanos en la fe a pesar de sus desacuerdos sobre asuntos de conciencia (Mt 10:24; 11:29; Ef 4:32-5:2).

b. **siervo de la circuncisión.** Jesús nació como judío (ver Mt 1:1), y fue circuncidado de niño para su identificación física con la señal del pacto (ver Ro 4:11; Gn 17:11-14).

c. **las promesas hechas a los padres.** El pacto con Abraham que Dios reiteró tanto a Isaac como a Jacob (ver Ro 4:13).

d. **para que los gentiles glorifiquen a Dios por su misericordia.** Por cuanto él extendió su gracia y misericordia a un pueblo que estaba fuera del pacto (ver Ro 10:11-21; 11:11-18).

e. **está escrito.** Para mostrar que el plan de Dios siempre ha sido llevar a judíos y gentiles por igual a su reino, así como para aminorar los prejuicios de los judíos cristianos en contra de sus hermanos gentiles, Pablo incluye citas de la ley, los profetas y dos veces de los salmos, todos los cuales se consideraban divisiones reconocidas y autorizadas del AT, de tal modo que prueba el plan de Dios a partir de sus propias Escrituras.

f. **Por tanto.** Cita de 2 S 22:50; Sal 18:49. El salmista canta alabanza a Dios entre las naciones, una alusión a la salvación de los gentiles.

g. Cita de Dt 32:43.

h. Cita de Sal 117:1.

i. Cita de Is 11:10.

j. **la raíz de Isaí.** Una forma de referirse a Jesús como el descendiente de David y, por ende, de Isaí el padre de David (ver Ap 5:5).

Y el [a]Dios de esperanza os llene de todo gozo y paz en el creer, para que abundéis en esperanza [b]por el poder del Espíritu Santo.

163. Los viajes ministeriales de Pablo

Romanos 15:14–33

[c]Pero estoy seguro de vosotros, hermanos míos, de que vosotros mismos estáis llenos de [d]bondad, llenos de todo [e]conocimiento, de tal manera que podéis [f]amonestaros los unos a los otros. Mas os he escrito, hermanos, en parte con atrevimiento, [g]como para haceros recordar, por la gracia que de Dios me es dada para ser [h]ministro de Jesucristo [i]a los gentiles, ministrando el evangelio de Dios, para que los gentiles le sean [j]ofrenda agradable, santificada por el Espíritu Santo. Tengo, pues, de qué [k]gloriarme en Cristo Jesús en lo que a Dios se refiere. Porque no osaría hablar sino de lo que Cristo ha hecho por medio

---

a. **Dios de esperanza.** Dios es la fuente de esperanza eterna y salvación, así como el objeto mismo de la esperanza para cada creyente (ver Ro 5:2).

b. **por el poder del Espíritu Santo.** La esperanza del creyente viene a través de las Escrituras (cp. Ro 15:4; Ef 1:13, 14), que fueron escritas y son aplicadas a cada corazón que cree por el Espíritu Santo.

c. Como no quería poner en peligro su relación con los creyentes en Roma al parecer insensible, presuntuoso o falto de amor, Pablo se propone ahora explicar cómo podía escribir una carta tan rotunda y directa a una iglesia que no había fundado y que nunca había visitado.

d. **bondad.** Un carácter moral excelente. Los creyentes en Roma aborrecían el mal y amaban la justicia, actitudes que manifestaban con claridad en la vida de cada uno de ellos.

e. **conocimiento.** Se refiere a un conocimiento profundo e íntimo, lo cual indica que los creyentes romanos tenían la doctrina sana (Col 2:2, 3), una ilustración del hecho de que la verdad y la virtud son inseparables (cp. 1 Ti 1:19).

f. **amonestaros.** Alentar, advertir o aconsejar, un término que abarca todos los aspectos de la predicación (1 Co 14:3) y la consejería personal (ver Ro 12:1). Cada creyente es responsable de alentar y fortalecer a otros creyentes con la Palabra de Dios y cuenta con todos los recursos divinos para hacerlo (2 Ti 3:16).

g. **como para haceros recordar.** A pesar de su fortaleza espiritual, estos cristianos necesitaban que el apóstol les recordara las verdades que ya sabían, pero con mucha facilidad podían descuidar u olvidar (cp. 1 Ti 4:6; 2 Ti 2:8-14; Tit 3:1).

h. **ministro.** Era un término genérico en griego que se aplicaba a funcionarios públicos, pero en el NT se emplea con mayor frecuencia para aludir a los que sirven a Dios en alguna forma de ministerio y culto público (p. ej. Fil 2:17; He 1:7, 14; 8:1, 2, 6), lo cual incluye el oficio de un sacerdote (Lc 1:23).

i. **a los gentiles.** Aunque la práctica de Pablo siempre fue presentar el evangelio a los judíos primero en cada ciudad que visitaba (ver Hch 13:5), su llamado apostólico primordial fue a los gentiles (Ro 11:13; Hch 9:15).

j. **ofrenda.** Tras referirse a sí mismo como un ministro, lo cual alude a ciertas funciones sacerdotales, Pablo explica que su ministerio sacerdotal consiste en presentar a Dios la ofrenda de una multitud de convertidos gentiles.

k. **gloriarme.** Lit. «jactarse». Pablo nunca hizo alarde de sus logros como apóstol, sino solo en lo que Cristo había logrado por medio de él (1 Co 1:27-29, 31; 2 Co 10:13-17; 12:5, 9; Gá 6:14; 1 Ti 1:12-16).

de mí para la obediencia de los gentiles, con la palabra y con las obras, con potencia de [a]señales y prodigios, en el poder del Espíritu de Dios; de manera que desde Jerusalén, y por los alrededores [b]hasta Ilírico, todo lo he llenado del evangelio de Cristo. Y de esta manera me esforcé a predicar el evangelio, no donde Cristo ya hubiese sido nombrado, para no edificar sobre [c]fundamento ajeno, sino, como [d]está escrito:

> Aquellos a quienes nunca les fue anunciado acerca de él, verán;
> Y los que nunca han oído de él, entenderán.

Por esta causa me he visto [e]impedido muchas veces de ir a vosotros. Pero ahora, [f]no teniendo más campo en estas regiones, y deseando desde hace muchos años ir a vosotros, cuando vaya a [g]España, iré a vosotros; porque espero veros al pasar, y ser [h]encaminado allá por vosotros, una vez que haya gozado con vosotros. Mas ahora voy a Jerusalén para ministrar a los santos. Porque [i]Macedonia y Acaya tuvieron a bien hacer una [j]ofrenda para los pobres que hay entre los santos que están en Jerusalén. Pues les pareció bueno, y son deudores a ellos; porque

---

a. **señales y prodigios.** Ver Hch 2:19; 2 Co 12:12. Dios utilizó estas cosas para autenticar la predicación y la enseñanza verdaderas.

b. **hasta Ilírico.** La región que corresponde en gran medida al otrora país europeo de Yugoslavia. Desde Jerusalén hasta Ilírico había una distancia de unos 2.240 km.

c. **fundamento ajeno.** La meta de Pablo era alcanzar a quienes nunca habían escuchado el evangelio, que era la función básica de un evangelista del NT (Ef 4:11). Para los pastores y maestros, la edificación sobre ese fundamento puesto por el evangelista era la parte crucial de su ministerio (cp. 1 Co 3:6).

d. **está escrito.** Cita de Is 52:15; ver Ro 3:10. La cita del AT se refiere ante todo a la segunda venida de Cristo, pero en su aplicación más amplia se refiere al proceso de evangelismo que comenzó en el tiempo de Pablo y continúa en el transcurso de la historia eclesiástica hasta que Cristo regrese.

e. **impedido... de ir.** La forma de este verbo griego indica un problema persistente y un obstáculo ocasionado por algún factor externo. De forma providencial, Dios había impedido que Pablo fuera a Roma (cp. Hch 16:7).

f. **no teniendo más campo.** Pablo creyó que ya había cubierto en gran parte la región con el evangelio y podía avanzar a otras áreas.

g. **España.** La ciudad y la región que en el AT se identifica con Tarsis (1 R 10:22; Jon 1:3), ubicada en el extremo occidental del continente europeo. Se había convertido en un centro importante de comercio y cultura, al cual se tenía acceso por medio de una red vasta de caminos romanos. Su hijo más famoso en la antigüedad fue Séneca, el filósofo y estadista que fue tutor de Nerón y sirvió como primer ministro del imperio.

h. **encaminado allá por vosotros.** Pablo esperaba que la iglesia en Roma le suministrara un acompañante o escolta y provisiones para hacer el viaje a España.

i. **Macedonia y Acaya.** Ver Hch 16:9; 1 Ts 1:7. Pablo ministró en estas regiones durante su primer y segundo viaje misionero.

j. **ofrenda.** La palabra griega alude a la idea básica de compartir con generosidad y se traduce por lo general «compañerismo» o «comunión». El contexto indica que se trata de la participación de una contribución económica para ayudar a los pobres en Jerusalén (1 Co 16:1; 2 Co 8:2-4; Gá 2:9, 10).

si los gentiles han sido hechos participantes de [a]sus bienes espirituales, deben también ellos ministrarles de los materiales. Así que, cuando haya concluido esto, y les haya entregado [b]este fruto, pasaré entre vosotros rumbo a España. Y sé que cuando vaya a vosotros, llegaré con abundancia de la bendición del evangelio de Cristo.

Pero os ruego, hermanos, por nuestro Señor Jesucristo y por [c]el amor del Espíritu, que me ayudéis [d]orando por mí a Dios, para que sea librado de los rebeldes que están en Judea, y que la ofrenda de mi servicio a los santos en Jerusalén [e]sea acepta; para que con gozo llegue a vosotros por la voluntad de Dios, y que sea [f]recreado juntamente con vosotros. Y [g]el Dios de paz sea con todos vosotros. Amén.

---

a. **sus bienes espirituales.** Los «bienes» eran las verdades del evangelio que fueron predicadas primero a los creyentes gentiles por los apóstoles, profetas, maestros y evangelistas judíos.

b. **este fruto.** La contribución económica gratuita para la iglesia de Jerusalén. El fruto de su amor y gratitud genuinos.

c. **el amor del Espíritu.** Esta frase solo ocurre aquí en las Escrituras y se refiere al amor de Pablo por el Espíritu Santo, no al amor del Espíritu por él (cp. Sal 143:10).

d. **orando... para que sea librado.** Muchos en Judea rechazaron el evangelio y estaban preparados para atacar a Pablo tan pronto regresara. Consciente de la adversidad que lo aguardaba (Hch 20:22-24), el apóstol quería que los cristianos de Roma oraran por su liberación para que pudiera completar el ministerio que el Señor le había encomendado. Sus oraciones fueron contestadas porque tuvo éxito en Jerusalén (Hch 21:17, 19, 20) y fue librado de la muerte, aunque no del encarcelamiento (Hch 21:10, 11; 23:11).

e. **sea acepta.** Pablo quería que los creyentes judíos en Jerusalén recibieran la ofrenda financiera de los gentiles con gratitud y amor, y que la reconocieran como un gesto de amor y bondad fraternal.

f. **recreado juntamente con vosotros.** Pablo halló por fin el gozo y el descanso que había buscado (Hch 28:15).

g. **el Dios de paz.** Así como es el Dios de la esperanza, él también es la fuente de la paz verdadera (cp. Ef 2:11-14; Fil 4:7).

164. Recomendaciones y saludos

Romanos 16:1–16

[a]Os recomiendo además nuestra hermana [b]Febe, la cual es [c]diaconisa de la iglesia en [d]Cencrea; que la recibáis en el Señor, como es digno de los santos, y que la ayudéis en cualquier cosa en que necesite de vosotros; porque ella ha ayudado a muchos, y a mí mismo.

Saludad a Priscila y a Aquila, mis colaboradores en Cristo Jesús, que [e]expusieron su vida por mí; a los cuales no solo yo doy gracias, sino también todas las iglesias de los gentiles. Saludad también a la iglesia de su casa.

Saludad a [f]Epeneto, amado mío, que es el [g]primer fruto de Acaya para Cristo. Saludad a [h]María, la cual ha trabajado mucho entre vosotros. Saludad [i]a Andrónico y a Junias, mis parientes y mis [j]compañeros de prisiones, los cuales son [k]muy estimados entre los apóstoles, y que también fueron antes de mí en Cristo.

---

a. Este capítulo, que casi no tiene enseñanzas explícitas y contiene varias listas de personas casi desconocidas, es la expresión más extensa e íntima del amor y el afecto de Pablo hacia otros creyentes y colaboradores en todas sus epístolas. También suministra detalles que nos permiten conocer más sobre la vida de los cristianos del primer siglo, y una mirada a la naturaleza y el carácter de la iglesia primitiva.

b. **Febe.** Significa «brillante y radiante», por lo cual se ajusta muy bien a la descripción breve que Pablo hace de su personalidad y carácter cristiano.

c. **diaconisa.** El término también se traduce «sierva» y de él proceden palabras como «diácono» y «diaconisa» (ver 1 Ti 3:10, 11, 13). En la iglesia primitiva, las siervas cuidaban a los creyentes enfermos, a los pobres, a los extranjeros y quienes estuvieran en la prisión. En este caso, también se encargaron de instruir a las mujeres y a los hijos (cp. Tit 2:3-5). Bien sea que Febe poseyera o no un título oficial, ella tenía la gran responsabilidad de entregar esta carta a la iglesia en Roma. Estas mujeres, después de servir con fidelidad y terminar viudas y en la pobreza, quedaban bajo el cuidado de la iglesia (ver 1 Ti 5:3-16).

d. **Cencrea.** Una ciudad portuaria en la vecindad de Corinto, donde Pablo escribió Romanos. Es probable que la iglesia en Cencrea hubiera sido plantada por la iglesia en Corinto.

e. **expusieron su vida por mí.** Quizás en Corinto o en Éfeso, pero los detalles se desconocen.

f. **Epeneto.** Es posible que fuera salvo a través de la predicación de Pablo y discipulado con amor por el apóstol.

g. **primer fruto.** Ver Ro 1:13. Fue el primer convertido en Asia Menor (Turquía en la actualidad), que en los mejores manuscritos reemplaza la palabra «Acaya».

h. **María, la cual ha trabajado mucho entre vosotros.** «Trabajado mucho» connota una labor intensa y dura hasta llegar al agotamiento. El contexto indica que ella pudo haber ministrado en la iglesia de Roma desde su fundación y que otros la mencionaron a Pablo (quizá Priscila y Aquila). Nada más se conoce de ella.

i. **a Andrónico y a Junias.** Pudo ser una pareja de esposos porque «Junias» puede ser un nombre de mujer.

j. **compañeros de prisiones.** Una referencia probable a que hubieran estado en la misma celda o en celdas adyacentes durante algún tiempo.

k. **muy estimados entre los apóstoles.** Su ministerio con Pablo, y quizá con Pedro y algunos de los demás apóstoles en Jerusalén antes de la conversión de Pablo, fue bien conocido y apreciado por los apóstoles.

Saludad a [a]Amplias, amado mío en el Señor. Saludad a Urbano, nuestro colaborador en Cristo Jesús, y a [b]Estaquis, amado mío. Saludad a Apeles, aprobado en Cristo. Saludad a los de la casa de [c]Aristóbulo. Saludad a [d]Herodión, [e]mi pariente. Saludad a los de la casa de [f]Narciso, los cuales están en el Señor.

Saludad [g]a Trifena y a Trifosa, las cuales trabajan en el Señor. Saludad a la amada [h]Pérsida, la cual ha trabajado mucho en el Señor. Saludad a [i]Rufo, [j]escogido en el Señor, y a [k]su madre y mía. Saludad a Asíncrito, a Flegonte, a Hermas, a Patrobas, a Hermes y a los [l]hermanos que están con ellos. Saludad a Filólogo, a Julia, a Nereo y a su hermana, a Olimpas y a todos los santos que están con ellos.

Saludaos los unos a los otros con [m]ósculo santo. Os saludan todas las iglesias de Cristo.

---

a. **Amplias.** Un nombre común entre los esclavos de la casa del emperador en aquel tiempo. Pudo haber sido uno de los de «la casa de César» (Fil 4:22).

b. **Estaquis.** Un nombre griego común que significa «mazorca» o «espiga». Es obvia su cercanía a Pablo, pero los detalles de esa relación se desconocen.

c. **Aristóbulo.** Puesto que Pablo no le envía un saludo personal, es probable que no fuera un creyente, aunque algunos parientes y siervos de su casa lo fueran. Un erudito bíblico reconocido cree que era el hermano de Herodes Agripa I y el nieto de Herodes el Grande.

d. **Herodión.** Pariente de la familia de Herodes y en ese caso, asociado con la casa de Aristóbulo.

e. **mi pariente.** Esto indica que pudo haber sido uno de los familiares judíos de Pablo.

f. **Narciso.** Ver Ro 16:10. Algunos eruditos creen que era el secretario del emperador Claudio. En ese caso, dos familias imperiales tenían cristianos en su seno (cp. Fil 4:22).

g. **a Trifena y a Trifosa.** Tal vez fueron hermanas mellizas, sus nombres significan «delicada» y «refinada».

h. **Pérsida.** Nombrada en honor de Persia, su lugar de origen. Como su labor se menciona en tiempo verbal pasado, es probable que fuera mucho mayor que las demás mujeres mencionadas en este versículo.

i. **Rufo.** Por lo general, los eruditos bíblicos concuerdan en que era uno de los hijos de Simón de Cirene, el hombre designado para llevar la cruz de Jesús (cp. Mr 15:21), y es probable que se salvaran por medio de un contacto directo con Cristo. Marcos escribió su Evangelio en Roma quizá después de que se escribiera y circulara la carta a los creyentes romanos. Pablo no habría mencionado a Rufo si ese nombre no fuera bien conocido para la iglesia en Roma.

j. **escogido en el Señor.** Elegidos para salvación. La palabra también puede significar «predilecto», lo cual indica que era un hombre bastante conocido como un creyente extraordinario a causa de su gran amor y servicio.

k. **su madre y mía.** Rufo no era hermano natural de Pablo. Más bien, la madre de Rufo y esposa de Simón de Cirene había cuidado de Pablo en algún momento durante sus viajes ministeriales.

l. **hermanos.** «Hermanos» se refiere en este contexto a hombres y mujeres, lo cual indica que estos nombres representan a los líderes sobresalientes de dos de las asambleas en Roma.

m. **ósculo santo.** Besar a los amigos en la frente, la mejilla o la barba era común en el AT. Los judíos en la iglesia del NT preservaron esta práctica que resultó en especial significativa para los creyentes nuevos, que en muchos casos eran repudiados por sus familiares a causa de su fe, y el ósculo era una señal de fraternidad espiritual.

165. Instrucciones y bendiciones finales

Romanos 16:17–27

[a]Mas os ruego, hermanos, que os fijéis en los que causan [b]divisiones y tropiezos en contra de la doctrina que vosotros habéis aprendido, y que os apartéis de ellos. Porque tales personas no sirven a nuestro Señor Jesucristo, sino a sus propios [c]vientres, y con suaves palabras y lisonjas engañan los corazones de los ingenuos. Porque vuestra obediencia ha venido a ser notoria a todos, así que me gozo de vosotros; pero quiero que seáis sabios para el bien, e [d]ingenuos para el mal. Y [e]el Dios de paz [f]aplastará en breve a Satanás bajo vuestros pies.

La gracia de nuestro Señor Jesucristo sea con vosotros.

Os saludan Timoteo mi colaborador, y [g]Lucio, [h]Jasón y [i]Sosípater, mis parientes.

Yo [j]Tercio, que escribí la epístola, os saludo en el Señor.

---

a. **Mas...** Pablo consideró necesario insertar en sus saludos de amor esta advertencia en contra de las enseñanzas y prácticas dañinas que menoscaban la verdad del cristianismo y se constituyen en su mayor amenaza. El amor genuino siempre está dispuesto a perdonar todo mal, pero no lo condonará ni lo ignorará. Aquellos que como Pablo aman de verdad a otros creyentes que les son queridos, les advertirán acerca de todo pecado y peligro espiritual (cp. 1 Co 13:6).

b. **divisiones y tropiezos.** Falsedad doctrinal y prácticas erróneas (cp. Mt 24:24; Hch 20:27–32; Gá 1:6-8; Ef 4:14).

c. **vientres.** Motivados por el egoísmo y la gratificación propia como se hace evidente en su manera de vivir pretenciosa, extravagante e inmoral (cp. Fil 3:18, 19; 2 Ti 3:7, 8; 2 P 1:20-2:3, 10-19; Jud 12, 13).

d. **ingenuos.** La persona desprevenida o ingenua (cp. 2 Co 11:13-15).

e. **el Dios de paz.** Ver Ro 15:33; He 13:20.

f. **aplastará... a Satanás.** Ver Gn 3:15.

g. **Lucio.** Pudo ser: 1) nativo de Cirene, uno de los profetas y maestros en Antioquía que participaron en la comisión apostólica de Pablo y Bernabé (Hch 13:1-3) ó 2) otro nombre para Lucas el autor del Evangelio que lleva su nombre y el libro de Hechos.

h. **Jasón.** Uno de los primeros convertidos en Tesalónica, quien como es evidente, permitió que Pablo se quedara en su casa durante un tiempo breve antes de que Pablo y Silas fueran enviados a Berea (ver Hch 17:5-10).

i. **Sosípater.** Forma prolongada de «Sópater» (Hch 20:4-6), oriundo de Berea (cp. Hch 17:10-12) quien se sumó a los demás creyentes que se encontraron con Pablo en Troas tras su salida definitiva de Éfeso.

j. **Tercio.** El secretario de Pablo, quien escribió esta carta a medida que Pablo se la dictó, insertó en este punto un saludo personal.

Os saluda [a]Gayo, hospedador mío y de [b]toda la iglesia. Os saluda [c]Erasto, [d]tesorero de la ciudad, y el hermano [e]Cuarto. La gracia de nuestro Señor Jesucristo sea con todos vosotros. Amén.

[f]Y al que puede confirmaros según [g]mi evangelio y [h]la predicación de Jesucristo, según la revelación [i]del misterio que se ha mantenido oculto desde tiempos eternos, pero que ha sido manifestado ahora, y que por las Escrituras [j]de los profetas, según el mandamiento del Dios eterno, se ha dado a conocer a todas las gentes para que obedezcan a la fe, al único y sabio [k]Dios, sea gloria mediante Jesucristo para siempre. Amén.

166. Ministerio en Troas

Hechos 20:3b–12

Después de haber estado allí tres meses, y siéndole [l]puestas asechanzas por los judíos para cuando se embarcase para Siria, tomó la decisión de volver

a. **Gayo.** Uno de los conversos de Pablo en Corinto (cp. 1 Co 1:14). Su nombre completo era «Gayo Tito Justo» (Hch 18:7).

b. **toda la iglesia.** La congregación que se reunía en la casa de Gayo.

c. **Erasto.** Un nombre común en tiempos del NT, pero tal vez no fuera el mismo hombre mencionado en Hch 19:22 o 2 Ti 4:20.

d. **tesorero.** En Corinto. Este era un puesto prominente y cargado de injerencia política.

e. **Cuarto.** Pudo ser un hermano físico de Erasto, pero lo más probable es que fuera el último hermano en Cristo que se enumera aquí.

f. **Y al que...** La carta concluye con una bella doxología que alaba a Dios por su obra a través de Jesús y resume los temas principales en Romanos (ver Ro 11:33-36; cp. Mt 6:13; Lc 19:37, 38; Ef 3:20, 21; He 13:20, 21; Ap 5:9, 10).

g. **mi evangelio.** Ver Ro 1:1; 2:16; cp. Gá 1:11; 2:2.

h. **la predicación de Jesucristo.** Sinónimo del evangelio, este fue el compromiso supremo en la vida de Pablo (ver Ro 10:14, 15, 17; cp. 1 Co 1:23, 24; 2 Co 4:5, 6).

i. **del misterio.** Ver Ro 11:25. En el NT, esta palabra no tiene su connotación moderna, sino que se refiere a algo que permaneció oculto en el pasado y ahora se ha dado a conocer (1 Co 4:1; Ef 5:32; 6:19; Col 1:25, 26; 2 Ts 2:7, 8; 1 Ti 3:9, 16). El misterio más común del NT es que Dios haría provisión para la salvación de los gentiles tanto como para los judíos (Ef 3:3-9).

j. **por las Escrituras de los profetas... se ha dado a conocer.** Dios había dicho a Israel que no solo la llamaría a justicia y rectitud, sino que la pondría como luz a todas las naciones, y esa luz es el evangelio (ver Is 42:6; 49:6; 1 P 1:10, 11; cp. Gn 12:3; Éx 19:6; Is 49:22; 53:11; 60:3-5; Jer 31:31, 33).

k. **al único y sabio Dios, sea gloria.** Fue a través del Padre que el evangelio llegó a revelarse por completo, por eso él merece todo el mérito, la alabanza y la adoración.

l. **puestas asechanzas por los judíos.** Ver Hch 9:20, 23; 13:45; 14:2, 19; 17:5-9, 13; 18:6, 12, 13; 19:9; 21:27-36; 23:12-15. Resulta trágico que casi toda la oposición al ministerio de Pablo viniera de sus paisanos (cp. 2 Co 11:26). La comunidad judía de Corinto aborrecía a Pablo por causa del revés vergonzoso que tuvieron ante Galión (Hch 18:12-17), y las conversiones inusitadas de dos de sus líderes más preeminentes, Crispo (18:8) y Sóstenes (18:17; 1 Co 1:1). Lucas no registra los detalles de estas asechanzas de los judíos, pero incluían sin duda alguna la muerte de Pablo durante su viaje a Palestina. El apóstol habría sido blanco fácil en una embarcación pequeña y atiborrada de peregrinos judíos. Debido a ese peligro,

por Macedonia. Y le acompañaron hasta Asia, [a]Sópater de Berea, Aristarco y Segundo de Tesalónica, Gayo de Derbe, y Timoteo; y de Asia, Tíquico y Trófimo. Estos, habiéndose adelantado, [b]nos esperaron en Troas. Y nosotros, pasados [c]los días de los panes sin levadura, navegamos [d]de Filipos, y en cinco días nos reunimos con ellos en Troas, donde nos quedamos siete días.

[e]El primer día de la semana, reunidos los discípulos [f]para partir el pan, Pablo les enseñaba, habiendo de salir al día siguiente; y alargó el discurso hasta la medianoche. Y había muchas [g]lámparas en [h]el aposento alto donde estaban reunidos; y [i]un joven llamado Eutico, que estaba sentado en la ventana, rendido de un sueño profundo, por cuanto Pablo disertaba largamente, vencido del sueño cayó del tercer piso abajo, y fue levantado muerto. Entonces descendió Pablo y se echó sobre él, y abrazándole, dijo: No os alarméis, pues [j]está vivo.

Pablo canceló sus planes para navegar de Grecia a Siria. En lugar de esto, decidió ir hacia el norte y adentrarse en Macedonia, cruzar el mar Egeo para pasar a Asia Menor, y tomar allí otra embarcación allí. Esta tardanza le costó a Pablo su oportunidad para llegar a tiempo a Palestina para la Pascua, pero el apóstol se apresuró para no perderse también el Pentecostés.

a. **Sópater de Berea... y de Asia... Trófimo.** Los compañeros de viaje de Pablo venían de las diferentes provincias en las que habían ministrado. Estos hombres pudieron ser los representantes oficiales de sus iglesias, elegidos para acompañar a Pablo en su viaje para recolectar la ofrenda a Jerusalén (ver Hch 19:21; cp. 1 Co 16:3, 4).

b. **nos.** El pronombre plural en primera persona revela que Lucas volvió a encontrarse con Pablo en Filipos. Como gentil, pudo quedarse a ministrar en el lugar después que Pablo y Silas fueron forzados a salir (Hch 16:20, 39, 40). Este versículo comienza el segundo de los tres pasajes de «nosotros» en los que Lucas acompañó a Pablo en sus viajes.

c. **los días de los panes sin levadura.** Es decir, la Pascua (Éx 12:17).

d. **de Filipos.** Pablo, acompañado por Lucas y quizá también por Tito, cruzó el mar Egeo desde Filipos hacia Troas. Por motivo de los vientos ese cruce duró cinco días, comparado con los dos días que duró el cruce anterior de Pablo entre Troas y Neápolis (el puerto de Filipos, Hch 16:11). En Troas se reunieron con el resto del equipo misionero.

e. **El primer día de la semana.** El domingo, día en el que la iglesia se congregaba para rendir culto a Dios porque era el día de la resurrección de Cristo. Cp. Mt 28:1; Mr 16:2, 9; Lc 24:1; Jn 20:1, 19; 1 Co 16:2. Los escritos de los padres de la iglesia primitiva confirman que al terminar el período del NT la iglesia continuó la costumbre de reunirse cada domingo. Las Escrituras no requieren a los cristianos observar el día de reposo sabatino: 1) el día de reposo fue la señal del pacto mosaico (Éx 31:16, 17; Neh 9:14; Ez 20:12), mientras que los cristianos están bajo el nuevo pacto (2 Co 3; He 8), 2) no existe mandato en el NT para guardar el día de reposo; 3) el primer mandato acerca de guardar el día de reposo no vino hasta el tiempo de Moisés (Éx 20:8), 4) el concilio de Jerusalén (Hch 15) no ordenó a los creyentes gentiles que guardaran el día de reposo; 5) Pablo nunca hizo advertencias a los cristianos acerca de las transgresiones al día de reposo, y 6) el NT enseña de manera explícita que guardar el día de reposo no era un requisito (ver Ro 14:5; Gá 4:10, 11; Col 2:16, 17).

f. **para partir el pan.** La comida común que se asociaba con el servicio de comunión (1 Co 11:20-22).

g. **lámparas.** Las emisiones de estas lámparas en las que se quemaba aceite pudieron contribuir a que Eutico se adormeciera.

h. **el aposento alto.** Ver Hch 1:13. La iglesia primitiva se reunía en casas (Ro 16:5; 1 Co 16:19; Col 4:15; Flm 2), las primeras edificaciones eclesiásticas datan del siglo tercero.

i. **un joven.** La palabra griega sugiere que tenía entre siete y catorce años de edad. Su pubertad, las emisiones de las lámparas y lo avanzado de la noche fueron factores que redujeron su resistencia física. Se adormeció y al caer desde una altura considerable murió.

j. **está vivo.** Esto no significa que no hubiera muerto, sino que su vida le había sido restaurada. Como médico, Lucas sabía muy bien si una persona había muerto, como lo declara sin equívocos (Hch 20:9) acerca de Eutico.

Después de haber subido, y partido el pan y comido, habló largamente hasta el alba; y así salió. Y llevaron al joven vivo, y fueron grandemente consolados.

167. Reunión en Mileto con los ancianos efesios

Hechos 20:13–38

Nosotros, adelantándonos a embarcarnos, navegamos a [a]Asón para recoger allí a Pablo, ya que así lo había determinado, queriendo él ir [b]por tierra. Cuando se reunió con nosotros en Asón, tomándole a bordo, vinimos a [c]Mitilene. Navegando de allí, al día siguiente llegamos delante de [d]Quío, y al otro día tomamos puerto en [e]Samos; y habiendo hecho escala en [f]Trogilio, al día siguiente llegamos a [g]Mileto. Porque Pablo [h]se había propuesto pasar de largo a Éfeso, para no detenerse en Asia, pues se apresuraba por estar el día de Pentecostés, si le fuese posible, en Jerusalén.

Enviando, pues, desde Mileto a Éfeso, hizo llamar a los ancianos de la iglesia. Cuando vinieron a él, les dijo: Vosotros sabéis cómo me he comportado entre vosotros todo el tiempo, desde el primer día que entré en Asia, sirviendo al Señor con toda humildad, y [i]con muchas lágrimas, y pruebas que me han venido por las [j]asechanzas de los judíos; y cómo nada que fuese útil he rehuido

---

a. **Asón.** Unos 32 km al sur de Troas, al otro lado del cuello de una península pequeña.

b. **por tierra.** Debido a que la embarcación debía navegar alrededor de la península, Pablo pudo haber llegado a pie poco después, y se puede suponer que Pablo prefirió caminar hasta Asón para continuar su enseñanza a los creyentes de Troas que lo acompañaron.

c. **Mitilene.** Ciudad principal de la isla de Lesbos al sur de Asón.

d. **Quío.** Una isla cercana a la costa de Asia Menor y al sur de Lesbos. Quío fue el lugar de nacimiento del poeta griego Homero.

e. **Samos.** Una isla costera muy cerca de Éfeso. El famoso matemático Pitágoras nació en Samos.

f. **Trogilio.** Un saliente en el mar Egeo entre Samos y Mileto. No se sabe si el barco se detuvo allí porque muchos manuscritos griegos omiten cualquier mención a Trogilio.

g. **Mileto.** Una ciudad en Asia Menor, unos 48 km al sur de Éfeso.

h. **se había propuesto pasar de largo a Éfeso.** Pablo todavía trataba de llegar a Jerusalén antes de Pentecostés (cincuenta días después de la Pascua), por esa razón decidió que los ancianos de la iglesia en Éfeso (es decir, pastores, obispos) se encontraran con él en Mileto.

i. **con muchas lágrimas.** Pablo lloraba a causa de: 1) los que no conocían a Cristo (cp. Ro 9:2, 3), 2) los creyentes inmaduros que luchaban en la carne (2 Co 2:4) y 3) la amenaza de los falsos maestros (Hch 20:29, 30).

j. **asechanzas de los judíos.** Ver 2 Co 11:24, 26. Resulta irónico que el complot de los judíos en Corinto permitió a los ancianos de Éfeso tener esta oportunidad de pasar tiempo con Pablo.

de anunciaros y enseñaros, [a]públicamente y por las casas, testificando a judíos y a gentiles acerca del arrepentimiento para con Dios, y de la fe en nuestro Señor Jesucristo. Ahora, he aquí, [b]ligado yo en espíritu, voy a Jerusalén, sin saber lo que allá me ha de acontecer; salvo que [c]el Espíritu Santo por todas las ciudades me da testimonio, diciendo que me esperan prisiones y tribulaciones. Pero de ninguna cosa hago caso, ni estimo preciosa mi vida para mí mismo, con tal que acabe mi carrera con gozo, y el ministerio que recibí del Señor Jesús, para dar testimonio del [d]evangelio de la gracia de Dios.

Y ahora, he aquí, yo sé que [e]ninguno de todos vosotros, entre quienes he pasado predicando el reino de Dios, verá más mi rostro. Por tanto, yo os protesto en el día de hoy, que estoy limpio de la sangre de todos; porque no he rehuido anunciaros [f]todo el consejo de Dios. Por tanto, [g]mirad por vosotros, y por todo el rebaño en que el Espíritu Santo os ha puesto por [h]obispos, para apacentar la iglesia del Señor, la cual él ganó [i]por su propia sangre. Porque yo

---

a. **públicamente y por las casas.** Pablo enseñaba en la sinagoga (Hch 19:8; ver 6:9) y en la escuela de Tiranno (Hch 19:10). El apóstol reforzaba esa enseñanza pública con instrucción práctica a individuos y a familias.

b. **ligado yo en espíritu.** El profundo sentido de deber al Maestro que lo había redimido y llamado al servicio impulsó a Pablo siempre adelante a pesar de la amenaza de peligro y penuria (Hch 20:23).

c. **el Espíritu Santo... me da testimonio.** Pablo sabía que enfrentaba persecución en Jerusalén (cp. Ro 15:31), aunque no conocería detalles hasta escuchar la profecía de Agabo (Hch 21:10, 11).

d. **evangelio de la gracia de Dios.** Una descripción apta porque la salvación solo es por la gracia de Dios (Ef 2:8, 9; Tit 2:11).

e. **ninguno de todos vosotros... verá más mi rostro.** Pablo era consciente de que enfrentaría oposición severa en Jerusalén, por eso no anticipaba un regreso a Asia Menor. Aunque pudo haber regresado tras ser puesto en libertad de su primer encarcelamiento romano, en ese momento no habría podido siquiera considerar la posibilidad.

f. **todo el consejo de Dios.** Todo el plan y el propósito de Dios para la salvación del hombre y su plenitud: las verdades divinas de creación, elección, redención, justificación, adopción, conversión, santificación, vida en santidad y glorificación. Pablo condenó de forma enérgica a los que adulteran la verdad de las Escrituras (2 Co 2:17; 2 Ti 4:3, 4; cp. Ap 22:18, 19).

g. **mirad por vosotros.** Pablo repitió este llamado a Timoteo para examinarse a sí mismo, ya que su joven hijo en la fe sirvió como pastor de la congregación de los efesios (1 Ti 4:16; 2 Ti 2:20, 21). Una advertencia oportuna que más adelante cobró relevancia en Éfeso (1 Ti 1:3-7, 19, 20; 6:20, 21; Ap 2:2). Los falsos maestros ya plagaban las iglesias en Galacia (Gá 1:6) y Corinto (2 Co 11:4).

h. **obispos.** Este título equivale al de ancianos y pastores (ver 1 Ti 3:1). La palabra hace hincapié en la responsabilidad de los líderes de supervisar, vigilar y proteger a sus congregaciones, un uso apropiado del término en el contexto de una advertencia en contra de los falsos maestros. El gobierno de la iglesia que reduce a un mínimo la autoridad bíblica de los ancianos para favorecer un proceso cultural democrático es ajeno al NT (cp. 1 Ts 5:12, 13; He 13:17).

i. **por su propia sangre.** Ver 1 P 1:18. Otras traducciones dicen «la iglesia de Dios, la cual él ganó por su propia sangre». Pablo creía con tal vigor en la unidad de Dios el Padre y el Señor Jesucristo que podía hablar de la muerte de Cristo como el derramamiento de la sangre de Dios, quien no tiene un cuerpo (Jn 4:24; cp. Lc 24:39), por ende, carece de sangre.

sé que después de mi partida entrarán en medio de vosotros [a]lobos rapaces, que no perdonarán al rebaño. Y [b]de vosotros mismos se levantarán hombres que hablen [c]cosas perversas para arrastrar tras sí a los discípulos. Por tanto, velad, acordándoos que por [d]tres años, de noche y de día, no he cesado de amonestar con lágrimas a cada uno.

Y ahora, hermanos, os encomiendo a Dios, y a [e]la palabra de su gracia, que tiene poder para [f]sobreedificaros y daros herencia con todos los santificados. [g]Ni plata ni oro ni vestido de nadie he codiciado. Antes vosotros sabéis que [h]para lo que me ha sido necesario a mí y a los que están conmigo, estas manos me han servido. En todo os he enseñado que, trabajando así, se debe ayudar a los necesitados, y recordar [i]las palabras del Señor Jesús, que dijo: Más bienaventurado es dar que recibir.

Cuando hubo dicho estas cosas, se puso de rodillas, y oró con todos ellos. Entonces hubo gran llanto de todos; y [j]echándose al cuello de Pablo, le besaban, doliéndose en gran manera por la palabra que dijo, de que no verían más su rostro. Y le acompañaron al barco.

---

a. **lobos rapaces.** Expresión original de Jesús (Mt 7:15; 10:16). Esta metáfora recalca el peligro extremo que representan los falsos maestros para la iglesia.

b. **de vosotros mismos.** Todavía más letales que los ataques provenientes de afuera de la iglesia son las deserciones de los que están dentro de la iglesia, en especial los líderes (1 Ti 1:20; 2 Ti 1:15; 2:17; cp. Jud 3, 4, 10-13).

c. **cosas perversas.** La palabra griega significa «torcidas» o «distorsionadas». Los falsos maestros tuercen la Palabra de Dios para servir a sus propios fines malignos (Hch 13:10; 2 P 3:16).

d. **tres años.** La longitud total del ministerio de Pablo en Éfeso, incluidos los dos años que enseñó en la escuela de Tiranno (Hch 19:10).

e. **la palabra de su gracia.** Las Escrituras, el registro de la gracia con la que Dios ha tratado a la humanidad.

f. **sobreedificaros.** La Biblia es la fuente del crecimiento espiritual (1 Ts 2:13; 2 Ti 3:16, 17; 1 P 2:2) para todos los cristianos y como la iglesia es «columna y baluarte de la verdad» (1 Ti 3:15), sus líderes deben estar familiarizados con esa verdad.

g. **codiciado.** El amor al dinero es una característica distintiva de los falsos maestros (cp. Is 56:11; Jer 6:13; 8:10; Mi 3:11; Tit 1:11; 2 P 2:3), pero nunca caracterizó el ministerio de Pablo. Ver 1 Ti 6:3, 5.

h. **para lo que me ha sido necesario... estas manos me han servido.** Pablo tenía derecho a ganarse la vida con el evangelio (1 Co 9:3-14) y en algunas ocasiones aceptó ayudas (2 Co 11:8, 9; Fil 4:10-19), pero casi siempre trabajó para sostenerse a sí mismo, de tal modo que pudiera presentar «gratuitamente el evangelio de Cristo» (1 Co 9:18).

i. **las palabras del Señor Jesús.** Esta es la única cita directa del ministerio terrenal de Jesús que no se encuentra en los Evangelios. Se sabe que la Biblia no registra todas las palabras y los hechos de Jesús (Jn 21:25).

j. **echándose al cuello de Pablo.** Una manera común en la Biblia para expresar emoción y afecto extremos (cp. Gn 33:4; 45:14; 46:29).

168. Viaje a Jerusalén

Hechos 21:1–14

Después de [a]separarnos de ellos, zarpamos y fuimos con [b]rumbo directo a Cos, y al día siguiente a [c]Rodas, y de allí a [d]Pátara. Y [e]hallando un barco que pasaba a Fenicia, nos embarcamos, y zarpamos. Al avistar Chipre, dejándola a mano izquierda, navegamos a Siria, y arribamos a [f]Tiro, porque el barco había de descargar allí. Y hallados los [g]discípulos, nos quedamos allí siete días; y ellos [h]decían a Pablo por el Espíritu, que no subiese a Jerusalén. Cumplidos aquellos días, salimos, acompañándonos todos, con sus mujeres e hijos, hasta fuera de la ciudad; y puestos de rodillas en la playa, oramos. Y abrazándonos los unos a los otros, subimos al barco y ellos se volvieron a sus casas.

Y nosotros completamos la navegación, saliendo de Tiro y arribando a [i]Tolemaida; y habiendo saludado a los hermanos, nos quedamos con ellos un día. Al otro día, saliendo [j]Pablo y los que con él estábamos, fuimos a Cesarea; y entrando en casa de [k]Felipe el evangelista, que era uno de los siete, posamos

---

a. **separarnos.** Lit. significa «arrancarse uno del otro» y reitera cuán difícil fue para Pablo despedirse de los ancianos efesios (Hch 20:37, 38).

b. **rumbo directo a Cos.** La ciudad principal en la isla de Cos.

c. **Rodas.** Una isla al sureste de Cos y también el nombre de su ciudad capital. Su estuario era el sitio en el que se erigió la gran estatua conocida como el Coloso de Rodas, una de las siete maravillas del mundo antiguo.

d. **Pátara.** Una activa ciudad portuaria en el extremo sur de Asia Menor, de tal modo que Pablo y sus acompañantes ya habían circunvalado la esquina suroeste de Asia Menor. Cada uno de los puertos en los que se detuvieron representaba un día de navegación, y la embarcación permanecía inmovilizada durante la noche.

e. **hallando un barco... Fenicia.** Al darse cuenta de que no podría llegar a Jerusalén a tiempo para el Pentecostés, Pablo decidió correr el riesgo de atravesar el Mediterráneo y llegar a Tiro por la ruta más directa (Hch 21:3). Habría tenido que embarcarse en una nave mucho más grande que los veleros costeros que habían utilizado hasta el momento. El barco que después llevó a Pablo en la travesía funesta hacia Roma tenía doscientos setenta y seis pasajeros (Hch 27:37), y el que usó en esta oportunidad sería de un tamaño similar.

f. **Tiro.** Ver Hch 12:20; cp. Jos 19:29; Mt 11:21. La navegación normal a través del Mediterráneo desde Pátara a Tiro duraba cinco días.

g. **discípulos.** La iglesia en Tiro había sido fundada por algunos de los que huyeron de Jerusalén tras el martirio de Esteban (Hch 11:19), una persecución que Pablo mismo había encabezado.

h. **decían a Pablo... que no subiese.** No se trataba de un mandato del Espíritu que prohibía a Pablo ir a Jerusalén. Más bien, el Espíritu había revelado a los creyentes en Tiro que Pablo sufriría en Jerusalén. Es comprensible que trataran (como sus amigos lo hicieron poco después) de disuadirlo para no ir. La misión de Pablo a Jerusalén le había sido dada por el Señor Jesús (Hch 20:24), y el Espíritu nunca le habría ordenado abandonarla.

i. **Tolemaida.** Aco en el AT (Jue 1:31), ubicada 40 km al sur de Tiro.

j. **Pablo y los que con él estábamos.** Esta frase se omite en los mejores manuscritos griegos. Como resulta claro en Hch 21:11, Pablo acompañó a sus amigos a Cesarea.

k. **Felipe el evangelista.** Ver Hch 6:5. En las Escrituras ningún otro es llamado evangelista, aunque Pablo mandó a Timoteo que hiciera obra de evangelista (2 Ti 4:5). Enemigos en

con él. Este tenía cuatro [a]hijas doncellas que [b]profetizaban. Y permaneciendo nosotros allí algunos días, [c]descendió de Judea un [d]profeta llamado Agabo, quien viniendo a vernos, tomó el [e]cinto de Pablo, y atándose los pies y las manos, dijo: Esto dice el Espíritu Santo: Así atarán los judíos en Jerusalén al varón de quien es este cinto, y le entregarán [f]en manos de los gentiles.

Al oír esto, le rogamos [g]nosotros y los de aquel lugar, que no subiese a Jerusalén. Entonces Pablo respondió: ¿Qué hacéis llorando y quebrantándome el corazón? Porque yo estoy dispuesto no solo a ser atado, mas aun a morir en Jerusalén [h]por el nombre del Señor Jesús.

Y como no le pudimos persuadir, desistimos, diciendo: Hágase la [i]voluntad del Señor.

---

el pasado, Felipe y Pablo eran ahora colegas en la predicación del evangelio de la gracia de Dios.

a. **hijas doncellas.** El hecho de que fueran vírgenes puede indicar que habían sido llamadas por Dios a un ministerio especial (cp. 1 Co 7:34). La iglesia primitiva consideró a estas mujeres como fuentes importantes de información en los primeros años de la iglesia.

b. **profetizaban.** Lucas no revela la naturaleza de su profecía. Es posible que tuvieran un ministerio profético permanente o que hayan profetizado solo en esa ocasión. Puesto que las mujeres no deben ocuparse en la predicación o la enseñanza dentro de la iglesia (1 Co 14:34-36; 1 Ti 2:11, 12), es probable que ministraran a individuos. Para una explicación de los profetas del NT, ver Hch 11:27; 1 Co 12:28; Ef 4:11.

c. **descendió de Judea.** Aunque se ubicaba en Judea, los judíos consideraban que Cesarea, la sede del gobierno romano, era una ciudad extranjera (ver Hch 18:22).

d. **profeta llamado Agabo.** Ver Hch 11:28.

e. **cinto.** Los profetas del AT representaban con frecuencia el contenido de sus profecías (cp. 1 R 11:29-39; Is 20:2–6; Jer 13:1-11; Ez 4, 5). La acción de Agabo pronosticó el arresto y encarcelamiento de Pablo por parte de los romanos.

f. **en manos de los gentiles.** Aunque los judíos le hicieron acusaciones falsas (Hch 21:27, 28), Pablo fue arrestado y hecho prisionero por los romanos (vv. 31-33).

g. **nosotros y los de aquel lugar.** Tanto los amigos de Pablo (Lucas y los otros que viajaban con él) como los cristianos en Cesarea.

h. **por el nombre.** El bautismo (ver Hch 2:38; cp. 8:16; b10:48; 19:5), la sanidad (Hch 3:6, 16; 4:10), señales y prodigios (Hch 4:30), así como la predicación (Hch 4:18; 5:40; 8:12), eran cosas que se hacían en el nombre del Señor Jesús. Su nombre representa todo lo que él es.

i. **Hágase la voluntad del Señor.** Una expresión de confianza en que Dios hará lo mejor (cp. 1 S 3:18; Mt 6:10; Lc 22:42; Stg 4:13-15).

PARTE V

ARRESTO Y PRISIÓN

ca. 57–62 A.D.

169. La llegada a Jerusalén

Hechos 21:15–26

Después de esos días, hechos ya los preparativos, [a]subimos a Jerusalén. Y vinieron también con nosotros de Cesarea algunos de los discípulos, trayendo consigo a uno llamado [b]Mnasón, de Chipre, [c]discípulo antiguo, con quien nos hospedaríamos.

Cuando [d]llegamos a Jerusalén, [e]los hermanos nos recibieron con gozo. Y al día siguiente Pablo entró con nosotros a ver a [f]Jacobo, y se hallaban reunidos [g]todos los ancianos; a los cuales, después de haberles saludado, [h]les contó una por una las cosas que Dios había hecho entre los gentiles por su ministerio. Cuando ellos lo oyeron, glorificaron a Dios, y le dijeron: Ya ves, hermano, cuántos millares de judíos hay que han creído; y todos son [i]celosos por la ley. Pero se les ha informado en cuanto a ti, que enseñas a todos los judíos que

---

a. **subimos a Jerusalén.** Jerusalén se encontraba sobre un altiplano al sureste de Cesarea, por eso se decía que los viajeros subían a ella (cp. Hch 11:2; 15:2; 18:22; Mr 10:32; Lc 2:22; Jn 2:13; Gá 1:17, 18).

b. **Mnasón.** Su nombre griego puede indicar que era un judío helénico. En ese caso, Pablo y sus acompañantes gentiles habrían decidido quedarse con él por su familiaridad con la cultura griega. Además, él habría tenido menos inconvenientes en hospedar a visitantes gentiles que los judíos de Palestina.

c. **discípulo antiguo.** Tal vez fuera uno de los que se salvó en el día de Pentecostés. En tal caso, Mnasón pudo haber sido otra fuente de información histórica para Lucas.

d. **llegamos a Jerusalén.** Podemos suponer que a tiempo para celebrar el Pentecostés, como lo había planificado el apóstol (Hch 20:16).

e. **los hermanos nos recibieron con gozo.** Debido en gran parte a la ofrenda que trajeron y que tanto se necesitaba. Además, los creyentes de Jerusalén se regocijaron porque los creyentes gentiles y Pablo dieron evidencias visibles de la obra de salvación de Dios en el mundo romano. Esta recepción inicial y no oficial pudo haber tenido lugar en la casa de Mnasón.

f. **Jacobo.** El hermano de Jesús y dirigente de la iglesia en Jerusalén (ver Hch 12:17), no Jacobo el hermano de Juan que había sido ejecutado por Herodes (Hch 12:2).

g. **todos los ancianos.** La mención de ancianos indica que los apóstoles, quienes por lo general se ocupaban en la obra evangelizadora en otros lugares, habían delegado a ellos la dirección de la iglesia de Jerusalén. Algunos han especulado que había setenta ancianos, a manera de paralelo con el sanedrín. En vista del gran número de creyentes en la iglesia de Jerusalén, es muy probable que por lo menos hubiera esa cantidad de ancianos. Dios había decretado que, tras la muerte de los apóstoles, la iglesia debía ser gobernada por ancianos (cp. Hch 14:23; 20:17; 1 Ti 5:17; Tit 1:5; Stg 5:14; 1 P 5:1, 5).

h. **les contó una por una las cosas.** El informe oficial de Pablo sobre su obra misionera no consistió en generalidades irrelevantes. El apóstol relató incidentes específicos de sus viajes (cp. Hch 11:4). Como siempre (cp. Hch 14:27; 15:4, 12), Pablo dio todo el crédito y la gloria por sus logros a Dios.

i. **celosos por la ley.** Algunos creyentes judíos continuaban su observación de los aspectos ceremoniales de la ley mosaica, pero a diferencia de los judaizantes (ver Hch 15:1), ellos no veían la ley como un medio de salvación.

están entre los gentiles a [a]apostatar de Moisés, diciéndoles que no circunciden a sus hijos, ni observen las costumbres. ¿Qué hay, pues? La multitud se reunirá de cierto, porque oirán que has venido. Haz, pues, esto que te decimos: Hay entre nosotros cuatro hombres que tienen [b]obligación de cumplir voto. Tómalos contigo, [c]purifícate con ellos, y [d]paga sus gastos para [e]que se rasuren la cabeza; y todos comprenderán que no hay nada de lo que se les informó acerca de ti, sino que tú también andas ordenadamente, guardando la ley. Pero en cuanto a los gentiles que han creído, nosotros les hemos escrito determinando que no guarden [f]nada de esto; solamente que se abstengan de lo sacrificado a los ídolos, de sangre, de ahogado y de fornicación.

Entonces Pablo tomó consigo a aquellos hombres, y al día siguiente, habiéndose purificado con ellos, entró en el templo, para anunciar el cumplimiento de los días de la purificación, cuando había de presentarse la ofrenda por cada uno de ellos.

---

a. **apostatar de Moisés.** Los judaizantes diseminaban informes falsos de que Pablo enseñaba a los creyentes judíos que abandonaran su herencia cultural. Es evidente que Pablo mismo no abandonó sus costumbres judías, como en el caso de su circuncisión de Timoteo (Hch 16:1-3) y su propia aplicación al voto nazareo (Hch 18:18).

b. **obligación de cumplir voto.** Un voto nazareo que simbolizaba devoción total a Dios (ver Hch 18:18; Nm 6:1-21).

c. **purifícate.** Como acababa de regresar después de una estadía prolongada en tierras gentiles, los judíos consideraban que Pablo se había contaminado y necesitaba someterse a una purificación ritual antes de participar (como patrocinador de ellos) en la ceremonia que marcaba el fin de los votos de esos cuatro hombres.

d. **paga sus gastos.** Para realizar la ceremonia del templo en la que los cuatro se rasuraban la cabeza y para adquirir los sacrificios relacionados con el voto nazareo. El pago de esos gastos por otra persona se consideraba un acto de piedad, y al hacerlo, Pablo demostraba una vez más que no había traicionado la tradición judía.

e. **que se rasuren la cabeza.** Una práctica común asociada con el voto nazareo (Nm 6:18).

f. **nada de esto.** Jacobo dejó muy en claro que lo solicitado a Pablo no alteraba en absoluto la decisión del concilio de Jerusalén con respecto a los gentiles. Como Pablo era judío, esa decisión no se aplicaba a él.

170. El arresto en el templo

Hechos 21:27–39

Pero cuando estaban para cumplirse los [a]siete días, unos [b]judíos de Asia, al verle en el templo, alborotaron a toda la multitud y le echaron mano, dando voces: ¡Varones israelitas, ayudad! Este es el hombre que por todas partes enseña a todos contra [c]el pueblo, la ley y este lugar; y además de esto, [d]ha metido a griegos en el templo, y ha profanado este santo lugar. Porque antes habían visto con él en la ciudad a Trófimo, de Éfeso, a quien pensaban que Pablo había metido en el templo. Así que toda la ciudad se conmovió, y se agolpó el pueblo; y apoderándose de Pablo, le arrastraron fuera del templo, e inmediatamente [e]cerraron las puertas. Y procurando ellos matarle, se le avisó al [f]tribuno de [g]la compañía, que toda la ciudad de Jerusalén estaba alborotada. Este, tomando luego [h]soldados y centuriones, corrió a ellos. Y cuando ellos vieron al tribuno y a los soldados, dejaron de golpear a Pablo. Entonces,

---

a. **siete días.** La duración del proceso de purificación (ver Hch 21:24). Pablo tenía que aparecer en el templo los días tercero y séptimo. El incidente que se describe tuvo lugar en el día séptimo, cuando el proceso ya casi estaba terminado.

b. **judíos de Asia.** Quizá provenientes de Éfeso, puesto que reconocieron a Trófimo como un gentil (Hch 21:9). Estaban en Jerusalén para celebrar la fiesta de Pentecostés.

c. **el pueblo, la ley y este lugar.** Los enemigos de Pablo presentaron tres cargos en su contra. Afirmaron que enseñaba a los judíos que abandonaran sus costumbres, la misma mentira inventada por los judaizantes (ver Hch 21:21). La segunda acusación, que Pablo se oponía a la ley, también era falsa, pero bastante peligrosa en el contexto. En un principio, el Pentecostés era una celebración de las primicias de la cosecha, pero en el tiempo de Pablo se había convertido en una celebración de la manera como Moisés recibió la ley en el monte Sinaí. Por esa razón, el pueblo judío tenía un celo especial por la ley durante esta fiesta. La tercera acusación acerca de blasfemar o contaminar el templo, fue la misma que precipitó la muerte de Jesús (Mr 14:57, 58) y la de Esteban (Hch 6:13). Por supuesto, todos los cargos eran falsos.

d. **ha metido a griegos en el templo.** Los judíos de Asia acusaron a Pablo de pasar a Trófimo del atrio de los gentiles a la parte del templo que estaba prohibida para los gentiles. Esa acusación era absurda porque suponía que Pablo pusiera en peligro la vida de su amigo (los romanos habían otorgado permiso a los judíos para ejecutar a cualquier gentil que se atreviera a profanar con su presencia esa área del templo).

e. **cerraron las puertas.** Los guardias del templo hicieron esto porque la muerte de Pablo en el recinto del templo lo contaminaría (cp. 2 R 11:15). Sin embargo, no hicieron esfuerzo alguno para rescatar al apóstol de la turba que se proponía matarlo a golpes.

f. **tribuno.** Claudio Lisias (Hch 23:26), quien encabezaba la guarnición romana con sede en Jerusalén, era el oficial romano de más alto rango en Jerusalén (la residencia oficial del gobernador era Cesarea, ver Hch 8:40).

g. **la compañía.** La fuerza romana de ocupación compuesta por mil hombres. Su cuartel general era la Fortaleza Antonia, ubicada sobre un precipicio desde el cual se divisaba toda el área del templo. Desde ese punto estratégico, los centinelas romanos se percataron del alboroto e informaron a su comandante.

h. **soldados y centuriones.** El uso del plural «centuriones» sugiere que Lisias llevó a por lo menos doscientos soldados con él, puesto que cada centurión comandaba a cien hombres.

llegando el tribuno, le prendió y le mandó atar con [a]dos cadenas, y preguntó quién era y qué había hecho.

Pero entre la multitud, unos gritaban una cosa, y otros otra; y como no podía entender nada de cierto a causa del alboroto, le mandó llevar a [b]la fortaleza. Al llegar a las gradas, aconteció que era llevado en peso por los soldados a causa de la violencia de la multitud; porque la muchedumbre del pueblo venía detrás, gritando: ¡Muera!

Cuando comenzaron a meter a Pablo en la fortaleza, dijo al tribuno: ¿Se me permite decirte algo?

Y él dijo: [c]¿Sabes griego? ¿No eres tú [d]aquel egipcio que levantó una sedición antes de estos días, y sacó al desierto los cuatro mil [e]sicarios?

Entonces dijo Pablo: Yo de cierto soy hombre judío de [f]Tarso, ciudadano de una ciudad no insignificante de Cilicia; pero te ruego que me permitas hablar al pueblo.

171. Pablo se dirige a sus atacantes

Hechos 21:40—22:11

Y cuando él se lo permitió, [g]Pablo, estando en pie en las gradas, hizo señal con la mano al pueblo. Y hecho gran silencio, habló en lengua hebrea, diciendo:

Varones hermanos y padres, oíd ahora mi defensa ante vosotros.

---

a. **dos cadenas.** Como supuso que Pablo era culpable de algo en vista de la cólera intensa de los judíos contra él, Lisias lo arrestó. El tribuno pensó que sabía quién era Pablo (Hch 21:38)).

b. **la fortaleza.** En la Fortaleza Antonia desde la cual se divisaba todo el templo.

c. **¿Sabes griego?** Lisias se sorprendió de que Pablo usara el lenguaje de las personas cultas, porque creyó que su prisionero era un delincuente común.

d. **aquel egipcio que levantó una sedición.** La pregunta de Lisias revela con quién había confundido a Pablo. El egipcio en cuestión era un profeta falso que algunos años atrás había prometido expulsar a los romanos. Sin embargo, antes de poder hacerlo, sus fuerzas rebeldes fueron atacadas y desalojadas por tropas romanas encabezadas por el gobernador Félix. Aunque cientos de sus seguidores fueron asesinados o capturados, él se las arregló para escapar. Lisias supuso que había regresado y que la multitud había decidido entregarlo a las autoridades.

e. **sicarios.** Esta palabra se refiere a un grupo terrorista cuyo nacionalismo judío lo incitaba a asesinar a los romanos y a los judíos que simpatizaran con Roma. Puesto que acostumbraban camuflarse entre la multitud para acuchillar a sus víctimas. Lisias supuso que el gentío había atrapado a uno de sus líderes en pleno acto homicida.

f. **Tarso.** Ver Hch 9:11. Tarso era una ciudad de gran importancia cultural que contaba con una universidad que competía en prestigio con las de Atenas y Alejandría.

g. **Pablo, estando en pie.** La primera de seis defensas de Pablo (cp. Hch 22:30–23:10; 24:10-21; 25:1-12; 26:1-29; 28:17-29).

Y al oír que les hablaba en [a]lengua hebrea, guardaron más silencio.

Y él les dijo: Yo [b]de cierto soy judío, nacido en Tarso de [c]Cilicia, pero [d]criado en esta ciudad, instruido a los pies de [e]Gamaliel, estrictamente conforme a [f]la ley de nuestros padres, celoso de Dios, como hoy lo sois todos vosotros. [g]Perseguía yo este Camino hasta la muerte, prendiendo y entregando en cárceles a hombres y mujeres; como el sumo sacerdote también me es testigo, y [h]todos los ancianos, de quienes también recibí cartas para los hermanos, y fui a Damasco para traer presos a Jerusalén también a los que estuviesen allí, para que fuesen castigados.

[i]Pero aconteció que yendo yo, al llegar cerca de Damasco, [j]como a mediodía, de repente me rodeó mucha luz del cielo; y caí al suelo, y oí una voz que me decía: Saulo, Saulo, ¿por qué me persigues? Yo entonces respondí: ¿Quién eres, Señor? Y me dijo: Yo soy Jesús de Nazaret, a quien tú persigues.

Y los que estaban conmigo vieron a la verdad la luz, y se espantaron; pero [k]no entendieron la voz del que hablaba conmigo. Y dije: ¿Qué haré, Señor? Y el Señor me dijo: Levántate, y ve a Damasco, y allí se te dirá todo lo que está ordenado que hagas. Y como yo no veía a causa de [l]la gloria de la luz, llevado de la mano por los que estaban conmigo, llegué a Damasco.

---

a. **lengua hebrea.** Arameo, el idioma que se acostumbraba hablar en Palestina (cp. 2 R 18:26; Is 36:11). Ver Hch 21:37.

b. **de cierto soy judío.** Una respuesta a las acusaciones falsas de los judíos de Asia (ver Hch 21:21).

c. **Cilicia.** Ver Hch 6:9. Tarso era la ciudad principal de Cilicia.

d. **criado en esta ciudad.** Pablo nació entre los judíos helenizados de la diáspora, pero había crecido en Jerusalén.

e. **Gamaliel.** Ver Hch 5:34. Que Pablo hubiera estudiado bajo la tutela del rabino más celebrado de aquel tiempo era otra evidencia de que las acusaciones en su contra eran absurdas.

f. **la ley de nuestros padres.** Como estudiantes de Gamaliel, Pablo recibió adiestramiento completo tanto en la ley del AT como en las tradiciones rabínicas. Además, aunque no lo mencionó a la multitud, también había sido un fariseo. En vista de todo ello, la acusación de que Pablo se oponía a la ley (ver Hch 21:21) era ridícula.

g. **Perseguía yo este Camino.** Ver Hch 9:2. Como perseguidor máximo de la iglesia cristiana tras el martirio de Esteban (cp. Gá 1:13), el celo de Pablo por su herencia judía era superior en gran medida al de sus oyentes.

h. **todos los ancianos.** El sanedrín (ver Hch 4:15; Mt 26:59).

i. **Pero aconteció...** El segundo de tres relatos en el NT sobre la conversión de Pablo (cp. Hch 9:1-19; 26:12-18).

j. **como a mediodía.** La referencia de Pablo a la hora del día resalta el brillo extraordinario de la luz que vino del cielo, porque fue mayor que el sol en su punto de mayor luminosidad.

k. **no entendieron la voz.** Esto no contradice Hch 9:7, porque Jesús solo habló a Pablo y él fue el único que entendió las palabras del Señor. Sus acompañantes oyeron el sonido, pero no distinguieron las palabras (cp. Jn 12:29).

l. **la gloria de la luz.** Los compañeros de Pablo vieron la luz, pero solo él vio al Señor Jesucristo (Hch 9:7, 17, 27; 26:16; 1Co 9:1; 15:8).

172. Continúa el discurso de Pablo

Hechos 22:12–30

Entonces uno llamado [a]Ananías, varón piadoso según la ley, que tenía buen testimonio de todos los judíos que allí moraban, vino a mí, y acercándose, me dijo: Hermano Saulo, recibe la vista. Y yo en aquella misma hora recobré la vista y lo miré. Y él dijo: El Dios de nuestros padres te ha escogido para que conozcas su voluntad, y veas [b]al Justo, y oigas la voz de su boca. Porque serás [c]testigo suyo a todos los hombres, de lo que has visto y oído. Ahora, pues, ¿por qué te detienes? Levántate y bautízate, y [d]lava tus pecados, invocando su nombre.

Y me aconteció, [e]vuelto a Jerusalén, que orando en el templo me sobrevino [f]un éxtasis. Y le vi que me decía: Date prisa, y sal prontamente de Jerusalén; porque no recibirán tu testimonio acerca de mí. Yo dije: Señor, ellos saben que yo encarcelaba y azotaba en todas las sinagogas a los que creían en ti; y cuando se derramaba la sangre de Esteban tu testigo, yo mismo también estaba presente, y consentía en su muerte, y guardaba las ropas de los que le mataban. Pero me dijo: Ve, porque yo te enviaré lejos [g]a los gentiles.

Y le oyeron hasta esta palabra; entonces alzaron la voz, diciendo: Quita de la tierra a tal hombre, porque no conviene que viva. Y como ellos gritaban

---

a. **Ananías.** Ver Hch 9:10. Su testimonio como un miembro respetado de la comunidad judía de Damasco tendría validez para la audiencia hostil de Pablo.

b. **al Justo.** Un título dado al Mesías (cp. Hch 3:14; 7:52; Is 53:11).

c. **testigo suyo.** Pablo nunca se retractó de afirmar que había visto al Cristo resucitado y glorificado en el camino a Damasco (ver Hch 22:11).

d. **lava tus pecados.** En sentido gramatical, la frase «invocando su nombre» viene antes de «levántate y bautízate». La salvación viene como resultado de invocar el nombre del Señor (Ro 10:9, 10, 13), no de ser bautizados (ver Hch 2:38).

e. **vuelto a Jerusalén.** Tras un ministerio breve en Damasco (Hch 9:20-25) y tres años en Arabia (Gá 1:17, 18).

f. **un éxtasis.** Pablo fue llevado más allá de sus sentidos al dominio sobrenatural para recibir revelación directa de Jesucristo. La experiencia fue única y exclusiva de los apóstoles, ya que solo Pedro (Hch 10:10; 11:5) y Juan (Ap 1:10) recibieron revelaciones similares. Esta fue la cuarta de seis visiones recibidas por Pablo en Hechos (cp. Hch 9:3-6; 16:9, 10; 18:9, 10; 23:11; 27:23, 24).

g. **a los gentiles.** La insistencia de Pablo en que el Señor lo había enviado a ministrar a los gentiles despreciables fue demasiado para la multitud. La enseñanza de que los gentiles podían salvarse sin tener que convertirse antes en prosélitos del judaísmo (algo que les otorgaba el mismo valor que el pueblo judío delante de Dios) era para ellos una blasfemia intolerable.

y [a]arrojaban sus ropas y [b]lanzaban polvo al aire, [c]mandó el tribuno que le metiesen en la fortaleza, y [d]ordenó que fuese examinado con azotes, para saber por qué causa clamaban así contra él. Pero cuando [e]le ataron con correas, Pablo le dijo al [f]centurión que estaba presente: ¿Os es lícito azotar a [g]un ciudadano romano sin haber sido condenado?

Cuando el centurión oyó esto, fue y dio aviso al tribuno, diciendo: [h]¿Qué vas a hacer? Porque este hombre es ciudadano romano.

Vino el tribuno y le dijo: Dime, ¿eres tú ciudadano romano?

Él dijo: Sí.

Respondió el tribuno: Yo [i]con una gran suma adquirí esta ciudadanía.

Entonces Pablo dijo: Pero yo lo soy de nacimiento.

Así que, luego se apartaron de él los que le iban a dar tormento; y aun el tribuno, al saber que era ciudadano romano, también tuvo temor por haberle atado.

Al día siguiente, queriendo saber de cierto la causa por la cual le acusaban los judíos, le soltó de las cadenas, y mandó venir a los [j]principales sacerdotes y a todo el concilio, y sacando a Pablo, le presentó ante ellos.

---

a. **arrojaban sus ropas.** Hicieron esto como preparación para apedrear a Pablo, horrorizados por su «blasfemia» (ver Hch 14:14), por su enojo incontrolable o como en este caso, por las tres razones. Las pasiones de la turba fueron inflamadas por el orgullo racial, a tal punto que perdieron todo dominio propio.

b. **lanzaban polvo al aire.** Una señal de emoción intensa (cp. 2 S 16:13; Job 2:12; Ap 18:19).

c. **mandó el tribuno que le metiesen en la fortaleza.** Lisias se dio cuenta de que tendría que interrogar a Pablo en privado. Ordenó que sus soldados trajeran el prisionero a la Fortaleza Antonia, lejos de la turba encolerizada.

d. **ordenó que fuese examinado con azotes.** Un método romano brutal de interrogación. Muchos prisioneros morían después de ser azotados con los instrumentos romanos de flagelación (fajas de cuero con puntas metálicas ligadas a un mango de madera).

e. **le ataron.** Esto se hacía como preparación para que lo examinaran con azotes. El estiramiento causado por las ataduras intensificaría los efectos de la flagelación en su cuerpo.

f. **centurión.** Ver Hch 10:1; Mt 8:5. En la guarnición romana de mil hombres en Jerusalén habría por lo menos diez centuriones.

g. **un ciudadano romano.** Los ciudadanos romanos estaban exentos (conforme a las leyes de Valeriano y Porciano) de esa clase de interrogatorios con métodos brutales. Pablo ejerció en ese momento sus derechos como ciudadano romano. Su reclamo no se cuestionó de inmediato porque el castigo por hacer un reclamo falso de ciudadanía romana era la muerte.

h. **¿Qué vas a hacer?... es ciudadano romano.** El centurión informó a su comandante de la ciudadanía de Pablo y lo previno para que no cometiera un acto que podría costarle su carrera militar y hasta su propia vida.

i. **con una gran suma.** En sentido oficial, la ciudadanía romana no estaba a la venta, pero en algunos casos podía obtenerse con el soborno de oficiales corruptos.

j. **a los principales sacerdotes y a todo el concilio.** Lisias convocó a una reunión no oficial del sanedrín (ver Hch 4:15, 23).

173. Pablo habla ante el Sanedrín

Hechos 23:1–10

Entonces Pablo, mirando fijamente [a]al concilio, dijo: Varones hermanos, yo con toda [b]buena conciencia he vivido delante de Dios hasta el día de hoy. El [c]sumo sacerdote Ananías [d]ordenó entonces a los que estaban junto a él, que le golpeasen en la boca. Entonces Pablo le dijo: ¡Dios te golpeará a ti, [e]pared blanqueada! ¿Estás tú sentado para juzgarme conforme a la ley, y [f]quebrantando la ley me mandas golpear?

Los que estaban presentes dijeron: ¿Al sumo sacerdote de Dios [g]injurias?

Pablo dijo: [h]No sabía, hermanos, que era el sumo sacerdote; pues [i]escrito está: No maldecirás a un príncipe de tu pueblo.

Entonces [j]Pablo, notando que una parte era de saduceos y otra de fariseos, alzó la voz en el concilio: Varones hermanos, yo soy fariseo, hijo de fariseo; acerca de la esperanza y de la resurrección de los muertos se me juzga.

---

a. **al concilio.** El sanedrín (ver Hch 4:15; Mt 26:59).

b. **buena conciencia.** Ver 2 Co 1:12; cp. 24:16; 2 Ti 1:3.

c. **sumo sacerdote Ananías.** No es el Anás de los Evangelios (ver Lc 3:2), sino uno de los más crueles y corruptos sumos sacerdotes de Israel (ver Hch 4:6). Sus políticas a favor del Imperio romano lo alienaron del pueblo judío que terminó con su vida durante una revuelta contra Roma en 66 A.D.

d. **ordenó... que le golpeasen.** Un acto ilegal y representativo del carácter brutal de Ananías. El verbo que se traduce «golpeasen» también se utiliza con referencia al ataque de la turba contra Pablo (Hch 21:32) y a los golpes que los soldados dieron a Jesús (Mt 27:30). No era un simple bofetón, sino un embate encarnizado.

e. **pared blanqueada.** Cf. Ez 13:10–16; Mt 23:27.

f. **quebrantando la ley.** Indignado ante la violación flagrante de la ley judía por parte del sumo sacerdote, Pablo reaccionó con enojo. Por otro lado, Jesús actuó con calma al verse sometido a la misma clase de transgresión, y solo preguntó cuál era la razón para el golpe (Jn 18:23). La reacción de Pablo fue equivocada, como lo admitiría el apóstol en breve (Hch 23:5). Aunque era un hombre malvado, Ananías ejercía un oficio ordenado por Dios y debía mostrarse el respeto debido a esa posición.

g. **injurias.** Los que estaban cerca de Pablo se sorprendieron por su reprensión áspera del sumo sacerdote, porque «injurias» es la misma palabra usada en Jn 9:28 para describir los insultos de los líderes judíos al hombre ciego que fue sanado por Jesús. Pedro la empleó para hablar del maltrato que Jesús soportó (1 P 2:23).

h. **No sabía.** Algunos creen que esta es otra evidencia de los problemas oculares de Pablo (cp. Gá 4:15), o que Pablo estaba tan enojado que olvidó con quién hablaba. También es posible que fuera sarcástico, en vista de que Ananías no actuaba como era digno de un sumo sacerdote. La explicación más sencilla se reduce al significado literal de las palabras de Pablo. El apóstol había salido de Jerusalén muchos años atrás y no habría reconocido de vista a Ananías. Que esta fuera una reunión informal del sanedrín (ver Hch 22:30) implica que el sumo sacerdote no se habría puesto su vestimenta oficial.

i. **escrito está.** Cita de Éx 22:28.

j. **Pablo, notando...** La actitud soberbia de Ananías y su acto ilícito convencieron a Pablo de que no recibiría una audiencia justa ante el sanedrín. Por esa razón el apóstol decidió dar un paso astuto y osado. Como fariseo y quizá miembro del sanedrín en otro tiempo (ver Hch 26:10), Pablo estaba muy al tanto de las tensiones que existían entre dos facciones del

Cuando dijo esto, [a]se produjo disensión entre los fariseos y los saduceos, y la asamblea se dividió. Porque los [b]saduceos dicen que no hay resurrección, ni ángel, ni espíritu; pero los fariseos afirman estas cosas. Y hubo un gran vocerío; y levantándose [c]los escribas de la parte de los fariseos, contendían, diciendo: Ningún mal hallamos en este hombre; que si un espíritu le ha hablado, o un ángel, no resistamos a Dios.

Y habiendo grande disensión, el tribuno, teniendo temor de que Pablo fuese despedazado por ellos, mandó que bajasen soldados y le arrebatasen de en medio de ellos, y le llevasen a la fortaleza.

174. Llevado a Cesarea

Hechos 23:11–35

A la noche siguiente [d]se le presentó el Señor y le dijo: Ten ánimo, Pablo, pues como has testificado de mí en Jerusalén, así es necesario [e]que testifiques también en Roma.

Venido el día, algunos de los judíos tramaron un complot y [f]se juramentaron bajo maldición, diciendo que no comerían ni beberían hasta que

---

sanedrín. Apeló a los fariseos para contar con su respaldo al recordarles que él mismo era un fariseo, y utilizó la principal diferencia teológica entre ellos y los saduceos (ver Hch 23:7). De este modo, Pablo creó una escisión clara entre las facciones del sanedrín.

a. **se produjo disensión.** Existían grandes diferencias sociales, políticas y teológicas entre saduceos y fariseos. Al poner sobre la mesa el tema de la resurrección, Pablo trató de obtener el respaldo de los fariseos sobre la diferencia teológica más grande (ver Hch 23:8). Puesto que la resurrección de Jesucristo también es el tema central del cristianismo, no fue una simple estratagema cínica de Pablo para dividir al sanedrín sobre un punto trivial en la teología judía.

b. **saduceos... fariseos.** Los saduceos solo aceptaban el Pentateuco como las Escrituras dadas por inspiración divina. Puesto que sostenían la creencia (equivocada, cp. Mt 22:23-33) de que el Pentateuco no enseñaba que tendría lugar la resurrección de los muertos, rechazaban el concepto mismo de la resurrección. Por su parte, los fariseos creían en la resurrección y la vida después de la muerte. Sus creencias en ese sentido eran más cercanas al cristianismo que las de los saduceos. Es significativo que en la Biblia se registre la conversión de fariseos (Hch 15:5; Jn 3:1), pero no de saduceos.

c. **los escribas de la parte de los fariseos.** El desacuerdo teológico con los saduceos era tan intenso que los fariseos estuvieron dispuestos a defender a Pablo, así fuera el líder de la secta cristiana que tanto aborrecían (cp. Hch 24:5).

d. **se le presentó el Señor.** La quinta de seis visiones que Pablo recibió en Hechos (cp. Hch 9:3-6; 16:9, 10; 18:9, 10; 22:17, 18; 27:23, 24), todas las cuales sucedieron en momentos críticos de su ministerio.

e. **que testifiques también en Roma.** Jesús animó a Pablo al decirle que su deseo (Ro 1:9-11; 15:23) de visitar Roma le sería concedido.

f. **se juramentaron bajo maldición.** Lit. se «volvieron anatema» ellos mismos (cp. Gá 1:8, 9), es decir, invocaron el juicio divino sobre la vida de cada uno de ellos si fracasaban (cp. 1 S 14:44; 2 S 3:35; 19:13; 1 R 2:23; 2 R 6:31).

hubiesen dado muerte a Pablo. Eran más de cuarenta los que habían hecho esta conjuración, los cuales fueron [a]a los principales sacerdotes y a los ancianos y dijeron: Nosotros nos hemos juramentado bajo maldición, a no gustar nada hasta que hayamos dado muerte a Pablo. Ahora pues, vosotros, con el concilio, requerid al tribuno que le traiga mañana ante vosotros, como que queréis indagar alguna cosa más cierta acerca de él; y nosotros estaremos listos para matarle antes que llegue.

Mas [b]el hijo de la hermana de Pablo, oyendo hablar de la celada, fue y [c]entró en la fortaleza, y dio aviso a Pablo. Pablo, llamando a uno de los centuriones, dijo: Lleva a este joven ante el tribuno, porque tiene cierto aviso que darle. Él entonces tomándole, le llevó al tribuno, y dijo: El preso Pablo me llamó y me rogó que trajese ante ti a este joven, que tiene algo que hablarte.

El tribuno, tomándole de la mano y retirándose aparte, le preguntó: ¿Qué es lo que tienes que decirme?

Él le dijo: Los judíos han convenido en rogarte que mañana lleves a Pablo ante el concilio, como que van a inquirir alguna cosa más cierta acerca de él. Pero tú no les creas; porque más de cuarenta hombres de ellos le acechan, los cuales se han juramentado bajo maldición, a no comer ni beber hasta que le hayan dado muerte; y ahora están listos esperando tu promesa.

Entonces el tribuno despidió al joven, mandándole que a nadie dijese que le había dado aviso de esto.

Y llamando a dos centuriones, mandó que preparasen para [d]la hora tercera de la noche doscientos [e]soldados, setenta jinetes y doscientos lanceros, para que fuesen hasta Cesarea; y que preparasen cabalgaduras en que poniendo a

---

a. **a los principales sacerdotes y a los ancianos.** Ver Hch 4:23; Mt 16:21. Como eran saduceos, habrían estado más inclinados a ayudar a los conspiradores. Debe notarse la exclusión de los escribas, quienes en su mayoría eran fariseos y ya habían mostrado que estaban dispuestos a defender a Pablo (Hch 23:9).

b. **el hijo de la hermana de Pablo.** La única referencia clara en las Escrituras a la familia de Pablo (otras referencias posibles en Ro 16:7, 11, 21). No se sabe por qué estaba en Jerusalén, lejos de sus parientes en Tarso, y tampoco es evidente la razón por la que habría querido prevenir a su tío, ya que lo más probable es que la familia de Pablo lo hubiera desheredado al convertirse en cristiano (Fil 3:8).

c. **entró en la fortaleza, y dio aviso a Pablo.** Como Pablo no estaba bajo arresto, sino en custodia para su protección personal, podía recibir visitantes.

d. **la hora tercera de la noche.** Nueve de la noche.

e. **soldados... jinetes... lanceros.** Los «soldados» eran legionarios y se caracterizaban por ser los mejores combatientes del ejército romano. Los «jinetes» pertenecían a la exclusiva guarnición de caballería y los «lanceros» eran soldados que utilizaban jabalinas aunque tenían menos armamento que los legionarios. Lisias envió casi la mitad de su destacamento de mil hombres y esto muestra con cuánta seriedad trató el complot contra la vida de Pablo. Con el objetivo de frustrar el plan de los conspiradores, evitar una confrontación con los judíos que podía agravarse y salvar la vida de Pablo, Lisias entendió la urgencia de sacar a Pablo de Jerusalén y enviarlo a su superior en Cesarea, el gobernador Félix.

Pablo, le llevasen en salvo a Félix el gobernador. Y escribió una carta en estos términos:

Claudio Lisias al excelentísimo gobernador Félix:

Salud.

A este hombre, aprehendido por los judíos, y que iban ellos a matar, lo libré yo acudiendo con la tropa, [a]habiendo sabido que era ciudadano romano. Y queriendo saber la causa por qué le acusaban, le llevé al concilio de ellos; y hallé que le acusaban por [b]cuestiones de la ley de ellos, pero que ningún delito tenía digno de muerte o de prisión. Pero al ser avisado de asechanzas que los judíos habían tendido contra este hombre, al punto le he enviado a ti, intimando también a los acusadores [c]que traten delante de ti lo que tengan contra él.

Pásalo bien.

Y los soldados, tomando a Pablo como se les ordenó, le llevaron de noche a [d]Antípatris. Y al día siguiente, dejando a los [e]jinetes que fuesen con él, volvieron a la fortaleza. Cuando aquellos llegaron a [f]Cesarea, y dieron la carta al gobernador, presentaron también a Pablo delante de él. Y el gobernador, leída la carta, preguntó [g]de qué provincia era; y habiendo entendido que era [h]de Cilicia, le dijo: Te oiré cuando vengan tus acusadores. Y mandó que le custodiasen en [i]el pretorio de Herodes.

---

a. **habiendo sabido que era ciudadano romano.** En realidad, Lisias no lo supo hasta después de arrestar a Pablo (Hch 22:25, 26). Es evidente que Lisias quería dar la mejor impresión de sí mismo al gobernador. Por esa razón, también se abstuvo de mencionar su orden de azotar a Pablo (Hch 22:24), y su equivocada inferencia inicial de que era un famoso sicario egipcio (Hch 21:38).

b. **cuestiones de la ley de ellos.** Que Lisias no mencionara un solo delito contra la ley romana equivalía a declarar inocente a Pablo.

c. **que traten delante de ti lo que tengan contra él.** El complot contra la vida de Pablo hacía arriesgada cualquier audiencia en Jerusalén, lo cual hacía necesario que Lisias remitiera el caso a Félix.

d. **Antípatris.** Una base militar romana a 64 km de Jerusalén. Los viajeros que iban de Jerusalén a Cesarea se detenían allí con frecuencia para descansar. Llegar allí desde Jerusalén en una sola noche (Hch 23:32) habría sido una marcha extenuante para los soldados de infantería.

e. **jinetes.** Puesto que en la región gentil de Samaria había mucho menos peligro de una emboscada, los soldados de infantería ya no eran necesarios.

f. **Cesarea.** Ver Hch 8:40.

g. **de qué provincia era.** Félix necesitaba determinar si tenía o no jurisdicción para oír el caso de Pablo.

h. **de Cilicia.** Judea y Cilicia se encontraban en ese tiempo bajo el fuero de Siria, así que Félix tenía la autoridad de atender este caso.

i. **el pretorio de Herodes.** La residencia oficial de Félix en Cesarea.

175. Acusaciones ante Félix

Hechos 24:1–9

[a]Cinco días después, descendió el sumo sacerdote Ananías con algunos de los [b]ancianos y un cierto orador llamado [c]Tértulo, y comparecieron ante el gobernador contra Pablo.

Y cuando este fue llamado, Tértulo comenzó a acusarle, diciendo: Como debido a ti gozamos de gran paz, y muchas cosas son bien gobernadas en el pueblo por tu prudencia, oh excelentísimo [d]Félix, lo recibimos en todo tiempo y en todo lugar con toda gratitud. [e]Pero por no molestarte más largamente, te ruego que nos oigas brevemente conforme a tu equidad. Porque hemos hallado que este hombre es [f]una plaga, y [g]promotor de sediciones entre todos los judíos por todo el mundo, y [h]cabecilla de la secta de los nazarenos. [ij]Intentó también

---

a. **Cinco días después.** Un período muy breve de tiempo para que los líderes judíos prepararan su caso, contrataran a un jurista («cierto orador») y se desplazaran hasta Cesarea. Quizá temían que Félix recusara el caso contra Pablo si no lo procesaban con prontitud.

b. **ancianos.** Líderes importantes del sanedrín (ver Hch 4:5).

c. **Tértulo.** Pudo haber sido un romano, pero lo más probable es que fuera un judío helénico (cp. Hch 24:6).

d. **Félix.** El gobernador de Judea entre 52 y 59 A.D. Félix había sido esclavo y su hermano (un favorito del emperador Claudio) le consiguió la posición de gobernador. No era muy respetado por los romanos influyentes de su tiempo y tuvo muy pocos logros durante su gobernación. Derrotó al egipcio sedicioso y sus seguidores (ver Hch 21:38), pero su brutalidad enardeció a los judíos y condujo a su destitución como gobernador por parte del emperador Nerón dos años después de la audiencia de Pablo.

e. **Pero...** Tras dispensar los halagos obligatorios a Félix, Tértulo presentó los cargos específicos contra Pablo: sedición (una violación de la ley romana), sectarismo (una violación de la ley judía) y sacrilegio (una violación de la ley de Dios).

f. **una plaga.** Esta afirmación, aunque reflejaba el odio del sanedrín hacia el apóstol y el cristianismo, no era una acusación específica de infracción.

g. **promotor de sediciones.** La primera acusación (y la más seria en una corte romana) que se presentó contra Pablo: sedición (rebelión). Los romanos no toleraban a los que incitaban rebeliones, una lección dura que los judíos presentes aprenderían años más tarde en 66 A.D. Si los líderes judíos hubieran sido capaces de sustentar esta acusación, Pablo habría recibido un castigo severo, si acaso no la ejecución. Tértulo tuvo cuidado en no mencionar incidentes específicos porque Félix habría podido transferir el caso de Pablo al gobernador en cuya jurisdicción había ocurrido el incidente. Los judíos querían que Pablo fuera juzgado ante un gobernador sobre el cual tuvieran alguna influencia.

h. **cabecilla de la secta de los nazarenos.** La segunda acusación contra Pablo tenía que ver con el sectarismo (herejía). La referencia despectiva de Tértulo al cristianismo como «la secta de los nazarenos» (cp. Hch 6:14; Jn 1:46; 7:41, 52) tenía el propósito de presentar a Pablo como el líder de una secta mesiánica que podía ser peligrosa para Roma.

i. **Intentó también profanar el templo.** La tercera acusación presentada contra Pablo se relacionaba con el sacrilegio (blasfemia contra Dios). Los líderes judíos, a través de su vocero, repitieron las acusaciones falsas de los judíos de Asia (Hch 21:28). Para obviar la golpiza salvaje que la multitud propinó a Pablo, afirmaron (falsamente) que lo habían arrestado.

j. **Intentó... a ti.** Muchos manuscritos antiguos omiten este pasaje, lo cual suscita la pregunta acerca de quién quería Tértulo que Félix sometiera a examen. Si el pasaje se omite, Tértulo habría preguntado a Félix que examinara a Pablo, pero el apóstol solo habría tenido que

profanar el templo; y prendiéndole, quisimos juzgarle conforme a nuestra ley. Pero interviniendo el tribuno Lisias, con gran violencia le quitó de nuestras manos, mandando a sus acusadores que viniesen a ti. Tú mismo, pues, al juzgarle, podrás informarte de todas estas cosas de que le acusamos. Los judíos también confirmaban, diciendo ser así todo.

176. Defensa ante Félix

Hechos 24:10–27

[a]Habiéndole hecho señal el gobernador a Pablo para que hablase, este respondió: Porque sé que desde hace [b]muchos años eres juez de esta nación, con buen ánimo haré mi defensa. Como tú puedes cerciorarte, no hace más de [c]doce días que subí a adorar a Jerusalén; y no me hallaron disputando con ninguno, ni amotinando a la multitud; ni en el templo, ni en las sinagogas ni en la ciudad; ni te pueden probar las cosas de que ahora me acusan. Pero esto te confieso, que según el Camino que ellos llaman herejía, así sirvo al Dios de mis padres, creyendo todas las cosas que [d]en la ley y en los profetas están escritas; teniendo [e]esperanza en Dios, la cual ellos también abrigan, de que ha de haber resurrección de los muertos, así de justos como de injustos. Y por esto procuro tener siempre una conciencia sin ofensa ante Dios y ante los hombres.

---

negar las acusaciones falsas de Tértulo. Si el pasaje es válido, Tértulo haría aquí una acusación falsa a Lisias en el sentido de haber excedido los límites de su autoridad al inmiscuirse en un proceso legal propio de los judíos. En ese caso afirmaría que un examen de Lisias confirmaría la interpretación falsa de los acontecimientos por parte de los líderes judíos. Esto contribuiría a la decisión que Félix tomó de aplazar la audiencia hasta que Lisias compareciera (Hch 24:22).

a. La tercera de las seis defensas de Pablo (cp. Hch 22:1-21; 22:30–23:10; 25:1-12; 26:1-29; 28:17-19).

b. **muchos años eres juez.** Lo era en su oficio de gobernador, y también antes durante su servicio bajo el gobernador de Samaria. A diferencia de Tértulo, Pablo no lisonjeó a Félix, sino más bien le recordó que estaba muy bien familiarizado con las leyes, costumbres y creencias de los judíos. De este modo, Félix quedaba en la obligación de dar un veredicto justo.

c. **doce días.** Cinco de los cuales había pasado en Cesarea mientras esperaba la llegada de sus acusadores. Había dedicado algunos de los siete días restantes a sus ritos de purificación (ver Hch 21:24, 27). De esta manera, Pablo demostró que de haber querido, no habría tenido tiempo para incitar una revuelta.

d. **en la ley y en los profetas.** Esto se refiere al AT (ver Mt 7:12). Los saduceos rechazaban la mayor parte del AT (ver Hch 23:8), pero tanto ellos como los fariseos rechazaban el testimonio del AT acerca de Jesucristo (cp. Lc 24:27, 44; Jn 1:45; 5:39, 46). A diferencia de ellos, Pablo veía todo el AT como la Palabra inspirada de Dios y creía todas sus enseñanzas.

e. **esperanza en Dios.** La gran esperanza del pueblo judío era la resurrección (Job 19:25-27; Dn 12:2). Pablo fue el que se mantuvo fiel a las tradiciones más importantes de la teología judía, no los saduceos.

Pero pasados algunos años, vine a hacer [a]limosnas a mi nación y presentar ofrendas. Estaba en ello, cuando unos judíos de Asia me hallaron purificado en el templo, no con multitud ni con alboroto. Ellos debieran comparecer ante ti y acusarme, si contra mí tienen algo. O digan estos mismos si hallaron en mí alguna cosa mal hecha, cuando comparecí ante el concilio, a no ser que estando entre ellos prorrumpí en alta voz: [b]Acerca de la resurrección de los muertos soy juzgado hoy por vosotros.

Entonces Félix, oídas estas cosas, [c]estando bien informado de este Camino, [d]les aplazó, diciendo: Cuando [e]descendiere el tribuno Lisias, acabaré de conocer de vuestro asunto. Y mandó al centurión que se custodiase a Pablo, pero que se le concediese alguna libertad, y que no impidiese a ninguno de los suyos servirle o venir a él.

Algunos días después, viniendo Félix con [f]Drusila su mujer, que era judía, llamó a Pablo, y le oyó acerca de la fe en Jesucristo. Pero al disertar Pablo acerca de [g]la justicia, del dominio propio y del juicio venidero, [h]Félix se espantó, y dijo: Ahora vete; pero [i]cuando tenga oportunidad te llamaré. Esperaba

---

a. **limosnas... ofrendas.** La única referencia en Hechos a la entrega de la ofrenda que Pablo había recolectado para los santos angustiados por la pobreza en Jerusalén (ver Hch 19:21). Lejos de armar pleitos, Pablo había ido a Jerusalén para cumplir una misión humanitaria.

b. **Acerca de la resurrección de los muertos.** La creencia en la resurrección no era un delito bajo la ley judía o la romana. Pablo tampoco era responsable del enfrentamiento entre los saduceos y los fariseos que había prevalecido por mucho tiempo y que desembocó en disensión acérrima tan pronto él hizo su declaración.

c. **estando bien informado de este Camino.** Quizá por medio de Drusila, quien era judía (Hch 25:24).

d. **les aplazó.** Los testigos del supuesto delito de Pablo (los judíos de Asia) no se hicieron presentes para la audiencia. Los líderes judíos tampoco podían probar que fuera culpable de algún delito. El único veredicto que Félix daría de conformidad con la ley romana era no culpable, lo cual enfurecería a los judíos y con mucha probabilidad generaría más problemas. Ya que Félix como gobernador tenía la responsabilidad primordial de mantener el orden, decidió que la mejor decisión era permanecer neutral, y aplazó el proceso con el pretexto de que necesitaba más información de Lisias.

e. **descendiere el tribuno.** El informe escrito de Lisias ya había enunciado que la discusión se relacionaba con cuestiones propias de la ley judía (Hch 23:29), y que Pablo no era culpable de delito alguno (Hch 23:29). Es difícil ver qué más pudo haber añadido, y no existe evidencia de que Félix lo haya llamado a comparecer.

f. **Drusila.** La hija menor de Agripa I (ver Hch 12:1), y tercera esposa de Félix, quien fascinado con su belleza la había persuadido para que dejara a su esposo. En el momento de la audiencia de Pablo, ella todavía no había cumplido veinte años de edad.

g. **la justicia, del dominio propio y del juicio venidero.** Dios demanda «justicia» de todos los hombres a causa de su naturaleza santa (Mt 5:48; 1 P 1:15, 16). Para que hombres y mujeres puedan conformarse a ese parámetro absoluto, es necesario el «dominio propio», y el resultado inevitable de no hacer uso del dominio propio para conformarse al criterio de justicia de Dios, a no ser que la persona se salve, es el «juicio venidero».

h. **Félix se espantó.** Como vivía con una mujer que le había quitado a otro hombre, es obvio que Félix carecía de «justicia» y «dominio propio». Al darse cuenta de que tendría que enfrentar el «juicio» divino se alarmó, y sin pensarlo dos veces se desentendió del apóstol.

i. **cuando tenga oportunidad.** Había acabado de pasar el momento de la convicción, y Félix en su necedad perdió la oportunidad de arrepentirse (cp. 2 Co 6:2).

también con esto, [a]que Pablo le diera dinero para que le soltase; por lo cual muchas veces lo hacía venir y hablaba con él.

Pero al cabo de dos años [b]recibió Félix por sucesor a Porcio Festo; y queriendo Félix [c]congraciarse con los judíos, dejó preso a Pablo.

177. Apelación a César

Hechos 25:1–12

Llegado, pues, Festo a la provincia, subió [d]de Cesarea a Jerusalén tres días después. Y los principales sacerdotes y los más influyentes de los judíos se presentaron ante él contra Pablo, y le rogaron, pidiendo contra él, como gracia, que le hiciese traer a Jerusalén; preparando ellos una [e]celada para matarle en el camino. Pero Festo respondió que Pablo estaba custodiado en Cesarea, adonde él mismo partiría en breve. Los que de vosotros puedan, dijo, desciendan conmigo, y si hay algún crimen en este hombre, acúsenle.

Y deteniéndose entre ellos no más de ocho o diez días, venido a [f]Cesarea, al siguiente día se sentó en [g]el tribunal, y mandó que fuese traído Pablo. Cuando este llegó, lo rodearon los judíos que habían venido de Jerusalén, presentando contra él muchas y graves acusaciones, las cuales no podían probar; [h]alegando

---

a. **que Pablo le diera dinero.** La ley romana prohibía recibir sobornos, pero esta práctica era bastante común.

b. **recibió Félix por sucesor a Porcio Festo.** Festo era un miembro de la nobleza romana a diferencia de Félix quien había sido un esclavo. Poco se sabe de su gobernación (él murió dos años después de asumir el cargo), pero el historiador judío Josefo dice que fue mejor que su antecesor y su sucesor.

c. **congraciarse con los judíos.** Lo hizo porque las quejas de los judíos ante Roma por su brutalidad condujeron en últimas a su destitución. Había suprimido con violencia un alboroto en Cesarea y los judíos se las arreglaron para presentar su queja a las autoridades romanas que a su vez lo nombraron reemplazo. El emperador Nerón le ordenó ir a Roma, donde habría recibido un castigo severo de no haber sido por la intercesión de su influyente hermano Palas.

d. **de Cesarea a Jerusalén tres días después.** Para enterarse de la situación actual en su nueva provincia.

e. **celada.** El segundo complot para emboscar al apóstol. Sin embargo, en esta ocasión los miembros del sanedrín no fueron cómplices (cp. Hch 23:14, 15), sino los conspiradores mismos.

f. **Cesarea.** Ver Hch 8:40. Como cuartel general del gobierno judío en Judea, Cesarea era el lugar apropiado para el juicio de Pablo, un ciudadano romano.

g. **el tribunal.** Esto significaba que la audiencia formaba parte de un juicio romano oficial (ver Hch 25:10, 17; 18:12; Mt 27:19; Jn 19:13).

h. **alegando Pablo.** Cuarta de las seis defensas de Pablo (cp. Hch 22:1-21; 22:30–23:10; 24:10-21; 26:1-29; 28:17-29).

Pablo en su defensa: Ni contra la ley de los judíos, ni contra el templo, ni contra César he pecado en nada.

Pero Festo, [a]queriendo congraciarse con los judíos, respondiendo a Pablo dijo: ¿Quieres subir a Jerusalén, y allá ser juzgado de estas cosas delante de mí?

Pablo dijo: Ante [c]el tribunal de César estoy, donde debo ser juzgado. A los judíos no les he hecho ningún agravio, como tú sabes muy bien. Porque si algún agravio, o cosa alguna digna de muerte he hecho, no rehúso morir; pero si nada hay de las cosas de que estos me acusan, nadie puede entregarme a ellos. [d]A César apelo.

Entonces Festo, habiendo hablado con [e]el consejo, respondió: A César has apelado; [f]a César irás.

178. Llegada del rey Agripa

Hechos 25:13–27

Pasados algunos días, [g]el rey Agripa y [h]Berenice vinieron a Cesarea para saludar a Festo. Y como estuvieron allí muchos días, Festo expuso al rey la causa de Pablo, diciendo: Un hombre ha sido dejado preso por Félix, respecto al cual, cuando fui a Jerusalén, se me presentaron los principales sacerdotes y los ancianos de los judíos, pidiendo condenación contra él. A estos respondí que no es costumbre de los romanos entregar alguno a la muerte antes que

---

a. **queriendo congraciarse con los judíos.** Cp. Hch 24:27.

c. **el tribunal de César.** La concesión de Festo dio a los líderes judíos todo lo que esperaban, ya que tenían la intención de matar a Pablo antes de que llegara a Jerusalén. Por esa razón el apóstol rechazó la laxitud de Festo y recordó al gobernador que representaba el tribunal de César, donde él como ciudadano romano tenía pleno derecho de ser juzgado.

d. **A César apelo.** Declaró con firmeza su derecho como ciudadano romano de ser procesado y juzgado en Roma.

e. **el consejo.** Los consejeros de Festo.

f. **a César irás.** Al conceder la apelación de Pablo, el gobernador se retiró del caso y lo transfirió al emperador.

g. **el rey Agripa.** Herodes Agripa II, hijo del Herodes que mató a Jacobo y encarceló a Pedro (ver Hch 12:1). Fue el último de los Herodes, todos los cuales tuvieron parte importante en la historia del NT. Su tío abuelo, Herodes Antipas, fue el Herodes de los Evangelios (Mr 6:14-29; Lc 3:1; 13:31-33; 23:7-12), su bisabuelo Herodes el Grande gobernó durante el tiempo en que Jesús nació (Mt 2:1-19; Lc 1:5). Aunque no era gobernador de Judea, Agripa estaba bien versado en cuestiones judías (cp. Hch 26:3).

h. **Berenice.** No es la esposa de Agripa, sino su consorte y hermana. Drusila, hermana de ambos, había estado casada con el gobernador anterior, Félix. Su relación incestuosa era tema de habladurías en Roma, donde Agripa había sido criado. Berenice se convirtió por un tiempo en amante del emperador Vespasiano y después de su hijo Tito, pero siempre volvía a quedar con su hermano.

el acusado tenga delante a sus acusadores, y pueda defenderse de la acusación. Así que, habiendo venido ellos juntos acá, sin ninguna dilación, al día siguiente, sentado en el tribunal, mandé traer al hombre. Y estando presentes los acusadores, ningún cargo presentaron de los que yo sospechaba, sino que tenían contra él ciertas cuestiones acerca de su [a]religión, y de un cierto Jesús, ya muerto, el que Pablo afirmaba estar vivo. Yo, [b]dudando en cuestión semejante, le pregunté si quería ir a Jerusalén y allá ser juzgado de estas cosas. Mas como Pablo apeló para que se le reservase para el conocimiento de [c]Augusto, mandé que le custodiasen hasta que le enviara yo a César.

Entonces Agripa dijo a Festo: [d]Yo también quisiera oír a ese hombre.

Y él le dijo: Mañana le oirás.

Al otro día, viniendo [e]Agripa y Berenice con mucha pompa, y entrando en la audiencia con los [f]tribunos y [g]principales hombres de la ciudad, por mandato de Festo fue traído Pablo. Entonces Festo dijo: Rey Agripa, y todos los varones que estáis aquí juntos con nosotros, aquí tenéis a este hombre, respecto del cual toda la multitud de los judíos me ha demandado en Jerusalén y aquí, dando voces que no debe vivir más. Pero yo, hallando que ninguna cosa digna de muerte ha hecho, y como él mismo apeló a Augusto, he determinado enviarle a él. Como [h]no tengo cosa cierta que escribir a mi señor, le he traído ante vosotros, y [i]mayormente ante ti, oh rey Agripa, para que después de examinarle, tenga yo qué escribir. Porque me parece fuera de razón enviar un preso, y no informar de los cargos que haya en su contra.

---

a. **religión.** Tales acusaciones no tenían lugar en una corte romana (cp. Hch 18:12-16).

b. **dudando en cuestión semejante.** Festo, un romano pagano y recién llegado a Judea, no habría podido entender las diferencias teológicas entre cristianos y judíos.

c. **Augusto... César.** «Augusto» significaba «el reverenciado» o «el adorado», y era un título que se aplicaba con frecuencia al emperador. El «César» que regía en aquel tiempo era el infame Nerón.

d. **Yo también quisiera oír.** El tiempo verbal en griego implica que Herodes había querido oír a Pablo desde mucho tiempo atrás. Como experto en cuestiones judías (cp. Hch 26:3), le gustó la idea de escuchar en persona al vocero principal del cristianismo.

e. **Agripa y Berenice.** Ambos son inseparables en el relato de Lucas (cp. Hch 26:30), como una referencia constante a la escandalosa vida privada de Agripa (ver Hch 25:13).

f. **tribunos.** Los cinco tribunos que comandaban las cinco cohortes estacionadas en Cesarea (ver Hch 10:1).

g. **principales.** Los líderes cívicos de la ciudad.

h. **no tengo cosa cierta.** Como Festo no entendía la naturaleza de los cargos en contra de Pablo, no supo qué escribir en su informe oficial a Nerón. Que un gobernador de provincia enviara a un prisionero al emperador sin cargos bien definidos en su contra, era visto como algo insensato y hasta peligroso.

i. **mayormente ante ti, oh rey Agripa.** Festo esperaba que la experiencia de Herodes en cuestiones judías (Hch 26:3) le permitiera entender de qué se trataban las acusaciones en contra de Pablo.

179. Defensa ante Agripa

Hechos 26:1–18

Entonces Agripa dijo a Pablo: [a]Se te permite hablar por ti mismo.

Pablo entonces, [b]extendiendo la mano, comenzó así su [c]defensa: Me tengo por dichoso, oh rey Agripa, de que haya de defenderme hoy delante de ti de todas las cosas de que soy acusado por los judíos. Mayormente porque [d]tú conoces todas las costumbres y cuestiones que hay entre los judíos; por lo cual te ruego que me oigas con paciencia.

Mi vida, pues, desde mi juventud, la cual desde el principio pasé en mi nación, la conocen todos los judíos; los cuales también saben que yo desde el principio, si quieren testificarlo, conforme a la más rigurosa secta de nuestra religión, [e]viví fariseo. Y ahora, por [f]la esperanza de la promesa que hizo Dios a nuestros padres soy llamado a juicio; promesa cuyo cumplimiento esperan que han de alcanzar nuestras [g]doce tribus, sirviendo constantemente a Dios de día y de noche. [h]Por esta esperanza, oh rey Agripa, soy acusado por los judíos. ¡Qué! ¿Se juzga entre vosotros cosa increíble que Dios resucite a los muertos?

Yo ciertamente había creído mi deber hacer muchas cosas contra el nombre de Jesús de Nazaret; lo cual también hice en Jerusalén. Yo encerré en cárceles a muchos de los [i]santos, habiendo recibido poderes de los principales sacerdotes; y cuando los mataron, [j]yo di mi voto. Y muchas veces, castigándolos en todas

---

a. **Se te permite hablar.** Puesto que no había alguien que acusara a Pablo, Herodes le permitió hablar en su propia defensa.

b. **extendiendo la mano.** Un gesto común al comienzo de un discurso (cp. Hch 12:17; 13:16; 19:33).

c. **defensa.** Quinta de las seis defensas de Pablo (cp. Hch 22:1-21; 22:30–23:10; 24:10-21; 25:1-12; 28:17-19).

d. **tú conoces todas las costumbres y cuestiones... entre los judíos.** Ver Hch 25:26. El objetivo principal de Pablo no era defenderse, sino que se convirtieran Agripa y los demás presentes (Hch 26:28, 29).

e. **viví fariseo.** Ver Mt 3:7; cp. Fil 3:5.

f. **la esperanza de la promesa.** La venida del Mesías y su reino (cp. Hch 1:6; 3:22-24; 13:23-33; Gn 3:15; Is 7:14; 9:6; Dn 7:14; Mi 5:2; Tit 2:13; 1 P 1:11, 12).

g. **doce tribus.** Una designación común en el NT para Israel (cp. Mt 19:28; Stg 1:1; Ap 21:12). Las diez tribus del norte no se habían perdido, porque ciertos representantes de cada una se entremezclaron con las dos tribus del sur antes y después del exilio, un proceso que había comenzado durante los reinos de Ezequías (2 Cr 30:1-11) y Josías (2 Cr 34:1-9).

h. **Por esta esperanza.** A Pablo le parecía inconcebible que fuera condenado por creer en la resurrección, la gran esperanza del pueblo judío (ver Hch 24:15).

i. **santos.** Creyentes cristianos (1 Co 1:2).

j. **yo di mi voto.** Lit. «yo tiré mi piedrecilla», una referencia a la costumbre antigua de votar con el uso de piedras de diferentes colores. Este versículo también puede indicar que Pablo había sido antes un miembro del sanedrín.

las sinagogas, [a]los forcé a blasfemar; y enfurecido sobremanera contra ellos, los perseguí hasta en las ciudades extranjeras.

Ocupado en esto, [b]iba yo a Damasco con poderes y en comisión de los principales sacerdotes, cuando a mediodía, oh rey, yendo por el camino, vi una luz del cielo que sobrepasaba el resplandor del sol, la cual me rodeó a mí y a los que iban conmigo. Y habiendo caído todos nosotros en tierra, oí una voz que me hablaba, y decía en lengua hebrea: Saulo, Saulo, ¿por qué me persigues? Dura cosa te es dar coces contra el aguijón. Yo entonces dije: ¿Quién eres, Señor? Y el Señor dijo: Yo soy Jesús, a quien tú persigues. Pero levántate, y ponte sobre tus pies; porque para esto he aparecido a ti, para ponerte por ministro y testigo de [c]las cosas que has visto, y de aquellas en que me apareceré a ti, librándote de tu pueblo, y de [d]los gentiles, a quienes ahora te envío, [e]para que abras sus ojos, para que se conviertan [f]de las tinieblas a la luz, y de la potestad de Satanás a Dios; para que reciban, [g]por la fe que es en mí, [h]perdón de pecados y [i]herencia entre los santificados.

180. Pablo continúa su defensa

Hechos 26:19–32

Por lo cual, oh rey Agripa, no fui rebelde a la visión celestial, sino que anuncié primeramente a los que están en Damasco, y Jerusalén, y por toda la tierra de Judea, y a los gentiles, que se arrepintiesen y se convirtiesen a Dios, haciendo

a. **los forcé a blasfemar.** Para que renunciaran a su fe en Jesucristo.

b. El tercer relato que Pablo hace de su conversión en el NT (ver Hch 9:1-19; 22:6-21).

c. **las cosas... en que me apareceré a ti.** Ver Hch 18:9, 10; 22:17-21; 23:11; 2 Co 12:1-7; Gá 1:11, 12.

d. **los gentiles, a quienes ahora te envío.** La comisión recibida por Pablo como el apóstol a los gentiles (Ro 11:13; 1 Ti 2:7).

e. **para que abras sus ojos.** Los no creyentes han sido cegados a la verdad espiritual por Satanás (2 Co 4:4; 6:14; cp. Mt 15:14).

f. **de las tinieblas a la luz.** Ya que los no creyentes están en las tinieblas de su ceguera espiritual, la Biblia emplea con frecuencia la luz como símbolo de la salvación (ver Hch 13:47; Mt 4:16; Jn 1:4, 5, 7-9; 3:19-21; 8:12; 9:5; 12:36; 2 Co 4:4; 6:14; Ef 5:8, 14; Col 1:12, 13; 1 Ts 5:5; 1 P 2:9; 1 Jn 1:7; 2:8-10).

g. **por la fe... santificados.** La Biblia enseña de forma simple y reiterada que la salvación solo es resultado de la fe aparte de las obras humanas (Hch 13:39; 15:9; 16:31; Jn 3:14-17; 6:69; Ro 3:21-28; 4:5; 5:1; 9:30; 10:9-11; Gá 2:16; 3:11, 24; Ef 2:8, 9; Fil 3:9).

h. **perdón de pecados.** Este es el resultado más significativo de la salvación (ver Hch 2:38; cp. 3:19; 5:31; 10:43; 13:38; Mt 1:21; 26:28; Lc 1:77; 24:47; 1 Co 15:3; Gá 1:4; Col 1:14; He 8:12; 9:28; 10:12; 1 P 2:24; 3:18; 1 Jn 2:1, 2; 3:5; 4:10; Ap 1:5).

i. **herencia.** Las bendiciones que los creyentes disfrutarán por toda la eternidad en el cielo (cp. Hch 20:32; Ef 1:11, 14, 18; Col 1:12; 3:24; He 9:15).

[a]obras dignas de arrepentimiento. Por causa de esto [b]los judíos, prendiéndome en el templo, intentaron matarme. Pero habiendo obtenido auxilio de Dios, persevero hasta el día de hoy, dando testimonio a pequeños y a grandes, no diciendo nada fuera de las cosas que [c]los profetas y Moisés dijeron que habían de suceder: que el [d]Cristo había de padecer, y ser el primero de la resurrección de los muertos, para anunciar luz al pueblo y a los gentiles.

Diciendo él estas cosas en su defensa, Festo a gran voz dijo: [e]Estás loco, Pablo; las muchas letras te vuelven loco.

Mas él dijo: No estoy loco, excelentísimo Festo, sino que hablo palabras de verdad y de cordura. Pues el rey sabe estas cosas, delante de quien también hablo con toda confianza. Porque no pienso que ignora nada de esto; pues [f]no se ha hecho esto en algún rincón. [g]¿Crees, oh rey Agripa, a los profetas? Yo sé que crees.

Entonces Agripa dijo a Pablo: [h]Por poco me persuades a ser cristiano.

Y Pablo dijo: ¡Quisiera Dios que por poco o por mucho, no solamente tú, sino también todos los que hoy me oyen, fueseis hechos tales cual yo soy, excepto estas cadenas!

Cuando había dicho estas cosas, se levantó el rey, y el gobernador, y Berenice, y los que se habían sentado con ellos; y cuando se retiraron aparte, hablaban entre sí, diciendo: Ninguna cosa digna ni de muerte ni de prisión ha hecho este hombre.

---

a. **obras dignas de arrepentimiento.** Es imposible separar el arrepentimiento genuino de una vida transformada (ver Hch 2:38; Mt 3:8; Stg 2:18).

b. **los judíos... intentaron matarme.** Ver Hch 21:27–32. La razón verdadera, a diferencia de las mentiras de los líderes judíos (Hch 24:6).

c. **los profetas y Moisés.** Ver Hch 24:14. El uso del término «Moisés» es intercambiable con «ley», porque él fue el autor del Pentateuco, los cinco libros de la ley.

d. **Cristo había de padecer... el primero de la resurrección de los muertos.** El sufrimiento del Mesías (Sal 22; Is 53) y su resurrección (Sal 16:10; cp. 13:30-37), los temas centrales de la predicación de Pablo, son enseñados con claridad en el AT.

e. **Estás loco.** Festo estaba asombrado de que un erudito como Pablo creyera en realidad que los muertos vivirían de nuevo, algo que ningún romano inteligente aceptaría. Incapaz de contenerse, interrumpió el proceso legal y exclamó que los estudios intensos de Pablo lo habían hecho perder la cordura (cp. Mr 3:21; Jn 8:48, 52; 10:20).

f. **no se ha hecho esto en algún rincón.** La muerte de Jesús y la afirmación de su resurrección de entre los muertos por parte de los cristianos era algo bien sabido en Palestina.

g. **¿Crees... a los profetas?** La pregunta sagaz de Pablo dejó a Herodes en un dilema. Si afirmaba su creencia en los profetas, también tendría que admitir la veracidad de lo que enseñaban de la muerte y resurrección de Jesús, una admisión que lo haría quedar como un tonto frente a sus amigos romanos. Por otro lado, si negaba a los profetas indispondría a sus súbditos judíos.

h. **Por poco me persuades.** Una mejor traducción es: «¿Crees que me puedes convencer de convertirme en cristiano en tan poco tiempo?». Tan pronto reconoció el dilema en el que se encontraba, Agripa contestó la pregunta de Pablo con otra suya.

Y [a]Agripa dijo a Festo: Podía este hombre ser puesto en libertad, si no hubiera apelado a César.

181. Travesía hacia Roma

Hechos 27:1–20

Cuando se decidió que [b]habíamos de navegar para Italia, entregaron a Pablo y a algunos otros presos a un [c]centurión llamado Julio, de la compañía Augusta. Y embarcándonos en una [d]nave adramitena que iba a tocar los puertos de Asia, [e]zarpamos, estando [f]con nosotros Aristarco, macedonio de Tesalónica. Aristarco, macedonio de Tesalónica. Al otro día [g]llegamos a Sidón; y Julio, tratando humanamente a Pablo, le permitió que fuese a los amigos, para ser atendido por ellos. Y haciéndonos a la vela desde allí, [h]navegamos a sotavento de Chipre, porque los vientos eran contrarios. Habiendo atravesado el mar frente a Cilicia y Panfilia, arribamos a [i]Mira, ciudad de Licia. Y hallando allí el centurión una [j]nave alejandrina que zarpaba para Italia, nos embarcó en ella.

---

a. **Agripa dijo.** La audiencia había terminado, Agripa y Festo sostuvieron una reunión privada para discutir el caso de Pablo. Ambos acordaron que era inocente de cualquier delito y que si no hubiera apelado a César podía ser dejado en libertad.

b. **habíamos.** La referencia a «nosotros» marca el regreso de Lucas, el amigo cercano de Pablo, quien había estado ausente desde Hch 21:18. Es probable que hubiera vivido durante ese tiempo cerca de Cesarea para prestar cuidados a Pablo durante su detención. Ahora se reunía con el apóstol para el viaje a Roma.

c. **centurión... de la compañía Augusta.** Una cohorte o regimiento del mismo nombre se había estacionado en Palestina durante el reino de Agripa II (ver Hch 25:13). Es posible que Julio fuera enviado para cumplir deberes específicos como escoltar a prisioneros importantes.

d. **nave adramitena.** Proveniente de una ciudad en la costa noroeste de Asia Menor (Turquía en la actualidad), cerca de Troas donde el centurión planificaba encontrar una embarcación que partiera rumbo a Italia.

e. **zarpamos.** Desde Cesarea, el barco navegó 112 km hacia el norte rumbo a Sidón.

f. **con nosotros Aristarco.** Este hombre había sido retenido por la multitud durante el alboroto en Éfeso (Hch 19:29), mientras acompañaba a Pablo hacia Jerusalén con la ofrenda (Hch 20:4). Aristarco permanecería al lado de Pablo durante la primera vez que lo tomarían como prisionero en Roma (Col 4:10).

g. **llegamos a Sidón.** Ver Hch 12:20. Los cristianos del lugar ministraron a Pablo, tal vez con las provisiones necesarias para el viaje.

h. **navegamos a sotavento de Chipre.** Como medida preventiva, se mantuvieron al lado de la isla donde soplaba menos el viento, entre el continente y la isla.

i. **Mira... Licia.** Uno de los puertos principales de la flota de grano imperial, cuyos barcos traían grano egipcio a Italia.

j. **nave alejandrina.** Parte de la flota imperial que transportaba grano.

Navegando muchos días despacio, y llegando a duras penas frente a [a]Gnido, porque nos impedía el viento, navegamos [b]a sotavento de Creta, frente a [c]Salmón. Y costeándola con dificultad, llegamos a un lugar que llaman [d]Buenos Puertos, cerca del cual estaba la ciudad de Lasea.

Y habiendo pasado mucho tiempo, y siendo ya peligrosa la navegación, por haber [e]pasado ya el ayuno, Pablo les amonestaba, diciéndoles: Varones, veo que la navegación va a ser [f]con perjuicio y mucha pérdida, no solo del cargamento y de la nave, sino también de nuestras personas. Pero el [g]centurión daba más crédito al [h]piloto y al patrón de la nave, que a lo que Pablo decía. Y siendo [i]incómodo el puerto para invernar, la mayoría acordó zarpar también de allí, por si pudiesen arribar a [j]Fenice, puerto de Creta que mira al nordeste y sudeste, e invernar allí.

Y soplando una brisa del sur, pareciéndoles que ya tenían lo que deseaban, levaron anclas e iban costeando Creta. Pero no mucho después dio contra la nave un viento huracanado llamado [k]Euroclidón. Y siendo arrebatada la nave, y no pudiendo poner proa al viento, nos abandonamos a él y nos dejamos llevar. Y habiendo corrido a sotavento de una pequeña isla llamada [l]Clauda,

---

a. **Gnido.** Ubicado en una península al extremo suroeste de Asia Menor, este puerto también atendía embarcaciones de la flota de grano imperial. Al llegar a Gnido, el barco no podía navegar más hacia el oeste debido a los fuertes vientos, y tuvo que dirigirse hacia la isla de Creta en el sur.

b. **a sotavento de Creta.** Esta isla grande adyacente a la costa suroeste de Asia Menor ofreció cierto alivio de los fuertes vientos del noroeste que amenazaban la estabilidad del barco.

c. **Salmón.** Un promontorio en la costa noreste de Creta.

d. **Buenos Puertos... Lasea.** El barco navegó con dificultad alrededor de la punta sureste de Creta y finalmente entró al resguardo de la bahía conocida como Buenos Puertos.

e. **pasado ya el ayuno.** Ver Zac 7:3; cp. Lv 23:26-32. El viaje por mar abierto era peligroso entre mediados de septiembre y mediados de noviembre, después de lo cual cesaba por completo hasta febrero. Como ya había tenido lugar el ayuno (en el día de la Expiación) a finales de septiembre o comienzos de octubre, cualquier viaje adicional acarrearía muchos peligros.

f. **con perjuicio y mucha pérdida.** Por lo avanzado de la estación y las dificultades que ya habían experimentado, Pablo les dio el consejo sabio de pasar el verano en Buenos Puertos.

g. **centurión.** Ver Hch 10:1. Puesto que el barco era parte de la flota imperial que transportaba el grano (ver Hch 27:5) Julio era el oficial de más alto rango a bordo de la nave, no el piloto ni el dueño de la embarcación.

h. **piloto.** El timonel o el capitán del barco.

i. **incómodo el puerto para invernar.** Los navegantes profesionales consideraron que Buenos Puertos no era el mejor para pasar el invierno (Hch 27:9).

j. **Fenice.** Unos 64 km de Buenos Puertos, con un desembarcadero que los refugiaría mejor de las tormentas invernales.

k. **Euroclidón.** La transliteración más correcta del original produce el término Euraquilón, del griego *euros* («viento del este») y *aquilo* en latín («viento del norte»). Era un vendaval impetuoso y amenazador temido por todos los que navegaban el Mediterráneo.

l. **Clauda.** Una isla 39 km al suroeste de Creta.

con dificultad pudimos [a]recoger el esquife. Y una vez subido a bordo, [b]usaron de refuerzos para ceñir la nave; y teniendo temor de dar en la [c]Sirte, [d]arriaron las velas y quedaron a la deriva. Pero siendo combatidos por una furiosa tempestad, al siguiente día [e]empezaron a alijar, y al tercer día con nuestras propias manos arrojamos los aparejos de la nave. Y no apareciendo ni sol ni estrellas por muchos días, y acosados por una tempestad no pequeña, ya habíamos perdido toda esperanza de salvarnos.

182. El naufragio

Hechos 27:21–44

Entonces Pablo, como hacía ya mucho que no comíamos, puesto en pie en medio de ellos, dijo: Habría sido por cierto conveniente, oh varones, haberme oído, y no zarpar de Creta tan solo para recibir este perjuicio y pérdida. Pero ahora os exhorto a tener buen ánimo, pues no habrá ninguna pérdida de vida entre vosotros, sino solamente de la nave. Porque esta noche ha estado conmigo [f]el ángel del Dios de quien soy y a quien sirvo, diciendo: Pablo, no temas; es necesario [g]que comparezcas ante César; y he aquí, Dios te ha concedido todos los que navegan contigo. Por tanto, oh varones, tened buen ánimo; porque yo confío en Dios que será así como se me ha dicho. Con todo, es necesario que demos en alguna isla.

---

a. **recoger el esquife.** Para aprovechar el resguardo de Clauda, los navegantes comenzaron a alistar el bote para la tormenta y sacaron del agua la lancha de salvamento.

b. **usaron de refuerzos para ceñir la nave.** Un procedimiento que servía para mantener inmóvil la embarcación. Los cables rodeaban con firmeza el casco de la nave para que el barco soportara el embate del viento y las olas.

c. **Sirte.** Una región arenosa con arrecifes y bajíos cerca de la costa de África, la cual temían y evitaban los marineros porque muchas embarcaciones habían encallado ahí.

d. **arriaron las velas.** Esta frase podría traducirse mejor «bajaron el ancla». Es indudable que los marineros hicieron las dos cosas porque no tendría sentido anclar el barco sin recoger las velas.

e. **empezaron a alijar.** Al deshacerse de todos los pertrechos y equipaje innecesarios el barco quedaría más ligero y podría surcar con más facilidad las olas.

f. **el ángel.** La última de seis visiones que Pablo recibió y que registró Lucas (cp. Hch 9:3-6; 16:9, 10; 18:9, 10; 22:17, 18; 23:11).

g. **que comparezcas ante César.** El ángel reafirmó la promesa que Jesús mismo había hecho antes a Pablo (Hch 23:11).

Venida [a]la decimacuarta noche, y siendo llevados a través del [b]mar Adriático, a la medianoche los marineros [c]sospecharon que estaban cerca de tierra; y [d]echando la sonda, hallaron [e]veinte brazas; y pasando un poco más adelante, volviendo a echar la sonda, hallaron quince brazas. Y temiendo dar en escollos, [f]echaron cuatro anclas por la popa, y ansiaban que se hiciese de día. Entonces los marineros procuraron huir de la nave, y echando el [g]esquife al mar, aparentaban como que querían [h]largar las anclas de proa.

Pero Pablo dijo al centurión y a los soldados: Si estos no permanecen en la nave, vosotros no podéis salvaros. Entonces los soldados cortaron las amarras del esquife y lo dejaron perderse.

Cuando comenzó a amanecer, Pablo exhortaba a todos que comiesen, diciendo: Este es el decimocuarto día que veláis y permanecéis [d]en ayunas, sin comer nada. Por tanto, os ruego que comáis por vuestra salud; pues [j]ni aun un cabello de la cabeza de ninguno de vosotros perecerá. Y habiendo dicho esto, tomó el pan y dio gracias a Dios en presencia de todos, y partiéndolo, comenzó a comer. Entonces todos, teniendo ya mejor ánimo, comieron también. Y éramos todas [k]las personas en la nave doscientas setenta y seis. Y ya satisfechos, aligeraron la nave, echando el trigo al mar.

Cuando se hizo de día, no reconocían la tierra, pero veían una ensenada que tenía playa, en la cual acordaron varar, si pudiesen, la nave. Cortando, pues, las anclas, las dejaron en el mar, largando también las amarras del timón; e izada al viento la vela de proa, enfilaron hacia la playa. Pero dando en [l]un lugar de dos

---

a. **la decimacuarta noche.** Desde que habían zarpado de Buenos Puertos (Hch 27:13).

b. **mar Adriático.** La sección central del mar Mediterráneo, no el mar Adriático que en la actualidad se ubica entre Italia y Croacia. El Adriático moderno se conocía en tiempos de Pablo como el golfo de Adria.

c. **sospecharon.** Es probable que los navegantes escucharan el ruido de olas que golpeaban contra la orilla.

d. **echando la sonda.** Con una pesa atada a un cordel medían la profundidad del mar.

e. **veinte brazas... quince brazas.** 36,57 m... 27,43 m. La disminución en profundidad del agua confirmó que el barco se aproximaba a tierra.

f. **echaron cuatro anclas por la popa.** Intentaron mantener el barco en su lugar para que la proa (parte delantera) se mantuviera apuntada hacia la orilla.

g. **esquife.** El mismo bote salvavidas que antes habían subido a bordo (Hch 27:16).

h. **largar las anclas de proa.** Habrían hecho esto para tener más estabilidad (cp. Hch 27:29).

d. **en ayunas.** Como resultado del mareo y la dificultad de preparar y preservar alimentos, los pasajeros y la tripulación habían comido poco o nada en las dos semanas desde la ida de Buenos Puertos.

j. **ni aun un cabello.** Un dicho judío común (1 S 14:45; 2 S 14:11; 1 R 1:52; Lc 21:18) que aludía a un concepto de protección absoluta.

k. **las personas en la nave doscientas setenta y seis.** Como embarcación oceánica, era un barco mucho más grande que el velero en el que viajó Pablo de Cesarea a Licia.

l. **un lugar de dos aguas.** Un bajío o arrecife junto a la orilla.

aguas, hicieron encallar la nave; y la proa, hincada, quedó inmóvil, y la popa se abría con la violencia del mar.

Entonces [a]los soldados acordaron matar a los presos, para que ninguno se fugase nadando. Pero el centurión, queriendo salvar a Pablo, les impidió este intento, y mandó que los que pudiesen nadar se echasen los primeros, y saliesen a tierra; y los demás, parte en tablas, parte en cosas de la nave. Y así aconteció que todos se salvaron saliendo a tierra.

183. De Malta a Roma

Hechos 28:1–15

Estando ya a salvo, supimos que la isla se llamaba [b]Malta. Y los naturales nos trataron con no poca humanidad; porque encendiendo un fuego, nos recibieron a todos, a causa de la lluvia que caía, y del frío. Entonces, habiendo recogido Pablo algunas ramas secas, las echó al fuego; y [c]una víbora, huyendo del calor, se le prendió en la mano. Cuando los naturales vieron la víbora colgando de su mano, se decían unos a otros: Ciertamente este hombre es homicida, a quien, escapado del mar, la justicia no deja vivir. Pero él, sacudiendo la víbora en el fuego, ningún daño padeció. Ellos estaban esperando que él se hinchase, o cayese muerto de repente; mas habiendo esperado mucho, y viendo que ningún mal le venía, cambiaron de parecer y [d]dijeron que era un dios.

En aquellos lugares había propiedades del [e]hombre principal de la isla, llamado Publio, quien nos recibió y hospedó solícitamente tres días. Y aconteció que el padre de Publio estaba en cama, [f]enfermo de fiebre y de disentería; y entró Pablo a verle, y después de haber orado, le impuso las manos, y le sanó. Hecho esto, también los otros que en la isla tenían enfermedades, venían,

a. **los soldados acordaron matar a los presos.** Sabían que el escape de sus prisioneros significaba castigo de muerte para ellos (cp. Hch 12:19; 16:27).

b. **Malta.** Una isla con 27 km de largo y 14 km de ancho, unos 96 km al sur de Sicilia. Ninguno de los navegantes había estado antes en esa bahía (conocida hoy como la bahía de San Pablo) donde naufragaron.

c. **una víbora.** Serpiente con veneno mortal. Cp. Mr 16:18.

d. **dijeron que era un dios.** Ver Hch 14:11, 12.

e. **hombre principal de la isla.** La frase griega indica que Publio era el gobernador romano de Malta.

f. **enfermo de fiebre y de disentería.** La fiebre gástrica causada por un microbio que se hallaba en la leche de cabra era común en Malta. La disentería, que casi siempre venía como resultado de la mala higiene, era una enfermedad presente en todo el mundo antiguo.

y eran sanados; los cuales también nos honraron con muchas atenciones; y cuando zarpamos, nos cargaron de las cosas necesarias.

[a]Pasados tres meses, nos hicimos a la vela en una [b]nave alejandrina que había invernado en la isla, la cual tenía por enseña a [c]Cástor y Pólux. Y llegados a [d]Siracusa, estuvimos allí tres días. De allí, costeando alrededor, llegamos a [e]Regio; y otro día después, soplando el viento sur, llegamos al segundo día a [f]Puteoli, donde habiendo hallado hermanos, nos rogaron que nos quedásemos con ellos siete días; y luego fuimos a [g]Roma, de donde, oyendo de nosotros los hermanos, salieron a recibirnos hasta el [h]Foro de Apio y las [i]Tres Tabernas; y al verlos, Pablo dio gracias a Dios y cobró aliento.

184. Arresto domiciliario en Roma

Hechos 28:16–31

Cuando llegamos a Roma, [j]el centurión entregó los presos al prefecto militar, pero a Pablo se le permitió [k]vivir aparte, con un soldado que le custodiase.

Aconteció que tres días después, Pablo convocó a [l]los principales de los judíos, a los cuales, luego que estuvieron reunidos, [m]les dijo: Yo, varones

---

a. **Pasados tres meses.** Debido a que los viajes marítimos eran peligrosos durante este período (ver Hch 27:9).

b. **nave alejandrina.** Otra que formaba parte de la flota imperial de grano (ver Hch 27:5, 6).

c. **Cástor y Pólux.** Los hijos gemelos de Zeus que según la mitología griega protegían a los marineros.

d. **Siracusa.** Una ciudad importante en la isla de Sicilia. Según la tradición, Pablo estableció allí una iglesia durante la estadía de tres días.

e. **Regio.** Un muelle en el extremo sur de la parte continental de Italia. Allí esperaron un día la llegada de vientos favorables para navegar entre los estrechos de Mesina que separan a Sicilia de la región continental.

f. **Puteoli.** En la actualidad se conoce como Pozzuoli, ubicada en la bahía de Nápoles y cerca de Pompeya. Puteoli era el principal puerto de Roma y el más importante de Italia, así como el más usado por la flota que transportaba el grano egipcio (ver Hch 27:5).

g. **Roma.** Casi a manera de nota al margen, Lucas menciona la llegada de todos a la capital del imperio, la meta que Pablo había tenido mucho tiempo en mente (ver Hch 19:21).

h. **Foro de Apio.** Una población mercantil 68 km al sur de Roma sobre la Vía de Apio.

i. **Tres Tabernas.** Un punto de descanso en la Vía de Apio, unos 48 km al sur de Roma.

j. **el centurión entregó los presos al prefecto militar.** Muchos manuscritos griegos omiten esta frase. Si es parte del texto original, indica que Julio entregó los prisioneros a su comandante o al comandante de la guardia pretoriana.

k. **vivir aparte... que le custodiase.** Quizá por intervención de Julio, a Pablo se le permitió vivir bajo guardia en su propia residencia de alquiler (cp. Hch 28:30).

l. **los principales de los judíos.** Los hombres más prominentes de las sinagogas en Roma (ver Hch 6:9).

m. La sexta y última defensa de Pablo registrada en Hechos (cp. Hch 22:1-21; 22:30-23:10; 24:10-21; 25:1-12; 26:1-29).

hermanos, no habiendo hecho nada contra el pueblo, ni contra [a]las costumbres de nuestros padres, he sido entregado preso desde Jerusalén en manos de los romanos; los cuales, habiéndome examinado, me querían soltar, por no haber en mí ninguna causa de muerte. Pero oponiéndose los judíos, me vi obligado a [b]apelar a César; no porque tenga de qué acusar a mi nación. Así que por esta causa os he llamado para veros y hablaros; porque por [c]la esperanza de Israel estoy sujeto con esta cadena.

Entonces ellos le dijeron: Nosotros ni hemos recibido de Judea cartas acerca de ti, ni ha venido alguno de los hermanos que haya denunciado o hablado algún mal de ti. Pero querríamos oír de ti lo que piensas; porque de esta secta nos es notorio que en todas partes se habla contra ella.

Y habiéndole señalado un día, vinieron a él muchos a la posada, a los cuales les declaraba y les testificaba el reino de Dios desde la mañana hasta la tarde, [d]persuadiéndoles acerca de Jesús, tanto por la ley de Moisés como por los profetas. Y algunos asentían a lo que se decía, pero otros no creían.

Y como no estuviesen de acuerdo entre sí, al retirarse, les dijo Pablo esta palabra: Bien habló el Espíritu Santo por medio del profeta Isaías a nuestros padres, diciendo:

> [e]Ve a este pueblo, y diles:
> De oído oiréis, y no entenderéis;
> Y viendo veréis, y no percibiréis;
> Porque el corazón de este pueblo se ha engrosado,
> Y con los oídos oyeron pesadamente,
> Y sus ojos han cerrado,
> Para que no vean con los ojos,
> Y oigan con los oídos,
> Y entiendan de corazón,
> Y se conviertan,
> Y yo los sane.

---

a. **las costumbres de nuestros padres.** Para comenzar, Pablo negó que fuera culpable de cualquier infracción en contra del pueblo judío o sus tradiciones (cp. Hch 22:3; 24:14; 26:4, 5).

b. **apelar a César.** Ver Hch 25:11.

c. **la esperanza de Israel.** Ver Hch 24:15; 26:6.

d. **Persuadiéndoles... por la ley de Moisés... por los profetas.** El método de Pablo para evangelizar a los judíos en todo el libro de Hechos consistía en probar que Jesús era el Mesías basado en el AT (cp. Hch 13:16-41).

e. Cita de Is 6:9, 10.

Sabed, pues, que [a]a los gentiles es enviada esta salvación de Dios; y ellos oirán. Y cuando hubo dicho esto, los judíos se fueron, teniendo gran discusión entre sí.

[b]Y Pablo permaneció dos años enteros en una casa alquilada, y recibía a todos los que a él venían, predicando el reino de Dios y enseñando acerca del Señor Jesucristo, [c]abiertamente y sin impedimento.

185. Pablo escribe Efesios

Introducción a Efesios

La carta va dirigida a la iglesia de Éfeso, capital de la provincia romana de Asia (Asia Menor, Turquía moderna). Debido a que el nombre de Éfeso no se menciona en ninguno de los primeros manuscritos, algunos eruditos creen que la carta era una encíclica, con el propósito de que circulara y se leyera en todas las iglesias de Asia Menor y, simplemente, fue enviada primero a los creyentes de Éfeso.

Autor y fecha

No hay indicación alguna de que se cuestione la autoría de Pablo. Se le señala a él como autor en la salutación de apertura (Ef 1:1; 3:1). La carta se escribió desde la prisión en Roma (Hch 28:16-31), en algún momento entre el 60-62 A.D. y, por lo tanto, se alude a ella a menudo como una epístola carcelaria (junto con Filipenses, Colosenses, y Filemón). Podría ser contemporánea de Colosenses, y haber sido enviada inicialmente por Tíquico, junto con ella y Filemón por Tíquico (Ef 6:21, 22; Col 4:7, 8). Ver la Introducción a Filipenses: Autor y fecha para una discusión de la ciudad de la que Pablo escribió.

Contexto histórico

Es probable que el evangelio llegara por primera vez a Éfeso de la mano de Priscila y Aquila, una pareja excepcionalmente dotada (ver Hch 18:26), a quienes Pablo dejó allí en su segundo viaje misionero (Hch 18:18, 19). Localizada

---

a. **a los gentiles es enviada esta salvación de Dios.** Ver Hch 11:18; 13:46, 47; 14:27; 15:14-17; 18:6.

b. La mejor explicación de este final un poco abrupto del libro es que Lucas escribió Hechos antes de que Pablo fuera dejado en libertad de su primer arresto en Roma.

c. **abiertamente y sin impedimento.** Ayudado por sus fieles colaboradores (cp. Col 4:10; Flm 24), Pablo evangelizó Roma (cp. Fil 1:13; 4:22).

en la boca del río Caister, en el lado este del mar Egeo, la ciudad de Éfeso fue quizás más conocida por su magnífico templo de Artemisa o Diana, una de las siete maravillas del mundo antiguo. También fue un importante centro político, educativo, y comercial, al nivel de Alejandría en Egipto, y Antioquía de Pisidia, en la parte sur de Asia Menor.

La fuerte iglesia comenzada por Priscila y Aquila fue más tarde firmemente establecida por Pablo en su tercer viaje misionero (Hch 19), quien la pastoreó durante unos tres años. Después de que Pablo partiera, Timoteo se hizo cargo de la congregación durante quizás un año y medio, principalmente para contrarrestar la falsa enseñanza de unos pocos hombres influyentes (como Himeneo y Alejandro), quizás ancianos en aquella congregación (1 Ti 1:3, 20). Por culpa de ellos, la iglesia de Éfeso estaba plagada de «fábulas y genealogías interminables» (1:4) y por ideas ascéticas y contrarias a la Biblia, como la prohibición del matrimonio y la abstención de ciertos alimentos (4:3). Aunque esos falsos maestros no entendían correctamente las Escrituras, propagaron sus interpretaciones impías con determinación (1:7), y produjeron en la iglesia «disputas más bien que edificación de Dios que es por fe» (1:4). Unos treinta años más tarde, Cristo le dio al apóstol Juan una carta para esta iglesia, y le indicó que su pueblo ya no sentía el primer amor por él (Ap 2:1-7).

Temas históricos y teológicos

Los primeros tres capítulos son teológicos, y enfatizan la doctrina del NT, mientras que los últimos tres capítulos son prácticos y se enfocan en conducta cristiana. Por encima de cualquier otra cosa, es una carta de aliento y amonestación, escrita para recordarles a los creyentes sus invaluables bendiciones en Jesucristo; y no solo para que estuvieran agradecidos por ellas, sino también para que vivan de una manera digna de ellas. A pesar de las grandes bendiciones del cristiano en Jesucristo, y en parte debido a ellas, puede tener la certeza de que será tentado por Satanás para que se sienta autosatisfecho y autocomplacido. Por esa razón, en el último capítulo Pablo les recuerda a los creyentes la armadura completa y suficiente provista para ellos a través de la Palabra de Dios y por su Espíritu (Ef 6:10-17), así como de su necesidad de oración vigilante y persistente (6:18).

Un tema clave de la carta es el misterio (que significa una verdad no revelada del pasado) de la iglesia: «que los gentiles son coherederos y miembros del mismo cuerpo, y copartícipes de la promesa en Cristo Jesús por medio del evangelio» (3:6), una verdad completamente escondida a los santos del AT (cp. 3:5, 9). Todos los creyentes en Jesucristo, el Mesías, son iguales delante del Señor como hijos suyos y como ciudadanos de su reino eterno, una maravillosa verdad que solo los creyentes de esta época actual poseen. Pablo también habla del misterio de la iglesia como novia de Cristo (5:32; cp. Ap 21:9).

Una verdad importante enfatizada es la de la iglesia como el cuerpo presente, espiritual, terrenal de Cristo, también una verdad distinta y no revelada con anterioridad respecto al pueblo de Dios. Esta metáfora muestra a la iglesia, no como una organización, sino como un organismo vivo compuesto de partes mutuamente relacionadas e interdependientes. Cristo es la Cabeza del cuerpo y el Espíritu Santo es su sangre de vida, por así decirlo. El cuerpo funciona a través del uso fiel de los dones espirituales de sus diferentes miembros, otorgados de una manera única y soberana por el Espíritu Santo en cada creyente.

Otros temas principales incluyen las riquezas y la plenitud de bendición para los creyentes. Pablo escribe de «las riquezas de su gracia» (1:7), «las inescrutables riquezas de Cristo» (3:8), y «las riquezas de su gloria» (3:16). Exhorta a los creyentes a ser «llenos de toda la plenitud de Dios» (3:19), llegar «a la unidad de la fe y del conocimiento del Hijo de Dios, a un varón perfecto, a la medida de la estatura de la plenitud de Cristo» (4:13), y a «[ser] llenos del Espíritu» (5:18). Sus riquezas en Cristo están basadas en su gracia (1:2, 6, 7; 2:7), su paz (1:2), su voluntad (1:5), su beneplácito y su propósito (1:9), su gloria (1:12, 14), su llamado y su herencia (1:18), su poder y fortaleza (1:19; 6:10), su amor (2:4), su hechura (2:10), su Espíritu Santo (3:16), su ofrenda y su sacrificio (5:2), y su armadura (6:11, 13). La palabra «riquezas» se usa cinco veces en esta carta; «gracia» en doce ocasiones; «gloria» ocho veces; «plenitud» o «pleno» seis veces; y la frase clave «en Cristo» (o «en él») unas doce veces.

Retos de interpretación

La teología general de Efesios es directa, no ambigua, y no presenta ideas o interpretaciones cuyos significados se vean seriamente disputados. No obstante, algunos textos requieren una cuidadosa reflexión para interpretarlos correcta y específicamente: 1) 2:8, en las que se debe decidir si la salvación o la fe es el don; 2) 4:5, si el tipo de bautismo debe discernirse; y 3) 4:8, en su relación con Salmos 68:18. Estas cuestiones se abordan en las notas de los pasajes correspondientes.

186. Predestinación y redención en Cristo

Efesios 1:1–10

Pablo, [a]apóstol de Jesucristo por la voluntad de Dios,

a [b]los santos y fieles en Cristo Jesús que están en Éfeso:

[c]Gracia y paz a vosotros, de [d]Dios nuestro Padre y del Señor Jesucristo.

[e]Bendito sea el [f]Dios y Padre de nuestro Señor Jesucristo, que nos bendijo con toda bendición espiritual [g]en los lugares celestiales [h]en Cristo, según [i]nos escogió en él [j]antes de la fundación del mundo, para que fuésemos [k]santos

---

a. **apóstol.** La palabra significa «mensajero» y sirvió como título oficial para Pablo y los doce discípulos (incluido Matías, Hch 1:26), quienes fueron testigos oculares del Jesús resucitado, y escogidos por Dios para poner los cimientos de la iglesia mediante su predicación, enseñanza y elaboración de las Escrituras, como ratificaron las señales que los acompañaron (cp. 2 Co 12:12). Ver Ef 4:11.

b. **los santos y fieles.** Designación de aquellos que han sido apartados por Dios del pecado para él mismo, y hechos santos por medio de su fe en Jesucristo.

c. **Gracia y paz a vosotros.** Un saludo común en la iglesia primitiva que Pablo utilizó en todas sus cartas.

d. **Dios nuestro Padre y del Señor Jesucristo.** De ellos procedía la autoridad con la que hablaba Pablo, así como las bendiciones de gracia y paz para todos los creyentes. La conjunción «y» es una indicación de equivalencia, porque el Señor Jesucristo es divino en la misma medida que el Padre.

e. **Bendito.** Se deriva de la palabra griega *eulogia* que significa alabar o elogiar, lit. «hablar bien de». Bendecir a Dios es el deber supremo de todas las criaturas (ver Ro 1:18-21; cp. Ap 5:13). Este pasaje describe el plan maestro de Dios para la salvación en términos del pasado (elección, Ef 1:3-6a), el presente (redención, vv. 6b-11), y el futuro (herencia, vv. 12-14). También puede verse como un énfasis en el Padre (vv. 3-6), el Hijo (vv. 7-12) y el Espíritu (vv. 13-16).

f. **Dios... que nos bendijo con toda bendición espiritual.** En su gracia providencial, Dios ya ha dado a los creyentes una bendición total (Ro 8:28; Col 2:10; Stg 1:17; 2 P 1.3). «Espiritual» no se refiere a bendiciones etéreas en oposición a bendiciones materiales, sino más bien a la obra de Dios quien es la fuente divina y espiritual de todas las bendiciones existentes.

g. **en los lugares celestiales.** Lit. «en el cielo». Esto se refiere al campo del dominio completo de Dios, desde donde proceden todas sus bendiciones (cp. Ef 1:20; 2:6; 3:10; 6:12).

h. **en Cristo.** Las bendiciones superabundantes de Dios solo pertenecen a los creyentes, sus hijos por la fe en Cristo, para que todo lo que él tiene sea de ellos, y esto incluye su justicia, sus recursos, su privilegio, su posición y su poder (cp. Ro 8:16, 17).

i. **nos escogió.** La doctrina de la elección se recalca a través de todas las Escrituras (cp. Dt 7:6; Is 45:4; Jn 6:44; Hch 13:48; Ro 8:29; 9:11; 1 Ts 1:3, 4; 2 Ts 2:13; 2 Ti 2:10; Ver 1 P 1:2). La forma del verbo griego tras la palabra «escogió» indica que Dios no solo escogió por sí mismo, sino para él mismo y para alabanza de su propia gloria (Ef 1:6, 12, 14). La elección o predestinación de Dios no anula ni opera aparte de la responsabilidad del hombre para creer en Jesús como Señor y Salvador (cp. Mt 3:1, 2; 4:17; Jn 5:40).

j. **antes de la fundación del mundo.** A través de la voluntad soberana de Dios antes de la creación del mundo, y por lo tanto, independiente de toda influencia humana y aparte de todo mérito humano, aquellos que son salvos han alcanzado la unidad eterna con Cristo. Cp. 1 P 1:20; Ap 13:8; 17:8.

b. **santos y sin mancha delante de él.** Esto describe tanto un propósito como un resultado en la elección divina de los que habrán de ser salvos. Las personas injustas son

y sin mancha delante de él, [a]en amor, [b]habiéndonos predestinado para ser adoptados hijos suyos por medio de Jesucristo, según el puro afecto de su voluntad, [c]para alabanza de la gloria de su gracia, [d]con la cual nos hizo aceptos en el Amado, en quien tenemos [e]redención por su sangre, [f]el perdón de pecados según las riquezas de su gracia, que hizo sobreabundar para con nosotros en toda sabiduría e inteligencia, dándonos a conocer el misterio de su voluntad, según su beneplácito, el cual se había propuesto en sí mismo, [g]de reunir todas las cosas en Cristo, en la dispensación del cumplimiento de los tiempos, así las que están en los cielos, como las que están en la tierra.

---

declaradas justas, los pecadores indignos son declarados dignos de la salvación, todo porque son escogidos «en él» (Cristo). Esto se refiere a la justicia imputada de Cristo, concedida a los creyentes (ver 2 Co 5:21; Fil 3:9), una justicia perfecta que pone a los creyentes en una posición santa y libre de culpa ante Dios (5:27; Col 2:10), aunque la vida diaria haga inevitable que no vivan todo el tiempo conforme a su parámetro de santidad perfecta.

a. **en amor.** Esta frase debe colocarse al comienzo de Ef 1:5 porque introduce el motivo divino del propósito de Dios en su elección soberana. Cp. Ef 2:4; Dt 7:8.

b. **habiéndonos predestinado para ser adoptados hijos suyos.** Los padres humanos pueden brindar su amor, sus recursos y su herencia a un hijo adoptivo, pero no sus características peculiares y distintivas. No obstante, Dios otorga su propia naturaleza, de forma milagrosa, a quienes ha elegido y que han confiado en Cristo. Él los convierte en hijos suyos a la imagen de su Hijo divino y no solo les concede las riquezas y bendiciones de Cristo, sino su misma naturaleza (cp. Jn 15:15; Ro 8:15).

c. **para alabanza de la gloria de su gracia.** El propósito último de la elección para salvación es la gloria de Dios (cp. Ef 1:12, 14; Fil 2:13; 2 Ts 1:11, 12).

d. **con la cual nos hizo aceptos en el Amado.** Aquí «cual» se refiere a la gracia divina (amor y favor inmerecidos) que ha hecho posible que los creyentes sean aceptados por Dios mediante la muerte sustitutiva y la justicia imputada que han sido suministradas por Jesucristo («el Amado», cp. Mt 3:17; Col 1:13). Por cuanto los creyentes son aceptados en él, son los amados de Dios, como él lo es.

e. **redención por su sangre.** El término usado aquí se refiere al pago a Dios del rescate requerido para dejar en libertad a una persona esclavizada. El sacrificio de Cristo en la cruz pagó ese precio por cada persona elegida que había sido esclavizada por el pecado, para comprar su libertad y sacarlos de la esclavitud a la iniquidad (ver 2 Co 5:18, 19). El precio de la redención humana fue la muerte de Cristo (cp. Lv 17:11; Ro 3:24, 25; He 9:22; 1 P 1:18, 19; Ap 5:8–10).

f. **el perdón de pecados... en toda sabiduría e inteligencia.** La redención trae la gracia ilimitada de Dios (Ro 5:20) y perdón del pecado (cp. Mt 26:28; Hch 13:38, 39; Ef 4:32; Col 2:13; 1 Jn 1:9). También trae entendimiento de origen divino. Cp. 1 Co 2:6, 7, 12, 16.

g. **de reunir.** Al final de la historia de este mundo, Dios reunirá a los creyentes en el reino milenario que aquí se llama «la dispensación del cumplimiento de los tiempos», como alusión a que la historia llegará a su fin (Ap 20:1-6). Después de esto, Dios reunirá todas las cosas en él mismo para al futuro eterno, a partir de la creación de cielos nuevos y tierra nueva (Ap 21:1ss). El nuevo universo quedará unificado por completo bajo el señorío de Cristo (cp. 1 Co 15:27, 28; Fil 2:10, 11).

187. Herencia y recursos en Cristo

Efesios 1:11–23

[a]En él asimismo tuvimos herencia, [b]habiendo sido predestinados conforme al propósito del [c]que hace todas las cosas según el designio de su voluntad, a fin de que seamos [d]para alabanza de su gloria, nosotros los que primeramente esperábamos en Cristo.

En él también vosotros, [e]habiendo oído la palabra de verdad, el evangelio de vuestra salvación, y habiendo creído en él, fuisteis [f]sellados con el Espíritu Santo de la promesa, que es las arras de nuestra herencia hasta la redención de la posesión adquirida, para alabanza de su gloria.

Por esta causa también yo, habiendo oído de vuestra fe en el Señor Jesús, y de [g]vuestro amor para con todos los santos, no ceso de dar gracias por vosotros, haciendo memoria de vosotros en mis oraciones, para que [h]el Dios de nuestro

---

a. **En él asimismo tuvimos herencia.** Cristo es la fuente de la herencia divina del creyente, la cual es tan cierta que se habla de ella como si ya hubiera sido recibida. Cp. 1 Co 3:22, 23; 2 P 1:3, 4.

b. **habiendo sido predestinados.** Antes de que la tierra fuera formada, Dios determinó en su soberanía que cada pecador elegido, sin importar cuán vil, inútil y merecedor de la muerte, fuera hecho justo al confiar en Cristo.

c. **que hace todas las cosas.** «Hace» también se refiere a «obras» porque la palabra que se traduce «hace» es la misma que da origen a la palabra «energía». Cuando creó el mundo, le dio energía suficiente para comenzar a funcionar tal como él lo había planificado. No solo estaba listo para funcionar, sino que fue creado en funcionamiento perfecto. Así como Dios obra para llevar a cabo su plan «según el designio de su voluntad», él suministra energía a cada creyente y le da el poder necesario para su perfeccionamiento espiritual (cp. Fil 1:6; 2:13).

d. **para alabanza de su gloria.** La gloria de Dios es el propósito supremo de la redención (cp. Ef 6, 14).

e. **habiendo oído la palabra de verdad... y habiendo creído.** El evangelio de Jesucristo revelado por Dios debe ser oído (Ro 10:17) y creído (Jn 1:12) para traer salvación.

f. **sellados con el Espíritu Santo.** El Espíritu de Dios mismo viene para morar en el creyente, en gran parte para asegurar y preservar su salvación eterna. El sello del que habla Pablo se refiere a una marca oficial de identificación que se colocaba en cartas, contratos y otros documentos importantes. Así el documento quedaba bajo la autoridad auténtica y oficial de la persona cuya marca quedara impresa en el sello. Hay cuatro verdades primordiales que se establecen por medio de un sello: 1) seguridad (cp. Dn 6:17; Mt 27:62–66), 2) autenticidad (cp. 1 R 21:6-16), 3) propiedad (cp. Jer 32:10) y 4) autoridad (cp. Est 8:8-12). Dios proporciona el Espíritu Santo como su juramento de la herencia futura del creyente en la gloria (cp. 2 Co 1:21).

g. **vuestro amor para con todos los santos.** El amor a otros creyentes es prueba de la fe que salva (cp. Jn 13:34, 35; 1 Jn 4:16-18; 4:20; 5:1) y es una causa para la acción de gracias (Ef 1:16).

h. **el Dios de nuestro Señor Jesucristo.** Esta es una designación de Dios que vincula al Padre y al Hijo en su naturaleza esencial como la deidad (cp. Ro 1:5, 6; 1 Co 1:3; Fil 2:9-11; 1 P 1:3; 2 Jn 3).

Señor Jesucristo, el Padre de gloria, os dé [a]espíritu de sabiduría y de revelación en el conocimiento de él, [b]alumbrando los ojos de vuestro entendimiento, para que sepáis cuál es la esperanza a que él os ha llamado, y cuáles las riquezas de la gloria de su herencia en los santos, y cuál la [c]supereminente grandeza de su poder para con nosotros los que creemos, según la operación del poder de su fuerza, la cual operó en Cristo, resucitándole de los muertos y sentándole a su diestra en los lugares celestiales, [d]sobre todo principado y autoridad y poder y señorío, y sobre todo nombre que se nombra, no solo en este siglo, sino también en el venidero; y sometió todas las cosas bajo sus [e]pies, y lo dio por cabeza sobre todas las cosas a la iglesia, la cual es [f]su cuerpo, la plenitud de Aquel que todo lo llena en todo.

188. Nueva vida en Cristo

Efesios 2:1—10

Y él os dio vida a vosotros, cuando estabais muertos en vuestros delitos y pecados, en los cuales anduvisteis en otro tiempo, siguiendo [g]la corriente de

a. **espíritu de sabiduría y de revelación.** Pablo oraba para que los creyentes tuvieran la disposición del conocimiento piadoso y la sabiduría que la mente santificada es capaz de adquirir y aplicar (Ef 1:8), de tal modo que pudieran captar la grandeza de la esperanza (Ro 8:29; Jn 3:2) y la herencia que es suya en Cristo (Ef 1:3-14).

b. **alumbrando los ojos de vuestro entendimiento.** Una mente con iluminación espiritual es el único medio que permite entender y apreciar de verdad la esperanza y la herencia en Cristo, así como vivir para él en obediencia.

c. **supereminente grandeza de su poder.** El gran poder de Dios, aquel mismo poder que resucitó a Jesús de los muertos y lo levantó en su ascensión para llevarlo de regreso a la gloria y sentarse a la diestra de Dios, lo recibe cada creyente en el momento de su salvación, y siempre está a su disposición (cp. Hch 1:8; Col 1:29). Por ende, Pablo no oró para que el poder de Dios fuera dado a los creyentes, sino para que los creyentes fueran conscientes del poder que ya poseían en Cristo y que lo usaran (cp. Ef 3:20).

d. **sobre todo.** Pablo quería que los creyentes comprendieran la grandeza de Dios en comparación a los demás seres y entidades celestiales. Los términos «principado y autoridad y poder y señorío» eran la alusión tradicional que hacían los judíos para designar a los seres angelicales de más alto rango entre las huestes de Dios, quien está por encima de todos ellos (cp. Ap 20:10-15).

e. **pies... cabeza.** Esta es una cita de Sal 8:6 que sirve para mostrar que Dios ha exaltado a Cristo sobre todas las cosas (cp. He 2:8), incluida su iglesia (cp. Col 1:18). Es evidente que Cristo es la cabeza (no la «fuente») con autoridad absoluta, porque todas las cosas han sido colocadas bajo sus pies. Ver Ef 4:15; 5:23.

f. **su cuerpo.** Una metáfora del pueblo redimido de Dios que se usa de manera exclusiva en el NT para aludir a la iglesia (cp. Ef 4:12-16; 1 Co 12:12–27).

g. **la corriente de este mundo.** Ver Jn 1:9. Esto se refiere al orden del mundo que corresponde a los valores y parámetros de la humanidad aparte de Dios y de Cristo. En 2 Co 10:4, 5, Pablo se refiere a estas ideologías que son como fortalezas en las que las personas permanecen encarceladas y necesitan ser puestas en libertad para quedar como cautivas de Cristo y obedecer solo a la verdad.

este mundo, conforme [a]al príncipe de la potestad del aire, el espíritu que ahora opera en los hijos de desobediencia, entre los cuales también todos nosotros vivimos en otro tiempo en los deseos de nuestra carne, haciendo la voluntad de la carne y de los pensamientos, y éramos por naturaleza hijos de ira, lo mismo que los demás.

Pero Dios, que es rico en [b]misericordia, por su gran amor con que nos amó, aun [c]estando nosotros muertos en pecados, nos dio vida juntamente con Cristo (por gracia sois salvos), y [d]juntamente con él nos resucitó, y asimismo nos hizo sentar [e]en los lugares celestiales con Cristo Jesús, para mostrar en los siglos venideros las abundantes [f]riquezas de su gracia en su bondad para con nosotros en Cristo Jesús. Porque por gracia sois salvos por medio de [g]la fe; y esto no de vosotros, pues es don de Dios; no por obras, para que nadie se gloríe. Porque somos hechura suya, [h]creados en Cristo Jesús para buenas obras, [i]las cuales Dios preparó de antemano para que anduviésemos en ellas.

---

a. **al príncipe de la potestad del aire.** Satanás. Cp. Jn 12:31; 14:30; 16:11; 2 Co 4:4.

b. **misericordia... amor.** La salvación es para la gloria de Dios porque despliega su misericordia y amor sin límites hacia aquellos que están muertos en sentido espiritual a causa de su pecaminosidad.

c. **estando nosotros muertos... nos dio vida.** Mucho más que cualquier otra cosa, una persona que está en la muerte espiritual necesita ser vivificada por Dios. La salvación trae vida espiritual a los muertos. El poder que levanta a los creyentes de la muerte y les da vida (cp. Ro 6:1-7) es el mismo poder que suministra energía en todos los aspectos de la vida cristiana (cp. Ro 6:11-13).

d. **juntamente con él nos resucitó, y asimismo nos hizo sentar.** El tiempo verbal en «resucitó» e «hizo» indica que son resultados inmediatos y directos de la salvación. El creyente no solo queda muerto al pecado y vivo para la justicia a través de la resurrección de Cristo, sino que también disfruta la exaltación de su Señor y participa de su gloria preeminente.

e. **en los lugares celestiales.** El dominio sobrenatural donde Dios reina. Sin embargo, en Ef 3:10 y 6:12 también se refiere a la esfera sobrenatural donde Satanás tiene mando temporal. Es el campo espiritual donde están las bendiciones de los creyentes (cp. Ef 1:3) y su herencia (1 P 1:4), donde deberían estar enfocados sus afectos (Col 3:3), y donde disfrutan de comunión con el Señor. Es el campo del cual procede toda la revelación divina y a donde llegan todas las peticiones y las expresiones de alabanza.

f. **riquezas de su gracia.** Por supuesto, la salvación es para bendición del creyente, pero el mayor propósito que cumple es la glorificación eterna de Dios por haber concedido a los creyentes su gracia y bondad interminables e ilimitadas. El cielo entero lo glorifica por lo que él ha hecho al salvar a los pecadores (cp. Ef 3:10; Ap 7:10-12).

g. **la fe; y esto no de vosotros.** «Esto» se refiere a todo lo incluido en la declaración anterior sobre la salvación y no solo a la gracia, sino a la fe. Aunque se requiere que los hombres crean para ser salvos, hasta la fe es parte del don de Dios que salva y no puede ejercerse con base en algún poder personal. La gracia de Dios es preeminente en todos los aspectos de la salvación (cp. Ro 3:20; Gá 2:16).

h. **creados en... para buenas obras.** Las buenas obras no pueden producir salvación, pero son su resultado subsiguiente y constituyen frutos y evidencias de ella, producidos en el poder de Dios (cp. Jn 15:8; Fil 2:12, 13; 2 Ti 3:17; Tit 2:14; Stg 2:16–26).

i. **las cuales Dios preparó de antemano.** Al igual que su salvación, la santificación de un creyente y las buenas obras que debía hacer fueron ordenadas antes de que comenzara el tiempo (ver Ro 8:29, 30).

189. Unidad en Cristo

Efesios 2:11–22

Por tanto, acordaos de que en otro tiempo vosotros, [a]los gentiles en cuanto a la carne, erais llamados incircuncisión por la llamada circuncisión hecha con mano en la carne. En aquel tiempo estabais sin Cristo, alejados de la ciudadanía de Israel y ajenos a los pactos de la promesa, sin esperanza y sin Dios en el mundo. Pero ahora en Cristo Jesús, vosotros que en otro tiempo estabais [b]lejos, habéis sido [c]hechos cercanos por la sangre de Cristo.

[d]Porque él es nuestra paz, que de ambos pueblos hizo uno, derribando [e]la pared intermedia de separación, [f]aboliendo en su carne las enemistades, la ley de los mandamientos expresados en ordenanzas, para crear en sí mismo de los

---

a. Los gentiles (la «incircuncisión») experimentaban dos tipos de alienación. La primera era social y venía como resultado de la animosidad que había existido entre judíos y gentiles durante miles de años. Los judíos consideraban a los gentiles como desheredados y los trataban como objeto de burla y desprecio. El segundo y más significativo tipo de alienación era espiritual, porque los gentiles como pueblo estaban alejados de Dios en cinco formas distintas: 1) estaban «sin Cristo» quien era su Mesías, y como no tenían Salvador ni Libertador vivían sin propósito ni destino divino. 2) Estaban «alejados de la ciudadanía de Israel». Los judíos como pueblo escogido de Dios eran una nación cuyo Rey y Señor supremo era Dios mismo, y se beneficiaban de esa bendición y protección únicas en toda la tierra. 3) Los gentiles eran «ajenos a los pactos de la promesa» y por eso eran incapaces de participar en los pactos divinos de Dios en que él prometió dar a su pueblo una tierra, un sacerdocio, un pueblo, una nación, un reino y un Rey, así como el cielo y la vida eterna a todos los que creyeran en él. 4) Vivían «sin esperanza», porque no habían recibido la promesa divina. 5) Estaban «sin Dios en el mundo». Los gentiles tenían muchos dioses falsos, pero no reconocieron al Dios verdadero porque no lo quisieron (ver Ro 1:18-26).

b. **lejos.** Un término común en los escritos rabínicos que se usaba para describir a los gentiles, aquellos que estaban separados por completo del Dios verdadero (cp. Is 57:19; Hch 2:39).

c. **hechos cercanos.** Cada persona que confía solo en Cristo para su salvación, sea judío o gentil, entra a una unión espiritual e íntima con Dios. Este es el proceso de reconciliación que se describe en 2 Co 5:18-21. La obra expiatoria lograda por la muerte de Cristo en la cruz se lleva por completo el castigo del pecado y en últimas su misma presencia.

d. **Porque él es.** En el original es una indicación enérgica de que Jesús es la única fuente de paz del creyente (cp. Is 9:6).

e. **la pared intermedia de separación.** Esto alude a un muro en el templo que dividía el atrio de los gentiles de las áreas que solo podían ocupar los judíos. Pablo se refirió a ese muro como un símbolo de la separación social, religiosa y espiritual que mantenía excluidos entre sí a judíos y gentiles.

f. **aboliendo en su carne las enemistades.** Por medio de su muerte, Cristo abolió las leyes, las fiestas y los sacrificios del AT que tanto distinguieron a los judíos de los gentiles. Ahora bien, la ley moral de Dios (como está resumida en los Diez Mandamientos y permanece escrita en el corazón de todos los hombres, Ro 2:15) no fue abolida, sino incorporada al nuevo pacto porque refleja su propia naturaleza santa (Mt 5:17-19.) Ver Mt 22:37-40; Ro 13:8-10.

dos [a]un solo y nuevo hombre, haciendo la paz, y mediante la cruz [b]reconciliar con Dios a ambos en un solo cuerpo, matando en ella las enemistades. Y vino y [c]anunció las buenas nuevas de paz a [d]vosotros que estabais lejos, y a los que estaban cerca; porque por medio de él los unos y los otros tenemos [e]entrada por un mismo Espíritu al Padre.

Así que ya no sois extranjeros ni advenedizos, sino [f]conciudadanos de los santos, y [g]miembros de la familia de Dios, edificados sobre [h]el fundamento de los apóstoles y profetas, siendo [i]la principal piedra del ángulo Jesucristo mismo, en quien todo el edificio, bien coordinado, va creciendo para ser [j]un templo santo en el Señor; en quien vosotros también sois juntamente edificados para [k]morada de Dios en el Espíritu.

---

a. **un solo y nuevo hombre.** Cristo no excluye a ninguno que acuda a él, y los que son suyos no tienen distinción espiritual entre unos y otros. La palabra «nuevo» traduce el término griego que significa algo que se diferencia por completo de lo que era antes. Se refiere a algo diferente en clase y calidad. En sentido espiritual, una persona nueva en Cristo ya no es judía ni gentil, solo cristiana (cp. Ro 10:12, 13; Gá 3:28).

b. **reconciliar con Dios a ambos.** Tan pronto judíos y gentiles son llevados a Dios por medio de Cristo Jesús, también entran en unidad como un solo cuerpo. Esto fue logrado mediante la cruz, donde Jesús se convirtió en maldición (Gá 3:10-13) al recibir la plenitud de la ira de Dios para que la justicia divina fuera satisfecha y la reconciliación con Dios se hiciera una realidad (ver 2 Co 5:19-21). Para más detalles sobre la reconciliación, ver Ro 5:8-10; Col 1:19-23.

c. **anunció las buenas nuevas de paz.** Esta expresión se usa casi siempre en el NT para aludir a la proclamación de la buena noticia de que los pecadores pueden reconciliarse con Dios mediante la salvación, que es por medio de Jesucristo. En este contexto, Cristo quien es «nuestra paz» (Ef 2:14), también fue quien anunció las buenas nuevas de paz con Dios.

d. **vosotros que estabais lejos, y a los que estaban cerca.** Es decir, a gentiles y judíos por igual.

e. **entrada por un mismo Espíritu al Padre.** Ningún pecador posee derecho ni dignidad en sí mismo para tener acceso a Dios, pero a los creyentes se les ha conferido ese derecho mediante la fe en el sacrificio y la muerte de Cristo (cp. Ef 3:12; Ro 5:2). Los recursos de la Trinidad pertenecen a los creyentes tan pronto reciben a Cristo, y el Espíritu Santo los presenta ante el trono de Dios el Padre, donde son bienvenidos y pueden acercarse sin temor en cualquier momento. Ver Ro 8:15-17; Gá 4:6, 7; He 4:16.

f. **conciudadanos de los santos.** El reino de Dios está conformado por personas de todos los tiempos y épocas que han confiado en él. Allí no hay extranjeros, forasteros ni ciudadanos de segunda categoría (cp. Fil 3:20).

g. **miembros de la familia de Dios.** Los pecadores redimidos no solo se convierten en ciudadanos celestiales, sino también en miembros de la familia de Dios. El Padre brinda a los creyentes el mismo amor infinito que da a su Hijo. Ver Ef 1:5; cp. He 3:6.

h. **el fundamento de los apóstoles y profetas.** Para una discusión de estos hombres dotados, ver Ef 4:11. A pesar de su gran importancia, el fundamento no era la persona y obra de ellos mismos, sino la enseñanza que por revelación divina impartieron con autoridad de lo alto y las palabras de Dios que hablaron a la iglesia antes de que se completara el NT (cp. Ro 15:20).

i. **la principal piedra del ángulo Jesucristo mismo.** Cp. Sal 118:22; Is 28:16; Mt 21:42; Hch 4:11; 1 P 2:6, 7. Esta era la piedra que definía el fundamento y daba estabilidad y simetría al edificio.

j. **un templo santo en el Señor.** Cada creyente nuevo es una piedra nueva en el templo de Cristo que es la iglesia, el Cuerpo de Cristo compuesto por sus creyentes (ver 1 P 2:5). La edificación de su iglesia por parte de Cristo no se completará hasta que toda persona que creerá en él lo haya hecho (2 P 3:9).

k. **morada de Dios en el Espíritu.** El término que se traduce «morada» connota una residencia permanente. Dios el Espíritu Santo se convierte en residente permanente de su

190. El evangelio, revelado

Efesios 3:1–13

[a]Por esta causa yo Pablo, [b]prisionero de Cristo Jesús por vosotros los gentiles; si es que habéis oído de la [c]administración de la gracia de Dios que me fue dada para con vosotros; que por revelación me fue declarado el misterio, [d]como antes lo he escrito brevemente, leyendo lo cual podéis entender cuál sea mi conocimiento en [e]el misterio de Cristo, misterio que [f]en otras generaciones no se dio a conocer a los hijos de los hombres, como ahora es revelado a sus santos apóstoles y profetas por el Espíritu: que [g]los gentiles son coherederos y miembros del mismo cuerpo, y copartícipes de la promesa en Cristo Jesús por medio del evangelio, del cual yo [h]fui hecho ministro por el don de la gracia de Dios que me ha sido dado según la operación de su poder.

---

santuario terrenal que es la iglesia, el cuerpo espiritual inmenso que está compuesto por todos los redimidos (cp. 1 Co 6:19, 20; 2 Co 6:16).

a. **Por esta causa.** Esto se refiere a las verdades sobre la unidad de los creyentes que Pablo acaba de discutir, e introduce el motivo para su oración que comienza en Ef 3:14.

b. **prisionero de Cristo Jesús.** Aunque Pablo había sido un prisionero durante unos dos años en Cesarea y dos años en Roma, no se consideraba prisionero de algún gobierno o persona. Más bien, sabía que estaba bajo el control de Cristo y cada detalle de su vida estaba en manos del Señor. El apóstol sufrió su estadía en la prisión con el propósito de predicar el evangelio a los gentiles. Ver 2 Co 4:8-15.

c. **la administración... que me fue dada.** «Administración» significa mayordomía, dispensación o gerencia. Pablo no escogió la administración de su apostolado o su ministerio. Dios en su soberanía lo comisionó con el llamado, los dones espirituales, las oportunidades, el conocimiento y la autoridad para ministrar como el apóstol de Jesucristo a los gentiles (ver Hch 9:1-19; 1 Ti 1:12, 13; cp. Ro 15:15, 16; 1 Co 4:1; 9:16, 17; Gá 2:9).

d. **como antes lo he escrito brevemente.** En este pasaje que va entre paréntesis, Pablo interrumpió el pensamiento que inició en el v. 1 para volver a recalcar las verdades que acababa de escribir. Sintió que le era necesario afirmar su autoridad para enseñar la unidad de judíos y gentiles en Cristo (Ef 3:2-7), una verdad nueva y con grandes ramificaciones que sin lugar a dudas pareció difícil de entender o aceptar para la mayoría de los efesios.

e. **el misterio de Cristo.** Ver Ef 1:9-12; 2:11, 12; Mt 13:11; 1 Co 2:7; Col 4:3. Había muchas verdades veladas que más adelante fueron reveladas en el NT, y que se denominaban misterios. Por ejemplo: judíos y gentiles unidos en un solo cuerpo por virtud del Mesías. Para otros misterios, ver 1 Co 15:51; Col 1:27; 1Ti 3:16. Pablo no solo escribió sobre el misterio de que en Cristo judíos y gentiles se vuelven uno solo a los ojos de Dios y en su reino y su familia, sino que también explicó y aclaró esa verdad. El apóstol sabía que el conocimiento espiritual debe preceder la aplicación práctica de la doctrina. Lo que no se entiende bien tampoco puede aplicarse de manera adecuada.

f. **en otras generaciones no se dio a conocer.** Aunque Dios había prometido bendición de alcance universal a través de Abraham (Gn 12:3), el significado pleno de esa promesa se hizo claro cuando Pablo escribió Gá 3:28. Isaías 49:6 profetizó la salvación para todas las razas, pero fue Pablo quien escribió el cumplimiento de ese juramento divino (Hch 13:46, 47). Pablo reveló una verdad que ni siquiera los mayores profetas entendieron, que dentro de la iglesia, compuesta por todos los salvados desde el Pentecostés como un cuerpo unido, no habría distinciones raciales, sociales ni espirituales.

g. **los gentiles son coherederos.** Un resumen de Ef 2:11-22. Ver 1 Co 12:12, 13; Gá 3:29.

h. **fui hecho ministro.** Ningún hombre puede hacerse a sí mismo ministro de Dios (lit. siervo), porque el llamado, el mensaje, la obra y el poder para realizar el ministerio

A mí, que soy menos que [a]el más pequeño de todos los santos, me fue dada esta gracia de anunciar entre los gentiles el evangelio de [b]las inescrutables riquezas de Cristo, y de aclarar a todos cuál sea la dispensación del misterio escondido desde los siglos en Dios, que creó todas las cosas; para que la multiforme sabiduría de Dios sea ahora dada a conocer por medio de la iglesia a los [c]principados y potestades [d]en los lugares celestiales, conforme al [e]propósito eterno que hizo en Cristo Jesús nuestro Señor, en quien tenemos seguridad y [f]acceso con confianza por medio de la fe en él; por lo cual pido que no desmayéis a causa de mis [g]tribulaciones por vosotros, las cuales son vuestra gloria.

---

genuino solo pueden ser dados por prerrogativa exclusiva de Dios. Ver Hch 26:16; 1 Co 15:10; Col 1:23, 25, 29.

a. **el más pequeño de todos los santos.** A la luz de la justicia perfecta de Dios, la evaluación que Pablo hace de sí mismo no era producto de una humildad falsa, sino de simple honestidad. El apóstol estaba al tanto de su indignidad. Ver 1Ti 1:12, 13 (cp. Jue 6:15, 16; Is 6:19).

b. **las inescrutables riquezas de Cristo.** Todas las verdades de Dios, todas sus bendiciones, todo lo que él es y tiene (cp. Ef 1:3; Col 2:3; 2 P 1:3).

c. **principados y potestades.** Los ángeles, santos como inicuos (Ef 1:21; 6:12; ver Col 1:16). Dios manifiesta su gloria por medio de la iglesia a todos los ángeles. Los ángeles santos se regocijan (ver Lc 15:10; cp. 1 P 1:12), porque participan en la vida de la iglesia (ver 1 Co 11:10; He 1:14). Aunque los ángeles caídos no tienen deseo ni capacidad para alabar a Dios, aun ellos ven la gloria de Dios en la salvación y la preservación de la iglesia.

d. **en los lugares celestiales.** Como en Ef 1:3; 6:12, esto se refiere a todo el dominio de los seres espirituales.

e. **propósito eterno.** El propósito supremo de la iglesia es glorificar a Dios, y esto incluye el despliegue de su sabiduría (Ef 3:10) delante de los ángeles, quienes a su vez lo honran con alabanza todavía más sublime.

f. **acceso con confianza.** Cada persona que acude a Cristo en fe puede presentarse delante de Dios en cualquier momento, no con una actitud de confianza en sí mismo, sino con plena confianza en los méritos de Cristo. Ver He 4:15, 16.

g. **tribulaciones... vuestra gloria.** En medio de los problemas y el sufrimiento, Dios produce gloria. Ver Ro 8:18.

191. La plenitud de Dios para la Iglesia

Efesios 3:14–21

[a]Por esta causa [b]doblo mis rodillas ante el Padre de nuestro Señor Jesucristo, [c]de quien toma nombre toda familia en los cielos y en la tierra, [d]para que os dé, [e]conforme a las riquezas de su gloria, el ser [f]fortalecidos con poder en el hombre interior por su Espíritu; [g]para que habite Cristo [h]por la fe en vuestros corazones, a fin de que, [i]arraigados y cimentados en amor, seáis [j]plenamente capaces de comprender [k]con todos los santos cuál sea [l]la anchura, la longitud, la profundidad

---

a. **Por esta causa.** Pablo reitera lo que escribió en Ef 3:1 al comenzar su oración. Gracias a su nueva identidad en Cristo que se afirma en el capítulo 2, los creyentes son vivificados y poseen vida espiritual (v. 5), son unificados como un solo cuerpo en la familia de Dios (v. 19), y como iglesia o Cuerpo de Cristo son la morada de Dios, edificada con base en las palabras y la obra de los apóstoles y profetas (vv. 20-22).

b. **doblo mis rodillas.** Esta no es una instrucción sobre alguna postura física que deba asumirse durante la oración, pero sí indica una actitud de sumisión, reverencia y pasión intensa por las cosas de Dios (cp. Esd 9:5, 6; Sal 95:1-6; Dn 6:10; Hch 20:36).

c. **de quien toma nombre toda familia en los cielos y en la tierra.** Pablo no enseña aquí la paternidad universal de Dios y la hermandad universal del hombre (cp. Jn 8:39-42; 1 Jn 3:10), sino que hace referencia sencillamente a que los creyentes pertenecen a todas las épocas históricas y grupos humanos, tanto los que han muerto (y están en el cielo), como los que siguen con vida (en la tierra).

d. **para que os dé.** Las oraciones de Pablo son casi siempre por el bienestar espiritual de los demás (cp. Fil 1:4; Col 1:9-11; 1 Ts 1:2).

e. **conforme a las riquezas de su gloria.** Son ilimitadas y están disponibles para todo creyente.

f. **fortalecidos... en el hombre interior por su Espíritu.** El poder espiritual es un distintivo de todo cristiano que se somete a la Palabra y el Espíritu de Dios. No está reservado para una clase especial de cristianos, sino para todos los que tengan disciplina en su mente y espíritu para estudiar la Palabra, entenderla y vivirla. Aunque el aspecto físico de la persona se debilita con la edad (cp. 2 Co 4:16), en su interior debería crecer y fortalecerse cada vez más a través del Espíritu Santo, quien impartirá energía, revitalizará e investirá de poder al cristiano obediente y comprometido (cp. Hch 1:8; Ro 8:5-9, 13; Gá 5:16).

g. **para que habite Cristo... vuestros corazones.** Todo creyente es habitado por Cristo en el momento de su salvación (Ro 8:9; 1 Co 12:13), pero él se siente «en casa» y con plena comodidad y satisfacción solo en los corazones limpios de pecado y llenos de su Espíritu (cp. Jn 14:23).

h. **por la fe en.** Se refiere a la confianza continua y perseverante de los cristianos en Cristo para que él ejerza su señorío sobre ellos.

i. **arraigados y cimentados en amor.** Es decir, establecidos sobre el fundamento fuerte de un amor a Dios y a su pueblo que sea abnegado y servidor (cp. Mt 22:37-39; 1 Jn 4:9-12, 19-21).

j. **plenamente capaces de comprender.** Un creyente no puede entender la plenitud del amor de Dios sin tener el amor genuino y sin estar revestido de poder por el Espíritu en su propia vida.

k. **con todos los santos.** El amor se concede (Ro 5:5; 1 Ts 4:9) y se manda (Jn 13:34, 35) a todo cristiano, no solo a los que tengan por naturaleza un temperamento afable o que adquieran gran madurez espiritual.

l. **la anchura, la longitud, la profundidad y la altura.** No son cuatro características diferentes del amor, sino el esfuerzo literario del apóstol para describir su vastedad, alcance y perfección.

y la altura, y de [a]conocer el amor de Cristo, [b]que excede a todo conocimiento, para que seáis [c]llenos de toda la plenitud de Dios.

Y a Aquel que es poderoso para hacer todas las cosas [d]mucho más abundantemente de lo que pedimos o entendemos, según el poder que actúa en nosotros, [e]a él sea gloria en la iglesia en Cristo Jesús por todas las edades, por los siglos de los siglos. Amén.

---

a. **conocer el amor de Cristo.** No el amor que los creyentes tienen por Cristo, sino su amor que él deposita en el corazón de cada uno de ellos, antes de que puedan amarlo de verdad a él o a cualquier otra persona (Ro 5:5).

b. **que excede a todo conocimiento.** El conocimiento del amor de Cristo está fuera de la capacidad racional y la experiencia de los seres humanos. Solo lo conocen quienes se han convertido en hijos de Dios (cp. Fil 4:7).

c. **llenos de toda la plenitud de Dios.** Tener tanta fortaleza espiritual y sentir tal compulsión del amor divino que uno sea dominado del todo por el Señor, sin inclinación alguna por el ego. La comprensión humana de la plenitud de Dios es algo imposible, porque ni siquiera el creyente más espiritual y sabio puede captar por completo el alcance total de los atributos y las características de Dios: su poder, su majestad, su sabiduría, su amor, su misericordia, su paciencia, su bondad y todo lo que él es y hace. No obstante, los creyentes pueden experimentar la grandeza de Dios en su propia vida como resultado de su devoción total a él. Nótese la plenitud de Dios en este versículo, la plenitud de Cristo en Ef 4:13 y la plenitud del Espíritu en Ef 5:18. Pablo oró para que los creyentes fueran tan semejantes a Dios como fuera posible (Mt 5:48; 1 P 1:15, 16).

d. **mucho más.** Al cumplirse las condiciones de Ef 3:16-19, el poder de Dios que obra en y a través de los creyentes es ilimitado y va mucho más allá de su capacidad de comprensión.

e. **a él sea gloria.** Solo cuando sus hijos alcancen este nivel de fidelidad, Cristo será glorificado a plenitud por su iglesia con el honor que merece.

192. La unidad de la Iglesia

Efesios 4:1–10

Yo, [a]pues, [b]preso en el Señor, os ruego [c]que andéis como es digno de [d]la vocación con que fuisteis llamados, con toda [e]humildad y [f]mansedumbre, [g]soportándoos con [h]paciencia los unos a los otros en amor, solícitos en guardar [i]la unidad del Espíritu en el vínculo de la paz; [jk]un cuerpo, y un Espíritu, como fuisteis también llamados en [l]una misma esperanza de vuestra

---

a. **pues.** Esta palabra marca la transición de doctrina a deber, de principio a práctica, de posición a conducta. Esta es la metodología típica de Pablo (ver Ro 12:1; Gá 5:1; Fil 2:1; Col 3:5; 1 Ts 4:1).

b. **preso en el Señor.** Al mencionar de nuevo su encarcelamiento (ver Ef 3:1), Pablo recordó con ternura a los creyentes en Éfeso que andar con fidelidad en la vida cristiana puede resultar costoso y que él había pagado un alto precio en su vida personal a causa de su obediencia al Señor.

c. **que andéis como es digno.** La noción de «andar» se emplea con frecuencia en el NT para aludir a la conducta diaria. Esta frase introduce el tema para los últimos tres capítulos. «Digno» transmite la idea de vivir conforme a la posición que uno tiene en Cristo. El apóstol urgió a sus lectores que fueran todo lo que el Señor desea y que les da poder en abundancia para que lo sean.

d. **la vocación.** Esto se refiere al llamado soberano de Dios a la salvación, como siempre en las epístolas. Ver Ro 1:7. El llamado eficaz que salva se menciona en Ef 1:18; Ro 11:29; 1 Co 1:26; Fil 3:14; 2 Ts 1:11; 2Ti 1:9; He 3:1.

e. **humildad.** «Humildad» es un término que no se encuentra en el vocabulario latín o griego del tiempo de Pablo. Parece que la palabra griega fue acuñada por los cristianos, quizá por Pablo mismo, para describir una cualidad que no podía describirse con otra palabra existente en la época. La humildad es la virtud cristiana más fundamental (Stg 4:6), y es la cualidad del carácter que Dios manda en la primera bienaventuranza (Mt 5:3). También describe y refleja la gracia noble de Cristo (Fil 2:7, 8).

f. **mansedumbre.** Es un producto inevitable de la humildad y se refiere a la actitud de un espíritu tranquilo con emociones y mente bajo su control (cp. Mt 5:5; 11:29; Gá 5:23; Col 3:12).

g. **soportándoos... los unos a los otros en amor.** La humildad, la mansedumbre y la paciencia se reflejan en un amor benévolo y aguantador a los demás que se expresa de forma continua e incondicional (cp. 1 P 4:8).

h. **paciencia.** El significado literal de la palabra griega es longanimidad y se refiere a una paciencia resuelta que es el producto de la humildad y la mansedumbre (cp. 1 Ts 5:14; Stg 5:10).

i. **la unidad del Espíritu.** La unidad concedida por el Espíritu a todos los creyentes verdaderos (ver 1 Co 6:17; 12:11-13; Fil 1:27; 2:2) ha creado el vínculo de la paz, aquel lazo espiritual que rodea y liga a todos los que pertenecen al pueblo santo de Dios. Este vínculo perfecto es el amor (Col 3:14).

j. **un cuerpo... todos.** En este pasaje Pablo enumera las áreas particulares de unidad: cuerpo, Espíritu, esperanza, Señor, fe, bautismo, Dios y Padre. Se enfoca en la Trinidad: el Espíritu en Ef 4:4, el Hijo en el v. 5 y el Padre en el v. 6. Su objetivo no es distinguir entre las personas de la deidad, sino recalcar que en medio de sus funciones únicas mantienen una unidad completa en todos los aspectos de la naturaleza y el plan divinos.

k. **un cuerpo.** La iglesia, el Cuerpo de Cristo, se compone de cada creyente desde Pentecostés sin distinción alguna, por la obra divina realizada por aquel que es «un Espíritu» (ver 1 Co 12:11-13).

l. **una misma esperanza.** Este es el juramento y la promesa de herencia eterna que se da a cada creyente (Ef 1:11-14) y que el Espíritu de Dios sella en él (Ef 4:13).

vocación; [a]un Señor, [b]una fe, [c]un bautismo; [d]un Dios y Padre de todos, el cual es sobre todos, y por todos, y en todos.

[e]Pero a cada uno de nosotros fue dada la [f]gracia conforme a [g]la medida del don de Cristo. Por lo cual dice:

> [h]Subiendo a lo alto, [i]llevó cautiva la cautividad,
> Y [j]dio dones a los hombres.

---

a. **un Señor.** Ver Hch 4:12; Ro 10:12; Gá 1:8.

b. **una fe.** El cuerpo de doctrina revelado en el NT (cp. Jud 3).

c. **un bautismo.** Una referencia probable al bautismo en agua que viene después de la salvación, y que también es su confesión pública de fe en Jesucristo. El bautismo espiritual, por el cual todos los creyentes son introducidos al Cuerpo de Cristo (1 Co 12:11-13) está implícito en Ef 4:4.

d. **un Dios.** Esta es la doctrina básica de Dios que se enseña en las Escrituras (ver Dt 4:35; 6:4; 32:39; Is 45:14; 46:9; 1 Co 8:4-6).

e. **Pero a cada uno.** Podría traducirse «a pesar de eso» o «por otra parte», y establece un contraste entre lo que se acaba de decir y lo que va a decirse a continuación, para pasar del tema de la unidad de los creyentes («todos», Ef 4:6) al del carácter único de los creyentes individuales («cada uno»).

f. **gracia.** La gracia es una definición del evangelio en una sola palabra, porque es la buena nueva de la oferta gratuita de salvación que Dios hace a la humanidad pecadora e indigna. Dios es el Dios de gracia porque él es un Dios que da con generosidad y de forma gratuita. Esta generosidad no tiene que ver con algo que hayamos hecho, sino que es inmerecida y no puede ganarse ni merecerse. Ver Ef 2:7-10.

g. **la medida del don de Cristo.** Cada creyente tiene un don espiritual único que Dios distribuye a escala individual de acuerdo con su voluntad y designio soberanos. El término griego que se traduce «don» no se enfoca en el Espíritu como su fuente, que es el término empleado en 1 Co 12:1 ni en la gracia que lo motivó e inició, según Ro 12:6, sino en el carácter gratuito del don. Para comentarios sobre los dones, ver Ro 12:6-8; 1 Co 12:4-10; 1 P 4:10..

h. **Subiendo a lo alto.** Pablo hizo una traducción interpretativa de Sal 68:18 como una analogía entre paréntesis para mostrar cómo Cristo recibió el derecho para conferir los dones espirituales (Ef 4:7). El salmo 68 es un himno de victoria compuesto por David para celebrar la conquista de Dios sobre la ciudad de los jebuseos conocida como Jerusalén y el ascenso triunfante de Dios al monte Sión (cp. 2 S 6, 7; 1 Cr 13). Después de un triunfo así, el Rey llevaría de regreso a la patria todos los despojos de guerra, así como los prisioneros. Aquí Pablo presenta a Cristo mientras regresa de su batalla en la tierra para volver a la gloria de la ciudad celestial con los trofeos de su gran victoria en el calvario (ver 2 Co 2:14-16).

i. **llevó cautiva la cautividad.** A través de su crucifixión y resurrección, Cristo conquistó a Satanás y la muerte, y devolvió triunfante a Dios a todos aquellos que antes habían sido pecadores y prisioneros de Satanás (cp. Col 2:15).

j. **dio dones a los hombres.** Él distribuye el botín a lo largo y ancho de su reino. Tras su ascensión vinieron todos los dones espirituales investidos de poder por el Espíritu Santo, quien fue enviado tras su partida (ver Jn 7:39; 14:12; Hch 2:33).

Y eso de que [a]subió, ¿qué es, sino que también [b]había descendido primero a [c]las partes más bajas de la tierra? El que descendió, es el mismo que también subió por encima de todos los cielos, [d]para llenarlo todo.

---

a. **subió.** La ascensión de Jesús de la tierra al cielo (Hch 1:9 Ef 11), donde reina para siempre con su Padre.

b. **había descendido primero.** Esto se refiere a la encarnación de Cristo, cuando él bajó del cielo como hombre para sufrir y morir en la tierra.

c. **las partes más bajas de la tierra.** Un contraste definitivo con los cielos sublimes a los que ascendió después de haber estado abajo en la tierra (cp. Sal 139:8, 15; Is 44:23). Esta frase aquí no apunta a un lugar específico, sino a la gran profundidad, por así decirlo, de la encarnación que incluyó el descenso de Cristo, entre su crucifixión y resurrección a un «lugar» más allá de la tierra, la tumba y la muerte, hasta alcanzar el abismo mismo de los demonios, aquellos «espíritus encarcelados» (ver Col 2:14, 15; 1 P 3:18, 19).

d. **para llenarlo todo.** Después de que el Señor ascendiera tras cumplir todas las profecías y toda la obra de redención ordenada por Dios, él ganó el derecho de señorear sobre la iglesia y dar dones, pues había llegado a llenar el universo entero con su presencia, su poder, su soberanía y su bendición como Dios mismo (cp. Fil 2:9-11).

193. La edificación de la Iglesia

Efesios 4:11–16

Y [a]él mismo constituyó a unos, [b]apóstoles; a otros, [c]profetas; a otros, [d]evangelistas; a otros, [e]pastores y maestros, a fin de [f]perfeccionar a los [g]santos para

---

a. **él mismo constituyó a unos.** Como lo evidenció su cumplimiento perfecto de la voluntad de su Padre, Cristo poseía toda la autoridad y soberanía para asignar los dones espirituales (Ef 4:7, 8) a aquellos que él había llamado al servicio en su Iglesia. No solo dio dones, sino hombres bien dotados por él mismo.

b. **apóstoles.** Ver Ef 2:20. Un término que se aplica en particular a los doce discípulos que habían visto al Cristo resucitado (Hch 1:22), incluido Matías que reemplazó a Judas. Más adelante, Pablo también fue llamado y apartado de forma única como el apóstol de Jesucristo a los gentiles (Gá 1:15-17) y fue contado entre los apóstoles. Este apóstol también tuvo un encuentro personal y milagroso con Jesús al convertirse en el camino a Damasco (Hch 9:19; Gá 1:15-17). Esos apóstoles fueron escogidos por Cristo de forma directa y por eso llegaron a conocerse como «apóstoles de Jesucristo» (Gá 1:1; 1 P 1:1). Cristo les asignó tres responsabilidades básicas: poner los cimientos fundamentales de la iglesia (Ef 2:20), 2) recibir, declarar y escribir la Palabra de Dios (Ef 3:5; Hch 11:28; 21:10, 11) y 3) dar confirmación de esa Palabra por medio de señales, prodigios y milagros (2 Co 12:12; cp. Hch 8:6, 7; He 2:3, 4). El término «apóstol» también se emplea en sentido más general para designar a otros hombres en la iglesia primitiva, como Bernabé (Hch 14:4), Silas, Timoteo (1 Ts 2:6) y otros (Ro 16:7; Fil 2:25). Estos se denominan «apóstoles de las iglesias» (2 Co 8:23) y no «apóstoles de Jesucristo» como los primeros trece. Ninguno de los apóstoles se perpetuó en su oficio ni fue reemplazado al morir.

c. **profetas.** Ver Ef 2:20. No se trata de creyentes corrientes que tuvieran el don de profecía, sino de hombres con una comisión especial en la iglesia primitiva. El oficio de profeta parece haber sido para el provecho exclusivo de una congregación local, esto se debe a que no eran «enviados» como los apóstoles (ver Hch 13:1), aunque al igual que los apóstoles, su oficio cesó al quedar completado el NT. En algunas oportunidades pronunciaron ciertas revelaciones prácticas para la Iglesia que procedieron directamente de Dios (Hch 11:21-28) y también hablaban sobre revelación ya dada para explicarla al resto de los creyentes (esto se implica en Hch 13:1). No fueron usados para recibir las Escrituras. Sus mensajes debían ser juzgados por otros profetas para su convalidación (1 Co 14:32) y debían conformarse a la enseñanza de los apóstoles (1 Co 14-37). Esos dos oficios fueron reemplazados por el ministerio de los evangelistas y los pastores maestros.

d. **evangelistas.** Hombres que proclamaban las buenas nuevas de salvación en Jesucristo a los no creyentes. Cp. el uso de este término en Hch 21:8; 2Ti 4:5. El verbo relacionado que se traduce «predicar el evangelio» ocurre cincuenta y cuatro veces y el sustantivo relacionado que se traduce «evangelio» se emplea setenta y seis veces en el NT.

e. **pastores y maestros.** Esta frase se entiende mejor en el contexto de un solo ministerio o cargo de liderazgo en la iglesia. La palabra griega que se traduce «y» puede significar «en particular» (ver 1 Ti 5:17). El significado normal de pastor es «apacentador», así que las dos funciones definen en conjunción el ministerio del pastor que enseña. Se identifica como un siervo que está en sumisión al «gran Pastor» Jesús (He 13:20, 21; 1 P 2:25). La persona que ejerce este oficio también se llama «anciano» (ver Tit 1:5-9) y «obispo» (ver 1 Ti 3:1-7). Hechos 20:28 y 1 P 5:1, 2 incluyen todos los términos en unidad.

f. **perfeccionar.** Esto se refiere a restaurar algo a su condición original, o a que sea hecho apto o completo. En este contexto se refiere a llevar a los cristianos del pecado a la obediencia. La Palabra de Dios es el elemento clave de este proceso (ver 2 Ti 3:16, 17; cp. Jn 15:3).

g. **santos.** Todos los que creen en Jesucristo. Ver Ef 1:1.

[a]la obra del ministerio, para [b]la edificación del cuerpo de Cristo, hasta que todos lleguemos a la [c]unidad de la fe y del [d]conocimiento del Hijo de Dios, a un varón perfecto, a la medida de la estatura de [e]la plenitud de Cristo; para que ya no seamos niños fluctuantes, [f]llevados por doquiera de todo viento de doctrina, por estratagema de hombres que para engañar emplean con astucia las artimañas del error, sino que [g]siguiendo la verdad en amor, [h]crezcamos en todo en aquel que es [i]la cabeza, esto es, Cristo, [j]de quien todo el cuerpo, bien concertado y unido entre sí por todas las coyunturas que se ayudan mutuamente, según [k]la actividad propia de cada miembro, recibe su crecimiento para ir edificándose en amor.

---

a. **la obra del ministerio.** El servicio espiritual requerido de todo cristiano y no solo de los líderes en la iglesia (cp. 1 Co 15:58).

b. **la edificación del cuerpo de Cristo.** La edificación, la nutrición y el desarrollo espiritual de la Iglesia (cp. Hch 20:32).

c. **unidad de la fe.** Fe se refiere aquí al cuerpo de verdad revelada que constituye la enseñanza cristiana, en particular toda la doctrina y el contenido completo del evangelio. La unidad y la armonía entre los creyentes solo son posibles si se edifica sobre el fundamento de la doctrina sana.

d. **conocimiento del Hijo de Dios.** Esto no se refiere al conocimiento de la salvación, sino al conocimiento profundo de Cristo que un creyente alcanza por medio de la oración, el estudio fiel de su Palabra y la obediencia a sus mandamientos (cp. Fil 3:8-10, 12; Col 1:9, 10; 2:2; ver 1 Jn 2:12-14).

e. **la plenitud de Cristo.** Dios quiere que cada creyente manifieste las cualidades de su Hijo, quien es él mismo la medida de su madurez y perfección espiritual. Ver Ro 8:29; 2 Co 3:18; Col 1:28, 29.

f. **llevados por doquiera de todo viento de doctrina.** Los creyentes con inmadurez espiritual que no están fundamentados en el conocimiento de Cristo por medio de la Palabra de Dios están inclinados a aceptar sin criterio alguno toda clase de errores doctrinales e interpretaciones falaces de las Escrituras que son promulgados por maestros falsos y engañadores en la Iglesia. Por eso deben aprender a tener discernimiento (1 Ts 5:21, 22). Ver Ef 3:1; 4:20. El NT está repleto de advertencias sobre ese peligro (Hch 20:30, 31; Ro 16:17, 18; Gá 1:6, 7; 1 Ti 4:1-7; 2 Ti 2:15-18; 2 P 2:1-3).

g. **siguiendo la verdad en amor.** «Siguiendo» también puede traducirse «hablando». El evangelismo tiene eficacia máxima si la verdad se proclama con amor. Esto solo puede ser logrado por el creyente maduro que ha sido perfeccionado en buena medida en la sana doctrina. Sin madurez, la verdad puede ser fría y el amor no ser más que sentimentalismo.

h. **crezcamos... en aquel.** Los cristianos deben rendirse por completo al Señor y obedecer con toda su voluntad, sujetos siempre a su poder para reflejar en todo momento y en todo lugar la semejanza a Cristo en todas las áreas de su vida (cp. Gá 2:20; Fil 1:21).

i. **la cabeza.** En vista de la imagen de la Iglesia como un cuerpo cuya Cabeza es Cristo, esta parte indispensable del cuerpo describe a un líder con autoridad y no solo una «fuente», lo cual habría requerido una imagen anatómica distinta. Ver Ef 1:22; 5:23.

j. **de quien.** Esto se refiere al Señor. El poder para producir creyentes maduros y bien equipados no viene del esfuerzo de esos creyentes por sí solos, sino de su Cabeza, el Señor Jesucristo (cp. Col 2:19).

k. **la actividad propia de cada miembro.** El crecimiento bíblico y piadoso de la Iglesia viene como resultado de cada miembro del cuerpo que utiliza al máximo su don espiritual, en sumisión al Espíritu Santo y en cooperación con los otros creyentes (cp. Col 2:19).

194. El patrón y principios para los miembros de la Iglesia

Efesios 4:17–32

Esto, pues, digo y requiero en el Señor: que [a]ya no andéis como los otros [b]gentiles, que andan en [c]la vanidad de su mente, teniendo el entendimiento entenebrecido, [d]ajenos de la vida de Dios por la ignorancia que en ellos hay, por la dureza de su corazón; los cuales, después que [e]perdieron toda sensibilidad, se entregaron a la [f]lascivia para cometer con avidez toda clase de impureza.

Mas vosotros no habéis [g]aprendido así a Cristo, si en verdad le habéis oído, y habéis sido por él enseñados, [h]conforme a la verdad que está en Jesús. En cuanto a la pasada manera de vivir, [i]despojaos del [j]viejo hombre, que

---

a. **ya no andéis.** La acción de andar simboliza la conducta diaria y se refiere a lo que Pablo ha dicho acerca del llamamiento supremo del creyente en Cristo Jesús (Ef 4:1). Debido a que los cristianos son parte del Cuerpo de Cristo, han recibido del Espíritu Santo los dones y capacidades espirituales para ser edificados mediante su interacción con otros creyentes. Por esa misma razón, deben dejar de vivir como si todavía fueran impíos (1 Jn 2:6).

b. **gentiles.** Todos los paganos impíos y no regenerados (cp. 1 Ts 4:5, donde son definidos).

c. **la vanidad de su mente.** En primer lugar, los incrédulos son improductivos en sentido intelectual. En lo referente a cuestiones espirituales y morales, sus procesos racionales son distorsionados e inadecuados, por lo cual siempre fallarán en la producción de un entendimiento piadoso o una vida moral. Su vida es vacía, vana y carente de sentido (cp. Ro 1:21-28; 1 Co 2:14; Col 2:18).

d. **ajenos de la vida de Dios.** En segundo lugar, los incrédulos mantienen su alejamiento espiritual de Dios y en consecuencia ignoran por completo su verdad (1 Co 2:14). El resultado es su ceguera espiritual y moral voluntaria (cp. Ro 1:21-24; 2 Ti 3:7). Son ciegos y su corazón tiene la misma «dureza» de una piedra.

e. **perdieron toda sensibilidad.** En tercer lugar, los incrédulos tienen insensibilidad moral. A medida que continúan su vida de pecado y alejados de Dios, se vuelven cada vez más apáticos con respecto a las realidades morales y espirituales (cp. Ro 1:32).

f. **lascivia... impureza.** En cuarto lugar, los incrédulos se caracterizan por su conducta depravada (cp. Ro 1:28). Sucumben por voluntad propia en la sensualidad y la vida licenciosa, por lo cual pierden cada vez más sus reservas morales, sobre todo en el área de los pecados sexuales. La impureza es inseparable de la avaricia que es una forma de idolatría (Ef 5:5; Col 3:5). El hecho de que algunas almas no lleguen a los extremos descritos en Ef 4:17-19 solo se debe a la gracia común de Dios y a la influencia del Espíritu Santo que restringe la maldad.

g. **aprendido... oído... enseñados.** Tres descripciones figurativas de la salvación y el nuevo nacimiento.

h. **conforme a la verdad que está en Jesús.** La verdad acerca de la salvación conduce a la plenitud de verdad acerca de Dios, el hombre, la creación, la historia, la vida y su propósito, las relaciones personales, el cielo y el infierno, el juicio y todo lo demás que de verdad es importante. Juan resumió esto en 1 Jn 5:20.

i. **despojaos.** Se refiere a quitar algo por completo, como un mendigo que decide deshacerse de sus harapos y de toda su vestimenta sucia. Esto describe el arrepentimiento del pecado y la sumisión a Dios en el momento de la salvación. Ver Col 3:3-9 (cp. Is 55:6, 7; Mt 19:16-22; Hch 2:38-40; 20:21; 1 Ts 1:9).

j. **viejo hombre.** La naturaleza pecaminosa que ha sido desgastada al máximo y es inútil porque no se ha convertido y está corrompida por el engaño. La salvación es una unión

está viciado conforme a los deseos engañosos, y [a]renovaos en el espíritu de vuestra mente, y [b]vestíos del nuevo hombre, [c]creado según Dios, [d]en la justicia y santidad de la verdad.

Por lo cual, [e]desechando la mentira, [f]hablad verdad cada uno con su prójimo; porque somos miembros los unos de los otros. [g]Airaos, pero no pequéis; no [h]se ponga el sol sobre vuestro enojo, ni deis lugar al diablo. El que hurtaba, [i]no hurte más, sino trabaje, haciendo con sus manos lo que es bueno, para

---

espiritual con Jesucristo que se describe en términos de muerte más sepultura del viejo hombre y la resurrección del nuevo hombre que se levanta para andar en vida nueva. Esta transformación es el tema de Pablo en Ro 6:2-8.

a. **renovaos en el espíritu de vuestra mente.** La salvación incluye la mente (ver Ro 12:2; 2 Co 10:5), que es el centro del pensamiento, el entendimiento y la capacidad para creer, así como de los motivos y las acciones (cp. Col 3:1, 2, 10). Cuando una persona se convierte en cristiana, Dios le da una capacidad espiritual y moral nueva que una mente separada de Cristo nunca podría adquirir (cp. 1 Co 2:9-16).

b. **vestíos del nuevo hombre.** La renovación de la mente en la salvación no solo trae como resultado la renovación del carácter, sino la transformación total de la persona que la hace pasar de lo viejo a lo nuevo en su propia identidad (cp. 2 Co 5:17).

c. **creado según Dios.** En Cristo, la identidad vieja o el viejo hombre ya no existe como había existido en el pasado, ya que el nuevo hombre es creado en la semejanza de Dios mismo (cp. Gá 2:20).

d. **en la justicia y santidad de la verdad.** Esta justicia se relaciona con la responsabilidad moral del creyente para con sus semejantes de reflejar en su conducta la segunda tabla de la ley (Éx 20:12-17), mientras que la santidad se refiere a sus responsabilidades para con Dios y el reflejo fidedigno de la primera tabla de la ley (Éx 20:3-11). Todavía queda pecado en la carne humana y no redimida del creyente (ver Ro 7:17, 18, 20, 23, 25; 8:23).

e. **desechando la mentira.** Más que el simple hecho de decir falsedades directas, la mentira incluye cosas como la exageración y añadir a algo que es verdadero. Las trampas, las promesas falsas, la traición de una confidencia y la presentación de excusas falsas son variaciones de la mentira que los cristianos deberían desechar por completo en su vida (cp. Jn 8:44; 1 Co 6:9; Ap 21:8).

f. **hablad verdad cada uno con su prójimo.** Cita de Zac 8:16. La obra de Dios en el mundo se basa en la verdad y ni la iglesia ni creyentes individuales pueden ser instrumentos adecuados para ser usados por el Señor si no son veraces en todo.

g. **Airaos, pero no pequéis.** Cita de Sal 4:4. Conforme al NT, el enojo puede ser bueno o malo dependiendo de su motivo y propósito. Es posible que Pablo sancionara aquí la indignación justa que es el enojo hacia la maldad. Este tipo de enojo piadoso hace que el creyente deteste la injusticia, la inmoralidad, la impiedad y todas las demás manifestaciones pecaminosas. Si ese enojo está libre de todo egoísmo y se basa en el amor a Dios y a los demás, no solo es permisible, sino ordenado. Jesús expresó este enojo justo (ver Mt 21:12; Mr 3:5; Jn 2:15).

h. **se ponga el sol.** Aun el enojo justo puede convertirse en amargura, por eso debería dejarse a un lado al final de cada día. Si se prolonga el enojo puede volverse hostil y transgredir la instrucción de Ro 12:17-21.

i. **no hurte más.** El robo en cualquier forma es un pecado que no tiene parte en la vida de un cristiano. Cada creyente debe trabajar y producir lo que sea de beneficio (cp. Éx 20:15). La alternativa al hurto es proveer recursos que honren a Dios para la satisfacción de uno mismo, su familia y los demás por medios honestos y honorables (cp. 2 Ts 3:10, 11; 1 Ti 5:8).

que tenga qué [a]compartir con el que padece necesidad. Ninguna [b]palabra corrompida salga de vuestra boca, sino la que sea [c]buena para la necesaria edificación, a fin de dar [d]gracia a los oyentes. Y [e]no contristéis al Espíritu Santo de Dios, con el cual fuisteis [f]sellados para el día de la redención. [g]Quítense de vosotros toda amargura, enojo, ira, gritería y maledicencia, y toda malicia. Antes sed benignos unos con otros, misericordiosos, perdonándoos unos a otros, [h]como Dios también os perdonó a vosotros en Cristo.

---

a. **compartir con el que padece necesidad.** Un cristiano no solo debe abstenerse de no hacer daño a nadie, sino que también debe esforzarse todo el tiempo en ayudar a los necesitados. Ver Lc 14:13, 14; Hch 20:33-35.

b. **palabra corrompida.** La palabra que se traduce «corrompida» se refiere a algo descompuesto que pudre lo que le rodea, como la fruta rancia o la carne putrefacta. El lenguaje sucio de cualquier clase nunca debería pasar por los labios de un cristiano, porque es incompatible con el carácter de su nueva vida en Cristo (ver Col 3:8; Stg 3:6-8; cp. Sal 141:3).

c. **buena para la necesaria edificación.** El habla del cristiano debería servir para instruir, animar, entusiasmar (incluso cuando tenga que ser correctivo), así como ser apropiado y oportuno para cada ocasión (cp. Pr 15:23; 25:11; 24:26).

d. **gracia a los oyentes.** Cp. Col 4:6. Por cuanto los creyentes han sido salvados por gracia y son preservados por la gracia, deberían vivir y hablar con gracia. Nuestro Señor estableció el modelo a seguir en esta área de la vida (Lc 4:22)

e. **no contristéis al Espíritu Santo de Dios.** Dios se entristece cada vez que sus hijos rehúsan cambiar los hábitos viejos del pecado por los hábitos justos de la vida nueva. Debería notarse que esas respuestas por parte del Espíritu Santo indican que él es una persona. Su personalidad también es indicada por los pronombres personales (Jn 14:17; 16:13), su cuidado personal de los creyentes (Jn 14:16, 26; 15:26), su intelecto (1 Co 2:11), sus sentimientos (Ro 8:27), su voluntad (1 Co 12:11), el hecho de que habla (Hch 13:2), convence (Jn 16:8-11), intercede (Ro 8:26), guía (Jn 16:13), glorifica a Cristo (Jn 16:14) y sirve a Dios (Hch 16:6, 7).

f. **sellados para el día de la redención.** El Espíritu Santo es el garante de la redención eterna en Cristo para aquellos que creen en él (ver Ef 1:13, 14).

g. **Quítense...** Estos versículos resumen los cambios en la vida de un creyente que se mencionaron en Ef 4:17-30. «Amargura» refleja un resentimiento reprimido que puede estallar en cualquier momento. «Enojo» tiene que ver con rabia en la efervescencia del momento. «Ira» es una hostilidad más interna y profunda. «Gritería» es el bullicio de una contienda fuera de control. «Maledicencia» es calumnia. «Malicia» es el término griego genérico para el mal que es la raíz de todos los vicios.

h. **como Dios también os perdonó a vosotros en Cristo.** Los que han sido perdonados tanto por Dios deberían, con mucha más razón que los demás, perdonar las ofensas pequeñas en comparación que otros hayan infligido sobre ellos. La ilustración más gráfica de esta verdad es la parábola de Mt 18:21-35.

195. Andar en amor y en la luz

Efesios 5:1–14

[a]Sed, pues, imitadores de Dios como hijos amados. Y andad en amor, como también [b]Cristo nos amó, y se entregó a sí mismo por nosotros, ofrenda y sacrificio a Dios [c]en olor fragante.

Pero [d]fornicación y toda inmundicia, o avaricia, ni aun se nombre entre vosotros, como conviene a santos; ni palabras deshonestas, ni necedades, ni truhanerías, que [e]no convienen, sino antes bien acciones de gracias. [f]Porque

---

a. **Sed, pues, imitadores de Dios.** El cristiano no tiene llamado o propósito más grande que el de imitar a su Señor (ver Ef 3:16, 19). Ese es el propósito mismo de la santificación, crecer en semejanza al Señor mientras le servimos en la tierra (cp. Mt 5:48). La vida cristiana está diseñada para reproducir la piedad conforme al modelo del Salvador y Señor Jesucristo, en cuya imagen han sido recreados los creyentes mediante el nuevo nacimiento (cp. Ro 8:29; 2 Co 3:18; 1 P 1:14–16). Como hijos amados de Dios, los creyentes deben ser cada vez más como su Padre celestial (Mt 5:48; 1 P 1:15, 16).

b. **Cristo nos amó, y se entregó a sí mismo por nosotros.** El Señor es el ejemplo supremo de amor al sacrificarse a sí mismo por los pecadores perdidos (Ef 4:32; Ro 5:8-10). Él puso todo el pecado humano sobre sí y renunció a su propia vida para que los hombres pudieran ser redimidos de su pecado, recibir una naturaleza nueva y santa, y heredar la vida eterna (ver 2 Co 5:21). A partir de ese momento, los creyentes deben ser imitadores de su gran amor y vivir en la renovación y el poder del Espíritu Santo, quien los capacita para demostrar el amor divino.

c. **en olor fragante.** El ofrecimiento que Cristo hizo de sí mismo por el hombre caído agradó y glorificó a su Padre celestial porque demostró de la manera más completa y perfecta la clase de amor soberano, perfecto, incondicional y divino de Dios. En Levítico se describen cinco ofrendas ordenadas por Dios a Israel. Las primeras tres eran: 1) el holocausto u ofrenda quemada (Lv 1:1-17), que corresponde a la perfección de Cristo; 2) la ofrenda de grano o harina (Lv 2:1-16), que simboliza la devoción total de Cristo a Dios al entregar su vida para agradar al Padre, y 3) la ofrenda o el sacrificio de paz (Lv 3:1-17), que ilustra su intervención para establecer la paz entre Dios y el hombre. Todas estas tres ofrendas debían ser «de olor grato para Jehová» (Lv 1:9, 13, 17; 2:2, 9, 12; 3:5, 16). Las otras dos ofrendas, la ofrenda por el pecado (Lv 4:1–5:13) y la ofrenda por las faltas, equivocaciones y demás transgresiones por ignorancia (Lv 5:14–6:7), eran repulsivas para Dios porque, a pesar de representar a Cristo, simbolizaban su acto de llevar todo el pecado humano (cp. Mt 27:46). Al final de todo, tras quedar completa la obra de redención, esta fue del todo agradable para Dios.

d. **fornicación... avaricia.** En contraste absoluto a la santidad y el amor de Dios, existen pecados como estos (también en Ef 5:5), por medio de los cuales Satanás procura destruir la obra divina de Dios en sus hijos y alejarlos cuanto pueda de su imagen y voluntad. Como lo hacen muchas otras porciones de las Escrituras, este versículo muestra la conexión inmediata entre el pecado sexual y otras formas de inmundicia y codicia. A una persona inmoral le resulta inevitable ser avariciosa. Esos pecados son tan impíos que el mundo nunca debería tener razón para siquiera sospechar su presencia entre los cristianos.

e. **no convienen.** Estos tres pecados inapropiados de la lengua incluyen cualquier uso de palabras obscenas y degradantes, así como de cualquier necedad o suciedad en el lenguaje, incluidos los juegos de palabras y otros comentarios sagaces, pero sugestivos, de cosas inmorales. Todas estas cosas son destructivas para la vida santa y el testimonio piadoso, por lo cual deben ser confesadas, abandonadas y reemplazadas por expresiones abiertas y edificantes de gratitud a Dios (cp. Col 3:8).

f. **Porque sabéis esto.** Pablo había enseñado esta verdad muchas veces mientras pastoreó la iglesia en Éfeso y debió ser algo claro en la mente de cada uno de ellos. Dios nunca tolera el pecado y este no tiene lugar alguno en su reino, por eso ninguna persona

sabéis esto, que ningún fornicario, o inmundo, o avaro, que es idólatra, tiene herencia en [a]el reino de Cristo y de Dios. Nadie [b]os engañe con palabras vanas, porque por estas cosas viene la ira de Dios sobre los hijos de desobediencia. No seáis, pues, partícipes con ellos.

Porque en otro tiempo erais [c]tinieblas, mas ahora sois luz en el Señor; andad como hijos de luz (porque [d]el fruto del Espíritu es en toda bondad, justicia y verdad), [e]comprobando lo que es agradable al Señor. Y [f]no participéis en las obras infructuosas de las tinieblas, [g]sino más bien reprendedlas; porque [h]vergonzoso es aun hablar de lo que ellos hacen en secreto. Mas todas las cosas,

---

cuyo patrón de vida se caracterice por hábitos de inmoralidad, impureza y avaricia (ver Ef 5:3) estará en su reino. Esa clase de persona no es salva (ver 1 Co 6:9, 10; Gá 5:17–21; 1 Jn 3:9, 10).

a. **el reino de Cristo y de Dios.** Una referencia a la esfera de la salvación donde Cristo reina sobre los redimidos. Ver Hch 1:3.

b. **os engañe.** Ningún cristiano será libre por completo de pecado en la vida presente, pero es un engaño muy peligroso que los cristianos ofrezcan seguridad de salvación a una persona que profesa ser creyente y cuya vida se caracteriza por el pecado persistente sin mostrar vergüenza por ese pecado ni hambre por las cosas puras y santas de Dios. Los tales se encaminan hacia la ira divina (Ef 2:2) y los creyentes no deben asociarse en su maldad (Ef 5:7).

c. **tinieblas... luz.** «Tinieblas», describe el carácter de la vida de los no convertidos como algo carente por completo de verdad y virtud en cuanto a las cuestiones intelectuales y morales (cp. 1 Jn 1:5-7). El dominio de las tinieblas es presidido por la «potestad de las tinieblas» (Lc 22:53; Col 1:13) que gobierna sobre los que están encaminados hacia la oscuridad densa y eterna del infierno (Mt 8:12; 2 P 2:17). Es trágico, pero lo cierto es que los pecadores aman las tinieblas (Jn 3:19-21). Se trata de las mismas tinieblas de que son librados los pecadores mediante la salvación en Cristo (ver Jn 8:12; Col 1:13; 1 P 2:9; cp. Sal 27:1).

d. **el fruto del Espíritu.** Se traduce mejor «el fruto de la luz». Esto alude a aquello que se produce como resultado de andar en la luz (cp. 1 Jn 1:5-7), que es la excelencia moral en el corazón, la conducta recta y la veracidad (honestidad o integridad). Ver Gá 5:22, 23.

e. **comprobando lo que es agradable al Señor.** La palabra «comprobando» alude a la noción de someter a prueba o aprobar para aprender con base en evidencias claras y convincentes qué es aquello que de verdad honra a Dios. El punto es que a medida que los creyentes andan en la luz de la verdad, el conocimiento de la voluntad del Señor se hace cada vez más claro. Ver Ro 12:1, 2 donde Pablo dice lo mismo al afirmar que solo después de presentarnos a nosotros mismos como sacrificios vivos a Dios podremos conocer su voluntad buena, agradable y perfecta. Esto también se relaciona con la seguridad de la salvación (ver 2 P 1:5-11).

f. **no participéis en... las tinieblas.** La instrucción de Pablo es simple y directa: los cristianos deben ser fieles en vivir de manera recta y pura, sin tener que ver en absoluto con las perversiones y las obras malignas de Satanás y el mundo. Estas dos maneras de vivir se oponen de forma irreconciliable y se excluyen entre sí por completo. Cp. 1 Co 5:9-11; 2 Co 6:14-18; 2 Ts 3:6, 14.

g. **sino más bien reprendedlas.** La responsabilidad del cristiano no termina con su propio rechazo del mal. También es responsable de exponerlo a la luz y oponerse a las tinieblas dondequiera que las encuentre a su camino, en especial si se manifiestan de algún modo dentro de la iglesia. Ver Mt 18:15-17; Gá 6:1-2.

h. **vergonzoso es aun hablar.** Algunos pecados son tan viles y perniciosos que los creyentes deben abstenerse de cualquier contacto directo con ellos y ni siquiera mencionarlos, mucho menos discutirlos si no es para contrarrestarlos y atacarlos. El simple hecho de hablar de tales cosas puede traer corrupción moral y espiritual. La proclamación positiva de la verdad en la luz de la Palabra basta para exponer y reprender toda maldad (cp. Pr 6:23; 2 Ti 3:16), sin necesidad de entrar en detalles sórdidos.

cuando son puestas en evidencia por la luz, son hechas manifiestas; porque [a]la luz es lo que manifiesta todo.

Por lo cual dice:

> [b]Despiértate, tú que duermes,
> Y levántate de los muertos,
> Y te alumbrará Cristo.

196. Andar en sabiduría

Efesios 5:15–21

Mirad, pues, [c]con diligencia cómo andéis, no como necios sino como sabios, [d]aprovechando bien el tiempo, porque los días son malos.

---

a. **la luz es lo que manifiesta todo.** Esta frase debería estar al comienzo de Ef 5:14. La luz pura e iluminadora de la Palabra de Dios expone todos los secretos pecaminosos.

b. **Despiértate.** Por medio de esta cita de Is 60:1, Pablo extendió una invitación para salvación a los no salvos, con el fin de que puedan ser transformados de hijos de las tinieblas en hijos de la luz santa de Dios (cp. Pr 4:18). Estas palabras pudieron haber sido parte de un himno de Pascua en la iglesia primitiva que se usaba como invitación a los no creyentes. Expresan el evangelio encapsulado. Cp. las invitaciones en Is 55:1-3, 6, 7 y en Stg 4:6-10.

c. **con diligencia... andéis, no como necios sino como sabios.** Este término significa «con precisión, minuciosidad y gran cuidado» (cp. Sal 1:1; Mt 7:14). Vivir con moralidad significa vivir con sabiduría. En sentido bíblico, un «necio» no se llama así por alguna limitación intelectual, sino debido a la incredulidad y las obras abominables que esta actitud trae como consecuencia (Sal 14:1; Ro 1:22). El necio vive separado de Dios y en contra de la ley de Dios (Pr 1:7, 22; 14:9), por eso no puede comprender la verdad (1 Co 2:14) ni su condición verdadera (Ro 1:21, 22). Es indiscutible que los creyentes deben evitar esa actitud y nunca comportarse como necios (ver Lc 24:25; Gá 3:1-3).

d. **aprovechando bien el tiempo.** La palabra griega que se traduce «tiempo» denota una temporada específica de duración determinada. Con el artículo definido «el» es probable que se refiera a los años que constituyen la vida de un individuo como creyente. Debemos aprovechar o «redimir» al máximo la mayor parte de nuestro tiempo en este mundo malo para cumplir a plenitud los propósitos de Dios y reconocer las oportunidades diarias para la adoración y el servicio a Dios. Ver 1 P 1:17. Siempre debemos ser conscientes de la brevedad de la vida (Sal 39:4, 5; 89:46, 47; Stg 4:14, 17).

[a]Por tanto, no seáis insensatos, sino entendidos de cuál sea la voluntad del Señor. [b]No os embriaguéis con vino, en lo cual hay disolución; [c]antes bien sed llenos del Espíritu, [d]hablando entre vosotros con [e]salmos, con [f]himnos y [g]cánticos espirituales, [h]cantando y alabando [i]al Señor en vuestros corazones; [j]dando siempre gracias por todo al Dios y Padre, en el nombre de nuestro Señor Jesucristo. [k]Someteos unos a otros [l]en el temor de Dios.

---

a. **Por tanto, no seáis insensatos, sino entendidos de cuál sea la voluntad del Señor.** Conocer y entender la voluntad de Dios a través de su Palabra es sabiduría espiritual. Por ejemplo, la voluntad revelada de Dios para nosotros es que las personas se salven (1 Ti 2:3, 4) y sean llenas del Espíritu (v. 18), santificadas (1 Ts 4:3), sumisas (1 P 2:13-15), sufridas (1 P 2:20) y agradecidas (1 Ts 5:18). Jesús es el ejemplo supremo para todos (ver Jn 4:4; 5:19, 30; 1 P 4:1, 2).

b. **No os embriaguéis con vino.** Aunque en las Escrituras siempre se condena todo tipo de embriaguez (ver Pr 23:35; 31:4, 5; Is 5:11, 12; 28:7, 8; cp. 1 Co 5:11; 1 P 4:3), el contexto indica que Pablo hace alusión específica a las orgías embriagadoras que se asociaban con muchas ceremonias religiosas paganas de la época. Al parecer, en ellas se inducía algún tipo de comunión extática con supuestas deidades. Pablo se refiere en otro texto a este tipo de participación pecaminosa en «la copa de los demonios» (ver 1 Co 10:19, 20).

c. **antes bien sed llenos del Espíritu.** Ver Hch 2:4; 4:8, 31; 6:3. La comunión verdadera con Dios no se induce por la embriaguez sino por el Espíritu Santo. Pablo no está hablando de la morada del Espíritu Santo (Ro 8:9) o del bautismo por Cristo con el Espíritu Santo (1 Co 12:13), porque todo cristiano es habitado y bautizado por el Espíritu en el momento de la salvación. El apóstol presenta más bien un mandato para que los creyentes vivan todo el tiempo bajo la influencia del Espíritu al permitir que la Palabra de Dios los controle (ver Col 3:16) y al llevar una vida pura, confesar todos sus pecados, morir a sí mismos, rendirse a la voluntad de Dios y depender de su poder en todas las cosas. Ser llenos del Espíritu significa vivir en la presencia consciente del Señor Jesucristo y permitir que su mente, por medio de la Palabra, domine todo lo que se piensa y se hace. Ser llenos del Espíritu es lo mismo que andar en el Espíritu (ver Gá 5:16-23). Cristo ejemplificó a perfección esta manera de vivir (Lc 4:1).

d. **hablando entre vosotros.** Esto debe hacerse en público (He 2:12). Cp. Sal 33:1; 40:3; 96:1, 2; 149:1; Hch 16:25; Ap 14:3.

e. **salmos.** Se trata de los salmos del AT cantados con melodía y ritmo, pero el término también se aplica a la música coral en general. La iglesia primitiva cantaba los salmos al unísono.

f. **himnos.** Puede tratarse de canciones de alabanza que se distinguían de los salmos porque se enfocaban más que todo en el Señor Jesucristo.

g. **cánticos espirituales.** Es probable que fueran expresiones personales de testimonio que exaltaban las verdades de la gracia y la salvación en Cristo.

h. **cantando.** El significado literal tiene que ver con pulsar un instrumento de cuerda, así que podría referirse a la música instrumental que también incluye la participación de las voces.

i. **al Señor en vuestros corazones.** No solo en expresión pública, sino también en privado. El Señor mismo es tanto la fuente como el objeto del corazón lleno de cántico y alabanza del creyente. Esa clase de expresión musical agrada al Señor y puede verse en el relato de la dedicación del templo, ocasión en la que el cántico de alabanza honró tanto al Señor que su gloria descendió (2 Cr 5:12, 14).

j. **dando siempre gracias por todo.** Ver 1 Ts 5:18; cp. 2 Co 4:15; 9:12, 15; Fil 4:6; Col 2:7; He 13:15. La gratitud de los creyentes a Dios se enfoca en quién es él y lo que ha hecho a través de su Hijo, quien es su Salvador y Señor.

k. **Someteos unos a otros.** Aquí Pablo hizo una transición e introdujo su enseñanza sobre relaciones específicas de autoridad y sumisión entre cristianos (Ef 5:22-6:9), con esta declaración inequívoca de que todo cristiano lleno del Espíritu debe ser humilde y sumiso. Este es el fundamento para todas las relaciones tratadas en esta sección. Ningún creyente es superior a otro porque todos son iguales ante Dios (Gá 3:28).

l. **en el temor de Dios.** La reverencia continua del creyente hacia Dios es la base de su sumisión a otros creyentes. Cp. Pr 9:10.

197. Maridos y esposas

Efesios 5:22–33

[a]Las casadas estén sujetas a sus propios maridos, [b]como al Señor; porque [c]el marido es cabeza de la mujer, así como Cristo es cabeza de la iglesia, la cual es su cuerpo, y él es su [d]Salvador. Así que, como la iglesia está sujeta a Cristo, así también las casadas lo estén a sus maridos en todo.

Maridos, [e]amad a vuestras mujeres, así como Cristo amó a la iglesia, y se entregó a sí mismo por ella, para [f]santificarla, habiéndola purificado en el lavamiento del agua por la palabra, a fin de presentársela a sí mismo, una iglesia gloriosa, que no tuviese mancha ni arruga ni cosa semejante, sino que fuese santa y sin mancha. Así también los maridos deben amar a sus mujeres

---

a. **Las casadas estén sujetas a sus propios maridos.** Tras establecer el principio fundamental de la sumisión (Ef 5:21), Pablo lo aplicó primero a la esposa. El mandato no tiene excepciones y se aplica a toda esposa cristiana sin consideración a sus propias capacidades, educación, conocimiento de las Escrituras, madurez espiritual o cualquier otra cualidad que pueda compararse a las de su esposo. La sumisión no es para que el esposo la demande, sino que la esposa debe ofrecerla de forma voluntaria y amorosa. «Sus propios maridos» sirve para limitar la sumisión de la mujer a un solo hombre que Dios ha puesto sobre ella, y también enseña que él pertenece a ella como una posesión personal e íntima (Cnt 2:16; 6:3; 7:10). Ella se somete al hombre que posee como su propiedad exclusiva.

b. **como al Señor.** Debido a que la sumisión espiritual suprema de la esposa es al Señor en obediencia incondicional, su actitud consiste en someterse con amor como un acto de obediencia al Señor quien ha provisto este mandato como su voluntad para ella, sin consideración de la dignidad personal de su marido o su condición espiritual. Cp. Ef 5:5-9.

c. **el marido es cabeza... Cristo es cabeza.** La esposa llena del Espíritu reconoce que el papel de su esposo que consiste en proveer liderazgo no solo es ordenado por Dios, sino que es un reflejo de la autoridad de Cristo mismo sobre la iglesia como su Cabeza, y del amor con que él ejerce ese liderazgo. Ver 1 Co 11:3; cp. 1:22, 23; 4:15; Col 1:18; Tit 2:4, 5.

d. **Salvador.** Así como el Señor liberó a su iglesia de los peligros del pecado, la muerte y el infierno, el esposo hace provisión, protege, preserva y ama a su esposa, mientras la dirige por medio de su sumisión a una vida bendecida. Cp. Tit 1:4; 2:13; 3:6.

e. **amad a vuestras mujeres.** Aunque la autoridad del esposo ya ha quedado establecida (Ef 5 22-24), la atención se centra en la responsabilidad suprema que los esposos tienen para con sus esposas, y que consiste en amarlas con el mismo amor sin reservas, sin egoísmo y sacrificado que Cristo tiene por su Iglesia. Cristo dio todo lo que tenía, incluida su propia vida, por el bien de su Iglesia. Esa es la clase de amor sacrificado que un esposo debe tener por su esposa. Cp. Col 3:19.

f. **santificarla... purificado... lavamiento... santa y sin mancha.** Esto alude al amor de Cristo por su iglesia. La gracia salvadora hace santos a los creyentes por la intervención de la Palabra de Dios (Tit 2:1-9; 3:5), de tal modo que puedan ser como una novia pura. Para que los esposos amen a sus esposas como Cristo ama a la iglesia, es necesario tener un amor purificador. Puesto que el amor divino procura limpiar por completo al ser amado de toda forma de pecado y maldad, un esposo cristiano no debería pensar en una sola cosa pecaminosa en la vida de su esposa que desagrade a Dios. Su deseo más grande para ella debería ser que llegue a ser conformada a Cristo de manera perfecta, así que su intención y objetivo permanente es encaminarla hacia la pureza. Ver 2 Co 11:28.

[a]como a sus mismos cuerpos. El que [b]ama a su mujer, a sí mismo se ama. Porque nadie aborreció jamás a su propia carne, sino que [c]la sustenta y la cuida, como también Cristo a la iglesia, porque somos [d]miembros de su cuerpo, de su carne y de sus huesos. [e]Por esto dejará el hombre a su padre y a su madre, y se unirá a su mujer, y los dos serán una sola carne. [f]Grande es este misterio; mas yo digo esto respecto de Cristo y de la iglesia. Por lo demás, [g]cada uno de vosotros ame también a su mujer como a sí mismo; y la mujer respete a su marido.

---

a. **como a sus mismos cuerpos.** Esta es una de las descripciones más profundas y gráficas de la unidad que debería caracterizar al matrimonio cristiano. Un marido cristiano debe cuidar de su esposa con la misma devoción natural con la que se cuida a sí mismo (Ef 5:29), y mucho más todavía porque su amor sacrificado le lleva a ponerla en primer lugar, antes que él mismo (cp. Fil 2:1-4).

b. **ama a su mujer, a sí mismo se ama.** Al fin de cuentas, un esposo que ama a su esposa de esta manera atrae gran bendición para sí de parte de ella y del Señor.

c. **la sustenta y la cuida.** Estas acciones expresan las responsabilidades gemelas de proveer para sus necesidades y ayudarla a crecer y madurar en Cristo, así como suministrar afecto tierno y cálido para que tenga comodidad y seguridad.

d. **miembros de su cuerpo.** El Señor provee para su Iglesia porque está conectada a él de una forma íntima e inseparable. Si él no cuidara de su Iglesia, disminuiría su propia gloria que la Iglesia le ofrece por medio de su alabanza y obediencia. Por eso en el matrimonio, la vida del esposo está unida tan íntimamente a la de su esposa que son uno solo. Si él cuida de ella, se cuida a sí mismo (Ef 5:29).

e. **Por esto...** Cita de Gn 2:24. Pablo refuerza el plan divino para el matrimonio que Dios instituyó en la creación, al recalcar su permanencia y unidad. La unión matrimonial es íntima e inquebrantable. Aquí la expresión «se unirá» es una palabra que se emplea para expresar la fusión de dos sustancias con pegamento o cemento, lo cual indica el carácter permanente de la unión (ver Mal 2:16; Mt 19:5-9).

f. **Grande es este misterio.** En el NT, «misterio» identifica alguna realidad oculta en el pasado y revelada en la era del NT para que quedara consignada en las Escrituras. El matrimonio es un reflejo sagrado del misterio magnificente y hermoso de la unión entre el Mesías y su Iglesia, algo que fue desconocido por completo hasta el NT. Ver 3:4, 5; Mt 13:11; 1 Co 2:7.

g. **cada uno de vosotros.** El carácter íntimo y sagrado de la relación de amor entre cónyuges cristianos debe ser una expresión visual del amor entre Cristo y su iglesia.

198. Padres e hijos; amos y siervos

Efesios 6:1–9

Hijos, [a]obedeced en el Señor a vuestros padres, porque esto es justo. [b]Honra a tu padre y a tu madre, que es [c]el primer mandamiento con promesa; para que te vaya bien, y seas de larga vida sobre la tierra.

Y vosotros, [d]padres, [e]no provoquéis a ira a vuestros hijos, sino criadlos en [f]disciplina y amonestación del Señor.

---

a. **obedeced en el Señor.** Ver Col 3:20. El hijo que vive en casa debe colocarse por voluntad propia bajo la autoridad de los padres con sumisión obediente a ellos como los agentes del Señor colocados sobre él, y debe obedecer a sus padres como si obedeciera al Señor mismo. Aquí el razonamiento es simple porque se trata del designio perfecto de Dios y él así lo exige («esto es justo»). Cp. Os 14:9.

b. **Honra.** Mientras que el v. 1 habla de acción, este término alude a la actitud porque Pablo se concentra en el motivo detrás de la acción. Cuando Dios dio su ley en los Diez Mandamientos, la primera ley que gobernaba las relaciones humanas fue esta (Éx 20:12; Dt 5:16). Es el único mandato de los diez que se relaciona con la familia porque es el único principio que asegura la realización de una familia. Cp. Éx 21:15, 17; Lv 20:9; Mt 15:3-6. En Proverbios también se afirma este principio (ver Ef 1:8; 3:1; 4:1-4; 7:1-3; 10:1; 17:21; 19:13, 26; 28:24).

c. **el primer mandamiento con promesa.** Aunque la sumisión a los padres debería ser primero que todo por amor al Señor, él en su gracia añadió la promesa de una bendición especial para los que obedecen este mandato. Ver Éx 20:12, el versículo del cual cita Pablo (cp. Dt 5:16).

d. **padres.** En sentido técnico la palabra solo se refiere a los varones, pero también se empleaba para aludir al padre y la madre de un niño. Puesto que Pablo había hablado acerca de ambos padres (Ef 6:1-3) es probable que los tuviera en mente a ambos aquí. La misma palabra se usa en He 11:23 para aludir a los padres de Moisés.

e. **no provoquéis.** En el mundo pagano del tiempo de Pablo, e incluso en muchos hogares judíos, la mayoría de los padres gobernaban el hogar de cada uno de ellos con rigidez y autoridad dominante. Los deseos y el bienestar de la esposa y los hijos eran considerados muy rara vez. El apóstol aclara que la autoridad de un padre cristiano sobre sus hijos no da lugar a exigencias y coacciones irrazonables que podrían despertar enojo, desesperación y resentimiento en los hijos.

f. **disciplina y amonestación del Señor.** Este es un llamado a la disciplina y la instrucción sistemáticas que capacitan a los hijos para respetar los mandatos del Señor como el fundamento firme para llevar una vida piadosa y bendecida. Cp. Pr 13:24; He 12:5-11.

[a]Siervos, obedeced a vuestros amos [b]terrenales [c]con temor y temblor, con sencillez de vuestro corazón, como a Cristo; no [d]sirviendo al ojo, como [e]los que quieren agradar a los hombres, sino como siervos de Cristo, de corazón haciendo la voluntad de Dios; sirviendo de buena voluntad, como al Señor y no a los hombres, sabiendo que el bien que cada uno hiciere, ése recibirá [f]del Señor, sea siervo o sea libre.

[g]Y vosotros, amos, haced con ellos lo mismo, [h]dejando las amenazas, sabiendo que el Señor de ellos y vuestro está en los cielos, y que para él no hay acepción de personas.

---

a. **Siervos, obedeced.** Ver Col 3:22–4:1. Los esclavos en las culturas griega y romana no tenían derechos legales y eran tratados como bienes intercambiables. Había mucho maltrato y eran muy pocos los esclavos que tenían condiciones de vida aceptables. La Biblia no habla en contra de la esclavitud como tal, pero sí en contra de los atropellos y el maltrato (cp. Éx 21:16, 26, 27; Lv 25:10; Dt 23:15, 16). La admonición de Pablo se aplica igual de bien a todos los empleados. El término «obedeced» se refiere a una sumisión continua al amo o empleador terrenal, y la única excepción tendría que ver con algún mandato que implique la desobediencia directa a la Palabra de Dios, como se ilustra en Hch 4:19, 20. Ver 1 Ti 6:1, 2; Tit 2:9, 10; 1 P 2:18-20.

b. **terrenales.** Es decir, humanos.

c. **con temor y temblor.** No es miedo, sino respeto a su autoridad. Así un empleador no merezca respeto por derecho propio (ver 1 P 2:18), de todas maneras debe dársele con sinceridad genuina, como si uno sirviera a Cristo mismo. Servir bien al empleador es servir bien a Cristo. Cp. Col 3:23, 24.

d. **sirviendo al ojo.** Trabajar bien solo mientras el superior observa.

e. **los que quieren agradar a los hombres.** Trabajar solo para mejorar el bienestar individual y no para honrar al empleador y al Señor, de quien todos somos siervos en últimas.

f. **del Señor.** Cp. Col 3:23. Los créditos y las recompensas de Dios serán proporcionales a las actitudes y acciones de nuestro trabajo. Ninguna cosa buena que se haga para su gloria quedará sin galardón.

g. **Y vosotros, amos, haced con ellos lo mismo.** Debe existir honra y respeto mutuos entre los empleadores cristianos y sus empleados, con base en su lealtad y sumisión común al Señor.

h. **dejando las amenazas.** El superior que es lleno del Espíritu usa su autoridad y poder con justicia y gracia, por eso nunca amenaza y tampoco es abusivo o desconsiderado. Sabe muy bien que tiene un Amo celestial quien es imparcial (cp. Hch 10:34; Ro 2:11; Stg 2:9).

199. La armadura espiritual del creyente

Efesios 6:10–20

[a]Por lo demás, hermanos míos, [b]fortaleceos en el Señor, y en el poder de su fuerza. [c]Vestíos de toda la armadura de Dios, para que podáis estar firmes contra las [d]asechanzas del [e]diablo. Porque no tenemos [f]lucha contra sangre y carne, sino contra principados, contra potestades, contra los gobernadores de

---

a. **Por lo demás...** El creyente verdadero descrito en Ef 1–3, quien vive la vida controlada por el Espíritu reseñada en Ef 4:1–6:9, puede estar seguro de que se encuentra en medio de una cruenta guerra espiritual. Pablo termina esta carta con una advertencia sobre esa guerra e instrucciones acerca de cómo ganarla. El Señor suministra a sus santos una armadura suficiente para combatir y frustrar al adversario. En Ef 6:10-13, el apóstol establece con brevedad las verdades básicas en cuanto a la preparación espiritual necesaria del creyente así como las verdades acerca de su enemigo, su batalla y su victoria. En los vv. 14-17, el apóstol presenta detalles específicos de los seis artículos más necesarios de la armadura espiritual con la que Dios equipa a sus hijos para resistir y triunfar sobre los ataques de Satanás.

b. **fortaleceos en el Señor, y en el poder de su fuerza.** Cp. Fil 4:13; 2Ti 2:1. En últimas, el poder de Satanás sobre los cristianos ya ha sido quebrantado y la gran guerra ha sido ganada por medio de la crucifixión y resurrección de Cristo, quien conquistó para siempre el poder del pecado y la muerte (Ro 5:18-21; 1 Co 15:56, 57; He 2:14). Sin embargo, mientras viva en esta tierra, el creyente enfrentará con regularidad batallas contra la tentación. El poder del Señor, la fortaleza de su Espíritu y la fuerza de la verdad bíblica se requieren para la victoria (ver 2 Co 10:3-5).

c. **Vestíos de toda la armadura de Dios.** «Vestíos» transmite la idea de permanencia e indica que la armadura debería ser la vestimenta del cristiano durante toda su vida. Pablo utiliza la imagen de la armadura común que usaban los soldados romanos como una analogía para el sistema de defensa espiritual del cristiano, y afirma que es necesaria para que el creyente se mantenga firme en su posición mientras se encuentra bajo ataque.

d. **asechanzas.** Esta es la palabra griega que también se traduce «maquinaciones» porque alude a una noción de astucia, engaño, tretas y métodos artificiosos. Las asechanzas de Satanás se propagan a lo largo y ancho del sistema de maldad del mundo sobre el cual rige como príncipe de las tinieblas, y son llevadas a cabo por sus huestes de demonios. Con la palabra «asechanzas» se incluyen todos los pecados, prácticas inmorales, teología falsa y religión falsa, así como todas las trampas y atractivos del mundo. Ver 2 Co 2:11.

e. **diablo.** Las Escrituras se refieren a él como el «querubín grande» (Ez 28:14), el «príncipe de los demonios» (Lc 11:15), «el dios de este siglo» (2 Co 4:4), y el «príncipe de la potestad del aire» (Ef 2:2). La Biblia enseña que se opone en todo sentido a la obra de Dios (Zac 3:1), pervierte la Palabra de Dios siempre que puede (Mt 4:6), estorba y obstaculiza al siervo de Dios (1 Ts 2:18), entorpece la propagación del evangelio (2 Co 4:4), tiende trampas a los justos (1 Ti 3:7), y mantiene al mundo sometido a su poder (1 Jn 5:19).

f. **lucha.** Un término que se usa para aludir al combate mano a mano. En la lucha se pueden usar trucos y engaños, como lo hacen Satanás y sus huestes todo el tiempo al atacar. Para sobreponerse a la tentación engañosa se requiere de verdad y justicia. Las cuatro designaciones militares describen los diferentes estratos y rangos de esos demonios y el imperio sobrenatural de maldad en el que operan. Las fuerzas de la oscuridad de Satanás están estructuradas con cierta complejidad para tener éxito en sus iniciativas más destructivas. Cp. Col 2:15; 1 P 3:22.

las tinieblas de este siglo, contra [a]huestes espirituales de maldad [b]en las regiones celestes. [c]Por tanto, tomad toda la armadura de Dios, para que podáis resistir en [d]el día malo, y [e]habiendo acabado todo, estar firmes.

[f]Estad, pues, firmes [g]ceñidos vuestros lomos con la verdad, y vestidos con [h]la coraza de justicia, y [i]calzados los pies con el apresto del evangelio de la paz.

---

a. **huestes espirituales de maldad.** Una referencia posible a las abominaciones más depravadas, como las perversiones sexuales extremas, el ocultismo y la adoración del diablo. Ver Col 1:16.

b. **en las regiones celestes.** Como en Ef 1:3; 3:10, esto se refiere a todo el dominio de los seres espirituales.

c. **Por tanto, tomad toda la armadura de Dios.** Pablo recalcó de nuevo la necesidad de que el cristiano se apropie de toda la armadura espiritual mediante la obediencia, es decir, que se vista por completo de ella o se ponga todas las piezas mencionadas (Ef 6:11). Las primeras tres piezas de la armadura (cinto, coraza y calzado, vv. 14, 15) se llevaban puestas todo el tiempo en el campo de batalla. Las últimas tres (escudo, yelmo y espada, vv. 16, 17) se mantenían bien preparadas para su uso tan pronto comenzaba el enfrentamiento en sí.

d. **el día malo.** Desde la caída del hombre, cada día ha sido malo y esta condición persistirá hasta que el Señor regrese y establezca su propio reino justo en la tierra.

e. **habiendo acabado todo, estar firmes.** La meta es permanecer firmes contra el enemigo sin ceder terreno ni vacilar. Ver Stg 4:17; 1 P 5:8, 9.

f. **Estad, pues, firmes.** Por tercera vez (ver Ef 6:11, 13), el apóstol llama a los cristianos a que tomen una posición firme en la batalla espiritual contra Satanás y sus huestes. Esta armadura es nuestra mejor defensa para confrontar los esfuerzos de Satanás encaminados a fomentar la desconfianza en Dios, abandonar la obediencia, producir confusión y falsedad doctrinal, estorbar el servicio a Dios, traer división, servir a Dios en la carne, vivir con hipocresía y mundanalidad, o cualquier otro ataque contra la obediencia bíblica.

g. **ceñidos... con la verdad.** Los soldados se vestían con túnicas que no se mantenían pegadas al cuerpo, y como el combate antiguo era más que todo mano a mano, una túnica suelta era un obstáculo y un gran peligro potencial. El cinto era necesario para mantener ceñido al cuerpo todo el material desparramado. Cp. Éx 12:11; Lc 12:35; 1 P 1:13. Para ceñirse el soldado debía introducir en el cinto todas las puntas sueltas de su vestimenta, como preparación para la batalla. El cinto que junta y amarra todos los cabos sin atar es la «verdad» o mejor todavía, la «veracidad». Se alude aquí a la idea de un compromiso sincero para luchar y ganar sin hipocresía, con la disciplina personal y la devoción que se requieren para la victoria. Todas las cosas que estorben y obstaculicen el avance son quitadas de en medio. Cp. 2Ti 2:4; He 12:1.

h. **la coraza de justicia.** La coraza era por lo general una superficie gruesa de cuero repujado o algún otro material resistente con pedazos de cuerno o pezuña de animal incrustados. Su función era proteger todo el torso del soldado y proteger su corazón y otros órganos vitales. Por cuanto la justicia o la santidad es una característica tan distintiva de Dios mismo, no es difícil entender por qué es la protección principal de un cristiano contra Satanás y sus asechanzas. A medida que los creyentes viven con fidelidad en obediencia a y comunión con Jesucristo, la justicia del Hijo de Dios produce en ellos la justicia práctica y diaria que se convierte en su coraza espiritual. La falta de santidad, por otro lado, los deja vulnerables al gran enemigo del alma de cada uno de ellos (cp. Is 59:17; 2 Co 7:1; 1 Ts 5:8).

i. **calzados... con el apresto del evangelio de la paz.** Los soldados romanos se ponían botas con clavos que les permitían aferrarse al suelo durante el combate. El evangelio de la gracia es la buena noticia de que por medio de Cristo, los creyentes están en paz con Dios y él está de su lado (Ro 5:6-10). Esa es la confianza sobre el respaldo divino que permite al creyente mantenerse firme, al saber que como está en paz con Dios, Dios es su fortaleza (Ro 8:31, 37-39).

Sobre todo, tomad [a]el escudo de la fe, con que podáis apagar todos los [b]dardos de fuego del maligno. tomad [c]el yelmo de la salvación, y [d]la espada del Espíritu, que es la palabra de Dios; [e]orando en todo tiempo con toda oración y súplica en el Espíritu, y velando en ello con toda perseverancia y súplica por todos los santos; y por mí, a fin de que al abrir mi boca me sea dada palabra para dar a conocer con denuedo el misterio del evangelio, por el cual soy embajador en cadenas; que con denuedo hable de él, como debo hablar.

---

a. **el escudo de la fe.** Esta palabra griega se refiere por lo general al escudo grande (de unos 80 cm de ancho por 1.40 m de largo) que protegía el cuerpo entero. La fe a la que Pablo se refiere no es el cuerpo de doctrina cristiana (como en el caso del término empleado en Ef 4:13), sino a una confianza básica en Dios. La confianza continua del creyente en las palabras y promesas de Dios «sobre todo» lo demás, es absolutamente necesaria para protegerlo de las tentaciones para toda clase de pecado. Todo pecado trae como resultado que la víctima cae presa de las mentiras y promesas de placer que Satanás le plantea, y la decisión infiel de rechazar la alternativa correcta que es la obediencia y la bendición de Dios.

b. **dardos de fuego.** Las tentaciones se asemejan a flechas incendiarias que lanza el enemigo y que se apagan al entrar en contacto con el escudo grueso que está impregnado de aceite (cp. Sal 18:30; Pr 30:5, 6; 1 Jn 5:4).

c. **el yelmo de la salvación.** El yelmo o casco protegía la cabeza que siempre es un objetivo en el campo de batalla. Pablo habla a personas que ya han sido salvas, por eso no se refiere aquí a la necesidad de obtener la salvación. Lo que sucede es que Satanás busca destruir la seguridad de salvación de un creyente con sus armas de duda y desánimo. Esto es claro en la referencia de Pablo a «la esperanza de salvación como yelmo» (cp. Is 59:17 y ver 1 Ts 5:8). Así los sentimientos de un cristiano sufran daños graves a causa de las dudas inspiradas por Satanás, su salvación misma está protegida por la eternidad y no tiene por qué temer su pérdida. Satanás quiere maldecir y atribular al creyente con dudas, pero el cristiano puede ser fuerte en las promesas de salvación eterna que Dios le da en las Escrituras (ver Jn 6:37-39; 10:28, 29; Ro 5:10; 8:31-39; Fil 1:6; 1 P 1:3-5). Esta seguridad de salvación es un hecho, pero el sentimiento de seguridad viene como resultado de que el cristiano viva en obediencia (1 P 1:3-10).

d. **la espada del Espíritu.** Así como la espada era la única arma ofensiva del soldado, la Palabra de Dios es la única arma necesaria porque es infinitamente más poderosa que cualquier arma satánica. El término griego se refiere a un arma pequeña de unos 15 a 40 cm de largo. Se emplea tanto a la defensiva frente a los ataques iniciados por Satanás, como a la ofensiva para contribuir a la destrucción de las estrategias del enemigo. Esta espada precisa y eficaz es la verdad de las Escrituras. Ver 2 Co 10:3-5; He 4:12.

e. **orando en todo tiempo.** Este versículo introduce el carácter general de la vida de oración de un creyente: 1) «toda oración y súplica» llama la atención sobre su variedad, 2) «en todo tiempo» se enfoca en la frecuencia necesaria (cp. Ro 12:12; Fil 4:6; 1 Ts 5:17), 3) «en el Espíritu» subraya el aspecto de la sumisión necesaria para alinearnos con la voluntad de Dios (cp. Ro 8:26, 27), 4) «velando» es una descripción del aspecto práctico (cp. Mt 26:41; Mr 13:33), 5) «toda perseverancia» recalca la actitud correcta de persistencia (cp. Lc 11:9; 18:7, 8) y 6) «todos los santos» se enfoca en el objeto adecuado de estas oraciones y súplicas (cp. 1 S 12:23).

200. Bendición final

Efesios 6:21–24

Para que también vosotros sepáis mis asuntos, y lo que hago, todo os lo hará saber [a]Tíquico, hermano amado y fiel ministro en el Señor, el cual envié a vosotros para esto mismo, para que sepáis lo tocante a nosotros, y que consuele vuestros corazones.

[b]Paz sea a los hermanos, y amor con fe, de Dios Padre y del Señor Jesucristo.

201. Pablo le escribe una carta a la iglesia colosense

Introducción a Colosenses

Colosenses recibe su nombre por la ciudad de Colosas, donde se encontraba la iglesia a la que va dirigida. También tenía que ser leída en la iglesia vecina de Laodicea (Col 4:16).

Autor y fecha

Desde el principio, Pablo se autoidentifica como el autor (Col 1:1; cp. v. 23; 4:18), como es costumbre en sus epístolas. El testimonio de la iglesia primitiva, incluidas figuras clave como Ireneo, Clemente de Alejandría, Tertuliano, Orígenes y Eusebio, confirma que la afirmación de apertura es genuina. Sus estrechos paralelos con el libro de Filemón, universalmente aceptado como carta escrita por Pablo, son una prueba adicional. Ambas fueron escritas (ca. 60-62 a.d.) mientras Pablo era un prisionero en Roma (Col 4:3, 10, 18; Flm 9, 10, 13, 23); además, los nombres de las mismas personas (p. ej. Timoteo, Aristarco, Arquipo, Marcos, Epafras, Lucas, Onésimo y Demas) aparecen en ambas epístolas, y muestran que ambas fueron escritas por el mismo autor, alrededor del mismo tiempo.

---

a. **Tíquico.** Un convertido de Asia Menor (Turquía en la actualidad) quien estuvo con el apóstol durante su primer encarcelamiento en Roma, el lugar donde se escribió esta epístola (ver Ef 3:1). Este hombre acompañó a Pablo al llevar la ofrenda para la iglesia en Jerusalén (Hch 20:4-6) y fue enviado por él en varias misiones (2 Ti 4:12; Tit 3:12).

b. **Paz.** Esta hermosa bendición resume los temas principales de esta carta tan personal, al recordar los lectores la paz (Ef 15; 1:2; 2:14, 15, 17; 4:3), el amor (Ef 1:15; 4:2, 15, 16; 5:25, 28, 33) y la fe (Ef 16; 1:15; 2:8; 3:12, 17; 4:5, 13) de Dios y de Jesucristo.

Contexto histórico

Colosas era una ciudad de Frigia, en la provincia romana de Asia (parte de Turquía moderna), a unos 160 km al este de Éfeso, en la región de las siete iglesias de Apocalipsis 1–3. La ciudad se encontraba junto al río Lico, no lejos de donde fluía en el río Maender. El valle Lico se estrechaba en Colosas hasta una anchura de unos 3,2 km y el monte Cadmo se levantaba a más de 2.400 m por encima de la ciudad.

Colosas era una ciudad próspera en el siglo V A.C., cuando el rey persa Jerjes (Asuero, cp. Est 1:1) marchaba a través de la región. La lana negra y los teñidos (hechos de los depósitos de tiza [*gis*] que se encontraban en la zona) eran productos importantes. Además, la ciudad estaba situada en la unión de las principales rutas de comercio de norte a sur y de este a oeste. No obstante, en la época de Pablo, el camino principal había sido redirigido a través de la ciudad cercana de Laodicea, rodeaba Colosas y la llevó a su declive a la vez que hizo prosperar a las ciudades vecinas como Laodicea y Hierápolis.

Aunque la población de Colosas era primordialmente gentil, había una gran colonia judía que se remontaba a los días de Antíoco el Grande (223-187 A.C.). La población mixta de Colosas de judíos y gentiles se manifestaba en la composición de la iglesia como en la herejía que la plagaba, que contenía elementos de legalismo judío y de misticismo pagano.

La iglesia de Colosas comenzó durante el ministerio de Pablo en Éfeso (Hch 19), que duró tres años. Su fundador no fue Pablo, quien nunca había estado ahí (Col 2:1), sino Epafras (1:5-7), quien al parecer fue salvado durante una visita a Éfeso, y probablemente después comenzó la iglesia en Colosas cuando regresó a casa. Varios años después de que la iglesia colosense se estableciera, surgió una peligrosa herejía que la amenazaba, una no identificada con sistema histórico alguno en particular. Contenía elementos de lo que más tarde llegó a conocerse como gnosticismo: que Dios es bueno, pero la materia es mala; que Jesucristo pertenecía meramente a una serie de emanaciones que descendía de Dios y que era menos que Dios (una creencia que los llevó a negar su verdadera humanidad), y que un secreto conocimiento por encima de las Escrituras era necesario para ser iluminado y para la salvación. La herejía colosense también incluyó aspectos de legalismo judío, por ejemplo, la necesidad de la circuncisión para la salvación, la observación de rituales ceremoniales de la ley del AT (leyes de alimentación, festivales, días de reposo) y ascetismo rígido. También llamaba a la adoración de ángeles y experiencia mística. Epafras estaba tan preocupado por esta herejía que realizó el largo viaje de Colosas a Roma (4:12, 13), donde Pablo era prisionero.

Esta carta se escribió desde la prisión de Roma (Hch 28:16-31), en algún momento entre el 60-62 A.D. y, por lo tanto, se alude a ella como a una epístola carcelaria (junto con Efesios, Filipenses y Filemón). Pudo haber sido compuesta casi al mismo tiempo que Efesios, e inicialmente enviada con ella y Filemón por Tíquico (Ef 6:21, 22; Col 4:7, 8). Ver la Introducción a Filipenses: Autor y fecha para una explicación de la ciudad de la que Pablo escribió. Él escribió esta carta para advertir a los colosenses de la herejía a la que se enfrentaban, y les envió la carta con Tíquico, quien acompañaba al esclavo huido, Onésimo, de regreso a casa de su amo, Filemón, un miembro de la iglesia colosense (Col 4:7-9; ver la Introducción a Filemón: Contexto histórico). Epafras se quedó en Roma (cp. Flm 23), quizá para recibir más instrucciones de Pablo.

Temas históricos y teológicos

Colosenses contiene enseñanza en varios ámbitos clave de teología, incluida la deidad de Cristo (1:15-20; 2:2-10), la reconciliación (1:20-23), la redención (1:13, 14; 2:13, 14; 3:9-11), la elección (3:12), el perdón (3:13), y la naturaleza de la iglesia (1:18, 24, 25; 2:19; 3:11, 15). También, como se ha indicado más arriba, refuta la enseñanza hereje que amenazaba a la iglesia colosense (cap. 2).

Retos de interpretación

Esas sectas que niegan la deidad de Cristo se han aferrado a la descripción de él como «el primogénito de toda creación» (1:15) como prueba de que fue un ser creado. La afirmación de Pablo respecto a que los creyentes serán «santos y sin mancha e irreprensibles» si permanecen «fundados y firmes en la fe» (1:22, 23) ha llevado a algunos a enseñar que los creyentes pueden perder su salvación. Algunos han argumentado la existencia del purgatorio basándose en la afirmación de Pablo, «cumplo en mi carne lo que falta de las aflicciones de Cristo» (1:24), mientras que otros ven un respaldo de la regeneración bautismal (2:12). La identidad de la carta a Laodicea (4:16) también ha causado mucha discusión. Estos asuntos se tratarán en las notas.

202. Gratitud en oración

Colosenses 1:1–14

Pablo, apóstol de Jesucristo por la voluntad de Dios, y el hermano [a]Timoteo, a los santos y fieles hermanos en Cristo que están en [b]Colosas:

[c]Gracia y paz sean a vosotros, de Dios nuestro Padre y del Señor Jesucristo.

Siempre orando por vosotros, damos gracias a [d]Dios, Padre de nuestro Señor Jesucristo, habiendo oído de vuestra [e]fe en Cristo Jesús, y del [f]amor que tenéis a todos los santos, a causa de [g]la esperanza que os está guardada en los cielos, de la cual ya habéis oído por la palabra verdadera [h]del evangelio, que ha llegado hasta vosotros, así como a [i]todo el mundo, y lleva [j]fruto y crece también en vosotros, desde el día que oísteis y conocisteis la gracia de Dios en verdad, como lo habéis aprendido de [k]Epafras, nuestro consiervo amado, que es un fiel ministro de Cristo para vosotros, quien también nos ha declarado vuestro amor en el Espíritu.

Por lo cual también nosotros, desde el día que lo oímos, no cesamos de orar por vosotros, y de pedir que seáis llenos [l]del conocimiento de su voluntad

---

a. **Timoteo.** El colaborador de Pablo y su hijo verdadero en la fe (ver Hch 16:1) pudo estar con él porque, a pesar de que Pablo era un prisionero, le fue asignado un recinto personal (Hch 28:16-31).

b. **Colosas.** Una de tres ciudades en el valle del río Lico, en la región de Frigia, en la provincia romana de Asia (que es parte de Turquía en la actualidad), unos 160 km al este de Éfeso.

c. **Gracia y paz.** El saludo de Pablo en todas sus trece epístolas (ver Ro 1:7).

d. **Dios, Padre de nuestro Señor Jesucristo.** Esta designación se empleaba con frecuencia para mostrar que Jesús era uno en naturaleza con Dios, como cualquier hijo verdadero lo es con sus padres. Era una afirmación inequívoca de la deidad de Cristo (cp. Ro 15:6; 2 Co 1:3; 11:13; Ef 1:3; 3:14; 1 P 1:3).

e. **fe en Cristo Jesús.** Para los comentarios acerca de la fe que salva, ver Ro 1:16; 10:4-17; Stg 2:14-26.

f. **amor... a todos los santos.** Cp. Col 1:8. Uno de los frutos visibles de la fe verdadera que lleva a la salvación es el amor hacia los hermanos en la fe (Jn 13:34, 35; Gá 5:22; 1 Jn 2:10; 3:14-16).

g. **la esperanza que os está guardada.** La esperanza del creyente es inseparable de su fe. Ver Ro 5:2; 1 P 1:3.

h. **del evangelio.** Ver Ro 1:1. El significado literal de la palabra griega es «buenas noticias», y se empleaba en el griego clásico para anunciar la buena noticia de la victoria en una batalla. El evangelio es la buena nueva de la victoria de Cristo sobre Satanás, el pecado y la muerte.

i. **todo el mundo.** Cp. Col 1:23, «toda la creación que está debajo del cielo». Dios nunca se propuso limitar el evangelio a un grupo exclusivo de personas. Es las buenas nuevas de salvación para el mundo entero (Mt 24:14; 28:19, 20; Mr 16:15; Ro 1:8, 14, 16; 1 Ts 1:8). Trasciende todas las fronteras étnicas, geográficas, culturales y políticas.

j. **fruto.** Se refiere al efecto de la predicación del evangelio y al crecimiento de la Iglesia. Ver Ro 1:13; Fil 1:22; cp. Mt 13:3-8, 31, 32.

k. **Epafras.** Probable fundador de la iglesia en Colosas.

l. **del conocimiento de su voluntad.** La palabra griega que se traduce «conocimiento» es la corriente, con una preposición añadida que intensifica su significado. No es una impresión

en toda [a]sabiduría e inteligencia espiritual, para que [b]andéis como es digno del Señor, agradándole en todo, [c]llevando fruto en toda buena obra, y [d]creciendo en el conocimiento de Dios; fortalecidos con todo poder, conforme a la potencia de su gloria, para toda [e]paciencia y longanimidad; con gozo dando gracias al Padre que [f]nos hizo aptos para participar de [g]la herencia de los santos [h]en luz; el cual [i]nos ha librado de la potestad de las tinieblas, y trasladado

---

o sentimiento interior, sino un conocimiento profundo y total de la voluntad de Dios, que ha sido revelada por completo y de manera definitiva en la Palabra de Dios (Col 3:16; Ef 5:17; 1 Ts 4:3; 5:18; 1 Ti 2:4; 1 P 2:13, 15; 4:19).

a. **sabiduría e inteligencia espiritual.** Aquí «espiritual» es el adjetivo que se aplica a «sabiduría» (la capacidad de acumular y organizar los principios bíblicos) y a «inteligencia» (la aplicación de esos principios a la vida diaria).

b. **andéis como es digno.** Este es un concepto clave del NT que requiere del creyente que viva de una manera consecuente con su identificación con su Señor, quien lo salvó. Ver Ef 4:1; Fil 1:27.

c. **llevando fruto en toda buena obra.** Ver Ro 1:13; Fil 4:17. El fruto espiritual es el producto «natural» de una vida justa. La Biblia identifica el fruto espiritual con actos como conducir personas a Cristo (1 Co 16:15), alabar a Dios (He 13:15), dar dinero (Ro 15:26-28), llevar una vida piadosa (He 12:11) y demostrar actitudes santas (Gá 5:22, 23).

d. **creciendo en el conocimiento de Dios.** El crecimiento espiritual no puede ocurrir aparte de este conocimiento (1 P 2:2; 2 P 3:18). Las evidencias de crecimiento espiritual incluyen un amor más profundo por la Palabra de Dios (Sal 119:97), una obediencia cada vez más perfecta (1 Jn 2:3-5), un fundamento doctrinal sólido (1 Jn 2:12-14), una fe de alcance cada vez mayor (2 Ts 1:3; cp. 2 Co 10:5), y un amor más grande hacia los demás (Fil 1:9).

e. **paciencia y longanimidad.** Estos términos están relacionados entre sí y se refieren a la actitud que uno debe tener durante las pruebas. «Paciencia» tiene que ver más con soportar circunstancias difíciles y «longanimidad» se aplica a la paciencia que uno debe tener con personas difíciles.

f. **nos hizo aptos.** La expresión griega significa «hacer suficiente», «investir de poder» o «dar autoridad». Dios nos califica solo a través de la obra finalizada del Salvador. Aparte de la gracia de Dios por medio de Jesucristo, todos los seres humanos solo estarían calificados para recibir la ira divina.

g. **la herencia.** Lit. «para la porción del patrimonio». Cada creyente recibirá su propia porción individual del total de la herencia divina (ver Ro 8:17), una alusión a la parcelación de la heredad de Israel en Canaán (cp. Nm 26:52-56; 33:51-54; Jos 14:1, 2). Ver 1 P 1:3-5.

h. **en luz.** En las Escrituras se representa la verdad divina como «luz» en sentido intelectual (Sal 119:130) y la luz representa la pureza divina en sentido moral (Ef 5:8-14; 1 Jn 1:5). La herencia de los santos existe en el dominio espiritual de la verdad y la pureza, donde Dios mismo habita (1 Ti 6:16). En este sentido, la luz es un sinónimo del reino de Dios. Cp. Jn 8:12; 2 Co 4:6; Ap 21:23; 22:5.

i. **nos ha librado.** El verbo griego significa «traer cerca» o «rescatar», y se refiere a la manera como Dios obra nuestra liberación espiritual del reino de Satanás, el cual a diferencia del reino de la luz con su verdad y pureza, es el dominio de las tinieblas (cp. Lc 22:53), donde solo hay engaño y maldad (1 Jn 2:9, 11). Ver Hch 26:18.

al [a]reino de [b]su amado Hijo, en quien tenemos [c]redención [d]por su sangre, [e]el perdón de pecados.

203. La deidad de Cristo

Colosenses 1:15–23

[f]Él es la [g]imagen del Dios invisible, [h]el primogénito de toda creación. Porque en él fueron creadas todas las cosas, las que hay en los cielos y las que hay en

---

a. **reino.** En su sentido básico, un grupo de personas regidas por un rey. Más que el futuro reino milenario sobre la tierra, se trata del reino eterno (2 P 1:11) que es el dominio de la salvación, en el cual viven todos los creyentes, tanto en la actualidad, como en la eternidad, por virtud de su relación espiritual con Dios, bajo el cuidado y la autoridad de Jesucristo (ver Mt 3:2).

b. **su amado Hijo.** Cp. Mt 3:17; 12:18; 17:5; Mr 1:11; 9:7; Lc 3:22; 9:35; Ef 1:6; 2 P 1:17; ver Jn 17:23-26. El Padre dio este reino al Hijo amado por él como una expresión de amor eterno. Eso significa que toda persona a quien el Padre llama y justifica es un regalo de amor que él da al Hijo. Ver Jn 6:37, 44.

c. **redención.** La palabra griega significa «libertar con el pago de un rescate», y se empleaba en las transacciones que permitían la liberación de esclavos de su yugo de servidumbre. Aquí se refiere a la manera como Cristo libera a los pecadores que creen en él de la esclavitud al pecado (cp. Ef 1:7; 1 Co 1:30; ver Ro 3:24).

d. **por su sangre.** Cp. Col 1:20. Una referencia que no se limita al fluido vital como si su sangre tuviera propiedades salvadoras en su composición química, sino una expresión que apunta a la totalidad de la obra expiatoria de Cristo como sacrificio perfecto por el pecado. Es una metonimia de uso bastante frecuente en el NT (ver Ef 1:7; 2:13; He 9:14; 1 P 1:19). La palabra «cruz» se usa de manera similar para aludir a la totalidad de la obra redentora de Cristo (ver 1 Co 1:18; Gá 6:12, 14; Ef 2:16). Ver nota en Ro 5:9.

e. **el perdón de pecados.** La palabra griega es un compuesto de dos palabras que significa «absolver» o «conceder remisión de un castigo»; (cp. Sal 103:12; Mi 7:19; Ef 1:7; ver 2 Co 5:19-21).

f. Un componente de la herejía que amenazaba la salud espiritual de la iglesia en Colosas era la negación de la deidad de Cristo. Pablo combate ese elemento condenatorio de herejía con una defensa enérgica de la deidad de Cristo.

g. **imagen del Dios invisible.** Ver He 1:3. La palabra griega que se traduce «imagen» es *eikōn*, de la que se deriva la palabra «icono». Significa «copia» o «semejanza». Jesucristo es la imagen perfecta y la semejanza idéntica de Dios, lo cual significa que él es Dios y posee todos los atributos de Dios (Fil 2:6; cp. Jn 1:14; 14:9), lo cual ha sido así desde toda la eternidad y hasta toda la eternidad. Al describir de esta manera a Jesús, Pablo recalca que él es tanto la representación como la manifestación de Dios. En conclusión, es plenamente Dios en todo sentido (cp. Col 2:9; Jn 8:58; 10:30-33; He 1:8).

h. **el primogénito de toda creación.** Cp. Col 1:18. La palabra griega que se traduce «primogénito» puede referirse al hijo que nació primero en sentido cronológico, pero con mayor frecuencia alude a preeminencia en posición o rango (ver He 1:6; cp. Ro 8:29). Tanto en la cultura griega como en la judía, el primogénito era el hijo que ocupaba la posición de mayor privilegio y que había recibido el derecho a heredar de su padre, sin importar que hubiera o no nacido primero. Se emplea con referencia a Israel, que a pesar de no haber sido la primera nación se convirtió en la nación de mayor preeminencia (cp. Éx 4:22; Jer 31:9). La primogenitura alude en este contexto al rango más alto y no a un orden de creación (cp. Sal 89:27; Ap 1:5) por varias razones: 1) Cristo no puede ser «primogénito» y «unigénito» al mismo tiempo (cp. Jn 1:14, 18; 3:16, 18; 1 Jn 4:9), 2) si el «primogénito» solo es uno en una clase, la clase se presenta en forma plural (cp. el v. 18; Ro 8:29), pero «creación», que es la clase aquí, se encuentra en forma singular; 3) si Pablo enseñara aquí que Cristo es un ser creado, estaría de acuerdo con la misma herejía que se proponía refutar con la epístola,

la tierra, visibles e invisibles; [a]sean tronos, sean dominios, sean principados, sean potestades; [b]todo fue creado por medio de él y para él. Y [c]él es antes de todas las cosas, y todas las cosas en él [d]subsisten; y él es [e]la cabeza del cuerpo, que es la iglesia, él que es [f]el principio, [g]el primogénito de entre los muertos, para que en todo tenga la preeminencia; por cuanto agradó al Padre que en él habitase [h]toda plenitud, y por medio de él [i]reconciliar consigo todas las cosas, así las que están en la tierra como las que están en los cielos, [j]haciendo la paz mediante la sangre de su cruz.

---

y 4) es imposible que Cristo sea al mismo tiempo un ser creado y el Creador de todas las cosas (Col 1:16). En conclusión, Jesús es el primogénito por cuanto él tiene la preeminencia absoluta (Col 1:18) y posee el derecho de heredar «toda creación» (cp. He 1:2; Ap 5:1-7, 13). Él existió antes de la creación y es exaltado por encima de todo lo creado. Ver Sal 2:7; Ro 8:29.

a. **sean tronos, sean dominios, sean principados, sean potestades.** Cp. Col 2:15; Ro 8:38; Ef 1:21; 3:10; 6:12; 1 P 3:22; Jud 6. Estas son diversas categorías de seres angelicales a quienes Cristo creó y sobre los cuales reina. No se especifica si son santos o caídos, porque él es Señor de ambos grupos. Los falsos maestros habían incorporado en la práctica de su herejía la adoración de ángeles (ver Col 2:18), y esto incluía la mentira de que Jesús era uno de ellos, un simple espíritu creado por Dios e inferior a él. Pablo rechazó de plano esa noción y aclaró que los ángeles, cualquiera que sea su rango e independientemente de que sean santos o caídos, son simples criaturas y su Creador es el Señor y Salvador Jesucristo, quien es el único que tiene preeminencia sobre ellos. El propósito de su catálogo de potencias angelicales es mostrar la superioridad inmensurable de Cristo sobre cualquier ser que pudieran plantear los falsos maestros.

b. **todo fue creado por medio de él y para él.** Cp. Ro 11:33-36. Ver Jn 1:3; He 1:2. Como Dios, Jesús creó el universo material y espiritual para su deleite y gloria.

c. **él es antes de todas las cosas.** Al comenzar a existir el universo, Cristo ya existía. En consecuencia, él ya existía y por definición debe ser eterno como solo Dios puede serlo (Mi 5:2; Jn 1:1, 2; 8:58; 1 Jn 1:1; Ap 22:13).

d. **subsisten.** Lit. «mantener juntas». Cristo sostiene el universo y preserva el equilibrio necesario de fuerza, masa y energía para la existencia y continuidad de la vida (cp. He 1:3).

e. **la cabeza del cuerpo.** Cp. Col 2:19. Pablo utiliza el cuerpo humano como una metáfora de la iglesia, a la cual sirve Cristo como su «cabeza». Así como un cuerpo es controlado desde el cerebro, Cristo controla cada parte de la Iglesia para darle vida y dirección. Cp. Ef 4:15; 5:23. Para una discusión detallada de la iglesia como un cuerpo, ver 1 Co 12:4-27.

f. **el principio.** Esto se refiere tanto a fuente como a preeminencia. La iglesia tuvo su origen en el Señor Jesús (Ef 1:4), y él le dio vida por medio de su sacrificio, muerte y resurrección para convertirse en su Señor soberano.

g. **el primogénito de entre los muertos.** En sentido cronológico, Jesús fue el primero en ser resucitado para nunca morir otra vez. De todos los que han sido o serán resucitados de los muertos, y esto incluye a todos los hombres (Jn 5:28, 29), Cristo es supremo (ver Col 1:15; Fil 2:8-11).

h. **toda plenitud.** Un término que pudieron utilizar los que promulgaban la herejía en Colosas para aludir a poderes y atributos divinos que según creían estaban divididos en varias «emanaciones». Pablo refutó sus ideas al afirmar que la plenitud de la deidad, todos los poderes y atributos divinos, no estaban repartidos entre seres creados, sino que habitaban por completo en Cristo (cp. Col 2:9).

i. **reconciliar consigo todas las cosas.** La palabra griega que se traduce «reconciliar» significa «cambiar» o «intercambiar». Su uso en el NT se aplica a un cambio en la relación del pecador con Dios. Ver Ro 5:10; 2 Co 5:18-21. El hombre se reconcilia con Dios cuando él lo restaura a una relación correcta consigo mediante Jesucristo. En este versículo se utiliza una forma intensificada de «reconciliar» para referirse a la reconciliación total y completa de los creyentes y en últimas de «todas las cosas» en el universo creado (cp. Ro 8:21; 2 P 3:10-13; Ap 21:1). Este texto no enseña que, como resultado de ello, todos vayan a creer. Más bien enseña que todos terminarán sometidos a él (cp. Fil 2:9-11).

j. **haciendo la paz.** Ver Ro 5:1. Dios y los que él salvó ya no están enemistados entre sí.

Y a vosotros también, que erais en otro tiempo [a]extraños y enemigos en vuestra mente, haciendo malas obras, ahora os ha [b]reconciliado en su cuerpo de carne, por medio de la muerte, para presentaros [c]santos y sin mancha e irreprensibles delante de él; si en verdad [d]permanecéis fundados y firmes en la fe, y sin moveros de la esperanza del evangelio que habéis oído, el cual [e]se predica en toda la creación que está debajo del cielo; del cual yo Pablo fui hecho ministro.

204. El ministerio del evangelio

Colosenses 1:24—2:7

Ahora me gozo en [f]lo que padezco por vosotros, y [g]cumplo en mi carne lo que falta de las aflicciones de Cristo [h]por su cuerpo, que es la iglesia; de la cual fui

---

a. **extraños y enemigos.** El término griego que se traduce «extraños» significa «alejados», «cortados» o «separados». Antes de ser reconciliados, los seres humanos están separados por completo de Dios (cp. Ef 2:12, 13). La palabra griega que se traduce «enemigos» también puede traducirse «aborrecedores». Los incrédulos odian a Dios y tienen resentimiento contra su parámetro de santidad, porque aman las «malas obras» (cp. Jn 3:19, 20; 15:18, 24, 25). En realidad hay alienación en ambos lados, porque Dios aborrece «a todos los que hacen iniquidad» (Sal 5:5).

b. **reconciliado... por medio de la muerte.** La muerte sustitutiva de Cristo en la cruz, que pagó el castigo pleno por el pecado de todos los que creen, hizo posible y efectiva la reconciliación. Ver 2 Co 5:18-21; cp. Ro 3:25; 5:9, 10; 8:3.

c. **santos... delante de él.** «Santos» se refiere a la nueva posición que ocupa el creyente en su relación con Dios, porque ha sido separado del pecado y apartado para Dios mediante la imputación de justicia divina. En esto consiste la justificación (ver Ro 3:24-26; Fil 3:8, 9). Como resultado de la unión del creyente con Cristo en su muerte y resurrección, Dios considera a los cristianos tan santos como su Hijo (Ef 1:4; 2 Co 5:21). Los cristianos también quedan «sin mancha» ni culpa, además de ser «irreprensibles» porque nadie puede traer una acusación válida contra ellos. Ro 8:33; cp. Fil 2:15). Debemos ser presentados a Cristo, al encontrarnos con él, como una novia inmaculada y casta (Ef 5:25–27; 2 Co 11:2).

d. **permanecéis... en la fe.** Cp. Hch 11:23; 14:22. Los que han sido reconciliados perseverarán en la fe y la obediencia porque, además de ser declarados justos, han sido convertidos en nuevas criaturas (2 Co 5:17) y poseen una disposición renovada para amar a Dios, aborrecer el pecado y desear la obediencia, con la energía inagotable del Espíritu Santo que mora en su interior (cp. Jn 8:30-32; 1 Jn 2:19). En lugar de desertar del evangelio que han escuchado, los creyentes verdaderos permanecerán sólidos en Cristo quien es el único fundamento (1 Co 3:11), así como fieles por la gracia de Dios que los capacita para andar en la vida cristiana (Fil 1:6; 2:11-13). Para una discusión acerca de la perseverancia de los santos, ver Mt 24:13.

e. **se predica en toda la creación.** Cp. Mr 16:15. El evangelio no tiene barreras raciales. Tras llegar a Roma, donde Pablo se encontraba al escribir Colosenses, había llegado al centro mismo de todo el mundo conocido.

f. **lo que padezco.** El encarcelamiento de Pablo en aquel momento.

g. **cumplo... lo que falta.** Pablo experimentaba la persecución que iba dirigida a Cristo. A pesar de su muerte en la cruz, los enemigos de Cristo no habían saciado su apetito de hacerle daño, así que encauzaron su odio hacia los que predicaban el evangelio (cp. Jn 15:18, 24; 16:1-3). Fue en ese sentido que Pablo cumplió lo que faltaba de las aflicciones de Cristo (ver 2 Co 1:5; Gá 6:17).

h. **por su cuerpo.** La motivación de Pablo para soportar el sufrimiento era beneficiar y edificar la Iglesia de Cristo. Cp. Fil 1:13, 29, 30; ver 2 Co 4:8-15; 6:4-10; 11:23 29; 12:9, 10.

hecho [a]ministro, según la administración de Dios que me fue dada para con vosotros, para que anuncie [b]cumplidamente la palabra de Dios, el misterio que había estado oculto desde los siglos y edades, pero que ahora ha sido manifestado a sus santos, a quienes Dios quiso dar a conocer las riquezas de la gloria de este [c]misterio entre los [d]gentiles; que es Cristo en vosotros, [e]la esperanza de gloria, a quien anunciamos, amonestando a todo hombre, y enseñando a todo hombre en toda sabiduría, a fin de presentar [f]perfecto en Cristo Jesús a todo hombre; para lo cual también [g]trabajo, luchando según la potencia de él, la cual actúa poderosamente en mí.

---

a. **ministro.** Cp. 1 Co 4:1, 2; 9:17. Otra traducción es «mayordomo», que era un esclavo encargado de administrar la casa de su amo, supervisar a los demás siervos, distribuir los recursos y encargarse de los negocios y los asuntos financieros. Pablo veía su ministerio como una mayordomía que el Señor le había asignado. La iglesia es la casa de Dios (1 Ti 3:16), y Pablo recibió la tarea de cuidar, alimentar y pastorear a las iglesias, por lo cual debía rendir cuentas a Dios (cp. He 13:17). Todos los creyentes son responsables de administrar bien las capacidades y los recursos que Dios les da (ver 1 P 4:10).

b. **cumplidamente la palabra de Dios.** Esto indica la devoción total y exclusiva de Pablo al cumplimiento del ministerio que Dios le dio para predicar todo el consejo de Dios a aquellos a quienes él le enviara (Hch 20:27; 2 Ti 4:7).

c. **misterio.** Cp. Col 2:2; 4:3. Ver Mt 13:11; 1 Co 2:7; Ef 3:4, 5. Esto se refiere a una verdad que había permanecido oculta hasta ahora, pero que ha sido revelada por primera vez a los santos en el NT. Esa verdad incluye el misterio del Dios encarnado (Col 2:2, 3, 9), la incredulidad de Israel (Ro 11:25), la impiedad y las transgresiones a la ley (2 Ts 2:7), la unidad de judíos y gentiles como un solo cuerpo en la iglesia (Ef 3:3-6), y el rapto de la iglesia (1 Co 15:51). En este pasaje el misterio se identifica de manera específica en el v. 27.

d. **gentiles... Cristo en vosotros.** El AT predijo la venida del Mesías y que los gentiles participarían de la salvación (cp. Is 42:6; 45:21, 22; 49:6; 52:10; 60:1-3; Sal 22:27; 65:5; 98:2, 3), pero no reveló que el Mesías viviría de forma literal en cada miembro de su iglesia redimida, la cual quedó compuesta en su gran mayoría por gentiles. El misterio glorioso que ha sido revelado es que los creyentes, tanto judíos como gentiles, poseen ahora las riquezas insuperables de la presencia de Cristo en su interior (Jn 14:23; Ro 8:9, 10; Gá 2:20; Ef 1:7, 17, 18; 3:8-10, 16-19).

e. **la esperanza de gloria.** El Espíritu de Cristo que mora en el interior es la garantía de gloria futura para cada creyente (Ro 8:11; Ef 1:13, 14; 1 P 1:3, 4).

f. **perfecto.** Ser completos o maduros, semejantes a Cristo. Ver Ro 8:29; Fil 3:12-14, 19, 20; 1 Jn 2:6; 3:2. Esta madurez espiritual se define en Col 2:2.

g. **trabajo, luchando según la potencia de él.** Aquí está la clave del equilibrio en la vida cristiana. Pablo se esforzó en servir y honrar a Dios con todas sus fuerzas. «Trabajo» se refiere a un esfuerzo constante hasta el punto de quedar exhausto. La palabra griega que se traduce «luchando» es la misma que da origen a la expresión «agonizar» y se refiere al esfuerzo requerido para competir en un certamen atlético. Al mismo tiempo, el apóstol sabía que el trabajo o la lucha eficaz que se hacía evidente en resultados espirituales y eternos, era algo que Dios hacía en y a través de él (ver Fil 2:11-13; cp. 1 Co 15:10, 58).

Porque quiero que sepáis cuán [a]gran lucha sostengo por vosotros, y por los que están en [b]Laodicea, y por todos los que nunca han visto mi rostro; para que sean consolados sus corazones, unidos en amor, hasta alcanzar todas [c]las riquezas de pleno entendimiento, a fin de conocer el misterio [d]de Dios el Padre, y de Cristo, en quien están escondidos [e]todos los tesoros de la sabiduría y del conocimiento.

Y esto lo digo [f]para que nadie os engañe con palabras persuasivas. Porque aunque estoy [g]ausente en cuerpo, no obstante en espíritu estoy con vosotros, gozándome y mirando vuestro buen orden y la firmeza de vuestra fe en Cristo.

Por tanto, de la manera que habéis recibido al Señor Jesucristo, [h]andad en él; arraigados y sobreedificados en él, y confirmados en [i]la fe, así como habéis sido enseñados, abundando en acciones de gracias.

---

a. **gran lucha.** La palabra viene de la misma raíz que se traduce «luchando» en Col 1:29. Los creyentes en Colosas y Laodicea se contaban entre todos aquellos por quienes Pablo luchaba con tanta tenacidad para ayudarlos a crecer hasta alcanzar la madurez espiritual.

b. **Laodicea.** La ciudad principal de Frigia en la provincia romana de Asia, ubicada al sur de Hierápolis en el valle del río Lico (ver Ap 3:14; cp. Col 4:13).

c. **las riquezas de pleno entendimiento.** «Entendimiento» de la plenitud del evangelio, así como aliento y amor comunes en el interior son algunas de las marcas de los creyentes maduros que disfrutan la «seguridad» de la salvación (ver 2 P 1:5-8).

d. **de Dios... Cristo.** Cp. Col 4:3. Si se omite la frase entre «Dios» y «Cristo», la cual es muy probable que no estuviera en el texto original, no cambia el significado. El punto es que el misterio al que Pablo se refirió aquí es que el Mesías Cristo es Dios mismo encarnado (cp. 1 Ti 3:16).

e. **todos los tesoros.** Cp. Col 2:9, 10; 1:19. Los falsos maestros que amenazaban a los colosenses afirmaban que poseían una sabiduría secreta y un conocimiento trascendente que solo estaba disponible para la élite espiritual. A diferencia de ellos, Pablo declaró que toda la riqueza de la verdad necesaria para la salvación, la santificación y la glorificación se halla en Jesucristo, quien es Dios revelado; (cp. Jn 1:14; Ro 11:33-36; 1 Co 1:24, 30; 2:6-8; Ef 1:8, 9; 3:8, 9).

f. **para que nadie os engañe.** Pablo no quería que los colosenses fueran engañados por la retórica persuasiva de los falsos maestros que asaltaba la persona de Cristo. Por esta razón insistió en la deidad de Cristo de forma contundente en Col 1 y 2, así como en su suficiencia tanto para salvar a los creyentes como para llevarlos a la madurez espiritual.

g. **ausente en cuerpo... en espíritu estoy con vosotros.** Debido a que era un prisionero, Pablo no pudo estar presente con los colosenses. Sin embargo, eso no significaba que su amor e interés por ellos fueran menores (cp. 1 Co 5:3, 4; 1 Ts 2:17). Su «buen orden» y «la firmeza de su fe» (ambas expresiones son de origen militar e ilustran a un pelotón de soldados bien preparados para la batalla) trajeron gran gozo al corazón del apóstol.

h. **andad en él.** En el NT se alude a la conducta diaria del creyente como su «andar» (Col 1:10; 4:5; Ro 6:4; 8:1, 4; 13:13; 1 Co 7:17; 2 Co 5:7; 10:3; 12:18; Gá 5:16, 25; 6:16; Ef 2:10; 4:1, 17; 5:2, 8, 15; Fil 3:16-18; 1 Ts 2:12; 4:1, 12; 2 Ts 3:11; 1 Jn 1:6, 7; 2:6; 2 Jn 6; 3 Jn 3, 4). Andar en Cristo es vivir una vida que sigue su ejemplo perfecto.

i. **la fe.** Aquí, el sentido es objetivo y se refiere a la verdad de la doctrina cristiana. La madurez espiritual se fundamenta y desarrolla a partir de la raíz profunda de la verdad bíblica tal como fue enseñada y registrada por los apóstoles. Cp. Col 3:16. El ser arraigados, sobreedificados y confirmados depende de la sana doctrina (cp. 1 Ti 4:6; 2 Ti 3:16, 17; Tit 2:1).

205. ADVERTENCIAS CONTRA LA FILOSOFÍA MUNDANA

Colosenses 2:8–15

Mirad que nadie [a]os engañe por medio de [b]filosofías y huecas sutilezas, según las tradiciones de los hombres, conforme a [c]los rudimentos del mundo, y no según Cristo. Porque en él habita [d]corporalmente toda la [e]plenitud de la Deidad, y vosotros estáis [f]completos en él, que es [g]la cabeza de todo principado y potestad.

En él también fuisteis circuncidados con [h]circuncisión no hecha a mano, al echar de vosotros el cuerpo pecaminoso carnal, en la circuncisión de Cristo;

---

a. **os engañe.** Este es el término que significa «robar». Los maestros falsos que tienen éxito en hacer que las personas crean mentiras, les roban la verdad, la salvación y la bendición de Dios.

b. **filosofías y huecas sutilezas.** Es la única vez que ocurre el término «filosofía» (lit. «amor a la sabiduría») en el NT. La palabra se refería más que a una disciplina académica y describía cualquier teoría acerca de Dios, el mundo o el significado de la vida. Los que acogieron la herejía propagada en Colosas la usaban para describir el supuesto conocimiento superior que según ellos habían alcanzado. Sin embargo, Pablo equipara la filosofía de los falsos maestros con «huecas sutilezas», es decir, engaños despreciables. Cp. 1 Ti 6:20; ver 2 Co 10:5.

c. **los rudimentos del mundo.** Ver Col 2:20; Gá 4:3). Lejos de ser un conocimiento avanzado y más profundo, las creencias de los falsos maestros eran simplistas e inmaduras como todas las demás especulaciones, ideologías, filosofías y psicologías inventadas en el sistema caído satánico y humano.

d. **corporalmente.** En el pensamiento griego la materia era mala y el espíritu era bueno. Por eso era impensable que Dios estuviera dispuesto a ocupar un cuerpo humano. Pablo refuta esa enseñanza falsa al recalcar la realidad de la encarnación de Cristo. Jesús no solo fue Dios a plenitud, sino también plenamente humano. Ver Fil 2:5-11.

e. **plenitud de la Deidad.** Cristo posee la plenitud de la naturaleza y los atributos divinos (ver Col 1:19; Jn 1:14-16).

f. **completos en él.** Ver Col 2:3, 4; cp. Jn 1:16; Ef 1:3. Los creyentes están completos en Cristo, tanto en su posición delante de Dios por la justicia perfecta de Cristo que les ha sido imputada (ver Col 1:22), como en la suficiencia completa de todos los recursos celestiales para la madurez espiritual (ver 2 P 1:3, 4).

g. **la cabeza de todo principado y potestad.** Jesucristo es el Creador y regidor del universo y todos sus seres espirituales (ver Col 1:16), no un ser inferior que emanó de Dios como lo sostenían los aficionados al error en Colosas.

h. **circuncisión no hecha a mano.** Ver la circuncisión en Gn 17:11. La circuncisión simbolizaba la necesidad que el ser humano tiene de que su corazón sea limpio (cp. Dt 10:16; 30:6; Jer 4:4; 9:26; Hch 7:51; Ro 2:29) y fue la señal externa de la limpieza de pecado que viene como resultado de la fe en Dios (Ro 4:11; Fil 3:3). En la salvación, los creyentes son sometidos a una «circuncisión» espiritual «al echar de [ellos] el cuerpo pecaminoso carnal»; (cp. Ro 6:6; 2 Co 5:17; Fil 3:3; Tit 3:5). Este es el nuevo nacimiento que produce una nueva criatura en el momento de la conversión. La afirmación externa de la transformación que ya se ha operado en el interior es ahora el bautismo del creyente en agua (Hch 2:38).

sepultados con él en el bautismo, en el cual fuisteis también resucitados con él, mediante la fe en el poder de Dios que le levantó de los muertos. Y a vosotros, estando [a]muertos en pecados y en la incircuncisión de vuestra carne, [b]os dio vida juntamente con él, [c]perdonándoos todos los pecados, [d]anulando el acta de los decretos que había contra nosotros, que nos era contraria, quitándola de en medio y [e]clavándola en la cruz, y [f]despojando [g]a los principados y a las potestades, [h]los exhibió públicamente, triunfando sobre ellos en la cruz.

---

a. **muertos en pecados.** Ver Ef 2:1, 5. Tan atados a la esfera de la pecaminosidad, el mundo (Ef 2:12), la carne (Ro 8:8) y el diablo (1 Jn 5:19) que son incapaces de responder a estímulos espirituales. Carentes por completo de toda vida espiritual. Pablo amplía la definición de esta condición de los no salvos en 1 Co 2:14; Ef 4:17-19; Tit 3:3.

b. **os dio vida juntamente con él.** Ver Ef 2:1, 5. Solo por medio de su unión con Jesucristo (Col 2:10-12) pueden los que están muertos de forma irreversible en sus pecados recibir vida eterna (cp. Ef 2:5). Nótese que Dios toma la iniciativa y ejerce el poder que da vida para despertar y unir a los pecadores con su Hijo. Los muertos espirituales no tienen capacidad alguna en sí mismos para vivificarse (cp. Ro 4:17; 2 Co 1:9).

c. **perdonándoos todos los pecados.** Cp. Col 1:14. El perdón gratuito (Ro 3:24) y completo (Ro 5:20; Ef 1:7) de Dios otorgado a pecadores culpables que depositan su fe en Jesucristo es la realidad más importante en las Escrituras (cp. Sal 32:1; 130:3, 4; Is 1:18; 55:7; Mi 7:18; Mt 26:28; Hch 10:43; 13:38, 39; Tit 3:47; He 8:12).

d. **anulando el acta de los decretos.** El significado literal de la palabra griega que se traduce «acta» es «manuscrito» y se refiere al certificado de una deuda que se escribía a mano y por el cual un deudor reconocía su deuda. Todas las personas (Ro 3:23) deben a Dios una deuda por transgredir su ley que les resulta imposible pagar en sí mismos (Gá 3:10; Stg 2:10; cp. Mt 18:23-27), por esa razón están bajo sentencia irremediable de muerte (Ro 6:23). Pablo establece una comparación gráfica entre el perdón que Dios concede a los creyentes por sus pecados, y la eliminación de la tinta que se ha fijado a un papiro. Por medio del sacrificio y la muerte de Cristo en la cruz, Dios ha borrado por completo nuestro certificado de deuda y ha hecho completo nuestro perdón.

e. **clavándola en la cruz.** Esta es otra metáfora para aludir al perdón. La lista de los delitos de un delincuente crucificado era clavada a la cruz junto al delincuente para declarar los delitos y las transgresiones por las que era castigado (como en el caso de Jesús, como se indica en Mt 27:37). Los pecados de los creyentes fueron puestos en la cuenta de Cristo y clavados a su cruz mientras él pagaba el castigo en lugar de ellos, de tal forma que satisfizo la ira justa de Dios contra los delitos y pecados que requerían el pago total.

f. **despojando.** Otro aspecto de la obra de Cristo en la cruz. Pablo nos dice que la cruz desarmó por completo a Satanás y determinó su derrota definitiva junto a toda su hueste perversa de ángeles caídos (cp. Gn 3:15; Jn 12:31; 16:11; He 2:14).

g. **a los principados y a las potestades.** Ver Col 1:16. Mientras su cuerpo yacía muerto, su espíritu vivo y divino fue a la habitación de los demonios y anunció su triunfo sobre el pecado, Satanás, la muerte y el infierno. Ver 1 P 3:18, 19.

h. **los exhibió públicamente, triunfando sobre ellos.** Se evoca la imagen de un general romano victorioso que hacía desfilar a sus enemigos derrotados por las calles de Roma (ver 2 Co 2:14-16). Cristo ganó la victoria sobre todas las fuerzas satánicas en la cruz, donde sus esfuerzos para detener el plan divino de redención fueron frustrados de forma irreversible. Para más detalles sobre esa imagen de triunfo, ver 2 Co 2:14-16.

206. Evitar el legalismo

Colosenses 2:16–23

Por tanto, [a]nadie os juzgue [b]en comida o en bebida, o en cuanto a días de [c]fiesta, [d]luna nueva o [e]días de reposo, todo lo cual es [f]sombra de lo que ha de venir; pero el cuerpo es de Cristo. Nadie [g]os prive de vuestro premio, [h]afectando humildad y [i]culto a los ángeles, entremetiéndose en [j]lo que no ha visto, vanamente hinchado por su propia [k]mente carnal, y no asiéndose de la Cabeza, en virtud de quien todo el cuerpo, nutriéndose y uniéndose por las coyunturas y ligamentos, crece con el crecimiento que da Dios.

---

a. **nadie...** Pablo advierte a los colosenses en contra de intercambiar su libertad en Cristo por una serie de reglas legalistas inventadas por los hombres e inservibles (cp. Gá 5:1). El legalismo carece de poder para salvar o para restringir el pecado.

b. **en comida o en bebida.** Los falsos maestros querían imponer algún tipo de regulaciones alimenticias que pudieron haberse basado en las establecidas por la ley mosaica (cp. Lv 11). Gracias a que ahora estaban bajo el nuevo paco, los colosenses (al igual que todos los cristianos) no estaban obligados a observar las restricciones del AT a la dieta (cp. Mr 7:14-19; Hch 10:9-15; Ro 14:17; 1 Co 8:8; 1 Ti 4:1-5; He 9:9, 10).

c. **fiesta.** Las celebraciones religiosas anuales del calendario judío (p. ej. la Pascua, Pentecostés o los tabernáculos; cp. Lv 23).

d. **luna nueva.** El sacrificio mensual que se ofrecía en el primer día de cada mes (Nm 10:10; 28:11-14; Sal 81:3).

e. **días de reposo.** La celebración semanal del día séptimo que evocaba el reposo de Dios tras terminar la creación. El NT enseña con claridad que los cristianos no tienen que guardarlo (ver Hch 20:7; Ro 14:5, 6).

f. **sombra... cuerpo.** Los aspectos ceremoniales de la ley del AT (regulaciones a la dieta, festivales, sacrificios) fueron simples sombras que apuntaban a Cristo. Con la llegada de Cristo, quien es la realidad última de todas las cosas, esas sombras carecen de valor. Cp. He 8:5; 10:1.

g. **os prive.** Pablo advierte a los colosenses que no permitieran a los falsos maestros que los engañaran porque corrían el riesgo de perder sus bendiciones temporales o su galardón eterno (cp. 2 Jn 8) con las trampas que les tendían para caer en una especie de misticismo irracional.

h. **afectando humildad.** Como los falsos maestros se deleitaban tanto en ella, su «humildad» era en realidad orgullo, lo cual Dios aborrece (Pr 6:16, 17).

i. **culto a los ángeles.** El comienzo de una herejía que iba a plagar toda la región alrededor de Colosas durante varios siglos y hasta la actualidad. Esta práctica es prohibida por la Biblia de manera rotunda (Mt 4:10; Ap 19:10; 22:8, 9).

j. **lo que no ha visto.** Como casi todas las sectas y religiones falsas, los maestros falsos en Colosas basaban su enseñanza en supuestas visiones y revelaciones. Sus afirmaciones eran falsas porque Jesucristo es la revelación final y completa (ver Col 2:3, 4) de Dios a la humanidad (He 1:1, 2).

k. **mente carnal.** Ver Ro 8:6. Esto describe a los no regenerados y se define con más detalles en Ef 4:17-19.

Pues si habéis [a]muerto con Cristo en cuanto a los [b]rudimentos del mundo, ¿por qué, como si vivieseis en el mundo, os sometéis a [c]preceptos tales como: No manejes, ni gustes, ni aun toques (en conformidad a mandamientos y doctrinas de hombres), cosas que todas se destruyen con el uso? Tales cosas tienen a la verdad cierta reputación de sabiduría en culto voluntario, en humildad y en duro trato del cuerpo; pero no tienen valor alguno contra los apetitos de la carne.

207. Despojarse de maldad

Colosenses 3:1–11

[d]Si, pues, [e]habéis resucitado con Cristo, buscad las cosas de arriba, donde está Cristo [f]sentado a la diestra de Dios. [g]Poned la mira en las cosas de arriba, no

---

a. **muerto con Cristo.** Se refiere a la unión del creyente con Cristo en su muerte y resurrección (ver Ro 6:1-11) por la cual ha sido transformado a una vida nueva y rescatado de la necedad del mundo.

b. **rudimentos.** Ver Col 2:8. Es lo mismo que «mandamientos y doctrinas de hombres».

c. **preceptos.** Estos versículos demuestran la futilidad del ascetismo, que consiste en todos los intentos de alcanzar la santidad mediante el descuido riguroso de uno mismo (Col 2:23), la abnegación extrema (v. 21) y hasta el sufrimiento infligido por uno mismo. Como es algo que se enfoca en «cosas que todas se destruyen con el uso» y que son temporales, el ascetismo carece de poder para restringir el pecado o acercar la persona a Dios. Aunque el cuidado razonable y la disciplina impuesta al cuerpo tiene valor temporal (1 Ti 4:8), lo cierto es que no tiene valor eterno, y los extremos del ascetismo solo sirven para gratificar la carne. Con demasiada frecuencia, los ascéticos solo quieren hacer un espectáculo público de su supuesta santidad (Mt 6:16-18).

d. **Si.** Se prefiere la traducción «puesto que».

e. **habéis resucitado.** El significado literal del verbo es «ser resucitados junto con». En virtud de su unión con Cristo, los creyentes pasaron en sentido espiritual por su muerte y resurrección en el momento de su conversión (ver Ro 6:3, 4; Gá 2:20) y ahora están vivos en él de tal manera que pueden entender verdades, realidades y bendiciones espirituales, así como la voluntad de Dios. Esas bendiciones gloriosas (cp. Ef 1:3) son los privilegios y las riquezas del reino celestial, todo lo cual está a nuestra disposición. Pablo llamó esto «las cosas de arriba». Para entender en qué consisten, ver Col 2:3.

f. **sentado a la diestra de Dios.** La posición suprema de honor y majestad (cp. Sal 110:1; Lc 22:69; Hch 2:33; 5:31; 7:56; Ef 1:20; He 1:3; 8:1; 1 P 3:22) que Cristo disfruta como el Hijo exaltado de Dios (ver Fil 2:9). Esa exaltación lo convierte en la fuente de bendición para su pueblo (Jn 14:13, 14; cp. 2 Co 1:20).

g. **Poned la mira.** También se puede traducir en el sentido de «pensar bien» o «tener la disposición interior correcta». Así como una brújula señala en dirección norte, la disposición entera del creyente debería dirigirse hacia las cosas del cielo. Los pensamientos celestiales solo vienen como resultado de entender las realidades espirituales expuestas en la Biblia (cp. Ro 8:5; 12:2; Fil 1:23; 4:8; 1 Jn 2:15-17; ver Mt 6:33).

en las de la tierra. Porque [a]habéis muerto, y vuestra vida está [b]escondida con Cristo en Dios. Cuando Cristo, vuestra vida, se manifieste, entonces vosotros también seréis manifestados con él en gloria.

[c]Haced morir, pues, lo terrenal en vosotros: [d]fornicación, [e]impureza, [f]pasiones desordenadas, malos deseos y [g]avaricia, [h]que es idolatría; cosas por las cuales [i]la ira de Dios viene sobre los [j]hijos de desobediencia, [k]en las cuales vosotros también anduvisteis en otro tiempo cuando vivíais en ellas.

Pero ahora [l]dejad también vosotros todas estas cosas: [m]ira, enojo, malicia, [n]blasfemia, palabras deshonestas de vuestra boca. No mintáis los unos a los

---

a. **habéis muerto.** Ver Ro 6:1-11; 2 Co 5:17; Gá 6:14. El tiempo del verbo conjugado indica que una muerte ocurrió en el pasado, en este caso al momento de la muerte de Jesucristo en la que los creyentes fueron unidos con él, su castigo por el pecado fue pagado por completo, y ellos fueron resucitados con él a una vida nueva.

b. **escondida con Cristo en Dios.** Esta expresión profunda tiene significado triple: 1) los creyentes tienen una vida espiritual común con el Padre y el Hijo (1 Co 6:17; 2 P 1:4), 2) el mundo no puede entender todo lo que incluye la nueva vida del creyente (Ro 8:19; 1 Co 2:14; 1 Jn 3:2) y 3) los creyentes están asegurados por la eternidad, protegidos de todo enemigo espiritual y con acceso a todas las bendiciones de Dios (Jn 10:28; Ro 8:31-39; He 7:25; 1 P 1:4).

c. **Haced morir.** Ver Ro 8:13 (cp. Zac 4:6; Ef 5:18; 6:17; 1 Jn 2:14). Esto se refiere a un esfuerzo consciente de aniquilar lo que queda de pecado en nuestra carne.

d. **fornicación.** También se traduce «inmoralidad» y se refiere a cualquier variedad de pecado sexual (ver Gá 5:19; cp. 1 Ts 4:3).

e. **impureza.** Un término que va más allá de los actos sexuales de pecado para incluir también los pensamientos e intenciones ruines (ver Gá 5:19; cp. Mt 5:28; Mr 7:21, 22; 1 Ts 4:7).

f. **pasiones desordenadas, malos deseos.** Términos similares que se refieren a la lujuria sexual. «Pasiones» es el aspecto físico de esos vicios y «malos deseos» el aspecto mental (ver Ro 1:26; 1 Ts 4:3; cp. Stg 1:15).

g. **avaricia.** También se traduce «codicia» y su significado literal es «tener más». Es el deseo insaciable de poseer más a cualquier precio, en especial aquellas cosas que son prohibidas (cp. Éx 20:17; Dt 5:21; Stg 4:2).

h. **que es idolatría.** Cada vez que los seres humanos incurren en la avaricia o en los pecados sexuales que Pablo ha catalogado, siguen sus deseos en lugar de los deseos de Dios, y en esencia rinden culto a sí mismos lo cual es idolatría (Nm 25:1-3; Ef 5:3-5).

i. **la ira de Dios.** Su reacción constante e invariable contra el pecado (ver Jn 3:36; Ro 1:18; Ap 11:18).

j. **hijos de desobediencia.** Ver Ef 2:2. Esta expresión muestra que los incrédulos portan la misma naturaleza y carácter de la pecaminosidad desobediente y rebelde que tanto aman.

k. **en las cuales... anduvisteis.** Antes de su conversión (cp. Ef 2:1-5; Tit 3:3, 4).

l. **dejad.** Una palabra griega que se usa para aludir al acto de quitarse la ropa (cp. Hch 7:58; Ro 13:12-14; 1 P 2:1). Como alguien que se quita la ropa sucia al final del día, los creyentes deben desechar los harapos inmundos de la vida vieja y llena de pecado.

m. **ira, enojo, malicia.** «Ira» se refiere a una amargura profunda que no se consume, la actitud de desasosiego constante en el corazón de una persona airada (cp. Ef 4:31; Stg 1:19, 20). «Enojo» es un arranque súbito de enojo pecaminoso y por lo general, es la erupción que viene como resultado de la «ira» reprimida (ver Gá 5:20; cp. Lc 4:28; Hch 19:28; Ef 4:31). «Malicia» procede de la palabra griega que denota el mal moral en general. Aquí es probable que se refiera al daño ocasionado por las malas palabras o las malas conversaciones (cp. 1 P 2:1).

n. **blasfemia.** La traducción normal si es el pecado cometido contra Dios, pero como aquí el contexto se refiere a personas, la traducción preferible es «calumnia». No obstante, la Biblia enseña que calumniar a las personas es blasfemar a Dios (Stg 3:9; cp. Mt 5:22; Stg 3:10).

otros, habiéndoos [a]despojado del [b]viejo hombre con sus hechos, y revestido del nuevo, el cual conforme a [c]la imagen del que lo creó [d]se va renovando hasta el conocimiento pleno, donde no hay [e]griego ni judío, circuncisión ni incircuncisión, bárbaro ni [f]escita, [g]siervo ni libre, sino que [h]Cristo es el todo, y en todos.

---

a. **despojado... revestido.** Ver Ef 4:24, 25. Estas palabras sientan la base para el mandato de Col 3:8. Por cuanto el hombre viejo murió en Cristo y el hombre nuevo vive en Cristo, y porque en esto consiste la realidad de su regeneración como una nueva criatura (2 Co 5:17), los creyentes deben despojarse de todas las obras pecaminosas que queden en su vida y renovarse de manera continua conforme a la semejanza de Cristo que es su llamamiento máximo.

b. **viejo hombre... nuevo.** El viejo hombre es la identidad pasada que no había sido regenerada y que tuvo origen en Adán (ver Ro 5:12-14; 6:6; cp. Ef 4:22). El nuevo hombre se refiere a la identidad nueva y regenerada que reemplaza al viejo hombre. Esta es la esencia de lo que los creyentes son en Cristo (cp. Ef 4:17; 5:1, 8, 15). La razón por la que los creyentes pecan todavía se encuentra en su carne no redimida (ver Ro 6:6, 12; 7:5).

c. **la imagen del que lo creó.** El plan de Dios es que los creyentes progresen a medida que se vuelven cada vez más semejantes a Jesucristo, quien los hizo (cp. Ro 8:29; 1 Co 15:49; 1 Jn 3:2). Ver Fil 3:12-14, 19, 20.

d. **se va renovando... conocimiento.** Ver 2 Co 4:16; cp. Ro 12:2; 2 Co 3:18. Este verbo griego establece un contraste con la realidad anterior. Describe una nueva calidad de vida que nunca antes existió (cp. Ro 12:2; Ef 4:22). Así como un recién nacido está completo pero es inmaduro, el hombre nuevo es completo pero tiene la capacidad y el propósito de crecer. El «conocimiento» se refiere a un conocimiento profundo y completo sin el cual no puede haber crecimiento ni renovación espiritual (2 Ti 3:16, 17; 1 P 2:2).

e. **griego ni judío.** Así como los creyentes individuales deben deshacerse de sus hábitos pecaminosos de la vida vieja, el Cuerpo de Cristo debe hacer una realidad su unidad y derribar las barreras antiguas que separaban a las personas entre sí (cp. Gá 3:28; Ef 2:15).

f. **escita.** Un antiguo pueblo nómada y dedicado a la guerra que invadió el Creciente Fértil en el siglo VII A.C. Eran notables por su salvajismo y fueron los más aborrecidos y temidos entre las etnias extranjeras que se agrupaban bajo el título de bárbaros.

g. **siervo ni libre.** Siempre había existido una barrera social entre los esclavos y los libres. Aristóteles se había referido a los esclavos como «una herramienta viva». La fe en Cristo quitó de en medio esa separación (1 Co 12:13; Gá 3:28; cp. Flm 6).

h. **Cristo es el todo, y en todos.** Por cuanto Jesucristo es el Salvador de todos los creyentes, él es Señor por igual y con plena suficiencia sobre todos ellos.

208. Vestirse de rectitud

Colosenses 3:12–17

Vestíos, [a]pues, como [b]escogidos de Dios, santos y [c]amados, de [d]entrañable misericordia, de [e]benignidad, de [f]humildad, de [g]mansedumbre, de [h]paciencia; soportándoos unos a otros, y perdonándoos unos a otros si alguno tuviere queja contra otro. [i]De la manera que Cristo os perdonó, así también hacedlo vosotros. Y sobre todas estas cosas vestíos de amor, que es [j]el vínculo perfecto. Y [k]la paz de Dios gobierne en vuestros corazones, a la que asimismo fuisteis llamados en un solo cuerpo; y sed agradecidos. [l]La palabra de Cristo [m]more

a. **pues.** En vista de lo que Dios ha hecho por medio de Jesucristo para beneficio del creyente, Pablo describió la conducta y la actitud que Dios espera como su respuesta adecuada (Col 3:12-17).

b. **escogidos de Dios.** Esto designa a los cristianos verdaderos como aquellos que han sido escogidos por Dios. Nadie se convierte de manera única y exclusiva por su propia decisión individual, sino solo en respuesta a la gracia soberana de Dios que es eficaz, libre y que no recibe influencia externa alguna (ver Jn 15:16; Ro 8:29; 9:14-23; Ef 1:4; 2 Ts 2:13, 14; 2 Ti 1:8, 9; 1 P 1:1, 2; cp. Hch 13:46-48; Ro 11:4, 5).

c. **amados.** Elección significa que los creyentes son los objetos del amor especial e incomprensible de Dios (cp. Jn 13:1; Ef 1:4, 5).

d. **entrañable misericordia.** También puede traducirse «corazón compasivo». Es una expresión hebrea que connota los órganos internos del cuerpo humano y se emplea en sentido figurado para describir el núcleo de las emociones humanas (cp. Mt 9:36; Lc 6:36; Stg 5:11).

e. **benignidad.** Se refiere a una bondad hacia los demás que satura a la persona en todas las áreas de su vida y suaviza los aspectos menos amables (cp. Mt 11:29, 30; Lc 10:25-37).

f. **humildad.** Ver Ro 12:3, 10; Fil 2:3; cp. Mt 18:4; Jn 13:14-16; Stg 4:6, 10. Este es el antídoto perfecto para el amor egoísta que envenena las relaciones humanas.

g. **mansedumbre.** Ver Mt 5:5, Gá 5:23. En algunos lugares se traduce «gentileza». Es la disposición a sufrir daños o insultos en lugar de infligirlos.

h. **paciencia.** Ver Col 1:11; cp. Ro 2:4. También se traduce «longanimidad» y es lo opuesto de la ira explosiva, el resentimiento o la venganza, por eso resume el carácter mismo de Jesucristo (1 Ti 1:16; cp. 2 P 3:15). Soporta la injusticia y cualquier circunstancia desfavorable con la esperanza del alivio divino oportuno.

i. **De la manera que Cristo os perdonó.** Ver Mt 18:23-34; Ef. 4:32. Debido a que Cristo como nuestro ejemplo perfecto de perdón ha perdonado todos nuestros pecados sin más reproche (Col 1:14; 2:13, 14), los creyentes debemos estar dispuestos a perdonar a los demás.

j. **el vínculo perfecto.** Una traducción más precisa es «el vínculo perfecto de la unidad» (ver Ef 4:3; Fil 1:27; 2:2). El amor sobrenatural derramado en el corazón de cada uno de los creyentes es el adhesivo que mantiene unida a la Iglesia. Cp. Ro 5:5; 1 Ts 4:9.

k. **la paz de Dios.** Aquí la palabra griega se refiere tanto al llamado de Dios a la salvación y la paz con él que trae en consecuencia (ver Ro 5:1), como a la actitud de reposo o seguridad en él (Fil 4:7) que los creyentes tienen en la tierra a causa de esa paz eterna.

l. **La palabra de Cristo.** Se trata de las Escrituras inspiradas por el Espíritu Santo, la palabra de revelación que él trajo al mundo.

m. **more en abundancia en vosotros.** Ver Ef 5:18. «More» significa «que viva en» o «que se sienta en casa», y «en abundancia» tiene que ver con cantidades exuberantes. Las Escrituras deberían empapar todos los aspectos de la vida del creyente y controlar todo pensamiento, palabra y acción (cp. Sal 119:11; Mt 13:9; Fil 2:16; 2 Ti 2:15). Este concepto es paralelo al de ser llenos del Espíritu que se describe en Ef 5:18, porque los resultados de cada uno son los mismos. Ahora bien, en Ef 5:18 el poder y la motivación para todos los efectos es la llenura del Espíritu Santo, mientras que aquí es el hecho de que la Palabra de Dios mora en abundancia. Lo cierto es que ambas realidades son la misma. El Espíritu Santo llena la vida controlada en abundancia en vosotros, enseñándoos y exhortándoos unos a otros en toda sabiduría, cantando con gracia en vuestros corazones al Señor con salmos e himnos y cánticos espirituales. Y todo lo que hacéis, sea de palabra o de hecho, [a]hacedlo todo en el nombre del Señor Jesús, dando gracias a Dios Padre por medio de él.

209. Las relaciones cristianas

Colosenses 3:18—4:6

[b]Casadas, estad [c]sujetas a vuestros maridos, como conviene en el Señor.

Maridos, [d]amad a vuestras mujeres, y no seáis [e]ásperos con ellas.

Hijos, obedeced a vuestros padres [f]en todo, porque esto agrada al Señor.

Padres, no [g]exasperéis a vuestros hijos, para que no se desalienten.

[h]Siervos, obedeced en todo a vuestros amos [i]terrenales, no sirviendo [j]al ojo, como los que quieren agradar a los hombres, sino con corazón sincero, temiendo a Dios. Y todo lo que hagáis, hacedlo de corazón, como para el Señor

---

por su Palabra. Esto demuestra que la llenura del Espíritu no es una experiencia de éxtasis emocional, sino un control asiduo de la vida como resultado de la obediencia a la verdad de la Palabra de Dios.

a. **hacedlo todo en el nombre del Señor Jesús.** El cristiano debe actuar de conformidad con el carácter de su Señor y lo que él quiere para su vida (ver 1 Co 10:31).

b. En esta sección de Colosenses, Pablo discute las relaciones del hombre nuevo con sus semejantes. Este pasaje también es un paralelo breve de Ef 5:19–6:9.

c. **sujetas.** Ver Ef 5:22-23. El verbo griego significa «someterse», lo cual denota una acción voluntaria de ponerse bajo la tutela o autoridad de otro (cp. Lc 2:51; 10:17, 20; Ro 8:7; 13:1, 5; 1 Co 15:27, 28; Ef 1:22).

d. **amad.** Ver Ef 5:25-29. Un llamado a la expresión más sublime del amor que se rinde al ser amado sin egoísmo alguno (cp. Gn 24:67; Ef 5:22-28; 1 P 3:7).

e. **ásperos.** La forma del término griego se traduce mejor «dejar de ser áspero» o «no tener por hábito el ser áspero». En el matrimonio el esposo no debe tratar con rudeza o resentimiento a su esposa.

f. **en todo.** Ver Ef 6:1-3. El único límite a la obediencia de un hijo es que los padres le exijan algo que sea contrario a la Palabra de Dios. Por ejemplo, algunos hijos actuarán contra los deseos de sus padres incluso por el mismo hecho de acudir a Cristo (cp. Lc 12:51-53; 14:26).

g. **exasperéis.** Ver Ef 6:4. También se traduce «no provocar a ira». La connotación de esta palabra es abstenerse de irritar o revolver.

h. **Siervos.** Es decir, esclavos. Ver Ef 6:5-9. Pablo hace respetar los deberes de amos y esclavos cuyo paralelo moderno existe en los deberes de empleados y jefes. Las Escrituras nunca defienden la esclavitud, pero la reconocen como un elemento de la sociedad antigua que pudo haber sido más benéfico si esclavos y amos hubieran tenido un mejor trato mutuo. Aquí Pablo siguió el ejemplo de Cristo y usó la esclavitud como un objeto de instrucción espiritual, al definir el papel del creyente como siervo y esclavo de Jesucristo, y al ver el servicio a un amo terrenal como una oportunidad para servir al Señor.

i. **terrenales.** Lit. «que andan en la carne» (cp. 2 Co 10:2, 3).

j. **al ojo.** Ver Ef 6:6. Se traduce mejor «servicio aparente». Se refiere a trabajar solo cuando uno sabe que es supervisado o mientras lo vigile un amo, en lugar de reconocer que

y no para los hombres; sabiendo que del Señor recibiréis [a]la recompensa de la herencia, porque a Cristo el Señor servís. Mas el que hace injusticia, recibirá la injusticia que hiciere, porque no hay acepción de personas.

Amos, haced lo que es justo y recto con vuestros siervos, sabiendo que también vosotros tenéis un Amo en los cielos.

[b]Perseverad en la oración, [c]velando en ella con acción de gracias; orando también al mismo tiempo por nosotros, para que el Señor nos abra [d]puerta para la palabra, a fin de dar a conocer [e]el misterio de Cristo, por el cual también estoy preso, para que lo manifieste como debo hablar.

Andad sabiamente para con [f]los de afuera, redimiendo el tiempo. Sea vuestra palabra siempre [g]con gracia, [h]sazonada con sal, para que sepáis cómo debéis responder a cada uno.

---

el Señor siempre ve y que nuestra manera de trabajar le interesa a él. Cp. 1Ti 6:1, 2; Tit 2:9, 10; 1 P 2:18-21.

a. **la recompensa de la herencia.** Ver Ef 6:7, 8. El Señor asegura al creyente que recibirá una recompensa justa y eterna por sus esfuerzos (cp. Ap 20:12, 13), así su jefe terrenal no compense su labor como es debido (Col 3:25). Dios responde de manera imparcial a la obediencia y la desobediencia (cp. Hch 10:34; Gá 6:7). Los cristianos no deben presumir con base en su fe para justificar la desobediencia a la autoridad civil o a un jefe (cp. Flm 18).

b. **Perseverad.** La palabra griega significa «ser persistentes con valentía» o «aferrarse y no soltarse», y se refiere aquí a la oración persistente (Hch 1:14; Ro 12:12; Ef 6:18; 1 Ts 5:17; cp. Lc 11:5-10; 18:1-8).

c. **velando.** En su sentido más general esto significa mantenerse despierto durante la oración, pero Pablo tenía en mente la implicación más amplia de permanecer alerta a necesidades específicas por las cuales se debe orar, para evitar que las oraciones sean vagas y desenfocadas. Cp. Mt 26:41; Mr 14:38; Lc 21:36.

d. **puerta.** Una oportunidad (1 Co 16:8, 9; 2 Co 2:12).

e. **el misterio de Cristo.** Ver Col 1:26, 27; 2:2, 3.

f. **los de afuera.** Esto se refiere a los incrédulos. Ver Ef 5:15, 16. Los creyentes están llamados a vivir de tal manera que establezcan con solidez la credibilidad de la fe cristiana y que aprovechen al máximo todas las oportunidades para evangelizar.

g. **con gracia.** Se debe hablar lo que es espiritual, sano, apropiado, amable, sensible, con propósito, halagüeño, agradable, edificante, veraz, amoroso y considerado (ver Ef 4:29-31).

h. **sazonada con sal.** Así como la sal no solo da sabor, sino que previene la corrupción, el habla del cristiano no solo debería actuar como una fuente de bendición para los demás, sino también como una influencia purificadora dentro de la sociedad decadente y el mundo en general.

210. Colaboradores en el ministerio

Colosenses 4:7–18

Todo lo que a mí se refiere, os lo hará saber [a]Tíquico, amado hermano y fiel ministro y consiervo en el Señor, el cual he enviado a vosotros para esto mismo, para que conozca lo que a vosotros se refiere, y conforte vuestros corazones, con [b]Onésimo, amado y fiel hermano, que es uno de vosotros. Todo lo que acá pasa, os lo harán saber.

[c]Aristarco, mi compañero de prisiones, os saluda, y [d]Marcos el sobrino de Bernabé, acerca del cual habéis recibido mandamientos; si fuere a vosotros, recibidle; y [e]Jesús, llamado Justo; que son los únicos de la circuncisión que me ayudan en el reino de Dios, y han sido para mí un consuelo.

Os saluda Epafras, el cual es uno de vosotros, siervo de Cristo, siempre rogando encarecidamente por vosotros en sus oraciones, para que estéis firmes, perfectos y completos en todo lo que Dios quiere. Porque de él doy testimonio de que tiene gran solicitud por vosotros, y por los que están en Laodicea, y los que están en [f]Hierápolis. Os saluda [g]Lucas el médico amado, y [h]Demas. Saludad a los hermanos que están en Laodicea, y [i]a Ninfas y a la iglesia que está en su casa.

---

a. **Tíquico.** El nombre significa «fortuito» o «afortunado». Fue uno de los convertidos gentiles que Pablo llevó a Jerusalén como representante de las iglesias gentiles (Hch 20:4). Se destacó como compañero confiable de Pablo y un líder hábil porque fue considerado para reemplazar a Tito y a Timoteo en diferentes ocasiones (2 Ti 4:12; Tit 3:12). Tuvo la responsabilidad de entregar las cartas de Pablo a los colosenses, a los efesios (Ef 6:21) y a Filemón (Col 4:9).

b. **Onésimo.** El esclavo escapado cuyo regreso debido a su amo fue lo que motivó la carta de Pablo a Filemón.

c. **Aristarco.** El nombre griego de un judío (cp. Col 4:11) que era nativo de Tesalónica (Hch 20:4; 27:2). Era uno de los acompañantes de Pablo cuando fue aprehendido por una turba en Éfeso (Hch 19:29) y también acompañó a Pablo en su viaje a Jerusalén y en su travesía a Roma (Hch 27:4).

d. **Marcos.** Ver Hch 13:5, 13. Tras perder el visto bueno de Pablo durante algún tiempo, Marcos reaparece aquí como uno de los ayudantes vitales de Pablo (cp. 2 Ti 4:11).

e. **Jesús, llamado Justo.** Pudo ser uno de los judíos de Roma que creyeron el mensaje de Pablo (Hch 28:24).

f. **Hierápolis.** Una ciudad en Frigia 32 km al oeste de Colosas y 10 km al norte de Laodicea.

g. **Lucas.** El médico personal y amigo cercano de Pablo que lo acompañó muchas veces en sus viajes misioneros y quien escribió el Evangelio de Lucas y el libro de Hechos.

h. **Demas.** Un hombre que demostró un compromiso sustancial con la obra del Señor antes de que el atractivo del mundo lo motivara a abandonar a Pablo y el ministerio (2 Ti 4:9, 10; Flm 24).

i. **a Ninfas y a la iglesia que está en su casa.** Otros manuscritos lo traducen como un nombre femenino (Ninfa) e indican que la iglesia se congregaba en casa de esta mujer, ubicada con mucha probabilidad en Laodicea.

[a]Cuando esta carta haya sido leída entre vosotros, haced que también se lea en la iglesia de los laodicenses, y que [b]la de Laodicea la leáis también vosotros. Decid a [c]Arquipo: Mira que cumplas el ministerio que recibiste en el Señor.

La salutación [d]de mi propia mano, de Pablo. Acordaos de mis prisiones. La gracia sea con vosotros. Amén.

211. Pablo le escribe una carta a Filemón

Introducción a Filemón

Filemón, el destinatario de esta carta, era un miembro prominente de la iglesia en Colosas (vv. 1, 2; cp. Col 4:9), que se reunía en su casa (v. 2). La carta era para él, su familia y la iglesia.

Autor y fecha

El libro afirma la autoría del apóstol Pablo (vv. 1, 9, 19), una declaración que pocos en la historia de la iglesia han disputado, especialmente debido a que no hay nada en Filemón que un impostor se hubiera visto motivado a escribir. Es una de las epístolas carcelarias, junto con Efesios, Filipenses y Colosenses. Su estrecha relación con Colosenses, que Pablo escribió más o menos sobre mismo tiempo (ca. 60-62 A.D.; cp. los vv. 1, 16), hizo que los padres de la iglesia primitiva (p. ej., Jerónimo, Crisóstomo y Teodoro de Mopsuestia) justificaran desde hace mucho tiempo y no cuestionaran la autoría de Pablo. El canon más antiguo, el muratorio (ca. 170 A.D.), incluye Filemón.

---

a. **Cuando esta carta haya sido leída entre vosotros.** Esta epístola tenía el propósito de ser leída en público en las iglesias de Colosas y en Laodicea.

b. **la de Laodicea.** Otra epístola enviada por Pablo que por lo general se identifica con la epístola a los efesios. Los manuscritos más antiguos de Efesios no contienen las palabras «en Éfeso» y esto indica con toda probabilidad que fue una carta circular que iba dirigida a varias iglesias en la región. Es posible que Tíquico hubiera entregado primero la carta de Efesios a la iglesia en Laodicea.

c. **Arquipo.** Lo más probable es que fuera el hijo de Filemón (Flm 2). El mensaje de Pablo para que cumpliera su ministerio es similar a la exhortación apostólica a Timoteo (2 Ti 4:5).

d. **de mi propia mano.** Pablo acostumbraba dictar sus cartas a un amanuense o secretario registrador, pero con frecuencia añadía su propio saludo personalizado al final de sus cartas (cp. 1 Co 16:21; Gá 6:11; 2 Ts 3:17; Flm 19).

Contexto histórico

Filemón se había convertido bajo el ministerio de Pablo, probablemente en Éfeso (v. 19), varios años antes. Con suficientes recursos económicos como para tener una casa grande (cp. el v. 2), Filemón también poseía al menos un esclavo, un hombre llamado Onésimo (lit. «útil», un nombre común para esclavos). Onésimo no era creyente cuando le robó algo de dinero (v. 18) a Filemón y huyó. Como muchísimos miles de esclavos prófugos, Onésimo huyó a Roma, buscando perderse entre la enorme población de esclavos de la capital del Imperio romano. A través de unas circunstancias no recogidas en las Escrituras, Onésimo conoció a Pablo en Roma y se convirtió al cristianismo.

El apóstol llegó a amar rápidamente al esclavo prófugo (vv. 12, 16) y anhelaba retenerle en Roma (v. 13), donde le estaba proporcionando un servicio de gran valor a Pablo, en su encarcelamiento (v. 11). Pero al robarle y huir de Filemón, Onésimo había quebrantado la ley romana y defraudado a su amo. Pablo sabía que se tenían que enfrentar esos asuntos, y decidió enviar a Onésimo de regreso a Colosas. Era demasiado peligroso para él hacer el viaje solo (por el peligro de los caza-esclavos), y por ello Pablo lo envió de regreso con Tíquico, quien estaba regresando a Colosas con la epístola a los Colosenses (Col 4:7-9). Junto con Onésimo, Pablo le envió a Filemón esta hermosa carta personal, alentándolo a perdonar a Onésimo y a acogerlo de nuevo a su servicio como un hermano en Cristo (vv. 15-17).

Temas históricos y teológicos

Filemón provee información histórica de muchísimo valor sobre la relación de la iglesia primitiva con la institución de la esclavitud. Esta estaba muy extendida en el Imperio romano (según algunas estimaciones, los esclavos constituían un tercio, o más quizás, de la población) y era una parte aceptada de la vida. En la época de Pablo, la esclavitud le hacía prácticamente sombra al trabajo libre. Los esclavos podían ser doctores, músicos, maestros, artistas, bibliotecarios o contadores; en breve, casi todos los trabajos podían y estaban ocupados por esclavos.

Legalmente, los esclavos no se consideraban personas, sino herramientas de sus amos. Como tales, podían ser comprados, vendidos, heredados, intercambiados o tomados para pagar la deuda de su amo. Estos tenían un poder ilimitado para castigarlos, y a veces lo hacían severamente por las infracciones más ligeras. No obstante, para el tiempo del NT, la esclavitud estaba comenzando a cambiar. Dándose cuenta de que los esclavos contentos eran más productivos, los amos tendían a tratarlos con mayor flexibilidad. No era de extrañar que un amo le enseñara a un esclavo su propio oficio, y algunos amos y esclavos se convertían en amigos cercanos. Aunque aún no los reconocían como personas bajo la ley, el Senado romano otorgó a los esclavos acusados de crímenes el derecho de un juicio, en el 20 A.D. También llegó a ser más común que se concediera a los esclavos (o comprara) su libertad. Algunos esclavos disfrutaban de un servicio muy favorable y lucrativo bajo sus amos, y estaban en una mejor situación que la de muchos hombres libres, porque tenían el cuidado y la provisión asegurados. Muchos hombres libres luchaban en la pobreza.

El NT no ataca en modo alguno de forma directa a la esclavitud; de haber sido así las insurrecciones de esclavos habrían sido brutalmente aplastadas y el mensaje del evangelio confundido, sin esperanza, con el de la reforma social. En su lugar, el cristianismo atacó los males de la esclavitud al cambiar el corazón de los esclavos y sus amos. Al enfatizar la igualdad espiritual del amo y el esclavo (v. 16; Gá 3:28; Ef 6:9; Col 4:1; 1 Ti 6:1, 2), la Biblia terminó con los abusos de la esclavitud. El rico tema teológico, que por sí solo domina la carta, es el perdón, un tema que se encuentra a lo largo de las Escrituras del NT (cp. Mt 6:12-15; 18:21-35; Ef 4:32; Col 3:13). La instrucción de Pablo provee aquí la definición bíblica del perdón, sin usar ese término en absoluto.

Retos de interpretación

No hay retos de interpretación significativos en esta carta personal de Pablo a su amigo Filemón.

212. Saludos personales

Filemón 1–7

[a]Pablo, [b]prisionero de Jesucristo, y el hermano [c]Timoteo, al amado [d]Filemón, colaborador nuestro, y a la amada hermana [e]Apia, y a Arquipo nuestro compañero de milicia, y a la iglesia que está [f]en tu casa:

[g]Gracia y paz a vosotros, de Dios nuestro Padre y del Señor Jesucristo.

Doy gracias a mi Dios, haciendo siempre memoria de ti en mis oraciones, porque oigo del amor y de la fe que tienes hacia el Señor Jesús, y para con todos los santos; para que [h]la participación de tu fe sea [i]eficaz en el [j]conocimiento de todo el bien que está en vosotros por Cristo Jesús. Pues tenemos gran gozo

---

a. Conforme a la costumbre del siglo I, la salutación contiene los nombres del autor y el destinatario de la carta. Es una misiva muy personal y Filemón fue una de esas tres personas (Timoteo y Tito son los otros) que recibieron una epístola de Pablo escrita por inspiración divina.

b. **prisionero de Jesucristo.** En el momento de escribir, Pablo estaba prisionero en Roma. Pablo fue encarcelado por causa de la voluntad soberana de Cristo (cp. Ef 3:1; 4:1; 6:19, 20; Fil 1:13; Col 4:3). Al comenzar con su condición de preso, y no con su autoridad apostólica, Pablo introdujo la epístola como un ruego amable y especial a un amigo. Es indudable que al recordar las graves penalidades de Pablo, Filemón se vería influenciado a hacer de buena voluntad lo que Pablo se disponía a solicitarle, una tarea fácil en comparación con la situación del apóstol.

c. **Timoteo.** Ver Hch 16:1-3; Fil 1:1; 1 Ti 1:2. Aunque Timoteo no fue coautor de esta carta, es probable que hubiera conocido a Filemón en Éfeso y que estuviera con Pablo mientras el apóstol la escribía. Pablo le menciona aquí y en las otras epístolas (p. ej. 2 Co 1:1; Fil 1:1; Col 1:1; 1 Ts 1:1; 2 Ts 1:1), porque quería que lo reconocieran como líder y sucesor no apostólico de Pablo.

d. **Filemón.** Un miembro acaudalado de la iglesia de Colosas, que se congregaba en su casa. La reunión de las iglesias en edificios propios se desconoció hasta el siglo III.

e. **Apia... Arquipo.** La esposa y el hijo de Filemón, respectivamente.

f. **en tu casa.** Las iglesias del siglo I se reunían en casas, y Pablo quería que esta carta personal fuera leída en la iglesia que se reunía en la de Filemón. Esta lectura lo haría responsable de su contenido y también serviría para instruir a la iglesia sobre una aplicación práctica del perdón.

g. **Gracia... a vosotros.** Algunas versiones omiten «y paz», pero este es el saludo acostumbrado que aparece en las trece epístolas de Pablo en el NT. Servía para recalcar el medio de la salvación (gracia) y sus resultados (paz), por lo cual establece una relación entre el Padre y el Hijo que también tiene el propósito de afirmar la deidad de Cristo.

h. **la participación.** Por lo general se traduce «comunión», y la palabra griega significa mucho más que el simple disfrute de la compañía mutua. Se refiere a participar de todos los aspectos de la vida, algo que hacen los creyentes a causa de su vida común en Cristo y la asociación mutua es el producto de pertenecerse los unos a los otros en la fe.

i. **eficaz.** Lit. «poderosa». Pablo quería que las acciones de Filemón enviaran un mensaje contundente a la iglesia sobre la importancia del perdón.

j. **el conocimiento.** El conocimiento profundo, rico y pleno de la verdad que se basa en la experiencia propia (ver Col 1:9; 3:10).

y consolación en tu amor, porque por ti, oh hermano, han sido [a]confortados los [b]corazones de los santos.

213. Apelación al perdón y la restauración *Filemón 8–25*

Por lo cual, aunque tengo mucha [c]libertad en Cristo para mandarte lo que conviene, [d]más bien te ruego por amor, siendo como soy, Pablo ya [e]anciano, y ahora, además, prisionero de Jesucristo; te ruego por [f]mi hijo Onésimo, [g]a quien engendré en mis prisiones, el cual en otro tiempo te fue [h]inútil, pero ahora a ti y a mí nos es útil, el cual vuelvo a enviarte; tú, pues, recíbele como a mí mismo. Yo quisiera retenerle conmigo, para que en lugar tuyo me sirviese en mis prisiones por el evangelio; pero nada quise hacer sin tu consentimiento, para que tu favor no fuese como de necesidad, sino [i]voluntario.

Porque [j]quizá para esto se apartó de ti por algún tiempo, para que le recibieses para siempre; no ya como esclavo, sino como [k]más que esclavo, como

---

a. **confortados.** Se deriva del término militar griego que describe a un ejército que reposa tras la marcha extenuante.

b. **corazones.** Esta palabra griega denota el lugar de los sentimientos humanos (ver Col 3:12 donde la misma palabra griega se traduce «entrañable misericordia»).

c. **libertad... para mandarte.** Debido a su autoridad apostólica (ver Ro 1:1; 1 Ts 2:6), Pablo pudo haber ordenado a Filemón que aceptara a Onésimo.

d. **más bien te ruego.** Sin embargo, en esta situación, Pablo no se apoyó en su autoridad, sino que quiso despertar una reacción fundamentada en el vínculo de amor que existía entre él y Filemón (Flm 7; cp. 2 Co 10:1).

e. **anciano.** Más que una referencia a su edad cronológica, que en ese momento estaría en torno a los sesenta años, esta descripción alude al paso de los años de persecución, enfermedades, prisiones, viajes nefastos y preocupación constante por las iglesias que ya se reflejaba en la condición física y emocional del apóstol (ver 2 Co 11:23-30), lo cual le hacía parecer más viejo de lo que era en realidad.

f. **mi hijo Onésimo.** Para Pablo, él fue un hijo en la fe (ver 1 Ti 1:2).

g. **a quien engendré en mis prisiones.** Mientras estuvo en la prisión romana, Pablo lo había llevado a la fe en Cristo.

h. **inútil... útil.** La palabra griega tiene la misma raíz que el nombre de «Onésimo». Pablo hizo aquí un juego de palabras para decir en pocas palabras: «Útil fue antes inútil, pero ahora es más útil que nunca antes». El punto de Pablo es que Onésimo había sufrido una transformación radical por la gracia de Dios.

i. **voluntario.** O «de tu propia voluntad personal». Pablo quería que Onésimo ministrara a su lado, pero solo si Filemón estaba de acuerdo y satisfecho en concederle la libertad incondicional.

j. **quizá.** Pablo quiere dar a entender que Dios en su providencia ordenó que un mal como el escape de Onésimo fuera encaminado para producir un gran bien (cp. Gn 50:20; Ro 8:28).

k. **más que esclavo, como hermano amado.** Pablo no exigió la puesta en libertad de Onésimo (cp. 1 Co 7:20-22), sino que Filemón recibiera a su esclavo como creyente en

hermano amado, mayormente para mí, pero cuánto más para ti, tanto [a]en la carne como [b]en el Señor. Así que, si me tienes por compañero, recíbele como a mí mismo. Y si en algo te dañó, o te debe, ponlo [c]a mi cuenta. Yo Pablo [d]lo escribo de mi mano, yo lo pagaré; por no decirte que aun [e]tú mismo te me debes también. Sí, hermano, [f]tenga yo algún provecho de ti en el Señor; conforta mi corazón en el Señor.

Te he escrito confiando en tu obediencia, sabiendo que harás [g]aun más de lo que te digo. Prepárame también [h]alojamiento; porque espero que por vuestras oraciones [i]os seré concedido.

Te saludan [j]Epafras, mi compañero de prisiones por Cristo Jesús, [k]Marcos, Aristarco, [l]Demas y Lucas, mis colaboradores.

La gracia de nuestro Señor Jesucristo sea con vuestro espíritu. Amén.

Cristo y hermano en la fe (cp. Ef 6:9; Col 4:1; 1 Ti 6:2). El cristianismo nunca pretendió abolir la esclavitud, pero sí hacer que las relaciones en el seno de esta fueran justas y bondadosas.

a. **en la carne.** En esta vida física (ver Fil 1:22), porque trabajaban juntos.

b. **en el Señor.** El amo y el esclavo debían disfrutar la unidad y el compañerismo espiritual a medida que adoraban y ministraban juntos.

c. **a mi cuenta.** Pablo se ofreció a pagar cualquier restitución que fuera necesaria para que Onésimo se reconciliara con Filemón, y así siguió el ejemplo de Jesús, quien pagó el precio para reconciliar a los pecadores con Dios.

d. **lo escribo de mi mano.** Ver Gá 6:11; Col 4:18; cp. 2 Ts 3:17.

e. **aun tú mismo.** Filemón debía a Pablo algo mucho mayor que la deuda material que el apóstol se ofreció a pagar, puesto que él lo había llevado a la fe salvadora, y esta era una deuda que Filemón jamás podría pagar.

f. **tenga yo algún provecho de ti.** Ver Fil 2:2. Al perdonar a Onésimo, Filemón contribuía a mantener la unidad en la iglesia de Colosas y traería mucho gozo al apóstol encadenado (cp. Flm 7).

g. **aun más de lo que te digo.** Esta acción adicional al perdón que Pablo pidió de Filemón pudo ser: 1) recibir a Onésimo con alegría y sin rencores (cp. Lc 15:22-24), 2) permitir que Onésimo, además de sus tareas como siervo, ejerciera un ministerio espiritual junto a Filemón; o 3) perdonar a cualquier otra persona que hubiera ofendido a Filemón. En cualquier caso, Pablo no hizo aquí una petición sutil para que Filemón concediera la libertad a Onésimo (ver Flm 16).

h. **alojamiento.** Lit. «un cuarto de huéspedes», donde Pablo pudiera quedarse mientras visitara a los colosenses.

i. **os seré concedido.** Pablo esperaba ser soltado de la prisión en el futuro cercano (cp. Fil 2:23, 24), después de lo cual podría estar con Filemón y los demás creyentes en Colosas.

j. **Epafras.** Ver Col 4:12.

k. **Marcos, Aristarco.** Ver Col 4:10. La historia de la relación antes rota y ahora enmendada entre Pablo y Marcos (Hch 15:38-40; 2 Ti 4:11) habría sido bien conocida por los creyentes en Colosas (Col 4:10). Mencionar aquí el nombre de Marcos serviría para recordarle a Filemón que Pablo mismo había pasado por una experiencia similar de perdón, y que las instrucciones que ahora transmitía a su amigo ya habían sido atendidas por el apóstol mismo en su relación con Juan Marcos.

l. **Demas y Lucas.** Ver Col 4:14.

214. Pablo le escribe una carta a la iglesia filipense

Introducción a Filipenses

Filipenses deriva su nombre de la ciudad griega donde estaba ubicada la iglesia a la cual fue dirigida. Filipos fue la primera ciudad de Macedonia donde Pablo estableció una iglesia.

Autor y fecha

El testimonio unánime de la iglesia primitiva fue que el apóstol Pablo escribió Filipenses. Nada en ella haría pensar que la redactara un impostor.

La pregunta de cuándo se escribió Filipenses no puede separarse de la del lugar donde fue escrita. La postura tradicional es que Filipenses, junto con las demás epístolas carcelarias (Efesios, Colosenses, Filemón), fue escrita durante el primer encarcelamiento de Pablo en Roma (ca. 60-62 A.D.). Lo más natural es entender las referencias al «pretorio» (1:13) y «...los santos ... de la casa de César...» (4:22) es que Pablo escribió desde Roma, donde residía el emperador. Las semejanzas entre los detalles de la reclusión del apóstol que se proporcionan en Hechos y en las epístolas escritas desde la prisión también argumentan que esas cartas se escribieron desde Roma (p. ej. Pablo estaba cuidado por soldados, Hch 28:16; cp. 1:13, 14; se le permitió recibir visita, Hch 28:30; cp. 4:18; y tuvo la oportunidad de predicar el evangelio, Hch 28:31; cp. 1:12-14; Ef 6:18-20; Col 4:2-4).

Algunos han sostenido que Pablo escribió las epístolas carcelarias durante los dos años que estuvo preso en Cesarea (Hch 24:27). Pero las oportunidades de recibir visitas y de proclamar el evangelio se vieron severamente limitadas durante dicho encarcelamiento (cp. Hch 23:35). Las epístolas carcelarias expresan la esperanza de Pablo respecto a un veredicto favorable (1:25; 2:24; cp. Flm 22). No obstante, en Cesarea, la única esperanza de que lo liberaran era sobornar a Félix (Hch 24:26), o acceder a comparecer en juicio en Jerusalén, ante Festo (Hch 25:9). En estas epístolas, Pablo esperaba que la decisión fuera definitiva en su caso (Fil 1:20-23; 2:17, 23). No pudo ser en Cesarea, porque, Pablo pudo apelar al emperador, y lo hizo.

Se ha sugerido otra alternativa y es que Pablo escribió desde la prisión de Éfeso. Pero allí, como en Cesarea, no se podía tomar decisión definitiva alguna en su caso por su derecho a apelar al emperador. Además, Lucas estaba con Pablo cuando escribió Colosenses (Col 4:14), pero parece ser que no le acompañaba en Éfeso. Hechos 19, que registra la estancia de Pablo en Éfeso, no se encuentra en una de las secciones de «nosotros» en Hechos. No obstante, el argumento más fuerte en contra de que Éfeso fuera el punto de origen de las epístolas carcelarias es que no hay pruebas de que Pablo fuera encarcelado allí.

A la luz de las graves dificultades que entrañan tanto la postura a favor de Cesarea como de Éfeso, no hay razón para rechazar el criterio tradicional de que Pablo escribió sus epístolas carcelarias, incluida Filipenses, desde Roma.

Que Pablo pensara que su caso se iba a decidir en breve (Fil 2:23, 24) apunta a que Filipenses se escribió hacia el final del período de dos años de reclusión en Roma del apóstol (ca. 61 A.D.).

Contexto histórico

Originalmente conocida como Krenides («Las pequeñas fuentes») por los numerosos manantiales que se encontraban en su cercanía, Filipos («ciudad de Felipe») recibió su nombre de Felipe II de Macedonia (padre de Alejandro el Grande). Atraído por las minas de oro vecinas, Felipe conquistó la región en el siglo IV A.C. En el siglo II A.C., Filipos se convirtió en parte de la provincia romana de Macedonia.

La ciudad estuvo sumida en una oscuridad relativa durante los dos siglos siguientes hasta que uno de los acontecimientos más famosos en la historia romana le acarreó reconocimiento y expansión. En el 42 A.C., las fuerzas de Antonio y Octaviano derrotaron a las de Bruto y Casio en la Batalla de Filipos y, de esta manera, acabaron con la República romana y dieron lugar al Imperio romano. Después de la batalla, Filipos se convirtió en una colonia romana (cp. Hch 16:12), y muchos veteranos del ejército romano se establecieron allí. Como colonia, Filipos tenía autonomía del gobierno provincial y los mismos derechos otorgados a las ciudades de Italia, incluso el uso de la ley romana. Estaba exenta de algunos impuestos, y sus residentes tenían la ciudadanía romana (Hch 16:21). Al ser una colonia, también era la fuente de un gran orgullo cívico para los filipenses, quienes usaban el latín como su idioma oficial, adoptaron las costumbres romanas, y establecieron el gobierno de su ciudad igual al de las ciudades italianas. Tanto Hechos como Filipenses reflejan el estatus de Filipos como colonia romana.

La descripción paulina los cristianos como ciudadanos del cielo (Fil 3:20) era apropiada, ya que los filipenses se jactaban de ser ciudadanos de Roma (cp. Hch 16:21). Es muy posible que estos habitantes de Filipos conocieran a algunos de los miembros del pretorio (Fil 1:13) y de la casa de César (Fil 4:22).

La iglesia de Filipos, la primera fundada por Pablo en Europa, se remonta al segundo viaje misionero del apóstol (Hch 16:12-40). Es evidente que la población judía allí fuera muy pequeña. Al no haber suficientes hombres para formar una sinagoga (el requisito eran diez hombres judíos que fueran cabezas de una casa), algunas mujeres devotas se reunían fuera de la ciudad, en un lugar de oración (Hch 16:13) junto al río Gangites. Pablo les predicó el evangelio y Lidia, una rica comerciante que trabajaba con bienes caros teñidos de púrpura (Hch 16:14), se convirtió al cristianismo (Hch 16:14, 15). Es probable que la iglesia filipense se reuniera inicialmente en su espacioso hogar.

La oposición satánica a la nueva iglesia surgió de inmediato en la persona de una muchacha esclava que era adivina y que estaba poseída por un demonio (Hch 16:16, 17). Negándose a tener un testimonio de tan maligna fuente, Pablo la exorcizó (Hch 16:18). El acto del apóstol llenó de ira a los amos de la muchacha, que ya no podían vender sus servicios como adivinadora (Hch 16:19). Arrastraron a Pablo y a Silas frente a los magistrados de la ciudad (Hch 16:20) e incitaron el orgullo cívico de los filipenses alegando que ambos predicadores eran una amenaza para las costumbres romanas (Hch 16:20, 21). Como resultado, Pablo y Silas fueron azotados y encarcelados (Hch 16:22-24).

Los dos predicadores fueron milagrosamente liberados de la prisión aquella noche por un terremoto, y esto enterneció al carcelero que abrió su corazón, y el de su casa, al evangelio (Hch 16:25-34). Al día siguiente, los magistrados, llenos de pánico al enterarse de que habían azotado y encarcelado ilícitamente a dos ciudadanos romanos, rogaron a Pablo y a Silas que se fueran de Filipos.

Al parecer, Pablo visitó Filipos dos veces durante su tercer viaje misionero, una vez al principio (cp. 2 Co 8:1-5), y una vez más casi al final (Hch 20:6). Alrededor de cuatro o cinco años después de su última visita a Filipos, estando prisionero en Roma, Pablo recibió a una delegación de la iglesia filipense. Los filipenses habían apoyado a Pablo generosamente en el pasado (4:15, 16), y también habían contribuido con abundancia para los necesitados en Jerusalén (2 Co 8:1-4). Ahora, oyendo del encarcelamiento de Pablo, le enviaron otra ofrenda (Col 4:10) y, con ella, a Epafrodito para que ministrara a las necesidades de Pablo. Desdichadamente, de camino a Roma o después de llegar, Epafrodito sufrió una enfermedad casi fatal (Fil 2:26, 27). A la luz de esto, Pablo decidió enviar a Epafrodito de regreso a Filipos (Fil 2:25, 26), y escribió la carta a los filipenses para que él la llevara.

Pablo tenía varios propósitos al componer esta epístola. En primer lugar, quería expresar a través de la escritura su gratitud por la ofrenda de los filipenses (Fil 4:10-18). En segundo lugar, quería que los filipenses supieran la razón por la que decidió regresarles a Epafrodito, para que no pensaran que su servicio a Pablo había sido insatisfactorio (Fil 2:25, 26). En tercer lugar, él quería informarlos sobre sus circunstancias en Roma (Fil 1:12-26). En cuarto lugar, él escribió para exhortarlos a la unidad (Fil 2:1, 2; 4:2). Finalmente, escribió para advertirles sobre los falsos maestros (Fil 3:1–4:1).

Temas históricos y teológicos

Debido a que primordialmente es una carta práctica, Filipenses contiene poco material histórico (no hay citas del AT), fuera del tratado momentáneo de la autobiografía espiritual de Pablo (Fil 3:4-7). De la misma manera, hay poca instrucción teológica directa, también con una excepción momentánea. El magnífico pasaje que describe la humillación y la exaltación de Cristo (Fil 2:5-11) contiene algunas de las enseñanzas más profundas y cruciales acerca del Señor Jesucristo de toda la Biblia. El tema principal de la búsqueda de la semejanza a Cristo, como el elemento más definitivo del crecimiento espiritual, y el entusiasmo de Pablo en su propia vida, se presentan en Filipenses 3:12-14. A pesar de su encarcelamiento, el tono dominante de la carta es gozoso (Fil 1:4, 18, 25, 26; 2:2, 16-18, 28; 3:1, 3; 4:1, 4, 10).

Retos de interpretación

La principal dificultad relacionada con Filipenses consiste en determinar dónde se escribió (ver Autor y fecha). El texto en sí solo presenta un reto de interpretación significativo: la identidad de los «enemigos de la cruz» (ver Fil 3:18, 19).

215. Saludo a los creyentes de Filipos

Filipenses 1:1–11

[a]Pablo y [b]Timoteo, [c]siervos de Jesucristo, a todos los [d]santos [e]en Cristo Jesús que están en Filipos, con los [f]obispos y [g]diáconos:

[h]Gracia y paz a vosotros, de Dios nuestro Padre y del Señor Jesucristo.

[i]Doy gracias a mi Dios siempre que me acuerdo de vosotros, siempre [j]en todas mis oraciones rogando con gozo por todos vosotros, por vuestra [k]comunión en el evangelio, [l]desde el primer día hasta ahora; estando persuadido de esto, que el que comenzó en vosotros la buena obra, [m]la perfeccionará hasta [n]el día de Jesucristo; como me es justo sentir esto de todos vosotros, por cuanto

---

a. **Pablo.** Pablo escribió esta epístola desde una prisión romana. El comienzo acostumbrado de las cartas en el siglo I era la identificación del remitente y el destinatario con un saludo elemental. Una variación notable aquí es que Pablo incluye el nombre de Timoteo, porque fue un colaborador importante en la propagación del evangelio en Filipos y sus alrededores, así como un testigo confiable que corroboraba con autoridad las verdades expuestas por Pablo.

b. **Timoteo.** Fue el hijo amado de Pablo en la fe (ver Hch 16:1-3). No fue el coautor de la carta, pero es posible que Pablo se la dictara. De todas maneras, Pablo tenía buenas razones para incluir el nombre de Timoteo (ver Fil 1:1, 2).

c. **siervos.** Esto denota un esclavo dispuesto que por voluntad propia se mantenía ligado a su amo, con felicidad y lealtad (ver Ro 1:1; cp. Stg 1:1; 2 P 1:1; Jud 1).

d. **santos.** Ver 1 Co 1:2. Se trataba de los creyentes en la iglesia de Filipos e incluye a los que dirigían la congregación.

e. **en Cristo Jesús.** Esto describe la unión de los creyentes de Filipos con Cristo en su muerte y resurrección (ver Ro 6:2-9; Gá 2:20), razón por la cual podían ser llamados «santos».

f. **obispos.** Lit. «supervisores»; ver 1 Ti 3:1. Es un término que se empleaba para recalcar las responsabilidades de liderazgo que tienen los que son ancianos y que también son llamados pastores. Los tres términos se emplean para describir a los mismos hombres en Hch 20:28.

g. **diáconos.** Lit. «aquellos que sirven»; ver 1 Ti 3:8.

h. **Gracia y paz.** El saludo acostumbrado de Pablo (ver Ro 1:7) recordaba a los creyentes su relación con Dios.

i. **Doy gracias a mi Dios.** Las cartas de Pablo incluían por lo general elogios de este tipo (ver Gá 1:3-5).

j. **en todas mis oraciones... con gozo.** La palabra griega que se traduce «oración» denota una petición en representación o a favor de otra persona. Para el apóstol era un deleite interceder por sus hermanos en la fe.

k. **comunión.** También puede traducirse «participación» o «asociación». Cp. 2 Co 8:4.

l. **desde el primer día.** Estos creyentes ayudaron a Pablo con entusiasmo para evangelizar en Filipos desde que la iglesia comenzó en ese lugar (Hch 16:12-40).

m. **la perfeccionará.** El verbo griego que se traduce «comenzó» solo se usa aquí y en Gá 3:3, en ambos casos con referencia a la salvación misma. Cuando Dios comienza una obra de salvación en una persona, él termina y perfecciona esa obra. Por ello, el verbo «perfeccionará» apunta a la seguridad eterna del cristiano (ver Jn 6:40, 44; Ro 5:10; 8:29-39; Ef 1:13, 14; He 7:25; 12:2).

n. **el día de Jesucristo.** Esta frase no debe confundirse con «el Día del Señor», que describe el juicio y la ira divinos al final de los tiempos (cp. Is 13:9; Jl 1:15; 2:11; 1 Ts 5:2; 2 P 3:10). El «día de Jesucristo» también se denomina «día de Cristo» (Fil 1:10; 2:16) y «el día de nuestro Señor Jesucristo» (1 Co 1:8), que anticipa la salvación, recompensa y glorificación final de los creyentes. Cp. 1 Co 3:10-15; 4:5; 2 Co 5:9, 10.

os tengo en el [a]corazón; y en mis prisiones, y en la [b]defensa y confirmación del evangelio, todos vosotros sois [c]participantes conmigo de la gracia. Porque Dios me es testigo de cómo os amo a todos vosotros con el [d]entrañable amor de Jesucristo.

Y esto pido en oración, que vuestro amor abunde aun más y más [e]en ciencia y [f]en todo conocimiento, para que [g]aprobéis lo mejor, a fin de que seáis [h]sinceros e irreprensibles para el día de Cristo, llenos de [i]frutos de justicia [j]que son por medio de Jesucristo, [k]para gloria y alabanza de Dios.

---

a. **corazón.** Una palabra bíblica común que se emplea para describir el centro del pensamiento y los sentimientos (cp. Pr 4:23).

b. **defensa y confirmación.** Dos términos judiciales que se refieren a la primera fase del juicio de Pablo en Roma en la que él defendió su ministerio evangelizador o en sentido general a su defensa continua de la fe que fue el corazón mismo de su ministerio.

c. **participantes conmigo de la gracia.** Ver Fil 1:5. Durante su encarcelamiento, los filipenses enviaron dinero a Pablo y los servicios de Epafrodito para apoyar al apóstol y participar así en la bendición abundante de Dios sobre su ministerio (cp. Fil 2:30).

d. **entrañable amor.** El significado literal de la palabra tiene que ver con los órganos internos, aquella parte del cuerpo que reacciona a emociones intensas. Llegó a convertirse en la expresión griega más vigorosa para expresar amor compasivo, un amor que involucra al cuerpo entero.

e. **en ciencia.** Se deriva de la palabra griega que describe un conocimiento genuino, pleno o avanzado. El amor bíblico no es un sentimentalismo vacío, sino que está anclado con profundidad en la verdad de la Palabra de Dios y es regulado por ella (cp. Ef 5:2, 3; 1 P 1:22).

f. **en todo conocimiento.** El término «estética» se deriva de esta palabra griega que también se puede traducir «discernimiento» porque alude a la percepción moral y la sabiduría necesaria para la aplicación práctica del conocimiento. El amor no es ciego, sino perceptivo, y tiene la capacidad de hacer un escrutinio cuidadoso de las cosas para distinguir entre lo correcto y lo incorrecto. Ver 1 Ts 5:21, 22.

g. **aprobéis lo mejor.** El vocablo «aprobar» describía, en el griego clásico, la puesta a prueba de metales o de las monedas para confirmar su autenticidad (cp. Lc 12:56; 14:19). «Lo mejor» implica un proceso de diferenciación. Los creyentes necesitan la habilidad de distinguir las cosas que de verdad son importantes para que puedan establecer las prioridades correctas.

h. **sinceros e irreprensibles.** «Sinceros» significa «genuinos», y es posible que su significado original haya sido «probado por la luz del sol». En el mundo antiguo había comerciantes deshonestos que rellenaban con cera las grietas de los productos cerámicos inferiores antes de pintarlos y darles los toques finales, con el fin de dificultar su distinción de los artículos de buena calidad que eran mucho más costosos. La única manera de evitar ese fraude era exponer los recipientes y utensilios a la luz del sol para que se hicieran evidentes las grietas rellenas de cera. Los vendedores certificados ponían una marca que decía *sine cera* («sin cera») en su cerámica fina y costosa, porque resistían la «prueba del sol». La palabra «irreprensibles» puede traducirse «libres de toda culpa», y se refiere a la integridad en las relaciones personales. Los cristianos deben llevar una vida de integridad verdadera que no haga pecar a otros (ver Ro 12:9; 1 Co 10:31, 32; 2 Co 1:12; cp. Ro 14; 1 Co 8).

i. **frutos de justicia.** Esto se traduce mejor «el fruto que produce la justicia» (ver Ro 1:13; cp. Pr 11:30; Am 6:12; Stg 3:17, 18).

j. **que son por medio de Jesucristo.** Ver Jn 15:1-5; Ef 2:10. Esto alude a la transformación de la salvación obrada por nuestro Señor y su labor constante de poder en nuestra vida por medio de su Espíritu Santo.

k. **para gloria y alabanza de Dios.** Ver Jn 15:8; Ef 1:12-14; 3:20, 21. El fin supremo de todas las oraciones de Pablo era que Dios fuera glorificado.

216. Estar firme en medio de circunstancias difíciles

Filipenses 1:12–18

Quiero que sepáis, hermanos, que [a]las cosas que me han sucedido, han redundado más bien [b]para el progreso del evangelio, de tal manera que [c]mis prisiones se han hecho patentes en Cristo [d]en todo el pretorio, y a [e]todos los demás. Y [f]la mayoría de los hermanos, cobrando ánimo en el Señor con mis prisiones, [g]se atreven mucho más a hablar la palabra sin temor.

Algunos, a la verdad, predican a Cristo [h]por envidia y contienda; pero otros [i]de buena voluntad. Los unos anuncian a Cristo [j]por contención, [k]no sinceramente, pensando añadir aflicción a mis prisiones; pero [l]los otros por

---

a. **las cosas que me han sucedido.** Las circunstancias difíciles de Pablo, que en ese momento se relacionaban con su viaje a Roma y su encarcelamiento allí (ver Hch 21–28).

b. **para el progreso.** Se refiere al movimiento dinámico de algo en la dirección correcta, y se empleaba para aludir al avance exitoso de las tropas de un ejército a pesar de los obstáculos, los peligros y las distracciones. El encarcelamiento de Pablo no fue un obstáculo suficiente para impedir la propagación del mensaje de salvación (cp. Hch 28:30, 31) y este hecho creó nuevas oportunidades para su expansión (ver Fil 4:22).

c. **mis prisiones... patentes en Cristo.** Las personas que lo rodeaban reconocían que Pablo no era un delincuente, sino que se había convertido en prisionero a causa de la predicación de Jesucristo y el evangelio (cp. Ef 6:20).

d. **en todo el pretorio.** Esta palabra griega también se traduce «palacio» y se emplea con frecuencia en su transliteración «pretorio» para denotar un edificio especial como el cuartel general de un comandante o el palacio del emperador, pero también se usaba en referencia a un grupo de hombres de la guardia imperial. Como Pablo se encontraba en una casa privada en Roma, lo más probable es que «pretorio» se refiera a los miembros de la guardia imperial que lo vigilaban día y noche. Cp. Hch 28:16.

e. **todos los demás.** Todos los demás en la ciudad de Roma que lo habían conocido y escuchado (cp. Hch 28:23, 24, 30, 31).

f. **la mayoría de los hermanos.** Con la excepción de los detractores identificados en los vv. 15, 16, los cuales se habían dedicado a atacar a Pablo.

g. **se atreven mucho más a hablar.** El ejemplo denodado que dio Pablo con su testimonio poderoso por el evangelio, mientras estuvo prisionero, demostraba la fidelidad de Dios para con sus hijos perseguidos, y que el simple hecho de ponerlos tras las rejas no detendría el progreso del evangelio. Esto animó a otros a ser denodados y a no temer el ser encarcelados.

h. **por envidia y contienda.** La actitud de los detractores de Pablo que, a pesar de predicar el evangelio, estaban celosos de su poder y autoridad apostólicos, así como de su éxito y de los grandes dones que poseía. «Contienda» alude a rivalidad y conflicto, que resultó en que los críticos de Pablo comenzaran a desacreditarlo.

i. **de buena voluntad.** Es una expresión de satisfacción y contentamiento, la actitud que mantuvieron quienes brindaron su apoyo a Pablo, como persona y ministro del evangelio.

j. **por contención.** Esto describe la ambición egoísta de los que solo estaban interesados en avanzar sus propias causas y se proponían salir adelante a cualquier precio. Los detractores de Pablo usaron su encarcelamiento como una oportunidad para promover su propio prestigio al acusar a Pablo de ser un pecador tan grande que el Señor lo había castigado con la cárcel.

k. **no sinceramente.** Ver Fil 1:10. Los predicadores que criticaban a Pablo no tenían motivos puros.

l. **los otros por amor.** Los que apoyaban a Pablo estaban motivados por un afecto genuino hacia él y confianza en su virtud personal (cp. 1 Co 13:1, 2).

amor, sabiendo que estoy [a]puesto para la defensa del evangelio. ¿Qué, pues? Que no obstante, de todas maneras, o por pretexto o por verdad, Cristo es anunciado; y en esto [b]me gozo, y me gozaré aún.

217. El vivir es Cristo

Filipenses 1:19–30

Porque sé que por vuestra oración y la suministración del [c]Espíritu de Jesucristo, esto resultará en [d]mi liberación, conforme a mi [e]anhelo y esperanza de que [f]en nada seré avergonzado; antes bien con toda confianza, como siempre, ahora también será magnificado Cristo en mi cuerpo, o por vida o por muerte. Porque [g]para mí el vivir es Cristo, y [h]el morir es ganancia. Mas si el vivir en [i]la carne resulta para mí en [j]beneficio de la obra, no sé entonces qué escoger.

---

a. **puesto.** La palabra griega describe la designación de un soldado para el cumplimiento de sus deberes. Pablo estaba en la prisión, porque estaba destinado a pasar tiempo en ese lugar por la voluntad de Dios, de tal forma que estuviera en una posición estratégica para proclamar el evangelio.

b. **me gozo, y me gozaré aún.** El gozo de Pablo no dependía de las circunstancias ni de sus críticos (cp. Sal 4:7, 8; Ro 12:12; 2 Co 6:10). El apóstol se alegraba cuando el evangelio se proclamaba con autoridad, sin importar quién recibiera el crédito. Soportó todas las acusaciones injustas sin amargura hacia sus acusadores. En su lugar, se regocijó porque predicaban a Cristo, aunque fuera con pretensiones de piedad.

c. **mi liberación.** «Liberación» se deriva del término griego básico que significa salvación, pero también puede traducirse «bienestar» o «escape», y esto genera cuatro interpretaciones posibles: 1) se refiere a la salvación de Pablo al final de todo, 2) alude a que sería librado de la ejecución con la que se veía amenazado, 3) por fin sería reivindicado por la sentencia del emperador, o 4) Pablo se refiere a su salida eventual de la prisión. En todo caso, Pablo quiso dar a entender que estaba seguro de que sería librado de su angustia temporal (Job 13:16; cp. Job 19:26; Sal 22:4, 5, 8; 31:1; 33:18, 19; 34:7; 41:1).

d. **Espíritu de Jesucristo.** El Espíritu Santo (Ro 8:9; Gá 4:6). Pablo tenía confianza suprema en el Espíritu (cp. Zac 4:6; Jn 14:16; Ro 8:26; Ef 3:20).

e. **anhelo.** Esta expresión indica en el original una anticipación avezada del futuro, como alguien que estira bien el cuello para ver más allá de su contexto inmediato. Pablo tenía mucha confianza y entusiasmo con respecto a la promesa de Cristo (ver Mt 10:32).

f. **en nada seré avergonzado.** Ver Is 49:23; Ro 9:33; cp. Sal 25:2, 3; 40:15, 16; 119:80; Is 1:27-29; 45:14-17; Jer 12:13; Sof 3:11.

g. **para mí el vivir es Cristo.** Para Pablo la vida se resume en Jesucristo, y Cristo era su razón de ser. Ver 3:12-14.

h. **el morir es ganancia.** La muerte lo libraría de sus cargas terrenales para que se pudiera enfocar por completo en glorificar a Dios (ver Fil 1:23, 24; cp. Hch 21:13).

i. **la carne.** Cp. Fil 1:24. Aquí, esta palabra no se refiere a la condición caída de una persona (como en Ro 7:5, 18; 8:1), sino tan solo a la vida física (como en 2 Co 10:3; Gá 2:20).

j. **beneficio.** Ver Ro 1:13. Pablo sabía que la única razón para permanecer en este mundo era dar fruto en abundancia, y esto consistía en llevar almas a Cristo y edificar a los creyentes para que hicieran lo mismo. Ver 2 Co 4:15.

Porque de ambas cosas estoy puesto en [a]estrecho, teniendo deseo de [b]partir y estar con Cristo, lo cual es [c]muchísimo mejor; pero quedar en la carne es [d]más necesario por causa de vosotros. Y [e]confiado en esto, sé que quedaré, que aún permaneceré con todos vosotros, para vuestro [f]provecho y gozo de la fe, para que abunde [g]vuestra gloria de mí en Cristo Jesús por mi presencia otra vez entre vosotros.

Solamente que os comportéis como es [h]digno del evangelio de Cristo, para que o sea que vaya a veros, o que esté ausente, oiga de vosotros que estáis firmes en [i]un mismo espíritu, [j]combatiendo unánimes por [k]la fe del evangelio, y en nada intimidados por los que se oponen, que para ellos ciertamente es [l]indicio de perdición, mas para vosotros de salvación; y esto de Dios. Porque a vosotros os es [m]concedido a causa de Cristo, no solo que creáis en él, sino

---

a. **estrecho.** La palabra griega representa a un caminante que recorre un sendero estrecho con paredes de roca a cada lado, que solo permite avanzar aprisa.

b. **partir y estar con Cristo.** Pablo sabía que si moría tendría una comunión completa, consciente, íntima y sin obstáculo alguno con su Señor (ver 2 Co 5:1, 8; 2 Ti 4:6-8).

c. **muchísimo mejor.** Una traducción literal del superlativo más expresivo.

d. **más necesario por causa de vosotros.** Pablo resignó su deseo personal de estar con su Señor por la necesidad de la edificación de la iglesia (ver Fil 2:3, 4).

e. **confiado... que quedaré.** La convicción de Pablo, y no una revelación sobrenatural, de que la necesidad de ellos determinaba la extensión de la permanencia de Pablo en la tierra.

f. **provecho... de la fe.** También se puede traducir «progreso», porque alude al avance de un ejército que se abre caminos sin importar los obstáculos (ver Fil 1:12). Pablo quería abrir un sendero nuevo para que los filipenses llegaran a la victoria, y quería mostrarles que el aumento de su fe resultaría en el aumento de su gozo.

g. **vuestra gloria de mí en Cristo Jesús.** El orden de las palabras en griego es «que vuestro gozo sea más abundante en Jesucristo por mí». El punto es que a medida que Pablo llevaba una vida fructífera, el gozo y la confianza de ellos sobreabundarían a causa de la obra de Cristo en él, y no por cualquier cosa que él mismo hiciera por su propia habilidad.

h. **digno del evangelio.** Los creyentes deben tener integridad y vivir de manera consecuente con lo que creen, enseñan y predican. Cp. Ef 4:1; Col 1:10; 1 Ts 2:11, 12; 4:1; Tit 2:10; 2 P 3:11, 14.

i. **un mismo espíritu... unánimes.** Pablo introduce así el tema de la unidad que continúa hasta Fil 2:4. Su llamado a la unidad genuina de corazón y mente se basa en 1) la necesidad de ser uno solo en esencia para ganar la batalla espiritual por la fe (Fil 1:28-30), 2) el amor a los demás en comunión fraternal (Fil 2:1, 2), humildad genuina y sacrificio propio (Fil 2:3, 4) y 4) el ejemplo de Jesucristo quien demostró que el sacrificio produce gloria eterna (Fil 2:5-11).

j. **combatiendo.** Lit. «luchar al lado de alguien». Pablo pasa de la metáfora de un soldado que se mantiene de pie en su puesto (cp. Fil 1:17) a la de un equipo que combate en unidad por la victoria en contra de un enemigo común.

k. **la fe del evangelio.** La fe cristiana como ha sido revelada por Dios y registrada en las Escrituras (Jud 3; cp. Ro 1:1; Gá 1:7).

l. **indicio de perdición.** Si los creyentes sufren de buena voluntad sin dejarse «intimidar», es señal de que los enemigos de Dios serán destruidos y se perderán por la eternidad (ver 2 Ts 1:4-8).

m. **concedido... que padezcáis.** Ver Fil 3:10; 1 P 2:19-21; cp. Mt 5:10-12; Hch 5:41. El verbo griego que se traduce «concedido» se deriva del sustantivo que significa «gracia». El sufrimiento de los creyentes es un don de la gracia que trae poder (2 Co 7:9, 10; 1 P 5:10) y galardón eterno (1 P 4:13).

también que padezcáis por él, teniendo [a]el mismo conflicto que [b]habéis visto en mí, y ahora oís que hay en mí.

218. El perfecto ejemplo de humildad de Cristo

Filipenses 2:1–11

Por tanto, si hay alguna [c]consolación en Cristo, si algún [d]consuelo de amor, si alguna [e]comunión del Espíritu, si algún [f]afecto entrañable, si alguna misericordia, [g]completad mi gozo, [h]sintiendo lo mismo, teniendo [i]el mismo amor, [j]unánimes, sintiendo una misma cosa. Nada hagáis [k]por contienda o

---

a. **el mismo conflicto.** La misma clase de sufrimiento que Pablo había experimentado (Fil 1:12-14; Hch 16:22-24).

b. **habéis visto.** Esto se refiere a que los filipenses fueron testigos de lo que hicieron Pablo y Silas cuando fueron encarcelados en Filipos (Hch 16:19-40).

c. **consolación en Cristo.** «Consolación» también puede traducirse «ánimo», y se deriva de la palabra griega que significa «ponerse al lado de alguien para ayudar, aconsejar y exhortar» (ver Jn 14:26; Ro 12:1), que es lo que nuestro Señor amado hace por los suyos.

d. **consuelo de amor.** La palabra griega que se traduce «consuelo» alude a que el Señor se acerca con ternura para susurrar palabras de aliento y afabilidad al oído del creyente.

e. **comunión del Espíritu.** «Comunión» se refiere a la participación común en la vida eterna que es suministrada por el Espíritu Santo que mora en el creyente (1 Co 3:16; 12:13; 2 Co 13:14; 1 Jn 1:4-6).

f. **afecto entrañable... misericordia.** Dios ha extendido su amor y compasión profundos y «viscerales» (ver Fil 1:8) a todo creyente (cp. Ro 12:1; 2 Co 1:3; Col 3:12), y esa realidad debería resultar en unidad.

g. **completad mi gozo.** También puede traducirse «haced mi gozo perfecto». El gozo de Pablo estaba conectado a su preocupación por la unidad de los creyentes (cp. He 13:17).

h. **sintiendo lo mismo.** Cp. Fil 3:15, 16; 4:2; 1 P 3:8. La palabra griega significa «pensar del mismo modo». Esta exhortación no es opcional ni confusa, sino que se reitera en todo el NT (cp. Ro 15:5; 1 Co 1:10; 2 Co 13:11-13).

i. **el mismo amor.** Los creyentes deben amar por igual a las demás personas que están en el Cuerpo de Cristo, no porque todas los atraigan por igual, sino con la demostración de la misma clase de servicio sacrificado y amoroso que todos han recibido por igual de parte de Cristo (Jn 15:13; Ro 12:10; 1 Jn 3:17; cp. Jn 3:16).

j. **unánimes.** Esto también puede traducirse «unidos en espíritu» y pudo ser un término acuñado por Pablo mismo. Su significado literal es «de un alma», y describe a personas que están entrelazadas en armonía, porque tienen los mismos deseos, pasiones y ambiciones.

k. **por contienda.** Esta palabra griega, que también se puede traducir «ambición egoísta», se refiere a la actitud que produce divisiones, rivalidades y sectarismo (ver Gá 5:20). Es el orgullo que lleva a las personas a coaccionar y hacer las cosas a su manera.

por [a]vanagloria; antes bien [b]con humildad, [c]estimando cada uno a los demás como superiores a él mismo; no mirando cada uno por lo suyo propio, sino cada cual también por lo de los otros.

[d]Haya, pues, en vosotros este sentir que hubo también en Cristo Jesús, el cual, [e]siendo en forma de Dios, no estimó el ser [f]igual a Dios como [g]cosa a que aferrarse, sino que [h]se despojó a sí mismo, tomando [i]forma de siervo, hecho

---

a. **vanagloria.** Lit. «gloria vacua», y se refiere a la necedad de la presunción y el engreimiento. Esta palabra se refiere a la búsqueda activa de la gloria personal, que es motivo de la ambición egoísta y las contiendas que produce a su vez.

b. **con humildad.** Esto traduce una palabra griega que al parecer fue acuñada por Pablo y otros escritores del NT para aludir a la actitud correcta del siervo cristiano (cp. 1 Co 15:9; 1 Ti 1:15).

c. **estimando cada uno a los demás como superiores a él mismo.** La definición básica de la humildad verdadera (cp. Ro 12:10; Gá 5:13; Ef 5:21; 1 P 5:5).

d. Cristo es el ejemplo supremo de humildad sin egoísmo (cp. Mt 11:29; Jn 13:12-17). Este es el pasaje cristológico clásico en el NT que trata el misterio de la encarnación. Es probable que se haya cantado como un himno en la iglesia primitiva (ver Col 3:16).

e. **siendo en forma de Dios.** Pablo afirma que Jesús ha sido Dios por toda la eternidad. Aquí no se usa la palabra griega corriente que se traduce «siendo». Pablo prefirió otro término que recalca la esencia de la naturaleza de una persona, su estado o condición continuo y permanente. Pablo también pudo haber escogido cualquiera de las dos palabras griegas que significan «forma», pero eligió la que denota de manera específica el carácter esencial e inmutable de algo, aquello que es por sí y en sí mismo. La doctrina fundamental de la deidad de Cristo siempre ha incluido estas características cruciales (cp. Jn 1:1, 3, 4, 14; 8:58; Col 1:15-17; He 1:3).

f. **igual a Dios.** La palabra griega que se traduce «igual» define cosas que son, con exactitud, las mismas en tamaño, cantidad, cualidad, carácter y número. En todo sentido, Jesús es igual a Dios y así lo afirmó siempre durante su ministerio terrenal (cp. Jn 5:18; 10:33, 38; 14:9; 20:28; He 1:1-3).

g. **cosa a que aferrarse.** La expresión griega se traduce en algunas versiones «robarse», porque su significado original aludía a «apropiarse de algo mediante el robo». Llegó a utilizarse para aludir a todo lo que se retiene, se abraza o se valora en gran manera. Aunque Cristo tenía todos los derechos, privilegios y honores de la deidad, de los cuales siempre fue digno y nunca podría ser descalificado de su posesión, su actitud fue no asirse a esas cosas ni a su posición, sino estar dispuesto a prescindir de ello por un tiempo. Ver Jn 17:1-5.

h. **se despojó a sí mismo.** La traducción literal es «se vació a sí mismo». De esta palabra griega viene el término teológico *kenosis* que corresponde a la doctrina de la encarnación de Cristo en la que él se vació de sí mismo para convertirse en hombre. Fue un acto voluntario de renuncia y no implica que él se quitara su divinidad o que intercambiara la deidad por la humanidad (ver Fil 2:6). No obstante, Jesús sí renunció o dejó a un lado sus privilegios en varios aspectos importantes: 1) la gloria celestial, porque mientras estuvo en la tierra renunció a la gloria de su relación cara a cara con Dios y el despliegue y disfrute continuo de esa gloria (cp. Jn 17:5), 2) autoridad independiente, porque durante su encarnación Cristo se sometió por completo a la voluntad de su Padre (ver Fil 2:8; cp. Mt 26:39; Jn 5:30; He 5:8), 3) ciertas prerrogativas divinas, porque puso a un lado el despliegue voluntario de sus atributos divinos y se sometió a la dirección del Espíritu (cp. Mt 24:36; Jn 1:45-49), 4) las riquezas eternas, pues mientras estuvo en la tierra Cristo fue pobre y poseyó muy pocos bienes (cp. 2 Co 8:9) y 5) una relación favorable con Dios, porque tuvo que sentir la ira plena del Padre hacia el pecado humano mientras estuvo en la cruz (cp. Mt 27:46; ver 2 Co 5:21).

i. **forma de siervo.** De nuevo, Pablo emplea la palabra griega «forma» que alude a la esencia exacta (ver Fil 2:6). Como un siervo verdadero (ver Fil 1:1), Jesús se sometió por completo para hacer la voluntad de su Padre (cp. Is 52:13, 14).

[a]semejante a los hombres; y estando [b]en la condición de hombre, [c]se humilló a sí mismo, haciéndose [d]obediente hasta la muerte, y muerte [e]de cruz. Por lo cual Dios también [f]le exaltó hasta lo sumo, y le dio un [g]nombre que es sobre todo nombre, para que [h]en el nombre de Jesús [i]se doble toda rodilla de los que

---

a. **semejante a los hombres.** Cristo no solo fue Dios en un cuerpo humano, sino que adoptó todos los atributos esenciales de la humanidad (Lc 2:52; Gá 4:4; Col 1:22), incluso al extremo de identificarse por completo con las necesidades y debilidades humanas básicas (cp. He 2:14, 17; 4:15). Él se convirtió en la versión humana de Dios, plenamente Dios y plenamente hombre.

b. **en la condición de hombre.** No es una simple repetición de la última frase de Fil 2:7, sino un cambio del enfoque celestial al terrenal. La humanidad de Cristo se describe ahora desde el punto de vista de quienes lo vieron. Pablo implica que, así tuviera el aspecto exterior de un hombre, su esencia iba mucho más allá de su apariencia, y la mayoría de las personas fueron incapaces de trascender su percepción natural para reconocerlo como Dios (cp. Jn 6:42; 8:48).

c. **se humilló a sí mismo.** Además de la humillación propia de la encarnación, Jesús se hizo todavía más humilde al abstenerse de derechos humanos normales y sujetarse a persecución y sufrimiento a manos de los incrédulos (cp. Is 53:7; Mt 26:62-64; Mr 14:60, 61; 1 P 2:23).

d. **obediente hasta la muerte.** Aun más allá de la persecución, Jesús fue al extremo más bajo de la humillación al morir como un delincuente, en obediencia al plan de Dios para él (cp. Mt 26:39; Hch 2:23).

e. **de cruz.** Ver Mt 27:29-50. Otra humillación adicional consistió en que la muerte de Jesús no fue por medios corrientes, sino que se produjo por medio de la crucifixión, la forma de muerte más desgarradora y degradante jamás inventada. Los judíos aborrecían este mecanismo de ejecución (Dt 21:23; ver Gá 3:13).

f. **le exaltó hasta lo sumo.** La exaltación de Cristo fue cuádruple. Los primeros sermones de los apóstoles afirman su resurrección y coronación (su posición a la diestra de Dios), y aluden a su intercesión por los creyentes (Hch 2:32, 33; 5:30, 31; cp. Ef 1:20, 21; He 4:15; 7:25, 26). En He 4:14 se hace referencia al aspecto final que es su ascensión. La exaltación no tenía que ver con la naturaleza de Cristo o su lugar eterno dentro de la Trinidad, sino con su nueva identidad como el Dios-hombre (cp. Jn 5:22; Ro 1:4; 14:9; 1 Co 15:24, 25). Además de recibir la gloria que siempre le perteneció (Jn 17:5), la nueva posición de Cristo como Dios hecho hombre significó que le dio privilegios que no tenía antes de la encarnación. De no haber vivido entre los hombres, no habría podido identificarse con ellos como el sumo sacerdote perfecto que intercede por ellos. Si él no hubiera muerto en la cruz, no habría podido ser elevado desde el extremo más bajo al que llegó hasta el cielo, como sustituto perfecto por el pecado humano.

g. **nombre... sobre todo nombre.** El nuevo nombre de Cristo que describe su naturaleza esencial y lo ubica por encima y más allá de todo es «Señor». Este nombre es sinónimo en el NT de las descripciones de Dios en el AT como el Rey soberano del universo. Tanto antes (Is 45:21-23; Mr 15:2; Lc 2:11; Jn 13:13; 18:37; 20:28) como después (Hch 2:36; 10:36; Ro 14:9-11; 1 Co 8:6; 15:57; Ap 17:14; 19:16) de la exaltación, las Escrituras afirman que este es el título que pertenece a Jesús por derecho propio como Dios hecho hombre.

h. **en el nombre de Jesús.** «Jesús» fue el nombre que se le dio en su nacimiento (Mt 1:21), no su nombre nuevo. El nombre apropiado para Jesús en el sentido pleno desde su exaltación ha sido «Señor» (ver Fil 2:11).

i. **se doble... confiese.** Todo el universo inteligente es llamado a adorar a Jesucristo como Señor (cp. Sal 2). Este mandato incluye a los ángeles en el cielo (Ap 4:2-9), el espíritu de cada uno de los redimidos (Ap 4:10, 11), los creyentes obedientes en la tierra (Ro 10:9), los rebeldes desobedientes en la tierra (2 Ts 1:7-9), los demonios y la humanidad perdida en el infierno (1 P 3:18-22). La palabra griega que se traduce «confiese» significa «reconocer», «afirmar» o «estar de acuerdo», lo cual será la acción final de todos los seres y entidades en respuesta al señorío de Cristo, y se hará de forma voluntaria y bienaventurada o involuntaria y desoladora.

están en los cielos, y en la tierra, y debajo de la tierra; y toda lengua confiese que Jesucristo es el [a]Señor, para gloria de Dios Padre.

219. Luces en un mundo oscuro

Filipenses 2:12–18

Por tanto, amados míos, como siempre habéis [b]obedecido, no como en mi presencia solamente, sino mucho más ahora en mi ausencia, [c]ocupaos en vuestra salvación con [d]temor y temblor, porque [e]Dios es el que en vosotros produce [f]así el querer como el hacer, por su [g]buena voluntad.

---

a. **Señor.** Ver Fil 2: 9. El título «Señor» se refiere en primera instancia al derecho absoluto para gobernar, y en el NT denota el señorío incondicional de un dueño sobre personas y propiedades por igual.

b. **obedecido.** Su respuesta fiel a los mandatos divinos que Pablo les había enseñado (cp. Ro 1:5; 15:18; 2 Co 10:5, 6).

c. **ocupaos en vuestra salvación.** El verbo griego que se traduce «ocupaos» significa trabajar en algo sin interrupción hasta terminarlo por completo. No puede referirse a salvación por obras (cp. Ro 3:21-24; Ef 2:8, 9), pero sí se refiere a la responsabilidad que tiene el creyente de obedecer en su proceso de santificación (ver Fil 3:13, 14; Ro 6:19; cp. 1 Co 9:24-27; 15:58; 2 Co 7:1; Gá 6:7-9; Ef 4:1; Col 3:1-17; He 6:10, 11; 12:1, 2; 2 P 1:5-11).

d. **temor y temblor.** La actitud con la que deben procurar los cristianos su santificación. Requiere un temor saludable de ofender a Dios y un respeto profundo por él (cp. Pr 1:7; 9:10; Is 66:1, 2).

e. **Dios es el que en vosotros produce.** Aunque el creyente es responsable de ocuparse en su salvación (Col 2:12), el Señor es quien en realidad produce buenas obras y fruto espiritual en la vida de los creyentes (Jn 15:5; 1 Co 12:6). Esto se lleva a cabo porque él obra por medio de nosotros con su Espíritu en nuestro interior (Hch 1:8; 1 Co 3:16, 17; 6:19, 20; cp. Gá 3:3).

f. **así el querer como el hacer.** Dios infunde energía tanto a los deseos como a las acciones del creyente. La palabra griega que se traduce «querer» indica que Dios no solo se enfoca en simples deseos o emociones antojadizas, sino en la intención metódica de cumplir un propósito planificado. El poder de Dios hace que su Iglesia se disponga todos los días a llevar vidas piadosas (cp. Sal 110:3).

g. **buena voluntad.** Dios quiere que los cristianos hagan lo que a él le satisface. Cp. Ef 1:5, 9; 2 Ts 1:11.

Haced todo [a]sin murmuraciones y contiendas, [b]para que seáis [c]irreprensibles y sencillos, hijos de Dios [d]sin mancha en medio de una [e]generación maligna y perversa, en medio de la cual [f]resplandecéis como luminares en el mundo; [g]asidos de [h]la palabra de vida, para que en el día de Cristo [i]yo pueda gloriarme de que no he [j]corrido en vano, ni en vano he trabajado.

---

a. **sin murmuraciones y contiendas.** La palabra griega que se traduce «murmuraciones» es un término cuya pronunciación misma describe la acción de hablar en voz baja y quejumbrosa. Es un rechazo emocional a la voluntad y la providencia de Dios, así como las circunstancias que él ha permitido en la vida de la persona. La palabra «contiendas» alude a un proceso más intelectual y aquí significa «cuestionar» o «criticar» con una actitud negativa a Dios.

b. **para que seáis.** Esto introduce las razones por las que los creyentes deberían mantener la actitud correcta al procurar la piedad en la vida de cada uno de ellos. «Seáis» indica un proceso porque los creyentes crecen hacia algo que todavía no poseen por completo como hijos de Dios (cp. Ef 5:1; Tit 2:1).

c. **irreprensibles y sencillos.** «Irreprensibles» es una palabra que describe un estilo de vida que no puede ser sometido a crítica debido a pecados o maldades. «Sencillos» también puede traducirse «inocentes» y describe una vida que es pura, sin mezclas ni adulteraciones con el pecado, muy similar al metal de alta calidad que no tiene ni necesita aleaciones (cp. Mt 10:16; Ro 16:19; 2 Co 11:3; Ef 5:27).

d. **sin mancha.** También puede traducirse «irreprochable». En el AT griego se emplea varias veces para describir la clase de sacrificio que debe traerse a Dios, es decir, sin mácula ni defecto (cp. Nm 6:14; 19:2; 2 P 3:14).

e. **generación maligna y perversa.** Ver Dt 32:5. «Maligno» también se puede traducir «torcido» y es la palabra griega de la que se deriva el nombre de la condición médica conocida como «escoliosis» (la curvatura de la columna vertebral). Describe algo que se desvía de la norma, lo cual es cierto en todos los que están lejos del sendero de Dios (cp. Pr 2:15; Is 53:6). «Perversa» es un adjetivo que intensifica este significado y se aplica a los que se han apartado tanto de la senda justa que su desviación es casi irremediable (cp. Lc 9:41). Pablo aplica esta condición al sistema pecaminoso del mundo.

f. **resplandecéis como luminares.** Una referencia metafórica al carácter espiritual. Una traducción más precisa de «resplandecéis» es «ustedes deben resplandecer», lo cual significa que los creyentes deben mostrar su carácter en medio de una cultura tenebrosa, como el sol, la luna y las estrellas brillan en medio de un cielo que sin su presencia sería opaco del todo (ver Mt 5:16; 2 Co 4:6; Ef 5:8).

g. **asidos.** Una leve variación en la traducción permite reflejar con más precisión el verbo en el texto original, porque aquí se refiere a que los creyentes ofrecen aquello a que están asidos para que otros participen de la bendición del evangelio.

h. **la palabra de vida.** El evangelio, que al ser creído produce vida espiritual y eterna (cp. Ef 2:1).

i. **pueda gloriarme.** Ver Fil 2; 4:1; 1 Ts 2:19, 20.

j. **corrido... ni en vano he trabajado.** Ver Gá 2:2. Pablo quería examinar su ministerio al final de su vida y ver que todos sus esfuerzos habían valido la pena (cp. 1 Co 9:27; 1 Ts 5:12; 2 Ti 4:7; He 13:17; 3 Jn 4).

Y aunque sea [a]derramado en [b]libación sobre el sacrificio y [c]servicio de vuestra fe, [d]me gozo y regocijo con todos vosotros. Y asimismo gozaos y regocijaos también vosotros conmigo.

220. Los compañeros de Pablo

Filipenses 2:19–30

Espero en el Señor Jesús enviaros pronto a Timoteo, para que yo también esté de buen ánimo al saber de vuestro estado; pues [a]a ninguno tengo del mismo ánimo, y que tan sinceramente se interese por vosotros. Porque todos buscan lo suyo propio, no lo que es de Cristo Jesús. Pero ya conocéis los méritos de él, que como hijo a padre ha servido conmigo en el evangelio. Así que a este espero enviaros, luego que yo vea [f]cómo van mis asuntos; y confío [g]en el Señor que yo también iré pronto a vosotros.

---

a. **derramado.** Del término griego que significa «ser ofrecido como una libación o bebida de ofrenda». Algunos conectan esto con el martirio futuro de Pablo, pero el verbo se encuentra en el tiempo presente y esto significa que se refiere a su ministerio sacrificado entre los filipenses.

b. **libación.** Se refiere a la costumbre antigua de derramar vino al frente o encima de un sacrificio animal para que se evaporara, y ese vapor simbolizaba la elevación de la ofrenda a la deidad para quien se hacía el sacrificio (cp. Éx 29:38-41; 2 R 16:13; Jer 7:18; Os 9:4). Pablo veía su vida entera como una ofrenda libada, como si hubiera sido derramada en sacrificio abnegado para servir con entrega total a los filipenses.

c. **servicio de vuestra fe.** «Servicio» viene de una palabra que se refiere al servicio sagrado de los sacerdotes (cp. Ro 12:1; 1 Co 9:12) y así se empleó en el AT traducido al griego. Pablo ve a los filipenses como sacerdotes que ofrecían su vida en sacrificio fiel para el servicio a Dios (cp. 1 P 2:9).

d. **me gozo... Y asimismo gozaos.** Una actitud de gozo mutuo debería acompañar cualquier servicio sacrificado entre los cristianos (ver Fil 1:4, 18, 26; cp. 2 Co 7:4; Col 1:24; 1 Ts 3:9).

a. **a ninguno tengo del mismo ánimo.** Ver Fil 2:2. Lit. «de un alma», y se refiere a la hermandad de espíritus «idóneos». Timoteo era uno en pensamiento, sentimiento y espíritu con Pablo en su amor por la iglesia. Como discípulo bajo la cobertura de Pablo era único (ver 1 Co 4:17; cp. 1 Ti 1:2; 2 Ti 1:2). Era lamentable que Pablo no tuviera a otro como Timoteo, pues «todos» los demás estaban dedicados a sus propios fines y no a la causa de Cristo. Ver 2Ti 1:15.

f. **cómo van mis asuntos.** Pablo fue dejado en libertad más adelante (cp. Hch 28:30), y es posible que haya visitado después la iglesia en Filipos.

g. **en el Señor.** Pablo sabía que sus planes estaban sujetos a la soberanía de Dios (cp. Stg 4:13-17).

Mas tuve por necesario enviaros a [a]Epafrodito, mi hermano y colaborador y compañero de milicia, vuestro [b]mensajero, y ministrador de mis necesidades; porque él tenía gran deseo de veros a todos vosotros, y gravemente [c]se angustió porque habíais oído que había enfermado. Pues en verdad estuvo [d]enfermo, a punto de morir; pero Dios tuvo misericordia de él, y no solamente de él, sino también de mí, para que yo no tuviese tristeza sobre tristeza. Así que le envío con mayor solicitud, para que al verle de nuevo, os gocéis, y yo esté con menos [e]tristeza. Recibidle, pues, en el Señor, con todo gozo, y tened en [f]estima a los que son como él; porque por la obra de Cristo estuvo [g]próximo a la muerte, exponiendo su vida para suplir lo que faltaba en vuestro servicio por mí.

---

a. **Epafrodito.** Pablo enviaría a Timoteo (Fil 2:23) y vendría él mismo (v. 24), pero consideró necesario enviar a este hombre, un nativo de Filipos de quien poco se conoce fuera de este pasaje. Tenía un nombre griego bastante común que se derivaba de la palabra cuyo significado original era «favorito de Afrodita» (la diosa griega del amor). Después el nombre llegó a significar «primoroso» o «amoroso». Fue enviado a Pablo con dádivas (4:18) y debía quedarse a servir como pudiera a Pablo (v. 30).

b. **mensajero.** Se deriva de la misma palabra que se traduce «apóstol», aunque no fue un apóstol de Cristo (ver Ro 1:1), sino «uno enviado» en el sentido más amplio de la palabra (ver Ro 1:5) que ejercía como apóstol de la iglesia en Filipos y fue enviado a Pablo con su regalo monetario que fue una expresión de su amor (ver Fil 1:7; cp. 2 Co 8:23). Que Pablo lo enviara de regreso a la iglesia con esta carta requería una explicación, para que ellos no pensaran que Epafrodito no había servido bien a Pablo.

c. **se angustió.** El término griego describe un estado caótico y confuso de inquietud que viene como resultado de un tiempo de turbulencia o muy traumático. Epafrodito estaba más preocupado por el desasosiego de los filipenses con respecto a él que por su propia situación dificultosa.

d. **enfermo, a punto de morir.** Quizá tenía alguna enfermedad grave al llegar a Roma, pero ahora se había recuperado lo suficiente para regresar a su ciudad natal y ocuparse en el ministerio, porque la iglesia lo necesitaba más que Pablo.

e. **tristeza.** La traducción más precisa es «desazón», «intranquilidad» o «ansiedad». Pablo sentía una gran carga por todos los miembros de las iglesias (cp. 2 Co 11:2), y aquí expresó su preocupación por el nerviosismo de los filipenses acerca de Epafrodito (ver Fil 1:8).

f. **estima.** Hombres como él son dignos de honor. Ver 1 Ts 5:12, 13.

g. **próximo a la muerte.** Esto se refiere a lo mismo que se mencionó en Fil 2:26, 27 como una enfermedad.

221. Legalismo frente a verdadera rectitud

Filipenses 3:1–11

Por lo demás, hermanos, [a]gozaos en el Señor. A mí no me es molesto el escribiros las mismas cosas, y para vosotros [b]es seguro.

Guardaos de los [c]perros, guardaos de los [d]malos obreros, guardaos de los [e]mutiladores del cuerpo. Porque [f]nosotros somos la circuncisión, los que [g]en espíritu servimos a Dios y [h]nos gloriamos en Cristo Jesús, [i]no teniendo confianza en la carne. Aunque yo tengo también de qué confiar en la carne.

---

a. **gozaos en el Señor.** Cp. Fil 4:1. El tema familiar de Pablo a lo largo de toda la epístola, que ya ha resonado en los capítulos 1 y 2. Sin embargo, esta es la primera vez que el apóstol añade «en el Señor» y esto alude a la esfera en la que existe el gozo de los creyentes, una esfera que no se relaciona con las circunstancias de la vida, sino con una relación imperturbable e inmutable con el Señor soberano.

b. **es seguro.** Una salvaguardia para proteger a los filipenses de sucumbir a los falsos maestros. Pablo ya les había dado algunas instrucciones acerca de cómo relacionarse con sus opositores (cp. Fil 1:27-30).

c. **perros.** Durante el siglo I los perros deambulaban por las calles y no se consideraban mascotas, por eso sobrevivían de los desechos y la carroña. Como los perros en ese entonces eran animales tan sucios, a los judíos les encantaba referirse a los gentiles con ese término despectivo. Sin embargo, Pablo se refiere aquí a los judíos y de forma específica a los judaizantes, con el fin de describir su carácter pecaminoso, vicioso y descontrolado. Para más detalles sobre los que enseñaban que la circuncisión era necesaria para la salvación, ver Hch 15:1; Gá 2:3.

d. **malos obreros.** Los judaizantes sentían orgullo de ser supuestos obreros de la justicia, pero Pablo les describió como obreros de la maldad, porque cualquier intento de agradar a Dios con esfuerzos propios y desviar la atención de Cristo y la redención lograda por él es la peor clase de maldad.

e. **mutiladores.** A diferencia de la palabra griega que se usa para «circuncisión» y que significa «cortar alrededor», este término significa «cortar de raíz». Como los profetas de Baal (1 R 18:28) y los paganos que mutilaban el cuerpo de cada uno de ellos en sus rituales febriles que estaban prohibidos en el AT (Lv 19:28; 21:5; Dt 14:1; Is 15:2; Os 7:14), la circuncisión de los judaizantes no era en realidad un símbolo espiritual, sino una simple mutilación física (ver Gá 5:12).

f. **nosotros somos la circuncisión.** El verdadero pueblo de Dios no posee tan solo un símbolo de la necesidad de un corazón puro (ver Gn 17:11), sino que en realidad han sido limpios de pecado por Dios (ver Ro 2:25-29).

g. **en espíritu servimos a Dios.** La primera característica que Pablo usa para definir a un creyente verdadero. La palabra griega que se traduce «servimos» también significa «adorar» y se refiere a dar un servicio espiritual reverente y de todo corazón. Ver Jn 4:23, 24.

h. **nos gloriamos en Cristo Jesús.** La palabra griega que se traduce «nos gloriamos» significa «jactarse con gozo rebosante». El cristiano verdadero da a Cristo todo el crédito de lo que ha llegado a ser (cp. Ro 15:17; 1 Co 1:31; 2 Co 10:17).

i. **no teniendo confianza en la carne.** Con la palabra «carne» Pablo se refiere a la condición humana no redimida que solo depende de la capacidad y los logros individuales aparte de Dios (ver Ro 7:5). Los judíos depositaban su confianza en el hecho de haber sido circuncidados, ser descendientes de Abraham y cumplir las ceremonias y deberes externos de la ley mosaica, nada de lo cual podía salvarlos (ver Ro 3:20; Gá 5:1-12). El creyente verdadero ve su carne como pecaminosa, sin capacidad alguna para hacerlo merecedor de la salvación ni para agradar a Dios.

Si alguno piensa que tiene de qué confiar en la carne, yo más: circuncidado [a]al octavo día, del linaje de Israel, [b]de la tribu de Benjamín, hebreo de hebreos; en cuanto a la ley, [c]fariseo; en cuanto a [d]celo, perseguidor de la iglesia; en cuanto a [e]la justicia que es en la ley, irreprensible.

Pero [f]cuantas cosas eran para mí ganancia, las he estimado como pérdida por amor de Cristo. Y ciertamente, aun estimo todas las cosas como pérdida por la excelencia del [g]conocimiento de Cristo Jesús, mi Señor, por amor del cual lo he perdido todo, y lo tengo por [h]basura, para ganar a Cristo, y [i]ser hallado en él, [j]no teniendo mi propia justicia, que es por la ley, sino la que es

---

a. **al octavo día... Israel... hebreo de hebreos.** Para contrarrestar la afirmación de los judaizantes en el sentido de que ciertas ceremonias y rituales del judaísmo eran necesarios para la salvación, Pablo describió sus propios logros inmejorables como judío que eran mucho más «meritorios» que los que pudiera reclamar cualquiera de sus opositores, pero que no lo beneficiaron en absoluto para la salvación. Por ejemplo, Pablo fue circuncidado en el día prescrito por la ley (Gn 17:12; 21:4; Lv 12:3). Además, Pablo nació de padres hebreos y preservó la tradición y el lenguaje hebreos, incluso mientras vivió en una ciudad pagana (cp. Hch 21:40; 26:4, 5). La herencia judía de Pablo era pura.

b. **de la tribu de Benjamín.** Benjamín fue el segundo hijo de Raquel (Gn 35:18), y una de las tribus élite de Israel porque junto a la de Judá, se mantuvo leal a la dinastía de David y conformó el reino del sur (1 R 12:21).

c. **fariseo.** Los fundamentalistas legalistas del judaísmo, cuyo celo para hacer una aplicación directa de las Escrituras del AT a la vida diaria condujo a un sistema complejo de tradición y justificación por obras (ver Mt 3:7). Pablo pudo haber pertenecido a un linaje exclusivo de fariseos (cp. Hch 22:3; 23:6; 26:5).

d. **celo, perseguidor de la iglesia.** Para un judío el «celo» era la virtud más grande y encomiable de la religión. Es una combinación de amor y odio, porque Pablo amaba el judaísmo y aborrecía todo lo que amenazara su existencia (ver Hch 8:3, 9:1).

e. **la justicia que es en la ley.** El parámetro de vida justa que es definido por la ley de Dios. Pablo se conformaba a esto para que nadie pudiera acusarlo de transgresión. Es obvio que su corazón era pecaminoso y justo en su propia opinión, él no era un creyente del AT, sino un legalista orgulloso y perdido.

f. **cuantas cosas eran para mí ganancia, las he estimado como pérdida.** La palabra griega que se traduce «ganancia» es un término de contabilidad que significa «lucro», y la que se traduce «pérdida» también es un término de contabilidad que describe una pérdida bursátil. Pablo usó el lenguaje de los negocios para describir la transacción espiritual que ocurrió cuando Cristo lo redimió. Todas sus credenciales religiosas judías que él había tabulado en su columna de ganancias eran en realidad pérdidas condenatorias (cp. Lc 18:9-14). Por eso las puso en la otra columna y las contó como pérdidas tan pronto vio las glorias y méritos insuperables de Cristo (cp. Mt 13:44, 45; 16:25, 26).

g. **conocimiento de Cristo Jesús.** No es un simple conocimiento intelectual acerca de Cristo, porque Pablo empleó el verbo griego que significa conocer «por experiencia» o «a escala personal» (cp. Jn 10:27; 17:3; 2 Co 4:6; 1 Jn 5:20). Es equivalente a participar de forma íntima en la vida de Cristo (ver Gá 2:20). También corresponde a la palabra hebrea que alude al conocimiento que Dios tiene de su pueblo (Am 3:2) y a su conocimiento de él en amor y obediencia (Jer 31:34; Os 6:3; 8:2).

h. **basura.** La palabra griega se refiere a toda clase de desperdicios e incluso puede traducirse «estiércol».

i. **ser hallado en él.** Pablo estaba «en Cristo» (ver Fil 1:1). Su unión con Cristo era posible solo gracias a que Dios le imputó la justicia de Cristo para que fuera contada por Dios como suya propia (ver Ro 1:17; 3:24).

j. **no teniendo mi propia justicia, que es por la ley.** Esta es la justicia vana y orgullosa de la moralidad externa, las ceremonias y rituales religiosos, así como de las buenas obras. Es la justicia producida por la carne que no puede salvar del pecado (Ro 3:19, 20; Gá 3:6-25).

por [a]la fe de Cristo, la justicia que es de Dios por la fe; [b]a fin de conocerle, y [c]el poder de su resurrección, y [d]la participación de sus padecimientos, llegando a ser [e]semejante a él en su muerte, si [f]en alguna manera llegase a [g]la resurrección de entre los muertos.

222. Proseguir hacia la meta

Filipenses 3:12–16

[h]No que lo haya alcanzado ya, ni que ya sea perfecto; sino que [i]prosigo, por ver si logro [j]asir aquello para lo cual fui también asido por Cristo Jesús. Hermanos,

---

a. **la fe de Cristo.** Fe es la confesión continua y confiada de dependencia total de Jesucristo y confianza absoluta en él para los requisitos necesarios que permiten la entrada al reino de Dios (ver Ro 1:16). Esos requisitos se resumen en la justicia de Cristo, la cual Dios imputa a cada creyente (ver Ro 3:24).

b. **a fin de conocerle.** Pablo recalca aquí la necesidad de adquirir mayor conocimiento de Cristo y una intimidad más profunda con él.

c. **el poder de su resurrección.** La resurrección de Cristo fue la demostración más gráfica del alcance de su poder. Al levantarse a sí mismo de entre los muertos, Cristo desplegó su poder sobre todo dominio espiritual y físico.

d. **la participación de sus padecimientos.** Esto se refiere a una asociación o comunión profunda de sufrimiento que todo creyente tiene en común con Cristo, quien es capaz de consolar y alentar a los cristianos que sufren porque él ya ha experimentado el mismo sufrimiento, pero en una dimensión infinita y mucho mayor (He 2:18; 4:15; 12:2-4; cp. 2 Co 5:21; 1 P 2:21-24).

e. **semejante a él en su muerte.** Así como Cristo murió con el propósito de redimir a los pecadores, Pablo también tenía el mismo propósito en una medida mucho menor, porque vivió siempre dispuesto a morir para alcanzar a los pecadores con el evangelio. Su vida y su muerte, aunque no fueron redentoras, tuvieron el mismo propósito que para su Señor.

f. **en alguna manera.** Aquí refleja su humildad porque no le importaba cómo permitiría Dios que sucediera, pero anhelaba la muerte y el cumplimiento perfecto de su salvación y resurrección corporal (cp. Ro 8:23).

g. **la resurrección de entre los muertos.** Lit. «la resurrección de entre los cadáveres». Esta es una referencia a la resurrección que acompaña al rapto de la Iglesia (1 Ts 4:13-17 ; cp. 1 Co 15:42-44).

h. **No que lo haya alcanzado ya.** La carrera hacia la semejanza perfecta a Cristo comienza con un sentido de honestidad con uno mismo e insatisfacción con su situación actual. Pablo usa la analogía de un corredor para describir el crecimiento espiritual del cristiano. El creyente no ha alcanzado su meta de semejanza perfecta a Cristo (cp. Fil 3:20, 21), pero como un atleta en una carrera debe perseverar en seguirla. Esta es la meta de todo creyente, como también lo aclara Ro 8:29; 2 Ts 2:13, 14; 1 Jn 3:2.

i. **prosigo.** La palabra griega se empleaba para aludir a un velocista y tiene que ver con acciones enérgicas, decisivas y agresivas. Pablo perseguía la santificación con todas sus fuerzas y esforzaba todos sus músculos espirituales para ganar el primer premio (1 Co 9:24-27; 1 Ti 6:12; He 12:1).

j. **asir aquello... fui también asido.** «Asir» significa «convertir en posesión propia». Cristo escogió a Pablo para cumplir el propósito último de conformarlo a su imagen gloriosa (Ro 8:29), y esa es la misma meta que Pablo procuraba alcanzar.

yo mismo no pretendo haberlo ya [a]alcanzado; pero [b]una cosa hago: [c]olvidando ciertamente lo que queda atrás, y extendiéndome a lo que está delante, prosigo a [d]la meta, [e]al premio del [f]supremo llamamiento de Dios en Cristo Jesús.

Así que, [g]todos los que somos perfectos, esto mismo [h]sintamos; y [i]si otra cosa sentís, esto también [j]os lo revelará Dios. Pero [k]en aquello a que hemos llegado, sigamos una misma regla, sintamos una misma cosa.

223. Advertencias contra el libertinaje

Filipenses 3:17—4:1

Hermanos, sed [l]imitadores de mí, y [m]mirad a los que así se conducen según el ejemplo que tenéis en nosotros. Porque por ahí andan muchos, de los cuales

---

a. **alcanzado.** La misma palabra griega que se traduce «asido» en Fil 3:12.

b. **una cosa hago.** Pablo redujo todo el proceso de santificación a la meta sencilla y clara de hacer «una cosa»: procurar con todas sus fuerzas la semejanza a Cristo (ver 2 Co 11:1-3).

c. **olvidando... lo que queda atrás.** El creyente debe abstenerse de confiar en acciones y logros piadosos del pasado en su ministerio, o quedarse estancado en los mismos pecados y fracasos. Distraerse con el pasado debilita todos los esfuerzos en el presente.

d. **la meta.** Semejanza a Cristo aquí y ahora (ver Fil 3:12).

e. **al premio.** Semejanza a Cristo en el cielo (cp. Fil 3:20, 21; 1 Jn 3:1, 2).

f. **supremo llamamiento de Dios.** El tiempo en el que Dios llama a cada creyente al cielo y a su presencia será el momento de recibir el premio que ha sido una meta inalcanzable en la vida terrenal.

g. **todos los que somos perfectos.** Puesto que la perfección espiritual de la semejanza a Cristo solo es posible cuando el creyente recibe el supremo llamamiento a la presencia de Dios, Pablo se refiere aquí a los «perfectos» en su madurez espiritual. Es posible que se refiriera a los creyentes maduros que pensaban como él en cuanto a la búsqueda activa de la santidad, o que haya usado la expresión «perfectos» de manera sarcástica para aludir a los judaizantes, quienes estaban convencidos de que ya habían alcanzado la perfección.

h. **sintamos.** Una mejor traducción sería «una misma actitud». Los creyentes deben mantener la actitud de buscar el premio máximo de la semejanza a Cristo.

i. **si otra cosa sentís.** Los que insisten en vivir en el pasado sin hacer progreso significativo hacia la meta.

j. **os lo revelará Dios.** La palabra griega que se traduce «revelará» significa «descubrir» o «correr el velo». Pablo dejó en manos de Dios a los que no procuraban la perfección espiritual. Sabía que tarde o temprano Dios les revelaría la verdad, así esto significara que fueran escarmentados (He 12:5-11).

k. **en aquello a que hemos llegado, sigamos una misma regla.** La palabra griega que se traduce «regla» se refiere a una marca en el camino que ayuda a caminar derecho, o a varias personas a caminar en fila. La orden de Pablo a los creyentes de Filipos era que se mantuvieran alineados en el progreso espiritual hacia la santificación conforme a los mismos principios que les habían llevado hasta aquí en su crecimiento espiritual (cp. 1 Ts 3:10; 1 P 2:2).

l. **imitadores de mí.** Puesto que todos los creyentes son imperfectos, necesitan ejemplos de personas menos imperfectas que saben cómo lidiar con la imperfección y que son buenos ejemplos del proceso a seguir en la búsqueda de la semejanza a Cristo que es la meta de la vida cristiana. Pablo era ese ejemplo a seguir (1 Co 11:1; 1 Ts 1:6).

m. **mirad a los que así se conducen.** Los filipenses debían enfocarse en otros ejemplos de creyentes piadosos como Timoteo y Epafrodito (Fil 2:19, 20), y ver cómo se comportaban en su servicio a Cristo.

[a]os dije muchas veces, y aun ahora lo digo [b]llorando, que son [c]enemigos de la cruz de Cristo; [d]el fin de los cuales será perdición, cuyo [e]dios es el vientre, y cuya [f]gloria es su vergüenza; que solo piensan en [g]lo terrenal. Mas [h]nuestra ciudadanía está [i]en los cielos, de donde también [j]esperamos al Salvador, al Señor Jesucristo; el cual [k]transformará el cuerpo de la humillación nuestra,

---

a. **os dije muchas veces.** Parece que Pablo había advertido a los filipenses en numerosas ocasiones sobre los peligros de los falsos maestros, tal como advirtió a los efesios (Hch 20:28-30).

b. **llorando.** Pablo tuvo una reacción similar al advertir a los ancianos de Éfeso acerca de los peligros de los maestros falsos (Hch 20:31).

c. **enemigos de la cruz.** El lenguaje de Pablo implica que estos hombres no afirmaban que se oponían a Cristo, su obra en la cruz o la salvación solo por gracia y solo por medio de la fe, sino que no procuraban la semejanza a Cristo ni lo manifestaban con una vida piadosa. Al parecer se presentaron como amigos de Cristo y es posible que ocuparan posiciones de liderazgo en la iglesia.

d. **el fin de los cuales será perdición.** La palabra griega que se traduce «fin» se refiere al destino último de la persona. Los judaizantes se encaminaban hacia la condenación eterna porque dependían de sus obras para salvarlos. Los gentiles libertinos se encaminaban hacia el mismo destino porque confiaban en su sabiduría humana y negaban el poder transformador del evangelio.

e. **dios... vientre.** Esto puede referirse a los logros carnales de los judaizantes que eran más que todo obras religiosas. También podría referirse a su observación de las leyes alimenticias que creían necesaria para la salvación. Si se considera aquí a los gentiles libertinos, es evidente que se refiere a sus deseos sensuales y sus apetitos carnales. En ambos casos, los maestros falsos se hacen evidentes por su maldad. Ver 2 P 2:10-19; Jud 8-13.

f. **gloria... vergüenza.** Los judaizantes se jactaban de sus esfuerzos individuales, pero hasta sus mejores logros tenían menos valor que un trapo de inmundicia o los desechos del cuerpo (Fil 3:7, 8; Is 64:6). Los gentiles libertinos se jactaban de su pecado y abusaban de la libertad cristiana para justificar su conducta (1 Co 6:12).

g. **lo terrenal.** Los judaizantes estaban obsesionados con ceremonias, fiestas, sacrificios y otros tipos de observaciones físicas. A los gentiles libertinos les encantaba el mundo mismo y todas las cosas que hay en él (cp. Stg 4:4; 1 Jn 2:15).

h. **nuestra ciudadanía.** El término griego se refiere a una colonia de extranjeros. En una fuente secular se empleó para describir una ciudad capital que mantenía los nombres de sus ciudadanos en un registro.

i. **en los cielos.** El lugar donde mora Dios y Cristo está presente. Es el hogar de los creyentes (Jn 14:2, 3), donde el nombre de cada uno de ellos está registrado (Lc 10:20) y les aguarda su herencia (1 P 1:4). Allí están los demás creyentes (He 12:23). Nosotros pertenecemos al reino que está bajo el mando de nuestro Rey celestial, y obedecemos las leyes del cielo. Cp. 1 P 2:11.

j. **esperamos.** El verbo griego se encuentra en la mayoría de los pasajes que hablan sobre la segunda venida de Cristo y expresa la idea de aguardar con paciencia, pero también con gran expectación (Ro 8:23; 2 P 3:11, 12).

k. **transformará el cuerpo de la humillación nuestra.** La palabra griega que se traduce «transformará» es la misma que da origen al término «esquema» y alude al diseño interior de algo. Aquellos que ya están muertos en Cristo pero vivos con él en espíritu en el cielo (Fil 1:23; 2 Co 5:8; He 12:23) recibirán un cuerpo nuevo en la resurrección y el rapto de la iglesia, que será el momento en el que será transformado el cuerpo de cada uno de los creyentes que estén con vida en la tierra (ver Ro 8:18-23; 1 Co 15:51-57; 1 Ts 4:16).

para que sea [a]semejante al cuerpo de la gloria suya, por el poder con el cual puede también [b]sujetar a sí mismo todas las cosas.

Así que, hermanos míos [c]amados y deseados, [d]gozo y corona mía, [e]estad así firmes en el Señor, amados.

224. Amonestaciones apostólicas

Filipenses 4:2–9

[f]Ruego a [g]Evodia y a Síntique, que sean de [h]un mismo sentir en el Señor. Asimismo te ruego también a ti, [i]compañero fiel, que ayudes a estas que combatieron juntamente conmigo en el evangelio, [j]con Clemente también y los demás colaboradores míos, cuyos nombres están en el [k]libro de la vida.

a. **semejante al cuerpo de la gloria suya.** El nuevo cuerpo del creyente será como el de Cristo después de su resurrección, diseñado y adaptado por completo para la vida en el cielo (1 Co 15:42, 43; 1 Jn 3:2).

b. **sujetar.** La palabra griega significa «someter» y se refiere a arreglar todas las cosas en orden de importancia o administrar algo. Cristo tiene poder tanto para crear leyes naturales como para inhabilitarlas según su providencia (1 Co 15:23–27).

c. **amados y deseados.** Pablo revela aquí su afecto profundo hacia los creyentes en Filipos. El término griego que se traduce «deseados» alude al dolor profundo que produce la separación de los seres queridos.

d. **gozo y corona mía.** Pablo no derivaba su gozo de las circunstancias, sino de sus hermanos en la fe que estaban en Filipos (cp. 1 Ts 2:19, 20; 3.9). El término griego que se traduce «corona» se refiere a la diadema de laureles que un atleta recibía por ganar una competencia (1 Co 9:25) o una persona honrada por sus colegas en un banquete como símbolo de éxito o de una vida fructífera. Los filipenses eran prueba de que los esfuerzos de Pablo habían sido exitosos (cp. 1 Co 9:2).

e. **estad así firmes.** Esta palabra griega se usaba con frecuencia para describir a un soldado que cumplía su deber en el puesto asignado, y aquí suena como un mandato militar (cp. Fil 1:27), que es la expresión dominante de Fil 4:1-9.

f. **Ruego.** El verbo griego significa «urgir», o «apelar».

g. **Evodia... Síntique.** Estas dos mujeres eran miembros sobresalientes de la iglesia (Fil 4:3), y pudieron haber estado en el grupo de mujeres que se reunían para orar cuando Pablo predicó el evangelio en Filipos por primera vez (Hch 16:13). Según parece, encabezaban dos facciones enfrentadas en la iglesia, con mayor probabilidad a raíz de algún conflicto personal.

h. **un mismo sentir.** Otra traducción posible es «armonía» (ver Fil 2:2). La estabilidad espiritual depende del amor mutuo, la armonía y la paz entre los creyentes. Parece que la falta de unidad en la iglesia de Filipos estaba a punto de destruir la integridad de su testimonio.

i. **compañero fiel.** El vocablo griego evoca la imagen de dos bueyes conectados por un yugo que transportan la misma carga. Un compañero es un socio o un igual en una empresa específica, en este caso de tipo espiritual. Es posible que este individuo no se nombrara, pero la mejor alternativa es considerar la palabra griega que se traduce «compañero» como un nombre propio («Sízigo»). Lo más probable es que fuera uno de los ancianos de la iglesia (Fil 1:1).

j. **con Clemente.** Nada más se sabe de él.

k. **libro de la vida.** En la eternidad pasada, Dios registró el nombre de cada uno de sus elegidos en el libro que identifica a los herederos de la vida eterna (ver Ap 3:5; cp. Dn 12:1; Mal 3:16, 17; Lc 10:20; Ap 17:8; 20:12).

Regocijaos en el Señor siempre. Otra vez digo: ¡Regocijaos!

Vuestra [a]gentileza sea conocida de todos los hombres. El Señor está [b]cerca. [c]Por nada estéis afanosos, sino sean conocidas vuestras [d]peticiones delante de Dios [e]en toda oración y ruego, con acción de gracias. Y la [f]paz de Dios, que [g]sobrepasa todo entendimiento, [h]guardará vuestros [i]corazones y vuestros pensamientos en Cristo Jesús.

Por lo demás, hermanos, todo lo que es [j]verdadero, todo lo [k]honesto, todo lo [l]justo, todo lo [m]puro, todo lo [n]amable, todo lo que es [o]de buen nombre; si hay virtud alguna, si algo digno de alabanza, en esto pensad. Lo que aprendisteis y recibisteis y oísteis y visteis [p]en mí, esto haced; y [q]el Dios de paz estará con vosotros.

---

a. **gentileza.** Esto se refiere a contentamiento con y generosidad hacia los demás. También puede referirse a misericordia o clemencia frente a las faltas y fallas de otros. Puede incluso aludir a paciencia con alguien que se somete a injusticia o maltrato, sin deseo ni intención alguna de desquitarse. La gracia con humildad abarca todas estas actitudes.

b. **cerca.** Puede referirse a cercanía en espacio o en tiempo. El contexto indica que es cercanía en espacio, porque el Señor alcanza a todos los creyentes con su presencia (Sal 119:151).

c. **Por nada estéis afanosos.** Ver Mt 6:26-33. La ansiedad y la preocupación indican una falta de confianza en la sabiduría, soberanía y poder de Dios. Deleitarse en el Señor y meditar en su Palabra es el mejor antídoto contra la ansiedad (Sal 1:2).

d. **peticiones... oración y ruego, con acción de gracias.** La gratitud a Dios acompaña toda oración verdadera.

e. **en toda.** Todas las dificultades están dentro de los propósitos de Dios.

f. **paz de Dios.** Ver Fil 4:9. Al creyente se promete calma o tranquilidad interior si tiene una actitud de gratitud basada en su confianza inmovible de que Dios puede y quiere hacer lo que es mejor para sus hijos (cp. Ro 8:28).

g. **sobrepasa todo entendimiento.** Esto se refiere al origen divino de la paz. Trasciende el intelecto, el análisis y la sabiduría de los seres humanos (Is 26:3; Jn 16:33).

h. **guardará.** Un término militar que significa «mantener bajo vigilancia constante». La paz de Dios guarda a los creyentes de la ansiedad, la duda, el temor y la congoja.

i. **corazones... pensamientos.** Aquí Pablo no hace una distinción entre las dos cosas, sino una declaración comprensiva que alude a todos los aspectos internos de la persona. A causa de la unión del creyente con Cristo, él guarda su ser interior con su paz perfecta.

j. **verdadero.** Lo que es verdadero se encuentra en Dios (2 Ti 2:25), en Cristo (Ef 4:20, 21), en el Espíritu Santo (Jn 16:13), y en la Palabra de Dios (Jn 17:17).

k. **honesto.** El término griego significa «digno de respeto» o «noble». Los creyentes deben meditar en todo lo que merece admiración y adoración, es decir, lo sagrado y no lo profano.

l. **justo.** Esto se refiere a lo que es correcto. El creyente debe pensar en armonía con el parámetro perfecto de la santidad divina.

m. **puro.** Lo que es limpio y sin contaminación moral.

n. **amable.** El verbo griego significa «agradable» o «amigable». Esto implica que los creyentes deben enfocarse en todo lo que sea bondadoso y generoso.

o. **de buen nombre.** Aquello que es tenido en alta estima. Se refiere a las cosas de buena reputación en el mundo, como la bondad, la cortesía y el respeto a los demás.

p. **en mí.** Los filipenses debían seguir la verdad de Dios que había sido proclamada, así como el ejemplo de esa verdad que Pablo vivió en presencia de todos ellos (ver He 13:7).

q. **el Dios de paz.** Ver Ro 15:33; cp. 1 Co 14:33. Dios es paz (Ro 16:20; Ef 2:14), hace paz con los pecadores por medio de Cristo (2 Co 5:18-20), y da paz perfecta en medio de la tribulación.

225. El contentamiento y observaciones finales

Filipenses 4:10–23

En gran manera me gocé en el Señor de que ya [a]al fin habéis revivido vuestro cuidado de mí; de lo cual también estabais solícitos, pero os faltaba la oportunidad. No lo digo porque tenga escasez, pues he aprendido a [b]contentarme, [c]cualquiera que sea mi situación. Sé vivir [d]humildemente, y sé tener abundancia; en todo y por todo estoy enseñado, [e]así para estar saciado como para tener hambre, así para tener abundancia como para padecer necesidad. [f]Todo lo puedo [g]en Cristo que me fortalece.

Sin embargo, bien hicisteis en [h]participar conmigo en mi tribulación. Y sabéis también vosotros, oh filipenses, que [i]al principio de la predicación del evangelio, [j]cuando partí de [k]Macedonia, ninguna iglesia participó conmigo

---

a. **al fin... pero os faltaba la oportunidad.** Habían pasado unos diez años desde que los filipenses dieron su primera ayuda económica a Pablo para cubrir sus necesidades cuando él estuvo por primera vez en Tesalónica (Fil 4:15, 16). Pablo sabía que ellos tenían el deseo de reanudar su ayuda, pero se dio cuenta de que en la providencia de Dios, ellos no habían tenido la «oportunidad» (ocasión) de ayudar. En estos versículos, Pablo expresó su gratitud a los filipenses por sus expresiones amables de amor y el regalo generoso que le enviaron. Así suministra un ejemplo contundente de cómo un cristiano puede estar contento sin importar cuáles sean sus circunstancias.

b. **contentarme.** El verbo griego significa «tener suficiencia en uno mismo» o «estar satisfecho». Es la misma palabra que se traduce «lo suficiente» en 2 Co 9:8. Indica una independencia de cualquier necesidad de ayuda (cp. Lc 3:14; 1 Ts 4:12; 1 Ti 6:6, 8; He 13:5).

c. **cualquiera que sea mi situación.** Pablo definió las circunstancias en el versículo siguiente.

d. **humildemente... abundancia.** Pablo sabía cómo defenderse con recursos precarios (alimento, vestido, necesidades diarias), y cómo vivir en prosperidad («tener abundancia»).

e. **así para estar saciado como para tener hambre.** La palabra griega que se traduce «estar saciado» se empleaba para aludir a la alimentación y engorde de animales. Pablo sabía cómo estar contento en abundancia o en escasez de alimento.

f. **Todo lo puedo.** Pablo utiliza un verbo griego que significa «ser fuerte» o «tener fortaleza» (cp. Hch 19:16, 20; Stg 5:16). El apóstol tenía fortaleza para soportarlo «todo» (Fil 4:11, 12), y esto incluía tanto las dificultades como la prosperidad en el mundo material.

g. **en Cristo que me fortalece.** La palabra griega que se traduce «fortalece» significa «poner poder adentro». Gracias a que los creyentes están en Cristo (Gá 2:20), él infunde en ellos su energía para sustentarlos hasta que reciban alguna provisión (Ef 3:16-20; 2 Co 12:10).

h. **participar.** Esto significa asociarse con alguien a su mismo nivel. Pablo añade aquí una frase aclaratoria para que los filipenses no creyeran que él fuera ingrato por su dádiva más reciente, a raíz de lo que acababa de escribir (Fil 4:11-13).

i. **al principio de la predicación del evangelio.** La oportunidad en la que Pablo predicó el evangelio por primera vez en Filipos (Hch 16:13).

j. **cuando partí.** Unos diez años atrás al terminar su primera visita a Filipos (Hch 16:40).

k. **Macedonia.** Además de Filipos, Pablo también ministró en otras dos poblaciones de Macedonia: Tesalónica y Berea (Hch 17:1-14).

[a]en razón de dar y recibir, [b]sino vosotros solos; [c]pues aun a Tesalónica me enviasteis una y otra vez para mis necesidades. No es que busque dádivas, sino que busco [d]fruto [e]que abunde en vuestra cuenta. Pero todo lo he recibido, y tengo abundancia; estoy lleno, habiendo recibido de Epafrodito lo que enviasteis; [f]olor fragante, sacrificio acepto, agradable a Dios. Mi Dios, pues, suplirá [g]todo lo que os falta [h]conforme a sus riquezas en gloria en Cristo Jesús. Al Dios y Padre nuestro sea gloria por los siglos de los siglos. Amén.

Saludad a [i]todos los santos en Cristo Jesús. Los [j]hermanos que están conmigo os saludan. Todos los santos os saludan, y especialmente [k]los de la casa de César.

La gracia de nuestro Señor Jesucristo sea con todos vosotros. [l]Amén.

---

a. **en razón de dar y recibir.** Pablo utilizó aquí tres términos del mundo de los negocios. «En razón» podría traducirse «las cuentas». «Dar y recibir» se refiere a gastos y facturas. Pablo fue un administrador fiel de los recursos de Dios y mantuvo registros minuciosos de lo que recibía y gastaba.

b. **sino vosotros solos.** Los filipenses fueron los únicos que enviaron provisiones a Pablo para sus necesidades básicas.

c. **pues aun a Tesalónica.** Ver Hch 17:1; ver también Introducción a Primera Tesalonicenses. Pablo predicó allí unos cuantos meses, durante su segundo viaje misionero.

d. **fruto.** La palabra griega se puede traducir «ganancia».

e. **que abunde en vuestra cuenta.** En efecto, con su generosidad los filipenses atesoraban para sí mismos en el cielo (Mt 6:20). Las dádivas que dieron a Pablo generaban dividendos eternos en su cuenta espiritual (Pr 11:24, 25; 19:17; Lc 6:38; 2 Co 9:6).

f. **olor fragante, sacrificio acepto, agradable a Dios.** En el sistema de sacrificios del AT, todo sacrificio debía producir un aroma fragante y ser aceptable para Dios. Solo si era ofrecido con la actitud correcta sería agradable a él (Gn 8:20, 21; Éx 29:18; Lv 1:9, 13, 17). La ofrenda de los filipenses fue un sacrificio espiritual (cp. Ro 12:1; 1 P 2:5) que agradó a Dios.

g. **todo lo que os falta.** Pablo considera aquí todas las necesidades materiales de los filipenses, quienes al parecer quedaron con pocos recursos debido a su regalo generoso (Pr 3:9).

h. **conforme a sus riquezas.** Dios prosperaría a los filipenses en proporción a sus recursos infinitos, no solo con una cantidad determinada de sus riquezas.

i. **todos los santos.** Ver Fil 1:1. En el original, en lugar de utilizar el plural «todos» Pablo usó la expresión «cada uno de los santos», para declarar que cada santo era digno de su interés y atención

j. **hermanos que están conmigo.** Incluidos Timoteo y Epafrodito (Fil 2:19, 25). También estaban presentes otros que predicaban el evangelio en Roma (Fil 1:14). Es posible que Tíquico, Aristarco, Onésimo y Jesús a quien llamaban Justo (Col 4:7, 9-11).

k. **los de la casa de César.** Un número considerable de personas que no se limitaba a la familia de César e incluía asistentes personales, príncipes, jueces, cocineros, siervos encargados de probar la comida, músicos, custodios, albañiles, encargados de los establos, soldados, contadores y más. En ese grupo tan grande, Pablo tuvo presentes a los que por medio de la proclamación del evangelio por parte de miembros de la iglesia en Roma habían sido salvos antes de que él viniera. Los más recientes que se añadieron a esa lista fueron aquellos que fueron llevados a Cristo por Pablo mismo, incluidos los soldados que estuvieron encadenados a él mientras estuvo prisionero (Fil 1:13).

l. **Amén.** Una afirmación de confesión que reitera con convicción la verdad precedente.

PARTE VI

DE MISIONERO A MÁRTIR: FIEL HASTA EL FIN

ca. 62–67 A.D.

226. Pablo le escribe una carta a Timoteo

Introducción a 1 Timoteo

Esta es la primera de dos cartas inspiradas que Pablo le escribió a su amado hijo en la fe. Timoteo recibió su nombre, que significa «uno que honra a Dios», de su madre (Eunice) y su abuela (Loida), judías devotas que se convirtieron al Señor Jesucristo (2 Ti 1:5), y le enseñaron a Timoteo las Escrituras del AT desde su niñez (2 Ti 3:15). Su padre era griego (Hch 16:1), y podría haber muerto antes de que Timoteo conociera a Pablo.

Timoteo era de Listra (Hch 16:1-3), una ciudad en la provincia romana de Galacia (parte de la Turquía moderna). Pablo llevó a Timoteo a Cristo (1:2, 18; 1 Co 4:17; 2 Ti 1:2), sin duda alguna durante su ministerio en Listra, en su primer viaje misionero (Hch 14:6-23). Cuando él volvió a visitar Listra, en su segundo viaje misionero, Pablo escogió a Timoteo para que lo acompañara (Hch 16:1-3). Aunque era muy joven (probablemente casi veinte años o a principios de la veintena, ya que unos quince años más tarde Pablo se refirió a él como a un joven, 4:12), él tenía una reputación piadosa (Hch 16:2). Timoteo iba a ser discípulo, amigo y colaborador de Pablo durante el resto de la vida del apóstol, ministrando con él en Berea (Hch 17:14), Atenas (Hch 17:15), Corinto (Hch 18:5; 2 Co 1:19), y lo acompañó en su viaje a Jerusalén (Hch 20:4). Él estuvo con Pablo en su primer encarcelamiento romano y fue a Filipos (2:19-23), después de la liberación de Pablo. Además, Pablo menciona a menudo a Timoteo en sus epístolas (Ro 16:21; 2 Co 1:1; Fil 1:1; Col 1:1; 1 Ts 1:1; 2 Ts 1:1; Flm 1). Con frecuencia Pablo lo envió a iglesias como su representante (1 Co 4:17; 16:10; Fil 2:19; 1 Ts 3:2), y 1 Timoteo lo encuentra en otra tarea, sirviendo como pastor de la iglesia en Éfeso (1:3). Según Hebreos 13:23, Timoteo fue encarcelado en algún lugar, y después liberado.

Autor y fecha

Muchos críticos modernistas se deleitan en atacar las afirmaciones claras de las Escrituras y, sin ninguna buena razón, niegan que Pablo escribiera las epístolas pastorales (1, 2 Ti; Tit). Ignorando el testimonio de las cartas mismas (1:1; 2 Ti 1:1; Tit 1:1) y el de la iglesia primitiva (tan fuerte para las epístolas pastorales como para cualquier otra de las epístolas paulinas, a excepción de Ro y 1 Co), estos críticos mantienen que en el siglo II, un seguidor devoto de Pablo escribió las epístolas pastorales. Como prueba, ofrecen cinco líneas de supuesta evidencia: 1) Las referencias históricas en las epístolas pastorales no pueden armonizar con la cronología de la vida de Pablo dada en Hechos; 2) La falsa enseñanza descrita en las epístolas pastorales es el gnosticismo, plenamente desarrollado del siglo segundo; 3) La estructura organizacional de la iglesia en las epístolas pastorales es la del siglo II, y está demasiado desarrollada para el día de Pablo; 4) Las epístolas pastorales no contienen los grandes temas de la teología de Pablo; 5) El vocabulario griego de las epístolas pastorales contiene muchas palabras que no se encuentran en las demás cartas de Pablo ni en el resto del NT.

Aunque no es necesario dignificar tales ataques sin validez alguna por parte de los incrédulos con una respuesta, en ocasiones esta es aclaratoria. Por esta razón, en respuesta a los argumentos de los críticos, puede señalarse que: 1) Esta contención de incompatibilidad histórica es válida únicamente si Pablo no hubiera sido nunca liberado del encarcelamiento romano mencionado en Hechos. Pero sí lo fue, ya que Hechos no recoge la ejecución de Pablo y él mismo esperaba ser liberado (Fil 1:19, 25, 26; 2:24; Flm 22). Los acontecimientos históricos en las epístolas pastorales no encajan en la cronología de Hechos, porque sucedieron después del cierre de la narración de Hechos, que termina con el primer encarcelamiento de Pablo en Roma. 2) Aunque hay semejanzas entre la herejía de las epístolas pastorales y el gnosticismo del siglo II (ver la Introducción a Colosenses: Contexto histórico), también hay diferencias importantes. A diferencia del gnosticismo del siglo II, los falsos maestros de las epístolas pastorales aún estaban dentro de la iglesia (cp. 1:3-7) y su enseñanza se basaba en el legalismo judaico (1:7; Tito 1:10, 14; 3:9). 3) La estructura organizacional de la iglesia mencionada en las epístolas pastorales es, de hecho, consecuente con la que Pablo estableció (Hch 14:23; Fil 1:1). 4) Las epístolas pastorales mencionan los temas centrales de la teología de Pablo, incluida la inspiración de las Escrituras (2 Ti 3:15-17); la elección (2 Ti 1:9; Tit 1:1, 2); la salvación (Tit 3:5-7); la deidad de Cristo (Tit 2:13); su obra como mediador (2:5); y expiación sustituta (2:6). 5) los temas a tratar en las epístolas pastorales requirieron un vocabulario diferente del que Pablo usó en otras epístolas. Ciertamente, un pastor usaría en la actualidad un vocabulario diferente en una carta personal a un colega pastor, en comparación con el que usaría en una obra de teología sistemática.

La idea de que un «impostor pío» escribiera las epístolas pastorales se enfrenta a distintas dificultades: 1) La iglesia primitiva no aprobaba tales prácticas y, sin duda, habría expuesto esto como una artimaña, de haber habido una (cp. 2 Ts 2:1, 2; 3:17). 2) ¿Por qué falsificar tres cartas que incluyen un material similar y ninguna doctrina desviada? 3) Si fuera una falsificación, ¿por qué no inventar un itinerario para Pablo que hubiera armonizado con Hechos? 4) ¿Habría colocado un seguidor devoto de Pablo, que vivió más tarde, las palabras de 1:13, 15 en la boca de su maestro? 5) ¿Por qué incluiría advertencias en contra de los engañadores (2 Ti 3:13; Tit 1:10), si él mismo era uno?

La evidencia parece ser clara en cuanto a que Pablo escribiera 1 Timoteo y Tito poco después de ser liberado de su primer encarcelamiento romano (ca. 62-64 A.D.), y 2 Timoteo desde la prisión durante su segundo encarcelamiento romano (ca. 66-67 A.D.), poco antes de su muerte.

Contexto histórico

Después de haber sido liberado de su primer encarcelamiento romano (cp. Hch 28:30), Pablo visitó de nuevo varias de las ciudades en las que había ministrado, incluida Éfeso. Al dejar a Timoteo allí para afrontar los problemas que habían surgido en la iglesia efesia, como la falsa doctrina (1:3-7; 4:1-3; 6:3-5), el desorden en la adoración (2:1-15), la necesidad de líderes cualificados (3:1-14), y el materialismo (6:6-19), Pablo prosiguió a Macedonia desde donde le escribió a Timoteo esta carta, para ayudarlo a llevar a cabo su tarea en la iglesia (cp. 3:14, 15).

Temas históricos y teológicos

Primera Timoteo es una carta práctica que contiene instrucción pastoral de Pablo a Timoteo (cp. 3:14, 15). Como este estaba bien versado en la teología paulina, el apóstol no tenía necesidad de darle una extensa instrucción doctrinal. No obstante, esta epístola expresa muchas verdades teológicas importantes, como la función apropiada de la ley (1:5-11); la salvación (1:14-16; 2:4-6); los atributos de Dios (1:17); la caída (2:13, 14); la persona de Cristo (3:16; 6:15, 16); la elección (6:12); y la segunda venida de Cristo (6:14, 15).

Retos de interpretación

Hay desacuerdo en la identidad de los falsos maestros (1:3) y las genealogías (1:4) involucradas en su enseñanza. Ser «entregado a Satanás» (1:20) también ha sido una fuente de debate. La carta contiene pasajes clave en el debate de la extensión de la expiación (2:4-6; 4:10). La enseñanza de Pablo sobre el papel de las mujeres (2:9-15) ha generado mucha discusión, sobre todo su declaración de que no deben de asumir funciones de liderazgo en la iglesia (2:11, 12). Cómo ellas pueden salvarse criando hijos (2:15) también ha confundido a muchos. Si el requisito de ser el «marido de una sola mujer» excluye a hombres divorciados o no casados de ser ancianos, también se ha debatido, como también el que Pablo se refiera a las esposas de los diáconos o a las diaconisas (3:11). Aquellos que creen que los cristianos pueden perder su salvación citan 4:1 como apoyo para su posición. Existe una pregunta sobre la identidad de las viudas en 5:3-16: ¿son mujeres necesitadas a quienes la iglesia les ministra, o un orden de mujeres ancianas que ministra a la iglesia? El «doble honor» que se les debe brindar a los ancianos que gobiernan bien (5:17, 18) ¿se refiere a respeto o a dinero? Todos estos se explicarán en sus notas respectivas.

227. La falsa doctrina en Éfeso

1 Timoteo 1:1–11

Pablo, [a]apóstol de Jesucristo por mandato de [b]Dios nuestro Salvador, y del Señor [c]Jesucristo nuestra esperanza, a Timoteo, [d]verdadero hijo en la fe:

[e]Gracia, misericordia y paz, de Dios nuestro Padre y de Cristo Jesús nuestro Señor.

---

a. **apóstol de Jesucristo.** Ver 2 Co 12:11, 12; cp. Hch 1:2; 2:42; Ro 1:1; Ef 2:20.

b. **Dios nuestro Salvador.** Un título que solo se emplea en las epístolas pastorales (1, 2 Ti; Tit) cuya raíz se remonta al AT (Sal 18:46; 25:5; 27:9; Mi 7:7; Hab 3:18). Dios es por naturaleza un Dios Salvador y la fuente de nuestra salvación, que él planificó desde la eternidad pasada (ver 1 Ti 4:10; cp. 2 Ts 2:13).

c. **Jesucristo nuestra esperanza.** Los cristianos tienen esperanza por el futuro porque, en el pasado, Cristo compró la salvación para ellos en la cruz (Ro 5:1, 2), los santifica por medio de su Espíritu en el presente (Gá 5:16 25), y los introducirá a la gloria en el futuro (Col 1:27; 1 Jn 3:2, 3).

d. **verdadero hijo en la fe.** Timoteo (2 Ti 1:2; 2:1) y Tito (1:4) fueron los únicos que recibieron esta expresión especial del favor de Pablo. La palabra griega que se traduce «hijo» se refiere a la función de Pablo como padre espiritual de Timoteo. El adjetivo «verdadero» alude a la autenticidad de la fe de Timoteo (cp. 2 Ti 1:5). Fue el pupilo favorito de Pablo y su protegido personal (1 Co 4:17; Fil 2:19-22).

e. **Gracia, misericordia y paz.** El saludo familiar de Pablo que aparece en todas sus epístolas (ver Ro 1:7), pero aquí añade «misericordia» (cp. 2 Ti 1:2). La misericordia libera a los creyentes de la miseria que acompaña las consecuencias del pecado.

Como te rogué [a]que te quedases en Éfeso, cuando fui a Macedonia, para que [b]mandases a [c]algunos [d]que no enseñen diferente doctrina, ni presten atención a [e]fábulas y genealogías interminables, que acarrean disputas más bien que edificación de Dios que es por fe, así te encargo ahora. Pues el propósito de [f]este mandamiento es el [g]amor nacido de corazón limpio, y de [h]buena conciencia, y de fe no fingida, de las cuales cosas desviándose algunos, se

---

a. **que te quedases en Éfeso, cuando fui a Macedonia.** Es posible que Pablo comenzara la confrontación antes de su salida de Éfeso con la expulsión de Himeneo y Alejandro (1 Ti 1:20), y que asignara a Timoteo la responsabilidad de quedarse para completar lo que él había comenzado.

b. **mandases.** Esto se refiere a una orden militar que exige la obediencia del subordinado a su superior (cp. 2 Ti 4:1).

c. **algunos.** Los falsos maestros eran pocos en número, pero tenían una influencia amplia. Hay varias razones que nos permiten concluir que estos hombres eran ancianos en la iglesia de Éfeso y en las iglesias de la región circundante: 1) presumían de ser maestros (1 Ti 1: 7), una función que estaba reservada para los ancianos (3:2; 5:17). 2) Pablo mismo tuvo que excomulgar a Himeneo y Alejandro, lo cual implica que ocupaban las posiciones pastorales más altas. 3) Pablo incluyó detalles específicos en las calificaciones de un anciano (3:1-7), y dio a entender que los descalificados ejercían en ese momento el cargo y debían ser reemplazados de inmediato por líderes cualificados. 4) Pablo recalcó que los ancianos que pecaran debían ser disciplinados en público (5:19-22).

d. **que no enseñen diferente doctrina.** Una palabra compuesta por dos vocablos griegos que significan «de una clase diferente» y «enseñar». Los falsos maestros enseñaban una doctrina diferente a la doctrina apostólica (cp. 1 Ti 6:3, 4; Hch 2:42; Gá 1:6, 7). Esto tenía que ver con el evangelio de salvación. Al parecer, enseñaban otro evangelio (ver Gá 1:6-9) y no «el glorioso evangelio del Dios bendito» (1 Ti 1:11).

e. **fábulas y genealogías interminables.** Leyendas e historias fantasiosas fabricadas a partir de elementos propios del judaísmo (1 Ti 1:7; cp. Tit 1:14), con las que se pretendían realizar interpretaciones alegóricas o ficticias de las listas genealógicas del AT. En realidad eran «doctrinas de demonios» (1 Ti 4:1) que se presentaban como si fueran la verdad de Dios (cp. 4:7).

f. **este mandamiento.** Ver 1 Ti 1:3, donde se emplea el verbo que se traduce «mandases» (también en el v. 8). El propósito del mandato o encargo en los vv. 3, 4 es emular la virtud espiritual que se define en el v. 5. Timoteo debía comunicar este encargo a la iglesia. La meta de predicar la verdad y advertir contra el error es llamar los seres humanos a la salvación verdadera en Cristo, lo cual produce un amor a Dios que brota de un corazón purificado (2 Ti 2:22; 1 P 1:22), una conciencia limpia (He 9:22; 10:14) y una fe genuina (He 10:22).

g. **amor.** Este es el amor de la voluntad y la decisión que se caracteriza por la abnegación y el sacrificio propio para beneficio de otros, y es la marca de un cristiano verdadero (Jn 13:35; Ro 13:10; 1 Jn 4:7, 8; ver 1 Co 13:1-7). En cambio, las doctrinas falsas solo producen conflicto y las «disputas» que vienen como resultado (1 Ti 1:4; 6:3-5).

h. **buena conciencia.** Cp. 1 Ti 1:19; 3:9; 4:2; ver 2 Co 1:12. La palabra griega que se traduce «buena» se refiere a aquello que es perfecto y por ende produce placer y satisfacción. Dios creó al ser humano con una «conciencia» que es la facultad que le permite juzgarse a sí mismo. Debido a que Dios ha escrito su ley en el corazón del hombre (ver Ro 2:15), el hombre conoce el parámetro básico de distinción entre el bien y el mal. Tan pronto viola ese parámetro su conciencia produce culpa y la misma actúa como el sistema de alarma de la mente, porque produce temor, culpabilidad, vergüenza y duda como advertencias sobre un peligro que amenaza el bienestar del alma (cp. Jn 8:9; 1 Co 8:7, 10, 12; Tit 1:15; He 10:22). Por otro lado, si un creyente hace la voluntad de Dios goza de la afirmación, la seguridad, la paz y el gozo de una conciencia buena (cp. Hch 23:1; 24:16; 2 Ti 1:3; He 13:18; 1 P 3:16, 21).

apartaron a [a]vana palabrería [b]queriendo ser doctores de [c]la ley, sin entender ni lo que hablan ni lo que afirman.

Pero sabemos que [d]la ley es buena, si uno la usa legítimamente; conociendo esto, que la ley [e]no fue dada para el justo, sino para los [f]transgresores y desobedientes, para los impíos y pecadores, para los irreverentes y profanos, para los [g]parricidas y matricidas, para los homicidas, para los fornicarios, para los sodomitas, para los secuestradores, para los mentirosos y perjuros, y para

---

a. **vana palabrería.** Cp. Tit 1:10. Se refiere al lenguaje que se emplea sin un objetivo definido en mente ni un fin lógico. Son palabras irrelevantes que no producen algo espiritual o edificante para los creyentes. También puede traducirse «discusiones infructuosas». La doctrina falsa no lleva a un destino en particular, solo a los callejones sin salida de la especulación humana y el engaño demoníaco (cp. 1 Ti 6:3-5).

b. **queriendo ser doctores de la ley.** Los maestros falsos querían el mismo prestigio del que gozaban los rabinos judíos, pero no les interesaba en absoluto el aprendizaje verdadero de la ley ni su enseñanza fiel a otros (cp. 1 Ti 6:4; Mt 23:5-7). En lugar de esto, impusieron a los creyentes en Éfeso una herejía legalista que ofrecía una supuesta salvación por obras.

c. **la ley.** Aquí se considera la ley mosaica y no la ley en general. Se trataba de maestros fingidos que querían imponer la circuncisión y el cumplimiento de ceremonias mosaicas en la iglesia como algo necesario para la salvación. Fueron una plaga nociva en la iglesia primitiva (ver Gá 3-5; Fil 3:1-8).

d. **la ley es buena.** La palabra griega que se traduce «buena» puede traducirse «útil». La ley es buena o útil, porque refleja la voluntad santa de Dios y sus parámetros justos (Sal 19:7; Ro 7:12), y porque cumple su propósito de mostrar a los pecadores su pecado (Ro 3:19) y su necesidad de un Salvador (Gá 3:24). La ley obliga a las personas a reconocer que son culpables de desobedecer los mandatos de Dios, por esa razón condena a toda persona y sentencia a todos los seres humanos al infierno (ver Ro 3:19, 20).

e. **no fue dada para el justo.** Los que se creen justos nunca serán salvos (Lc 5:32), porque no entienden el propósito verdadero de la ley. Los falsos maestros con su sistema de obras para alcanzar (en la propia mente de cada uno de ellos) la justificación personal habían demostrado con toda claridad que no entendieron el significado de la ley. Esta no era un medio de justificación para el individuo cumplidor, sino un instrumento de condenación, pecado, convicción y arrepentimiento que debía conducirle al ruego humilde a Dios por su misericordia (1 Ti 1:15). Ver Lc 18:9-14; Ro 5:20; Gá 3:10-13, 19.

f. **transgresores... profanos.** Estas primeras seis características que se expresan en tres pares, corresponden a pecados que quebrantan la primera mitad de los Diez Mandamientos, los cuales tienen que ver con la relación de una persona con Dios. «Transgresores» son aquellos que no tienen compromiso alguno con leyes o parámetros y, por ello, se vuelven «desobedientes» o rebeldes. Los «impíos» no respetan en absoluto las realidades espirituales y esto significa que son «pecadores», porque desacatan la ley de Dios. Los «irreverentes» tienen indiferencia total en cuanto a lo que es recto y esto los lleva a ser «profanos», porque pisotean las cosas sagradas (cp. He 10:29).

g. **parricidas... perjuros.** Estos pecados son violaciones de la segunda mitad de los Diez Mandamientos, aquellos que regulan las relaciones entre personas. Es indudable que estos pecados específicos caracterizaban a los falsos maestros, porque son conductas propias de los que practican la doctrina falsa (1 Ti 1:10). Los «parricidas» y «matricidas» violan el quinto mandamiento (Éx 20:12; cp. 21:15-17), que prohíbe todo desde la deshonra a los padres hasta el homicidio. Los «homicidas» violan el sexto mandamiento (Éx 20:13). Los «fornicarios» y «sodomitas» (los que practican la homosexualidad) violan el séptimo mandamiento (Éx 20:14), que prohíbe toda actividad sexual fuera del lecho matrimonial. Puesto que el robo de niños era común en el tiempo de Pablo, el apóstol menciona a «los secuestradores» en conexión con el octavo mandamiento (Éx 20:15) que prohíbe el robo. Por último, «los mentirosos y perjuros» son violadores del noveno mandamiento (Éx 20:16).

cuanto se oponga a [a]la sana doctrina, según [b]el glorioso evangelio del Dios bendito, que a mí me ha sido [c]encomendado.

228. La verdadera doctrina de Pablo

1 Timoteo 1:12–20

Doy gracias al que me fortaleció, a Cristo Jesús nuestro Señor, porque [d]me tuvo por fiel, poniéndome en el ministerio, habiendo yo sido antes [e]blasfemo, perseguidor e injuriador; mas fui recibido a misericordia [f]porque lo hice por ignorancia, en incredulidad. Pero la [g]gracia de nuestro Señor fue más

---

a. **la sana doctrina.** Este es un foco de atención primordial en las epístolas pastorales (cp. 2 Ti 4:3; Tit 1:9; 2:1). «Sana» se refiere a lo que es saludable y beneficioso. Es la clase de enseñanza que produce vida y crecimiento espiritual, lo que implica que las doctrinas falsas producen enfermedad y debilitamiento espiritual.

b. **el glorioso evangelio.** El evangelio revela la gloria de Dios, es decir, las perfecciones de su persona o sus atributos que incluyen: su santidad (aborrecimiento del pecado), su justicia (exigencia justa de castigo por las violaciones a su ley) y su gracia (perdón del pecado). Esos atributos particulares son definitivos para cualquier presentación eficaz del evangelio.

c. **encomendado.** Una palabra griega que se refiere a confiar algo de valor a otra persona. Dios encomendó a Pablo la comunicación y la vigilancia de su verdad revelada (cp. 1 Ti 2:7; 6:20, 21; Ro 15:15, 16; 1 Co 4:1, 2; 9:17; 2 Co 5:18–20; Gá 2:7; Col 1:25; 1 Ts 2:4).

d. **me tuvo por fiel.** El propósito soberano de Dios para Pablo y para todos los creyentes se cumple por medio de la fe personal. Hasta que Pablo fue llevado por el Espíritu Santo de sus propias obras para autojustificación (ver Fil 3:4-7), a la fe solo en Cristo, él no pudo ser usado por Dios y estaba en la misma condición que los falsos maestros que eran inútiles para Dios (1 Ti 1:6, 7).

e. **blasfemo, perseguidor e injuriador.** Este versículo indica que la experiencia de Pablo al verse cómo era él mismo en realidad, a la luz de la ley de Dios (ver Ro 7:7-12). Un «blasfemo» habla maldades y calumnias en contra de Dios. Pablo violó la primera mitad de los Diez Mandamientos mediante sus ataques directos contra Cristo (cp. Hch 9:4, 5; 22:7, 8; 26:9, 14, 15). Como «perseguidor e injuriador», Pablo violó la segunda mitad de los mandamientos divinos mediante sus ataques contra los creyentes. La palabra griega que se traduce «injuriador» puede traducirse «agresor insolente» e indica la clase de violencia que Pablo ejerció contra los cristianos.

f. **porque lo hice por ignorancia, en incredulidad.** Pablo no era un apóstata judío ni un fariseo que hubiera rechazado la enseñanza de Jesús después de haberla entendido bien. Era un judío empecinado por un celo religioso ciego que trataba de ganarse su salvación, por lo cual estaba perdido y condenado (ver Fil 3:4-7). Su apelación a la ignorancia no fue una afirmación de inocencia ni una excusa para negar su culpabilidad. Solo era una declaración para indicar que no había entendido la verdad del evangelio de Cristo y que solo trataba de proteger su religión. Su arrepentimiento voluntario al ser confrontado por Cristo (cp. Ro 79; Fil 3:8, 9) es evidencia de que no entendía las consecuencias de sus acciones porque estaba convencido de que prestaba un servicio a Dios (Hch 26:9).

g. **gracia.** El perdón amoroso de Dios por medio del cual otorga salvación aparte de cualquier mérito por parte de aquellos a quienes salva (ver Ro 3:24; Gá 1:6).

abundante con [a]la fe y el amor que es en Cristo Jesús. [b]Palabra fiel y digna de ser recibida por todos: que Cristo Jesús vino al mundo [c]para salvar a los pecadores, de los cuales [d]yo soy el primero. Pero [e]por esto fui recibido a misericordia, para que Jesucristo mostrase en mí el primero toda su [f]clemencia, para [g]ejemplo de los que habrían de creer en él para vida eterna. Por tanto, al Rey de los siglos, inmortal, invisible, al único y sabio Dios, sea honor y gloria por los siglos de los siglos. Amén.

Este mandamiento, hijo Timoteo, te encargo, para que conforme a [h]las profecías que se hicieron antes en cuanto a ti, [i]milites por ellas la buena milicia, manteniendo [j]la fe y buena conciencia, desechando la cual, [k]naufragaron en

---

a. **la fe y el amor.** Actitudes que se vinculan con frecuencia a la salvación en el NT (cp. Ef 1:15; 3:17; Col 1:4, 23). Son regalos de la gracia de Dios en Cristo.

b. **Palabra fiel.** Una frase única y exclusiva de las epístolas pastorales (cp. 1 Ti 3:1; 4:9; 2 Ti 2:11; Tit 3:8) que sirve para anunciar una declaración que resume doctrinas vitales. La frase «digna de ser recibida» añade importancia a la declaración. Parece que eran dichos bien conocidos en las iglesias como expresiones concisas de algunas verdades cardinales del evangelio.

c. **para salvar a los pecadores.** Esta palabra fiel se basaba en las declaraciones de Jesús registradas en Mt 9:13; Lc 19:10.

d. **yo soy el primero.** La expresión tiene que ver con rango, ya que muy pocos podrían considerarse peores pecadores que un blasfemo que además persiguiera a la iglesia de Dios (ver Ef 3:8). La actitud de Pablo hacia sí mismo también tuvo un cambio dramático (cp. Fil 3:7-9; ver Ro 7:7-12).

e. **por esto.** Pablo fue salvo para que Dios pudiera manifestar a todos su paciencia gratuita y misericordiosa con los pecadores más pérfidos.

f. **clemencia.** Se refiere a la paciencia de Dios con los seres humanos (cp. Ro 2:4).

g. **ejemplo.** Pablo fue una prueba viviente de que Dios podía salvar a cualquier pecador sin importar cuán perdido estuviera. El relato de la conversión de Pablo ha sido una herramienta eficaz en la salvación de muchos. El testimonio del apóstol se repite otras seis veces en el NT (Hch 9, 22, 26; Gá 1, 2; Fil 3:1-14).

h. **las profecías que se hicieron antes en cuanto a ti.** El significado literal de la palabra griega que se traduce «que se hicieron antes» es «que mostraron el camino hacia», y esto implica que se había dado una serie de profecías acerca de Timoteo en conexión con el don espiritual que habría de recibir (ver 1 Ti 4:14). Estas profecías fueron llamados específicos y sobrenaturales a Timoteo para el servicio a Dios.

i. **milites por ellas la buena milicia.** Pablo urgió a Timoteo para que librara la batalla contra los enemigos de Cristo y del evangelio. Cp. 2 Co 10:3-5; 2 Ti 2:3, 4; 4:7.

j. **la fe... la fe.** La primera expresión es subjetiva y se refiere a no dejar de creer en la verdad. La segunda es objetiva y se refiere al contenido del evangelio cristiano.

k. **naufragaron.** Una buena conciencia sirve como el timón que conduce al creyente por entre las rocas y los arrecifes del pecado y el error. Los falsos maestros ignoraron la conciencia de cada uno de ellos y la verdad. Como resultado, se apartaron de la doctrina verdadera del evangelio y sufrieron naufragio en la fe cristiana, que equivale a una catástrofe espiritual severa. Esto no implica la pérdida de la salvación para un creyente verdadero (ver Ro 8:31-39), pero indica la pérdida trágica que sufre el apóstata. Habían estado en la iglesia, escucharon el evangelio y lo rechazaron a favor de la doctrina falsa que se define en 1 Ti 1:3-7. La apostasía consiste en alejarse del evangelio tras haberlo conocido. Ver He 2:3, 4; 3:12-19; 6:1-8; 10:26-31.

cuanto a la fe algunos, de los cuales son [a]Himeneo y Alejandro, a quienes [b]entregué a Satanás para [c]que aprendan a no blasfemar.

229. Un llamado a la oración

1 Timoteo 2:1–8

Exhorto [d]ante todo, a que se hagan [e]rogativas, oraciones, [f]peticiones y acciones de gracias, por [g]todos los hombres; por los [h]reyes y por todos los que están en

---

a. **Himeneo y Alejandro.** Himeneo se menciona en 2 Ti 2:17 en conexión con Fileto, otro maestro falso. Alejandro pudo ser el opositor a la fe que se menciona en 2 Ti 4:14, 15. Nada más se sabe acerca de estos dos hombres (ver 1 Ti 1:3).

b. **entregué a Satanás.** Pablo los expulsó a ambos de la iglesia para poner fin a su influencia y proteger al pueblo de Dios. Ellos mismos quedaron sin protección al salir del ambiente propio de la bendición de Dios y quedar bajo el control de Satanás. En algunos casos Dios ha entregado creyentes a Satanás con fines positivos como la revelación del carácter verdadero de su fe, para mantenerlos humildes y dependientes de él, para capacitarlos de tal manera que puedan fortalecer a otros, o para que él sea glorificado con su alabanza (cp. Job 1:1-22; Mt 4:1-11; Lc 22:31-33; 2 Co 12:1-10; Ap 7:9-15). Dios permite que ciertas personas queden bajo el control de Satanás para ser juzgadas, como sucedió con el rey Saúl (1 S 16:12-16; 28:4-20), Judas (Jn 13:27), y el miembro pecador de la iglesia en Corinto (ver 1 Co 5:1-5).

c. **que aprendan a no blasfemar.** Ver 1 Ti 1:13. Pablo aprendió a no blasfemar al verse confrontado por la manera correcta de entender la ley y el evangelio. Eso era justo lo que necesitaban esos hombres. El texto inspirado parece indicar que Dios les enseñaría su lección y les mostraría gracia como lo hizo con Pablo, pero lo cierto es que la obra evangelizadora no podía continuar a expensas de la pureza de la iglesia.

d. **ante todo.** Es evidente que la iglesia en Éfeso había dejado de orar por los perdidos, ya que Pablo urgió a Timoteo para que esta práctica volviera a ser una prioridad. Los maestros falsos del judaísmo introdujeron un evangelio pervertido y la enseñanza de que la salvación solo era para judíos y prosélitos del judaísmo entre los gentiles, por esa razón es seguro que restringieron las oraciones evangelizadoras. El exclusivismo religioso que limita la salvación a los miembros privilegiados de cierta élite hace innecesaria la oración por los perdidos.

e. **rogativas.** La palabra griega se deriva de una raíz que significa «carecer» o «necesitar». Esta clase de oración siempre está motivada por una necesidad concreta. Los perdidos tienen una gran necesidad de salvación y los creyentes siempre deberían pedir a Dios que supla esa necesidad.

f. **peticiones.** Esta palabra viene de la raíz que significa «caer con alguien» o «acercarse para hablar en la intimidad». El verbo del cual se deriva esta palabra se emplea para describir la clase de intercesión que hacen Cristo y el Espíritu por los creyentes (Ro 8:26; He 7:25). El deseo de Pablo era que los cristianos en Éfeso tuvieran compasión por los perdidos, entendieran la profundidad de su dolor y miseria, y acudieran a Dios en comunión íntima para rogar por su salvación. Ver Tit 3:3, 4.

g. **todos los hombres.** Los perdidos en general y no solo los elegidos. El decreto de elección de Dios es secreto y los creyentes no pueden saber quién es elegido hasta que responda. El alcance de los esfuerzos evangelizadores de Dios es más amplio que el número de los elegidos (Mt 22:14; Jn 17:21, 23).

h. **reyes... todos los que están en eminencia.** Debido a que hay tantos dirigentes políticos poderosos e influyentes que son hostiles a Dios, ellos se convierten con frecuencia en blanco de animosidades y amargura. No obstante, Pablo urge a los creyentes para que oren en el sentido que estos líderes se arrepientan de sus pecados y se acojan al evangelio,

eminencia, para que [a]vivamos quieta y reposadamente en toda [b]piedad y honestidad. Porque esto es bueno y agradable delante de Dios nuestro Salvador, el cual [c]quiere que todos los hombres sean salvos y vengan al conocimiento de la verdad. Porque [d]hay un solo Dios, y un solo [e]mediador entre Dios y los hombres, [f]Jesucristo hombre, el cual se dio a sí mismo [g]en rescate [h]por todos,

---

lo cual significaba que los efesios debían orar incluso por la salvación del emperador romano Nerón, un blasfemo cruel y perseguidor vil de la fe.

a. **vivamos quieta y reposadamente.** «Quieta» se refiere a la ausencia de perturbaciones externas y «reposadamente» tiene que ver con la ausencia de conmociones internas. Aunque la iglesia no debe ceder terreno en su compromiso con la verdad, tampoco debe agitar ni interrumpir la vida de la nación. Al manifestar amor y bondad a todos y al orar con pasión por los perdidos, incluidos los gobernadores, la iglesia puede experimentar cierto nivel de libertad religiosa. La persecución solo debería ser resultado de la vida justa e íntegra, no de la desobediencia civil (ver Tit 3:1-4; 1 P 2:13-23).

b. **piedad y honestidad.** «Piedad» es una palabra clave en esta carta (1 Ti 3:16; 4:7, 8; 6:3, 5, 6, 11; cp. 2 Ti 3:5; Tit 1:1), e indica que ya era necesario hacer un llamado para volver a la vida santa, que se había visto afectada por la doctrina falsa. La piedad se refiere a mantener la actitud y la conducta correctas ante Dios en todas las cosas. «Honestidad» puede traducirse «reverencia» o «tacto moral» y se refiere a la dignidad de una conducta santa delante de los hombres.

c. **quiere que todos los hombres sean salvos.** La palabra griega que se traduce «quiere» no es la expresión habitual para aludir a la voluntad de Dios en cuanto a su decreto o propósito eterno, sino a la voluntad o el deseo íntimo de Dios. Existe una distinción entre el deseo de Dios y su propósito eterno de salvación que debe trascender sus deseos. Dios no quiere que los hombres pequen. Él aborrece el pecado con todo su ser (Sal 5:4; 45:7) y en consecuencia aborrece sus consecuencias: malignidad eterna en el infierno. Dios no quiere que las personas sean malvadas para siempre y existan en remordimiento eterno, pero a fin de manifestar su propia gloria, «mostrar su ira y hacer notorio su poder, soportó con mucha paciencia los vasos de ira preparados para destrucción» para el cumplimiento supremo de su voluntad (Ro 9:22). En su propósito eterno él solo escogió a los elegidos para sacarlos del mundo (Jn 17:6) y pasó encima del resto para abandonarlos a las consecuencias de su propio pecado, incredulidad y rechazo de Cristo (cp. Ro 1:18-32). En últimas, las elecciones de Dios son determinadas por su propósito soberano y eterno, no por sus deseos. Ver 2 P 3:9.

d. **hay un solo Dios.** No hay otro camino de salvación (Hch 4:12), por eso existe la necesidad de orar por los perdidos para que lleguen a conocer al único Dios verdadero (cp. Dt 4:35, 39; 6:4; Is 43:10; 44:6; 45:5, 6, 21, 22; 46:9; 1 Co 8:4, 6).

e. **mediador.** Esto se refiere a alguien que interviene entre dos partes para resolver un conflicto o para ratificar un pacto. Jesucristo es el único «mediador» que puede restaurar la paz entre Dios y los pecadores (He 8:6; 9:15; 12:24).

f. **Jesucristo hombre.** La ausencia de artículo antes de «hombre» en el original griego permite la traducción «Cristo, quien también fue hombre». Solo el Dios y Hombre perfecto podía reunir al Creador y la raza humana. Cp. Job 9:32, 33.

g. **en rescate.** Este término describe el resultado de la muerte sustitutiva de Cristo por los creyentes, a la cual él se sometió por voluntad propia (Jn 10:17, 18) y recuerda al creyente la declaración de Cristo mismo en Mt 20:28, «en rescate por muchos». Aquí «todos» está limitado a los «muchos». No todos serán rescatados, aunque su muerte sería suficiente para todos, sino solo aquellos que creen por la obra del Espíritu Santo y por los cuales se hizo expiación en realidad. Ver 2 P 3:9. Cristo no solo pagó un rescate, sino que se convirtió en el objeto mismo de la ira justa de Dios en el lugar del creyente. Él padeció la muerte que merecían los creyentes y cargó con todo su pecado (cp. 2 Co 5:21; 1 P 2:24).

h. **por todos.** Esto debe tomarse en dos sentidos: 1) la expiación suministra beneficios temporales que todos los seres humanos disfrutan (ver 1 Ti 4:10), y 2) la muerte de Cristo fue

de lo cual se dio testimonio [a]a su debido tiempo. [b]Para esto yo fui constituido [c]predicador y apóstol [d](digo verdad en Cristo, no miento), y [e]maestro de los gentiles en fe y verdad.

Quiero, pues, que los [f]hombres oren [g]en todo lugar, [h]levantando manos santas, [i]sin ira ni contienda.

---

suficiente para cubrir los pecados de todas las personas, pero el aspecto sustitutivo de su muerte solo se aplica a los elegidos (ver la nota anterior y las notas sobre 2 Co 5:14-21). Por lo tanto, la muerte de Cristo es ilimitada en su suficiencia, pero limitada en su aplicación. Por cuanto la expiación que Cristo hizo por el pecado es indivisible, inextinguible y suficiente para cubrir la culpa de todos los pecados que han sido y que serán cometidos, Dios la ofrece con claridad a todos. No obstante, solo los elegidos responderán y serán salvos, de conformidad con su propósito eterno (cp. Jn 17:12).

a. **a su debido tiempo.** En el tiempo preciso dentro del plan de redención de Dios (ver Gá 4:4).

b. **Para esto.** La comisión divina de Pablo se basaba en las verdades delineadas en 1 Ti 2:3-6.

c. **predicador.** La palabra griega se deriva del verbo que describe la función de un «heraldo», «pregonero» o «vocero público». Pablo era un enviado de Dios con la responsabilidad de anunciar en público el evangelio de Cristo.

d. **digo verdad... no miento.** Esta irrupción categórica de autoridad e integridad apostólica tiene el propósito de recalcar que él era un maestro de los gentiles.

e. **maestro de los gentiles.** La característica distintiva del encargo apostólico de Pablo, que demuestra el alcance universal del evangelio. Que Pablo considerara necesario hacer esta distinción demuestra que el problema que enfrentaba era alguna forma de exclusivismo judío que había malogrado el interés de los efesios en orar por la salvación de los gentiles.

f. **hombres.** La palabra griega que se traduce «hombres» establece un contraste con las mujeres. Dios se ha propuesto que los hombres sean líderes durante las reuniones de adoración corporativa. Cada vez que se ofrezca oración por los perdidos durante esas ocasiones, los hombres deben dirigirla.

g. **en todo lugar.** La referencia de Pablo a todas las asambleas oficiales de la iglesia (cp. 1 Co 1:2; 2 Co 2:14; 1 Ts 1:8).

h. **levantando manos santas.** Pablo no insiste aquí en una postura específica que sea necesaria para orar, sino en un requisito previo para la oración eficaz (cp. Sal 66:18). Aunque esta postura se describe en el AT (1 R 8:22; Sal 28:2; 63:4; 134:2), lo mismo sucede con muchas otras. La palabra griega que se traduce «santas» significa «incontaminadas» o «no manchadas por la maldad». Las manos simbolizan las actividades de la vida diaria, así que «manos santas» representan una vida santa. La base de una vida de oración eficaz es una vida justa (Stg 5:16).

i. **sin ira ni contienda.** «Ira» y justicia se excluyen entre sí (Stg 1:20; cp. Lc 9:52-56). «Contienda» también tiene que ver con «duda» porque se refiere a una vacilación en el compromiso individual de orar. «La oración eficaz del justo» es ferviente y la oración ferviente del justo siempre es eficaz (Stg 5:16), por eso estas condiciones tienen que ver con la actitud interior del creyente.

230. La alta vocación de Dios

para las mujeres

1 Timoteo 2:9–15

Asimismo que las mujeres [a]se atavíen de ropa decorosa, [b]con pudor y modestia; no con [c]peinado ostentoso, ni oro, ni perlas, ni vestidos costosos, sino con buenas obras, como corresponde a mujeres que profesan piedad. [d]La mujer aprenda [e]en silencio, con toda sujeción. Porque [f]no permito a la mujer [g]enseñar, ni [h]ejercer

---

a. **se atavíen de ropa decorosa.** La palabra griega que se traduce «atavíen» significa «arreglar», «poner en orden» o «alistar». Una mujer debe arreglarse de manera adecuada para el culto de adoración, lo cual incluye el uso de vestuario decente que refleje un corazón santo y adornado con castidad.

b. **con pudor y modestia.** La palabra griega que se traduce «pudor» se refiere a moderación mezclada con humildad, que también incluye cierta noción de pena o vergüenza. También puede referirse al rechazo de todo lo que deshonre a Dios y también a tristeza por el pecado. «Modestia» se refiere al dominio propio sobre las pasiones sexuales. Las mujeres piadosas aborrecen el pecado y controlan sus pasiones para no hacer caer a los demás en pecado. Ver 1 P 3:3, 4.

c. **peinado ostentoso, ni oro, ni perlas, ni vestidos costosos.** Estas eran prácticas específicas que ocasionaban distracción y discordia en la iglesia. Las mujeres en el primer siglo adornaban muchas veces sus peinados con oro y perlas u otras joyas, para llamar la atención de todos a ellas mismas, así como a su riqueza o belleza. Esto mismo era cierto en cuanto a las mujeres que se ponían «vestidos costosos», porque al hacerlo atraían la atención a ellas mismas y distraían a los demás de enfocarse en el Señor. Además, hacían que las mujeres con menos recursos sintieran envidia. Lo que Pablo se propuso fue prohibir la obsesión de ciertas mujeres con el alarde de su riqueza e impedir que distrajeran al resto de la congregación en su culto al Señor.

d. **La mujer aprenda.** Las mujeres no deben ser los maestros públicos durante las reuniones de toda la congregación, pero tampoco deben ser excluidas del proceso de aprendizaje. La forma del verbo griego que se traduce «aprenda» es un imperativo: Pablo manda que las mujeres sean enseñadas en la iglesia. Este era un concepto novedoso porque ni el judaísmo del siglo I ni la cultura griega tenían en alta estima a las mujeres. Es posible que algunas de las mujeres en Éfeso hubieran tenido una reacción exagerada contra la denigración cultural que habían sufrido durante toda su vida, y que aprovecharan la oportunidad existente en la iglesia por medio de arrogarse funciones predominantes en el liderazgo.

e. **en silencio, con toda sujeción.** «Silencio» (calma) y «sujeción» (alinearse bajo autoridad) debían caracterizar el papel de una mujer como aprendiz en el contexto de las reuniones eclesiásticas. Pablo explica lo que quiso dar a entender en 1 Ti 2:12: las mujeres deben permanecer en silencio al abstenerse de enseñar, y deben demostrar sumisión al abstenerse de usurpar la autoridad de los pastores o ancianos.

f. **no permito.** La palabra griega que se traduce «permito» se emplea en el NT para aludir a dejar que alguien haga lo que desea. Es posible que Pablo tratara aquí una situación real en la que varias mujeres en Éfeso desearan predicar frente a toda la congregación.

g. **enseñar.** Pablo empleó una forma verbal de esta palabra griega que indica una condición o proceso y se traduce mejor «ser un maestro». Esta era una función importante y oficial en la iglesia (ver Hch 13:1; 1 Co 12:28; Ef 4:11). Aquí Pablo prohíbe que las mujeres ocupen el oficio pastoral y ejerzan las funciones del pastor o del maestro, pero no les prohíbe que enseñen en otras condiciones y circunstancias apropiadas (cp. Hch 18:26; Tit 2:3, 4).

h. **ejercer dominio sobre.** Pablo prohíbe que las mujeres ejerzan cualquier tipo de autoridad sobre los hombres en la congregación de creyentes, puesto que los ancianos son

dominio sobre el hombre, sino estar en silencio. [a]Porque Adán fue formado primero, después Eva; y Adán no fue engañado, sino que la mujer, siendo engañada, incurrió en transgresión. [b]Pero [c]se salvará [d]engendrando hijos, [e]si permaneciere en fe, amor y santificación, con modestia.

---

quienes cumplen esa función (1 Ti 5:17). Todos los líderes deben ser hombres (como lo aclaran los requisitos de 1 Ti 3:2, 5).

a. **Porque Adán fue formado primero.** El papel subordinado de la mujer no fue resultado de la caída ni una corrupción cultural y chauvinista del diseño perfecto de Dios. El hecho es que Dios estableció las funciones de la mujer como parte de su creación original (1 Ti 2:13). Dios hizo a la mujer de conformidad con el hombre para que fuera su ayuda idónea (ver Gn 2:18; cp. 1 Co 11:8, 9). La caída incluso corrobora el plan divino de creación (ver Gn 3:1-7). Por naturaleza, Eva no fue diseñada para asumir la postura de responsabilidad máxima. Al abandonar la protección de Adán y usurpar su liderazgo como cabeza designada por Dios, ella quedó vulnerable y cayó, lo cual confirma cuán importante era que permaneciera bajo la protección y el liderazgo de su esposo (ver 1 Ti 5:11, 12; 2 Ti 3:6, 7). Después Adán transgredió su función de liderazgo al seguir a Eva en su pecado, y así hundió a la raza humana en la pecaminosidad. En este sentido, la caída puede definirse como la violación deliberada de las funciones planificadas y asignadas por Dios a cada uno de los géneros. En últimas, la responsabilidad por la caída recae en Adán porque él tomó la decisión de desobedecer a Dios sin haber sido engañado (Ro 5:12-21; 1 Co 15:21, 22).

b. En este versículo Pablo no tiene a Eva en mente porque el verbo que se traduce «se salvará» es futuro y además el apóstol utiliza aquí el pronombre plural. Por ende, se refiere a las mujeres después de Eva.

c. **se salvará.** En este contexto se prefiere la traducción «será preservada». La palabra griega también puede significar «rescatar», «mantener seguro y a salvo», «sanar» o «librar de». Aparece varias veces en el NT sin referencia a la salvación espiritual (cp. Mt 8:25; 9:21, 22; 24:22; 27:40, 42, 49; 2 Ti 4:18). Pablo no defiende aquí que la salvación eterna de las mujeres dependa de que se embaracen y tengan hijos, ni que se mantengan libres de pecado por medio de la crianza, porque ambos postulados contradicen de plano la enseñanza del NT sobre la salvación solo por gracia por medio de la fe (Ro 3:19, 20), la cual es mantenida por la eternidad (Ro 8:31-39). Pablo enseña que, así la mujer lleve el estigma de haber sido el instrumento inicial que condujo a la raza entera al pecado, las mujeres que levanten una generación de hijos piadosos serán preservadas o libradas de ese estigma (cp. 1 Ti 5:10).

d. **engendrando hijos.** Debido a que las madres tienen un vínculo especial e íntimo con sus hijos, además de que casi todas ellas pasan mucho más tiempo con ellos que los padres, tienen mayor influencia en la vida de cada uno de ellos, así como la responsabilidad y la oportunidad única de criar hijos piadosos. Aunque una mujer introdujo a toda la raza humana en el pecado, las mujeres tienen el privilegio de sacar a muchos del pecado para vivir en piedad y justicia. Pablo habla en términos generales porque Dios no quiere que todas las mujeres se casen (1 Co 7:25-40), ni que todas tengan hijos.

e. **si permaneciere en fe, amor y santificación, con modestia.** La apariencia, los ademanes y la conducta de una mujer piadosa que se ordena a las mujeres creyentes en la iglesia (1 Ti 2:9-12) está motivada por la promesa de liberación de cualquier posición de inferioridad y el gozo de criar hijos piadosos.

231. Los requisitos para los ancianos

1 Timoteo 3:1–7

[a]Palabra fiel: Si alguno [b]anhela [c]obispado, buena obra desea. Pero [d]es necesario que el obispo sea [e]irreprensible, [f]marido de una sola mujer, [g]sobrio,

---

a. El propósito que Pablo tuvo al escribir esta carta fue instruir a Timoteo en cuanto a la edificación y administración de la iglesia (1 Ti 3:14, 15). De importancia primordial para cualquier iglesia es que sus líderes estén calificados para enseñar y que den buen ejemplo a los demás. Estos versículos delinean las cualidades que se requieren de pastores y diáconos (ver Tit 1:5-9).

b. **anhela... desea.** Dos palabras diferentes en griego, la primera significa «esforzarse en alcanzar» y describe una acción externa, no un motivo interno. La segunda significa «una pasión fuerte» y se refiere a un deseo interior. Juntas, ambas palabras describen muy bien el tipo de hombre que puede ejercer el ministerio, aquel que lo busca con dinamismo externo porque está motivado por un deseo fuerte en su interior.

c. **obispado.** La palabra significa «supervisor» e identifica a los hombres que son responsables de conducir a la iglesia (cp. 1 Ti 5:17; 1 Ts 5:12; He 13:7). En el NT las palabras «obispo», «anciano» y «pastor» se utilizan de forma intercambiable para describir a los mismos hombres con funciones similares (Hch 20:17, 28; Tit 1:5-9; 1 P 5:1, 2). Los obispos (pastores, supervisores o ancianos) son responsables de liderar (1 Ti 5:17), predicar y enseñar (5:17), ayudar a los débiles espirituales (1 Ts 5:12-14), cuidar de la iglesia (1 P 5:1, 2) y ordenar a otros líderes (1 Ti 4:14).

d. **es necesario.** El uso de esta expresión griega que también se traduce «debe» recalca de forma inequívoca que llevar una vida irreprensible es un requisito indispensable para los líderes de la iglesia.

e. **irreprensible.** Lit. «que no puede ser detenido» en un sentido judicial como delincuente. No existe una sola acusación válida que pueda presentarse en su contra. Ningún pecado flagrante ni oculto puede tachar la vida de un líder que debe ser un ejemplo que su congregación necesita seguir (cp. 1 Ti 3:10; 4:16; 5:7; Sal 101:6; Fil 3:17; 2 Ts 3:9; He 13:7; 1 P 5:3). Este es el requisito primordial para los ancianos y el resto de las cualidades profundizan los detalles de lo que significa ser irreprensible. En Tit 1:6, 7 Pablo emplea otra palabra griega para decir lo mismo.

f. **marido de una sola mujer.** Este no es un comentario específico sobre matrimonio o divorcio (para comentarios sobre esto, ver 1 Ti 3:4). La cuestión aquí no es el estado civil del anciano, sino su pureza moral y sexual. Esta calificación encabeza la lista porque es en esta área que los líderes son más propensos a caer. Se han ofrecido varias interpretaciones de esta calificación. Algunos la ven como una prohibición de la poligamia, algo innecesario porque la poligamia no era común en la sociedad romana y estaba prohibida con claridad en las Escrituras (Gn 2:24), en la enseñanza de Jesús (Mt 19:5, 6; Mr 10:6-9) y en la de Pablo (Ef 5:31). Un polígamo ni siquiera habría podido ser miembro de la iglesia, mucho menos un líder de la iglesia. Otros ven en este requisito la exclusión del ministerio de aquellos que se hubieran vuelto a casar tras la muerte de su esposa. No obstante, como ya se ha advertido, el asunto aquí es la pureza sexual y no el estado civil. Además, la Biblia recomienda el nuevo matrimonio después de la viudez (1 Ti 5:14; 1 Co 7:39). Algunos creen que Pablo excluye aquí a los hombres divorciados del liderazgo en la iglesia. Esto también ignora que esta calificación no se relaciona con el estado civil. La Biblia tampoco prohíbe que todos los que enviudan se vuelvan a casar (ver Mt 5:31, 32; 19:9; 1 Co 7:15). Por último, algunos creen que este requisito excluye a los hombres solteros del liderazgo en la iglesia, pero si esa fuera la intención de Pablo él mismo habría quedado descalificado (1 Co 7:8). El que es «marido de una sola mujer» se consagra del todo a su esposa y mantiene su devoción, afecto y pureza sexual tanto en pensamiento como en acción. Si violara esta fidelidad sagrada dejaría de ser «irreprensible» y podría ser objeto de toda clase de acusaciones (Tit 1:6, 7). Cp. Pr 6:32, 33.

g. **sobrio.** El significado literal de la palabra griega es «sin vino», pero aquí se usa en sentido metafórico para comunicar la cualidad de «alerta», «vigilante», «cuidadoso» o

[a]prudente, [b]decoroso, [c]hospedador, [d]apto para enseñar; [e]no dado al vino, [f]no pendenciero, [g]no codicioso de ganancias deshonestas, sino [h]amable, [i]apacible, [j]no avaro; [k]que gobierne bien su casa, que tenga a sus hijos [l]en sujeción con toda honestidad (pues el que no sabe gobernar su propia casa, ¿cómo

---

«con la mente despejada». Los ancianos siempre deben estar en capacidad de pensar con claridad.

a. **prudente.** Un hombre prudente es disciplinado, sabe cómo ordenar sus prioridades y es serio en asuntos espirituales.

b. **decoroso.** La palabra griega significa «ordenado» o «de buena conducta». Los ancianos no deben llevar una vida caótica. Si no pueden ordenar su propia vida, ¿cómo pueden traer orden a la iglesia?

c. **hospedador.** Se deriva de una palabra griega compuesta que significa «amar a los extraños» (ver Ro 12:13; He 13:2; cp. 1 P 4:9). Como sucede con todas las demás virtudes espirituales, los ancianos deben dar ejemplo: su vida y su hogar deben estar abiertos para que todos puedan ver su carácter espiritual.

d. **apto para enseñar.** Solo se emplea aquí y en 2 Ti 2:24. Es la única calificación que se relaciona con los talentos y dones espirituales de un anciano, y la única que distingue a los ancianos de los diáconos. La predicación y la enseñanza de la Palabra de Dios es el deber principal del supervisor, pastor y anciano (1 Ti 4:6, 11, 13; 5:17; 2 Ti 2:15, 24; Tit 2:1).

e. **no dado al vino.** Más que una simple prohibición contra la embriaguez (ver Ef 5:18). Un anciano no debe tener reputación de bebedor y su juicio nunca debe ser nublado por el alcohol (cp. Pr 31:4, 5; 1 Co 6:12), su estilo de vida debe diferenciarse por completo del mundo y conducir a los demás a la santidad, no al pecado (Ro 14:21). Ver 1 Ti 5:23.

f. **no pendenciero.** Lit. «no un dador de golpes». Los ancianos deben reaccionar a situaciones difíciles con calma y amabilidad (2 Ti 2:24, 25), y bajo ninguna circunstancia con violencia física.

g. **no codicioso de ganancias deshonestas.** Los mejores manuscritos griegos omiten esta frase. Sin embargo, el principio se incluye en Tit 1:7; 1 P 5:2.

h. **amable.** Considerado, que manifiesta gracia, pronto para perdonar las fallas y que no guarda rencores.

i. **apacible.** Significa «pacífico» o «el que se abstiene de luchar». Es una persona que no promueve la desunión, sino la armonía.

j. **no avaro.** Los ancianos deben estar motivados por el amor a Dios y a su pueblo y no por el dinero (cp. 1 P 5:2). Un líder que ejerza el ministerio por ganancia monetaria revela un corazón enfocado en el mundo y no en las cosas de Dios (Mt 6:24; 1 Jn 2:15). La avaricia caracteriza a los falsos maestros (Tit 1:11; 2 P 2:1-3, 14; Jud 11), pero nunca fue un problema en el ministerio de Pablo (Hch 20:33; 1 Co 9:1-16; 2 Co 11:9; 1 Ts 2:5).

k. **que gobierne bien su casa.** La vida en el hogar del anciano, como su propia vida personal, debe ser ejemplar. Este hombre debe gobernar (presidir, tener autoridad sobre) su propia «casa» (todo lo que se conecta con su hogar y no solo su esposa e hijos) «bien» (se trata de una cualidad intrínseca de excelencia). Aquí la cuestión del divorcio sí puede considerarse, porque un hombre divorciado no da evidencia de un hogar bien gobernado y el divorcio muestra cierta debilidad en su liderazgo espiritual. Si se trata de un divorcio permitido por razones bíblicas válidas, debe haber sido reemplazado por un patrón prolongado de liderazgo familiar sólido y la crianza de hijos piadosos (1 Ti 3:4; Tit 1:6).

l. **en sujeción.** Un término militar que se refiere a soldados con rango inferior al de un superior que ejerce autoridad sobre ellos. Los hijos de un anciano deben ser creyentes (ver «creyentes» en Tit 1:6) de buena conducta y respetuosos.

[a]cuidará de la iglesia de Dios?); [b]no un neófito, no sea que envaneciéndose [c]caiga en la condenación del diablo. También es necesario que tenga [d]buen testimonio de los de afuera, para que no caiga en descrédito y en lazo del diablo.

232. Los requisitos para los diáconos

1 Timoteo 3:8–16

Los [e]diáconos asimismo deben ser [f]honestos, [g]sin doblez, [h]no dados a mucho vino, [i]no codiciosos de ganancias deshonestas; que guarden [j]el misterio de la

a. **cuidará de la iglesia de Dios.** Un anciano debe probar primero en la intimidad y vulnerabilidad de su propio hogar su capacidad para guiar otros a la salvación y la santificación. Allí prueba que Dios le ha dado la capacidad espiritual única para establecer un ejemplo excelente de virtud, así como para servir a demás, resolver conflictos, construir la unidad y mantener el amor. Si no puede hacer estas cosas esenciales, ¿por qué tendría alguien que suponer que sería capaz de hacerlas en la iglesia?

b. **no un neófito, no sea que envaneciéndose.** Encargar a un recién convertido de ejercer una función de liderazgo equivale a tentarlo para caer en el orgullo. Por esa razón, los ancianos deben salir de entre los hombres con madurez espiritual en la congregación (ver 1 Ti 5:22).

c. **caiga en la condenación del diablo.** La condenación del diablo consistió en el orgullo con respecto a la posición que se le asignó. Esto resultó en su caída y la pérdida de su honor y autoridad (Is 14:12-14; Ez 28:11-19; cp. Pr 16:18). La misma clase de caída y juicio podría suceder con facilidad a un creyente nuevo y débil que sea colocado en una posición de liderazgo espiritual.

d. **buen testimonio de los de afuera.** Un líder en la iglesia debe tener una reputación impecable en la sociedad incrédula, así haya personas que estén en desacuerdo con sus posturas morales y teológicas ¿Cómo puede ejercer influencia espiritual en personas que no lo respetan? Cp. Mt 5:48; Fil 2:15.

e. **diáconos.** Se deriva de un grupo de palabras que significan «servir». El uso original tenía que ver con labores serviles como atender mesas (ver Hch 6:1-4), y «diácono» llegó a denotar cualquier servicio en la iglesia. Los diáconos sirven bajo el liderazgo de los ancianos y los ayudan en la supervisión de asuntos prácticos en la vida de la iglesia. La Biblia no define responsabilidades oficiales o específicas para los diáconos, pero ellos deben hacer todo lo que los ancianos les asignen o cualquier ministerio espiritual que sea necesario.

f. **honestos.** Serios en mente y carácter, no superfluos y volubles sobre asuntos importantes.

g. **sin doblez.** Los diáconos no deben decir una cosa a ciertas personas y otra distinta a los demás. Su habla no debe hacerse con hipocresía, sino con honestidad, claridad y coherencia.

h. **no dados a mucho vino.** Que no se obsesionen con la bebida y el entretenimiento (ver 1 Ti 3:3).

i. **no codiciosos.** Como los ancianos (ver 1 Ti 3:3), los diáconos no deben abusar de su oficio para hacer dinero. Esta calificación tuvo importancia especial en la iglesia primitiva, porque los diáconos estaban encargados de manejar el dinero y distribuirlo a los que pasaban necesidades.

j. **el misterio.** Ver Mt 13:11; 1 Co 2:7; Ef 3:4, 5. Aparece con frecuencia en los escritos de Pablo (cp. Ro 11:25; 16:25; Ef 1:9; 3:9; 6:19; Col 2:2). La palabra «misterio» describe una verdad que antes se mantuvo escondida y ahora ha sido revelada. Se emplea para describir

fe con limpia conciencia. Y estos también sean [a]sometidos a prueba primero, y entonces ejerzan el diaconado, si son irreprensibles. [b]Las mujeres asimismo sean honestas, [c]no calumniadoras, sino sobrias, [d]fieles en todo. Los diáconos sean maridos de una sola mujer, y que gobiernen bien sus hijos y sus casas. Porque los que ejerzan bien el diaconado, ganan para sí un grado honroso, y mucha confianza en la fe que es en Cristo Jesús.

Esto te escribo, aunque [e]tengo la esperanza de ir pronto a verte, para que si tardo, sepas [f]cómo debes conducirte en [g]la casa de Dios, que es [h]la iglesia del Dios viviente, [i]columna y baluarte de [j]la verdad. E indiscutiblemente, grande es el [k]misterio de la piedad:

---

la encarnación de Cristo (1 Ti 3:16), la presencia de Cristo en el interior de los creyentes (Col 1:26, 27), la unidad de judíos y gentiles en la iglesia (Ef 3:4 6), el evangelio (Col 4:3), la iniquidad (2 Ts 2:7) y el arrebatamiento de la iglesia (1 Co 15:51, 52).

a. **sometidos a prueba primero.** El tiempo presente de este verbo indica una evaluación continua del carácter y servicio de los diáconos por parte de la iglesia.

b. **Las mujeres.** La misma palabra griega también se puede traducir «sus esposas». Es probable que Pablo se refiera aquí no a las esposas de los diáconos, sino a las mujeres que sirven como diaconisas. El uso de la palabra «asimismo» (cp. 1 Ti 3:8) indica la existencia de un tercer grupo además de los ancianos y diáconos. Además, como Pablo no incluyó requisitos para la esposa de cada uno de los ancianos, no existe razón para suponer que serían calificaciones especiales para las esposas de los diáconos.

c. **no calumniadoras.** «Calumniadoras» es la forma plural de *diabolos*, un título que se asigna con frecuencia a Satanás (Mt 4:5, 8, 11; 13:39; Lc 4:3, 5, 6, 13; 8:12; 1 P 5:8; 1 Jn 3:8; Ap 2:10; 12:9, 12; 20:2, 10). Las mujeres que sirven no deben ser chismosas.

d. **fieles en todo.** Las mujeres servidoras en la iglesia, al igual que los hombres que sirven en el diaconado (ver 1 Ti 3:2), deben ser dignas de confianza en todos los aspectos de su vida y ministerio.

e. **tengo la esperanza de ir pronto a verte.** La gramática griega indica que esto es lo que Pablo quiso decir: «te escribo estas cosas, aunque había esperado ir mucho antes». Como Pablo había tenido que quedarse más tiempo del que había planificado en Macedonia, decidió enviar esta carta a su discípulo Timoteo.

f. **cómo debes conducirte.** La segunda mitad del versículo expresa el propósito de esta epístola: corregir ciertos asuntos problemáticos en la iglesia.

g. **la casa de Dios.** Los creyentes son miembros de la familia de Dios (Gá 6:10; Ef 2:19; He 3:6; 1 P 4:17) y deben actuar de conformidad con esa identidad. Esta no es una referencia a un edificio, sino a las personas que conforman la Iglesia verdadera.

h. **la iglesia del Dios viviente.** La iglesia es la posesión de Dios (Hch 20:28; Ef 1:14; Tit 2:14; 1 P 2:9). El título «Dios viviente» tiene una rica tradición arraigada en el AT (Dt 5:26; Jos 3:10; 1 S 17:26, 36; 2 R 19:4, 16; Sal 42:2; 84:2; Is 37:4, 17; Jer 10:10; 23:26; Dn 6:20, 26; Os 1:10).

i. **columna y baluarte.** Esta imagen que Pablo evoca pudo haber correspondido al templo magnífico de Diana (Artemisa) en Éfeso, que estaba apoyado por ciento veintisiete columnas de mármol enchapadas en oro. La palabra que se traduce «baluarte» solo aparece aquí en el NT y denota la fundación sobre la que reposa un edificio. La iglesia enarbola y defiende la verdad de la Palabra revelada de Dios.

j. **la verdad.** El contenido de la fe cristiana registrado en las Escrituras y resumido en 1 Ti 3:16.

k. **misterio de la piedad.** «Misterio» es el término usado por Pablo para aludir a una verdad que permaneció oculta en la era del AT y que fue revelada en el NT (ver 1 Ti 3:9). Piedad se refiere a las verdades de la salvación y la justicia en Cristo que a su vez produce santidad en los creyentes: la manifestación de justicia verdadera y perfecta en Jesucristo.

[a]Dios fue manifestado [b]en carne,
[c]Justificado en el Espíritu,
[d]Visto de los ángeles,
[e]Predicado a los gentiles,
Creído en el mundo,
[f]Recibido arriba en gloria.

---

a. **Dios fue manifestado.** En los mejores manuscritos se lee «Aquel que» en lugar de «Dios». En cualquier caso, es una referencia clara a Cristo, quien manifestó al Dios invisible a la humanidad entera (Jn 1:1-4; 14:9; Col 1:15; He 1:3; 2 P 1:16-18).

b. **en carne.** Aquí no se trata de la naturaleza caída y pecaminosa de los seres humanos (cp. Ro 7:18, 25; 8:8; Gá 5:16, 17), sino solo de su condición humana (cp. Jn 1:14; Ro 1:3; 8:3; 9:5; 1 P 3:18; 1 Jn 4:2, 3; 2 Jn 7).

c. **Justificado en el Espíritu.** «Justificado» significa «justo», así que puede referirse aquí a «espíritu» con «e» minúscula para indicar una declaración de la justicia espiritual y libre de pecado que poseyó Cristo en sí mismo (Jn 8:46; 2 Co 5:21; He 4:15; 5:9; 7:26; 1 P 2:21, 22; 1 Jn 2:1), o podría referirse a su vindicación por el Espíritu Santo (Ro 1:4).

d. **Visto de los ángeles.** Tanto los caídos (ver Col 2:15; 1 P 3:18-20) como los elegidos (Mt 28:2; Lc 24:4-7; Hch 1:10, 11; He 1:6-9).

e. **Predicado a los gentiles.** O a las naciones. Ver Mt 24:14; 26:13; 28:19, 20; Mr 13:10; Hch 1:8.

f. **Recibido arriba en gloria.** Ver Hch 1:9, 10; Fil 2:8-11; He 1:3. La ascensión y exaltación de Cristo mostró que el Padre estaba complacido con él y aceptó por completo su obra.

233. Instrucciones con respecto a los falsos maestros

1 Timoteo 4:1–16

Pero [a]el Espíritu dice claramente que [b]en los postreros tiempos algunos [c]apostatarán de la fe, escuchando a [d]espíritus engañadores y a [e]doctrinas de demonios; por [f]la hipocresía de mentirosos que, teniendo [g]cauterizada la conciencia, [h]prohibirán casarse, y mandarán abstenerse de alimentos que Dios creó para que con acción de gracias participasen de ellos los creyentes y los que han

---

a. **el Espíritu dice claramente.** Pablo repite a Timoteo la advertencia que había dado muchos años antes a los ancianos de Éfeso (Hch 20:29, 30). El Espíritu Santo a través de las Escrituras ha advertido con reiteración sobre el peligro de la apostasía (cp. Mt 24:4-12; Hch 20:29, 30; 2 Ts 2:3-12; He 3:12; 5:11–6:8; 10:26-31; 2 P 3:3; 1 Jn 2:18; Jud 18).

b. **en los postreros tiempos.** El período desde la primera venida de Cristo hasta su regreso (Hch 2:16, 17; He 1:1, 2; 9:26; 1 P 1:20; 1 Jn 2:18). La apostasía existirá durante todo este período y llegará a su punto culminante justo antes de la llegada de Cristo (cp. Mt 24:12).

c. **apostatarán de la fe.** Los que caigan presa de los falsos maestros abandonarán la fe cristiana. La palabra griega que se traduce «apostatarán» se refiere a una persona que se aleja por completo de una posición original. Se trata de cristianos nominales o de profesión que se asocian con aquellos que de verdad creen en el evangelio y luego desertan al creer mentiras y engaños, lo cual revela su naturaleza verdadera como inconversos. Ver 1 Jn 2:19; Jud 24.

d. **espíritus engañadores.** Aquellos espíritus demoníacos que de manera directa o a través de los falsos maestros optaron por alejarse de la verdad y se dedican a animar a otros a hacer lo mismo. La palabra que mejor define todas las actividades de Satanás y sus demonios es «engaño» (cp. Jn 8:44; 1 Jn 4:1-6).

e. **doctrinas de demonios.** No es una enseñanza acerca de los demonios, sino todas las enseñanzas falsas que se originan en ellos. Someterse a esa clase de enseñanza equivale a oír mentiras procedentes de la esfera demoníaca (Ef 6:12; Stg 3:15; 2 Jn 7-11). La influencia de los demonios alcanzará su punto máximo durante la tribulación (2 Ts 2:9; Ap 9:2-11; 16:14; 20:2, 3, 8, 10). Satanás y los demonios utilizan todo el tiempo los mismos engaños que corrompen y pervierten la Palabra de Dios.

f. **la hipocresía de mentirosos.** Son los falsos maestros humanos que propagan la doctrina demoníaca (cp. 1 Jn 4:1).

g. **cauterizada.** Un término médico que se refiere a una quemadura total con fines quirúrgicos. Los maestros falsos pueden enseñar sus mentiras hipócritas porque la conciencia de cada uno de ellos ha perdido toda sensibilidad (cp. Ef 4:19), como si todos los nervios que les permitían sentir hubieran sido destruidos y reducidos a cicatrices por la acción calcinante del engaño demoníaco.

h. **prohibirán casarse, y mandarán abstenerse de alimentos.** Una muestra de la enseñanza falsa que se había esparcido en Éfeso. Como algo típico, contenía ciertos elementos de verdad porque las Escrituras tienen en alta estima tanto la soltería (1 Co 7:25-35) como el ayuno (Mt 6:16, 17; 9:14, 15). El engaño consistía en hacer de esas obras humanas un requisito previo para la salvación, lo cual es una marca distintiva de toda religión falsa. Es probable que esta enseñanza ascética estuviera influenciada tanto por la secta judía de los esenios, como por el pensamiento griego contemporáneo que veía la materia como mala en sí misma y el espíritu como bueno. Pablo trató el problema del ascetismo en Col 2:21-23. Ni el celibato ni ninguna otra práctica de abstinencia y dieta tiene poder para salvar o santificar.

conocido la verdad. Porque [a]todo lo que Dios creó es bueno, y nada es de desecharse, si se toma con acción de gracias; porque por la palabra de Dios y por la oración es [b]santificado.

Si esto enseñas a los hermanos, serás buen ministro de Jesucristo, [c]nutrido con las palabras de la fe y de la buena doctrina que has seguido. [d]Desecha las fábulas profanas y de viejas. [e]Ejercítate para la piedad; porque el ejercicio corporal [f]para poco es provechoso, pero la piedad para todo aprovecha, pues tiene promesa de esta vida presente, y de la venidera. Palabra fiel es esta, y digna de ser recibida por todos. Que por esto mismo trabajamos y sufrimos oprobios, porque [g]esperamos en el Dios viviente, que es [h]el Salvador de todos los hombres, mayormente de los que creen. Esto manda y enseña.

---

a. **todo lo que Dios creó es bueno.** El ascetismo de los falsos maestros contradecía las Escrituras, porque estas enseñan que como Dios creó tanto el matrimonio como la comida (Gn 1:28-31; 2:18-24; 9:3), son cosas buenas en sí mismas (Gn 1:31) que deben ser disfrutadas con gratitud por los creyentes. Es obvio que la comida y el matrimonio son esenciales para la vida y la procreación.

b. **santificado.** Apartado o dedicado para Dios en uso santo. El medio para lograr esta santificación es la oración de gratitud y un entendimiento de que la Palabra de Dios ha dejado a un lado las restricciones mosaicas temporales en cuanto a la dieta (Mr 7:19; Hch 10:9-15; Ro 14:1-12; Col 2:16, 17). Contrástese esto con el incrédulo cuya corrupción interna y sus motivos malignos corrompen todas las cosas buenas que Dios ha creado (Tit 1:15).

c. **nutrido... las palabras de la fe... la buena doctrina.** La alimentación continua con las verdades de las Escrituras es esencial para la salud espiritual de todos los cristianos (2 Ti 3:16, 17), pero de manera especial para líderes espirituales como Timoteo. Solo mediante la lectura, el estudio, la meditación y el manejo correcto del contenido de la Palabra de Dios, puede un pastor cumplir lo que Dios le ha mandado hacer (2 Ti 2:15). Timoteo lo había hecho desde su niñez (2 Ti 3:15), y Pablo lo urgió a continuar esa práctica sin desmayar (cp. 1 Ti 4:16; 2 Ti 3:14). Aquí «las palabras de la fe» es una referencia general a las Escrituras, la verdad revelada de Dios. «Buena doctrina» indica el tipo de teología que enseñan las Escrituras.

d. **Desecha las fábulas profanas y de viejas.** Además de su compromiso firme con la Palabra de Dios (ver 1 Ti 4:6), los creyentes también deben evitar toda enseñanza falsa. Pablo denunció esa clase de error como algo profano (o mundano que es todo lo opuesto a «lo santo»). La palabra «fábulas» (*muthos*) de la cual se deriva la palabra «mitos», se refiere a algo que solo conviene a «viejas» (un epíteto común que los griegos utilizaban para denotar a personas sin educación ni sofisticación filosófica). Ver 2Ti 2:14-18.

e. **Ejercítate para la piedad.** «Piedad» se define como toda actitud y respuesta adecuada a Dios (ver 1 Ti 2:2). Es el requisito previo de cuyo cumplimiento dependen todos los ministerios eficaces. «Ejercítate» alude a un término atlético que describe el esfuerzo riguroso y el sacrificio individual que practica un atleta a diario. La disciplina espiritual es el sendero que conduce a la vida piadosa (cp. 1 Co 9:24-27).

f. **para poco es provechoso.** El ejercicio corporal es limitado tanto en alcance como en duración porque solo afecta el cuerpo físico durante esta vida terrenal.

g. **esperamos.** O «confiamos». Los creyentes son salvos en esperanza y viven y sirven a la luz de esa esperanza de vida eterna (Tit 1:2; 3:7; ver Ro 5:2). Trabajar y esforzarse hasta extenuarse, así como para padecer rechazo y persecución son cosas aceptables porque los creyentes entienden que hacen la voluntad de Dios que es la obra de la salvación. Esto hace que en últimas todos los sacrificios valgan la pena (Fil 1:12-18, 27-30; 2:17; Col 1:24, 25; 2 Ti 1:6-12; 2:3, 4, 9, 10; 4:5-8).

h. **el Salvador de todos los hombres, mayormente de los que creen.** Es obvio que Pablo no enseña aquí el universalismo, la noción de que todos los hombres se salvarán en sentido espiritual y eterno. Las Escrituras enseñan con claridad que Dios no salvará a todos los seres humanos porque la mayoría de ellos lo rechazarán y en consecuencia pasarán la eternidad

[a]Ninguno tenga en poco tu juventud, sino [b]sé ejemplo de los creyentes en palabra, conducta, amor, espíritu, fe y pureza. Entre tanto que voy, [c]ocúpate en la lectura, la exhortación y la enseñanza. No descuides [d]el don que hay en ti, que te fue dado [e]mediante profecía con [f]la imposición de las

---

en el infierno (Mt 25:41, 46; Ap 20:11-15). No obstante, la palabra griega que se traduce «mayormente» debe significar que todos los hombres disfrutan de algún modo la salvación de Dios, así como los creyentes la disfrutan por completo. La explicación más sencilla es que Dios es el Salvador de todos los hombres solo en un sentido temporal, al mismo tiempo que es Salvador de los creyentes en un sentido eterno. El punto de Pablo es que mientras que Dios en su gracia libera a los creyentes de la condenación y el castigo del pecado porque fue su sustituto (2 Co 5:21), todos los hombres experimentan algunos beneficios terrenales de la bondad de Dios. Estos beneficios son: 1) la gracia común, un término que describe la bondad que Dios muestra a toda la humanidad universalmente (Sal 145:9): al refrenar el pecado (Ro 2:15) y juicio (Ro 2:3-6), al mantener el orden en la sociedad por medio del gobierno (Ro 13:1-5), al capacitar al hombre para que pueda apreciar la belleza y la bondad (Sal 50:2), y al bañarlo de bendiciones temporales (Mt 5:45; Hch 14:15-17; 17:25), 2) la compasión, el amor de un corazón quebrantado de compasión que Dios expresa a pecadores no regenerados que no lo merecen (Éx 34:6, 7; Sal 86:5; Dn 9:9; Mt 23:37; Lc 19:41-44; cp. Is 16:11-13; Jer 48:35–37), 3) los llamados y amonestaciones para acceder al arrepentimiento, ya que Dios constantemente advierte a los pecadores acerca del destino que les espera y así demuestra tener el corazón de un Creador compasivo que no se complace en absoluto en la muerte de los impíos (Ez 18:30-32; 33:11), 4) la invitación del evangelio, la salvación en Cristo se ofrece de manera indiscriminada a todos los seres humanos (Mt 11:28, 29; 22:2-14; Jn 6:35-40; Ap 22:17; cp. Jn 5:39, 40). Por naturaleza, Dios es Salvador. Esto quiere decir que él no se complace en la muerte de los pecadores. Su carácter salvador se revela hasta hoy día en la manera como trata a quienes nunca creerán, pero solo en esos cuatro beneficios temporales que acaban de describirse. Ver 1 Ti 2:6.

a. **Ninguno tenga en poco tu juventud.** La cultura griega atribuía mucho valor a la edad y la experiencia. Como Timoteo tenía entre treinta y cuarenta años, una edad menor según los parámetros de esa cultura, tendría que ganarse el respeto de los demás al ser ejemplo en su vida piadosa. Debido a que había estado con Pablo desde su adolescencia, Timoteo sí contaba con mucha experiencia para ser considerado maduro, y era inexcusable que lo tuvieran «en poco» solo por ser menor de cuarenta años.

b. **sé ejemplo... en... pureza.** Pablo enumera cinco ámbitos de influencia (los mejores manuscritos griegos omiten «en... espíritu»), en las cuales Timoteo debía dar ejemplo a toda la iglesia: «palabra» (su manera de hablar; cp. Mt 12:34-37; Ef 4:25, 29, 31), «conducta» (una vida justa e íntegra; cp. Tit 2:10;1 P 1:15; 2:12; 3:16), «amor» (servicio sacrificado por los demás; cp. Jn 15:13), «fe» (no creencia, sino fidelidad o compromiso fiel; cp. 1 Co 4:2), «pureza» (en especial su pureza sexual; cp. 1 Ti 3:2). La vida ejemplar de Timoteo en esas áreas contribuiría a compensar las desventajas de su juventud e inexperiencia.

c. **ocúpate en la... enseñanza.** Estas cosas debían formar parte de la práctica constante de Timoteo y su estilo de vida. «Lectura» se refiere a la costumbre de leer las Escrituras en público en los cultos de adoración de la iglesia, lo cual iba seguido por la exposición del pasaje que se había leído (cp. Neh 8:1-8; Lc 4:16-27). «Exhortación» es un reto espiritual para los que oyen la Palabra a fin de que la apliquen en su vida diaria. Esto puede incluir reprimendas y advertencias, así como palabras de ánimo y consuelo. «Enseñanza» se refiere a la instrucción sistemática de la Palabra de Dios y equivale a «sana doctrina» (cp. 1 Ti 3:2; Tit 1:9).

d. **el don.** Aquella gracia dada a Timoteo y a todos los creyentes en el momento de la salvación que consiste en una capacidad espiritual diseñada por Dios e investida de poder por su Espíritu, con el propósito de ser usada en el ministerio (ver Ro 12:4-8; 1 Co 12:4-12; 1 P 4:10, 11). El don de Timoteo (cp. 2 Ti 1:6) era el liderazgo combinado con la función específica de predicar (2 Ti 4:2) y enseñar (1 Ti 4:6, 11, 13; 6:2).

e. **mediante profecía.** El don de Timoteo fue identificado por revelación de Dios (ver 1 Ti 1:18) y confirmación apostólica (2 Ti 1:6), quizás al asociarse con Pablo en el segundo viaje misionero del apóstol (Hch 16:1-3).

f. **la imposición de las manos del presbiterio.** Ver 1 Ti 5:22. Aquí «presbiterio» es la palabra que alude a «los ancianos». Es probable que esta afirmación pública del llamado de

manos del presbiterio. Ocúpate en estas cosas; permanece en ellas, para que tu [a]aprovechamiento sea manifiesto a todos. Ten cuidado [b]de ti mismo y de la doctrina; persiste en ello, pues haciendo esto, [c]te salvarás a ti mismo [d]y a los que te oyeren.

234. El cuidado pastoral de las viudas

1 Timoteo 5:1–16

No [e]reprendas al [f]anciano, sino [g]exhórtale como a padre; a los más jóvenes, como a hermanos; a las ancianas, como a madres; a las jovencitas, como a hermanas, con toda pureza.

Timoteo al ministerio tuviera lugar al mismo tiempo que la profecía (cp. 2 Ti 1:6). Su llamado al ministerio quedó confirmado en sentido subjetivo (por medio de su don espiritual), en sentido objetivo (mediante la profecía que se pronunció acerca de él), y en sentido colectivo (por la afirmación de los apóstoles y la iglesia, representada por los ancianos).

a. **aprovechamiento.** Una palabra que se usaba en el argot militar para aludir a una fuerza de avanzada y en términos generales a progreso en el aprendizaje, el entendimiento o el conocimiento. Pablo exhortó a Timoteo para que dejara que su progreso hacia la semejanza a Cristo fuera evidente a todos.

b. **de ti mismo y de la doctrina.** Las prioridades de un líder piadoso se resumen en su santidad personal y su enseñanza pública. Todas las exhortaciones de Pablo en 1 Ti 4:6-16 corresponden a alguna de esas dos categorías.

c. **te salvarás a ti mismo.** La perseverancia en creer la verdad siempre acompaña una conversión genuina (ver Mt 24:13; cp. Jn 8:31; Ro 2:7; Fil 2:12, 13; Col 1:23).

d. **y a los que te oyeren.** Mediante el cuidado minucioso de su propia vida piadosa y la predicación fiel de la Palabra, Timoteo continuaría siendo el instrumento humano que Dios usó para traer el evangelio y salvar a algunos que lo escucharon. Aunque la salvación es obra de Dios, él se deleita en realizarla por medio de instrumentos humanos.

e. **reprendas.** Algunas traducciones añaden «con dureza», que completa la intensidad de la expresión griega. Un creyente mayor de edad que peca debe ser tratado con respeto y no con palabras duras (cp. 2 Ti 2:24, 25).

f. **anciano.** En este contexto, el término griego indica que se trata de hombres ancianos y no de los que ejercen el oficio de anciano. Timoteo era un hombre joven y como tal debía confrontar a pecadores mayores que él con deferencia y honra, lo cual se infiere con claridad de los principios del AT (cp. Lv 19:32; Job 32:4, 6; Pr 4:1-4; 16:31; 20:29).

g. **exhórtale.** Esta palabra griega se relaciona con un título que se da al Espíritu Santo (*paracletos*; cp. Jn 14:16, 26; 15:26; 16:7), y alude a ponerse al lado de alguien para ayudarlo. También puede traducirse «fortalécele». Nosotros debemos fortalecer a nuestros hermanos en la fe (cp. Gá 6:1, 2) de la misma manera como lo hacen las Escrituras (Ro 15:4) y el Espíritu Santo.

[a]Honra a las [b]viudas que en verdad lo son. Pero si alguna [c]viuda tiene hijos, o nietos, aprendan estos primero a ser piadosos para con su propia familia, y a [d]recompensar a sus padres; porque esto es lo bueno y agradable delante de Dios. Mas la que en verdad es viuda y ha [e]quedado sola, [f]espera en Dios, y es diligente en súplicas y oraciones noche y día. Pero la que se entrega a los placeres, [g]viviendo está muerta. Manda también estas cosas, para que sean [h]irreprensibles; porque [i]si alguno no provee para los suyos, y mayormente para los de su casa, ha negado la fe, y es peor que un incrédulo.

---

a. **Honra.** Significa «dar respeto o cuidado», «sostener» o «tratar con gracia y misericordia». Aunque incluye la satisfacción de todo tipo de necesidades, Pablo no solo tenía en mente la definición amplia, sino ante todo el apoyo económico (cp. Éx 20:12; Mt 15:16; 27:9).

b. **viudas que en verdad lo son.** No todas las viudas están solas y sin recursos en absoluto. El sostenimiento económico de la iglesia solo es obligatorio para viudas que no tengan medios para cubrir sus necesidades diarias.

c. **viuda tiene hijos, o nietos.** Las familias y no la iglesia tienen la responsabilidad primordial por sus propias viudas.

d. **recompensar a sus padres.** Tanto hijos como nietos están en deuda con quienes los trajeron al mundo y se encargaron de su cuidado. El cumplimiento de esta responsabilidad es una marca incontundible de obediencia piadosa (cp. Éx 20:12).

e. **quedado sola.** La forma de esta palabra griega denota una condición permanente de haber sido abandonado y dejado sin recursos. En realidad se trata de una viuda porque no hay familia que la sustente.

f. **espera en Dios.** Un estado continuo o una actitud permanente de esperanza en Dios (cp. 1 R 17:8-16; Jer 49:11). Como no cuenta con otras personas, ruega a Dios como su única esperanza de supervivencia.

g. **viviendo está muerta.** Una viuda que lleva una vida mundana, inmoral o impía puede estar viva en sentido físico, pero su manera de vivir prueba que no ha sido regenerada y que está muerta en sentido espiritual (cp. Ef 2:1).

h. **irreprensibles.** Ver 1 Ti 3:2; Fil 2:15. Significa «por encima de cualquier reproche», de tal modo que nadie puede acusarlas de mala conducta.

i. **si.** Se traduce mejor «puesto que». Pablo replanteó en sentido negativo el principio positivo de 1 Ti 5:4 al emplear la construcción griega que implica una condición verdadera, lo cual indica que se dieron numerosas violaciones de ese principio en Éfeso. Cualquiera que no obedece este mandato es culpable de: 1) negar el principio del amor cristiano compasivo (cp. Jn 13:35; Ro 5:5; 1 Ts 4:9) y 2) ser «peor que un incrédulo». La mayoría de los paganos cumplían este deber por naturaleza, así que los creyentes que tienen el mandato y el poder de Dios para cumplirlo y no lo hacen, se comportan peor que paganos. Cp. 1 Co 5:1, 2.

[a]Sea puesta en la lista solo la viuda no [b]menor de sesenta años, que haya sido [c]esposa de un solo marido, que tenga testimonio de buenas obras; si [d]ha criado hijos; si ha practicado la hospitalidad; si [e]ha lavado los pies de los santos; si ha socorrido a los afligidos; si ha practicado [f]toda buena obra.

Pero viudas más jóvenes no admitas; porque cuando, [g]impulsadas por sus deseos, se rebelan contra Cristo, quieren casarse, incurriendo así en condenación, por haber [h]quebrantado su primera fe. Y también aprenden a ser ociosas, andando de casa en casa; y no solamente ociosas, sino también [i]chismosas y entremetidas, hablando lo que no debieran. Quiero, pues, que las viudas

---

a. **Sea puesta en la lista.** No era una lista de las viudas que podían ser reconocidas para recibir un apoyo especial de la iglesia (todas las viudas que no tuvieran otros medios de sustento contaban por igual con este respaldo), sino más bien de aquellas a las que se podía asignar un ministerio especial y reconocido en la iglesia (cp. Tit 2:3-5).

b. **menor de sesenta años.** En la cultura del NT se consideraba que esta era la edad para jubilarse. Al llegar a los sesenta años, las mujeres ya habrían terminado su ciclo de crianza y tendrían el tiempo, la madurez y el carácter para dedicar su vida al servicio de Dios y la iglesia. Tampoco era muy probable que volvieran a casarse a esa edad para ocuparse en cumplir ese compromiso.

c. **esposa de un solo marido.** Lit. «mujer de un solo hombre» (cp. 1 Ti 3:2, 12). Esto no excluye a mujeres que hayan estado casadas más de una vez (cp. 1 Ti 5:14; 1 Co 7:39), sino que se refiere a una mujer fiel y consagrada por completo a su esposo, una esposa que haya demostrado pureza en pensamiento y acción dentro de su matrimonio.

d. **ha criado hijos.** Se considera a la viuda piadosa que como madre cristiana ha nutrido o criado hijos que han seguido al Señor (ver 1 Ti 2:15).

e. **ha lavado los pies de los santos.** Esta era la labor servil de los esclavos y se utiliza tanto en sentido literal como metafórico para aludir a las viudas que tuvieran un corazón humilde y servicial (ver Jn 13:5-17).

f. **toda buena obra.** Cp. Dorcas en Hch 9:36-39.

g. **impulsadas por sus deseos.** Esta expresión incluye todo lo relacionado con la relación marital, como es el caso de la pasión sexual. Pablo vio el peligro de que las viudas más jóvenes quisieran escapar de sus votos para quedarse solteras (ver 1 Ti 5:12) y dedicarse solo al servicio de Dios (cp. Nm 30:9). El apóstol sabía que esa clase de sentimientos podía tener un efecto negativo en la vida personal de las viudas y su ministerio dentro de la iglesia. Además, estas mujeres eran el blanco predilecto de los maestros falsos porque las consideraban presa fácil (2 Ti 3:6, 7), y en muchos casos hicieron que abandonaran la verdad (1 Ti 5:15).

h. **quebrantado su primera fe.** En griego clásico «fe» también podía significar «promesa» o «juramento». Si se toma así en este contexto, se refiere a un pacto específico que las viudas jóvenes hacían al solicitar su inclusión en la lista de las viudas. Es probable que prometieran consagrar el resto de la vida de cada una de ellas al servicio de la iglesia y del Señor. Aunque era algo que hacían con buenas intenciones en su tiempo de necesidad y viudez reciente, lo más seguro era que después desearan casarse otra vez (ver 1 Ti 5:11), y así renegaran de su compromiso original.

i. **chismosas y entremetidas.** Personas que hablan sandeces y tonterías. También se dedican a hacer acusaciones falsas con palabras maliciosas. La necedad y la ociosidad también les convertía en blancos predilectos de los maestros falsos (1 Ti 1:6). El término «entremetidas» (lit. «aquel que se mueve por todas partes») implica que esta clase de personas interfieren en cosas que no son de su incumbencia al mismo tiempo que desatienden sus propias responsabilidades.

jóvenes se casen, [a]críen hijos, [b]gobiernen su casa; que no den al adversario ninguna ocasión de maledicencia. Porque ya algunas [c]se han apartado en pos de [d]Satanás. Si algún creyente o [e]alguna creyente tiene viudas, que las mantenga, y no sea gravada la iglesia, a fin de que haya lo suficiente para las que en verdad son viudas.

235. La respuesta adecuada a los ancianos

1 Timoteo 5:17–25

Los [f]ancianos que [g]gobiernan bien, sean tenidos por dignos de [h]doble honor, [i]mayormente los que [j]trabajan en [k]predicar y enseñar. [l]Pues la Escritura dice:

---

a. **críen hijos.** Las viudas más jóvenes todavía estaban en edad de tener hijos. Aunque habían perdido a su primer marido, todavía tenían acceso al privilegio y la bendición de volverse a casar y tener hijos (ver 1 Ti 2:15; cp. Sal 127:3, 5).

b. **gobiernen su casa.** El término griego denota todos los aspectos de la administración de un hogar y no solo la crianza de los hijos. El hogar es el dominio donde una mujer casada vive en satisfacción en el diseño perfecto de Dios. Ver Tit 2:4, 5.

c. **se han apartado.** Algunas de las viudas jóvenes habían abandonado su compromiso de servir a Cristo (ver 1 Ti 5:11, 12), quizá por seguir a los maestros falsos y propagar su doctrina falsa, o al casarse con incrédulos y traer descrédito a la iglesia.

d. **Satanás.** El diablo, quien es el adversario de todo creyente verdadero (ver Job 1:6-12; 2:1-7; Is 14:12-15; Ez 28:12-15; Ap 12:9).

e. **alguna creyente.** Pablo vuelve a postular el mensaje de 1 Ti 5:4-8, pero añade que, si la situación así lo requiere, las mujeres cristianas quedan incluidas en esta responsabilidad de sostener a las viudas.

f. **ancianos.** Esto identifica al «obispo» (1 Ti 3:1) o supervisor que monta guardia para proteger al rebaño y que también es llamado pastor (Ef 4:11). Ver 1 Ti 3:1-7; Tit 1:6-9. La fuente de muchas de las dificultadas que experimentaba la iglesia en Éfeso era la incompetencia de sus pastores. Por eso Pablo explica a Timoteo la manera de restaurar la supervisión adecuada del rebaño y el cuidado pastoral apropiado. Aquí define las obligaciones de la iglesia en cuanto a honrar, proteger, reprender y seleccionar a los ancianos.

g. **gobiernan bien.** Los ancianos ejercen el gobierno espiritual en la iglesia. Cp. 1 Ts 5:12, 13; He 13:7, 17.

h. **doble honor.** Los ancianos que sirven con mayor compromiso, excelencia y esfuerzo deberían recibir mayor reconocimiento de sus congregaciones. Esta expresión no significa que tales obreros deban recibir el doble de remuneración que los demás, sino que por haber ganado tanto respeto deberían recibir un pago más generoso.

i. **mayormente.** Significa «ante todo» o «en particular». La idea implícita es que algunos ancianos trabajarán más duro que otros y serán más sobresalientes en el ministerio.

j. **trabajan.** Lit. «trabajar hasta el cansancio o el agotamiento». La palabra griega recalca el esfuerzo tras la labor más que la cantidad misma de trabajo.

k. **predicar y enseñar.** Ver 1 Ti 4:13. La primera actividad corresponde a la proclamación e incluye también la exhortación y la admonición de todo el rebaño. Requiere una respuesta de corazón al Señor. La segunda tiene que ver con producir un fortalecimiento esencial contra la herejía y se enfoca más en la instrucción paciente de cada creyente.

l. **Pues la Escritura dice.** Una fórmula habitual para introducir las referencias bíblicas, en este caso tanto del AT (Dt 25:4) como del NT (Lc 10:7). También es muy significativo que

No pondrás bozal al buey que trilla; y: Digno es el obrero de su salario. Contra un anciano no admitas acusación sino con [a]dos o tres testigos. A [b]los que persisten en pecar, repréndelos [c]delante de todos, para que los demás también teman.

Te encarezco delante de Dios y del Señor Jesucristo, y de [d]sus ángeles escogidos, que guardes estas cosas [e]sin prejuicios, no haciendo nada con parcialidad. [f]No impongas con ligereza las manos a ninguno, [g]ni participes en pecados ajenos. [h]Consérvate puro.

---

en esta cita un escritor del NT (Pablo) afirme la inspiración de otro, al hablar de lo escrito por Lucas como «Escritura» (cp. 2 P 3:15, 16), lo cual muestra en cuán alta estima tenía la iglesia primitiva las Escrituras del NT.

a. **dos o tres testigos.** Las acusaciones graves contra los ancianos deben ser investigadas y confirmadas por el mismo proceso establecido en Mt 18:15-20. Este proceso para la iglesia entera también se aplica a los ancianos y la exigencia de este versículo no pone a los ancianos por encima de una acusación válida, sino que los protege de acusadores frívolos y perversos, al someterlos al mismo proceso de confirmación de pecado como el resto de la iglesia.

b. **los que persisten en pecar.** Los ancianos que continúen en cualquier clase de pecado después de la confrontación de dos o tres testigos, en especial cualquiera que viole las cualidades básicas para poder servir (1 Ti 3:2-7).

c. **delante de todos.** Los demás ancianos y la congregación. El tercer paso de la confrontación que se establece en Mt 18:17, consiste en comunicar el asunto a la iglesia para que todos puedan confrontar al individuo y llamarlo al arrepentimiento.

d. **sus ángeles escogidos.** Es decir, aquellos ángeles no caídos que se distinguen de Satanás y sus demonios. Esto indica que el propósito soberano de Dios al elegir esos seres que serían parte de su reino eterno incluyó ángeles a quienes él escogió para gloria eterna. Los cristianos también son llamados «escogidos» (Ro 8:33; 11:7; Col 3:12; 2 Ti 2:10; Tit 1:1; 1 P 1:2; 2 Jn 1, 13).

e. **sin prejuicios... parcialidad.** Toda disciplina de los ancianos debe hacerse con ecuanimidad, sin prejuicios ni preferencias personales, sino conforme a los parámetros bíblicos.

f. **No impongas con ligereza las manos.** La ceremonia que afirmaba la disponibilidad y aceptación de un hombre para el ministerio público como anciano, pastor o supervisor. Esto procedía de la práctica del AT de imponer las manos sobre un animal que iba a ser sacrificado con el fin de identificarse con él (Éx 29:10, 15, 19; Lv 4:15; cp. Nm 8:10; 27:18-23; Dt 34:9; Mt 19:15; Hch 8:17, 18; 9:17; He 6:2). «Con ligereza» se refiere a proceder con esta ceremonia sin haber hecho una investigación juiciosa ni pasar por un período de preparación para asegurarse de las calificaciones del candidato (como en 1 Ti 3:1-7).

g. **ni participes en pecados ajenos.** Esto se refiere al pecado de una ordenación apresurada, que hace culpables a los participantes del pecado de aquel hombre que sirve sin ser un anciano calificado, lo cual puede desviar a la congregación.

h. **Consérvate puro.** Algunas versiones traducen «libre de pecado». Pablo quería que Timoteo, al abstenerse de participar en el reconocimiento de líderes no calificados, se mantuviera libre de cualquier mancha ocasionada por los pecados de otros. La iglesia necesitaba con desesperación líderes espirituales calificados, pero la selección debía hacerse con mucho detenimiento.

[a]Ya no bebas agua, sino [b]usa de un poco de vino por causa de tu estómago y de tus frecuentes enfermedades.

Los [c]pecados de algunos hombres se hacen patentes [d]antes que ellos vengan a juicio, mas a otros [e]se les descubren después. Asimismo se hacen manifiestas las [f]buenas obras; y las que son de otra manera, no pueden permanecer ocultas.

236. Los falsos maestros y el amor al dinero

1 Timoteo 6:1–10

Todos [g]los que están [h]bajo el yugo de esclavitud, tengan a sus [i]amos por dignos de [j]todo honor, para que no sea blasfemado el nombre de Dios y [k]la doctrina.

a. **Ya no bebas agua.** En el mundo antiguo el «agua» con frecuencia estaba contaminada y transportaba muchas enfermedades. Por esa razón Pablo urgió a Timoteo a que no corriera el riesgo de contraer alguna enfermedad, ni siquiera por causa de algún compromiso religioso a la abstinencia de todo vino. Parece que Timoteo evitaba el vino para no afectar su testimonio (ver 1 Ti 3:3).

b. **usa de un poco de vino... enfermedades.** Pablo quería que Timoteo usara vino, porque a causa de la fermentación, este actuaba como desinfectante y podía proteger su salud de los efectos dañinos del agua impura. Sin embargo, Pablo no pretendió que su consejo fuera una excusa para que Timoteo bajara el parámetro excelente de conducta para los líderes (cp. Nm 6:1-4; Pr 31:4, 5).

c. **pecados... se hacen patentes.** Los pecados de algunos hombres son manifiestos a todos y los descalifican de entrada para el servicio como ancianos.

d. **antes que ellos vengan a juicio.** Los pecados conocidos de los no calificados anuncian la culpabilidad e incompetencia de esos hombres delante de todos. «Juicio» se refiere al proceso de la iglesia para determinar la elegibilidad de los creyentes maduros para servir como ancianos.

e. **se les descubren después.** Los pecados de otros candidatos a anciano saldrán a la luz con el tiempo, quizá durante el escrutinio del proceso de evaluación.

f. **buenas obras.** El tiempo y la verdad van de la mano. El enfoque de todas estas instrucciones acerca de la elección de ancianos, de conformidad con las cualidades descritas en 1 Ti 3:1-7, es que debe procederse con paciencia, justicia, imparcialidad y pureza (1 Ti 5:21-25). Ese es el único método que producirá las opciones correctas.

g. **los que... esclavitud.** Los «siervos» o «esclavos» son personas que están en sumisión a otro. El término no tiene una connotación negativa y con frecuencia es positivo al usarse en conexión con el Señor en su servicio al Padre (Fil 2:7), los creyentes en su servicio a Dios (1 P 2:16), al Señor (Ro 1:1; Gá 1:10; 2 Ti 2:24; Stg 1:1), a los no cristianos (1 Co 9:19) y a otros creyentes (Gá 5:13).

h. **bajo el yugo.** Una expresión coloquial que describe el servicio sumiso bajo la autoridad de otro y no siempre una relación de maltrato (cp. Mt 11:28-30).

i. **amos.** La palabra griega que se traduce «amo» es la misma que da origen al término «déspota», pero en el original no tiene una connotación negativa. Más bien se refiere a alguien que tiene autoridad absoluta y sin restricciones.

j. **todo honor.** Esto equivale en el presente a una labor diligente y fiel para beneficio del empleador. Ver Ef 6:5-9; Col 3:22-25.

k. **la doctrina.** La revelación de Dios resumida en el evangelio. La manera como los creyentes actúan mientras están bajo la autoridad de otro afecta la manera como otras personas ven el mensaje de salvación que los cristianos proclaman (ver Tit 2:5-14). Si despliega

Y los que tienen [a]amos creyentes, no los tengan en menos por ser hermanos, sino sírvanles mejor, por cuanto son creyentes y amados los que se benefician de su buen servicio. Esto enseña y [b]exhorta.

[c]Si alguno enseña otra cosa, y no se conforma a las sanas palabras de nuestro Señor Jesucristo, y a la doctrina que es conforme a la piedad, está envanecido, nada sabe, y delira acerca de [d]cuestiones y contiendas de palabras, de las cuales nacen envidias, pleitos, blasfemias, malas sospechas, disputas necias de hombres corruptos de entendimiento y [e]privados de la verdad, que toman la piedad como [f]fuente de ganancia; [g]apártate de los tales.

Pero gran ganancia es la piedad acompañada de [h]contentamiento; porque nada hemos traído a este mundo, y sin duda nada podremos sacar. Así

---

una actitud adecuada de sumisión y respeto, y si realiza un trabajo de calidad, cada creyente contribuye a la credibilidad del evangelio (Mt 5:48).

a. **amos creyentes.** En algunos puede existir la tendencia de suponer que la igualdad de todos los creyentes en Cristo justifica el desdeño de la autoridad de los amos cristianos en cuanto a las diversas funciones laborales. Por el contrario, trabajar para un cristiano debería producir un servicio más leal y diligente motivado por el amor a los hermanos.

b. **exhorta.** Lit. «llamar al lado de uno». Aquí se recalca el aspecto de urgir, dirigir e insistir en seguir los principios para la conducta correcta en el lugar de trabajo.

c. **Si alguno...** Pablo identifica tres características de los falsos maestros: 1) enseñan «otra cosa», una doctrina diferente o cualquier enseñanza que contradice la revelación de Dios en las Escrituras (ver Gá 1:6-9), 2) el maestro falso «no se conforma a las sanas palabras» porque no está de acuerdo con la enseñanza correcta y saludable que está contenida en las Escrituras (2 P 3:16) y 3) rechazan «la doctrina que es conforme a la piedad» y distribuyen una enseñanza que no se basa en las Escrituras, lo cual siempre resulta en una vida carente de santidad. En lugar de la piedad, el pecado es la marca distintiva de los maestros falsos (ver 2 P 2:10-22; cp. Jud 4, 8-16).

d. **cuestiones y contiendas de palabras.** «Cuestiones» también significa «disputas» y se refiere a especulaciones vanas, mientras que el significado literal de «contiendas de palabras» es «batallas de palabras». Como los falsos maestros son orgullosos y no entienden la verdad divina (2 Co 2:14), se obsesionan con terminologías y atacan la confiabilidad y autoridad de las Escrituras. Se menciona aquí todo tipo de contienda para indicar que los falsos maestros no producen algo beneficioso con su mente carnal, corrupta y vacía (1 Ti 6:5).

e. **privados de la verdad.** Los maestros falsos se encuentran en un estado de apostasía porque conocieron antes la verdad y al parecer se acogieron a ella, pero después se apartaron y la rechazaron por completo. La palabra griega que se traduce «privados» significa «robar» o «despojar», y su conjugación en este versículo indica que alguien o algo fue apartado del contacto con la verdad (esto no significa que hubieran sido salvos; ver 1 Ti 1:19; cp. 2 Ti 2:18; 3:7, 8; He 6:4-6; 2 P 2:1, 4-9).

f. **fuente de ganancia.** Casi siempre detrás de todos los esfuerzos de los falsos maestros hipócritas y mentirosos (1 Ti 4:2) está la motivación primordial de la ganancia monetaria (cp. Hch 8:18-23; 2 P 2:15).

g. **apártate de los tales.** Esta frase no aparece en los mejores manuscritos, aunque la idea expresada es evidente en sí misma.

h. **contentamiento.** Esta palabra griega significa «suficiencia en uno mismo» y fue empleada por los filósofos estoicos para describir a una persona que no se inmutaba por las circunstancias externas. Los cristianos deben ser personas satisfechas y suficientes, sin sentir la necesidad de buscar más de lo que Dios ya les ha dado. Él es la fuente del contentamiento verdadero (2 Co 3:5; 9:8; Fil 4:11-13, 19).

que, [a]teniendo sustento y abrigo, estemos contentos con esto. Porque [b]los que quieren enriquecerse caen en tentación y lazo, y en muchas codicias necias y dañosas, que hunden a los hombres en [c]destrucción y perdición; porque raíz de todos los males es [d]el amor al dinero, el cual codiciando algunos, [e]se extraviaron de la fe, y fueron traspasados de muchos dolores.

237. La motivación apropiada de un hombre de Dios

1 Timoteo 6:11–21

Mas tú, [f]oh hombre de Dios, huye de [g]estas cosas, y sigue [h]la justicia, la piedad, la fe, el amor, la paciencia, la mansedumbre. [i]Pelea la buena batalla de la fe,

---

a. **teniendo sustento y abrigo, estemos contentos.** La satisfacción de las necesidades básicas de la vida debería contentar a todos los cristianos. Pablo no condena el tener posesiones siempre y cuando sea Dios quien las suministre en su gracia (1 Ti 6:17). No obstante, sí condena el deseo egoísta de dinero que viene como resultado de la falta de contentamiento. Ver Mt 6:33.

b. **los que quieren enriquecerse caen en tentación.** «Quieren» se refiere a un deseo consciente y racional que describe con claridad la motivación de los que son culpables de avaricia. La forma del verbo griego que se traduce «caen» indica que quienes tienen esa clase de deseo caen todo el tiempo en tentación. Los codiciosos son compulsivos, siempre caen en las trampas del pecado por el deseo que los consume de adquirir más y más.

c. **destrucción y perdición.** Tal codicia puede conducir estas personas a sufrir el fin trágico de la destrucción y el infierno. Estos términos se refieren al castigo eterno de los malvados.

d. **el amor al dinero.** Lit. «afecto por la plata». En este contexto, es un pecado específico que cometían los falsos maestros, pero el principio tiene aplicación universal. El dinero en sí mismo no es malo porque es un regalo de Dios (Dt 8:18). Lo que Pablo condena es el amor al dinero (cp. Mt 6:24) que tanto caracterizaba a los maestros falsos (ver 1 P 5:2; 2 P 2:1-3, 15).

e. **se extraviaron de la fe.** Del cuerpo de verdad cristiana. El oro reemplazó a Dios para estos apóstatas que dejaron de buscar las cosas de Dios para dedicarse a buscar dinero.

f. **oh hombre de Dios.** Cp. 2 Ti 3:17. Es un término que solo se usa en el NT con referencia a Timoteo. Como término técnico se emplea unas setenta veces en el AT, siempre para aludir a un hombre que actuaba como portavoz oficial de Dios (ver Dt 33:1). Esto, junto a 1 Ti 1:2 y 2:1, confirma que la carta iba dirigida en primera instancia a Timoteo y que su propósito era exhortarlo a ser fiel y fuerte en medio de persecución y dificultades, en particular porque la muerte de Pablo estaba próxima a suceder. El hombre de Dios es conocido por las siguientes cosas: 1) de qué huye (1 Ti 6:11), 2) qué persigue (v. 11), 3) por qué pelea (v. 12) y 4) a qué es fiel (vv. 13, 14). La clave de su éxito en todas estas actividades es la perfección producida en él por las Escrituras (2 Ti 3:16, 17).

g. **estas cosas.** El amor al dinero y todo lo que lo acompaña (1 Ti 6:6-10), así como las demás obsesiones orgullosas de los falsos maestros (1 Ti 6:3-5).

h. **la justicia, la piedad.** «Justicia» significa hacer lo que es recto, tanto en relación con Dios como con el hombre, y se manifiesta por encima de todo en la conducta diaria. «Piedad» (ver 1 Ti 2:2) se refiere a la reverencia a Dios y podría traducirse «semejanza a Dios».

i. **Pelea la buena batalla de la fe.** De la palabra griega que se traduce «pelea» se deriva la expresión «agonizar», y se empleaba durante ejercicios militares y atléticos para describir

[a]echa mano de la vida eterna, [b]a la cual asimismo fuiste llamado, habiendo hecho [c]la buena profesión delante de muchos testigos. Te mando delante de Dios, que da vida a todas las cosas, y de Jesucristo, que dio testimonio de [d]la buena profesión delante de Poncio Pilato, que guardes [e]el mandamiento sin mácula ni reprensión, hasta la [f]aparición de nuestro Señor Jesucristo, la cual [g]a su tiempo mostrará el bienaventurado y solo [h]Soberano, [i]Rey de reyes, y Señor de señores, el único que tiene inmortalidad, que habita en luz inaccesible; [j]a quien ninguno de los hombres ha visto ni puede ver, al cual sea la honra y el imperio sempiterno. Amén.

---

la concentración, la disciplina y el esfuerzo extremo que se requieren para ganar. La «buena batalla de la fe» es el conflicto espiritual contra el reino de las tinieblas de Satanás en la que todos los hombres de Dios están involucrados, quiéranlo o no. Ver 2 Co 10:3-5; 2 Ti 4:2.

a. **echa mano de la vida eterna.** Aquí Pablo amonesta a Timoteo para que «capte» la realidad de los asuntos relacionados con la vida eterna, para que pudiera vivir y ministrar con una perspectiva celestial y eterna (cp. Fil 3:20; Col 3:2).

b. **a la cual asimismo fuiste llamado.** Se refiere al llamado soberano y eficaz a la salvación de Timoteo por parte de Dios (ver Ro 1:7).

c. **buena profesión.** La confesión pública de fe en el Señor Jesucristo que hizo Timoteo, la cual es posible que haya tenido lugar en su bautismo y de nuevo al ser ordenado al ministerio (1 Ti 4:14; 2 Ti 1:6).

d. **la buena profesión delante de Poncio Pilato.** Jesús sabía que esa profesión le costaría la vida, pero él no se abstuvo de confesar que en verdad era Rey y Mesías (Jn 18:33-37). Él rara vez evitó el peligro (cp. Jn 7:1), sino que se encomendó con denuedo y confianza plena a Dios quien resucita a los muertos (cp. Col 2:12).

e. **el mandamiento.** Toda la Palabra de Dios revelada, la cual Pablo encargó a Timoteo que predicara (2 Ti 4:2). Pablo también alentó a Timoteo en repetidas ocasiones que la guardara (1 Ti 1:18, 19; 4:6, 16; 6:20; 2 Ti 1:13, 14; 2:15-18).

f. **aparición.** Cuando el Señor regrese a la tierra en gloria (cp. 2 Ti 4:1, 8; Tit 2:13) para juzgar y para establecer su reino (Mt 24:27, 29, 30; 25:31). Por cuanto el regreso de Cristo es inminente, eso debería ser motivación suficiente para que el hombre de Dios permanezca fiel a su llamado hasta que muera o hasta que el Señor regrese (cp. Hch 1:8-11; 1 Co 4:5; Ap 22:12).

g. **a su tiempo.** Es un tiempo que solo Dios conoce y que estableció en la eternidad pasada para el regreso de Cristo (Mr 13:32; Hch 1:7).

h. **Soberano.** También se traduce «Potentado» porque es una palabra griega que se deriva de un grupo de palabras griegas cuyo significado básico es «poder», pero aquí se traduce mejor «Soberano». Dios tiene soberanía y omnipotencia absolutas para gobernar sobre todas las cosas en todas partes.

i. **Rey de reyes, y Señor de señores.** Un título aplicado a Cristo (Ap 17:14; 19:16) que se usa aquí para designar a Dios el Padre. Es probable que Pablo usara este título para Dios con el propósito de confrontar el culto al emperador y comunicar que Dios es el único soberano y digno de adoración.

j. **a quien ninguno de los hombres ha visto ni puede ver.** Dios es invisible en espíritu (cp. 1 Ti 1:17; Job 23:8, 9; Jn 1:18; 5:37; Col 1:15), por esa razón es inalcanzable en el sentido de que el hombre pecador nunca ha visto y nunca podrá ver la plenitud de su gloria (cp. Éx 33:20; Is 6:1-5).

A los ricos de este siglo manda que no sean [a]altivos, ni pongan la esperanza en las [b]riquezas, las cuales son inciertas, sino en el Dios vivo, que nos da todas las cosas en abundancia para que las disfrutemos. Que hagan bien, que sean ricos en buenas obras, [c]dadivosos, generosos; [d]atesorando para sí buen fundamento para lo por venir, que echen mano de la vida eterna.

Oh Timoteo, guarda [e]lo que se te ha encomendado, evitando las profanas pláticas sobre cosas vanas, y los argumentos de [f]la falsamente llamada ciencia, la cual profesando algunos, se desviaron de la fe.

[g]La gracia sea contigo. Amén.

238. Pablo le escribe una carta a Tito

Introducción a Tito

Esta epístola recibe el nombre de su destinatario, Tito, cuyo nombre encontramos trece veces en el NT (1:4; Gá 2:1, 3; 2 Ti 4:10; frente a las nueve veces en 2 Co, ver Contexto histórico). El título en el NT griego se lee literalmente «A Tito». Junto con 1, 2 Timoteo, estas cartas a los hijos de Pablo en la fe se denominan tradicionalmente «Las epístolas pastorales».

---

a. **altivos.** Significa «tener una opinión exaltada de uno mismo». Los que cuentan con gran abundancia son tentados todo el tiempo a mirar con menosprecio a los demás y actuar como si fueran superiores. Las riquezas y el orgullo casi siempre van de la mano, y cuanto más rica es una persona, más tentada es a caer en el orgullo (Pr 18:23; 28:11; Stg 2:1-4).

b. **riquezas, las cuales son inciertas... todas las cosas en abundancia.** Los que tienen mucho tienden a confiar en su riqueza (cp. Pr 23:4, 5), Dios suministra una riqueza mucho mayor que la provista por cualquier tipo de inversión terrenal (Ec 5:18-20; Mt 6:19-21).

c. **dadivosos, generosos.** La palabra griega significa «desprendido» o «magnánimo». Aquellos creyentes que tienen dinero deben usarlo para satisfacer las necesidades de otros, de manera generosa y no egoísta (ver Hch 4:32-37; 2 Co 8:1-4).

d. **atesorando para sí buen fundamento.** «Atesorando» se puede traducir «amasar una fortuna», mientras que «fundamento» puede referirse a un fondo de inversiones. La idea es que los ricos en este mundo no deberían preocuparse con el lucro que puedan rendirles sus inversiones terrenales. Quienes hacen inversiones eternas se contentarán con recibir sus dividendos en el cielo. Ver Lc 16:1-13.

e. **lo que se te ha encomendado.** Esta es la traducción de una sola palabra griega que significa «depósito». El depósito que Timoteo debía guardar es la verdad, aquella revelación divina que Dios ha dejado a su cuidado. Cada cristiano, en especial si está en el ministerio, tiene el encargo sagrado de guardar la revelación de Dios (cp. 1 Co 4:1; 1 Ts 2:3, 4).

f. **la falsamente llamada ciencia.** La doctrina falsa, todo aquello que se afirma como verdad y que en realidad es mentira. Los maestros falsos casi siempre alegan que poseen un conocimiento superior (como en el caso del gnosticismo). Afirman que conocen los secretos trascendentes, pero en realidad son ignorantes y pueriles en su entendimiento (ver Col 2:8).

g. **La gracia sea contigo.** La salutación final de Pablo está en plural, es decir, «con todos vosotros», porque incluye no solo a Timoteo, sino a toda la congregación en Éfeso. Todos los creyentes requieren la gracia de Dios para preservar la verdad y transmitirla a la generación siguiente.

Autor y fecha

Que el apóstol Pablo escribiera (1:1) no se discute básicamente (ver la Introducción a 1 Timoteo). Tito se escribió entre el 62-64 A.D., mientras Pablo ministraba a iglesias de Macedonia entre su primer y segundo encarcelamiento romano, desde Corinto o desde Nicópolis (cp. 3:12). Es muy probable que Tito sirviera con Pablo tanto en el segundo como en el tercer viaje misionero. Tito, como Timoteo (2 Ti 1:2), se había convertido en un amado discípulo (1:4) y colaborador en el evangelio (2 Co 8:23). La última mención a Tito por parte de Pablo (2 Ti 4:10) informa que él había ido a ministrar en Dalmacia, la antigua Yugoslavia. La carta fue probablemente entregada por Zenas y Apolos (3:13).

Contexto histórico

Aunque Lucas no mencionó a Tito por su nombre en el libro de los Hechos, parece probable que Tito, un gentil (Gá 2:3), conociera a Cristo y hubiese sido llevado a la fe por Pablo (1:4) antes o durante el primer viaje misionero del apóstol. Más tarde, Tito ministró durante un período de tiempo con Pablo en la isla de Creta, y se quedó allí para continuar y fortalecer la obra (1:5). Después de que Artemas o Tíquico (3:12) llegaran para dirigir el ministerio allí, Pablo quería que Tito se le uniera en la ciudad de Nicópolis, en la provincia de Acaya, en Grecia, y se quedara todo el invierno (3:12).

Por su relación con la iglesia en Corinto durante el tercer viaje misionero de Pablo, a Tito se le menciona nueve veces en 2 Corintios (2:13; 7:6, 13, 14; 8:6, 16, 23; 12:18), donde Pablo se refiere a él como «mi hermano Tito» (2:13) y «mi compañero y colaborador» (8:23). El joven anciano ya estaba familiarizado con los judaizantes, los falsos maestros en la iglesia, quienes entre otras cosas insistían en que todos los cristianos, gentiles como también judíos, estaban bajo la autoridad de la ley mosaica. Tito había acompañado a Pablo y Bernabé años antes al Concilio de Jerusalén, donde esa herejía fue el tema (Hch 15; Gá 2:1-5).

Creta, una de las mayores islas del mar Mediterráneo, que medía 256 km de largo por 56 km en su punto más ancho, se hallaba al sur del mar Egeo, había sido brevemente visitada por Pablo en su viaje a Roma (Hch 27:7-9, 12, 13, 21). Regresó allí para ministrar y, más tarde, dejó a Tito para continuar la obra de una manera muy parecida a como dejó a Timoteo en Éfeso (1 Ti 1:3), mientras que él iba a Macedonia. Es muy probable que le escribiera a Tito en respuesta a una carta o a un informe suyo desde Creta.

Temas históricos y teológicos

Como en las dos cartas de Pablo a Timoteo, el apóstol da aliento y consejo personal a un joven pastor quien, aunque bien entrenado y fiel, se enfrentó a la oposición continua por parte de hombres impíos dentro de las iglesias en las que ministró. Tito tenía que comunicar ese aliento y consejo a los líderes que tenía que establecer en las iglesias cretenses (1:5).

En contraste con varias de las otras cartas de Pablo, como aquellas a las iglesias en Roma y Galacia, el libro de Tito no se enfoca en explicar o defender doctrina. Pablo tenía confianza total en el entendimiento y las convicciones teológicas de Tito evidenciados al encomendarle un ministerio tan demandante. A excepción de la advertencia de los falsos maestros y judaizantes, la carta no proporciona corrección teológica, pudiendo ser un fuerte indicador de que Pablo también tenía confianza en la preparación doctrinal de la mayoría de los miembros de la iglesia allí, a pesar de que la mayoría de ellos fueran nuevos creyentes. Entre las doctrinas que esta epístola afirma se incluyen: 1) la elección soberana de Dios de creyentes (1:1, 2); 2) su gracia salvadora (2:11; 3:5); 3) la deidad y segunda venida de Cristo (2:13); 4) la expiación sustitutoria de Cristo (2:14); y 5) la regeneración y la renovación de los creyentes por el Espíritu Santo (3:5).

Se alude con regularidad a Dios y Cristo como Salvador (1:3, 4; 2:10, 13; 3:4, 6) y el plan salvador se enfatiza tanto en 2:11-14 que indica que el enfoque principal de la epístola es el de preparar a las iglesias de Creta para el evangelismo eficaz. Esta preparación requería líderes piadosos que no solo pastorearan a los creyentes bajo su cuidado (1:5-9), sino que también prepararan a esos cristianos para evangelizar a sus vecinos paganos, quienes habían sido definidos por uno de sus propios compatriotas como mentirosos, malas bestias, glotones ociosos (1:12). Con el fin de ganar una audiencia para el evangelio entre tales personas, la preparación primordial de los creyentes para el evangelismo era vivir entre ellos mismos con el testimonio irreprochable de una vida justa, amorosa, no egoísta y piadosa (2:2-14) en un marcado contraste con la vida desenfrenada de los falsos maestros (1:10-16). Como se conducían respecto a las autoridades gubernamentales y los incrédulos también era crucial para su testimonio (3:1-8).

Varios temas principales se repiten a lo largo de Tito. Incluyen: obra(s) (1:16; 2:7, 14; 3:1, 5, 8, 14); fe y doctrina sanas (1:4, 9, 13; 2:1, 2, 7, 8, 10; 3:15); y salvación (1:3, 4; 2:10, 13; 3:4, 6).

Retos de interpretación

La carta a Tito se autopresenta de una manera directa, que debe tomarse tal cual. Los pocos retos de interpretación incluyen: 1) ¿Los hijos en el 1:6 son simplemente «fieles» o son «creyentes»? y 2) ¿Cuál es «la esperanza bienaventurada» del 2:13? Estas cuestiones se abordan en las notas.

239. El plan eterno de salvación

Tito 1:1–4

[a]Pablo, [b]siervo de Dios y [c]apóstol de Jesucristo, conforme a la fe de [d]los escogidos de Dios y el conocimiento de [e]la verdad que es según la piedad, en la [f]esperanza de la vida eterna, la cual Dios, [g]que no miente, prometió desde [h]antes del principio de los siglos, y a su debido tiempo manifestó [i]su palabra

---

a. **Pablo.** Esta salutación destaca la naturaleza del servicio de Pablo como apóstol de Jesucristo. Él proclamó: 1) la salvación: el propósito de Dios para salvar a sus escogidos mediante el evangelio; 2) la santificación: el propósito de Dios para edificar a los que son salvos mediante la Palabra de Dios, y 3) la glorificación: el propósito de Dios para llevar a los creyentes a su gloria eterna.

b. **siervo.** Pablo se autopresenta como el esclavo de más baja categoría en tiempos del NT (ver Tit 2:9; 1 Co 4:1, 2), para indicar su servidumbre completa y voluntaria al Señor, por quien todos los creyentes han sido «comprados por precio» (1 Co 6:20; cp. 1 P 1:18, 19). Esta es la única vez que Pablo se refirió a sí mismo como un «siervo de Dios» (cp. Ro 1:1; Gá 1:10; Fil 1:1). Así se incluyó en el grupo de los hombres de Dios en el AT (cp. Ap 15:3).

c. **apóstol.** Cp. Ro 1:1; 1 Co 1:1; 2 Co 1:1; Ef 1:1. La palabra tiene el significado básico de mensajero (lit. «el enviado»), y aunque se aplicaba con frecuencia a los emisarios de la realeza que ministraban con la autoridad extendida de su soberano, la posición exaltada de Pablo como «apóstol» también era una extensión de su servidumbre a «Dios», que implicaba una gran autoridad, responsabilidad y sacrificio. Ver Hch 20:24.

d. **los escogidos de Dios.** Ver Ef 1:4, 5. Aquellos que por la gracia de Dios han sido escogidos para salvación «antes de la fundación del mundo» (Ef 1:4), pero que en todo caso deben ejercer fe personal por la motivación y el poder del Espíritu Santo. La elección de los creyentes por parte de Dios siempre precede y capacita la elección que ellos hacen de él (cp. Jn 15:16; Hch 13:46-48; Ro 9:15-21; 2 Ts 2:13; 2 Ti 1:8, 9; 2:10; 1 P 1:1, 2).

e. **la verdad.** Pablo tenía en mente la verdad del evangelio, el mensaje salvador de la muerte y resurrección de Jesucristo (1 Ti 2:3, 4; 2 Ti 2:25). Esa es la verdad salvadora que produce «piedad» o santificación (ver Tit 2:11, 12).

f. **esperanza.** Prometida y garantizada por Dios a todos los creyentes, por lo cual les suministra resistencia y paciencia (cp. Jn 6:37-40; Ro 8:18-23; 1 Co 15:51-58; Ef 1:13, 14; Fil 3:8-11, 20, 21; 1 Ts 4:13-18; 1 Jn 3:2, 3). Ver 1 P 1:3-9.

g. **que no miente.** Cp. 1 S 15:29; He 6:18. Por cuanto Dios mismo es verdad y la fuente de toda verdad, es imposible que él diga algo que no sea veraz (Jn 14:6, 17; 15:26; cp. Nm 23:19; Sal 146:6).

h. **antes del principio de los siglos.** El plan de salvación de Dios para la humanidad pecadora fue determinado y decretado antes de que el hombre siquiera fuera creado. La promesa fue hecha a Dios el Hijo (ver Jn 6:37-44; Ef 1:4, 5; 2 Ti 1:9).

i. **su palabra... la predicación.** La Palabra de Dios es la única fuente que determina el contenido de toda predicación y enseñanza fiel. Cp. 1 Co 1:18-21; 9:16, 17; Gá 1:15, 16; Col 1:25.

por medio de la predicación que me fue encomendada por mandato de [a]Dios nuestro Salvador, a Tito, [b]verdadero hijo en [c]la común fe:

Gracia, misericordia y paz, de Dios Padre y del Señor Jesucristo [d]nuestro Salvador.

240. Establecer líderes piadosos

Tito 1:5–9

[e]Por esta causa te dejé en Creta, para que [f]corrigieses lo deficiente, y establecieses [g]ancianos en cada ciudad, así como [h]yo te mandé; el que fuere [i]irreprensible, [j]marido de una sola mujer, y tenga [k]hijos creyentes que no estén acusados de

---

a. **Dios nuestro Salvador.** Cp. Tit 2:10; 3:4. El plan de salvación fue originado por Dios en la eternidad pasada.

b. **verdadero hijo.** Un hijo espiritual por ser creyente genuino en Cristo, como Timoteo (1 Ti 1:2).

c. **la común fe.** Esto puede referirse a la fe salvadora o al contenido de la fe cristiana, p. ej. «la fe que ha sido una vez dada a los santos» (Jud 3).

d. **nuestro Salvador.** Después de Tit 1:1, a Cristo se le llama siempre Salvador (cp. Tit 2:13; 3:6).

e. Los parámetros de Dios para todos los creyentes son bastante altos: su requisito para los líderes eclesiásticos es que establezcan ese modelo y den ejemplo a todos en su cumplimiento. Estos líderes no se califican en base en su habilidad natural, su inteligencia o su educación, sino a su carácter moral y espiritual y en su capacidad para enseñar conforme a la habilidad que el Espíritu les ha dado en su soberanía.

f. **corrigieses.** Tito debía corregir doctrinas y prácticas erróneas en las iglesias de Creta, una tarea que Pablo no había podido completar. Esta clase de ministerio no se menciona en otros pasajes.

g. **ancianos.** Cp. cualidades y calificaciones similares en 1 Ti 3:1-7. Los líderes espirituales de la iglesia que también son llamados obispos o supervisores (v. Tit 1:7; cp. 1 Ti 3:2; 1 P 2:25 donde se usa la misma palabra griega con referencia a Cristo), y pastores (lit. apacentadores; ver Ef 4:11) tenían la responsabilidad de cuidar la congregación de cada ciudad. Ver también Hch 20:17, 28; 1 P 5:1, 2. Este ministerio de nombrar líderes es característico de Pablo (cp. Hch 14:23).

h. **yo te mandé.** Tito debía recordar las instrucciones apostólicas del pasado.

i. **irreprensible.** Una palabra que no se refiere a perfección libre de pecado, sino a una vida personal que está por encima de cualquier acusación legítima y de todo escándalo público. Es un requisito general y primario para los líderes espirituales que se repite (Tit 1:7) y explica en los versículos siguientes (cp. 1 Ti 3:2, 10).

j. **marido de una sola mujer.** Lit. «hombre de una mujer», es decir, un esposo que es fiel a su esposa tanto fuera como dentro del hogar (cp. 1 Ti 3:2). Un hombre soltero que cumpla los demás requisitos no tiene por qué ser descalificado. Aquí no se habla de divorcio, sino de pureza interior y exterior en el área sexual. Ver Pr 6:32, 33. Esta necesidad fue lo que motivó a Pablo a someter su cuerpo a control total (1 Co 9:27).

k. **hijos creyentes.** También se traduce «fieles», pero siempre se utiliza en el NT para aludir a cristianos y nunca a incrédulos, por eso se refiere a hijos que tengan fe salvadora en Cristo y reflejen esto en su conducta. Como 1 Ti 3:4 requiere que los hijos estén en sumisión, puede ir dirigido a hijos menores de edad que viven en el hogar, mientras que este texto considera la conducta de los hijos mayores de edad.

[a]disolución ni de rebeldía. Porque es necesario que el [b]obispo sea irreprensible, como [c]administrador de Dios; no soberbio, no iracundo, no dado al [d]vino, no pendenciero, no [e]codicioso de ganancias deshonestas, sino [f]hospedador, amante de lo bueno, [g]sobrio, justo, santo, dueño de sí mismo, retenedor de la [h]palabra fiel tal como ha sido enseñada, para que también pueda [i]exhortar con sana enseñanza y convencer a los que contradicen.

241. Enfrentarse a los falsos maestros

Tito 1:10–16

[j]Porque hay aún muchos [k]contumaces, habladores de vanidades y engañadores, mayormente los de [l]la circuncisión, a los cuales es preciso tapar la boca;

---

a. **disolución ni de rebeldía.** «Disolución» se refiere a embriaguez y esto confirma que la referencia se aplica a hijos ya crecidos. «Rebeldía» alude a la noción de insubordinarse contra el evangelio. Aquí el anciano muestra su habilidad para dirigir a su familia y conducirlo a salvación y santificación (ver 1 Ti 3:4, 5), un requisito previo y esencial para que pueda conducir la iglesia.

b. **obispo.** No es un título jerárquico, sino una palabra que significa «supervisor». Cp. Hch 20:28; He 13:17; 1 P 5:2.

c. **administrador.** El término se refiere a alguien que maneja las propiedades de otro para el bienestar de los seres queridos de su superior. En este contexto se trata de una persona que administra verdades espirituales y vive en representación de Dios mismo, por lo cual debe rendirle cuentas a él. La iglesia es de Dios (Hch 20:28; 1 Ti 3:15; 1 P 5:2-4), por eso tanto ancianos como obispos tienen que responder a él por la manera como la dirigen (He 13:17).

d. **vino.** Se aplica al consumo de cualquier bebida alcohólica, lo cual entorpece la mente y disipa las inhibiciones (cp. Pr 23:29-35; 31:4-7). También implica la prohibición de cualquier otra sustancia como drogas, que pueden nublar la mente.

e. **codicioso.** Aun en la iglesia primitiva, algunos hombres se convertían en pastores con ánimo de lucro económico (ver Tit 1:11; 1 P 5:2; cp. 2 P 2:1-3).

f. **hospedador.** La palabra significa «el que ama a los extraños».

g. **sobrio.** Serio, con las prioridades en orden y sensato.

h. **palabra fiel.** La doctrina bíblica sana no solo debe ser enseñada, sino también acatada con convicción profunda. Cp. 1 Ti 4:6; 5:17; 2 Ti 2:15; 3:16, 17; 4:2-4.

i. **exhortar... y convencer.** La enseñanza y defensa fiel de las Escrituras que alienta la piedad y confronta el pecado y el error (aquellos que contradicen). Ver Tit 1:10-16; 3:10, 11; Hch 20:29, 30.

j. Los maestros falsos en las iglesias cretenses eran muy similares a los que Timoteo tuvo que enfrentar en Éfeso (ver 1 Ti 1:3-7; cp. Ro 16:17, 18; 2 P 2:1-3).

k. **contumaces.** Como estos hombres abundaban tanto, la labor de Tito era bastante difícil y su nombramiento de más ancianos piadosos era crucial (Tit 1:5). Algunos de los falsos maestros pudieron haberse opuesto a la autoridad apostólica de Pablo incluso durante su ministerio breve en Creta.

l. **la circuncisión.** Cp. Hch 10:45; 11:2. Estos eran judíos que enseñaban que la salvación requería el corte físico de la circuncisión (ver Gn 17:9-14) y adherencia a ceremonias mosaicas. Ver Hch 15:1-12; Gá 3:1-12; Ef 2:11, 12; Col 2:11, 12.

que trastornan casas enteras, enseñando por [a]ganancia deshonesta lo que no conviene. Uno de ellos, [b]su propio profeta, dijo: Los cretenses, siempre mentirosos, malas bestias, glotones ociosos. Este testimonio es verdadero; por tanto, repréndelos duramente, para que sean [c]sanos en la fe, no atendiendo a [d]fábulas judaicas, ni a mandamientos de hombres que se apartan de la verdad. Todas las cosas son puras para los puros, mas para los [e]corrompidos e incrédulos nada les es puro; pues hasta [f]su mente y su conciencia están corrompidas. [g]Profesan conocer a Dios, pero con los hechos lo niegan, siendo abominables y rebeldes, [h]reprobados en cuanto a toda buena obra.

---

a. **ganancia deshonesta.** Los falsos maestros siempre están motivados por el dinero que pueden ganar (1 Ti 6:4; 1 P 5:2).

b. **su propio profeta.** Epiménides, el famoso poeta griego del siglo sexto y oriundo de Creta, había caracterizado a sus propios coterráneos como las piltrafas de la cultura griega. En otro pasaje, Pablo también citó dichos de fuentes paganas (cp. Hch 17:28; 1 Co 15:33). Esta cita va dirigida al carácter de los falsos maestros.

c. **sanos en la fe.** A todos los que hablaran a la iglesia debía exigírseles una doctrina verdadera y pura. Todos los que no se acogieran a ese parámetro debían ser reprendidos.

d. **fábulas judaicas... mandamientos de hombres.** Pablo recalcó (ver Tit 1:10, «los de la circuncisión») que la mayoría de los maestros falsos eran judíos. Enseñaban la misma clase de cumplimiento externo de leyes y tradiciones ajenas a las Escrituras, algo en contra de lo cual siempre se pronunciaron Isaías y Jesús (Is 29:13; Mt 15:1-9; Mr 7:5-13).

e. **corrompidos.** Las cosas despreciables que practicaban esos hombres (Tit 1:10-12) eran el reflejo de su propia corrupción interna. Ver Mt 15:15-20.

f. **su mente y su conciencia.** Si la mente es corrupta, no puede informar bien a la conciencia y esta tampoco puede advertir a la persona sobre su mala conducta. En cambio, si la conciencia es infundida por completo por la verdad de Dios, funciona como el sistema de advertencia que Dios diseñó para beneficio de la humanidad. Ver 2 Co 1:12; 4:2; 1 Ti 1:19, 20.

g. **Profesan... lo niegan.** Algunos de los maestros falsos en la iglesia no eran creyentes en absoluto. Tarde o temprano, incluso «toda buena obra» aparente de los incrédulos termina por traicionarlos.

h. **reprobados.** No pueden hacer una sola cosa que agrade a Dios. Ver 1 Co 9:27; cp. 2 Ti 3:8.

242. Una vida cristiana sana

Tito 2:1–10

Pero tú habla lo que está de acuerdo con la [a]sana doctrina. Que los [b]ancianos sean sobrios, [c]serios, prudentes, sanos en la fe, en el amor, en la paciencia. Las [d]ancianas asimismo sean reverentes en su porte; [e]no calumniadoras, no esclavas del vino, [f]maestras del bien; [g]que enseñen a las mujeres jóvenes a [h]amar a sus maridos y a sus hijos, a ser [i]prudentes, castas, [j]cuidadosas de su casa, buenas, [k]sujetas a sus maridos, para que la palabra de Dios [l]no sea blasfemada.

---

a. **sana.** Significa «saludable» y es una palabra que Pablo utiliza nueve veces en las epístolas pastorales (cinco veces en Tito), siempre en el sentido de que la verdad produce bienestar y crecimiento espiritual. «Lo que» Pablo menciona en Tit 1:2-10 se refiere a verdades, actitudes y acciones que corresponden con la verdad bíblica y se basan en ella. El pueblo de Dios debe conocer la verdad que conduce a la salud espiritual plena, no solo para agradar a Dios, sino también para tener un testimonio eficaz ante los no creyentes.

b. **ancianos.** Pablo usó este término para referirse a sí mismo (Flm 9) desde que fue mayor de sesenta años. Se refiere a los de edad avanzada y es un término diferente al que se traduce «anciano» en Tit 1:5 con referencia al oficio ministerial.

c. **serios.** También se puede traducir «reverentes», y es un requisito que no se limita a la reverencia a Dios que aquí se supone, sino que también se refiere a ser honorables y solemnes. Deben ser sensibles, sensatos y saludables en su vida espiritual.

d. **ancianas.** Aquellas mujeres que ya no tienen la responsabilidad de criar hijos, con una edad alrededor de los sesenta años (cp. 1 Ti 5:3-10).

e. **no calumniadoras.** Este término se emplea en treinta y cuatro ocasiones para describir a Satanás, el mayor calumniador que existe.

f. **maestras del bien.** Deben practicar y enseñar todo lo que agrada a Dios (cp. Tit 1:16), en particular las lecciones halladas en Tit 2:4, 5.

g. **que enseñen a las mujeres jóvenes.** Su propio ejemplo de piedad (Tit 2:3) da a las mujeres ancianas el derecho y la credibilidad para instruir a las mujeres más jóvenes en la iglesia. La implicación obvia de esto es que las ancianas deben ejemplificar las virtudes (Tit 2:4, 5) sobre las cuales amonestan y enseñan.

h. **amar a sus maridos.** Como las otras virtudes mencionadas aquí, esta es incondicional. Se basa en la voluntad de Dios y no en la dignidad del marido. La palabra griega *phileō* hace hincapié en el afecto. Ver Ef 5:22, 23.

i. **prudentes.** Es decir, discretas y puras. Cp. 1 Ti 2:9-11, 15; 1 P 3:3-6.

j. **cuidadosas de su casa.** Cp. 1 Ti 5:14. Mantener con excelencia un hogar piadoso para el esposo y los hijos es una responsabilidad de la mujer cristiana que no es susceptible de negociación.

k. **sujetas.** Las ideas del feminismo radical eran parte integral de la mitología antigua de babilonios y asirios, así como del gnosticismo griego que se dispersó por todo el Imperio romano durante tiempos del NT, y que fue un peligro constante para la iglesia primitiva. El feminismo moderno no es nuevo ni progresista, sino que data de muchos siglos atrás y es regresivo. Ver Ef 5:22.

l. **no sea blasfemada.** Este es el propósito de la conducta piadosa: eliminar cualquier posibilidad de oprobio a las Escrituras. Para que una persona se convenza de que Dios puede salvar del pecado, necesita ver a alguien que vive una vida santa. Si los cristianos afirman creer en la Palabra de Dios, pero no la obedecen, la Palabra es deshonrada. Muchos han escarnecido a Dios y su verdad a causa de la conducta pecaminosa de los que afirman ser cristianos. Cp. Mt 5:16; 1 P 2:9.

Exhorta asimismo a los [a]jóvenes a que sean prudentes; presentándote tú [b]en todo como [c]ejemplo de buenas obras; [d]en la enseñanza mostrando integridad, seriedad, [e]palabra sana e [f]irreprochable, de modo que el adversario se avergüence, y no tenga [g]nada malo que decir de vosotros.

Exhorta a los [h]siervos a [i]que se sujeten a sus amos, que agraden en todo, que no sean respondones; [j]no defraudando, sino mostrándose [k]fieles en todo, para que en todo [l]adornen la doctrina de Dios nuestro Salvador.

---

a. **jóvenes.** Varones mayores de doce años.

b. **en todo.** Esto debe ir al final de Tit 2:6 como una condición que los jóvenes deben cumplir, y para hacer hincapié en todo lo que abarca esta admonición.

c. **ejemplo.** Tito tenía la obligación especial de ejemplificar las cualidades morales y espirituales sobre las cuales debía amonestar a otros. Cp. 1 Co 4:16; 11:1; Fil 3:17; 2 Ts 3:8, 9; 1 Ti 4:12; He 13:7.

d. **en la enseñanza.** Todos estos términos («integridad, seriedad, palabra sana e irreprochable») corresponden a las cualidades que caracterizan un compromiso adecuado con la verdad doctrinal.

e. **palabra sana.** Se refiere a la conversación diaria. Cp. Ef 4:31; Col 3:16, 17; 4:6.

f. **irreprochable.** Por encima de cualquier acusación.

g. **nada malo que decir.** De nuevo, como en Tit 2:5 el propósito de la vida piadosa es silenciar a los opositores del cristianismo y el evangelio (ver 1 P 2:11, 12), y dar credibilidad al poder de Cristo.

h. **siervos.** El término se aplica en general a todos los empleados, pero la referencia original era a los esclavos, tanto hombres y mujeres como niños que en el Imperio romano y en gran parte del mundo antiguo eran la propiedad de sus amos. Si acaso tenían pocos derechos civiles y a muchos se les daba un poco más de dignidad o cuidado que a los animales domésticos. El NT no promueve ni condena la práctica de la esclavitud, pero en todas partes enseña que la libertad de la servidumbre al pecado tiene una importancia infinitamente mucho mayor que la libertad de cualquier yugo humano que se sufra en esta vida (ver Ro 6:22).

i. **que se sujeten... que agraden en todo.** La enseñanza clara de Pablo es que, hasta en las circunstancias más serviles, los creyentes deben ser obedientes y procurar agradar a las personas para las que trabajan, trátese de «amos» incrédulos o de hermanos en la fe, justos o injustos, amables o crueles. ¡Cuánto más están obligados los creyentes a respetar y obedecer a los empleadores para quienes trabajan de manera voluntaria! Como sucede con la obediencia de la esposa al marido (Tit 2:5), la única excepción se daría si a un creyente se le exige que desobedezca la Palabra de Dios. Cp. Ef 6:5-9; Col 3:22–4:1; 1 Ti 6:1, 2.

j. **no defraudando.** Un término usado para aludir al desfalco y la malversación de fondos.

k. **fieles en todo.** Lealtad sin condiciones ni excepciones.

l. **adornen la doctrina.** Pablo recalca de nuevo (cp. Tit 2:5) que el propósito supremo de una vida virtuosa es hacer atractiva la enseñanza de que Dios salva a los pecadores.

243. Nuestra esperanza bienaventurada

Tito 2:11–15

[a]Porque [b]la gracia de Dios se ha manifestado para salvación a [c]todos los hombres, enseñándonos que, [d]renunciando a la impiedad y a los deseos mundanos, vivamos en este siglo sobria, justa y piadosamente, aguardando [e]la esperanza bienaventurada y [f]la manifestación gloriosa de nuestro [g]gran Dios y Salvador Jesucristo, quien se dio a sí mismo por nosotros para [h]redimirnos de toda iniquidad y purificar para sí [i]un pueblo propio, [j]celoso de buenas obras.

---

a. Este es el corazón de la carta en que se destaca el propósito soberano de Dios en su llamamiento de los ancianos (Tit 1:5) y en los mandatos que da a su pueblo para que vivan en justicia e integridad (2:1-10): producir la clase de testimonio que cumple a perfección el plan y el propósito de salvación de Dios. Pablo condensó el plan de salvación de Dios en tres realidades: 1) salvación del castigo (v. 11), del poder (v. 12) y 3) de la presencia del pecado (v. 13).

b. **la gracia de Dios.** No es una simple referencia al atributo divino de la gracia, sino a Jesucristo mismo quien es la gracia divina encarnada, el regalo supremo de Dios a la humanidad caída. Cp. Jn 1:14.

c. **todos los hombres.** Esto no enseña la salvación universal. «Humanidad» es traducida «los hombres» en Tit 3:4 para referirse a la humanidad en general como unidad categórica y no a todos y cada uno de los individuos humanos. Ver 2 Co 5:19; 2 P 3:9. Jesucristo hizo un sacrificio suficiente para cubrir todos los pecados de todo aquel que cree (Jn 3:16-18; 1 Ti 2:5, 6; 4:10; 1 Jn 2:2). Pablo aclara en las palabras introductorias de esta carta a Tito que la salvación se hace eficaz solo por medio de «la fe de los escogidos de Dios» (1:1). Ver 3:2. De toda la humanidad, solo los que creen serán salvos (Jn 1:12; 3:16; 5:24, 38, 40; 6:40; 10:9; Ro 10:9-17).

d. **renunciando... vivamos.** La salvación es transformadora (2 Co 5:17; Ef 2:8-10), y la transformación (el nuevo nacimiento) produce una vida nueva en la que el poder del pecado ha sido quebrantado (ver Ro 6:4-14; Fil 3:8, 9; Col 3:9, 10).

e. **la esperanza bienaventurada.** Una referencia general a la segunda venida de Jesucristo que incluye la resurrección (cp. Ro 8:22, 23; 1 Co 15:51-58; Fil 3:20, 21; 1 Ts 4:13-18; 1 Jn 3:2, 3) y el reino de los santos con Cristo en gloria (2 Ti 2:10).

f. **la manifestación gloriosa.** Cp. 2 Ti 1:10. Lit. «la aparición de la gloria». Esta será nuestra salvación de la presencia del pecado.

g. **gran Dios y Salvador.** Una referencia clara a la deidad de Jesús. Cp. 2 P 1:1.

h. **redimirnos... purificar.** Otra expresión (cp. Tit 2:12) que resume el efecto doble de la salvación (regeneración y santificación). Redimir significa poner en libertad a un cautivo mediante el pago de un rescate. El precio fue la sangre de Cristo que se pagó para satisfacer la justicia de Dios. Ver Hch 20:28; Gá 1:4; 2:20; 1 P 1:18; cp. Mr 10:45.

i. **un pueblo propio.** «Propio» también significa «especial», y aquí es en virtud del decreto de Dios y confirmado por la gracia de salvación que han abrazado (ver Tit 1:1-4). Cp. 1 Co 6:19, 20; 1 P 2:9.

j. **celoso.** Cp. Tit 3:8. Las buenas obras son el producto y no el medio de la salvación. Cp. Ef 2:10.

Esto [a]habla, y exhorta y reprende con toda [b]autoridad. [c]Nadie te menosprecie.

244. Andar a la luz del evangelio

Tito 3:1–8

[d]Recuérdales que se [e]sujeten a los gobernantes y autoridades, que obedezcan, que estén dispuestos a toda buena obra. Que a nadie difamen, que no sean pendencieros, sino amables, mostrando toda mansedumbre para con [f]todos los hombres. Porque [g]nosotros también éramos en otro tiempo insensatos, rebeldes, extraviados, esclavos de concupiscencias y deleites diversos, viviendo en malicia y envidia, aborrecibles, y aborreciéndonos unos a otros. Pero cuando [h]se manifestó la bondad de Dios nuestro Salvador, y su amor para con los hombres, nos salvó, [i]no por obras de justicia que nosotros hubiéramos hecho,

---

a. **habla... exhorta... reprende.** Estos tres verbos identifican la necesidad de proclamación, aplicación y corrección a través de la Palabra.

b. **autoridad.** La autoridad para dar mandatos a las personas en el campo espiritual solo proviene de la Palabra de Dios. Cp. Mt 7:28, 29.

c. **Nadie te menosprecie.** Ver Tit 3:9-11. La rebelión contra la verdad debe ser confrontada. Cp. Mt 18:15-20; 1 Co 5:9-13; 2 Ts 3:14, 15.

d. **Recuérdales...** En sus comentarios finales, Pablo amonestó a Tito para que recordara a los creyentes que estaban bajo su cuidado las actitudes que debían tener hacia: 1) los gobernantes no salvos (Tit 3:1) y los no salvos en general (v. 2), 2) su condición anterior como incrédulos perdidos en su pecado (v. 3), 3) su salvación por gracia a través de Jesucristo (vv. 4-7), 4) su testimonio justo ante el mundo no salvo (v. 8), y 5) su responsabilidad de oponerse a los falsos maestros y los miembros sediciosos al interior de la iglesia (vv. 9-11). Todas estas cosas son esenciales para el evangelismo eficaz.

e. **sujeten.** La sumisión a la autoridad de las Escrituras exige sumisión a las autoridades humanas como parte del testimonio de un cristiano (ver Ro 13:1-7; 1 P 2:12-17).

f. **todos los hombres.** Los cristianos deben ejemplificar estas virtudes piadosas en su trato con todos sus semejantes. La admonición se aplica en especial al trato con los no creyentes. El uso de esta frase para hacer referencia a la humanidad en general (y en particular a las personas que se cruzan en nuestro camino), antes que a todos y cada uno de los seres humanos, que el significado es equivalente al de Tit 2:11.

g. **nosotros también.** No significa que todo creyente haya cometido todos los pecados listados aquí, sino más bien que antes de la salvación toda vida es caracterizada por esos pecados. Esta verdad debería hacer humildes a los creyentes en su trato con los no salvos, incluidos aquellos que son inmorales o impíos en gran manera. Si no fuera por la gracia de Dios hacia los suyos, todos ellos serían malvados y estarían perdidos sin remedio. Ver 1 P 3:15; cp. 2 Ti 2:25. Para otras listas de pecados, ver Ro 1:18-32; 1 Co 6:9, 10; Gá 5:19-21; Ef 4:17-19.

h. **se manifestó la bondad.** Como en Tit 2:11, Pablo se refiere a Jesucristo, quien fue la encarnación de la bondad y el amor, que aparecieron en forma humana. Cp. Ef 2:4-6.

i. **no por obras.** La salvación nunca ha sido por obras (ver Ef 2:8, 9; cp. Ro 3:19-28).

sino [a]por su misericordia, por el [b]lavamiento de la regeneración y por [c]la renovación en el Espíritu Santo, el cual derramó en nosotros [d]abundantemente por Jesucristo nuestro Salvador, para que [e]justificados por su gracia, viniésemos a ser [f]herederos conforme a la esperanza de la vida eterna.

[g]Palabra fiel es esta, y en estas cosas quiero que insistas con firmeza, para que los que creen en Dios procuren ocuparse en buenas obras. Estas cosas son buenas y [h]útiles a los hombres.

245. Palabras finales para Tito

Tito 3:9–15

Pero evita las [i]cuestiones necias, y genealogías, y contenciones, y discusiones acerca de la ley; porque son vanas y sin provecho. Al hombre que cause

a. **por su misericordia.** Cp. Ef 2:4; 1 Ti 1:13; 1 P 1:3; 2:10.

b. **lavamiento de la regeneración.** Ver Ez 36:25-31; Ef 5:26, 27; Stg 1:18; 1 P 1:23. La salvación trae a los creyentes limpieza divina del pecado y el regalo de una vida nueva, generada por el Espíritu, investida de poder por el Espíritu y protegida por el Espíritu, como hijos propios y herederos de Dios (Tit 3:7). Este es el nuevo nacimiento (cp. Jn 3:5; 1 Jn 2:29; 3:9; 4:7; 5:1).

c. **la renovación en el Espíritu Santo.** Cp. Ro 8:2. Él es el agente de «la regeneración».

d. **abundantemente.** Tan pronto son salvos los creyentes, el Espíritu de Cristo los bendice de forma inmensurable (cp. Hch 2:38, 39; 1 Co 12:7, 11, 13; Ef 3:20; 5:18).

e. **justificados.** La verdad central de la salvación es justificación solo por fe. Si un pecador se arrepiente y deposita su fe en Jesucristo, Dios lo declara justo, le imputa la justicia de Cristo y le da vida eterna por virtud de la muerte sustitutiva de Cristo como el castigo pagado por la iniquidad de ese pecador. Ver Ro 3:21–5:21; Gá 3:6-22; Fil 3:8, 9.

f. **herederos.** Como hijos adoptivos de Dios por medio de la fe en Jesucristo, los creyentes se convierten en «herederos de Dios y coherederos con Cristo» (Ro 8:17; cp. 1 P 1:3, 4).

g. **Palabra fiel.** Una expresión común en la iglesia primitiva que ocurre cinco veces en las epístolas pastorales (cp. 1 Ti 1:15; 3:1; 4:9; 2 Ti 2:11).

h. **útiles a los hombres.** Es decir, para el fin del evangelismo. Aquí también «los hombres» (cp. Tit 2:11; 3:2) es una referencia general a aquellos que responden por el testimonio santo al evangelio.

i. **cuestiones necias.** Pablo advierte de nuevo acerca de no involucrarse en las discusiones insensatas con los incontables falsos maestros que pululaban en Creta (ver Tit 1:10, 14-15), en especial los judaizantes que insistían en que un cristiano debía ser obediente a la ley mosaica, una opinión torcida que asaltaba la doctrina de justificación por sola gracia y que a diferencia de la vida santa que es buena y provechosa, solo produce cosas «vanas y sin provecho». El método bíblico de evangelización es la proclamación de la verdad, no la argumentación del error.

divisiones, después de una y otra amonestación [a]deséchalo, sabiendo que el tal se ha pervertido, y peca y está [b]condenado por su propio juicio.

Cuando envíe a ti a [c]Artemas o a [d]Tíquico, apresúrate a venir a mí en [e]Nicópolis, porque allí he determinado pasar el invierno. A [f]Zenas intérprete de la ley, y a [g]Apolos, encamínales con solicitud, de modo que nada les falte. Y aprendan también los nuestros a ocuparse en [h]buenas obras para los casos de necesidad, para que no sean sin fruto.

[i]Todos los que están conmigo te saludan. Saluda a los que nos aman en la fe.

La gracia sea con todos vosotros. Amén.

246. Pablo le escribe su última carta a Timoteo

Introducción a 2 Timoteo

Esta epístola es la segunda de dos cartas inspiradas que Pablo el apóstol le escribió a su hijo en la fe, Timoteo (2 Ti 1:2, 2:1). Para información biográfica sobre él, ver la Introducción a 1 Timoteo: Título. Se titula, como las demás

---

a. **deséchalo.** Cualquiera en la iglesia que sea insumiso, voluntarioso y faccioso debería ser expulsado. Es necesario hacer dos advertencias para seguir el modelo básico de disciplina eclesiástica establecido por Cristo (ver Mt 18:15-17; cp. Ro 16:17, 18; 2 Tes 3:14, 15).

b. **condenado por su propio juicio.** Por su propia conducta impía, un creyente faccioso trae juicio sobre sí mismo.

c. **Artemas.** Nada más se sabe de este hombre fuera de la obvia confianza que Pablo tenía en él.

d. **Tíquico.** Este «amado hermano y fiel ministro» (Col 4:7) acompañó a Pablo de Corinto a Asia Menor (Hch 20:4), llevó la carta del apóstol a la iglesia en Colosas (Col 4:7), y quizá también su carta a los efesios (ver Ef 6:21).

e. **Nicópolis.** El nombre significa «ciudad de victoria» y esta puede ser solo una de las nueve ciudades diferentes que fueron nombradas así debido a batallas militares decisivas que se habían ganado en ellas o en sus alrededores. Es probable que esta Nicópolis en particular estuviera ubicada en el sur de Grecia sobre la costa oeste de Acaya, que era un buen lugar para «pasar el invierno».

f. **Zenas.** Nada se sabe acerca de este creyente cuyo campo de experiencia como intérprete podía ser en la ley bíblica o en la ley romana.

g. **Apolos.** Oriundo de Alejandría, fue un maestro con un gran conocimiento de las Escrituras que se convirtió a Cristo después de familiarizarse nada más que con la enseñanza de Juan el Bautista (Hch 18:24-28). Parece que algunos de sus seguidores formaron una facción en la iglesia de Corinto (1 Co 1:11, 12; 3:4).

h. **buenas obras.** Otra vez se hace hincapié en las buenas obras como la plataforma válida para testificar con eficacia (cp. Tit 1:13-16; 2:5, 8, 10, 12, 14).

i. **Todos los que están conmigo.** Cp. 1 Co 16:20; 2 Co 13:12; Fil 4:22; cp. también Ro 16:21-23; Col 4:10-14, donde los que estaban con Pablo se mencionan por nombre propio.

cartas personales de Pablo a individuos (1 Timoteo, Tito, y Filemón), con el nombre del destinatario (1:2).

Autor y fecha

Se explica la cuestión de la autoría paulina en la Introducción a 1 Timoteo: Autor y fecha. Pablo escribió 2 Timoteo, la última de sus cartas inspiradas, poco tiempo antes de su martirio (ca. 67 A.D.).

Contexto histórico

Pablo fue liberado de su primer encarcelamiento romano por un corto período de ministerio, durante el cual escribió 1 Timoteo y Tito. No obstante, Segunda Timoteo se escribe, una vez más, desde una prisión romana (2 Ti 1:16; 2:9), arrestado de nuevo como parte de la persecución de cristianos por parte de Nerón. A diferencia de la esperanza y confianza de ser liberado durante su primer encarcelamiento (Fil 1:19, 25, 26; 2:24; Flm 22), en esta ocasión no tenía tales esperanzas (4:6-8). En su primer encarcelamiento en Roma (ca. 60-62 A.D.), antes de que Nerón hubiera comenzado la persecución de los cristianos (64 A.D.), solo estaba bajo arresto domiciliario, y tenía la oportunidad de gozar de mucha interacción con personas y en el ministerio (Hch 28:16-31). No obstante, en esta ocasión, cinco o seis años más tarde (ca. 66-67 A.D.), estaba en una celda fría (4:13), encadenado (2:9) y sin esperanza alguna de ser liberado (4:6). Abandonado por todo su círculo cercano debido a la persecución (cp. 1:15; 4:9-12, 16), y enfrentándose a la ejecución inminente, Pablo le escribió a Timoteo, alentándolo a que se apurara a llegar a Roma para una última visita (4:9, 21). No se sabe si Timoteo llegó a Roma antes de la ejecución. Según la tradición, Pablo no fue liberado de este segundo encarcelamiento romano, sino que sufrió el martirio que él había previsto (4:6).

En esta carta, Pablo, consciente de que el fin estaba cerca, entregó el manto no apostólico del ministerio a Timoteo (cp. 2:2) y lo exhortó a permanecer fiel en sus deberes (1:6), retener la sana doctrina (1:13, 14), evitar el error (2:15-18), aceptar la persecución por el evangelio (2:3, 4; 3:10-12), depositar su confianza en las Escrituras y predicarla sin cesar (3:15–4:5).

Temas históricos y teológicos

Al parecer, Pablo pudo haber tenido razón para temer que Timoteo estuviera en peligro de debilitarse espiritualmente. Esto habría sido una seria preocupación para él ya que era necesario que Timoteo continuara con su obra (cp. 2 Ti 2:2). Aunque no hay indicaciones históricas en otras partes del NT respecto a la razón de la preocupación paulina, la epístola misma proporciona pruebas de lo que él escribió. Esta inquietud es evidente, por ejemplo en la exhortación de Pablo a avivar su don (1:6), a reemplazar el temor con poder, amor y dominio propio (1:7), a no avergonzarse de Pablo ni del Señor, sino a sufrir voluntariamente por el evangelio (1:8), y a aferrarse a la verdad (1:13, 14). Resumiendo el problema potencial de Timoteo, quien podría estarse debilitando bajo la presión de la iglesia y la persecución del mundo, Pablo lo llama a: 1) esforzarse en general (2:1), la exhortación clave de la primera parte de la carta y a 2) continuar predicando la palabra (4:2), la amonestación principal de la última parte. Estas palabras finales a Timoteo incluyen pocas afirmaciones de reconocimiento y felicitación, pero muchas amonestaciones, incluidos unos veinticinco imperativos.

Debido a que Timoteo estaba muy inmerso en la teología de Pablo, el apóstol no le dio más instrucción doctrinal. No obstante, hizo referencia a varias doctrinas importantes, incluidas la salvación por la gracia soberana de Dios (1:9, 10; 2:10), la persona de Cristo (2:8; 4:1, 8) y la perseverancia (2:11-13); además, Pablo escribió el texto crucial del NT sobre la inspiración de las Escrituras (3:16, 17).

Retos de interpretación

No hay retos importantes en esta carta que involucren asuntos teológicos. Hay información limitada con respecto a varios individuos mencionados en la epístola: por ejemplo, Figelo y Hermógenes (2 Ti 1:15), Onesíforo (1:17; cp. 4:19), Himeneo y Fileto (2:17, 18), Janes y Jambres (3:8), y Alejandro (4:14).

247. Exhortaciones a la fidelidad

2 Timoteo 1:1–11

[a]Pablo, [b]apóstol de Jesucristo por la voluntad de Dios, según la [c]promesa de la vida que es en Cristo Jesús, a Timoteo, amado hijo:

[d]Gracia, misericordia y paz, de Dios Padre y de Jesucristo nuestro Señor.

Doy gracias a Dios, al cual sirvo desde mis mayores con limpia conciencia, de que sin cesar me acuerdo de ti en mis oraciones noche y día; [e]deseando verte, al [f]acordarme de tus lágrimas, para llenarme de gozo; trayendo a la memoria la fe no fingida que hay en ti, la cual habitó primero en tu abuela [g]Loida, y en tu madre Eunice, y estoy seguro que en ti también. Por lo cual te aconsejo que [h]avives el fuego del don de Dios que está en ti por la [i]imposición

---

a. **Pablo...** Pablo le recordó a Timoteo que, a pesar de la relación espiritual íntima que habían establecido, el apóstol le escribía con la autoridad espiritual que le había sido dada por Dios. Esto estableció la necesidad de que no solo Timoteo, sino también todos los demás que leyeran el mensaje apostólico, cumplieran los mandatos inspirados de la epístola.

b. **apóstol de Jesucristo por la voluntad de Dios.** Ver 1 Ti 1:1. Su llamado fue conforme al plan y propósito soberanos de Dios (cp. 1 Co 1:1; 2 Co 1:1; Ef 1:1; Col 1:1).

c. **promesa de la vida... en Cristo Jesús.** El evangelio promete que los muertos en sentido espiritual que por fe acojan el mensaje del evangelio serán unidos a Cristo y hallarán en él la vida eterna (Jn 3:16; 10:10; 14:6; Col 3:4).

d. **Gracia... nuestro Señor.** Ver 1 Ti 1:2. Más que un saludo acostumbrado de Pablo, esto expresaba su deseo genuino para que Timoteo recibiera lo mejor de Dios en su vida.

e. **deseando verte.** A causa del afecto de Pablo por Timoteo y la circunstancia urgente en su vida, ya que se enfrentaba a la muerte, Pablo tenía un anhelo intenso de ver otra vez a Timoteo (cp. 2 Ti 4:9, 13, 21).

f. **acordarme de tus lágrimas.** Quizás Pablo recordara lo sucedido en su última despedida, tras una visita breve a Éfeso, una vez escrita Primera Timoteo y antes del arresto de Pablo en Troas (ver 2 Ti 4:13) y de su segundo encarcelamiento en Roma. Años atrás, Pablo experimentó una separación similar de los ancianos de Éfeso (Hch 20:36-38).

g. **Loida... Eunice.** La mención de sus nombres indica que Pablo las conocía en persona, quizá porque él (junto a Bernabé) las condujo a la fe en Cristo durante su primer viaje misionero (cp. Hch 13:13–14:21). Las mujeres eran creyentes judías verdaderas del AT que entendieron bastante bien las Escrituras para prepararse ellas mismas y a Timoteo (2 Ti 3:15) respecto a la aceptación inmediata de Jesús como Mesías tan pronto oyeron el evangelio a través de Pablo.

h. **avives el fuego del don de Dios.** Esto parece indicar que Pablo estaba insatisfecho con el nivel de fidelidad que Timoteo mantenía en ese momento. «Avivar» significa «mantener vivo el fuego» y «don» se refiere a la capacitación espiritual del creyente (ver Ro 12:4-8; 1 Co 12:7-11; con respecto al don espiritual de Timoteo, ver 2 Ti 4:2-6; 1 Ti 4:14). Pablo le recuerda a Timoteo que, como mayordomo del don para la predicación, la enseñanza y la evangelización que Dios le había impartido, él no podía permitir que cayeran en desuso (cp. 2 Ti 4:2-5).

i. **imposición de mis manos.** Ver 1 Ti 4:14; 5:22; cp. 1 Ti 6:12. Pablo pudo haber hecho esto en la conversión de Timoteo. En ese caso habría sido el momento en el que Timoteo recibió su don espiritual. La expresión también puede referirse a una capacitación espiritual extraordinaria que fue recibida o magnificada en algún punto después de su conversión.

de mis manos. Porque no nos ha dado Dios [a]espíritu de cobardía, sino de [b]poder, de [c]amor y de [d]dominio propio.

Por tanto, no te avergüences de dar [e]testimonio de nuestro Señor, ni [f]de mí, preso suyo, sino participa de las aflicciones por el evangelio según el poder de Dios, quien nos salvó y llamó con [g]llamamiento santo, [h]no conforme a nuestras obras, sino [i]según el propósito suyo y la gracia que nos fue dada [j]en Cristo Jesús [k]antes de los tiempos de los siglos, pero que ahora ha sido

---

a. **espíritu de cobardía.** La palabra griega también se puede traducir «timidez» y denota un temor vergonzoso y pusilánime ocasionado por un carácter débil y egoísta. Es comprensible que la amenaza de persecución por parte de los romanos (que había aumentado por iniciativa de Nerón), la hostilidad de aquellos en la iglesia de Éfeso que resentían el liderazgo de Timoteo y los asaltos de los falsos maestros con sus sistemas sofisticados de engaño se hayan constituido en realidades abrumadoras para Timoteo. No obstante, si este líder se sentía temeroso era algo que no procedía de Dios.

b. **poder.** En sentido positivo, Dios ya ha dado a los creyentes todos los recursos espirituales que necesitan para toda prueba y amenaza (cp. Mt 10:19, 20). El poder de Dios pertenece a los creyentes y para ellos es una fuente permanente e inagotable de energía espiritual eficaz y productiva (Ef 1:18-20; 3:20; cp. Zac 4:6).

c. **amor.** Ver 1 Ti 1:5. Esta clase de amor se centra en agradar a Dios y procurar el bienestar de los demás antes que el propio (cp. Ro 14:8; Gá 5:22, 25; Ef 3:19; 1 P 1:22; 1 Jn 4:18).

d. **dominio propio.** Se refiere a una mente disciplinada que mantiene sus prioridades en orden. Es lo opuesto del temor y la cobardía que generan desorden y confusión. Si los creyentes se enfocan en la naturaleza soberana y los propósitos perfectos de nuestro Dios eterno, podrán controlar su vida con sabiduría y confianza piadosas en cualquier situación (cp. Ro 12:3; 1 Ti 3:2; Tit 1:8; 2:2).

e. **testimonio de nuestro Señor.** El mensaje del evangelio acerca de Jesucristo. Pablo no quería que Timoteo se sintiera «avergonzado» de mencionar el nombre de Cristo por miedo a la persecución (cp. 2 Ti 1:12, 16).

f. **de mí, preso suyo.** Ver Ef 3:1; Fil 1:12-14. Por su relación con Pablo, quien era prisionero a causa de su predicación del evangelio, la vida y la libertad de Timoteo pudieron quedar expuestas a cierto peligro (cp. He 13:23).

g. **llamamiento santo.** Como siempre en las epístolas del NT, este llamamiento no es una invitación general a los pecadores para que crean en el evangelio y se salven (como en Mt 20:16), sino que se refiere al llamado eficaz de Dios para salvación de los elegidos (ver Ro 1:7). Este llamamiento resulta en santidad imputada (justificación) e impartida (santificación), y por último completa (glorificación).

h. **no... obras, sino... gracia.** Esta verdad es el fundamento del evangelio. La salvación es de gracia por medio de la fe y aparte de obras humanas (ver Ro 3:20-25; Gá 3:10, 11; Ef 2:8, 9; Fil 3:8, 9). La gracia también es la base para la obra sustentadora de Dios en los creyentes (cp. Fil 1:6; Jud 24, 25).

i. **según el propósito suyo.** El plan soberano de elección de Dios (ver 2 Ti 2:10; Jn 6:37-40, 44; Hch 13:48; Ro 8:29; 9:10-24; Ef 1:4; 3:11; 2 Ts 2:13; Tit 1:1, 2; 1 P 1:2).

j. **en Cristo Jesús.** Su sacrificio hizo posible el plan de salvación de Dios, porque él se convirtió en el sacrificio sustitutivo por los pecados del pueblo de Dios (ver 2 Co 5:21).

k. **antes de los tiempos de los siglos.** La misma frase griega aparece en Tit 1:2. El destino de los escogidos de Dios quedó determinado y sellado desde la eternidad pasada (Jn 17:24; cp. Ef 1:4, 5; Fil 1:29; 1 P 1:2).

manifestada por la [a]aparición de nuestro Salvador Jesucristo, el cual [b]quitó la muerte y sacó a luz la vida y la inmortalidad por el evangelio, del cual yo fui constituido predicador, apóstol y maestro de los gentiles.

248. Ejemplos de fidelidad

2 Timoteo 1:12—18

Por lo cual [c]asimismo padezco esto; pero [d]no me avergüenzo, porque [e]yo sé a quién he creído, y estoy seguro que es poderoso para guardar [f]mi depósito para [g]aquel día. Retén la forma de las [h]sanas palabras que [i]de mí oíste, en la [j]fe y amor que es en Cristo Jesús. Guarda [k]el buen depósito por el Espíritu Santo que mora en nosotros.

---

a. **aparición.** «Epifanía» es el término equivalente de esta palabra griega que se usa con mayor frecuencia para aludir a la segunda venida de Cristo (2 Ti 4:18; 1 Ti 6:14; Tit 2:13), pero aquí alude a su primera venida.

b. **quitó la muerte y sacó a luz... y la inmortalidad.** «Quitó» significa «abolió» o «dejó inservible». La muerte física todavía existe, pero ha dejado de ser una amenaza o un enemigo para los cristianos (1 Co 15:54, 55; He 2:14). No fue sino hasta la encarnación y el evangelio que Dios decidió dar a conocer la verdad de la inmortalidad y la vida eterna, una realidad que solo fue entendida en parte por los creyentes del AT (cp. Job 19:26).

c. **asimismo padezco.** Cp. 2 Ti 1:8; ver 2 Co 4:8-18; 6:4-10; 11:23-28; Gá 6:17; Fil 3:10.

d. **no me avergüenzo.** Ver 2 Ti 1:8; Ro 1:16; 1 P 4:16. Pablo no tenía temor alguno a la persecución y la muerte por predicar el evangelio en un ambiente hostil, porque tenía confianza plena de que Dios había sellado su gloria y bendición futuras.

e. **yo sé a quién he creído.** «Sé» indica la certidumbre del conocimiento íntimo que Pablo tenía de la salvación, y el objeto de ese conocimiento espiritual era Dios mismo. La forma del verbo griego que se traduce «he creído» se refiere a algo que comenzó en el pasado y tiene resultados permanentes y continuos (ver Ro 1:16). Este «saber» equivale al «conocimiento de la verdad» (2 Ti 3:7; 1 Ti 2:4).

f. **mi depósito.** La vida de Pablo en el tiempo y en la eternidad ha sido entregada a su Señor. El apóstol vivió con confianza y denuedo imperturbables a causa de la verdad revelada acerca del poder y la fidelidad de Dios, y de su propia experiencia de una relación inquebrantable con el Señor (Ro 8:31–39).

g. **aquel día.** Cp. 2 Ti 1:18; 4:8; ver Fil 1:6. Llamado también «el día de Cristo» (ver Fil 1:10), en el cual los creyentes estarán ante su tribunal para ser recompensados (ver 1 Co 3:13; 2 Co 5:10; 1 P 1:5).

h. **sanas palabras.** Cp. 1 Ti 4:6; 6:3. Las Escrituras y la doctrina enseñada en ellas (ver 3:15-17).

i. **de mí.** Pablo había sido la fuente e instrumento de esta revelación divina (cp. 2:2; 3:10, 14; Fil 4:9; ver Ef 3:1-5).

j. **fe y amor... en Cristo Jesús.** «Fe» es confianza en que la Palabra de Dios es verdadera y «amor» es bondad y compasión en el proceso de enseñanza de esa verdad (cp. Ef 4:15).

k. **el buen depósito... que mora en nosotros.** El tesoro de las buenas nuevas de salvación que se revela en las Escrituras (ver 1 Ti 6:20).

Ya sabes esto, que me abandonaron todos los que están en [a]Asia de los cuales son [b]Figelo y Hermógenes. Tenga el Señor misericordia de la casa de [c]Onesíforo, porque muchas veces me confortó, y no se avergonzó de mis cadenas, sino que [d]cuando estuvo en Roma, me buscó solícitamente y me halló. Concédale el Señor que halle misericordia cerca del Señor en aquel día. Y cuánto nos ayudó en [e]Éfeso, tú lo sabes mejor.

249. Retratos de un hombre de Dios

2 Timoteo 2:1–13

Tú, pues, [f]hijo mío, [g]esfuérzate en la gracia que es en Cristo Jesús. Lo que [h]has oído de mí [i]ante muchos testigos, esto encarga a [j]hombres fieles que sean idóneos para enseñar también a otros. Tú, pues, sufre penalidades como

---

a. **Asia.** Una provincia romana que es parte de Turquía en la actualidad. No es una referencia a toda la región de Asia Menor.

b. **Figelo y Hermógenes.** Nada más se conoce acerca de estos dos hombres, quienes al parecer habían sido líderes prometedores, cercanos a Pablo y bien conocidos entre las iglesias de Asia, pero que abandonaron a Pablo bajo la presión de la persecución.

c. **Onesíforo.** Uno de los colaboradores leales de Pablo que no había desertado, sino que se hizo amigo de él en la cárcel y no se avergonzó ni tuvo temor de visitar al apóstol con regularidad y atender sus necesidades. Puesto que Pablo pide a Timoteo que salude a los miembros de su familia (2 Ti 4:19), es obvio que vivían en Éfeso o en sus alrededores.

d. **cuando estuvo en Roma.** Es posible que Onesíforo se encontrara en un viaje de negocios y el texto implica que su búsqueda requirió tiempo y esfuerzo, además del peligro que corrió.

e. **Éfeso.** La fidelidad de Onesíforo comenzó en este lugar muchos años atrás, cuando Pablo ministró en su tercer o cuarto viaje misionero.

f. **hijo mío.** Pablo había conducido a Timoteo a los pies de Cristo durante su primer viaje misionero (cp. 1 Co 4:17; 1 Ti 1:2, 18).

g. **esfuérzate.** Esta es la admonición más importante en la primera parte de la carta. Pablo llama a Timoteo a que se sobreponga a su aparente tendencia hacia la debilidad y que renueve su compromiso con el ministerio encomendado.

h. **oído de mí.** Ver 2 Ti 1:13; cp. 3:14. Durante los muchos años de asociación cercana de Timoteo con Pablo, había escuchado la verdad divina que Dios había revelado por medio del apóstol.

i. **ante muchos testigos.** Como Silas, Bernabé, Lucas y muchos otros en las demás iglesias que podían atestiguar sobre la autenticidad divina de la enseñanza de Pablo, algo que Timoteo necesitaba recordar en medio de las deserciones múltiples en Éfeso (cp. 2 Ti 1:15).

j. **hombres fieles que sean idóneos para enseñar también a otros.** Timoteo debía tomar la revelación divina que había aprendido de Pablo y enseñarla a otros hombres fieles, hombres con carácter aprobado y don espiritual que a su vez fueran capaces de transmitir esas verdades a la generación siguiente. A partir de Pablo por medio de Timoteo, este versículo abarca un total de cuatro generaciones de líderes piadosos. Ese proceso de reproducción espiritual que comenzó en la iglesia primitiva, debe continuar hasta que el Señor regrese.

[a]buen soldado de Jesucristo. Ninguno que milita [b]se enreda en los negocios de la vida, a fin de agradar a aquel que lo tomó por soldado. Y también el que [c]lucha como atleta, no es [d]coronado si no lucha legítimamente. [e]El labrador, para participar de los frutos, debe trabajar primero. [f]Considera lo que digo, y el Señor te dé entendimiento en todo.

[g]Acuérdate de Jesucristo, [h]del linaje de David, [i]resucitado de los muertos conforme a mi evangelio, en el cual [j]sufro penalidades, hasta prisiones a modo de malhechor; mas la palabra de Dios no está presa. Por tanto, todo lo soporto [k]por amor de los escogidos, para que ellos también obtengan [l]la salvación que es en Cristo Jesús con [m]gloria eterna.

---

a. **buen soldado.** La metáfora de la vida cristiana como una batalla (en contra del sistema de maldad del mundo, la naturaleza humana y pecaminosa del creyente y contra Satanás) es habitual en el NT (cp. 2 Co 10:3-5; Ef 6:10-20; 1 Ts 4:8; 1 Ti 1:18; 4:7; 6:12). Aquí Pablo trata el conflicto contra el mundo hostil y la persecución (cp. 2 Ti 2:9; 1:8; 3:11, 12; 4:7).

b. **se enreda.** Así como un soldado llamado a cumplir su deber se separa por completo de los asuntos cotidianos de la vida civil, el buen soldado de Jesucristo debe impedir que las cosas del mundo lo distraigan (cp. Stg 4:4; 1 Jn 2:15-17).

c. **lucha como atleta.** El verbo griego (*athleō*) expresa el esfuerzo y la determinación que se necesitan para competir con éxito en un certamen deportivo (cp. 1 Co 9:24). Es una imagen útil del esfuerzo espiritual y la búsqueda incansable de la victoria para los que estaban familiarizados con certámenes como los juegos olímpicos y los juegos del Istmo (que se celebraban en Corinto).

d. **coronado... legítimamente.** Todo el trabajo duro y la disciplina de un atleta se desperdiciará si no compite de acuerdo con las reglas del juego. Este es un llamado a obedecer la Palabra de Dios en la búsqueda de la victoria espiritual.

e. **El labrador.** El verbo griego se debe traducir «aquel que labra hasta quedar exhausto». Los agricultores de la antigüedad trabajaban muchas horas al día bajo todo tipo de condiciones climáticas, con la esperanza de que su esfuerzo físico sería recompensado con una buena cosecha. Pablo urge a Timoteo a no ser perezoso ni indolente, sino a laborar con intensidad (cp. Col 1:28, 29) con la mirada puesta en la cosecha espiritual. Cp. 1 Co 3:5-8.

f. **Considera.** La palabra griega denota una percepción clara, entendimiento pleno y consideración cuidadosa. La forma del verbo indica que se trata de una admonición enérgica por parte de Pablo y no un simple consejo, para que Timoteo pensara muy bien en lo que el apóstol le escribía.

g. **Acuérdate de Jesucristo.** El modelo supremo de fidelidad como maestro (2 Ti 2:2), soldado (vv. 3, 4), atleta (v. 5) y labrador (v. 6). Timoteo debía seguir su ejemplo al enseñar, al sufrir, al perseguir el premio y al plantar las semillas de verdad para recoger una cosecha espiritual.

h. **del linaje de David.** Ver Ro 1:3; Ap 22:16. Como descendiente de David, Jesús es el heredero justo de su trono (Lc 1:32, 33). Aquí se subraya la humanidad del Señor.

i. **resucitado de los muertos.** La resurrección de Cristo es la verdad central de la fe cristiana (1 Co 15:3, 4, 17, 19). Por medio de ella, Dios afirmó la obra perfecta de redención realizada por Jesucristo (ver Ro 1:4).

j. **sufro... mas la palabra... no está presa.** Pablo contrasta su encarcelamiento por causa del evangelio frente al poder desencadenado de la Palabra de Dios.

k. **por amor de los escogidos.** Aquellos que habían sido elegidos para salvación desde antes que el mundo existiera (ver 2 Ti 1:9), que todavía no habían llegado a la fe en Jesucristo (ver Hch 18:10; Tit 1:1).

l. **la salvación que es en Cristo Jesús.** En nadie más hay salvación (Hch 4:12; cp. Ro 8:29; Ef 1:4, 5). El evangelio debe ser proclamado (Mt 28:19; Hch 1:8) porque los escogidos no se salvarán aparte de la fe en Cristo (Ro 10:14).

m. **gloria eterna.** El resultado último de la salvación (ver Ro 5:2; 8:17).

[a]Palabra fiel es esta:

Si somos [b]muertos con él,
también viviremos con él;
Si [c]sufrimos,
también [d]reinaremos con él;
[e]Si le negáremos,
él también nos negará.
Si fuéremos [f]infieles,
[g]él permanece fiel;
Él no puede negarse a sí mismo.

250. Útiles para el servicio

2 Timoteo 2:14–26

Recuérdales esto, exhortándoles delante del Señor a que no [h]contiendan sobre palabras, lo cual para nada aprovecha, sino que es para [i]perdición de los

---

a. **Palabra fiel.** Esta declaración se encuentra en 2 Ti 2:11-13. Ver 1 Ti 1:15.

b. **muertos con él... viviremos con él.** Se refiere a la participación espiritual de los creyentes en la muerte y resurrección de Cristo (Ro 6:4-8), que incluye también la posibilidad de sufrir martirio por causa de Cristo, como lo indicaría el contexto.

c. **sufrimos.** Los creyentes que perseveran en medio de cualquier circunstancia dan evidencia de la autenticidad de su fe (ver Mt 10:22; cp. 24:13; Jn 8:31; Ro 2:7; Col 1:23).

d. **reinaremos con él.** En su reino eterno futuro (Ap 1:6; 5:10; 20:4, 6).

e. **Si le negáremos, él también nos negará.** Consiste en una negación permanente y definitiva, como la de un apóstata (ver 1 Ti 1:19), no el desfallecimiento temporal de un creyente verdadero como Pedro (Mt 26:69-75). Los que niegan de esta manera a Cristo dan evidencia de que nunca le pertenecieron (1 Jn 2:19) y enfrentan la realidad terrible de ser un día negados por él (Mt 10:33).

f. **infieles.** Esto se refiere a una falta de fe salvadora. Los incrédulos negarán a Cristo en últimas porque su fe no fue genuina (cp. Stg 2:14-26).

g. **él permanece fiel... no puede negarse a sí mismo.** Así como Jesús es fiel para salvar a los que crean en él (Jn 3:16), también es fiel para juzgar a los que no lo hacen (Jn 3:18). Cualquier acción diferente por parte suya sería incompatible con su naturaleza santa e inmutable. Cp. He 10:23.

h. **contiendan sobre palabras.** Discutir con maestros falsos y engañadores que utilizan la razón humana para subvertir la Palabra de Dios, no solo es necio (Pr 14:7) y fútil (Mt 7:6), sino peligroso (2 Ti 2:16, 17; cp. v. 23). Esta es la primera de tres advertencias acerca de evitar argumentos inútiles. Ver 2 Ti 2:16, 23; 1 Ti 4:6, 7; 6:3-5; 2 P 2:1-3.

i. **perdición.** La palabra griega significa «ruina» o «trastorno». Solo aparece otra vez en el NT (2 P 2:6), donde se emplea para describir la destrucción de Sodoma y Gomorra. Por cuanto reemplaza la verdad con mentiras, la doctrina falsa trae catástrofe espiritual a quienes la acatan. Esta ruina puede ser eterna.

oyentes. [a]Procura con diligencia presentarte a Dios aprobado, como obrero que no tiene de qué avergonzarse, que [b]usa bien [c]la palabra de verdad. Mas [d]evita profanas y vanas palabrerías, porque conducirán más y más a la impiedad. Y su palabra carcomerá como [e]gangrena; de los cuales son [f]Himeneo y [g]Fileto, que se desviaron de la verdad, diciendo [h]que la resurrección ya se efectuó, y [i]trastornan la fe de algunos. Pero [j]el fundamento de Dios está firme, teniendo este [k]sello: [l]Conoce el Señor a los que son suyos; y: [m]Apártese de iniquidad todo aquel que invoca el nombre de Cristo.

---

a. **Procura con diligencia.** Esta palabra denota la persistencia ferviente en lograr una meta. Timoteo, como todos los que predican o enseñan la Palabra, debía hacer su esfuerzo máximo para impartir la Palabra de Dios de manera completa, precisa y clara a sus oyentes. Esto es crucial para contrarrestar los efectos desastrosos de las enseñanzas falsas (2 Ti 2:14, 16, 17).

b. **usa bien.** Lit. «hacer un corte recto» o «dividir en ciertas porciones». Se refiere a la exactitud que requieren oficios como la carpintería, la plomería y la labor artesanal que hacía Pablo en la elaboración de tiendas y artículos de cuero. La precisión y la exactitud se requieren en la interpretación bíblica, más que cualquier otra ocupación, porque el intérprete está tratando con la Palabra de Dios. Todo lo que no sea esto es vergonzoso.

c. **la palabra de verdad.** Todas las Escrituras en general (Jn 17:17), y el mensaje del evangelio en particular (Ef 1:13; Col 1:5).

d. **evita profanas y vanas palabrerías.** Ver 2 Ti 2:14; 1 Ti 6:20; cp. Tit 3:9. Esas herejías destructivas solo conducen «más y más a la impiedad». La herejía no puede salvar ni santificar. Esta es la segunda advertencia enérgica de Pablo en este sentido. Cp. 2 Ti 2:14, 23.

e. **gangrena.** La palabra se refiere a una enfermedad que se disemina con rapidez de manera fulminante. La metáfora recalca el peligro insidioso de la enseñanza falsa porque ataca y consume la vida de quien la acepta.

f. **Himeneo.** Ver 1 Ti 1:20.

g. **Fileto.** El hombre que reemplazó a Alejandro (1 Ti 1:20) como cómplice de Himeneo.

h. **que la resurrección ya se efectuó.** Como los maestros falsos que perturbaron a los corintios (1 Co 15:12), Himeneo y Fileto negaron la realidad de la resurrección corporal de los creyentes. Es probable que enseñaran que la identificación espiritual de los creyentes con la muerte y resurrección de Cristo (Ro 6:4, 5, 8) era la única resurrección que experimentarían y que ya había tenido lugar. Esta clase de enseñanza hereje refleja la opinión filosófica griega de que la materia era mala y el espíritu bueno.

i. **trastornan la fe.** Esto habla de aquellos cuya fe no era genuina (cp. Mt 24:24). La fe salvadora genuina no puede ser trastornada de manera definitiva y completa (ver 2 Ti 2:12). La fe falsa que no salva es común (cp. 2 Ti 4:10). Ver Mt 7:21-28; 13:19-22; Jn 2:23-24; 6:64-66; 8:31; 1 Jn 2:19.

j. **el fundamento de Dios está firme.** Esta es una referencia probable a la iglesia (cp. 1 Ti 3:15), la cual no puede ser vencida por las fuerzas del infierno (Mt 16:18) y está constituida por los que pertenecen a él.

k. **sello.** Un símbolo de apropiación y autenticidad. Pablo presenta dos características de los que tienen el sello divino de autenticidad.

l. **Conoce el Señor a los que son suyos.** Una referencia probable a Nm 16:5. Él «conoce» no en el sentido existencial, sino de la manera como un esposo conoce a su esposa en la relación íntima que tienen (ver Jn 10:27, 28; Gá 4:9). Dios ha conocido a los suyos desde que los escogió antes del comienzo del tiempo. Ver 2 Ti 1:9.

m. **Apártese de iniquidad todo aquel.** Es probable que esta sea una adaptación de Nm 16:26, y refleja la segunda marca de que Dios es el dueño de los creyentes, que es su búsqueda de la santidad (cp. 1 Co 6:19, 20; 1 P 1:15, 16).

Pero en una casa grande, no solamente hay [a]utensilios de oro y de plata, sino también de madera y de barro; y [b]unos son para usos honrosos, y [c]otros para usos viles. Así que, si [d]alguno [e]se limpia de [f]estas cosas, será instrumento para honra, santificado, útil al Señor, y dispuesto para toda buena obra. Huye también de las [g]pasiones juveniles, y sigue la justicia, la fe, el amor y la paz, con los que de corazón limpio invocan al Señor. Pero desecha las [h]cuestiones necias e insensatas, sabiendo que engendran contiendas. Porque el siervo del Señor no debe ser contencioso, sino amable para con todos, [i]apto para enseñar, sufrido; que con mansedumbre corrija a [j]los que se oponen, por si quizá [k]Dios les conceda que se arrepientan para conocer la verdad, y escapen del [l]lazo del diablo, en que están cautivos a voluntad de él.

---

a. **utensilios.** La palabra griega es muy genérica y se empleaba para describir diversas herramientas, utensilios y muebles que se encuentran en una casa. En esta analogía de la «casa grande» Pablo contrasta dos tipos de utensilios o platos para servir comida.

b. **unos son para usos honrosos.** En un hogar acaudalado, los utensilios hechos «de oro y de plata» eran usados para fines honrosos como servir la comida para familiares e invitados.

c. **otros para usos viles.** Los que eran hechos «de madera y de barro» no se utilizaban para fines honorables, sino más bien para labores desagradables como la recolección de desechos y demás desperdicios de la casa. Ver 2 Co 4:7.

d. **alguno.** Cualquier persona que quiera ser útil al Señor para propósitos nobles. Incluso un balde común de madera o una olla de barro puede volverse útil si se purga (desinfecta) y santifica.

e. **se limpia.** Ver 2 Ti 2:19. La palabra griega significa «limpiarse por completo» o «purgarse del todo». Para que cualquier recipiente de desperdicios pudiera ser usado en una labor noble, tenía que ser fregado, lavado y limpiado de todos los vestigios de inmundicia que hubiera tenido antes.

f. **estas cosas.** Los vasos o utensilios para fines deshonrosos (2 Ti 2:20). La persona que se asocie con cualquiera que enseñe el error y que viva en pecado se corrompe (Pr 1:10-19; 13:20; 1 Co 5:6, 11; 15:33; Tit 1:16), y esto es más cierto todavía si se trata de líderes en la iglesia. Este es un llamado claro a separarse de todos los que afirman servir a Dios, pero lo hacen como implementos sucios que solo sirven para los deberes domésticos más deshonrosos.

g. **pasiones juveniles.** No solo se trata de simples deseos sexuales ilícitos, sino también lujurias como el orgullo, el deseo de riquezas y poder, los celos, la promoción personal y un espíritu argumentativo.

h. **cuestiones necias e insensatas... contiendas.** La tercera advertencia enérgica de Pablo para evitar las discusiones y los argumentos fútiles con maestros falsos (ver 2 Ti 2:14, 16).

i. **apto para enseñar.** Es una sola palabra en griego que significa «hábil para la enseñanza». Ver 1 Ti 3:2.

j. **los que se oponen.** En primera instancia los incrédulos que son cautivos de Satanás, 2 Ti 2:26), pero también incluye a los creyentes engañados por las especulaciones «necias e insensatas» (2 Ti 2:23) de los falsos maestros, y es posible que esto incluya también a los falsos maestros.

k. **Dios les conceda que se arrepientan.** Cp. Hch 11:18; ver 2 Co 7:9, 10. Todo arrepentimiento verdadero es producido por la gracia soberana de Dios (Ef 2:7), y sin esa gracia todo esfuerzo humano para cambiar es inútil (cp. Jer 13:23).

l. **lazo del diablo.** El engaño es la trampa y el lazo de Satanás, quien es un mentiroso inveterado, calculador y sutil. Ver Gn 3:4-6; Jn 8:44; 2 Co 11:13-15; Ap 12:9.

251. Los peligros de un hombre de Dios

2 Timoteo 3:1–9

También debes saber esto: que en [a]los postreros días vendrán [b]tiempos peligrosos. Porque habrá hombres amadores de sí mismos, avaros, vanagloriosos, soberbios, blasfemos, desobedientes a los padres, ingratos, impíos, sin afecto natural, implacables, calumniadores, intemperantes, crueles, aborrecedores de lo bueno, traidores, impetuosos, infatuados, amadores de los deleites más que de Dios, que, [c]tendrán apariencia de piedad, pero negarán la eficacia de ella; a estos evita. Porque de estos son los que se meten en las casas y llevan cautivas a las [d]mujercillas cargadas de pecados, arrastradas por diversas concupiscencias. Estas siempre están aprendiendo, y nunca pueden llegar [e]al conocimiento de la verdad. Y de la manera que [f]Janes y Jambres resistieron a Moisés, así también estos resisten a la verdad; hombres corruptos de entendimiento, [g]réprobos en

---

a. **los postreros días.** Esta frase se refiere a esta era, el tiempo desde la primera venida del Señor Jesús. Ver 1 Ti 4:1.

b. **tiempos peligrosos.** «Peligrosos» es una palabra que se utilizó para describir la naturaleza salvaje de dos hombres que estaban poseídos por demonios (Mt 8:28). La palabra que se traduce «tiempos» tiene que ver con épocas más que con tiempo cronológico o el calendario. Esas eras salvajes y peligrosas se incrementarán en frecuencia y severidad mientras se aproxima el regreso de Cristo (2 Ti 3:13). La era eclesiástica está plagada de esta clase de movimientos peligrosos que aumentan en ímpetu y fortaleza a medida que se acerca el fin. Cp. Mt 7:15; 24:11, 12, 24; 2 P 2:1, 2.

c. **tendrán apariencia de piedad, pero negarán la eficacia de ella.** «Apariencia» se refiere a una forma exterior. Como los escribas y fariseos incrédulos, los falsos maestros y sus seguidores están más interesados en mantener fachadas que en la realidad de las cosas (cp. Mt 23:25; Tit 1:16). Su forma exterior de cristianismo y virtud los hace todavía más peligrosos.

d. **mujercillas.** Eran mujeres ingenuas y débiles en virtud y en conocimiento de la verdad, agobiadas por la culpa emocional y espiritual de sus propios pecados. Fueron presa fácil para los maestros falsos y engañadores. Ver 1 Ti 2:13, 14; 5:11, 12.

e. **al conocimiento de la verdad.** En 1 Ti 2:4 se emplea la misma frase y se hace equivalente al hecho de ser salvo. Aquí Pablo identificó a esas mujeres (2 Ti 3:6) y hombres que acostumbraban pasar de un supuesto maestro o secta falsa al siguiente sin llegar nunca a un entendimiento de la verdad salvadora de Dios en Jesucristo. La era presente, desde la llegada de Cristo, ha estado plagada de enseñanzas falsas y peligrosas que no pueden salvar pero sí condenar (cp. 2 Ti 3:14, 16, 17; 1 Ti 4:1).

f. **Janes y Jambres.** Aunque sus nombres no son mencionados en el AT, es probable que fueran dos de los magos egipcios que se opusieron a Moisés (Éx 7:11, 22; 8:7, 18, 19; 9:11). Según la tradición judía, dieron la impresión de haberse convertido en prosélitos judíos, instigaron el culto al becerro de oro y fueron asesinados con el resto de los idólatras (Éx 32). Que Pablo los eligiera como ejemplo puede indicar que los falsos maestros en Éfeso practicaban señales y prodigios engañosos.

g. **réprobos.** La misma palabra se traduce «reprobada» en Ro 1:28 y proviene de una palabra griega que significa «inservible» en el sentido de carecer de valor tras haber sido sometido a prueba (como el metal).

cuanto a la fe. Mas no irán más adelante; porque su [a]insensatez será manifiesta a todos, como también lo fue la de aquellos.

252. La suficiencia de la Escritura

2 Timoteo 3:10–17

Pero tú has seguido mi doctrina, conducta, propósito, fe, longanimidad, amor, paciencia, [b]persecuciones, padecimientos, como los que me sobrevinieron en [c]Antioquía, en Iconio, en Listra; persecuciones que he sufrido, y de todas [d]me ha librado el Señor. Y también todos [e]los que quieren vivir piadosamente en Cristo Jesús padecerán persecución; mas los malos hombres y los engañadores irán de mal en peor, engañando y siendo engañados. Pero persiste tú en lo que has aprendido y te persuadiste, sabiendo [f]de quién has aprendido; y que [g]desde la niñez [h]has sabido las Sagradas Escrituras, las cuales te pueden hacer [i]sabio para la salvación por la [j]fe que es en Cristo Jesús.

---

a. **insensatez... manifiesta.** Tarde o temprano, será evidente que estos falsos maestros son necios perdidos, como quedó demostrado en el caso de Janes y Jambres.

b. **persecuciones.** Se deriva de un verbo griego cuyo significado literal es «poner a volar». Pablo se había visto forzado a huir de Damasco (Hch 9:23-25), de Antioquía de Pisidia (Hch 13:50), de Iconio (Hch 14:6), de Tesalónica (Hch 17:10), y de Berea (Hch 17:14).

c. **Antioquía... Iconio... Listra.** Como un nativo de Listra (Hch 16:1), Timoteo tenía recuerdos vívidos de la persecución que Pablo enfrentó en esas tres ciudades.

d. **me ha librado el Señor.** Cp. 2 Ti 4:17, 18; Sal 34:4, 6, 19; 37:40; 91:2-6, 14; Is 41:10; 43:2; Dn 3:17; Hch 26:16, 17; 2 Co 1:10. El Señor libró en repetidas ocasiones a Pablo y esto debía ser una fuente de ánimo para Timoteo ante la persecución que padecía en Éfeso por parte de los que se oponían al evangelio.

e. **los que quieren vivir piadosamente en Cristo Jesús padecerán persecución.** Los creyentes fieles deben anticipar la persecución y el sufrimiento a manos de un mundo que rechaza a Cristo (cp. Jn 15:18-21; Hch 14:22).

f. **de quién has aprendido.** Ver 2 Ti 1:13. Para alentar todavía más a Timoteo a que permaneciera firme, Pablo le recuerda su legado de piedad. La forma plural del pronombre «quién» en el original sugiere que Timoteo no solo estaba endeudado con Pablo, sino también con otras personas piadosas (1:5).

g. **desde la niñez. Lit. «desde la infancia».** Dos personas especiales a las que Timoteo debía mucho fueron su madre y su abuela (ver 2 Ti 1:5), quienes le enseñaron con fidelidad las verdades de las Escrituras del AT desde que fue muy pequeño, de tal modo que al crecer estuvo dispuesto para recibir el evangelio que Pablo predicó.

h. **has sabido las Sagradas Escrituras.** Lit. «los escritos sagrados», una expresión común que usaban los judíos que hablaban griego para aludir al AT.

i. **sabio para la salvación.** Las Escrituras del AT siempre apuntaron a Cristo (Jn 5:37-39) y revelaron la necesidad de tener fe en las promesas de Dios (Gn 15:6; cp. Ro 4:1-3). Por esa razón tuvieron el poder para llevar a las personas a reconocer su pecado y su necesidad de justificación en Cristo (Gá 3:24). La salvación es traída por el Espíritu Santo mediante el uso de la Palabra. Ver Ro 10:14-17; Ef 5:26, 27; 1 P 1:23-25.

j. **fe que es en Cristo Jesús.** Aunque no entendieron todos los detalles del caso (cp. 1 P 1:10-12), los creyentes del AT como Abraham (Jn 8:56) y Moisés (He 11:26) anticiparon con

[a]Toda la Escritura es [b]inspirada por Dios, y útil para [c]enseñar, para [d]redargüir, para [e]corregir, para [f]instruir en justicia, a fin de que el [g]hombre de Dios sea [h]perfecto, [i]enteramente preparado para toda buena obra.

---

expectativa la llegada del Mesías (Is 7:14; 9:6) y su expiación completa por el pecado (Is 53:5, 6). Así lo hizo Timoteo, quien respondió de manera positiva tan pronto oyó el evangelio.

a. **Toda la Escritura.** Otras construcciones griegas con gramática similar (Ro 7:12; 2 Co 10:10; 1 Ti 1:15; 2:3; 4:4) permiten hacer el argumento persuasivo de que la traducción «toda la Escritura es dada por inspiración…» es precisa. Esto incluye tanto el Antiguo como el Nuevo Testamento (ver 2 P 3:15, 16, que identifica los escritos del NT como parte de las Escrituras).

b. **inspirada por Dios.** Lit. «respirada por Dios», o «exhalada por Dios». En algunas ocasiones, Dios dijo a los escritores de la Biblia las palabras exactas que debían decir o escribir (p. ej. Jer 1:9), pero con mayor frecuencia él usó la mente de cada uno de ellos, vocabularios y experiencias para producir su propia Palabra infalible e inerrante (ver 1 Ts 2:13; He 1:1; 2 P 1:20, 21). Es importante advertir que la inspiración solo se aplica a los escritos bíblicos originales no a los escritores bíblicos. No existen escritores bíblicos inspirados, solo Escrituras inspiradas. Dios se identifica tanto con su Palabra que cada vez que hablan las Escrituras, Dios es quien habla (cp. Ro 9:17; Gá 3:8). Las Escrituras se identifican como «la palabra [o los oráculos] de Dios» (Ro 3:2; 1 P 4:11), y no pueden ser alteradas (Jn 10:35; Mt 5:17, 18; Lc 16:17; Ap 22:18, 19).

c. **enseñar.** También se puede traducir «doctrina» y se refiere a la instrucción divina o el contenido doctrinal del Antiguo y del Nuevo Testamento (cp. 2 Ti 2:15; Hch 20:18, 20, 21, 27; 1 Co 2:14-16; Col 3:16; 1 Jn 2:20, 24, 27). Las Escrituras suministran el cuerpo comprensivo y completo de verdad divina que es necesario para la vida y la piedad. Cp. Sal 119:97-105.

d. **redargüir.** La Biblia es útil para reprender a las personas por su conducta errónea o sus creencias equivocadas. Las Escrituras exponen todo pecado a la luz (He 4:12, 13) a fin de que pueda ser tratado mediante la confesión y el arrepentimiento.

e. **corregir.** La restauración de algo a su condición íntegra y correcta. La palabra solo aparece aquí en el NT, pero se empleaba en el idioma griego para aludir al enderezamiento de un objeto que hubiera caído, o a ayudar a alguien que hubiera tropezado para ponerse otra vez de pie. Las Escrituras no solo exponen y amonestan la conducta errónea, sino que también muestran el camino de regreso a una vida piadosa. Cp. Sal 119:9-11; Jn 15:1, 2.

f. **instruir en justicia.** Las Escrituras suministran adiestramiento positivo («instruir» era una actividad relacionada con el entrenamiento de un niño) en la conducta piadosa y no solo reprensión y corrección de conductas equivocadas (Hch 20:32; 1 Ti 4:6; 1 P 2:1, 2).

g. **hombre de Dios.** Un término técnico que se aplicaba a un predicador oficial de la verdad divina. Ver 1 Ti 6:11.

h. **perfecto.** Capaz de hacer todo lo que uno es llamado a hacer (cp. Col 2:10).

i. **enteramente preparado.** Capacitado para cumplir todas las exigencias y requisitos del ministerio piadoso y la vida justa e íntegra. La Palabra no solo logra esto en la vida del hombre de Dios, sino en todos los que lo siguen como líder espiritual (Ef 4:11-13).

253. El encargo de un ministerio fiel

2 Timoteo 4:1–5

[a]Te encarezco [b]delante de Dios y del Señor [c]Jesucristo, que juzgará [d]a los vivos y a los muertos en [e]su manifestación y en su reino, que prediques [f]la palabra; [g]que instes [h]a tiempo y fuera de tiempo; [i]redarguye, reprende, [j]exhorta con

---

a. **Te encarezco.** La traducción más correcta es «te mando». El término griego alude a dar una orden o prescripción de cumplimiento obligatorio (cp. 2 Ti 2:14; 1 Ti 1:18; 5:21).

b. **delante de Dios y del Señor Jesucristo.** La construcción gramatical permite la traducción «en la presencia de Dios, de Cristo Jesús mismo», que es la mejor interpretación porque él será presentado a continuación como el Juez (cp. Jn 5:22). Todos los que ministran la Palabra de Dios están bajo el escrutinio omnisciente de Cristo (ver 2 Co 2:17; He 13:17).

c. **Jesucristo, que juzgará.** La construcción gramatical indica cierta inminencia en el sentido de que Cristo se dispone a juzgar. Pablo hace hincapié en la responsabilidad única que tienen todos los creyentes, en especial los que ministran la Palabra de Dios, para rendir cuentas a Cristo como su juez. El servicio a Cristo se presta bajo su mirada vigilante y a sabiendas de que él como Juez determinará un día el valor de las obras hechas por cada creyente (ver 1 Co 3:12-15; 4:1-5; 2 Co 5:10). No es un juicio de condenación, sino de evaluación. En cuanto a la salvación, los creyentes ya han sido sometidos al juicio de Dios y declarados justos, porque ya no están sujetos a la condenación del pecado (Ro 8:1-4).

d. **a los vivos y a los muertos.** En última instancia, Cristo juzgará a todos los hombres en tres escenarios distintos: 1) el juicio de los creyentes tras el arrebatamiento (1 Co 3:12-15; 2 Co 5:10), 2) el juicio de las ovejas y los cabritos o juicio de las naciones, en el que los creyentes serán separados de los incrédulos (Mt 25:31-33, que determina la entrada al reino milenario) y 3) el juicio ante el gran trono blanco que solo se aplica a los no creyentes (Ap 20:11-15). Aquí el apóstol se refiere a juicio en un sentido general que abarca todos estos aspectos y situaciones diferentes.

e. **su manifestación.** El significado literal de la palabra griega que se traduce «aparición» es «refulgir en presencia de todos» y los griegos antiguos la utilizaron para aludir a la supuesta aparición ante los hombres de un dios pagano. Aquí Pablo se refiere en general a la segunda venida de Cristo, cuando él «juzgará a los vivos y a los muertos» (ver 1 Ti 6:14).

f. **la palabra.** Toda la Palabra de Dios que abarca la verdad revelada tal como está contenida en la Biblia (cp. 2 Ti 3:15, 16; Hch 20:27).

g. **que instes.** La palabra griega tiene un rango amplio de significados como estar listo para algo repentino (Lc 2:9; Hch 12:7) o insistir en algo de manera enérgica (Lc 20:1; Hch 4:1; 6:12; 23:27). Aquí la forma del verbo sugiere las ideas complementarias de urgencia, preparación y presteza. Se empleaba para alistar a un soldado y enseñarlo a mantenerse preparado para ir a la batalla en cualquier momento, así como para un guardia que debía estar alerta todo el tiempo para cualquier ataque sorpresivo. Estas son actitudes imperativas para un predicador fiel (Jer 20:9; Hch 21:11-13; Ef 5:15, 16; 1 P 3:15).

h. **a tiempo y fuera de tiempo.** El predicador fiel debe proclamar la Palabra cuando sea popular o conveniente y también si no lo es en absoluto. Debe hacerlo si parece la opción más adecuada y también en caso contrario. Los dictados de la cultura popular, la tradición, la reputación, la aceptación o el aprecio de la comunidad (o de la iglesia) nunca deben alterar el compromiso del predicador para proclamar en todo tiempo la Palabra de Dios.

i. **redarguye, reprende.** Este es aspecto negativo de predicar la Palabra («redargüir» y «corregir» en 2 Ti 3:16). La palabra griega que se traduce «redarguye» también se puede traducir «convence» y se refiere a la corrección de la doctrina falsa con el uso cuidadoso de argumentos bíblicos para ayudar a la persona a entender el error de sus acciones. La palabra griega que se traduce «reprende» tiene que ver más con la corrección de los motivos de la persona por medio de convencerla de su pecado y conducirla al arrepentimiento.

j. **exhorta... doctrina.** Este es el lado positivo de la predicación (corresponde a «enseñar» e «instruir» en 2 Ti 3:16).

toda paciencia y doctrina. Porque vendrá tiempo cuando [a]no sufrirán [b]la sana doctrina, sino que teniendo [c]comezón de oír, se amontonarán maestros conforme a sus propias concupiscencias, apartarán de la verdad el oído y se volverán a las [d]fábulas. Pero tú sé sobrio en todo, soporta las aflicciones, haz obra de [e]evangelista, cumple tu ministerio.

---

a. **no sufrirán.** Esto se refiere a mantenerse firme en medio de la adversidad y puede traducirse «tolerar». Pablo advierte aquí a Timoteo que en los tiempos peligrosos de esta era, muchas personas se volverán intolerantes hacia la predicación franca y exigente de la Palabra de Dios (2 Ti 1:13, 14; 1 Ti 1:9, 10; 6:3-5).

b. **la sana doctrina.** Ver 2 Ti 1:13; 1 Ti 4:6; Tit 2:1.

c. **comezón de oír... sus propias concupiscencias.** Los cristianos de profesión y los creyentes nominales en la iglesia siguen sus propios deseos y se agolpan tras los predicadores que les ofrecen las bendiciones de Dios aparte de la necesidad del perdón divino y su salvación aparte de la necesidad de arrepentimiento por parte de ellos. Sienten comezón de ser entretenidos con enseñanzas que produzcan sensaciones agradables y que los dejen con una opinión halagadora de ellos mismos. Su meta es que quienes les prediquen lo hagan «conforme a sus propias concupiscencias». Bajo esas condiciones, los oyentes podrán dictar lo que se les debe predicar, en lugar de que sea Dios quien lo dicte por su Palabra.

d. **fábulas.** Esto se refiere a las falsas ideologías, filosofías y perspectivas presentadas en una gran diversidad de formas, que se oponen a la doctrina sana (ver 2 Co 10:3-5; 1 Ti 1:4; 4:7; cp. Tit 1:14; 2 P 1:16).

e. **evangelista.** El término solo ocurre otras dos veces en el NT (ver Hch 21:8; Ef 4:11), y siempre se refiere a un oficio específico del ministerio cuyo propósito es la predicación del evangelio a no cristianos. Con base en Ef 4:11 se puede suponer que algo básico que deben tener todas las iglesias es pastores, maestros y evangelistas, pero así el verbo relacionado «predicar el evangelio» y el sustantivo «evangelio» se usan en el NT solo en relación con los evangelistas, lo cierto es que proclamar el evangelio también es el llamado de todo cristiano, en especial de los predicadores y maestros. Pablo no llamó a Timoteo al oficio de un evangelista, sino a hacer la «obra de [un] evangelista».

254. Adversidades finales

2 Timoteo 4:6–16

Porque yo [a]ya estoy para ser [b]sacrificado, y el tiempo de [c]mi partida está cercano. [d]He peleado la buena batalla, he acabado la carrera, he guardado [e]la fe. Por lo demás, me está guardada [f]la corona de justicia, la cual me dará el Señor, juez justo, en aquel día; y no solo a mí, sino también a todos los que aman su venida.

---

a. **ya.** Esto significa que su muerte era inminente. Pablo se acercaba al final de su vida y pudo echar una mirada atrás sin remordimientos ni pesadumbre. En estos versículos examina su vida desde tres puntos de vista: la realidad presente del final de su vida, para lo cual ya estaba preparado (2 Ti 4:6), el pasado durante el cual había sido fiel a la vida cristiana (v. 7) y el futuro en el que anticipaba recibir su recompensa celestial (v. 8).

b. **sacrificado.** Lit. «libado». En el sistema de sacrificios del AT la libación era la ofrenda final que seguía al holocausto y la ofrenda de grano prescritas para el pueblo de Israel (Nm 15:1-16). Pablo veía su muerte próxima como su ofrenda final a Dios «hasta la última gota», tras toda una vida sacrificada a él (ver Fil 2:17).

c. **mi partida.** La muerte de Pablo. La palabra griega se refiere en esencia a soltar algo, como una embarcación después de quitarle todas las amarras o al desatar los lazos de una tienda de campaña. Por esa razón llegó a adquirir el significado secundario de «partida final».

d. **He peleado... acabado... guardado.** La combinación de los tres verbos griegos «he peleado», «he acabado» y «he guardado» indica una acción completa que tiene resultados continuos y permanentes. Pablo consideró completa su vida porque había logrado por medio del Señor todo lo que Dios lo había llamado a hacer como su soldado (2 Ti 2:3, 4; 2 Co 10:3; 1 Ti 6:12; Flm 2), su atleta (1 Co 9:24-27; Ef 6:12) y su guardián (2 Ti 1:13, 14; 1 Ti 6:20, 21).

e. **la fe.** Las verdades y los parámetros de la Palabra revelada de Dios.

f. **la corona de justicia.** El significado literal de la palabra griega que se traduce «corona» es «borde decorativo». Se refería a las guirnaldas laureadas que se colocaban en la cabeza de dignatarios y militares o atletas victoriosos. La construcción lingüística «de justicia» puede significar que la justicia es la fuente de la corona o que la naturaleza misma de la corona es justicia. En expresiones como «la corona de vida» (Stg 1:12), la «corona de gozo» (1 Ts 2:19), la «corona incorruptible» (1 Co 9:25) y la «corona de gloria» (1 P 5:4), las realidades de vida, gozo, incorruptibilidad y gloria describen la naturaleza de la corona. Por esa razón, el contexto de este versículo parece indicar que la corona representa la justicia eterna. Los creyentes reciben la justicia imputada de Cristo (justificación) en la salvación (Ro 4:6, 11) y el Espíritu Santo obra en el creyente la justicia práctica (santificación) en el transcurso de su vida terrenal de lucha con el pecado (Ro 6:13, 19; 8:4; Ef 5:9; 1 P 2:24), pero solo al terminar la lucha recibirá el cristiano la justicia de Cristo perfeccionada en él (glorificación) al entrar al cielo (ver Gá 5:5).

[a]Procura venir pronto a verme, porque [b]Demas me ha [c]desamparado, [d]amando este mundo, y se ha ido a [e]Tesalónica. [f]Crescente fue a Galacia, y [g]Tito a [h]Dalmacia. Sólo [i]Lucas está conmigo. [j]Toma a Marcos y tráele contigo, porque me es útil para el ministerio. A [k]Tíquico lo envié a Éfeso. Trae, cuando vengas, el [l]capote que dejé en [m]Troas en casa de [n]Carpo, y [o]los libros, mayormente los pergaminos.

---

a. **Procura venir pronto a verme.** Pablo anhelaba ver a su amado colaborador, pero era imperativo que Timoteo se apresurara porque los días de Pablo estaban contados (2 Ti 4:6).

b. **Demas.** Este había sido uno de los asociados cercanos de Pablo junto a Lucas y Epafras (ver Col 4:14; Flm 24).

c. **desamparado.** Esta palabra griega significa «abandonar por completo», con la idea de dejar a alguien en una situación precaria. Demas fue un discípulo en los buenos tiempos que nunca calculó el costo de un compromiso genuino a Cristo. Los discípulos de este tipo son descritos por nuestro Señor en Mt 13:20, 21; cp. Jn 8:31; 1 Jn 2:1.

d. **amando este mundo.** Ver Stg 4:4; 1 Jn 2:15-17.

e. **Tesalónica.** Demas pudo haber considerado esta ciudad como un puerto seguro.

f. **Crescente.** A diferencia de Demas, Crescente debió haber sido fiel y confiable porque Pablo lo envió a Galacia, una provincia romana en la parte central de Asia Menor, donde Pablo ministró en cada uno de sus tres viajes misioneros.

g. **Tito.** El amigo y colaborador más cercano de Pablo después de Timoteo.

h. **Dalmacia.** También se conoce como Ilírico (Ro 15:19), una provincia romana en la costa este del mar Adriático, justo al norte de Macedonia.

i. **Lucas.** El autor del Evangelio de Lucas y Hechos, también amigo fiel de Pablo y su médico personal, quien no podía llevar la carga del ministerio en Roma por sí solo.

j. **Toma a Marcos y tráele contigo.** Es evidente que Marcos vivía en algún lugar de la ruta que Timoteo tomaría desde Éfeso a Roma. Aquel que fue el autor del Evangelio de Marcos (llamado Juan en algunos pasajes), primo de Bernabé (Col 4:10) y colaborador devoto (Flm 24), había antes abandonado a Pablo y Bernabé de manera vergonzosa (ver Hch 13:13; 15:36-39), pero se había convertido ahora en un siervo valioso.

k. **Tíquico.** Pablo lo había enviado antes a Éfeso o lo enviaba ahora para entregar esta segunda carta a Timoteo, tal como había sido usado antes para entregar las cartas de Pablo a las iglesias en Éfeso (Ef 6:12), Colosas (Col 4:7) y quizá también a Tito (Tit 3:12; ver Col 4:7).

l. **capote.** Un atuendo grande y pesado que se podía doblar y que servía como abrigo y cobija en clima frío, algo que Pablo tendría que soportar en breve (2 Ti 4:21).

m. **Troas.** Un puerto marítimo de Frigia, en Asia Menor.

n. **Carpo.** Un conocido de Pablo cuyo nombre significa «fruto» y que no se menciona en otra parte.

o. **los libros, mayormente los pergaminos.** «Libros» se refiere a rollos de papiro que contenían quizá los libros del AT, y «pergamino» era un material de escritura a partir de cuero animal que era bastante caro. Podía tratarse de copias de las epístolas que había escrito, o de pliegos en blanco para escribir otras cartas. Que Pablo no los tuviera en su posesión lleva a la posible conclusión de que fue arrestado en Troas y no tuvo la oportunidad de recuperarlos.

[a]Alejandro el calderero [b]me ha causado muchos males; [c]el Señor le pague conforme a sus hechos. Guárdate tú también de él, pues en gran manera se ha opuesto a nuestras palabras.

En mi [d]primera defensa ninguno estuvo a mi lado, sino que todos me desampararon; [e]no les sea tomado en cuenta.

255. Triunfante hasta el fin

2 Timoteo 4:17–22

[f]Pero el Señor estuvo a mi lado, y me dio fuerzas, para [g]que por mí fuese cumplida la predicación, y [h]que todos los gentiles oyesen. Así fui librado de [i]la boca del león. Y el Señor [j]me librará de toda obra mala, y [k]me preservará para su reino celestial. A él sea gloria por los siglos de los siglos. Amén.

---

a. **Alejandro el calderero.** Tal vez no sea el mismo hombre que Pablo entregó a Satanás junto a Himeneo (1 Ti 1:20), porque Pablo lo distingue como «el calderero». Este Alejandro pudo haber sido un fabricante de ídolos (cp. Hch 19:24).

b. **me ha causado muchos males.** Alejandro se opuso a la enseñanza de Pablo y también pudo haberse dedicado a propagar su propia falsa doctrina. Es posible que haya tenido mucho que ver en el arresto de Pablo y que hubiera dado falso testimonio en su contra. Cp. Hch 19:23ss.

c. **el Señor le pague.** Pablo siempre dejó la venganza en manos de Dios (Dt 32:35; Ro 12:19).

d. **primera defensa.** La palabra griega que se traduce «defensa» corresponde al término «apologética». Se refería a la defensa verbal ante un tribunal. En el sistema legal de los romanos, un acusado tenía derecho a dos audiencias: la *prima actio* que es similar a la declaración de cargos para determinar si se requiere un juicio formal. La *secunda actio* se llevaba a cabo después para establecer la culpabilidad o la inocencia del acusado. Pablo se refirió aquí a la primera defensa.

e. **no les sea tomado en cuenta.** Como Esteban (Hch 7:60) y el Señor mismo (Lc 23:24).

f. **Pero el Señor estuvo a mi lado.** El Señor cumple su promesa de nunca dejar ni abandonar a sus hijos (Dt 31:6, 8; Jos 1:5; He 13:5).

g. **que por mí fuese cumplida la predicación.** Como lo había hecho en el pasado (Hch 26:2-29), Pablo tuvo la oportunidad de predicar el evangelio ante un tribunal romano.

h. **que todos los gentiles oyesen.** Mediante la proclamación del evangelio a una audiencia cosmopolita y pagana, Pablo podía afirmar que había alcanzado a todos los gentiles con el evangelio. Este fue el cumplimiento de su comisión (Hch 9:15, 16; 26:15-18).

i. **la boca del león.** Cp. Dn 6:26, 27. Una figura común para aludir a un peligro mortal (Sal 22:21; 35:17), lo cual sucedió a Pablo con frecuencia (cp. Hch 14:19; 2 Co 4:8-12; 6:4-10; 11:23-27). Pedro representó a Satanás como un león en 1 P 5:8.

j. **me librará de toda obra mala.** Con base en la obra del Señor en el presente de fortalecer a Pablo y permanecer con él (2 Ti 4:17), Pablo tenía esperanza sobre la obra futura del Señor. El apóstol sabía que Dios lo libraría de todas las tentaciones y confabulaciones en su contra (2 Co 1:8-10).

k. **me preservará para su reino celestial.** Pablo sabía que la consumación de su propia salvación estaba mucho más cerca que cuando creyó por primera vez (cp. Ro 13:11; 2 Co 5:8; Fil 1:21).

Saluda [a]a Prisca y a Aquila, y a la casa de Onesíforo. [b]Erasto se quedó en [c]Corinto, y a [d]Trófimo dejé en [e]Mileto enfermo.

Procura venir [f]antes del invierno.

[g]Eubulo te saluda, y Pudente, Lino, Claudia y todos los hermanos.

El Señor Jesucristo esté con tu espíritu. [h]La gracia sea con vosotros. Amén.

---

a. **a Prisca y a Aquila.** Pablo conoció a esta pareja de amigos fieles en Corinto tras su huida de Italia (ver Hch 18:2). Ministraron durante un tiempo en Éfeso (Hch 18:18, 19) y volvieron después a Roma por un tiempo (Ro 16:3), para regresar luego a Éfeso.

b. **Erasto.** Pudo haber sido el tesorero en la ciudad de Corinto, quien envió saludos por medio de Pablo a la iglesia en Roma (ver Ro 16:23).

c. **Corinto.** La ciudad más importante de Grecia (ver Hch 18:1).

d. **Trófimo.** Un nativo de Asia y proveniente de Éfeso, quien había acompañado a Pablo de Grecia a Troas (ver Hch 20:4).

e. **Mileto.** Ciudad y puerto marítimo en la provincia de Licia, unos 48 km al sur de Éfeso (ver Hch 20:15).

f. **antes del invierno.** En vista de la estación que se acercaba y el frío intenso en la cárcel romana, Pablo necesitaba el «capote» para mantener su temperatura corporal. También tendría menos oportunidad de usar los libros y pergaminos porque la luz diurna duraba mucho menos en el invierno.

g. **Eubulo... Pudente, Lino, Claudia.** Los primeros tres nombres son en latín, lo cual podría indicar que eran de Italia y habían sido miembros de la iglesia en Roma. «Claudia» era una creyente y amiga cercana de quien nada más se sabe.

h. **La gracia sea con vosotros.** Es la misma bendición que Pablo da en la carta anterior a Timoteo (ver 1 Ti 6:21). El «vosotros» significa que el saludo se extendía a toda la congregación de los efesios.

Plan de lectura en un año

La siguiente tabla proporciona un plan de lectura de *Una vida fiel* en el transcurso de 50 semanas, con cinco secciones para leer cada semana.

Se añade también el Libro de Hebreos para las últimas tres semanas. A lo largo de la historia de la Iglesia, muchos cristianos creyeron que Pablo era el autor de Hebreos. Aunque se desconoce la autoría de Hebreos, está claro que lo escribió alguien estrechamente relacionado con el ministerio de Pablo.

Semana	Secciones
☐ **1**	1–5
☐ **2**	6–10
☐ **3**	11–15
☐ **4**	16–20
☐ **5**	21–25
☐ **6**	26–30
☐ **7**	31–35
☐ **8**	36–40
☐ **9**	41–45
☐ **10**	46–50
☐ **11**	51–55
☐ **12**	56–60
☐ **13**	61–65
☐ **14**	66–70
☐ **15**	71–75
☐ **16**	76–80
☐ **17**	81–85
☐ **18**	86–90
☐ **19**	91–95
☐ **20**	96–100
☐ **21**	101–105
☐ **22**	106–110
☐ **23**	111–115
☐ **24**	116–120
☐ **25**	121–125
☐ **26**	126–130
☐ **27**	131–135
☐ **28**	136–140
☐ **29**	141–145
☐ **30**	146–150
☐ **31**	151–155
☐ **32**	156–160
☐ **33**	161–165
☐ **34**	166–170
☐ **35**	171–175
☐ **36**	176–180
☐ **37**	181–185
☐ **38**	186–190
☐ **39**	191–195
☐ **40**	196–200
☐ **41**	201–205
☐ **42**	206–210
☐ **43**	211–215
☐ **44**	216–220
☐ **45**	221–225
☐ **46**	226–230
☐ **47**	231–233
☐ **48**	Hebreos 1–4
☐ **49**	Hebreos 5–9
☐ **50**	Hebreos 10–13

Vida *y* Cartas *del* Apóstol Pablo

Escritos de Pablo

Hechos significativos durante el surgir de la Iglesia

INICIOS DE LA VIDA DE PABLO

5 A.D.

Nace como israelita en Tarso de Cilicia (Hch 22:3; Fil 3:5)

Judea se convierte en provincia imperial romana – 6 A.D.

Asiste a la escuela de Gamaliel en Jerusalén (Hch 22:3) **15-20 A.D.**

Crucifixión de Jesús – 30 A.D.

Pentecostés – 30 A.D.

SE CONVIERTE EN FARISEO Y PERSEGUIDOR DE LA IGLESIA

Se hace fariseo en algún momento antes de la lapidación de Esteban (Fil 3:5) **32 A.D.**

Lapidación de Esteban – 32 A.D.

32 A.D.

Persigue a la Iglesia (Hch 8:1-3; Fil 3:6) **32-34 A.D.**

34 A.D.

Conversión en el camino a Damasco (Hch 9:1-9) **34 A.D.**

Primera visita de Pablo a Jerusalén se queda con Pedro; se encuentra con la desconfianza del resto de la iglesia (Hch 9:26-29; Gá 1:18) **37 A.D.**

CONVERSIÓN Y PREPARACIÓN PARA EL MINISTERIO

Martirio de Jacobo - 44 A.D.

Pablo va a Antioquía con Bernabé, comienza a enseñar (Hch 11:25)

Pablo y Bernabé, enviados a Jerusalén para llevar a durante una hambruna (Hch 11:29, 30)

Pablo, apartado por el Espíritu Santo para un llamamiento especial (Hch 13:2, 3) 47 A.D.

APÓSTOL Y MISIONERO

Primer viaje misionero de Pablo apedreado en Listra y dado por muerto 47-48 A.D.

El concilio de Jerusalén confirma la predicación de Pablo del evangelio de la gracia 49 A.D.

Concilio de Jerusalén - 49 A.D.

Segundo viaje misionero 49-53 A.D.

Gálatas 49-51 A.D.

Pablo y Silas, encarcelados 51 A.D.

1 Y 2 Tesalonicenses 52 A.D.

Tercer viaje misionero 53-56 A.D.

1 Corintios 54 A.D.

2 Corintios 56 A.D.

Romanos 56 A.D.

Encarcelamiento de Pablo en Cesarea 57-58 A.D.

Naufragio en Malta 59-60 A.D.

Filemón 60 A.D.

Colosenses 61 A.D.

Efesios 61 A.D.

Filipenses 62 A.D.

MÁRTIR Y TESTIGO FIEL

1 Timoteo y Tito ca. 62-64 A.D.

Viajes misioneros finales 63-65 A.D.

Incendio de Roma, principal persecución de cristianos - 64 A.D.

2 Timoteo ca. 64-66

Encarcelado y martirizado con Nerón como César 66 A.D.

66 A.D.